Handbuch

Kaufleute im Groß- und Außenhandel

Hans-Jürgen Bazan
Margit Bentin
Jürgen Böker
Hartwig Brunn
Wilfried Flammann
Ullrich Gröblinghoff
Klaus Hielscher
Thomas Kreye
Birgit Mertens
Thomas Meyer
Klaus Richter
Siegfried Rothe
Dr. Dirk Scharf
Markus Schultheis
Horst Volke
Dieter Zimmer-Bentin

3., erweiterte Auflage, 2011
Druck 1, Herstellungsjahr 2011

© Bildungshaus Schulbuchverlage
Westermann Schroedel Diesterweg
Schöningh Winklers GmbH
Postfach 33 20, 38023 Braunschweig
Telefon 01805 996696* Fax 0531 708-664
service@winklers.de
www.winklers.de
Redaktion: Amira Sarkiss
Lektorat: Dirk Müller, Braunschweig
Satz: deckermedia GbR, Vechelde
Druck: westermann druck GmbH, Braunschweig
ISBN 978-3-8045-3528-2

* 14 ct/min aus dem deutschen Festnetz; Mobilfunk maximal
  42 ct/min

Auf verschiedenen Seiten dieses Buches befinden sich Verweise (Links) auf Internet-adressen.

Haftungshinweis: Trotz sorgfältiger inhaltlicher Kontrolle wird die Haftung für die In-halte der externen Seiten ausgeschlossen. Für den Inhalt dieser externen Seiten sind aus-schließlich deren Betreiber verantwortlich. Sollten Sie bei dem angegebenen Inhalt des Anbieters dieser Seite auf kostenpflichtige, illegale oder anstößige Inhalte treffen, so be-dauern wir dies ausdrücklich und bitten Sie, uns umgehend per E-Mail davon in Kenntnis zu setzen, damit beim Nachdruck der entsprechende Verweis gelöscht wird.

35282

EU-Mitgliedsstaaten

Belgien
30 500 km²
45 310 $ / Jahr

Bulgarien
111 000 km²
5 770 $ / Jahr

Dänemark
43 100 km²
58 930 $ / Jahr

Deutschland
357 000 km²
42 560 $ / Jahr

Estland
45 200 km²
14 060 $ / Jahr

Finnland
338 100 km²
45 680 $ / Jahr

Frankreich
544 000 km²
43 990 $ / Jahr

Griechenland
132 000 km²
28 630 $ / Jahr

Großbritannien
242 900 km²
41 520 $ / Jahr

Irland
70 300 km²
44 310 $ / Jahr

Italien
301 300 km²
35 080 $ / Jahr

Lettland
64 600 km²
12 390 $ / Jahr

Litauen
65 300 km²
11 410 $ / Jahr

Luxemburg
2 590 km²
74 430 $ / Jahr

Malta
316 km²
16 690 $ / Jahr

Niederlande
41 500 km²
49 350 $ / Jahr

Österreich
83 900 km²
46 850 $ / Jahr

Polen
312 700 km²
12 260 $ / Jahr

Portugal
92 300 km²
20 940 $ / Jahr

Rumänien
238 400 km²
8 330 $ / Jahr

Schweden
450 000 km²
48 930 $ / Jahr

Slowakei
49 000 km²
16 130 $ / Jahr

Slowenien
20 300 km²
23 520 $ / Jahr

Spanien
504 800 km²
31 870 $ / Jahr

Tschechien
78 900 km²
17 310 $ / Jahr

Ungarn
93 000 km²
12 980 $ / Jahr

Zypern
9 300 km²
26 940 $ / Jahr

EU
4 320 000 km²
38 805 $ / Jahr

132 000 km² = Fläche   35 360 $ = Bruttosozialprodukt pro Person (2009)

Das **Handbuch für Kaufleute im Groß- und Außenhandel** ermöglicht selbstständiges Arbeiten im Unterricht und im Betrieb. Es setzt den Rahmenlehrplan konsequent um, indem zu allen zwölf Lernfeldern die notwendigen Basisinformationen für schülerzentriertes Arbeiten bereitgestellt werden. Zentrale Ziele der Neuordnung des Ausbildungsberufes wie die **Kundenorientierung** als Leitbild beruflichen Handelns oder die Integration des Denkens in **Geschäftsprozessen** durchziehen nahezu alle Bereiche des Handbuches.

Das Handbuch bietet aber nicht nur Basisinformationen zur **Fachkompetenz**, es legt darüber hinaus besonderen Wert auf die Vermittlung von **Sozial- und Methodenkompetenz** in einer Zeit, in der fachliche Inhalte einem raschen Wandel unterworfen sind. So zeigt das Handbuch zum Beispiel auf, wie ein Mindmap zu erstellen, ein Referat zu gliedern oder eine Betriebserkundung, ein Projekt oder eine Zukunftswerkstatt durchzuführen ist. Kommunikationsregeln, Informationen zum Arbeiten im Team, zu Verhandlungstechniken und zu Lernstrategien erweitern gezielt das **Methodenwissen**, um somit der Forderung nach selbst organisiertem Lernen und letztlich dem Gesichtspunkt des lebenslangen Lernens Rechnung zu tragen.

Im Rahmen einer kaufmännischen Berufsausbildung ist sicherlich auch der Umgang mit **Originalgesetzestexten** sinnvoll. Daher enthält das Handbuch eine breite Auswahl von entsprechenden Gesetzestexten, z. B. Auszüge aus dem BGB und dem HGB.

Das Kapitel „Fachliches Englisch" fördert gezielt die Sprachkompetenz in der mündlichen und schriftlichen Kommunikation in der Fremdsprache, was für das Arbeiten im Groß- und Außenhandel von großer Bedeutung ist.

Das Handbuch bietet zusätzlich Grundlagenwissen zur **Datenverarbeitung**, das für eine moderne kaufmännische Ausbildung unverzichtbar ist.

Das Handbuch stellt die ideale Ergänzung zu **handlungsorientierten Lehr-/Lernmaterialien** dar, von denen eine Auswahl auf der hinteren Innenumschlagseite abgedruckt ist. Handlungsorientierte Arbeitsmaterialien und ein zentrales Nachschlagewerk zur Fach- und Methodenkompetenz sind somit eine unverzichtbare Einheit für eine moderne Berufsausbildung. Damit bietet das Handbuch die Möglichkeit, sowohl lernfeldorientiert als auch fächerübergreifend zu lernen.

Darüber hinaus kann das Handbuch zur **Prüfungsvorbereitung** und **Weiterbildung** genutzt werden.

Für Hinweise und Verbesserungsvorschläge sind Autoren und Verlag jederzeit aufgeschlossen und dankbar. Falls der Benutzer/die Benutzerin des Handbuches entscheidende Informationen vermisst, bittet das Autorenteam um eine entsprechende Nachricht per E-Mail: service@winklers.de.

Autoren und Verlag
Braunschweig 2009

Vorwort zur 3. Auflage:

Das Werk befindet sich auf dem Stand der Gesetzgebung vom 1. Januar 2011. Dabei wurden die Kapitel insgesamt aktualisiert und überarbeitet. Die Themen Nachhaltigkeit und Umweltschutz, Wirtschaftspolitik, Incoterms, Kommunikationspolitik, geringwertige Wirtschaftsgüter, Kreditkarten, Sozialversicherungen und Erfolgskonten wurden umfassend erweitert.

Autoren und Verlag
Braunschweig 2011

Inhaltsüberblick

Inhalt

1 Das Groß- und Außenhandelsunternehmen präsentieren

2 Aufträge kundenorientiert bearbeiten

Inhalt

Inhalt

6 Logistische Prozesse planen, steuern und kontrollieren

7 Gesamtwirtschaftliche Einflüsse auf das Groß- und Außenhandelsunternehmen analysieren

8 Preispolitische Maßnahmen erfolgsorientiert vorbereiten und steuern

Inhalt

9 Marketing planen, durchführen und kontrollieren

10 Finanzierungsentscheidungen treffen

11 Unternehmensergebnisse aufbereiten, bewerten und nutzen

12 Berufsorientierte Projekte für den Groß- und Außenhandel durchführen

Inhalt

1 Das Groß- und Außenhandels-unternehmen präsentieren

Zu Beginn der Berufsausbildung gilt es, den eigenen Ausbildungsbetrieb zu erkunden und seine Stellung in der Gesamtwirtschaft zu bestimmen. Jedes Unternehmen lässt sich durch ausgewählte Merkmale beschreiben und damit von anderen Unternehmen abgrenzen.

Im Folgenden ist ein **Steckbrief** abgebildet, der es ermöglicht, den eigenen Ausbildungsbetrieb anhand verschiedener Merkmale zu charakterisieren. Es ist ohne Weiteres möglich, diesen Steckbrief durch weitere Merkmale zu ergänzen.

Steckbrief zum Vergleich von Ausbildungsbetrieben

Beispiel: Modellunternehmen Bellheim-BüroService GmbH

Bellheim-BüroService GmbH

Gründungsjahr des Unternehmens	1992
Rechtsform	Gesellschaft mit beschränkter Haftung (GmbH)
Internetadresse	www.bellheim-wvb.de
Unternehmensstandort(e)	Berlin
Anzahl der Beschäftigten	22
Anteil von weiblichen Beschäftigten	45 %
Anteil der Teilzeitkräfte	18 %
Jahresumsatz in €	4.200.000
Umsatzveränderung gegenüber Vorjahr	+ 3,7 %
Jahresgewinn in €	210.000
Gewinnveränderung gegenüber Vorjahr	+ 1,7 %
Kernsortiment	Papier- und Schreibwaren, Bürobedarf, Bürotechnik
Randsortiment	Künstlerbedarf, Dekorationsartikel
Kundenzielgruppen	Facheinzelhandelsunternehmen und industrielle Großkunden
Kundeneinzugsgebiet	Umkreis von ca. 150 km
Öffnungszeiten	Montag bis Freitag von 09:30 bis 18:30 Uhr
Mitgliedschaften	IHK Berlin, Bundesverband Großhandel, Außenhandel, Dienstleistungen (BGA) e. V.

(Merkmale)

Siehe dazu auch: Daten des Modellunternehmens S. 209, statistische Kennzahlen S. 509 f.

Möchte man den eigenen Ausbildungsbetrieb mit Unternehmen der Region, mit wirtschaftlichen Daten des Bundeslandes oder des Gesamtstaates vergleichen, hilft eine Internetrecherche weiter (siehe dazu auch S. 584). Regionale Adressen können beispielsweise die Industrie- und Handelskammern (www.diht.de) sein. Weitere nützliche Quellen sind die Veröffentlichungen der entsprechenden Arbeitgeber- und Arbeitnehmerorganisationen: Bundesverband Großhandel, Außenhandel, Dienstleistungen (BGA) e. V. (www.bga.de), Deutscher Gewerkschaftsbund (www.dgb.de).

Methodische Hinweise

Um Steckbriefe von unterschiedlichen Unternehmen zu präsentieren, müssen methodische Gestaltungsregeln beachtet werden. Vgl. Kapitel 15.

1

Die berufliche **Erstausbildung** der staatlich anerkannten Ausbildungsberufe im Sinne des **Berufsbildungsgesetzes (BBiG)** von 1969 bzw. 2005 findet in Form des **dualen Ausbildungssystems** statt. Die Ausbildung erfolgt dabei an **zwei Lernorten:**

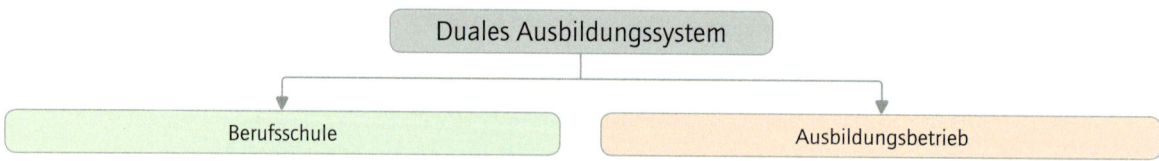

```
                    Duales Ausbildungssystem

        Berufsschule                        Ausbildungsbetrieb
```

Das **BBiG** benennt Rechte und Pflichten der an der Ausbildung beteiligten Personen und Institutionen und beschreibt die Ordnung/Organisation der Berufsausbildung. § 5 des BBiG definiert als Grundlage einer ordnungsgemäßen Berufsausbildung die sogenannte **Ausbildungsordnung:**

```
              §§ 4 und 5 – Ausbildungsordnung
```

§ 4 – Anerkennung von Ausbildungsberufen

(1) Als Grundlage für eine geordnete und einheitliche Berufsausbildung kann das Bundesministerium für Wirtschaft und Arbeit oder das sonst zuständige Fachministerium im Einvernehmen mit dem Bundesministerium für Bildung und Forschung durch Rechtsverordnung, die nicht der Zustimmung des Bundesrates bedarf, Ausbildungsberufe staatlich anerkennen, die Anerkennung aufheben und hierfür Ausbildungsordnungen nach § 5 erlassen.
(2) Für einen anerkannten Ausbildungsberuf darf nur nach der Ausbildungsordnung ausgebildet werden.

§ 5 – Ausbildungsordnung

(1) Die Ausbildungsordnung hat festzulegen
1. die Bezeichnung des anerkannten Ausbildungsberufes,
2. die Ausbildungsdauer; sie soll nicht mehr als drei und nicht weniger als zwei Jahre betragen,
3. die beruflichen Fertigkeiten, Kenntnisse und Fähigkeiten, die mindestens Gegenstand der Berufsausbildung sind (Ausbildungsberufsbild),
4. eine Anleitung zur sachlichen und zeitlichen Gliederung der Vermittlung der beruflichen Fertigkeiten, Kenntnisse und Fähigkeiten (Ausbildungsrahmenplan),
5. die Prüfungsanforderungen.

Die „**Verordnung** über die Berufsausbildung zum Kaufmann im Groß- und Außenhandel/zur Kauffrau im Groß- und Außenhandel" vom 14. Februar 2006 (Bundesgesetzblatt Jg. 2006, Teil I, Nr. 9 vom 28. Februar 2006, S. 409) regelt die Ausbildung dieses kaufmännischen Ausbildungsberufes.

Während der **Ausbildungsrahmenplan** verbindlich festlegt, was im Ausbildungsbetrieb zu vermitteln ist, wird im von der Kultusministerkonferenz (KMK) beschlossenen

Rahmenlehrplan für den berufsbezogenen Unterricht der Berufsschule definiert, was der Lernort Berufsschule im berufsbezogenen Bereich zu vermitteln hat. Rahmenlehrplan und Ausbildungsordnung des Bundes sind aufeinander abgestimmt (Rechtsgrundlage: „Gemeinsames Ergebnisprotokoll vom 30. Mai 1972"). Aufgrund von landesspezifischen Schulgesetzen erlassen die zuständigen Kultusministerien zusätzlich **Lehrpläne** für die sogenannten allgemeinbildenden Fächer (z. B. Deutsch).

Ausbildungsvertrag — *Articles of apprenticeship*

Der Ausbildungsvertrag wird zwischen dem **Auszubildenden** und dem Ausbildenden geschlossen. Bei minderjährigen Auszubildenden muss ein Erziehungsberechtigter den Vertrag mit unterzeichnen. Der Ausbildende, der Inhaber des Ausbildungsbetriebes, kann **Ausbilder** im Betrieb beauftragen, die Berufsausbildung des Auszubildenden im Einzelnen zu gewährleisten. Der unterschriebene Ausbildungsvertrag wird der zuständigen **Industrie- und Handelskammer (IHK)** zur Prüfung vorgelegt und von ihr in das Verzeichnis der Berufsausbildungsverhältnisse eingetragen. Das **Berufsbildungsgesetz (BBiG)** regelt die Rechte und Pflichten von Auszubildenden und Ausbildenden.

Pflichten des Auszubildenden	Pflichten des Ausbildenden
(= Rechte des Ausbildenden)	(= Rechte des Auszubildenden)

Der Auszubildende hat ...

- sich zu bemühen, die berufliche Handlungsfähigkeit zu erwerben, die erforderlich ist, um das Ausbildungsziel zu erreichen;

- die ihm im Rahmen seiner Berufsausbildung aufgetragenen Aufgaben sorgfältig auszuführen;

- am Berufsschulunterricht und an Prüfungen teilzunehmen;

- den Weisungen zu folgen, die ihm im Rahmen der Berufsausbildung von weisungsberechtigten Personen erteilt werden;

- die für die Ausbildungsstätte geltende Ordnung zu beachten;

- Werkzeug, Maschinen und sonstige Einrichtungen pfleglich zu behandeln;

- über Betriebs- und Geschäftsgeheimnisse Stillschweigen zu wahren;

- ein Berichtsheft zu führen.

Pflichten bei Ausübung einer Nebentätigkeit:
Grundsätzlich ist die Ausübung einer Nebentätigkeit zwar erlaubt, sie darf den Auszubildenden aber nicht so stark belasten, dass er seine vertraglichen Pflichten, insbesondere das Erreichen des Ausbildungszieles, nicht mehr erfüllen kann. Aus diesem Grund ist die Ausübung der Nebentätigkeit mit dem Ausbildenden abzustimmen.

Der Ausbildende hat ...

- mit dem Auszubildenden einen Berufsausbildungsvertrag zu schließen und ihn schriftlich niederzulegen;

- mit dem Auszubildenden eine Probezeit zu vereinbaren (mindestens einen Monat, höchstens vier Monate);

- dafür zu sorgen, dass dem Auszubildenden die berufliche Handlungsfähigkeit vermittelt wird, die zum Erreichen des Ausbildungszieles notwendig ist;

- die Ausbildung planmäßig durchzuführen;

- dem Auszubildenden kostenlos die notwendigen Ausbildungsmittel zur Verfügung zu stellen;

- den Auszubildenden zum Besuch der Berufsschule sowie zum Führen von Berichtsheften anzuhalten;

- dafür zu sorgen, dass der Auszubildende charakterlich gefördert sowie sittlich und körperlich nicht gefährdet wird;

- sicherzustellen, dass dem Auszubildenden nur Verrichtungen übertragen werden, die dem Ausbildungszweck dienen und seinen körperlichen Kräften angemessen sind;

- den Auszubildenden für die Teilnahme am Berufsschulunterricht und an Prüfungen freizustellen;

- dem Auszubildenden eine angemessene Vergütung zu gewähren; die Ausbildungsvergütung muss mindestens jährlich ansteigen;

- dem Auszubildenden bei Beendigung des Ausbildungsverhältnisses ein Zeugnis auszustellen.

Zusätzliche Rechte und Pflichten, wie z. B. Urlaubsansprüche, besondere Schutzrechte Jugendlicher, werden in weiteren Gesetzen geregelt.

1

- Voraussetzungen, unter denen der Berufsausbildungsvertrag gekündigt werden kann, sind in die Vertragsniederschrift aufzunehmen (§ 11).

- Während der Probezeit kann das Berufsausbildungsverhältnis jederzeit ohne Einhalten einer Kündigungsfrist gekündigt werden (§ 22 Abs. 1).

- Nach der Probezeit kann das Berufsausbildungsverhältnis nur gekündigt werden
  1. aus einem wichtigen Grund ohne Einhalten einer Kündigungsfrist,
  2. von Auszubildenden mit einer Kündigungsfrist von vier Wochen, wenn sie die Berufsausbildung aufgeben oder sich für eine andere Berufstätigkeit ausbilden lassen wollen (§ 22 Abs. 2).

- Die Kündigung muss schriftlich erfolgen (§ 22 Abs. 3).

- Wird das Berufsausbildungsverhältnis nach der Probezeit vorzeitig gelöst, kann der Auszubildende oder der Ausbildende unter Umständen schadensersatzpflichtig werden. Dies gilt nicht im Falle des § 22 Abs. 2 Nr. 2.

Wichtige Gesetze zum Arbeits- und Tarifrecht

Important labour and industrial relations laws

Gesetz	Abkürzung
Gesetz zum Schutz der arbeitenden Jugend (Jugendarbeitsschutzgesetz) – siehe S. 15 und 597 ff.	JArbSchG
Arbeitsschutzgesetz	ArbSchG
Mindesturlaubsgesetz für Arbeitnehmer (Bundesurlaubsgesetz)	BundUrlG
Kündigungsschutzgesetz	KSchG
Gesetz zum Schutze der erwerbstätigen Mutter (Mutterschutzgesetz)	MuSchG
Bundeserziehungsgeldgesetz	BErzGG
Tarifvertragsgesetz	TVG
Arbeitszeitgesetz	ArbZG
Entgeltfortzahlungsgesetz	EntgFG
Gesetz über die Mitbestimmung der Arbeitnehmer in den Aufsichtsräten und Vorständen der Unternehmen des Bergbaus und der Eisen und Stahl erzeugenden Industrie (Montanmitbestimmungsgesetz)	Montan-MG
Gesetz über die Drittelbeteiligung der Arbeitnehmer im Aufsichtsrat	DrittelbG
Betriebsverfassungsgesetz	BetrVerfG
Gesetz zur Ordnung des Handwerks (Handwerksordnung)	HandwO
Gesetz über die Mitbestimmung der Arbeitnehmer (Mitbestimmungsgesetz)	MitbestG
Gesetz zum Schutz vor Missbrauch personenbezogener Daten (Bundesdatenschutzgesetz)	BDSG
Bürgerliches Gesetzbuch – siehe S. 601 ff.	BGB
Allgemeines Gleichbehandlungsgesetz	AGG

vgl. Hübscher, Heinrich u. a.: IT-Handbuch (Tabellenbuch) IT-Systemkaufmann/-frau, Informatikkaufmann/-frau, 7. Aufl., Braunschweig 2011, S. 8

Jugendarbeitsschutzgesetz (JArbSchG)

Geltungsbereich des Gesetzes

- Das Gesetz schützt **Kinder** (Personen unter 15 Jahren) und **Jugendliche** (Personen ab 15 Jahren, aber noch unter 18 Jahren), die sich in der Berufsausbildung befinden oder in einem Beschäftigungsverhältnis als Arbeitnehmer oder Heimarbeiter tätig sind (§ 1).

- Auf Jugendliche, die der Vollzeitschulpflicht unterliegen, finden die für Kinder geltenden Vorschriften Anwendung (§ 2).

Arbeitszeit / Pausen / Schichtzeit / Nachtruhe

- Jugendliche dürfen nicht mehr als 8 Std. täglich und nicht mehr als 40 Std. wöchentlich beschäftigt werden.
- Wird die Arbeitszeit an einzelnen Werktagen verkürzt, kann die Arbeitszeit an anderen Tagen auf maximal 8,5 Stunden verlängert werden (§ 8).
- Die Pausenzeiten gelten nicht als Arbeitszeit (Ausnahme: Schichtzeit). Als Arbeitspause gilt nur eine Arbeitsunterbrechung von mindestens 15 Minuten (§ 11).
- Jugendliche dürfen nach Beendigung der täglichen Arbeitszeit nicht vor Ablauf einer ununterbrochenen Freizeit von mindestens 12 Stunden beschäftigt werden (§ 13).
- Bei Jugendlichen darf die Schichtzeit prinzipiell 10 Stunden nicht überschreiten.

- Ausnahmen: im Bergbau unter Tage: max. 8 Stunden, im Gaststättengewerbe, in der Landwirtschaft, in der Tierhaltung, auf Bau- und Montagestellen: max. 11 Stunden.
- Schichtzeit ist die tägliche Arbeitszeit unter Hinzurechnung der Ruhepausen (§ 4).
- Jugendliche dürfen prinzipiell nur zwischen 6 und 20 Uhr beschäftigt werden (§ 14).
- Ausnahmen bei Jugendlichen über 16 Jahren:
  - im Gaststätten- und Schaustellergewerbe bis 22 Uhr
  - in mehrschichtigen Betrieben bis 23 Uhr
  - in Bäckereien und Konditoreien ab 5 Uhr
  - in der Landwirtschaft ab 5 Uhr oder bis 21 Uhr

Fünftagewoche / Wochenendarbeit / Feiertagsruhe

- Jugendliche dürfen nur an 5 Tagen in der Woche beschäftigt werden. Die beiden wöchentlichen Ruhetage sollen nach Möglichkeit aufeinanderfolgen (§ 15).
- An Samstagen und Sonntagen dürfen Jugendliche prinzipiell nicht beschäftigt werden (§§ 16, 17).

- Zulässige Ausnahmen sind zum Beispiel:
  - in offenen Verkaufsstellen (Sa.)
  - in Krankenanstalten (Sa., So.)
  - in Bäckereien und Konditoreien (Sa.)
  - in der Landwirtschaft (Sa., So.)
- Am 24. und 31. Dezember nach 14 Uhr und an gesetzlichen Feiertagen dürfen Jugendliche nicht beschäftigt werden (§ 18); Ausnahmen sind in § 18 Abs. 2 geregelt.

Urlaub

- Der bezahlte Erholungsurlaub beträgt laut § 19 jährlich ...
  1. mindestens 30 Werktage, wenn der Jugendliche zu Beginn des Kalenderjahres noch nicht 16 Jahre alt ist,
  2. mindestens 27 Werktage, wenn der Jugendliche zu Beginn des Kalenderjahres noch nicht 17 Jahre alt ist,
  3. mindestens 25 Werktage, wenn der Jugendliche zu Beginn des Kalenderjahres noch nicht 18 Jahre alt ist.

- Der Urlaub soll Berufsschülern in der Zeit der Schulferien gegeben werden. Soweit er nicht in den Schulferien gegeben wird, ist für jeden Berufsschultag, an dem die Berufsschule während des Urlaubs besucht wird, ein weiterer Urlaubstag zu gewähren.

Berufsschulunterricht

- Der Arbeitgeber muss den Jugendlichen für die Teilnahme am Berufsschulunterricht, an Prüfungen und außerbetrieblichen Ausbildungsmaßnahmen freistellen. Am Arbeitstag vor der schriftlichen Abschlussprüfung ist der Jugendliche außerdem freizustellen (§§ 9 – 10).

Gefährliche Arbeiten

- Jugendliche dürfen keine Arbeiten ausführen, die ihre physische oder psychische Leistungsfähigkeit übersteigen, die ihre Gesundheit gefährden oder bei denen sie sittlich gefährdet werden (§ 22).

1

Rechtsgrundlage

Betriebsverfassungsgesetz §§ 60–71

Wahlen

Alle **zwei** Jahre in der Zeit vom 1. Okt. bis 30. Nov. (§ 64)

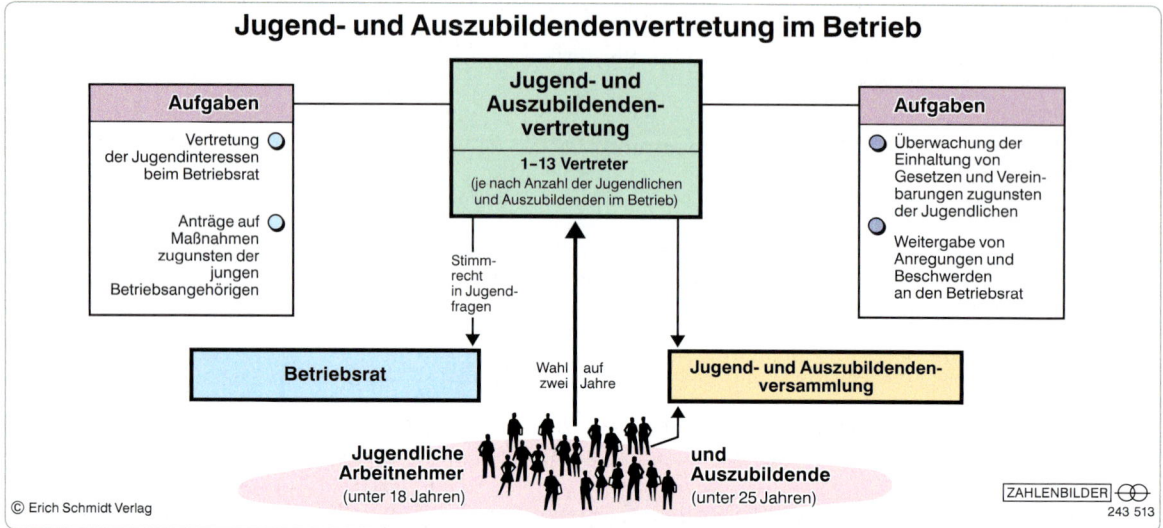

Betriebsrat

Works council

Rechtsgrundlage und Wahlen

- **Rechtsgrundlage:** § 1 ff. Betriebsverfassungsgesetz (BetrVerfG)
- **Amtszeit:** alle **vier** Jahre in der Zeit vom 1. März bis 31. Mai (§ 13)
- **Wahlberechtigte:** alle Arbeitnehmer, die das 18. Lebensjahr vollendet haben (§ 7)
- **Wählbarkeit:** alle Wahlberechtigten, die 6 Monate dem Betrieb angehören (§ 8)

Errichtung von Betriebsräten

In Betrieben mit i. d. R. mindestens 5 ständigen wahlberechtigten Arbeitnehmern, von denen 3 wählbar sind, werden Betriebsräte gewählt (§ 1). Leitende Angestellte sind nach § 5 nicht wahlberechtigt.

Allgemeine Aufgaben des Betriebsrates

- Überwachung der Einhaltung von Gesetzen, Unfallverhütungsvorschriften, Tarifverträgen und Betriebsvereinbarungen
- Beantragung von Maßnahmen, die dem Betrieb und der Belegschaft dienen, beim Arbeitgeber
- Förderung der Durchsetzung der tatsächlichen Gleichstellung von Frauen und Männern sowie der Vereinbarung von Familie und Erwerbstätigkeit
- Weiterleitung und Unterstützung der Anregungen von Arbeitnehmern und Jugendvertretern
- Förderung der Eingliederung Schwerbehinderter
- Vorbereitung und Durchführung der Wahl einer Jugend- und Auszubildendenvertretung
- Förderung der Beschäftigung älterer Arbeitnehmer
- Förderung der Integration ausländischer Arbeitnehmer im Betrieb (§ 80)
- Förderung und Sicherung der Beschäftigung im Betrieb
- Förderung von Maßnahmen des Arbeitsschutzes und des betrieblichen Umweltschutzes (§ 80)

Stellung des Betriebsrates

Der Betriebsrat arbeitet unter Beachtung der geltenden Tarifverträge vertrauensvoll zum Wohl der Arbeitnehmer und des Betriebes mit dem Arbeitgeber zusammen (§ 2).

Rechte des Betriebsrates

... in wirtschaftlichen Angelegenheiten	... in personellen Angelegenheiten	... in sozialen Angelegenheiten
Beispiele:	*Beispiele:*	*Beispiele:*
■ Unterrichtung über wirtschaftliche und finanzielle Lage des Unternehmens (§ 106) ■ Kenntnis von Rationalisierungsvorhaben und Investitionsprogrammen (§ 106)	■ Erstellung von Personalfragebogen (§ 94) ■ Unterrichtung bei Einstellungen, Umgruppierungen und Versetzungen (§ 99)	■ Mitentscheidung über Arbeitszeit, Pausenregelung und Urlaubsplanung (§ 87) ■ Mitbestimmung bei Kündigungen (§ 102)

In **wirtschaftlichen** und **personellen** Angelegenheiten hat der Betriebsrat in der Regel ein **Mitwirkungsrecht,** in **sozialen** Angelegenheiten ein **Mitbestimmungsrecht** (Betriebsrat wird nicht nur informiert oder angehört, er hat auch mitzuentscheiden).

Laufende Tätigkeit des Betriebsrates

Betriebsratssitzungen und **Sprechstunden** des Betriebsrates finden in der Regel während der Arbeitszeit statt (§§ 30, 39).
Der Betriebsrat kann mit dem Arbeitgeber **Betriebsvereinbarungen** beschließen (z. B. über Errichtung von Sozialeinrichtungen) (§ 88).

Betriebsversammlungen sind vom Betriebsrat in jedem Kalendervierteljahr einzuberufen. Der Betriebsrat hat in der Betriebsversammlung einen Tätigkeitsbericht zu erstatten (§ 43). Der Betriebsrat hat bezüglich Betriebs- und Geschäftsgeheimnissen **Geheimhaltungspflicht** (§ 79).

Zahl der Betriebsratsmitglieder

Anzahl der Betriebsräte	bei Zahl der Mitarbeiter im Unternehmen (§ 9)	Zahl der von beruflicher Tätigkeit freigestellten Betriebsräte	bei Zahl der Mitarbeiter im Unternehmen (§ 38)
1	5 – 20	1	200 – 500
3	21 – 50	2	501 – 900
5	51 – 100	3	900 – 1.500
7	101 – 200	4	1.501 – 2.000
9	201 – 400	5	2.001 – 3.000
11	401 – 700	6	3.001 – 4.000
13	701 – 1000	7	4.001 – 5.000
15	1.001 – 1.500	8	5.001 – 6.000
17	1.501 – 2.000	9	6.001 – 7.000
19	2.001 – 2.500	10	7.001 – 8.000
21	2.501 – 3.000	11	8.001 – 9.000
23	3.001 – 3.500	12	9.001 – 10.000
25	3.501 – 4.000	+ 1	+ 2.000
27	4.001 – 4.500	■ Arbeiter und Angestellte müssen entsprechend ihrem zahlenmäßigen Verhältnis im Betriebsrat vertreten sein, wenn dieser aus mindestens drei Mitgliedern besteht.	
29	4.501 – 5.000		
31	5.001 – 5.500	■ Die Mitglieder des Betriebsrats sowie die Jugend- und Auszubildendenvertreter sind nach § 15 Abs. 1 KSchG während ihrer Amtszeit und ein Jahr danach **unkündbar.**	
33	6.001 – 7.000		
35	7.001 – 9.000		
+ 2	+ 3.000		

1

Tarifautonomie

Das Recht der Tarifvertragsparteien, Tarifverträge ohne Einflussnahme des Staates frei aushandeln zu dürfen **(Tarifautonomie)**, ist im Artikel 9 Absatz 3 **Grundgesetz** abgesichert: „Das Recht, zur Wahrung und Förderung der Arbeits- und Wirtschaftsbedingungen Vereinigungen zu bilden, ist für jedermann und für alle Berufe gewährleistet. Abreden, die dieses Recht einschränken oder zu behindern suchen, sind nichtig, hierauf gerichtete Maßnahmen sind rechtswidrig." Näheres regelt das **Tarifvertragsgesetz**. Die Tarifvertragsparteien werden auch als **Sozialpartner** bezeichnet.

Tarifvertragsparteien

1. Möglichkeit:

Die Interessenvertretungen von Arbeitgebern und Arbeitnehmern handeln **Branchentarifverträge** (z. B. für die Metall verarbeitende Industrie) für einen bestimmten Tarifbezirk (z. B. ein Bundesland) in Form von **Flächentarifverträgen** aus.

2. Möglichkeit:

Die Gewerkschaft handelt mit einem großen Arbeitgeber (z. B. einem Konzern) einen **Haustarifvertrag** aus. Er gilt nur für dieses Unternehmen.

Ablauf von Tarifvertragsverhandlungen

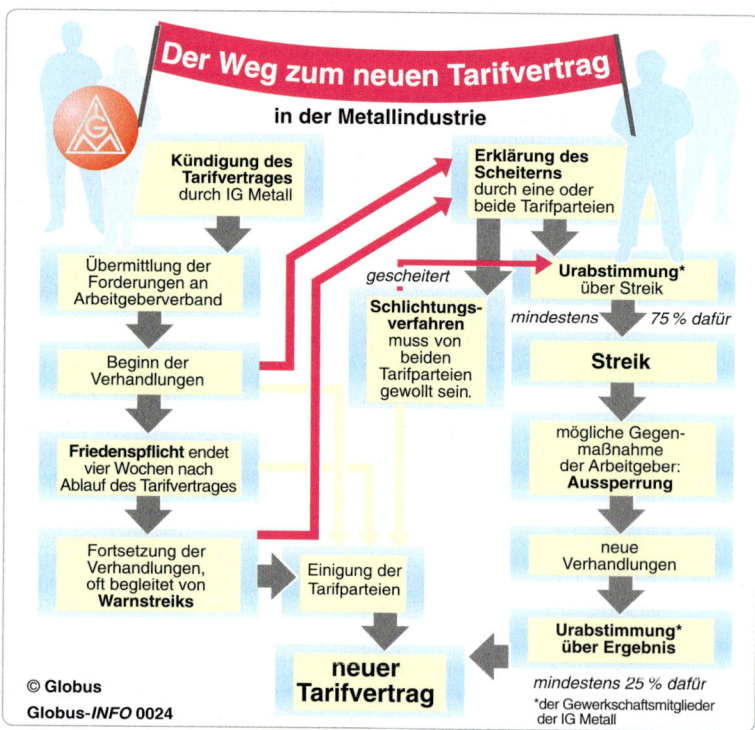

Gründe für Tarifverträge

- Beide Vertragsparteien erhoffen sich mehr Macht, um die eigenen Interessen durchzusetzen („Einigkeit macht stark").

- Ökonomisch sind Tarifverträge sinnvoll, da Einzelverhandlungen zwischen einzelnen Arbeitgebern und -nehmern unnötig Zeit und Geld kosten würden.

- Arbeitgeber und -nehmer können langfristig planen, da während der Dauer eines Tarifvertrages **„Friedenspflicht"** (Verbot von Arbeitskampfmaßnahmen) besteht. Produktionsausfälle werden so vermieden, was sich auch volkswirtschaftlich positiv auswirkt.

- Die Aushandlung und der Abschluss von Tarifverträgen führen zur politischen Stabilisierung des Staates. Demokratische Spielregeln (zum Beispiel die Urabstimmung) werden durch das Verfahren von Tarifvertragsverhandlungen eingeübt und verfestigen sich im Bewusstsein der Bürger.

Jede Gewerkschaft ist rechtlich frei, die genauen Bestimmungen zur Durchführung einer Urabstimmung festzulegen (z. B. den Mindestzustimmungsprozentsatz von zz. 75 %) oder ein Schlichtungsverfahren vorzusehen.

Schlichtungsverfahren

Wird zwischen Gewerkschaft und Arbeitgeberverband ein sogenanntes **Schlichtungsverfahren** vereinbart, um harte Tarifauseinandersetzungen zu verhindern, schlägt ein neutraler Schlichter, der von beiden Tarifvertragsparteien akzeptiert wird (z. B. ein ehemaliger Bundesminister), eine Tariflösung vor. Gewerkschaft wie auch Arbeitgeberverband sind allerdings nicht an diesen **Schlichterspruch** gebunden, sie können trotzdem ihre „Kampfmittel" einsetzen. Der politische Druck der Öffentlichkeit (z. B. über Massenmedien) und der Regierung führen aber in der Regel zu einer Übernahme des Schlichterspruchs.

Streik und Aussperrung

Die Gewerkschaft ruft einen **Streik** aus, um ihre Tarifforderungen durchzusetzen. Die Gewerkschaftsmitglieder erhalten für diese Zeit des Verdienstausfalls ein sogenanntes Streikgeld von ihrer Gewerkschaft, das sie vorher durch ihre Beitragszahlungen angespart haben. Umfangreiche Streiks reduzieren die angesammelten Beiträge, die Streikkasse droht leer zu werden. Bei den Arbeitgebern führen die Streiks unter Umständen zum Produktionsstillstand und damit zu Umsatz- und Gewinnausfällen. Dieser enorme wirtschaftliche Druck auf beide Tarifvertragsparteien ist aber gewollt – nur dadurch kommt eine Tarifeinigung zustande. Damit die Antwort des Arbeitgeberverbandes auf den Streik – die **Aussperrung** – nicht zu einem sofortigen Zusammenbruch der Streikkasse der Gewerkschaft führt, sind Aussperrungen im Umfang rechtlich begrenzt – es geht darum, dass keine der beiden Seiten ein Übergewicht erhält. Man spricht vom **Grundsatz der Verhältnismäßigkeit** (Übermaßverbot).

Streikarten

Warnstreik	Diese Streikart dient in der Regel in der ersten Verhandlungsphase zur Untermauerung der Gewerkschaftsforderungen; er umfasst nur relativ wenige Arbeitnehmer und wird nur für kurze Zeit durchgeführt.
Flächenstreik	Unternehmen werden „in der Fläche" bestreikt, z. B. im gesamten Tarifbezirk.
Schwerpunktstreik	Nur ausgewählte Unternehmen (z. B. Zulieferbetriebe) oder sogar nur bestimmte Abteilungen werden bestreikt. Diese Streikart ist für die Gewerkschaft kostengünstig, verspricht aber hohen Erfolg.
Politischer Streik	Diese Streikart verfolgt rein politische Zwecke und ist durch Art. 9 Abs. 3 des **Grundgesetzes** nicht geschützt. Er kann allenfalls als letztes Mittel dienen, um die verfassungsmäßige Ordnung zu erhalten im Sinne des **Widerstandsrechts** laut Art. 20 Abs. 4 des Grundgesetzes: „Gegen jeden, der es unternimmt, diese Ordnung zu beseitigen, haben alle Deutschen das Recht zum Widerstand, wenn andere Abhilfe nicht möglich ist."

Arten von Tarifverträgen

- **Lohn- bzw. Gehaltstarifvertrag:**
  regelt die Höhe des Arbeitsentgelts in der Regel für ein oder zwei Jahre.

- **Mantel- bzw. Rahmentarifvertrag:**
  „ummantelt" den Lohn- bzw. Gehaltstarifvertrag durch die Festlegung bestimmter Rahmenbedingungen, wie z. B. Arbeitszeit, Urlaubsregelung, Lohngruppeneinteilung. Er hat in der Regel eine mehrjährige Laufzeit.

Geltung von Tarifverträgen

Tarifverträge gelten prinzipiell nur für die **Arbeitnehmer**, die Mitglied der Gewerkschaft sind, und für **Arbeitgeber**, die Mitglied des Arbeitgeberverbandes sind. Ist zwar der Arbeitnehmer Mitglied der Gewerkschaft, der Arbeitgeber aber nicht Mitglied des Arbeitgeberverbandes, muss der Arbeitgeber nicht das Tarifentgelt zahlen. Arbeitnehmer, die kein Gewerkschaftsmitglied sind, erhalten von ihrem im Arbeitgeberverband organisierten Arbeitgeber trotzdem das zwischen den Tarifvertragsparteien vereinbarte Tarifentgelt. Im anderen Falle würden die nicht organisierten Arbeitnehmer in die Gewerkschaft eintreten und deren Verhandlungsposition verbessern, was nicht im Interesse des Arbeitgebers sein kann.

Unter besonderen Umständen (z. B. bei Wettbewerbsverzerrungen) kann der Bundesminister für Arbeit und Soziales einen Tarifvertrag für **allgemein verbindlich** erklären, das heißt, er gilt für alle Arbeitnehmer und Arbeitgeber eines Tarifbezirks – unabhängig von ihrer Zugehörigkeit zu einem Interessenverband.

1

Individual- und Kollektivrechte

Neben **individuellen** Rechten des Arbeitnehmers, die sich aus seinem Arbeitsvertrag und seinen individuellen Rechten laut §§ 8–84 des Betriebsverfassungsgesetzes (z. B. Recht auf Einsicht in die Personalakte) ergeben, kann der Arbeitnehmer **Kollektivrechte** durch besondere Organe ausüben (z. B. Betriebsrat handelt Betriebsvereinbarung aus).

Betriebliche Mitbestimmung (Überblick)

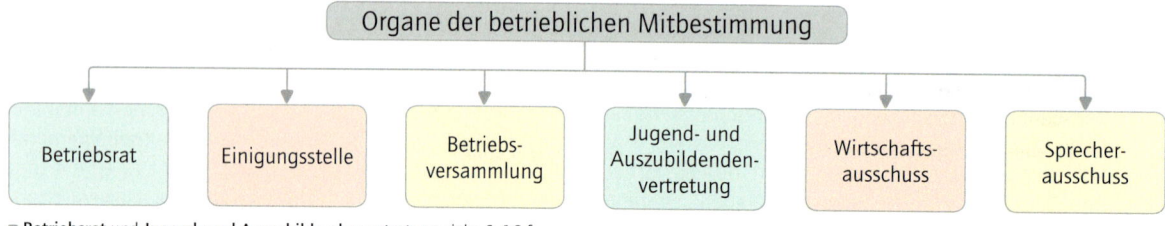

■ **Betriebsrat** und **Jugend- und Auszubildendenvertretung** siehe S. 16 f.

Betriebsversammlung (§ 42 ff. BetrVerfG)

Betriebsversammlungen sind vom Betriebsrat in jedem Kalendervierteljahr einzuberufen. Vor den versammelten Arbeitnehmern erstattet der Betriebsrat seinen Tätigkeits- bericht. Der Arbeitgeber ist einzuladen, da er vierteljährlich über die wirtschaftliche Lage und über das Personal- und Sozialwesen zu berichten hat.

Betriebsausschuss (§ 27 BetrVerfG)

Besteht ein Betriebsrat aus mindestens neun Mitgliedern, wird ein Betriebsausschuss gebildet, der die laufenden Ge- schäfte des Betriebsrates führt. Der Betriebsrat kann dem Betriebsausschuss mit der Stimmenmehrheit seiner Mit- glieder Aufgaben zur selbstständigen Erledigung übertra- gen; dies gilt nicht für den Abschluss von Betriebsverein- barungen.

Einigungsstelle (§ 76 BetrVerfG)

Sie dient zur Beilegung von Meinungsverschiedenheiten zwischen Arbeitgeber und Betriebsrat. Die Einigungsstelle besteht aus einer gleichen Anzahl von Beisitzern, die vom Arbeitgeber und dem Betriebsrat bestellt werden, sowie einem unparteiischen Vorsitzenden, der von beiden Seiten bestimmt wird. Beschlüsse werden mit einfacher Mehrheit gefasst. Durch eine Betriebsvereinbarung kann eine ständige Einigungsstelle errichtet werden.

Wirtschaftsausschuss (§ 106 ff. BetrVerfG)

In Unternehmen mit mehr als 100 ständig beschäftigten Arbeitnehmern ist ein Wirtschaftsausschuss zu bilden. Er hat die Aufgabe, wirtschaftliche Angelegenheiten mit dem Arbeitgeber zu beraten und den Betriebsrat zu informie- ren. Der Wirtschaftsausschuss besteht aus mindestens drei und höchstens sieben Mitgliedern, die vom Betriebsrat be- stimmt werden. Dieses Organ soll monatlich einmal zusam- mentreten. Der Arbeitgeber hat den Wirtschaftsausschuss rechtzeitig und umfassend über die wirtschaftlichen Ange- legenheiten des Unternehmens unter Vorlage der erforder- lichen Unterlagen zu unterrichten.

Sprecherausschuss (§ 1 ff. SprAuG)

In Unternehmen mit in der Regel mindestens zehn leitenden Angestellten werden Sprecherausschüsse der leitenden An- gestellten gewählt. Der Sprecherausschuss soll mit dem Arbeitgeber vertrauensvoll zusammenarbeiten und vertritt die besonderen Interessen der leitenden Angestellten.

Bruttoentgeltarten:

- Gehalt
- Stundenlohn
- Leistungslohn
  - Akkordlohn
  - Prämienlohn

- Anteil des Arbeitgebers zur **vermögenswirksamen Sparleistung** des Arbeitnehmers
- freiwillig oder gemäß Tarifvertrag

Die Höhe der **Lohnsteuer** hängt ab von

- Familienstand (Lohnsteuerklasse),
- Einkommenshöhe,
- Steuersatz.

Der **Solidaritätszuschlag** beträgt

- 5,5 % von der Lohnsteuer und
- dient dem Aufbau der ostdeutschen Bundesländer.

- Die **Kirchensteuer** beträgt je nach Bundesland 8 % oder 9 % von der Lohnsteuer.

Dieser Betrag wird dem Arbeitnehmer/der Arbeitnehmerin **auf das Konto** überwiesen; er kann sich noch weiter verringern, z. B. durch die Verrechnung gezahlter Vorschüsse oder den Abzug von Lohnpfändungen.

Name
Personalnummer
Abteilung, Kostenstelle
Lohnsteuerklasse
Lohn-, Gehaltsgruppe
Versicherungsnummer
Bankleitzahl
Kontonummer

Persönliche Daten

Bruttoentgelt

+ ggf. vermögenswirksame Leistungen

(Arbeitgeberanteil)
= steuerpflichtiges Bruttoentgelt

− Lohnsteuer

− Solidaritätszuschlag

− ggf. Kirchensteuer

− Sozialversicherung

(Arbeitnehmeranteil)
= Nettogehalt

+ ggf. vermögenswirksame Sparleistung

= Auszahlungsbetrag

- **Staatliche Förderung** bei vermögenswirksamer Anlage von mindestens 7 Jahren und Nichtüberschreiten bestimmter Einkommensgrenzen
- **Anlageformen und Förderung:**
  - Bausparverträge mit 9 % für maximal 470,00 €/Jahr
  - Beteiligung mit Produktivkapital mit 20 % für maximal 400,00 €/Jahr

---

- **Zweige** der **gesetzlichen Sozialversicherung:**
  - Krankenversicherung
  - Pflegeversicherung
  - Arbeitslosenversicherung
  - Rentenversicherung
  - Unfallversicherung*

- **Versicherungsträger** (in der Reihenfolge der Versicherungen):
  - z. B. AOK, Ersatzkassen
  - die bei den Krankenkassen errichteten Pflegekassen
  - Bundesagentur für Arbeit
  - z. B. Deutsche Rentenversicherung Braunschweig-Hannover
  - Berufsgenossenschaften

- Die **Versicherungsbeiträge** sind grundsätzlich je zur Hälfte von Arbeitnehmer und Arbeitgeber zu tragen.*

  An den Zuschlägen für Zahnersatz (0,4 % vom Bruttoarbeitsentgelt und für Krankengeld (0,5 %) sind die Arbeitgeber nicht beteiligt. Zu den aktuellen Beitragssätzen siehe z. B. www.deutsche-sozialversichung.de oder www.morche-fuerth.de.

- Die **Beitragsbemessungsgrenze** ist der Höchstbetrag des Bruttoentgelts, von dem Beiträge berechnet werden.

  Sie wird jährlich neu festgelegt. Für die Kranken- und Pflegeversicherung beträgt sie 75 % der Renten- bzw. Arbeitslosenversicherung.

---

* Die Beiträge zur Unfallversicherung sind vom Arbeitgeber allein zu tragen. Die Höhe der Beiträge hängt ab von der Lohnhöhe der Arbeitnehmer/-innen und der Gefahrenklasse des Unternehmens.

vgl. Hübscher, Heinrich u. a.: IT-Handbuch (Tabellenbuch) IT-Systemkaufmann/-frau, Informatikkaufmann/-frau, 7. Aufl., Braunschweig 2011, S. 18

1

Einfacher Wirtschaftskreislauf

- Am **Wirtschaftsgeschehen** eines Staates sind viele sogenannte Wirtschaftssubjekte beteiligt, wie z. B. Groß- und Außenhandelsbetriebe, Industriebetriebe, Banken, Versicherungen, private Haushalte, öffentliche Haushalte (Bund, Länder, Gemeinden), ausländische Betriebe.

- Um die vielschichtigen Zusammenhänge zwischen diesen Wirtschaftseinheiten zu verstehen, werden **Modelle** gebildet, die die Wirklichkeit in vereinfachter Form darstellen.

- Das folgende **Modell eines einfachen Wirtschaftskreislaufs** stellt lediglich die Beziehungen zwischen den privaten Haushalten und den inländischen Unternehmen (ohne Banken) dar. Die Einflüsse der Banken, des

Staates und der ausländischen Unternehmen werden nicht berücksichtigt. Das Modell spiegelt also eine **geschlossene Volkswirtschaft ohne staatliche Aktivität** wider (zum Modell eines erweiterten Wirtschaftskreislaufs siehe S. 23).

Weitere Annahmen:
- Die privaten Haushalte verwenden ihr gesamtes Einkommen für den Kauf von Gütern und Dienstleistungen.

- Alle von den Unternehmen erzeugten bzw. bereitgestellten Güter und Dienstleistungen werden an private Haushalte verkauft.

3 Konsumausgaben

1 Produktionsfaktoren

4 Konsumgüter / Dienstleistungen

2 Einkommen

→ Güterstrom oder realer Strom   → Geldstrom oder monetärer Strom

Im Wirtschaftskreislauf fließt dem Geldstrom ein wertmäßig gleich großer Strom an Gütern und Dienstleistungen entgegen.

1
- Peter Schmidt arbeitet als Angestellter in der **Bellheim-BüroService GmbH.**
- Betriebsgrundstück und Gebäude hat die Bellheim-BüroService GmbH von Herrn Kurt Schmidt gepachtet.
- Die Gesellschafter der Bellheim-BüroService haben das notwendige Eigenkapital erbracht.

Die privaten Haushalte stellen also den Unternehmen die sogenannten volkswirtschaftlichen **Produktionsfaktoren** Arbeit, Boden und Kapital zur Verfügung. Dabei ist mit Kapital sowohl Geldkapital als auch Sach- oder Realkapital (Gebäude, Maschinen, Fuhrpark usw.) gemeint.

2 Als Gegenleistung für die Bereitstellung dieser Produktionsfaktoren erhalten sie Geld oder **Einkommen** von den Unternehmen:
- für den Faktor Arbeit: Löhne, Gehälter
- für den Faktor Boden: Miete, Pacht
- für den Faktor Kapital: Gewinne, Zinsen

3 Die privaten Haushalte **geben** ihre Einkommen für den Kauf von Konsumgütern und Dienstleistungen **aus**. Das bedeutet für die Unternehmen Umsatzerlöse, die diese wieder für die Bezahlung der Produktionsfaktoren ausgeben. → Wirtschaftskreislauf

4 Die Unternehmen liefern den privaten Haushalten die gekauften **Güter** und **Dienstleistungen**.

Erweiterter Wirtschaftskreislauf

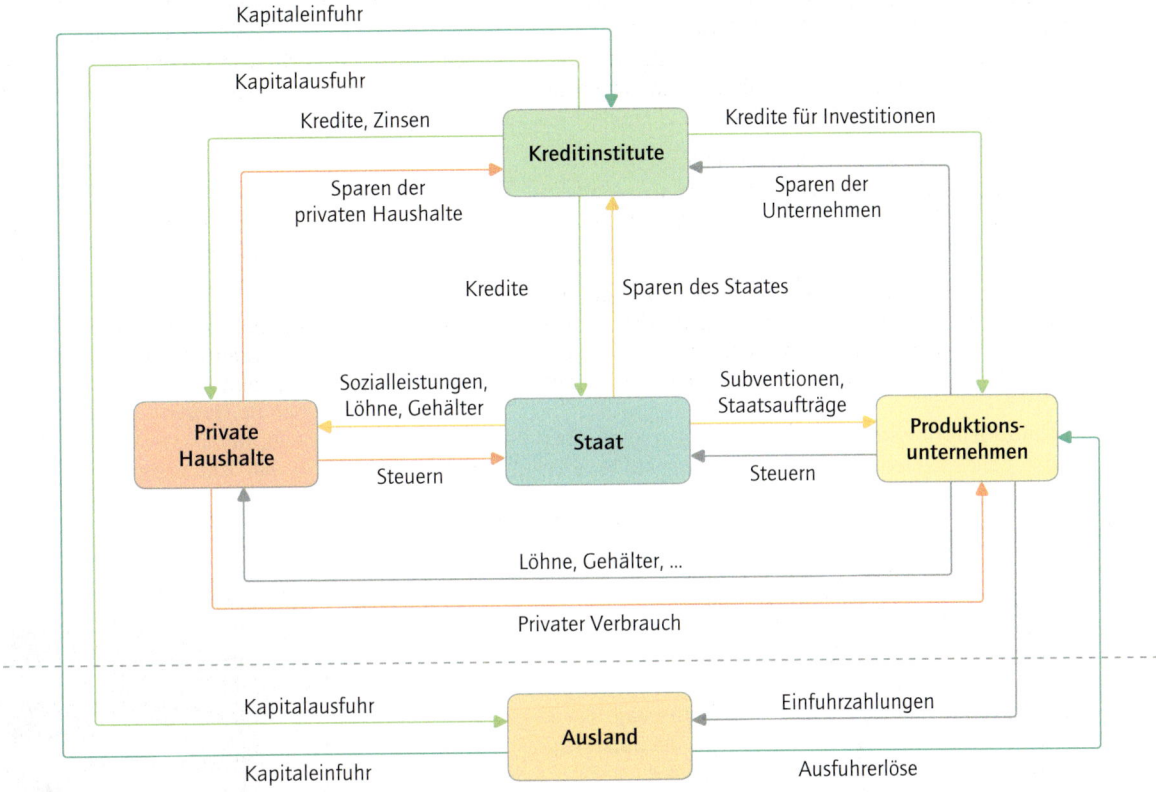

aus: Bundesverband deutscher Banken (Hrsg.): Ordner Wirtschaft. Materialien für den Unterricht, Köln 1994, 2.1 / 4

Art des Wirtschaftssubjektes	Haupttätigkeiten, z. B.	Zwischen- und Endziele, z. B.
Privater Haushalt	■ Verkauf von Arbeitskraft ■ Konsumieren ■ Sparen	■ Sicherung der Existenz durch Erzielung von Einkommen zur Befriedigung von Bedürfnissen, Schaffung und Vermehrung von Eigentum und Ansehen
Unternehmen a) Kreditinstitut	■ Gewährung von Krediten ■ Aufnahme von Krediten ■ Abwicklung des Zahlungsverkehrs	■ Sicherung der Existenz ■ Deckung der Kosten (langfristig) ■ Erzielung von positivem Nettogewinn ■ Erweiterung der Einflussnahme auf Märkte
b) **Produktions-unternehmen**	■ Produktion von Sachgütern und Dienstleistungen ■ Investitionen	■ Gewinnmaximierung
Öffentlicher Haushalt, z. B. Gemeinde	■ Einnahme von Steuern und Gebühren ■ Durchführung von Haushaltsplänen ■ Bereitstellung von Dienstleistungen ■ Durchführung von Verwaltungsaufgaben	■ soziale Sicherung der Bürger ■ Unterhaltung und Sicherung der Betriebsfähigkeit von Ver- und Entsorgungseinrichtungen ■ Bau und Unterhalt von Sport-, Kultur-, Erholungs- und Verwaltungseinrichtungen ■ Schutz der Bürger/-innen vor inneren und äußeren Gefahren

aus: Herber, Hans / Engel, Bernd: Volkswirtschaftslehre für Bankkaufleute, 6., neu bearbeitete Aufl., Wiesbaden 1994, S. 3 f.

1

Überblick

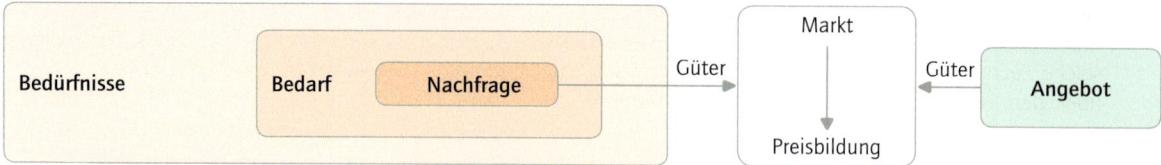

Bedürfnisse — Bedarf — Nachfrage — Güter → Markt — Preisbildung ← Güter — Angebot

Bedürfnisse

- Mangelempfindungen (z. B. Hunger und Durst) rufen bei den Menschen Wünsche hervor. Diese Wünsche werden als **Bedürfnisse** bezeichnet, die sich in drei Gruppen einteilen lassen:
  - **Existenzbedürfnisse** (z. B. essen, trinken, in einer Wohnung leben, sich kleiden, sich bilden)
  - **Kulturbedürfnisse** (z. B. in Farbe fernsehen, lesen, über das Handy telefonieren, Diskothek besuchen)

- **Luxusbedürfnisse** (z. B. eine Segeljacht besitzen, Kaviar essen, Designerkleidung tragen)

- Die Einordnung der einzelnen Bedürfnisse in diese drei Gruppen ist u. a. abhängig von der **gesellschaftlichen Entwicklung** bzw. von der Höhe des Einkommens. War beispielsweise früher die Nutzung eines PCs ein Luxusbedürfnis, ist es heute in den privaten Haushalten ein Kulturbedürfnis, in den Unternehmen sogar ein Existenzbedürfnis.

Bedarf

- Ein sehr großer Teil der menschlichen Bedürfnisse ist materieller Natur. Die Menschen wünschen sich z. B. ein Handy, Sportgeräte, Designergarderobe, Urlaubsreisen, Theaterbesuche. Da in der Regel das Einkommen begrenzt ist, kann der Mensch nicht alle Bedürfnisse, die er hat, befriedigen. Der Teil der Bedürfnisse, der **durch Einkommen gedeckt** werden kann, heißt **Bedarf.**

- Trifft der einzelne Mensch (Konsument) im Rahmen seines verfügbaren Einkommens die Entscheidung, welches Produkt er kaufen will, spricht man von **individueller**

Bedarfsdeckung (*Beispiel:* Beim Kauf eines Mantels wählt und kauft der Konsument selbst und bezahlt unmittelbar mit seinem Geld).

- Wird der Bedarf einer größeren Gruppe von Menschen durch deren Körperschaft (z. B. Verein, Gemeinde, Land) gedeckt, spricht man von **kollektiver Bedarfsdeckung.** Der Kauf der entsprechenden Güter wird z. B. aus Vereinsbeiträgen, Steuern, Abgaben finanziert (*Beispiele:* Bedarf an Kindergärten, Schulen, Krankenhäusern, Straßen).

Nachfrage

Die Güter und Dienstleistungen, die letztendlich von den Käufern auf dem Markt nachgefragt werden, bezeichnet man als **Nachfrage.**

Angebot

Die von den Verkäufern auf dem Markt bereitgehaltenen Güter und Dienstleistungen werden als **Angebot** bezeichnet.

Markt

Unterscheidung abstrakter Markt und konkreter Markt:
- Der **abstrakte Markt** ist eine Zusammenfassung von Angebots- und Nachfragebeziehungen. Er ist der theoretische Ort, an dem sich Angebot und Nachfrage treffen und an dem die Preisbildung stattfindet.
  Beispiele: Ölmarkt, Automarkt

- Der **konkrete Markt** ist sachlich, zeitlich und örtlich bestimmt.
  Beispiele: Cebit-Messe für Informationstechnologie im Jahr 20.. in Hannover; Wochenmarkt in Braunschweig

Güter

Die volkswirtschaftliche Aufgabe von Betrieben sollte sein, durch den Einsatz von Produktionsfaktoren (siehe S. 35) solche Sachgüter und Dienstleistungen zu erzeugen bzw. über den Handel bereitzustellen, die der Befriedigung menschlicher Bedürfnisse dienen. Diese Güter und Dienstleistungen werden den anderen Wirtschaftseinheiten (Betrieben und Haushalten) über den Absatzmarkt zur Verfügung gestellt.

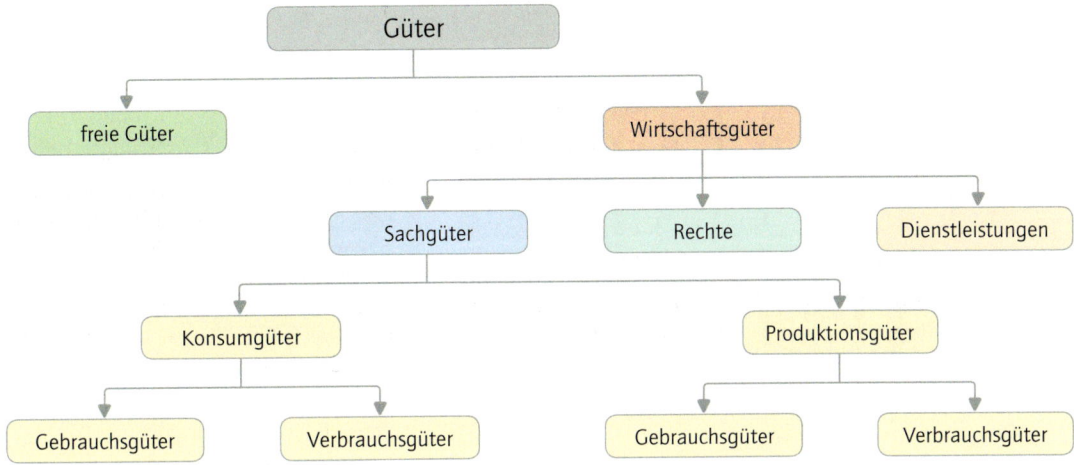

- **Freie Güter** sind in unbegrenzter Menge vorhanden und haben daher keinen Preis, z. B. Luft, Sonnenenergie, Meerwasser.

- **Wirtschaftsgüter** sind knappe Güter, d. h., sie stehen nur in begrenzter Menge zur Verfügung, z. B. Erdöl, Baumwolle, Kaffee. Je knapper diese Güter sind, desto wertvoller sind sie und desto höher ist ihr Preis. Mit ihnen muss gewirtschaftet werden. Dabei bedeutet Wirtschaften, dass diese Güter planvoll und zweckmäßig verwendet werden.

- **Sachgüter** sind materielle oder körperliche Güter, die man „anfassen" kann, z. B. Brot, Tisch, Pullover.

- **Rechte** sind immaterielle Güter wie z. B. Warenzeichen, Patente.

- **Dienstleistungen** sind ebenfalls immaterielle, stofflose Güter, z. B. Haarschnitt beim Friseur, Versicherungsschutz, Warentransport, Warenhandel.

- **Konsumgüter** sind Güter, die von privaten Haushalten genutzt werden, um unmittelbar Bedürfnisse zu befriedigen, z. B. PC, Textilien, Sportgeräte.

- **Produktionsgüter** sind Güter, die von Betrieben verwendet werden, um andere Güter zu produzieren, z. B. PC, Arbeitskleidung, Auto, Kassen.

- **Gebrauchsgüter** werden mehrfach genutzt, z. B. Pullover, Sportschuhe, Auto.

- **Verbrauchsgüter** werden einmal genutzt, z. B. Nahrungsmittel.

Ökonomisches Prinzip

Wirtschaften heißt Handeln nach dem Vernunftprinzip. Dem Handeln der Unternehmen und der Haushalte liegt das ökonomische Prinzip (**Wirtschaftlichkeitsprinzip**) zugrunde, das in den folgenden Grundsätzen zum Ausdruck kommt:

- **Maximalprinzip:**
  mit gegebenen Mitteln den größtmöglichen Nutzen, die größtmögliche Leistung erzielen

  Beispiele:
  – von einem Monatsgehalt von 1.200,00 € so viele Güter wie möglich kaufen

  – mit einer Verkaufsfläche von 5 000 m² und vier Verkäufern/Verkäuferinnen den größtmöglichen Jahresumsatz erzielen

- **Minimalprinzip:**
  einen bestimmten Nutzen, eine bestimmte Leistung mit möglichst geringen Mitteln erzielen

  Beispiele:
  – Briefumschläge bestimmter Qualität zu einem geringstmöglichen Preis kaufen

  – einen Jahresumsatz von 300.000,00 € mit möglichst wenig Verkäufern/Verkäuferinnen erreichen

1

Die Auswirkungen der gesellschaftlichen Veränderungen werden u. a. auf die drei Prozesse
- **Globalisierung,**
- **demografische Entwicklung** und
- **technologische Entwicklung**

zurückgeführt.

Diese Prozesse führten und führen zu einer starken Veränderung unserer Gesellschaft und wirken sich daher selbstverständlich auch auf den Groß- und Außenhandel aus. Will man sich die möglichen Auswirkungen vor Augen führen, ist es wichtig, die derzeitige **Bedeutung** des Groß- und Außenhandels zu betrachten.

Die Bedeutung des Groß- und Außenhandels in Deutschland

Der Großhandel

In allen Branchen und auf den verschiedenen **Wertschöpfungsstufen** von Rohmaterialien über Halbfabrikate bis zu fertigen Investitions-, Verbrauchs- und Konsumgütern spielt der **Großhandel** eine kaum wegzudenkende Rolle. Der Großhandel ist ein wichtiges Bindeglied zwischen den unterschiedlichen **Wirtschaftsstufen**. Er verbindet industrielle Fertigung mit Einzelhandelsunternehmen, Gastgewerbe, nachgelagerten regionalen Großhändlern oder weiterverarbeitenden gewerblichen und industriellen Betrieben. Der **Umsatz** im Großhandel lag im Jahr 2008 bei 850 Mrd. Euro.

Im Groß- und Außenhandel sind annähernd 1,2 Mio. Menschen beschäftigt, mehr als in anderen, sogenannten **Schlüsselindustrien** dieses Landes, beispielsweise der Chemischen Industrie.

Der Außenhandel

Der **Außenhandel** trägt zu zwei Dritteln zum **Bruttoinlandsprodukt** (siehe auch S. 384) bei. Es wurden 2009 Waren im Wert von 803 Mrd. Euro exportiert und Waren im Wert von 667 Mrd. Euro importiert. Der Außenhandel erschließt der Industrie Absatzmöglichkeiten weltweit. Gleichzeitig versorgt der Außenhandel die in Deutschland lebenden Verbraucher mit den **Importgütern** aus der ganzen Welt. Eine unübersehbare Zahl von Nahrungs- und Genussmitteln wie Kaffee, Tee, Kakao, Südfrüchte, Wein und Spirituosen wird ebenso importiert wie eine Vielzahl von **Gebrauchs-** und **Verbrauchsgütern**, z. B. Bekleidung, elektronische Geräte, Kraftfahrzeuge und Einrichtungsgegenstände. Kaum anderswo auf der Welt ist der Importanteil der angebotenen Waren höher als im deutschen Einzelhandel.

Die Industrie ist beispielsweise auf die Einfuhr großer Mengen an Energie und Rohstoffen angewiesen. Chemische Produkte, **industrielle Vorprodukte**, aber auch komplexe Fertigungsanlagen kann der Groß- und Außenhandel der Industrie anbieten, damit die internationale Wettbewerbsfähigkeit der Produkte erhalten bleibt.

nach: BGA – Bundesverband des deutschen Groß- und Außenhandels, www.bga.de/article/archive/2, März 2009, sowie Statistisches Bundesamt, Wiesbaden 2010

Globalisierung

Begriff

Die **OECD** (**O**rganization for **E**conomic **C**ooperation and **D**evelopment, Organisation für wirtschaftliche Zusammenarbeit und Entwicklung) bezeichnet die Globalisierung als einen Prozess, an dessen Anfang die Einsicht stand, dass Staaten, die sich nicht wirtschaftlich abschließen, sondern in einen offenen Austausch mit anderen Volkswirtschaften treten, davon profitieren und Wohlstandsgewinne erzielen können.

Globalisierung ist ein weltweiter Austausch von Daten, Dienstleistungen, Waren, Technologien und Kapital. Die unübersehbare Zahl von ausländischen Waren im Inland, die Möglichkeiten, inländisches Kapital im Ausland zu investieren, sind beispielsweise sichtbare Zeichen der Globalisierung. Doch dieser Prozess birgt auch unübersehbare Risiken und muss sich daher einer kritischen Betrachtung unterziehen.

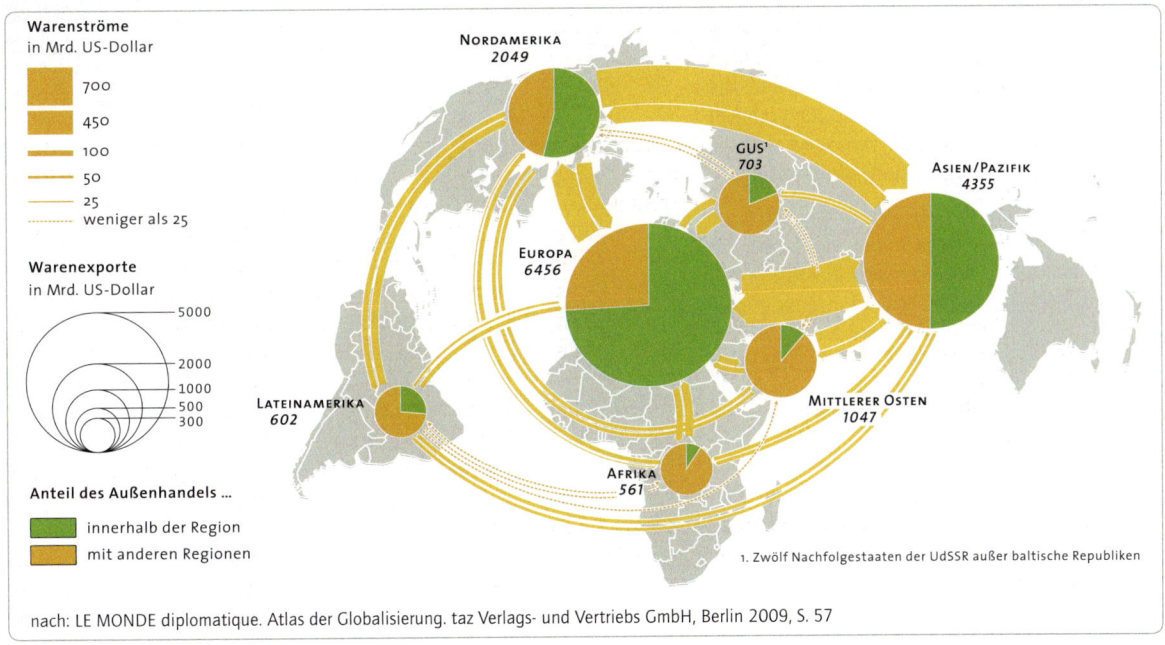

Warenströme
in Mrd. US-Dollar
- 700
- 450
- 100
- 50
- 25
- weniger als 25

Warenexporte
in Mrd. US-Dollar
- 5000
- 2000
- 1000
- 500
- 300

Anteil des Außenhandels ...
- innerhalb der Region
- mit anderen Regionen

NORDAMERIKA *2049*
GUS[1] *703*
ASIEN/PAZIFIK *4355*
EUROPA *6456*
LATEINAMERIKA *602*
MITTLERER OSTEN *1047*
AFRIKA *561*

1. Zwölf Nachfolgestaaten der UdSSR außer baltische Republiken

nach: LE MONDE diplomatique. Atlas der Globalisierung. taz Verlags- und Vertriebs GmbH, Berlin 2009, S. 57

Ursachen

Als **Ursachen** der Globalisierung werden häufig drei wichtige Gründe aufgeführt:

1. **Außenwirtschaftliche Liberalisierung:** Darunter versteht man den schrittweisen Abbau von Einfuhrbeschränkungen und Zöllen der großen Industrienationen, verbunden mit einer Angleichung von Rechtsnormen im Handel und der Produktion auf internationaler Ebene. Die **WTO** (**W**orld **T**rade **O**rganization, Welthandelsorganisation) soll die internationalen Handels- und Wirtschaftsbeziehungen regeln. Das Ziel dieser Unterorganisation der Vereinten Nationen ist die Liberalisierung des internationalen Handels. Mit dem Abbau dieser Handelshindernisse gewann der weltweite Handel immer mehr an Dynamik und scheint sich heute bereits verselbstständigt zu haben.

2. **Innovationen im Bereich der Datenverarbeitung und des Datentransportes:** Die Innovationen in der Mikroelektronik, der Telekommunikation und die Methoden zur Gewinnung, Übertragung und Speicherung von Informationen haben es möglich gemacht, dass nahezu jeder Punkt auf dieser Erde in oft nur Bruchteilen von Sekunden erreicht werden kann, da es ein weltweit umspannendes Kommunikationsnetz gibt. Nur so ist der weltweite Handel mit Kapital (sog. „vagabundierendes Kapital") überhaupt erst möglich geworden.

3. **Schnellere und effektivere Transportmöglichkeiten:** Die rasante Zunahme des Luftverkehrs, die immer größer werdenden Container- und Tankschiffe und die weltweite Zunahme an Öl- und Gaspipelines sind das sichtbare Zeichen für den umfassenden Austausch von Waren.

1

Demografische Entwicklung

Die Entwicklung der Bevölkerung hat einen entscheidenden Einfluss auf den gesellschaftlichen Wandel eines Landes. Diese Entwicklung wird von den folgenden Faktoren beeinflusst:

- Entwicklung der Altersstruktur

- Entwicklung der Gesamtbevölkerung und der Lebenserwartung

- Anzahl der Personen pro Haushalt

- Entwicklung des verfügbaren Einkommens und der Preise

Entwicklung der Altersstruktur in Deutschland

Die vier aufgeführten „Lebensbäume" zeigen, wie sich der Altersaufbau der Bevölkerung in Deutschland verändert hat und zukünftig verändern wird.

1. Der gleichmäßige Aufbau des Lebensbaumes aus dem Jahr 1910 zeigt, dass durch die hohen Geburtenzahlen die Mehrheit der Bevölkerung jung ist. Mit zunehmendem Alter verringert sich die Bevölkerungszahl ganz gleichmäßig.

2. Die zahlreichen Einkerbungen des zweiten Lebensbaumes von 1950 sind die Folgen des Zweiten Weltkrieges. Er forderte viele Tote bei den Jahrgängen, die 1950 30 – 35 Jahre alt waren. Auch die geringe Anzahl von 5- bis 6-jährigen Kindern ist Auswirkung dieses Krieges, da in dieser Zeit weniger Kinder zur Welt kamen.

3. Der Lebensbaum von 2001 hebt sich in seiner Form deutlich von den beiden vorhergehenden Lebensbäumen ab. Die Mehrzahl der Bevölkerung ist nicht mehr bei den Kindern und Jugendlichen zu finden, sondern bei den 30- bis 45-Jährigen und den 60- bis 65-Jährigen. Einflussfaktoren sind u. a. die Antibabypille und eine höhere Lebenserwartung durch die bessere medizinische Versorgung.

4. Setzt sich diese Entwicklung von 2001 fort, wird der Lebensbaum im Jahr 2050 so aussehen, als hätte man den von 1910 auf den Kopf gestellt. Durch die Abnahme der Geburtenzahlen gibt es nur noch relativ wenig Kinder und Jugendliche. Dafür ist die Mehrheit der Bevölkerung zwischen 55 und 75 Jahre alt.

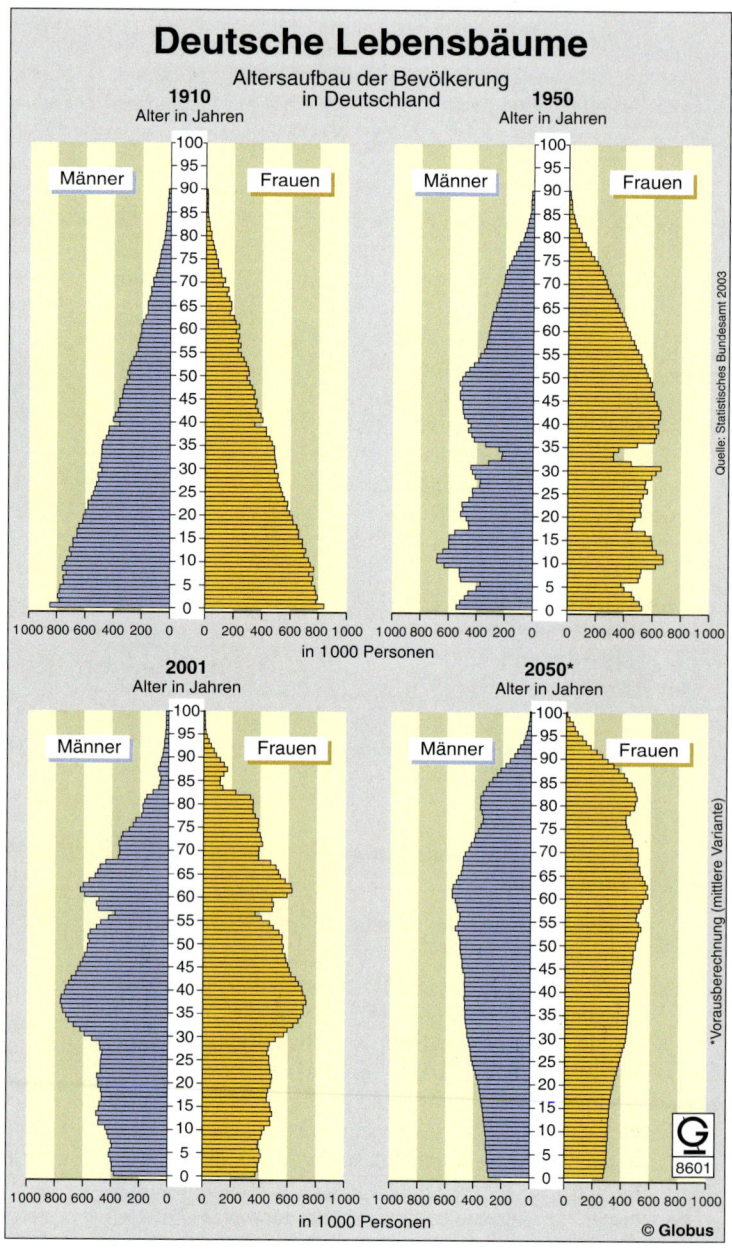

Demografische Entwicklung

Entwicklung der Gesamtbevölkerung und der Lebenserwartung in Deutschland

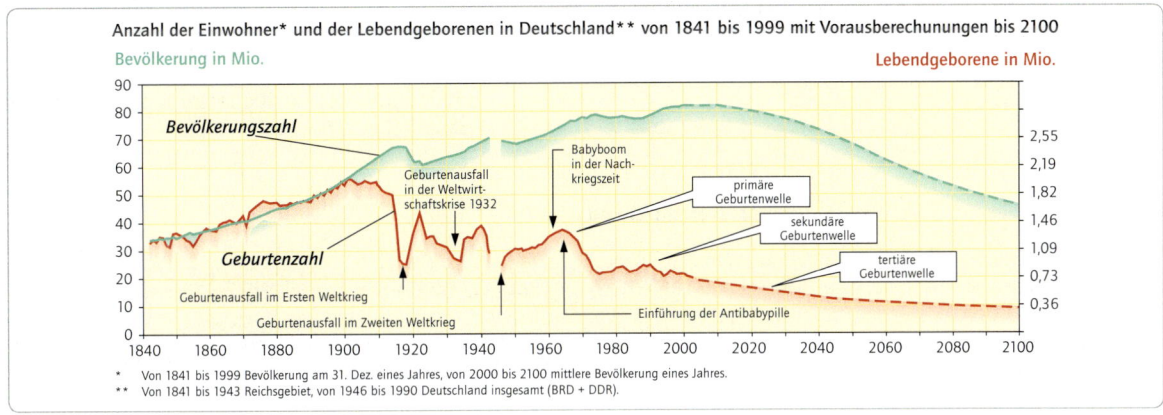

Anzahl der Einwohner* und der Lebendgeborenen in Deutschland** von 1841 bis 1999 mit Vorausberechunungen bis 2100

* Von 1841 bis 1999 Bevölkerung am 31. Dez. eines Jahres, von 2000 bis 2100 mittlere Bevölkerung eines Jahres.
** Von 1841 bis 1943 Reichsgebiet, von 1946 bis 1990 Deutschland insgesamt (BRD + DDR).

Ergebnisse:

- Der Kurvenverlauf der Bevölkerungszahl zeigt in der Prognose, dass die Bevölkerungszahl bis ca. 2018 über 80 Mio. Einwohner betragen, aber bereits im Jahr 2045 um 10 Mio. abgenommen haben wird.
- Der Verlauf der Geburtenkurve zeigt einen ständigen Rückgang der Geburtenzahlen, sieht man von den drei Geburtenwellen seit 1960 ab.

Diese aufgezeigte Entwicklung hat auch Auswirkungen auf die Zusammensetzung unserer Bevölkerung im Hinblick auf die **Altersstruktur**. Geht man von einer weiter leicht ansteigenden Lebenserwartung unserer Bevölkerung in den kommenden Jahrzehnten aus, so ergibt sich das folgende Bild:

- Jugendliche und die Personen zwischen 30 und 40 Jahren verlieren als Nachfrager von Waren und Dienstleistungen in der Zukunft an Bedeutung, da sie nicht mehr die zahlenmäßig wichtigste Bevölkerungsgruppe darstellen.

- Die Mehrheit unserer Bevölkerung wird sich zukünftig in der Altersgruppe zwischen 40 und 60 Jahren bewegen. Bereits im Jahr 2018 könnten die Nachfrager in der Mehrheit über 60 Jahre alt sein.

- Für den Handel haben diese Entwicklungen starken Einfluss auf das Angebot von Dienstleistungen und die Zusammensetzung der Warensortimente.

Anzahl der Personen pro Haushalt in Deutschland

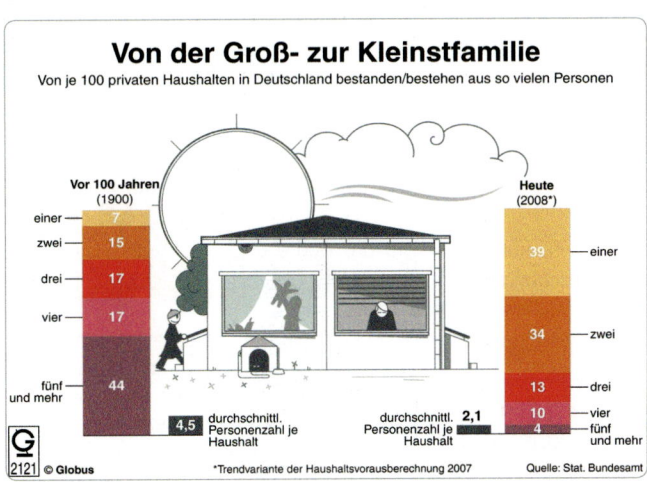

Ergebnisse:

- Es zeichnet sich ein eindeutiger Trend zur Kleinfamilie mit einem Kind und zu Singlehaushalten ab. Ihr Anteil in Ballungsgebieten liegt bereits bei nahezu 50 %.

- Die Folgen dieser Entwicklung zeigen sich in einer stark veränderten Nachfrage nach Dienstleistungen und Waren. Die Ausrichtung des Groß- und Einzelhandels auf Familien mit mehreren Kindern bei der Sortimentszusammensetzung und dem Angebot an Dienstleistungen wird sich als unzeitgemäß erweisen.

1

Demografische Entwicklung

Entwicklung der verfügbaren Einkommen und der Preise in Deutschland

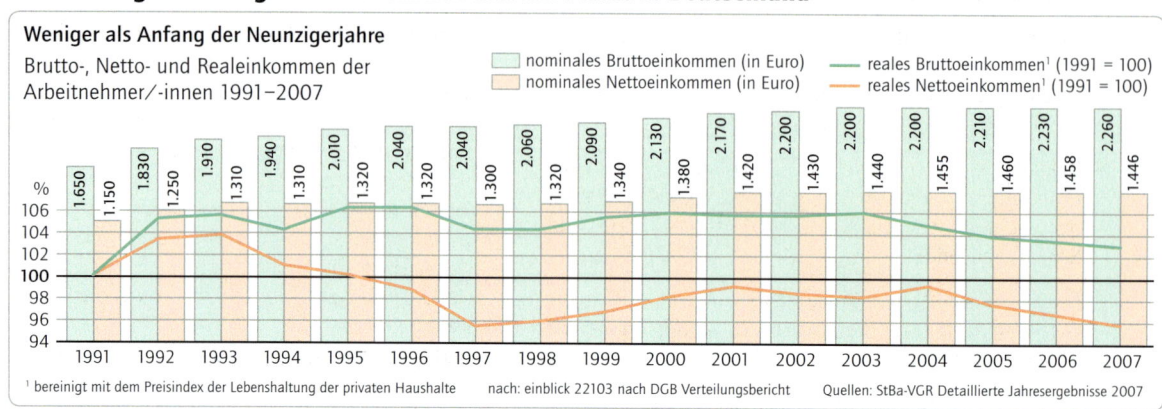

Weniger als Anfang der Neunzigerjahre

Brutto-, Netto- und Realeinkommen der Arbeitnehmer/-innen 1991–2007

- nominales Bruttoeinkommen (in Euro)
- nominales Nettoeinkommen (in Euro)
- reales Bruttoeinkommen[1] (1991 = 100)
- reales Nettoeinkommen[1] (1991 = 100)

	1991	1992	1993	1994	1995	1996	1997	1998	1999	2000	2001	2002	2003	2004	2005	2006	2007
Brutto	1.650	1.830	1.910	1.940	2.010	2.040	2.040	2.060	2.090	2.130	2.170	2.200	2.200	2.200	2.210	2.230	2.260
Netto	1.150	1.250	1.310	1.310	1.320	1.320	1.300	1.320	1.340	1.380	1.420	1.430	1.440	1.455	1.460	1.458	1.446

[1] bereinigt mit dem Preisindex der Lebenshaltung der privaten Haushalte   nach: einblick 22103 nach DGB Verteilungsbericht   Quellen: StBa-VGR Detaillierte Jahresergebnisse 2007

Ergebnisse:

- Seit 1993 sinkt das reale Nettoeinkommen der Arbeitnehmer/-innen mit nur kurzen Unterbrechungen ständig.
- Obwohl beim nominalen Nettoeinkommen seit 1991 ein leichter Anstieg zu verzeichnen ist, hat ein Großteil der Beschäftigten weniger Geld zur Verfügung.
- Der Verlauf der Kurve der realen Nettoeinkommen zeigt, wie stark der Kaufkraftverlust in den Jahren von 2004 bis 2007 war.
- Die Gründe sind vielfältig: steigende Preise für Dienstleistungen und Waren wie zum Beispiel Lebensmittel und Treibstoffe, doch auch die Erhöhung von zahlreichen Gebühren und Abgaben.

Technologische Entwicklung

Informations- und Kommunikationstechnologie

Der Computer und das Mobiltelefon gehören zum Büroalltag und sind zu den beherrschenden Arbeitswerkzeugen vieler Groß- und Außenhändler geworden. Das hat vielfältige Folgen für die Unternehmen sowie Mitarbeiterinnen und Mitarbeiter, z. B.:

- steigt die Produktivität der einzelnen Mitarbeiter. Die zahlreichen Möglichkeiten der Speicherung und des Versandes von Informationen verringern die Bearbeitungszeit vieler Aufträge nachhaltig.
- Durch den Einsatz dieser Technologien wird die Kundennähe verbessert. Eine Ausdehnung der Arbeitszeit ist problemlos möglich, da Mitarbeiterinnen und Mitarbeiter ständig erreichbar sind.
- Diese Technologie ermöglicht es dem einzelnen Mitarbeiter, den Arbeitsrhythmus selbst zu bestimmen.

Onliner in Deutschland
So viel Prozent der über 14-Jährigen nutzen das Internet

1997 6,5 % · '98 10,4 · '99 17,7 · '00 28,6 · '01 38,8 · '02 44,1 · '03 53,5 · '04 55,3 · '05 57,9 · '06 59,9 · '07 62,7 · '08 65,8 · '09 67,1 · 2010 69,4

Wie gehen Internetnutzer über 14 Jahren 2010 ins Netz?
Mehrfachnennungen

über den PC	76 %
... das Notebook	51
... das Handy	8
... die Spielekonsole	2
... den Organizer	1
... den MP3-Player	1

3713 © Globus   Quelle: ARD-ZDF-Onlinestudie

- Risiken sind für die Mitarbeiter die Gefahr sozialer Isolation und fehlender Trennung von Beruf und Privatleben, für die Unternehmen sind Datenschutz und Koordinationsbedarf zu lösende Probleme.

Internet

Das Internet ist ein globaler Zusammenschluss von privaten und staatlichen Kommunikationsnetzen. Es ermöglicht den Austausch von Daten weltweit und weitestgehend unkontrolliert. Das World Wide Web (WWW) gilt als der meistbenutzte Internetdienst.

Von den zahlreichen **Möglichkeiten** des Internets sind besonders hervorzuheben:

- weltweite Informationsmöglichkeiten über Waren und Dienstleistungen
- digitale Abwicklung von Geschäftsprozessen zwischen den Unternehmen und deren Kunden (E-Commerce)

Auswirkungen des gesellschaftlichen Wandels auf den Groß- u. Außenhandel
Effects of social changes on wholesale and export trade

Auswirkungen der Globalisierung auf den Groß- und Außenhandel

Chancen für den Groß- und Außenhandel:

- Der Bundesverband des Groß- und Außenhandels e.V. (BGA) setzt sich nachdrücklich für eine weitere **Liberalisierung auf den Weltmärkten** ein und kritisiert ausdrücklich den Protektionismus einiger Länder.
- Speziell für die Außenhandelsunternehmen bietet die Globalisierung ein weites und interessantes Betätigungsfeld. Gerade die **Märkte der Entwicklungs- und Schwellenländer** können weiter erschlossen werden.
- Die **Attraktivität der Warensortimente** ist durch die Globalisierung stark gestiegen und bietet zahlreiche Chancen für den Groß- und Außenhandel.
- Durch Globalisierung bieten sich zahlreiche Möglichkeiten der **Zusammenarbeit mit neuen Handelspartnern** in anderen Ländern an.

Risiken für den Groß- und Außenhandel:

- **Einheimische Produkte** können durch die Öffnung der Märkte **nicht mehr konkurrenzfähig** hergestellt und gehandelt werden.
- Der Konkurrenzdruck wird größer, der **Trend zur Konzentration** ist die Folge und kann viele mittelständische Unternehmen bedrohen.
- Von der Globalisierung haben bisher die wenigsten Entwicklungsländer profitiert. Die **Schere** zwischen **armen** und **reichen Ländern** ist größer geworden. Diese Entwicklung kann zu einem Wegfall von wichtigen Märkten führen.
- Niedrige Lohnkosten, häufig vor dem Hintergrund mangelnder Sozialleistungen in anderen Ländern, können im Inland **Arbeitsplätze gefährden**.
- Die Notwendigkeit einer strengen Kontrolle der Waren wegen **Kinderarbeit** und **Artenschutz** ist unabdingbar.

Auswirkungen der demografischen Entwicklung auf den Groß- und Außenhandel

Diese Bevölkerungszusammensetzung wirkt sich insbesondere in den folgenden Bereichen aus:

- Die Sortimentsbildung muss sich kurzfristig den veränderten Konsumgewohnheiten anpassen.
- Kundenindividuelle Verpackung und Auszeichnung sollen den Verkaufserfolg sichern.

- In der Vermittlerrolle zwischen Herstellermöglichkeiten und Kundenwünschen kommt dem Groß- und Außenhändler eine wichtige Aufgabe zu.
- Durch geeignete Fort- und Weiterbildungsmöglichkeiten muss er langfristig für den Erhalt von hoch qualifizierten Fachkräften sorgen.

Auswirkungen der technologischen Entwicklung

Die technologische Entwicklung hat u.a. die folgenden Auswirkungen:

- Der Austausch von Waren und Dienstleistungen vollzieht sich sehr viel schneller.
- Neue Technologien erfordern einen erhöhten Kapitaleinsatz.

- Informationsmöglichkeiten über neue Märkte und Waren können über das Internet erfolgen und helfen, neue Märkte zu erschließen.
- Die Kundenanbindung vergrößert sich durch die bessere Erreichbarkeit des Groß- und Außenhändlers, das ist eine Erweiterung der Servicefunktion.

Ansprüche an die Auszubildenden im Groß- und Außenhandel

Die Auszubildenden im Groß- und Außenhandel sollten, nicht zuletzt durch den gesellschaftlichen Wandel, die folgenden **Qualifikationen** erwerben können:

- Erfahrungen im Umgang mit den neuen Medien und der Branchensoftware sammeln,
- Fremdsprachenkenntnisse sind in vielen Unternehmen unabdingbar und zu verbessern,
- interkulturelle Kompetenzen, d.h. einen angemessenen Umgang mit ausländischen Geschäftspartnern, beherrschen,
- kundenorientiert arbeiten, also die Kundenwünsche in den Mittelpunkt des Handels stellen,

- Bereitschaft zur Mobilität beweisen und bereit sein, an ausländischen Standorten zu arbeiten.

1

Gesellschaftliche Einbindung des Betriebes

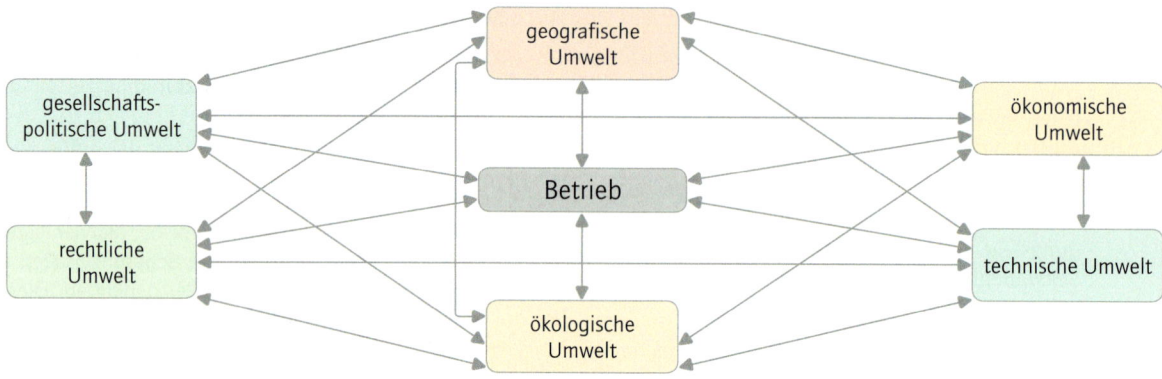

aus: Koppelmann, Udo: Beschaffungsmarketing, Berlin, Heidelberg, New York 1993, S. 65

Unternehmen als Adressaten unterschiedlicher Ansprüche

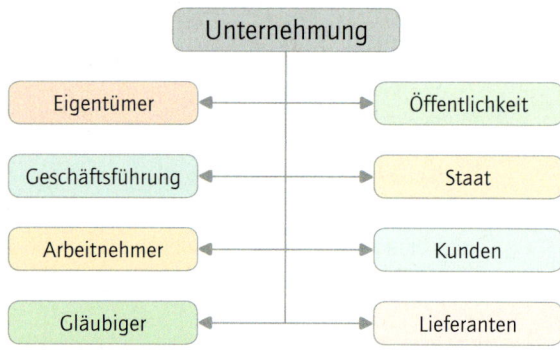

Interessenten/ Stakeholder	Anspruch
Eigentümer (Shareholder)	• Vermögenssicherung • Vermögensmehrung • Einkommensmaximierung • Macht und Prestige
Geschäftsführung	• Einkommenserzielung • Arbeitsplatzsicherung • Macht und Prestige
Arbeitnehmer	• Arbeitsplatzsicherheit • Einkommenserzielung • humane Arbeitsbedingungen
Gläubiger	• Verzinsung des Fremdkapitals • Absicherung der Kapitaltilgung • künftige Geschäftssicherung
Öffentlichkeit	• Anpassung an das Umfeld • Schonung der Umwelt • positiver Wertschöpfungsbeitrag
Staat	• Sicherung der Abgaben • Beachtung staatlicher Ziele
Kunden	• bedarfsgerechte Angebote
Lieferanten	• rentable Absatzmöglichkeiten • Ausweitung des Geschäfts

Im Vordergrund unternehmerischen Handelns stehen ...

- bei Verfolgung des **Shareholder-Konzepts allein** die Ansprüche der Anteilseigner (Shareholder),

- bei Verfolgung des **Stakeholder-Konzepts** die Ansprüche **aller** Anspruchsgruppen (Stakeholder).
  (Zu möglichen Ansprüchen siehe rechts.)

Betrieb und Unternehmung

Betrieb:

Der Betrieb kann als planvoll organisierte Wirtschaftseinheit bezeichnet werden, in der Sachgüter und Dienstleistungen durch Kombination der Produktionsfaktoren unter Beachtung des Wirtschaftlichkeitsprinzips erstellt und abgesetzt werden, **unabhängig** vom Wirtschaftssystem.

Anm.: In der Fachliteratur werden die Begriffe „Betrieb" und „Unternehmung" z. T. unterschiedlich definiert.

Unternehmung:

= Betrieb des marktwirtschaftlichen Wirtschaftssystems, der gekennzeichnet ist durch
  – selbstständige, autonome Bestimmung seines Wirtschaftsplanes,
  – Verfolgung des erwerbswirtschaftlichen Prinzips (Gewinnmaximierung).

Der Begriff Betrieb ist hier weiter gefasst als der Begriff Unternehmung.

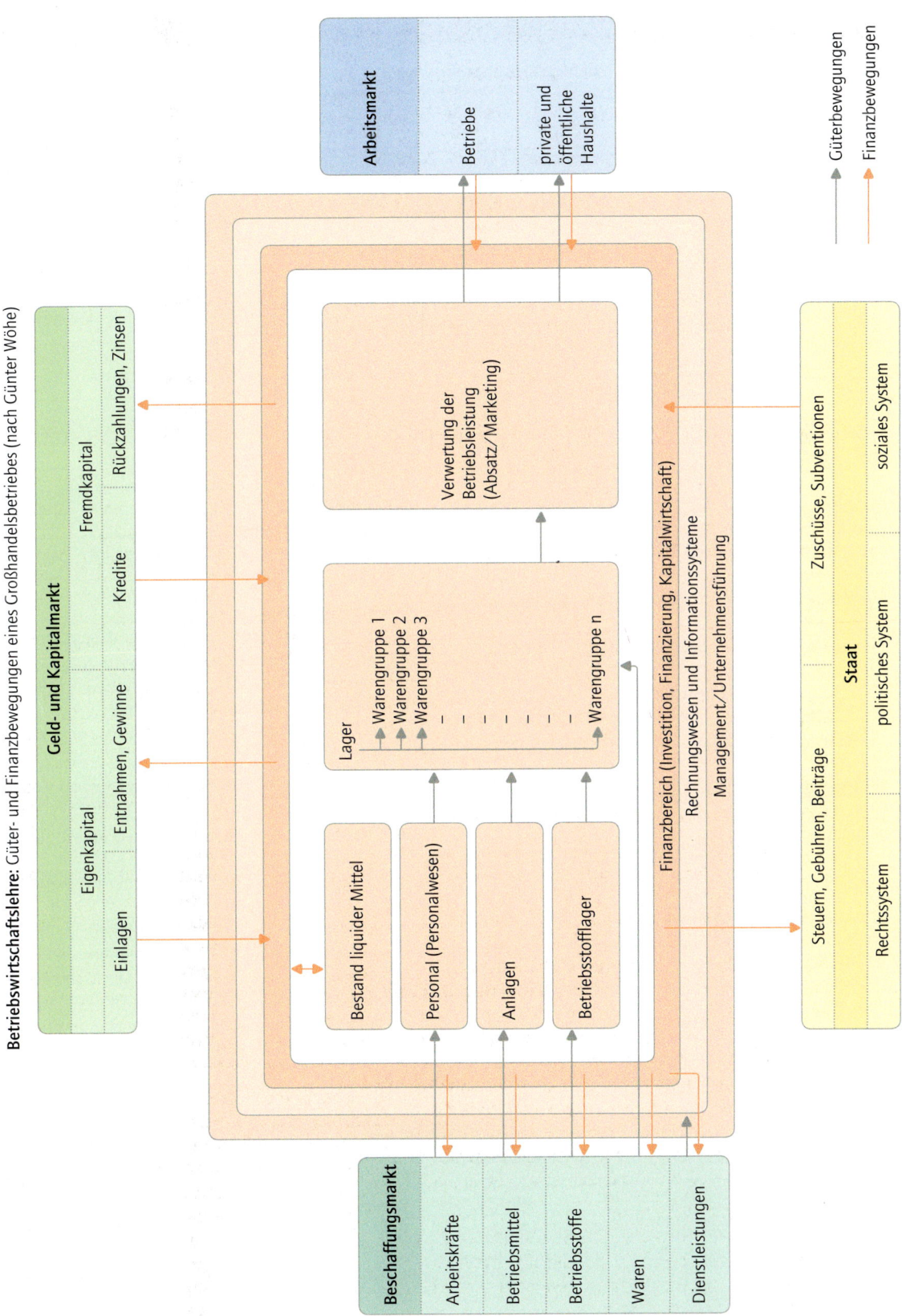

Betriebswirtschaftslehre: Güter- und Finanzbewegungen eines Großhandelsbetriebes (nach Günter Wöhe)

Arbeitsmarkt
- Betriebe
- private und öffentliche Haushalte

Geld- und Kapitalmarkt

Eigenkapital
- Einlagen
- Entnahmen, Gewinne

Fremdkapital
- Kredite
- Rückzahlungen, Zinsen

Verwertung der Betriebsleistung (Absatz/Marketing)

Lager
- Warengruppe 1
- Warengruppe 2
- Warengruppe 3
- Warengruppe n

- Bestand liquider Mittel
- Personal (Personalwesen)
- Anlagen
- Betriebsstofflager

Finanzbereich (Investition, Finanzierung, Kapitalwirtschaft)
Rechnungswesen und Informationssysteme
Management/Unternehmensführung

Staat
- Rechtssystem
- Steuern, Gebühren, Beiträge
- politisches System
- Zuschüsse, Subventionen
- soziales System

Beschaffungsmarkt
- Arbeitskräfte
- Betriebsmittel
- Betriebsstoffe
- Waren
- Dienstleistungen

Güterbewegungen
Finanzbewegungen

vgl. Brockhaus Enzyklopädie in 24 Bänden, Dritter Band, 19. Aufl. Mannheim 1987, S. 231

Aufgaben, Ziele und Arten von Betrieben

Roles, objectives and types of business enterprises

1

Aufgaben und Ziele

Die volkswirtschaftliche Aufgabe von Betrieben sollte sein, durch den Einsatz von Produktionsfaktoren Sachgüter und Dienstleistungen zu erzeugen, die der Bedürfnisbefriedi-gung dienen. Diese Güter und Dienstleistungen werden den anderen Wirtschaftseinheiten (Betriebe und Haushalte) über den Absatzmarkt zur Verfügung gestellt.

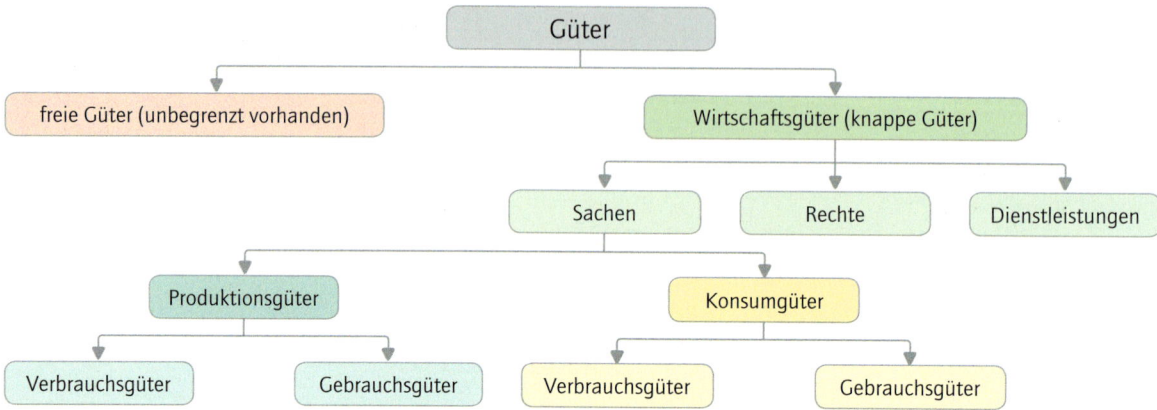

Da die Güter i. d. R. knapp sind, muss mit ihnen gewirtschaftet werden. Für wirtschaftliches Handeln (Handeln nach dem **ökonomischen Prinzip**) gelten die folgenden Grundsätze:

Minimalprinzip: Eine vorbestimmte Leistung mit möglichst geringen Mitteln erzielen.

Maximalprinzip: Mit gegebenen Mitteln die größtmögliche Leistung erzielen.

- **Verfolgung wirtschaftlicher Ziele**
  - **Wachstumsziele:** Steigerung von Absatz, Marktanteil, Umsatz, Produktqualität; Erschließung neuer Märkte

- **Erfolgsziele:** Gewinn, Rentabilität des Eigenkapitals – des Gesamtkapitals – des Umsatzes
- **Finanzziele:** Sicherung der Liquidität – der Kreditwürdigkeit – der Kapitalstruktur

- **Verfolgung sozialer Ziele**
  Sicherung des Arbeitsplatzes – der Arbeitszufriedenheit
- **Verfolgung ökologischer Ziele**
  umweltverträgliche Produkte – Produktionsverfahren
- **Verfolgung gesellschaftlicher Ziele**
  Image, Corporate Identity, Macht

Arten von Betrieben

- **nach Art der Leistung**
  - Sachleistungsbetriebe, z. B. Computerhersteller
  - Dienstleistungsbetriebe, z. B. Handelsbetriebe

- **nach Wirtschaftszweigen**
  - Industriebetriebe
  - Handwerksbetriebe
  - Handelsbetriebe
  - Kreditinstitute
  - Versicherungsbetriebe
  - Verkehrsbetriebe

- **nach dem vorherrschenden Einsatz eines Produktionsfaktors**
  - arbeitsintensive Betriebe (hoher Lohnkostenanteil), z. B. Handwerksbetriebe
  - anlage- oder kapitalintensive Betriebe (hoher Maschinenkostenanteil), z. B. Chemiebetriebe
  - materialintensive Betriebe (hoher Materialkostenanteil), z. B. Stahlwerke
  - energieintensive Betriebe (hoher Energiekostenanteil), z. B. Betriebe der Aluminiumherstellung

- **nach der rechtlichen Stellung in Verbindung mit den verfolgten Zielen**

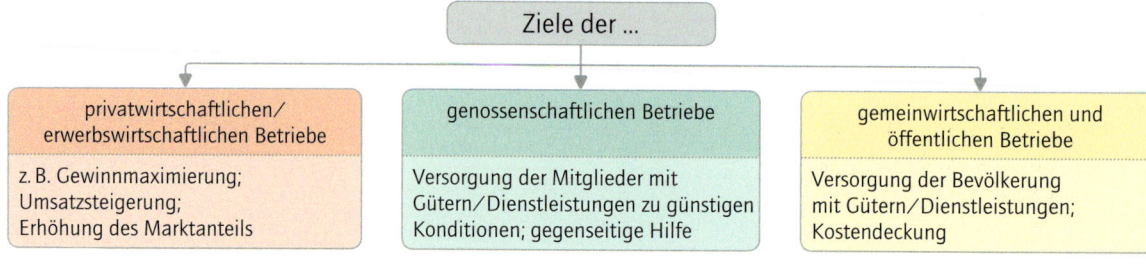

Volkswirtschaftliche Produktionsfaktoren

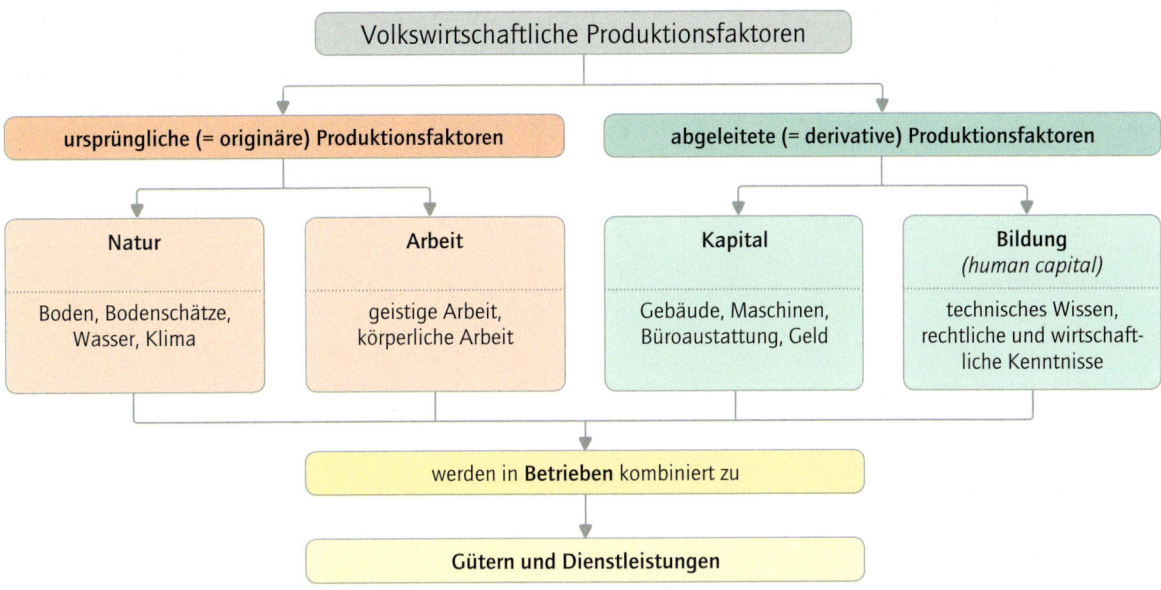

- Die Volkswirtschaftslehre erklärt, wie sich der Ertrag der Faktorkombination auf die Produktionsfaktoren in Form von Arbeitslohn (Arbeit), Bodenrente, Pachten (Boden) und Zins (Kapital) verteilt. Der restliche Ertrag ist der Unternehmergewinn.

- Dieses System der Produktionsfaktoren eignet sich also zur **Theorie der Einkommensbildung und -verteilung** in einer Volkswirtschaft.

Betriebswirtschaftliche Produktionsfaktoren

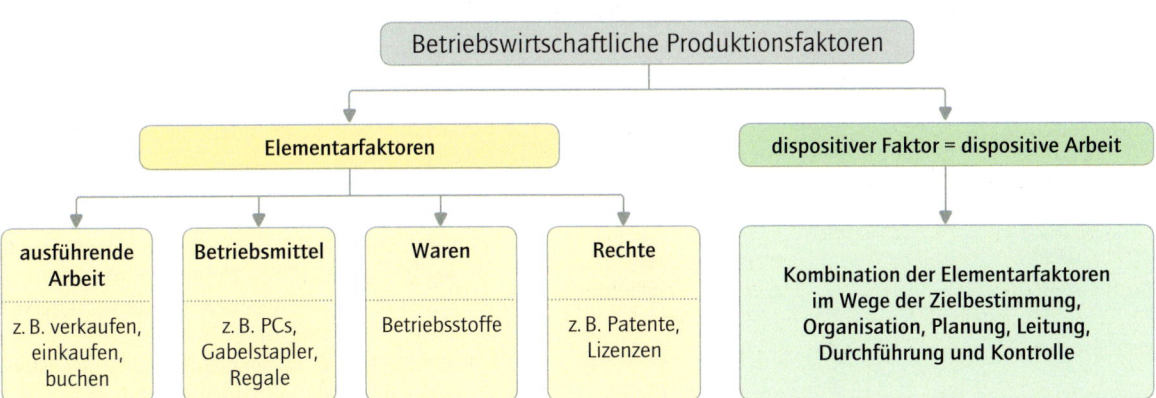

- In der Betriebswirtschaftslehre wird der Faktor Arbeit in die dispositive und die ausführende Arbeit aufgeteilt; andererseits ist der Faktor Boden kein eigenständiger Produktionsfaktor, sondern Teil des Faktors Betriebsmittel.

- Dieses System eignet sich zur Erklärung **betrieblicher Prozesse**, da den eingesetzten Produktionsfaktoren eine Vielzahl von Kostenarten wie Betriebsstoffkosten, Löhne und Gehälter, Zinskosten, Abschreibungen, soziale Abgaben usw. entspricht.

aus: Hübscher, Heinrich u. a.: IT-Handbuch, IT-Systemkaufmann/-frau, Informatikkaufmann/-frau, 7. Aufl., Braunschweig 2011, S. 29

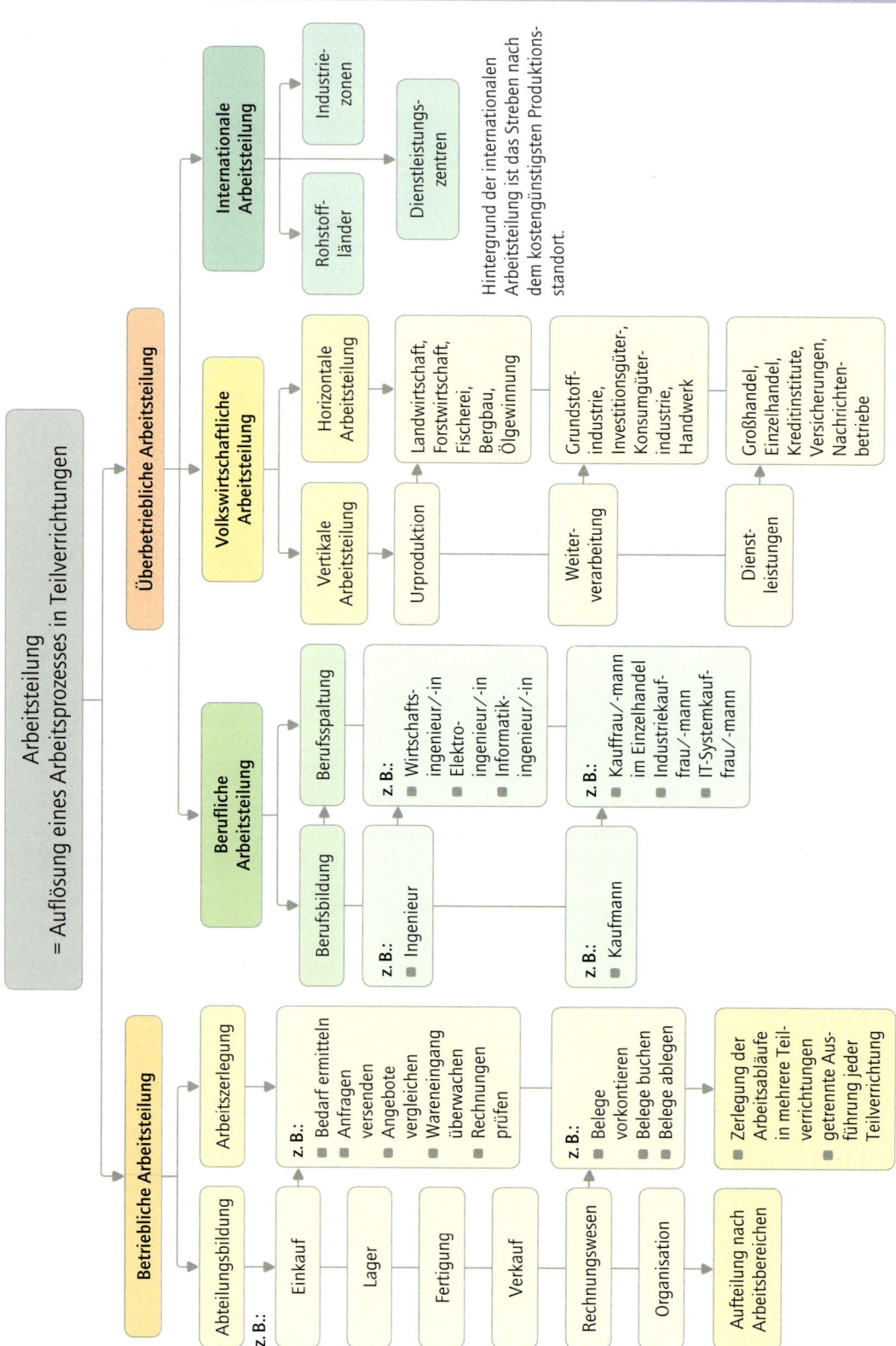

vgl.: Heinemeier/Limpke/Jecht: Wirtschaftslehre für Kaufleute im Einzelhandel, 2. Aufl., Darmstadt 1991, S. 31

Wirtschaftssektoren

Die Struktur einer Volkswirtschaft lässt sich am Anteil der einzelnen Wirtschaftssektoren an der Gesamtleistung dieser Volkswirtschaft messen. In der Regel werden drei Wirtschaftssektoren unterschieden:

- Der **primäre Sektor** bezeichnet die Urproduktion. Darunter werden alle Betriebe der Rohstoffgewinnung (Gewinnungsbetriebe) zusammengefasst. Hierzu gehören die Land-, Forst- und Fischwirtschaft, der Bergbau sowie die Öl- und Gasgewinnung.

- Der **sekundäre Sektor** beinhaltet die Be- und Verarbeitung von Rohstoffen in Handwerks- und Industrie-

betrieben (Weiterverarbeitungsbetriebe). Bedeutende Industriebranchen in Deutschland sind z. B. die Automobil-, die Maschinenbau- und die Chemieindustrie.

- Der **tertiäre Sektor** (Dienstleistungssektor) umfasst die „verteilende Wirtschaft" (Handelsbetriebe) mit den Groß- und Einzelhandelsbetrieben sowie weitere Dienstleistungsbetriebe, wie z. B. Banken. Zunehmend werden Unternehmen des Informations- und Telekommunikationsbereichs gesondert zum **quartären Sektor** zusammengefasst.

vgl.: Böker, Jürgen u. a.: Wirtschaftspolitik/Wirtschaftsordnung, 3. Aufl., Darmstadt 2005, S. 15

Erwerbstätige nach Wirtschaftssektoren

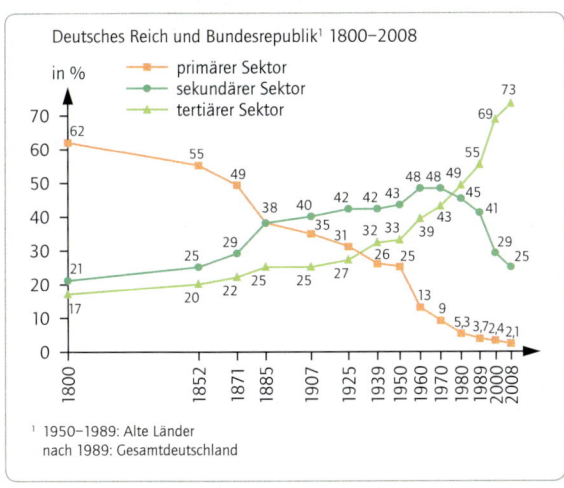

Deutsches Reich und Bundesrepublik[1] 1800–2008

[1] 1950–1989: Alte Länder
nach 1989: Gesamtdeutschland

Wertschöpfung[1] nach Wirtschaftssektoren

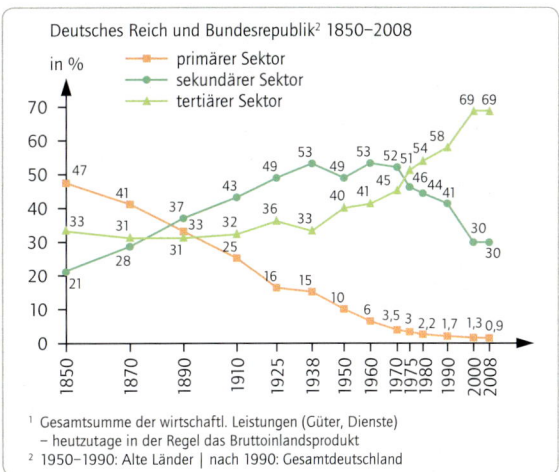

Deutsches Reich und Bundesrepublik[2] 1850–2008

[1] Gesamtsumme der wirtschaftl. Leistungen (Güter, Dienste) – heutzutage in der Regel das Bruttoinlandsprodukt
[2] 1950–1990: Alte Länder | nach 1990: Gesamtdeutschland

vgl.: Geißler, R.: Die Sozialstruktur Deutschlands, Zur gesellschaftlichen Entwicklung mit einer Bilanz zur Vereinigung. Mit einem Beitrag von Thomas Meyer, 5. Aufl., Wiesbaden 2008, S. 25 f. Mit aktueller Ergänzung von R. Geißler.

Das 4-„Sektoren"-Modell (1882–2010)

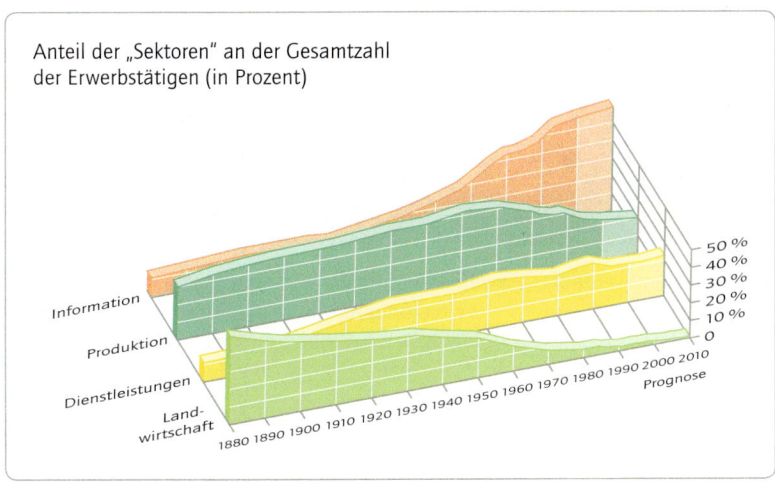

Anteil der „Sektoren" an der Gesamtzahl der Erwerbstätigen (in Prozent)

aus: Bundesministerium für Wirtschaft (Hrsg.): BMWi Report. Die Informationsgesellschaft. Fakten, Analysen, Trends, Bonn 1995

1

Begriff

Der Begriff **nachhaltige Entwicklung** wurde bereits im Jahr 1987 von der damaligen Weltkommission für Umwelt und Entwicklung in die politische Diskussion eingebracht. Er entstand durch die Erkenntnis, dass die ungehemmte Verschwendung der Ressourcen (Erdöl, Erdgas, Bodenschätze, Tiere und Pflanzen), die fortschreitende Umweltverschmutzung und die kaum einzudämmende Armut auf unserer Erde zukünftige Generationen derart belasten, dass eine angemessene Lebensqualität der Menschen nicht mehr gesichert ist.

Nachhaltige Entwicklung bezeichnet daher einen Prozess, in dem die Menschen heute in einer Welt mit sozialer Gerechtigkeit, mit wirtschaftlichem Wohlstand und einer intakten Umwelt leben sollen, ohne dafür jedoch die zukünftigen Generationen in einem Maße zu belasten, dass ihnen ein derartiges Leben nicht möglich ist.

Nachhaltigkeit heißt: Die Bedürfnisse heute befriedigen, ohne dass sich dadurch zukünftige Generationen beschränken müssen.

Die **drei Säulen der Nachhaltigkeit**, die **Ökologie**, die **Ökonomie** und die **soziale Gerechtigkeit**, sollen national und international so in Einklang gebracht werden, dass die derzeitige Lebensqualität ebenso gesichert ist wie jene der zukünftigen Generationen.

Den fortschreitenden Grad der Umweltzerstörung verdeutlicht die Grafik **„Tagesbilanz der Umweltzerstörung"**:

- Das fortschreitende Abholzen und Verbrennen der Regenwälder beeinflusst spürbar das Klima unserer Erde. Die Ausdehnung der Wüsten und Trockenzonen auf der Erde wird auch darauf zurückgeführt.

- Eine Vielzahl von Tieren und Pflanzen fallen dieser Umweltveränderung zum Opfer. So verschwinden Monat für Monat unwiederbringlich viele Hunderte von Tier- und Pflanzenarten von unserer Erde.

- Durch den Raubbau an Böden durch Brandrodung oder Überweidung verliert die Menschheit Tausende Hektar an wertvollem Ackerland.

- Das Überfischen der Weltmeere, d.h., das intensive Fangen von Fischen mit modernster Technik, hat dazu geführt, dass Fischarten, die früher in großen Massen vorkamen, heute nur noch selten gefangen werden oder völlig verschwunden sind.

- Das Roden und Verbrennen von Holz, um kurzfristig Weideland zu erhalten, die Abgase der Fabriken, der Kraftwerke und der unzähligen Autos, insbesondere in den Industrieländern, führen zu einer Erhöhung der CO_2-Konzentration, die wiederum als maßgebliche Verursacherin des **Treibhauseffektes** gilt. Die Folgen der sich daraus ergebenden Erwärmung der Erdatmosphäre sind bisher noch nicht abzusehen. Das Abschmelzen des Eises an den Polen und den Gletschern sowie die Erhöhung des Meeresspiegels sind nur zwei bereits heute erkennbare Folgen.

Beispiel:
Die Landschaften der Mittelmeerländer, beispielsweise Griechenland, Teile Italiens oder Spaniens, sind Zeugen für den Raubbau der vergangenen Jahrhunderte. Das ungehemmte Abholzen der ausgedehnten Wälder in diesen

Ländern führte zu der Verkarstung und zu einem Wassermangel, der bis heute ein Problem darstellt. Erst im 18. Jahrhundert erkannten Forstleute in Skandinavien, dass es sinnvoll ist, nur so viel Holz in den Wäldern zu schlagen, dass ein Nachwachsen dieses wichtigen Rohstoffes möglich ist. So wurde der Erhalt der Wälder bis in die heutige Zeit gesichert. Dieses Verhalten war eine erste Aktion, die man als **nachhaltige Entwicklung** bezeichnen kann.

Die UN-Konferenz für Umwelt und Entwicklung in Rio 1992

Diese größte Weltkonferenz, die jemals stattgefunden hat, wollte sich zur Aufgabe machen, das wirtschaftliche Wohlergehen aller Menschen auf der Erde mit einer gesunden Umwelt und einer nachhaltigen Entwicklung in Einklang zu bringen.

Ziel war es, eine **nachhaltige Entwicklung** als politisches Leitmotiv international verbindlich zu beschließen.

Bei dieser Zielsetzung wurden die großen Unterschiede der zahlreichen Staaten deutlich:

Die **Industrieländer** sollten zukünftig nicht nur schonender mit den Ressourcen umgehen, sondern zahlreiche weitere Maßnahmen ergreifen, die Umwelt zu schonen. Sie sollten sich weiterhin verpflichten, die Entwicklungsländer durch gerechte Handelssysteme zu unterstützen.

Die **Entwicklungsländer** setzten die Armutsbekämpfung als oberstes Ziel fest. Nur wenn die Sicherung der Lebensbedürfnisse möglich ist, kann von den Menschen ein schonender Umgang mit der Umwelt erwartet werden.

Die Agenda 21, das Ergebnis der Konferenz in Rio

Das Abschlussdokument dieser UN-Konferenz haben bis heute 179 Staaten unterzeichnet. Darin werden die dringendsten Probleme der Menschheit beschrieben, aber auch Lösungsmöglichkeiten für eine nachhaltige Entwicklung aufgezeigt. Wichtige **Eckpfeiler** der Agenda sind u. a.:

- internationale Zusammenarbeit und Armutsbekämpfung
- Eindämmung des Bevölkerungswachstums
- Schutz der menschlichen Gesundheit
- nachhaltige Bewirtschaftung von Bodenressourcen
- nachhaltige Landwirtschaft
- Schutz vor Wüstenbildung
- Schutz und nachhaltige Nutzung der Ozeane und Süßgewässer
- umweltgerechter Umgang mit Biotechnologien

Weitere wichtige Vereinbarungen waren:

- Schutz der Wälder durch schonende und nachhaltige Nutzung zur Erhaltung dieser wichtigen Ökosysteme
- Klima-Rahmenkonvention mit dem Ziel, die Treibhausgase in der Atmosphäre auf einem Niveau zu stabilisieren, damit das Klimasystem unserer Erde nicht weiter gefährdet wird
- Die Konvention über den Erhalt der biologischen Vielfalt möchte den Schutz der Vielzahl an unterschiedlichen Lebensformen erreichen.

Wie schwer es sein wird, diese anspruchsvollen Ziele zu erreichen, zeigte die Klimaschutzkonferenz vom November 2000. So haben einige führende Industriestaaten das Klimaschutzprotokoll von Kyoto nicht unterschrieben, in dem sie sich verpflichten sollten, ihren Ausstoß an Treibhausgasen spürbar zu senken.

1

Problem Bevölkerungswachstum

Auf unserer Erde leben heute etwa 6,7 Milliarden Menschen. Geht man von den zurzeit herrschenden Bedingungen aus, so werden es im Jahr 2020 über 7,7 Milliarden Menschen sein. Gleichzeitig steigen die Ansprüche der Menschen in Ländern wie Indien oder China, die das Stadium eines Entwicklungslandes längst hinter sich gelassen haben.

Dies bedeutet eine enorme Herausforderung für die Versorgung der Menschen mit Nahrungsmitteln, sauberem Wasser und Energie. Die FAO (Welternährungsorganisation der Vereinten Nationen) geht davon aus, dass sich beispielsweise die Agrarproduktion in den kommenden 50 Jahren nahezu verdoppeln müsste, um die Menschheit vor Hunger zu bewahren. Da die Flächen für den Agraranbau aufgrund der klimatischen Bedingungen nicht beliebig ausdehnbar sind, steht die Welt vor großen Problemen. Hinzu kommt, dass die Weltmeere wegen einer starken Überfischung nur in einem begrenzten Umfang als Lieferant von Fischeiweiß zur Verfügung stehen.

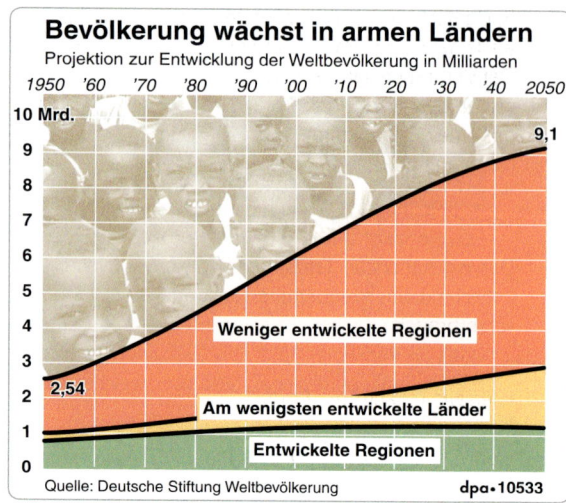

Problem Energieverbrauch

Der Hunger nach Energie wird immer größer. Weltweit steigt der Bedarf immer stärker an. Die Graphik macht deutlich, dass insbesondere der Bedarf an Erdöl, Erdgas und Kohle stetig wachsen wird. Die bevölkerungsreichen Länder Indien und China melden einen steigenden Energiebedarf an, da sie ihrer Bevölkerung auch den Lebensstandard ermöglichen wollen, der in den westlichen Industrienationen schon lange selbstverständlich ist.

Fossile Brennstoffe wie Erdgas, Erdöl, Ölschiefer, Stein- und Braunkohle stehen nur noch in einem begrenzten Maß zur Verfügung. Selbst bei optimistischen Schätzungen reichen die Vorräte bei dem steigenden Bedarf nur noch für die kommenden 50 bis 60 Jahre. Dies wird dazu führen, dass sich diese Energieträger in den kommenden Jahren rasant verteuern werden.

- Nachwachsende Energielieferanten wie Holz stehen bei nachhaltiger Nutzung zwar noch viele Jahre zur Verfügung, doch können sie nur einen geringen Teil des Energiebedarfes decken.

- Alternative Energiequellen wie Windenergie und Solartechnik können weiterhin ausgebaut werden, doch auch hier gibt es Grenzen. Sie werden in den nächsten Jahren nur einen kleinen Teil des Weltenergiebedarfs decken können.

- Die Kernenergie liefert in einigen Ländern mehr als die Hälfte des Bedarfs an Strom. Doch die bekannten Sicherheits- und Entsorgungsprobleme setzen dieser Energiequelle Grenzen, zumal der überwiegende Teil der Bevölkerung in Deutschland die Kernenergie ablehnt.

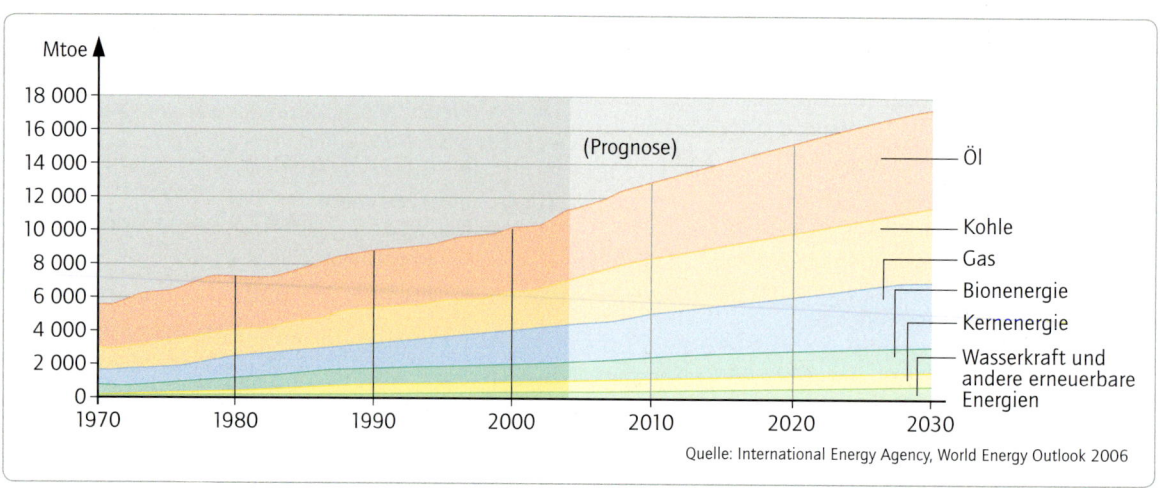

Problem sauberes Wasser

In Deutschland ist in den letzten Jahrzehnten der Verbrauch an Trinkwasser pro Person kontinuierlich zurückgegangen. Der Verbrauch liegt trotzdem bei etwa 130 l täglich. Gemessen an dem Pro-Kopf-Verbrauch in wasserarmen Ländern ist das eine riesige Menge. Doch selbst wenn wir weiter Wasser einsparen würden, ergäbe sich für diese Länder kein Vorteil, da der dortige Wassermangel nicht durch unseren geringeren Verbrauch beseitigt werden könnte.

Das eigentliche Problem des Wasserverbrauches der westlichen Industrienationen ist der sogenannte virtuelle Wasserverbrauch.

Beispiel: Für die Herstellung einer Tasse Kaffee verbrauchen wir je nach Tassengröße 0,2 l Trinkwasser. Zur Herstellung der Kaffeebohnen, die wir für unsere Tasse benötigen, werden 140 l Wasser verbraucht. Diese Wassermenge wird als virtueller Wasserverbrauch bezeichnet.

Vor diesem Hintergrund verbrauchen die Industrieländer gigantische Mengen an Wasser für die Produktion ihrer Produkte (vergl. Graphik). Die WHO (Weltgesundheitsorganisation) schätzt, dass etwa eine Milliarde Menschen keinen Zugang zu sauberem Trinkwasser haben, Tendenz

zunehmend. Aus diesen Gründen ist beim Umgang mit der kostbaren Ressource Wasser Sparsamkeit angezeigt.

Deutschlands Wasserbilanz
jährlicher Verbrauch: 159,5 Mrd. m³, davon für:

private Haushalte **5,5 m³**
deutsche Industrieprodukte **18,8 m³**
importierte Industrieprodukte **17,6 m³**
aus dem Ausland importierte Agrarprodukte **61,9 m³**
deutsche Agrarprodukte **55,7 m³**

davon für (in m³)

Sonnenblumen	1,8
Nüsse	2,1
Milch	2,5
Rinder	2,6
Soja	4,8
Schweine	5,1
Baumwolle	5,5
sonst. Ölsaaten	5,8
Kakao	9,7
Kaffee	9,9
sonst. Produkte	12,1

Quelle: WWF Deutschland

Problem saubere Luft und Klimaschutz

Die Verunreinigung der Luft wird als Ursache für die drohende Veränderung unseres Klimas angesehen. Der größte Teil der Luftverschmutzung wird durch das menschliche Handeln verursacht. Industrie, Verkehr, private Haushalte und Landwirtschaft erzeugen die Gase, die unsere saubere Luft besonders in den Ballungs- und Industriezentren stark verschmutzen.

Luftverschmutzer sind besonders:

- Kohlendioxid (CO_2) und Kohlenmonoxid (CO). Besonders das CO_2-Gas, das beim Verbrennen von Kohle, Erdgas und Erdöl entsteht, gilt als Hauptverursacher des Treibhauseffektes und ist somit verantwortlich für die Erwärmung unserer Atmosphäre.

- Stickoxide (NO_x) und Schwefeldioxid (SO_2) entstehen ebenfalls bei der Verbrennung von Brennstoffen und sind auch verantwortlich für den sauren Regen.

In vielen Großstädten sind diese Gase derart konzentriert, dass zahlreiche Menschen (v. a. Kleinkinder und ältere Menschen) an akuten Erkrankungen der Atemwege leiden.

Ziel muss es daher sein, den Ausstoß dieser Gase drastisch zu reduzieren. Deutschland hat auf diesem Weg bereits beachtliche Fortschritte gemacht. So hat sich beispielsweise der CO_2-Ausstoß seit 1990 deutlich verringert. Wenn alle Länder gemeinsam die CO_2-Reduzierung ernsthaft betreiben, ist das Ziel, eine saubere, gesunde Atmosphäre zu erhalten, erreichbar.

Weltweiter CO₂-Ausstoß
Mrd. Tonnen
8,8
31,9
1960 1970 1980 1990 2000 2010
Quelle: GCP – Global Carbon Project

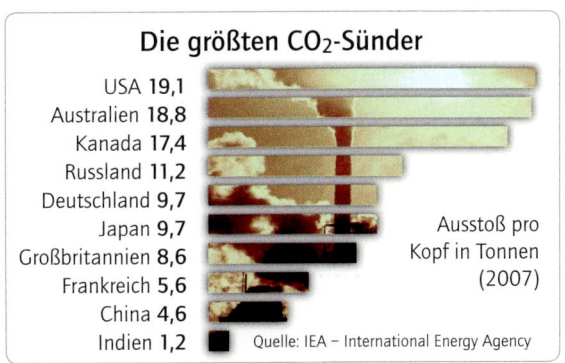

Die größten CO₂-Sünder

USA	19,1
Australien	18,8
Kanada	17,4
Russland	11,2
Deutschland	9,7
Japan	9,7
Großbritannien	8,6
Frankreich	5,6
China	4,6
Indien	1,2

Ausstoß pro Kopf in Tonnen (2007)

Quelle: IEA – International Energy Agency

1

Überblick

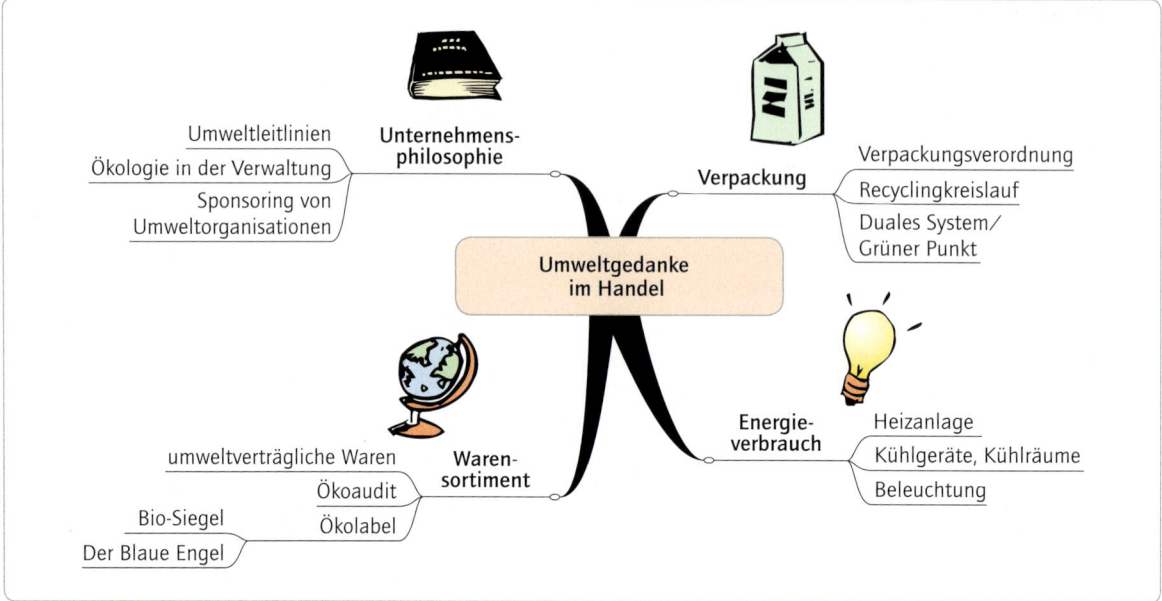

Umweltleitlinien
Ökologie in der Verwaltung
Sponsoring von
Umweltorganisationen

Unternehmens-
philosophie

Verpackung

Verpackungsverordnung
Recyclingkreislauf
Duales System/
Grüner Punkt

Umweltgedanke
im Handel

umweltverträgliche Waren
Ökoaudit
Bio-Siegel
Der Blaue Engel
Ökolabel

Waren-
sortiment

Energie-
verbrauch

Heizanlage
Kühlgeräte, Kühlräume
Beleuchtung

Verpackung

Die Verpackungsverordnung (VerpackV)

Die vielfältigen Funktionen der Verpackung haben in den vergangenen Jahrzehnten zu einer regelrechten Verpackungsflut geführt. Durch das ungehemmte Anwachsen der Müllberge wurde der Gesetzgeber zum Eingreifen gezwungen. Im Jahr 1991 wurde daher die **Verordnung** über die **Vermeidung** und **Verwertung** von Verpackungsabfällen verabschiedet. Diese Verordnung, die 1998 novelliert, also noch einmal auf den neuesten Stand gebracht worden ist, hat folgende Ziele:

- **Verpackungsabfälle** sind möglichst **zu vermeiden.**

- Unvermeidliche Verpackungsabfälle sind der **Wiederverwendung**, also dem Recyclingprozess zuzuführen.

- Nur der Verpackungsabfall, der **nicht wiederverwendbar** ist, soll beseitigt oder verwertet werden.

- Die **Mengenvorgabe** der Verpackungsverordnung sieht vor, dass **65 %** des Verpackungsmülls wiederverwendet werden und **35 %** verwertet, also beseitigt, werden müssen.

Die Verpackungsverordnung legt auch fest, wer welche Verpackungsart zurückzunehmen bzw. zu verwerten hat: die **Transportverpackung** vom Hersteller, die **Umverpackung** vom Handel und die Verkaufsverpackung im Zuge des **Dualen Systems** vom Verbraucher.

Der Recyclingkreislauf

Die Verpackungsverordnung hat das Ziel, Verpackungsabfälle zu reduzieren bzw. der **Wiederverwertung** zuzuführen. Dies ist ihr zu einem guten Teil gelungen. In keinem anderen Land auf der Welt wird gebrauchte Verpackung so konsequent gesammelt, getrennt, sortiert und wiederverwertet. Die absolute Menge des Verpackungsmülls konnte in den letzten 10 Jahren um über 13 % reduziert werden. Die Wiederverwertungsquote, also die Menge an Verpackungen, die dem **Verwertungskreislauf** zugeführt wird, liegt bei allen wichtigen Rohstoffen über den gesetzlichen Vorgaben.

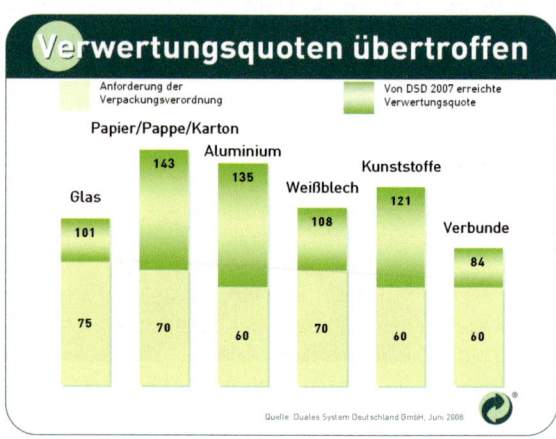

Verwertungsquoten übertroffen

Anforderung der Verpackungsverordnung | Von DSD 2007 erreichte Verwertungsquote

Papier/Pappe/Karton 143 / 70
Aluminium 135 / 60
Weißblech 108 / 70
Kunststoffe 121 / 60
Glas 101 / 75
Verbunde 84 / 60

Quelle: Duales System Deutschland GmbH, Juni 2008

Verpackung

Das „Duale System"

Der Name erklärt sich daraus, dass neben der bereits bestehenden Abfallentsorgung durch die Gemeinden ein „zweites" (duales) Abfallentsorgungssystem geschaffen wurde. Als Reaktion auf die Verpackungsverordnung haben Industrie und Handel ein privatwirtschaftliches Unternehmen geschaffen, dessen Aufgabe es ist, die Vorgaben der Verordnung zu erfüllen. Der **Duales System Deutschland GmbH** fallen dabei lediglich die organisatorischen Arbeiten zu.

Der **„Grüne Punkt"** wurde zur Finanzierung dieses zweiten Entsorgungssystems geschaffen. Produkte, die den Grünen Punkt tragen, zeigen, dass sie sich am Dualen System beteiligen. Die Hersteller dieser Produkte führen eine **Lizenzgebühr** an das Duale System ab und leisten damit ihren Beitrag, um die Entsorgungsunternehmen zu bezahlen, die für das Aufstellen der Wertstoffbehälter, das Sammeln des Verpackungsmülls und das Sortieren verantwortlich sind. Über 18 000 Unternehmen beteiligen sich an diesem System (Hersteller von Verpackungsmaterialien, Konsumgüterproduzenten und Handel). Voraussetzung für das Funktionieren dieses Systems ist die Mitarbeit der Konsu-

menten. Solange sie bereit sind, **Wertstoffe** zu sammeln und vorschriftsmäßig zu entsorgen, wird das System auch weiterhin vorbildlich funktionieren.

Das „Duale System" und der „Grüne Punkt"

Energieverbrauch

Klimaanlagen

Sie sollen für kundenfreundliche Rahmenbedingungen sorgen, im Winter und im Sommer die Verkaufsräume angenehm temperieren. Das kostet viel Energie. Moderne Klimaanlagen, ausgeklügelte Belüftungssysteme, speziell in den Eingangsbereichen, und eine gute Isolierung können nicht nur die **Kosten senken**, sondern auch helfen, wertvolle Rohstoffe einzusparen und die Emissionen zu senken.

Beleuchtung

Sie ist für eine angenehme Verkaufsatmosphäre von großer Bedeutung. Nach wie vor gibt es viele Möglichkeiten,

„energiefressende" Beleuchtungskörper durch moderne Energiesparlampen zu ersetzen, ohne auf die wichtige Funktion der richtigen Beleuchtung verzichten zu müssen.

Kühlgeräte und Kühlräume

Sie verbrauchen ebenfalls viel Energie. Energiespargeräte, wie etwa Tiefkühltruhen, die nachts abgedeckt werden, oder Kühlregale, die nach Ladenschluss durch ein Rollo verschlossen werden, sind auch ein Beitrag zum Umwelt- und Klimaschutz.

Warensortiment

Umweltverträgliche Waren

Zahlreiche Verbraucher achten beim Kauf ihrer Waren auch auf die Umweltverträglichkeit der Produkte. Dies gilt für fast alle Arten von Konsum- und Gebrauchsgütern. Dieser Aspekt spielt nicht nur beim Ver- und Gebrauch der Güter eine Rolle, sondern auch bei ihrer Herstellung. So ist beim Kauf eines Kühlschranks nicht nur der Energieverbrauch für den

Käufer wichtig, sondern auch, welche Rohstoffe als Kühlmittel verwendet worden sind und wie umweltproblematisch die Entsorgung des Gerätes sein wird. Diese Aspekte spielen nicht nur bei Elektrogeräten, sondern auch bei Textilien eine zunehmend größere Rolle.

1

Warensortiment

Ökoaudit

Unternehmen, die ihre Produkte besonders umweltbewusst herstellen, können von der Europäischen Union das Öko-audit verliehen bekommen. Voraussetzung ist eine systematische Betriebsprüfung, die speziell auf Umweltaspekte achtet. Energieeinsparung, Rohstoffeinsparung und umweltgerechte Entsorgung stehen im Vordergrund. Obwohl das Ökoaudit nur Herstellern verliehen werden kann, ist es für den Handel von Bedeutung. Produkte, die in einem derartigen Betrieb produziert worden sind, haben bei umweltbewussten Konsumenten einen hohen Stellenwert.

Ökolabel

Dies sind Umweltzeichen, die dem Verbraucher zeigen, dass es sich bei diesen Produkten um Waren handelt, bei deren Herstellung, Verwendung oder Verbrauch der Umweltaspekt besonders berücksichtigt wurde. Damit die Umweltzeichen auch als anerkannte „Gütezeichen" angesehen werden, ist es wichtig, dass sie von unabhängigen Verbänden oder Institutionen verliehen werden.

Die bekanntesten Ökolabel (Umweltzeichen):

Das **Bio-Siegel** wird für Lebensmittel verliehen, die der EG-Öko-Verordnung entsprechen. Die Waren müssen zu über 95 % aus ökologischem Anbau kommen, sie dürfen weder

künstliche Aroma- und Farbstoffe noch gentechnisch veränderte Bestandteile enthalten.

Der **Blaue Engel** ist das älteste und auch bekannteste Umweltzeichen für Gebrauchs- und Verbrauchsgüter außer Lebensmitteln in Deutschland. Es wird vom Staat vergeben. Die Gründe für die Vergabe sind auf dem Umweltzeichen zu erkennen. Bei der Vergabe wird der gesamte Lebenszyklus des Produktes, also die Herstellung, der Verbrauch und die Entsorgung, berücksichtigt. Es können prinzipiell alle Aspekte des Umweltschutzes eine Rolle spielen, also z. B. sparsamer Energieverbrauch, Rohstoffschonung oder umweltfreundliche Entsorgung.

Die **Europäische Umweltblume** ist ein Umweltzeichen, das, ähnlich wie der Blaue Engel, für Produkte verliehen werden kann, bei deren Herstellung, Verbrauch oder Entsorgung der Umweltgedanke berücksichtigt worden ist.

Unternehmensphilosophie und Umweltschutz

Umweltleitlinien

Größere Handelsunternehmen haben begonnen, Umweltleitlinien zu entwickeln, die das Schonen der Umwelt und den Gedanken der **Nachhaltigkeit** in den Vordergrund stellen. Sie haben für das ganze Unternehmen Gültigkeit und können beispielsweise die Mitarbeiterinnen und Mitarbeiter zu einem schonenden Umgang mit den Ressourcen verpflichten. Jeder soll auf Energieeinsparung achten und alle sind verantwortlich für das richtige Entsorgen von Abfall. Umweltleitlinien können auch den Einkauf von Waren einbeziehen. Produkte, bei deren Herstellung die Umweltschonung nicht im ausreichenden Maß berücksichtigt worden ist, können ausgelistet und durch andere Produkte ersetzt werden. Wünschenswert sind beispielsweise Fleischprodukte aus artgerechter Tierhaltung, Getränke in Mehrwegverpackung oder chlorfrei gebleichte Papierwaren.

Ökologie in der Verwaltung

Hier stellt sich die Frage, ob im ausreichenden Maß auf den Umweltschutz geachtet wird.

Beispiele:
- Einsatz von Recyclingpapier in den Büros
- Einsatz von umweltschonenden Büromaschinen (Kopierer, Drucker)
- Verwendung von leicht abbaubaren Putz- und Reinigungsmitteln
- Verwendung von mehrfach verwendbarer Verpackung für den Bezug oder den Verkauf von Waren

Sponsoring von Umweltorganisationen

Eine Unternehmensphilosophie, die den Umweltgedanken in den Vordergrund stellt, wird auch die Unterstützung von **Umweltschutzverbänden** berücksichtigen. So können regionale oder überregionale Umweltschutzverbände unterstützt werden, die das Ziel haben, die Umwelt für die nachfolgenden Generationen zu erhalten. Die Zusammenarbeit mit dem Naturschutzbund (NABU) ist ebenso denkbar wie eine Unterstützung von Greenpeace, Robin Wood oder dem WWF (World Wide Fund for Nature). Diese Arten von Sponsoring können auch eine wichtige Rolle bei einem Marketingkonzept spielen.

Langfristige Grundlage für das Agieren eines Unternehmens im Markt ist die **Unternehmensphilosophie**. Diese „Weltanschauung" des Unternehmens legt grundlegende Wertvorstellungen und Ziele fest, die in Form von Unternehmensgrundsätzen im **Unternehmensleitbild** schriftlich festgehalten werden. Eine ganz spezifische Unternehmensethik kann zum Beispiel dazu führen, dass ein Unternehmen sich spezielle soziale oder ökologische Ziele setzt. Gerade aber bei der Verfolgung dieser gewählten sozialen oder ökologischen Ziele kann es zu **Zielkonflikten** mit wirtschaftlichen Zielen kommen. Wird zum Beispiel in wirtschaftlich schwierigen Zeiten auf die Verfolgung vorher festgelegter sozialer oder ökologischer Ziele verzichtet, kann es unter Umständen zu langfristigen Problemen mit den Kunden kommen – die **Unternehmensidentität** wird aus Kundensicht nachhaltig gestört. Die Folge könnte sein, dass die Kunden zu einem Mitbewerber wechseln.

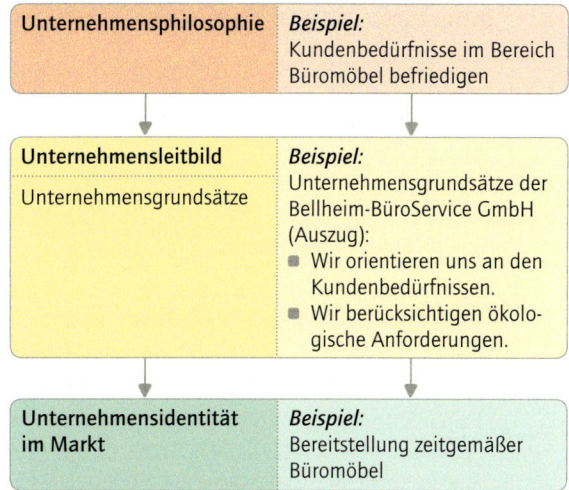

Unternehmensstrategie *Corporate strategy*

Begriff

Mithilfe von **Unternehmensstrategien**, d. h. langfristigen Planungen, positioniert sich das Unternehmen im Markt:
- Festlegung der **Geschäftsfelder**, in denen das Unternehmen tätig sein soll
- Aufstellung von **obersten Unternehmenszielen**
- Bestimmung **unternehmenspolitischer Instrumente** (z. B. die Festlegung der Preispolitik) zur Beeinflussung der Marktgegebenheiten

Zielhierarchie und Zielarten (Auswahl)

Um **oberste Unternehmensziele**, die sich direkt aus der Unternehmensphilosophie ableiten, verwirklichen zu können, müssen verschiedene **Einzelziele** in eine Rangfolge gebracht werden: Man spricht von einer **Zielhierarchie**.

Beispiele von Einzelzielen:

Wirtschaftliche Ziele
- **Wachstumsziele:** Steigerung von Absatz, Marktanteil, Umsatz, Produktqualität
- **Erfolgsziele:** Gewinn, Rentabilität des (Eigen-)Kapitals
- **Finanzziele:** Sicherung der Liquidität, der Kreditwürdigkeit, der Kapitalstruktur

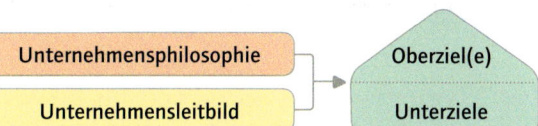

- **Soziale Ziele:** Sicherung des Arbeitsplatzes, der sozialen Leistungen
- **Ökologische Ziele:** umweltverträgliche Produkte
- **Gesellschaftliche Ziele:** Image, Corporate Identity, Macht

Unterscheidungskriterium	Ausprägungen	Erklärung	Beispiele
Priorität	strategische Ziele	werden langfristig verfolgt	grundlegende Positionierung im Markt
	operative Ziele	werden kurzfristig verfolgt	Modernisierung der Ladengestaltung
Formalisierungsgrad der Ziele	Formalziele	beschreiben langfristige Ziele	Erhöhung des Marktanteils auf 60 %
	Sachziele	Verwirklichen der Formalziele durch konkrete Maßnahmen	Einsatz eines Warenwirtschaftssystems
hierarchische Einordnung	Oberziele	werden in der Geschäftsführung festgelegt	langfristige Gewinnmaximierung
	Unterziele	werden von Abteilungsleitern zur Verwirklichung der Oberziele festgelegt	Senkung der Personalkosten durch Einsatz von Teilzeitkräften

1

Bedeutung

In **dynamischen** Märkten führen stetige **Änderungen** z. B. im Kundenverhalten, in gesellschaftlichen Werthaltungen, in internationalen Gesetzeslagen, in Umweltforderungen und in technologischen Entwicklungen zu einem **hohen** Anpassungs-, Erfolgs-, Kosten-, Zeit- und Wettbewerbsdruck. Qualität wird für den Kunden in diesem Zusammenhang zu einem **Integrationsfaktor** für seine Wünsche und Anforderungen, die sein Vertrauen in die Unternehmensleistung begründen. Daher steigen auch die Anforderungen an die Qualitätsfähigkeit von Unternehmen und der Zwang, diese Qualitätsfähigkeit nachweisen zu müssen. Somit erhält das Qualitätsmanagement eine wichtige Bedeutung als **Wettbewerbsfaktor**.

Begriffe

- Unter **Qualitätsmanagement** kann man alle Strukturen, Tätigkeiten und Einrichtungen zusammenfassen, die der Planung, Lenkung, Erfassung, Dokumentation und Verbesserung der Qualität dienen. Dabei ist das Qualitätsmanagement als strategische und operative Funktion der Unternehmensleitung aufzufassen, die auf jeder Hierarchieebene und in allen Teileinheiten einer Unternehmung umzusetzen ist – für Qualität ist jeder zuständig.

- **Qualitätsmanagementsysteme** können als ein alle Bereiche einer Unternehmung erfassendes organisatorisches Konzept zur Sicherung der Qualitätsfähigkeit eines Unternehmens verstanden werden. Dabei sind die erfolgskritischen Faktoren wie z. B. Kernprozesse und die wechselseitigen Beziehungen prozessorientierter Strukturen abzubilden. Der Aufbau von Qualitätsmanagementsystemen ist individuell verschieden und richtet sich nach den jeweiligen Zielen.

- Durch ein **Qualitätsaudit** als systematische und unabhängige Untersuchung des Qualitätsmanagementsystems kann festgestellt werden, ob die Qualitätsaktivitäten den gestellten Anforderungen entsprechen und effektiv umgesetzt werden. Ein Qualitätsaudit kann **intern** oder **extern** vorgenommen werden. Bei internen Audits werden die Prüfungshandlungen von betriebsinternen Personen, die aber vom zu prüfenden Sachverhalt unabhängig sein sollten, vorgenommen.

- Das Qualitätsmanagementsystem einer Unternehmung wird in einem **Qualitätshandbuch** dokumentiert und aktualisiert. Es werden sowohl die relevanten Qualitätsziele und Qualitätsplanungen als auch die Arbeits- und Verfahrensanweisungen erfasst. Das Qualitätshandbuch ist ein öffentliches Dokument, da es nicht nur den Betriebsangehörigen, sondern auch den Lieferanten und Kunden zur Verfügung steht.

Elemente

Qualitätsmanagement			
Gegenstand	Die **Qualitätsplanung** befasst sich mit den Maßnahmen zur Planung und Entwicklung der Qualitätsanforderungen. Im Rahmen dieser Tätigkeit sind die Qualitätsgrundsätze, Qualitätsziele, Qualitätsstrategien und Qualitätsstandards festzulegen.	Die **Qualitätssicherung** umfasst alle Tätigkeiten, die der Überwachung und Korrektur der Qualitätsanforderungen dienen. Dazu sind entsprechende Maßnahmen zur Mitarbeitermotivation, Qualitätsverantwortung, Organisation und Kommunikation zu treffen.	Im Rahmen der **Qualitätsprüfung** soll die Einhaltung der gesetzten Qualitätsstandards überprüft werden. Dafür sind geeignete und kostengünstige Verfahren und Instrumente zur Überprüfung auszuwählen.	Alle im Rahmen des Qualitätsmanagementsystems umgesetzten Tätigkeiten sind in einer **Qualitätsmanagementdokumentation** niederzulegen. Die Veröffentlichung dieser Daten soll intern und extern Vertrauen in die Qualitätsanforderungen schaffen.
Instrumente	- Kundenbefragung - Mitarbeiterbefragung - Benchmarking - Stärken-Schwächen-Analyse - Ermittlung von Verbesserungspotenzialen	- Personalauswahl - Anreizsysteme - Aufbauorganisation - Ablauforganisation - Informationssysteme - Qualitätszirkel	- Fehleranalyse - Qualitätsmessung - Qualitätszirkel - Beschwerdemanagement - Teamgespräch	- Qualitätsstatistik - Qualitätshandbuch - Qualitätsaudit - Zertifizierung - Auszeichnung mit Qualitätspreisen

DIN EN ISO 9000

- Immer häufiger werben die Unternehmen mit der Zertifizierung nach **DIN EN ISO 9000** ff. (im Folgenden kurz ISO 9000 genannt) und zeigen damit, dass sie ein entsprechendes Qualitätsmanagement eingeführt haben.

- Die Normen sind von der International Organization for Standardization **(ISO)** entwickelt, nach Zustimmung der europäischen Normengremien und der Europäischen Kommission als europäische Norm **(EN)** übernommen und schließlich vom Deutschen Institut für Normung **(DIN)** in das nationale Normenwerk Deutschlands eingegliedert worden.

- Die Übernahme von ISO-Normen geschieht auf freiwilliger Basis. Die europäischen Staaten sind jedoch verpflichtet, die Europanormen in ihre jeweiligen Regelwerke zu übernehmen.

- Unternehmen können ihr Qualitätsmanagement **individuell** gestalten. Da die ISO 9000 weltweit akzeptiert werden, sollte sich ein Qualitätsmanagement mit seinen Anforderungen **mindestens** an diesen Normen orientieren.

ISO 9000 ist ein **Normensystem**, das aus vier Kernnormen besteht.

Kernnormen	Inhalt
DIN EN ISO 9000	Grundsätzliche Überlegungen und Begriffe für Qualitätsmanagementsysteme sowie Anleitung zur Darlegung des Qualitätsmanagementsystems
DIN EN ISO 9001	Forderungen an die Qualitätssicherung und Darlegung der Fähigkeit zu fehlerfreier Produktion
DIN EN ISO 9004	Leitfaden zur Leistungsverbesserung und zur Verbesserung des Qualitätsmanagementsystems
DIN EN ISO 19011	Leitfaden für das Auditieren von Qualitäts- und Umweltmanagementsystemen

Vorteile der Zertifizierung

- Die Zertifizierung setzt das Überdenken der Arbeitsprozesse in der Unternehmung voraus und führt zu **Verbesserungen** im Organisationsaufbau und Arbeitsablauf. Die Standardisierung von Ablauf- und Kommunikationsstrukturen führt zur **Objektivierung** von Arbeitsabläufen und engt den Spielraum von persönlicher Willkür ein. Damit wird indirekt ein Beitrag zur Verbesserung der Arbeitsbedingungen geleistet.

- **Kosteneinsparungen**, die durch effiziente Strukturen im Unternehmensaufbau und Arbeitsablauf erreicht werden, verbessern die **Zukunftsfähigkeit** der Unternehmung.

- Die Einbindung der **Kundenzufriedenheit** führt zu einem höheren Grad an Kundennähe und leistet einen wichtigen Beitrag zur **Wettbewerbsfähigkeit**.

- Das Zertifikat kann durch genaue Dokumentationen von Produktkonstruktion und Produkterstellung **vorbeugend gegen Produkthaftungsklagen** (insbesondere bei Beweislastumkehr) helfen und haftungsrechtlich relevante Gegenbeweise liefern.

- Die Zertifizierung kann als **Wettbewerbsvorteil** angesehen werden, da ISO 9000-zertifizierte Unternehmen meist von ihren Zulieferern ebenfalls einen entsprechenden Qualitätsstandard verlangen (Automobilindustrie) und staatliche Stellen bei Ausschreibungen und Auftragsvergabe entsprechende Vorgaben machen.

Nachteile der Zertifizierung

- Die Zertifizierung ist mit **hohen Kosten** (z. B. Istaufnahmen, Prozessoptimierungen, Überprüfungen, Dokumentationen, Audits, Schulungen) verbunden, zumal die Gültigkeit der Zertifikate nur zwei bis drei Jahre beträgt.

- Eine zu große Regelungsdichte und enge Regelauslegung können zu einer **Überreglementierung** und damit zu **Bürokratisierung** führen, sodass die notwendige Flexibilität und das Kreativitätspotenzial einer Unternehmung nicht abgerufen werden können.

- Es kann eine **faktische Zwangsnormierung** entstehen, da die Markteintrittschancen von entsprechenden Zertifikaten abhängen (z. B. Automobilindustrie, staatliche Ausschreibungen). Insbesondere neugegründete Unternehmen oder Unternehmen mit finanziellen Problemen haben einen erschwerten Marktzugang.

1 Standortwahl bei Groß- und Einzelhandelsunternehmen

Begriffliche Einordnung

Standortfaktoren der Unternehmensgründung bzw. -verlagerung werden im Rahmen der Wirtschaftswissenschaften am häufigsten im Zusammenhang mit der **Standortwahl** genannt. Sie werden als die ausschlaggebenden Einflussgrößen für eine positive bzw. negative Entscheidung einer Neuansiedelung und/oder Schließung einer Unternehmung bzw. von Betriebsteilen angesehen.

Bei Groß- und Außenhandelsunternehmen gibt es im Zusammenhang mit ihrer **Standortwahl** gegenüber anderen Wirtschaftsstufen wie z.B. Industrieunternehmen einige Besonderheiten. Regionale mittelständische Großhandelsunternehmen legen bei ihrer **Standortattraktivität** auf die folgenden Dimensionen Wert:

- **Standortumfeld** (ca. 50 %)
- **Standortinvestitionen** (ca. 32 %)
- **Standortpotenzial** (ca. 18 %)

Einzelheiten ergeben sich aus der nachfolgenden Übersicht:

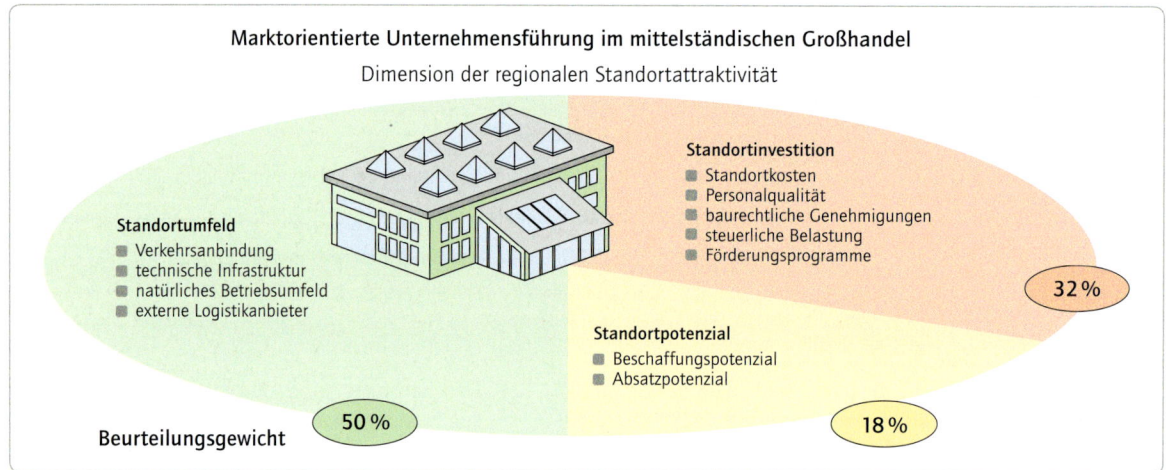

Marktorientierte Unternehmensführung im mittelständischen Großhandel
Dimension der regionalen Standortattraktivität

Standortumfeld
- Verkehrsanbindung
- technische Infrastruktur
- natürliches Betriebsumfeld
- externe Logistikanbieter

Standortinvestition
- Standortkosten
- Personalqualität
- baurechtliche Genehmigungen
- steuerliche Belastung
- Förderungsprogramme

32 %

Standortpotenzial
- Beschaffungspotenzial
- Absatzpotenzial

Beurteilungsgewicht   50 %   18 %

aus: Müller, Wolfgang: Marktorientierte Unternehmensführung im mittelständischen Großhandel. Eine empirische Bestandsaufnahme, S. 345 ff., Abb. 9; erschienen in: Baumgarth, C. (Hrsg.): Marktorientierte Unternehmensführung, Frankfurt/M. 2004, S. 345–372

Standortumfeld, Standortinvestitionen, Standortpotenzial

- **Standortumfeld**
  Zum Standortumfeld von Groß- und Außenhandelsunternehmen gehören u.a.
  - die **Verkehrsanbindung** (z.B. Nähe zu einem Autobahnanschluss),
  - die **technische Infrastruktur** (z.B. Vorhandensein von Breitbandanschlüssen für schnelle Kommunikationsverbindungen),
  - das **natürliche Betriebsumfeld** (z.B. die Möglichkeit der Erweiterung der Betriebsfläche),
  - die **Nähe** zu unternehmensfremden **Logistikanbietern** (z.B. die Möglichkeit, schnelle Gütertransporte durchführen zu können).
  Insbesondere für **Export- und Importunternehmen** ist die Nähe zu einem **Seehafen** wichtig.

- **Standortinvestitionen**
  Zu den Standortinvestitionen gehören die direkten **Standortkosten**, die die Groß- und Außenhandelsunternehmen z.B. bei Neugründungen durch **Investitions- und Finanzierungsprozesse** zu tragen haben.

Mittelständische Unternehmen werden ihren Standort dort wählen, wo sie u.a. eine hohe **Personalqualität** vorfinden (z.B. geringere Einarbeitungs- und **Folgekosten**). Schnellere **Genehmigungsverfahren** und das Einräumen von steuerlichen **Entlastungen** (z.B. niedrigere Gewerbesteuersätze) sowie regionale **Förderungsprogramme** (u.a. preiswerte Firmengrundstücke) beeinflussen die Standortwahl. Sie können **direkt** zu geringeren Standortinvestitionen und somit zu einer geringeren **Kapitalbindung** führen.

- **Standortpotenzial**
  Zum Standortpotenzial gehören Beschaffungs- und Absatzpotenziale. Hierunter fallen alle Bereiche, die im Zusammenhang mit dem Beschaffungs- und Absatzprozess der Güterströme stehen. Groß- und Außenhandelsunternehmen werden dort ihren Standort wählen, wo sie sowohl die geringsten **Beschaffungs- und Vertriebskosten** als auch die größten **Entwicklungschancen** (Marktvolumen, Marktanteil bzw. Marktwachstum) für ihr mittelständisches Unternehmen sehen.

Bedeutung

Mithilfe von **Entscheidungswerttabellen** und anderen mathematischen Verfahren soll ein möglichst **optimaler** Standort ausgewählt werden. Das Hauptziel besteht darin, durch die Gewichtung von **Transportkosten** einerseits zu eventuell anfallenden **Investitionskosten**, andererseits unter Abwägung von Wagnissen/Risiken für das eigene Unternehmen eine wirtschaftlich vertretbare **Standortentscheidung** zu treffen.

Welcher Standort letztlich von den Entscheidungträgern ausgewählt wird, hängt u.a. von der **individuellen Risikobereitschaft** ab. Darüber hinaus richtet es sich auch nach den unterschiedlichen **Bewertungsmaßstäben**, je nachdem, ob es sich um einen lokalen, innerstädtischen **Mikrostandort** oder um einen regionalen, nationalen oder internationalen **Makrostandort** handelt.

vgl.: Gabler Lexikon, 15. Aufl., Wiesbaden 2000, S. 2883 ff.

Standortentscheidungen: Unternehmensstrategien und Globalisierung

Wenn ein Unternehmen im Rahmen seiner Unternehmensstrategien über einen internationalen Standort zu entscheiden hat, dann ist möglichst eine Abstimmung mit den Zielen der globalen Aktivitäten anzustreben. Eine am Heimatstandort angestrebte Qualitätsführerschaft ist zum Beispiel nur schwer mit „einer rein kostengetriebenen Auslagerung von Wertschöpfungsstufen"[1] vereinbar.

Umgekehrt könnte eine Unternehmensstrategie unter Kostengesichtspunkten dann erfolgreich sein, wenn eine Preisführerschaft am Markt bereits besteht oder in einzelnen Marktsegmenten Preisführerschaft angestrebt wird (vgl. hierzu die untenstehende Grafik):

Abstimmung von Unternehmensstrategien und Globalisierung[2]					
		Ziele globaler Akivitäten			
		Erschließung von Absatzmärkten	Orientierung an technolog. Clustern	Following customer	Kostenreduktion	Sicherung der Vorleistungsbasis
Unternehmensstrategie	Preisführerschaft					
	Hohe Liefertreue, kurze Lieferzeit					
	Qualitätsführerschaft					
	Technologieführerschaft					
	Flexibilitätsführerschaft					

Ziel passt zur Strategie   Ziel passt nicht zur Strategie   Ziel passt bedingt zur Strategie

Standortentscheidungen: Unternehmensstrategien und alternative Globalisierungsformen

Wenn Standortentscheidungen, insbesondere für einen bestimmten **ausländischen** Standort, getroffen werden, dann sollte ein Unternehmen folgende **Leitfragen**[3] berücksichtigen:

1) Was mache ich wo?
   Bedeutung: Tiefe des **Auslandsengagements** – nur Vertrieb oder auch Service, Produktion, Beschaffung, Forschung und Entwicklung (FuE) im Ausland?

2) Wie agiere ich im Ausland?
   Bedeutung: **Verfügungsrecht** über Ressourcen, Produkte und Dienstleistungen mithilfe von
   a) Tochtergesellschaften = komplettes Verfügungsrecht
   b) Markttransaktionen = Pflichten und Rechte aus Dienst- und Kaufverträgen
   c) Kooperationen wie strategische Allianz oder Joint Venture

3) Aufkauf oder Neugründung?
   Bedeutung:
   Langfristige Entscheidungen über **Kapitalbindung** und Ressourcen

[1], [2] und [3] nach: Fraunhofer ISI, Internetpräsentation vom 10. Jan. 2002: www.standorte-bewerten.de

Handel

In amtlichen Statistiken wird der Handel danach unterschieden, inwieweit beim Transport von Waren nationale Grenzen überschritten werden:

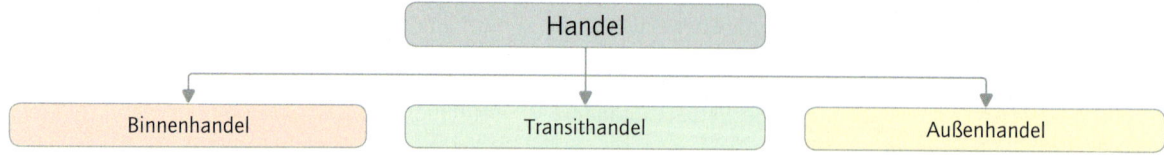

Großhandel

Begriff

Großhandel betreibt, wer Handelsware in eigenem Namen für eigene Rechnung oder für fremde Rechnung (Kommissionshandel) an andere Abnehmer als private Haushalte absetzt.

aus: Tietz, Bruno: Großhandelsperspektiven für die Bundesrepublik Deutschland bis zum Jahre 2010, Frankfurt/M. 1993, S. 9

Funktionen

Der Großhandel ist der **Mittler** zwischen Abnehmern (z. B. Einzelhandel, verarbeitende Unternehmen) und Lieferanten. Er verringert die Anzahl der Schnittstellen zwischen beiden, da er die Produkte verschiedener Hersteller zahlreichen Abnehmern zur Verfügung stellt.

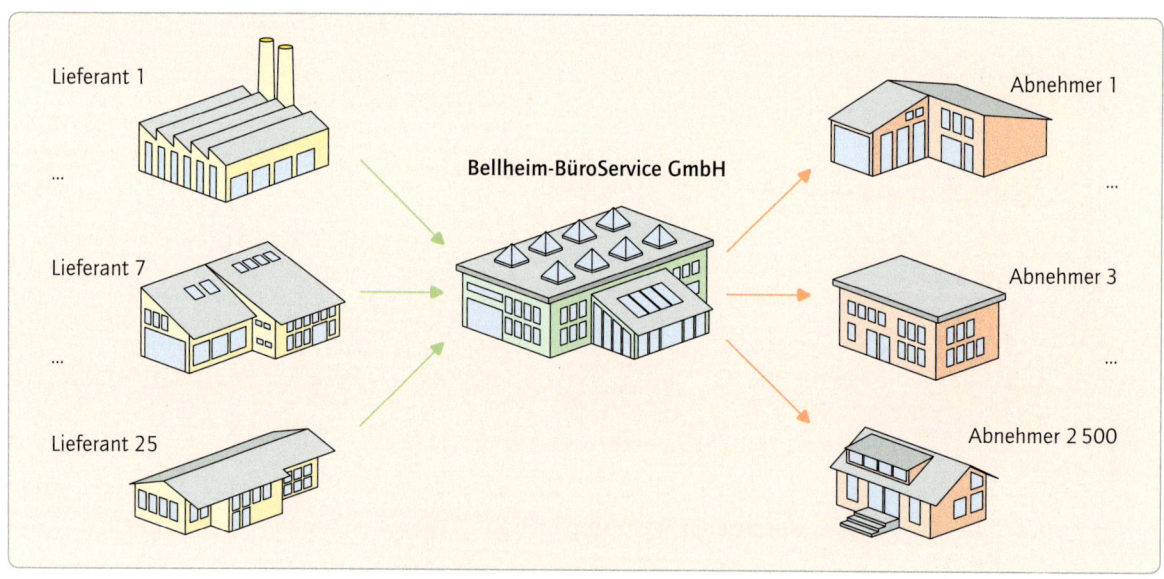

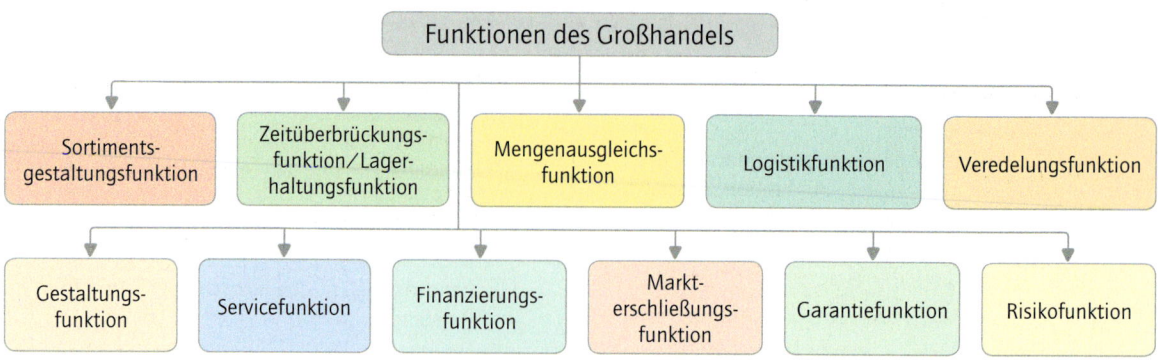

Großhandel

Funktionen

Sortimentsgestaltungsfunktion

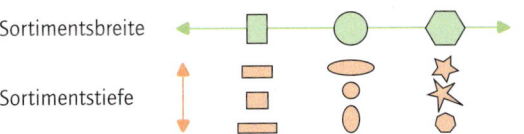

Sortimentsbreite

Sortimentstiefe

Durch sein Wissen über die Bedarfsstruktur seiner Kunden kann das Großhandelsunternehmen aus den Angeboten der verschiedenen Lieferanten ein eigenes Sortiment erstellen, das dem Bedarf seiner Abnehmer entspricht.

Zeitüberbrückungsfunktion / Lagerhaltungsfunktion

Durch Lagerhaltung überbrückt der Großhandel die Zeit z. B. zwischen Herstellung, Weitertransport und Verwendung der Ware.

Mengenausgleichsfunktion

große Mengen   kleine Mengen

Der Großhandel kauft größere Mengen von verschiedenen Herstellern ein und gibt sie entsprechend der Nachfrage auf Wunsch in kleineren Mengen an den Einzelhandel ab.

Im Rahmen des **Aufkaufgroßhandels** kauft der Großhandel auch kleinere Mengen von den Herstellern auf und gibt sie in größeren Mengen an die weiterverarbeitenden Betriebe oder die Einzelhandelsbetriebe ab.

Logistikfunktion

Der Großhandel steuert oft im Rahmen des **Supply-Chain-Management-Konzeptes** die Informationsflüsse bzw. die Warenflüsse zwischen Herstellern und Abnehmern. Er übernimmt häufig die Organisation des Warentransportes.

Veredelungsfunktion

Zahlreiche Waren werden erst vom Großhandel **verkaufsbereit** gemacht. So müssen z. B. Bananen erst reifen, bevor der Einzelhändler sie seinen Kunden anbieten kann. Oft übernimmt der Großhandel auch das Umfüllen in verkaufsgerechte Verpackungen oder lässt z. B. Wein in eigenen Lagern reifen.

Gestaltungsfunktion

Der Großhandel verfügt über eine intensive Marktnähe und Produkterfahrung. Diese Erfahrungen stellt er den Herstellern zur Verfügung, die dann in der Lage sind, ihre Produkte abnehmerorientierter anzubieten.

Servicefunktion

Der Großhandel verfügt über umfangreiche Warenkenntnisse. Deshalb kann er Informationen, z. B. über die Pflege und Wartung der Produkte, die Eigenschaften und Bedienung, an die Abnehmer weitergeben. Andererseits gibt er als Feedback die Informationen, die er von den Abnehmern erhalten hat, an seine Lieferanten weiter.

1

Großhandel

Funktionen	
Finanzierungsfunktion 	Durch Zahlungszielgewährung gibt der Großhandel seinen Abnehmern einen Kredit für die Zeit zwischen Abnahme der Ware und Ende des Zahlungsziels.
Markterschließungsfunktion 	Der Großhandel erschließt für seine Lieferanten neue Märkte, führt neue Produkte ein und bietet seinen Geschäftspartnern umfangreiche Marketingkonzepte. Ohne diese Funktion wäre es für kleinere Unternehmen kaum möglich, sich auf neuen Märkten, z. B. im Ausland, zu etablieren.
Garantiefunktion 	Für seine Abnehmer ist die Qualitätsgarantie des Groß- und Außenhändlers von ausschlaggebender Bedeutung. Die genaue Kenntnis der Waren und der Produktionsprozesse ermöglicht es dem Groß- und Außenhändler, die Qualität nicht nur besser zu kontrollieren, sondern sie auch aufgrund der engen Lieferantenbindung zu beeinflussen. Neben der Reklamationsabwicklung zwischen Lieferant und Abnehmer spielt die Frage der Produkthaftung und der Übernahme von Garantieleistungen durch den Groß- und Außenhändler gerade bei Produkten ausländischen Ursprungs eine erhebliche Rolle für deren Vermarktung. aus: Börner, Anton: Die heutige und zukünftige Bedeutung des Groß- und Außenhandels; in: B2B-Handel: Perspektiven des Groß- und Außenhandels; Zentes, Joachim; Swoboda, Bernhard; Morschett, Dirk (Hrsg.); 1. Aufl., Frankfurt/M. 2002, S. 39 f.
Risikofunktion 	Mit seinen Leistungen übernimmt der Großhandel große Teile des Beschaffungs- und Absatzrisikos für die Lieferanten. Auch im Rahmen des Transportes, der Lagerung und der Finanzierung übernimmt er erhebliche Risiken, die der Wettbewerbsfähigkeit seiner Geschäftspartner zugutekommen.

Formen (Arten): Unterscheidung nach der Stellung in der Handelskette

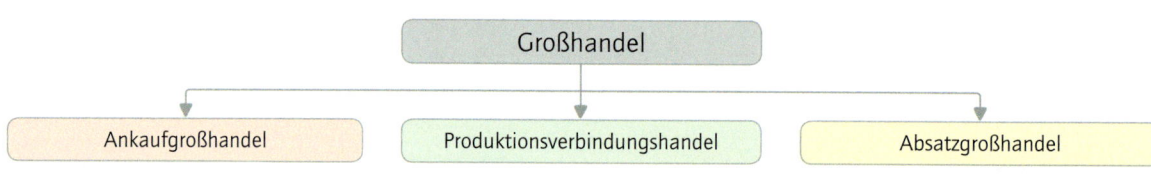

Ankaufgroßhandel	
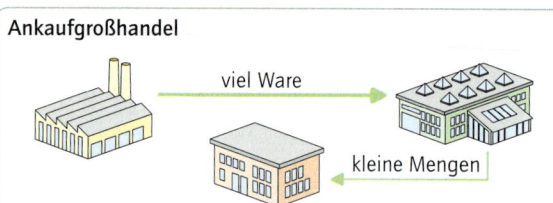 viel Ware kleine Mengen	Der Großhandel kauft große Mengen bei den Herstellern ein, die von den Abnehmern in kleinen Mengen als Zusatzstoffe nachgefragt werden, z. B. Industrieklebstoffe. Hierdurch werden zwei Produktionsstufen miteinander verbunden, deren Beschaffungs- und Verkaufsprogramme nicht aufeinander abgestellt sind.

Funktionen und Formen des Groß- und Außenhandels

Functions and forms of wholesaling and foreign trade

Großhandel

Formen (Arten): Unterscheidung nach der Stellung in der Handelskette

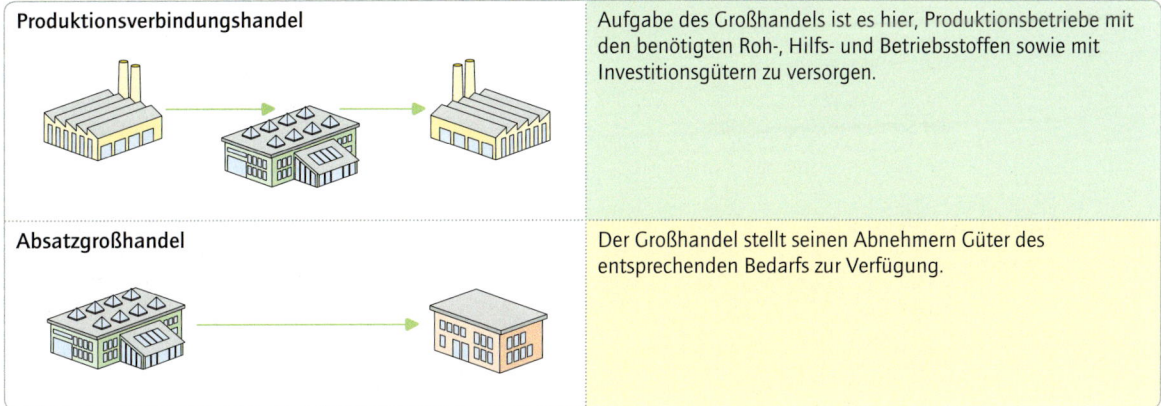

Produktionsverbindungshandel	Aufgabe des Großhandels ist es hier, Produktionsbetriebe mit den benötigten Roh-, Hilfs- und Betriebsstoffen sowie mit Investitionsgütern zu versorgen.
Absatzgroßhandel	Der Großhandel stellt seinen Abnehmern Güter des entsprechenden Bedarfs zur Verfügung.

Formen: Unterscheidung nach Waren und Abnehmer

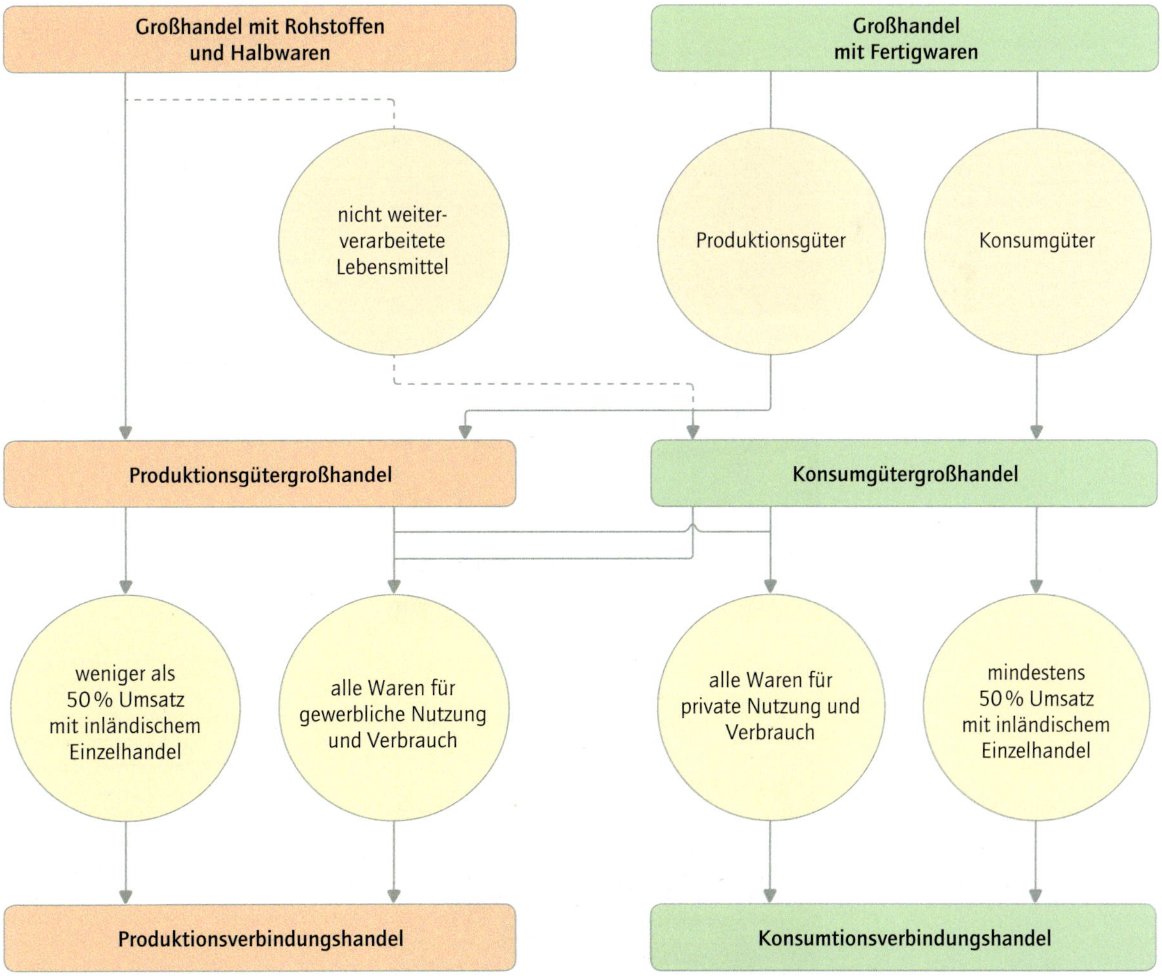

Großhandel mit Rohstoffen und Halbwaren
Großhandel mit Fertigwaren
nicht weiterverarbeitete Lebensmittel
Produktionsgüter
Konsumgüter
Produktionsgütergroßhandel
Konsumgütergroßhandel
weniger als 50 % Umsatz mit inländischem Einzelhandel
alle Waren für gewerbliche Nutzung und Verbrauch
alle Waren für private Nutzung und Verbrauch
mindestens 50 % Umsatz mit inländischem Einzelhandel
Produktionsverbindungshandel
Konsumtionsverbindungshandel

aus: Tietz, Bruno: Großhandelsperspektiven für die Bundesrepublik Deutschland bis zum Jahre 2010, Frankfurt/M. 1993, S. 15

1

Großhandel

Betriebsformen

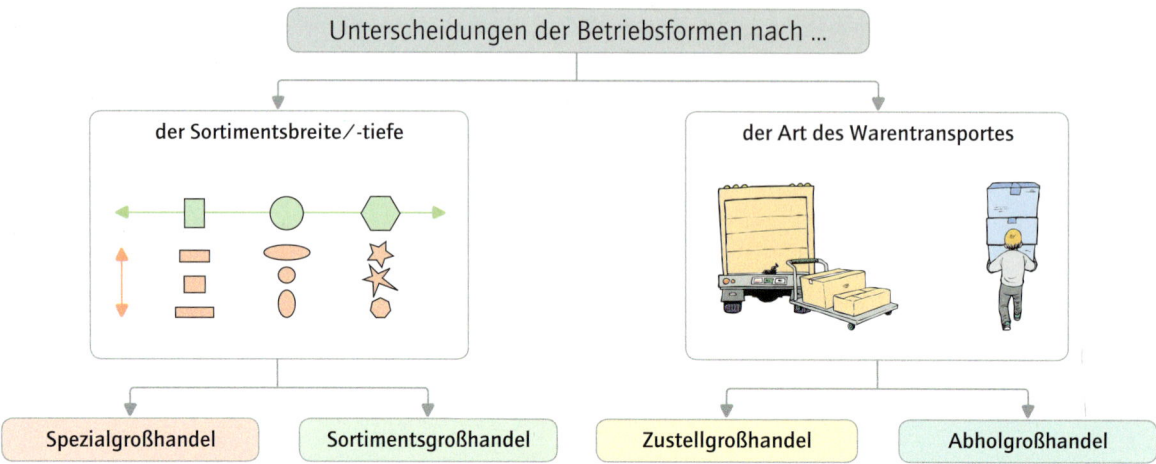

Unterscheidungen der Betriebsformen nach ...

der Sortimentsbreite/-tiefe

der Art des Warentransportes

| Spezialgroßhandel | Sortimentsgroßhandel | Zustellgroßhandel | Abholgroßhandel |

Spezialgroßhandel		Der Großhandel stellt seinen Kunden ein vollständiges Sortiment in bestimmten Warengruppen zur Verfügung, z. B. Herrenoberbekleidung, Schreibwaren.
Sortimentsgroßhandel		Das gesamte Sortiment des Einzelhandels ist vorhanden, z. B. Metrogroßhandel.
Zustellgroßhandel		Der Großhändler liefert seinen Kunden die bestellte Ware bzw. lässt sie durch einen Frachtführer liefern. Die Transportkosten sind häufig nicht unerheblich und bilden für die Kunden einen wichtigen Faktor im Rahmen des Angebotsvergleichs.

Großhandel

Betriebsformen

Abholgroßhandel

Der Kunde holt seine Ware selbst beim Großhändler ab bzw. lässt sie abholen. Dies wirkt sich natürlich sehr positiv auf die Preisgestaltung des Großhandels aus. Für den Abnehmer bedeutet dies, dass er die Transportkosten selbst gestalten kann und in der Lage ist, die Ware dann abzuholen, wenn er sie benötigt (Einsparung von Lagerkosten).

Sonderformen

| Cash-and-carry-Großhandel | Regalgroßhandel (Rack Jobber) | Streckengroßhandel |

Cash-and-carry-Großhandel

Der Cash-and-carry-Großhandel ist eine Sonderform des Abholgroßhandels. Kunden entnehmen die Waren im Rahmen der Selbstbedienung und bezahlen sie sofort, z. B. Metro.

Regalgroßhandel (Rack Jobber)

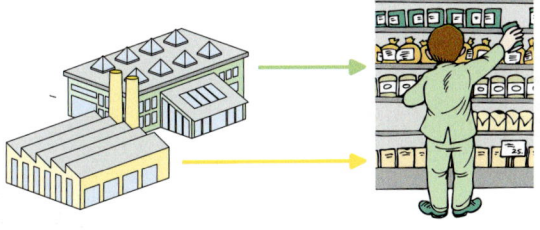

Der Großhändler oder Hersteller mietet beim Einzelhändler Verkaufsregale bzw. Verkaufsflächen an und vertreibt die Ware auf eigene Rechnung. Der Vorteil für den Einzelhändler liegt in der Sortimentsergänzung. Pflege, Preisauszeichnung usw. der Ware übernimmt der Rack Jobber, z. B. Harry-Brot-Regale in Lebensmittelgeschäften.

Streckengroßhandel

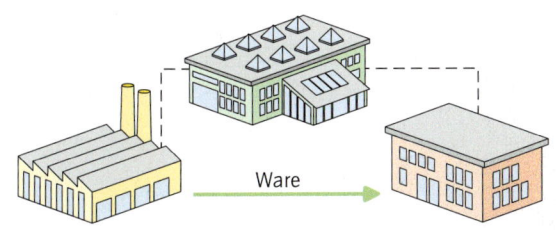

Ware

Der Großhändler lagert die Ware nicht, die Ware geht direkt vom Hersteller zu den Großhandelsabnehmern.

1

AUSSENHANDEL

Außenhandel

Funktionen

Alle wirtschaftlichen Transaktionen, die das Ausland betreffen, werden durch den Außenhandel abgedeckt. Zu den Aufgaben von Unternehmen, die im Außenhandel tätig sind, gehören vor allem die Markterkundung im Ausland und die Erstellung von Marketingstrategien. Dies umfasst die Preis- und Vertragsgestaltung, das Abwägen und Absichern der Risiken sowie die Abwicklung des Transports.

Zu den Funktionen der Außenhandelsunternehmen gehören die Beachtung der Ein- und Ausfuhrbestimmungen, die Zollabwicklung, der Zahlungsverkehr mit dem Ausland sowie die Finanzierung des Außenhandelsgeschäftes.

Formen des Außenhandels

Grundformen

Importgeschäfte

Hierbei handelt es sich um den **Kauf von Waren oder Dienstleistungen aus** dem **Ausland**. Werden ausländische Dienstleistungen beim Import in Anspruch genommen, spricht man vom **passiven Dienstleistungsverkehr**.

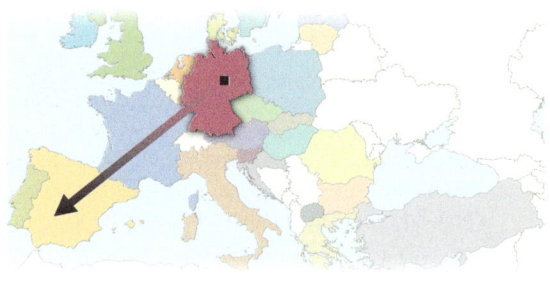

Exportgeschäfte

Hierbei handelt es sich um den **Verkauf** inländischer **Waren oder Dienstleistungen** an Käufer im Ausland. Werden inländische Dienstleistungen **im Ausland** bereitgestellt, spricht man vom **aktiven Dienstleistungsverkehr**.

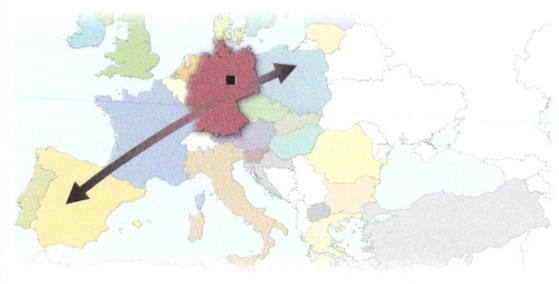

Transithandel

Hierbei werden überwiegend Warengeschäfte **grenzüberschreitend** durchgeführt. Der **Transithändler** hat seinen Standort weder im Export- noch im Importland.

Außenhandel

Sonderformen

Neben den Grundformen des Außenhandels – Import-, Exportgeschäfte, Transithandel – gibt es Sonderformen des Außenhandels, um im Außenhandelsgeschäft tätig werden zu können.

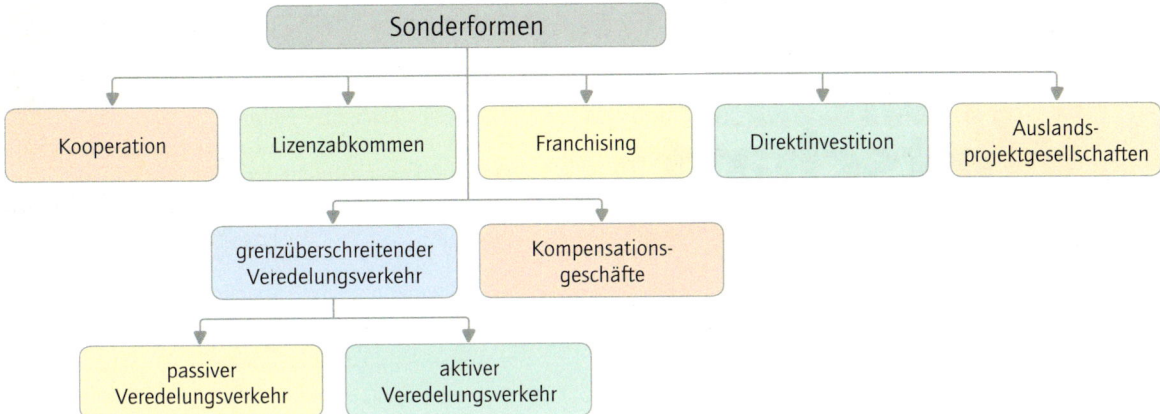

Begriff

Kooperationen

Zusammenschluss wirtschaftlich und rechtlich selbstständiger Unternehmen zur Erreichung bestimmter Ziele im Auslandsverkehr

Lizenzabkommen

Gewerbliche Nutzung z. B. von Warenmarken, Firmenbezeichnungen, Geschmacks-/Gebrauchsmustern, Patenten, Marketingstrategien, Know-how im Ausland

Laut dem Presseservice von Rambus unterzeichnete das Unternehmen mit Panasonic am 27.01.2011 ein Fünf-Jahres-Abkommen, das die DRAM-Speicher-Controller für SDR, DDR, DDR3 und andere DRAM-Geräte umfasst. Ziel des Abkommens ist es, die Zusammenarbeit von Rambus und Panasonic zu fördern.

aus: Rambus Signs Patent License Agreement with Panasonic, 31.01.2011

Ziele (Vor- und Nachteile), *Beispiele*

Ziele der Kooperationen können sein:
- Durchführung eines Gemeinschaftsunternehmens
- gemeinschaftliche Ausübung von Außenhandelsfunktionen
- Durchführung von großen Transaktionen bzw. dauerhaften Geschäften

Durch Kooperationen sollen vor allem Risiken im Auslandsgeschäft geteilt, Synergieeffekte erreicht bzw. Ressourcen verbreitert werden (siehe auch S. 362: Kooperationsformen im Groß- und Außenhandel).

Gerade im Zeichen der Globalisierung lohnt sich für den Exporteur eine **Lizenzfertigung** im Ausland, da er von den Standortvorteilen (z. B. wegen der Lohnkostenunterschiede) profitieren kann. Entwicklungsländer wünschen eine Produktion im eigenen Land, sodass der **Export** von Lizenzen, Know-how und Managementverträgen infrage kommt.

Vorteile für den Exporteur:
- Erhalt einer Lizenzgebühr
- geringer Kapitaleinsatz
- Risikominimierung
- Einflussnahme auf ausländischen Absatzmarkt

Nachteile für den Exporteur:
- Arbeitsplätze wandern ins jeweilige Ausland ab (nach § 16 Außenwirtschaftsgesetz ist eine Beschränkung der Lizenzvergabe an das Ausland möglich, wenn es beispielsweise zu einer enormen Unterbeschäftigung im Inland führen kann).
- Gefahr der Nachahmung ohne Entrichtung einer Lizenzgebühr (z. B. Markenpiraterie durch China)

1

AUSSENHANDEL

Außenhandel: Sonderformen

Begriff

Franchising

Der Franchisingnehmer führt nach Weisungen und Kontrolle des Franchisinggebers sein Unternehmen, z. B. McDonald's.

Vorteile: Franchise-Nehmer:

- schneller Markteintritt
- häufig Gebietsschutz
- ausgereiftes Geschäftskonzept
- evtl. Einkaufsvorteile
- evtl. positive Kreditwürdigkeit
- Rückgriff auf erprobtes Marketingkonzept

Nachteile: Franchise-Nehmer:

- evtl. Einschränkung der unternehmerischen Freiheit
- Gebührenzahlung an Franchise-Geber
- unternehmerisches Ansehen ist abhängig vom Franchise-Geber
- evtl. Abnahmeverpflichtungen
- großer Einfluss des Franchise-Gebers

Vorteile Franchise-Geber

- Vermarktung seines bewährten Systems
- Vermeidung eines kostenintensiven Filialsystems
- schnelles Wachstum
- steigende Einkaufsvorteile
- Steigerung des Bekanntheitspotentials
- starker Einfluss auf den Franchise-Nehmer

Nachteile: Franchise-Geber:

- hohe Kosten für Kontrollen
- sehr differenziertes Vertragswesen
- Imageverlust bei negativen Franchise-Nehmern
- Reduzierung der Erträge, da der Franchise-Nehmer einen Teil der Gesamterträge einbehält

Direktinvestitionen

Ein inländisches Unternehmen beteiligt sich direkt und in der Regel dauerhaft an einem Unternehmen im Ausland. Beispielsweise zählen zu den Direktinvestitionen die Errichtung von Niederlassungen, der Kauf von ausländischen Unternehmen, der Ausbau von Unternehmen im Ausland.

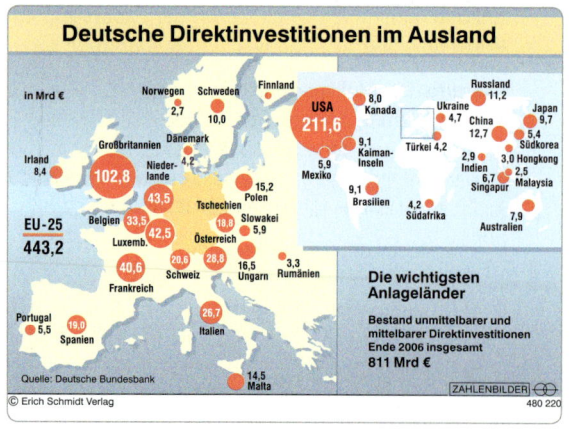

Vorteile:

- Kostenvorteile, z. B. durch niedrigere Lohn- und Transportkosten
- Ausschließen von Währungsrisiken
- vereinfachte rechtliche Rahmenbedingungen im Bereich Produktion, Arbeitsschutz, Umweltschutz, Entsorgung, Arbeitszeiten
- Nutzung der ausländischen Ressourcen, wie z. B. von Rohstoffen, motivierten Arbeitnehmern, Steuervorteilen
- Reduzierung der Einfuhrprobleme
- günstige Reimporte
- Kontrolle über die Auslandsaktivitäten und Stärkung der Marktpräsenz

Nachteile:

- politische Risiken
- Arbeitsplatzverschiebung vom Inland ins Ausland
- eventuelle Reglementierungen beim Gewinntransfer
- eventuelle Bevormundung durch Zwang zur Beteiligung des ausländischen Staates mit 51 % am Unternehmenskapital
- langfristige Kapitalbindung und hoher Kapitalbedarf

Außenhandel: Sonderformen

Begriff

Auslandsprojektgesellschaften
Ein Betreiberkonsortium aus unterschiedlichen Interessengruppen erstellt gemeinsam im Ausland ein Projekt

Beispiel:
Einheimische Lieferanten erstellen im Ausland ein Kraftwerk. Beteiligt sind Versicherungsgesellschaften, staatliche Institutionen im In- und Ausland, Consultingunternehmen und Abnehmer.

Ziele (Vor- und Nachteile), *Beispiele*

Bei der Errichtung von Großanlagen wird z. B. das Risiko reduziert und die Mitglieder des Betreiberkonsortiums haben die Möglichkeit, je nach Interessenlage an der Auslandsprojektgesellschaft teilzunehmen.

EnBW

Grenzüberschreitender Veredelungsverkehr
Unter Veredelung wird die Verarbeitung oder Bearbeitung von Waren verstanden.

- **Passiver Veredelungsverkehr**
  Inländische Ware wird im Ausland veredelt und wieder **importiert**.

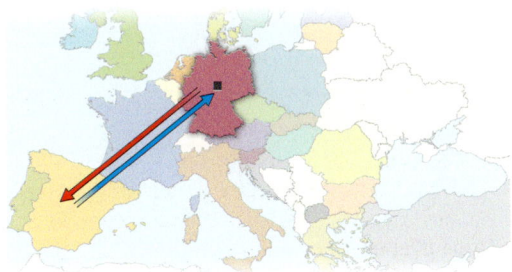

Vorteile:

- niedrigeres Kostenniveau im Ausland

- staatliche Unterstützung im Ausland (Subventionen, vereinfachte Vorschriften in den Bereichen Umwelt, Arbeitsschutz, Bau usw.)

Nachteile:

- vom Heimatland abweichende Qualitätsstandards

- mangelhafte Infrastrukturen (Transportprobleme)

- politisches Risiko

- **Aktiver Veredelungsverkehr**
  Ausländische Ware wird im Inland veredelt und anschließend **exportiert**.

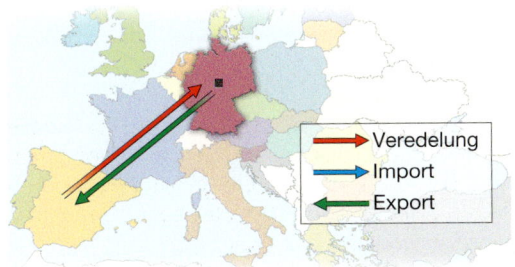

→	Veredelung
→	Import
←	Export

Der **aktive Veredelungsverkehr** wird nur dann stattfinden, wenn das hohe Lohnniveau in Deutschland kompensiert wird, d. h. eine hohe Technologie, überragende Produktqualität, individuelle Problemlösungen und eine schnelle und zuverlässige Liefertermineinhaltung gewährleistet sind.

Beispiel:
Deutsche Werften erhalten Reparaturaufträge ausländischer Reeder.

Außenhandel: Sonderformen

Begriff

Kompensationsgeschäfte

Es handelt sich um **Geschäfte auf Gegenseitigkeit**, d. h., der Importeur bezahlt mit Waren oder Dienstleistungen.

Ziele (Vor- und Nachteile), *Beispiele*

Vor allem der Handel mit den Entwicklungsländern wird zunehmend durch Kompensationsgeschäfte bestimmt.

Häufig führt der Devisenmangel dazu, dass diese Länder ihre Importe mit Warenlieferungen bzw. Rohstoffen bezahlen.

Neben der Devisenknappheit spielen auch Aspekte wie Bezugsquellen- und Absatzsicherung, Entwicklungshilfe, Schuldenausgleich usw. eine gewichtige Rolle.

Lieferung von Maschinen

Bezahlung durch Rohstoffe

Brasilien

Begriff

Für das Unternehmen im Groß- und Außenhandel stehen die Bedürfnisse seiner Abnehmer im Vordergrund. Es richtet sein Sortiment und seinen Standort nach den Wünschen seiner Kunden aus. Dabei spielt der persönliche Kontakt zu den Kunden eine große Rolle. Das Groß- und Außenhandelsunternehmen richtet sein gesamtes unternehmerisches Handeln nach den Wünschen seiner Kunden aus (z. B. Sortiments- und Standortpolitik).

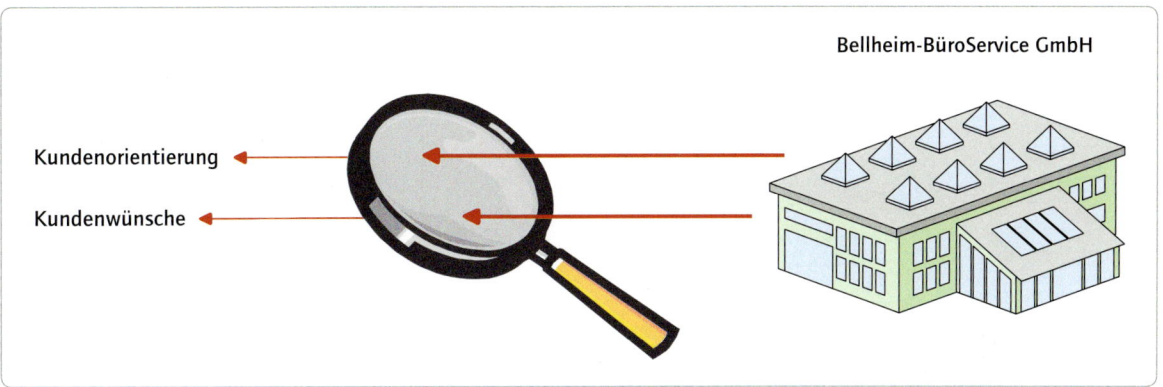

Bellheim-BüroService GmbH

Kundenorientierung

Kundenwünsche

Merkmale

Die **Kundenorientierung** gehört zu den **wichtigsten Merkmalen** der Aktivitäten eines Groß- und Außenhandelsbetriebes. Die Kunden sollen **zufrieden** sein und langfristig an das Unternehmen gebunden werden. **Aus Kunden sollen Stammkunden werden!**

Dazu gehören:

- genaue Kenntnisse über den Kunden
- Hineinversetzen in den Kunden

- Kontaktaufnahme und permanente Kommunikation mit den Kunden
- Umsetzen und Erfüllen der Kundenwünsche
- Herausarbeiten des Servicegedankens
- Betreuung der Kunden
- Akquirieren von neuen Kunden
- Berücksichtigung der Veränderungen in der Bedürfnisstruktur der Kunden

Kundenbindungsmaßnahmen

Unternehmen des Groß- und Außenhandels haben die Notwendigkeit der **Kundenorientierung** erkannt. Der Kunde soll nicht nur über das Warenangebot und die Preisgestaltung, sondern gerade auch über seine Zufriedenheit an das Unternehmen gebunden werden.

Auch moderne Verfahren wie das Customer Relationship Management (CRM) (siehe S. 443) beschäftigen sich mit dem Aufbau loyaler und profitabler Kundenbeziehungen.

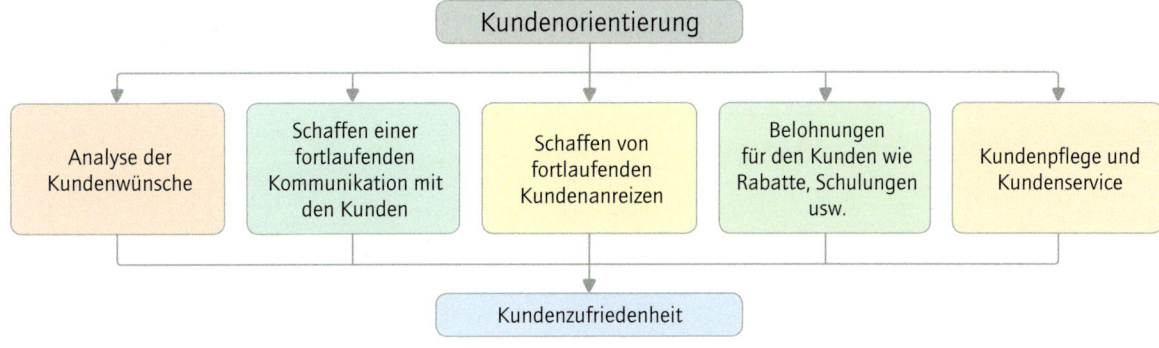

Kundenbindungsmaßnahmen

Der Loyalitätskreislauf zur Kundenbindung

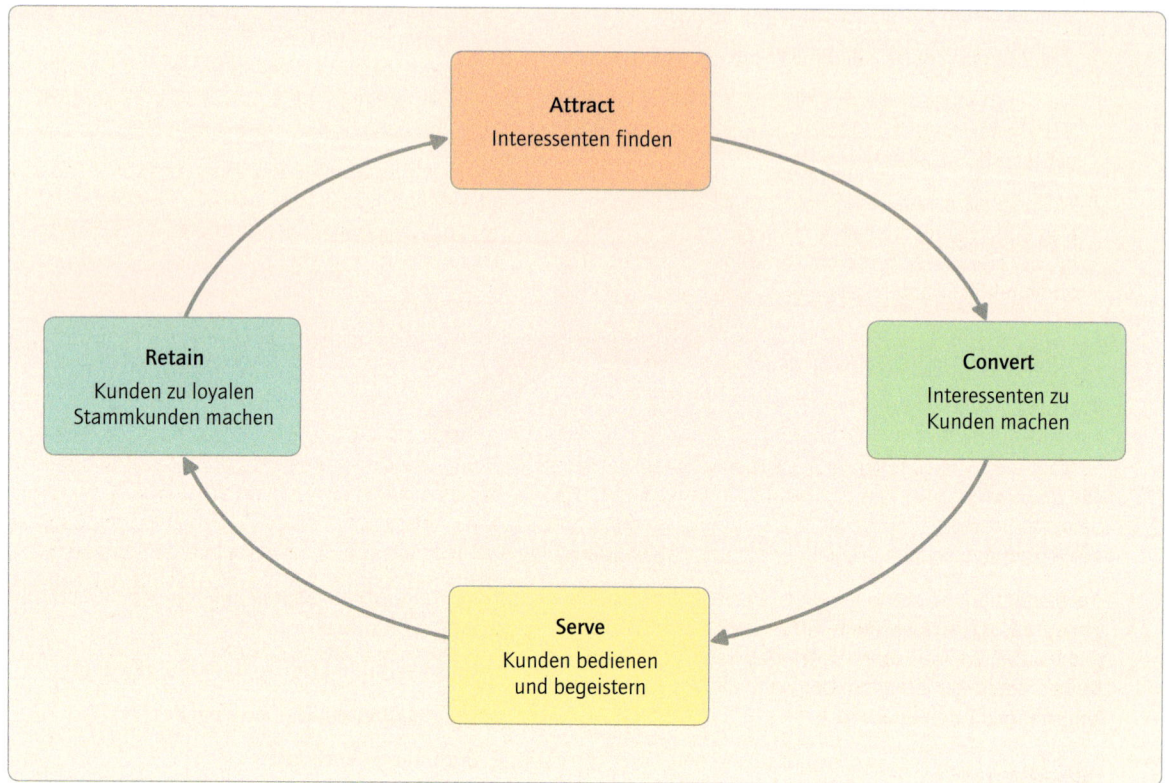

Begriff

Stammkunden versucht der Groß- und Außenhandel häufig durch folgende Anreize (Belohnungen) langfristig an das Unternehmen zu binden:

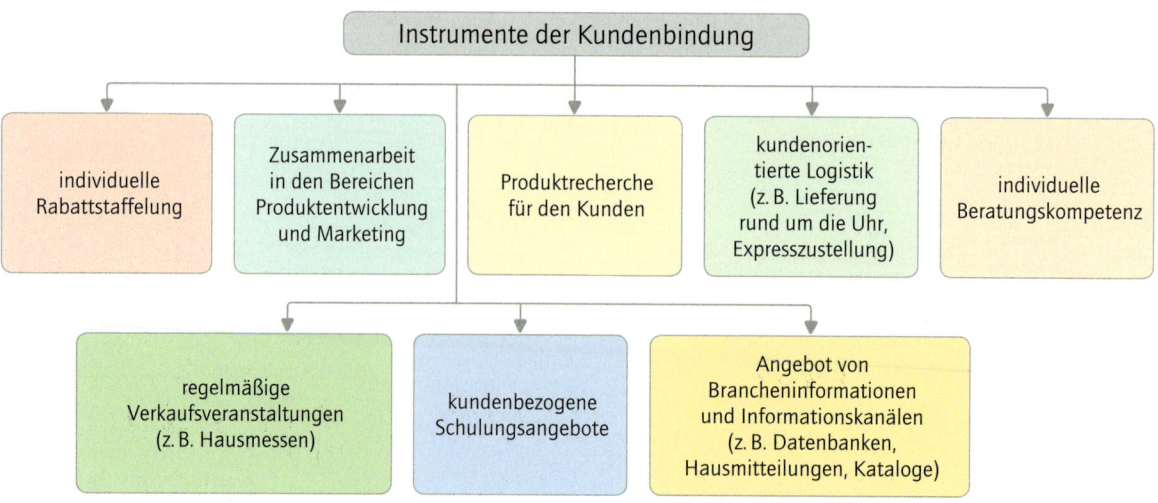

Grundbegriffe

Bei der Organisation eines Groß- und Außenunternehmens, egal ob es sich um ein mittelständisches Unternehmen oder um einen großen, global arbeitenden Außenhändler handelt, müssen drei Fragen geklärt sein:

1. Welche Aufgaben oder Funktionen haben die einzelnen Mitarbeiterinnen und Mitarbeiter innerhalb des Gesamtbetriebes zu erfüllen?

2. Wer darf wem Weisungen erteilen oder Arbeiten in Auftrag geben und von wem kann die einzelne Mitarbeiterin, der einzelne Mitarbeiter Weisungen empfangen, die durchgeführt werden müssen?

3. Werden die betriebsnotwendigen Arbeitsabläufe optimal durchgeführt und sind die einzelnen Tätigkeiten sinnvoll aufeinander abgestimmt?

Nur wenn diese Fragen eindeutig beantwortet werden, kann es einen reibungslosen und ungestörten betrieblichen Ablauf geben.

Die **Betriebsorganisation** soll sicherstellen, dass die aufgeworfenen Fragen optimal gelöst werden. Es wird dabei zwischen der **Ablauforganisation** und der **Aufbauorganisation** unterschieden.

Ablauforganisation

Begriff

Betriebliche Aufgaben, wie zum Beispiel der Einkauf oder Verkauf von Waren, sollen rational, transparent und effizient durchgeführt werden. Die Ablauforganisation soll zudem sicherstellen, dass die einzelnen Tätigkeiten innerhalb des Betriebes sinnvoll aufeinander abgestimmt werden.

Beispiel:

Ein Mitarbeiter der Bellheim-BüroService GmbH ist u. a. für das Einräumen von Waren in das Lager verantwortlich. Die Reihenfolge des Einräumens ist durch die Umschlaghäufigkeit, die Eigenschaften und den Qualitätserhalt der Ware vorgegeben. Lichtempfindliche Papierwaren oder Kartonagen müssen demnach in dem Teil des Lagers verstaut werden, in dem der Lichteinfall gering ist. Waren, die eine hohe Umschlaghäufigkeit haben, die also häufig aus dem Lager geholt und in das Lager eingeräumt werden müssen, werden im vorderen Teil des Lagers bevorratet, damit die Wege möglichst kurz und zeitsparend sind.

Nur wenn sich der Mitarbeiter an diese Grundsätze konsequent hält, entspricht er den Vorgaben einer optimalen Ablauforganisation.

Flussdiagramm

Um die Arbeitsabläufe noch genauer beschreiben zu können, gibt es die Möglichkeit, die Tätigkeiten in einzelne Arbeitsschritte zu zerlegen und anschließend die optimale Reihenfolge festzulegen. Die grafische Darstellung dieses Ergebnisses wird als Flussdiagramm bezeichnet.

International verwendete Symbole für Flussdiagramme

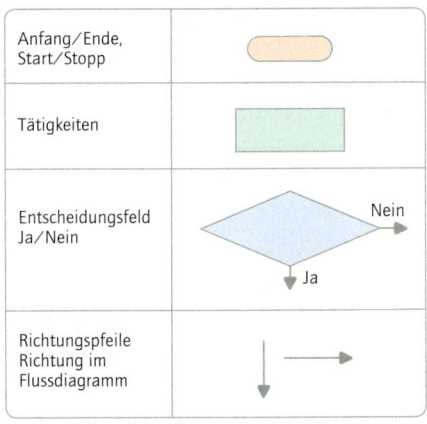

Anfang/Ende, Start/Stopp	
Tätigkeiten	
Entscheidungsfeld Ja/Nein	
Richtungspfeile Richtung im Flussdiagramm	

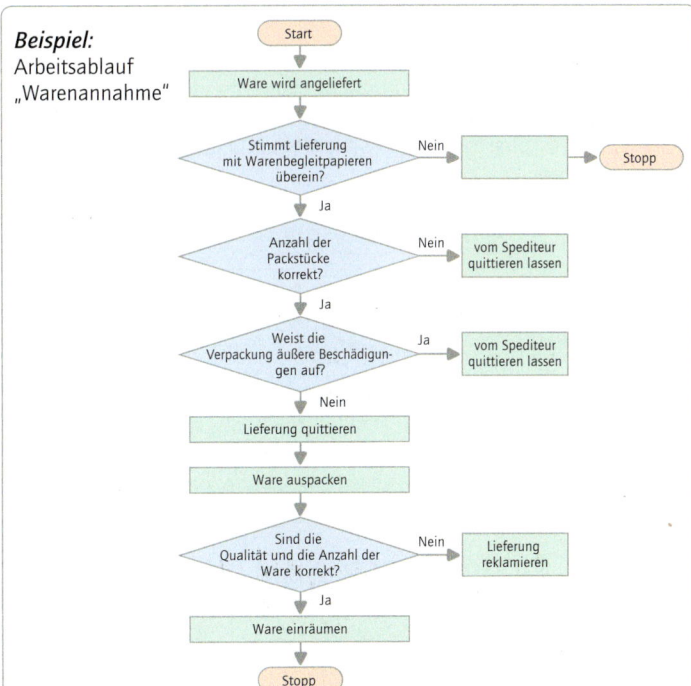

Beispiel: Arbeitsablauf „Warenannahme"

1

Aufbauorganisation

Bei dieser Organisationsstruktur geht es um eine klare Zuordnung der Zuständigkeiten und der Weisungsberechtigung. Dabei bedient man sich zweier Ordnungsfaktoren, der **Stellen** und der **Abteilungen**.

Stellen

Begriff

Innerhalb eines Groß- und Außenhandelsbetriebes werden **immer wiederkehrende** Tätigkeiten zu organisatorischen Einheiten zusammengefasst. Voraussetzung ist, dass diese Tätigkeiten von einer Person erledigt werden können. In diesem Fall spricht man von einer Stelle, das ist die **kleinste organisatorische Einheit** eines Betriebes.

Linienstellen sind Stellen, die in ein Weisungs- oder Leitungssystem eingebunden sind.

Stabsstellen sind Stellen, die nicht direkt in ein Leitungssystem eingegliedert sind. Ihre Aufgabe ist es, die Führungsstellen in ihrer Arbeit zu unterstützen, beispielsweise durch Informationsbeschaffung oder Rechtsberatung.

Funktion

Die Summe aller Stellen eines Groß- und Außenhandelsbetriebes deckt alle anfallenden Aufgaben ab. Um Missverständnisse zu vermeiden und Kompetenzen klar abzugrenzen, gibt es in vielen Unternehmen klare und eindeutige **Stellenbeschreibungen**. Folgende Inhalte können Teil einer Stellenbeschreibung sein:
- Die Benennung der Stelle, z. B. „Einkaufssachbearbeiterin"
- Angabe von Fertigkeiten und Kenntnissen zum Ausüben der Stellentätigkeit
- Beschreibung der einzelnen Aufgaben
- Einordnung in die Betriebshierarchie (Wer ist Vorgesetzter, wem gegenüber ist man weisungsbefugt?)

Abteilungen

Begriff

Eine gewisse Anzahl von Stellen ergibt eine Abteilung. Bei der Abteilungsbildung werden zwei **„Prinzipien"** unterschieden:

1. Das Funktionsprinzip
In diesem Fall werden die Abteilungen nach Tätigkeiten oder Funktionsbereichen eingeteilt. So kommt es zu der Bildung von Einkaufs-, Verkaufs- oder Verwaltungsabteilungen. Das Funktionsprinzip wird auch im Groß- und Außenhandel eingesetzt, da es für kleine oder mittelgroße Betriebe eine gute Organisationsstruktur darstellt. *Beispiel:*

```
          Unternehmensleitung
    │               │              │
Abteilung       Abteilung      Abteilung
Einkauf          Lager          Verkauf
```

2. Das produktorientierte Prinzip
Im Absatzgroßhandel wird es auch als das **Warengruppen-Prinzip** bezeichnet. Die Abteilungsbildungen werden nach den unterschiedlichen Warengruppen vollzogen. *Beispiel:*

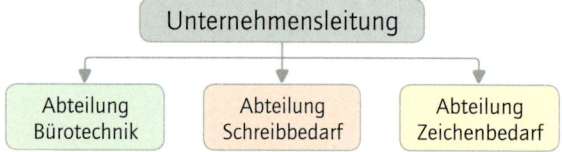

Funktion

Die Summe der Aufgaben ihrer Stellen kennzeichnet den Gesamtaufgabenbereich einer Abteilung. Nach dem Funktionsprinzip hat die hier beispielhaft aufgeführte **Stelle** u. a. folgende **Funktionen**:

Einkaufsabteilung
- günstige Bezugsquellen ermitteln
- Anfragen schreiben und Angebote einholen
- Bestellungen durchführen
- Zeitpunkt und Umfang der Bestellungen kontrollieren und registrieren
- Wareneingang überwachen
- Verkaufsbereitschaft gewährleisten

Nach dem produktorientierten Prinzip fallen einer **Abteilung** folgende **Aufgaben** zu:

Abteilung Büropapiere
- Waren sachgerecht einlagern
- Warenpflege durchführen
- Beratungsgespräche durchführen
- Kundenanfragen beantworten
- Serviceleistungen erläutern
- Waren verpacken
- Rechnungen schreiben
- verkaufte Waren nachordern
- Zahlungseingang kontrollieren

Leitungssysteme

In jeder betrieblichen Organisationsform gibt es ein **Leitungs**- oder **Weisungssystem**. Dieses System soll klarstellen, von wem die einzelnen Mitarbeiterinnen und Mitarbeiter Weisungen erhalten können und wem sie selbst Weisungen erteilen dürfen. Das Weisungssystem ist üblicherweise hierarchisch aufgebaut, d. h., es gibt ganz „oben" in dem System nur ganz wenige Stelleninhaber, die so gut wie allen Mitarbeiterinnen und Mitarbeitern gegenüber weisungsbefugt sind. Andererseits gibt es am „Ende" des Leitungssystems eine sehr große Zahl von Mitarbeiterinnen und Mitarbeitern, die Weisungen erteilt bekommen, selbst jedoch keine Weisungen erteilen können. Je höher die Personen in diesem Leitungssystem platziert sind, umso mehr Mitarbeitern können sie Weisungen erteilen und desto mehr Verantwortung haben sie zu tragen.

Stellenpyramide

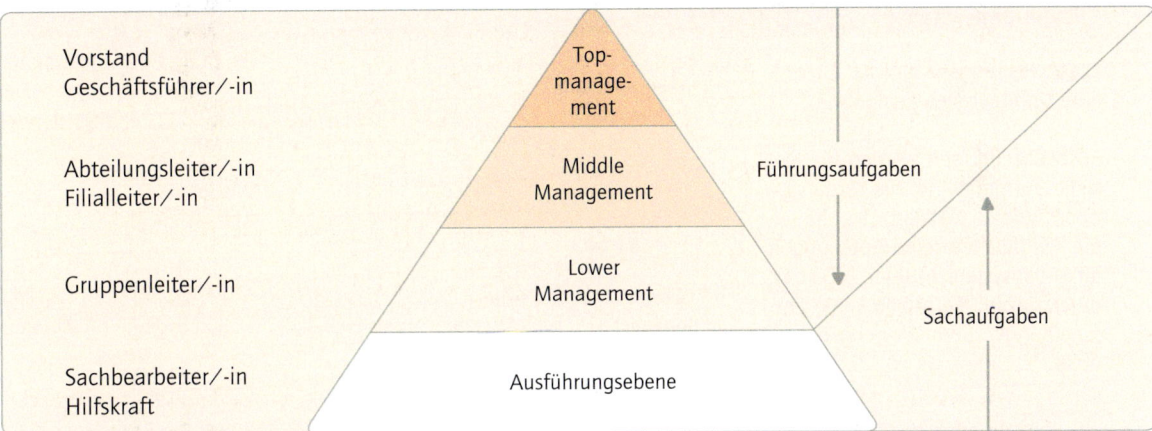

Liniensysteme

Die Leitungssysteme sind so aufgebaut, dass es möglich ist, von der Betriebsleitung bis zum Auszubildenden die Weisungswege zu verfolgen. Es ist dabei äußerst wichtig, dass die Kommunikation nicht immer nur in eine Richtung läuft, sich also auf das Erteilen von Weisungen beschränkt. Rückmeldungen von den Weisungsempfängern sind für die Führungskräfte von großer Bedeutung.

Einliniensystem

- In diesem System sind die Zuständigkeiten klar geordnet.

- Die übergeordneten Stellen erteilen ihre Weisungen nur an genau festgelegte untergeordnete Stellen.

- Folglich erhalten die untergeordneten Stellen Weisungen nur von **einer** übergeordneten Stelle.

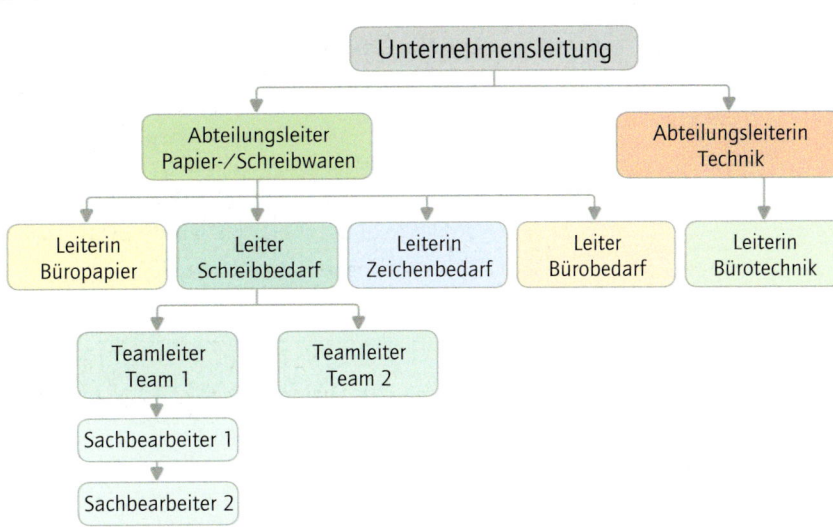

1

Mehrliniensystem

Die ausführenden Stellen können Weisungen von **mehreren** übergeordneten Stellen erhalten.

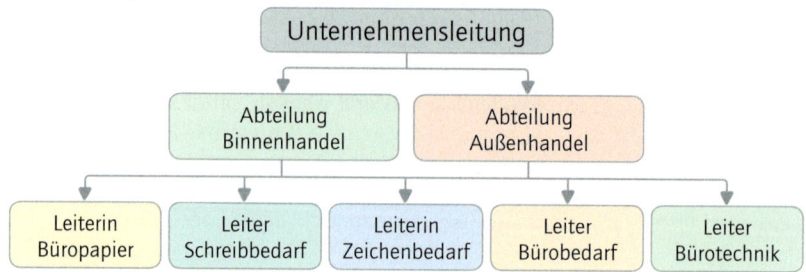

Stabliniensystem

Dieses Leitungssystem ist für größere Unternehmen geeignet.

Stabsabteilungen werden für spezielle Aufgaben in die Organisationsstruktur platziert. Sie haben die Aufgabe, einzelne Abteilungen im Liniensystem in ihrer Arbeit zu unterstützen. Sie haben keine Entscheidungs- und Weisungsbefugnisse.

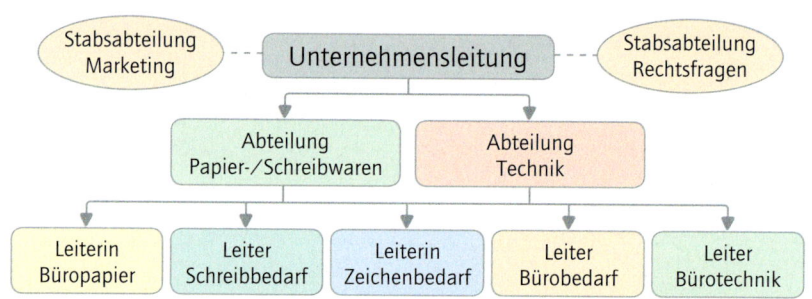

Matrixorganisation

Diese Form des Leitungssystems führt die Idee des **Mehrliniensystems** konsequent fort.

Mit diesem System kann jede Stelle von zwei gleichberechtigten Weisungsebenen erreicht werden.

Auf diese Weise wird der Sachverstand sowohl der funktionsorientierten wie auch der produktorientierten Organisation genutzt.

Dieses Leitungssystem ist in Industriebetrieben vertreten, im Groß- und Außenhandel ist es selten zu finden.

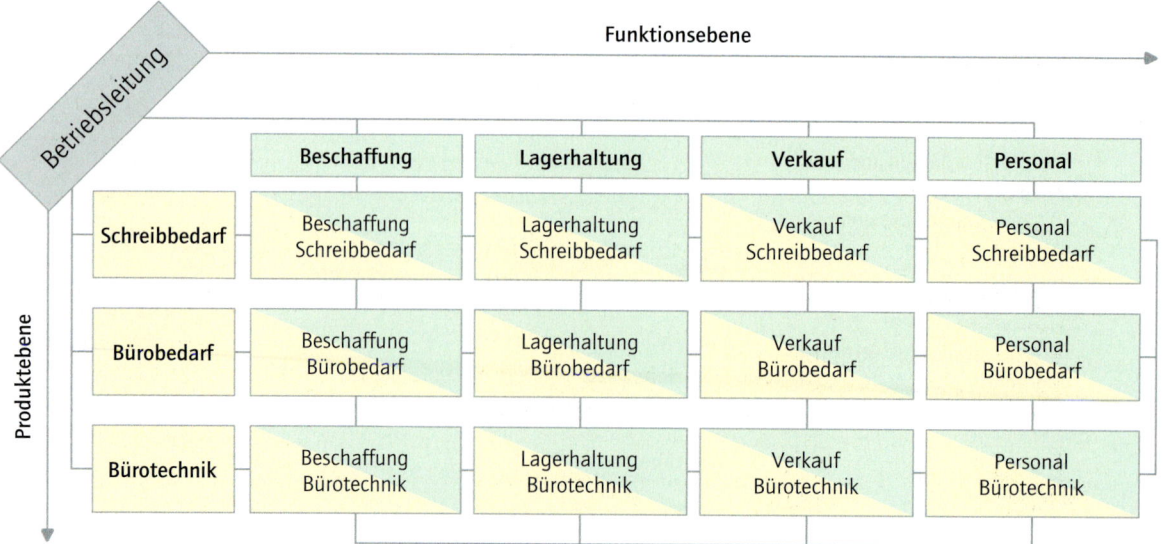

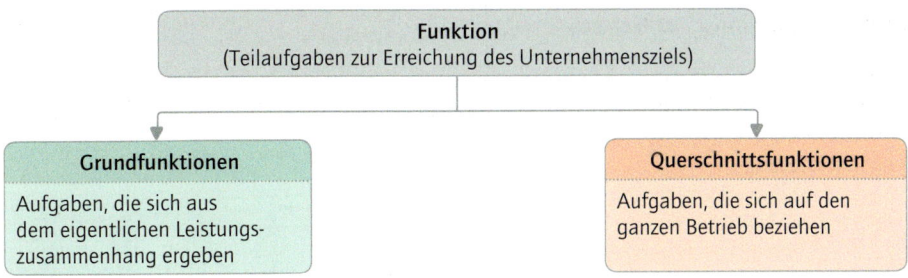

Grundfunktionen und ihre Teilaufgaben

Beschaffung	Lagerhaltung/Logistik	Absatz/Marketing
Zum Beispiel:	*Zum Beispiel:*	*Zum Beispiel:*
▪ Klärung des Bedarfs nach Art, Menge und Zeitpunkt	▪ Warenannahme	▪ Marktforschung/-erkundung
▪ Ermittlung der Bezugsquellen	▪ Warenkontrolle	▪ Markterschließung
▪ Einholung und Prüfung von Angeboten	▪ Warenlagerung	▪ Einsatz der Marketinginstrumente
▪ Bestellung	▪ Warenpflege	▪ Sortimentsgestaltung
▪ Bestellungs-, Terminüberwachung	▪ Kommissionierung	▪ Absatzanbahnung (Anfragen bearbeiten, Angebote erstellen)
▪ Herbeiholen der Leistungen	▪ Warenveredelung	▪ Auftragsabwicklung
▪ Übernahme mit Kontrolle, Qualitätsprüfung, Reklamationen	▪ Warentransport	▪ Rechnungserstellung
▪ Rechnungsprüfung		▪ Kundenservice wie Beratung, Wartung, Reparaturen
		▪ Kundenpflege

Querschnittsfunktionen und ihre Teilaufgaben

Finanzierung/Rechnungswesen	Personalwesen	Informationswesen
Zum Beispiel:	*Zum Beispiel:*	*Zum Beispiel:*
▪ Kapitalbedarfsrechnung	▪ Personalbedarfsermittlung	▪ Ableitung des Informationsbedarfs aus dem Entscheidungsproblem
▪ Investitionsrechnung	▪ Stellenausschreibung	▪ Nutzung interner und externer, nichtelektronischer und elektronischer Informationsquellen
▪ Finanzplanerstellung	▪ Personalauswahl	
▪ Eigen- oder Fremdfinanzierung	▪ Personaleinstellung	▪ Sammlung und Speicherung entscheidungsrelevanter Informationen im Data-Warehouse
▪ Kreditbeschaffung	▪ Personaleinsatz	
▪ Liquiditätsüberwachung	▪ Personalentwicklung (Personalförderung)	▪ Verarbeitung (Transformation) originärer Informationen zu entscheidungsrelevanten Größen
▪ Finanzbuchhaltung	▪ Personalbetreuung (Sozialwesen)	
▪ Jahresabschluss		▪ Informationsübermittlung (räumlich) und -ausgabe an Entscheidungsträger
▪ Bilanzanalyse	▪ Arbeitsbewertung und Entlohnung	
▪ Kosten- und Leistungsrechnung	▪ Personalentlassung	
▪ Statistik und Vergleichsrechnung		
▪ Planungsrechnung		

vgl. Hübscher, Heinrich u. a.: IT-Handbuch (Tabellenbuch) IT-Systemkaufmann/-frau, Informatikkaufmann/-frau, 7. Aufl., Braunschweig 2011, S. 51

1

Nachteile der Funktionsorientierung

- Arbeitsplatz- und aufgabenbezogene Betrachtungsweise innerhalb einer Abteilung; Gliederung nach dem Prinzip der Tätigkeit
- Leistungsorientierung
- in der Regel Einzelarbeit und Routinearbeiten
- Erkennen, welche Tätigkeiten den Abteilungsnutzen erhöhen bzw. besonders kostenintensiv sind
- wenig ausgeprägtes Kosten-Nutzen-Denken
- Ausrichtung der Leistungsprozesse auf Kosten und Zeit
- betriebliche Prozesse laufen häufig „quer" zu den Funktionen
- Engpässe durch Schnittstellen zwischen den Abteilungen
- fehlende Datenintegration
- Datenredundanz

Funktionale Arbeitsteilung

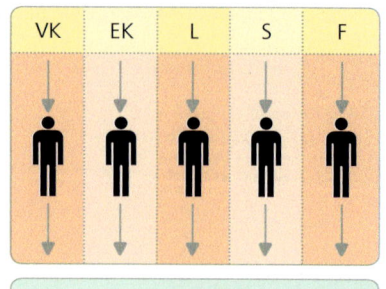

VK = Verkauf
EK = Einkauf
L = Lager
S = Service
F = Fakturierung

aus: IT-Ausbildung, Lernfelder und Kernkompetenzen, Der Betrieb und sein Umfeld, Geschäftsprozesse und betriebliche Organisation, Informationsquellen und Arbeitsmethoden, Band 1, 1. Auflage, Bremen 1998, S. 63

Vorteile der Geschäftsprozessorientierung

- bereichsübergreifende Betrachtungsweise; Gliederung nach dem Prinzip des Durchlaufs
- Ziel- und Ergebnisorientierung
- in der Regel Teamarbeit und konzeptionelle Problemlösungsarbeit
- Erkennen, welche Tätigkeiten den Kundennutzen erhöhen bzw. besonders kostenintensiv sind
- Ausgeprägtes Kosten-Nutzen-Denken wegen größerer Mitverantwortung
- zielorientierte Ausrichtung der Leistungsprozesse am Kunden und am Markt

Prozessorientierte Arbeitsteilung

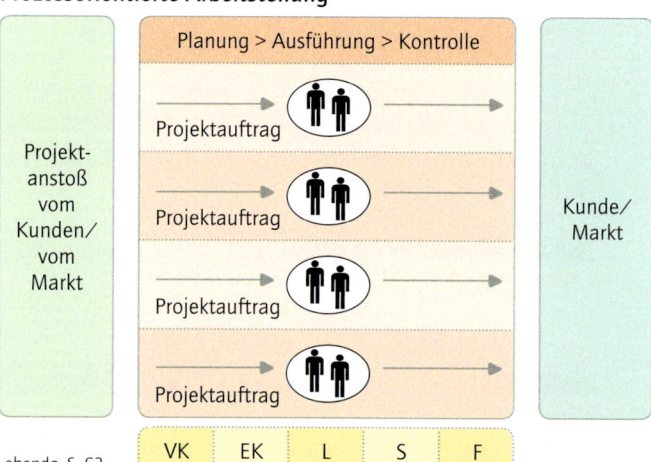

ebenda, S. 63

Kombination funktions- und prozessorientierter Organisation

Prozessorientierung über die Funktionsabteilungen hinweg: Die Schnittstellenprobleme zwischen den Funktionsbereichen werden überwunden und zum Kunden besteht nur noch eine Schnittstelle, nach dem Motto: „One face to the customer".

Funktionsorientierte Organisation

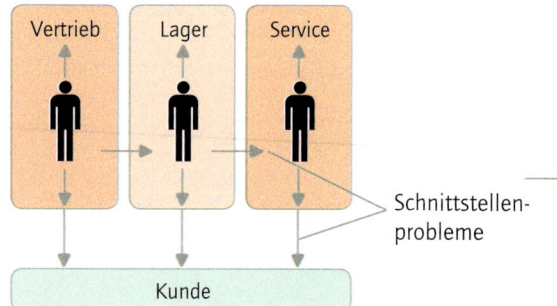

Den Funktionsbereichen überlagerte prozessorientierte Organisation

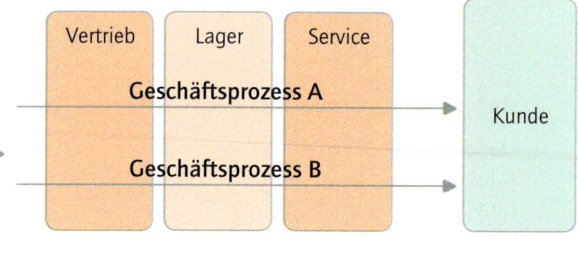

ebenda, S. 71

Begriff

Ein Geschäftsprozess besteht aus einer zusammenhängenden, abgeschlossenen Folge von Tätigkeiten, die zur Erfüllung einer betrieblichen Aufgabe notwendig sind.

Die Tätigkeiten werden von Aufgabenträgern in organisatorischen Einheiten unter Nutzung der benötigten Produktionsfaktoren geleistet. Unterstützt wird die Abwicklung der Geschäftsprozesse durch das Informations- und Kommunikationssystem (IKS) des Unternehmens.

Kunden können sowohl externe Nachfrager (Kunden im eigentlichen Sinne) als auch interne Nachfrager (z. B. Abteilungen des eigenen Unternehmens) sein.

Beispiele von Geschäftsprozessen:

- Erstellung eines Angebots
- Beschaffung von Fremdleistungen
- Abwicklung des Zahlungsverkehrs

Beispiel: Geschäftsprozess

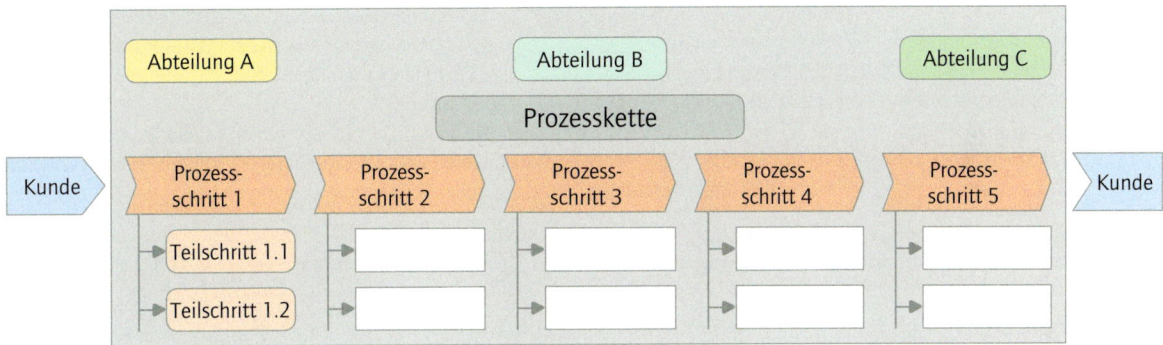

vgl.: IT-Ausbildung, Lernfelder und Kernkompetenzen, Der Betrieb und sein Umfeld, Band 1, 1. Auflage, Bremen 1998, S. 58

Ziele der Geschäftsprozessoptimierung

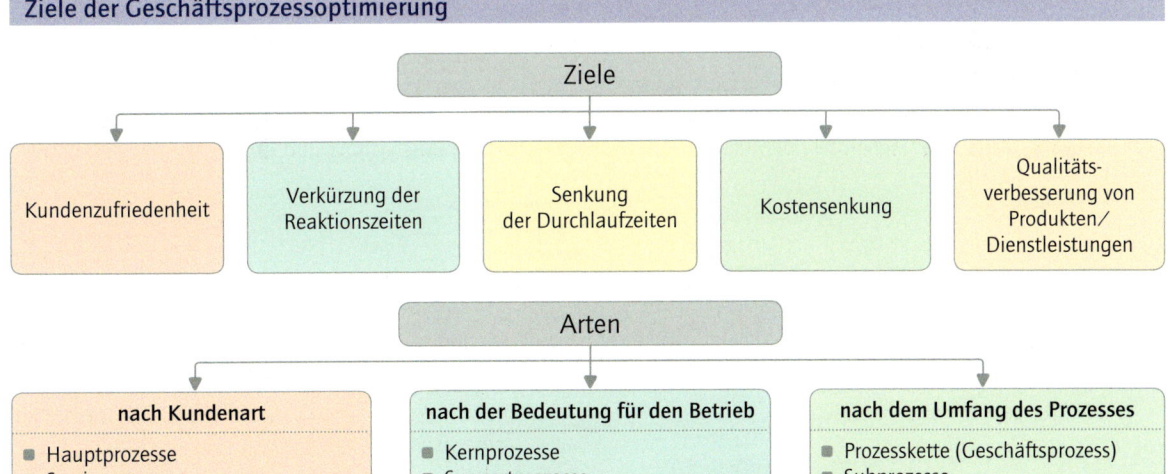

Unterteilung nach Kundenart

Hauptprozesse:
Folge von zusammenhängenden Tätigkeiten, die an **externe** Kunden geleistet werden

Serviceprozesse:
Folge von zusammenhängenden Tätigkeiten, die an **interne** Kunden geleistet werden

aus: Hübscher, Heinrich u. a.: IT-Handbuch. IT-Systemkaufmann/-frau, Informatikkaufmann/-frau, 7. Aufl., Braunschweig 2011, S. 61

1

Unterteilung nach der Bedeutung für den Betrieb

Kernprozesse:
Geschäftsprozesse, mit denen die Hauptleistung eines Unternehmens erbracht wird, d.h. mit deren Hilfe die eigentliche Wertschöpfung (→ Betriebsertrag – Vorleistungen) erbracht wird.

Kundennahe Kernprozesse	Wertschöpfungsintensive Kerngeschäftsprozesse
Kundenbetreuung Kundenkontakte → Anfragebearbeitung → Projektierung → Angebotsausarbeitung → Vertragsverhandlungen → Auftragserteilung **Auftragsbearbeitung** Kundenauftragsannahme → Auftragsklärung → Auftragsbestätigung → Auftragseinplanung → Auftragsabwicklung **Ersatzteilversorgung** Auftragsannahme → Verfügbarkeitsprüfung → Bonitätsprüfung → Kommissionierung → Versand **Zahlungsabwicklung** Fakturierung → Zahlungseingangsbearbeitung → Zahlungseingangsüberwachung → Mahnwesen	**Sortimentsgestaltung** Produktauswahl bei Lieferanten → Zusammenstellung von Produkten zu Sortimentsbereichen **Beschaffung** Beschaffungsdatenermittlung → Lieferantenverhandlungen → Lieferantenauswahl → Bestellung → Auftragsbestätigungsbearbeitung → Terminüberwachung → Wareneingang → Wareneingangsprüfung → Zwischenlagerung **Lagerhaltung** Festlegung des Lagerplatzes → Einlagerung → Fortschreibung der Lagerdaten → Warenpflege → Warenkontrolle → Kommissionierung → Übergabe an Warenversand → Veränderung der Lagerdaten

vgl. Staud, Josef: Geschäftsprozessanalyse mit ereignisgesteuerten Prozessketten. Grundlagen des Business Reengineering für SAP R/3 und andere betriebswirtschaftliche Standardsoftware, Berlin, Heidelberg, New York 1999, S. 8

Supportprozesse: Geschäftsprozesse, die die Kernprozesse unterstützen, z.B. Personal betreuen

Unterteilung nach dem Umfang des Prozesses

Prozesskette (Geschäftsprozess):
Reihung von zusammenhängenden Prozessen

Subprozesse:
Teil- oder Unterprozesse eines Geschäftsprozesses

Wertschöpfungsprozess

Beispiel: Wertschöpfungsprozess der Bellheim-BüroService GmbH bei Beschaffung und Absatz eines Schreibtisches

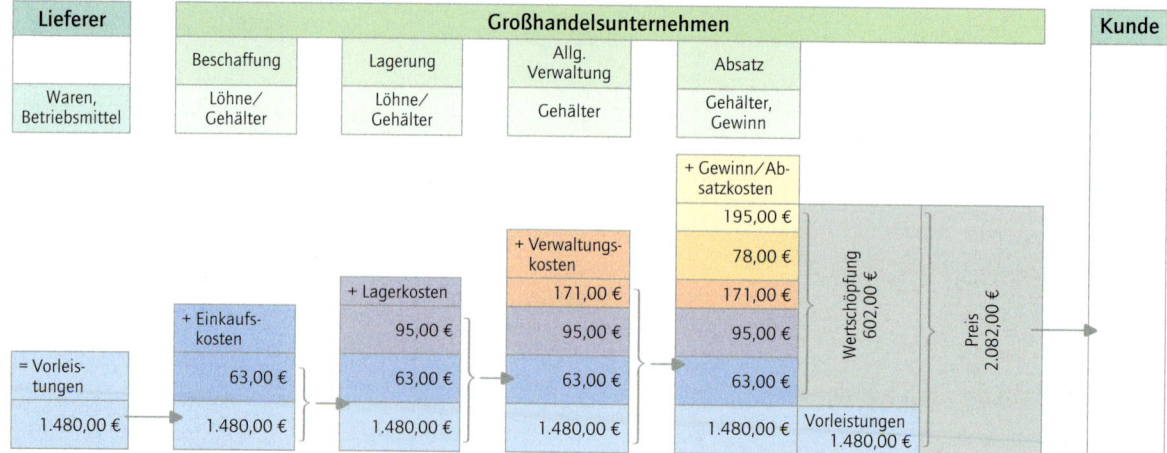

- Der **Wertschöpfungsprozess** ist **kostenorientiert**, da mit der Produkterstellung die Produktionsfaktoren verbraucht bzw. abgenutzt werden.

- Der **Wertschöpfungsprozess** ist kunden- bzw. **nutzenorientiert**, wenn der Kunde aus dem erstellten Produkt einen Nutzen ziehen kann.

Notwendigkeit der Prozessanalyse

Der Einsatz moderner **betriebswirtschaftlicher Standardsoftware** (z. B. SAP R/3) in den Kernprozessen des kaufmännischen Bereichs setzt in der Regel voraus, dass eine Prozessorganisation – zumindest neben einer funktionsorientierten Organisation – im Unternehmen besteht. Dazu sind Analyse und Abgrenzung der einzelnen Geschäftsprozesse notwendig. Globalisierungsdruck und Innovationsgeschwindigkeit in Wirtschaft und Technik machen es für die einzelnen Unternehmen notwendig, ihre definierten Geschäftsprozesse ständig zu hinterfragen und sie laufenden Veränderungen anzupassen.

Durchführung und Methoden der Prozessanalyse

Die Prozessanalyse wird in zwei Schritten durchgeführt:

- **Istaufnahme der bestehenden Organisation**
  Dazu werden Organisations- und Arbeitsunterlagen ausgewertet und gegebenenfalls Mitarbeiterinterviews geführt.

- **Istanalyse der Prozesse**
  Hier werden verschiedene Methoden angewandt, um Verbesserungsmöglichkeiten zur Gestaltung eigener Geschäftsprozesse zu erkunden, zum Beispiel:

  – **Benchmarking:**
    Geschäftsprozesse im eigenen Unternehmen werden mit denen von Spitzenunternehmen derselben Branche verglichen, um Verbesserungsmöglichkeiten zur Gestaltung eigener Geschäftsprozesse zu erkunden.

  – **Workflowanalyse:**
    Der Prozessablauf (Workflow) wird auf häufig auftretende Fehler untersucht.

  – **Referenzanalyse:**
    Bestehende Prozesse werden mit einem auf Software basierenden Prozessmodell verglichen. Marktbekannte Tools sind z. B. R/3-Analyser der SAP AG oder das ARIS-Toolset der IDS Prof. Scheer AG.

  – **Schwachstellenanalyse:**
    Von vorliegenden Prozessmängeln wird auf die Schwachstellen des Geschäftsprozesses geschlossen.

  – **Checklistenanalyse:**
    Mithilfe einer zuvor erstellten Check- oder Fragenliste werden Fragen beantwortet wie z. B.: „Ist die Reihenfolge der Arbeitsgänge zweckmäßig?" oder „Kann dieser Arbeitsgang mit einem anderen kombiniert werden?".

  – **Vorgangskettenanalyse:**
    Auf der Basis einer Istanalyse werden Vorgangskettendiagramme (VKD) erstellt und anschließend auf Schwachstellen untersucht. Dabei werden alle Elemente des abgebildeten Prozesses in ihrer Anordnung und Verknüpfung kritisch hinterfragt.

Aufgrund der Prozessanalyse werden schließlich Geschäftsprozesse neu gestaltet, man spricht von der Geschäftsprozessmodellierung.

Kontrolle von Geschäftsprozessen

Controlling business processes

Erfolgsindikatoren

Nach einer **Einführungskontrolle** des neuen Geschäftsprozesses, dem Vergleich von Soll- und Istorganisation, wird eine **Zielerreichungskontrolle** durchgeführt: Festgestellte **Istergebnisse** werden mit den **Zielvorgaben** verglichen. Mithilfe von Erfolgsindikatoren kann geprüft werden, wie effektiv die Gestaltung eines Geschäftsprozesses erfolgte.

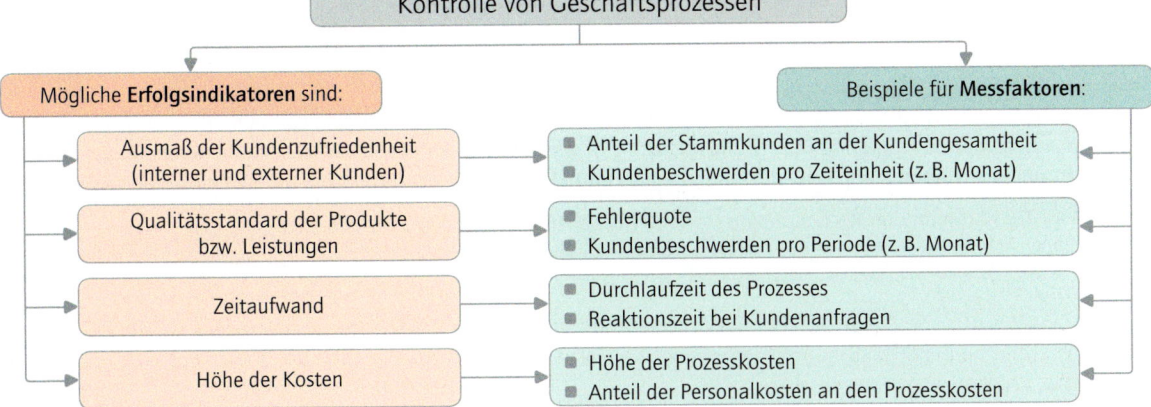

Begriff

Die **Firma** eines Kaufmanns ist laut § 17 HGB der Name, unter dem er seine Geschäfte betreibt und die Unterschrift abgibt. Er kann unter seiner Firma klagen und verklagt werden.

Firmengrundsätze

Damit Firmen im Markt eindeutig unterscheidbar sind, wurden vom Gesetzgeber sogenannte **Firmengrundsätze** aufgestellt:

Firmenwahrheit, Firmenklarheit	Firmenausschließlichkeit	Firmenbeständigkeit
Der gewählte Name soll wahr sein. Er soll keine Angaben enthalten, die geeignet sind, über geschäftliche Verhältnisse des Unternehmens, die für die Öffentlichkeit maßgeblich sind, irrezuführen (§ 18 HGB). Ein Kleinbetrieb darf also nicht unter einem Namen firmieren, der den Eindruck erweckt, es handele sich um ein Großunternehmen.	Jede neue Firma muss sich von allen an demselben Ort oder in derselben Gemeinde bereits bestehenden und in das Handelsregister eingetragenen Firmen deutlich unterscheiden (§ 30 HGB), damit eine Verwechslung für Außenstehende (z. B. Lieferanten, Banken) vermieden wird. Dies wird beim Eintragen ins Handelsregister geprüft.	Ändert sich der bürgerliche Name eines Kaufmanns oder wird das Unternehmen an ein anderes verkauft, so kann der alte Name des Unternehmens weitergeführt werden. Das bisherige positive Image des Unternehmens bleibt so erhalten.
Firmenöffentlichkeit	Rechtsformzusatz	Firmeneinheit
Jeder Kaufmann ist laut § 29 HGB verpflichtet, seine Firma in das zuständige Handelsregister eintragen zu lassen. Die Firma muss auf Geschäftsbriefen korrekt angegeben werden.	Aus einem Zusatz beim Geschäftsnamen muss eindeutig hervorgehen, um welche Rechtsform es sich handelt, zum Beispiel: OHG, KG, GmbH, AG, e. K., e. Kfm., e. Kffr.	Ein Kaufmann darf für ein und dasselbe Unternehmen nur eine Firma führen.

Arten der Firma

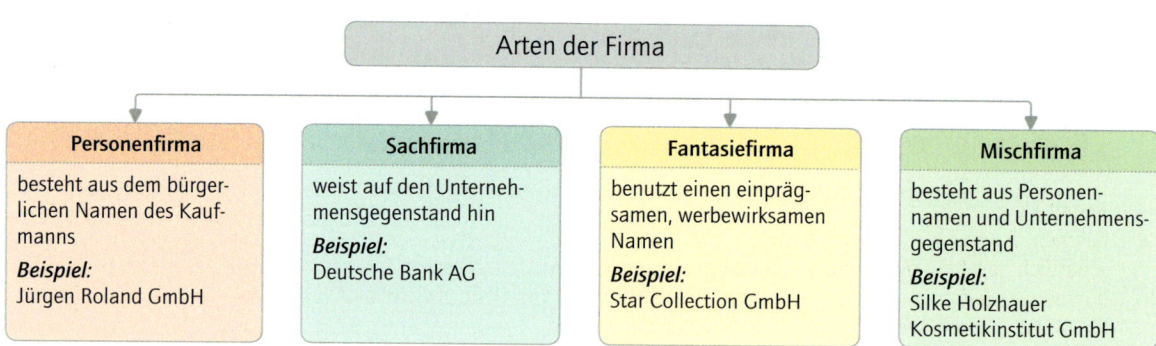

Personenfirma	Sachfirma	Fantasiefirma	Mischfirma
besteht aus dem bürgerlichen Namen des Kaufmanns *Beispiel:* Jürgen Roland GmbH	weist auf den Unternehmensgegenstand hin *Beispiel:* Deutsche Bank AG	benutzt einen einprägsamen, werbewirksamen Namen *Beispiel:* Star Collection GmbH	besteht aus Personennamen und Unternehmensgegenstand *Beispiel:* Silke Holzhauer Kosmetikinstitut GmbH

„Auf allen Geschäftsbriefen des Kaufmanns gleichviel welcher Form, die an einen bestimmten Empfänger gerichtet werden, müssen seine **Firma**, die **Bezeichnung** nach § 19 Abs. 1 Nr. 1, der Ort seiner Handelsniederlassung, das **Registergericht** und die **Nummer**, unter der die Firma in das **Handelsregister** eingetragen ist, angegeben werden." (§ 37a HGB)

§ 19 HGB bestimmt den Rechtsformzusatz der Firma, z. B. „AG", „e. Kfm.".

Jeder Kaufmann ist laut § 29 HGB verpflichtet, sein Unternehmen im Handelsregister (öffentliches Verzeichnis aller Kaufleute) anzumelden. Gegenstand der **Eintragung** sind u. a.:

- Firma
- Sitz des Unternehmens
- Gegenstand des Unternehmens
- Inhaber
- Haftungsverhältnisse
- Rechtsform

- besondere Rechtsverhältnisse (z. B. Prokura)

Das zuständige Gericht (Amtsgericht) hat laut § 10 HGB die Eintragungen in das Handelsregister durch die Veröffentlichung im elektronischen Unternehmensregister (www.unternehmensregister.de) bekannt zu machen. Damit wird Vertrauensschutz für Geschäftspartner (z. B. Gläubiger) geschaffen. Eintragungen genießen **öffentlichen Glauben**, d. h., jeder muss sie gegen sich gelten lassen (z. B. beim Rechtsstreit). Das Handelsregister weist **zwei Abteilungen** auf:

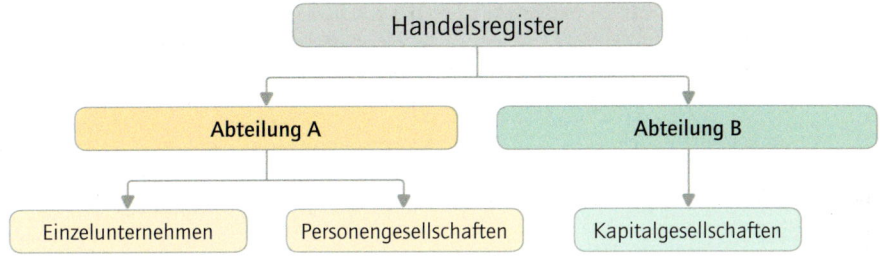

Bestimmungsgründe für die Wahl einer Rechtsform
Criteria determining the choice of a legal form

Bevor eine oder mehrere Personen ein Unternehmen rechtlich gründen, müssen verschiedene Überlegungen zur **Wahl der geeigneten Rechtsform** angestellt werden:

- **Kapitalaufbringung** (Anzahl der Personen, Höhe der Kapitalsumme)

- **Haftungsumfang** (Voll- oder Teilhafter)
- **steuerrechtliche Behandlung** (z. B. des Gewinns)
- **Entscheidungsbefugnisse** (z. B. Geschäftsführung, Vertretung)
- **Gewinn- und Verlustverteilung**
- **rechtliche Vorschriften zur Mitbestimmung**

Kompetenzen zur Unternehmensführung
Competence for company management

Rechtlich gesehen ist es sehr einfach möglich, ein Unternehmen zu gründen. **Kaufmännisch**, d. h. betriebswirtschaftlich gesehen, gehört aber viel mehr dazu, ein Unternehmen zu leiten, damit es Erfolg bringt und langfristig am Markt erhalten bleibt. Unverzichtbare **Kompetenzen** in diesem Sinne sind:

- Der Selbstständige muss über das notwendige **Branchenfachwissen** zum Führen eines Unternehmens verfügen. Dazu gehören auch entsprechende **Fachkenntnisse über die Ware**.

- Im Großhandel ist es für den Selbstständigen unverzichtbar, mit Menschen umgehen zu können, d. h., er muss einerseits in der Lage sein, **Verkaufsgespräche** zielgerichtet zu führen, andererseits das **Personal** entsprechend **motivieren** und **leiten** können.

- Ein kaufmännisches, d. h. **betriebswirtschaftliches Grundwissen** ist gerade heute im Zeichen eines harten Wettbewerbs für das Führen eines Unternehmens überlebenswichtig. Engagement, Risikobereitschaft und „Spaß an der Branche" reichen nicht aus; werden grundlegende betriebswirtschaftliche Regeln missachtet, kommt es schnell zur Insolvenz (siehe S. 109). Zum betriebswirtschaftlichen Kernwissen gehört aber auch die Fähigkeit, **innovativ zu denken** (z. B. neue Ideen einfließen zu lassen), damit Marktveränderungen schnell erfasst werden können und situativ geschickt reagiert werden kann.

Sicherlich können einige dieser Kompetenzen durch einschlägiges Fachpersonal oder Fachberater ersetzt werden, was aber Kapital verschlingt. Gerade bei der **Existenzgründung** ist dies vor allem aus finanziellen Gründen meist nicht möglich.

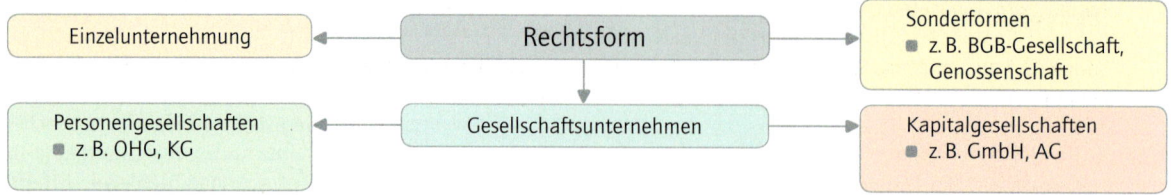

Einzelunternehmung	←	**Rechtsform**	→	Sonderformen ■ z. B. BGB-Gesellschaft, Genossenschaft
Personengesellschaften ■ z. B. OHG, KG	←	Gesellschaftsunternehmen	→	Kapitalgesellschaften ■ z. B. GmbH, AG

Merkmale ausgewählter Rechtsformen

Merkmale	Rechtsform				
	Einzelunter- nehmung	Offene Handels- gesellschaft	Kommandit- gesellschaft	Gesellschaft mit be- schränkter Haftung	Aktiengesellschaft
Allgemeines Merkmal	Kaufmann	Betrieb eines Handels- gewerbes	Betrieb eines Handels- gewerbes	für jeden beliebigen Zweck	für jeden beliebigen Zweck
Firmenzusatz	eingetragene(r) Kauffrau/-mann	OHG	KG	GmbH	AG
Anzahl der Gründer	1 Person	mindestens 2 Personen	mindestens 2 Personen	mindestens 1 Person	mindestens 1 Person
Mindestkapital	keine Vorschriften	keine Vorschriften	keine Vorschriften	Stammkapital (gez. Kapital): 25.000,00 €; UG: 1 € (s. S. 77)	Grundkapital (gez. Kapital): 50.000,00 €
Haftung	■ Betriebs- und Privat-vermögen ■ unbeschränkt	■ Gesellschafter mit Einlage und Privat-vermögen ■ unbeschränkt, unmittelbar, solidarisch	■ Komplementäre: wie OHG-Gesellschafter ■ Kommanditisten: beschränkt auf die Einlage	Gesellschaft beschränkt auf das Gesellschafts-vermögen	Gesellschaft beschränkt auf das Gesellschafts-vermögen
Gesetzliche Regelung der Geschäftsfüh-rungsbefugnis (Innenverhältnis)	Inhaber berechtigt und verpflichtet	■ Jeder Gesellschafter alleine ■ Widerspruchsrecht der Gesellschafter ■ Zustimmung aller Gesellschafter bei außergewöhnlichen Geschäften	■ Komplementäre: wie OHG-Gesellschafter ■ Kommanditisten: Kontrollrecht der Bilanz; Wider-spruchsrecht bei außergewöhnlichen Geschäften	der Geschäftsführer bzw. die Geschäfts-führer gemeinsam	alle Vorstandsmit-glieder gemeinsam
Gesetzliche Regelung der Vertretungs-befugnis (Außenverhältnis)	Inhaber berechtigt und verpflichtet	jeder Gesellschafter alleine	■ Komplementäre: wie OHG-Gesellschafter ■ Prokuraerteilung an Kommanditisten möglich	der Geschäftsführer bzw. die Geschäfts-führer gemeinsam	alle Vorstandsmit-glieder gemeinsam
Gesetzliche Regelung der Erfolgsverteilung	insgesamt	■ Gewinn: 4 % auf die Kapitaleinlage, Rest nach Köpfen ■ Verlust nach Köpfen	■ Gewinn: 4 % auf die Kapitaleinlage, Rest im angemessenen Verhältnis ■ Verlust im angemessenen Verhältnis	im Verhältnis der Geschäftsanteile	im Verhältnis der Aktiennennbeträge
Organe	–	–	–	■ Geschäftsführer ■ Aufsichtsrat (ab 500 Arbeitneh-mern zwingend) ■ Gesellschafter-versammlung	■ Vorstand ■ Aufsichtsrat ■ Hauptversamm-lung

Kommanditgesellschaft (KG) als Beispiel einer Personengesellschaft

Begriff

Laut § 161 HGB ist eine KG eine Gesellschaft, deren Zweck auf den Betrieb eines Handelsgewerbes unter gemeinschaftlicher Firma gerichtet ist. Bedingung ist weiterhin, dass es sowohl mindestens einen Kommanditisten (Teilhafter) als auch mindestens einen Komplementär (Vollhafter) gibt.

Haftung und Geschäftsführung

Beim **Kommanditisten** ist die Haftung gegenüber den Gesellschaftsgläubigern auf den Betrag einer bestimmten Vermögenseinlage beschränkt, während beim **Komplementär** keine Haftungsbeschränkung existiert. Man nennt Letzteren deswegen auch persönlich haftenden Gesellschafter.

Jeder **Komplementär** haftet:

- **unbeschränkt** (mit Betriebs- und Privatvermögen)
- **gesamtschuldnerisch** (Ein Gläubiger kann einen einzelnen Komplementär mit der Gesamtschuldsumme belasten und entsprechend verklagen.)
- **unmittelbar** (Ein Komplementär kann Gläubiger bei Forderungen nicht auf andere Komplementäre verweisen.)

Aus dieser grundsätzlichen Unterscheidung zwischen Voll- und Teilhafter ergibt sich, dass die Komplementäre die Geschäfte führen und die Kommanditisten prinzipiell von der Geschäftsführung ausgeschlossen sind. Allerdings hat der Kommanditist die Möglichkeit, bei außergewöhnlichen Entscheidungen zu widersprechen. Die Geschäftsführung der Komplementäre ist prinzipiell eine **Einzelgeschäftsführung**, d. h., jeder kann allein Entscheidungen fällen. Nur bei **außergewöhnlichen Handlungen** (z. B. Bestellung eines Prokuristen oder Auflösung des Unternehmens) ist die Zustimmung aller Komplementäre notwendig.

Die KG wird **nach außen** durch die Komplementäre vertreten. Sie haben **Einzelvertretungsmacht**, d. h., jeder einzelne Vollhafter vertritt die KG sowohl bei gerichtlichen als auch bei außergerichtlichen Handlungen. Die Teilhafter, die Kommanditisten, haben keine Vertretungsmacht.

Gewinn- und Verlustverteilung

In der Regel wird bei Gründung einer Kommanditgesellschaft ein Gesellschaftsvertrag schriftlich geschlossen. In diesem Vertrag befinden sich auch Angaben über die geplante Gewinn- und Verlustverteilung. Das unterschiedliche Engagement oder bestimmte Fachkenntnisse der einzelnen Gesellschafter können so von vornherein für die Ergebnisverteilung zu unterschiedlichen Anteilen führen. Wird ein Gesellschaftsvertrag nicht vereinbart, so gilt die gesetzliche Regelung laut HGB. Danach erhalten sämtliche Gesellschafter zunächst 4 % auf ihr eingebrachtes Kapital. Übersteigt der zu verteilende Gewinn diese Höhe, ist der Rest im angemessenen Verhältnis zu verteilen.

Ein **Verlust** ist im angemessenen Verhältnis zu verteilen, allerdings kann der Kommanditist maximal bis zur Höhe seines Kapitalanteils belastet werden.

Kündigung

Ein Kommanditist hat eine Kündigungsfrist von sechs Monaten zum Ende des Geschäftsjahres.

Auflösung der KG

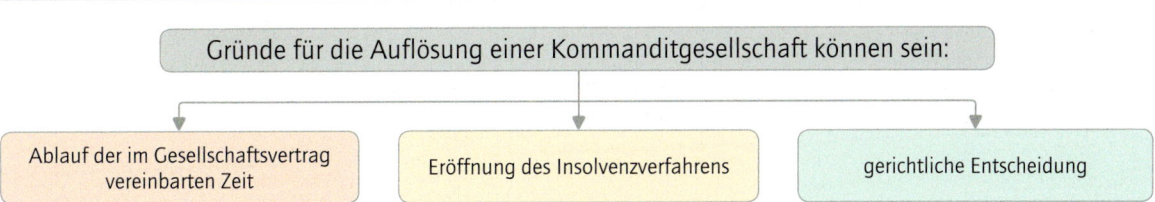

Gründe für die Auflösung einer Kommanditgesellschaft können sein:

| Ablauf der im Gesellschaftsvertrag vereinbarten Zeit | Eröffnung des Insolvenzverfahrens | gerichtliche Entscheidung |

Selbstverständlich kann eine Kommanditgesellschaft auch durch die entsprechende Entscheidung der Gesellschafter aufgelöst werden. Dazu ist ein Beschluss mit qualifizierter Mehrheit notwendig.

Beim **Tod eines Kommanditisten** übernimmt der Erbe die Pflichten und Rechte, es sei denn, etwas anderes ist im Gesellschaftsvertrag vereinbart.

Viele mittelständische Großhandelsunternehmen nutzen die Rechtsform der Einzelunternehmung. Die Darstellung der Vorteile dieser Rechtsform verdeutlicht, warum sie so weit verbreitet ist.

Vorteile:	Nachteile:
▪ alleinige Entscheidungsfindung des Geschäftsinhabers	▪ begrenzte Möglichkeit der Eigenkapitalerhöhung
▪ rasche Entscheidungsfindung	▪ begrenzte Kreditwürdigkeit bei Aufnahme von Krediten
▪ Gewinn steht allein dem Geschäftsinhaber zu.	▪ unbeschränkte Haftung des Eigentümers

Aktiengesellschaft (AG) als Beispiel einer Kapitalgesellschaft

Begriff

Die AG ist laut § 1 AktG eine Gesellschaft mit eigener Rechtspersönlichkeit, bei der nur mit dem Gesellschaftsvermögen gehaftet wird. Diese Rechtsform hat ein in **Aktien** (Anteile) zerlegtes **Grundkapital,** das mindestens 50.000,00 € aufweisen muss. Bei den Aktien wird zwischen dem aufgedruckten **Nennbetrag** (Nennwert) und dem sich aufgrund von Angebot und Nachfrage an der Börse ergebenden **Kurswert** unterschieden.

Bedeutung

Aktiengesellschaften bieten die Möglichkeit, große Geldsummen über die Ausgabe von Aktien aufzubringen. Damit können **Großinvestitionen** (z. B. Luft- und Raumfahrttechnik) vorgenommen werden, die bei anderen Rechtsformen häufig am Kapitalmangel scheitern. Ein zusätzlicher Vorteil ist bei börsennotierten Aktiengesellschaften die **leichte Übertragbarkeit** der Aktien.

Organe

> **Vorstand**
>
> leitendes/ausführendes Organ (vertritt die AG nach außen, stellt Jahresabschluss und Lagebericht vor, beruft die Hauptversammlung ein); er wird auf 5 Jahre bestellt und besteht aus mindestens einer Person. Der Vorstand hat umfassende Berichtspflichten gegenüber dem Aufsichtsrat.

↑ bestellt den Vorstand

> **Aufsichtsrat**
>
> überwachendes Organ (Kontrollorgan) (überwacht die Geschäftsführung und hat Recht auf Einsicht und Prüfung der Bücher); er wird auf 4 Jahre gewählt. Der Aufsichtsrat besteht aus mindestens drei Mitgliedern.

↑ wählt Aktionärsvertreter des Aufsichtsrates

> **Hauptversammlung**
>
> beschlussfassendes Organ (Die Aktionäre haben Stimmrecht nach Nennbeträgen; sie entscheiden u. a. über die Verwendung des Bilanzgewinns.)

Gesellschaft mit beschränkter Haftung (GmbH)

Begriff und Bedeutung

Die Gesellschaft mit beschränkter Haftung ist laut § 13 f. GmbH-Gesetz eine Handelsgesellschaft mit **eigener Rechtspersönlichkeit.** Sie kann Eigentum erwerben, vor Gericht klagen und verklagt werden. Die Gesellschafter der GmbH sind mit Stammeinlagen am Stammkapital der Gesellschaft beteiligt. Die **Haftung** ist auf die Höhe des Gesellschaftsvermögens beschränkt.

Die **begrenzte Haftung** der Gesellschaft bzw. der einzelnen Gesellschafter hat dazu geführt, dass diese Rechtsform gerade in mittelständischen Unternehmen eine große Bedeutung gewonnen hat. Das Risiko der Selbstständigkeit kann somit begrenzt werden. Die Tatsache, dass eine GmbH auch nur von **einer Person** gegründet und geführt werden kann, unterstützt die Bedeutung für Kleinunternehmen.

Firma

Die Firma, also der **Name der Gesellschaft,** kann eine Personen-, Sach- oder Fantasiefirma bzw. eine gemischte Firma sein, die zusätzliche Bezeichnung „Gesellschaft mit beschränkter Haftung" ist vorgeschrieben.

Gesellschaftsvertrag

Der Gesellschaftsvertrag muss Folgendes enthalten:

1. Firma und Sitz der Gesellschaft
2. Gegenstand des Unternehmens
3. Betrag des Stammkapitals
4. Zahl und Nennbeträge der Geschäftsanteile, die jeder Gesellschafter gegen Einlage auf das Stammkapital (Stammeinlage) übernimmt.

Der Gesellschaftsvertrag bedarf notarieller Form und ist von sämtlichen Gesellschaftern zu unterzeichnen.

Kapitalaufbringung

Jeder Gesellschafter der GmbH leistet die sogenannte Stammeinlage als Anteil am Stammkapital der Gesellschaft. Das Stammkapital muss mindestens 25.000,00 €[1], die Stammeinlage pro Gesellschafter mindestens 100,00 € betragen. Die Summe der Stammeinlagen muss mit dem Stammkapital übereinstimmen. Neben Geldeinlagen sind auch Sacheinlagen möglich.

Gewinn- und Verlustverteilung

Jeder Gesellschafter hat einen Anspruch auf Gewinn im Verhältnis der Stammeinlagen (Geschäftsanteile), soweit der Gesellschaftsvertrag nichts anderes vorsieht. Entsprechendes gilt für die Verteilung von Verlusten.

Organe

Geschäftsführer

Ein oder mehrere Geschäftsführer leiten die GmbH. Die Geschäftsführer können aus dem Kreis der Gesellschafter bestimmt werden, aber auch eine sogenannte dritte Person kann diese Aufgabe ausüben.

Aufsichtsrat

Durch entsprechende Bestimmungen des Gesellschaftsvertrages kann als überwachendes Organ ein Aufsichtsrat eingerichtet werden; er ist ab 500 Arbeitnehmern gesetzlich vorgeschrieben (BetrVG). Der Aufsichtsrat wird von der Gesellschafterversammlung für 4 Jahre bestellt.

Gesellschafterversammlung (Beschlussfassungsorgan der Gesellschafter)

Die Beschlüsse (z. B. zur Gewinnverwendung oder Kapitalerhöhung) werden mit einfacher Mehrheit gefasst.

---

[1] Das am 26. Juni 2008 vom Deutschen Bundestag beschlossene Gesetz zur Modernisierung des GmbH-Rechts und zur Bekämpfung von Missbräuchen **(MoMiG)** sieht als neue GmbH-Variante die haftungsbeschränkte **Unternehmergesellschaft (UG)** vor, die mit der Einzahlung von **einem Euro** durch die Gesellschafter entsteht. Diese GmbH darf ihre jährlichen Gewinne allerdings nicht im vollen Umfang ausschütten, dadurch soll das Mindeststammkapital der normalen GmbH von 25.000,00 € nach und nach angespart werden.

2 Aufträge kundenorientiert bearbeiten

Rechtsordnung

Die Funktionsfähigkeit des Güter- und Geldstromes im Wirtschaftsleben wird u. a. sowohl durch ungeschriebenes Recht oder Gewohnheitsrecht (z. B. Handelsbräuche) als auch durch geschriebenes Recht (z. B. Verfassungsrecht) beeinflusst.

Die Summe aller Rechtsvorschriften, die in einem Staatswesen zur Anwendung kommen, wird als **Rechtsordnung** be-

zeichnet. In Deutschland wird diese Rechtsordnung durch das Grundgesetz (z. B. Artikel 14 Absatz 1: Eigentumsgarantie und Absatz 2: Sozialbindung) festgelegt. Im Rahmen der europäischen Integration (u. a. gemeinsame Währung) kommen weitere Gesetze dazu, die in den zuständigen EU-Institutionen beschlossen werden und in der Regel einen höheren Rang einnehmen.

Hierarchie der Rechtsvorschriften

Begriff	Bedeutung	Beispiele
Naturrecht (Gewohnheitsrecht)	Inbegriff der herrschenden Auffassungen	Menschenrechte
geschriebenes (positives) Recht		
Völkerrecht	zwischenstaatliches Recht	Charta der UNO
EU-Recht	Vereinheitlichung von Rechtsvorschriften für EU-Mitgliedstaaten	EU-Vertrag über …
Verfassung (Grundgesetz)	normativer Rahmen für die Gesetzgebung Deutschlands	Grundgesetz
Gesetz	spezielle Rechtsvorschriften	Gewerbesteuergesetz
Verordnung	Ergänzungs- und Durchführungsbestimmungen zu den Gesetzen	Gewerbesteuerdurchführungsverordnung
Satzung	einzelne Rechtsvorschrift für einen besonderen Zweck	Bestimmung des Gewerbesteuerhebesatzes
Gerichtsurteil	richterliche Entscheidung im Einzelfall	Korrektur eines Gewerbesteuerbescheids

2

Rechtssubjekte – Rechtsfähigkeit

Die Rechtsordnung unterscheidet prinzipiell zwischen Personen (Rechtssubjekten) und Gegenständen (Rechtsobjekten). Nur **Rechtssubjekte** können Träger von Rechten und Pflichten sein (= Rechtsfähigkeit) und rechtswirksame Erklärungen abgeben.

```
                          Rechtssubjekte
```

Natürliche Personen (§ 1 BGB):
Menschen von der Vollendung der Geburt bis zur Feststellung des Todes

Sie sind **rechtsfähig**, d. h., sie besitzen die Fähigkeit, Träger von Rechten und Pflichten zu sein.

Die Rechtsfähigkeit beginnt mit der Geburt und endet mit dem Tod.

Juristische Personen (§ 21 ff. BGB und § 6 HGB): Personenvereinigungen oder Vermögensmassen mit eigener Rechtspersönlichkeit

Sie sind wie die natürlichen Personen **rechtsfähig** und haben eine eigene **Rechtspersönlichkeit**.

Die Rechtsfähigkeit beginnt mit der **Registereintragung** (z. B. Handelsregister) und endet mit ihrer Löschung.

Privates Recht

zum Beispiel:
Aktiengesellschaften oder eingetragene Vereine

Öffentliches Recht

zum Beispiel:
Körperschaften (Bund, Länder) oder Anstalten (Schulen)

Rechtsfähigkeit: Eigenschaft, Träger von Rechten und Pflichten zu sein

Beginn und Ende der Rechtsfähigkeit

... mit Vollendung der Geburt, dem Tod oder der Todeserklärung

... durch Registereintragung bzw. -löschung

... durch staatlichen Hoheitsakt

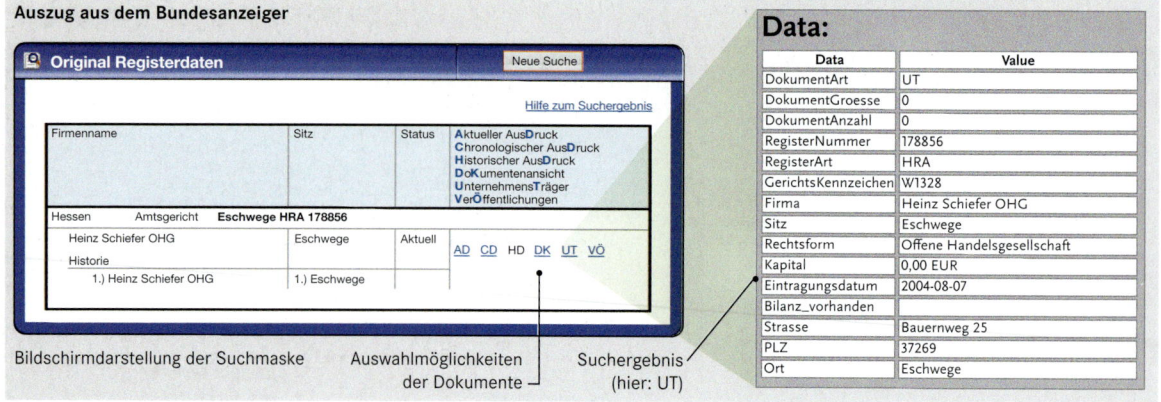

Auszug aus dem Bundesanzeiger

Original Registerdaten — Neue Suche

Hilfe zum Suchergebnis

Firmenname	Sitz	Status	**A**ktueller AusDruck **C**hronologischer AusDruck **H**istorischer AusDruck **Do**Kumentenansicht **U**nternehmensTräger **Ver**Öffentlichungen
Hessen Amtsgericht **Eschwege HRA 178856**			
Heinz Schiefer OHG	Eschwege	Aktuell	AD CD HD DK UT VÖ
Historie			
1.) Heinz Schiefer OHG	1.) Eschwege		

Bildschirmdarstellung der Suchmaske

Auswahlmöglichkeiten der Dokumente

Suchergebnis (hier: UT)

Data:

Data	Value
DokumentArt	UT
DokumentGroesse	0
DokumentAnzahl	0
RegisterNummer	178856
RegisterArt	HRA
GerichtsKennzeichen	W1328
Firma	Heinz Schiefer OHG
Sitz	Eschwege
Rechtsform	Offene Handelsgesellschaft
Kapital	0,00 EUR
Eintragungsdatum	2004-08-07
Bilanz_vorhanden	
Strasse	Bauernweg 25
PLZ	37269
Ort	Eschwege

Rechtssubjekte – Geschäftsfähigkeit

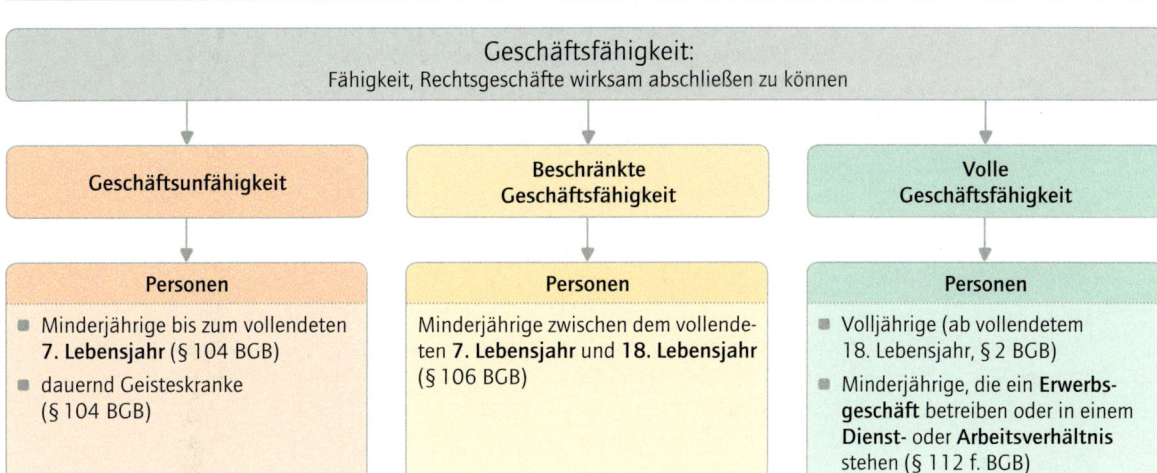

Geschäftsfähigkeit:
Fähigkeit, Rechtsgeschäfte wirksam abschließen zu können

Geschäftsunfähigkeit	Beschränkte Geschäftsfähigkeit	Volle Geschäftsfähigkeit
Personen	**Personen**	**Personen**
■ Minderjährige bis zum vollendeten **7. Lebensjahr** (§ 104 BGB) ■ dauernd Geisteskranke (§ 104 BGB)	Minderjährige zwischen dem vollendeten **7. Lebensjahr** und **18. Lebensjahr** (§ 106 BGB)	■ Volljährige (ab vollendetem 18. Lebensjahr, § 2 BGB) ■ Minderjährige, die ein **Erwerbsgeschäft** betreiben oder in einem **Dienst-** oder **Arbeitsverhältnis** stehen (§ 112 f. BGB)

Sonderfälle der Geschäftsfähigkeit

Botentätigkeit

Personen, die als **Bote** einen Auftrag für den gesetzlichen Vertreter ausführen

Das Rechtsgeschäft ist gültig.

zum Beispiel:
Die fünfjährige Carla kauft im Sportfachgeschäft für ihren Vater eine Packung Tennisbälle.

Taschengeldparagraf

Beim Kauf einer Sache mit eigenen Mitteln, die Personen mit beschränkter Geschäftsfähigkeit zur **freien Verfügung** stehen (§ 110 BGB)

Das Rechtsgeschäft ist gültig.

zum Beispiel:
Der sechzehnjährige Ralf kauft sich von seinem Taschengeld ein Fantrikot von „Eintracht Braunschweig".

Schenkung

ohne rechtliche Nachteile

Schenkungen, mit denen lediglich rechtliche **Vorteile** verbunden sind, sind auch **ohne** Zustimmung des gesetzlichen Vertreters rechtskräftig (§ 107 BGB).

zum Beispiel:
Die fünfzehnjährige Iris erhält von ihrer Tante zum Geburtstag eine Sportjacke geschenkt.

mit rechtlichen Nachteilen

Bei Schenkungen mit rechtlichen **Nachteilen** kann der gesetzliche Vertreter seine Zustimmung verweigern (§ 108 BGB).

zum Beispiel:
Der sechzehnjährige Wolfgang bekommt von seinem Patenonkel zum Sekundarabschluss I ein Mofa geschenkt. Mögliche Folgekosten sind z. B.: Versicherung, Betriebskosten.

Fallbeispiele zur Geschäftsfähigkeit

	Fallbeispiele	Begründung/Rechtsquelle
Geschäftsunfähigkeit 	Die 6-jährige Anna kauft sich eine Barbiepuppe. Der Vater ist damit nicht einverstanden. Die Verkäuferin muss das Spielzeug zurücknehmen und den bezahlten Geldbetrag zurückerstatten. Am nächsten Tag wird Anna mit einem Einkaufszettel zum Bäcker geschickt, um Brötchen zu kaufen.	Willenserklärungen Geschäftsunfähiger sind **nichtig**, d. h. von vornherein ungültig. Für Geschäftsunfähige handelt ausschließlich der **gesetzliche Vertreter**. Tritt der Geschäftsunfähige lediglich als **Bote** auf, kommt das Rechtsgeschäft zustande, weil er die Willenserklärung eines Geschäftsfähigen überbringt (§ 104 ff. BGB).
Beschränkte Geschäftsfähigkeit 	▪ Der 15-jährige David hat sich mit Einwilligung seiner Eltern ein gebrauchtes Musikinstrument gekauft. ▪ Seine 16-jährige Schwester will an einem Casting-Wettbewerb teilnehmen und kauft sich eine Karaoke-Anlage ohne Genehmigung der Eltern.	▪ Das Rechtsgeschäft von David ist gültig, weil vor dem Abschluss des Kaufvertrages das **Einverständnis** des gesetzlichen Vertreters (in der Regel der Eltern) vorlag.[1] ▪ Das Rechtsgeschäft seiner Schwester ist ungültig. Ihre Eltern haben **nach** dem Vertragsabschluss **keine Genehmigung** erteilt. Solche Rechtsgeschäfte sind **nichtig** (§§ 107–109, 111 BGB).[2]
Rechtlicher Vor- und Nachteil 	▪ Die 9-jährige Milena bekommt von ihrer Oma zu Weihnachten 100,00 €, die auf ihr Sparbuch eingezahlt werden. ▪ Milena hat inzwischen ein Guthaben von 1.000,00 € angespart und hat die Absicht, sich ein Pony zu kaufen.	▪ Milena kann das Geld auch ohne Zustimmung ihrer Eltern behalten, da es lediglich einen **rechtlichen Vorteil** mit sich bringt (§ 107 BGB). ▪ Mit dem Tierkauf sind **Verpflichtungen**, z. B. Unterbringungs- und Futterkosten, verbunden. Die **Einwilligung** der Eltern ist für die Gültigkeit des Rechtsgeschäftes **erforderlich** (§ 108 BGB).
Taschengeldparagraf 	▪ Inzwischen hat sich die Schwester von David von ihrem ersparten Taschengeld eine Karaoke-Anlage gekauft. ▪ Zusätzlich schafft sie sich eine Video-Anlage an. Wegen fehlender Barmittel schließt sie einen Ratenkauf mit dem Händler ab.	▪ Rechtsgeschäfte, die ein beschränkt Geschäftsfähiger mit Mitteln aus seinem **angesparten Taschengeld** bewirkt, sind rechtswirksam (§ 110 BGB). ▪ Werden Schulden aus Rechtsgeschäften nicht sofort bezahlt, wie z. B. bei **Ratenkäufen**, sind derartige Rechtsgeschäfte nicht wirksam. Der beschränkt Geschäftsfähige kann nur über gegenwärtiges, nicht aber **zukünftiges** Taschengeld verfügen.
Selbstständiger Betrieb eines Erwerbsgeschäftes 	Die inzwischen 17-jährige Schwester von David hat große Erfolge bei der Castingshow erzielt und darf mit Erlaubnis ihrer Eltern einen Manager engagieren, der für sie Verträge aushandeln und Tourneeauftritte planen soll.	Wenn eine beschränkt geschäftsfähige Person mit Ermächtigung des gesetzlichen Vertreters und der Genehmigung des Vormundschaftsgerichtes **selbstständig ein Erwerbsgeschäft** betreibt, sind die entsprechenden Rechtsgeschäfte wie bei einem voll Geschäftsfähigen **gültig** (§ 112 BGB).
Dienst- oder Arbeitsverhältnis	Paul ist 17 Jahre alt und hat einen Arbeitsvertrag für Lagertätigkeiten in einem Großhandelsunternehmen abgeschlossen. Nach drei Wochen kündigt er das Arbeitsverhältnis und beginnt ein neues Arbeitsverhältnis mit gleicher Tätigkeit bei einem anderen Großhandelsunternehmen.	Ein beschränkt Geschäftsfähiger kann im Rahmen seines **Dienst- oder Arbeitsverhältnisses** Rechtsgeschäfte **unbeschränkt** abschließen. Diese Rechtsgeschäfte (Kündigung des alten und Abschluss des neuen Arbeitsverhältnisses) sind daher voll gültig.

[1] Rechtsgeschäfte von beschränkt Geschäftsfähigen haben nur dann Gültigkeit, wenn die gesetzlichen Vertreter **vor** dem Rechtsgeschäft ihre **Einwilligung** geben.

[2] Rechtsgeschäfte von beschränkt Geschäftsfähigen sind bis zur **nachträglichen Genehmigung** oder Ablehnung durch den gesetzlichen Vertreter „schwebend unwirksam". Wenn der gesetzliche Vertreter schweigt, gilt die Genehmigung als nicht erteilt. Das Rechtsgeschäft ist dann von Anfang an nichtig.

Rechtsobjekte – Sachen und Rechte

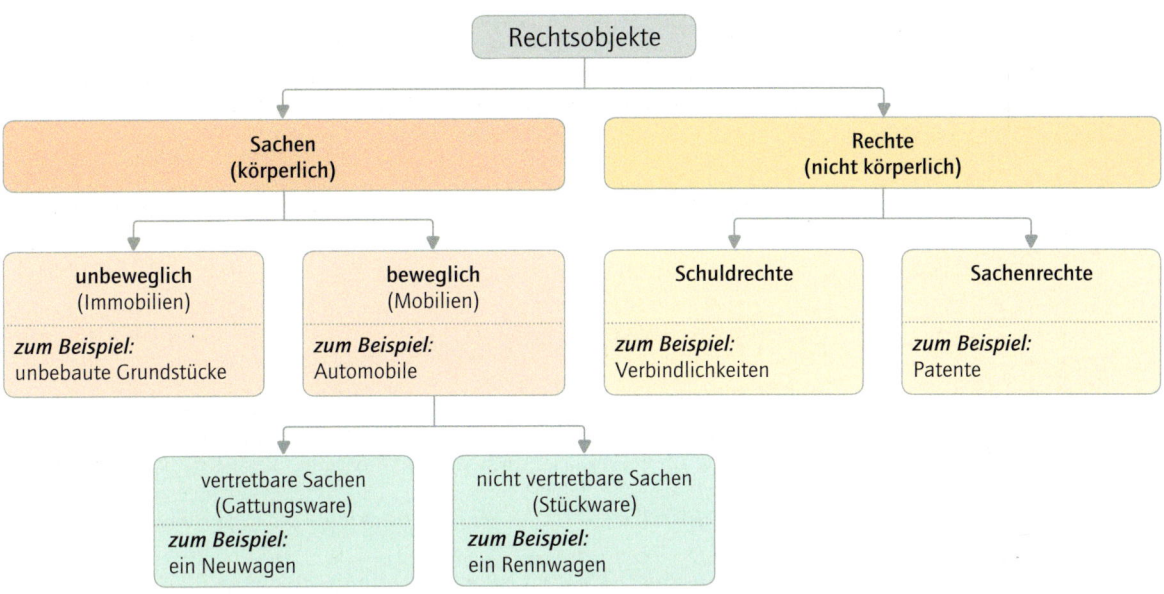

```
                        Rechtsobjekte

         Sachen                           Rechte
       (körperlich)                    (nicht körperlich)

 unbeweglich      beweglich       Schuldrechte      Sachenrechte
 (Immobilien)     (Mobilien)

 zum Beispiel:    zum Beispiel:    zum Beispiel:     zum Beispiel:
 unbebaute        Automobile       Verbindlichkeiten Patente
 Grundstücke

              vertretbare Sachen    nicht vertretbare Sachen
              (Gattungsware)        (Stückware)
              zum Beispiel:         zum Beispiel:
              ein Neuwagen          ein Rennwagen
```

Besitz und Eigentum

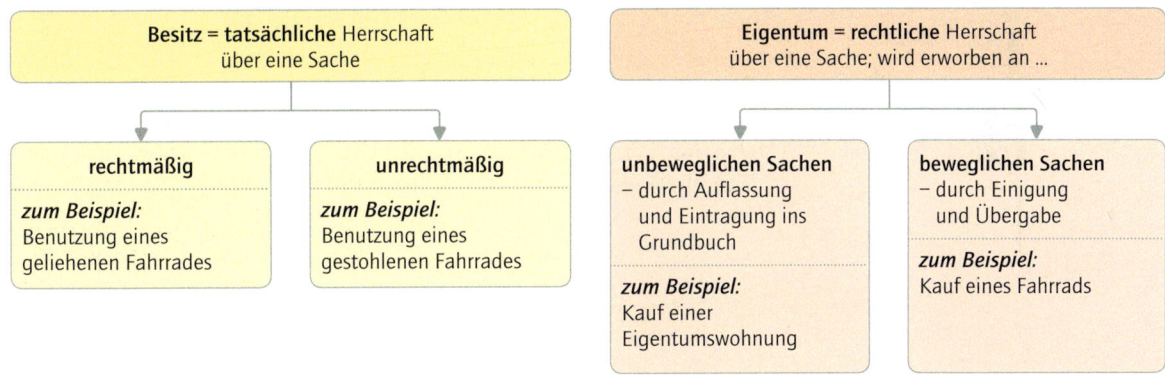

```
 Besitz = tatsächliche Herrschaft       Eigentum = rechtliche Herrschaft
 über eine Sache                        über eine Sache; wird erworben an ...

 rechtmäßig        unrechtmäßig    unbeweglichen Sachen    beweglichen Sachen
                                   – durch Auflassung      – durch Einigung
 zum Beispiel:     zum Beispiel:     und Eintragung ins      und Übergabe
 Benutzung eines   Benutzung eines   Grundbuch
 geliehenen        gestohlenen                             zum Beispiel:
 Fahrrades         Fahrrades       zum Beispiel:           Kauf eines Fahrrads
                                   Kauf einer
                                   Eigentumswohnung
```

	Amtsgerichtsbezirk	Grundbuchamt	Grundbuch von		Einlegeblatt
0					
1	Göppingen	Faurndau	Faurndau	Erste Abteilung	1

Lfd. Nr. der Eintragungen	Eigentümer	Lfd. Nr. der Grundstücke im Bestandsverzeichnis	Grundlage der Eintragung
1	2	3	4
1a	S c h a l l e r , Hans, Angest. Göppingen		
1b	Schaller geb. Neumeier, Lotte daselbst		
	– je zur Hälfte –	Nr.1	Auflassung vom 17. Februar 20.. 28. Februar 20..

Arten von Rechtsgeschäften *Types of legal acts*

2

Begriff

Zum Zustandekommen eines Rechtsgeschäfts bedarf es einer oder mehrerer **Willenserklärungen**. Unter einer Willenserklärung versteht man mündliche oder schriftliche Äußerungen einer Person oder die aktive Handlung einer Person. Rechtsgeschäfte zwischen mehreren Personen kommen durch das beiderseitige Einverständnis zustande. Es zeigt sich durch die Abgabe übereinstimmender Willenserklärungen. Es gibt jedoch auch Rechtsgeschäfte, die wirksam sind, wenn nur eine Person eine Willenserklärung abgibt.

Arten

Arten von Rechtsgeschäften

Einseitige Rechtsgeschäfte

Für die Rechtswirksamkeit ist die Willenserklärung **einer** Person erforderlich.

nicht empfangsbedürftige Rechtsgeschäfte

zum Beispiel:

Testament

Ein Familienvater setzt handschriftlich sein Testament auf und versieht es mit Ort, Datum und seiner Unterschrift. Die Willenserklärung des Familienvaters ist rechtswirksam. Er muss das Testament niemandem offenlegen.

empfangsbedürftige Rechtsgeschäfte

zum Beispiel:

Mahnung, Bürgschaft, Anfechtung, Kündigung

Ein Geschäftsinhaber kündigt seiner Verkäuferin zum 31. Januar. Die Kündigung ist erst wirksam, wenn sie der Mitarbeiterin zugeht, z. B. wenn er ihr das Schriftstück aushändigt oder zuschickt.

Mehrseitige Rechtsgeschäfte

Für die Rechtswirksamkeit sind **mindestens zwei** übereinstimmende Willenserklärungen erforderlich. Dadurch entsteht ein **Vertrag**.

einseitig verpflichtend

Ein Vertragspartner verpflichtet sich zu einer Leistung.

zum Beispiel:

Schenkung

Eine Person verpflichtet sich zu einer unentgeltlichen Vermögensübertragung an eine andere Person. Ein Vater schenkt seiner Tochter zum Schulabschluss ein Mountainbike.

mehrseitig verpflichtend

Alle Vertragspartner verpflichten sich zu einer Leistung.

zum Beispiel:

Kauf

Eine Person veräußert Sachen oder Rechte gegen Bezahlung. Eine Verkäuferin verkauft ein Sweatshirt an eine Kundin, die dieses bezahlt.

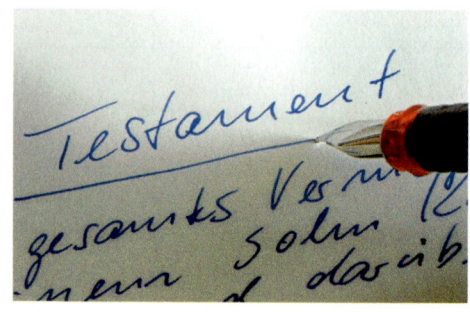

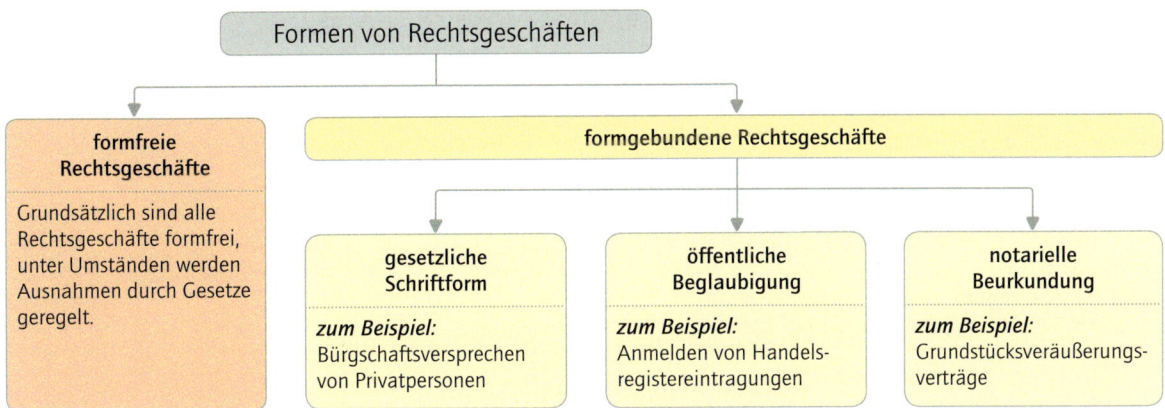

Ein **mehrseitiges** Rechtsgeschäft kommt durch **Antrag** (vgl. § 145 BGB) und **Annahme** (vgl. § 147 BGB) zustande, wenn beide Willenserklärungen übereinstimmen. Hierbei ist der Antrag grundsätzlich bindend und die Annahme muss unter bestimmten Voraussetzungen erfolgen, damit das Rechtsgeschäft zustande kommt:

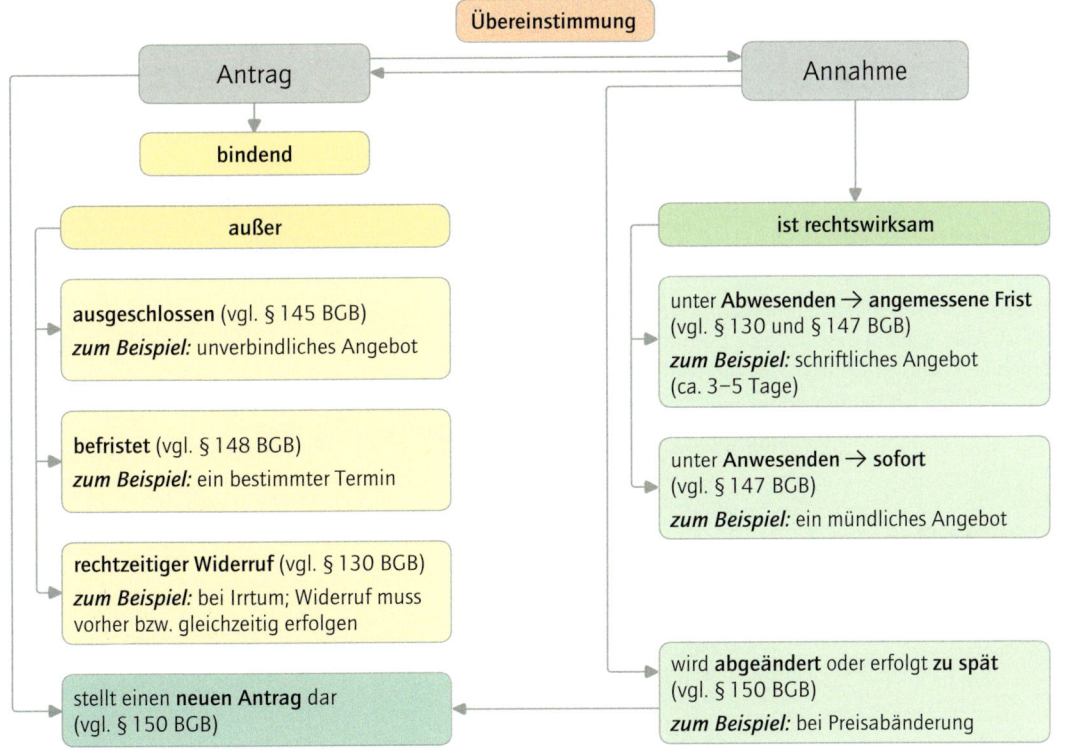

Nichtigkeit von Rechtsgeschäften
Nullity of legal acts

Bei Vorliegen bestimmter Sachverhalte sind Rechtsgeschäfte von Anfang an **nichtig**, weil keine rechtswirksamen Willenserklärungen vorliegen.

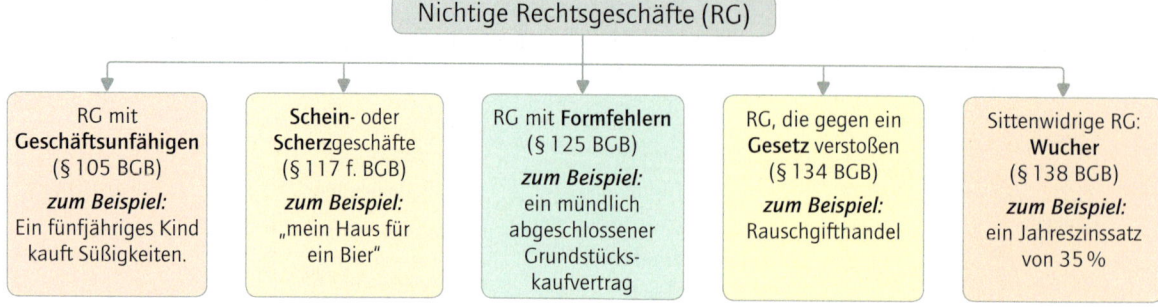

Anfechtbarkeit von Rechtsgeschäften
Voidability of legal acts

Anfechtbare Rechtsgeschäfte sind so lange gültig, wie sie nicht von einem der Vertragspartner angefochten werden.

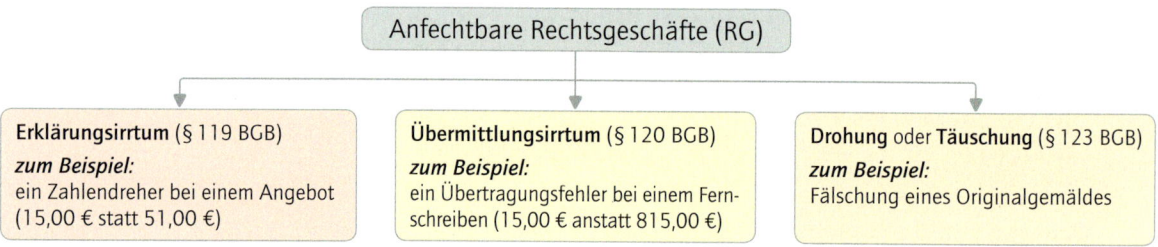

Verpflichtungs- und Erfüllungsgeschäft
Executory contract and delivery

Rechtsgeschäfte unterliegen grundsätzlich der **Vertragsfreiheit**, die ein wichtiges Merkmal der marktwirtschaftlichen Ordnung ist. Aber: Einmal geschlossene Verträge sind einzuhalten. Die Vertragspartner (zum Beispiel: Verkäufer und Käufer) übernehmen beim Abschluss eines Kaufvertrages folgende Pflichten:

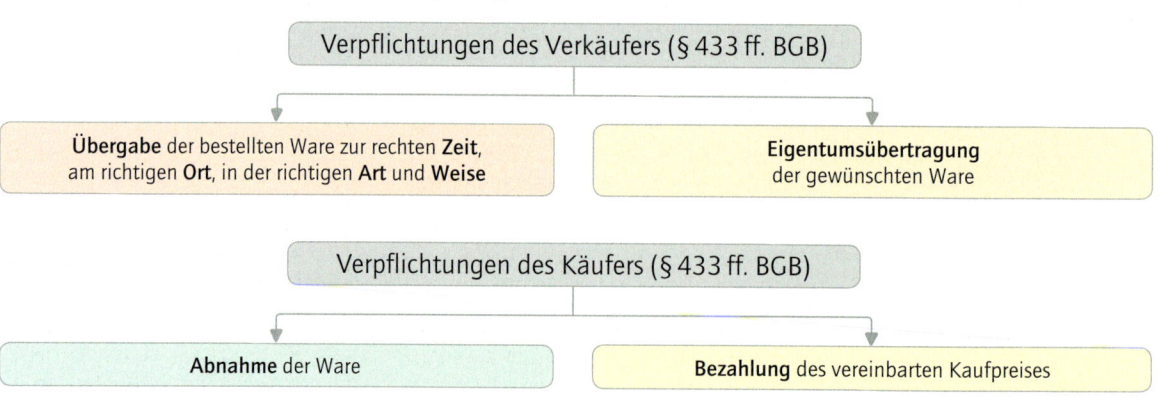

Nach dem **allgemeinen Kaufvertragsrecht** regelt das BGB die speziellen Rechte des **Verbrauchsgüterkaufs** (§ 474 ff. BGB). Hierbei handelt es sich um einen Kaufvertrag, bei dem ein Verbraucher (vgl. § 13 BGB) von einem Unternehmer (vgl. § 14 BGB) eine **bewegliche Sache kauft**.

Fallbeispiele für nichtige und anfechtbare Rechtsgeschäfte

	Fallbeispiele	Begründung/Rechtsquelle
Formvorschriften 	Nach bestandener Abschlussprüfung hat Paul die Absicht, bei seinen Eltern auszuziehen und sich von seinem bereits zugeteilten Bausparvertrag eine kleine Eigentumswohnung zu kaufen. Paul hat bei der Prüfungsvorbereitung gelesen, dass für derartige Kaufverträge besondere gesetzliche Formvorschriften gelten sollen.	Rechtsgeschäfte, die nicht in der vorgeschriebenen **gesetzlichen Form** abgeschlossen werden, sind **nichtig**, d. h., sie sind ungültig. Kaufverträge für eine Eigentumswohnung oder Grundstückskaufverträge, bei denen eine Eigentumsübertragung erfolgen soll, sind nur mit einer notariellen Beurkundung gültig. Diese Vorschriften haben die Funktion, die Vertragsparteien vor voreiligen Abschlüssen zu schützen (§§ 125 ff., 311 und 873 BGB).
Gute Sitten 	Zur Finanzierung seiner Eigentumswohnung fehlen Paul noch 10.000,00 €. Eine Privatbank bietet ihm in einem Kreditvertragsentwurf ohne besondere Formalitäten und ohne Bonitätsprüfung einen Kredit zum monatlichen Zinssatz von 2,5 %, d. h. 30 % jährlich, an.	Wenn jemand einem anderen unter Ausnutzung seiner Zwangslage, seiner Unerfahrenheit oder seines fehlenden Urteilsvermögens eine Leistung verspricht, die im Missverhältnis zur versprochenen Leistung steht, liegt ein Verstoß gegen die **guten Sitten** (in diesem Fall Zinswucher) vor. Derartige Rechtsgeschäfte sind nichtig (§ 138 BGB).
Gesetzliches Verbot 	Die Eltern von Anna bringen von einer Urlaubsreise aus einem Nicht-EU-Land zehn Zigarettenstangen mit. Die deutschen Zöllner beschlagnahmen die Zigaretten und schreiben eine Strafanzeige, da die Eltern versäumten, die Zigaretten zu verzollen.	Rechtsgeschäfte, die gegen ein **gesetzliches Verbot** verstoßen, sind nichtig. Hierunter fallen Waren, die über eine Grenze geschmuggelt und nicht verzollt werden oder gegen das Lebensmittelbetäubungsgesetz verstoßen, z. B. Drogen (§ 134 BGB).
Scheingeschäft 	Der Verkäufer von Pauls zukünftiger Eigentumswohnung schlägt ihm vor, vor dem Notar einen niedrigeren Kaufpreis (40.000,00 €) als den vereinbarten (50.000,00 €) anzugeben, um Grunderwerbssteuer sowie Notar- und Gerichtsgebühren zu sparen.	Rechtsgeschäfte, die aufgrund von übereinstimmenden Willenserklärungen nur **zum Schein** abgegeben werden, sind **nichtig**. Wenn Verkäufer und Käufer sich vom Notar den Kaufpreis von 40.000,00 € beurkunden lassen und Paul eine Überweisung von 40.000,00 € vornimmt, ist das Rechtsgeschäft trotzdem zustande gekommen (§ 117 BGB).
Irrtum 	■ **Erklärungsirrtum:** In einem Angebot wird versehentlich ein falscher Preis, z. B. statt 100,00 nur 10,00 €, genannt. ■ **Übermittlungsirrtum:** Eine Nachricht wird von einem Boten oder in einem Fax falsch mitgeteilt bzw. übermittelt. ■ **Eigenschafts- oder Motivirrtum:** Ein Industrieunternehmen verkauft an einen Großhändler eine Ware zu einem niedrigeren Marktpreis in der Hoffnung, dass es diesen niedrigeren Preis auch später von seinem Zulieferer eingeräumt bekommt. Der Zuliefererpreis ist aber tatsächlich gestiegen.	Rechtsgeschäfte, die auf einem Erklärungs- bzw. Übermittlungsirrtum basieren, können **nachträglich angefochten** werden, wenn diese Willenserklärungen bei Kenntnis der Sachlage und bei verständiger Würdigung des Falles **nicht** abgegeben worden wären (§ 119 f. BGB). Beim Motiv- oder Eigenschaftsirrtum ergibt sich gegenüber dem Erklärungs- und Übermittlungsirrtum insofern ein Unterschied, als hierbei der empfangende Vertragspartner auf die Gültigkeit der abgegebenen Erklärung vertrauen darf und **geschützt** werden soll. Der vereinbarte niedrigere Preis mit dem Großhändler gilt.
Arglistige Täuschung/Drohung 	■ **Täuschung:** Dem Käufer eines gebrauchten Fahrzeugs wird auch nach mehrmaliger Frage nicht mitgeteilt, dass es sich um einen Unfallwagen handelt. ■ **Drohung:** Der Verkäufer droht dem Käufer mit einer Anzeige, wenn er den stillschweigend vereinbarten Restbetrag nicht zahlt.	Rechtsgeschäfte, die aufgrund von Willenserklärungen durch arglistige Täuschung oder durch widerrechtliche Drohung zustande gekommen sind, können **nachträglich angefochten** werden (§ 123 BGB).

Kaufvertragsabschluss im Großhandelsunternehmen

Sales agreement in wholesale trade

Kaufvertrag

In einem Großhandelsunternehmen kommt ein Kaufvertrag i. d. R. durch **zwei übereinstimmende Willenserklärungen** (**Antrag** und **Annahme**) zustande.

Antrag und Annahme

1.

Antrag durch:		Annahme durch:
Großhandelsunternehmen (Verkäufer)	→ Antrag → ← Annahme ←	Einzelhandelsunternehmen (Käufer)

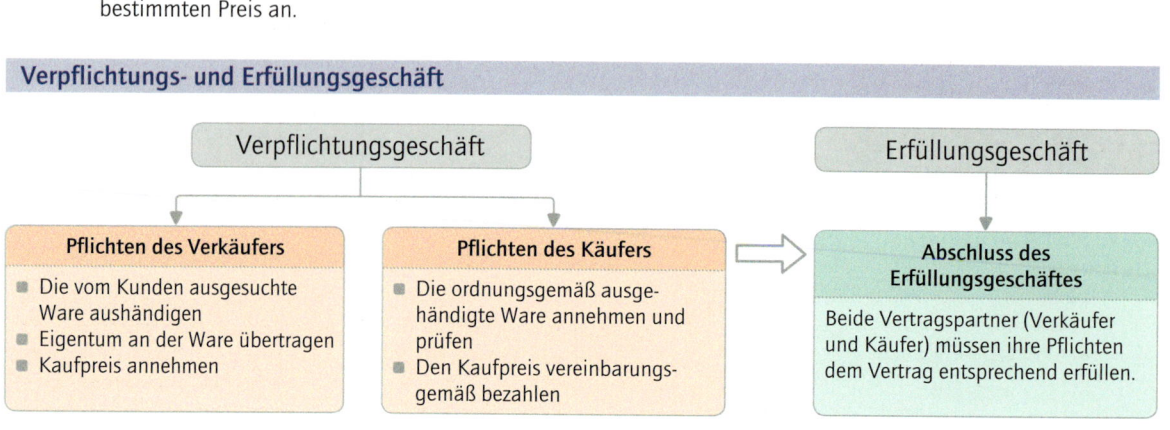

Beispiel:
Ein Großhandelsunternehmen bietet einem Einzelhandelsunternehmen Recyclingkopierpapier an.

Das Einzelhandelsunternehmen nimmt den Antrag an.

2.

Antrag durch:		Annahme durch:
Autohersteller (Verkäufer)	→ Antrag → ← Annahme ←	Großhandelsunternehmen (Käufer)

Beispiel:
Ein Autohersteller bietet einem Großhandelsunternehmen mehrere Wagen der Marke XY zu einem bestimmten Preis an.

Das Großhandelsunternehmen stimmt dem Antrag zu.

Verpflichtungs- und Erfüllungsgeschäft

Verpflichtungsgeschäft

Pflichten des Verkäufers
- Die vom Kunden ausgesuchte Ware aushändigen
- Eigentum an der Ware übertragen
- Kaufpreis annehmen

Pflichten des Käufers
- Die ordnungsgemäß ausgehändigte Ware annehmen und prüfen
- Den Kaufpreis vereinbarungsgemäß bezahlen

Erfüllungsgeschäft

Abschluss des Erfüllungsgeschäftes

Beide Vertragspartner (Verkäufer und Käufer) müssen ihre Pflichten dem Vertrag entsprechend erfüllen.

Erfüllungsort

Der Erfüllungsort ist der Ort, an dem der Verkäufer die Ware liefert bzw. der Käufer die Ware bezahlt. Wenn die Vertragsparteien im Kaufvertrag keinen Erfüllungsort bestimmt haben, gilt die **gesetzliche Regelung**: Der Erfüllungsort ist der Wohn- bzw. Geschäftssitz des jeweiligen Waren- bzw. Geldschuldners (§ 269 BGB). Es gibt also zwei gesetzliche Erfüllungsorte, wenn die Vertragsparteien nicht an demselben Ort wohnen.

Bedeutung

Am Erfüllungsort geht die Gefahr auf den Käufer über, z. B. wenn die Ware beschädigt wird oder verloren geht. Geldschulden sind Schick- oder Bringschulden, deshalb hat der Käufer das Geld auf seine Kosten und Gefahr an den Wohn- oder Geschäftssitz des Verkäufers zu schicken. In der Praxis vereinbaren Käufer und Verkäufer im Allgemeinen einen **vertraglichen** Erfüllungsort, meistens den Wohn- oder Geschäftssitz des Verkäufers.

Beispiel

Das Industrieunternehmen Bellheim-BüroService GmbH in Berlin schließt einen Kaufvertrag mit dem Papierwarenhersteller Bogner AG in München. Er soll 200 Paletten Kopierpapier an die Bellheim-BüroService GmbH liefern. Ein Erfüllungsort wurde nicht vereinbart.

Der Erfüllungsort für die **Warenlieferung** der Bogner AG ist München. Hier muss der Verkäufer die Ware lediglich zur Abholung bereitstellen, denn **Warenschulden sind Holschulden**. In München geht die Gefahr, dass die Ware beschädigt wird oder verloren geht, auf die Bellheim-BüroService GmbH über. Die Bellheim-BüroService GmbH muss die **Zahlung** an ihrem Wohn- bzw. Geschäftssitz in Berlin

leisten. Die Käuferin hat ihre Zahlungsverpflichtung jedoch erst erfüllt, wenn sie das Geld auf ihre Kosten und Gefahr fristgemäß an den Verkäufer überweist, denn **Geldschulden sind Schick- oder Bringschulden**.

Wenn die Bogner AG mit der Bellheim-BüroService schriftlich vereinbart hätte: „Erfüllungsort für beide Teile ist München", so gäbe es nur diesen einen Erfüllungsort. In diesem Fall würde der Papierwarenhersteller die Ware wiederum an seinem Geschäftssitz zur Abholung bereitstellen, aber das Industrieunternehmen müsste die Zahlung so rechtzeitig vornehmen, dass sie fristgemäß beim Verkäufer eingeht.

Gerichtsstand

Durch die Festlegung des Erfüllungsortes wird auch der Gerichtsstand bestimmt, vor dem der Gläubiger seinen Vertragspartner verklagen kann.

Je nach Höhe des Streitwertes müsste z. B. eine Klage des Verkäufers beim Amtsgericht (bis 5.000,00 € Streitwert)

oder beim Landgericht (über 5.000,00 € Streitwert) eingereicht werden. Beim zweiseitigen Handelskauf kann der Gerichtsstand zwischen Käufer und Verkäufer vertraglich vereinbart werden.

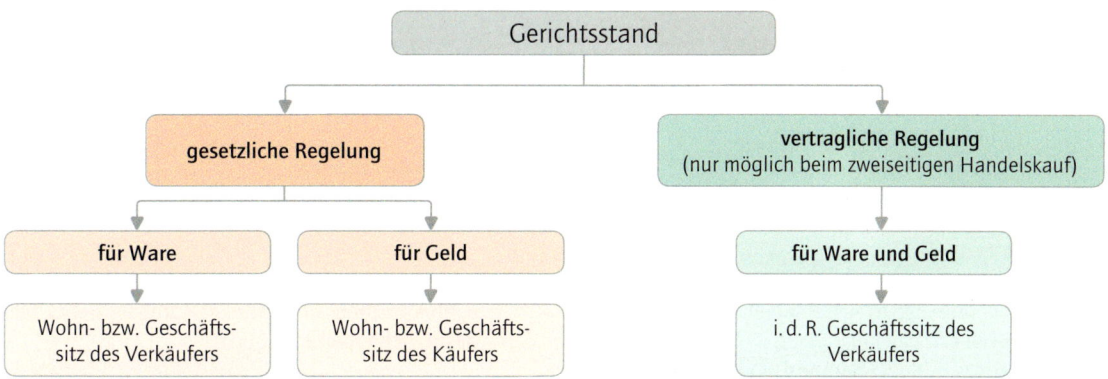

Beispiel

- Wenn die Bogner AG in München mangelhaftes Kopierpapier an die Bellheim-BüroService GmbH in Berlin geliefert hat, muss diese den Lieferanten am Geschäftssitz in München verklagen.

- Gerät hingegen die Bellheim-BüroService GmbH in Zahlungsverzug, muss die Bogner AG in Berlin klagen, wenn kein Gerichtsstand zwischen den Vertragsparteien vereinbart wurde. Ist als Gerichtsstand „München" festgelegt worden, hat der Verkäufer die Klage an seinem Geschäftssitz in München einzureichen.

Allgemeine Geschäftsbedingungen (AGB)

Begriff

Nach § 305 BGB sind **Allgemeine Geschäftsbedingungen** (AGB) „alle für eine Vielzahl von Verträgen vorformulierten Vertragsbedingungen, die eine Vertragspartei (Verwender) der anderen Vertragspartei bei Abschluss eines Vertrags stellt". Der Endverbraucher spricht in diesem Zusammenhang von dem **„Kleingedruckten"**, das sich meist auf der Rückseite von Kaufvertragsformularen befindet. Geregelt werden darin z. B. Erfüllungsort und Gerichtsstand oder die Zahlungsbedingungen.

Merkmale

Allgemeine Geschäftsbedingungen:

- sind **vorformulierte Vertragsbedingungen** (also nicht zwischen Käufer und Verkäufer einzeln ausgehandelte Vertragsbedingungen),

- werden für eine **Vielzahl von Verträgen** „gestellt", d. h. formuliert,

- können für **einzelne Wirtschaftsbereiche**, z. B. für das Speditionsgewerbe, speziell von den beteiligten Unternehmen ausgearbeitet werden, man spricht dann von den **„zum Handelsbrauch erstarkten AGB"**.

Gründe

Allgemeine Geschäftsbedingungen sind aus dem heutigen Vertragsrecht nicht wegzudenken; man fragt sich, warum sie sich so stark durchgesetzt haben. Die **Gründe** dafür sind:

- **Zeit-** und damit **Kostenersparnis** für die beteiligten Unternehmen. Das einzelne Aushandeln von Vertragsbedingungen würde demgegenüber hohe Personalkosten verursachen.

- Das **Vertragsrisiko** wird für die Vertragspartei **begrenzt**, die die AGB im eigenen Interesse vorformuliert. Häufig akzeptiert die andere Vertragspartei stillschweigend die vorgelegten Allgemeinen Geschäftsbedingungen.

- Die Bestimmungen des BGB zu den AGB **schützen** im besonderen Maße **Endverbraucher**, da bestimmte Sonderbestimmungen im Vertragsrecht für den Verkauf an Endverbraucher gelten (Näheres siehe S. 91).

- Da einzelne AGB-Bestimmungen laut BGB verboten sind (z. B. kurzfristige Preiserhöhungen von bestellter, aber noch nicht ausgelieferter Ware), **schützen** die AGB-Bestimmungen **vor unfairen Vertragsbestimmungen**. Die **Rechtssicherheit** im Wirtschaftsleben wird damit erhöht. Dies unterstützt auch der Inhalt des § 307 BGB, nach dem Bestimmungen in AGB unwirksam sind, wenn sie den Vertragspartner entgegen den Geboten von **Treu und Glauben** unangemessen benachteiligen.

Gründe für die Existenz von Allgemeinen Geschäftsbedingungen			
Zeit- und Kostenersparnis	Begrenzung des Vertragsrisikos	Verbraucherschutz	Erhöhung der Rechtssicherheit

Geltung von Allgemeinen Geschäftsbedingungen

- Häufig werden neben Allgemeinen Geschäftsbedingungen individuelle Vereinbarungen im Vertrag festgehalten, z. B. in Hinsicht auf Lieferungs- und Zahlungsbedingungen. Eventuell widersprechen einzelne Teile der AGB den einzeln ausgehandelten Bedingungen. In diesem Fall gilt der **„Vorrang der Individualabrede"**, d. h., dass einzeln ausgehandelte Vertragsabreden stets Vorrang vor den AGB haben.

- Möglich ist es auch, dass beide Vertragspartner AGB benutzen. Denkbar ist, dass sie sich in einzelnen Punkten **widersprechen**. In diesem Fall tritt an deren Stelle das **gesetzliche Recht** laut BGB.

- Werden völlig ungewöhnliche Vertragsklauseln als AGB benutzt (sogenannte **Überraschungsklauseln**), so werden sie rechtlich gesehen nicht Vertragsbestandteil, sind also unwirksam.

- Treten bei der Auslegung von AGB **Zweifel** zwischen den Vertragsparteien auf, gehen sie prinzipiell zulasten des Verwenders, werden also in dieser Hinsicht auch nicht wirksam.

352890

Allgemeine Geschäftsbedingungen (AGB)

Sonderbestimmungen für den Verkauf an Endverbraucher

Da **Endverbraucher** im Gegensatz zu Unternehmern als besonders **schutzwürdig** gelten, räumt ihnen das BGB im Umgang mit Allgemeinen Geschäftsbedingungen besondere **Rechte** ein, z. B.:

- Endverbraucher müssen **ausdrücklich** auf die Allgemeinen Geschäftsbedingungen hingewiesen werden (z. B. auf der Vorderseite des Vertrages wird auf das „Kleingedruckte" auf der Rückseite hingewiesen). Dieser ausdrückliche Hinweis kann in bestimmten Fällen auch durch einen **deutlich sichtbaren Aushang** am Ort des Vertragsabschlusses umgesetzt werden (z. B. bei der Benutzung von Parkplätzen). Dazu gehört, dass der Vertragspartner in zumutbarer Weise vom Inhalt der AGB Kenntnis nehmen kann und er mit ihnen **einverstanden** ist.

- Nachträgliche **kurzfristige Preiserhöhungen** für bestellte, aber noch nicht ausgelieferte Waren sind innerhalb von vier Monaten nach Vertragsabschluss verboten und somit unwirksam.

Als prinzipiell **verboten** und damit unwirksam gelten weiterhin:

- eine **Verkürzung der gesetzlichen Gewährleistungsfrist** im Rahmen der Mängelhaftung (siehe dazu S. 106),

- das Setzen einer **unangemessen langen Lieferfrist**,

- ein **Ausschluss der Haftung** des Verkäufers bei **grobem Verschulden**,

- der **Ausschluss des Rücktritts vom Vertrag** bei Leistungsstörungen,

- ein **Ausschluss von Kundenrechten** bei Leistungsstörungen (z. B. bei Reklamationsrechten oder beim Lieferungsverzug).

Verbotene Klauseln in Allgemeinen Geschäftsbedingungen bei Verkäufen an Endverbraucher

kurzfristige Preiserhöhungen	Haftungsausschluss bei grobem Verschulden des Verkäufers	verkürzte Gewährleistungsfrist	Ausschluss des Rücktritts vom Vertrag oder anderen Kundenrechten bei Leistungsstörungen	unangemessen lange Lieferzeit

---

Tipps für Endverbraucher beim Umgang mit Allgemeinen Geschäftsbedingungen

- Vor jedem Vertragsabschluss sollten Allgemeine Geschäftsbedingungen genau und **in Ruhe durchgelesen** werden, für Fragen sollte sich Zeit genommen werden.

- Es ist stets zu prüfen, ob der Käufer auf die Allgemeinen Geschäftsbedingungen **hingewiesen** wurde bzw. ob er sein **Einverständnis** zu den AGB gegeben hat.

- Hat der Endverbraucher bei Allgemeinen Geschäftsbedingungen eines Vertrages das Gefühl, diese seien einseitig zugunsten des Verkäufers formuliert, sollte er sich **fachkundig beraten** lassen, zum Beispiel durch einen Rechtsanwalt oder durch Verbraucherberatungszentralen.

- Hat der Endverbraucher ein besonderes Interesse an einzelnen Vertragsbedingungen (z. B. eine kurze Lieferfrist oder eine bestimmte Zahlungsweise), sollte er diese **Vertragsbestandteile einzeln** mit dem Verkäufer **aushandeln**, denn es gilt der Vorrang der Individualabrede.

2

Gründe

Das Verhältnis von Verbraucher und Anbieter auf dem Markt ist geprägt durch ein Ungleichgewicht, wobei der Verbraucher als der wirtschaftlich Schwächere angesehen wird.

Als Gründe dafür können genannt werden:

- Dem Verbraucher fällt es bei der Fülle neuer Produkte zunehmend schwerer, die Markttransparenz herzustellen, die gerade für den Kauf hochwertiger Produkte notwendig wäre.

- Dem Verbraucher ist häufig nicht bekannt, worauf er beim Abschluss von Kaufverträgen zu achten hat und worin seine Rechte bestehen.

- Verbraucher sind nicht selten den Verkaufsstrategien und Überredungskünsten der Anbieter ausgeliefert und lassen sich zu Käufen überreden, die sie später bereuen.

- Durch übertriebene oder irreführende Werbung wird der Verbraucher getäuscht. Es kommt zu Wettbewerbsverzerrungen zum Schaden des Verbrauchers.

Ziele

Der Verbraucherschutz hat das Ziel, das Ungleichgewicht zwischen den Vertragspartnern abzubauen; es gilt, sie zu gleichberechtigten Vertragspartnern zu machen.

Das soll erreicht werden durch:

- Verbesserung der Markttransparenz, d. h., dass man beispielsweise mehrere seriöse Angebote vorliegen hat, um kompetent und informiert Kaufentscheidungen treffen zu können.

- Ausüben von Zwang auf die Anbieter, die Verbraucher über ihre Rechte so zu informieren, dass sie diese auch in Anspruch nehmen können.

- Eröffnen von Möglichkeiten, Kaufverträge unter bestimmten Bedingungen widerrufen zu können.

- Sicherstellung eines fairen Wettbewerbs mithilfe des Wettbewerbsrechts.

Mittel

Um die Stellung des Verbrauchers auf dem Markt zu stärken, gibt es eine ganze Anzahl von Gesetzen und Verordnungen sowie nicht staatlichen Institutionen.

Dazu gehören:

- Preisangabenverordnung (PAngV)
- Produkthaftungsgesetz (ProdHaftG)
- Geräte- und Produktsicherheitsgesetz (GPSG)

- Markengesetz (MarkenG)
- Widerrufsrecht bei Haustürgeschäften (§ 312 ff. BGB)
- Rechte beim Abschluss von Kreditverträgen
- Gesetz gegen den unlauteren Wettbewerb (UWG)
- Verbraucherzentralen
- Verbraucherorganisationen wie z. B. Deutscher Verbraucher-Schutzverband (DVS)

Preisangabenverordnung (PAngV)

Begriff

Die Preisangabenverordnung regelt das Auszeichnen der Ware, wobei die Interessen des **Endverbrauchers** im Vordergrund stehen. Grundsätzlich gilt, dass alle Waren, die für den Endverbraucher bestimmt sind, mit dem **Bruttopreis** oder **Endpreis** ausgezeichnet werden müssen.

Inhalt

- Waren, die sich im Verkaufsraum befinden oder in Schaufenstern oder Vitrinen ausgestellt sind, müssen mit einem Preisschild versehen sein.
- Der Preis muss einer Ware klar und unmissverständlich zugeordnet werden können.
- Um Preise von Waren, die in unterschiedlichen Mengen oder Gebinden angeboten werden können, miteinander vergleichbar zu machen, ist ein Grundpreis anzugeben. Dieser Preis muss sich auf eine bekannte Maß- oder Mengeneinheit beziehen, beispielsweise 1 kg oder 100 g.

Ausnahmen

Die Preisangabenverordnung gilt nicht für alle Waren. Ausgenommen von dieser Verordnung sind z. B.:

- Antiquitäten und Kunstgegenstände

- Blumen, Pflanzen, Sträucher, Bäume

- Waren, die auf Versteigerungen angeboten werden

Produkthaftungsgesetz (ProdHaftG)

Begriff

Wenn beim vorgeschriebenen Gebrauch einer Ware Menschen oder Sachen zu Schaden kommen und die Ursache für die Beschädigung in der fehlerhaften Herstellung des Produktes liegt, ist der Hersteller verpflichtet, dem Geschädigten den entstandenen Schaden zu ersetzen. Dies gilt selbst dann, wenn der Hersteller beweisen kann, dass der Fehler des Produktes nicht aufgrund seiner Fahrlässigkeit entstanden ist.

Inhalt

Das Produkthaftungsgesetz legt fest,

- was unter dem Begriff **Produkt** zu verstehen ist (alle beweglichen Sachen),
- was unter einem **Fehler** in diesem Zusammenhang zu verstehen ist (z. B. Konstruktions-, Fabrikations- und Instruktionsfehler),
- wann die **Ansprüche** verjähren (nach drei Jahren vom Zeitpunkt der Entdeckung des Fehlers durch den Geschädigten),
- in welcher Höhe **Schadensersatz** zu leisten ist (bei Sachschäden unbegrenzt, bei Personenschäden bis ca. 80 Mio. €),
- zu welchem Zeitpunkt die **Ansprüche erlöschen** (zehn Jahre nach dem Zeitpunkt, zu dem der Hersteller das fehlerhafte Produkt auf den Markt gebracht hat).

Geräte- und Produktsicherheitsgesetz (GPSG)

Begriff

Im europäischen Wirtschaftsraum dürfen von keinem Unternehmen Produkte oder Geräte verkauft werden, von denen bei vorschriftsmäßigem Gebrauch eine Gefährdung ausgehen kann.

Inhalt

Das Gesetz schreibt u. a. vor:

- Hersteller und Händler sind dafür verantwortlich, dass die in Umlauf gebrachten Geräte ohne Gefährdung in Gebrauch genommen werden können.
- Verbraucher sind eindringlich auf die möglichen Folgen eines falschen Gebrauchs hinzuweisen.
- Hersteller müssen die in Umlauf gebrachten Geräte, die sich bei ihrem Gebrauch als gefährlich erwiesen haben, zurückrufen und sofort vom Markt nehmen.
- Die zuständigen Überwachungsbehörden der Bundesländer (z. B. Gewerbeaufsichtsämter) sind für die Einhaltung dieses europäischen Gesetzes verantwortlich.

Markengesetz (MarkenG)

Begriff

Das Gesetz dient dem Zweck, Waren und Dienstleistungen eines Unternehmens zu kennzeichnen, um sie von denen anderer Anbieter abzugrenzen. Der **Markenschutz** entsteht durch Eintragung beim Patent- und Markenamt.

Inhalt

Das Gesetz schreibt u. a. vor:

- Als **Marke** geschützt werden können alle **Zeichen**, z. B. Abbildungen, Wörter, Formen von Waren oder Verpackungen, die geeignet sind, Waren eines Unternehmens von Waren anderer Unternehmen zu unterscheiden.
- Auch **geschäftliche Verbindungen** können geschützt werden, wenn sie geeignet sind, sich von den Mitbewerbern zu unterscheiden, z. B. „Hoflieferant seit 1887".
- **Geografische Herkunftsangaben** können ebenfalls geschützt werden, z. B. Namen von Orten, Landschaften oder Ländern, die zur Kennzeichnung der geografischen Herkunft von Waren dienen, z. B. Thüringer Bratwurst.

Prüfzeichen und Gütezeichen

Begriff

Zum Verbraucherschutz zählen auch **Prüf- und Gütezeichen**, die an den Produkten angebracht sind. Sie sollen dem Verbraucher die Gewähr geben, dass diese Produkte auf ihre Sicherheit geprüft worden sind (Prüfzeichen) bzw. die Qualität der verwendeten Materialien sichergestellt ist (Gütezeichen).

Inhalt

Prüfzeichen

Diese Zeichen dürfen nur Produkte tragen, die von den Herstellern, den Prüfeinrichtungen der Verbände oder den Technischen Überwachungsvereinen auf ihre Sicherheit überprüft worden sind. Sie müssen den Arbeitsschutz- und Unfallverhütungsvorschriften entsprechen.

Folgende **Symbole** werden unterschieden:
- Das **CE**-Symbol (**C**ommunauté **E**uropéenne), welches besagt, dass das Gerät den grundsätzlichen europäischen Richtlinien zur Gerätesicherheit entspricht. Bei diesem Zeichen handelt es sich um eine freiwillige Erklärung der Hersteller.
- Das **VDE**-Symbol ist das Prüfzeichen des Verbandes der Elektrotechnik Elektronik Informationstechnik e. V.
- Das **GS**-Symbol (**G**eprüfte **S**icherheit) ist das Prüfzeichen, das beispielsweise von den Technischen Überwachungsvereinen vergeben werden kann. Es sagt aus, dass ein Produkt den deutschen Sicherheits- und Gebrauchsansprüchen entspricht.

Gütezeichen

Gütezeichen sollen den Verbrauchern helfen, die Qualität der Waren besser beurteilen zu können. Sie geben Hinweise auf die verwendeten Materialien. Gütezeichen können von den Herstellern an ihren Waren angebracht werden, wenn sie sicherstellen, dass die Waren den Mindestanforderungen der ausgewiesenen Qualität entsprechen. Gütezeichen werden in die Gütezeichenliste eingetragen und sind damit geschützt.

Beispiele:
- **Agrarerzeugnisse aus Deutschen Landen:** Dieses Gütezeichen garantiert die gleichbleibende Qualität von Agrarerzeugnissen.
- Das **WOLLSIEGEL**-Symbol garantiert, dass das Produkt aus Schurwolle hergestellt worden ist.

Widerrufsrecht bei Haustürgeschäften

Nach § 312 f. BGB hat der Verbraucher das Recht, von Verträgen zurückzutreten, die er unbedacht in bestimmten Situationen abgeschlossen hat. Er muss dabei keine Angabe zu Gründen machen. Dies gilt für Verträge, die an der Haustür, auf der Straße oder bei Verkaufsfahrten abgeschlossen worden sind und einen Wert von über 40,00 € haben.

Dabei ist Folgendes zu beachten:

- Der Widerruf muss innerhalb zweier Wochen erfolgen.
- Der Verbraucher muss im Vertragsformular über dieses Recht informiert werden.

Rechte beim Abschluss von Kreditverträgen

Diese Rechte sollen verhindern, dass sich unerfahrene Verbraucher durch den Abschluss von Kredit- oder Teilzahlungsverträgen überschulden.

- Die Verträge müssen in schriftlicher Form erstellt werden.
- Auf das Widerrufsrecht innerhalb zweier Wochen muss ausdrücklich hingewiesen werden.

- Der effektive Jahreszins muss angegeben sein.
- Die Gesamtkosten des Kreditvertrages müssen aus dem Vertrag ersichtlich sein.
- Die Art und Weise der Rückzahlung muss klar geregelt sein.
- Der Nettokreditbetrag und die Versicherungskosten müssen ausgewiesen werden.

Gesetz gegen den unlauteren Wettbewerb (UWG)

Das Wettbewerbsrecht setzt den gesetzlichen Rahmen für ein geregeltes Miteinander im freien Wettbewerb (**Gesetz gegen den unlauteren Wettbewerb**). Im Wesentlichen hat das Gesetz zwei Aufgaben:

- einen **fairen Wettbewerb** der Händler untereinander zu regeln,

- die Verbraucher vor „**unlauterer Werbung**" zu schützen, sie davor zu bewahren, durch irreführende oder bewusst übertriebene Werbung getäuscht zu werden.

Die wichtigsten Bestimmungen des Gesetzes

Preisnachlässe	Sonderverkäufe	Räumungsverkäufe
Ankündigungen und Durchführung pauschaler Preisherabsetzungen in unbegrenzter Höhe sind zulässig. Sie können sich auf das gesamte Sortiment oder auf Teile des Sortiments beziehen. Die Höhe des Preisnachlasses, beispielsweise 30 %, muss der Wahrheit entsprechen, die Ware muss tatsächlich um 30 % im Preis reduziert worden sein.	Geburtstags-, Jubiläums- und Schlussverkäufe sind grundsätzlich immer erlaubt. Bei Geburtstags- und Jubiläumsverkäufen muss der Grund des Sonderverkaufes jedoch richtig sein. Die Aussage: „Unser Chef wird 40 Jahre, feiern Sie mit!" muss richtig sein. Die angegebene Jahreszahl beim Jubiläum muss der Wahrheit entsprechen.	Diese Sonderaktion ist ein guter Anlass, Preisnachlässe zu gewähren. Sie können sich auf das gesamte Sortiment oder auf Teile des Sortiments beziehen. Bei Angabe des Grundes für den Räumungsverkauf, z. B. „wegen Umbaumaßnahmen", muss dieser Grund zutreffen.

Bonuskarten	Gutscheine	Mondpreise
Es ist zulässig, die Kunden mithilfe von Kundenbindungssystemen an das Unternehmen zu binden, wenn z. B. mittels eines Punktesystems ein Preisnachlass oder Sachwerte in Aussicht gestellt werden. Voraussetzung ist jedoch, dass die Kunden die genauen Bedingungen kennen, um den Preisnachlass oder die Prämie auch zu erhalten.	Die Ausgabe von Gutscheinen in Zeitungen oder Postwurfsendungen ist zulässig. Dieser Rabatt in Form eines Waren- oder Geldgutscheines ist jedoch an Bedingungen geknüpft. Die Gültigkeitsdauer des Gutscheines darf nicht unverhältnismäßig kurz sein, der Rabatt darf ohne Vorlage des Gutscheines nicht gewährt werden.	Diese Art der Preisgestaltung ist unzulässig. Wird ein Preisnachlass für eine Ware angekündigt, z. B. „alter Preis 100,00 €, neuer Preis 50,00 €", der Preis der Ware war jedoch vor der Reduzierung nur 70,00 €, ist diese Werbung unzulässig. Der höhere Preis muss tatsächlich für einen bestimmten Zeitraum verlangt worden sein.

Unzumutbare Belästigung

Allgemein gilt, dass Werbung eine unzumutbare Belästigung darstellt, wenn sie erfolgt, obwohl erkennbar ist, dass der Empfänger diese Werbung nicht wünscht. Erhält z. B. ein Empfänger eine Postwurfsendung, obwohl an seinem Briefkasten deutlich sichtbar ein Verbot zum Einwurf von Werbung steht, ist dies eine unzumutbare Belästigung.

Werbung unter Verwendung von automatischen Anrufmaschinen, Faxgeräten oder elektronischer Post ist nur zulässig, wenn die ausdrückliche Einwilligung des Empfängers vorliegt. Diese Einwilligung liegt z. B. dann vor, wenn der Kunde bei einem Vertragsabschluss per Ankreuzen sein Einverständnis erklärt hat, diese Form der Informationen zu erhalten.

Bei der Werbung durch Telefonanrufe kann der **Großhändler** in bestimmten Fällen auf eine „**mutmaßliche Einwilligung**" hinweisen. Glaubt er, dass ein Kunde ein besonderes Interesse an einer Preisaktion hat, so ist der Werbeanruf gerechtfertigt.

2

Vertragsart	Vertragspartner	Vertragsinhalt	Gesetzliche Regelung
Kaufvertrag	Käufer/Verkäufer	entgeltliche Veräußerung von Sachen und Rechten	§§ 433–473 BGB
Verbrauchsgüterkauf	Verbraucher/ Unternehmer	entgeltliche Veräußerung von beweglichen Sachen	§§ 474–479 BGB
Darlehensvertrag	Darlehensgeber/ Darlehensnehmer	entgeltliche Überlassung eines Geldbetrages	§§ 488–498 BGB
Sachdarlehensvertrag	Darlehensgeber/ Darlehensnehmer	entgeltliche Überlassung von vertretbaren Sachen gegen spätere Rückerstattung gleicher Art, Güte und Menge	§§ 607–609 BGB
Darlehensvermittlungs-vertrag	Verbraucher/Unterneh-mer/Darlehensvermittler	Vermittlung oder Abschluss eines Darlehens-vertrages gegen Entgelt	§ 655 a–e BGB
Ratenlieferungsvertrag	Verbraucher/ Unternehmer	Lieferung mehrerer zusammengehörend gekaufter Sachen in Teilleistungen und entgeltliche Entrichtung in Teilzahlungen	§ 505 BGB
Schenkungsvertrag	Schenker/Beschenkter	unentgeltliche Zuwendung	§§ 516–534 BGB
Mietvertrag	Mieter/Vermieter	entgeltliche Überlassung der vermieteten Sache zum Gebrauch	§§ 535–580 BGB
Pachtvertrag	Pächter/Verpächter	entgeltliche Überlassung der verpachteten Sache zum Gebrauch sowie Genuss der Erträge	§§ 581–597 BGB
Leihvertrag	Verleiher/Entleiher	unentgeltliche Überlassung von Sachen zum Gebrauch	§§ 598–606 BGB
Dienstvertrag	Arbeitnehmer/ Arbeitgeber	entgeltliche Leistung von Diensten	§§ 611–630 BGB
Werkvertrag	Unternehmer/ Besteller	Herstellung eines versprochenen Werks gegen Entgelt	§§ 631–651 BGB
Reisevertrag	Reisender/ Reiseveranstalter	entgeltliche Erbringung einer Gesamtheit von Reiseleistungen (Reise)	§ 651 a–m BGB
Gesellschaftsvertrag	Gesellschafter/ Gesellschafter	gegenseitige Verpflichtung der Gesellschafter, die Erreichung eines gemeinsamen Zweckes in der durch den Vertrag bestimmten Weise zu fördern	§§ 705–740 BGB

Kaufvertragsarten – Unterscheidung nach ...

Art, Güte und Beschaffenheit der Ware

- **Kauf auf Probe**
  Rückgaberecht innerhalb einer vereinbarten Frist (z. B. Rückgabe innerhalb von zwei Wochen)

- **Kauf nach Probe**
  Qualität der kostenlosen Probe ist für Folgemenge verbindlich (z. B. Kauf von Kopierpapier aufgrund eines Musters)

- **Kauf zur Probe**
  Kauf einer kleinen Menge zu Testzwecken

- **Gattungskauf**
  Kauf von vertretbarer Ware (nur der Gattung nach bestimmbare Ware, also mehrfach vorhanden), die sich nach Maß, Zahl oder Gewicht bestimmen lässt (z. B. Druckerpapier)

- **Stückkauf**
  Kauf nicht vertretbarer Ware (nur einmalig vorhanden), z. B. Kauf eines gebrauchten Personal Computers

- **Spezifikationskauf**
  Bei Vertragsabschluss werden nur Art und Menge der Ware bestimmt, die nähere Bestimmung der Ware (z. B. Farbe) erfolgt innerhalb einer vereinbarten Frist (z. B. bei Kauf von Druckerpapier: Farbe, Maß, Form).

- **Ramschkauf**
  Kauf der gesamten Warenmenge zu einem Pauschalpreis (z. B. bei einer Insolvenz Pauschalpreis für Gesamtwarenbestand)

Zeitpunkt der Zahlung

- **Kauf auf Anzahlung**
  Käufer leistet eine Anzahlung vor der Warenlieferung (z. B. wenn keine zuverlässigen Angaben über die Zahlungsfähigkeit eines neuen Kunden vorliegen).

- **Kauf auf Vorauszahlung**
  Käufer zahlt Ware vor der Lieferung (z. B. bei Sonderanfertigung).

- **Barkauf**
  Käufer zahlt Ware bei Übergabe (z. B. Wocheneinkauf in einem Supermarkt).

- **Zielkauf**
  Käufer zahlt nach der Lieferung (z. B. vereinbartes Zahlungsziel: 30 Tage).

- **Ratenkauf**
  Käufer zahlt in mehreren Raten.

rechtlicher Stellung der Vertragspartner

- **Verbrauchsgüterkauf**
  Endverbraucher kauft Ware vom Unternehmen, lt. § 476 ff. BGB gilt die **Beweislastumkehr**. (Tritt in den ersten sechs Monaten nach Kauf ein Sachmangel auf, wird davon ausgegangen, dass er schon bei Lieferung bestand. Der Verkäufer hat die Ware zurückzunehmen. Nach Ablauf von sechs Monaten liegt die Beweislast beim Käufer.)

- **Bürgerlicher Kauf**
  Beide Vertragspartner sind Privatpersonen (z. B. Wolfgang kauft das gebrauchte Fahrrad von Kai).

- **Einseitiger Handelskauf**
  Ein Vertragspartner ist Kaufmann laut HGB, der andere Privatperson (z. B. ein Unternehmer kauft in einem Fachgeschäft Handschuhe).

- **Zweiseitiger Handelskauf**
  Beide Vertragspartner sind Kaufleute laut HGB (z. B. die Bellheim-BüroService GmbH kauft Kopierpapier vom Hersteller).

Lieferzeit

- **Sofortkauf**
  Kauf einer Ware gegen sofortige Zahlung (Zug-um-Zug-Geschäft)

- **Terminkauf**
  Kauf einer Ware und Lieferung innerhalb eines festgelegten Zeitraums oder bis zu einem Zeitpunkt (z. B. „Lieferung binnen 10 Tagen nach Auftragseingang")

- **Fixkauf**
  Kauf einer Ware und Lieferung zu einem genau festgelegten Lieferzeitpunkt (z. B. „fix am 30. Mai"); Liefertermin ist wesentlicher Vertragsbestandteil, d. h., nach Ablauf des Liefertermins hat die Lieferung für den Käufer keinen Sinn mehr

- **Kauf auf Abruf**
  Kauf einer Ware und Lieferung zu vom Käufer zu bestimmenden Lieferzeitpunkten

dem Ort der Warenübergabe

- **Handkauf**
  Ware wird im Geschäftssitz des Verkäufers gegen Bezahlung dem Käufer übergeben.

- **Platzkauf**
  Ware wird an den Geschäftssitz des Käufers gesendet; Käufer und Verkäufer haben Geschäftssitz am selben Ort.

- **Versendungskauf**
  Ware wird zum Käufer versendet; Käufer und Verkäufer haben Geschäftssitz an verschiedenen Orten.

2

Begriff

- Ein **Streckengeschäft** liegt vor, wenn der Verkäufer nicht an seinen Vertragspartner, sondern direkt an dessen Kunden liefert.
- Ein Großhandelsunternehmen wird als **Streckengroßhandel** klassifiziert, wenn mehr als 50 % der Umsätze auf das Streckengeschäft entfallen.
- Das Streckengeschäft ist ein **Eigengeschäft**, da die Rechnungsabwicklung über den Großhändler erfolgt, der zunächst das Eigentum an der Ware erwirbt und somit auch das Risiko der Beschädigung, des Verderbs oder des Untergangs trägt.

- Das Streckengeschäft ist ein **Versendungskauf** zwischen dem Großhändler und seinem Lieferanten, wenn der Erfüllungsort der Ort des Verkäufers ist und die Ware auf Verlangen des Großhändlers an den Einzelhändler versendet wird.
- Das Streckengeschäft ist ein **Fernkauf** zwischen dem Großhändler und seinem Lieferanten, wenn der Ort des Verkäufers nicht der Erfüllungsort ist, sondern die Ware an den vertraglich vereinbarten Erfüllungsort des Einzelhändlers geschickt wird.

Beispiel:
Die Einzelunternehmung Hermann e. K. kauft bei der Großhandelsunternehmung Bellheim-BüroService GmbH 100 Schreibtische und die Bellheim-BüroService GmbH veranlasst ihren Lieferanten OfficeCom AG, die Schreibtische direkt an den Einzelhändler zu liefern.

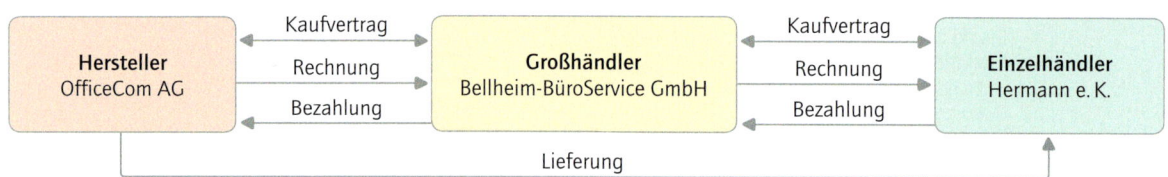

Vorteile

- Möglichkeiten der **Einsparung** von Warenannahme, Warenpflege-, Lager-, Kommissionierungs-, Verlade-, Inventur-, Zustell- und Fuhrparkkosten
- **Verkürzung** von Lieferfristen
- Schutz vor **starken und kurzfristigen Preisschwankungen**

Nachteile

- Gefahr, dass Einzelhändler **den Großhandel umgehen** und versuchen, direkt beim Hersteller günstigere Preise und Konditionen zu erhalten
- Unter Umständen **Kompetenzverlust** des Großhändlers als Systemlieferant („Alles aus einer Hand")

Strategien des Streckengeschäftes

Strategien	Erläuterungen	Ziele
Entfernungsstrategie	Kunden im näheren Umfeld des Großhändlers werden über das eigene Lager und **weiter entfernte Kunden im Wege des Streckengeschäftes** bedient. Dabei werden nicht nur betriebs- und volkswirtschaftliche Ressourcen geschont, sondern auch der Umweltschutz gefördert. Generell kann als Anhaltspunkt dienen: Das Streckengeschäft sollte in Erwägung gezogen werden, wenn die Entfernung zwischen Hersteller und Einzelhändler geringer ist als die Entfernung zwischen Großhändler und Einzelhändler.	Minimierung der Transportwege
Umschlagstrategie	Gängige Artikel werden über das Lager des Großhändlers verkauft, **während selten nachgefragte Artikel über das Streckengeschäft** abgewickelt werden. Das Lager des Großhändlers wird von „Langsamdrehern" und den damit verbundenen Risiken entlastet.	Erhöhung der Lagerumschlaggeschwindigkeit
Spannenstrategie	**Artikel mit hoher Umschlaggeschwindigkeit werden über das Streckengeschäft** abgeschlossen, womit der Mengenumschlag im Lager und damit die Kosten der Wareneinlagerung, -pflege, -kommissionierung usw. reduziert werden. Die über das Lagergeschäft geführten Artikel mit niedriger Umschlaggeschwindigkeit können mit entsprechenden Spannen kalkuliert werden.	Erhöhung der Zuschlagssätze

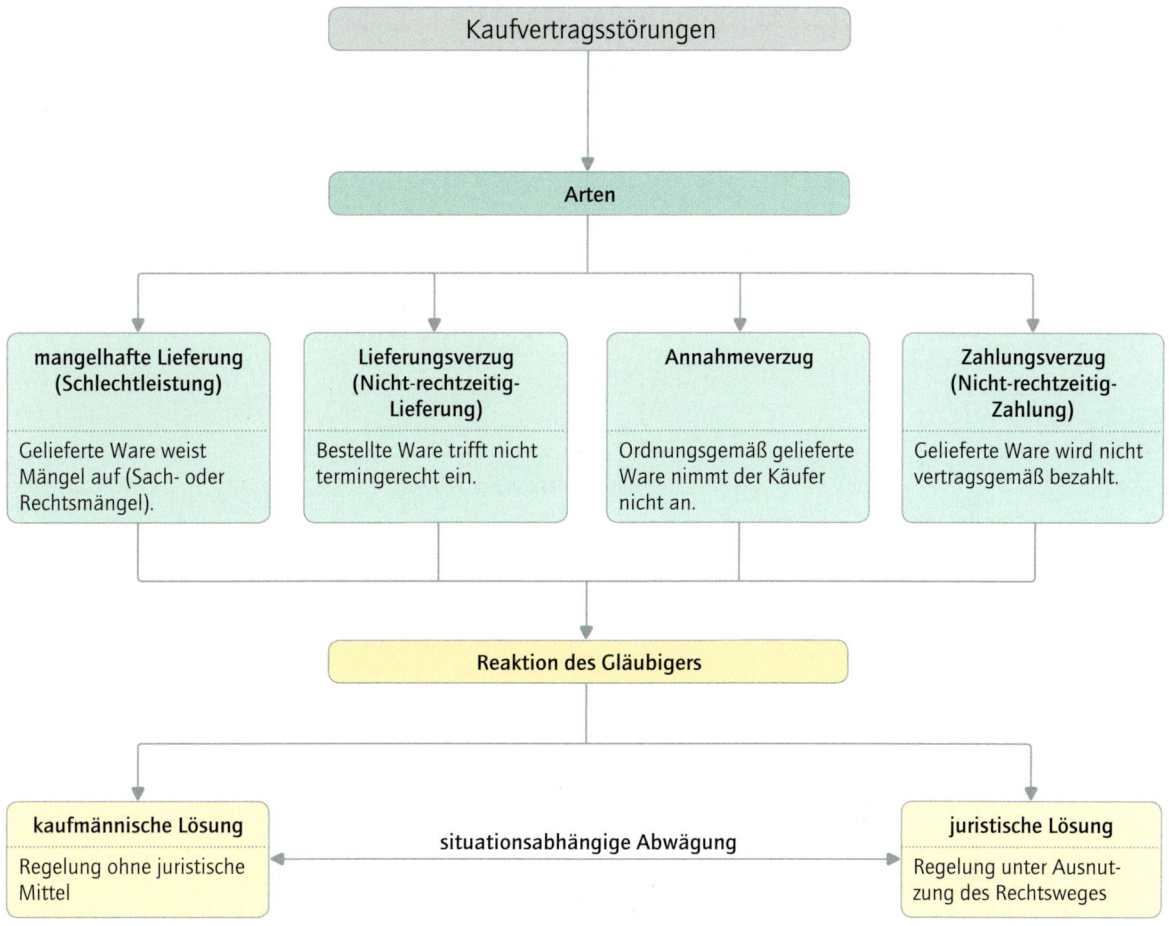

aus: Bentin, Margit u. a.: Handlungsorientierte Materialien in Wirtschaft und Verwaltung. Beschaffungsprozess, Lehrerband, 2. Aufl., Darmstadt 2005, S. 133

Kaufmännische Lösungen bei Kaufvertragsstörungen

Das Großhandelsunternehmen wird nur in Ausnahmefällen zum Kaufvertragsrecht des BGBs und HGBs greifen, um nach Lösungen für Kaufvertragsstörungen zu suchen. Zunächst wird es stets eine **kaufmännische Lösung** für Vertragsstörungen suchen, da es für es am wichtigsten ist, zu Kunden und Lieferanten gute Geschäftsverbindungen aufrechtzuerhalten. Es wird dem Vertragspartner entgegenkommen, damit sich **langfristige Geschäftsbeziehungen** ergeben können, denn nur dadurch wird es seine **Unternehmensziele** erreichen können.

Im Zweifel wird es sogar dem Vertragspartner Rechte zubilligen, die BGB bzw. HGB gar nicht vorsehen. Das Großhandelsunternehmen wird auf einen einmaligen Gewinn verzichten, wenn dadurch vermutet werden kann, dass langfristig mehr oder weniger regelmäßig Gewinne zu erzielen sind.

Nur wenn eine gütige Einigung nicht möglich ist, wird es vom Vertragsrecht Gebrauch machen und eventuell den **Rechtsweg**, z. B. mithilfe eines Rechtsanwalts, einschlagen.

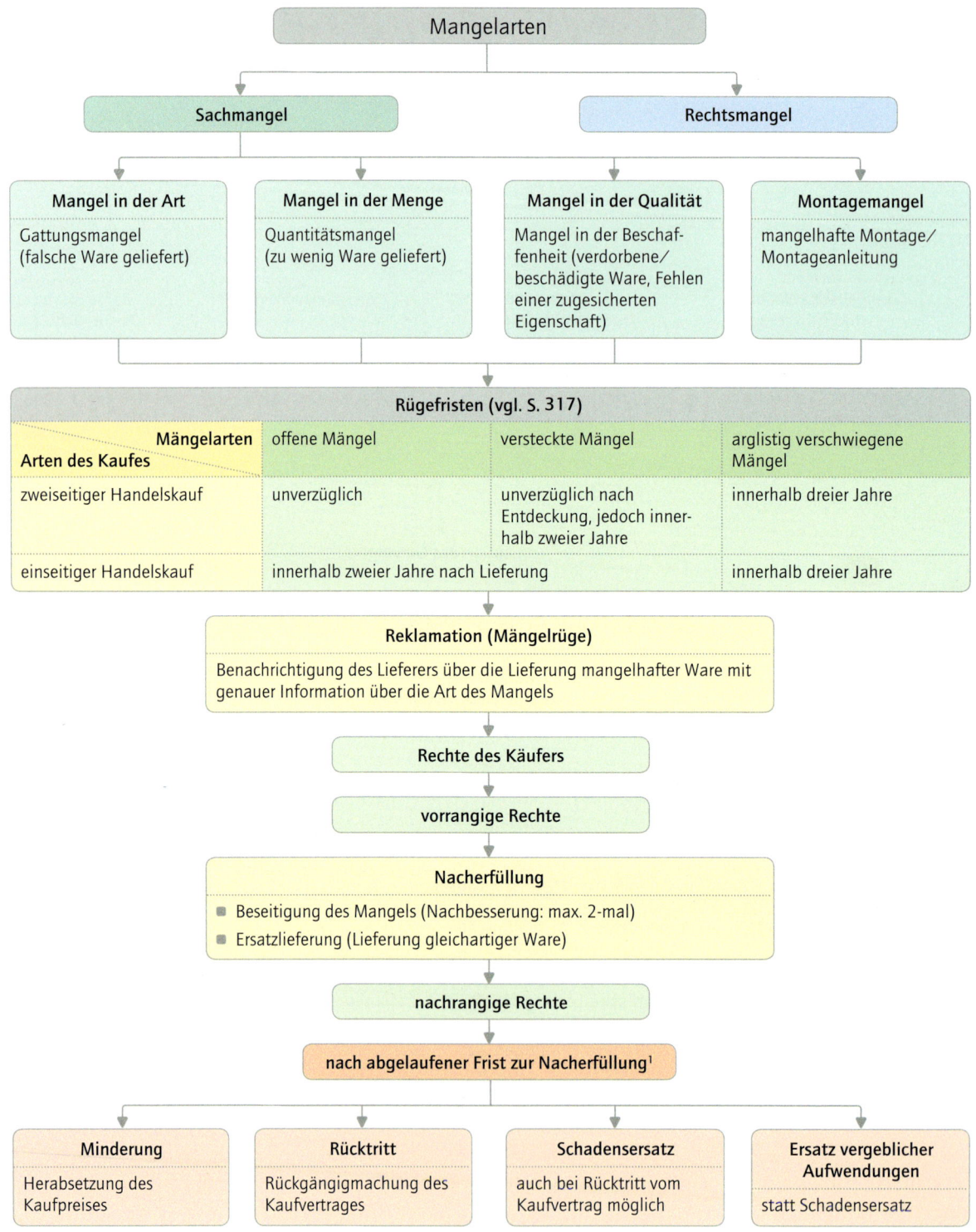

Mangelarten

Sachmangel

Mangel in der Art

Gattungsmangel (falsche Ware geliefert)

Mangel in der Menge

Quantitätsmangel (zu wenig Ware geliefert)

Mangel in der Qualität

Mangel in der Beschaffenheit (verdorbene/beschädigte Ware, Fehlen einer zugesicherten Eigenschaft)

Rechtsmangel

Montagemangel

mangelhafte Montage/Montageanleitung

Rügefristen (vgl. S. 317)

Mängelarten / Arten des Kaufes	offene Mängel	versteckte Mängel	arglistig verschwiegene Mängel
zweiseitiger Handelskauf	unverzüglich	unverzüglich nach Entdeckung, jedoch innerhalb zweier Jahre	innerhalb dreier Jahre
einseitiger Handelskauf	innerhalb zweier Jahre nach Lieferung		innerhalb dreier Jahre

Reklamation (Mängelrüge)

Benachrichtigung des Lieferers über die Lieferung mangelhafter Ware mit genauer Information über die Art des Mangels

Rechte des Käufers

vorrangige Rechte

Nacherfüllung

- Beseitigung des Mangels (Nachbesserung: max. 2-mal)
- Ersatzlieferung (Lieferung gleichartiger Ware)

nachrangige Rechte

nach abgelaufener Frist zur Nacherfüllung[1]

Minderung

Herabsetzung des Kaufpreises

Rücktritt

Rückgängigmachung des Kaufvertrages

Schadensersatz

auch bei Rücktritt vom Kaufvertrag möglich

Ersatz vergeblicher Aufwendungen

statt Schadensersatz

---

[1] Das Setzen einer angemessenen Nachfrist ist z. B. entbehrlich (vgl. § 281 BGB), wenn
- der Verkäufer die Nacherfüllung verweigert oder
- wenn besondere Umstände vorliegen, die unter Abwägung der beiderseitigen Interessen die sofortige Geltendmachung des Schadenersatzanspruches rechtfertigen (z. B. wenn ein Hochzeitskleid verfleckt geliefert wird).

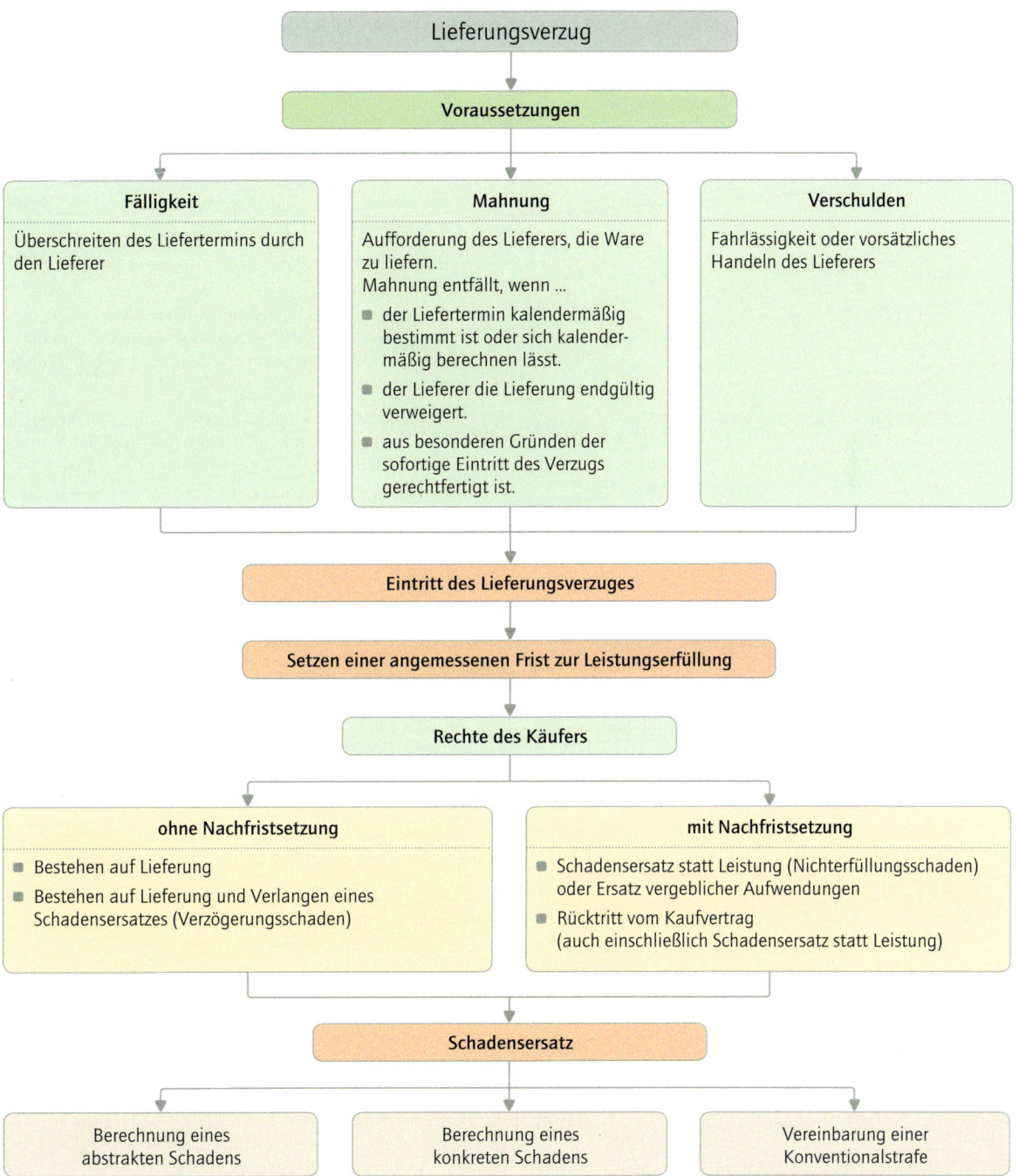

Um die meist komplizierte Schadensberechnung kaufmännisch zu vereinfachen, wird häufig von vornherein eine sogenannte **Konventionalstrafe** vereinbart. Tritt der Schadensfall ein, muss diese Vertragsstrafe geleistet werden.

Textbausteine zur Reklamation (Mängelrüge)

Aufbau und Inhalt	Formulierungvorschläge
1. Hinweis auf Eingang und Prüfung	Wir danken Ihnen für die pünktliche Lieferung der Ware. Leider mussten wir bei der Eingangsprüfung feststellen, dass …
	Die von Ihnen am … gelieferte Ware wies mehrere Sachmängel auf.
2. genaue Beschreibung des festgestellten Sachmangels	Die Mechanik der Dokumentenmappen schließt nicht einwandfrei.
	Die gelieferten Schreibtischunterlagen weisen deutliche Farbunterschiede auf. Der zugesagte Braunton wird bei 11 Schreibtischunterlagen durch gelbliche Flecken in Münzgröße unterbrochen.
3. Aufforderung zur Schadensbehebung	Die gelieferten Dokumentenmappen können in diesem Zustand nicht verkauft werden. Wir bitten Sie, diese unverzüglich umzutauschen.
	Die Schreibtischunterlagen könnten wir zu einem Sonderpreis verkaufen. Wir bitten deshalb um einen Preisnachlass von 60 %.

Textbausteine: Lieferungsverzug

Terms and phrases: delay in delivery

Textbausteine zum Lieferungsverzug

Aufbau und Inhalt	Formulierungvorschläge
1. Hinweis auf Bestelldaten einschließlich des Liefertermins	Am … bestellten wir bei Ihnen 100 Kugelschreiber zum Liefertermin … Leider ist die Ware bis heute nicht eingetroffen.
	Unsere Bestellung hatten Sie am … schriftlich bestätigt. Sie sagten Lieferung bis zum … fest zu.
2. Bitte um unverzügliche Lieferung, eventuell mit Begründung	Wir bitten Sie, die Ware unverzüglich zu liefern, da wir sie dringend benötigen.
	Aufgrund Ihrer festen Zusage hatten wir bereits vor einer Woche eine große Werbeaktion in der Regionalzeitung gestartet. Wir benötigen die zugesagte Ware also umgehend.
3. eventuell Setzen einer Nachfrist	Die Ware muss bis zum … eingetroffen sein.
	Wir setzen Ihnen eine Nachfrist bis zum …
4. Hinweis auf rechtliche Konsequenzen	Sollte die Ware nicht bis zum … eingetroffen sein, werden wir Schadensersatz statt Leistung verlangen.
	Wird die Ware nicht bis zum … geliefert, müssen wir vom Kaufvertrag zurücktreten.

Voraussetzung des Annahmeverzuges

ordnungsgemäße Lieferung der Ware, die der Käufer nicht annimmt

Eintritt des Annahmeverzuges

In diesem Fall haftet der Käufer prinzipiell für die Beschädigung oder Vernichtung der Ware; er haftet auch für Schäden, die durch Zufall (z. B. höhere Gewalt) eintreten; der Lieferer haftet nur noch bei Vorsatz oder grober Fahrlässigkeit.

Rechtsfolgen

Rechte des Verkäufers

- Klage auf Abnahme der Ware
- Selbsthilfeverkauf mittels einer öffentlichen Versteigerung (z. B. durch einen Gerichtsvollzieher) oder im freihändigen Verkauf (z. B. durch einen Handelsmakler), wenn die Ware einen Börsen- oder Marktpreis hat (z. B. Rohkaffee), oder als Notverkauf bei leicht verderblichen Waren (z. B. Obst)
- Anspruch auf Ersatz von Mehraufwendungen (z. B. Kosten für die Versteigerung)

Pflichten des Verkäufers

- Einlagerung der Ware auf Kosten und Gefahr des Käufers im eigenen Lager oder in einem öffentlichen Lagerhaus
- Verwahrung hinterlegungsfähiger Sachen beim Amtsgericht (z. B. Geld)
- Mitteilung an den Käufer, wo sich die Ware befindet
- Fristsetzung für die Warenabnahme
- Androhung des Selbsthilfeverkaufs und Mitteilung an den Käufer über Ort und Zeitpunkt des Selbsthilfeverkaufs, soweit kein Notverkauf (verderbliche Ware) vorliegt
- Abrechnen des Selbsthilfeverkaufs mit dem Käufer (Mehrerlös erhält/Mindererlös trägt der Käufer)

aus: Bentin, Margit u. a.: Handlungsorientierte Materialien in Wirtschaft und Verwaltung. Beschaffungsprozess, Lehrerband, 2. Aufl., Darmstadt 2005, S. 132

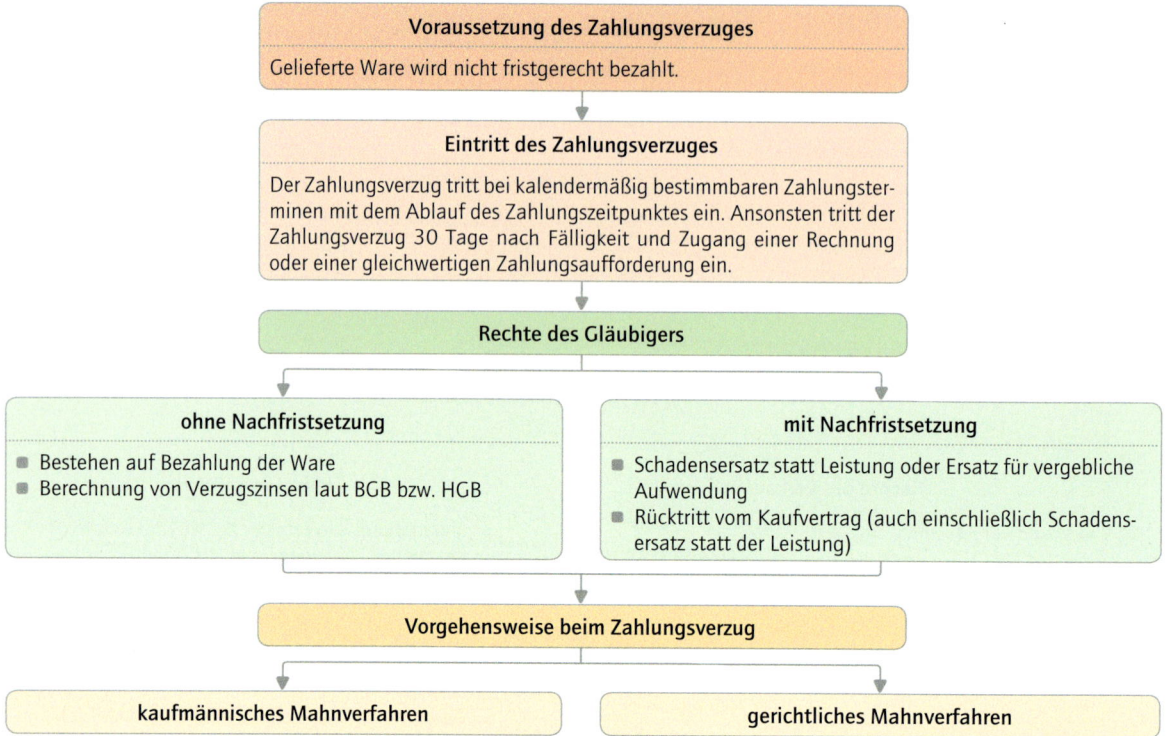

> **Voraussetzung des Zahlungsverzuges**
> Gelieferte Ware wird nicht fristgerecht bezahlt.

> **Eintritt des Zahlungsverzuges**
> Der Zahlungsverzug tritt bei kalendermäßig bestimmbaren Zahlungsterminen mit dem Ablauf des Zahlungszeitpunktes ein. Ansonsten tritt der Zahlungsverzug 30 Tage nach Fälligkeit und Zugang einer Rechnung oder einer gleichwertigen Zahlungsaufforderung ein.

> **Rechte des Gläubigers**

> **ohne Nachfristsetzung**
> - Bestehen auf Bezahlung der Ware
> - Berechnung von Verzugszinsen laut BGB bzw. HGB

> **mit Nachfristsetzung**
> - Schadensersatz statt Leistung oder Ersatz für vergebliche Aufwendung
> - Rücktritt vom Kaufvertrag (auch einschließlich Schadensersatz statt der Leistung)

> **Vorgehensweise beim Zahlungsverzug**

> **kaufmännisches Mahnverfahren**

> **gerichtliches Mahnverfahren**

aus: Hübscher, Heinrich u. a.: IT-Handbuch (Tabellenbuch) IT-Systemkaufmann/-frau, Informatikkaufmann/-frau, 7. Aufl., Braunschweig 2011, S. 404

Planung und Kontrolle des Rechnungsausgleichs
Planning and control of the balance of accounts

Terminüberwachung beim Rechnungsausgleich

Der Überwachung von Zahlungsfristen bei Ausgangsrechnungen durch die Buchhaltungsabteilung kommt eine große Bedeutung zu. Einerseits sollten Mahnverfahren jeglicher Art vermieden werden, um den Ruf des Unternehmens nicht nachhaltig zu schädigen und um den Aufbau langjähriger Geschäftsbeziehungen nicht zu gefährden. Andererseits sollten grundsätzlich alle unnötigen Kosten – z. B. für ein gerichtliches Mahnverfahren – vermieden werden. Entsprechende Dateien zur Rechnungsausgleichskontrolle sind daher in fast allen Betrieben üblich.

Für den Gläubiger ist es wichtig, den Zahlungseingang für die Ausgangsrechnungen zu kontrollieren, da verspätete Zahlungen die Liquidität und damit auch den betrieblichen Leistungsprozess beeinträchtigen können.

Kaufmännisches (außergerichtliches) Mahnverfahren
Commercial (extrajudicial) warning

Zahlungsverzug

Der Schuldner einer Zahlung gerät grundsätzlich in Zahlungsverzug, wenn er seiner Zahlungspflicht nicht rechtzeitig nachkommt. Ein Schuldner befindet sich bei Nichtzahlung automatisch 30 Tage nach Erhalt der Rechnung unabhängig von eventuell erfolgten Mahnungen in Zahlungsverzug.

Kaufmännisches Mahnverfahren

Durch die Mahnung erinnert der Gläubiger den Schuldner an die Fälligkeit seiner Verbindlichkeit. Sollten mehrere Mahnschreiben erforderlich sein, so ist eine inhaltliche Abstufung von der freundlichen Zahlungserinnerung bis zur Androhung gerichtlicher Schritte praxisüblich.

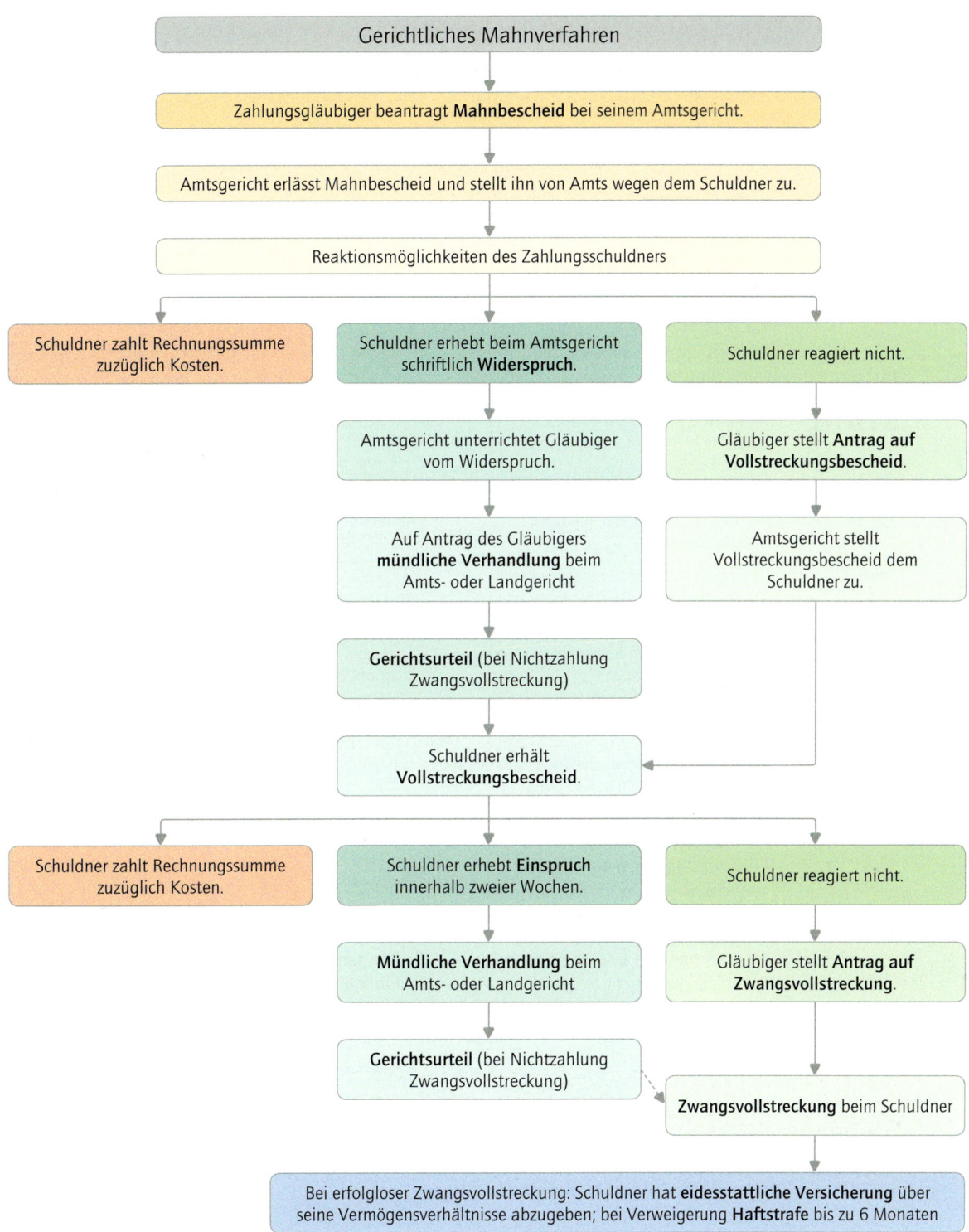

Gerichtliches Mahnverfahren

Zahlungsgläubiger beantragt **Mahnbescheid** bei seinem Amtsgericht.

Amtsgericht erlässt Mahnbescheid und stellt ihn von Amts wegen dem Schuldner zu.

Reaktionsmöglichkeiten des Zahlungsschuldners

Schuldner zahlt Rechnungssumme zuzüglich Kosten.

Schuldner erhebt beim Amtsgericht schriftlich **Widerspruch**.

Schuldner reagiert nicht.

Amtsgericht unterrichtet Gläubiger vom Widerspruch.

Gläubiger stellt **Antrag auf Vollstreckungsbescheid**.

Auf Antrag des Gläubigers **mündliche Verhandlung** beim Amts- oder Landgericht

Amtsgericht stellt Vollstreckungsbescheid dem Schuldner zu.

Gerichtsurteil (bei Nichtzahlung Zwangsvollstreckung)

Schuldner erhält **Vollstreckungsbescheid**.

Schuldner zahlt Rechnungssumme zuzüglich Kosten.

Schuldner erhebt **Einspruch** innerhalb zweier Wochen.

Schuldner reagiert nicht.

Mündliche Verhandlung beim Amts- oder Landgericht

Gläubiger stellt **Antrag auf Zwangsvollstreckung**.

Gerichtsurteil (bei Nichtzahlung Zwangsvollstreckung)

Zwangsvollstreckung beim Schuldner

Bei erfolgloser Zwangsvollstreckung: Schuldner hat **eidesstattliche Versicherung** über seine Vermögensverhältnisse abzugeben; bei Verweigerung **Haftstrafe** bis zu 6 Monaten

aus: Hübscher, Heinrich u. a.: IT-Handbuch, IT-Systemkaufmann/-frau, Informatikkaufmann/-frau, 7. Aufl., Braunschweig 2011, S. 405

Begriff

Als **Verjährung** bezeichnet man den Ablauf eines Zeitraums (einer Frist), innerhalb dessen (derer) ein Anspruch bzw. eine Forderung mithilfe des Gerichtes durchgesetzt werden kann. Der Anspruch des Gläubigers erlischt aber nicht automatisch am Ende des Verjährungszeitraums, vielmehr muss der Schuldner die „**Einrede der Verjährung**" geltend machen. Aus Beweisgründen sollte dies schriftlich geschehen.

Hat der Schuldner aber bereits die Forderung trotz Verjährung beglichen, kann er die Zahlung nicht zurückfordern.

Durch die Möglichkeit der Einrede der Verjährung besteht für die Vertragspartner Rechtssicherheit und Rechtsfrieden. Bestünde diese Möglichkeit nicht, könnten auf Schuldner noch nach sehr langen Zeiträumen Forderungen zukommen, mit denen sie nicht mehr gerechnet haben. Dies könnte bei vielen Unternehmen zur Insolvenz führen.

Verjährungsfristen

- Laut § 195 BGB beträgt die **regelmäßige Verjährungsfrist** von Ansprüchen **drei Jahre**. Die regelmäßige Verjährungsfrist beginnt laut § 199 BGB mit dem **Schluss des Jahres**, in dem der Anspruch entstanden ist.

- Neben der regelmäßigen Verjährungsfrist gibt es für besondere Ansprüche jeweils **gesonderte Verjährungsfristen**:

Verjährungsfrist	Ansprüche *(Beispiele)*	Verjährungsbeginn	BGB
2 Jahre	Mängelansprüche bei einer gekauften neuen Sache	Ablieferung der gekauften Sache	§ 438
3 Jahre	Mängelansprüche bei arglistig verschwiegenen Mängeln, Ansprüche auf regelmäßig wiederkehrende Leistungen	Mit Schluss des Jahres, in dem der Anspruch entstanden ist (sogenannte Ultimo-Regelung)	§§ 438, 195 ff.
5 Jahre	Mängelansprüche bei einem Bauwerk und Sachen für ein Bauwerk	Übergabe des Grundstücks, Ablieferung einer Sache	§ 438
10 Jahre	Ansprüche auf Übertragung des Eigentums an einem Grundstück	Entstehung des Anspruchs	§ 196
30 Jahre	<ul><li>Herausgabeansprüche aus Eigentum und anderen dinglichen Rechten</li><li>familien- und erbrechtliche Ansprüche</li><li>rechtskräftig festgestellte Ansprüche</li><li>Ansprüche aus vollstreckbaren Vergleichen oder Urkunden</li><li>vollstreckbare Ansprüche in einem Insolvenzverfahren</li></ul>	Entstehung des Anspruchs	§§ 197, 438

Die gesetzliche Verjährungsfrist kann vertraglich **verkürzt** oder **verlängert** werden. Eine Verlängerung der 30-jährigen Verjährungsfrist ist allerdings nicht möglich.

Bei einem **Verbrauchsgüterkauf** darf die gesetzliche Verjährungsfrist von mindestens zwei Jahren, bei gebrauchten Sachen von mindestens einem Jahr, nicht unterschritten werden – dies regelt § 475 BGB in Bezug auf § 437 BGB (Rechte des Käufers bei Mängeln).

Beispiel:

Das Großhandelsunternehmen Bellheim-BüroService GmbH liefert dem Einzelhandelsunternehmen Ebel GmbH am 2. August 2010 Waren im Wert von 7.000,00 €. Zahlungsziel laut Kaufvertrag vom 10. Juli 2010: 2. September 2010.

Frage: Wann verjährt der Anspruch der Bellheim-BüroService GmbH gegenüber der Ebel GmbH?

Hemmung der Verjährung

Man spricht von einer **Hemmung** der Verjährung, wenn sich die Verjährungsfrist um einen bestimmten **Zeitraum verlängert**. **Gründe für die Hemmung** können z. B. sein:

- **Schwebende Verhandlungen** zwischen Schuldner und Gläubiger über einen Anspruch, bis eine Seite die Verhandlungen abbricht (§ 203 BGB). Die Verjährung tritt frühestens **drei Monate** nach dem Ende der Hemmung ein.

- **Rechtsverfolgung** laut § 204 BGB wie z. B.:
  - Erhebung der Klage auf Leistung
  - Zustellung des Mahnbescheides im Mahnverfahren
  - Anmeldung des Anspruchs im Insolvenzverfahren
- **Leistungsverweigerungsrecht** laut § 205 BGB
- **höhere Gewalt** laut § 206 BGB

Die Hemmung endet **sechs Monate** nach der rechtskräftigen Entscheidung oder anderweitiger Beendigung des eingeleiteten Verfahrens (§ 204 BGB).

Neubeginn der Verjährung

Die **Verjährung beginnt** laut § 212 BGB **erneut**, wenn
- der Schuldner dem Gläubiger gegenüber den Anspruch durch Abschlagszahlung, Zinszahlung, Sicherheitsleistung oder in anderer Weise anerkennt,
- eine gerichtliche oder behördliche Vollstreckungshandlung vorgenommen oder beantragt wird.

Beispiel:

Das Großhandelsunternehmen Bellheim-BüroService GmbH liefert dem Einzelhandelsunternehmen Konrad GmbH am

10. Oktober 2010 Waren im Wert von 4.500,00 €. Zahlungsziel laut Kaufvertrag vom 26. September 2010: 10. Dezember 2010.

Nach einer Zahlungserinnerung (Zusendung der Rechnungskopie) am 22. Dezember 2010 leistet die Konrad KG am 5. Januar 2011 eine Teilzahlung von 2.500,00 €.

Frage: Wann verjährt der Anspruch der Bellheim-BüroService GmbH gegenüber der Konrad KG?

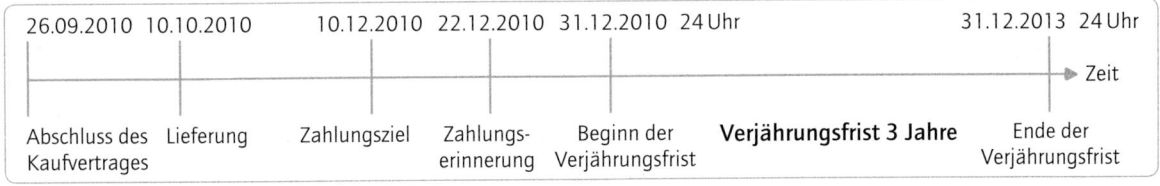

Nach Teilzahlung am 5. Januar 2011:

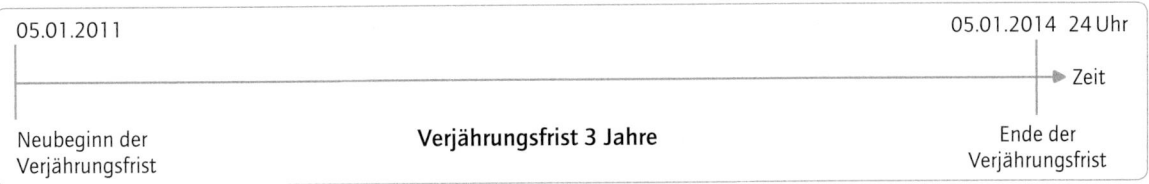

Begriff

Insolvenzverfahren werden dann angestrebt, wenn Schuldner (natürliche oder juristische Personen) sich in einer schweren finanziellen Krise befinden, sodass eine Lösung ohne gerichtliche Mithilfe nicht mehr möglich erscheint. Das Verfahren wird somit erst durch einen sogenannten Eröffnungsantrag beim zuständigen Gericht ausgelöst. Wenn der Schuldner eine natürliche Person ist, kann er von den im Insolvenzverfahren nicht erfüllten Forderungen vom Insolvenzgericht befreit werden. Durch Abtretung der pfändbaren Forderungen aus Lohn und Gehalt für sechs Jahre kann das Insolvenzgericht eine **Restschuldbefreiung** aussprechen.

Gründe

Folgende **Gründe** können zu einer Eröffnung des Insolvenzverfahrens führen:

- Zahlungsunfähigkeit
- drohende Zahlungsunfähigkeit
- Überschuldung bei juristischen Personen

Rangfolge der Gläubiger

Rangordnung der Berücksichtigung der Gläubiger nach der Insolvenzordnung („Gläubigerklassen")

1 Aussonderung		
Gläubiger, die dem Insolvenzschuldner Gegenstände überlassen haben, die zu dessen Besitz, aber nicht zu dessen Eigentum zählen, können diese Gegenstände zurückverlangen, da diese nicht zur Insolvenzmasse gehören.	vermietete oder verpachtete Gegenstände, unter Eigentumsvorbehalt gelieferte Vermögensteile usw.	
2 Absonderung		
Gläubiger, die dem Insolvenzschuldner Gegenstände überlassen haben, die mit einem Pfandrecht belastet bzw. sicherungsübereignet sind, werden vorrangig befriedigt.	Zwangsversteigerung eines mit einer Hypothek belasteten Grundstücks, Verwertung des Pfandrechts an einer beweglichen Sache durch freihändigen Verkauf	
3 Befriedigung der Massegläubiger		
Befriedigung der folgenden Masseverbindlichkeiten: Gerichtskosten sowie sonstige Kosten des Insolvenzverfahrens.	Vergütung und Auslagen des Insolvenzverwalters, Organisationskosten für die Gläubigerversammlungen usw.	
4 Befriedigung der Insolvenzgläubiger		
Hierzu gehören alle Gläubiger, die zur Zeit der Eröffnung des Insolvenzverfahrens eine begründete Forderung gegenüber dem Insolvenzschuldner haben.	Lohnforderungen der Mitarbeiter, Lieferantenforderungen usw.	
5 Befriedigung der nachrangigen Insolvenzgläubiger		
Hierzu zählen alle Forderungen, die nach Eröffnung des Insolvenzverfahrens entstanden sind.	Kosten, die den Insolvenzgläubigern durch die Teilnahme am Verfahren entstanden sind, Zinsen aus Forderungen nach der Verfahrenseröffnung usw.	

aus: Die Büroberufe, Nr. 4, 2000; Ludwigshafen/Rhein

Insolvenzverfahren

Antrag auf Eröffnung des Insolvenzverfahrens

Ablehnung des Verfahrens mangels Masse, wenn das Vermögen des Schuldners voraussichtlich nicht zur Abdeckung der Verfahrenskosten (Masseverbindlichkeiten) ausreicht.

Das Vermögen des Schuldners reicht mindestens zur Deckung der Verfahrenskosten (Masseverbindlichkeiten) aus; **das Verfahren wird vom Insolvenzgericht angenommen.**

Eröffnung des Insolvenzverfahrens:
- Bekanntgabe des Eröffnungsbeschlusses im Bundesanzeiger sowie einer überregional erscheinenden Zeitung; Zustellung an Gläubiger und Schuldner des Insolvenzgläubigers sowie den Insolvenzgläubiger selbst, ggf. Inkenntnissetzung von Handels-/Genossenschaftsregister, Eintragung ins Grundbuch
- Ernennung des Insolvenzverwalters (Sequester), ggf. Bestätigung des bereits vorläufig ernannten Verwalters
- Aufforderung der betroffenen Gläubiger, ihre Forderungen und Sicherungsrechte an beweglichen Sachen beim Insolvenzverwalter anzugeben (unter Einhaltung der vorgegebenen Frist)

ggf. Einleitung von Maßnahmen zur Sicherung des Vermögens des Schuldners:
- Bestellung eines vorläufigen Insolvenzverwalters (Sequester)
- Auferlegung eines allgemeinen Verfügungsverbots über das Vermögen
- Untersagung/Einstellung von Zwangsvollstreckungsmaßnahmen bei beweglichen Vermögenswerten

Folgerungen:
- Der Insolvenzschuldner verliert sämtliche Rechte an der Insolvenzmasse.
- Forderungen der Gläubiger können nur noch über den Insolvenzverwalter eingetrieben werden (Zwangsvollstreckungen sind nicht mehr möglich).

Das Insolvenzgericht bestimmt zwei Termine für Gläubigerversammlungen:

1 Berichtstermin
Der Sequester stellt die wirtschaftliche Lage des Unternehmens sowie dessen Ursachen dar. Darüber hinaus schätzt er die Aussichten für eine Fortführung des Unternehmens ab. Die Gläubiger entscheiden über Fortführung oder Stilllegung.

2 Prüfungstermin
Die angemeldeten Forderungen werden auf ihre Berechtigung hin geprüft.

Ein Beschluss kommt zustande, wenn die Summe der Forderungsbeträge der zustimmenden Gläubiger mehr als die Hälfte der Summe der Forderungsbeträge der abstimmenden Gläubiger beträgt.

Bei Beschluss über Stilllegung des Unternehmens Berücksichtigung der Gläubiger in folgender Reihenfolge:
- Aussonderung
- Absonderung
- Massegläubiger
- Insolvenzgläubiger

Ausarbeitung eines Insolvenzplans durch den Insolvenzverwalter auf Antrag der Gläubiger in der Gläubigerversammlung oder auf Antrag des Schuldners. Ziel: Vergleich, Liquidation, Übertragung usw.

Aufhebung des Verfahrens durch das Insolvenzgericht. Die Gläubiger können ihre Restforderungen weiterhin unbeschränkt gegenüber dem Schuldner durchsetzen.

Abstimmung durch die vom Plan berührten Gläubiger. Bei Zustimmung Bestätigung durch das Insolvenzgericht und damit vollstreckbarer Titel.

aus: Die Büroberufe, Nr. 4, 2000; Ludwigshafen/Rhein

Begriff

Schätzungsweise mehr als 2,5 Mio. Haushalte in Deutschland sind **überschuldet:** Sie können ihre Zahlungsverpflichtungen aus aufgenommenen Krediten oder anderen Verbindlichkeiten nicht mehr erfüllen. Dafür gibt es zahlreiche Ursachen, wie z. B. Arbeitslosigkeit, Krankheit, aber auch die Verlockung zum Kaufen, die Abzahlungsgeschäfte eröffnen. Früher war es oft auch gutwilligen Schuldnern unmöglich, aus ihrer Überschuldungssituation herauszukommen.

Das 1999 eingeführte **Insolvenzrecht** eröffnet natürlichen Personen, die keine selbstständige Tätigkeit (Verbraucher) oder nur eine geringfügige selbstständige Tätigkeit (Kleingewerbetreibende) ausüben, die Chance, sich mittels des Verbraucherinsolvenzverfahrens zu entschulden und wirtschaftlich neu zu beginnen.

Die vom Bundesministerium geplante Gesetzesänderung zur Entschuldung mittelloser Verbraucher ohne Eröffnung eines Insolvenzverfahrens liegt infolge des Regierungswechsels derzeit auf Eis. Das Ministerium ist mit Reformüberlegungen befasst, aber es ist offen, ob die Gesetzesänderung kommen wird.

Verfahren

Das **Verfahren** durchläuft mehrere **Stufen:**
- Zunächst muss der Schuldner mithilfe einer Schuldnerberatungsstelle oder eines Anwalts einen **Schuldenbereinigungsplan** ausarbeiten und seinen Gläubigern zur Annahme vorlegen. Er versucht sich mit seinen Gläubigern außergerichtlich gütlich zu einigen, wie die Schulden wenigstens teilweise abgebaut werden sollen (z. B. durch Ratenzahlung, Teilerlass).
- Wenn dieses Verfahren fehlschlägt, kann der Schuldner binnen sechs Monaten beim Insolvenzgericht (zuständiges Amtsgericht) die Eröffnung des Insolvenzverfahrens beantragen. Dazu muss er Angaben über sein Vermögen, sein Einkommen, seine Gläubiger, die Höhe seiner Schulden und einen neuen Schuldenbereinigungsplan vorlegen. Damit unternimmt das Gericht noch einmal den Versuch einer **gütlichen Einigung** zwischen den Gläubigern und dem Schuldner.

- Scheitert das gerichtliche Schuldenbereinigungsverfahren, wird das vereinfachte Insolvenzverfahren eröffnet. Anstelle eines Insolvenzverwalters versucht ein Treuhänder, das Vermögen des Schuldners zu verwerten und aus dem Erlös die Gläubiger zu befriedigen. Abschließend stellt das Gericht dem Schuldner eine Restschuldbefreiung in Aussicht, wenn er eine **Wohlverhaltensphase** von sechs Jahren durchsteht. Während dieser Zeit muss er sein pfändbares Einkommen an den Treuhänder abführen, der es unter den Gläubigern aufteilt. Bei Arbeitslosigkeit muss er jede zumutbare Erwerbstätigkeit annehmen.
- Nach Ablauf von sechs Jahren wird dem Schuldner auf seinen Antrag hin auf Beschluss des Insolvenzgerichts eine **Restschuldbefreiung** erteilt: Er ist frei von allen Schulden, die er vor Beginn des Insolvenzverfahrens hatte.

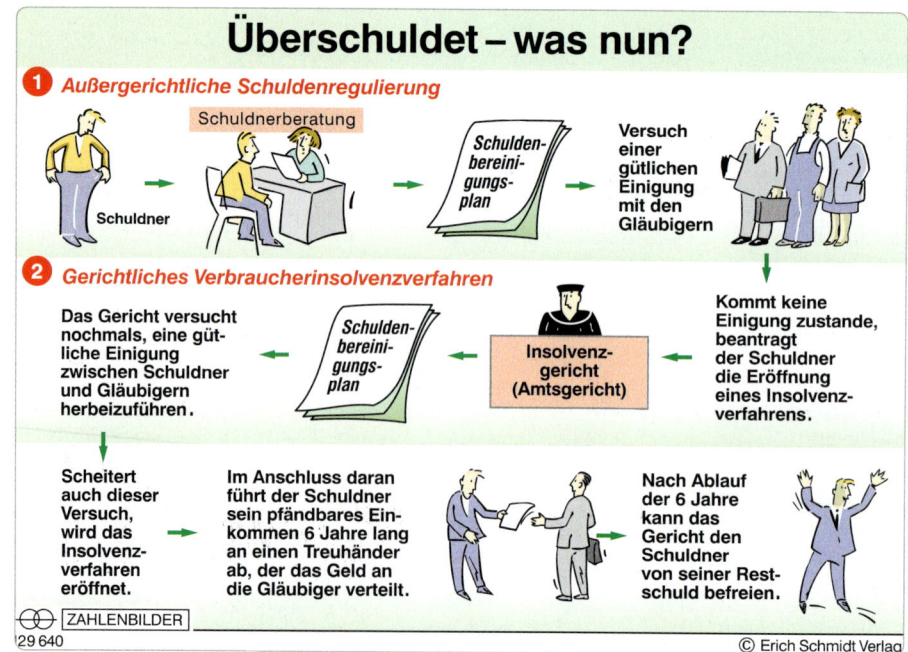

Überschuldet – was nun?

1 Außergerichtliche Schuldenregulierung

Schuldnerberatung — Schuldner — Schuldenbereinigungsplan — Versuch einer gütlichen Einigung mit den Gläubigern

2 Gerichtliches Verbraucherinsolvenzverfahren

Das Gericht versucht nochmals, eine gütliche Einigung zwischen Schuldner und Gläubigern herbeizuführen. ← Schuldenbereinigungsplan ← Insolvenzgericht (Amtsgericht) ← Kommt keine Einigung zustande, beantragt der Schuldner die Eröffnung eines Insolvenzverfahrens.

Scheitert auch dieser Versuch, wird das Insolvenzverfahren eröffnet. → Im Anschluss daran führt der Schuldner sein pfändbares Einkommen 6 Jahre lang an einen Treuhänder ab, der das Geld an die Gläubiger verteilt. → Nach Ablauf der 6 Jahre kann das Gericht den Schuldner von seiner Restschuld befreien.

ZAHLENBILDER

29 640

© Erich Schmidt Verlag

Geschichtliche Entwicklung

Die Entwicklung des Geldes als Tauschmittel kann in drei wesentliche **Entwicklungsstufen** eingeteilt werden:

1. Stufe: Naturaltausch

Nach der frühgeschichtlichen reinen Naturalwirtschaft, in der die Menschen noch autark als Selbstversorgungseinheiten kaum Tauschbeziehungen pflegten, entwickelte sich zunächst ein Naturaltausch. Diese erste Wirtschaftsstufe entstand vor dem Hintergrund einer zunehmenden Bevölkerung und wachsender Familiengemeinschaften, einer Spezialisierung bei der Gütererzeugung, eines zeitweisen Güterüberschusses sowie der Zunahme überregionaler Kontakte und des Kennenlernens bisher unbekannter Waren. Der Naturaltausch war jedoch durch das Fehlen eines einheitlichen Wertmaßstabes und die mangelnde Teilbarkeit der Güter eingeschränkt.

2. Stufe: Warengeld

In dieser zweiten Wirtschaftsstufe wurden bestimmte Güter zu Tauschmitteln, weil sie als wertvoll galten (Warengeld wie z. B. Werkzeuge, Tee, Vieh, Felle). Solche Güter waren in ihrem Wert allgemein anerkannt und konnten gegen jeweils benötigte Ware eingetauscht werden. Sie waren damit eine Art von Geld. Später traten an die Stelle der tatsächlichen Tauschgüter entsprechende Nachbildungen auf Metall (Symbolgeld) bzw. warenunabhängige Edelmetallstücke für den Tausch (Metallgeld). Auch in dieser Wirtschaftsstufe gab es häufig noch Beförderungs- und Aufbewahrungsprobleme sowie Probleme mit der Teilbarkeit.

3. Stufe: Münzgeld, Banknoten und Buchgeld

In dieser dritten Wirtschaftsstufe wurde Metallgeld zu einheitlichen Münzen weiterentwickelt. Zunächst gab es vollwertige Münzen aus Gold oder Silber (Kurantgeld), später dann unterwertige Münzen, bei denen der aufgeprägte Nennwert höher als der Materialwert war (Scheidegeld). Mit der beständigen Ausweitung der Handelsbeziehungen wurde das schwere Münzgeld mit Banknoten, die kaum noch einen Stoffwert hatten, ergänzt, um die Tauschprozesse zu vereinfachen. Im Laufe der wirtschaftlichen Entwicklung sind diese Tauschprozesse um die Form des völlig stoffwertlosen Buchgeldes (siehe auch S. 114 ff.) erweitert worden, das heute die Grundlage für die bargeldlose Zahlung als verbreitetste Zahlungsart – vorwiegend in Form der elektronischen Zahlung (siehe auch S. 117 ff.) – ist.

Eigenschaften des Geldes

Um die notwendigen Anforderungen an ein allgemein gültiges Zahlungsmittel zu erfüllen, muss Geld

- **allgemein anerkannt,**
- **wertbeständig,**
- **knapp** und
- **leicht transportierbar,**
- **teilbar,**
- **staatlich geschützt** sein.

Funktionen des Geldes

Funktionen des Geldes

gesetzliches Zahlungsmittel

Jeder Gläubiger ist verpflichtet, Banknoten und zum größten Teil auch Münzen zahlungshalber anzunehmen.

Tauschmittel

Der Gütertausch wird durch die Allgemeingültigkeit für sämtliche Waren und Dienstleistungen ermöglicht.

Wertaufbewahrungsmittel

Geld kann für größere Kaufsummen angespart und für zeitlich auseinanderfallende Kauf- und Verkaufsvorgänge bereitgestellt werden.

Kreditmittel

Den Teilnehmern einer Volkswirtschaft kann gespartes Geld zur Finanzierung von Investitionen und Verbindlichkeiten als Kredite zur Verfügung gestellt werden.

Wertübertragungsmittel

Einseitige Übertragungen von Geldwerten (z. B. Geldgeschenke, Erbschaften) werden ermöglicht.

Wertmesser und Recheneinheit

Geld ist ein einheitlicher Bewertungsmaßstab für verschiedene Waren und Dienstleistungen sowie für alle anderen wirtschaftlichen Bewertungen und Vergleichsgrößen (z. B. Umsätze, Vermögenswerte, Kennzahlen).

2

Zahlungsmittel

```
                          ┌─────────────────────┐
                          │    Zahlungsmittel   │
                          └─────────────────────┘
```

Bargeld	Buch- bzw. Giralgeld	Geldersatzmittel
(Münzgeld oder Banknoten)	(Guthaben bei einem Kreditinstitut)	(Scheck, Wechsel)

Klassische Formen der Zahlung (Zahlungsarten) *Traditional methods of payment*

Zahlungsarten werden danach unterschieden, ob der Zahlungspflichtige und/oder der Zahlungsempfänger beim Zahlungsvorgang Bargeld oder Buchgeld (unter Einschaltung eines Kreditinstituts) verwenden:

Barzahlung	Halbbare Zahlung		Bargeldlose Zahlung/ Zahlung mit Buchgeld
Zahlungspflichtiger *und* Zahlungsempfänger benötigen *kein* Konto.	Zahlungspflichtiger *oder* Zahlungsempfänger benötigen *ein* Konto.		Zahlungspflichtiger *und* Zahlungsempfänger benötigen *je ein* Konto.
Formen: ▪ persönliche Übergabe ▪ Übergabe durch Boten ▪ postalische Bargeldübermittlung[1] [1] Deutsche Postbank AG	Formen: ▪ Zahlschein ▪ Nachnahme ▪ Zahlungsanweisung[1] ▪ Barscheck	*Bareinzahlung:* Zahlungsempfänger benötigt ein Konto. *Barauszahlung:* Zahlungspflichtiger benötigt ein Konto.	Formen: ▪ Verrechnungsscheck ▪ Überweisung ▪ Lastschrift ▪ Electronic Cash (Bank-Card mit PIN) ▪ ELV (Bank-Card mit Unterschrift) ▪ Geldkarte (aufladbare Bank-Card) ▪ Kreditkarte

Barzahlung

Im Groß- und Außenhandel ist die Barzahlung besonders beim Cash-and-carry-Handel von großer Bedeutung, bei dem der Kunde die benötigte Ware per Selbstbedienung zusammenstellt und nach direkter Bezahlung selbst transportiert.

Übergabe

Die **Barzahlung** kann **persönlich** oder **durch einen Boten** erfolgen. Ein Bote, der die Barzahlung entgegennimmt, sollte die Vollmacht des Zahlungsempfängers nachweisen können. Der Zahlungspflichtige kann eine Quittung verlangen.

Formen der Quittung
Quittungsvordruck, Inkassostempel auf der Rechnung, Kassenbon

Verwendung der Quittung
Buchungsbeleg, Steuerbeleg, Beleg für Umtausch und Gewährleistungsansprüche

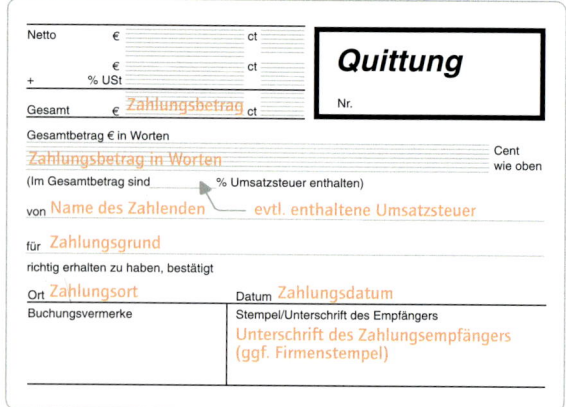

Postalische Bargeldübermittlung

Die Übermittlung von Bargeld erfolgt bei der Post über den „Western Union Bargeldtransfer". Mit diesem Service, der von der Postbank in Zusammenarbeit mit dem Vertragspartner „Western Union" angeboten wird, kann innerhalb weniger Minuten weltweit Bargeld angewiesen und empfangen werden. Zur Übermittlung muss ein Sendeformular der „Western Union" ausgefüllt und zusammen mit dem Transferbetrag und den anfallenden Entgelten in einer Filiale der Postbank oder der Deutschen Post AG abgegeben werden. Für diesen Service benötigt weder der Absender noch der Empfänger ein Girokonto.

Halbbare Zahlung

Begriff

Die **halbbare Zahlung** ist dadurch gekennzeichnet, dass *entweder* der Zahlungspflichtige *oder* der Zahlungsempfänger ein Konto für den Zahlungsvorgang einsetzt.

Zahlschein

Die Zahlung mit **Zahlschein** ermöglicht die Zahlung auf das Konto des Zahlungsempfängers, wenn der Zahlungspflichtige kein Konto hat. Der Zahlungspflichtige füllt den Zahlschein aus und zahlt den Geldbetrag bar ein.

Der Zahlungsempfänger bekommt den Betrag auf seinem Konto gutgeschrieben.

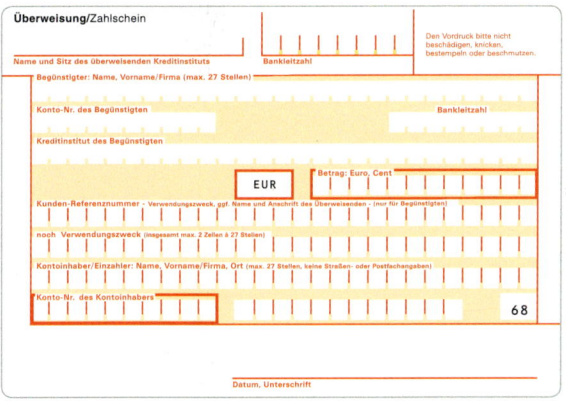

Nachnahme

Die Deutsche Post AG stellt dem Zahlungspflichtigen Briefe oder Waren gegen Zahlung des Nachnahmebetrages zu. Für die Nachnahme muss der Absender (Zahlungsempfänger) der Brief- oder Warensendung eine Nachnahmemarke mit dem gewünschten Zahlungsbetrag zzgl. des Übermittlungsentgeltes beifügen. Darüber hinaus muss vom Absender ein Inkasso-Beleg mit seinen Kontodaten bei der Post hinterlegt werden.

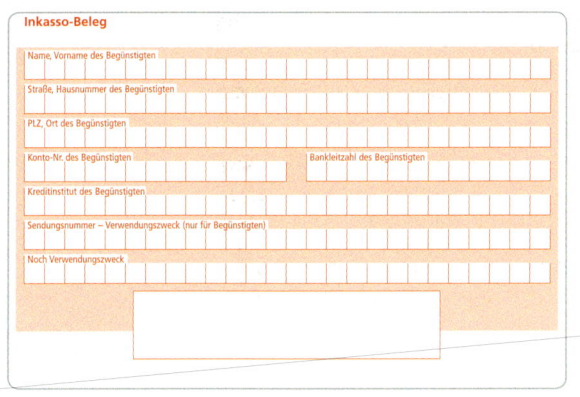

Die Deutsche Post AG überweist den eingezogenen Betrag auf das Konto des Zahlungsempfängers. Die Nachnahme-Summe darf 1.600,00 € nicht übersteigen. Bei einer fehlerhaften Geldübertragung haftet die Post nur bis zu diesem Betrag.

Zahlungsanweisung

Mit der **Zahlungsanweisung** kann der Inhaber eines Postbankkontos den Geldbetrag in unbegrenzter Höhe von seinem Konto abbuchen und dem Zahlungsempfänger durch den Postzusteller bar auszahlen lassen.

Barscheck

Die Zahlung mit **Barscheck** erfordert ein Konto des Zahlungspflichtigen, für das sein Kreditinstitut ihm Scheckformulare ausgehändigt hat.
Der Barscheck ist wie jeder Scheck eine Anweisung des Zahlungspflichtigen (Scheckaussteller) an sein Kreditinstitut, den Scheck bei Vorlage durch den Zahlungsempfänger (Scheckinhaber) einzulösen.
Eine **halbbare** Zahlung kann erfolgen, wenn der Zahlungspflichtige einen **Barscheck** ausstellt und dem Zahlungsempfänger übergibt. Der Zahlungsempfänger kann den Barscheck beim Kreditinstitut des Zahlungspflichtigen vorlegen und sich den Betrag bar auszahlen lassen. Der Betrag wird vom Konto des Zahlungspflichtigen abgebucht. Da der

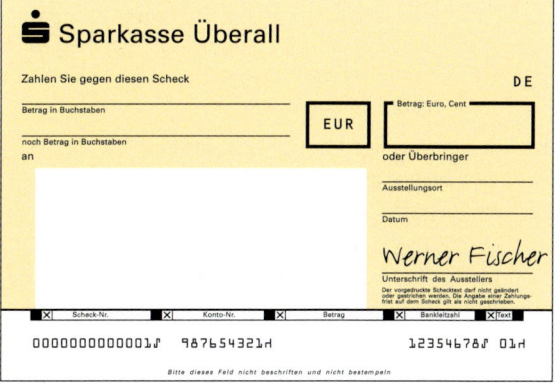

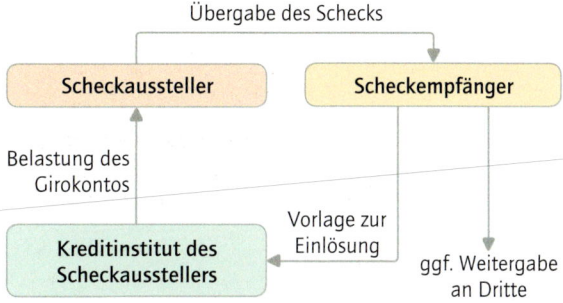

Bargeldlose Zahlung

Begriff

Die **bargeldlose Zahlung** erfordert die Nutzung von Konten sowohl des Zahlungsempfängers als auch des Zahlungspflichtigen. Der Zahlungsbetrag wird vom Konto des Zahlungspflichtigen auf das Konto des Zahlungsempfängers gebucht (Buchgeld).

Im Zuge der Digitalisierung und Automatisierung im Zahlungsverkehr erlangen die verschiedenen Möglichkeiten der elektronischen Kartenzahlung als Alternative zu den herkömmlichen bargeldlosen Zahlungsformen wie Überweisung und Verrechnungsscheck (siehe S. 115) immer mehr an Bedeutung. Für den EURO-Zahlungsraum werden die Überweisungsvorgänge im Rahmen von SEPA (Single European Payment Area) bereits schrittweise vereinheitlicht (siehe S. 119 ff.).

Überweisung

Die **Überweisung** ist der Auftrag eines Kontoinhabers an sein Kreditinstitut, den angegebenen Geldbetrag von seinem Konto abzubuchen und auf dem Konto des Empfängers gutschreiben zu lassen. Die normale Überweisung kann

- schriftlich auf einem Überweisungsformular,
- durch Eingabe der Überweisungsdaten an einem Selbstbedienungsterminal des Kreditinstituts,
- fernmündlich durch Telefonbanking,
- per Computer als Onlinebanking (siehe S. 118) erfolgen.

Haben Zahlungspflichtiger und Zahlungsempfänger das Konto bei demselben Kreditinstitut, handelt es sich um eine **einstufige Überweisung**: Es erfolgt eine einfache Umbuchung des Zahlungsbetrages.

Bei unterschiedlichen Kreditinstituten handelt es sich um eine **mehrstufige Überweisung**, weil zwei oder mehr Verrechnungsstellen betroffen sind.

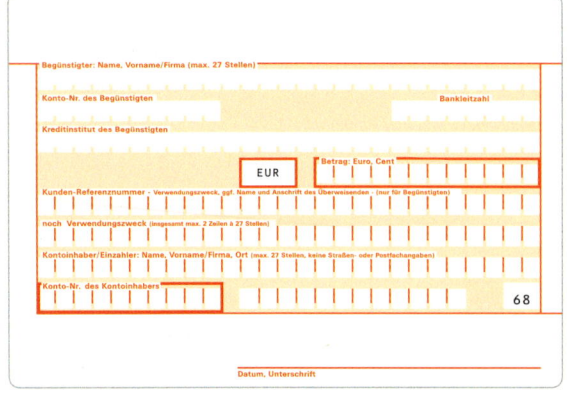

Folgende **Übermittlungsdaten** sind notwendig:

- Name und Anschrift des Empfängers
- Bankverbindung (Kontonummer, Bankleitzahl, Kreditinstitut des Empfängers)
- Verwendungszweck
- Zahlungs- bzw. Überweisungsbetrag
- Kontonummer des Auftraggebers (Kontoinhaber)
- Name und Ort des Auftraggebers
- Auftragsdatum
- Unterschrift des Auftraggebers

Dauerauftrag

Der **Dauerauftrag** ist die Anweisung eines Kontoinhabers an sein Kreditinstitut, in bestimmten Zeitabständen einen jeweils gleichen Betrag auf das Konto des Empfängers zu überweisen (z. B. bei Mietzahlungen). Er wird bis zum Widerruf des Auftraggebers vom Kreditinstitut ausgeführt.

Bei Änderungen der Zahlungsbedingungen (Empfänger, Betrag, Zahlungsrhythmus) muss der Dauerauftrag mit entsprechendem Umstellungs- und Kostenaufwand geändert werden.

Der Dauerauftrag bietet sich unter folgenden **Voraussetzungen** an:

- regelmäßige Zahlung in festen Zeitabständen
- gleich bleibender Überweisungsbetrag und Verwendungszweck
- gleich bleibender Empfänger

Der Dauerauftrag bietet folgende **Vorteile**:

- Arbeitsersparnis
- kein Versäumnisrisiko für den Auftraggeber
- weniger Verwaltungsaufwand für das Kreditinstitut
- gesicherter Zahlungseingang
- Vermeidung von Mahnverfahren für den Empfänger

Lastschriftverfahren

Beim **Lastschriftverfahren** wird der Zahlungsempfänger vom Zahlungspflichtigen ermächtigt, fällige Forderungsbeträge von dessen Girokonto einziehen zu lassen. Der Zahlungsvorgang wird also vom Zahlungsempfänger eingeleitet. Für die Zustimmung des Zahlungspflichtigen zum Lastschriftverfahren gibt es zwei Möglichkeiten:

- Bei der **Einzugsermächtigung** bevollmächtigt der Zahlungspflichtige den Zahlungsempfänger zum Einzug fälliger Forderungen mittels Lastschrift von seinem Girokonto. Der Zahlungspflichtige kann der Kontobelastung binnen sechs Wochen widersprechen und den Zahlungsbetrag zurückbuchen lassen. Die Einzugsermächtigung findet häufig im Massenlastschriftverkehr mit kleinen und mittleren Beträgen Anwendung.

Bargeldlose Zahlung

- Beim **Abbuchungsauftrag** beauftragt der Zahlungspflichtige sein Kreditinstitut, die vom Zahlungsempfänger eingereichten Lastschriften seinem Kontokorrentkonto zu belasten. Hier kann einer Kontolastschrift nicht nachträglich widersprochen werden. Der Abbuchungsauftrag eignet sich eher zur Zahlung von größeren Beträgen beim zweiseitigen Handelskauf.

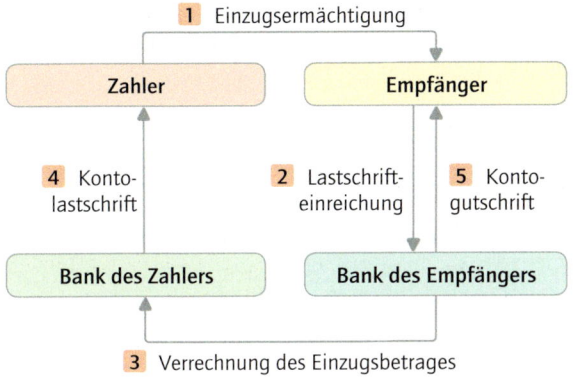

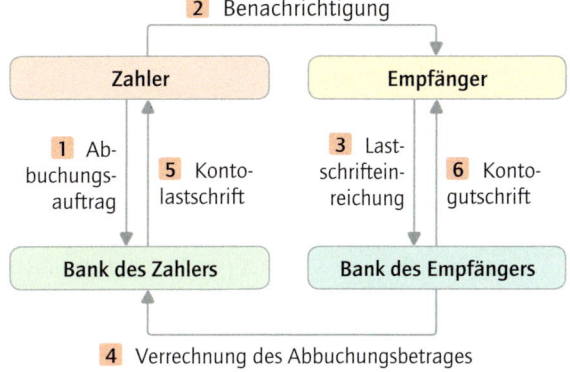

Sammelüberweisung

Bei der Sammelüberweisung werden mehrere Überweisungen an verschiedene Zahlungsempfänger zusammengefasst. Auf dem Konto des Zahlungspflichtigen erfolgt dann nur eine Lastschrift mit dem entsprechenden Gesamtbetrag. Diese Form der Überweisung ist besonders bei einer hohen Anzahl an Überweisungsbeträgen vorteilhaft, da auf Dauer Bürotätigkeiten und Buchungskosten eingespart werden können.

Eilüberweisung

Die Kreditinstitute bieten die Möglichkeit, Eilüberweisungen gegen entsprechend höhere Gebühren *deutlich schneller* als normale Überweisungen abzuwickeln. Dies kann sich bei sehr vielen Zahlungsverpflichtungen rechnerisch lohnen, wenn dadurch z. B. Skontofristen eingehalten oder Verzugszinsen vermieden werden können.

Verrechnungsscheck

Der **Verrechnungsscheck** ist wie der Barscheck eine Anweisung des Zahlungspflichtigen (Scheckaussteller) an sein Kreditinstitut, den Scheck bei Vorlage durch den Zahlungsempfänger (Scheckinhaber) einzulösen. Diese Einlösung darf beim Verrechnungsscheck vom bezogenen Kreditinstitut jedoch nur als Gutschrift des Scheckbetrages auf einem Konto des Zahlungsempfängers erfolgen und gilt daher als sicher. Der Kontoinhaber kann bei Bedarf als Zahlungsempfänger ermittelt werden.

Das Scheckformular wird für die Verwendung als Verrechnungsscheck durch Stempelaufdruck „Nur zur Verrechnung" oder durch zwei Schrägstriche kenntlich gemacht.

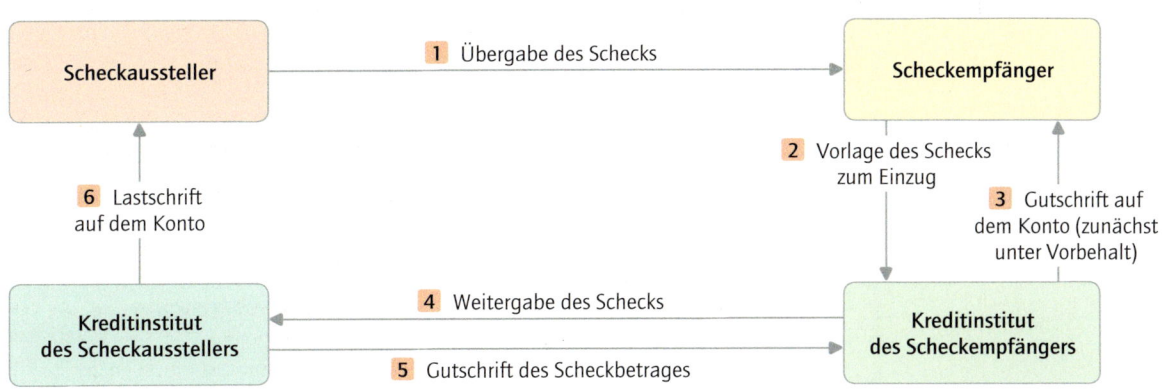

Scheck: Überblick

Begriff

Der Scheck ist die **schriftliche Anweisung** eines Konto-inhabers (Aussteller) an sein Kreditinstitut (Bezogener), bei Vorlage des Schecks den angegebenen Geldbetrag von seinem Konto an den Scheckinhaber zu zahlen. Dies geschieht beim Barscheck durch Barauszahlung und beim Verrechnungsscheck durch Überweisung auf ein vom Scheckinhaber angegebenes Konto.

Gesetzliche Bestandteile

Die Scheckurkunde ist an rechtliche Formvorschriften gebunden. Ein Scheckformular ist nur gültig, wenn es folgende **gesetzliche Bestandteile** enthält (siehe folgende Abbildung):

- Bezeichnung „Scheck" im Text der Urkunde
- Anweisung, bei Vorlage den Scheckbetrag zu zahlen
- Name des Bezogenen
- Zahlungsort
- Ort und Tag der Ausstellung
- Unterschrift des Ausstellers

Fälligkeit und Funktion

Die Forderung aus dem Scheck kann nur durch Vorlage geltend gemacht werden, sie ist also **bei Sicht** fällig.

Die Zahlung mit Scheck erfolgt **zahlungshalber**, das zugrunde liegende Schuldverhältnis der Scheckausstellung erlischt also erst mit der Einlösung des Schecks.

Scheckarten: Inhaber- und Orderscheck

- Scheckformulare beinhalten i. d. R. als **Inhaberscheck** die *„Überbringerklausel"*, die das bezogene Kreditinstitut dazu berechtigt, an jeden Scheckinhaber zu zahlen, weil die Scheckweitergabe und die damit verbundene Übertragung der Rechte aus dem Scheck formlos durch Einigung und Übergabe geschieht.
- Im Gegensatz dazu werden für den Scheckverkehr mit dem Ausland häufig **Orderschecks** verwendet, die eine *„Orderklausel"* beinhalten. Sie sind durch einen roten Randstreifen mit dem Aufdruck „Orderscheck" gekennzeichnet.

Beim Orderscheck wird der Name des Zahlungsempfängers genannt. Für die Scheckweitergabe ist ein schriftlicher Übertragungsvermerk (Indossament) auf der Scheckrückseite erforderlich. Das bezogene Kreditinstitut ist verpflichtet, bei der Scheckeinlösung die Legitimation des Zahlungsempfängers sowie eventuelle Indossamente zu prüfen.

Einlösungsfristen

Die Scheckeinlösung ist an gesetzliche Vorlegungsfristen gebunden, die mit dem Ausstellungsdatum beginnen:

- 8 Tage für im Inland ausgestellte Schecks
- 20 Tage für Schecks aus dem europäischen Ausland und an das Mittelmeer angrenzende Länder
- 70 Tage für Schecks aus allen übrigen Ländern

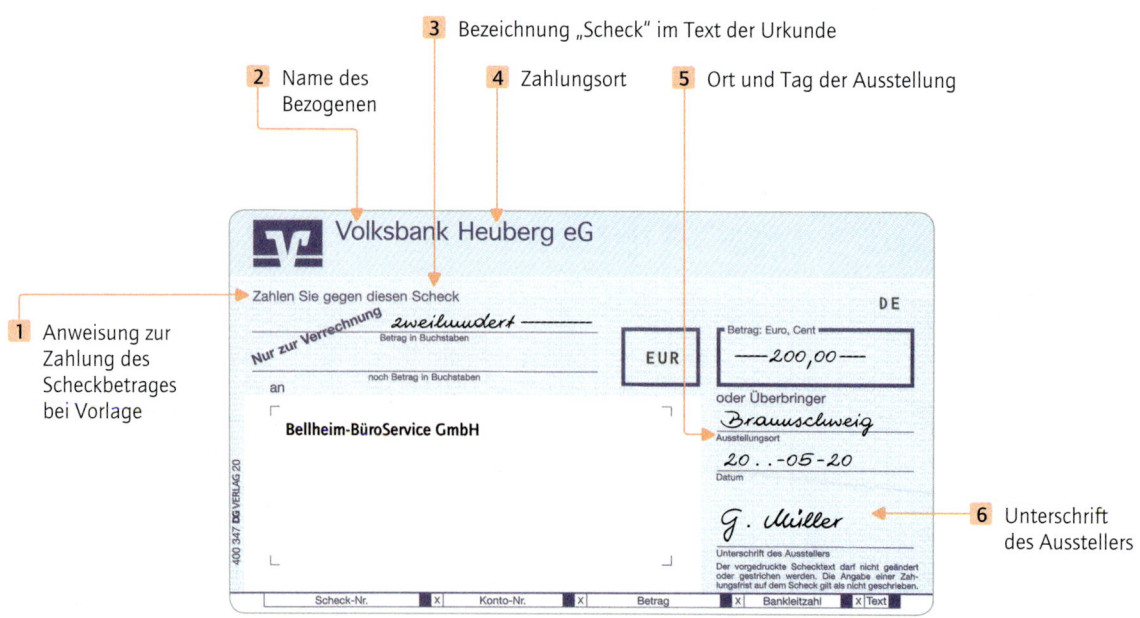

Der Scheck und seine gesetzlichen Bestandteile

Elektronische Zahlungssysteme (ohne Kreditkarte)

Mit der Verbreitung elektronischer Zahlungssysteme hat die **Bank-Card** (früher Eurocheque- bzw. ec-Karte) im bargeldlosen Zahlungsverkehr eine große Bedeutung erlangt.

Neben der Bargeldbeschaffung am Geldautomaten und dem Ausdrucken von Kontoauszügen wird sie heute vor allem auch für die direkte bargeldlose Zahlung als eigenständiges Zahlungsmittel eingesetzt.

Die Kreditinstitute haben ihren Service in Bezug auf die Bank-Card im Rahmen des „Electronic-Cash-Systems" entsprechend erweitert. Durch Kartenlesegeräte und unterschiedliche Übermittlungssysteme kann die Bank-Card bzw. die sogenannte GeldKarte direkt für die bargeldlose Zahlung eingesetzt werden.

Mit der zunehmenden Verbreitung der Kartenzahlung werden die **Kartenzahlungssysteme** immer weiterentwickelt und vereinheitlicht. So wird gegenwärtig der gesamte bargeldlose Zahlungsverkehr des EURO-Währungsraumes im Rahmen der „Single European Payment Area" (SEPA) so standardisiert, dass nationale und grenzüberschreitende Zahlungen zukünftig im gesamten EURO-Zahlungsverkehrsraum einheitlich abgewickelt werden können. Ziel der SEPA ist es, dass bargeldlose Zahlungen in den Teilnehmerländern im nationalen und grenzüberschreitenden Zahlungsverkehr standardisiert und ohne Unterschiede für den Bankkunden erfolgen können (s. ausführlich S. 119 ff.).

Merkmale	Zahlungssysteme		
	Electronic Cash (EC) **(Point-of-Sale-Banking: POS)**	**Elektronisches Lastschriftverfahren (ELV)**	**GeldKarte**
Funktion	Zahlungsvorgang mit Karte und PIN	Zahlungsvorgang mit Karte und Unterschrift	Zahlungsvorgang durch vorher aufgeladene GeldKarte
Zahlungsvorgang	▪ Einlesen der Kartendaten und der PIN ▪ Aufbau einer Onlineverbindung ▪ Überprüfung der Kartengültigkeit der PIN, der Sperrdatei und des Kontosaldos im Rechenzentrum des bezogenen Kreditinstituts ▪ Meldung über das Prüfungsergebnis; bei positiver Autorisierung erfolgt die Zustimmung zur Begleichung des Zahlungsbetrages. ▪ Gutschrift des Zahlungsbetrages auf dem Konto des Zahlungsempfängers	▪ Einlesen der Kartendaten (Kontonummer und Bankleitzahl) ▪ manuelle Eingabe des Zahlungsbetrages zur Erstellung eines Lastschriftbelegs ▪ Unterschrift des Zahlungspflichtigen auf dem Lastschriftbeleg ▪ Legitimationsprüfung (Unterschriftenvergleich) durch den Zahlungsempfänger ▪ Lastschrift auf dem Konto des Zahlungspflichtigen	▪ Aufladen der GeldKarte bis maximal 200,00 € durch den Karteninhaber ▪ Lastschrift in Höhe der Aufladesumme auf dem Konto des Karteninhabers ▪ Gegenbuchung auf einem internen Verrechnungskonto (Kartensammelkonto) bei der bezogenen Bank ▪ Belastung des Chips mit dem Zahlungsbetrag beim Zahlungsvorgang durch den Zahlungsempfänger
Berechtigungsnachweis (Identifikation) des Karteninhabers	durch PIN	durch Unterschrift	nicht erforderlich, da der geladene Betrag bereits vor dem Zahlungsvorgang vom Zahlungspflichtigen entrichtet wird (Bargeldfunktion)
Zahlungsgarantie	ja	nein	ja
Verfügungshöchstbetrag	max. 2.000,00 € pro Tag	keine Begrenzung	max. 200,00 € pro Tag
Vorteile	kein Zahlungsrisiko für den Zahlungsempfänger durch umfassende Prüfung	geringere Kosten für den Zahlungsempfänger durch Wegfall der Autorisierungsgebühr	Zeitersparnis durch Wegfall der Legitimationsprüfung
Nachteile	hohe Kosten für den Zahlungsempfänger durch Autorisierungs- und Transaktionsentgelt	Zahlungsrisiko durch Widerspruchsrecht des Karteninhabers	Verlustrisiko für den Karteninhaber durch die Bargeldfunktion

[1] Die Umsetzung von SEPA wurde vom Europäischen Zahlungsverkehrsrat (European Payment Council, EPC), einem Zusammenschluss der europäischen Kreditwirtschaft, gegenüber der EU-Kommission und der Europäischen Zentralbank bis zum Jahr 2010 zugesagt. Gegenwärtig werden im EURO-Währungsraum Standardüberweisungen schrittweise von SEPA-Überweisungen abgelöst.

Elektronische Zahlungssysteme (Überblick)

Weltweite Möglichkeit der bargeldlosen Zahlung mit Karte und PIN sowie des Abhebens von Bargeld am Geldautomaten	Möglichkeit der bargeldlosen Zahlung mit Karte und PIN oder des Abhebens von Bargeld am Geldautomaten. Das girocard-Logo wird in Zukunft das von Electronic Cash ersetzen.	Europaweiter Geldautomatenservice	Bargeldlose Zahlungsmöglichkeit von Kleinbeträgen mit elektronischer Geldbörse. Die GeldKarte kann mit bis zu 200,00 € aufgeladen werden und gilt nur in Deutschland.

Ablaufschema der Electronic-Cash-Zahlung

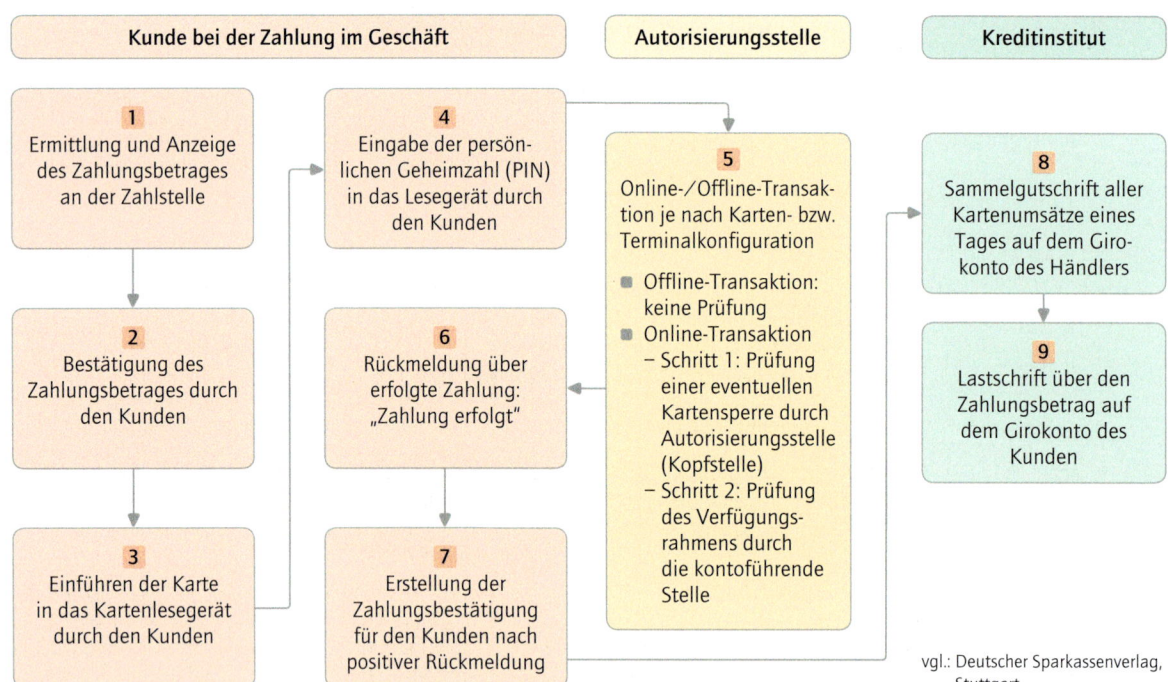

vgl.: Deutscher Sparkassenverlag, Stuttgart

Onlinebanking

Bargeldlose Zahlungsvorgänge können per PC online mit dem kontoführenden Kreditinstitut erfolgen. Für die Kontostandsabfrage bekommt der Kontoinhaber den Zugang zum Rechner des Kreditinstituts und zu seinem Konto durch seine persönliche Identifikationsnummer (Onlinebanking-PIN, auch alphanumerisch). Durch die zusätzliche Eingabe einer Transaktionsnummer (TAN) bzw. einer indizierten Transaktionsnummer (iTAN; indiziert = nummeriert) ist jeder Kontozugriff mit Veränderung des Kontostandes möglich (z. B. Erteilung von Überweisungsaufträgen, Ein-

richten oder Verändern eines Dauerauftrages). Die Transaktionsnummern für das Onlinebanking werden dem Kontoinhaber vom kontoführenden Kreditinstitut persönlich zugeteilt. Die Verwendung einer TAN bzw. einer iTAN kann jeweils nur einmal erfolgen und gleicht einer elektronischen Unterschrift.

Der Unterschied zwischen TAN und iTAN besteht darin, dass beim TAN-Verfahren eine beliebige TAN von der Liste eingegeben werden kann. iTANs sind dagegen nummeriert und es wird je Transaktion eine bestimmte iTAN angefordert.

Begriff

Der Begriff SEPA (**S**ingle **E**uro **P**ayment **A**rea) bezeichnet das Projekt eines einheitlichen Euro-Zahlungsverkehrsraumes für Geldtransfers in Europa. Das Ziel besteht darin, die einzelnen nationalen und grenzüberschreitenden Zahlungsströme so zu standardisieren, dass sie im gesamten Euro-Zahlungsraum einheitlich abgewickelt werden können.

Bis 2010 sollte das SEPA-Verfahren so sehr genutzt werden, dass dieser Prozess nicht mehr zurückgenommen wer-

den kann. Bis 2012 sollen alle nationalen Verfahren auf SEPA-Instrumente umgestellt werden. Seit Anfang 2008 sind SEPA-Zahlungen für Bankkunden nutzbar, sofern die Zahlstelle und die Empfängerbank über die erforderliche technische Ausstattung verfügen.

Die folgende Prozesskette zeigt den Weg zur Single Euro Payment Area (SEPA) auf:

Ab Jahresbeginn 2011 sind nur noch SEPA-taugliche Zahlungskarten, die auf die Chip-Technik umgestellt sind, im Umlauf[1]. Danach sollen alle nationalen Zahlungs-

instrumente durch SEPA-Instrumente ersetzt werden. Bis jetzt gibt es dafür noch keinen exakten Termin.

Vorteile für Unternehmen und Verbraucher

Als Vorteile von SEPA können genannt werden:

- schrankenlose Abwicklung des insgesamt anfallenden Euro-Zahlungsverkehrs über ein Konto bei einer beliebigen europäischen Bank, z. B. für Menschen, die im Ausland arbeiten;
- mehr Auswahl unter den Anbietern von Zahlungsdiensten;
- besserer Service: Unternehmer und Verbraucher können die Bank mit dem optimalen Preis-Leistungs-Verhältnis in Europa für ihre Bankgeschäfte wählen;
- Nutzung von Möglichkeiten zur Kosteneinsparung für Unternehmen, indem sie ihre Bankverbindungen straffen und die Abwicklung des Zahlungsverkehrs und die Liquiditätsüberwachung konzentrieren;
- höhere Effizienz durch die Umstellung der Kreditwirtschaft auf einheitliche SEPA-Verfahren, der europäische Zahlungsverkehr wird schneller, sicherer und bequemer;

- Erwartung neuer Angebote an zusätzlichen Dienstleistungen und weiteren innovativen elektronischen Produkten aufgrund der Modernisierung des Zahlungsverkehrs mittels SEPA;
- schrittweise Verkürzung der Überweisungslaufzeiten infolge gesetzlicher Regelungen für SEPA: Bislang gilt eine maximale Abwicklungsdauer von drei Bankarbeitstagen, ab dem Jahr 2012 wird Kunden der Überweisungsbetrag nach einer maximalen Abwicklungszeit von einem Bankarbeitstag gutgeschrieben;
- europaweite Verwendung von Debitkarten (Kreditkarten) für alle Euro-Zahlungen;
- Information der Kunden über das exakte Datum der Kontobelastung infolge der Angabe eines Fälligkeitsdatums bei SEPA-Lastschriften, dadurch Möglichkeit zur genauen Liquiditätsvorsorge zwecks Lastschrifteinlösung.

vgl. www.bundesbank.de/zahlungsverkehr/zahlungsverkehr_sepa.php

[1] Chips bieten mehr Sicherheit als die bisher benutzten Magnetstreifen.

Der technische Standard in SEPA

Die SEPA-Zahlungsinstrumente sind vom europäischen Kreditgewerbe auf der Grundlage des weltweiten technischen Standards ISO 20022 als Basis für eine vollautomatisierte Zahlungsabwicklung im SEPA-Raum entwickelt worden.

Bisher sind Zahlungspflichtiger und -empfänger anhand der nationalen Bankleitzahl und der Kontonummer zu identifizieren. An deren Stelle treten IBAN und BIC als Pflichtangaben. Der Zahlungspflichtige findet die eigene IBAN und den BIC seines Kreditinstituts auf dem Kontoaus-zug. Der Zahlungsempfänger sollte beide Kenndaten auf seiner Rechnung angeben.

IBAN – der Weg zum Kontoinhaber

IBAN (**I**nternational **B**ank **A**ccount **N**umber) ist eine standardisierte, internationale Bank-Kontonummer zur Verwendung für nationale und grenzüberschreitende Zahlungen. Sie umfasst maximal 34 Stellen, die von Land zu Land unterschiedlich genutzt werden können. Nur die ersten vier Stellen sind festgelegt. In Deutschland umfasst die IBAN 22 Stellen.

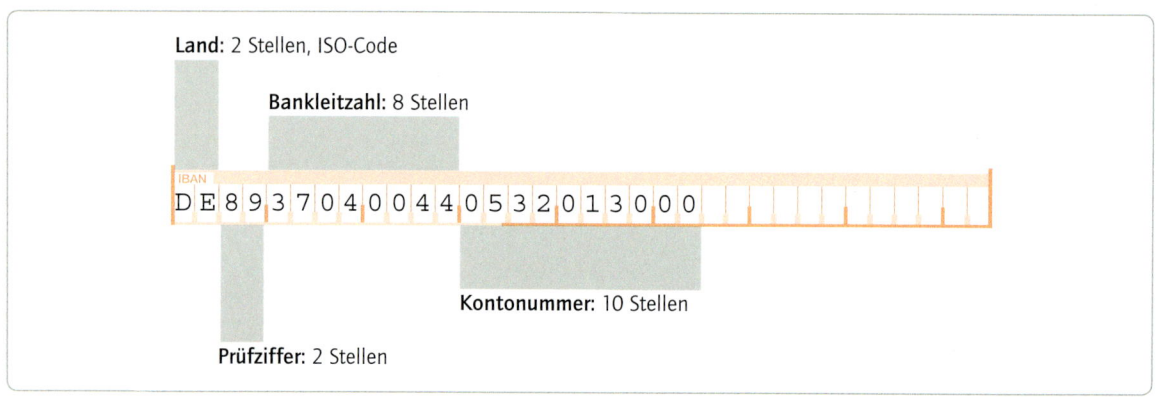

1.–2. Stelle	Länderkennzeichen DE für Deutschland (nach ISO 3166)
3.–4. Stelle	zweistellige Prüfziffer zur Kontrolle der Kontonummer und der Bankverbindung, bevor eine Zahlung vorgenommen wird; diese Prüfziffer wird nach ISO 7064 errechnet.
5.–12. Stelle	achtstellige Bankleitzahl des Kontoinhabers
13.–22. Stelle	zehnstellige, von rechts mit Nullen aufgefüllte Kontonummer, die – von Bank zu Bank unterschiedlich – bis zu zehn Stellen aufweist

BIC (**B**ank **I**dentifier **C**ode) ist eine internationale Bankleitzahl eines Kreditinstituts. Sie umfasst maximal 11 Stellen.

1.–4. Stelle	alphanumerische Bankleitzahl, frei wählbar (z. B. MARK für die Deutsche Bundesbank)
5.–6. Stelle	zweistelliger Ländercode (z. B. DE für Deutschland)
7.–8. Stelle	zweistellige Orts-/Regionalangabe (z. B. FF für Frankfurt am Main)
9.–11. Stelle	frei wählbar für Filialbezeichnungen, kann auch frei bleiben

Zur Umrechnung von Kontonummer und Bankleitzahl in IBAN und BIC stehen im Internet Umrechner zur Verfügung, zum Beispiel www.iban-rechner.de oder www.pruefziffernberechnung.de.

Die SEPA-Instrumente

Die SEPA-Überweisung (SEPA Credit Transfer)

Seit Januar 2008 bieten europäische Banken die SEPA-Überweisung an. Sie ist national wie auch grenzüberschreitend einsetzbar. Den Zahlungspflichtigen und den Zahlungsempfänger sowie deren Banken erkennt man an IBAN und BIC. Der Begünstigte bekommt den Überweisungsbetrag nach maximal drei Arbeitstagen gutgeschrieben, ab 2012 nach einem Arbeitstag.

Die Banken halten SEPA-Vordrucke bereit, inzwischen auch im Online-Banking.

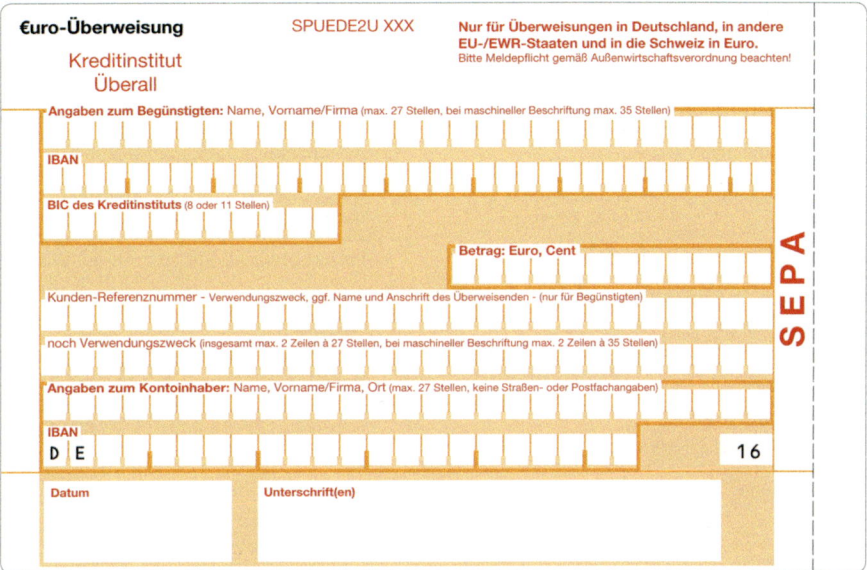

Die SEPA-Lastschrift (SEPA Direct Debit)

Wegen der unterschiedlichen Rechtsvorschriften in Europa und verschiedener nationaler Lastschriftvorschriften wurden frühzeitig **zwei neue europäische Verfahren** entwickelt:

- **SEPA-Basislastschrift**
  (SEPA Core Direct Debit)

  Diese enthält viele Elemente des deutschen Einzugsermächtigungsverfahrens.

  Nach den gesetzlichen Bestimmungen müssen SEPA-Basislastschriften fünf Tage vor dem Verfalldatum bei der Zahlstelle vorliegen, für danach folgende Lastschriften beträgt die Vorlauffrist mindestens zwei Tage vor Verfall. Eine dem Girokonto belastete Basislastschrift kann binnen acht Wochen an den Zahlungsempfänger zurückgegeben werden. Im Fall einer unrechtmäßig erfolgten Zahlung kann die Abbuchung innerhalb von 13 Monaten nach der Kontobelastung storniert werden.

- **SEPA-Firmenlastschrift**
  (SEPA Business to Business Direct Debit)

  Diese ähnelt dem deutschen Abbuchungsverfahren und erfüllt die Ansprüche von Geschäftsbanken.

  Alle Firmenlastschriften (einmalige, erstmalige oder Folgelastschriften) müssen einen Tag vor dem Verfalldatum bei der Zahlstelle vorliegen. Eine erfolgte Kontobelastung kann nicht storniert werden, da die Zahlstelle vorher prüfen muss, ob die Lastschrift erfolgen darf.

2

Die dem deutschen Einzugsermächtigungsverfahren zugrunde liegenden Bestimmungen erfüllen nicht alle rechtlichen Anforderungen, um SEPA-Lastschriften einziehen zu können. Zur Verringerung des Arbeitsaufwands haben die Deutsche Bundesbank und das deutsche Kreditgewerbe den Zahlungsempfängern vorgeschlagen, die Einzugsermächtigungen automatisch in SEPA-Mandate umzuwandeln.

Die Zahlungsempfänger benachrichtigen die Zahlungspflichtigen, dass ihre Einzugsermächtigung in ein SEPA-Mandat geändert wird und sie dieser Regelung innerhalb von zwei Monaten widersprechen können.

Seit November 2010 müssen alle Anbieter von Zahlungsdiensten, die bisher nationale Lastschriften entgegennehmen, SEPA-Lastschriften annehmen, um einen reibungslosen Ablauf des neuen Verfahrens zu gewährleisten.

Das folgende Schaubild zeigt die wichtigsten Unterschiede zwischen der SEPA-Lastschrift und dem deutschen Einzugsermächtigungsverfahren:

SEPA-Lastschrift (SEPA Core Direct Debit)	Einzugsermächtigungsverfahren
Nutzung innerhalb von SEPA	ausschließlich nationale Nutzung
Mitgabe von Mandatsinformationen im Datensatz beim Einzug einer Lastschrift	lediglich Verweis auf Einzugsermächtigung beim Einzug einer Lastschrift
Mandatsverfall nach 36 Monaten bei Nichtnutzung	Einzugsermächtigung gilt bis auf Widerruf
Vorgabe eines Fälligkeitsdatums (Due Date) Festgelegte Vorlauffristen: ■ Erst- und einmalige Lastschriften: Due Date – 5 Tage ■ Wiederkehrende Lastschriften: Due Date – mindestens 2 Tage vor Fälligkeit	Fälligkeit bei Sicht

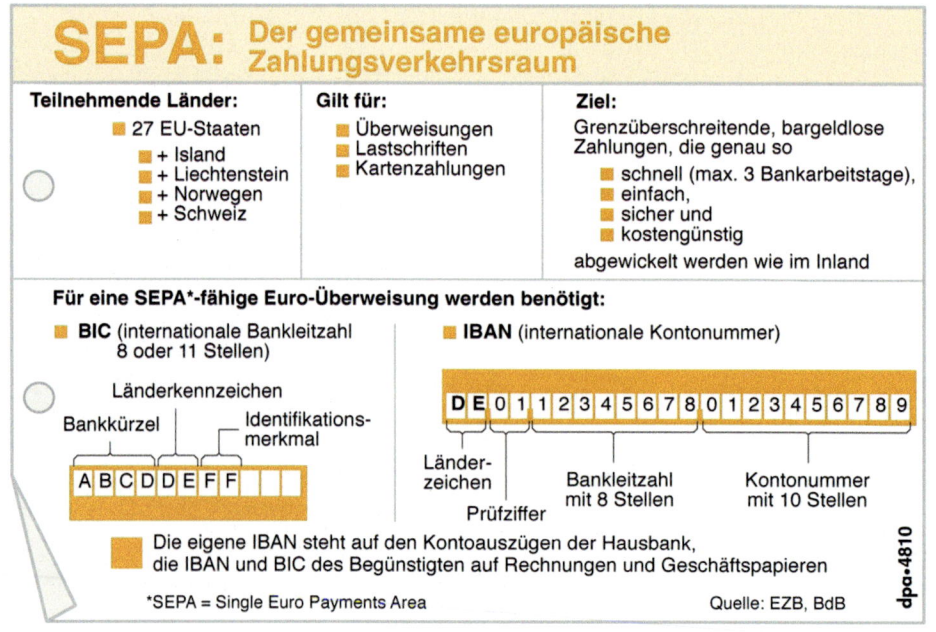

Begriff

Die **Kreditkarte** ist ein weltweit verbreitetes bargeldloses Zahlungsmittel. Sie besteht aus Plastik und hat das Format einer Scheckkarte. Sie wird von Kreditkartengesellschaften (i. d. R. in Zusammenarbeit mit Banken sowie Nichtbanken) an Kunden mit einwandfreier Bonität ausgegeben, z.B. Ausgabe der MasterCard an Kunden der NORD/LB. Die Bonitätsprüfung erfolgt nach einer ausdrücklichen Einwilligung des Kunden mittels einer Abfrage bei der SCHUFA (Schutzgemeinschaft für allgemeine Kreditsicherung). So wird die Bank über evtl. vorliegende Negativmerkmale, z. B. Scheckkartenmissbrauch, unterrichtet. Nach einer positiven Auskunft räumt die Bank dem Kunden einen eigenen Kreditrahmen ein. Nach einem Kauf werden die Daten erfasst, und der Kunde erkennt die Zahlung durch seine Unterschrift an. Seine Umsätze werden per Lastschrift von seinem Girokonto abgebucht, teilweise erst bis zu einem Monat nach dem Kauf.

Arten

- Eurocard/MasterCard
- Visa
- Diners Club
- American Express

Ziele

Die **Kreditkarte** berechtigt den Inhaber bei Vorlage der Karte bei Vertragsunternehmen weltweit bargeldlos zu bezahlen und sich an Geldautomaten oder bei Banken Bargeld zu beschaffen, sofern die Karte über eine PIN (**P**ersönliche **I**dentifikations-**N**ummer) verfügt. Die Kartendaten (Kartennummer, Verfalldatum und Prüfziffer) werden von einem auf der Kartenrückseite befindlichen Magnetstreifen abgelesen. Auch bei Einkäufen oder Reisebuchungen im Internet ist häufig eine Kreditkarte erforderlich. Bei Auslandsreisen außerhalb der Euroländer braucht man weder viel Bargeld der Landeswährung mitzunehmen noch Travellers Cheques (Reiseschecks) bei der Hausbank zu besorgen. Der Kreditkarteninhaber kann aus einem monatlichen Verfügungsrahmen (ca. 2–3 Gehaltseingänge) einen kurzfristigen Kredit in Anspruch nehmen. Die Karte sichert den

Vertragsunternehmen den Zahlungseingang. In Deutschland nehmen die Unternehmen lieber die BankCard: Die Kaufsumme kann unverzüglich dem Girokonto des Kunden belastet werden und die Umsatzprovision der Kartengesellschaft entfällt.

Ausstattung

Die **Standardkarte** ermöglicht die normale Nutzung der Kreditkarte. Darüber hinaus bietet heute fast jede große Kreditkartengesellschaft **Zusatzleistungen** an.

Beispiele:

- Auslandsreise-Krankenversicherung
- Verkehrsmittel-Unfallversicherung
- Reise-Service-Versicherung
- Auslands-Autoschutzbrief-Versicherung
- Kfz-Reise-Haftpflichtversicherung für Mietfahrzeuge
- Reise-Rechtsschutzversicherung für Mietfahrzeuge
- Reise-Privat-Haftpflichtversicherung weltweit

Zu den bekanntesten Kreditkarten zählen die American Express-(AMEX)-Kreditkarten, die derzeit in 17 Varianten zu unterschiedlichen Jahresgebühren angeboten werden. Die Klassiker sind:

- **AMEX Blue Card:** Sie gilt als Einstiegskarte für Berufsanfänger mit kleinem Einkommen. Sie umfasst die Zahlungsfunktion und diverse Versicherungsleistungen.
- **AMEX Card:** Sie ist die AMEX-Standardkarte und enthält über die Leistungen der Blue Card hinaus weitere Versicherungsleistungen.
- **AMEX Gold Card:** Sie ist die populärste AMEX-Kreditkarte und bietet neben einem sehr umfangreichen Versicherungsschutz einen Reiseservice sowie Sonderkonditionen bei Hotelbuchungen, Flügen, Mietwagen u. v. a.
- **AMEX Platinum Card:** Sie ist die kostenintensivste AMEX-Karte und nicht frei wählbar: AMEX lädt ihre Kunden zum Empfang ein. Diese Karte weist die umfangreichsten Leistungen auf, z. B. Vorteile bei Hotelbuchungen, Upgrades und Zutritt zu Flugplatz-Business-Lounges.

2

Vorteile

- internationales bargeldloses Zahlungsmittel
- weltweite Bargeldbeschaffung
- kurzfristige Kreditgewährung
- Begrenzung der Haftung bei Verlust oder Diebstahl auf 50,00 EUR, vorausgesetzt die Sperrung der Karte wurde unverzüglich veranlasst
- Vielzahl von Zusatzleistungen, je nach Kartenvariante (s. o.)

Nachteile

- **aus Sicht des Verkäufers**
  - prozentuale Provision an die Kreditkartengesellschaft
  - zusätzliche Kosten für den Kartenleser
- **aus Sicht des Kunden**
  - Bargeldbeschaffung ist relativ teuer
  - Gefahr hoher Verschuldung

Prepaid-Kreditkarten räumen keine Kredite ein, vielmehr muss man – wie bei einer Geldkarte – erst einen Betrag einzahlen, den man dann ausgeben kann. Sie wird ohne SCHUFA-Abfrage und ohne Einkommensnachweis auch bei geringer Bonität ausgegeben. Sie eignet sich für junge Menschen, die noch unerfahren im Umgang mit Geld sind und für jene, deren SCHUFA-Auskunft Negativmerkmale aufweist.

Co-Branding-Cards (engl. co-branding bedeutet Markenpartnerschaft) werden oft von Dienstleistungs- oder Industrieunternehmen in Zusammenarbeit mit einer Bank oder einer Kartengesellschaft an Kunden ausgegeben. Diese können neben dem weltweiten Karteneinsatz auch die speziellen Leistungen des kooperierenden Unternehmens in Anspruch nehmen, z. B. mittels der Lufthansa Miles & More Credit Card Prämienmeilen und attraktive Versicherungsleistungen rund ums Reisen.

Bei **Debitkarten** (engl. debit bezeichnet einen Schuldposten) werden Einkäufe sofort den Girokonten der Käufer belastet, ebenso auch der Bargeldbezug an Geldautomaten; sie räumen jedoch keinen Kreditrahmen ein. Sie können nur in Verbindung mit einem Girokonto benutzt werden. Die bekannteste deutsche Debitkarte ist die im Rahmen des „Electronic-Cash-Systems" eingesetzte Maestro-Karte (früher EC-Karte). Sie wird besonders im Einzelhandel sehr viel verwendet, aber außerhalb Europas kaum akzeptiert.

Beispiel: Ein Einzelhändler kauft im Großhandelsunternehmen Bellheim-BüroService GmbH ein und bezahlt mit der Eurocard.

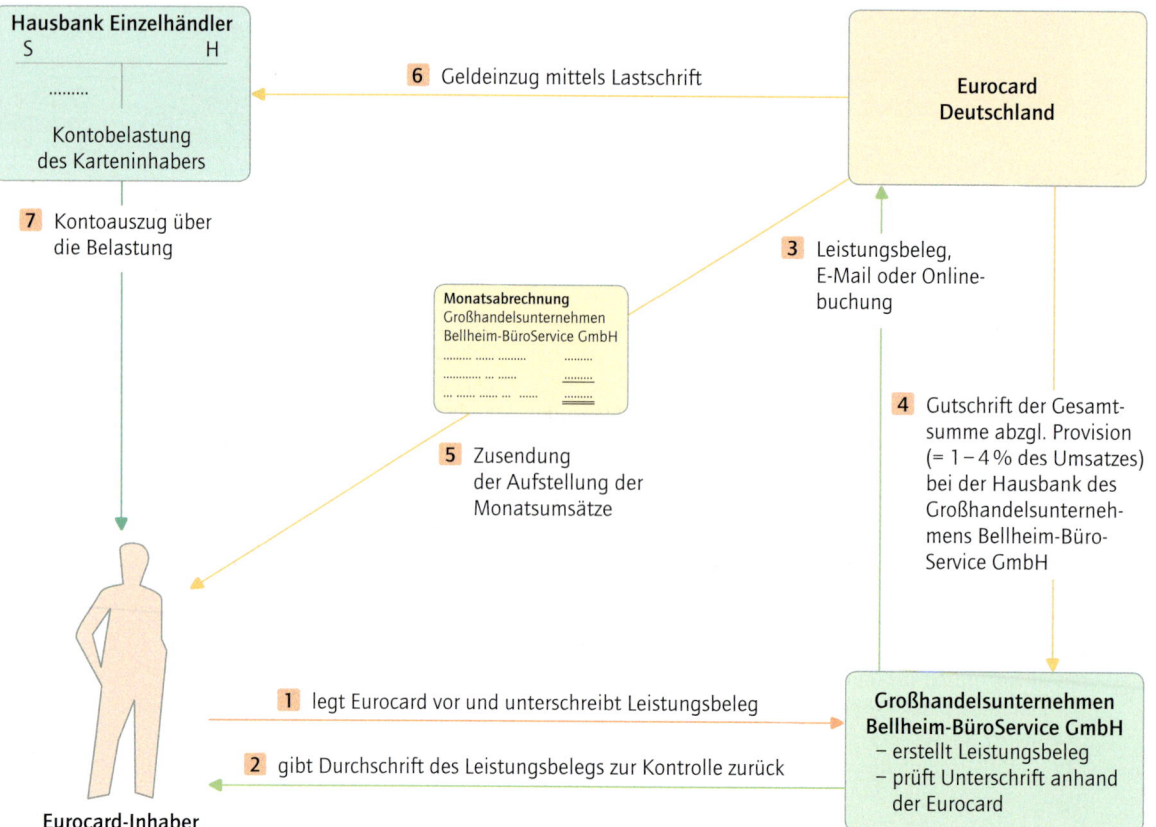

Volkswirtschaftliche Bedeutung

Zahlungsgewohnheiten: In den EU-Ländern wurden zwischen 2000 (12 Mrd. Transaktionen) und 2007 (27 Mrd. Transaktionen) immer mehr Umsätze mittels Kartenzahlungen beglichen. In Deutschland spielt die Kreditkarte mit einem Umsatzanteil von ca. 5 % eine relativ geringe Rolle. Der Besitz hängt stark ab von Geschlecht, Alter, Bildungsstand und Haushaltseinkommen. Im Jahr 2010 waren ca. 25 Mio. Stück im Umlauf. Die Zurückhaltung erklärt sich insbesondere aus der starken Verbreitung des Dispositionskredits und aus den teilweise hohen Gebühren, die Handel und Gastronomie zu tragen haben.

Es bleibt abzuwarten, ob die jüngsten Entscheidungen der Europäischen Kommission, im Kartengeschäft auf eine Senkung der Interbankenentgelte hinzuwirken, dazu führen, dass die Kreditkarten mehr akzeptiert und demzufolge mehr genutzt werden.

Wie die untere Abbildung zeigt, wird die Kreditkarte in Deutschland vor allem zu Einkäufen im Internet sowie zur Bezahlung an Tankstellen, in Hotels und Pensionen benutzt.

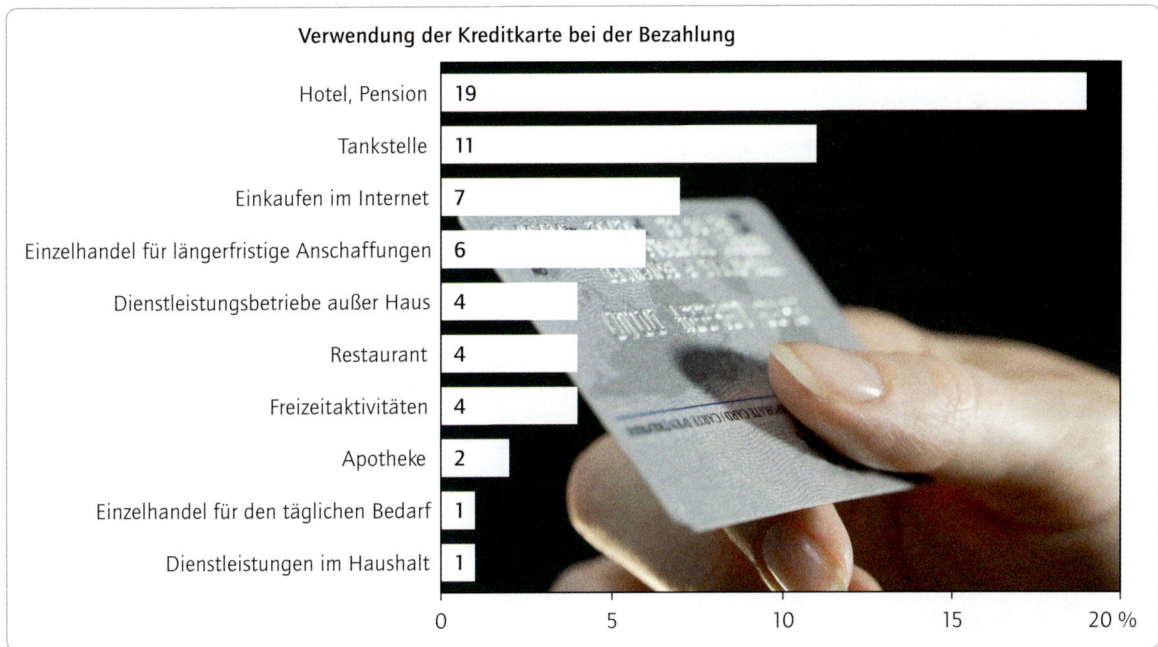

Verwendung der Kreditkarte bei der Bezahlung

Hotel, Pension	19
Tankstelle	11
Einkaufen im Internet	7
Einzelhandel für längerfristige Anschaffungen	6
Dienstleistungsbetriebe außer Haus	4
Restaurant	4
Freizeitaktivitäten	4
Apotheke	2
Einzelhandel für den täglichen Bedarf	1
Dienstleistungen im Haushalt	1

aus: Monatsbericht der Deutschen Bundesbank, Juli 2009, Seite 61

In den USA konnten die Verbraucher bis vor kurzem problemlos auf Kredit einkaufen. Viele verloren den Überblick über ihre finanziellen Belastungen, weil sie nicht wie in Deutschland i. d. R. nach vier Wochen bezahlen mussten: Sie waren außerstande, ihre monatlichen Belastungen zu bewältigen. Inzwischen haben sie durch den Kreditkarteneinsatz einen Schuldenberg von umgerechnet rund 682 Mrd. Euro aufgetürmt. Der US-Kongress versucht die Nutzer von Kreditkarten vor der vollständigen Verschuldung zu schützen und damit zu verhindern, dass sich die Finanzkrise auf dem Immobilienmarkt auf den Kreditkartensektor ausweitet: Senat und Repräsentantenhaus haben einer Gesetzesvorlage für das Inkrafttreten eines Kreditkartengesetzes zum Schutz der Verbraucher zugestimmt.

Beim **Kreditkartenbetrug** werden die Inhaber von Kreditkarten und/oder die Verkäufer aufgrund gestohlener oder gefälschter Kreditkartendaten finanziell geschädigt. Neben dem physischen Kartendiebstahl werden Kartendaten zunehmend mittels elektronischen Vorgehens illegal erworben, z. B.:

- Der Betrüger schickt E-Mails mit gefälschten Absenderadressen an Karteninhaber und erschleicht die Kartendaten, um diese dann zu missbrauchen (sog. Phishing);
- Der Täter lockt in Onlineshops mit extrem günstigen Angeboten und das Opfer gibt gutgläubig seine Daten preis;
- Der Hacker greift auf E-Mail-Verkehr zu oder benutzt, um an die Daten zu gelangen, Sicherheitslöcher und meist Insiderwissen.

Zumeist vergeben die Kreditkartengesellschaften aufsteigende Kreditkartennummern. Das nutzt der Betrüger: Erbeutet er eine Karte mit Verfalldatum, so ist es leicht, die nächstfolgenden Kartennummern zu ermitteln und die Kartendaten zu fälschen. Die eingerechnete Prüfziffer ist kein sicherer Schutz, weil ihre Berechnung bekannt ist.

Prozesskette der Auftragsbearbeitung

Beispiel: Kundenauftrag

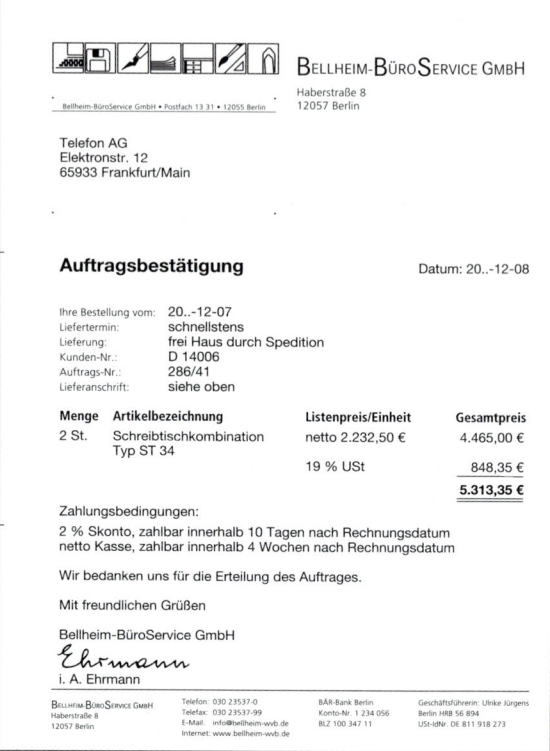

Die Bearbeitung eines Kundenauftrags löst eine Vielzahl von Arbeitsschritten innerhalb eines Handelsbetriebes aus. Um einen reibungslosen Ablauf zu gewährleisten, benötigt jedes Unternehmen ein innerbetriebliches Anwendungssystem (Informationssystem) zur Bereitstellung von Informationen für die Administration, Disposition, Planung, Entscheidung und Kontrolle innerhalb der betrieblichen Organisation und zwischen den Organisationen der Vertragspartner.[1]

[1] vgl. Davis, G. B.; Olsen, M. H.: Management Information Systems, New York u. a., 1986, S. 6

(Unter Informationen versteht man allgemein eine Folge von Zeichen mit spezifischer Bedeutung für die beteiligten Personen, z. B. „Wir bitten um Zusendung eines Angebotes über ...".)

Obwohl immer mehr Großhändler eine Mischform von Industrie-, Handels- und Dienstleistungsunternehmen betreiben und damit auch branchenspezifische Lösungen verlangen, gibt es für jeden Handelsbetrieb eine allgemein gültige **Prozesskette** bei der Auftragsbearbeitung:

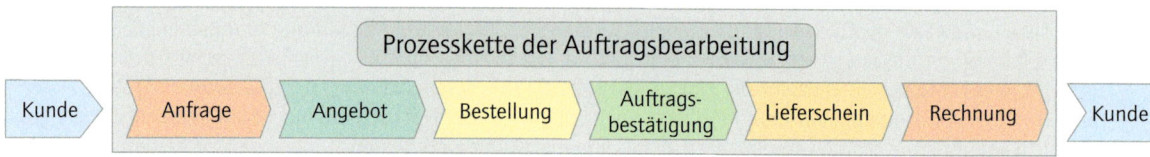

In diesem Ablauf können je nach individuellen Gegebenheiten einzelne Schritte, etwa Anfrage, Angebot oder Auftragsbestätigung, fehlen, wobei die Fakturierung immer am Ende der Prozesskette steht. Manche Funktionen lassen sich zusammenfassen, z. B. die gemeinsame Ausfertigung von Auftragsbestätigung, Lieferschein und Rechnung.

In vielen Bereichen ist die sofortige Verfügbarkeit aller Daten des Vertriebssystems ein wichtiges Kriterium für den Geschäftserfolg: Kunden wollen am Telefon nicht lange warten, die Verfügbarkeit von Artikeln muss in Echtzeit erkennbar sein.

vgl. Dialog Data GmbH, Graz, o. J.; Quelle: www.dialogdata.com/org/index.html; hier: Vertrieb, Auftragsbearbeitung

Prozesskette der Auftragsbearbeitung

Eine effiziente Auftragsabwicklung ist nur möglich, wenn alle Mitarbeiterinnen und Mitarbeiter je nach Benutzerprofil jederzeit auf sämtliche benötigten Daten innerhalb der Unternehmung zurückgreifen können.

Durch ein integriertes **Warenwirtschaftssystem** verfügt jede Mitarbeiterin/jeder Mitarbeiter stets über sämtliche von ihr/ihm benötigten Informationen wie z. B. zu Aufträgen, Angeboten, Kunden, Preisen, Rabatten, Konditionen, offenen Posten, Produkten, Lagerbeständen, Lieferzeiten, Analysen und Statistiken zu Umsatz und Kunden, Rohgewinn und Umschlaggeschwindigkeit je Artikel. Dadurch können betriebswirtschaftliche Entscheidungen schneller und somit kundenorientierter getroffen werden. Darüber hinaus besteht je nach Programm die Möglichkeit, Routine-aufgaben wie z. B. den Versand von Korrespondenz per Fax, E-Mail oder Brief einfach und effizient durchzuführen.

Primäres Ziel ist die Verbesserung der innerbetrieblichen Vorgangsbearbeitung, wodurch Verwaltungskosten gesenkt und eine höhere Produktivität erreicht werden können. Auch der Datenaustausch mit Kunden und Lieferanten per EDI[1] und im Bereich des E-Commerce wird durch moderne Technologie erreicht.

Es wird allgemein davon ausgegangen, dass die EDV-mäßige Verarbeitung der Daten unverzichtbar ist. Das ist grundsätzlich nicht der Fall; allerdings lässt die Menge der Warenflüsse für die meisten Handelsbetriebe nur die Verarbeitung per EDV zu.

Informations-, Waren- und Geldstrom im Großhandel

Die Warenwirtschaft im Großhandel beinhaltet sämtliche Tätigkeiten von der Beschaffung über die Lagerung bis zum Verkauf der Waren. Bei der Bereitstellung der richtigen Ware zur richtigen Zeit in der richtigen Menge zum richtigen Preis und am richtigen Ort unterscheidet man drei Ströme, die zwischen den Lieferanten, dem Großhändler und den Kunden (auch dem Endverbraucher) verlaufen:

Informations-, Waren- und Geldstrom im Großhandel

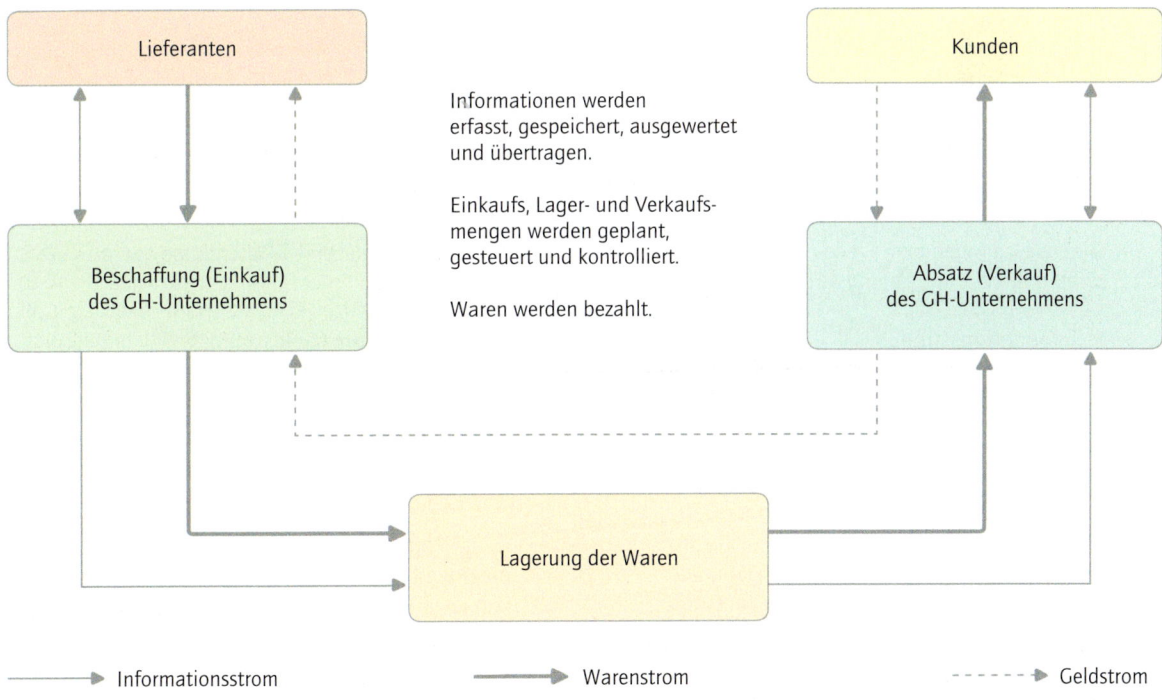

[1] **EDI**: Abkürzung für Electronic Data Interchange, steht für den elektronischen Datenaustausch zwischen Geschäftspartnern, z. B. für Rechnungen, Bestellungen, Lieferscheine, Artikelstammdaten.

Informations-, Waren- und Geldstrom im Großhandel

- **Informationsstrom**
  - Wer hat welche Ware?
  - Wer benötigt die Ware?
  - Wie erhalte ich Informationen über die Ware?

- **Anwendungsbereiche des Informationsstroms**
  - Lieferantenauswahl
  - Liefermöglichkeiten
  - Marktforschung
  - Verkaufsprognosen
  - Sortimentserweiterung
  - Warenkenntnisse

- **Warenstrom**
  - In welchen Schritten läuft der Beschaffungsvorgang ab?
  - Was soll geliefert werden?

- **Anwendungsbereiche des Warenstroms**
  - Bestellabwicklung
  - Warenlieferung
  - Warenannahme
  - Warenausgabe

- **Geldstrom**
  - Wann soll bezahlt werden?
  - Wie wird bezahlt?
  - Sind Preisabzüge zulässig?

- **Anwendungsbereiche des Geldstroms**
  - Sofortkauf
  - Zielkauf
  - Barzahlung
  - bargeldlose Zahlung
  - Rabattberechnung
  - Skontoberechnung

Anwendungsbeispiel:

Bei einem Warenwirtschaftssystem handelt es sich um ein vergleichsweise einfaches System mit Schnittstellen zu Kunden und Lieferanten.

Die Verbindungen bzw. Pfeile zwischen den operativen Einheiten stellen die einzelnen Datenflüsse dar, also die Informations-, Waren- und Zahlungsströme.

- **Informationsstrom** 1 2

  Die **Informationsströme** sind:
  - Auftragseingang (= Auftrag vom Kunden)
  - Auftragsausgang (= Bestellung beim Lieferanten)

  Diese Informationen lösen entsprechende Warenströme aus.

- **Warenstrom** 3 4
  - Auftragsausgang löst Wareneingang aus.
  - Auftragseingang löst Warenausgang aus.

  Diese Warenströme werden i. d. R. sowohl mengen- als auch wertmäßig erfasst und lösen ihrerseits **Zahlungsströme** in umgekehrter Richtung aus.

- **Zahlungsstrom (Geldstrom)** 5 6
  - Warenausgang löst Einzahlungen aus.
  - Wareneingang löst Auszahlungen aus.

Im **Warenwirtschaftssystem** werden die Informationsströme und die Warenströme sowohl mengen- als auch wertmäßig erfasst.

In der **Finanzbuchhaltung** dagegen werden nur die wertmäßigen Waren- und Zahlungsströme erfasst. In der Praxis können alle Stromgrößen jedoch auch in umgekehrter Richtung auftreten, z. B. durch Rücklieferungen an den Lieferanten oder vom Kunden an den Großhändler.

vgl. Hertel, J.: Supply-Chain-Management und Warenwirtschaftssysteme im Handel, Berlin 2005, S. 234

Überblick

Beim Eingang einer Bestellung, eines Auftrages, wird eine Reihe von Arbeitsschritten und Prüftätigkeiten ausgelöst, bis der Kunde letztendlich die (lagermäßig vorhandene) Ware erhalten und bezahlt hat.

Prüftätigkeiten der Sachbearbeiterin/des Sachbearbeiters

Kreditwürdigkeit

Bei der Überprüfung der Kreditwürdigkeit ist zu unterscheiden, ob es sich um einen **Alt**- oder **Neukunden** handelt. Bei einem **Altkunden** kann mithilfe der Debitorenliste die Zahlungsmoral (u. a. Skonto- und Zielausnutzung, Zielüberschreitung, Mahnbescheide, Zwangsmaßnahmen) überprüft werden. Handelt es sich um einen **Neukunden**, kann mithilfe einer **externen Auskunftei** die **Bonität** überprüft werden. Bei höheren Auftragswerten entscheidet in Grenzfällen die/der Vorgesetzte, ob der Kundenauftrag ausgeführt werden soll.

Beispiel:

Kunden-nummer	Name	Umsätze (EUR)		Höchster Einzelauftrag dieses Jahres (in EUR)	Offene Posten (in EUR)	Zahlungs-moral	Externe Auskunftei
		Vorjahr	lfd. Jahr				
D 14001	Eichwald GmbH Peine	335.431,26	256.876,82	36.298,46	75.222,31	02	Creditreform
D 14002	Schuster, Peter Osnabrück	148.387,56	112.395,21	24.086,32	29.682,54	05	Creditreform
D 14003	BüroCenter Hildesheim	321.402,67	262.345,36	19.741,32	14.209,09	02	Creditreform
D 14004	Maier KG Hannover	279.545,24	346.925,03	54.009,24	1.254,00	01	Creditreform
D 14005	Oberg & Söhne Braunschweig	85.265,87	34.198,90	19.332,68	26.612,52	04	Creditreform

Debitorenliste der Bellheim-BüroService GmbH Auszug

Zahlungsmoral:
01 = Skontoausnutzung; 02 = Zielausnutzung; 03 = Zielüberschreitung; 04 = Mahnbescheid; 05 = Zwangsmaßnahmen

Realisierbarkeit

Die **Lieferfähigkeit** wird in einem Handelsunternehmen zunächst durch Überprüfung der **Lagerbestände** kontrolliert. Folgende Fragen sind vor der Lieferung zu überprüfen:
1. Sind die gewünschten Artikel auf **Lager**? 2. Sind **Reservierungen** für andere Kunden vorhanden? 3. Sind die gewünschten Waren rechtzeitig zu **beschaffen**?
Die **Lieferzeit** einer Warenbestellung ergibt sich aus allen Prüftätigkeiten bis zur Kommissionierung und der Transportdauer.

Beispiel: Lagerbestandsliste Büromöbel

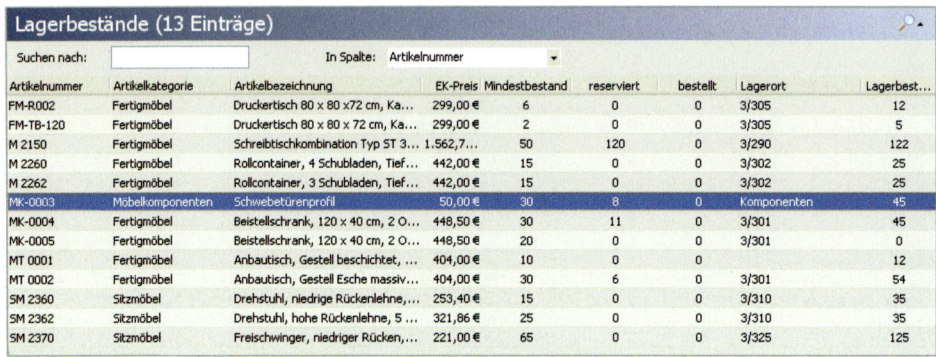

Artikelnummer	Artikelkategorie	Artikelbezeichnung	EK-Preis	Mindestbestand	reserviert	bestellt	Lagerort	Lagerbest...
FM-R002	Fertigmöbel	Druckertisch 80 x 80 x72 cm, Ka...	299,00 €	6	0	0	3/305	12
FM-TB-120	Fertigmöbel	Druckertisch 80 x 80 x 72 cm, Ka...	299,00 €	2	0	0	3/305	5
M 2150	Fertigmöbel	Schreibtischkombination Typ ST 3...	1.562,7...	50	120	0	3/290	122
M 2260	Fertigmöbel	Rollcontainer, 4 Schubladen, Tief...	442,00 €	15	0	0	3/302	25
M 2262	Fertigmöbel	Rollcontainer, 3 Schubladen, Tief...	442,00 €	15	0	0	3/302	25
MK-0003	Möbelkomponenten	Schwebetürenprofil	50,00 €	30	8	0	Komponenten	45
MK-0004	Fertigmöbel	Beistellschrank, 120 x 40 cm, 2 O...	448,50 €	30	11	0	3/301	45
MK-0005	Fertigmöbel	Beistellschrank, 120 x 40 cm, 2 O...	448,50 €	20	0	0	3/301	0
MT 0001	Fertigmöbel	Anbautisch, Gestell beschichtet, ...	404,00 €	10	0	0		12
MT 0002	Fertigmöbel	Anbautisch, Gestell Esche massiv...	404,00 €	30	6	0	3/301	54
SM 2360	Sitzmöbel	Drehstuhl, niedrige Rückenlehne,...	253,40 €	15	0	0	3/310	35
SM 2362	Sitzmöbel	Drehstuhl, hohe Rückenlehne, 5 ...	321,86 €	25	0	0	3/310	35
SM 2370	Sitzmöbel	Freischwinger, niedriger Rücken,...	221,00 €	65	0	0	3/325	125

Preis-Kosten-Verhältnis

Der Verkaufspreis der bestellten Ware soll mindestens **kostendeckend** sein. Er sollte sowohl den Einstandspreis als auch die Handlungskosten decken sowie einen Gewinnzuschlag enthalten. (siehe auch S. 419 ff.)

Warenauslieferung und -erfassung *Delivery and registration of goods*

Kommissionierung und Warenausgang

Nach dem Prüfen der Zahlungsfähigkeit des Kunden und der Lieferbereitschaft wird die Ware zum Warenausgang bereitgestellt (kommissioniert). Unter **Kommissionierung** wird allgemein die Zusammenstellung von Waren aus dem Artikelsortiment nach vorgegebenen Aufträgen verstanden.[1]

Im Rahmen der Kommissionierung unterscheidet man hinsichtlich der Entnahmeeinheiten nach **Grobkommissionierung**, bei der z. B. Großpackstücke oder komplette Paletten die Kommissionierungseinheiten darstellen. Die **Packungskommissionierung** kennzeichnet die Vorgänge, bei denen Umverpackungseinheiten oder Verpackungseinheiten bereitgestellt werden. Im Rahmen der **Feinkommissionie-**rung bilden einzelne Verkaufseinheiten die Kommissioniereinheiten.[2]

Eine schnelle und effiziente Abwicklung der Kommissionierung ist ein wesentliches Kriterium für die eigene Leistungserstellung des Großhandelsunternehmens. Allerdings gibt es eine Reihe von Aspekten, die die Kommissionierung wesentlich beeinflussen:
- Liefertage
- Fuhrparktouren
- Einzelaufträge
- Eilaufträge
- Lagertechnik u. v. a.

[1] vgl. Specht, G.: Distributionsmanagement, 3. Aufl., Stuttgart 1998, S. 91
[2] vgl. Hertel, J.: a. a. O., S. 127

Erfassung der ausgehenden Ware

Bei Einsatz eines EDV-gestützten Warenwirtschaftssystems erfolgt die Erfassung automatisch beim Warenausgang im Lager. Beim Verkauf an den Endkunden im Verkaufsraum erfolgt die Erfassung der ausgehenden Ware mittels Scanning an der Datenkasse. Gleichzeitig wird bei beiden Verfahren die Bestandsveränderung im Lager erfasst. Jedes System sollte aber die Möglichkeit einer Korrektur der Werte zulassen, falls Bestands- oder Kommissionierungsfehler aufgetreten sind, beispielsweise bei Bruch oder sonstigem Schaden an der Ware.

EDV-gestützte Warenwirtschaftssysteme
Computerised merchandise planning and control systems

Formen

EDV-gestützte Warenwirtschaftssysteme bauen auf einem festgelegten Artikelstamm auf und beinhalten die Funktion eines geschlossenen Regelkreises. Dadurch liefern sie artikelgenaue mengen- und wertmäßige Ergebnisse, Auswertungen und Informationen im Wareneinkauf, Warenverkauf und Warenbestand.

Arten

Arten von Warenwirtschaftssystemen (WWS)

offene	geschlossene	integrierte
Ein Teil der Arbeiten in der Warenwirtschaft wird manuell (per Hand) gelöst, der übrige Teil wird mithilfe einer EDV-Anlage bearbeitet.	Sämtliche Arbeiten in der Warenwirtschaft werden mittels einer EDV-Anlage gelöst. Der gesamte Warenfluss wird mengen- und wertmäßig erfasst.	Kunden, Lieferanten, Banken u. a. werden durch Vernetzung in die Warenwirtschaft eines Handelsbetriebes eingebunden.
Hier erfolgt lediglich die Erfassung der Wareneingangs- und Warenausgangsdaten.	Werden noch andere Bereiche des Handelsbetriebes mit dem Warenwirtschaftssystem verknüpft, z. B. Personal, Kostenstellen, (Finanz-)Buchhaltung usw., geht dieses System schon in ein integriertes WWS über.	Die warenwirtschaftlichen Daten fließen durch Datenträgeraustausch oder Datenübertragung (z. B. per EDI) in das EDV-System der Handelspartner und können so schneller verarbeitet werden.

Geschlossenes Warenwirtschaftssystem[1]

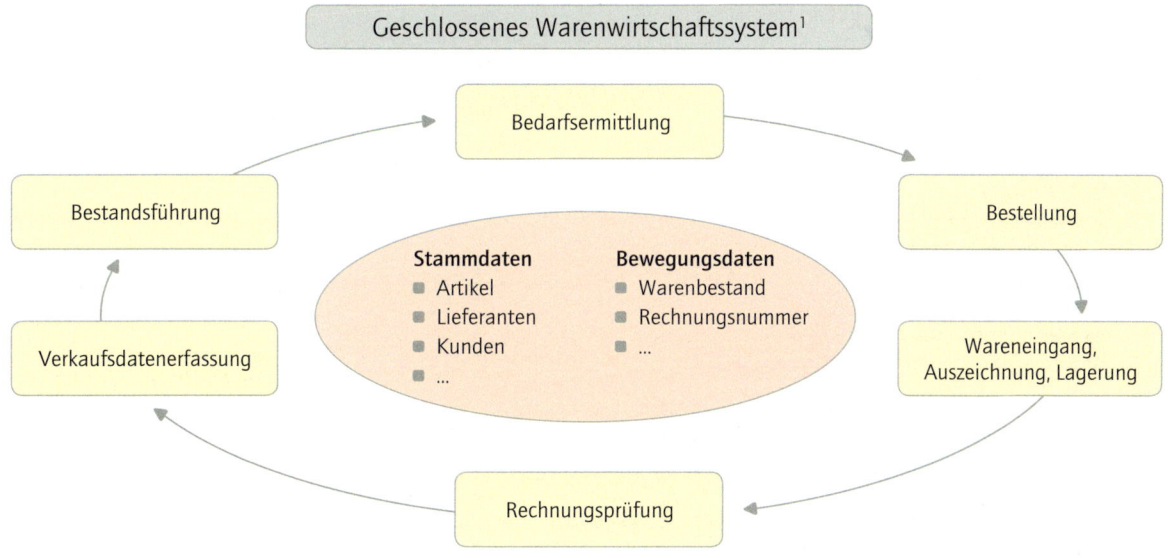

Merkmale:

- integrierte Verarbeitung der drei Arbeitsgebiete Beschaffung, Lagerhaltung, Verkauf

- geschlossener Kreislauf von Informationen

- Es gelten folgende **Anforderungen** an die Datenverwaltung:
  - Die Stammdaten müssen jeweils den aktuellen Stand widerspiegeln.
  - Alle Teilsysteme greifen auf die Stammdaten zu.
  - Die Doppelerfassung von Daten soll vermieden werden.

[1] vgl. K. Hinkelmann, Beispiel Handelsunternehmen, Solothurn, o. J., www.hsw.fhso.ch/hinkelmann/BIS/BIS3-Handel.pdf

2

Arten

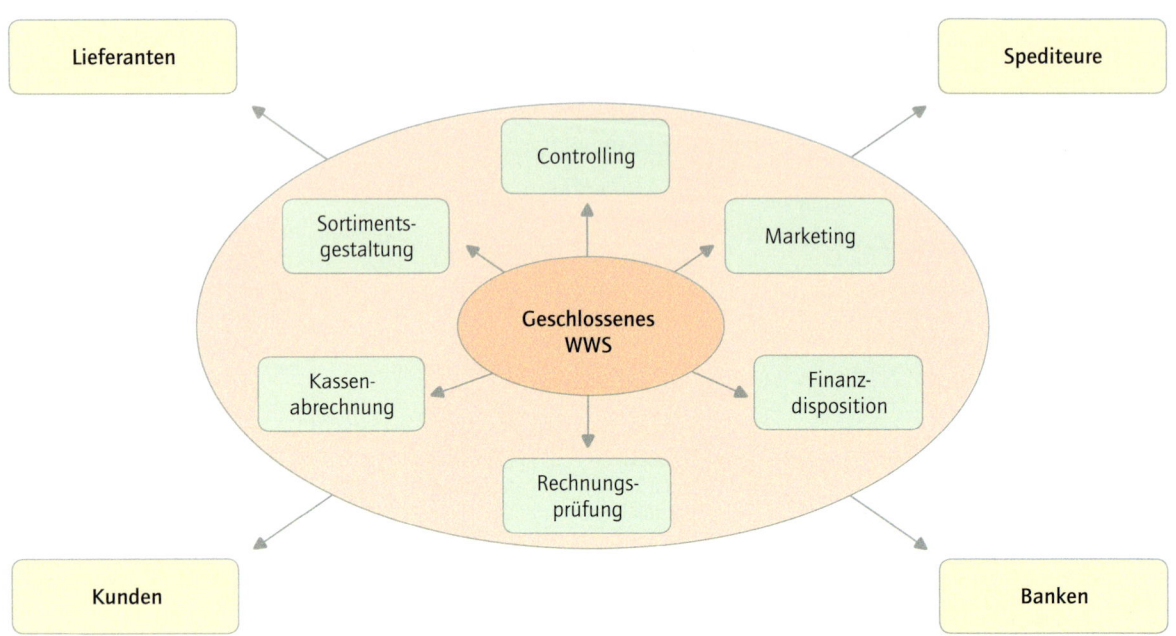

Integriertes Warenwirtschaftssystem[1]

Lieferanten

Spediteure

Controlling

Sortiments-
gestaltung

Marketing

**Geschlossenes
WWS**

Kassen-
abrechnung

Finanz-
disposition

Rechnungs-
prüfung

Kunden

Banken

Merkmale:

Innerbetriebliche Integration
Es liefert Daten für Entscheidungen, z. B.:

- Marketing
- Sortimentsgestaltung

Daten des WWS können in andere Systeme übernommen werden, z. B.:

- Rechnungsprüfung
- Kassenabrechnung

Überbetriebliche Integration
Rationalisierungspotenziale durch elektronischen Datenaustausch mit:

- Kunden
- Lieferanten
- Banken
- Spediteuren
- Sonstigen (z. B. Zoll)

[1] vgl. K. Hinkelmann, Beispiel Handelsunternehmen, Solothurn, o. J., www.hsw.fhso.ch/hinkelmann/BIS/BIS3-Handel.pdf

Bedeutung EDV-gestützter Warenwirtschaftssysteme

Die Einführung eines EDV-gestützten WWS ist zwar sehr zeitaufwendig und mit hohen Investitionskosten verbunden, bietet gegenüber herkömmlichen Systemen jedoch eine Reihe von **Vorteilen**, z. B.:

- jederzeit detaillierte Informationen über den aktuellen Lagerbestand (aktueller Lagerbestand = Anfangsbestand + Wareneingang − Warenausgang)
- artikelgenaue Wareneingangs- und Warenausgangserfassung

- laufende Aktualisierung der Bestände
- Aktualisierung des Bestandes auch manuell möglich
- mengen- und wertmäßiges Führen der Artikel
- geringerer Erfassungsaufwand an der Kasse
- verbesserter Preisänderungsdienst
- Minderung von Inventurdifferenzen
- Rationalisierung der Auftragsbearbeitung
- Einsparung von Personal

Aufbau und Funktion eines Warenwirtschaftssystems
Construction and function of a merchandise planning and control system

Vergleich von elektronischer und manueller Datenverarbeitung

- In einem Warenwirtschaftssystem werden Informationen über Lieferanten, Kunden, Artikel, Lagerbestände, Mitarbeiter usw. gesammelt. Die Erfassung erfolgte früher i. d. R. auf Karteikarten und in Karteikästen.

- Auch die EDV-mäßige Verarbeitung erfordert eine Strukturierung wie bei den Karteikästen. Diese Strukturierung schafft eine Ordnung von der kleinsten Einheit, dem Zeichen, bis zur größten Einheit, der Datenbank.

Datenstrukturen

Datenbanksysteme bestehen aus der physischen Datenbank und aus Softwareprogrammen zur Verwaltung dieser Datenbank. Mithilfe der Software kann die Datenbank gezielt nach Informationen durchsucht werden.

Aufbau einer Datenbank

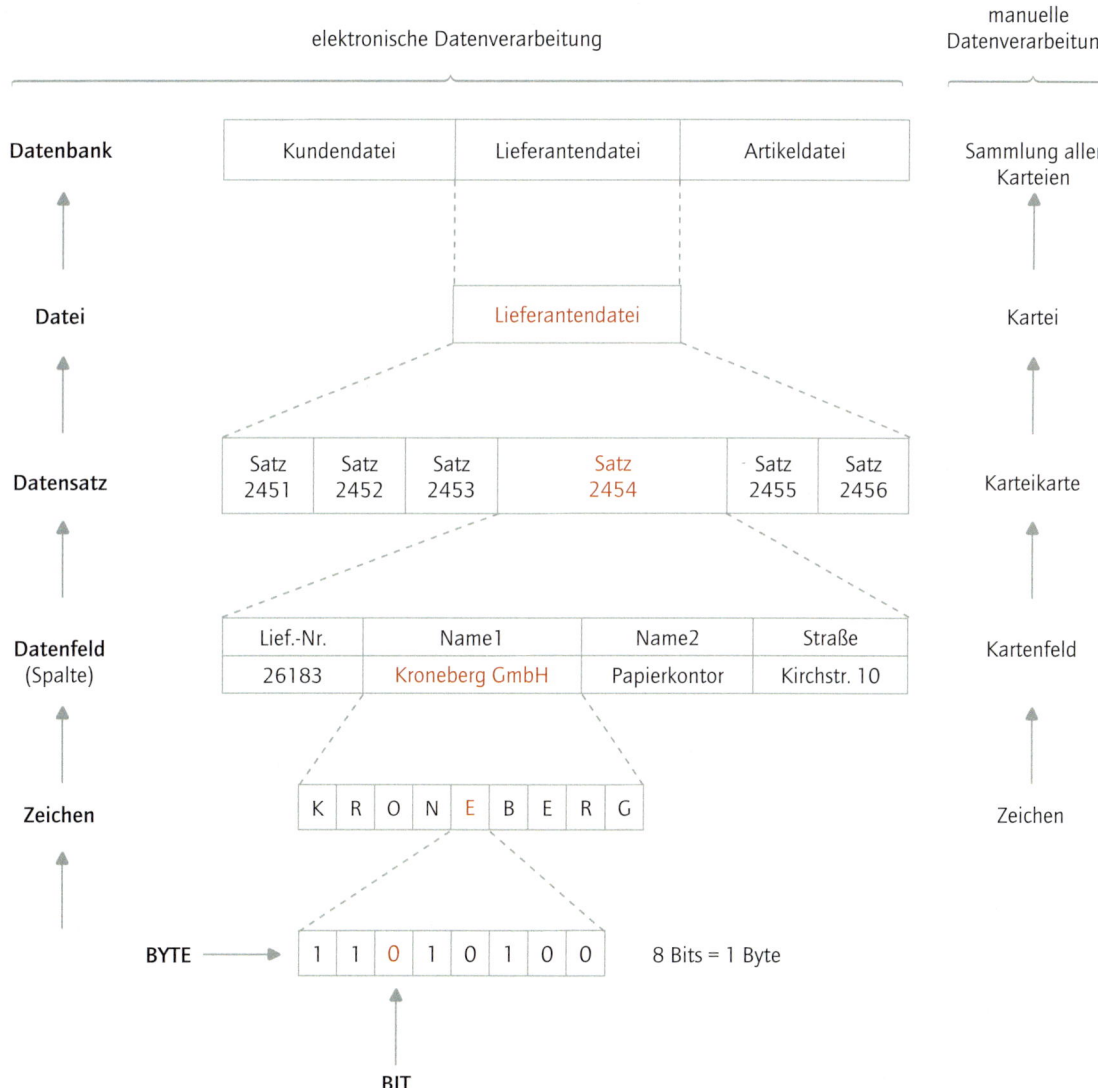

Erläuterung: Mit einem Bit lassen sich zwei Zustände darstellen: **0** und **1**. Zur Darstellung eines Zeichens werden 8 Bits benötigt. Durch unterschiedliche Kombinationen der 8 Bits lassen sich 256 verschiedene Zeichen (Buchstaben, Zahlen, Sonderzeichen) darstellen. 8 Bits werden zu einem Byte zusammengefasst.

Aufbau einer Datenbank

Eine Datenbank ist ähnlich wie eine Sammlung von Karteien aufgebaut. Die kleinste Dateneinheit, die ein PC unter einer Adresse speichern und wiederfinden kann, ist das **Zeichen**. Auch auf der Karteikarte findet man Zeichen, die in der Regel für sich allein gesehen keinen Sinn ergeben. Deshalb werden logisch zusammengehörige Zeichen zu einem **Datenfeld** zusammengefasst, in dem z. B. der Name einer Mitarbeiterin stehen soll. Es gibt Datenfelder mit fester und variabler Länge. In der Regel wird mit festen Längen gearbeitet; z. B. hat das Datenfeld für den Firmennamen (Name1) hier die feste Länge von 20 Zeichen (Feldlänge), die jedoch nicht alle ausgefüllt werden müssen:

Datenfeld Name 1																			
K	R	O	N	E	B	E	R	G		G	m	b	H						

Mehrere Datenfelder (Name1, Name2, Straße, PLZ, Ort usw.), die Informationen zu einem Datenobjekt, z. B. zu einem Lieferanten oder Artikel enthalten, werden zu einem **Datensatz** zusammengefasst.

Datensatz (auszugsweise)		
Name1	Name2	Straße
Kroneberg GmbH	Papierkontor	Kirchstr. 10

Innerhalb eines Datensatzes sind die Datenfelder durch Feldbezeichnungen, Datentyp und Feldlänge eindeutig definiert, sodass zum Lesen oder Verändern der Informationen (Feldinhalte) jedes einzelne Feld gezielt angesprochen (adressiert) werden kann.

Beispiel:

Feld-Nr.	Feldbezeichnung	Datentyp	Feldlänge (Breite)
1	Name1	Text	20
2	Name2	Text	30
3	Straße	Text	50
4	PLZ	Zahl	5
5	Ort	Text	30

Alle Datensätze, die in gleicher Weise strukturiert und nach einem bestimmten Ordnungsbegriff geordnet sind, werden zu einer **Datei** zusammengefasst, z. B. zur Lieferantendatei, Kundendatei, Artikeldatei usw.

(Lieferanten) (auszugsweise)		
Name1	Name2	Straße
Kroneberg GmbH	Papierkontor	Kirchstr. 10
Heese KG	Möbelfabrik	Benzstr.15
Bürodiscount		Carl-Zeiss-Str. 4
Maxi-Papier	Import-Export	Postfach 2387
Novalis GmbH	Ablagesysteme	Postfach 1982

Eine **Datenbank** besteht aus mehreren Dateien, die auch miteinander verknüpft werden können.

Datenbank			
Kundendatei	Lieferantendatei	Artikeldatei	Personaldatei

vgl. Rickert, Wolf-Fritz: Wirtschaftsinformatik, Informationswirtschaft, Datenbanken (Grundlagen), Uni Bielefeld, 2003
Quelle: http://wwwhomes.uni-bielefeld.de/enibi/mubk/lernbereiche/index_lernbereiche.htm

Aufbau und Funktion eines Warenwirtschaftssystems

Construction and function of a merchandise planning and control system

Daten

Daten sind **Informationen**, die durch Zeichen dargestellt werden.

Beispiele für Zeichen:

§	501	BGB
↓	↓	↓
Sonderzeichen	Ziffern	Buchstaben

Datenarten

Unterscheidungsmerkmal	Datenarten	Erklärung	*Beispiel*
Daten nach der Häufigkeit der Änderung	Stammdaten	bleiben über einen längeren Zeitraum oder immer unverändert	Artikelnummer, Artikelbezeichnung
	Bewegungsdaten	entstehen immer wieder neu	Veränderungen des Lagerbestandes
Daten nach Art der verwendeten Zeichen	numerische Daten	Ziffern	38100
	alphabetische Daten	Buchstaben	Kroneberg GmbH
	alphanumerische Daten	Buchstaben, Ziffern, Sonderzeichen	Autokennzeichen
Daten nach der Aufgabe im Verarbeitungsprozess	Mengen-/Rechendaten	Rechenoperationen werden durchgeführt	Menge · Preis
	Ordnungsdaten	zum Suchen oder Sortieren von Informationen	Kundenname, Lieferscheinnummer

Stammdaten

Stammdaten sind Grunddaten (Basisdaten) in einem Warenwirtschaftssystem. Wichtige Stammdaten sind:

- Artikelstammdaten

- Kundenstammdaten

- Lieferantenstammdaten

Während Kunden- bzw. Lieferantenstammdaten von Unternehmen zu Unternehmen individuellen Charakter besitzen, können Artikelstammdaten im Rahmen von EDI-Prozessen (vgl. S. 177) zwischen den beteiligten Partnern ausgetauscht werden. So können Informationen wie z. B. Herstellerangaben, Abmessungen, Gewichte, Verpackungsangaben, EAN-Artikelnummern usw. genannt und u. U. gemeinsam gepflegt werden.

Beispiel: Artikelstammdaten (Auszug)

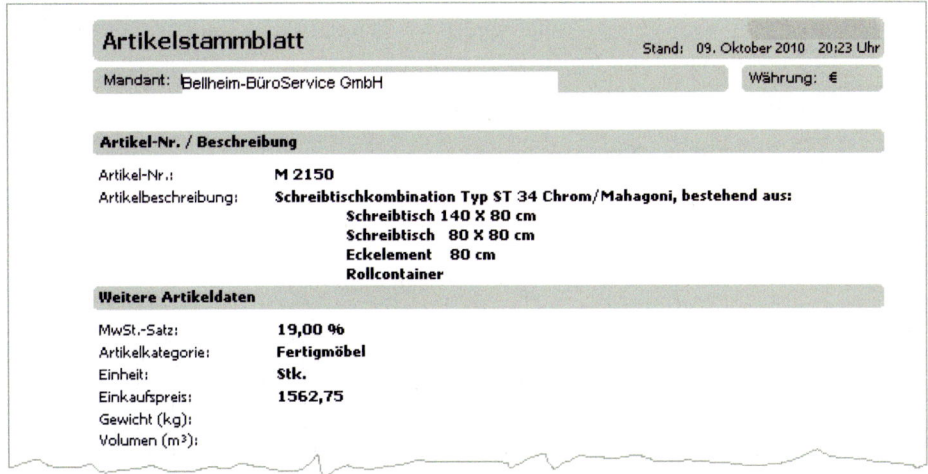

Begriffliche Einordnung

Um Rechtsstreitigkeiten beim internationalen Handel zu begrenzen, haben sich die meisten Staaten auf die Anwendung des sogenannten UN-Kaufrechts geeinigt.

Seit 1991 gilt in Deutschland das **„United Nations Convention on Contracts for the International Sale of Goods" (CISG)**, kurz: **UN-Kaufrecht**, das sich auf alle Kaufverträge über Warengeschäfte zwischen verschiedenen Staaten erstreckt.

Grundvoraussetzung ist, dass diese Staaten das Abkommen ratifiziert haben. Die Staatsangehörigkeit der Vertragspartner bzw. die jeweils national geltende Kaufmannseigenschaft spielt damit keine Rolle.

 Übereinkommen der Vereinten Nationen über Verträge über den internationalen Warenkauf – UN-Kaufrecht

 United Nations Convention on Contracts for the International Sale of Goods – CISG

 Convention des Nations Unies sur les contrats de vente internationale de marchandises – CVIM

Quelle: http://ruessmann.jura.uni-sb.de/rw20/gesetze/CISG/index.htm, 8. Oktober 2006

Folgende **Aspekte** werden u. a. durch das **UN-Kaufrecht** geregelt:

	Artikel
Angebot/Annahme	14 ff.
Lieferzeit, Lieferort des Verkäufers	31 ff.
mangelhafte Lieferung	35
Rechte des Käufers	45 ff.
Zahlungsmodalitäten	53
Rechte des Verkäufers	61 ff.
Übergang der Gefahren	66 ff.
Schadensersatz/Schadensberechnung	74 ff.
Nichterfüllung/Befreiung von Vertragspflichten	79 ff.
Warenerhaltung	85 ff.

UN-Kaufrecht (CISG)

Der Kauf von Waren für den privaten Gebrauch fällt ebenso wenig darunter wie z. B. der Kauf von Immobilien, Schiffen, Wertpapieren, elektrischer Energie sowie ersteigerter oder durch Zwangsmaßnahmen erworbener Waren.

Grundsätzlich gelten auch bei diesem Recht vertragliche Regelungen vor gesetzlichen Regelungen. So kann z. B. das UN-Kaufrecht rechtswirksam ausgeschlossen werden.

Typische Vereinbarungen in Außenhandelskontrakten

Durch die Verwendung unterschiedlicher Sprachen, Maße und Gewichtseinheiten, Handelsbräuche usw. ist es beim Vertragsabschluss in Auslandsgeschäften besonders notwendig, **Qualität**, **Menge**, **Preis** und **Verpackungseinheit** näher zu bestimmen.

Bestimmung der Qualität

Gegenstand der Außenhandelsgeschäfte sind häufig Waren, die qualitativ sehr unterschiedlich ausfallen.

Ebenso sind die Qualitätsnormen oft sehr unterschiedlich definiert. Noch größer ist dieses Problem, wenn es sich um Naturprodukte handelt, deren Qualität z. B. vom Klima abhängig ist.

Beim Vertragsabschluss sollten diese Probleme durch genaueste Präzisierungen minimiert werden.

AUSSENHANDEL

Typische Vereinbarungen in Außenhandelskontrakten

Bestimmung der Qualität

Beispiele:

- Es empfiehlt sich, Qualitätsmerkmale festzulegen, z. B. bei Baumwolle die Sorte, das Erzeugerland, die Faserlänge (Stapellänge), die Faserfeinheit, die Gleichmäßigkeit, die Reinheit, die Festigkeit sowie Farbe und Glanz.

- Um bei eventuellen vertraglichen Auseinandersetzungen Beweise zu haben, können z. B. bei der Baumwollbörse in Bremen Muster von der bestellten Baumwolle hinterlegt werden, denen die gelieferte Baumwolle entsprechen muss. Die Baumwollbörse in Bremen beherbergt für solche Fälle auch eine Schiedsgerichtsbarkeit.

- Beim Import von Kaffee kann man sich an den Standards (Durchschnittsqualität) orientieren, die die Kaffeebörse in London festgelegt hat.

Werden keine Vereinbarungen über die Qualität getroffen, werden in der Regel Waren von **durchschnittlicher Qualität** geliefert. Die Lieferung von durchschnittlicher Qualität kann auch durch die Klausel **„faq"** (fair average quality) ausdrücklich vereinbart werden.

Für alle an der Börse gehandelten Produkte gibt es **Qualitätsstandards**, die international festgelegt wurden.

Bestimmung der Menge

Die **Warenmenge** muss besonders **sorgfältig** bestimmt werden, da die handelsüblichen Bezeichnungen sehr **unterschiedlich** sein können. Darüber hinaus wird in den verschiedenen Ländern oft mit unterschiedlichen Gewichten und Maßeinheiten gearbeitet. So wendet man in Großbritannien nicht das metrische System an, sondern man rechnet mit pound (ca. 0,454 kg), quarter (12,7 kg), (long) ton (1 016,05 kg) und short ton (907,185 kg).

Auch handelsübliche Bezeichnungen wie „Ballen", „Sack", „Kiste", „Trommel", „Fass", „Ballon" sind häufig ungenau und unterschiedlich. Hier empfiehlt es sich, ein **einheitliches Maß**, wie z. B. Liter oder Kilogramm, zu vereinbaren.

thumb/inch (Daumen/Zoll)
digit/finger (Finger)
span (gr. Spanne)
fathom (Faden/Klafter)
ell (Elle)
cubit (Unterarm)
(kleine Spanne)
shaftment
palm (Handfläche)
hand (Handbreite)
foot (Fuß)

2

AUSSENHANDEL

Typische Vereinbarungen in Außenhandelskontrakten

Bestimmung der Menge

Ist das genaue Einhalten von Mengen unwirtschaftlich, kann eine „Zirka-Klausel" vereinbart werden, die z. B. Abweichungen von 10 % nach unten bzw. oben enthalten kann. Diese Toleranzklauseln werden häufig beim Handel mit **Massengütern** (z. B. Erdöl, Kohle, Getreide) angewandt.

Beim Kauf von **Naturprodukten** kann es vorkommen, dass z. B. durch Trocknung während des Versandes die Ware leichter als vereinbart beim Importeur ankommt. Daher werden Vereinbarungen getroffen, dass die Ware beispielsweise erst bei der Einschiffung gewogen wird.

Bestimmung des Preises

Bei der Preiskalkulation sind Kursabweichungen, Abweichungen bei der Menge, unterschiedliche Handelsbräuche bei den Rabatten, Boni, Zahlungsmodalitäten usw. zu berücksichtigen.

Von zunehmender Bedeutung ist die Berücksichtigung von wirtschaftlichen und politischen Risiken im Ausland (siehe S. 345).

Bestimmung der Verpackung

In Auslandsgeschäften spielt die Verpackung eine übergeordnete Rolle, damit die Ware beim Empfänger einwandfrei ankommt. Dabei hat die Verpackung folgende **Funktionen**:

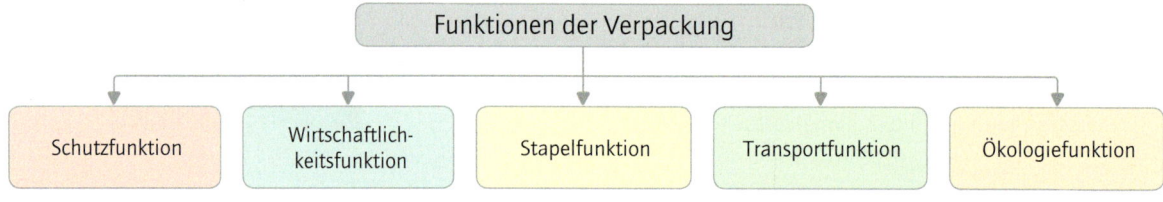

Funktionen der Verpackung

| Schutzfunktion | Wirtschaftlich-keitsfunktion | Stapelfunktion | Transportfunktion | Ökologiefunktion |

Schutzfunktion

Die Verpackung soll die Ware vor **äußeren Einflüssen** schützen, z. B. vor Feuchtigkeit, Luftsauerstoff, Wasserdampf, Licht, Mikrobenbefall, Fremdgeruch, Staub und Verschmutzung. Sie soll druck-, stoß- und bruchfest sein.

Wirtschaftlichkeitsfunktion

Die Verpackung soll nicht Selbstzweck sein, sie muss ein angemessenes **Preis-Leistungs-Verhältnis** aufweisen.

AUSSENHANDEL

Typische Vereinbarungen in Außenhandelskontrakten

Bestimmung der Verpackung

Stapelfunktion

Die Verpackung soll gewährleisten, dass die Produkte **platzsparend**, z. B. in Containern, versandt werden können.

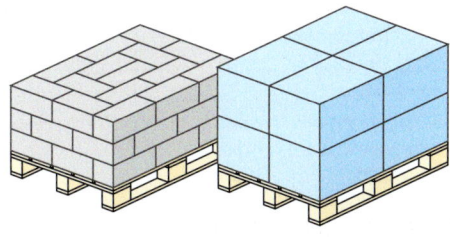

Transportfunktion

Entsprechend den Beförderungsmitteln, beispielsweise Flugzeug, Schiff, Bahn, Lkw, soll die Verpackung so gestaltet werden, dass sie den besonderen Belangen der **Verladung** und des **Transportes** des Beförderungsmittels Rechnung trägt, z. B. seewasserfeste Verpackung beim Schifftransport oder sehr leichte Verpackung beim Flugzeugversand.

Ökologiefunktion

Die Verpackung sollte nach Möglichkeit **wiederverwendbar** bzw. leicht zu **recyceln** sein.

DER BLAUE ENGEL
weil aus 100% Altpapier
JURY UMWELTZEICHEN

Besondere Verpackungsvorschriften der USA:

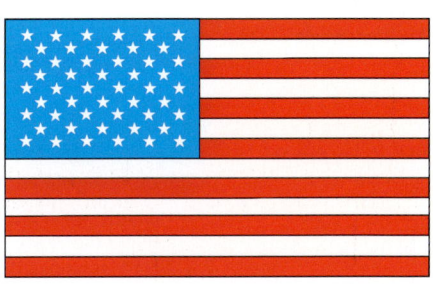

- Nach einer Verfügung des Landwirtschaftsministeriums muss das bei eingeführten Sendungen als Verpackungsmaterial verwendete Heu und Stroh durch den Einführer bzw. Empfänger der Waren vernichtet (verbrannt) oder auf dessen Kosten desinfiziert werden, wenn solche Sendungen nicht von einer vom zuständigen Konsulat legalisierten Desinfektionsbescheinigung begleitet werden.

- Bei Einfuhren aus Deutschland wird als Verpackung benutztes Heu und Stroh in allen Fällen vernichtet, auch wenn die Desinfektionsbescheinigung vorliegt. Es wird daher dringend von einer Verwendung der genannten Materialien als Verpackungsmaterial abgeraten.

- Bei Verwendung von Holzwolle, Papier oder dergleichen ist es ratsam, auf den Rechnungen und der äußeren Verpackung einen entsprechenden Vermerk anzubringen, da die Sendungen sonst von der Zollbehörde geöffnet werden, um die Art des Packmaterials festzustellen.

- Seit dem 23. August 1995 muss bei der Einfuhr von Paletten oder anderen Holzverpackungen (wie Verschläge, Füllmaterial usw.) ein Zertifikat des Exporteurs darüber vorgelegt werden, dass die Verpackung u. a. frei von Pestiziden, Schadstoffen usw. ist. Die Gesundheitsbehörde für lebende Tiere und Pflanzen APHIS weist darauf hin, dass bei Verstößen gegen diese Vorschriften die Sendung beschlagnahmt oder in schweren Fällen sogar vernichtet wird.

vgl. www.duesseldorf.ihk.de/de/Internationales/Auslandsmaerkte/USA/Bestimmungen.jsp, 8. Oktober 2006

2

AUSSENHANDEL

Typische Vereinbarungen in Außenhandelskontrakten

Sonstige Vereinbarungen

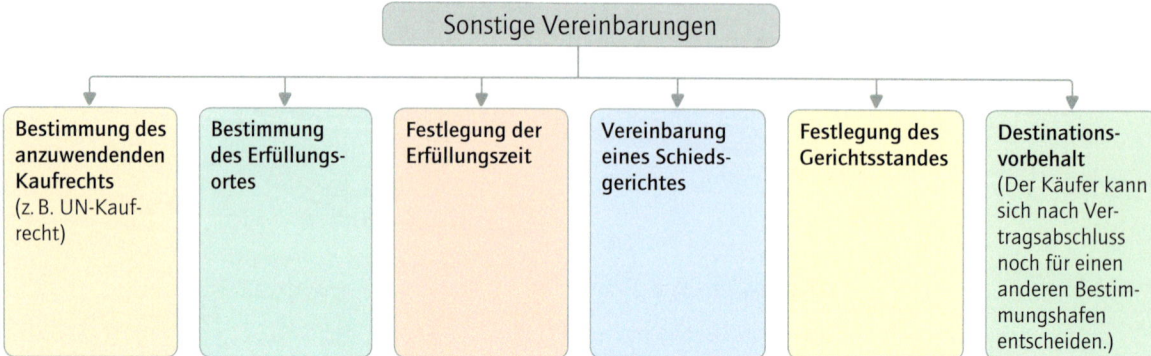

Sonstige Vereinbarungen

| Bestimmung des anzuwendenden Kaufrechts (z. B. UN-Kaufrecht) | Bestimmung des Erfüllungsortes | Festlegung der Erfüllungszeit | Vereinbarung eines Schiedsgerichtes | Festlegung des Gerichtsstandes | Destinationsvorbehalt (Der Käufer kann sich nach Vertragsabschluss noch für einen anderen Bestimmungshafen entscheiden.) |

Genehmigungsfreier/genehmigungspflichtiger Außenhandel
Foreign trade free of/with authorisation

Genehmigungsfreier Außenhandel

Grundsätzlich ist nach dem deutschen Außenwirtschaftsgesetz **(AWG)** jeder Wirtschaftsverkehr mit dem Ausland frei, d. h., er unterliegt keinen Beschränkungen. Das bezieht sich u. a. auf **Waren** und **Dienstleistungen**, auf **Kapital-** und **Zahlungsverkehr** sowie auf den **Handel** mit **Auslandswerten** und **Gold**.

> **Außenwirtschaftsgesetz**
>
> – in der Fassung vom 26. Juni 2006 –

Das **AWG** definiert folgende **Begriffe**:

Auslandswerte	Unter Auslandswerten wird verstanden: ■ Forderungen in Euro an ausländische Kunden ■ unbewegliches Vermögen im Ausland ■ Zahlungsmittel, Forderungen und Wertpapiere, die in einer ausländischen Währung notiert sind
Gebietsansässige	Als gebietsansässig gilt, wer seinen Wohnsitz oder Geschäftssitz im Wirtschaftsgebiet hat oder wer sich überwiegend im Wirtschaftsgebiet aufhält. Der Begriff „gebietsansässig" gilt auch, wenn ■ sich nur die Verwaltung oder Leitung im Wirtschaftsgebiet befindet, ■ Niederlassungen bzw. Betriebsstätten ausländischer Unternehmen im Inland eine Leitung haben und eine separate Buchhaltung für das Wirtschaftsgebiet ausüben müssen.
Wirtschaftsgebiet	Unter Wirtschaftsgebiet wird das deutsche Hoheitsgebiet einschließlich der Zollfreigebiete (z. B. Bremer Freihafen) verstanden.
Gemeinschaftsgebiet	Hierbei handelt es sich um das Zollgebiet der **EU**.

Genehmigungspflichtiger Außenhandel

Das **AWG** gibt auch an, unter welchen Voraussetzungen die Freiheit im Wirtschaftsverkehr eingeschränkt werden kann (z. B. bei Rüstungsgütern). In diesem Fall ermächtigt das **AWG** dazu, die Beschränkungen durch zusätzliche sogenannte Außenwirtschaftsverordnungen (AWV) oder -erlasse vorzunehmen. Die **AWV** regeln darüber hinaus das Import- und Exportverfahren durch besondere Vorschriften.

Genehmigungsfreier/genehmigungspflichtiger Außenhandel
Foreign trade free of/with authorisation

Genehmigungspflichtiger Außenhandel

Die Zuständigkeit für Export- und Importgenehmigungen wird durch die **Zuständigkeitsverordnung** festgelegt.

Beispiele:

Verkehrsministerium: zuständig für Seeverkehr

Bundesbank: zuständig beim Zahlungs-/Kapitalverkehr

Verstärkt wird das Rechtssystem der einzelnen EU-Mitgliedsstaaten durch **EU-Recht**, da es dem jeweiligen Landesrecht übergeordnet ist. Das deutsche **Außenwirtschaftsrecht** hat dementsprechend die **EU-Regelungen** berücksichtigt bzw. zu berücksichtigen, die in zusätzlichen Verordnungen und Erlassen geregelt sind.

Da das EU-Recht bisher nicht alle **Einzelheiten** des Außenhandelsrechts festgelegt hat, sind im **AWG** folgende **Beschränkungsmöglichkeiten** rechtlich geregelt worden:

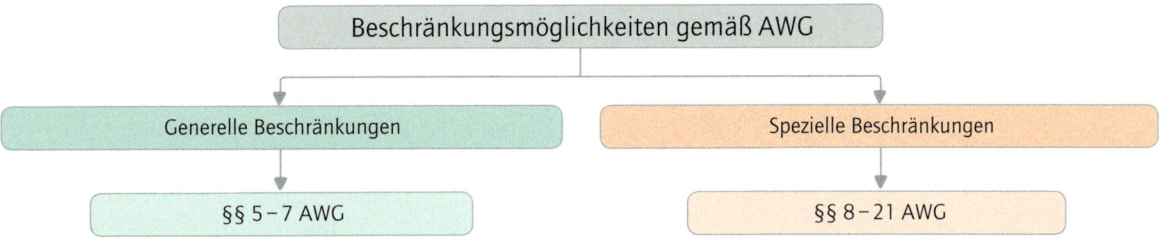

Generelle Beschränkungsmöglichkeiten nach AWG

Rechtsquelle	Inhalt	Erläuterungen/Beispiele
§ 5 AWG	**Generelle** Beschränkungsmöglichkeiten zur **Erfüllung zwischenstaatlicher Vereinbarungen**	Bei Gefahr des Entstehens eines **Marktungleichgewichtes** können Importe beschränkt werden.
§ 6 AWG	**Generelle** Beschränkungsmöglichkeiten zur **Abwehr schädigender Einwirkungen aus fremden Wirtschaftsgebieten**	Bei Gefahr des Entstehens von Arbeitsplatzvernichtung im Inland durch Billigimporte. *Beispiel:* Schuh- und Textilimporte aus China
§ 7 AWG	**Generelle** Beschränkungsmöglichkeiten zum **Schutz der nationalen Sicherheit** bzw. **zum Schutz auswärtiger Interessen**	Hierzu zählt u. a. das Exportverbot von Kriegs-, Atom- oder auch Computertechnologie in bestimmte Länder bzw. das Exportverbot aufgrund eines UN-Embargos. *Beispiel:* Verkauf von Atomtechnologie an den Iran

AUSSENHANDEL

Spezielle Beschränkungsmöglichkeiten nach dem AWG[1]

Rechtsquelle	Inhalt	Erläuterungen/*Beispiele*
§ 8 AWG	Spezielle Beschränkungsmöglichkeiten zur **Aufrechterhaltung der Versorgung**	Um Versorgungsengpässe im Inland zu verhindern, können Exporte untersagt werden. *Beispiel:* Verbot des Kohleexportes im Krisenfall
§ 9 AWG	Spezielle Beschränkungsmöglichkeiten von **Ausfuhrverträgen mit nicht handelsüblichen Lieferungs-/Zahlungsbedingungen**	Beschränkung von Exporten, wenn z. B. durch die Exporte andere Exporteure wesentlich behindert werden. *Beispiel:* Vereinbarung eines nicht branchenüblichen, mehrjährigen Zahlungsziels
§ 10 AWG	Spezielle Beschränkungsmöglichkeiten der Einfuhr zum **Schutz** einzelner **inländischer Branchen**	*Beispiel:* Beschränkung des Importes von Hochtechnologie, um die eigene Hochtechnologiebranche zu schützen.
§ 15 AWG	Spezielle Beschränkungsmöglichkeiten des **aktiven Lohnveredelungsverkehrs**	Wenn die Versorgung im Inland durch Veredelung ausländischer Waren stark beeinträchtigt wird, kann die Veredelung untersagt werden.
§ 16 AWG	Spezielle Beschränkungsmöglichkeiten bei der **Vergabe von Herstellungs-, Vertriebs- und Lizenzrechten**	Hierbei geht es u. a. darum, minderwertige Lizenzfertigung zu verhindern, um so anerkannte Qualitätsmerkmale zu schützen. *Beispiel:* Sicherung des guten Rufes von „Made in Germany", „Deutsches Bier" usw.
§ 17 AWG	Spezielle Beschränkungsmöglichkeiten **audiovisueller Werke**	*Beispiel:* Um inländische Filmprojekte zu schützen, kann der Import von Filmrechten beschränkt werden.
§§ 18–20 AWG	Spezielle Beschränkungsmöglichkeiten zur **Gewährleistung des Seeverkehrs, der Binnenschifffahrt und des Luftverkehrs**	*Beispiel:* Wenn die Lufthansa im Ausland behindert würde, könnte die Fluglinie des entsprechenden Landes ebenfalls im Inland behindert werden.
§ 21 AWG	Spezielle Beschränkungsmöglichkeiten **bestimmter Versicherungsbereiche**	Bei Behinderungen inländischer Versicherungen im Ausland können die Geschäfte ausländischer Versicherungen im Inland beschränkt werden.

[1] Das deutsche AWG (Außenwirtschaftsgesetz) ist die Rechtsgrundlage für die Abwicklung von grenzüberschreitenden Export-, Import- und Dienstleistungsgeschäften. Die Frage, ob derartige Geschäfte genehmigungsfrei oder genehmigungspflichtig sind bzw. bestimmten Meldevorschriften unterliegen, wird durch das AWG und in Ergänzung dazu durch die AWV (Außenwirtschaftsverordnung) definiert.

(aus: www.ihk-nordwestfalen.de/dokumente_zoll/awg.cfm, 23. September 2007)

Begriff

Das Außenhandelsunternehmen kann sich an sogenannten **Ausschreibungsverfahren** beteiligen. Darin werden Lieferanten aufgefordert, ihre Angebote bis zu einem bestimmten **Zeitpunkt** schriftlich abzugeben.

Öffentliche (staatliche) Aufträge sind von EU-Mitgliedsstaaten EU-weit auszuschreiben.

Im Rahmen der **Globalisierung** erfolgt die Ausschreibung oft weltweit.

Beispiel:
Eine Gemeinde schreibt den Neubau eines Gesundheitszentrums EU-weit aus.

Ausschreibungsverfahren

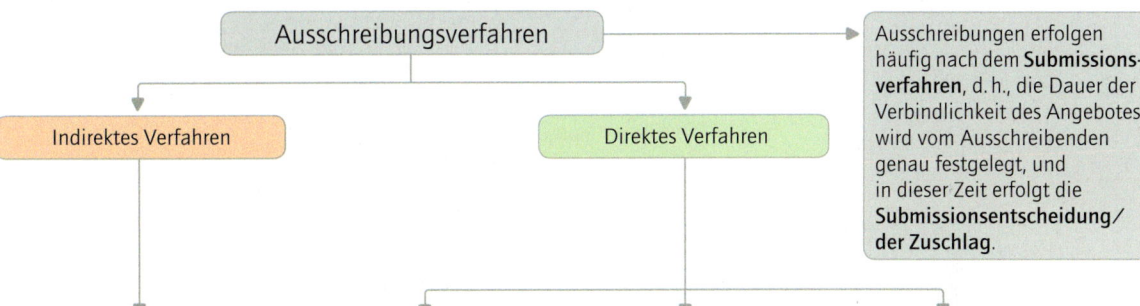

```
                    Ausschreibungsverfahren
                    /                      \
        Indirektes Verfahren        Direktes Verfahren
```

Ausschreibungen erfolgen häufig nach dem **Submissionsverfahren**, d. h., die Dauer der Verbindlichkeit des Angebotes wird vom Ausschreibenden genau festgelegt, und in dieser Zeit erfolgt die **Submissionsentscheidung / der Zuschlag**.

Offene Ausschreibung	**Allgemeine Ausschreibung**	**Ausschreibung mit Vorqualifikation**	**Ausschreibung mit Beschränkung auf registrierte Unternehmen**
Alle interessierten Anbieter können ihre Angebote aufgrund dieser Ausschreibung abgeben. *Beispiel:* Durch Zeitungsanzeigen, Internetveröffentlichungen, Einschaltung von Institutionen wie der Bundesagentur für Außenwirtschaft oder der IHK werden Lieferanten aufgefordert, entsprechende Angebote einzureichen.	Unternehmen, die die gewünschte Ware liefern können, werden direkt angeschrieben. *Beispiel:* Beim Bau von Windkraftanlagen werden die entsprechenden Hersteller direkt um ein Angebot gebeten.	Es beteiligen sich nur Anbieter, die eine Vorauswahl überstanden haben (z. B. durch Referenzen, positive Erfahrungen aus früheren Geschäften).	An diesem Ausschreibungsverfahren dürfen sich nur bekannte und registrierte Unternehmen beteiligen, wenn sie vom Auftraggeber direkt zu einer Angebotsabgabe aufgefordert werden.

Pressemitteilung   22.01.2010

(PA) Europaweite Ausschreibung für Hotelprojekt im NORDPORT in Norderstedt direkt am Hamburg Airport endet am 29.01.2010 um 12 Uhr. Investoren und Projektentwickler sollten Abgabefrist beachten.

Die Details zu den Teilnahmebedingungen und Auftragsgegenstand sind im Internet unter http://www.ted.europa.eu mit der Bezeichnung „D-Norderstedt: Bau von Hotels 2009/S 210-301667, BAUKONZESSION" einzusehen.

aus: http://www.presseanzeiger.de/meldungen/immobilien/317866.php

Verbindliches Angebot	Siehe Ausführungen über den Kaufvertrag, Seite 88 ff.
Letter of Intent (Absichtserklärung)	Der Anbieter erklärt, dass er die Ware liefern möchte, jedoch für die Angebotserstellung mehr Zeit benötigt. Er ist somit in seinen Bedingungen unverbindlich. Diese Erklärung ist auch auf **Käuferseite** üblich, so erklären z. B. Fluglinien die Absicht, eine bestimmte Stückzahl eines Flugzeugtyps zu bestellen, auch wenn sich der Flugzeugtyp noch in der Entwicklung befindet (z. B. Airbus A 380).
Letter of Understanding (Vorvertrag)	Bei großen Projekten wird auch häufig ein **Vorvertrag** abgeschlossen. Der endgültige rechtsverbindliche Vertragsabschluss erfolgt später und wird von bestimmten Kriterien abhängig gemacht. *Beispiel:* Beim Kauf von Atomkraftwerken wird der endgültige Vertragsabschluss vom Votum der jeweiligen Zulassungsbehörde abhängig gemacht.

Schifffahrtsverkehr — *Shipping traffic*

Binnenschifffahrtsverkehr

Der Binnenschifffahrtsverkehr spielt in der EU und vor allem in der Bundesrepublik Deutschland insbesondere beim Transport von Massengütern und Containern eine wichtige Rolle.

Wasserstraßen

Flüsse, die für die Binnenschifffahrt von großer Bedeutung sind:	Kanäle, die für die Binnenschifffahrt von großer Bedeutung sind:
▪ Rhein	▪ Mittellandkanal
▪ Mosel	▪ Main-Donau-Kanal
▪ Donau	▪ Elbe-Seitenkanal
▪ Elbe	▪ Elbe-Havel-Kanal
▪ Weser	▪ Oder-Havel-Kanal
▪ Main	▪ Dortmund-Ems-Kanal
▪ Neckar	▪ Rhein-Herne-Kanal
	▪ Weser-Datteln-Kanal

Schifffahrtsverkehr

Shipping traffic

Binnenschifffahrtsverkehr

Binnenschifffahrtsverkehr

Transporteure

- Reedereien
- Schiffseigner mit maximal drei Binnenschiffen (Partikuliere = Einzelschiffer)
- Werksschifffahrt (Unternehmenseigene Schiffe befördern unternehmenseigene Güter.)

Befrachter

Er schließt in eigenem Namen Frachtverträge mit Importeuren oder Exporteuren ab und lässt die Waren von Reedereien bzw. Partikulieren befördern, da er i. d. R. keine eigenen Schiffe besitzt.

Frachttarife/Frachtenkonventionen

Die Beförderungstarife richten sich u. a. nach Produktgruppen und Wasserstraßen.

Beispiele:

- Duisburger Frachtenkonvention (Tarif für Produkte der Automobil-, Chemie-, Eisen- und Stahlindustrie usw.)
- Rheinschifffahrtskonvention (Tarif für Futtermittel, Getreide, Ölsaaten)
- Schweizer Rheinschifffahrtskonvention (Tarife für Transporte in bzw. von der Schweiz über den Rhein)

Schifffahrtsbörse

An verschiedenen Schifffahrtsbörsen, wie u. a. in Rotterdam und Duisburg, werden „Frachten" durch zugelassene Reeder, Einzelschiffer und Spediteure gehandelt.

Ladeschein (Flusskonnossement)

Der Ladeschein hat die gleiche Funktion wie das Konnossement.

Vorteile

- großes Transportvolumen (Ein Binnenschiff befördert mindestens das Volumen von zwölf Lkws.)
- Entzerrung des Straßen- und Schienenverkehrs
- umweltfreundlich
- Infrastruktur wird in der Regel vom Staat gestellt.
- Preisvorteile gegenüber Bahn und Lkw

Nachteile

- relativ langsames Verkehrsmittel
- abhängig von den jeweiligen Wasserständen
- benötigt Häfen und andere Verkehrsmittel zum Weitertransport

Binnenschifffahrtsverkehr

BMVBW Abt. EW 24 Bonn, 2000 W 162p

MAINZ □ Sitz einer Wasser-und Schifffahrtsdirektion

Mannheim ◇ Sitz eines Wasser-und Schifffahrtsamtes u. dgl.

– – – – Staatsgrenze

▬▮▬ Grenze zwischen Wasser- und Schifffahrtsdirektionen

▬┊▬ Grenze zwischen Wasser- und Schifffahrtsämtern

▬▬ WS-Klasse 0 - III

▬▬ WS-Klasse IV - VI

Bundeswasserstraßen, die eine Länge von unter 5 km aufweisen, sind maßstabsbedingt teilweise nicht dargestellt.

Kartographie: Sonderstelle für Vermessungswesen beim Wasser- und Schifffahrtsamt Regensburg
Vertrieb: Drucksachenstelle der WSV bei der Wasser- und Schifffahrtsdirektion Mitte, Postfach 6307, 30063 Hannover

Seefrachtverkehr

Zum Seefrachtverkehr gehören der **Überseeverkehr**, der **Küstenschifffahrtsverkehr** und der **Fährverkehr**.

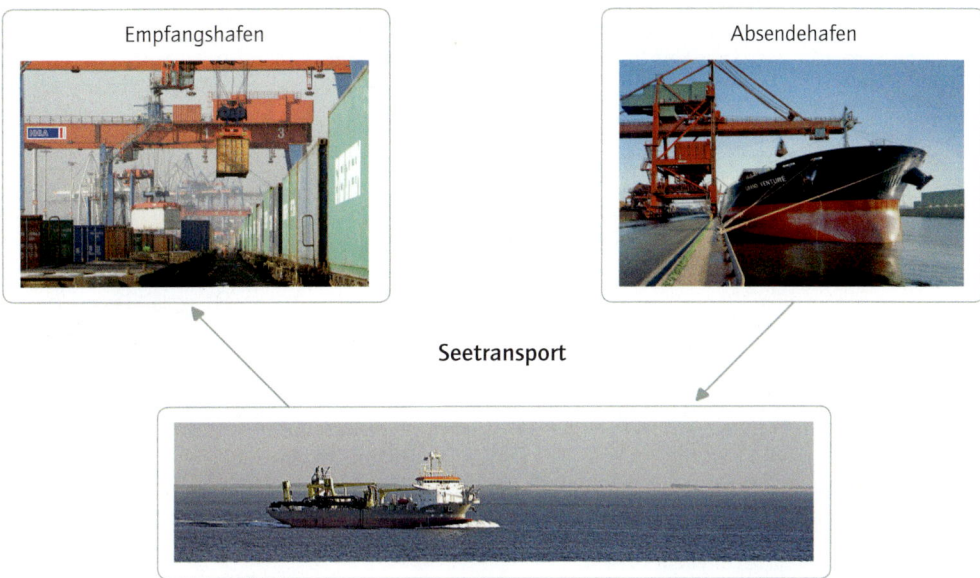

Empfangshafen   Absendehafen

Seetransport

Bei der Beförderung von Waren im Rahmen des Seeverkehrs spielen Aspekte wie **Seetransportart**, **Reederauswahl** und Auswahl des **Absende-** bzw. **Empfangshafens** eine wichtige Rolle. Weiterhin sind u. a. folgende Beteiligte am Seefrachtverkehr von Bedeutung:

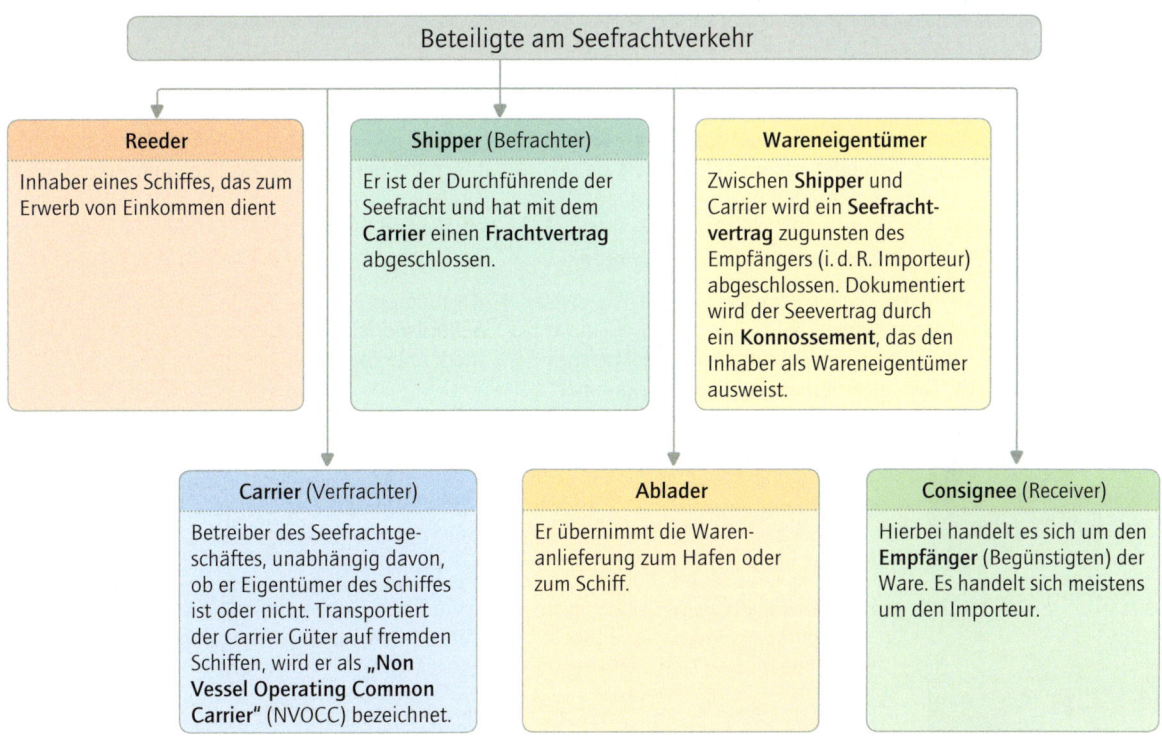

Beteiligte am Seefrachtverkehr

Reeder

Inhaber eines Schiffes, das zum Erwerb von Einkommen dient

Shipper (Befrachter)

Er ist der Durchführende der Seefracht und hat mit dem **Carrier** einen **Frachtvertrag** abgeschlossen.

Wareneigentümer

Zwischen **Shipper** und Carrier wird ein **Seefrachtvertrag** zugunsten des Empfängers (i. d. R. Importeur) abgeschlossen. Dokumentiert wird der Seevertrag durch ein **Konnossement**, das den Inhaber als Wareneigentümer ausweist.

Carrier (Verfrachter)

Betreiber des Seefrachtgeschäftes, unabhängig davon, ob er Eigentümer des Schiffes ist oder nicht. Transportiert der Carrier Güter auf fremden Schiffen, wird er als **„Non Vessel Operating Common Carrier"** (NVOCC) bezeichnet.

Ablader

Er übernimmt die Warenanlieferung zum Hafen oder zum Schiff.

Consignee (Receiver)

Hierbei handelt es sich um den **Empfänger** (Begünstigten) der Ware. Es handelt sich meistens um den Importeur.

Abladegeschäft

Eine typische Kaufvertragsart im Seefrachtverkehr ist das **Abladegeschäft**. Die Ware wird an einen **Abladehafen/ Seehafen** geliefert, dort abgeladen und zu einem **Bestimmungshafen** verschifft. Der Exporteur hat die Pflicht, die Ware dem **Carrier/Verfrachter** zu übergeben und dem Käufer/Importeur den **Seefrachtvertrag**/das **Konnos-**

sement zur Verfügung zu stellen. Nur durch die **Vorlage des Konnossements** kann der Käufer die Ware am Bestimmungshafen übernehmen, da das Konnossement ihn als **Empfangsberechtigten legitimiert**. Der Erfüllungsort für die Ware ist der Verschiffungshafen, für die Konnossementübergabe der Geschäftssitz des Käufers (Importeur).

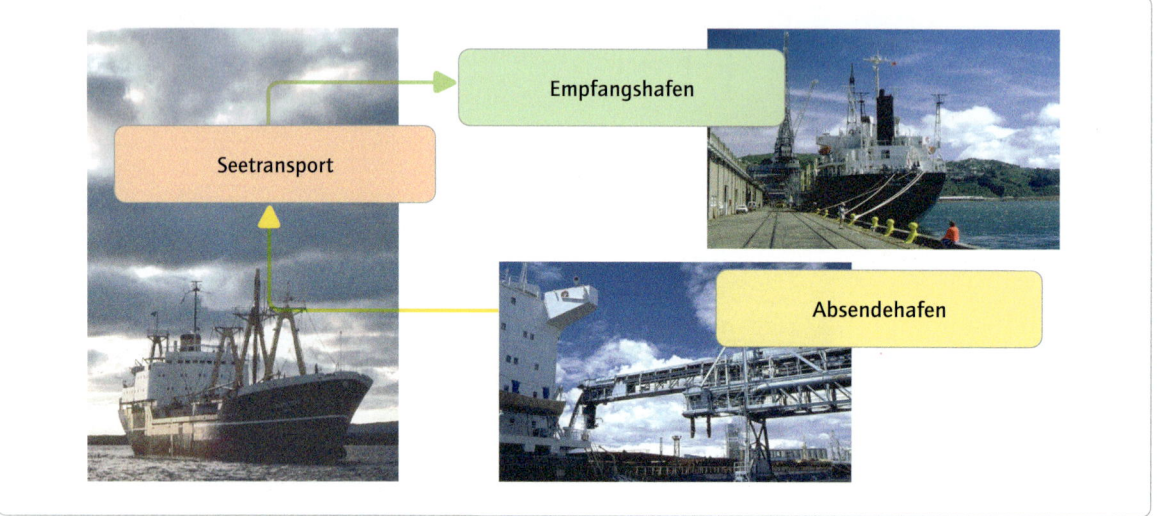

Begriff

- **Rechtsprobleme** im **Außenhandelsgeschäft** werden vorzugsweise über **Schiedsgerichte** abgewickelt, da gerichtliche Auseinandersetzungen durch unterschiedliche Gerichtsverfahren oder unterschiedliche Rechtsauslegungen häufig sehr zeitraubend und kostspielig sind.

- So gibt es in vielen Ländern Schiedsgerichte, die sich mit Auseinandersetzungen befassen. Um auch diese Verfahren abzukürzen, wird häufig die „Schiedsgerichtsbarkeit der Internationalen Handelskammer"

in Paris in Anspruch genommen. Streitigkeiten werden hier ohne Berufungsmöglichkeit **endgültig** entschieden. Grundvoraussetzung dafür ist aber die Aufnahme einer „Schiedsklausel" im Kaufvertrag, in der die Vergleichs- und Schiedsordnung der IHK Paris anerkannt wird.

- Als übergeordnetes Organ wacht der **Internationale Schiedsgerichtshof** der Internationalen Handelskammern über die Schiedsgerichtsbarkeit.

- Die **Internationale Handelskammer** (engl. *International Chamber of Commerce*, franz. *Chambre de Commerce international*; kurz **ICC**) ist eine internationale, nicht staatliche Organisation mit Sitz in der französischen Hauptstadt Paris. Ihre Aufgabe ist die Unterstützung und Förderung des weltweiten Handels und der Globalisierung. Sie verteidigt die wirtschaftlichen Interessen, Wohlstand und Wachstum der Weltwirtschaft.

  Als eine der bedeutendsten Einrichtungen auf dem Gebiet der Weltwirtschaft genießt die Internationale Handelskammer Beobachterstatus in nahezu allen relevanten internationalen Organisationen.

Verfahren

Es spielt keine Rolle, ob zwischen Unternehmen, Staaten oder Unternehmen und Staat Streitigkeiten im Bereich des Handelsverkehrs bestehen. Alle können vor den Schiedsgerichten der Internationalen Handelskammer verhandelt und entschieden werden.

Verfahrensablauf

Vergleichsverfahren	Schiedsverfahren
■ Das Vergleichsverfahren ist eine Vorstufe zum Schiedsverfahren bzw. Gerichtsverfahren.	■ Als Schiedsrichter können eine oder drei Personen fungieren.
■ Die Stellungsnahme zum Streit ist schriftlich einzureichen.	■ Bei einem Einzelrichter haben die Streitenden Einfluss auf die Benennung.
■ An der mündlichen Verhandlung können die Streitenden persönlich teilnehmen oder sich vertreten lassen.	■ Kommt es zu keiner Einigung, schlagen die Streitenden jeweils einen unabhängigen Richter vor, der dritte Richter wird vom Schiedsgerichtshof ernannt.
■ Der Generalsekretär des Internationalen Schiedsgerichtshofs ernennt den Schlichter.	■ Der Schiedsgerichtshof ist für Formalitäten zuständig, weiterhin legt er den Schiedsort und die während des Schiedsverfahrens anzuwendende Sprache fest.
■ Der Ort des Schlichtungsverfahrens wird von den Streitenden und dem Schlichter festgelegt.	■ Schiedsverhandlungen sind nicht öffentlich.
■ Kommt kein Vergleich zustande, kann das Schiedsverfahren bzw. ein Gerichtsverfahren eingeleitet werden.	■ Sachverständige – auch aus anderen Ländern – können beteiligt werden.
	■ Die streitenden Parteien übernehmen in der Regel je zur Hälfte die Vorschusskosten für den festgelegten Streitwert.
	■ Ein Vergleich kann noch während der Verhandlung geschlossen werden.
	■ Der Schiedsspruch erfolgt meist innerhalb eines halben Jahres und ist den Parteien schriftlich auszuhändigen.

AUSSENHANDEL

Vor- und Nachteile

Schiedsgerichtsbarkeit

Vorteile	Nachteile
▪ sehr sachkundige und erfahrene **Schiedsrichter**	▪ keine Berufungsmöglichkeiten
▪ kostengünstigeres Verfahren (im Vergleich zur Gerichtsbarkeit)	▪ eventuell auftretende Probleme bei Durchführung des Schiedsgerichtsurteils (Vollstreckung)
▪ schnelleres Verfahren (im Vergleich zur Gerichtsbarkeit)	
▪ Berücksichtigung von Aspekten wie Handelsbräuche in den jeweiligen Ländern	
▪ Vertragspartner haben eventuell Einfluss auf die Schiedsrichterbestellung, wenn z. B. spezielles Fachwissen erforderlich ist.	

Rechtliche Grundlagen

Die rechtliche Grundlage für die Schiedsgerichtsbarkeit ist in der Bundesrepublik Deutschland in der **Zivilprozessordnung** in der Fassung der Bekanntmachung vom 5. Dezember 2005 (Bundesgesetzblatt Teil I S. 3202), geändert durch Gesetz vom 19. April 2006 (Bundesgesetzblatt Teil I S. 866) m. W. v. 25. April 2006 im Buch 10, §§ 1025 bis 1066), geregelt:

Abschnitt 1
Allgemeine Vorschriften (§§ 1025 – 1028)
  § 1025 (Anwendungsbereich)
  § 1026 (Umfang gerichtlicher Tätigkeit)
  § 1027 (Verlust des Rügerechts)
  § 1028 (Empfang schriftlicher Mitteilungen bei unbekanntem Aufenthalt)

Abschnitt 2
Schiedsvereinbarung (§§ 1029 – 1033)
  § 1029 (Begriffsbestimmung)
  § 1030 (Schiedsfähigkeit)
  § 1031 (Form der Schiedsvereinbarung)
  § 1032 (Schiedsvereinbarung und Klage vor Gericht)
  § 1033 (Schiedsvereinbarung und einstweilige gerichtliche Maßnahmen)

Rechtliche Grundlagen

Abschnitt 3
Bildung des Schiedsgerichts (§§ 1034 – 1039)
§ 1034 (Zusammensetzung des Schiedsgerichts)
§ 1035 (Bestellung der Schiedsrichter)
§ 1036 (Ablehnung eines Schiedsrichters)
§ 1037 (Ablehnungsverfahren)
§ 1038 (Untätigkeit oder Unmöglichkeit der Aufgabenerfüllung)
§ 1039 (Bestellung eines Ersatzschiedsrichters)

Abschnitt 4
Zuständigkeit des Schiedsgerichts
(§§ 1040 – 1041)
§ 1040 (Befugnis des Schiedsgerichts zur Entscheidung über die eigene Zuständigkeit)
§ 1041 (Maßnahmen des einstweiligen Rechtsschutzes)

Abschnitt 5
Durchführung des schiedsrichterlichen Verfahren
(§§ 1042 – 1050)
§ 1042 (Allgemeine Verfahrensregeln)
§ 1043 (Ort des schiedsrichterlichen Verfahrens)
§ 1044 (Beginn des schiedsrichterlichen Verfahrens)
§ 1045 (Verfahrenssprache)
§ 1046 (Klage und Klagebeantwortung)
§ 1047 (Mündliche Verhandlung und schriftliches Verfahren)
§ 1048 (Säumnis einer Partei)
§ 1049 (Vom Schiedsgericht bestellter Sachverständiger)
§ 1050 (Gerichtliche Unterstützung bei der Beweisaufnahme und sonstige richterliche Handlungen)

Abschnitt 6
Schiedsspruch und Beendigung des Verfahrens
(§§ 1051 – 1058)
§ 1051 (Anwendbares Recht)
§ 1052 (Entscheidung durch ein Schiedsrichterkollegium)
§ 1053 (Vergleich)
§ 1054 (Form und Inhalt des Schiedsspruchs)
§ 1055 (Wirkungen des Schiedsspruchs)
§ 1056 (Beendigung des schiedsrichterlichen Verfahrens)
§ 1057 (Entscheidung über die Kosten)
§ 1058 (Berichtigung, Auslegung und Ergänzung des Schiedsspruchs)

Abschnitt 7
Rechtsbehelf gegen den Schiedsspruch (§ 1059)
§ 1059 (Aufhebungsantrag)

Abschnitt 8
Voraussetzungen der Anerkennung und Vollstreckung von Schiedssprüchen (§§ 1060 – 1061)
§ 1060 (Inländische Schiedssprüche)
§ 1061 (Ausländische Schiedssprüche)

Abschnitt 9
Gerichtliches Verfahren (§§ 1062 – 1065)
§ 1062 (Zuständigkeit)
§ 1063 (Allgemeine Vorschriften)
§ 1064 (Besonderheiten bei der Vollstreckbarerklärung von Schiedssprüchen)
§ 1065 (Rechtsmittel)

Abschnitt 10
Außervertragliche Schiedsgerichte (§ 1066)
§ 1066 (Entsprechende Anwendung der Vorschriften des Zehnten Buches)

aus: http://dejure.org/gesetze/ZPO, 4. November 2006

Wichtige Schiedsgerichte

- **ICC Deutschland e. V.**
  Hausanschrift: Wilhemstraße 43 G (Eingang Leipziger Straße 121), 10117 Berlin, Postanschrift: Postfach 80 43 2, 10004 Berlin, Tel.: 030 2 00 73 63 00, Fax: 030 2 00 73 63 69, E-Mail: icc@icc-deutschland.de
- **ICC General, General enquiries, International Chamber of Commerce**
  38 cours Albert 1er, F-75008 Paris, France, Tel.: +33 1 49 53 28 28, Fax: +33 1 49 53 28 59
- **ICC International Court of Arbitration**
  1212 Avenue of the Americas, New York, NY 10036-1689, USA
- **Arbitration Consultant**
  30 Chepstow Road, London W2 5BE
- **Arbitration Institute of the Stockholm Chamber of Commerce**
  P.O. Box 16050, SE-103 21 Stockholm, Sweden, Visiting address: Jakobs Torg 3, Telefax: +46 8 56 63 16 50, E-Mail: arbitration@chamber.se
- **Wirtschaftskammer Österreich**
  Wiedner Hauptstraße 63, A-1045 Wien, Österreich, Telefon: +43 5 9 09 00

3 Beschaffungsprozesse planen, steuern und kontrollieren

Begriff

Als **Beschaffung im weiteren Sinne** können alle Tätigkeiten des Unternehmens bezeichnet werden, die dazu dienen, die Mittel zu erhalten, die für das Leistungsangebot des Großhandelsunternehmens notwendig sind. Diese können neben den Waren und Warenträgern alle zu beschaffenden Materialien, das Personal und das notwendige Kapital sein.

Bei der **Beschaffung im engeren Sinne** betrachtet man dagegen nur die zu beschaffenden Waren und die dazugehörigen Dienstleistungen.

Beschaffungsprozess im Großhandel

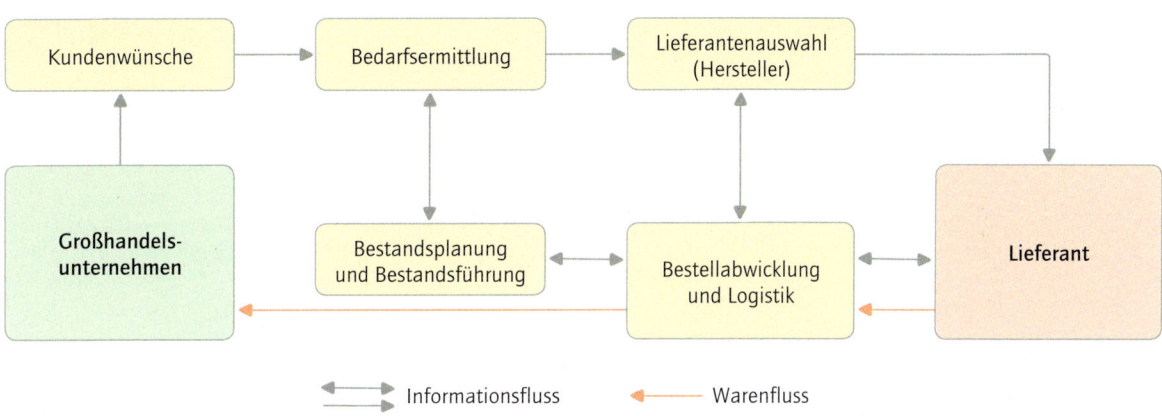

Informationsfluss   Warenfluss

Beschaffungslogistik

Purchasing logistics

Begriff und Zielsetzung

Die **Beschaffungslogistik** befasst sich mit der **Planung**, **Steuerung** und **Kontrolle** von **Waren-** und **Informationsflüssen** zwischen dem Unternehmen und seinen **Lieferanten** und den sogenannten **Logistikdienstleistern** (z. B. Transportunternehmen). Als Teil der gesamten Logistik von Unternehmen muss die Beschaffungslogistik im Rahmen des Beschaffungsprozesses Güter und Informationen

- in der richtigen Menge,
- in der notwendigen Qualität,
- am richtigen Ort,
- zum richtigen Zeitpunkt,
- zu möglichst geringen Kosten

beschaffen.

Aufgabenbereiche

Aufgabenbereiche im Beschaffungsprozess

Bedarfsermittlung	Lieferantenauswahl	Bestandsplanung und -führung	Bestellabwicklung (Disposition)
Ermittlung der benötigten Mengen an Waren, Abgleich mit Daten aus der Bestandsplanung und -führung, enge Kooperation mit der Marketingabteilung	gezielte Suche und Auswahl von neuen Lieferanten, Bewertung von Lieferanten, Erarbeitung von Zielvorgaben, z. B. für Verhandlungen über Preise und Konditionen	mengen- und wertmäßige Planung und Überprüfung von Warenbeständen, Erfassung der Warenbewegungen, Verhinderung des Auftretens von Fehlmengen; enge Zusammenarbeit mit Bedarfsermittlung	Einholen und Vergleichen von Angeboten, Erarbeitung von Bestellvorschlägen, Auslösen von Bestellungen, Erfassen und Überwachen von Wareneingängen, Überprüfen der Eingangsrechnungen

Ökonomische und ökologische Aspekte der Beschaffungsplanung
Economic and ecological aspects of purchasing

Beschaffungsplanung

Beschaffungsplanung

	Beispiele:
Sortimentsplanung Was soll bestellt werden?	Welche Artikel sollen beschafft werden?
Mengenplanung Wie viel soll bestellt werden?	Soll zunächst nur eine Probemenge bestellt werden?
Zeitplanung Wann soll bestellt werden?	Soll sofort oder zu einem späteren Zeitpunkt bestellt werden?
Preisplanung Wie hoch darf der maximal akzeptierbare Einkaufspreis sein?	Kann der Einkaufspreis von … € unterschritten werden?
Bezugsquellenplanung Wo soll bestellt werden?	Soll bei einem Lieferanten bestellt werden, dessen Standort in der Nähe ist, oder bei dem, der die größte Sortimentstiefe hat?

Ökologie im Rahmen der Beschaffungsplanung

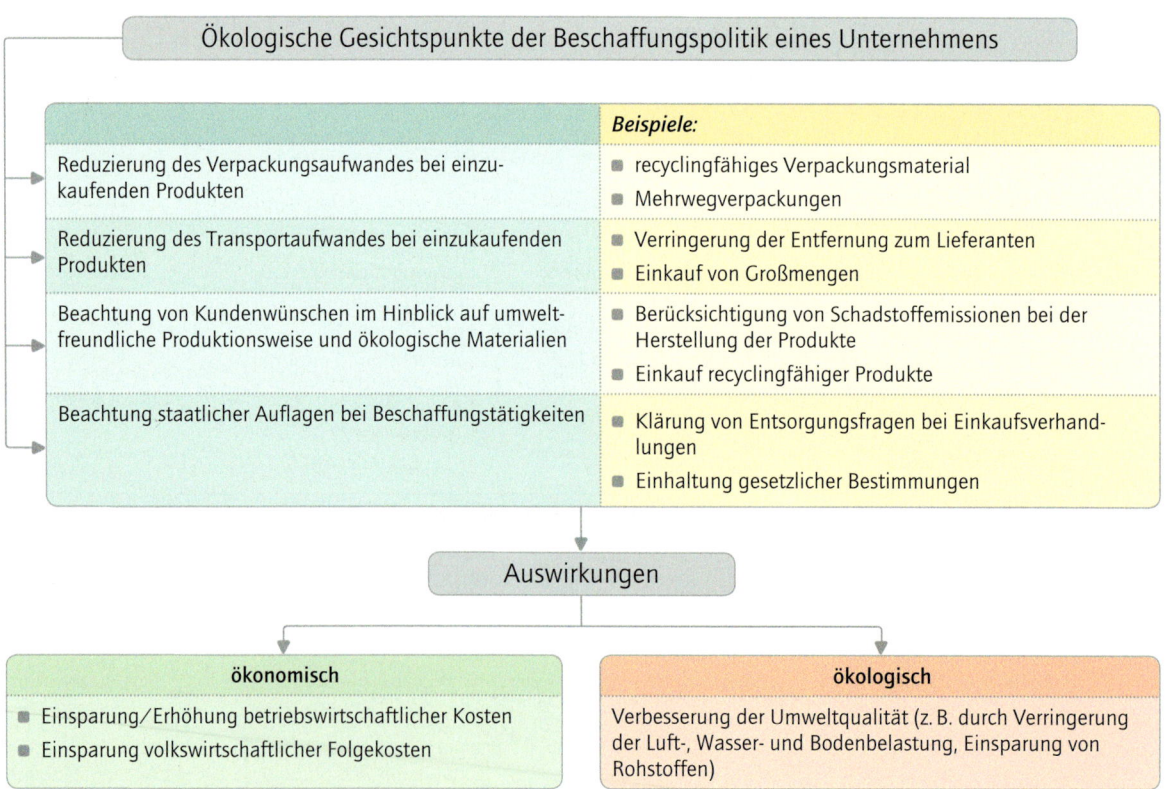

Ökologische Gesichtspunkte der Beschaffungspolitik eines Unternehmens

	Beispiele:
Reduzierung des Verpackungsaufwandes bei einzukaufenden Produkten	■ recyclingfähiges Verpackungsmaterial ■ Mehrwegverpackungen
Reduzierung des Transportaufwandes bei einzukaufenden Produkten	■ Verringerung der Entfernung zum Lieferanten ■ Einkauf von Großmengen
Beachtung von Kundenwünschen im Hinblick auf umweltfreundliche Produktionsweise und ökologische Materialien	■ Berücksichtigung von Schadstoffemissionen bei der Herstellung der Produkte ■ Einkauf recyclingfähiger Produkte
Beachtung staatlicher Auflagen bei Beschaffungstätigkeiten	■ Klärung von Entsorgungsfragen bei Einkaufsverhandlungen ■ Einhaltung gesetzlicher Bestimmungen

Auswirkungen

ökonomisch	ökologisch
■ Einsparung/Erhöhung betriebswirtschaftlicher Kosten ■ Einsparung volkswirtschaftlicher Folgekosten	Verbesserung der Umweltqualität (z. B. durch Verringerung der Luft-, Wasser- und Bodenbelastung, Einsparung von Rohstoffen)

vgl.: Bentin, Margit u. a.: Beschaffungsprozess, Lehrerband, 2. Aufl., Darmstadt 2005, S. 121 f.

Begriff

Bei der Planung der Bestellmengen muss die Einkaufsabteilung eines Betriebes die entstehenden Kosten grundsätzlich möglichst gering halten.

Die **optimale Bestellmenge** ist die Menge, bei der die Summe aus Lager- und Bestellkosten am geringsten ist.

Zielkonflikt zwischen Lager- und Bestellkosten

- Die Beschaffung größerer Mengen in größeren Zeitabständen verursacht relativ hohe Lagerkosten.

- Die Beschaffung kleinerer Mengen in kleineren Zeitabständen verursacht relativ hohe Bestellkosten.

Beispiel

Die Bellheim-BüroService GmbH ermittelt in der nachstehenden Tabelle die optimale Bestellmenge für den Laserdrucker LD 02, der vor einiger Zeit in das Sortiment aufgenommen wurde, aufgrund folgender Bedingungen:

- Pro Jahr werden aufgrund der Nachfrage 20 000 Laserdrucker benötigt. Eine Bestelleinheit umfasst eine Palette mit 50 Laserdruckern. Im Jahr werden somit 400 Paletten benötigt.
- Unser Lieferer berechnet bei jeder Bestellung unabhängig von der Menge 20,00 € für die Auftragsbearbeitung.
- Die Bellheim-BüroService GmbH kalkuliert – ebenfalls unabhängig von der Bestellmenge – 20,00 € für die Arbeitsvorgänge beim Wareneingang und bei der Rechnungsprüfung ein.
- Eine Palette mit 50 Laserdruckern verursacht während der Lagerdauer durchschnittliche Lagerkosten (anteilige Lagerverwaltungskosten und Zinskosten für das in der Ware gebundene Kapital) von 5,00 €.
- In einem Jahr besteht die Möglichkeit, bis zu sechzehnmal zu bestellen.

Ermittlung der optimalen Bestellmenge – Laserdrucker LD 02

Mögliche Anzahl der Bestellungen bei unserem Lieferer pro Jahr	Bestellmenge Paletten	Lagerkosten €	Bestellkosten €	Gesamtkosten €
1	400	2.000,00	40,00	2.040,00
2	200	1.000,00	80,00	1.080,00
4	100	500,00	160,00	660,00
8	**50**	**250,00**	**320,00**	**570,00**
10	40	200,00	400,00	600,00
16	25	125,00	640,00	765,00

Bei der Ermittlung der optimalen Bestellmenge (siehe Tabelle) sind für die Bellheim-BüroService GmbH folgende Fragen zu klären:

a) Bei welcher Bestellhäufigkeit sind die Gesamtkosten am geringsten?
   *(hier: bei **8 Bestellungen** pro Jahr = 570,00 € Gesamtkosten)*

b) Wie viele Paletten müssen jeweils bestellt werden, um die Summe aus Lager- und Bestellkosten zu minimieren (optimale Bestellmenge)?
   *(hier: **50 Paletten**)*

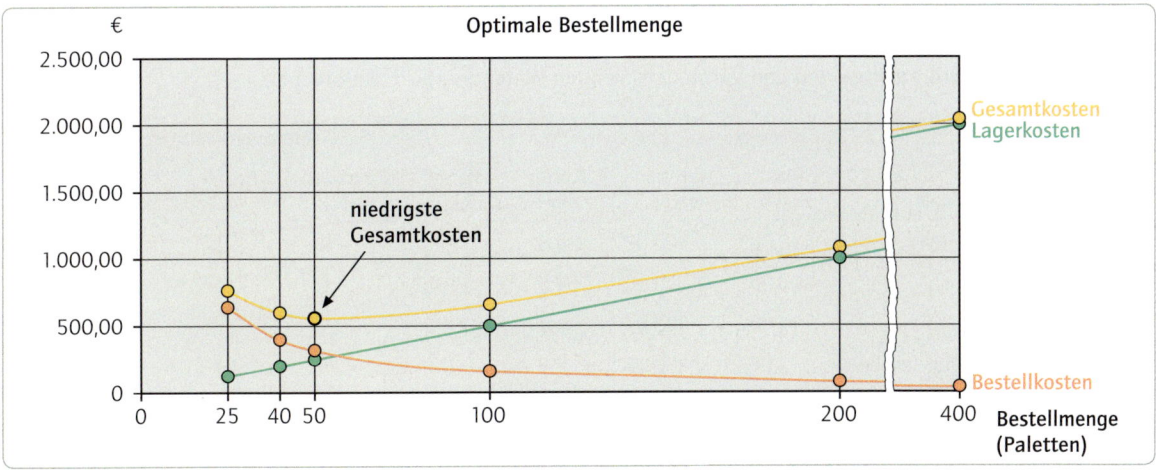

Betrieblicher Zusammenhang

Wie in allen betrieblichen Funktionsbereichen müssen Betriebe auch bei der Beschaffung und Bereitstellung (Lagerung) von Gütern (Produktionsmaterial/Handelswaren) grundsätzlich Kosten sparende Maßnahmen ergreifen, um möglichst optimal wirtschaften zu können. Da im Groß- und Außenhandel eine Vielzahl unterschiedlicher Güter zu lagern sind, müssen jeweils auch geeignete Maßnahmen zur Kosteneinsparung vorgenommen werden.

Begriff

Die ABC-Analyse ist ein Verfahren zur wirtschaftlichen Bewertung der zu beschaffenden und zu lagernden Güter und dient damit der Wirtschaftlichkeitskontrolle. Die benötigten Güter werden entsprechend dem Verbrauch nach ihrem *Wert- bzw. Mengenanteil am gesamten Einkaufs- bzw. Warenvolumen* des Betriebes in A-, B- und C-Güter klassifiziert.

Vorgehensweise bei der Zuordnung der Güter

Von den einzelnen Gütern wird der jeweilige prozentuale Anteil am Gesamtverbrauchswert bzw. an der Gesamtverbrauchsmenge berechnet. Auf dieser Grundlage wird den Gütern dann eine Rangfolge der Verbrauchswerte und -mengen zugeordnet, nach denen sie in die Klassen A, B und C eingeteilt werden. Aufgrund der Einordnung in diese Klassen sollen dann entsprechend angepasste, wirtschaftliche Maßnahmen für die einzelnen Artikel angestrebt werden.

Einteilung der Güter

nach ihrem Wert- und Mengenanteil:
- **A-Güter** haben einen hohen Wertanteil, jedoch nur einen geringen Mengenanteil am Gesamtvolumen.
- **B-Güter** haben einen mittleren Wert- und Mengenanteil am Gesamtvolumen.
- **C-Güter** haben einen geringen Wertanteil, jedoch einen hohen Mengenanteil am Gesamtvolumen.

Wirtschaftliche Maßnahmen als Konsequenz aus der ABC-Analyse

In die **Gruppe A** werden hochwertige Artikel mit meist hohem Umsatzanteil, aber geringem Mengenanteil eingeordnet. Hier ist aus wirtschaftlichen Gründen eine gründliche Marktanalyse und Lieferantensuche sowie -auswahl erforderlich, um Fehlinvestitionen zu vermeiden. Weiterhin sollte eine genaue Warendisposition, Bestandsführung und -überwachung (z. B. kleine Bestellmengen, genau berechnete Mindest- und Meldebestände) angestrebt werden.

In die **Gruppe C** werden im Gegensatz dazu geringerwertige Artikel mit meist schwachem Umsatzanteil, aber hohem Mengenanteil eingeordnet. Hier sollte die Senkung der Beschaffungs- und Lagerkosten im Vordergrund stehen (z. B. durch Sammelbestellungen oder telefonische Bestellungen).

Die **Gruppe B** beinhaltet demnach alle Artikel, die aufgrund eines mittleren Wert- bzw. Mengenanteils weder der Gruppe A noch der Gruppe C zugeordnet werden können. Diese Artikel sollten entsprechend mit möglichst geringem wirtschaftlichen und organisatorischen Aufwand betreut werden.

Beispiel

Die Bellheim-BüroService GmbH will ein Lagersegment der Warengruppe 1 „Bürotechnik" wirtschaftlich optimieren. Zu diesem Zweck soll eine ABC-Analyse zur Wirtschaftlichkeitskontrolle durchgeführt werden. Dazu soll zunächst der Anteil der einzelnen Artikel am Gesamtverbrauchswert und an der Gesamtverbrauchsmenge ermittelt werden, um eine entsprechende Rangfolge für die Einordnung in die A-, B- und C-Klasse festlegen zu können (siehe Tabelle).

Artikel nach Verbrauchswerten und Verbrauchsmengen Warengruppe 1: Bürotechnik

Artikel	Verbrauchswerte				Verbrauchsmengen			Einteilung in Artikelgruppe
	Stückpreis €	Materialwert €	Anteil %	Rangfolge	Einheiten Stück	Anteil %	Rangfolge	
Drucker „Duoprint"	250,00	4.500,00	30,8	2	18	1,7	4	A
Laptop XT Premium	500,00	8.000,00	54,8	1	16	1,5	5	A
Diktiergerät Mobiflex	12,00	900,00	6,2	3	75	7,3	3	B
Netzkabel für Sprechanlage	2,00	850,00	5,8	4	425	41,1	2	C
Telefonstecker FT 1	0,70	350,00	2,4	5	500	48,4	1	C
Gesamt		14.600,00	100,0		1.034	100,0		

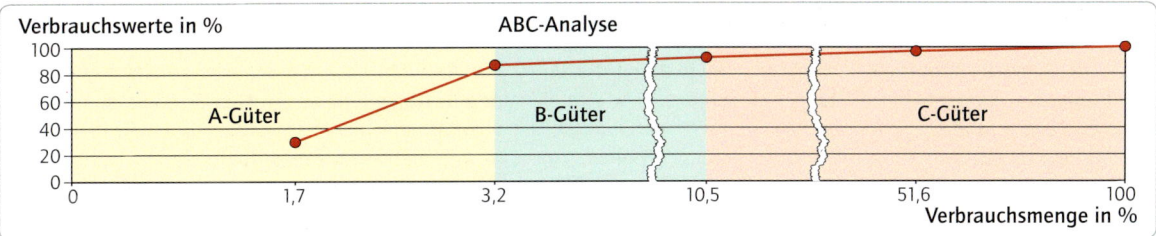

ABC-Analyse

Lagerbestandsgrößen

Stock figures

- **Mindestbestand (eiserner Bestand):** Er gibt die Menge an, die nur bei außerordentlichen Lieferschwierigkeiten (z. B. Streik) in Anspruch genommen werden darf. Dazu muss der zu überbrückende Zeitraum geschätzt und als Rechengröße festgelegt werden.

- **Höchstbestand:** Er gibt die Warenmenge an, die höchstens eingelagert werden kann (z. B. abhängig von Lagerkapazität, Verderb).

- **Meldebestand:** Er gibt die Menge an, bei der die Lagerverwaltung der Einkaufsabteilung mitteilt, dass Ware bestellt werden muss.

> **Meldebestand = (Ø Tagesabsatz · Lieferzeit) + Mindestbestand**

vgl.: Bentin, Margit, u. a. Beschaffungsprozess, 4. Aufl., Darmstadt, 2005, S. 45, 127

Bestellverfahren der Vorratsbeschaffung

Placing orders for stock

Begriff

Die systematische Beschaffung von Lagervorräten dient zur Sicherung des betrieblichen Leistungsprozesses (Verkauf) und kann hinsichtlich der Bestellorganisation in „Bestellpunktverfahren" und „Bestellrhythmusverfahren" unterschieden werden.

Bestellpunktverfahren

Die Bestellung erfolgt beim Erreichen eines **bestimmten Lagerbestandes** (Bestellpunkt). Wird er erreicht, erfolgt eine Meldung zur Nachbestellung vom Lager an den Einkauf. Daher wird dieser Bestellpunkt auch als Meldebestand und das Verfahren als *Meldebestandsverfahren* bezeichnet.

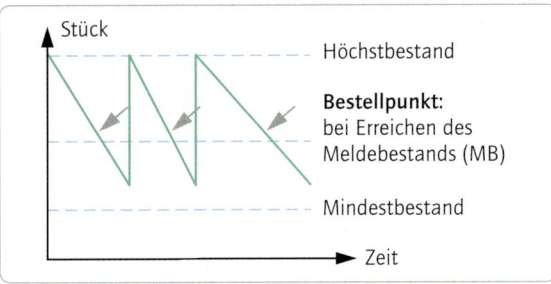

Bei der Festlegung des Bestellpunktes müssen Lieferzeit, Tagesverbrauch sowie ein Mindestbestand (eiserne Reserve) des Artikels berücksichtigt werden. Das Bestellpunktverfahren ist bei unregelmäßigem Verbrauch sinnvoll, wenn der Bestellpunkt (Meldebestand) fortlaufend angepasst wird, um zu niedrige bzw. zu hohe Bestände zu vermeiden.

Bestellrhythmusverfahren

Die Bestellung erfolgt jeweils in einem festen zeitlichen Rhythmus, also in **gleichbleibenden Zeitintervallen**, sodass die Bestellmengen zur Erreichung des Höchstbestandes je nach gerade erreichtem Lagerbestand unterschiedlich hoch sein können.

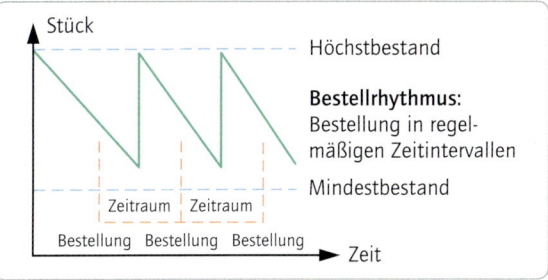

Das Bestellrhythmusverfahren ist nur bei relativ konstantem Verbrauch sinnvoll. Bei wechselnden Verbrauchsmengen aufgrund von Nachfrageschwankungen besteht schnell das Risiko zu geringer oder zu hoher Lagerbestände.

Bezugsquellenermittlung – interne und externe

Die Auswahl *bekannter* Lieferanten erfolgt durch die **interne Bezugsquellenermittlung**, z. B. durch:

- Lieferantendateien
- Warendateien

Die Auswahl *neuer* Lieferanten erfolgt mithilfe der **externen Bezugsquellenermittlung**, z. B. durch:

- Internet
- Adressenverzeichnisse
  (z. B. „Gelbe Seiten", „Wer liefert was?")
- Fachzeitschriften
- Vertreterbesuche
- Kataloge, Prospekte, Preislisten von Firmen
- Fachmessen
- Ausstellungen

Bezugsquellenermittlung mithilfe des Internets – Beispiel

1. Schritt:

Lieferantensuche mithilfe des Brancheninformationsdienstes „Wer liefert was?" (www.wlw.de)

2. Schritt:

Eingeben des Suchbegriffs (*Beispiel:* Folien Tintenstrahldrucker) und Anklicken „Produkt oder Dienstleistung" oder Firma

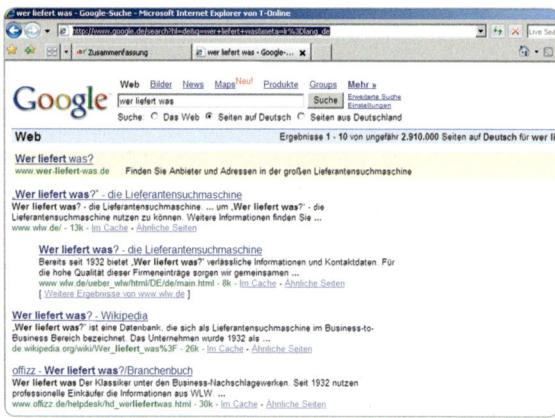

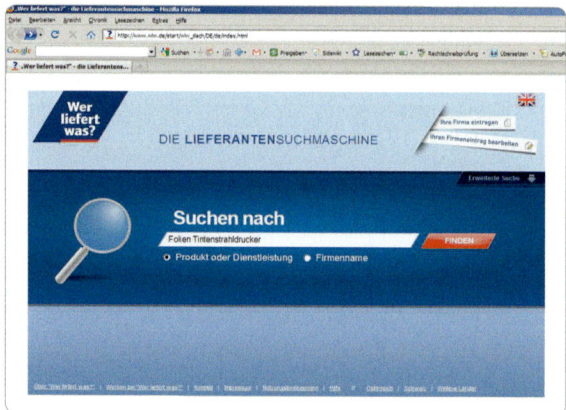

3. Schritt:

Auswahl einer Rubrik (*Beispiel:* Folien Tintenstrahldrucker)

4. Schritt:

Lieferantenauswahl

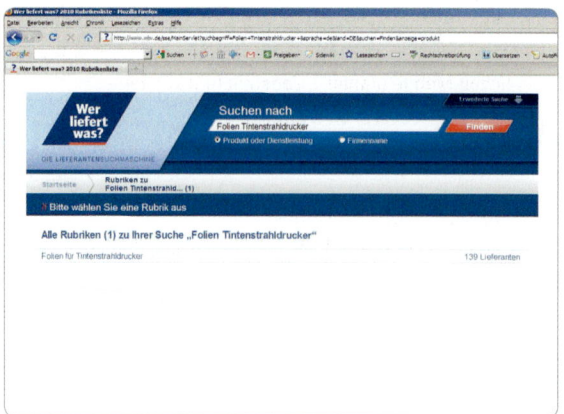

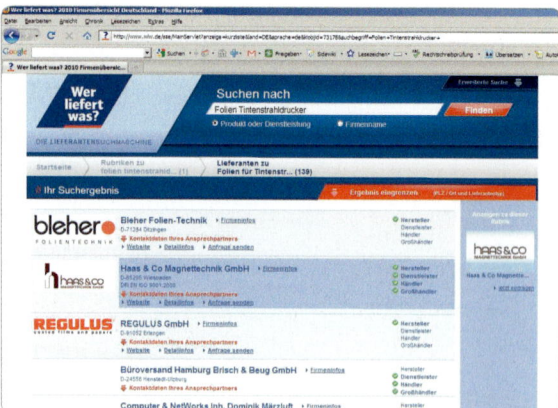

Anfrage

Betriebswirtschaftliche und rechtliche Bedeutung der Anfrage

Eine Anfrage dient der Geschäftsanbahnung und Information, sie ist **unverbindlich**.

Allgemeine Anfrage:
Bitte um Zusendung von allgemeinem Informationsmaterial (z. B. Katalog), gegebenenfalls mit Mustern.

Spezielle Anfrage:
Bitte um spezielle Informationen über die Lieferung von bestimmten Artikeln, ggf. mit Mustern.

Aufbau und Inhalt einer Anfrage

1. Grund der Anfrage

2. Nennen der gewünschten Ware

3. Angabe der erforderlichen Menge

4. Erfragen der Preise, Lieferungs- und Zahlungsbedingungen

5. Hinweis auf gewünschten Liefertermin

aus: Bentin, Margit u. a.: Beschaffungsprozess, 4. Aufl., Darmstadt 2005, S. 18

Textbausteine zur Anfrage

Anfrage

Aufbau und Inhalt	Formulierungvorschläge
1. Grund der Anfrage	Ihre Erzeugnisse sind uns von einem anderen Unternehmen empfohlen worden. Wir werden in nächster Zeit mehrfach Bedarf an … haben und bitten um ein Angebot. Wir haben Ihre Anzeige in der Fachzeitschrift … vom … gelesen und bitten um ein Angebot über: …
2. Nennen der gewünschten Ware	Wir erwarten ein ausführliches Angebot über: … Wir interessieren uns für … Für eine Sonderaktion benötigen wir … Bitte unterbreiten Sie uns ein Angebot über …
3. Angabe der erforderlichen Menge	Wir benötigen … Stück. Beachten Sie bitte, dass für unser Unternehmen nur große Mengen infrage kommen.
4. Erfragen der Preise, Lieferungs- und Zahlungsbedingungen	Teilen Sie uns bitte Ihre Verkaufspreise für … mit. Bitte schreiben Sie uns, ob Sie die Artikel … in der erforderlichen Menge binnen … Tagen liefern können. Können Sie uns Skonto einräumen? Informieren Sie uns auch über Ihre Lieferungs- und Zahlungsbedingungen.
5. Hinweis auf gewünschten Liefertermin	Wir benötigen die Ware bis zum … Die Artikel müssen in der … Kalenderwoche geliefert werden.

aus: Bentin, Margit u. a.: Beschaffungsprozess, Lehrerband, 2. Aufl., Darmstadt 2005, S. 116

Beispiel

3

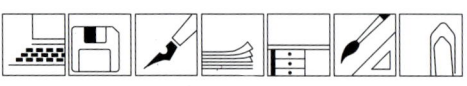

BELLHEIM-BÜROSERVICE GMBH

Haberstraße 8
12057 Berlin

Bellheim-BüroService GmbH • Postfach 13 31 • 12055 Berlin

Papiermühle AG
Falkenweg 2
39114 Magdeburg

Ihr Zeichen, Ihre Nachricht vom	Unser Zeichen, unsere Nachricht vom	Telefon, Name 030 23537-	Datum
	BR	667 Frau Brettschneider	20..-05-03

Anfrage

Sehr geehrte Damen und Herren,

unsere Reisenden haben uns informiert, dass bei unseren Kunden Interesse an Recycling-kopierpapier besteht. Wir beabsichtigen unser Sortiment zu erweitern und suchen neue Lieferanten.

Bitte unterbreiten Sie uns ein ausführliches Angebot über Recyclingkopierpapier nebst Mustern.

Mit freundlichem Gruß

Bellheim-BüroService GmbH

Brettschneider

i. A. Brettschneider

BELLHEIM-BÜROSERVICE GMBH
Haberstraße 8
12057 Berlin

Telefon: 030 23537-0
Telefax: 030 23537-99
E-Mail: info@bellheim-wvb.de
Internet: www.bellheim-wvb.de

BÄR-Bank Berlin
Konto-Nr. 1 234 056
BLZ 100 347 11
BIC: BBBRDEBR427
IBAN: DE 21 1003 4711 0001 2340 56

Geschäftsführerin: Ulrike Jürgens
Berlin HRB 56 894
USt-IdNr. DE 811 918 273

Betriebswirtschaftliche und rechtliche Bedeutung des Angebots

Ein **vollständiges** Angebot enthält Angaben über: Ware, Preis, evtl. Rabatt, Verpackungs- und Beförderungskosten, Lieferzeit und Zahlungsbedingungen. Außerdem enthält es den Erfüllungsort (Ort, an dem der Schuldner seine Leistungen zu erfüllen hat) und den Gerichtsstand (Sitz des Gerichtes, das im Streitfall zuständig ist).
Ein Angebot ist grundsätzlich **verbindlich**. Falls ein Lieferant sich **nicht binden** will, muss das Angebot entweder zeitlich befristet sein oder sogenannte Freizeichnungsklauseln (z. B. „unverbindlich", „freibleibend") enthalten.

Widerruf
Ein Angebot kann widerrufen werden. Der Widerruf muss vor oder gleichzeitig mit dem Angebot eintreffen (z. B. Fax).

Anpreisungen
Bei Schaufensterauslagen und Anzeigen in Zeitungen oder Zeitschriften handelt es sich **nicht** um Angebote, sondern um sogenannte Anpreisungen, die sich an die Allgemeinheit richten und daher unverbindlich sind.

Aufbau und Inhalt eines Angebots

- Eingehen auf Anfrage (verlangtes Angebot) oder Vorstellen des Unternehmens (unverlangtes Angebot)
- Beschreiben des Artikels bzw. des Sortiments

- Nennen der Angebotsbedingungen (Preise, Lieferungs- und Zahlungsbedingungen, Lieferzeit, Erfüllungsort, Gerichtsstand)
- freundl. Abschlusssatz (Hoffnung auf Bestellung)

Allgemeine Geschäftsbedingungen (AGB)

Die Allgemeinen Geschäftsbedingungen regeln alles, was nicht im konkreten Angebot enthalten ist. Weichen einzelne Bestimmungen der AGB vom Angebot ab, gelten die Angebotsabsprachen. Grundsätzlich sollen die Kunden vor unlauteren AGB geschützt werden.

aus: Bentin, Margit u. a.: Beschaffungsprozess, 4. Aufl., Darmstadt 2005, S. 28

Kaufmännischer Schriftverkehr: Angebot

Beispiel:

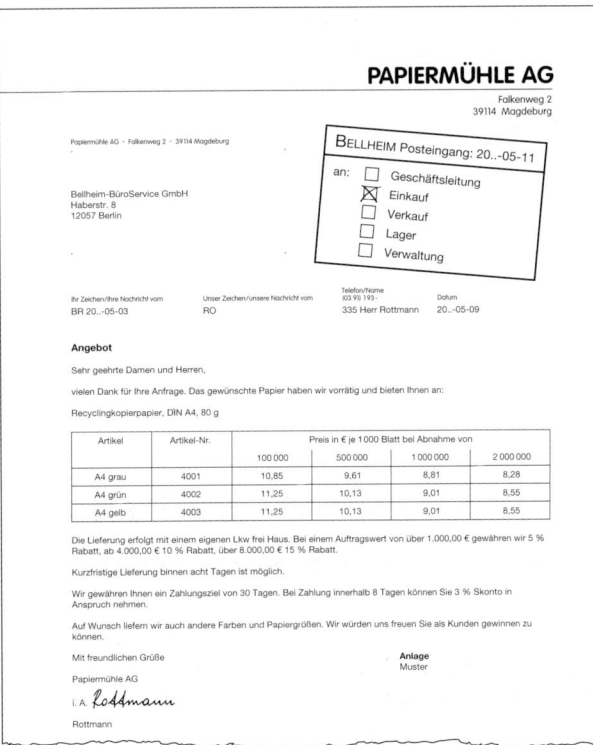

Textbausteine zum Angebot

Angebot

Aufbau und Inhalt	Formulierungvorschläge
1. Eingehen auf Anfrage (verlangtes Angebot) oder Vorstellen des Unternehmens (unverlangtes Angebot)	Wir danken für Ihre Anfrage und bieten an: ... Über Ihr Interesse an unserem Unternehmen freuen wir uns sehr.
2. Beschreibung des Artikels bzw. des Sortiments	Wir haben den gewünschten Artikel in erforderlicher Menge vorrätig. Wir können die gewünschte Menge von ... binnen ... Tagen liefern.
3. Nennen der Angebotsbedingungen (Preise, Lieferungs- und Zahlungsbedingungen, Lieferzeit, Erfüllungsort, Gerichtsstand)	Bei Abnahme von ... Stück liefern wir frei Haus. Unsere Rechnung ist binnen 30 Tagen netto Kasse zahlbar. Bei Zahlung innerhalb 10 Tagen gewähren wir 3 % Skonto. Wir hoffen auf Ihr Verständnis, dass wir neue Kunden nur gegen Nachnahme beliefern.
4. Freundlicher Abschlusssatz (Hoffnung auf Bestellung)	Wir freuen uns auf Ihre Bestellung. Wir hoffen, Ihren Auftrag zu erhalten.

aus: Bentin, Margit u. a.: Beschaffungsprozess, Lehrerband, 2. Aufl., Darmstadt 2005, S. 117

Beförderungskosten *Transport costs*

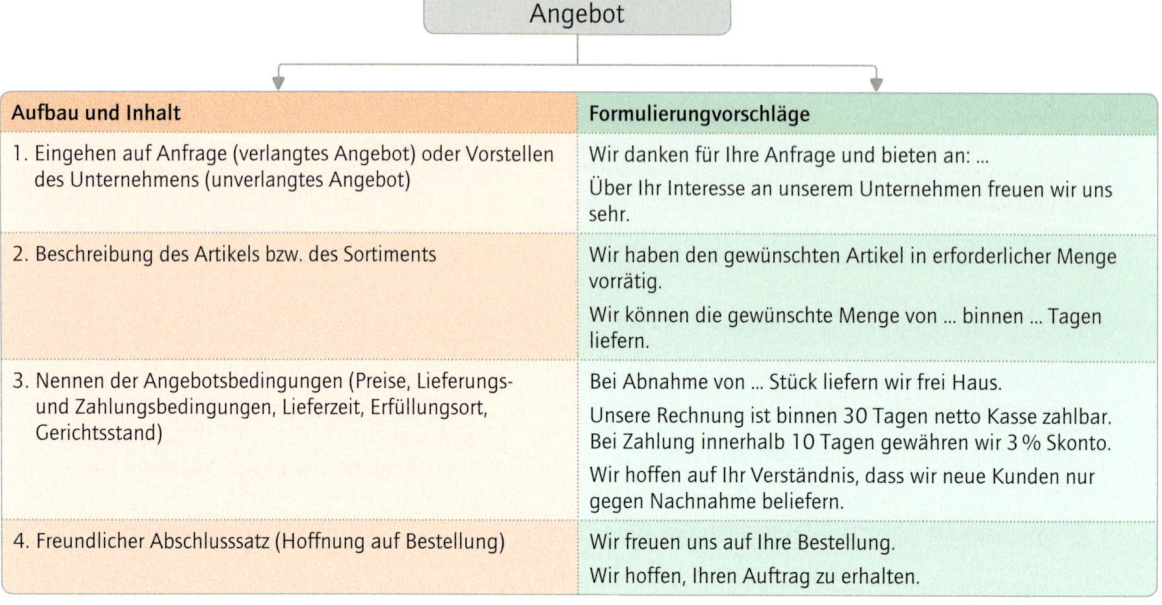

Verkäufer	Anfuhr und Verladung	Versand-station	Transport	Empfangs-station	Zufuhr	Käufer
Beförderungskosten Vertragsklauseln	Rollgeld bzw. Hausfracht (Versand)	Beladekosten	Fracht	Entladekosten	Rollgeld bzw. Hausfracht (Empfang)	... übernimmt
1. „ab Werk" „ab Lager"				Käufer		... alle Beförderungs-kosten
2. „unfrei" (gesetzliche „ab hier" Regelung lt. BGB)	Verkäufer			Käufer		... Beförderungskosten ab Versandstelle einschl. Beladekosten
3. „frei Waggon" „frei Schiff"	Verkäufer			Käufer		... Beförderungskosten ab Versandstelle ohne Beladekosten
4. „frei" „frachtfrei" „frei dort"	Verkäufer			Käufer		... Beförderungskosten ab Empfangstelle
5. „frei Haus" „frei Lager"	Verkäufer					... keine Beförderungs-kosten

aus: Bentin, Margit u. a.: Beschaffungsprozess, 4. Aufl., Darmstadt 2006, S. 26

Angebotsvergleich: Rabattarten und ihre Funktion

Rabatt: Gewährung eines Preisnachlasses aus unterschiedlichen Gründen, in unterschiedlichen Formen und zu unterschiedlichen Zeitpunkten

Rabattart	Erklärung	Funktion (Aufgabe)
Mengenrabatt	Der Lieferant gewährt einen Preisnachlass auf die Abnahme größerer Warenmengen; oftmals gestaffelt nach Abnahmemengen.	Anreiz zur Bestellung größerer Warenmengen; Reduzierung von Bestellkosten; Erhöhung der Lagerumschlagshäufigkeit
Wiederverkäuferrabatt	Der Hersteller gewährt einen Preisnachlass an Abnehmer, die die Ware weiterverkaufen (z. B. an Einzelhändler).	Schaffung von einheitlichen und überschaubaren Kalkulationsgrundlagen für Abnehmer der unterschiedlichen Wirtschaftsstufen; möglichst Durchsetzung einer einheitlichen Preisgestaltung gegenüber Endverbrauchern
Treuerabatt	Der Lieferant gewährt Stammkunden einen Preisnachlass.	Dauerhafte Bindung von Kunden an das Unternehmen
Sonderrabatt	Der Verkäufer gewährt einen Preisnachlass bei bestimmten Anlässen (z. B. Geschäftsjubiläum, Messe).	Anlocken von Kunden aus einem besonderen Anlass
Naturalrabatt	Der Lieferant gewährt einen Preisnachlass in Form von Waren. Entweder liefert der Verkäufer zur bestellten Warenmenge noch Ware kostenlos hinzu (Draufgabe) oder er berechnet nicht die gesamte Lieferung (Dreingabe).	Anreiz zur Bestellung größerer Warenmengen; Reduzierung von Bestellkosten; Erhöhung der Lagerumschlagshäufigkeit
Bonus	Der Verkäufer gewährt nachträglich einen Preisnachlass, der meistens nach Abschluss des Geschäftsjahres eingeräumt wird, wenn der Abnehmer einen Mindestumsatz erreicht oder überschritten hat.	Anreiz zu höheren Abnahmemengen durch einen insgesamt günstigeren Einkaufspreis; langjährige Bindung von Kunden an das Unternehmen
Skonto[1]	Der Lieferant möchte Kunden zur möglichst schnellen Bezahlung von Rechnungen veranlassen.	Anreiz zur Zahlung vor Ablauf des Zahlungsziels; Erhöhung der Liquidität beim Verkäufer

[1] Der Skonto wird häufig wegen seiner besonderen Funktion nicht als Rabattart definiert.

aus: Bentin, Margit u. a.: Beschaffungsprozess, Lehrerband, 2. Aufl., Darmstadt 2005, S. 119

Zahlungsbedingungen *Terms of payment*

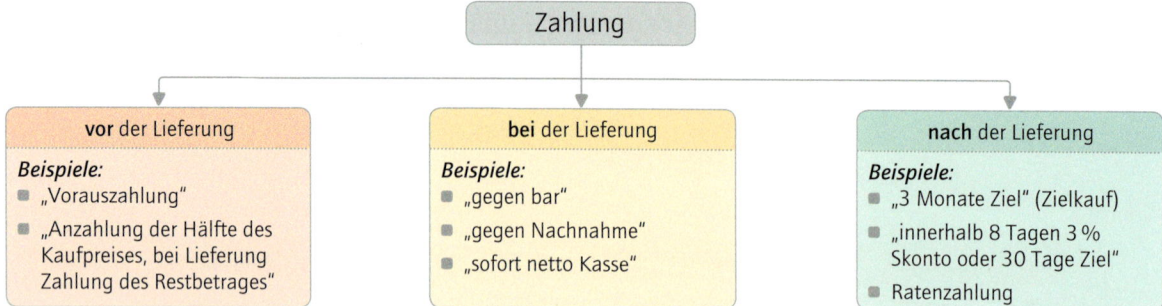

```
                          Zahlung
```

vor der Lieferung	**bei** der Lieferung	**nach** der Lieferung
Beispiele:	*Beispiele:*	*Beispiele:*
■ „Vorauszahlung"	■ „gegen bar"	■ „3 Monate Ziel" (Zielkauf)
■ „Anzahlung der Hälfte des Kaufpreises, bei Lieferung Zahlung des Restbetrages"	■ „gegen Nachnahme"	■ „innerhalb 8 Tagen 3 % Skonto oder 30 Tage Ziel"
	■ „sofort netto Kasse"	■ Ratenzahlung

Gesetzliche Regelung: Der Käufer ist verpflichtet, die Ware unverzüglich bei Lieferung zu bezahlen.

Die Kosten der Zahlung (z. B. Überweisungsentgelt) muss der Käufer tragen, „Geldschulden sind Schickschulden".

Verpackungskosten *Packing costs*

Gesetzliche Regelung:
Die Kosten der **Schutz- und Versandverpackung** sind Kosten der Abnahme. Sie sind vom Käufer zu tragen.

Da viele Waren sich nicht ohne Verpackung verkaufen lassen, sind die Kosten der **Verkaufsverpackung** schon im Kaufpreis enthalten. Ist der Kaufpreis nach dem Gewicht der Ware zu berechnen, ist das Verpackungsgewicht abzuziehen.

Wichtig:	Bruttogewicht (Ware und Verpackung = Rohgewicht oder Gesamtgewicht)
−	Tara (Gewicht der Versandverpackung)
=	Nettogewicht (Reingewicht der Ware)

Vertragliche Regelung:
■ **Reingewicht einschließlich Verpackung**
Die Verpackungskosten sind im Preis enthalten, Verpackung wird nicht berechnet. Der Verkäufer trägt die Verpackungskosten.

■ **Reingewicht ausschließlich Verpackung**
Die Verpackungskosten werden zusätzlich berechnet, der Käufer trägt die Verpackungskosten. Die Verpackung kann
a) Eigentum des Käufers werden,
b) vom Lieferer dem Käufer leihweise überlassen werden. Bei Rückgabe erfolgt eine Gutschrift der Verpackungskosten entweder ganz oder teilweise.

Beispiel: Holzpaletten, faltbare Alubehälter, Getränkekästen

■ **Rohgewicht einschließlich Verpackung**
(brutto für netto = bfn = b∕n)
Die Verpackung wird wie Ware berechnet, die Verpackung wird Eigentum des Käufers, der Käufer zahlt die Verpackung.

Beispiel: Obst und Gemüse in Kisten und Kartons

Lieferzeit *Delivery period*

Gesetzliche Regelung:
Ist im Angebot keine Regelung über den Zeitpunkt der Lieferung vereinbart worden, kann der Käufer sofortige Lieferung verlangen und der Verkäufer muss sofort liefern.

Vertragliche Regelung:
Es kann eine vertragliche Regelung über die Lieferzeit vereinbart werden. Dann hat der Käufer zwei Möglichkeiten:

■ **Terminkauf: Lieferung innerhalb einer bestimmten Frist** (z. B. Lieferung innerhalb 90 Tagen) oder **zu einem bestimmten Zeitpunkt** (Termin)

■ **Fixkauf: Lieferung zu einem genau festgelegten Zeitpunkt**, wobei die Klauseln *fest, fix, genau, exakt* meist mit angegeben werden.

vgl: Gaik, Petra u. a.: Warenbeschaffungsprozess im Einzelhandel, 2. Aufl., Darmstadt 2002, S. 33–35

Effektivzins bei Skontoausnutzung

Skonto: Gewährung eines Preisnachlasses für eine vorzeitige Bezahlung des Rechnungsbetrages

---

Beispiel für Effektivzinsberechnung

Wir bekommen von unserem Lieferer eine Rechnung über 4.220,00 €. Die Zahlungsbedingungen lauten: zahlbar innerhalb 10 Tagen mit 2 % Skonto oder in 30 Tagen ohne Abzug.

Wir bezahlen innerhalb 10 Tagen und ziehen vom Rechnungsbetrag 2 % Skonto ab:

Rechnungsbetrag	4.220,00 €
– Skonto 2 %	84,40 €
Überweisungsbetrag	4.135,60 €

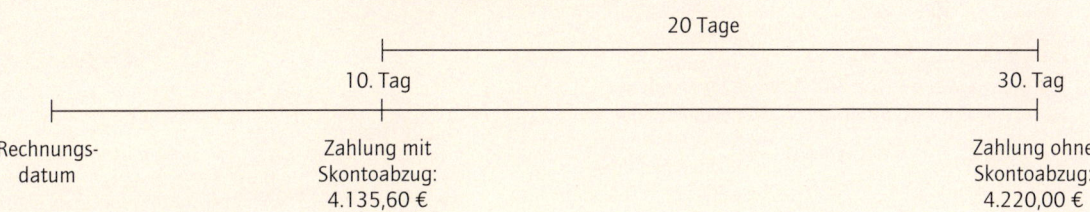

	20 Tage	
	10. Tag	30. Tag

| Rechnungs-datum | Zahlung mit Skontoabzug: 4.135,60 € | Zahlung ohne Skontoabzug: 4.220,00 € |

Welchem Jahreszins entspricht der Skontoabzug?

Lösung durch Dreisatz: 20 Tage $\triangleq$ 2 % Skonto

360 Tage $\triangleq$ x % Skonto

$$x = \frac{2 \cdot 360}{20} = 36$$

Erfolgt der Rechnungsausgleich 20 Tage vor Ablauf des Zahlungsziels, entspricht die Ersparnis durch den Skontoabzug einem Jahreszinssatz von 36 %.

Unsere Hausbank berechnet uns für die 20-tägige Überziehung unseres Kontokorrentkontos 12 % p. a. Welche Schlussfolgerung ist daraus zu ziehen?

Lösung durch Vergleichsrechnung:	Effektivzins bei Kontoausnutzung:	36 %
	– Überziehungszinssatz:	12 %
	Differenz in Prozentpunkten:	24 %

Folgerung

Wenn der Effektivzins bei Skontoausnutzung den Überziehungszinssatz der Bank überschreitet, lohnt es sich, Skonto in Anspruch zu nehmen.

aus: Bentin, Margit u. a.: Beschaffungsprozess, Lehrerband, 2. Aufl., Darmstadt 2006, S. 128

Beurteilungskriterien (Angebotsvergleich)

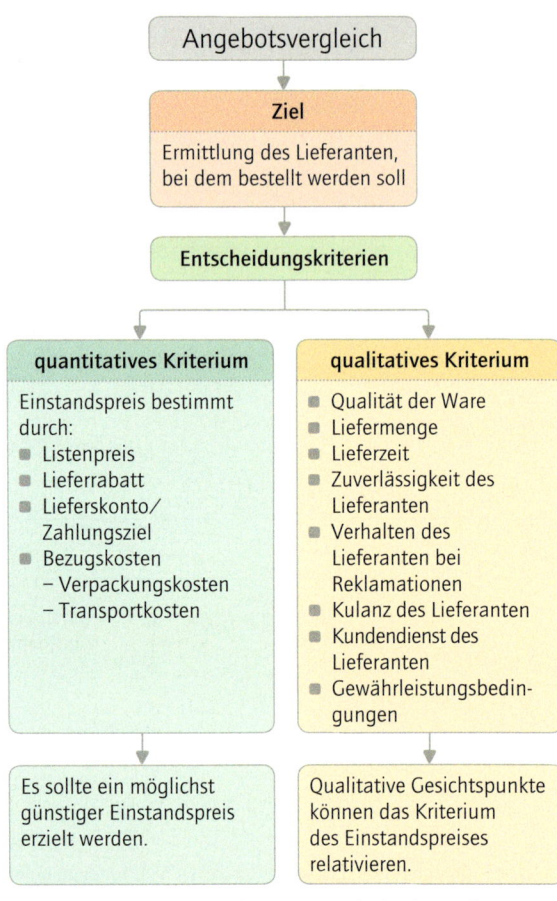

Angebotsvergleich

Ziel
Ermittlung des Lieferanten, bei dem bestellt werden soll

Entscheidungskriterien

quantitatives Kriterium

Einstandspreis bestimmt durch:
- Listenpreis
- Lieferrabatt
- Lieferskonto/ Zahlungsziel
- Bezugskosten
  - Verpackungskosten
  - Transportkosten

Es sollte ein möglichst günstiger Einstandspreis erzielt werden.

qualitatives Kriterium

- Qualität der Ware
- Liefermenge
- Lieferzeit
- Zuverlässigkeit des Lieferanten
- Verhalten des Lieferanten bei Reklamationen
- Kulanz des Lieferanten
- Kundendienst des Lieferanten
- Gewährleistungsbedingungen

Qualitative Gesichtspunkte können das Kriterium des Einstandspreises relativieren.

aus: Bentin, Margit u. a.: Beschaffungsprozess, Lehrerband, 2. Aufl., Darmstadt 2005, S. 83 u. 118

Beispiel für einen Preisspiegel

Artikel-Nr.: x	Artikel: *Laserdrucker*		Datum: x	
Lieferant: Angebot vom: Bestellmenge:	*A* *x* *15*		*B* *x* *15*	
I. Quantitativer Vergleich:		€		€
	pro Stück	Gesamt	pro Stück	Gesamt
Listeneinkaufs- preis	*1.290,00*	*19.350,00*	*1.325,00*	*19.875,00*
− Rabatt	*15 %*	*2.902,50*	*12 %*	*2.385,00*
= Zieleinkaufs- preis		*16.447,50*		*17.490,00*
− Lieferskonto	*2 %/ 10 Tage*	*328,95*	*3 %/ 14 Tage*	*524,70*
= Bareinkaufs- preis		*16.118,55*		*16.965,30*
+ Verpackungs- kosten	*–*	*–*	*–*	*–*
+ Transport- kosten	*frei Haus*		*frei Haus*	
= Einstands- preis	*1.074,57*	*16.118,55*	*1.131,02*	*16.965,30*
II. Qualitativer Vergleich: (siehe auch S. 169)				
Mindestbestell- menge	*–*		*–*	
Lieferzeit	*vier Wochen*		*drei Wochen*	
Kundendienst	*unbekannt*		*gut*	
weitere qualitative Kriterien	*neuer Anbieter*		*stellt zuverlässige und langlebige Geräte her*	
Bestellung bei	*abhängig von der Gewichtung der Kriterien*			

Begriff

- Lieferantenauswahl auf der Grundlage
  - **quantifizierbarer Größen** wie Einkaufspreis, Lieferungs- und Zahlungsbedingungen und
  - **qualitativer Aspekte** wie Qualität und Umweltverträglichkeit der Produkte, Kulanzverhalten, Zuverlässigkeit, Kundendienst usw.
- Als Entscheidungsgrundlage dient die **Lieferantenmatrix**.

Vorgehensweise

(1) Auswahl der Entscheidungskriterien

(2) Gewichtung der Kriterien in v. H.; je höher die Prozentzahl, desto wichtiger ist das entsprechende Kriterium für den Entscheidungsprozess.

(3) Bewertung der infrage kommenden Lieferanten anhand der Kriterien (z. B. sehr gut = 5 Punkte; ungenügend = 0 Punkte).

(4) Errechnen der gewichteten Punktwerte: Multiplizieren der Gewichtungsfaktoren mit den vergebenen Punktzahlen.

(5) Addition der gewichteten Punktwerte; der Lieferant mit der höchsten Punktwertsumme erhält den Zuschlag.

Beispiel:

Entscheidungskriterien	Gewichtung der Kriterien	Lieferant A		Lieferant B	
		Punkte	gewichtete Punkte	Punkte	gewichtete Punkte
Preis	40%	5	200	4	160
Qualität	30%	3	90	5	150
Zuverlässigkeit	20%	4	80	2	40
Kulanzverhalten	10%	2	20	3	30
Summe	100%		390		380

Einkaufs- oder Bezugskalkulation · *Purchase calculation*

Beispiel

- Die Bellheim-BüroService GmbH benötigt Kopierpapier. Aufgrund von Anfragen bei verschiedenen Lieferanten gehen in der Einkaufsabteilung drei Angebote ein. Um eine bessere Übersicht über die quantitativen **Lieferkonditionen** zu gewinnen, erfasst ein Mitarbeiter der Einkaufsabteilung, Herr Schmidtmann, die Inhalte der Angebote in einem sogenannten **Preisspiegel**.

- Ziel ist es, den Lieferanten mit dem günstigsten Bezugspreis zu ermitteln. Daher ist im Preisspiegel auch das **Kalkulationsschema** zur Errechnung des Bezugs- oder Einstandspreises enthalten.

- Der Preisspiegel kann z. B. mithilfe einer Excel-Tabelle erstellt werden; dann erspart man sich bei späteren Preisvergleichen durch die hinterlegten Formeln unnötige Rechnungen.

OfficeCom **AG**

OfficeCom AG • Hansestr. 120 • 38112 Braunschweig

Bellheim-BüroService GmbH
Haberstraße 8
12057 Berlin

Ihr Zeichen: ka-j
Ihre Nachricht vom: 20..-08-03
Unser Zeichen: hk-w
Unsere Nachricht vom:

Telefon: 0531 3688941
Telefax: 0531 4766083
Internet: www.officecom-wvb.de
E-Mail: info.officecom-wvb@online.de

Angebot

Datum: 20..-08-05

Sehr geehrte Damen und Herren,

aufgrund Ihrer Anfrage bieten wir an:

Menge	Artikelbezeichnung	Einzelpreis	Gesamtpreis
300 Kartons	Kopierpapier DIN A4 80 g/m² (2 500 Blatt/Karton)	6,80 €/Karton	2.040,00 €
	19% Umsatzsteuer		387,60 €
			2.427,60 €

Lieferung: frei Haus, in 3 bis 4 Wochen

Zahlungsbedingungen: zahlbar innerhalb 8 Tagen nach Rechnungsdatum mit 3 % Skonto, binnen 4 Wochen ohne Abzug

Beispiel

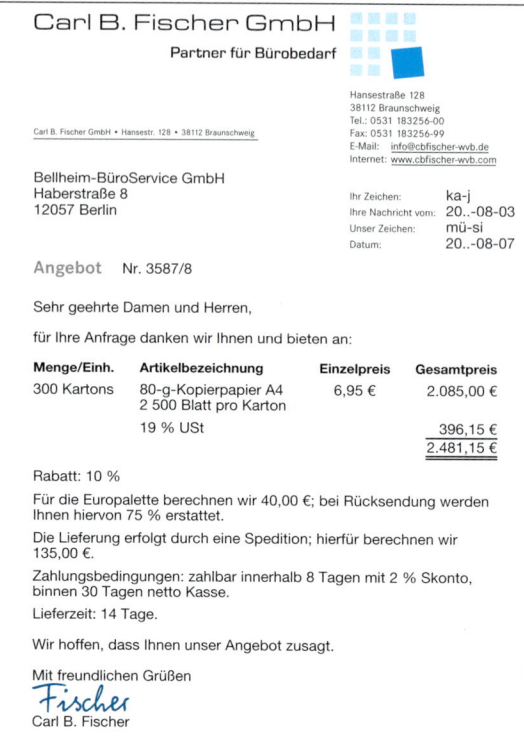

Preisspiegel

Preisspiegel					
	Anbieter 1 OfficeCom AG		**Anbieter 2** Knaber OHG		**Anbieter 3** Fischer GmbH
Listeneinkaufspreis pro Einheit		6,80 €		7,45 €	6,95 €
· Menge		300		300	300
= Listeneinkaufspreis gesamt		2.040,00 €		2.235,00 €	2.085,00 €
− Lieferrabatt	0 %	0,00 €	15 %	335,25 €	10 % · 208,50 €
= Zieleinkaufspreis		2.040,00 €		1.899,75 €	1.876,50 €
− Liefererskonto	3 %	61,20 €		0,00 €	2 % · 37,53 €
= Bareinkaufspreis		1.978,80 €		1.899,75 €	1.838,97 €
+ Bezugskosten		0,00 €		125,00 €	145,00 €
= Einstandspreis (Bezugspreis)		1.978,80 €		2.024,75 €	1.983,97 €

Ergebnis: Anbieter 1 (OfficeCom AG) ist der günstigste Anbieter.

Einfaches Kalkulationsschema

Aus dem Preisspiegel der vorangegangenen Seite lässt sich das folgende einfache **Schema für die Bezugskalkulation** entnehmen:

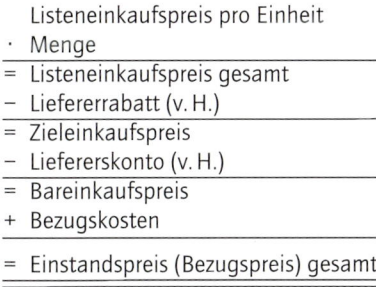

```
    Listeneinkaufspreis pro Einheit
 ·  Menge
 ─────────────────────────────────────
 =  Listeneinkaufspreis gesamt
 −  Liefererrabatt (v. H.)
 ─────────────────────────────────────
 =  Zieleinkaufspreis
 −  Liefererskonto (v. H.)
 ─────────────────────────────────────
 =  Bareinkaufspreis
 +  Bezugskosten
 ─────────────────────────────────────
 =  Einstandspreis (Bezugspreis) gesamt
```

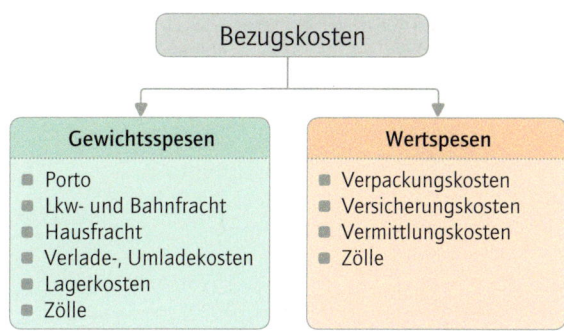

Erweitertes Kalkulationsschema

Neben den Wertabzügen Liefererrabatt und Liefererskonto sind bei der Bezugskalkulation, abhängig von der Art der beschafften Ware, noch folgende **Mengenabzüge** zu berücksichtigen:

Mengenabzüge	Erläuterung
Tara	■ **Verpackungsgewicht**, das vom Bruttogewicht (= Gewicht einschließlich Verpackung) abgezogen wird, wenn der Kaufpreis nach dem Gewicht der Ware zu berechnen ist. ■ Je nach Berechnungsart werden verschiedene Arten der Tara unterschieden: – **wirkliche Tara** → tatsächliches Verpackungsgewicht – **handelsübliche Tara** → aufgrund von Erfahrungswerten oder Handelsbrauch – **Stücktara** → durchschnittlicher Wert pro Verpackungseinheit, unabhängig vom tatsächlichen Gewicht (z. B. kg pro Sack) – **Prozenttara** → Prozentsatz, der auf das Bruttogewicht bezogen wird
Gutgewicht	■ Gewichtsverlust, der beim Umpacken und Einwiegen von **Schüttgütern** in kleinere Verkaufsverpackungen entsteht ■ Abzug vom Warengewicht
Leckage	■ Gewichtsverlust, der beim Umfüllen von **Flüssigkeiten** entsteht ■ Abzug vom Warengewicht
Refaktie	■ Gewichtsverlust für fehlerhafte, **unreine oder verdorbene Warenbestandteile** ■ Abzug vom Warengewicht

Werden die Mengenabzüge berücksichtigt, ergibt sich das folgende, erweiterte **Schema für die Bezugskalkulation**:

Beispiel:

```
    Bruttogewicht                            4 000,00 kg
 −  Tara                                         80,00 kg
 ───────────────────────────────────────────────────────
 =  Nettogewicht (Warengewicht)              3 920,00 kg
 −  Gutgewicht/Leckage/Refaktie                  39,20 kg
 ───────────────────────────────────────────────────────
 =  Rechnungsgewicht                         3 880,80 kg
 ·  Listeneinkaufspreis pro Einheit       2,40 € pro 10 kg
 ───────────────────────────────────────────────────────
 =  Listeneinkaufspreis gesamt                  931,39 €
 −  Liefererrabatt (v. H.)                        93,14 €
 ───────────────────────────────────────────────────────
 =  Zieleinkaufspreis                            838,25 €
 −  Liefererskonto (v. H.)                        16,77 €
 ───────────────────────────────────────────────────────
 =  Bareinkaufspreis                             821,48 €
 +  Bezugskosten                                 285,00 €
 ───────────────────────────────────────────────────────
 =  Einstandspreis (Bezugspreis) gesamt        1.106,48 €
```

Ein Großhändler bestellt eine Ware mit einem Bruttogewicht von 4 000 kg, Tara 2 %, Gutgewicht 1 %. Der Preis pro 10 kg beträgt 2,40 €. Der Lieferer gewährt 10 % Rabatt und 2 % Skonto. Die Bezugskosten betragen für Fracht 5,50 € pro 100 kg und für Rollgeld 65,00 €.

Wie viel Euro beträgt der Einstandspreis?

Zusammengesetzte Bezugskalkulation mithilfe der Verteilungsrechnung

Bei der Sendung mit verschiedenen Waren müssen die Bezugskosten der Gesamtlieferung anteilsmäßig auf die einzelnen Waren verteilt werden.

Die Verteilung kann sowohl nach dem Mengenverhältnis **(Mengenspesen)** als auch nach dem Wertverhältnis **(Wertspesen)** erfolgen.

Mengenspesen

Beispiele:
- Verpackung
- Fracht
- Rollgeld

nach Menge (Gewicht, Meter, Stück) verteilen

Wertspesen

Beispiele:
- Provision
- Versicherungsprämie
- Bankspesen

nach Wert der verschiedenen Waren verteilen

Beispiel:

Ein Großhändler erhält eine Warenlieferung: Ware A mit 350 kg (brutto) zu einem Listenpreis von 30,00 € je kg und Ware B mit 210 kg (brutto) zu 40,00 € je kg; Tara der Ware A: 30 kg, Tara der Ware B: 10 kg.

Die Frachtkosten betragen 93,00 €, das Rollgeld 21,00 €, die Provision für Absatzmittler 479,00 € und die Transportversicherung 49,00 €. Wie hoch sind jeweils die Bezugspreise je kg für die beiden gelieferten Artikel?

Lösung:

Berechnung des Gesamtwertes					
Ware	Bruttogewicht	Tara	Nettogewicht	Listenpreis/kg	Gesamtpreis
A	350 kg	30 kg	320 kg	30,00 €	9.600,00 €
B	210 kg	10 kg	200 kg	40,00 €	8.000,00 €
	560 kg	40 kg	520 kg		17.600,00 €

Berechnung der Gewichts- und Wertspesen			
Mengenspesen (hier: Gewichtsspesen)		Wertspesen	
Fracht	93,00 €	Provision	479,00 €
Rollgeld	21,00 €	Versicherung	49,00 €
	114,00 €		528,00 €

Verteilung der Mengenspesen			
Ware A	350 kg	5 Teile	71,25 €
Ware B	210 kg	3 Teile	42,75 €
	560 kg	8 Teile =	114,00 €
		1 Teil =	14,25 €

Verteilung der Wertspesen			
Ware A	9.600,00 €	6 Teile	288,00 €
Ware B	8.000,00 €	5 Teile	240,00 €
	17.600,00 €	11 Teile =	528,00 €
		1 Teil =	48,00 €

Berechnung der Bezugspreise					
Ware	Listenpreis	Mengenspesen	Wertspesen	Gesamtbezugspreis	Bezugspreis/kg (netto)
A	9.600,00 €	71,25 €	288,00 €	9.959,25 €	31,12 €
B	8.000,00 €	42,75 €	240,00 €	8.282,75 €	41,41 €
	17.600,00 €	114,00 €	528,00 €	18.242,00 €	

aus: Bentin, Margit u. a.: Beschaffungsprozess, Lehrerband, 2. Aufl., Darmstadt 2005, S. 120

E-Commerce

Begriff

Electronic Commerce („E-Commerce" oder „E-Business") ermöglicht die umfassende, digitale Abwicklung von Geschäftsprozessen zwischen Unternehmen und Kunden über private und öffentliche Netze (Internet). Dabei beinhaltet das Electronic Commerce auch die digitale Bezahlung und, was digitalisierbare Güter (z. B. Musik, Videoclips) und Dienstleistungen angeht, eine digitale Übertragung.

Ziele

E-Commerce beschleunigt die Abwicklung von Geschäftsprozessen, gestaltet häufig Prozessabläufe effizienter und senkt damit die Kosten für die Beteiligten. Auf Marktveränderungen (z. B. Preisänderungen) kann mithilfe von E-Commerce in der Regel schneller reagiert werden (z. B. über sofortigen Informationsaustausch).

Formen des E-Commerce

- **B2B** = Business-to-Business: Geschäftsbeziehungen zwischen Unternehmen sowie öffentlichen Institutionen

- **B2C** = Business-to-Consumer: „Electronic Shopping" durch Konsumenten, die über das Internet oder per Onlinedienst Waren kaufen

- **B2G** = Business-to-Government: Geschäftsbeziehungen zwischen Unternehmen und staatlichen Einrichtungen

- **Intra-Business**: Intra- und/oder Extranet unterstützen Geschäftsprozesse und Kommunikationsbeziehungen.

Elektronische Marktplätze im Beschaffungsprozess

Unternehmen vereinbaren mit Mitbewerbern, für den kostengünstigen Einkauf von Produkten einen gemeinsamen **Handelsplatz** im Internet einzurichten. Beispielsweise entstand über eine derartige Vereinbarung ein elektronischer Megamarktplatz für die Zuliefererbetriebe von Autokonzernen. Spezielle Softwarehäuser richten dazu geeignete **Portale** ein. Die entstandenen **Onlinemarktplätze** ermöglichen aufgrund der raschen elektronischen Reaktionsmöglichkeiten kurzfristige Dispositionen, die Preistransparenz erhöht sich. Viele Einzelarbeitsschritte des bisherigen Beschaffungsvorganges werden verzichtbar. Die Einkäufer können sofort vergleichen, wer das günstigste Angebot offeriert; sie können sich auch zusammenschließen, um höhere Rabattsätze zu erreichen, oder sie führen Auktionen durch, bei denen die Lieferanten mit ihren Angeboten in Wettbewerb treten. Der Einkauf mittels der E-Commerce-**Plattform** führt in der Regel zu einer deutlichen Kostensenkung. Diese Preisvorteile beim Einkauf können kalkulatorisch dazu führen, dass die Unternehmen ihre Produkte und Dienstleistungen preiswerter im Absatzmarkt anbieten können. Betriebswirtschaftlich effizientere Lösungen führen somit volkswirtschaftlich zu einem verstärkten (internationalen) Wettbewerb und zu einer möglichen Erhöhung des Bruttoinlandsproduktes.

Arten von Portalen

Ziel: Reduzierung der Informationsflut des Internets (Kosten- und Zeitersparnis) beim User, zielgruppenspezifisches Direktmarketing beim Anbieter (Vermeidung von Streuverlusten, Erhöhung der Kontaktrate)

Lösung: zielgruppenspezifischer Einsatz des Internets durch Nutzung von **Portalen**

Arten von Portalen		
B2B-Portale	**B2C-Portale**	**Portal-Networks**
für spezielle Produkte/Leistungen eines informationssuchenden **Unternehmers**	für spezielle Produkte/Leistungen eines informationssuchenden **Konsumenten**	„Eingangstore" für spezifische User, die Verknüpfungen zu **sämtlichen Bedürfnissen** des Users bieten
Beispiel: Ein Großhandelsbetrieb sucht in einem Portal für Büroausstattung nach Schreibtischen.	*Beispiel:* Ein Endverbraucher sucht in einem Portal für Musik nach einer CD-Rarität.	*Beispiel:* Ein Autokäufer sucht in einem Portal für Autos nach einem neuen Auto, einer geeigneten Finanzierung und einer günstigen Versicherung.

Überblick

Im Rahmen der Beschaffung muss beim Rechnungsausgleich gegenüber den Lieferanten wie bei allen weiteren finanziellen Transaktionen die Gesamtliquidität des Unternehmens berücksichtigt werden. Vor diesem Hintergrund sollten alle finanziell sinnvollen Möglichkeiten ausgeschöpft werden, um den Zahlungszeitpunkt hinauszuschieben bzw. die Kosten der Beschaffung zu reduzieren.

Möglichkeiten der Beschaffungsfinanzierung

Vereinbarung eines möglichst langen **Zahlungszieles** ...

Vereinbarung einer möglichst langen **Skontofrist** ...

... verhandelbar aufgrund langjähriger Geschäftsbeziehungen, langfristiger Vertragsbindung sowie großer Abnahmemengen

Nutzung der angebotenen Rabattstaffel bzw. Vereinbarung möglichst hoher **Rabatte** ...

Ausschöpfung möglichst vieler zu gewährender **Boni** ...

Für die Beschaffung von Anlagegütern (z. B. Ladeneinrichtung) kann je nach Unternehmensstruktur und finanzieller Situation das **Leasing** (siehe S. 471 f.) eine Alternative zum Kauf sein. Dies würde eine reine Fremdfinanzierung ohne Eigenkapitalbedarf bedeuten und könnte zu einer Sicherung der Liquidität beitragen.

Liefererrabatt als Finanzierungsinstrument

- Eine naheliegende Form der Beschaffungsfinanzierung ist die Ausnutzung von **Rabatten**, die in unterschiedlicher Art und Weise gewährt werden können (s. S. 163). Der **Mengenrabatt** ist für den Verkäufer ein wichtiges Instrument für die Steuerung der Auftragsgrößen. Die Rabatte werden oft so gestaffelt, dass mit zunehmender Bestellmenge bzw. zunehmendem Auftragswert eine **überproportionale** Rabattgewährung verbunden ist. Da sich dadurch nicht immer **Kleinaufträge** vermeiden lassen, sind die Lieferungs- und Zahlungsbedingungen noch durch **Mindestabnahmemengen** bzw. -**werte** zu ergänzen. Für den Käufer ist der Mengenrabatt eine beachtenswerte Größe bei der Bezugskalkulation (s. S. 169).

- Mengenrabatte können in vielen Varianten gewährt werden. Bei der **einstufigen Rabattermittlung** erfolgt die Zuordnung zu bestimmten Rabattsätzen über Abnahmemengen (z. B. bei Abnahme von 100 Stück: 1 %, bei Abnahme von 200 Stück: 2 % Rabatt usw.) oder über Abnahmewerte (z. B. ab einem Auftragswert von 10.000,00 €: 1 %, ab einem Auftragswert von 20.000,00 €: 2,5 % Rabatt usw.). Bei der **mehrstufigen Rabattberechnung** werden der jeweilige Kunde einer Kundengruppe und die einzelnen Artikel (Artikelgruppen) einer Rabattgruppe zugeordnet, sodass die Rabattgewährung sowohl von der Kunden- als auch von der Rabattgruppe abhängig ist.

Beispiel: Die Bellheim-BüroService GmbH bestellt 100 Schreibtische bei ihrem Lieferanten OfficeCom AG mit einem Auftragsvolumen von 18.000,00 €. Bei der (unten auszugsweise dargestellten) zugrunde liegenden Rabattstaffel beträgt der Zieleinkaufspreis der Bellheim-BüroService GmbH 17.820,00 €.

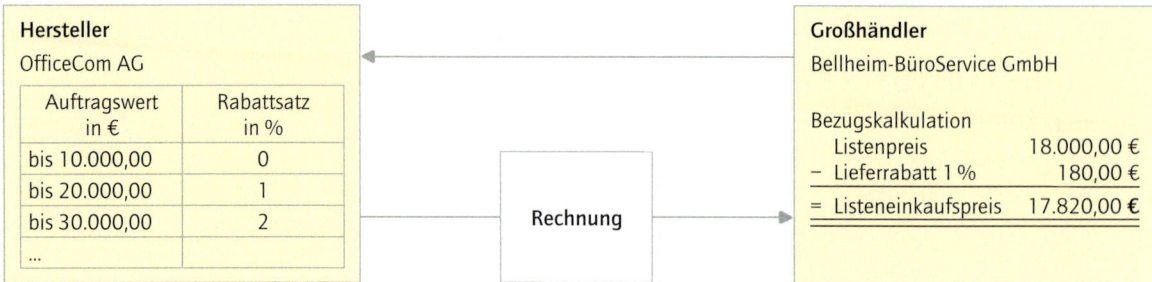

Hersteller			**Großhändler**
OfficeCom AG			Bellheim-BüroService GmbH

Auftragswert in €	Rabattsatz in %
bis 10.000,00	0
bis 20.000,00	1
bis 30.000,00	2
...	

Rechnung

Bezugskalkulation
Listenpreis   18.000,00 €
− Lieferrabatt 1 %   180,00 €
= Listeneinkaufspreis   17.820,00 €

Rechtliche Bedeutung

Eine Bestellung ist **verbindlich**, sie kann schriftlich oder mündlich erteilt werden. Bei einer mündlichen Bestellung ist eine sofortige schriftliche Bestätigung empfehlenswert, um Missverständnisse zu vermeiden.

Bestellung aufgrund eines Angebots:
Ein Kaufvertrag wird abgeschlossen. In der Bestellung wird auf das Angebot Bezug genommen. Es liegen zwei übereinstimmende Willenserklärungen vor.

Bestellung ohne vorheriges Angebot:
Die Bestellung muss konkrete Angaben enthalten. Sie ist nur für den Auftraggeber/die Auftraggeberin verbindlich, der Lieferer kann ablehnen oder zustimmen. Es liegt nur eine Willenserklärung vor; die zweite erfolgt durch Auftragsbestätigung oder Warenlieferung.

Widerruf:
Der Widerruf muss vor oder gleichzeitig mit der Bestellung eintreffen, z. B. per Telefon oder als Fax.

Aufbau und Inhalt

1. Auf das Angebot, den Katalog, die Preisliste usw. eingehen

2. Art, Preis, Menge und Qualität der Ware angeben

3. Liefertermin und Lieferungsbedingungen nennen

4. Gewünschte Zahlungsweise angeben

Kaufvertrag

- Bei einem Kaufvertrag handelt es sich um ein zwei- oder mehrseitiges Rechtsgeschäft.

- Willenserklärungen, die im Rahmen eines Kaufvertrags abgegeben werden, heißen ANTRAG und ANNAHME.

I. Verpflichtungsgeschäft

a) Zustandekommen des Kaufvertrags

	ANTRAG		ANNAHME	
1. Möglichkeit	ANGEBOT		BESTELLUNG	
VERKÄUFER	——————→	KAUFVERTRAG ←	——————	KÄUFER
2. Möglichkeit	BESTELLUNG		BESTELLUNGS-ANNAHME	
KÄUFER	——————→	KAUFVERTRAG ←	——————	VERKÄUFER
3. Möglichkeit	BESTELLUNG		LIEFERUNG	
KÄUFER	——————→	KAUFVERTRAG ←	——————	VERKÄUFER

Das Verpflichtungsgeschäft ist abgeschlossen, wenn zwei übereinstimmende Willenserklärungen vorliegen.

b) Pflichten des Verkäufers und Käufers

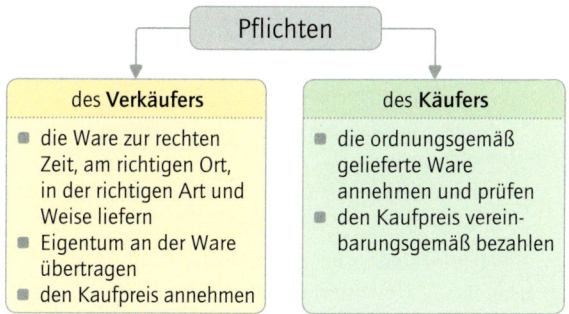

Pflichten

des Verkäufers
- die Ware zur rechten Zeit, am richtigen Ort, in der richtigen Art und Weise liefern
- Eigentum an der Ware übertragen
- den Kaufpreis annehmen

des Käufers
- die ordnungsgemäß gelieferte Ware annehmen und prüfen
- den Kaufpreis vereinbarungsgemäß bezahlen

II. Erfüllungsgeschäft

Das **Erfüllungsgeschäft** ist abgeschlossen, wenn Verkäufer und Käufer ihre Pflichten erfüllt haben. Werden die Pflichten nicht erfüllt, spricht man von **Störungen** des Kaufvertrags.

vgl.: Bentin, Margit u. a.: Beschaffungsprozess, 4. Aufl., Darmstadt 2005, S. 41

Kaufmännischer Schriftverkehr: Bestellung

Beispiel:

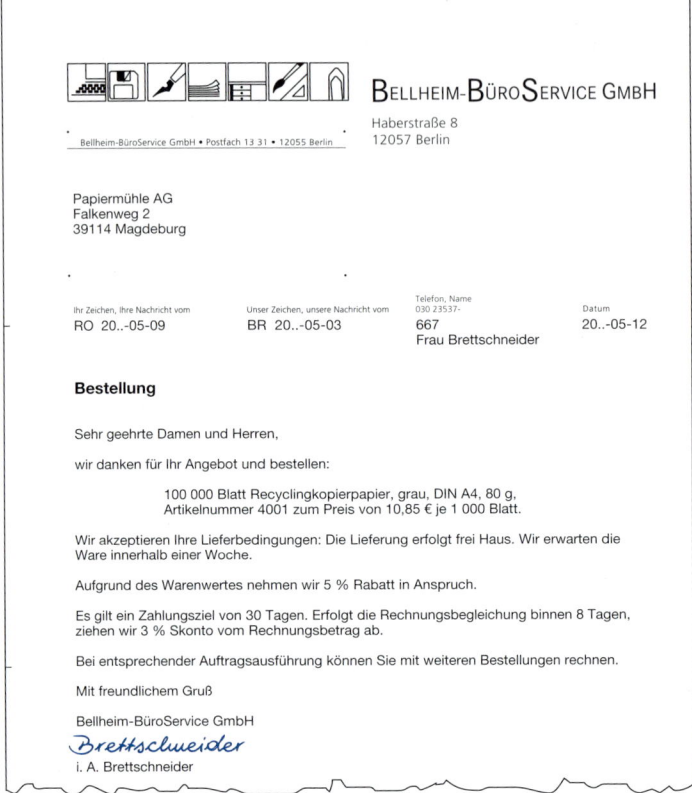

BELLHEIM-BÜROSERVICE GMBH

Haberstraße 8
12057 Berlin

Bellheim-BüroService GmbH • Postfach 13 31 • 12055 Berlin

Papiermühle AG
Falkenweg 2
39114 Magdeburg

Ihr Zeichen, Ihre Nachricht vom	Unser Zeichen, unsere Nachricht vom	Telefon, Name 030 23537-	Datum
RO 20..-05-09	BR 20..-05-03	667 Frau Brettschneider	20..-05-12

Bestellung

Sehr geehrte Damen und Herren,

wir danken für Ihr Angebot und bestellen:

100 000 Blatt Recyclingkopierpapier, grau, DIN A4, 80 g,
Artikelnummer 4001 zum Preis von 10,85 € je 1 000 Blatt.

Wir akzeptieren Ihre Lieferbedingungen: Die Lieferung erfolgt frei Haus. Wir erwarten die
Ware innerhalb einer Woche.

Aufgrund des Warenwertes nehmen wir 5 % Rabatt in Anspruch.

Es gilt ein Zahlungsziel von 30 Tagen. Erfolgt die Rechnungsbegleichung binnen 8 Tagen,
ziehen wir 3 % Skonto vom Rechnungsbetrag ab.

Bei entsprechender Auftragsausführung können Sie mit weiteren Bestellungen rechnen.

Mit freundlichem Gruß

Bellheim-BüroService GmbH

Brettschneider

i. A. Brettschneider

Textbausteine zur Bestellung

> **Bestellung**

Aufbau und Inhalt	Formulierungsvorschläge
1. Auf das Angebot, den Katalog, die Preisliste usw. eingehen	Wir danken für Ihr Angebot und bestellen: ... Die Preisliste haben wir erhalten und bestellen: ...
2. Art, Preis, Menge und Qualität der Ware angeben	... 50 Kugelschreiber „Venus", Nr. 112, schwarz, ... €/St. 25 Bleistifte „Sonny", Nr. 13, ... €/St.
3. Liefertermin und Lieferungsbedingungen nennen	Wir bitten Sie, spätestens in zwei Wochen frei Haus zu liefern. Die Lieferung muss bis zum ... erfolgt sein, sonst verweigern wir die Annahme. Sollte Ihr Lagerbestand nicht ausreichen, bitten wir um sofortige Teillieferung. Unsere Filiale wird am ... eröffnet. Bitte sorgen Sie dafür, dass die Sendung pünktlich bei uns eintrifft.
4. Gewünschte Zahlungsweise angeben	Bitte gewähren Sie uns ein Zahlungsziel von ... Monaten. Mit Ihren Zahlungsbedingungen sind wir einverstanden.

aus: Bentin, Margit u. a.: Beschaffungsprozess, Lehrerband, 2. Aufl., Darmstadt 2005, S. 123

Bedeutung

Im Zuge der Prozesskette der Auftragsbearbeitung ist der Beschaffungsprozess im Großhandel allgemein durch eine besonders **hohe Artikelanzahl** und eine **hohe Sortimentsdynamik** gekennzeichnet. Um die Auftragsbearbeitung optimal abwickeln zu können, ist der Einsatz eines Warenwirtschaftssystems unumgänglich. Wesentliche Fragestellungen im Zuge der Beschaffungssituation sind u. a. die Transparenz bezüglich der Beschaffungsquellen und die Anzahl der potenziellen Lieferanten. Aber auch die geografischen Standorte der Lieferanten und deren Leistungsfähigkeit sind von erheblicher Bedeutung.

Als **Teilbereiche des Beschaffungsprozesses** lassen sich folgende Aufgaben ableiten:

- Bedarfsermittlung
- Bestellmengenoptimierung
- Bestellzeitpunkterrechnung
- Bezugsquellenermittlung

Welche der genannten Prozesse von einem Warenwirtschaftssystem übernommen werden können, zeigt das folgende Schaubild:

Funktionen eines Warenwirtschaftssystems

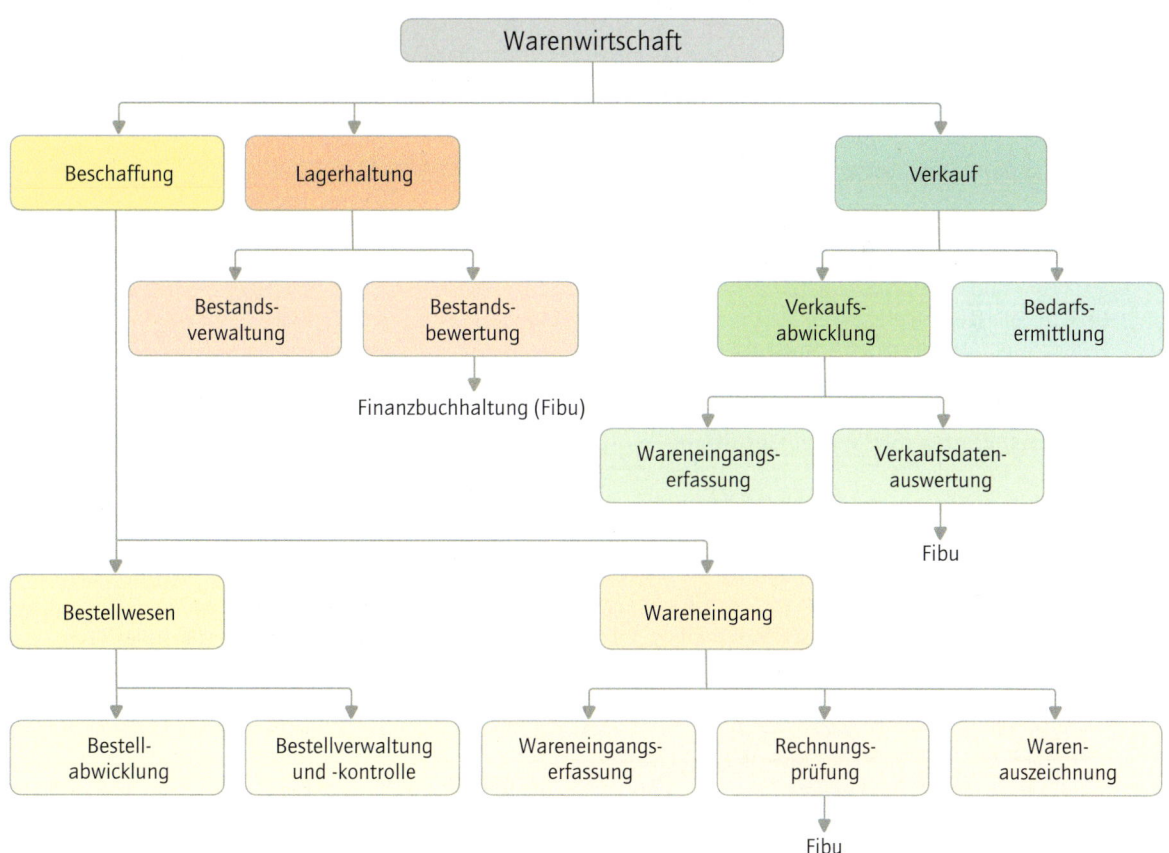

vgl. Chamoni, Peter, Universität Duisburg, Vorlesung zur Wirtschaftsinformatik und OR, 2005
   Quelle: www.uni-duisburg.de/FB5/BWL/WI/download/IAS/IASK23.pdf

Bedarfsermittlung

Gerade Großhandelsunternehmen mit einem breiten Warenlager benötigen die Unterstützung durch ein WWS, um bei den Lagerbeständen sogenannte Renner und Penner zu erkennen. Solche Renner- und Pennerlisten zeigen die Artikel, die besonders häufig abverkauft werden (Renner), oder die „Ladenhüter" (Penner). Warenwirtschaftssysteme erkennen aufgrund veränderter Bestellzeiträume diese Artikel und erhöhen automatisch die Bestellmenge in der Bestellvorschlagsliste, wenn der Artikel immer häufiger bestellt wird. Auch bei eingehenden Bestellungen erfolgt durch das WWS der Abgleich mit den Lagerbeständen und daraus ein automatischer Bestellvorschlag.

Bestellmengenoptimierung

Da das Warenlager Kapital bindet, muss eine möglichst exakte Bestellmenge ermittelt werden, ohne dabei die Lieferfähigkeit zu gefährden. Die Ermittlung des Bedarfs und der optimalen Bestellmenge ist schwierig und von vielen oft nicht vorhersehbaren Faktoren abhängig. Deshalb sind Erfahrungswerte in diesem Bereich von großer Bedeutung.

Bestellzeitpunkterrechnung

Über den richtigen Bestellzeitpunkt lässt sich keine allgemeingültige Aussage treffen. Die Abhängigkeit von der Größe des Lagers, Bedarfsschwankungen, der Unternehmenspolitik und auch der Qualität und Zuverlässigkeit der Lieferanten lässt keine grundsätzliche Aussage über den optimalen Bestellzeitpunkt zu. Dennoch kann ein guter Einkäufer aus der zuvor ermittelten optimalen Bestellmenge und der daraus abgeleiteten optimalen Bestellhäufigkeit die benötigten Waren in der gewünschten Qualität zum günstigsten Preis zeit- und kostenoptimal bereitstellen (siehe auch S. 157).

Bezugsquellenermittlung

Im Rahmen der Bezugsquellenermittlung werden geeignete Lieferanten ausgewählt. Darunter versteht man das manuelle (siehe auch S. 158) oder automatische Ermitteln einer Bezugsquelle (von Lieferanten), durch die der Bedarf gedeckt werden kann. Mithilfe des WWS wird z. B. für jeden gewählten Lieferanten ein Datensatz angelegt, der alle wichtigen Daten wie Preis, Lieferzeit, Lieferungs- und Zahlungsbedingungen usw. enthält. Dadurch wird – betriebswirtschaftlich gesehen – eine Lieferantenevaluation durchgeführt, um den bestmöglichen Lieferanten bestimmen zu können.

Einflussfaktoren der Warendisposition

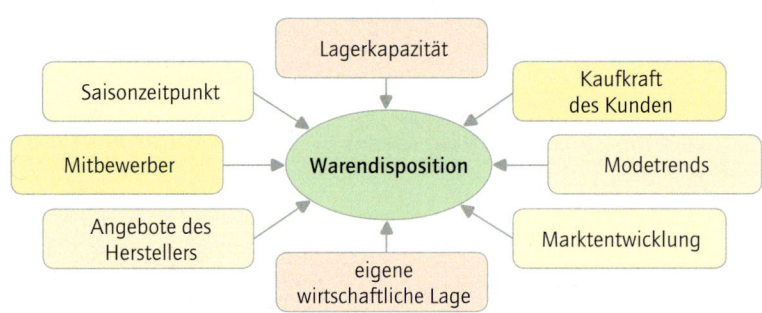

Bei kurzfristiger Betrachtungsweise spielen diese Einflussgrößen jedoch nur eine untergeordnete Rolle. Bei der langfristigen Planung der zu ordernden Ware, z. B. für die Jahresplanung, wird eine Prognose dieser Einflussfaktoren zunehmend schwieriger, weil sich die wirtschaftlichen Rahmenbedingungen im Laufe eines Jahres ändern können.

Automationsstufen des Beschaffungsvorgangs

Bei der Bedarfsermittlung (Disposition) von Waren bieten Warenwirtschaftssysteme je nach Ausstattung verschiedene **Stufen** zum Bestellen von Waren an:

- **Vollautomation**
  Das Programm disponiert automatisch; z. B. wird bei Erreichen eines festgelegten Warenbestandes automatisch der Bestellvorschlag ausgelöst.

- **Teilautomation**
  Das Programm unterbreitet einen Vorschlag, die eigentliche Bestellung übernimmt die Sachbearbeiterin/der Sachbearbeiter.

Beschaffungsvorgänge mithilfe eines Warenwirtschaftssystems
Purchase using merchandise planning and control systems

Automationsstufen des Beschaffungsvorgangs

■ **Programmunterstützung**
Das Programm macht einen Bestellvorschlag anhand spezifischer Eingaben einer Sachbearbeiterin/eines Sachbearbeiters.

■ **Registrierung**
Das Programm registriert lediglich die durch die Sachbearbeiterin/den Sachbearbeiter eingegebenen Daten, z. B. Bestelldatum, Artikelbezeichnung, Menge, Lieferant.

vgl. K. Hinkelmann, Beispiel Handelsunternehmen, Solothurn, o. J., www.hsw.fhso.ch/hinkelmann/BIS/BIS3-Handel

Bestätigt die Sachbearbeiterin/der Sachbearbeiter einen dieser Bestellvorschläge, übernimmt das Warenwirtschaftssystem die Ordererstellung und deren Verwaltung. Die Bestellung kann nun herkömmlich per Telefon oder Brief dem Lieferer zugestellt werden. Schneller und kostengünstiger ist die Übermittlung direkt in das Warenwirtschaftssystem des Lieferanten durch elektronische Datenübertragung (per EDI). Die Auftragsbestätigung des Lieferanten erfolgt dann ebenfalls elektronisch per EDI. Darüber hinaus überwacht das Warenwirtschaftssystem die Einhaltung des vorgesehenen Liefertermins.

Bestellvorschlag des Warenwirtschaftssystems

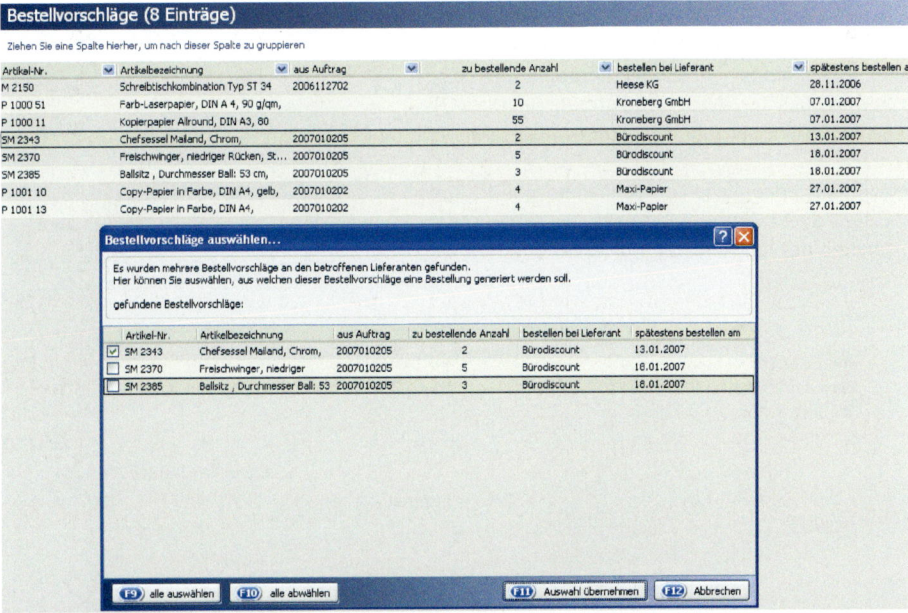

Elektronischer Datenaustausch (EDI)
Electronic Data Interchange

Bedeutung

Der elektronische Datenaustausch zwischen Geschäftspartnern (engl.: Electronic Data Interchange – EDI) reduziert den manuellen Aufwand der Verwaltung von betrieblichen Daten. Durch EDI sind die beteiligten Unternehmen in der Lage, ihre Geschäftsdaten schneller, genauer und kostengünstiger auszutauschen.
EDI ist die papierlose Übermittlung strukturierter Daten, z. B. Rechnungen, Lieferscheine, Artikelstammdaten u. Ä., durch einheitliche Nachrichtenstandards von einer Computeranwendung in die andere.

Beispiel anhand einer Bestellung:
Das Warenwirtschaftssystem des Großhandelsunternehmens übergibt die Bestelldaten in einen sogenannten Konverter. Dieser übersetzt (konvertiert) die Informationen in ein weltweit einheitliches Datenübertragungsformat (EDIFACT). Daraufhin wird die Bestellung aus dem Konverter heraus an den Lieferanten weitergeleitet. Ein Konverter auf der Empfängerseite spielt die Daten in das Warenwirtschaftssystem des Lieferanten ein. Dort kann nun die Bestellung bearbeitet und ausgeführt werden.

vgl. World Textile News, TWnetwork.de, fashion, business – EDI-Überblick, o. J., www.twnetwork.de

3

Übertragungsverfahren

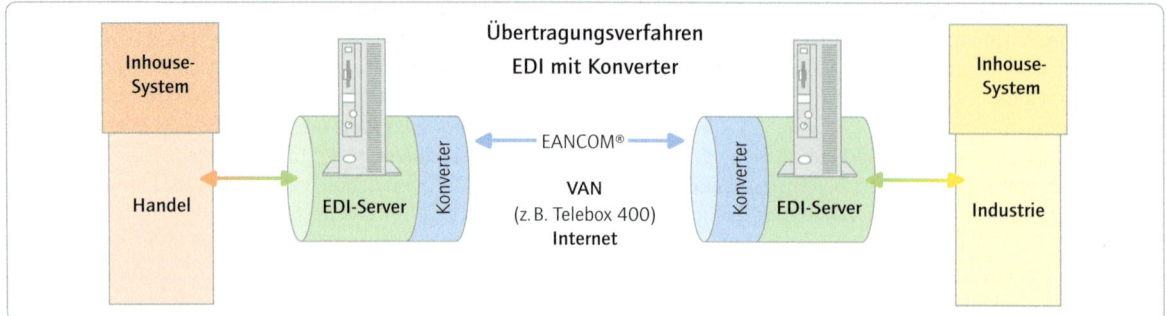

Um Geschäftskorrespondenz per EDIFACT abzuwickeln, werden die zu versendenden Dokumente nicht ausgedruckt, sondern als Datei abgespeichert und anschließend versendet. Diese Datei hat, je nach verwendeter Software, einen unternehmensbezogenen individuellen Aufbau. Dieses Systemformat wird auch als **„INHOUSE-Format"** (Inhouse-System) bezeichnet. Als Übertragungssystem wird ein Modem eingesetzt.

Neuere Techniken ermöglichen die schnellere Übertragung von EDI-Daten direkt über das Internet (WebEDI), sodass auf die Nutzung des langsameren Modems verzichtet werden kann.

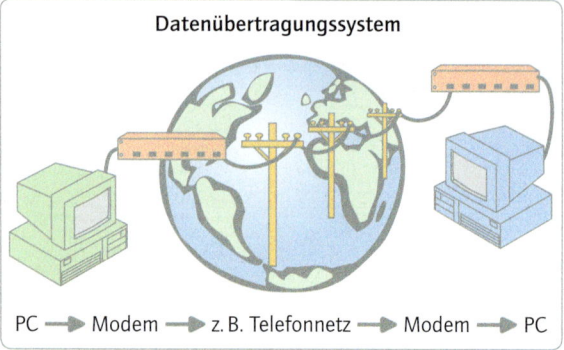

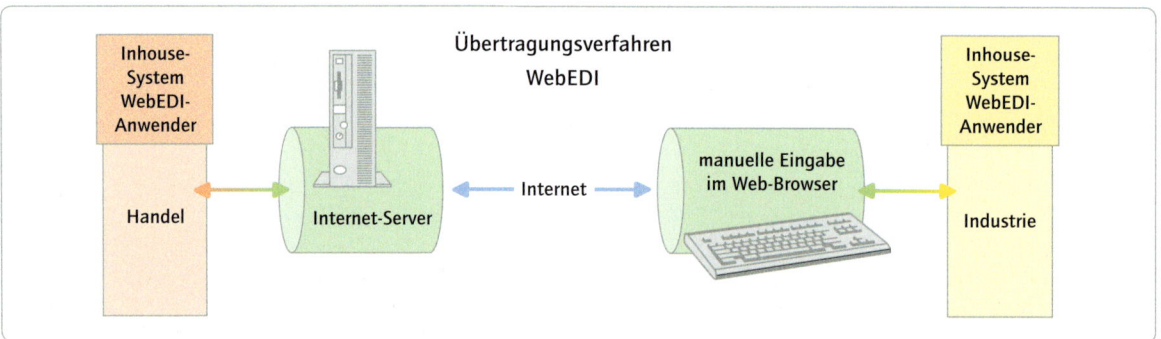

Quelle: GS1 Germany GmbH, Köln

Vorteile von EDI

Der Einsatz von EDI ist zwar wie jede andere Investition mit einmaligen und laufenden Kosten verbunden. Diesen Kosten stehen jedoch auch eine Reihe von Vorteilen und Qualitätsverbesserungen gegenüber:

- elektronische Speicherfähigkeit, somit jederzeitige Reproduzierbarkeit
- schnellere Übermittlung von Geschäftsdaten
- Möglichkeit der Weiterbearbeitung
- Einmalerfassung sämtlicher Daten
- Verringerung der Fehlerquoten
- Reduktion der Lagerhaltung, dadurch geringere Betriebskapitalbindung
- drastische Verkürzung der Lieferfristen
- kürzere Reaktionszeiten bei Bestandsänderungen

- Vermeidung von Belegmanipulation
- Verringerung der Verwaltungskosten
- Steigerung der Qualität bei der Informationsbeschaffung (durch umfassenden, ständigen und fehlerfreien Datentransfer)
- Öffnung zu neuen Partnern

vgl. Visioline, DI Eduard Hans Fritz: EDI und EDIFAKT, Literatur-Projekte, A-St. Veit, www.visioline.cc/literatur_edifakt

Einordnung

Neben den äußeren Marktfaktoren und den Vorschlägen des Warenwirtschaftssystems werden Entscheidungen im Einkaufsbereich auch unter Wirtschaftlichkeitsbetrachtungen der eigenen Warenwirtschaft im Vergleich zur Branche getroffen. Ansatzpunkte zur Verbesserung von betrieblichen Kennziffern sind u. a. in der Reduzierung der Mindestreserve (des eisernen Bestandes), in der Senkung des Einstandspreises der Ware und ganz allgemein in einer Veränderung der Bestellpolitik zu sehen. Darüber hinaus muss auch die finanzielle Situation des Großhandelsunternehmens berücksichtigt werden. Das zur Verfügung stehende Kapital für den Einkauf kann durch eine **Limitrechnung** ermittelt werden. Hierunter versteht man ein **kurzfristiges Planungs-** und **Kontrollsystem** zur Lagerbestands- und Sortimentssteuerung, das sowohl der Kostensenkung als auch der Liquiditätssicherung dient.

Das **Limit** (Limit = Grenze) ist der **verfügbare Betrag**, der einem **Einkäufer innerhalb einer Periode** (eines Planungszeitraumes) **für den Einkauf von Waren** (einer einzelnen Ware/einer Warengruppe) **zur Verfügung steht**. Aus dem Limitbetrag und dem Einstandspreis der jeweiligen Artikel ermittelt der Einkäufer die Stückzahl der einzukaufenden Ware.

Die Ermittlung eines Limits basiert je nach vorliegenden Zahlen auf folgenden betrieblichen Plangrößen:

- geplanter Umsatz
- Lagerbestand zu Beginn der Periode
- geplanter durchschnittlicher Lagerbestand (s. Seite 328)
- Lagerumschlagshäufigkeit (s. Seite 328)
- geplanter Wareneinsatz (s. Seite 246)
- Handelsspanne/Kalkulationsabschlag (s. Seite 422 f.)
- Limitreserve

Die Limitreserve dient dazu, während der laufenden Periode auf kurzfristige Trends zu reagieren, neue Produkte und/oder Aktionswaren der Lieferanten zu ordern sowie andere Planungsunsicherheiten auffangen zu können.

Beispiel:
Jahresplanung (12 Monate):

Lagerbestand zu Beginn	80.000,00 €
geplanter Ø Lagerbestand	55.000,00 €
= Lagerabbau	− 25.000,00 €
+ geplanter Wareneinsatz	660.000,00 €
= Gesamtlimit	**635.000,00 €**
− Limitreserve, z. B. 15 %	− 95.250,00 €
= frei verfügbares Limit	**539.750,00 €**

Hierbei handelt es sich um Einstandspreise. Der geplante durchschnittliche Lagerbestand ergibt sich aus dem Wareneinsatz dividiert durch 12 (nicht zu verwechseln mit der Lagerkennziffer „durchschnittlicher Lagerbestand"!).

vgl. Tietz, B., Der Handelsbetrieb, Grundlagen der Unternehmenspolitik, 2. Auflage, München 1993, S. 733; Tietz, B.: Art. „Limitrechnung im Handel", in: HWA, Hrsg.: Bruno Tietz, Stuttgart 1974, Sp. 1198–1204

Limitkontrolle

Eine Planung des Einkaufslimits ist nur dann erfolgreich, wenn eine entsprechende Kontrolle stattfindet. Liegen gravierende Veränderungen der geplanten Umsatzzahlen vor, ist eine **Limitanpassung** erforderlich. Bei höheren Zahlen wird das Limit aufgestockt, bei geringeren Umsätzen gekürzt. Bei einer Kürzung des Einkaufslimits kann für die Unternehmung eine problematische Situation entstehen, weil weniger Waren eingekauft werden. Die Folgen sind eine schlechtere Sortierung der Artikel, eine geringere Kundenzufriedenheit und damit u. U. ein Umsatzrückgang, was wiederum zu weiteren Anpassungen zwingt. Um dieser Abwärtsspirale entgegenzuwirken, erfolgen häufig schnelle Warenabverkäufe mit hohen Rabatten. Dadurch wird zwar das Lager für neue Waren frei, die Rentabilität jedoch sinkt.

Sortimentsplanung und -controlling

Um der Erwartungshaltung der Kunden zu entsprechen, muss ein zielgruppenorientiertes Sortiment aufgebaut werden. Dabei kommen folgende Maßnahmen infrage:

- Verringerung der Angebotsbreite/-tiefe
- Ersatz durch gleichartige Artikel
- Aufnahme zusätzlicher Artikel/Warengruppen

In der Praxis treten diese Formen oftmals gemeinsam auf. So wird z. B. die Angebotsbreite zugunsten einer größeren Angebotstiefe verringert. Die wichtigste strategische Aufgabe ist die Aufnahme von Artikeln, deren Positionierung am Markt den größten Erfolg verspricht. Nur so können möglichst hohe Lagerumschläge erreicht und damit die Liquidität der Unternehmung gesichert werden. Im Zuge der Limitplanung durch das Warenwirtschaftssystem wird auch die Frage nach dem „richtigen" Sortiment beantwortet, wenn gleichzeitig ein Sortimentscontrolling erfolgt. Es beinhaltet eine ABC-Analyse der Lieferanten und/oder der Artikel des Sortiments (s. Seite 156). Mindestens zweimal im Jahr sollte das Sortiment analysiert werden, um die gut bzw. schlecht laufenden Artikel zu erkennen.

vgl. BBE-Unternehmensberatung GmbH, Köln, 2002–2004 Quelle: www.handelswissen.net/data/themen/Marktpositionierung/Sortiment...php

Internationale Regeln für die Auslegung der handelsüblichen Vertragsformeln
International rules for the interpretation of Incoterms

Begriff

Da im Auslandsgeschäft viele unterschiedliche **Rechtsnormen** und **Handelsbräuche** angewandt werden, besteht die dringende Notwendigkeit von **einheitlichen Regeln**, die für die Vertragspartner rechtlich bindend und nachvollziehbar sind. Aus diesem Grund hat die Internationale Handelskammer in Paris die **„Internationalen Regeln für die Auslegung der handelsüblichen Vertragsformeln" (International Commercial Terms: Incoterms)** formuliert, die allerdings erst durch die Aufnahme in den Kaufvertrag rechtlich gültig werden.

Die **Incoterms** regeln verbindlich und übersichtlich die Transportkosten, das Transportrisiko und die Grenzabfertigung. Weiterhin können durch sie die Geschäftsabwicklungspflichten und die Sorgfaltspflichten verbindlich und übersichtlich geregelt werden.

Lieferbedingungen

Folgende Inhalte müssen Bestandteile der Lieferbedingungen im Außenhandel sein:

Anforderungen an Lieferbedingungen durch den ...

Exporteur	Importeur

■ Regelung zur Warenlieferung
  – Ordnungsmäßigkeit der Ware
  – Vereinbarungen über den Lieferungsort
■ Beschaffung der notwendigen Dokumente
	■ Regelung zur Warenprüfung
	  – vor der Verladung
	  – vor der Warenannahme
	■ Regelung zur Warenannahme
	  – Ordnungsmäßigkeit der Ware
	  – fristgerechte Lieferung

Trade-Terms und Terms of Trade

Von den **Incoterms** sind folgende Fachbegriffe abzugrenzen:

Trade-Terms	Terms of Trade
Hierbei handelt es sich nicht um Incoterms, sondern um Handelsbräuche, die von den Incoterms nicht ausdrücklich erfasst werden. Die nationalen Handelsbräuche **Trade-Terms** finden in der Regel dann Anwendung, wenn keine **Incoterms** im Kaufvertrag oder andere spezielle Lieferbedingungen vereinbart wurden. Die wichtigsten **Trade-Terms** wurden von der Internationalen Handelskammer in Paris zusammengefasst (Broschüre „Trade-Terms – Termes commerciaux").	Bei den Terms of Trade handelt es sich um eine Berechnungsgrundlage, die das Verhältnis der Preisentwicklung zwischen Exportgütern und Importgütern zeigen soll. $$\text{Terms of Trade} = \frac{\text{Ausfuhrpreisindex}}{\text{Einfuhrpreisindex}} \cdot 100$$ Die **Terms of Trade** drücken das Preisaustauschverhältnis zwischen importierten und exportierten Waren eines Landes aus. *Beispiel:* Die Länder der Dritten Welt exportieren Rohstoffe, z. B. Kaffee und Baumwolle, seit Jahren zu relativ konstanten Preisen in die Industrienationen. Die Industrieländer exportieren hochpreisige Investitions- und Gebrauchsgüter, z. B. Maschinen und Autos, in die Staaten der Dritten Welt. Die Preise dieser Waren steigen seit Jahren. Demnach haben sich die Terms of Trade für die Entwicklungsländer zusehends verschlechtert.

Handelsbrauch

Begriff

- Im deutschen Recht versteht man laut § 346 HGB unter Handelsbräuchen „die im Handelsverkehr geltenden Gewohnheiten und Gebräuche". Sie sind praxisübliche Anwendungen, die sich für Geschäftsvorgänge vergleichbarer Art innerhalb eines Ortes, eines Bezirks oder auch im ganzen Bundesgebiet gebildet haben; sie können sich ändern oder auch erlöschen. Sie werden im Einzelfall festgestellt und können weder „festgelegt" noch „in Kraft gesetzt", „vereinheitlicht" oder „aufgehoben" werden. Es handelt sich um ein konkretes Verhalten der beteiligten Verkehrskreise (z. B. beteiligte Unternehmen) im regelmäßigen Geschäftsverkehr.

- Handelsbräuche dienen nicht nur zur Auslegung einer Erklärung (z. B. handelsübliche Vertragsklauseln), sondern können auch eine im Vertrag nicht vorhandene Erklärung ersetzen (Vervollständigung des Vertragsinhaltes, Ausfüllung einer Vertragslücke).

Beispiele:
- Handschlag als Abschluss eines Kaufvertrages beim Pferdekauf
- Zeichensignale als verbindliches Angebot bei Auktionen oder beim Parketthandel
- kaufmännisches Bestätigungsschreiben

- Handelsbräuche kommen unter Kaufleuten in Betracht. Sie können sich nur innerhalb derjenigen Verkehrskreise entwickeln, in denen Geschäfte der betreffenden Art üblich sind. Gehört ein Vertragspartner nicht zu den beteiligten Verkehrskreisen, so lässt sich auch nicht der bestehende Handelsbrauch anwenden. Unter Umständen kann ein Handelsbrauch ebenso unter Nichtkaufleuten gelten, nämlich dann, wenn die Verkehrssitte auch Nichtkaufleute umfasst.

Bei der Feststellung eines Handelsbrauchs ist besonders vorsichtig und zurückhaltend vorzugehen, wenn zwischen Kaufleuten eines bestimmten Geschäftszweiges und Kaufleuten unterschiedlicher Abnehmerkreise regelmäßig nur einmal ein Geschäft getätigt wird (z. B. Fabrikant liefert an Bäcker, Metzger usw. nur einmal in deren Berufsleben eine Ladeneinrichtung). Das Gleiche gilt sinngemäß, wenn der Abnehmer ein Privatverbraucher ist (z. B. Anschaffung einer Kücheneinrichtung). Ein Handelsbrauch kann sich örtlich beschränken, jedoch ist es auch möglich, dass er nur innerhalb einer bestimmten Gruppe besteht (es muss ein klar abgrenzbarer Kreis sein, z. B. Großbanken und ihre Kundschaft, nicht „der angesehene Kunsthändler und seine Kundschaft").

vgl. www.chemnitz.ihk24.de/produktmarken/recht_und_fair_play/handels_gesellschaftsrecht/MerkblHandelsbrauch.pdf, Februar 2011

Handelsbräuche oder kaufmännische Usancen können von Ort zu Ort verschieden sein und ändern sich. Die IHK hat Erfahrungen hiermit und stellt Handelsbräuche aufgrund eines gerichtlichen Beweisbeschlusses in Rechtsstreitigkeiten fest.

aus: http://www.hannover.ihk.de/service/service-a-z/g-h.html, Februar 2011

start here

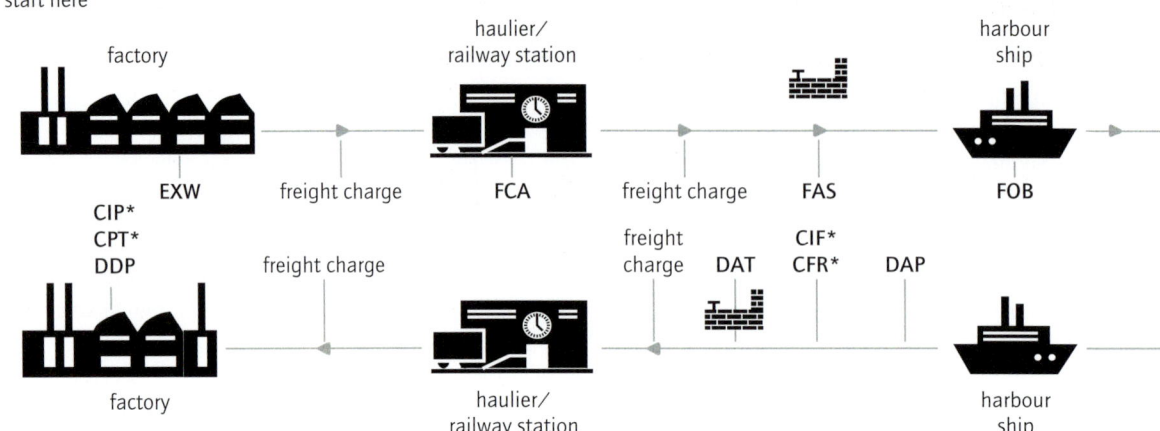

* These incoterms are only shown with regard to the costs. No reference is made to the risks.

Transfer of Costs and Risks

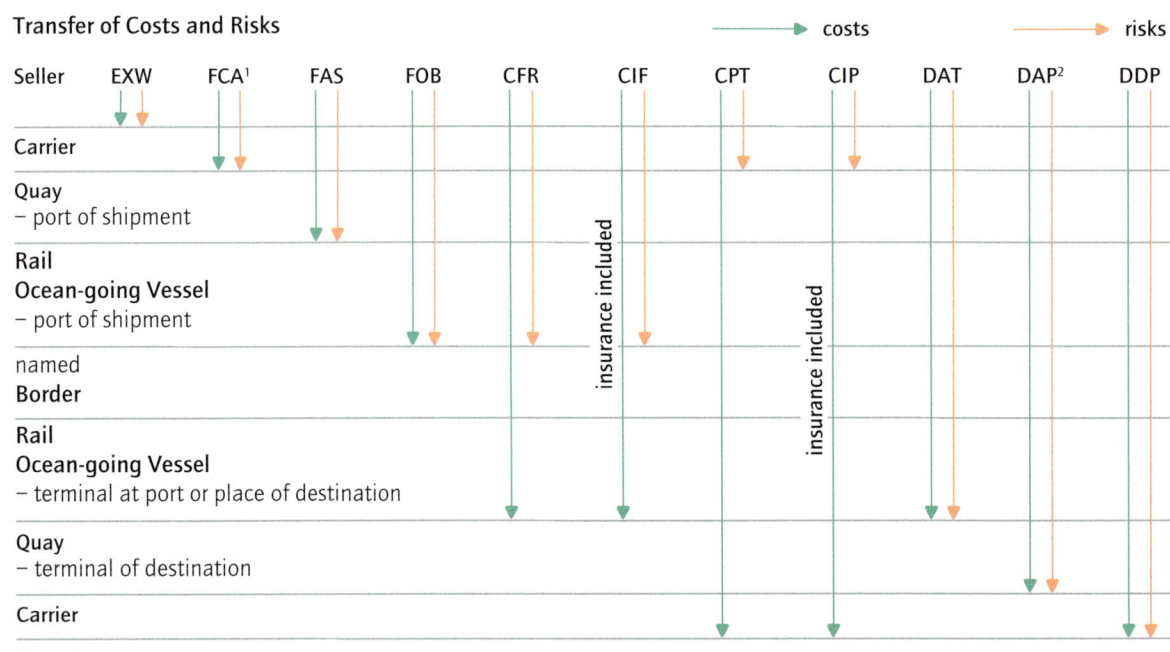

| | | costs | | risks |

¹ Der bestimmte Ort der Lieferung entscheidet über Pflichten bei der Be- u. Entladung der Ware.
² Einfuhrformalitäten sowie Zölle und Abgaben sind vom Käufer zu übernehmen.   Fremdsprachige Kommunikation siehe S. 535 ff.

Die 11 Klauseln und die notwendigen Ortsangaben:

EXW Ex Works (... benannter Lieferort)
FCA Free Carrier (... benannter Lieferort)
FAS Free Alongside Ship (... benannter Verschiffungshafen)
FOB Free On Board (... benannter Verschiffungshafen)
CFR Cost and Freight (... benannter Bestimmungshafen)
CIF Cost, Insurance and Freight (... benannter Bestimmungshafen)

CPT Carriage Paid To (... benannter Verschiffungshafen)
CIP Carriage and Insurance Paid To (... benannter Bestimmungsort)
DAT Delivered At Terminal (... benannter Terminal im Bestimmungshafen/-ort)
DAP Delivered At Place (benannter Bestimmungsort)
DDP Delivered Duty Paid (... benannter Bestimmungsort)

Bedeutung

Außenhandelsdokumente dienen zur Lieferungs- und Zahlungssicherung im internationalen Warenhandel. Sie dienen dem Nachweis, dass der Exporteur seine Pflichten vertragsgemäß erfüllt hat. Bei ordnungsmäßiger Vorlage verpflichten sie den Importeur zur Zahlung; sie bewirken i. d. R. den Eigentumsübergang an der gelieferten Ware; sie können als Grundlage für eine Kreditsicherung herangezogen werden.

Arten

Man unterscheidet

- **Transportdokumente**, z. B. Konnossement, Ladeschein, Frachtbrief
- **Versicherungsdokumente**, z. B. Versicherungspolice, Versicherungszertifikat
- **Handels- und Zolldokumente**, z. B. Faktura, Ursprungszeugnis, Gesundheitszertifikat

In den letzten Jahren hat der elektronische Austausch von Dokumenten die beleggebundene Übergabe mehr und mehr verdrängt.

Zahlung im Außenwirtschaftsverkehr

Die wichtigsten dokumentären Zahlungen erfolgen mithilfe des **Dokumenteninkassos** und des **Dokumenten-Akkreditivs**.

Dokumenteninkasso

Ablauf

Beim Dokumenteninkasso erteilt der Exporteur seiner Hausbank den Auftrag, den Gegenwert für eingereichte Dokumente vom Importeur einzuziehen. Sie leitet die Dokumente an die Bank des Importeurs weiter und veranlasst, dass die Urkunden gegen Zahlung des Kaufpreises (Dokumente gegen Zahlung) bzw. gegen die Akzeptierung eines Wechsels (Dokumente gegen Akzept) an den Importeur ausgehändigt werden.

Bedeutung

Das Dokumenteninkasso ist ein Zug-um-Zug-Geschäft (Dokumente gegen Zahlung bzw. Akzept). Der Exporteur verliert die Verfügungsgewalt über die Ware erst bei Zahlung bzw. Akzeptleistung. Der Importeur leistet nur dann Zahlung, wenn ihm die Dokumente ausgehändigt werden.

Rechtsgrundlage

Einheitliche Richtlinien für Inkassi (ERI)

Abwicklung eines Dokumenteninkassos

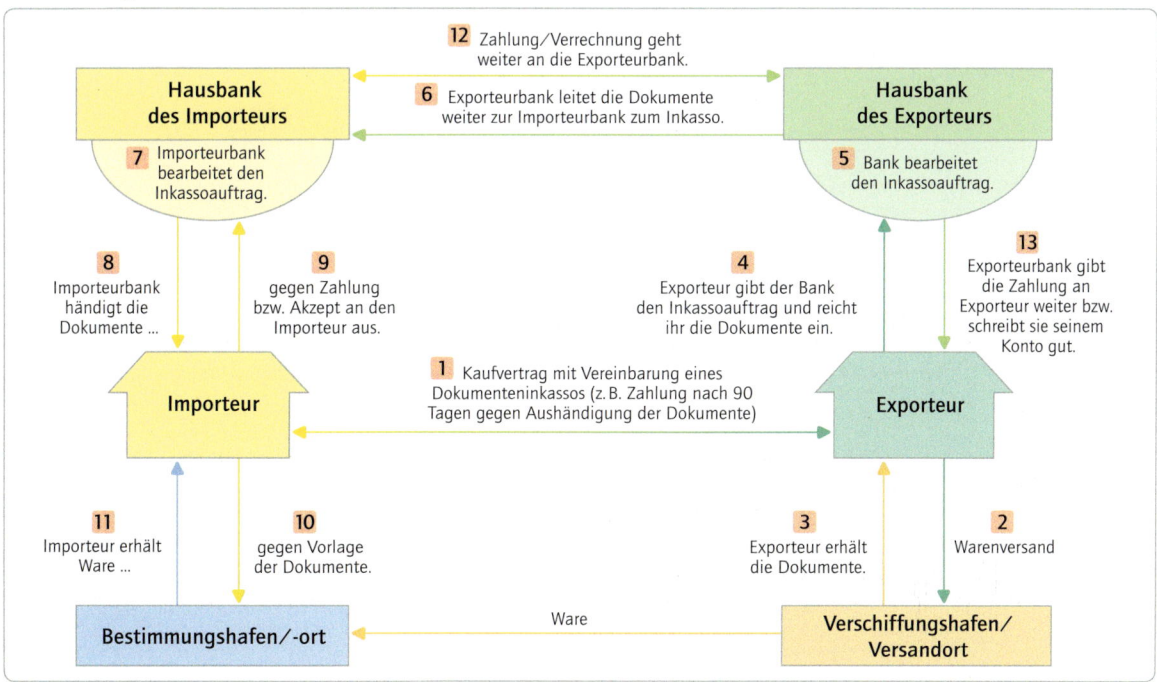

3

AUSSENHANDEL

Dokumentenakkreditiv

Ablauf

Die Akkreditivbank verpflichtet sich durch ein **Dokumentenakkreditiv ...**

- im Auftrag eines **Importeurs**
- einem **Akkreditierten** (Exporteur)
- innerhalb einer bestimmten **Frist**
- gegen Übergabe bestimmter **Dokumente**
- einen festgelegten **Geldbetrag** in einer festgelegten Währung auszuzahlen bzw. gutzuschreiben **oder** eine Wechselverpflichtung einzugehen **oder** die entsprechenden Dokumente zu erwerben.

Beim **unwiderruflichen Akkreditiv** (Regelfall) geht die eröffnende Bank gegenüber dem Exporteur ein abstraktes, bedingtes Schuldversprechen i. S. v. § 780 BGB ein. Abstrakt bedeutet: Die Bank des Importeurs geht einen einseitig verpflichtenden Vertrag ein; er enthält ein vom Grundgeschäft (z. B. Kaufvertrag) losgelöstes Leistungsversprechen. Bedingt bedeutet: Wenn der Exporteur seine Verpflichtungen aus dem Akkreditiv erfüllt, ist die Bank des Importeurs ihm gegenüber zur Zahlung verpflichtet.

Beim **unwiderruflichen, bestätigten Akkreditiv** übernimmt die Hausbank des Exporteurs neben der Hausbank des Importeurs gegen die Entrichtung einer Bestätigungsprovision eine zusätzliche Einlösungsverpflichtung.

Bedeutung

Das Dokumentenakkreditiv wird vor allem bei Aufnahme neuer Geschäftsbeziehungen verwendet, da man die Bonität des Importeurs nicht genau beurteilen kann.

Die Zahlung wird durch das Zahlungsversprechen des eröffnenden Kreditinstituts (und bei einem bestätigten Akkreditiv zusätzlich durch das Schuldversprechen der Bank des Exporteurs) gewährleistet, sofern die Akkreditiv-Bedingungen (z. B. Verladungs- und Bestimmungsort, Einhaltung der Lieferungsbedingungen, Art und Anzahl der vorzulegenden Dokumente) erfüllt werden. Der Importeur (z. B. die ALPHA LTD. in Taipei [Taiwan])* zahlt erst nach Vorlage akkreditivgerechter Dokumente, die die Verschiffung der Ware beweisen (z. B. Konnossement, Handelsrechnung, Packliste)*. Eine termingerechte Erfüllung wird durch eine zeitlich festgelegte Warenverladung und die Gültigkeitsdauer des Akkreditivs (in der Regel 21 Tage) angestrebt. Allerdings hat der Importeur Zahlung zu leisten, bevor er die Qualität der Ware prüfen kann.

* vgl. S. 185

Rechtsgrundlage

Einheitliche Richtlinien und Gebräuche für Dokumentenakkreditive (ERA)

Funktionen

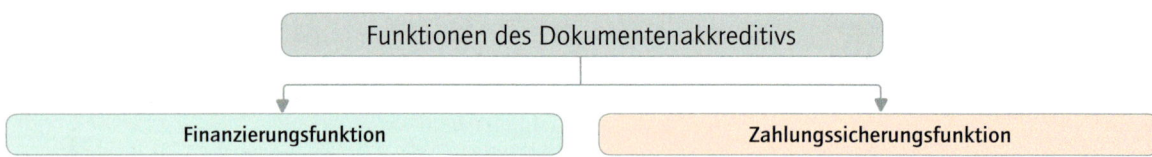

Funktionen des Dokumentenakkreditivs	
Finanzierungsfunktion	Zahlungssicherungsfunktion

Vorteile für den **Exporteur**	▪ Er erhält unverzüglich den Geldbetrag gegen Übergabe der Dokumente. ▪ Das Akkreditiv kann im Rahmen des Wareneinkaufs als Kreditsicherung für den Verkäufer eingesetzt werden (positive Finanzierungsfunktion bei der Warenbeschaffung durch den Exporteur). ▪ Er kann im Fall einer Wechselausstellung sein Zahlungsziel verlängern und sich dann **refinanzieren**. ▪ Die Ware wird erst nach Vorlage des Akkreditivs versandt (Kaufpreisforderung ist gesichert). ▪ Da eine Bank für die Zahlung zuständig ist, reduziert sich das Risiko des Forderungsausfalls.
Vorteile für den **Importeur**	▪ Er hat die Zahlung erst nach Ablauf des Zahlungsziels zu leisten. ▪ Die Bank zahlt nur dann, wenn alle in den Dokumenten vereinbarten Inhalte erfüllt wurden (Reduzierung des Lieferrisikos).

Bestandteile des Dokumentenakkreditivs

- Auftraggeber (Importeur)
- Begünstigter (Exporteur)
- Akkreditivbetrag und Währung
- Dokumente des Akkreditivs
- Art, Menge und Preis der Ware
- Lieferungsbedingungen
- Verladefrist und Bestimmungsort
- Laufzeit des Dokumentenakkreditivs

- Festlegung der Akkreditivstelle (in der Regel im Land des Exporteurs)
- Art der Akkreditivübermittlung (z. B. per Brief, Fax, E-Mail)
- Frachtroute (Transportmittel und -weg)
- ERA-Klausel (ERA: Einheitliche Richtlinien für Dokumentenakkreditive)
- Unterschrift des Auftraggebers

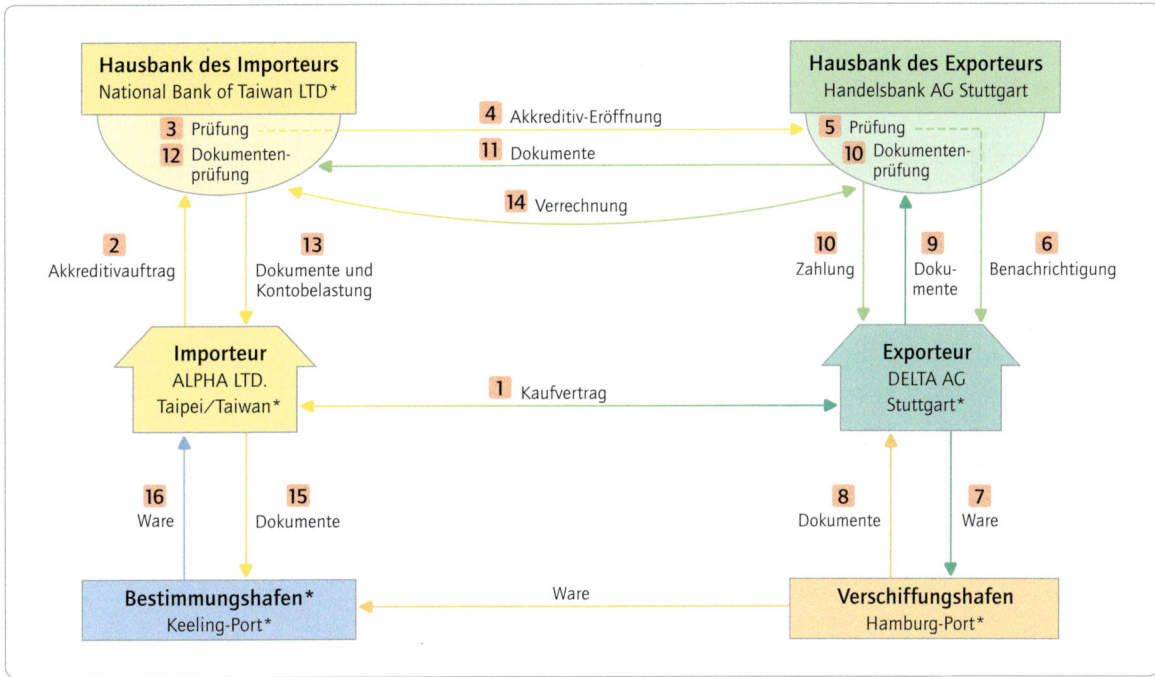

Durchführung

zu 1:   Abschluss eines Kaufvertrags zwischen Importeur **(Akkreditivsteller)** und Exporteur **(Akkreditierter)** unter Vereinbarung eines Dokumentenakkreditivs

zu 2:   **Importeur** beauftragt die **Akkreditivbank** gegen **Vorlage der Dokumente** den **Kaufpreis zu zahlen** und dem **Exporteur gutzuschreiben** (bzw. einen **Wechsel** zu **akzeptieren**).

zu 3:   Prüfung durch die Bank des Importeurs auf Vollständigkeit der Angaben und Bonität des Auftraggebers

zu 4:   Akkreditivbank eröffnet Akkreditiv und bestätigt der Korrespondenzbank **(Akkreditivstelle)** den Auftrag zur Zahlungsabwicklung.

zu 5:   Prüfung des Eröffnungsschreibens durch die Bank des Exporteurs auf Vollständigkeit des Akkreditivs

zu 6:   Akkreditivstelle informiert Exporteur **(Avisierung des Akkreditivs)**.

zu 7:   Exporteur **versendet Ware** an Importeur.

zu 8:   Exporteur **erhält Dokumente** aus Warenversand.

zu 9:   Dokumente werden der **Akkreditivstelle**/Exporteurbank vorgelegt.

zu 10:   **Akkreditivstelle** prüft die Dokumente und leistet die Zahlung.

zu 11:   **Akkreditivstelle** übergibt die Dokumente an **Akkreditivbank**.

zu 12:   **Akkreditivbank** prüft die Dokumente.

zu 13:   **Akkreditivbank** versendet die Dokumente an den Importeur und belastet sein Konto.

zu 14:   **Akkreditivbank** verrechnet Zahlungsbetrag mit der **Akkreditivstelle**.

zu 15/16: Die **Ware** wird gegen Vorlage der Dokumente **übergeben**.

* vgl. S. 186 f.

Dokumentenakkreditiv

Durchführung

Beispiel: Belege zum Ablaufschema S. 185

Konnossement

Shipper:	Origin Code:	Bill of Lading No.:	
DELTA AG Postfach 9 99 Stuttgart		111	7890

Negotiable Carrier
Bill of Lading for
Combined Transport
or Port to Port Shipment

To comply with ICC Uniform Rules for a Combined Transport Document (ICC Publication 481) and with ICC Uniform Customs and Practice for Documentary Credits (ICC Publication 500)

Consigned to order of:

TO ORDER

FAST GMBH

(Carrier)

General Agents in Germany
International GmbH

Notify address:

ALPHA Ltd.
P.O.Box 777
Taipei / Taiwan

Place of receipt (applicable only when this document is used as a Combined Transport Bill of Lading):

Ocean Vessel (or intended ocean vessel when this document is used as a Combined Transport Bill of Lading):
MS Victoria

Port of Loading (or intended port of loading when this document is used as a Combined Transport Bill of Lading):
HAMBURG PORT

Port of Discharge (or intended port of discharge when this document is used as a Combined Transport Bill of Lading):
Taiwan Keelung

Final Destination (or intended final destination when this document is used as a Combined Transport Bill of Lading):
Taiwan Keelung PORT

Shipping Marks and container numbers:	Number & kind of packages:	Description of Goods:	Gross Weight:	Measurement:
ALPHA Ltd. Taipei	20 CASE	Elektronische Bauteile	1.250 kg	

IRREVOCABLE
DOCUMENTARY CREDIT NO:
1234567

20 Package (s)   Total KGS   1.250.000

Particulars Declared by Shipper

The goods and instructions are accepted and dealt with subject to the terms and conditions printed overleaf. Taken in charge in apparent good order and condition, unless otherwise noted herein, at the place of receipt or (where this is a port to port shipment) at the port of loading for transport and delivery as mentioned above. One of these Bills of Lading must be surrendered duly endorsed in exchange for the goods in witness whereof the original Bills of Lading. All of this tenor and date have been signed in the number stated below, one of which being accomplished the other(s) to be void.

Number of Containers/Packages:

Declared Value (See Clause 8.4):

SHIPPED ON BOARD
MSAS CARGO INTERNATIONAL GmbH

For delivery of goods please apply to:

Freight payable at:	Place and date of issue:
HAMBURG-PORT	Hamburg, ..-10-18
In •••••••	Signature

3/3

For and on •••••• of
INTERNATIONAL GmbH as agent for The
••••••••••••• Line Limited

Original

Handelsrechnung

ALPHA LTD.
P.O.Box 777
Taipei/Taiwan

DELTA AG
Postfach 9 99
Stuttgart

Handelsrechnung/Commercial Invoice

Auftrags Nr. 123456	Kunden Nr. 342586754	Rechnungs Nr. 4534282262St	Datum ..-10-20

Warenbeschreibung: Elektronikteile; CIF
Versand am ..-02-01 von Keelung nach Hamburg per Seefracht „MS Victoria".

Menge	Artikel	Betrag
ST.- 1000 -	ET1B5 7650943 ABC	EUR 52.031,16

ausgestellt unter Akkreditiv Nr. 1234567 vom ..-07-15 der
National Bank of Taiwan Ltd.

Total   EUR 52.031,16

DELTA AG

Durchführung

Beispiel: Belege zum Ablaufschema S. 185

Versicherungszertifikat

Original

Versicherungs-Aktiengesellschaft

Certificate (Policy) of Marine Insurance

Sum Insured	Place and Date of Issue	Copies	Open Cover No./Certificate No.
EUR 52.031,16	Stuttgart, ..-10-20	2	12345

This is to certify that insurance has been granted under the above Open Cover to:

to the order

for account of whom it may concern, on the following goods:

Elektronische Bauteile 20 cases

CIF Keelung

Shipping marks: ALPHA Ltd., Taipei

Doc. Credit no: 1234567 of National Bank of Taiwan

for the following voyage (conveyance, route):

From Stuttgart by truck to Hamburg-port for transportation to Taiwan seaport,

from warehouse to warehouse, in accordance with Clause 5 of the German General Rules of Marine Insurance, Special Conditions Cargo (ADS Cargo 1973 – Edition 1984), as printed overleaf.

Claims payable do the holder of this certificate. Settlement under one copy shall render all others null and void.

Conditions:

1. German General Rules of Marine Insurance (ADS), Special Conditions for Cargo (ADS Cargo 1973 – Edition 1984).
2. Irrespective of which conditions and clauses have been agreed the Institute Radioactive Contamination Exclusion Clause shall apply in any case.
3. Terms and conditions of the above Open Cover.
4. Form of cover (see overleaf):
5. Clauses (see overleaf):

covering institute cargo clause (a), institute wr clauses (cargo) and institute strikes clauses (cargo) and/or overland transportation clauses (all risks.)

**See overleaf für instructions to be followed in case of less or damage.
In case of loss or damage immediately contact:**

Versicherungs-Aktiengesellschaft

Packliste

ALPHA LTD.
P.O.Box 777
Taipei/Taiwan

PACKING LIST/PACKLISTE

ST - 1000 - Elektronische Bauteile Artikel Nr. ET1B5 7650943 ABC

Gewicht: Brutto 1 250 kg   Netto 1 000 kg

ausgestellt unter Akkreditiv Nr. 1234567 vom ..-07-15 der National Bank of Taiwan Ltd.

Stuttgart, ..-10-20

DELTA AG

aus: Bankfachklasse 7/97, Wiesbaden 1997

Dokumente

Im Rahmen der Akkreditiveröffnung wird genau festgelegt, wie viele und welche Dokumente vorhanden sein müssen, um die Zahlung durchzuführen. Nur wenn alle Dokumente einwandfrei vorgelegt werden, wird das Akkreditiv eingelöst.

Art und Anzahl der Dokumente richten sich u. a. nach den Vereinbarungen zwischen Importeur und Exporteur, nach den jeweiligen Handelsbräuchen, nach der Art des Transportes, den betreffenden Zollbestimmungen und nach den Lieferbedingungen **(Incoterms)**.

Beispielsweise müssen die in den Dokumenten verwendete Sprache, die Anzahl und die Art der Dokumente (Versicherungspolicen, Bordkonnossemente, Ursprungszeugnisse, Rechnungen usw.) festgelegt werden.

Arten des Dokumentenakkreditivs

Sichtakkreditiv	Zahlungsakkreditiv (Dokumente gegen Kasse/Documents against Payment – **d/p credit**), Zahlung erfolgt bei **Sicht** (Vorlage) der Dokumente.
Nachsicht-Akkreditiv (Deferred-Payment-Akkreditiv)	Zahlungsakkreditiv (**d/p credit**), Zahlung erfolgt nach **Eingang** der Dokumente, wenn die Ware angekommen ist (Akkreditiv mit hinausgezögerter Zahlung).
Remboursakkreditiv	Wechselakkreditiv (Dokumente gegen Akzept/Documents against Acceptance – **d/a credit**), Zahlung erfolgt nach Ablauf des Zahlungsziels gegen Wechsel, wobei ein **Kreditinstitut** den Wechsel einlöst.
Negoziationsakkreditiv	Wechselakkreditiv (**d/a credit**), Zahlung erfolgt nach Ablauf des Zahlungsziels gegen Wechsel, wobei der **Importeur** den Wechsel einlöst.
Standby-Letter of Credit	Hierbei handelt es sich um eine Mischform zwischen **Garantie** und **Akkreditiv**, die im amerikanischen Raum gebräuchlich ist.
Revolvierendes Akkreditiv	Ein Akkreditivbetrag kann vom Begünstigten **mehrmals** bis zum angegebenen Höchstbetrag in Anspruch genommen werden, z. B. 25.000,00 USD Akkreditivbetrag steht insgesamt achtmal revolvierend bis zum Betrag von 200.000,00 USD zur Verfügung. Diese Form bietet sich an, wenn ein Großabschluss z. B. für Rohstoffeinkäufe getätigt wird.
Übertragbares Akkreditiv	Ein übertragbares Akkreditiv muss ausdrücklich als übertragbar gekennzeichnet sein (transferable). Es kann vom Erstbegünstigten als Gesamtakkreditiv oder in Teilen auf einen oder mehrere Zweitbegünstigte, z. B. Unterlieferanten, übertragen werden.

Checkliste zur Erstellung von Akkreditivdokumenten

Beim Eingang eines Akkreditivs muss der Exporteur sehr genau prüfen, ob er die Bedingungen erfüllen und ordnungsgemäße Dokumente bei der Bank vorlegen kann. Mit der nachfolgenden Checkliste soll dem Exporteur ein Hilfsmittel an die Hand gegeben werden, das ihm die Einhaltung der Bedingungen und die Erstellung akkreditivkonformer Dokumente erleichtern soll.

aus: IHK Düsseldorf, Checkliste zur Erstellung von Akkreditivdokumenten, Stand Februar 2009

Allgemeines

- Ist das Akkreditiv vereinbarungsgemäß unwiderruflich/ unbestätigt bzw. unwiderruflich/bestätigt eröffnet worden? Wenn ein Akkreditiv nicht angibt, ob es widerruflich oder unwiderruflich ist, gilt es als unwiderruflich (Artikel 6 c ERA).
- Ist eine geplante Teilverladung im Akkreditiv nicht verboten? (Falls nichts Gegenteiliges erwähnt ist, ist sie erlaubt.)
- Unterliegt es den derzeit gültigen „Einheitlichen Richtlinien" (ERA 500) der ICC?
- Ist eine geplante Umladung im Akkreditiv nicht verboten? (Falls nichts Gegenteiliges erwähnt ist, ist sie erlaubt.)
- Ist das Akkreditiv noch gültig?

- Ist die gelieferte Menge akkreditivgemäß?
- Wenn ein letztes Versanddatum im Akkreditiv vorgeschrieben ist: Ist die Verladung rechtzeitig erfolgt?
- Ist die Lieferbedingung (Incoterms) akkreditivgemäß?
- Ist die Vorlagefrist für die Einreichung der Dokumente bei der Bank eingehalten? (Gemäß den ERA beträgt sie 21 Tage [Art. 43] nach Versand der Ware, sofern im Akkreditiv nichts anderes vorgeschrieben ist.)
- Stimmen Markierung, Gewicht, Zahl, Art, Abmessung der Packstücke innerhalb der Dokumente überein?
- Entspricht der Rechnungsbetrag dem Akkreditivbetrag, d. h., übersteigt oder unterschreitet er diesen nicht bzw. nur in den erlaubten Toleranzen? (Art. 39 ERA)

Wechsel/Quittung

- Ist ein Wechsel gefordert oder verzichtet die avisierende Bank eventuell darauf?

- Wenn der Wechsel an eigene Ordner ausgestellt ist: Ist das Indossament auf der Rückseite angebracht?

- Stimmen Betrag, Währung und Fälligkeit?

- Ist der Wechsel in der Akkreditivsprache ausgestellt?

Transportdokumente (allgemein)

- Ist die Ware rechtzeitig verladen worden?
- Sind Tag und Ort der Ausstellung angegeben?
- Ist ein eventuelles Umladeverbot berücksichtigt?
- Stimmen Warenbezeichnung, Markierung, Gewichte sowie Zahl, Art und Abmessung der Packstücke mit den übrigen Dokumenten überein?
- Sind Änderungen und Ergänzungen vom Aussteller des Dokumentes ordnungsgemäß gegengezeichnet?
- Ist das Dokument „clean", d. h., sind keine Klauseln oder Vermerke enthalten, die auf einen mangelhaften Zustand der Ware oder der Verpackung hinweisen? (Art. 32 ERA)

Akkreditiveröffnungsantrag

Akkreditiveröffnungsauftrag   Sparkasse Musterstadt 🔴

50: Auftraggeber

Konto-Nr. _____

an Sparkasse Musterstadt, Auslandsgeschäft
Hauptstraße 100, 10000 Musterstadt

Bankverbindung des Begünstigten (soweit bekannt)

31: gültig
bis   in

59: Begünstigter

Eröffnung – falls nicht über SWIFT –

☐ durch (Luft-)Post   ☐ mit Vorankündigung durch Telekommunikation

☐ durch Telekommunikation (als Instrument für die Inanspruchnahme)

☐ Das Akkreditiv soll übertragbar sein.

32: Währung und Betrag in Ziffern:

Betrag in Worten:

49: Bestätigung des Akkreditivs durch Auslandsbank

☐ nicht gewünscht   ☐ gewünscht   ☐ kann erfolgen

39: ☐ kann erfolgen   ☐ +/–   %

71: Ausländische Bankgebühren gehen

☐ zu unseren Lasten ☐ zu Lasten des Begünstigten

41: Akkreditiv benutzbar bei

Versicherung wird abgeschlossen

☐ von uns   ☐ vom Begünstigten

durch
☐ Sichtzahlung   ☐ Akzeptleistung   ☐ Negoziierung

☐ hinausgeschobene Zahlung

43: Teillieferungen ☐ erlaubt   ☐ nicht erlaubt
43: Umladungen ☐ erlaubt   ☐ nicht erlaubt

gegen Vorlage nachstehend genannter Dokumente

42: ☐ und Tratte(n) des Begünstigten per

44: Verladung
von
zur Beförderung nach
letztes Verladedatum

gezogen auf

45: Ware (möglichst kurze Warenbezeichnung)

45a: Lieferungsbedingungen gem. Incoterms 2006
(unter Angabe des Verlade-/Bestimmungshafens)
☐ FOB   ☐ CFR   ☐ CIF

oder (sonstige vereinbarte Lieferbedingungen)
☐

46: Dokumente
☐ unterzeichnete Handelsrechnung (-fach)
☐ Transportdokumente (bitte genau bezeichnen)

☐ Versicherungspolice oder Versicherungszertifikat, ausweisend „Prämie bezahlt"
☐ weitere Dokumente

48: Die Dokumente sind innerhalb von   Tagen nach dem Verladedatum, jedoch innerhalb der Gültigkeitsdauer des Akkreditivs

---

Zölle

Begriff

Als Zölle werden Abgaben oder Steuern bezeichnet, die im grenzüberschreitenden Warenverkehr mit Drittländern zu entrichten sind. Die Erhebung durch die Zollverwaltung knüpft dabei an den Eingang einer Ware in den EG-Wirtschaftskreislauf (Einfuhrzoll) bzw. an das Verlassen aus dem EG-Wirtschaftskreislauf (Ausfuhrzoll) an. Die Höhe des zu zahlenden Zolls richtet sich nach dem sog. **Zolltarif**.

Nach dem Grundgesetz liegen die Zuständigkeit für gesetzgeberische Maßnahmen (Artikel 105 Abs. 1 GG) sowie der Anspruch auf diese Einnahmen (Artikel 106 Abs. 1 GG) beim **Bund**.

Verwaltet werden die Zölle durch die Bundesfinanzverwaltung (Artikel 108 Abs. 1 GG).

Durch die Entwicklungen des Gemeinschaftsrechts ist die Gesetzgebungs- und Ertragskompetenz fast vollständig auf die **Europäische Union** übergegangen. Die Einnahmen fließen seit 1975 abzüglich einer Pauschale für die Kosten der Erhebung der Europäischen Union zu.

Die **Zolleinnahmen**, die die Bundesrepublik Deutschland nach Brüssel abführt, beliefen sich im Jahr 2007 auf ca. 4 Mrd. Euro.

© Bundesministerium der Finanzen, Quelle: www.zoll.de, Stand: 3. Mai 2010, 16. Dez. 2010 eingesehen

Zollarten

Zollarten		
Einfuhrzölle Durchfuhrzölle Ausfuhrzölle	**Schutzzölle Finanzzölle**	**Wertzölle Spezifische Zölle** (z. B. Gewichtszoll, Stückzoll)
Unterscheidungsmerkmal ist die **Warenbewegung** im Hinblick auf die Überschreitung von nationalen Grenzen.	Unterscheidungsmerkmal ist der Zweck. ▪ Schutzzölle werden zum Schutz einheimischer Produkte erhoben. ▪ Finanzzölle haben eine fiskalische Funktion und sind als eine der Einnahmequellen des Staates gedacht.	Unterscheidungsmerkmal ist die **Bemessungsgrundlage** der Zollberechnung.

Zollgut / Zollgebiet   *Dutiable goods / customs territory*

Begriff

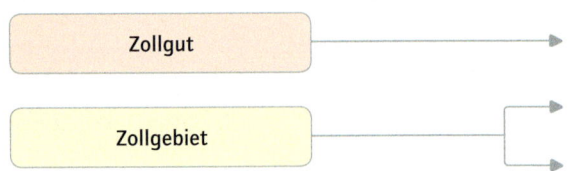

Als Zollgut wird jede Ware bezeichnet, die die Grenzen des Zollgebietes verlässt.

Außengrenze: Grenze der Mitgliedsländer gegenüber den Staaten, die nicht zur EU gehören
Binnengrenze: Grenze zwischen den Mitgliedsländern

Durch die EU haben die nationalen Zollgebiete an Bedeutung verloren, sodass das Zollgebiet der EU mit ihren Außengrenzen entscheidend ist. Auch besteht für alle Mitgliedsländer der EU ein einheitliches Zollrecht.

Mit der Festlegung eines gemeinschaftlichen Zollgebietes soll der geografische Raum abgegrenzt werden, in dem das gesamte Zollrecht der Europäischen Union einheitliche Anwendung findet.

Zoll- und Staatsgebiet
Seit der Verwirklichung des **Europäischen Binnenmarktes** zum 1. Januar 1993 wird der **Warenverkehr** zwischen den Mitgliedstaaten der EG nicht mehr von den Zollbehörden überwacht. Einfuhrabgaben wie Zölle, Einfuhrumsatzsteuer oder die besonderen Verbrauchsteuern auf beispielsweise Zigaretten, Spirituosen oder Mineralöl werden an den Binnengrenzen **nicht** mehr erhoben. Gegenüber sog. Drittländern – also Staaten, die nicht der EG angehören – wenden alle Mitgliedstaaten **gemeinsame Zollvorschriften** an und erheben **einheitliche Außenzölle** (sog. Zollunion).

Zollgebiet der Europäischen Union

AUSSENHANDEL

Folgende 27 Staaten gehören derzeitig der EU an:

(1) **Belgien** (Gründungsmitglied 1958)
(2) **Deutschland** (Gründungsmitglied 1958)
(3) **Frankreich** (Gründungsmitglied 1958)
(4) **Italien** (Gründungsmitglied 1958)
(5) **Luxemburg** (Gründungsmitglied 1958)
(6) **Niederlande** (Gründungsmitglied 1958)
(7) **Dänemark** (Beitritt 1973)
(8) **Großbritannien** (Beitritt 1973)
(9) **Irland** (Beitritt 1973)
(10) **Griechenland** (Beitritt 1981)

(11) **Portugal** (Beitritt 1986)
(12) **Spanien** (Beitritt 1986)
(13) **Finnland** (Beitritt 1995)
(14) **Österreich** (Beitritt 1995)
(15) **Schweden** (Beitritt 1995)
(16) **Tschechische Republik** (Beitritt 2004)
(17) **Estland** (Beitritt 2004)
(18) **Zypern** (Beitritt 2004)
(19) **Lettland** (Beitritt 2004)

(20) **Litauen** (Beitritt 2004)
(21) **Ungarn** (Beitritt 2004)
(22) **Malta** (Beitritt 2004)
(23) **Polen** (Beitritt 2004)
(24) **Slowenien** (Beitritt 2004)
(25) **Slowakische Republik** (Beitritt 2004)
(26) **Rumänien** (Beitritt 2007)
(27) **Bulgarien** (Beitritt 2007)

Das Zollgebiet entspricht grundsätzlich dem Hoheitsgebiet der Mitgliedstaaten. Historische, wirtschaftliche oder geografische Besonderheiten führen jedoch bei einigen der Mitgliedstaaten zu **Abweichungen**.

Durch die Zugehörigkeit bestimmter nicht kontinentaler oder überseeischer Gebiete zum Zollgebiet hat die Gemeinschaft beispielsweise in Guayana eine gemeinsame Außengrenze mit Brasilien. Neben den Landgebieten und dem technisch nutzbaren **Erduntergrund** gehören auch die **Küstengewäs-**

ser bis zu einer Ausdehnung von zwölf Seemeilen (entspricht 22,22 km) von der jeweiligen Landesküste (Basislinie) aus sowie der **Luftraum** in der durch konventionelle Flugzeuge erreichbaren Flughöhe zum Zollgebiet der Gemeinschaft (Artikel 3 Abs. 3 ZK*).

Freizonen und Freilager (zollfreie Bereiche) gehören trotz ihres Sonderstatus ebenfalls zum Zollgebiet der Gemeinschaft (Artikel 166 ZK).

* ZK: Zollkodex

Zollgebiet/Staatsgebiet

Mitgliedstaat	zum Zollgebiet der EU gehörende Gebiete	Gebiete, die *nicht* zum Zollgebiet der EU gehören
Dänemark		Färöer-Inseln nördlich von Schottland und Grönland
Deutschland		▪ Büsingen (Schweizer Zollgebiet) ▪ Helgoland (deutsch-britisches Kolonialabkommen von 1890)
Spanien	Die Kanarischen Inseln gehören zwar zum Zollgebiet der Gemeinschaft, jedoch nicht zum Steuergebiet (Besonderheiten bei der Erhebung von Einfuhrabgaben).	Die an der nordafrikanischen Mittelmeerküste gelegenen Gebiete von Ceuta und Melilla
Frankreich	▪ Das Gebiet der Französischen Republik einschließlich der vier überseeischen Departements: – Guadeloupe und Martinique in der Karibik, – Insel La Réunion im Indischen Ozean östlich von Madagaskar und – Guayana in Südamerika ▪ Das Fürstentum Monaco (aufgrund eines Zollabkommens ist die französische Zollbehörde auch für das monegassische Staatsgebiet zuständig)	▪ Die französischen Gebietskörperschaften – Saint-Pierre et Miquelon vor Neufundland, – Insel Mayotte im Indischen Ozean ▪ sowie die überseeischen Gebiete – Französisch-Polynesien, – Neukaledonien, beide im Pazifischen Ozean, und – die französischen Süd- und Antarktisgebiete
Irland	Erfasst wird das Gebiet der Republik Irland. Nordirland als Teil des Vereinigten Königreichs gehört ebenfalls zum Zollgebiet der Gemeinschaft.	
Italien		Die Gemeinden Livigno und Campione d'Italia an der Grenze zur Schweiz, Teil des Luganer Sees zwischen Ponte Tresa und Porto Ceresio sowie Vatikanstadt/Heiliger Stuhl (souveräner Staat)
Niederlande	Das Gebiet des Königreichs der Niederlande in Europa	▪ Die außereuropäischen Hoheitsgebiete der Niederlande in der Karibik ▪ Aruba sowie die Niederländischen Antillen – Bonaire – Curaçao – Sint Maarten – Saba – Sint Eustatius
Portugal	Azoren und Madeira im Atlantischen Ozean	
Finnland	Ålandinseln in der Ostsee	
Vereinigtes Königreich	▪ Großbritannien und Nordirland ▪ Insel Man/Isle of Man ▪ Kanalinseln – Guernsey – Jersey – Alderney – Sark-Inseln – Herm ▪ Die auf der Insel Zypern befindlichen Hoheitszonen des Vereinigten Königreichs	Gibraltar
Zypern		Zwar gehört die gesamte Insel Zypern zum Zollgebiet der Gemeinschaft, jedoch wird die Anwendung des Besitzstandes (also z. B. des Zollrechts) für den nördlichen (türkischen) Teil der Insel ausgesetzt.

© Bundesministerium der Finanzen

aus: www.zoll.de/b0_zoll_und_steuern/a0_zoelle/a1_grundlage_zollrecht/b0_zollgebiet/b0_zollgebiet_einschluss/index.html, 10. Febr. 2007

Rechtsgrundlagen

Gemäß EU-Recht unterliegt der Warenaustausch zwischen den Staaten der EU keinen wesentlichen Beschränkungen, d. h., Waren aus anderen EU-Ländern werden in der Regel wie Inlandswaren behandelt.

Folgende Artikel des Vertrages zur Gründung der Europäischen Gemeinschaft legen dies zwingend fest (EGV: Vertrag

von Rom, zuletzt geändert durch den Vertrag von Nizza 2002-12-24 [1], 2001/C 80/01 – Vertrag von Nizza zur Änderung des Vertrages über die Europäische Union [EUV], der Verträge zur Gründung der Europäischen Gemeinschaft [EGV] sowie einiger damit zusammenhängender Rechtsakte):

Artikel 23 (ex-Art. 9) EGV

(1) Grundlage der Gemeinschaft ist eine Zollunion, die sich auf den gesamten Warenaustausch erstreckt; sie umfasst das Verbot, zwischen den Mitgliedstaaten Ein- und Ausfuhrzölle und Abgaben gleicher Wirkung zu erheben, sowie die Einführung eines gemeinsamen Zolltarifs gegenüber dritten Ländern.

(2) Artikel 25 und Kapitel 2 dieses Titels gelten für die aus den Mitgliedstaaten stammenden Waren sowie für diejenigen Waren aus dritten Ländern, die sich in den Mitgliedstaaten im freien Verkehr befinden.

Artikel 28 (ex-Art. 30) EGV

Mengenmäßige Einfuhrbeschränkungen sowie alle Maßnahmen gleicher Wirkung sind zwischen den Mitgliedstaaten verboten.

Artikel 90 (ex-Art. 95) EGV

Die Mitgliedstaaten erheben auf Waren aus anderen Mitgliedstaaten weder unmittelbar noch mittelbar höhere inländische Abgaben gleich welcher Art, als gleichartige inländische Waren unmittelbar oder mittelbar zu tragen haben.

Die Mitgliedstaaten erheben auf Waren aus anderen Mitgliedstaaten keine inländischen Abgaben, die geeignet sind, andere Produktionen mittelbar zu schützen.

Formen des Außenhandels

```
                    Formen des Außenhandels
        ┌──────────────────┼──────────────────┐
```

Intrahandel	Extrahandel	Transithandel
Handel zwischen den EU-Staaten	Handel zwischen den EU- und Nicht-EU-Staaten	Durchfuhrhandel

Innergemeinschaftliche Dreiecksgeschäfte

Bestellung beim französischen Lieferanten

Lieferung im Auftrag des französischen Lieferanten

Bestellung für deutschen Kunden in Griechenland

Bei einem innergemeinschaftlichen Dreiecksgeschäft zahlt nur der **letzte Abnehmer** die Umsatzsteuer, für alle anderen wirkt sich das Geschäft **umsatzsteuerneutral** aus.

Innergemeinschaftlicher Erwerb durch Privatpersonen

Innergemeinschaftlicher Erwerb von Waren durch Privatpersonen

Privatkauf eines Pkw (Sonderregelung)

Der Privatkunde zahlt nur die Umsatzsteuer in seinem Heimatland.

Beispiel:
Wenn ein Deutscher in Dänemark einen Pkw kauft, muss er angeben, dass der Pkw nach Deutschland überführt wird. In diesem Fall zahlt er nicht die dänische USt in Höhe von 25 %. Bei der Einfuhr in Deutschland muss er den Pkw zollrechtlich anmelden und die deutsche USt in Höhe von 19 % bezahlen. Er hat also einen Steuervorteil von 6 %.

Privatkauf von Waren innerhalb der EU

Der Privatkunde zahlt den Bruttopreis der Ware im EU-Land. Eine Steuererstattung im Heimatland ist nicht möglich.

Beispiel:
Ein Kunde kauft Wein in Italien. Er zahlt dort den Bruttopreis, d. h. einschließlich Umsatzsteuer.

Innergemeinschaftliche Versandhandelsgeschäfte

Beispiel:
Kauft ein Deutscher bei einem Versandhändler z. B. in Frankreich Waren, zahlt er in der Regel die deutsche Umsatzsteuer, die der französische Lieferant in Deutschland abführen muss.

Grundsätzlich hängt dies aber von der sogenannten Lieferschwelle ab. Wird sie überschritten, führt der Lieferant die Umsatzsteuer in seinem Heimatland ab. Als **Lieferschwelle** wird ein wertmäßiger Umsatzhöchstbetrag bezeichnet, der in den einzelnen EU-Ländern unterschiedlich ist.

Intrahandelsstatistik

Der Handel zwischen den EU-Staaten entspricht grundsätzlich dem innerstaatlichen Handel. Da aber für volkswirtschaftliche Größen wie Zahlungsbilanz und Außenhandelsstatistiken die Erfassung des Warenverkehrs zwischen den einzelnen EU-Staaten notwendig ist, muss jede Person (natürlich oder juristisch), die über eine deutsche Umsatzsteuer-Identifikationsnummer verfügt, jeglichen Handel (Waren oder Dienstleistungen) mit EU-Geschäftspartnern im Rahmen der Auskunftspflicht dem Statistischen Bundesamt in Wiesbaden melden.

Genehmigungsfreie und genehmigungspflichtige Importe

Importe

Genehmigungsfreie Importe

Gemäß § 1 Außenwirtschaftsgesetzes **(AWG)** ist der **Wirtschaftsverkehr** mit nicht zur EU gehörenden Ländern grundsätzlich **frei**.

Genehmigungspflichtige Importe

Ob Beschränkungen bei der Einfuhr von Waren vorliegen, kann in der dem Außenwirtschaftsgesetz **(AWG)** als Anlage beigefügten **Einfuhrliste** eingesehen werden (§ 10 AWG).

Beispiele:
lebende Tiere, Milch, Milcherzeugnisse, Vogeleier, Garne und Gewebe von Tierhaaren, Seide, Baumwolle, synthetische Spinnfasern und Gewebe

Nach **AWG** und der Außenwirtschaftsverordnung **(AWV)** sind bei Einfuhrbeschränkungen **Einfuhrgenehmigungen** notwendig.

Nach **EU-Recht** sind bei Einfuhrbeschränkungen **Einfuhrlizenzen** notwendig.

Einfuhrgenehmigung

Insbesondere für Waren der Kapitel 25–97 des Warenverzeichnisses für die Außenhandelsstatistik besteht in bestimmten Fällen eine Einfuhrgenehmigungspflicht. Gebietsfremde Einführer haben grundsätzlich eine Einfuhrgenehmigung vorzulegen. Bei gemeinschaftsansässigen Einführern bedarf es nur dann einer Einfuhrgenehmigung, wenn die Einfuhrliste dies vorsieht.

Warenkreis

Die Einfuhrgenehmigungspflicht gilt im Wesentlichen für bestimmte Textil- und Bekleidungserzeugnisse sowie für bestimmte Eisen- und Stahlerzeugnisse aus bestimmten Ländern. Die **aktuellen Einfuhrquoten** können auf der Seite der Europäischen Union abgerufen werden.

Befreiungen

Abweichend von einer etwaigen Einfuhrgenehmigungspflicht gibt es im Rahmen des erleichterten Verfahrens (§ 32 **AWV**) die Möglichkeit einer Befreiung.

So sind z. B. Muster und Proben für Handelsunternehmen oder Verarbeitungsbetriebe

- bei Waren der gewerblichen Wirtschaft bis zu einem Wert von 250,00 EUR,

- bei Waren der Ernährung und Landwirtschaft – ausgenommen Saatgut – bis zu einem Wert von 50,00 EUR je Einfuhrsendung frei. **Einfuhrsendung** ist dabei die Warenmenge, die an demselben Tag von demselben Lieferer an denselben Einführer abgesandt worden ist und von derselben Zollstelle abgefertigt wird.

aus: www.zoll.de/b0_zoll_und_steuern/f0_aussenwirtschaft/a0_unternehmen/a0_warenverkehr/b0_wareneinfuhr/b0_einfuhrgenehmigung/index.html, 10. Febr. 2007

Zollbehandlung

- Der Importeur einer Ware bzw. der Spediteur stellt einen Zollantrag oder füllt eine Zollanmeldung aus.

- Die Zollstelle überprüft die Zulässigkeit des Importes und ob sie für diesen Vorgang zuständig ist.

- Die Zollstelle entscheidet über das vom Zollbeteiligten gewünschte Zollverfahren.

  Beispiel:
  – Überführung zum freien Verkehr
  – Einfuhr der Waren
  – Ausfuhrverfahren und Abfertigung zum besonderen Zollverkehr
  – Veredlungsverfahren
  – Zolllagerverfahren
  – vorübergehende Verwendung
  – Umwandlungsverfahren
  – Versandverfahren

Zollrechtliche Bestimmungen

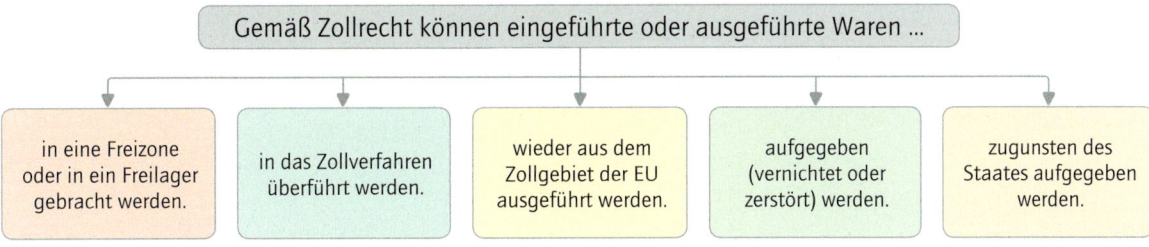

Gemäß Zollrecht können eingeführte oder ausgeführte Waren …

| in eine Freizone oder in ein Freilager gebracht werden. | in das Zollverfahren überführt werden. | wieder aus dem Zollgebiet der EU ausgeführt werden. | aufgegeben (vernichtet oder zerstört) werden. | zugunsten des Staates aufgegeben werden. |

Vereinfachte Zollanmeldung

3

AUSSENHANDEL

EUROPÄISCHE GEMEINSCHAFT

6

Exemplar für das Bestimmungsland

A BESTIMMUNGSSTELLE

Ordnungsnummer: 061110

1 ANMELDUNG ×××××

2 Versender / Ausführer   Nr.
×××××××××××××××××××××××××××××××

3 Vordrucke   **4** Ladelisten
×××××

5 Positionen   **6** Packst. insgesamt   **7** Bezugsnummer
×××××××

8 Empfänger   Nr.
×××××××××××××××××××××××××××

9 Verantwortlicher für den Zahlungsverkehr   Nr.
×××××××××××××××××××××××××××××××××××××

10 Letztes Herkunftsland ××× | **11** Hand./Erz. ××× | Land | **12** Angaben zum Wert ××××××××××××× | **13** G. L. P. ×××××

14 Anmelder / Vertreter   Nr.

15 Versendungs- / Ausfuhrland ××××××××××××××× | **15** Vers./Ausf. L. Code a| ××× b| ×× | **17** Bestimm. L. Code a| ××× b| ××

16 Ursprungsland | **17** Bestimmungsland ×××××××××××××

18 Kennzeichen und Staatszugehörigkeit des Beförderungsmittels bei der Ankunft | **19** Ctr. ××× | **20** Lieferbedingung ××× | ××××××××××××××××××××××××××× | ××

21 Kennzeichen und Staatszugehörigkeit des grenzüberschreitenden aktiven Beförderungsmittels | **22** Währung u. in Rechn. gestellter Gesamtbetr ××× | ××××× | **23** Umrechnungskurs ××××××× × | × | **24** Art des Geschäfts

25 Verkehrszweig an der Grenze ×× | **26** Inländischer Verkehrszweig ×× | **27** Entladeort ×××××××××××××× ××× | **28** Finanz- und Bankangaben

6

29 Eingangszollstelle ×××××××××××××× | **30** Warenort ××××××××××××× | ×××××××××××

31 Packstücke und Warenbezeichnung   Zeichen und Nummern - Container Nr. - Anzahl und Art

32 Positions-Nr. | **33** Warennummer

34 Urspr.land Code a| b| | **35** Rohmasse (kg) ×××××××××× | **36** Präferenz

37 VERFAHREN | **38** Eigenmasse (kg) | **39** Kontingent

40 Summarische Anmeldung / Vorpapier

41 Besondere Maßeinheit ×××××××××× | **42** Artikelpreis ×××××××××× | **43** B. M. × | Code

Code B. V. ××× | **45** Berichtigung ×××××××××

44 Besondere Vermerke / Vorgelegte Unterlagen / Bescheinigungen u. Genehmigungen

46 Statistischer Wert ××××××××××××

47 Abgabenberechnung | Art | Bemessungsgrundlage | Satz | Betrag | ZA

××× | ××××××××××××××××××× |

Summe:

48 Zahlungsaufschub ×××××××××××××× | **49** Bezeichnung des Lagers ×××××××××××××

B ANGABEN FÜR VERBUCHUNGSZWECKE

Vereinfachte Zollanmeldung

Bewilligungsnummer

50 Hauptverpflichteter   Nr.   Unterschrift:
××××××××××××××××××××××××××××

C ABGANGSSTELLE
×××××××××××××××××××××××

51 Vorgesehene Durchgangszollstellen (und Land) | vertreten durch | Ort und Datum:
×××××××××× | ××××××××××× | ××××××××××× | ××××××××××× | ××××××××××× | ×××××××××××

52 Sicherheit   nicht gültig für ×××××××××××××××××××××××××××××× | Code ×× | **53** Bestimmungsstelle (und Land) ××××××××××××××××××

J PRÜFUNG DURCH DIE BESTIMMUNGSSTELLE | **54** Ort und Datum:

Unterschrift und Name des Anmelders / Vertreters:

0777 Einheitspapier (Vereinfachte Zollanmeldung) + · III B.1 · **(1999)**

Weitere Begriffe des Zollrechts

Zollbeschau	Zollamtliche Erfassung und Überprüfung der Beschaffenheit und der Menge des Zollguts
Zollbefund	Feststellungsbescheid über die erfolgte Zollabfertigung
Remboursakkreditiv	Die EU hat einen gemeinsamen Zolltarif (**GZT**), der jährlich neu vom Ministerrat festgelegt wird.
Zollbescheid	Er geht an den Zollschuldner, der die Zollabgaben begleichen muss. Der Zollschuldner ist in der Regel der Importeur, doch gelten alle am Import der Ware Beteiligten als **Gesamtschuldner**.

Einfuhrumsatzsteuer

Die Einfuhrumsatzsteuer entspricht dem Regelsatz der „normalen" Umsatzsteuer. Sie ist in den einzelnen Mitgliedstaaten unterschiedlich hoch. In Deutschland beträgt sie 19 %.

In vielen EU-Ländern gibt es für bestimmte Waren ermäßigte Steuersätze. In Deutschland beträgt der ermäßigte Steuersatz 7 % für Grundnahrungsmittel, Bücher usw. Bei den Einfuhren aus EU-Ländern wird die im ausführenden EU-Land erhobene Umsatzsteuer mit der im Einfuhrland üblichen Umsatzsteuer verrechnet.

Beispiel:

Bei dem Import eines Pkw aus Schweden kann die dort übliche Umsatzsteuer von 25 % mit der deutschen von 19 % verrechnet werden, sodass in diesem Fall eine Umsatzsteuervergütung von 6 % in Deutschland erfolgt. Dies ist auch einer der Gründe, warum sich die Reimporte von Autos aus EU-Ländern mit höherem Umsatzsteuersatz als in Deutschland gegebenenfalls lohnen.

Verbrauchsteuern

Durch die Verbrauchsteuern wird der tatsächliche **Verbrauch** besteuert. Sie gliedern sich wie folgt:

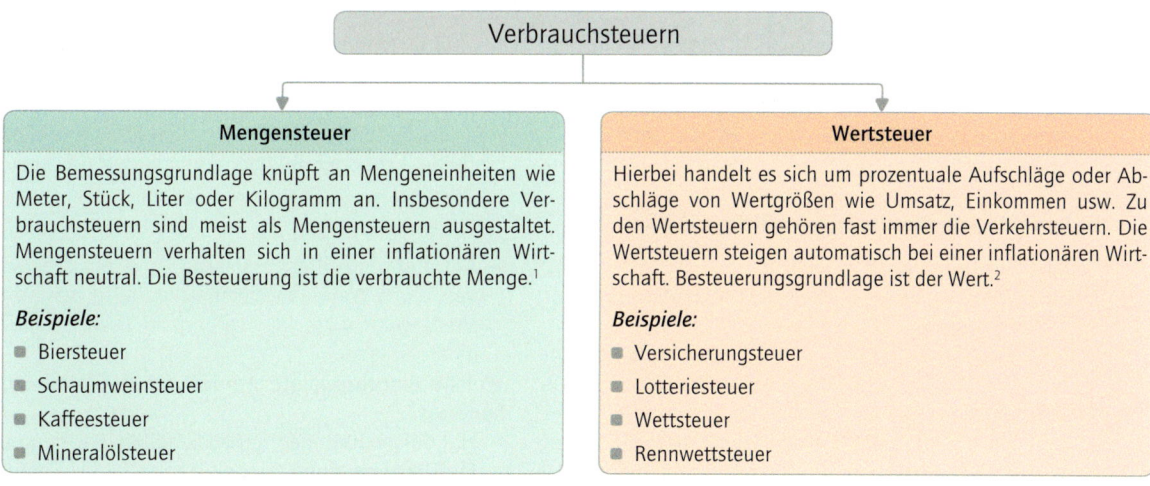

Verbrauchsteuern

Mengensteuer	Wertsteuer
Die Bemessungsgrundlage knüpft an Mengeneinheiten wie Meter, Stück, Liter oder Kilogramm an. Insbesondere Verbrauchsteuern sind meist als Mengensteuern ausgestaltet. Mengensteuern verhalten sich in einer inflationären Wirtschaft neutral. Die Besteuerung ist die verbrauchte Menge.[1]	Hierbei handelt es sich um prozentuale Aufschläge oder Abschläge von Wertgrößen wie Umsatz, Einkommen usw. Zu den Wertsteuern gehören fast immer die Verkehrsteuern. Die Wertsteuern steigen automatisch bei einer inflationären Wirtschaft. Besteuerungsgrundlage ist der Wert.[2]
Beispiele: ■ Biersteuer ■ Schaumweinsteuer ■ Kaffeesteuer ■ Mineralölsteuer	*Beispiele:* ■ Versicherungsteuer ■ Lotteriesteuer ■ Wettsteuer ■ Rennwettsteuer

[1], [2] http://www.zoll.de/b0_zoll_und_steuern/f0_aussenwirtschaft/index.html, Februar 2011

Abwicklung von Importgeschäften

1. Grundsätzliches

Nach den gesetzlichen Bestimmungen der Europäischen Union, umgesetzt in deutsches Recht durch das Außenwirtschaftsgesetz (AWG) und die Außenwirtschaftsverordnung (AWV), ist der Warenverkehr mit dem Ausland grundsätzlich frei. Doch Ausnahmen bestätigen die Regel.

Für bestimmte Produkte bestehen z. B. Einfuhrgenehmigungspflichten. Die Importabwicklung kann auf andere Unternehmen (z. B. Speditionen) übertragen werden. Die Haftungspflichten – auch im Zollrecht – bestehen jedoch in der Regel für den Importeur weiter.

AUSSENHANDEL

3

AUSSENHANDEL

Abwicklung von Importgeschäften

2. Unter welchen Voraussetzungen darf man ein Importgeschäft betreiben?

Erforderlich ist eine Gewerbeanmeldung beim Ordnungs- bzw. Gewerbeamt der Stadt oder Gemeinde, in der die Geschäftstätigkeit ausgeübt werden soll. Ab einer gewissen Unternehmensgröße ist zusätzlich eine Eintragung in das Handelsregister erforderlich. Ein Notar hilft bei der Abwicklung. Kapital- oder Personengesellschaften (GmbHs

oder OHGs) müssen stets ins Handelsregister eingetragen werden. Bürger aus Nicht-EU-Staaten benötigen eine besondere Aufenthaltsgenehmigung für die Bundesrepublik Deutschland, um eine selbstständige gewerbliche Tätigkeit ausüben zu dürfen.

3. Wie müssen die Importwaren definiert werden?

Zur Klärung der Einfuhrbestimmungen müssen das Lieferland und das Ursprungsland bekannt sein. Für die Warenbeschreibung reichen allgemeine Angaben wie „Bekleidung" oder auch „Damen-Oberbekleidung" nicht aus. Für jede Ware muss eine Zolltarifnummer (Warennummer) anhand der Einfuhrliste oder des Warenverzeichnisses für die Außenhandelsstatistik ermittelt werden.

Beispiel:
„Mäntel für Frauen oder Mädchen, aus Baumwolle, mit einem Stückgewicht von mehr als 1 kg" = Tarifnummer 6202 12 90 900 (bei der Einfuhr elfstellig).

Je genauer die Angaben sind, desto schneller und einfacher können Auskünfte gegeben werden.

4. Braucht man spezielle Genehmigungen für die Einfuhr?

Im Regelfall nicht, jedoch bestehen für einige Waren aus bestimmten Ländern Genehmigungspflichten und z.T. auch Mengenbeschränkungen (z. B. für Textilien). Anhand der deutschen Einfuhrliste muss geprüft werden, welche Waren

betroffen sind. Genehmigungsbehörden sind das Bundesamt für Wirtschaft und Ausfuhrkontrolle – BAFA (gewerbliche Waren) bzw. die Bundesanstalt für Landwirtschaft und Ernährung – BLE (landwirtschaftliche Produkte).

5. Was könnte einem Import sonst noch im Wege stehen?

Bestimmte Erzeugnisse dürfen generell nicht oder nur unter bestimmten Voraussetzungen in der Bundesrepublik Deutschland vermarktet werden. Dies gilt gleichermaßen für heimische wie importierte Waren. Hierbei kann es sich um Inhaltsstoffe, die in Deutschland nicht verwendet werden

den dürfen (z. B. in Lebensmitteln, Textilien, Arzneimitteln), oder um besondere Kennzeichnungspflichten am Produkt handeln. Weiterhin gibt es international geschützte – weil vom Aussterben bedrohte – Tier- und Pflanzenarten, deren Produkte nicht oder nur bedingt importiert werden dürfen.

6. Importe aus Drittländern (Nicht-EU-Ländern)

Welche Einfuhrabgaben fallen an?
Diese können anhand der jeweiligen Warentarifnummer ermittelt werden. Erhoben werden:
- **Zölle:** Neben dem Zollsatz für Waren aus Nicht-EU-Ländern (sog. Drittlandszollsatz) kommen bei Einfuhren aus verschiedenen Ländern häufig Vorzugszölle oder Zollbefreiungen (Zollpräferenzen) in Betracht, wenn die Waren nachweislich ihren Ursprung im Lieferland haben.
- **Einfuhrumsatzsteuer:** Hierbei handelt es sich um eine besondere Erhebungsform der Umsatzsteuer mit einem Regelsatz von 19 % (ermäßigter Satz 7 %). Für vorsteuerabzugsberechtigte Importunternehmen ist diese Abgabe letztlich kein Kostenfaktor, da gezahlte Einfuhrumsatzsteuern in voller Höhe als Vorsteuern abgesetzt werden können.
- **Verbrauchsteuern:** für Alkohol, Tabakwaren und Mineralöl
- **Zusatzzölle und Agrarteilbeträge:** Abgaben für bestimmte Agrarerzeugnisse

- **Antidumpingzölle:** Zusätzliche Zölle, um die Preise für bestimmte Waren an das übliche Preisniveau anzugleichen, wenn diese im Ausfuhrland bewusst subventioniert wurden.

Welche Einfuhrpapiere werden für die Zollabwicklung benötigt?
- **Handelsrechnungen** des ausländischen Lieferanten
- **Einfuhranmeldung** (Einheitspapier 0737, Ergänzungsblatt 0738): Zur Überführung von Waren in ein Zollverfahren bedarf es einer Zollanmeldung, die gleichzeitig als Zollantrag gilt. Bei Warensendungen bis zu einem Wert von 1.000,00 € oder 1 000 kg Eigenmasse genügt dem Zoll in der Regel eine mündliche Anmeldung.
- **Zollwertanmeldung D.V. 1:** Die Zollwertanmeldung wird von der Einfuhrzollstelle verlangt, wenn für Drittlandswaren ein Zoll festgelegt worden ist und die Ware endgültig importiert werden soll. Die Anmeldung ist in der Regel nicht erforderlich, wenn der Zollwert der Waren 10.000,00 € je Sendung nicht übersteigt.
- **Ursprungszeugnisse, Ursprungserklärungen**

Abwicklung von Importgeschäften

7. Statistische Meldepflichten

Meldepflichtig sind Importeure, deren im EU-Handel getätigten jährlichen Eingänge aus anderen Mitgliedstaaten den Wert von 300.000,00 € (alle Eingänge addiert) überschreiten bzw. die im Vorjahr meldepflichtig waren. Diese Meldungen für die Statistik müssen mit dem Vordruck „Intrastat Eingang" erfolgen und sind monatlich an das Statistische Bundesamt, Außenhandel, 65180 Wiesbaden, Telefon 0611 75-1, zu senden. Die Vordrucke und eine Ausfüllanleitung sind beim Statistischen Bundesamt oder den Industrie- und Handelskammern erhältlich. Dieses Merkblatt gibt eine Orientierungshilfe ohne Anspruch auf Vollständigkeit.

- **Einfuhrerklärungen, Einfuhrgenehmigungen, Einfuhrlizenzen**
  für bestimmte Waren. Erteilt werden sie für gewerbliche Produkte vom Bundesamt für Wirtschaft und Ausfuhrkontrolle (BAFA) und für landwirtschaftliche Produkte von der Bundesanstalt für Landwirtschaft und Ernährung (BLE).

- **Internationale Einfuhrbescheinigungen/Wareneingangsbescheinigungen**
  Bei der Einfuhr von Waffen, Munition und Rüstungsmaterial, von Materialien, Anlagen und Ausrüstungen für kerntechnische Zwecke sowie sonstiger Waren und Technologien von strategischer Bedeutung (z. B. Computer oder Präzisionswerkzeugmaschinen) kann der hier ansässige Einführer von seinem ausländischen Vertragspartner aufgefordert werden, ihm eine internationale Einfuhrbescheinigung bzw. eine Wareneingangsbescheinigung zu übersenden. Sie werden vom Bundesamt für Wirtschaft und Ausfuhrkontrolle (BAFA) erteilt.

- **Ursprungszeugnisse Form A, Ursprungserklärungen**
  werden im Lieferland ausgestellt und dienen zur Inanspruchnahme von Zollpräferenzen.

- **Warenverkehrsbescheinigungen**
  (EUR.1, EUR.2, A.TR), Ursprungserklärungen werden im Lieferland zur zollbegünstigten oder zollfreien Einfuhr in die EG ausgestellt.

- **Vordrucke für Transportrechnungen,**
  die je nach Lieferbedingung den Zollwert beeinflussen, sind bei der IHK Ostwestfalen erhältlich. Erst nach Beendigung der Zollabfertigung darf der Importeur über die Ware verfügen.

8. Eingänge aus EU-Ländern

Für Gemeinschaftswaren (EU-Ursprungswaren, verzollte Drittlandswaren) sind keine Zollformalitäten erforderlich. Lediglich für verbrauchsteuerpflichtige Waren – Alkohol, Tabakwaren und Mineralöl – bestehen noch Überwachungspflichten. Geblieben sind größtenteils nationale Besonderheiten hinsichtlich der Qualitäts-, Sicherheits- oder Kennzeichnungsbestimmungen sowie die zuvor genannten Verbote und Beschränkungen. Die früher an den Grenzen erforderlichen Meldepflichten sind in die Unternehmen verlagert worden.

Folgende Meldepflichten bestehen:

Steuerliche Meldepflichten
Nachdem die Einfuhrumsatzsteuer weggefallen ist, wird eine Steuer auf den Erwerb erhoben. Der deutsche Käufer muss den Erwerb in seiner Umsatzsteuervoranmeldung deklarieren. Da er im Gegenzug einen Vorsteuerabzug vornehmen kann, sind damit keine Zahlungsströme an die Finanzverwaltung verbunden.

Diese Verfahrensweise gilt für Lieferungen zwischen Unternehmen, die jeweils über eine Umsatzsteuer-Identifikationsnummer verfügen. In Deutschland wird diese Nummer vom Bundeszentralamt für Steuern, Dienstsitz Saarlouis, Ahornweg 1–3, 66740 Saarlouis, Telefon 0 68 31 4 56-0, Fax 0 68 31 4 56-1 20, vergeben.

Abweichende Regelungen gelten insbesondere für Privatpersonen, die Waren in anderen Mitgliedstaaten kaufen, und für Unternehmen, die neben der Erwerbsteuer auch von verbrauchsteuerpflichtigen Regelungen betroffen sind.

vgl. www.bielefeld.ihk.de/fileadmin/redakteure/international/Wie/Zoll_Kurzmerkblatt_Import.pdf, 1. Febr. 2007

Handelsbilanz der EU

Einfuhr · 1958 · Ausfuhr
64% · 36% | 64% · 36%

innergemeinschaftlicher Handel
Handel mit Nicht-EU-Ländern

Einfuhr · 1995[1] · Ausfuhr
35% · 65% | 37% · 63%

[1] Angaben bezogen auf die EU der 15 von 1995

nach: Städtisches Luise-Schroeder-Gymnasium, München

Warenverkehrsbescheinigung

WARENVERKEHRSBESCHEINIGUNG

1. Ausführer/Exporteur (Name, vollständige Anschrift, Staat)

EUR.1   Nr. **D   252921**

Vor dem Ausfüllen Anmerkungen auf der Rückseite beachten

2. Bescheinigung für den Präferenzverkehr zwischen

....

und

....

(Angabe der betreffenden Staaten, Staatengruppen oder Gebiete)

3. Empfänger (Name, vollständige Anschrift, Staat)
(Ausfüllung freigestellt)

4. Staat, Staatengruppe oder Gebiet, als dessen bzw. deren Ursprungswaren die Waren gelten

5. Bestimmungsstaat, -staatengruppe oder -gebiet

6. Angaben über die Beförderung (Ausfüllung freigestellt)

7. Bemerkungen

[1] Bei unverpackten Waren ist die Anzahl der Gegenstände oder „lose geschüttet" anzugeben.

8. Laufende Nr.; Zeichen, Nummern, Anzahl und Art der Packstücke [1]**; Warenbezeichnung**

9. Rohgewicht (kg) oder andere Maße (l, m³, usw.)

10. Rechnungen (Ausfüllung freigestellt)

[2] In der **Bundesrepublik Deutschland** vom Ausführer auszufüllen.

11. SICHTVERMERK DER ZOLLBEHÖRDE

Die Richtigkeit der Erklärung wird bescheinigt.

Ausfuhrpapier: [2]

Art/Muster .... Nr. ....

vom ....

Zollbehörde: ....

Ausstellender/s Staat/Gebiet: ....

Bundesrepublik Deutschland

Stempel

....

(Ort und Datum)

....

(Unterschrift)

12. ERKLÄRUNG DES AUSFÜHRERS/ EXPORTEURS

Der Unterzeichner erklärt, dass die vorgenannten Waren die Voraussetzungen erfüllen, um diese Bescheinigung zu erlangen.

....

(Ort und Datum)

....

(Unterschrift)

Ursprungszeugnis

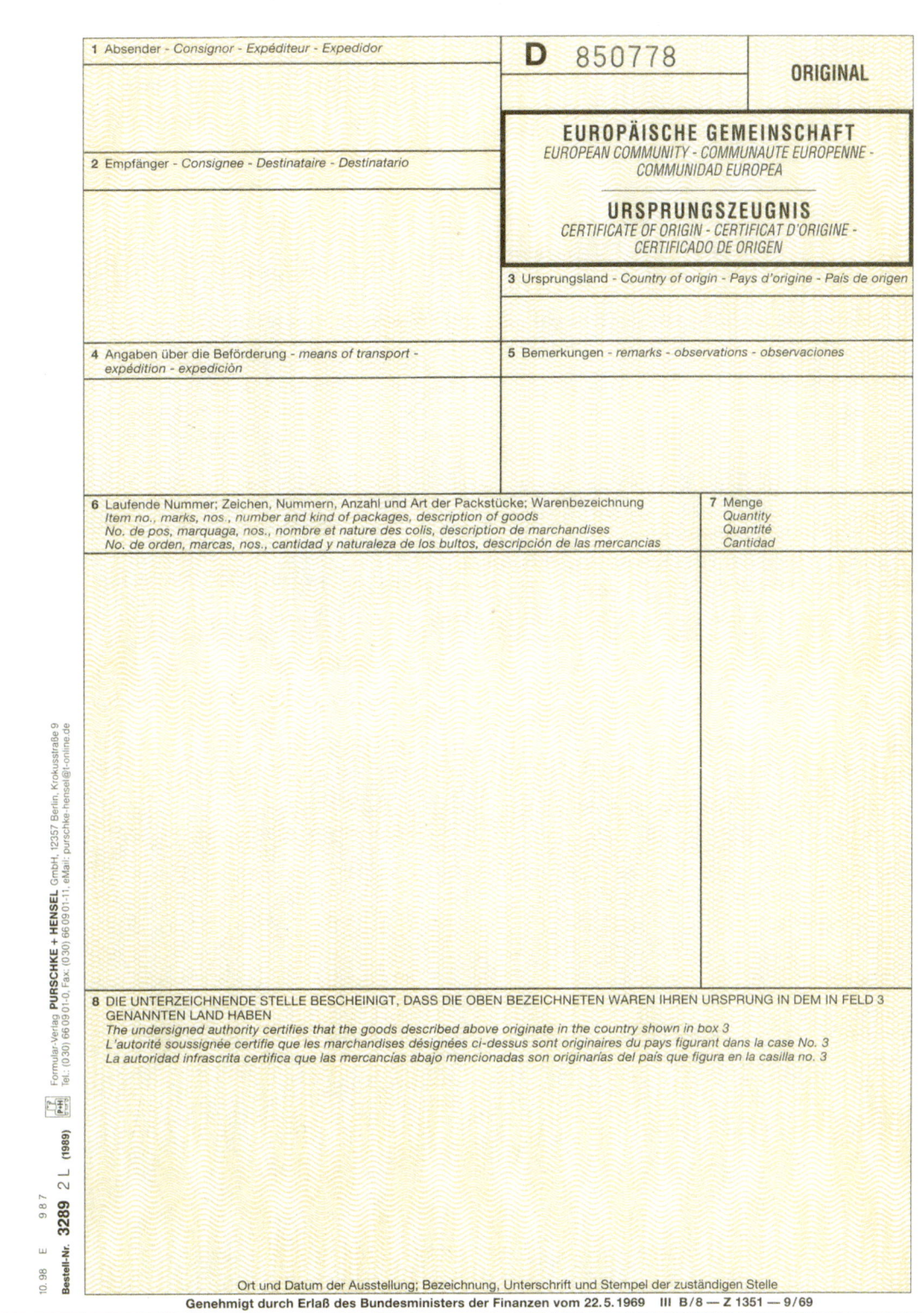

1 Absender - *Consignor - Expéditeur - Expedidor*

D 850778

ORIGINAL

EUROPÄISCHE GEMEINSCHAFT
EUROPEAN COMMUNITY - COMMUNAUTE EUROPENNE - COMMUNIDAD EUROPEA

URSPRUNGSZEUGNIS
CERTIFICATE OF ORIGIN - CERTIFICAT D'ORIGINE - CERTIFICADO DE ORIGEN

2 Empfänger - *Consignee - Destinataire - Destinatario*

3 Ursprungsland - *Country of origin - Pays d'origine - País de origen*

4 Angaben über die Beförderung - *means of transport - expédition - expedición*

5 Bemerkungen - *remarks - observations - observaciones*

6 Laufende Nummer; Zeichen, Nummern, Anzahl und Art der Packstücke; Warenbezeichnung
Item no., marks, nos., number and kind of packages, description of goods
No. de pos, marquaga, nos., nombre et nature des colis, description de marchandises
No. de orden, marcas, nos., cantidad y naturaleza de los bultos, descripción de las mercancías

7 Menge
Quantity
Quantité
Cantidad

8 DIE UNTERZEICHNENDE STELLE BESCHEINIGT, DASS DIE OBEN BEZEICHNETEN WAREN IHREN URSPRUNG IN DEM IN FELD 3 GENANNTEN LAND HABEN
The undersigned authority certifies that the goods described above originate in the country shown in box 3
L'autorité soussignée certifie que les marchandises désignées ci-dessus sont originaires du pays figurant dans la case No. 3
La autoridad infrascrita certifica que las mercancías abajo mencionadas son originarias del país que figura en la casilla no. 3

Ort und Datum der Ausstellung; Bezeichnung, Unterschrift und Stempel der zuständigen Stelle
Genehmigt durch Erlaß des Bundesministers der Finanzen vom 22.5.1969   III B/8 — Z 1351 — 9/69

Formular-Verlag **PURSCHKE + HENSEL** GmbH, 12557 Berlin, Krokusstraße 9
Tel. (030) 66 09 01-0, Fax. (030) 66 09 01-11, eMail: purschke-hensel@t-online.de

10.98   E   9 8 7
Bestell-Nr. **3289** 2 L **(1989)**

AUSSENHANDEL

Begriff

Die Dreisatzrechnung dient dazu, von mindestens zwei bekannten Größen auf eine weitere unbekannte Größe zu schließen. Man spricht deshalb auch von der „Schlussrechnung".

Sind lediglich zwei Größen gegeben und eine dritte gesucht, so spricht man von der einfachen **Dreisatzrechnung**. Sind mehr als zwei Größen gegeben und eine weitere gesucht, so spricht man von der **zusammengesetzten Dreisatzrechnung**.

Für den Rechenweg der Dreisatzrechnung sind folgende drei Sätze von Bedeutung:

1. Der **Angabesatz** enthält die bekannten, in der Aufgabenstellung angegebenen Größen.

2. Der **Fragesatz** enthält die gesuchte Größe.

3. Der **Bruchsatz** wird aus Angabe- und Fragesatz gebildet und ergibt das gesuchte Ergebnis.

Berechnung des einfachen Dreisatzes

Berechnung des einfachen Dreisatzes mit geradem (direktem) Verhältnis

Beispiel 1:
120 kg einer Ware kosten 500,00 €. Wie hoch ist der Preis für 210 kg dieser Ware?

Merke:
Eine *größere Menge der Ware* würde auch *mehr kosten (je schwerer – desto mehr)*. Man spricht deshalb von einem **geraden (direkten) Verhältnis**. Dies läge auch bei einer geringeren Menge vor, die ja weniger kosten würde *(je leichter – desto weniger)*.

Gegeben ist die Ausgangsmenge 120 kg zu einem Preis von 500,00 €.

Gesucht ist der Preis für 210 kg.

Lösung:
Angabesatz: 120 kg einer Ware kosten 500,00 €.

Aus dem Angabesatz kann man durch Division auf den Preis eines Kilos schließen: 500,00/120

Fragesatz: Die Kosten für 210 kg der Ware betragen x €. Daraus folgt, dass 210 kg 500,00/120 · 210 € kosten. Das ergibt den Bruchsatz.

Bruchsatz: $x = \dfrac{500,00 \cdot 210}{120} = \underline{875,00}$

Antwortsatz:
210 kg der Ware kosten 875,00 €.

Beispiel 2:
Für eine Geschäftsreise benötigen wir 3.000,00 US-$. Wie viel Euro müssen wir bei einem Eurowechselkurs von 1,30 bei unserer Bank eintauschen?

Merke:
Eine *größere Menge einer fremden Währung* würde auch *mehr kosten (je mehr – desto mehr)*. Auch hier liegt demnach ein **gerades (direktes) Verhältnis** vor.

Gegeben ist der Eurowechselkurs 1 zu 1,30, d. h., für 1,00 € erhalten wir 1,30 US-$.

Gesucht ist der Preis für 3.000,00 US-$.

Lösung:
Angabesatz: 1,30 US-$ kosten 1,00 €.

Aus dem Angabesatz kann man durch Division den Preis für einen € ausdrücken als: 1/1,30

Fragesatz: Die Kosten für 3.000,00 US-$ betragen x €. Daraus folgt, dass 3.000,00 US-$ 3.000 · 1/1,30 € kosten. Das ergibt den Bruchsatz.

Bruchsatz: $x = \dfrac{3.000,00 \cdot 1}{1,30} = \underline{2.307,69}$

Antwortsatz:
Bei einem Eurowechselkurs von 1,30 kosten 3.000,00 US-$ 2.307,69 €.

Berechnung des einfachen Dreisatzes mit ungeradem (indirektem) Verhältnis

Beispiel:
Nach einer Warengroßlieferung würden 3 Mitarbeiter 16 Stunden für die Bestückung des Lagers benötigen. Wie lange würden die Einlagerungsarbeiten dauern, wenn 8 Mitarbeiter zum Einsatz kämen?

Merke:
Eine *höhere Anzahl* an Mitarbeitern würde *weniger Zeit (je mehr – desto weniger)* benötigen. Man spricht deshalb von einem **ungeraden (indirekten) Verhältnis**. Dies läge auch bei einer geringeren Anzahl von Mitarbeitern vor, die ja noch länger brauchen würden *(je weniger – desto mehr).*

Gegeben ist die Mitarbeiteranzahl 3 und die Arbeitszeit 16 Stunden.

Gesucht ist die Arbeitszeit bei 8 eingesetzten Mitarbeitern.

Lösung:

Angabesatz: 3 Mitarbeiter benötigen 16 Stunden.

Aus dem Angabesatz kann man durch Multiplikation auf die Gesamtarbeitszeit für einen Mitarbeiter schließen:
$16 \cdot 3$

Fragesatz: 8 Mitarbeiter benötigen x Stunden.

Daraus folgt, dass 8 Mitarbeiter $16 \cdot 3 / 8$ Stunden benötigen.

Das ergibt den Bruchsatz.

Bruchsatz: $x = \dfrac{16 \cdot 3}{8} = \underline{\underline{6}}$

Antwortsatz:
8 Mitarbeiter würden für die Einlagerungsarbeiten 6 Stunden benötigen.

Berechnung des zusammengesetzten Dreisatzes

Beispiel:
30 m einer selbstklebenden Kunststofffolie kosten bei einer Breite von 0,90 m 270,00 €. Wir benötigen 75 m dieser Folie in einer Breite von 1,20 m. Wie hoch ist der Preis der 1,20 m breiten Folie?

Merke:
Wenn in der Aufgabenstellung mehr als zwei Größen gegeben sind und eine weitere gesucht wird, so spricht man von einem **zusammengesetzten Dreisatz**. In diesem Fall ist die Aufstellung von mehr als drei Sätzen erforderlich, die *sowohl direkte als auch indirekte Verhältnisse* beinhalten können.

Im Fall dieses Beispiels liegen *zwei gerade Verhältnisse* vor *(je mehr Folie – desto höher der Preis).*

Gegeben sind im Beispiel die drei Größen 30 m Länge, 0,90 m Breite zum Preis von 270,00 €.

Gesucht ist der Preis bei einer Länge von 75 m und einer Breite von 1,20 m.

Lösung:

Angabesatz:
Eine Kunststofffolie von 30 m Länge und 0,90 m Breite kostet 270,00 €.

Daraus folgt, dass 1 m der Breite 0,90 m 270,00/30·0,90 € und 75 m 270,00 · 75/30 · 0,90 € kosten.

Fragesatz: Eine Kunststofffolie von 75 m Länge und 1,20 m Breite kostet x €.

Daraus folgt, dass 75 m der Breite 1,20 m 270,00 · 75 · 1,20/30 · 0,90 € kosten.

Das ergibt den Bruchsatz.

Bruchsatz: $x = \dfrac{270{,}00 \cdot 75 \cdot 1{,}20}{30 \cdot 0{,}90} = \underline{\underline{900{,}00}}$

Antwortsatz:
75 m einer Kunststofffolie von 1,20 m Breite kosten 900,00 €.

Begriff

Die Prozentrechnung dient dazu, unterschiedliche Zahlenwerte vergleichbar zu machen, indem sie in ein Verhältnis zu Hundert gesetzt werden. **Prozent** (%) bedeutet demgemäß **„vom Hundert"**.

Folgende rechnerische **Größen** werden für die Prozentrechnung benötigt:

1. Der **Grundwert (G)** ist ein Zahlenwert, der dem Ganzen (100 % = z. B. 100,00 €) entspricht.

2. Der **Prozentwert (W)** ist ein Zahlenwert, der einem Teil oder einem Vielfachen vom Ganzen (z. B. 40 % = 40,00 € oder 160 % = 160,00 €) entspricht.

3. Der **Prozentsatz (p)** ist ein Wert, der einem Teil vom Ganzen in Prozent (z. B. 30 %) ausgedrückt entspricht.

Berechnung des Grundwertes

Beispiel:
Wir erhalten 2 % Skonto bei der Bezahlung einer Rechnung. Dies bringt uns eine Ersparnis von 75,00 € ein.

Fragesatz: Wie hoch ist der Rechnungsbetrag?

Gegeben: Prozentsatz p = 2 % und Prozentwert W = 75,00 €

Gesucht ist der Grundwert G.

Er lässt sich mithilfe folgender Formel ermitteln:

$$\text{Grundwert (G)} = \frac{100 \cdot \text{Prozentwert (W)}}{\text{Prozentsatz (p)}}$$

$$G = \frac{100 \cdot 75,00}{2} = \underline{\underline{3.750,00}}$$

Antwortsatz:
Der Rechnungsbetrag lautet über 3.750,00 €.

Berechnung des Prozentwertes

Beispiel:
Beim Kauf eines Lieferwagens im Wert von 37.000,00 € wird uns ein Rabatt in Höhe von 8 % eingeräumt.

Fragesatz: Welchen Betrag könnten wir beim Kauf sparen?

Gegeben: Grundwert G = 37.000,00 € und Prozentsatz p = 8 %

Gesucht ist der Prozentwert W.

Er lässt sich mithilfe folgender Formel ermitteln:

$$\text{Prozentwert (W)} = \frac{\text{Grundwert (G)} \cdot \text{Prozentsatz (p)}}{100}$$

$$W = \frac{37.000,00 \cdot 8}{100} = \underline{\underline{2.960,00}}$$

Antwortsatz:
Durch den Rabatt könnten wir 2.960,00 € sparen.

Berechnung des Prozentsatzes

Beispiel:
Im letzten Monat hatten wir einen Umsatz von 112.000,00 € zu verzeichnen. Diesen konnten wir im Folgemonat um 12.320,00 € steigern.

Fragesatz: Welchem Prozentsatz entspricht diese Steigerung?

Gegeben: Prozentwert W = 12.320,00 € und Grundwert G = 112.000,00 €

Gesucht ist der Prozentsatz p.

Er lässt sich mithilfe folgender Formel ermitteln:

$$\text{Prozentsatz (p)} = \frac{100 \cdot \text{Prozentwert (W)}}{\text{Grundwert (G)}}$$

$$p = \frac{100 \cdot 12.320,00}{112.000,00} = \underline{\underline{11}}$$

Antwortsatz:
Der Umsatz konnte um 11% gesteigert werden.

Berechnung des vermehrten Grundwertes (Prozentrechnung auf Hundert)

Beispiel:
Ein Kunde zahlt für eine Ware 148,75 € **inklusive** 19% Umsatzsteuer.

Fragesatz: Wie hoch ist der Warennettobetrag ohne die Umsatzsteuer?

Bei dem in diesem Fall um 19% erhöhten Wert spricht man vom **vermehrten Grundwert**.

Gegeben: vermehrter Grundwert = 148,75 € und Prozentsatz p der Erhöhung = 19%

Gesucht ist der Grundwert G.

Er lässt sich mithilfe folgender Formel ermitteln:

$$\text{Grundwert (G)} = \frac{\text{vermehrter Grundwert} \cdot 100}{100 + \text{Prozentsatz (p) der Erhöhung}}$$

$$G = \frac{148,75 \cdot 100}{100 + 19} = \underline{\underline{121,85}}$$

Antwortsatz:
Der Warennettobetrag beläuft sich auf 121,85 €.

Berechnung des verminderten Grundwertes (Prozentrechnung im Hundert)

Beispiel:
Ein Kunde erhält beim Warenkauf einen Rabatt von 10%. Es ergibt sich ein zu zahlender Warenwert von 180,00 €.

Fragesatz: Wie hoch ist der ursprüngliche Warenwert ohne Rabatt?

Bei dem in diesem Fall um 10% verminderten Wert spricht man vom **verminderten Grundwert**.

Gegeben: verminderter Grundwert = 180,00 € und Prozentsatz p der Verminderung = 10%

Gesucht ist der Grundwert G.

Er lässt sich mithilfe folgender Formel ermitteln:

$$\text{Grundwert (G)} = \frac{\text{verminderter Grundwert} \cdot 100}{100 - \text{Prozentsatz (p) der Verminderung}}$$

$$G = \frac{180,00 \cdot 100}{100 - 10} = \underline{\underline{200,00}}$$

Antwortsatz:
Der Warenwert ohne Rabatt beträgt 200,00 €.

3

Grundlagen und Begriff

Die Globalisierung führt zu vielfältigen gegenseitigen Verflechtungen der Volkswirtschaften. Rohstoffe, fertige Erzeugnisse oder Dienstleistungen werden im- oder exportiert. Arbeitsmärkte stehen auch ausländischen Arbeitnehmerinnen und Arbeitnehmern zur Verfügung, zahlreiche grenzüberschreitende Reisen sind möglich. Die damit verbundenen **Zahlungsvorgänge** erfordern den Umtausch inländischen Geldes in ausländisches und umgekehrt, wobei die Kreditinstitute diese Geldgeschäfte als Dienstleistungsunternehmen abwickeln. Die Umrechnung einer Währung in eine andere bezeichnet man als **Währungsrechnung**.

Im Rahmen der **Wirtschafts- und Währungsunion (EWU)** haben folgende Länder den **Euro als Gemeinschaftswährung** eingeführt: Belgien, Deutschland, Finnland, Frankreich, Griechenland, Irland, Italien, Luxemburg, Niederlande, Österreich, Portugal, Spanien, Estland, Malta, Slowakei, Slowenien und Zypern. In den nächsten Jahren sollen Lettland, Litauen, Polen, Tschechien und Ungarn folgen.

Währungsrechnungen werden in Deutschland also auf den Euro als Währungseinheit bezogen. Beim An- und Verkauf von **Banknoten** und **Münzen** durch die Kreditinstitute spricht man von **Sorten**, im Rahmen des **bargeldlosen Zahlungsverkehrs** (Schecks, Überweisungen, Wechsel u. a. m.) von **Devisen**. Die **Kurse** der Währungen zueinander ergeben sich durch Angebot und Nachfrage der jeweiligen Währung. Da die Kreditinstitute für ihre Dienstleistung entgolten werden wollen, unterscheidet man bei den **Devisen** den **Geldkurs** (beim Ankauf) und den **Briefkurs** (beim Verkauf). Bei den Sorten werden der **Ankaufs-** und der **Verkaufskurs** einer Währung unterschieden. Dabei liegen Geld- und Ankaufskurse jeweils unter den entsprechenden Brief- bzw. Verkaufskursen.

Die folgende Tabelle zeigt beispielhaft die Kurse der Währungen einiger wichtiger Handelsländer außerhalb der WWU (Stand: 1. November 2010):

Basis: 1 EUR	Intern. Abkürz.	Devisenkurse		Sortenkurse	
Land/Währung		Geldkurs	Briefkurs	Ankaufskurs	Verkaufskurs
Australien/Austr. Dollar	AUD	1,3963	1,4245	1,4706	1,2821
Großbritannien/Pfund Sterling	GBP	0,8656	0,8696	0,643	0,696
Japan/Yen	JPY	111,78	112,26	146,200	157,200
Kanada/Kanad. Dollar	CAD	1,4157	1,4277	1,357	1,512
Schweiz/Schweizer Franken	CHF	1,3756	1,3796	1,557	1,629
USA/US-Dollar	USD	1,3909	1,3969	1,223	1,313

Umrechnung von Währungen der Nicht-Euro-Länder in Euro

Handel mit Sorten

Beispiel 1: Ankauf einer ausländischen Währung; gleichzeitig Verkauf von Euro (aus Sicht der Kreditinstitute)

Die Prokuristin eines deutschen Großhandelsunternehmens behält von einer Geschäftsreise in die USA 290,00 US-Dollar übrig, die sie dem Geschäftskonto gutschreiben lassen will. Zur Umrechnung gelten die Kurse der obigen Tabelle, wobei hier der Sortenkurs „Verkauf" (von Euro) zugrunde zu legen ist.
Wie viel Euro müssen dem Konto gutgeschrieben werden?

Lösung mithilfe des **Dreisatzes** bei geradem (direktem) Verhältnis (je mehr – desto mehr bzw. je weniger – desto weniger):

Angabesatz: Für 1,313 USD erhält man 1 EUR.

Fragesatz: Wie viel EUR erhält man für 290,00 USD?

Bruchsatz: $x = \dfrac{290,00 \cdot 1}{1,313} = \underline{\underline{220,87}}$

Antwort: Dem Geschäftskonto müssen 220,87 EUR gutgeschrieben werden.

Beispiel 2: **Verkauf einer ausländischen Währung; gleichzeitig Ankauf von Euro (aus Sicht der Kreditinstitute)**

Die Prokuristin benötigt für eine Geschäftsreise nach England Pfund Sterling im Wert von 500,00 EUR. Es gelten obige Kurse, wobei hier mit dem Sortenkurs „Ankauf" (von Euro) gerechnet werden muss.
Wie viel Pfund Sterling erhält die Prokuristin?

Lösung mithilfe des **Dreisatzes** bei geradem (direktem) Verhältnis (je mehr – desto mehr bzw. je weniger – desto weniger):

Angabesatz: Für 1 EUR erhält man 0,643 GBP.

Fragesatz: Wie viel GBP erhält man für 500,00 EUR?

Bruchsatz: $x = \dfrac{500,00 \cdot 0,643}{1} = \underline{\underline{321,50}}$

Antwort: Die Prokuristin erhält 321,50 GBP.

Handel mit Devisen

Beispiel 1: **Ankauf einer ausländischen Währung; gleichzeitig Verkauf von Euro (aus Sicht der Kreditinstitute)**

Ein deutscher PC-Großhändler verkauft einen Posten Personal Computer in die Schweiz. Die Rechnung soll auf den Nettobetrag 75.000,00 CHF ausgestellt werden. Welchen Eurobetrag schreibt die Bank dem Großhändler gut (ohne Bankgebühren)? Es gelten die Kurse der obigen Tabelle, wobei hier mit dem Briefkurs zu rechnen ist.

Lösung mithilfe des **Dreisatzes** bei geradem (direktem) Verhältnis (je mehr – desto mehr bzw. je weniger – desto weniger):

Angabesatz: Für 1,3796 CHF erhält man 1 EUR.

Fragesatz: Wie viel EUR erhält man für 75.000,00 CHF?

Bruchsatz: $x = \dfrac{75.000,00 \cdot 1}{1,3796} = \underline{\underline{54.363,58}}$

Antwort: Dem PC-Großhändler werden 54.363,58 EUR gutgeschrieben.

Beispiel 2: **Verkauf einer ausländischen Währung; gleichzeitig Ankauf von Euro (aus Sicht der Kreditinstitute)**

Der deutsche PC-Großhändler importiert Personal Computer aus Japan im Nettowert von 1.440.000,00 JPY.
Mit welchem Eurobetrag wird das Geschäftskonto beim Rechnungsausgleich belastet?
Es gelten die Kurse der obigen Tabelle, wobei hier mit dem Geldkurs zu rechnen ist.

Lösung mithilfe des **Dreisatzes** bei geradem (direktem) Verhältnis (je mehr – desto mehr bzw. je weniger – desto weniger):

Angabesatz: Für 111,78 JPY erhält man 1 EUR.

Fragesatz: Wie viel EUR erhält man für 1.440.000,00 JPY?

Bruchsatz: $x = \dfrac{1.440.000,00 \cdot 1}{111,78} = \underline{\underline{12.882,45}}$

Antwort: Das Konto des Großhändlers wird mit 12.882,45 EUR belastet.

4 Geschäftsprozesse als Werteströme erfassen, dokumentieren und auswerten

BELLHEIM-BÜROSERVICE GMBH

Name	Bellheim-BüroService GmbH
Sitz	Haberstraße 8, 12057 Berlin
Amtsgericht	Berlin
Handelsregister-Nr.	HRB 56 894
Telefon	030 2 35 37-00
Telefax	030 2 35 37-99
E-Mail	info@bellheim-wvb.de
Internet	www.bellheim-wvb.de
Geschäftsführung	Ulrike Jürgens
Gegenstand	Vertrieb von Büro- und Schreibwaren
Geschäftsjahr	1. Januar bis 31. Dezember
Bankverbindung	Bär-Bank Berlin Konto-Nr. 1234056 BLZ 100 347 11 BIC: BBBRDEBR427 IBAN: DE21 1003 4711 0001 2340 56
USt-IDNr. Steuernummer	DE 811 918 273 1123/200/79420
Produkte	▪ Bürotechnik ▪ Computerzubehör ▪ Schreibbedarf ▪ Büropapiere ▪ Büroeinrichtungen ▪ Zeichenbedarf ▪ Bürobedarf
Mitarbeiter/-innen	20 Angestellte 3 Auszubildende

Werteströme aus Geschäftsprozessen

Flow business processes

Güter- und Geldbewegungen eines Großhandelsbetriebes
(nach Günter Wöhe)

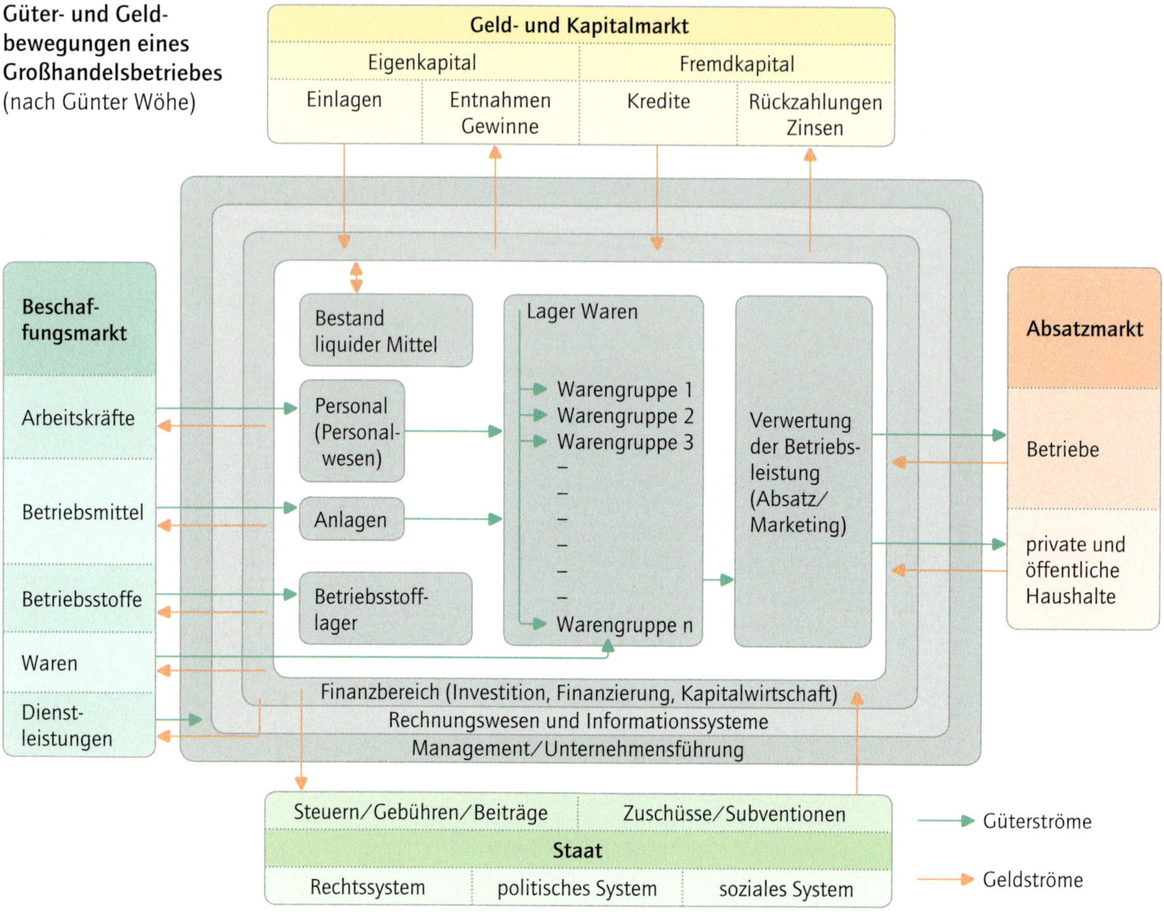

Geld- und Kapitalmarkt
Eigenkapital
Fremdkapital
Einlagen
Entnahmen Gewinne
Kredite
Rückzahlungen Zinsen
Beschaffungsmarkt
Arbeitskräfte
Betriebsmittel
Betriebsstoffe
Waren
Dienstleistungen
Bestand liquider Mittel
Personal (Personalwesen)
Anlagen
Betriebsstofflager
Lager Waren
Warengruppe 1
Warengruppe 2
Warengruppe 3
Warengruppe n
Verwertung der Betriebsleistung (Absatz/Marketing)
Absatzmarkt
Betriebe
private und öffentliche Haushalte
Finanzbereich (Investition, Finanzierung, Kapitalwirtschaft)
Rechnungswesen und Informationssysteme
Management/Unternehmensführung
Steuern/Gebühren/Beiträge
Zuschüsse/Subventionen
Staat
Rechtssystem
politisches System
soziales System
Güterströme
Geldströme

vgl. Brockhaus Enzyklopädie in 24 Bänden, Dritter Band, 19. Aufl., Mannheim 1987, S. 231

Finanzbuchhaltung ist **nicht lediglich** eine **Technik** zur Erfassung und Analyse betrieblicher Zahlen. Mit ihrer Hilfe werden vielmehr die realen **betriebswirtschaftlichen Prozesse** des Unternehmens **zahlenmäßig abgebildet.** Dabei handelt es sich einerseits um **innerbetriebliche Prozesse,** wie z. B. die Zahlung von Löhnen. Andererseits werden auch die **Beziehungen nach außen** zu anderen Wirtschaftssubjekten, wie z. B. zu Kunden (Warenverkäufe), Lieferanten (Wareneinkäufe), Banken (Kreditaufnahme) zahlenmäßig abgebildet. Aufgabe der Finanzbuchhaltung ist es, die sich in Verbindung mit den Geschäftsprozessen ergebenden **Werteströme** zu erfassen.

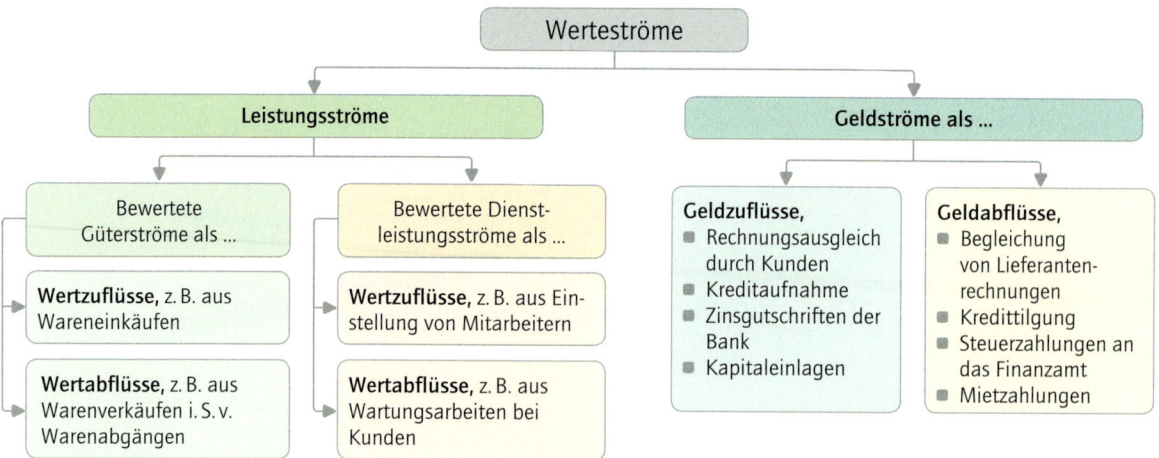

Werteströme
Leistungsströme
Geldströme als ...
Bewertete Güterströme als ...
Bewertete Dienstleistungsströme als ...
Wertzuflüsse, z. B. aus Wareneinkäufen
Wertabflüsse, z. B. aus Warenverkäufen i. S. v. Warenabgängen
Wertzuflüsse, z. B. aus Einstellung von Mitarbeitern
Wertabflüsse, z. B. aus Wartungsarbeiten bei Kunden
Geldzuflüsse,
Rechnungsausgleich durch Kunden
Kreditaufnahme
Zinsgutschriften der Bank
Kapitaleinlagen
Geldabflüsse,
Begleichung von Lieferantenrechnungen
Kredittilgung
Steuerzahlungen an das Finanzamt
Mietzahlungen

Die folgende Abbildung zeigt neben den Güter- und Geld-strömen insbesondere die Vielzahl von **Informationsströ-men**, die sich z. B. im möglichen Verlauf einer Auftrags-abwicklung bei der Bellheim-BüroService GmbH ergeben. Diese Informationsströme finden ihren Ausdruck z. B. in Handelsbriefen wie Anfragen, Angeboten, Bestellungen, Mahnungen und in **Buchungsbelegen für die Finanzbuch-haltung** wie Rechnungen von Lieferanten oder an Kunden und Kontoauszügen.

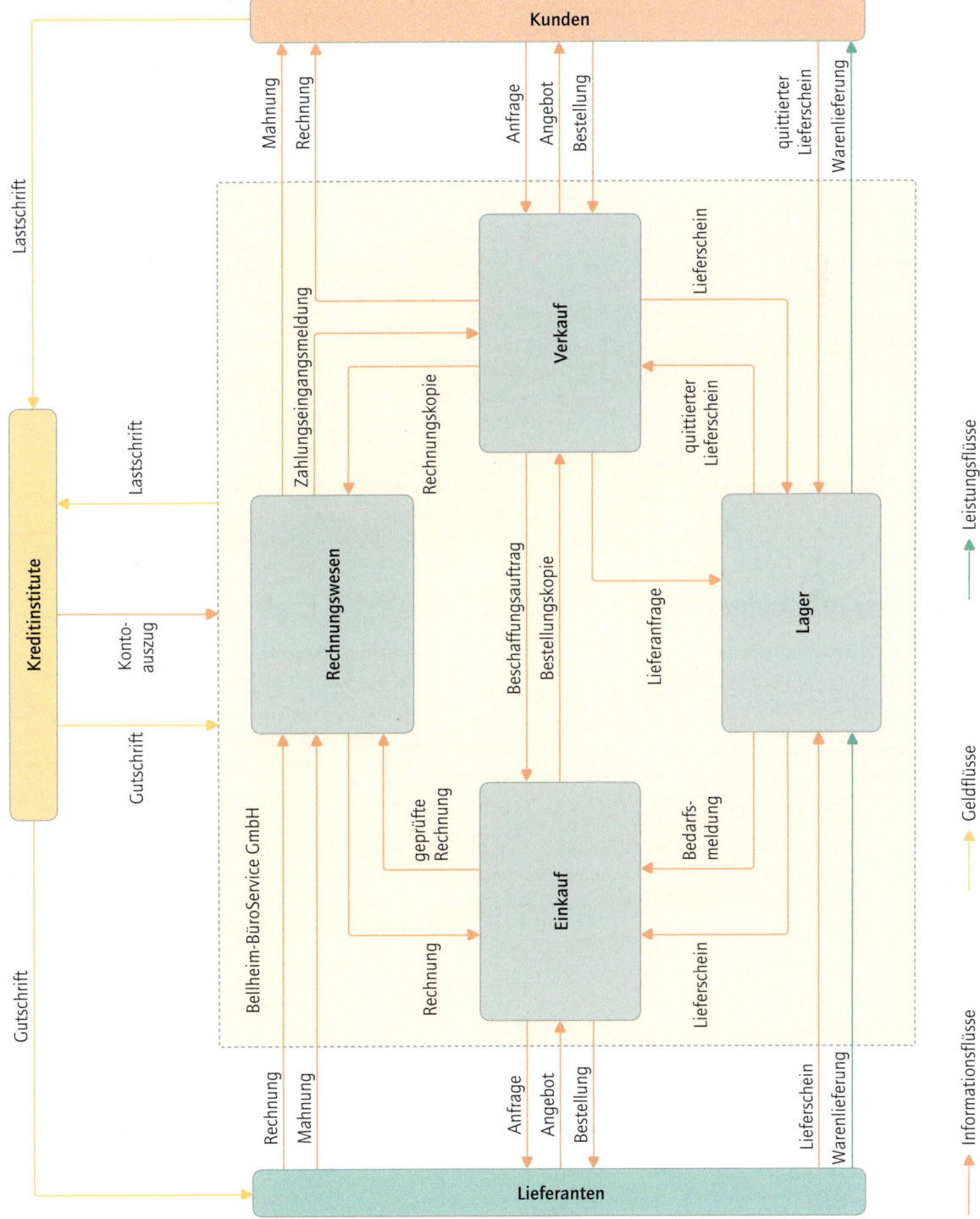

Einordnung der Finanzbuchhaltung

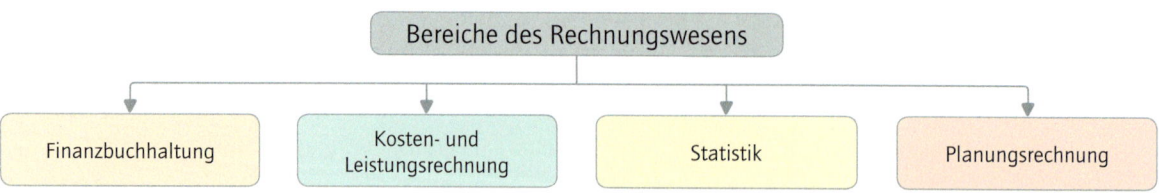

Bereiche des Rechnungswesens

| Finanzbuchhaltung | Kosten- und Leistungsrechnung | Statistik | Planungsrechnung |

Aufgaben der Finanzbuchhaltung

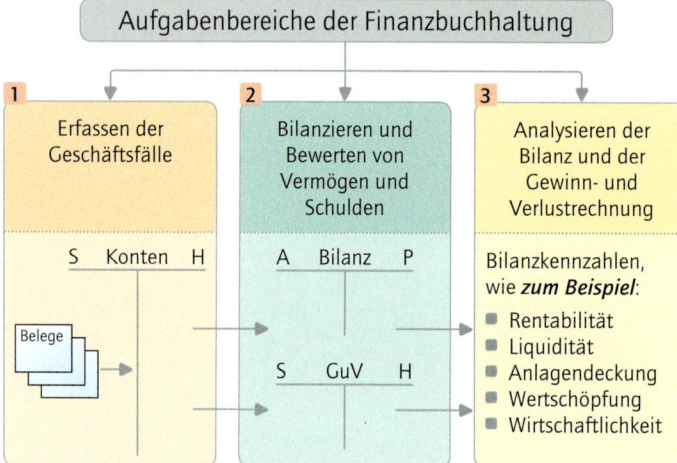

Aufgabenbereiche der Finanzbuchhaltung

1 Erfassen der Geschäftsfälle

S   Konten   H

Belege

2 Bilanzieren und Bewerten von Vermögen und Schulden

A   Bilanz   P

S   GuV   H

3 Analysieren der Bilanz und der Gewinn- und Verlustrechnung

Bilanzkennzahlen, wie *zum Beispiel*:
- Rentabilität
- Liquidität
- Anlagendeckung
- Wertschöpfung
- Wirtschaftlichkeit

1 Erfassung aller wirtschaftlich relevanten Geschäftsfälle wie Einkäufe, Verkäufe, Gehaltszahlungen u. a. m. auf Konten

2 Erstellung der Bilanz, aus der die Bestände der verschiedenen betrieblichen Vermögensgegenstände, der Schulden und des Eigenkapitals hervorgehen, und der Gewinn- und Verlustrechnung (GuV) als Gegenüberstellung von Erträgen und Aufwendungen

3 Analyse von Bilanz und Gewinn- und Verlustrechnung mithilfe von Bilanzkennzahlen

Gründe der Finanzbuchhaltung

Wirtschaftliche Gründe

- Ermittlung von Vermögen und Schulden und deren Veränderungen
- Bereitstellung von Zahlen für die Kosten- und Preiskalkulation
- Kontrolle der Kosten und der Wirtschaftlichkeit
- Entscheidungsgrundlage für Externe wie Banken, Kunden, Lieferanten, Gesellschafter, Finanzbehörden und Interne wie Geschäftsinhaber, Geschäftsführer, Vorstandsmitglieder

Rechtliche Gründe

- § 238 Abs. 1 HGB: *„Jeder Kaufmann ist verpflichtet, Bücher zu führen und in diesen seine Handelsgeschäfte und die Lage seines Vermögens nach den Grundsätzen ordnungsmäßiger Buchführung ersichtlich zu machen."*
- § 5 Abs. 1 EStG: *„Bei Gewerbetreibenden, die aufgrund gesetzlicher Vorschriften verpflichtet sind, Bücher zu führen und regelmäßig Abschlüsse zu machen ..., ist für den Schluss des Wirtschaftsjahres das Betriebsvermögen anzusetzen ..., das nach den handelsrechtlichen Grundsätzen ordnungsmäßiger Buchführung auszuweisen ist."*
- § 140 f. AO i. V. m. § 141 AO

vgl. Hübscher, Heinrich u. a.: IT-Handbuch, IT-Systemkaufmann/-frau, Informatikkaufmann/-frau, 7. Aufl., Braunschweig 2011, S. 410

Begriff

Jeder Kaufmann ist nach § 240 Abs. 1 und 2 HGB sowie nach § 140 f. AO verpflichtet, eine art-, mengen- und wertmäßige **Bestandsaufnahme** sämtlicher Vermögensteile und der Schulden durchzuführen.

Zeitpunkt

Die Inventur ist durchzuführen

- bei Gründung oder Übernahme eines Unternehmens,
- zum Schluss eines jeden Geschäftsjahres und
- bei Auflösung oder Verkauf des Unternehmens.

Inventurarten

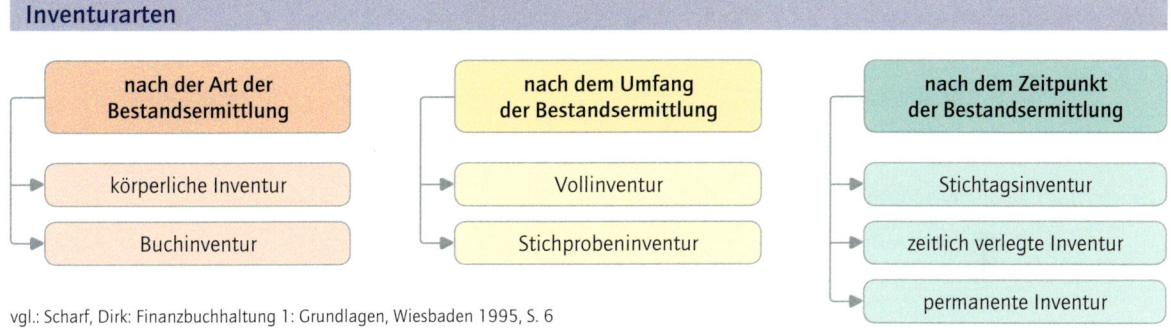

vgl.: Scharf, Dirk: Finanzbuchhaltung 1: Grundlagen, Wiesbaden 1995, S. 6

Körperliche Inventur

- mengenmäßige Bestandsaufnahme aller körperlichen Vermögensgegenstände durch Zählen, Messen und Wiegen
- anschließende Bewertung dieser Vermögensgegenstände

Beispiele:
Grundstücke, Gebäude, Maschinen, Fuhrpark, Betriebs- und Geschäftsausstattung, Vorräte an Waren und Betriebsstoffen, Kassenbestand

Buchinventur

- Ermittlung der Bestände des nichtkörperlichen Vermögens und der Schulden aufgrund der Aufzeichnungen der Finanzbuchhaltung

Beispiele:
Forderungen, Bank- und Postbankguthaben, Darlehen, Hypothekenschulden, Eigenkapital

Vollinventur

- Aufnahme **aller** einzelnen Vermögensgegenstände und Schuldenteile
- im Regelfall nach § 240 Abs. 1 und 2 HGB

Stichprobeninventur

- Inventur mittels **Stichproben**
- aus Vereinfachungsgründen
- Voraussetzung: Erfüllung der Bedingungen nach § 241 Abs. 1 HGB

Stichtagsinventur

- Inventur zum Bilanzstichtag (= Ende des Geschäftsjahres)
- Durchführung zeitnah, das heißt in der Regel innerhalb von zehn Tagen vor oder nach dem Bilanzstichtag (Abschnitt 30 Abs. 1 EStR)
- Berücksichtigung von Bestandsveränderungen zwischen dem Tag der Bestandsaufnahme und dem Bilanzstichtag durch Rückrechnung bzw. Fortschreibung
- Organisatorische und arbeitstechnische Probleme durch großen Arbeitsanfall innerhalb weniger Tage

Zeitlich verlegte Inventur

- Durchführung der körperlichen Inventur nach § 241 Abs. 3 HGB bzw. nach Abschnitt 30 Abs. 3 EStR
  - innerhalb der letzten **drei Monate vor dem Bilanzstichtag** oder
  - innerhalb **zweier Monate nach dem Bilanzstichtag**
- Inventur nach dem Bilanzstichtag: Alle Zugänge seit dem Bilanzstichtag werden vom Wert des Aufnahmetages abgezogen, alle Abgänge zugezählt. → **Rückrechnung** zum Bilanzstichtag
- Inventur vor dem Bilanzstichtag: Alle Zugänge zwischen Aufnahmetag und Bilanzstichtag werden dem Wert am Aufnahmetag zugerechnet. Alle Abgänge werden vom Wert des Aufnahmetages abgezogen. → **Fortschreibung** zum Bilanzstichtag

vgl. Hübscher, Heinrich u. a.: IT-Handbuch, IT-Systemkaufmann/-frau, Informatikkaufmann/-frau, 7. Aufl., Braunschweig 2011, S. 411 f.

Permanente Inventur

- Ermittlung des Vermögensbestandes nach Art, Menge und Wert lediglich anhand von Lager- und Anlagedateien (§ 241 Abs. 2 HGB und Abschnitt 30 Abs. 2 EStR)

- Voraussetzung: laufende Aufzeichnung aller Zu- und Abgänge in diesen Dateien

- Überprüfung der Bestände gemäß Buchhaltung auf Übereinstimmung mit den Istbeständen durch körperliche Inventur einmal im Wirtschaftsjahr, wobei der Zeitpunkt dafür frei wählbar ist (Abschnitt 30 Abs. 2 Ziff. 2 EStR)

- Zeitliche Entzerrung des Arbeitsanfalles, da die Prüfung nicht für alle Bestände gleichzeitig vorgenommen werden muss.

Organisatorischer Ablauf

Beispiel: Körperliche Inventur

- Bestimmung des **Inventurleiters**

- Aufstellung eines **Aufnahmeplans** mit Festlegung der Inventurbereiche und der personellen Besetzung der Aufnahmegruppen

- Erstellung von **Aufnahmevordrucken** und -richtlinien

- Festlegung des **Inventurzeitpunktes** bzw. -zeitraumes

- **Stichproben** durch Aufsichtspersonen

- **Mengenmäßige Bestandsaufnahme** („einer zählt, einer schreibt")

- **Unterschrift** der aufnehmenden Personen

- Sammeln der ausgefüllten Vordrucke

- **Bewertung** der einzelnen mengenmäßig erfassten Positionen

- Feststellung von **Inventurdifferenzen** durch Vergleich der Inventurbestände mit den Buchbeständen

- (Buchung der Inventurdifferenzen – siehe Hauptabschlussübersicht S. 410 f.)

Beispiel: eines Aufnahmevordrucks

Inventurliste Nr. 7						Inventur am: 31.12.20..	
Bezeichnung	Einheit	aufgenommene Menge	geprüft	Wert je Einheit in €	geprüft	Gesamtwert in €	geprüft
1	2	3	4	5	6	7	8
Datum:	aufgenommen und gerechnet:		geprüft:				

Begriff

Das Inventar ist das Ergebnis der Inventur. Es ist ein ausführliches **Verzeichnis** aller Vermögensteile und Schulden eines Unternehmens am Bilanzstichtag.

Anforderungen

- **Vollständigkeit:**
  Alle und nur tatsächlich vorhandene Vermögensteile und Schulden sind im Inventar enthalten.
- **Richtigkeit:**
  Die nachprüfbaren Angaben über Bezeichnung der Vermögens- bzw. Schuldenart, Menge, Einzelwert und Gesamtwert entsprechen den Tatsachen (ergibt sich aus § 238 Abs. 1 HGB).
- **Dauer des Geschäftsjahres:**
  Zwölf Monate dürfen nicht überschritten werden.

- **Zulässigkeit des angewandten Inventurverfahrens:**
  (Zu den möglichen Verfahren siehe S. 213 f.)
- **Unterzeichnung:**
  Die Aufnahmeblätter und das Inventar sind von den jeweils Verantwortlichen zu unterzeichnen, nicht vom Kaufmann selbst.
- **Aufbewahrungsfrist:**
  Das Inventar einschließlich aller Unterlagen, insbesondere der Aufnahmelisten, ist zehn Jahre lang aufzubewahren (§ 257 Abs. 4 HGB).

Form und Aufbau

- Das Inventar wird in Staffelform erstellt, das heißt, alle Vermögens- und die Schuldenpositionen werden entsprechend den Gliederungsprinzipien (siehe S. 216) untereinander aufgelistet.

- Das Inventar wird **dreispaltig** geführt. Die erste Spalte zeigt die Vermögens- bzw. Schuldenart. Die zweite Spalte wird dann benutzt, wenn eine arabisch nummerierte (Haupt-) Position noch unterteilt ist. Die dritte Spalte zeigt den Gesamtwert jeder Hauptposition (s. Beispiel S. 216).

Inventar		
	€	€
A. Vermögen I. Anlagevermögen II. Umlaufvermögen Summe des Vermögens		
B. Schulden I. Langfristige Schulden II. Kurzfristige Schulden Summe der Schulden		
C. Ermittlung des Reinvermögens Summe des Vermögens – Summe der Schulden = Reinvermögen (Eigenkapital)		

Inhalt

- **Anlagevermögen (AV)**
  Vermögen, das langfristig dem Unternehmen dient und sich in seiner Menge und Zusammensetzung nicht dauernd ändert
  Beispiele: Grundstücke, Gebäude, Fuhrpark, Betriebs- und Geschäftsausstattung
- **Umlaufvermögen (UV)**
  Vermögen, das sich ständig in seiner Menge und Zusammensetzung verändert
  Beispiele: Warenvorräte, Forderungen aus Lieferungen und Leistungen, Bankguthaben, Kassenbestand

- **langfristige Schulden**
  Beispiele: Hypotheken- und Darlehensschulden gegenüber Kreditinstituten
- **kurzfristige Schulden**
  Beispiele: Verbindlichkeiten aus Lieferungen und Leistungen, Steuerverbindlichkeiten gegenüber dem Finanzamt, Mietschulden
- **Reinvermögen oder Eigenkapital (EK)**
  Differenz zwischen Vermögen und Schulden

Gliederungsprinzipien

- Das **Vermögen** ist nach dem Prinzip **zunehmender Liquidität** oder Geldnähe gegliedert. An der Spitze sind die Vermögensgegenstände aufgeführt, die erst in ferner Zukunft über den Umsatzprozess in liquide Mittel überführt werden (z. B. Gebäude, Maschinen, Fuhrpark; siehe Abschreibungskreislauf S. 252), am Schluss die, die schon liquide Mittel sind (Kassenbestand, Bankguthaben).

- Die **Schulden** sind nach dem Prinzip **abnehmender Fristigkeit** oder Fälligkeit gegliedert. Hypotheken und Darlehen stehen dem Unternehmen langfristig zur Verfügung. Daher stehen sie vor den Verbindlichkeiten aus Lieferungen und Leistungen, deren Zahlungsziel wesentlich kürzer ist, z. B. 30 Tage.

Beispiel

Inventar der Bellheim-BüroService GmbH in Berlin für den 31. Dezember 20..		
	€	€
A. Vermögen		
I. Anlagevermögen		
1. Bebaute Grundstücke		760.000,00
2. Betriebs- und Geschäftsausstattung lt. Anlagenverzeichnis 1		90.100,00
3. Fuhrpark		
– Mercedes	45.000,00	
– Golf	16.200,00	61.200,00
II. Umlaufvermögen		
1. Waren		
– Warengruppen 1, 2 lt. Verzeichnis 2	71.350,00	
– Warengruppen 3, 4, 6, 7 lt. Verzeichnis 3	29.600,00	
– Warengruppe 5 lt. Verzeichnis 4	109.000,00	209.950,00
2. Forderungen an Kunden		
– Dr. von Stahl, Goslar	6.300,00	
– Sonstige lt. Verzeichnis 5	22.430,00	28.730,00
3. Kassenbestand		1.950,00
4. Bankguthaben		
– Bär-Bank Berlin	46.700,00	
– Deutsche Bank Frankfurt	34.380,00	81.080,00
Summe des Vermögens		1.233.010,00
B. Schulden		
I. Langfristige Schulden		
1. Hypothek der Volksbank Braunschweig		490.000,00
2. Darlehen der Bär-Bank Berlin		385.000,00
II. Kurzfristige Schulden		
1. Verbindlichkeiten gegenüber Lieferanten		
– H. Mannig, München	160.000,00	
– M. Kern, Stuttgart	69.650,00	
– Sonstige lt. Verzeichnis 6	34.000,00	263.650,00
2. Sonstige Verbindlichkeiten		15.000,00
Summe der Schulden		1.153.650,00
C. Ermittlung des Reinvermögens		
Summe des Vermögens		1.233.010,00
– Summe der Schulden		1.153.650,00
= Reinvermögen (Eigenkapital)		79.360,00

Bilanz

Rechtsgrundlage

- § 242 Absatz 1 HGB

Begriff

- Kurz gefasste Übersicht des umfangreichen Inventars
- lat. bilanx, bi – doppelt, lanx – Schale; im Sinne von Balken- oder Doppelwaage

Form

- Gegenüberstellung von Aktiva und Passiva
  - in Staffelform oder
  - in Kontoform

Aufbau

Aktiva	Bilanz	Passiva
Anlagevermögen		Eigenkapital
		Fremdkapital (Schulden)
Umlaufvermögen		

Interpretation der Bilanz

- **Aktivseite**
  - Vermögensformen (i. d. R. konkret)
  - Investitionen
  - Mittelverwendung
- **Passivseite**
  - Kapitalarten (abstrakt)
  - Finanzierung
  - Mittelherkunft

Bilanzgleichungen

Vermögen = Kapital

Anlage- + Umlaufvermögen = Eigen- + Fremdkapital

Vermögen − Fremdkapital = Eigenkapital

Vermögen − Eigenkapital = Fremdkapital

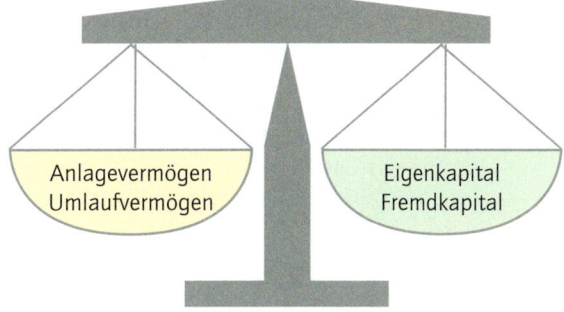

Anlagevermögen
Umlaufvermögen

Eigenkapital
Fremdkapital

Beispiel

Auf der Grundlage des Inventars S. 216 ergibt sich für die Bellheim-BüroService GmbH folgende Bilanz:

Aktiva		Bilanz der Bellheim-BüroService GmbH in Berlin für den 31. Dezember 20.. in €		Passiva
I. Anlagevermögen		**I. Eigenkapital**		79.360,00
1. Bebaute Grundstücke	760.000,00	**II. Fremdkapital**		
2. Betriebs- und Geschäftsausstattung	90.100,00	1. Hypotheken		490.000,00
3. Fuhrpark	61.200,00	2. Darlehen		385.000,00
II. Umlaufvermögen		3. Verbindlichkeiten aus Lieferungen		
1. Waren	209.950,00	und Leistungen		263.650,00
2. Forderungen aus Lieferungen und		4. Sonstige Verbindlichkeiten		15.000,00
Leistungen	28.730,00			
3. Kassenbestand	1.950,00			
4. Bankguthaben	81.080,00			
	1.233.010,00			1.233.010,00

Berlin, 31. Dezember 20..

Ulrike Jürgens

Geschäftsprozesse als Werteströme erfassen, dokumentieren und auswerten   **217**

Vergleich Inventar – Bilanz

Inventar

- ausführliche, umfangreiche Darstellung der einzelnen Vermögens- und Schuldenwerte
- Angabe von Mengen, Einzelwerten und Gesamtwerten der einzelnen Vermögens- und Schuldenarten
- Darstellung in Staffelform (siehe S. 216)

Bilanz

- kurz gefasste Darstellung des Vermögens und des Kapitals
- nur Angabe der Gesamtwerte der Hauptpositionen der verschiedenen Bilanzposten
- Darstellung in Kontoform (siehe S. 217)

Gliederungsprinzipien

- **Aktiva:**
  nach zunehmender Liquidität oder Geldnähe

- **Passiva:**
  nach abnehmender Fristigkeit oder Fälligkeit (siehe auch im Zusammenhang mit dem Inventar S. 216)

Formelle Anforderungen

- **Unterzeichnung:**
  Einzelunternehmen → Inhaber persönlich
  OHG → alle Gesellschafter
  KG → alle persönlich haftenden Gesellschafter
  AG → alle Mitglieder des Vorstands
  GmbH → alle Geschäftsführer

- **Aufbewahrungsfrist:**
  zehn Jahre (§ 257 Absatz 4 HGB)

Erfolgsermittlung durch Kapitalvergleich

- Auf der Grundlage der Bilanz – wie auch schon des Inventars – kann der **Erfolg** des Unternehmens (Gewinn oder Verlust) ermittelt werden. Dabei wird das Eigenkapital (oder Reinvermögen) am Ende des Geschäftsjahres mit dem Eigenkapital (oder Reinvermögen) am Anfang des Geschäftsjahres verglichen. (Erfolgsermittlung durch **Betriebsvermögensvergleich** nach § 4 Absatz 1 EStG)

- Eigenkapital am Ende des Geschäftsjahres > Eigenkapital am Anfang des Geschäftsjahres → Kapitalmehrung → **Gewinn**

  Eigenkapital am Ende des Geschäftsjahres < Eigenkapital am Anfang des Geschäftsjahres → Kapitalminderung → **Verlust**

- Werden während des Geschäftsjahres vom Unternehmer oder den Gesellschaftern Vermögensgegenstände wie Bargeld oder Grundstücke in das Unternehmen ein-

gebracht, so führt diese **Einlage** zu einer Eigenkapitalmehrung. Da sie jedoch **nicht** vom Unternehmen **erwirtschaftet** wurde, stellt sie keinen Gewinn dar. Sie muss daher vom Eigenkapital am Ende des Geschäftsjahres abgezogen werden.

- Entnimmt der Unternehmer andererseits im Vorgriff auf zukünftige Gewinne z. B. Geld für einen Urlaub (**Privatentnahme**), so fehlt dieser Betrag am Ende des Geschäftsjahres dem Vermögen und damit auch dem Eigenkapital. Zur genauen Gewinnermittlung muss also die Privatentnahme dem Eigenkapital hinzugerechnet werden. (Privatentnahmen können nur der Einzelunternehmer sowie die Vollhafter der OHG und der KG vornehmen.)

- Bei dieser Art der Erfolgsermittlung werden allerdings die Quellen oder **Ursachen des Erfolges** oder Misserfolges **nicht sichtbar** – anders dagegen bei der Erfolgsermittlung mithilfe der Gewinn- und Verlustrechnung (siehe hierzu S. 233 f.).

Beispiel:

	Eigenkapital am Ende des Berichtsjahres	2.319.666,00 €
+	Privatentnahmen des Berichtsjahres	48.000,00 €
–	Privateinlagen des Berichtsjahres	200.000,00 €
=	korrigiertes Eigenkapital am Ende des Berichtsjahres	2.167.666,00 €
–	Eigenkapital des Vorjahres	2.000.000,00 €
=	Gewinn/Verlust des Berichtsjahres	167.666,00 € (Gewinn)

Mindestgliederung für große und mittelgroße Kapitalgesellschaften nach § 266 Absatz 2 und 3 HGB

Aktivseite	Bilanz	Passivseite

Aktivseite

A. Anlagevermögen:

  I. Immaterielle Vermögensgegenstände:

     1. selbst geschaffene gewerbliche Schutzrechte und ähnliche Rechte und Werte;

     2. entgeltlich erworbene Konzessionen, gewerbliche Schutzrechte und ähnliche Rechte und Werte sowie Lizenzen an solchen Rechten und Werten;

     3. Geschäfts- oder Firmenwert;

     4. geleistete Anzahlungen.

  II. Sachanlagen:

     1. Grundstücke, grundstücksgleiche Rechte und Bauten einschließlich der Bauten auf fremden Grundstücken;

     2. technische Anlagen und Maschinen;

     3. andere Anlagen, Betriebs- u. Geschäftsausstattung;

     4. geleistete Anzahlungen und Anlagen im Bau.

  III. Finanzanlagen:

     1. Anteile an verbundenen Unternehmen;

     2. Ausleihungen an verbundene Unternehmen;

     3. Beteiligungen;

     4. Ausleihungen an Unternehmen, mit denen ein Beteiligungsverhältnis besteht;

     5. Wertpapiere des Anlagevermögens;

     6. sonstige Ausleihungen.

B. Umlaufvermögen:

  I. Vorräte:

     1. Roh-[1], Hilfs-[1] und Betriebsstoffe[1];

     2. unfertige Erzeugnisse[1], unfertige Leistungen[1];

     3. fertige Erzeugnisse[1] und Waren;

     4. geleistete Anzahlungen.

  II. Forderungen und sonstige Vermögensgegenstände:

     1. Forderungen aus Lieferungen und Leistungen;

     2. Forderungen gegen verbundene Unternehmen;

     3. Forderungen gegen Unternehmen, mit denen ein Beteiligungsverhältnis besteht;

     4. sonstige Vermögensgegenstände.

  III. Wertpapiere:

     1. Anteile an verbundenen Unternehmen;

     2. eigene Anteile;

     3. sonstige Wertpapiere.

  IV. Schecks, Kassenbestand, Bundesbank- und Postbankguthaben, Guthaben bei Kreditinstituten.

C. Rechnungsabgrenzungsposten

D. Aktive latente Steuern

E. Aktiver Unterschiedsbetrag aus der Vermögensverrechnung

Passivseite

A. Eigenkapital:

  I. Gezeichnetes Kapital

  II. Kapitalrücklage

  III. Gewinnrücklagen:

     1. gesetzliche Rücklage;

     2. Rücklage für Anteile an einem herrschenden oder mehrheitlich beteiligten Unternehmen;

     3. satzungsmäßige Rücklage;

     4. andere Gewinnrücklagen.

  IV. Gewinnvortrag/Verlustvortrag

  V. Jahresüberschuss/Jahresfehlbetrag

B. Rückstellungen:

     1. Rückstellungen für Pensionen und ähnliche Verpflichtungen;

     2. Steuerrückstellungen;

     3. sonstige Rückstellungen.

C. Verbindlichkeiten:

     1. Anleihen, davon konvertibel;

     2. Verbindlichkeiten gegenüber Kreditinstituten;

     3. erhaltene Anzahlungen auf Bestellungen;

     4. Verbindlichkeiten aus Lieferungen und Leistungen;

     5. Verbindlichkeiten aus der Annahme gezogener Wechsel und der Ausstellung eigener Wechsel;

     6. Verbindlichkeiten gegenüber verbundenen Unternehmen;

     7. Verbindlichkeiten gegenüber Unternehmen, mit denen ein Beteiligungsverhältnis besteht;

     8. sonstige Verbindlichkeiten, davon aus Steuern, davon im Rahmen der sozialen Sicherheit.

D. Rechnungsabgrenzungsposten

E. Passive latente Steuern

[1] Die Bilanzpositionen Rohstoffe, Hilfsstoffe, unfertige Erzeugnisse, unfertige Leistungen sowie fertige Erzeugnisse gibt es nur in Industriebetrieben, nicht dagegen in Großhandelsbetrieben.

Wertänderungen in der Bilanz

Bilanzpositionen verändern sich in der laufenden Periode aufgrund von Geschäftsfällen.

Die **Bilanzwaage,** in der die aktiven und die passiven Bestandskonten nebeneinander aufgeführt werden, zeigt die veränderten Bestände der Bilanzpositionen nach jedem Geschäftsfall.

Arten von Wertänderungen	Wirkung auf die Bilanzsumme	Beispiele für Geschäftsfälle
▪ Aktivtausch	Bilanzsumme bleibt unverändert.	1. Kauf eines Pkw gegen Bankscheck (30.000,00 €)
▪ Passivtausch	Bilanzsumme bleibt unverändert.	2. kurzfristige Verbindlichkeit wird in Darlehen umgeschuldet (10.000,00 €)
▪ Aktiv-Passiv-Mehrung	Bilanzsumme wird größer.	3. Einkauf von Waren auf Ziel (25.000,00 €)
▪ Aktiv-Passiv-Minderung	Bilanzsumme wird kleiner.	4. Tilgung eines Darlehens durch Banküberweisung (5.000,00 €)

Bilanzwaage

Die Änderungen der Vermögens- und Kapitalpositionen in der Bilanzwaage ergeben sich aus den oben genannten Beispielen 1 bis 4 für Geschäftsfälle.

Beispiel:

	Bilanz (in Tsd. €)								
	Aktiva								Passiva
Geschäftsfall	Betriebs- und Geschäfts-ausstattung	Fuhrpark	Waren	Bankgut-haben	Bilanz-summe	Eigen-kapital	Dar-lehens-schulden	Verbind-lichkeiten a. LL	Bilanz-summe
Ausgangslage	420	60	230	40	750	200	400	150	750
1	420	90	230	10	750	200	400	150	750
2	420	90	230	10	750	200	410	140	750
3	420	90	255	10	775	200	410	165	775
4	420	90	255	5	770	200	405	165	770

vgl.: Scharf, Dirk, Finanzbuchhaltung 1. Grundlagen, Wiesbaden 1995, S. 14

Auflösung der Bilanz in Bestandskonten

Würde nach jedem Geschäftsfall eine neue Bilanz erstellt (siehe Bilanzwaage), so entspräche die Zahl der Bilanzen eines Geschäftsjahres der i. d. R. sehr großen Zahl an Geschäftsfällen.

Der Aufwand wäre beträchtlich.

Daher wird die Bilanz in T-Konten zerlegt. Die linke Seite jedes Kontos wird mit „Soll", die rechte mit „Haben" bezeichnet.

Bei den Benennungen der Kontenseiten „Soll" und „Haben" handelt es sich lediglich um Vereinbarungen – z. B. ist „Haben" **nicht** im Sinne von „das habe ich" zu interpretieren.

Einrichtung der Bestandskonten

▪ Benennung der Konten entsprechend der Bilanzpositionen

▪ Eintragen der Anfangsbestände (AB) in die Konten, ablesbar aus der Eröffnungsbilanz des laufenden Jahres (= Schlussbilanz des vergangenen Jahres)

Formelle Anforderungen

▪ Anfangsbestände der Vermögensposten → Sollseite der aktiven Bestandskonten

▪ Anfangsbestände der Kapitalposten → Habenseite der passiven Bestandskonten

aus: Hübscher, Heinrich u. a.: IT-Handbuch. IT-Systemkaufmann/-frau, Informatikkaufmann/-frau, 7. Aufl., Braunschweig 2011, S. 417

Beispiel für eröffnete Bestandskonten

Die folgende Eröffnungsbilanz entspricht der Ausgangslage in der Bilanzwaage auf S. 220.

Aktiva	Eröffnungsbilanz (in Tsd. €)		Passiva
Betriebs- und Geschäftsausstattung	420	Eigenkapital	200
Fuhrpark	60	Darlehensschulden	400
Waren	230	Verbindlichkeiten a. LL	150
Bankguthaben	40		
	750		750

Soll	Betriebs- und Geschäftsausstattung (in Tsd. €)	Haben
AB	420	

Soll	Eigenkapital (in Tsd. €)	Haben
	AB	200

Soll	Fuhrpark (in Tsd. €)	Haben
AB	60	

Soll	Darlehensschulden (in Tsd. €)	Haben
	AB	400

Soll	Waren (in Tsd. €)	Haben
AB	230	

Soll	Verbindlichkeiten a. LL (in Tsd. €)	Haben
	AB	150

Soll	Bankguthaben (in Tsd. €)	Haben
AB	40	

vgl.: Scharf, Dirk, Finanzbuchhaltung 1. Grundlagen, Wiesbaden 1995, S. 16

Erfassung von Geschäftsfällen

Beispiel:

Autohaus Schnell

Bellheim-BüroService GmbH
Haberstraße 8
12057 Berlin

Rechnungs-Nr.: 4756 vom 20..-09-23

1 Pkw Mercedes E 200   30.000,00 €

Betrag durch Verrechnungsscheck erhalten

Unterschrift

Fragen:

1. Welche Konten werden von dem Geschäftsfall berührt?
2. Um welche Art von Konto handelt es sich jeweils?
3. Welche Art von Veränderung findet auf den Konten jeweils statt?
4. Auf welcher Seite des jeweiligen Kontos ist die Veränderung zu erfassen?

Antworten:

Konto Fuhrpark	Konto Bankguthaben
↓	↓
aktives Bestandskonto	aktives Bestandskonto
↓	↓
Zugang	Abgang
↓	↓
Sollseite	Habenseite

Aktive Bestandskonten:
Zugänge auf der Sollseite
Abgänge auf der Habenseite

Passive Bestandskonten:
Zugänge auf der Habenseite
Abgänge auf der Sollseite

aus: Hübscher, Heinrich u. a.: IT-Handbuch. IT-Systemkaufmann/-frau, Informatikkaufmann/-frau, 7. Aufl., Braunschweig 2011, S. 418

Kontenabschluss

- Errechnung der Endbestände (Salden) in den Konten:

  Anfangsbestand

  + Zugänge

  − Abgänge

  _____

  = Endbestand (Saldo)

- Eintragung der Salden auf der jeweils „schwächeren" Seite der Konten zum wertmäßigen Ausgleich von Soll- und Habenseite

- Zusammenfassung der Endbestände in der Schlussbilanz

Abgeschlossene Konten/Schlussbilanz

Beispiel:

Soll	Betriebs- und Geschäftsausstattung (in Tsd. €)		Haben
AB	420	EB	420

Soll	Fuhrpark (in Tsd. €)		Haben
AB	60	EB	90
1.) Zugang	30		
	90		90

Soll	Waren (in Tsd. €)		Haben
AB	230	EB	255
3.) Zugang	25		
	255		255

Soll	Bankguthaben (in Tsd. €)		Haben
AB	40	1.) Abgang	30
		4.) Abgang	5
		EB	5
	40		40

Soll	Eigenkapital (in Tsd. €)		Haben
EB	200	AB	200

Soll	Darlehensschulden (in Tsd. €)		Haben
4.) Abgang	5	AB	400
EB	405	2.) Zugang	10
	410		410

Soll	Verbindlichkeiten a. LL (in Tsd. €)		Haben
2.) Abgang	10	AB	150
EB	165	3.) Zugang	25
	175		175

Die Anfangsbestände der Konten entsprechen den Zahlen der Ausgangslage der Bilanzwaage auf S. 220.

Die Buchungen 1 bis 4 auf den Konten basieren auf den Geschäftsfällen 1 bis 4 und die Zahlen der Schlussbilanz entsprechen der letzten Zeile der Bilanzwaage auf S. 220.

vgl.: Scharf, Dirk: Finanzbuchhaltung 1: Grundlagen, Wiesbaden 1995, S. 18

Aktiva	Schlussbilanz (in Tsd. €)		Passiva
Betriebs- und Geschäftsausstattung	420	Eigenkapital	200
Fuhrpark	90	Darlehensschulden	405
Waren	255	Verbindlichkeiten a. LL	165
Bankguthaben	5		
	770		770

Kontenbewegungen

Soll	Aktive Bestandskonten	Haben
Anfangsbestand		Abgänge
Zugänge		Endbestand (= Saldo)

Soll	Passive Bestandskonten	Haben
Abgänge		Anfangsbestand
Endbestand (= Saldo)		Zugänge

vgl. Hübscher, Heinrich u. a.: IT-Handbuch, IT-Systemkaufmann/-frau, Informatikkaufmann/-frau, 7. Aufl., Braunschweig 2011, S. 419

Einfacher Buchungssatz

- Der einfache Buchungssatz ist die Kurzfassung der Vorüberlegungen (siehe Fünf-Schritt-Methode unten) zur Buchung eines Geschäftsfalls, bei dem nur **zwei Konten** angesprochen werden.

- Zuerst wird das Konto mit der Sollbuchung, anschließend das Konto mit der Habenbuchung genannt, verbunden durch das Wort „an".

  Soll (Name des Kontos und Betrag in €)
  an Haben (Name des Kontos und Betrag in €)

Buchung von Geschäftsfällen (Fünf-Schritt-Methode)

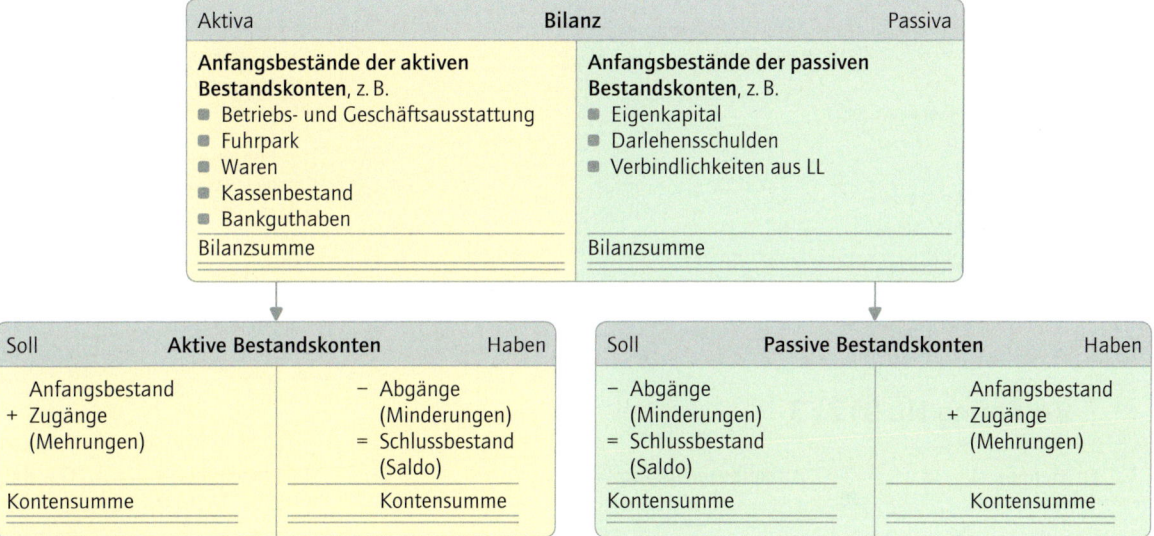

Um Geschäftsfälle zu buchen, geht man nach der **Fünf-Schritt-Methode** folgendermaßen vor:

Schritte	1. Schritt	2. Schritt	3. Schritt	4. Schritt	5. Schritt		
Geschäftsfälle	angesprochene Konten	aktives (A)/ passives (P) Bestandskonto	Zugang (+) Abgang (−)	Sollseite/ Habenseite des Kontos	Buchungssatz (Soll an Haben)		
					Buchungstext	Soll	Haben
Die Bellheim-BüroService GmbH kauft Waren im Wert von 16.000,00 € mithilfe der Bankkarte.	Waren, Bankguthaben	A A	+ −	Soll Haben	Waren an Bankguthaben	16.000,00 €	16.000,00 €
Die Bellheim-BüroService GmbH bezahlt eine Lieferantenrechnung über 12.343,00 € durch Banküberweisung.	Verbindlichkeiten aus LL, Bankguthaben	P A	− −	Soll Haben	Verbindlichkeiten aus LL an Bankguthaben	12.343,00 €	12.343,00 €
Die Bellheim-BüroService GmbH nimmt einen Kredit über 50.000,00 € bei ihrer Hausbank auf und lässt den Betrag dem Geschäftskonto gutschreiben.	Bankguthaben, Darlehen	A P	+ +	Soll Haben	Bankguthaben an Darlehensschulden	50.000,00 €	50.000,00 €
Die Bellheim-BüroService GmbH verkauft einen alten Geschäfts-Pkw an einen Angestellten zum Preis von 850,00 € bar.	Kassenbestand, Fuhrpark	A A	+ −	Soll Haben	Kassenbestand an Fuhrpark	850,00 €	850,00 €

Einfacher Buchungssatz

Beleg

Die Bellheim-BüroService GmbH kauft für die Lagerverwaltung einen neuen PC im Wert von 2.500,00 € auf Ziel, folgende Eingangsrechnung liegt vor:

Officecom **AG**

OfficeCom AG · Hansestraße 120 · 38112 Braunschweig

OfficeCom AG
Geschäftsräume:
Hansestraße 120
38112 Braunschweig
Telefon: 0531 3688941
Telefax: 0531 4766083
Internet: www.officecom-wvb.de
E-Mail: info.officecom-wvb@online.de

Bellheim-BüroService GmbH
Haberstraße 8
12057 Berlin

Ihre Bestellung 20..-08-01	Liefertermin 20..-08-20	Lieferung frei Haus	Vertreter —	Kunden-Nr. 541

Lieferanschrift
siehe oben

Auftrags-Nr. 912

Datum 20..-08-20

Rechnung Nr. 912/3

Menge preis	Artikelbezeichnung	Einzelpreis	Gesamt-
1 St.	Personal Computer (gemäß Angebot vom 15. Juli 20..)	2.500,00 €	2.500,00 € [1]

Zahlungsbedingung:
zahlbar innerhalb 14 Tagen nach Rechnungsdatum ohne Abzug

[1] Auf die Berücksichtigung der Umsatzsteuer wird an dieser Stelle verzichtet.

Vorüberlegungen zur Buchung

- Konto Betriebs- und Geschäftsausstattung – aktives Bestandskonto – Zugang – Sollseite

- Konto Verbindlichkeiten aus Lieferungen und Leistungen (LL) – passives Bestandskonto – Zugang – Habenseite

Buchungssatz

Buchung	Soll	Haben
Betriebs- und Geschäftsausstattung	2.500,00 €	
an Verbindlichkeiten a. LL		2.500,00 €

Einfacher Buchungssatz – allgemein	
Konto/Betrag in € an Konto/Betrag in €	Soll an Haben

Zusammengesetzter Buchungssatz

- Der zusammengesetzte Buchungssatz ist die Kurzfassung der Vorüberlegungen (siehe Fünf-Schritt-Methode unten) zur Buchung eines Geschäftsfalls, bei dem **mehr als zwei Konten** angesprochen werden.

- Zuerst werden die Konten mit den Sollbuchungen, anschließend die Konten mit den Habenbuchungen genannt, verbunden durch das Wort „an".

Beispiel:

Soll (Name des Kontos und Betrag in €)
Soll (Name des Kontos und Betrag in €)
an Haben (Name des Kontos und Betrag in €)

- Der Wert (in €) der Sollbuchungen muss dem Wert der Habenbuchungen entsprechen.

Buchung von Geschäftsfällen (Fünf-Schritt-Methode)

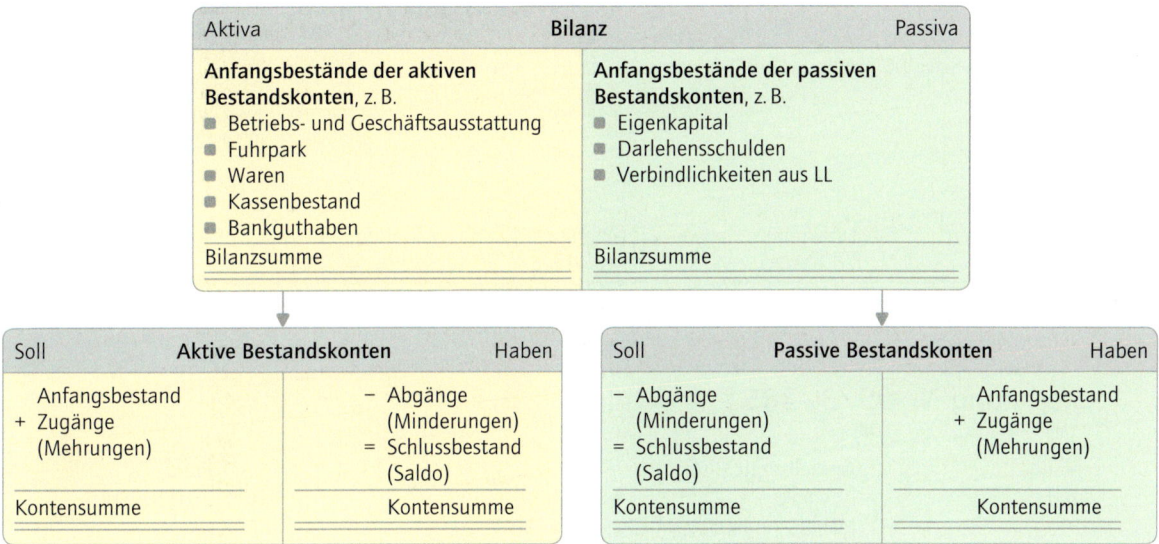

Um Geschäftsfälle zu buchen, geht man nach der **Fünf-Schritt-Methode** folgendermaßen vor:

Schritte	1. Schritt	2. Schritt	3. Schritt	4. Schritt	5. Schritt		
Geschäftsfälle	ange-sprochene Konten	aktives (A)/ passives (P) Bestands-konto	Zugang (+) Abgang (−)	Sollseite/ Haben-seite des Kontos	Buchungssatz (Soll an Haben)		
					Buchungs-text	Soll	Haben
Die Bellheim-BüroService GmbH kauft Waren für 7.000,00 €, davon für 6.000,00 € auf Ziel; der Rest wird sofort mithilfe der Bankkarte bezahlt.	Waren, Bankgut-haben, Verbindlich-keiten a. LL	A A P	+ − +	Soll Haben Haben	Waren an Bankgut-haben an Verbind-lichkeiten a. LL	7.000,00 €	1.000,00 € 6.000,00 €
Die Bellheim-BüroService GmbH kauft aus der Insolvenzmasse der BüroTec AG einen Personal Computer für 1.200,00 € sowie einen Geschäfts-Pkw für 4.000,00 € bar.	Betriebs-und Geschäfts-austattung, Fuhrpark, Kassen-bestand	A A A	+ + −	Soll Soll Haben	Betriebs- und Geschäfts-austattung Fuhrpark an Kassen-bestand	1.200,00 € 4.000,00 €	5.200,00 €

Zusammengesetzter Buchungssatz

Beleg

Die Bellheim-BüroService GmbH kauft einen Pkw zum Preis von 20.000,00 €; 5.000,00 € werden sofort bei Abholung mit Scheck bezahlt, der Rest ist in 10 Tagen fällig, folgende Eingangsrechnung liegt vor:

Autohaus Schnell e. K. · Friedrichstraße 68 · 10117 Berlin

Bellheim-BüroService GmbH
Haberstraße 8
12057 Berlin

Autohaus Schnell e. K.
Friedrichstraße 68
10117 Berlin
Telefon: 030 3720659
Telefax: 030 3720660
Internet: www.autoschnell-wvb.de
E-Mail: info.autoschnell-wvb@gmx.de

Ihre Bestellung	Liefertermin	Lieferung	Vertreter	Kunden-Nr.
20..-03-05	20..-04-20	Abholung	—	126

Lieferanschrift
siehe oben   Auftrags-Nr. 99/3   Datum 20..-04-20

Rechnung Nr. 99/3/385

Menge	Artikelbezeichnung	Preis
1 St.	Pkw Polo	20.000,00 € [1]
	(gemäß Angebot vom 17. Februar 20..)	

Zahlungsbedingung:
Anzahlung: 5.000,00 € bei Abholung
Rest innerhalb 10 Tagen nach Rechnungsdatum ohne Abzug

Scheck über
5.000,00 Euro
dankend erhalten.
20..-04-20
Schnell

[1] Auf die Berücksichtigung der Umsatzsteuer wird an dieser Stelle verzichtet.

Vorüberlegungen zur Buchung

- Konto Fuhrpark – aktives Bestandskonto – Zugang – Sollseite
- Konto Bankguthaben – aktives Bestandskonto – Abgang – Habenseite
- Konto Verbindlichkeiten a. LL – passives Bestandskonto – Zugang – Habenseite

Buchungssatz

Buchung	Soll	Haben
Fuhrpark	20.000,00 €	
an Bankguthaben		5.000,00 €
an Verbindlichkeiten a. LL		15.000,00 €

Zusammengesetzter Buchungssatz – allgemein	
Beispiel:	
Konto/Betrag in €	Soll
Konto/Betrag in €	Soll
an Konto/Betrag in €	an Haben

Eröffnungsbilanzkonto

- Zu Beginn des Geschäftsjahres werden die Konten des Hauptbuchs eingerichtet. Das bedeutete bisher, dass die Bestände der Eröffnungsbilanz als Anfangsbestände in die Konten übertragen und mit AB gekennzeichnet wurden (siehe S. 221).
- Die Eintragung der Anfangsbestände ist bereits eine halbe Buchung. Wegen des Prinzips der **doppelten** Buchführung muss ein zusätzliches Konto eingerichtet werden, das die entsprechenden Gegenbuchungen aufnimmt.
- Dieses Konto, das lediglich ein „technisches Konto" darstellt, ist das **Eröffnungsbilanzkonto (EBK)**.

- Die Anfangsbestände der passiven Bestandskonten werden auf der Sollseite, die Anfangsbestände der aktiven Bestandskonten auf der Habenseite gebucht.
- Dadurch wird das Eröffnungsbilanzkonto **spiegelbildlich** zur Eröffnungsbilanz geführt.
- Die Eröffnungsbuchungen für die Anfangsbestände der Bestandskonten lauten allgemein:

  aktive Bestandskonten
  an Eröffnungsbilanzkonto

  Eröffnungsbilanzkonto
  an passive Bestandskonten

Beispiele:

Eröffnungsbuchung für das Konto „Betriebs- und Geschäftsausstattung" auf S. 221:

BGA	420.000,00 €
an Eröffnungsbilanzkonto	420.000,00 €

Eröffnungsbuchung für das Konto „Verbindlichkeiten a. LL" auf S. 221:

Eröffnungsbilanzkonto	150.000,00 €
an Verbindlichkeiten a. LL	150.000,00 €

Schlussbilanzkonto

- Analog zu den Anfangsbeständen bilden auch die Endbestände oder Salden in den Bestandskonten bereits halbe Buchungssätze (siehe S. 222), für die ebenfalls ein Gegenkonto, das **Schlussbilanzkonto (SBK)**, eingeführt werden muss.
- Bevor die Konten abgeschlossen werden, müssen ihre Endbestände mit den Inventurwerten abgestimmt und möglicherweise Inventurdifferenzen gebucht werden. Nur dann stimmen Schlussbilanz und Schlussbilanzkonto überein.

- Die Endbestände der passiven Bestandskonten werden im Schlussbilanzkonto auf der Habenseite, die Endbestände der aktiven Bestandskonten auf der Sollseite gebucht.
- Dadurch wird das Schlussbilanzkonto **seitengleich** zur Schlussbilanz geführt.
- Die Abschlussbuchungen für die Endbestände der Bestandskonten lauten allgemein:

  Schlussbilanzkonto
  an aktive Bestandskonten

  passive Bestandskonten
  an Schlussbilanzkonto

Beispiele:

Abschlussbuchung für das Konto „Bankguthaben" auf S. 222:

Schlussbilanzkonto	5.000,00 €
an Bankguthaben	5.000,00 €

Abschlussbuchung für das Konto „Darlehensschulden" auf S. 222:

Darlehensschulden	405.000,00 €
an Schlussbilanzkonto	405.000,00 €

Verknüpfung von Bilanzbuch und Hauptbuch

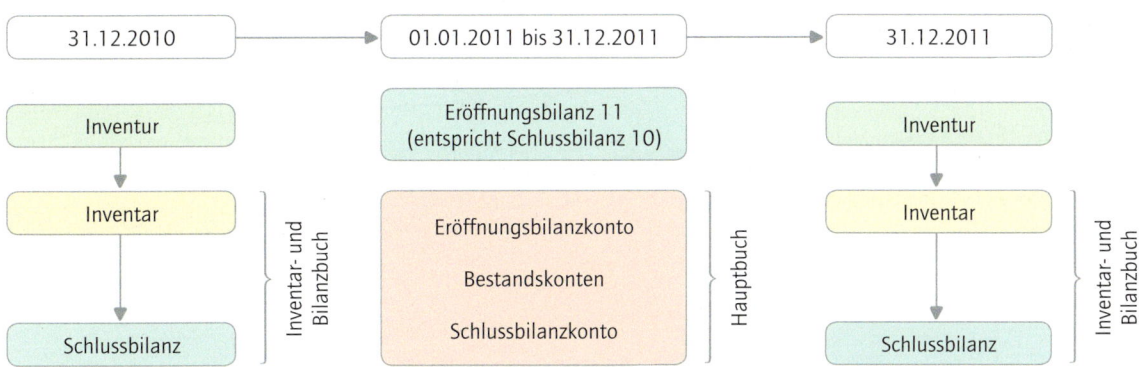

Verknüpfung von Bilanzbuch und Hauptbuch

Der folgenden Darstellung liegt das *Beispiel* der Seiten 221 und 222 zugrunde:

Aktiva	Eröffnungsbilanz zum 01.01.2011 (in Tsd. €)		Passiva
Betriebs- und Geschäftsausstattung	420	Eigenkapital	200
Fuhrpark	60	Darlehensschulden	400
Waren	230	Verbindlichkeiten a. LL	150
Bankguthaben	40		
	750		750

Soll	Eröffnungsbilanzkonto (EBK) (in Tsd. €)		Haben
Eigenkapital	200	Betriebs- und Geschäftsausstattung	420
Darlehensschulden	400	Fuhrpark	60
Verbindlichkeiten a. LL	150	Waren	230
		Bankguthaben	40
	750		750

Soll	Betriebs- u. Geschäftsausstattung (in Tsd. €)	Haben			Soll	Eigenkapital (in Tsd. €)	Haben	
EBK	420	SBK	420		SBK	200	EBK	200

Soll	Fuhrpark (in Tsd. €)		Haben		Soll	Darlehensschulden (in Tsd. €)		Haben	
EBK	60	SBK	90		Bankguthaben	5	EBK	400	
Bankguthaben	30				SBK	405	Verbindlichkeiten a. LL	10	
	90		90			410		410	

Soll	Waren (in Tsd. €)		Haben		Soll	Verbindlichkeiten a. LL (in Tsd. €)		Haben	
EBK	230	SBK	255		Darlehensschulden	10	EBK	150	
Verbindlichkeiten a. LL	25				SBK	165	Waren	25	
	255		255			175		175	

Soll	Bankguthaben (in Tsd. €)		Haben
EBK	40	Fuhrpark	30
		Darlehensschulden	5
		SBK	5
	40		40

Soll	Schlussbilanzkonto (SBK) (in Tsd. €)		Haben
Betriebs- und Geschäftsausstattung	420	Eigenkapital	200
Fuhrpark	90	Darlehensschulden	405
Waren	225	Verbindlichkeiten a. LL	165
Bankguthaben	40		
	770		770

Soll	Schlussbilanz zum 31.12.2011 (in Tsd. €)		Haben
Betriebs- und Geschäftsausstattung	420	Eigenkapital	200
Fuhrpark	90	Darlehensschulden	405
Waren	225	Verbindlichkeiten a. LL	165
Bankguthaben	40		
	770		770

vgl. Scharf, Dirk: Finanzbuchhaltung 1. Grundlagen, Wiesbaden 1995, S. 22 f.

Arten von Geschäftsfällen

- Die bisher genannten Geschäftsfälle führten zu **Veränderungen der Bestände des Anlage- und Umlaufvermögens sowie von Schuldenpositionen**, nicht dagegen des Eigenkapitals. Die entsprechenden Buchungen wurden auf Bestandskonten vorgenommen.

- Darüber hinaus gibt es Geschäftsfälle, die im Zusammenhang mit dem eigentlichen **Geschäftszweck** des Großhandelsunternehmens, nämlich dem Verkauf von Waren durch Einsatz der betriebswirtschaftlichen Produktionsfaktoren – Arbeitskräfte, Betriebsmittel und Werkstoffe – entstehen. Derartige Geschäftsfälle führen zu **Veränderungen des Eigenkapitals**; sie werden als **erfolgswirksame Geschäftsfälle** bezeichnet.

Eigenkapitalveränderungen

Die Eigenkapitalveränderungen können in zweierlei Weise erfolgen:

- Geschäftsfälle wie Gehaltszahlung durch Banküberweisung über 10.000,00 € (Buchung: **Eigenkapital an Bankguthaben 10.000,00 €**) oder Verbrauch von Betriebsstoffen wie z. B. Heizöl für 6.300,00 € (Buchung: **Eigenkapital an Betriebsstoffe 6.300,00 €**) führen zu **Minderungen des Eigenkapitals** auf der Sollseite des Kontos „Eigenkapital".

- Geschäftsfälle wie Zinsgutschrift der Bank über 680,00 € (Buchung: **Bankguthaben an Eigenkapital 680,00 €**) oder Verkauf von Waren (Umsatzerlöse aus Warenverkauf) auf Ziel über 25.000,00 € (Buchung: **Forderungen aus LL an Eigenkapital 25.000,00 €**) führen zu **Mehrungen des Eigenkapitals** auf der Habenseite des Kontos „Eigenkapital".

Aufwendungen

Der gesamte Verbrauch oder **Werteverzehr an Gütern, Diensten und Abgaben** in einer Periode (also im Wesentlichen der Verbrauch an Produktionsfaktoren) wird als **Aufwand** bezeichnet. Er führt einerseits zur Verminderung von Vermögenspositionen wie zum Beispiel Bankguthaben oder Bestand an Betriebsstoffen, andererseits zu einer **Minderung des Eigenkapitals**.

Erträge

Der gesamte **erfolgswirksame Wertezufluss** in einer Periode, insbesondere aus dem Verkauf der Waren, wird als **Ertrag** bezeichnet. Er führt einerseits zur Erhöhung von Vermögenspositionen wie zum Beispiel Bankguthaben oder Forderungen, andererseits zu einer **Mehrung des Eigenkapitals**.

Erfolgsermittlung durch Eigenkapitalvergleich

- Bisher wurden die Aufwendungen und Erträge direkt auf dem passiven Bestandskonto „Eigenkapital" gebucht, und zwar die Aufwendungen im Soll, da sie das Eigenkapital vermindern, und die Erträge im Haben, da sie das Eigenkapital erhöhen (siehe oben).

- Der Saldo auf dem Konto „Eigenkapital" zeigt, ob das Unternehmen im laufenden Geschäftsjahr Gewinn oder Verlust gemacht hat. Der Saldo ergibt sich dabei wie folgt:

  Jahresanfangsbestand des Eigenkapitals
  + Mehrungen aus Erträgen
  − Minderungen aus Aufwendungen

  = Jahresendbestand des Eigenkapitals

- Ist der Jahresendbestand des Eigenkapitals größer als der Jahresanfangsbestand, sind also die **Erträge höher als die Aufwendungen**, hat das Unternehmen einen **Gewinn** erzielt.

- Ist der Jahresendbestand des Eigenkapitals kleiner als der Jahresanfangsbestand, sind also die **Erträge geringer als die Aufwendungen**, hat das Unternehmen einen **Verlust** erzielt.

Notwendigkeit von Erfolgskonten

- Nur auf der Grundlage des Kontos „Eigenkapital" die **Quellen oder Ursachen des Erfolgs (Gewinn) oder Misserfolgs (Verlust)** zu ermitteln, ist bei der großen Anzahl von Buchungen auf diesem Konto sehr schwierig und zeitraubend wegen der fehlenden Übersichtlichkeit. Daher werden die erfolgswirksamen Geschäftsfälle zur besseren Transparenz auf **Unterkonten** des Kontos „Eigenkapital" gebucht.

- Diese Unterkonten werden als **Erfolgskonten** bezeichnet, die sich in **Aufwandskonten** und **Ertragskonten** gliedern.

- Sie treten jeweils **an die Stelle des Kontos „Eigenkapital"**. Das bedeutet:

  – Da die Minderungen des Eigenkapitals durch Aufwendungen auf der Sollseite des Eigenkapitalkontos erfasst wurden, werden die **Aufwendungen in den Aufwandskonten** ebenfalls auf der **Sollseite** gebucht.

  – Da die Mehrungen des Eigenkapitals durch Erträge auf der Habenseite des Eigenkapitalkontos gebucht wurden, werden die **Erträge in den Ertragskonten** auch auf der **Habenseite** gebucht.

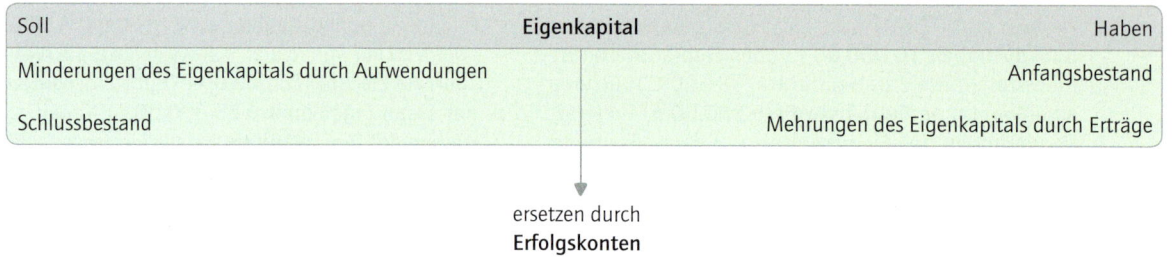

Buchungssätze erfolgswirksamer Geschäftsfälle (Beispiele)

Bei den Buchungssätzen der oben genannten Geschäftsfälle wird das Konto „Eigenkapital" ersetzt durch die entsprechenden Aufwands- bzw. Ertragskonten:

Geschäftsfälle	bisherige Buchungen auf dem Konto Eigenkapital		künftige Buchungen auf den Aufwands- bzw. Ertragskonten	
Gehaltszahlung durch Banküberweisung über 10.000,00 €	Eigenkapital an Bankguthaben	10.000,00 € 10.000,00 €	Gehälter an Bankguthaben	10.000,00 € 10.000,00 €
Verbrauch von Betriebsstoffen für 6.300,00 €	Eigenkapital an Betriebsstoffe	6.300,00 € 6.300,00 €	Aufwendungen für Betriebsstoffe an Betriebsstoffe	6.300,00 € 6.300,00 €
Zinsgutschrift der Bank über 680,00 €	Bankguthaben an Eigenkapital	680,00 € 680,00 €	Bankguthaben an Zinserträge	680,00 € 680,00 €
Verkauf von Waren (Umsatzerlöse) auf Ziel über 25.000,00 €	Forderungen aus LL an Eigenkapital	25.000,00 € 25.000,00 €	Forderungen aus LL an Warenverkauf	25.000,00 € 25.000,00 €

Wichtige Aufwandsarten

- **Aufwendungen für Waren**

  Hierbei handelt es sich um die Ausgaben für die Waren selbst sowie um die Bezugskosten, die beim Einkauf der Waren entstehen. Häufig werden die Waren zur besseren Kontrolle zu mehreren Warengruppen zusammengefasst, abhängig vom Sortiment des Großhandelsunternehmens.

  Bei der Bellheim-BüroService GmbH sind dies die Warengruppen Bürotechnik, Computerzubehör, Schreibbedarf, Büropapiere, Büroeinrichtungen, Zeichenbedarf und Bürobedarf.

- **Aufwendungen für Betriebsstoffe**

  Betriebsstoffe gehören zum Produktionsfaktor Werkstoffe. Sie sind nicht Teil des Produktes, z. B. Strom für Kühlanlagen, Gas für Gas-Zentralheizungen.

  Die Bellheim-BüroService GmbH setzt Strom, Wasser, Heizöl, Benzin usw. ein.

- **Abschreibungen auf Sachanlagen**

  Die **Wertminderungen** zum Beispiel des Fuhrparks und von Gegenständen der Betriebs- und Geschäftsausstattung, verursacht insbesondere durch die **Abnutzung**, sind Aufwendungen, die als Abschreibungen bezeichnet werden (siehe hierzu ausführlich S. 251 f.).

- **Personalaufwendungen**
  - **Löhne, Aushilfslöhne**

    Sie entfallen auf betriebliche Tätigkeiten wie zum Beispiel im Lager- und Transportbereich.
  - **Gehälter**

    Sie werden an die Angestellten gezahlt, die überwiegend im Beschaffungs-, Vertriebs- und allgemeinen Verwaltungsbereich arbeiten.
  - **Ausbildungsvergütungen**
  - **gesetzliche soziale Aufwendungen** wie zum Beispiel Arbeitgeberanteil zur Sozialversicherung (Renten-, Arbeitslosen-, Kranken-, Pflege-, Unfallversicherung), Lohnfortzahlungen im Krankheitsfall
  - **freiwillige soziale Aufwendungen** wie zum Beispiel Kosten der betrieblichen Altersversorgung, Fahrtkostenzuschüsse, Essenszuschüsse, vermögenswirksame Leistungen

- **weitere diverse Aufwendungen**

  Hierunter fallen *zum Beispiel*
  - **Zinsaufwendungen** für aufgenommene Kredite,
  - **Mietaufwendungen** für gemietete Fertigungshallen,
  - Aufwendungen für **Werbekampagnen**,
  - Aufwendungen für **Büromaterial**,
  - Aufwendungen für **Telekommunikation** und Porto,
  - betriebliche **Steuern**.

Wichtige Ertragsarten

- **Umsatzerlöse aus Warenverkäufen**

  Sie bilden die Hauptertragsart eines Großhandelsunternehmens und werden häufig, wie die entsprechenden Aufwendungen, zur besseren Kontrolle nach Warengruppen unterschieden.

- **weitere diverse Erträge**

  Beispiele sind
  - **Zinserträge** aus der Anlage von Geld,
  - **Mieterträge** zum Beispiel aus der Vermietung von Teilen des Bürogebäudes,
  - Erträge aus **Provisionen**, Erträge aus dem **Verkauf gebrauchter Gegenstände** des Anlagevermögens

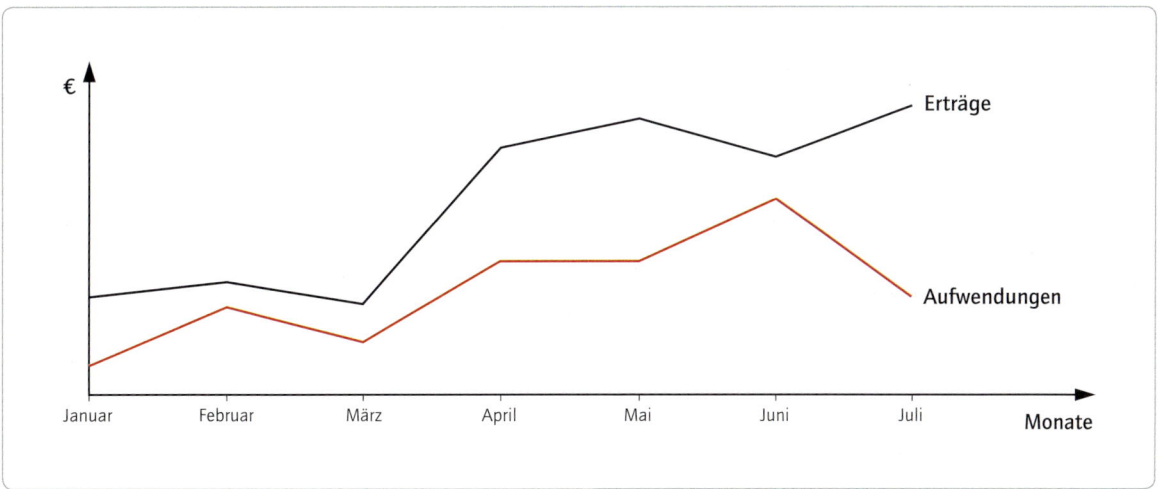

Belegbuchungen

Beleg 1

OfficeCom AG

OfficeCom AG • Hansestr. 120 • 38112 Braunschweig

Bellheim-BüroService GmbH
Haberstraße 8
12057 Berlin

Ihr Zeichen:	kr
Ihre Nachricht vom:	20..-01-15
Unser Zeichen:	shf
Unsere Nachricht vom:	20..-02-08

Telefon: 0531 3688941
Telefax: 0531 4766083
E-Mail: info.officecom-wvb@t-online.de
Internet: www.officecomag-wvb.de

Datum: 20..-03-01

Rechnung-Nr. 3269/BT

Kunden-Nr.	Auftrags-Nr.	Liefertermin
16-6-55	124/11	20..-03-31

Lieferanschrift	Lieferung
Bellheim-BüroService GmbH	frei Haus
Haberstraße 8	durch Spedition
12057 Berlin	

Menge	Artikelbezeichnung	Einzelpreis	Gesamtpreis
200 St.	Schreibtische, Typ ST 34	2.350,00 €	470.000,00 €
	Rabatt: 5 %		23.500,00 €
			446.500,00 €
	19 % Umsatzsteuer		84.835,00 €
			531.335,00 €

Konto	Soll	Haben

Gebucht:

Zahlungsbedingungen:
2 % Skonto, zahlbar innerhalb 10 Tagen nach Rechnungsdatum;
netto Kasse, zahlbar innerhalb 4 Wochen nach Rechnungsdatum.

Bankverbindung:
Hartbank Braunschweig, Konto 21 345 839, BLZ 250 500 08
BIC: HABADEBR2, IBAN: DE66 2505 0008 0021 3458 39

Amtsgericht Braunschweig,
Handelsregister Nr. HRB 126
USt-IdNr. DE 328 495 331

Beleg 2

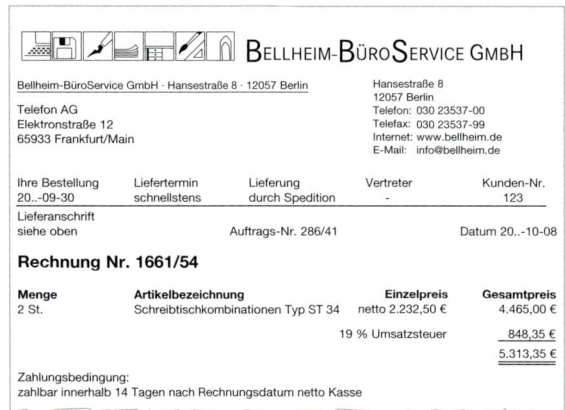

BELLHEIM-BÜROSERVICE GMBH

Bellheim-BüroService GmbH · Hansestraße 8 · 12057 Berlin

Telefon AG
Elektronstraße 12
65933 Frankfurt/Main

Hansestraße 8
12057 Berlin
Telefon: 030 23537-00
Telefax: 030 23537-99
Internet: www.bellheim.de
E-Mail: info@bellheim.de

Ihre Bestellung	Liefertermin	Lieferung	Vertreter	Kunden-Nr.
20..-09-30	schnellstens	durch Spedition	-	123

Lieferanschrift
siehe oben

Auftrags-Nr. 286/41

Datum 20..-10-08

Rechnung Nr. 1661/54

Menge	Artikelbezeichnung	Einzelpreis	Gesamtpreis
2 St.	Schreibtischkombinationen Typ ST 34	netto 2.232,50 €	4.465,00 €
	19 % Umsatzsteuer		848,35 €
			5.313,35 €

Zahlungsbedingung:
zahlbar innerhalb 14 Tagen nach Rechnungsdatum netto Kasse

* Auf die Berücksichtigung der Umsatzsteuer wird an dieser Stelle verzichtet.

Beleg 3

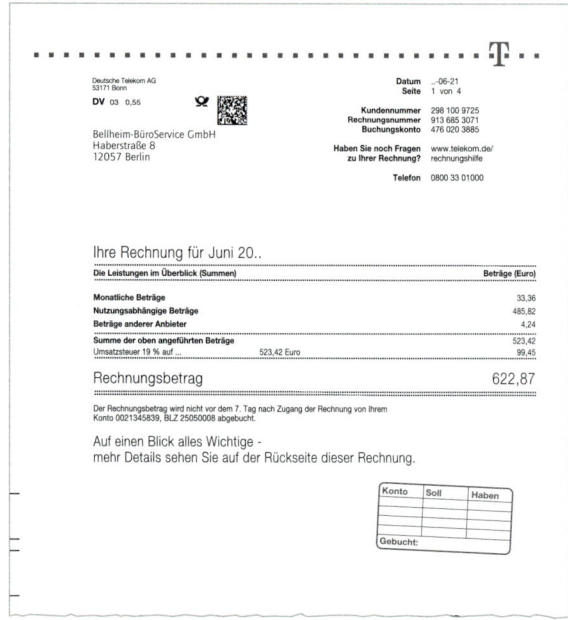

Bär-Bank Berlin

KONTOAUSZUG

Bankleitzahl	Datum	Auszug Nr.	Blatt Nr.	für Konto-Nr.
100 347 11	20..-05-15	166	1	1234056

Buchungstext	Buchungstag	Valuta	Umsatz	Soll = –
Miete Jäger OHG für ..-05	20..-04-30	20..-05-01		3.480,00 €

Herrn/Frau/Firma

Konto	Soll	Haben

Gebucht:

	Soll	Alter Saldo	Haben
			1.104.366,28 €
	Soll	Neuer Saldo	Haben
			1.107.846,28 €

Bellheim-BüroService GmbH
Haberstraße 8
12057 Berlin

BIC: BBBRDEBR427
IBAN: DE21 1003 4711 0001 2340 56

Beleg 4

T

Deutsche Telekom AG
53171 Bonn

DV 03 0,55

Datum	..-06-21
Seite	1 von 4
Kundennummer	298 100 9725
Rechnungsnummer	913 685 3071
Buchungskonto	476 020 3885

Bellheim-BüroService GmbH
Haberstraße 8
12057 Berlin

Haben Sie noch Fragen
zu Ihrer Rechnung?
www.telekom.de/
rechnungshilfe

Telefon 0800 33 01000

Ihre Rechnung für Juni 20..

Die Leistungen im Überblick (Summen)	Beträge (Euro)
Monatliche Beträge	33,36
Nutzungsabhängige Beträge	485,82
Beträge anderer Anbieter	4,24
Summe der oben angeführten Beträge	523,42
Umsatzsteuer 19 % auf ... 523,42 Euro	99,45

Rechnungsbetrag	622,87

Der Rechnungsbetrag wird nicht vor dem 7. Tag nach Zugang der Rechnung von Ihrem
Konto 0021345839, BLZ 25050008 abgebucht.

Auf einen Blick alles Wichtige -
mehr Details sehen Sie auf der Rückseite dieser Rechnung.

Konto	Soll	Haben

Gebucht:

* Auf die Berücksichtigung der Umsatzsteuer wird an dieser Stelle verzichtet.

Beleg Nr.	Buchungssatz	Soll	Haben
Beleg 1	Wareneingang (Aufwendungen für Waren) an Verbindlichkeiten aus LL	446.500,00 €	446.500,00 €
Beleg 2*	Forderungen aus LL an Warenverkauf	4.465,00 €	4.465,00 €
Beleg 3	Bankguthaben an Mieterträge	3.480,00 €	3.480,00 €
Beleg 4*	Porto, Telefon, Telefax an Bankguthaben	523,42 €	523,42 €

Begriff und Aufgabe

Da die Erfolgskonten Unterkonten des Kontos „Eigenkapital" sind, werden sie über das Konto „Eigenkapital" abgeschlossen. Dies geschieht allerdings nicht direkt, sondern die **Aufwands- und Ertragskonten** werden zunächst **über** das sogenannte **Gewinn- und Verlustkonto abgeschlossen.**

Hier werden die Salden aller Ertrags- (auf der Haben-Seite) und Aufwandskonten (auf der Soll-Seite) einander gegenübergestellt.

Sind die Erträge höher als die Aufwendungen, ergibt die **Differenz (Saldo)** den **Gewinn**; sind die Erträge geringer als die Aufwendungen, bedeutet der Saldo einen **Verlust.** Durch diese Gegenüberstellung von Erträgen und Aufwendungen können dann die **Ursachen für den Unternehmenserfolg oder -misserfolg** ermittelt werden.

Erst der Saldo des „Gewinn- und Verlustkontos" wird über das Konto „Eigenkapital" abgeschlossen.

Buchungen

- Abschluss der Aufwandskonten:
  GuV an Aufwandskonten

- Abschluss der Ertragskonten:
  Ertragskonten an GuV

- Abschluss des Kontos GuV
  – für den Fall eines Gewinnes:
    GuV an Eigenkapital
  – für den Fall eines Verlustes:
    Eigenkapital an GUV

Gewinnfall

Soll	Gewinn- und Verlustkonto		Haben
Aufwendungen		Erträge	
Gewinn			

Soll	Eigenkapital		Haben
Schlusskapital		Anfangskapital	
		Gewinn	

Verlustfall

Soll	Gewinn- und Verlustkonto		Haben
Aufwendungen		Erträge	
		Verlust	

Soll	Eigenkapital		Haben
Verlust		Anfangskapital	
Schlusskapital			

vgl. Scharf, Dirk: Finanzbuchhaltung 1: Grundlagen, Wiesbaden 1995, S. 27

Buchungen erfolgswirksamer Geschäftsfälle auf Konten und Abschluss (Beispiel)

Soll	Löhne		Haben
Bankguthaben	10.000,00	GuV	10.000,00

Soll	Aufwendungen für Betriebsstoffe		Haben
Betriebsstoffe	6.300,00	GuV	6.300,00

Soll	Zinserträge		Haben
GuV	680,00	Bankguthaben	680,00

Soll	Umsatzlöse		Haben
GuV	25.000,00	Forderungen aus LL	25.000,00

Soll	GuV-Konto		Haben
Löhne	10.000,00	Umsatzerlöse	25.000,00
Aufw. für		Zinserträge	680,00
Betriebsst.	6.300,00		
Eigenkapital	9.380,00		
	25.680,00		25.680,00

Soll	Eigenkapital		Haben
Schlussbestand	109.380,00	Anfangsbestand	100.000,00
		GuV	9.380,00
	109.380,00		109.380,00

Gewinn- und Verlustrechnung nach dem Gesamtkostenverfahren

Mindestgliederung nach § 275 Absatz 2 HGB

1. Umsatzerlöse

2. Erhöhung oder Verminderung des Bestandes an fertigen und unfertigen Erzeugnissen[1]

3. andere aktivierte Eigenleistungen[1]

4. sonstige betriebliche Erträge

5. Materialaufwand:
   a) Aufwendungen für Roh-[1], Hilfs-[1] und Betriebsstoffe und für bezogene Waren
   b) Aufwendungen für bezogene Leistungen

6. Personalaufwand:
   a) Löhne und Gehälter
   b) soziale Abgaben und Aufwendungen für Altersversorgung und für Unterstützung, davon für Altersversorgung

7. Abschreibungen:
   a) auf immaterielle Vermögensgegenstände des Anlagevermögens und Sachanlagen
   b) auf Vermögensgegenstände des Umlaufvermögens, soweit diese die in der Kapitalgesellschaft üblichen Abschreibungen überschreiten

8. sonstige betriebliche Aufwendungen

9. Erträge aus Beteiligungen, davon aus verbundenen Unternehmen

10. Erträge aus anderen Wertpapieren und Ausleihungen des Finanzanlagevermögens, davon aus verbundenen Unternehmen

11. sonstige Zinsen und ähnliche Erträge, davon aus verbundenen Unternehmen

12. Abschreibungen auf Finanzanlagen und auf Wertpapiere des Umlaufvermögens

13. Zinsen und ähnliche Aufwendungen, davon an verbundene Unternehmen

14. Ergebnis der gewöhnlichen Geschäftstätigkeit

15. außerordentliche Erträge

16. außerordentliche Aufwendungen

17. außerordentliches Ergebnis

18. Steuern vom Einkommen und vom Ertrag

19. sonstige Steuern

20. Jahresüberschuss / Jahresfehlbetrag

[1] Bilanzposition in Industriebetrieben, nicht in Großhandelsbetrieben

Gewinn- und Verlustrechnung nach dem Umsatzkostenverfahren

Mindestgliederung nach § 275 Absatz 3 HGB

1. Umsatzerlöse

2. Herstellungskosten der zur Erzielung der Umsatzerlöse erbrachten Leistungen[1]

3. Bruttoergebnis vom Umsatz

4. Vertriebskosten

5. allgemeine Verwaltungskosten

6. sonstige betriebliche Erträge

7. sonstige betriebliche Aufwendungen

8. Erträge aus Beteiligungen, davon aus verbundenen Unternehmen

9. Erträge aus anderen Wertpapieren und Ausleihungen des Finanzanlagevermögens, davon aus verbundenen Unternehmen

10. sonstige Zinsen und ähnliche Erträge, davon aus verbundenen Unternehmen

11. Abschreibungen auf Finanzanlagen und auf Wertpapiere des Umlaufvermögens

12. Zinsen und ähnliche Aufwendungen, davon an verbundene Unternehmen

13. Ergebnis der gewöhnlichen Geschäftstätigkeit

14. außerordentliche Erträge

15. außerordentliche Aufwendungen

16. außerordentliches Ergebnis

17. Steuern vom Einkommen und vom Ertrag

18. sonstige Steuern

19. Jahresüberschuss / Jahresfehlbetrag

[1] Bilanzposition in Industriebetrieben, nicht in Großhandelsbetrieben

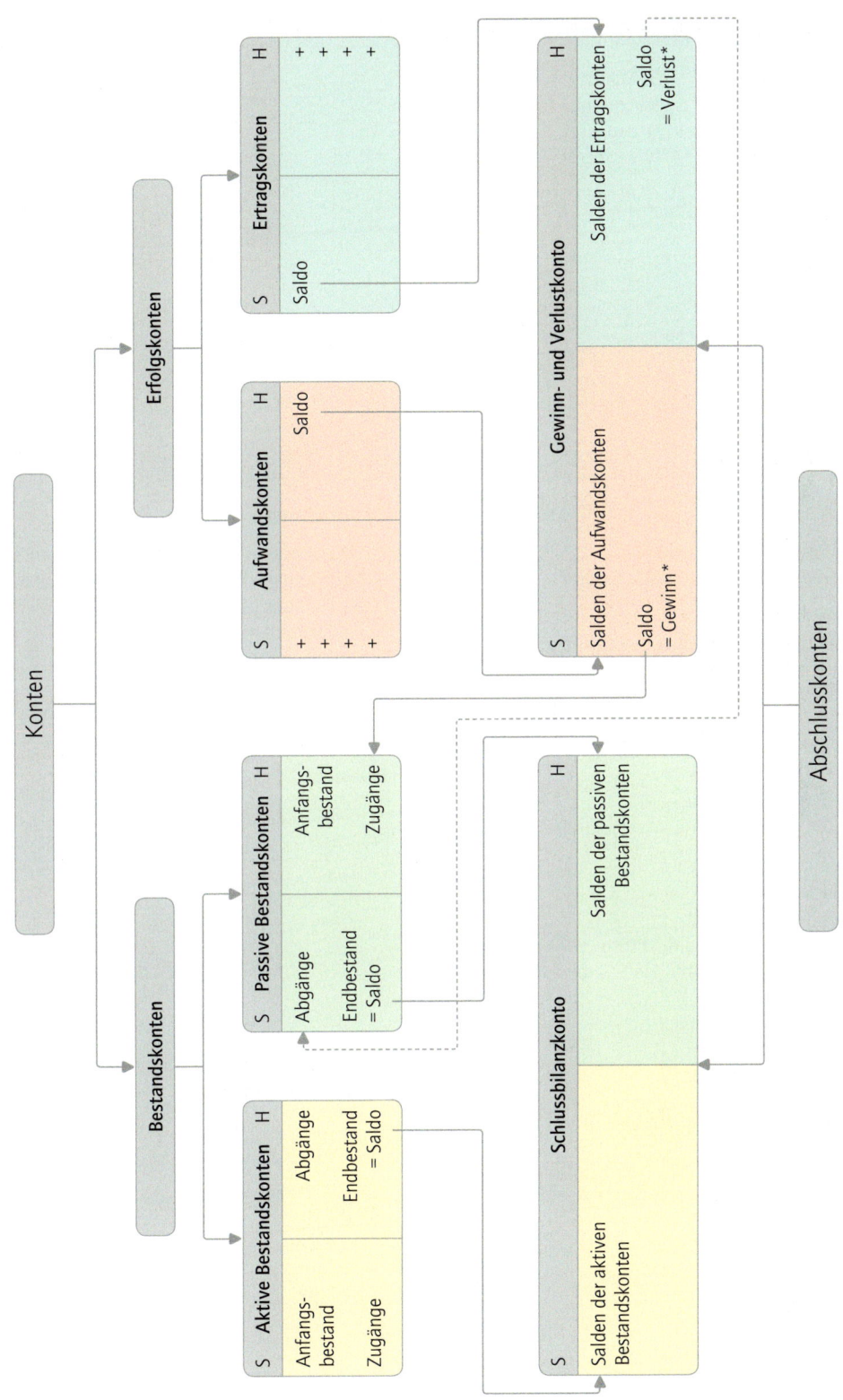

Schritte zur Erfassung von Geschäftsfällen

1. Schritt:
Kontierung der **Belege**

2. Schritt:
Buchungen im **Grundbuch**
in zeitlicher Reihenfolge

3. Schritt:
Buchungen im **Hauptbuch**
auf sachlich geordneten Konten

Belege

Arten

- **interne Belege** (Eigenbelege)
  im Unternehmen selbst erstellte Belege

  Beispiele:
  - Durchschriften von Ausgangsrechnungen
  - Quittungsdurchschriften
  - Gutschriftsanzeigen an Kunden
  - Begleitbriefe zu selbst ausgestellten Schecks
  - Lohn- und Gehaltslisten

- **externe Belege** (Fremdbelege)
  von außen in das Unternehmen gelangte Belege

  Beispiele:
  - Eingangsrechnungen
  - Quittungen
  - Kontoauszüge der Kreditinstitute
  - Gutschriftsanzeigen von Lieferanten für Preisnach-
    lässe und Boni
  - Begleitbriefe zu erhaltenen Schecks

- **Ersatzbelege** (Notbelege)
  - **Ersatz** für abhanden gekommene Belege
  - **nicht erhältliche** Fremdbelege

  Beispiel:
  Ersatzbeleg für ein von einer öffentlichen Telefonzelle
  aus geführtes Gespräch

Bearbeitung

- **Überprüfen** auf sachliche und rechnerische Richtigkeit
- **Sortieren** nach Belegarten, zum Beispiel nach Eingangs-
  rechnungen, Ausgangsrechnungen usw.
- Fortlaufend **nummerieren**
- **Vorkontieren** mithilfe eines Kontierungsstempels auf
  der Grundlage des Kontenplans
- **Ablegen** nach der Buchung und zehn Jahre lang (§ 257
  HGB) aufbewahren

Beispiel:

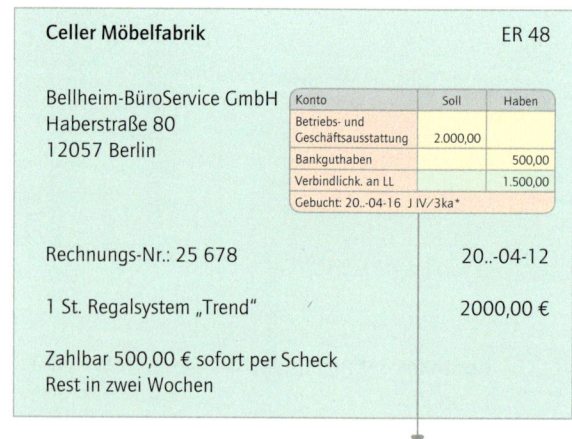

Konto	Soll	Haben
Betriebs- und Geschäfts-ausstattung	2.000,00	
Bankguthaben		500,00
Verbindlichkeiten		1.500,00
Gebucht: 20..-04-16 J IV/3ka*		

* J IV/3: Die Buchung erfolgte im Journal (Grundbuch) für April auf Seite 3.
ka: Kurzzeichen des Buchhalters

Grundbuch

Begriff:

- Tagebuch oder Journal (jour [frz.] = Tag)

- Buchungen **in zeitlicher** (chronologischer) **Reihenfolge** mit folgenden Angaben:
  - Belegdatum,
  - Belegnummer,
  - Buchungssatz und Buchungstext,
  - Euro-Beträge der Soll- und der Habenbuchung

Beispiel:

Seite 9		Grundbuch April 20..		
Beleg-datum	Beleg-Nr.	Buchungssatz/-text	Soll	Haben
20.04.	ER 48	Betriebs- und Geschäfts-ausstattung an Bankguthaben an Verbindlichkeiten a. LL Kauf eines Regalsystems „Trend" von der Celler Möbelfabrik Rechnungs-Nr.: 25 678	2.000,00	500,00 1.500,00
21.04.	ER 49	Betriebs- und Geschäfts-ausstattung an Verbindlichkeiten a. LL Kauf eines PC von Compufix Rechnungs-Nr.: 123	2.000,00	2.000,00
⋮	⋮			

Hauptbuch

Begriff:

- Gesamtheit aller Konten des betrieblichen Kontenplans

- Buchen der Geschäftsfälle **nach sachlichen Gesichtspunkten**

- Durch Saldierung in den Konten ist der jeweilige Stand der einzelnen Vermögensteile und Schuldenarten jederzeit schnell ermittelbar.

Beispiel:

		Konto Bankguthaben			
Datum	Beleg-Nr.	Buchungstext	Gegen-konto	Betrag	
				Soll	Haben
20.04.	ER 48	Verrechnungsscheck an Celler Möbelfabrik	BGA	–	500,00
⋮	⋮	...			
⋮	⋮	...			
⋮	⋮	...			

Nebenbücher

Nebenbücher dienen der Erläuterung bestimmter Sachkonten des Hauptbuches:

- **Kontokorrentbuch** (Buch der Geschäftsfreunde)
  - **Debitorenbuchhaltung** → erfasst Forderungen an Kunden
  - **Kreditorenbuchhaltung** → erfasst Verbindlichkeiten gegenüber Lieferanten

- **Lagerdatei**
  erfasst Zugänge, Abgänge und Bestände der einzelnen Warenarten

- **Anlagendatei**
  weist Zugänge, Abschreibungen und Abgänge der einzelnen Güter des Anlagevermögens aus

- **Lohn- und Gehaltslisten**
  nehmen die Lohn- und Gehaltsabrechnungen der Mitarbeiter auf

vgl. Hübscher, Heinrich u. a.: IT-Handbuch, IT-Systemkaufmann/-frau, Informatikkaufmann/-frau, 7. Aufl., Braunschweig 2011, S. 424

Kontenrahmen für den Groß- und Außenhandel[1]

Kontenklassen

0 Anlage- und Kapitalkonten	1 Finanzkonten	2 Abgrenzungskonten
00 Ausstehende Einlagen	**10 Forderungen**	**20 Außerordentliche und sonstige**
01 Immaterielle Vermögensgegenstände (z. B. Firmenwert)	1010 Forderungen a. LL	**Aufwendungen**
	1020 Zweifelhafte Forderungen	2010 Außerordentliche Aufwendungen
	1030 Nachnahmeforderungen	i.S. § 277 HGB
02 Grundstücke und Gebäude		2020 Betriebsfremde Aufwendungen
0210 Grundstücke	**11 Sonstige Vermögensgegenstände**	2030 Periodenfremde Aufwendungen
0230 Gebäude	1130 Sonstige Forderungen	2040 Verluste aus dem Abgang von AV
	1140 Geleistete Anzahlungen	2050 Verluste aus dem Abgang von UV
03 Anlagen, Maschinen, Betriebs- und	1150 Forderungen an Gesellschafter	(außer Vorräte)
Geschäftsausstattung	1160 Forderungen an Mitarbeiter	2060 Sonstige Aufwendungen
0310 Technische Anlagen und		2070 Spenden[3]
Maschinen	**12 Wertpapiere des Umlaufvermögens**	
0330 Betriebs- und Geschäftsausstattung		**21 Zinsen und ähnliche Aufwendungen**
0340 Fuhrpark	**13 Banken**	2110 Zinsaufwendungen
0350 Geleistete Anzahlungen	1310 Kreditinstitute (= Bank)	2130 Diskontaufwendungen
0360 Anlagen im Bau	1320 Postbank	2140 Zinsähnliche Aufwendungen
0370 Geringwertige Wirtschaftsgüter		2150 Aufwendungen aus Kursdifferenzen
	14 Vorsteuer	
04 Finanzanlagen	1410 Vorsteuer (19 %)	**22 Steuern vom Einkommen**
0430 Beteiligungen	1411 Vorsteuer für i. E.[2]	2210 Körperschaftsteuer[3]
0450 Wertpapiere des Anlagevermögens	1420 Vorsteuer (7 %)	2230 Kapitalertragsteuer
0460 Sonstige Ausleihungen (Darlehen)	1430 Einfuhrumsatzsteuer	2250 Steuernachzahlungen für frühere
		Jahre[3]
05 Wertberichtigungen	**15 Zahlungsmittel**	
0510 Wertberichtigungen bei Sach-	1510 Kasse	**23 Forderungsverluste**
anlagen	1520 Schecks	2310 Übliche Abschreibungen auf
0520 Wertberichtigungen bei	1530 Wechselforderungen	Forderungen
Forderungen	(Besitzwechsel)	2320 Außergewöhnliche Abschreibungen
0521 Einzelwertberichtigungen	1540 Protestwechsel	auf Forderungen
0522 Pauschalwertberichtigungen		2330 Zuführungen zu Einzelwert-
	16 Privatkonten	berichtigungen
06 Eigenkapital	1610 Privatentnahmen	2340 Zuführungen zu Pauschalwert-
0610 Gezeichnetes Kapital oder	1620 Privateinlagen	berichtigungen
Eigenkapital		
0620 Kapitalrücklage	**17 Verbindlichkeiten**	**24 Außerordentliche und sonstige Erträge**
0630 Gewinnrücklage	1710 Verbindlichkeiten a. LL	2410 Außerordentliche Erträge
0631 Gesetzliche Rücklagen	1750 Erhaltene Anzahlungen auf	i. S. § 277 HGB
0633 Satzungsmäßige Rücklagen	Bestellungen	2420 Betriebsfremde Erträge
0634 Andere Gewinnrücklagen	1760 Wechselverbindlichkeiten	2421 Mieterträge
0640 Gewinnvortrag, Verlustvortrag	(Schuldwechsel)	2430 Periodenfremde Erträge
0650 Jahresüberschuss, Jahresfehlbetrag		2460 Sonstige Erträge
0660 Bilanzgewinn, Bilanzverlust	**18 Umsatzsteuer**	
0670 Ergebnisverwendungskonto	1810 Umsatzsteuer (19 %)	**25 Erträge aus Beteiligungen,**
	1811 Umsatzsteuer für i. E.[2]	**Wertpapieren und Ausleihungen**
07 Sonderposten mit Rücklageanteil und	1820 Umsatzsteuer (7 %)	**des Finanzanlagevermögens**
Rückstellungen		2510 Erträge aus Beteiligungen
0710 Sonderposten mit Rücklageanteil	**19 Sonstige Verbindlichkeiten**	2520 Erträge aus Wertpapieren des AV
0720 Rückstellungen	1910 Verbindlichkeiten aus Steuern	
0721 Rückstellungen für	1920 Verbindlichkeiten gegenüber	**26 Sonstige Zinsen und ähnliche Erträge**
Pensionen	Sozialversicherung	2610 Zinserträge
0722 Steuerrückstellungen	1930 Verbindlichkeiten gegenüber	2630 Diskonterträge
0724 Sonstige Rückstellungen	Gesellschaftern	2640 Zinsähnliche Erträge
	1940 Sonstige Verbindlichkeiten	2650 Erträge aus Kursdifferenzen
08 Verbindlichkeiten	1950 Verbindlichkeiten aus Vermögens-	
0820 Verbindlichkeiten gegenüber	bildung	
Kreditinstituten (z. B. Darlehen)	1980 Zollverbindlichkeiten	[3] Diese Konten sind im AKA-Kontenplan nicht enthalten, da sie nur für Kapitalgesellschaften gelten.
09 Rechnungsabgrenzungsposten	[2] i. E. = innergemeinschaftlicher Erwerb	
0910 Aktive Rechnungsabgrenzungs-		
posten		
0920 Disagio		
0930 Passive Rechnungsabgrenzungs-		
posten		

[1] Auf der Grundlage des vom **Bundesverband des Groß- und Außenhandels (BGA)**, Bonn 1988, und unter voller Berücksichtigung des von der **Aufgabenstelle für kaufmännische Abschlussprüfungen (AKA)**, IHK Nürnberg, herausgegebenen Großhandelskontenrahmens (1988).
Die Konten **8818** und **8828 Kundenskonto** sind im Kontenrahmen nicht aufgeführt, ebenso wie die **Unterkonten der Kontengruppen 37 und 38**. Sie entsprechen **den Unterkonten der Kontengruppen 30 und 80**.

Kontenklassen

2 Abgrenzungskonten

27 Sonstige betriebliche Erträge
- 2700 Erlöse aus Anlageabgängen
- 2710 Erträge a. d. Abgang von AV
- 2720 Erträge aus dem Abgang von UV (außer Vorräte)
- 2730 Erträge aus Zuschreibungen
- 2740 Erträge aus abgeschriebenen Forderungen
- 2750 Erträge aus der Auflösung von Wertberichtigungen zu Forderungen
  - 2751 Auflösung von Einzelwertberichtigungen
  - 2752 Auflösung von Pauschalwertberichtigungen
- 2760 Erträge aus der Auflösung von Rückstellungen
- 2770 Sonstige Erträge
- 2780 Entnahme von sonstigen Gegenständen und Leistungen

28 Verrechnete kalkulatorische Kosten[4]

29 Abgrenzung innerhalb des Geschäftsjahres[4]

---

[4] Kalkulatorische Kosten und innerperiodische **Abgrenzungen** werden in der Praxis nicht buchhalterisch, sondern stets **tabellarisch** in der **Abgrenzungsrechnung der KLR** berücksichtigt.

3 Wareneinkaufskonten Warenbestandskonten

30 Warengruppe I
- 3010 Wareneingang
- 3020 Warenbezugskosten
- 3030 Leihemballagen
- 3050 Rücksendungen an Lieferer
- 3060 Nachlässe von Lieferern
- 3070 Liefererboni
- 3080 Liefererskonti

31 Warengruppe II
- 3110 Wareneingang
- 3120 Warenbezugskosten
- 3130 Leihemballagen
- 3150 Rücksendungen an Lieferer
- 3160 Nachlässe von Lieferern
- 3170 Liefererboni
- 3180 Liefererskonti

32 Warengruppe III

33 Warengruppe IV

37 Wareneingang aus i. E.[2]

38 Wareneinfuhr (aus Drittländern)

39 Warenbestände
- 3910 Warengruppe I
- 3920 Warengruppe II
- 3930 Warengruppe III
- 3940 Warengruppe IV

4 Konten der Kostenarten

40 Personalkosten
- 4010 Löhne
- 4020 Gehälter
- 4030 Aushilfslöhne
- 4040 Gesetzliche soziale Aufwendungen
- 4050 Freiwillige soziale Aufwendungen
- 4060 Aufwendungen für Altersversorgung
- 4070 Vermögenswirksame Leistungen

41 Mieten, Pachten, Leasing

42 Steuern, Beiträge, Versicherungen
- 4210 Gewerbesteuer
- 4220 Kfz-Steuer
- 4230 Grundsteuer
- 4240 Sonstige Betriebsteuern
- 4260 Versicherungen
- 4270 Beiträge
- 4280 Gebühren und sonstige Abgaben

43 Energie, Betriebsstoffe

44 Werbe- und Reisekosten

45 Provisionen

46 Kosten der Warenabgabe
- 4610 Verpackungsmaterial
- 4620 Ausgangsfrachten
- 4630 Gewährleistungen

47 Betriebskosten, Instandhaltung
- 4710 Instandhaltung
- 4730 Sonstige Betriebskosten

48 Allgemeine Verwaltung
- 4810 Bürobedarf
- 4820 Porto, Telefon, Telefax
- 4830 Kosten der Datenverarbeitung
- 4840 Rechts- und Beratungskosten
- 4850 Personalbeschaffungskosten
- 4860 Kosten des Geldverkehrs
- 4890 Diverse Aufwendungen

49 Abschreibungen
- 4910 Abschreibungen auf Sachanlagen
- 4930 Abschreibungen auf Finanzanlagen des AV
- 4940 Abschreibungen auf Wertpapiere des UV

6 Konten für Umsatzkostenverfahren[5]

---

[5] **Anmerkung:** Diese Kontenklasse bleibt in der Regel frei, da Großhandelsunternehmen ihre GuV-Rechnung meist nach dem **Gesamtkostenverfahren** erstellen.

5 Konten der Kostenstellen

Für die Konten der Kostenstellen sind betriebs- und branchenbedingt unterschiedliche Aufteilungen möglich. Die nachfolgende Untergliederung nach Funktionen ist beispielhaft aufgeführt:
- Einkauf
- Lager
- Vertrieb
- Verwaltung
- Fuhrpark
- Be-/Verarbeitung

[6] **Anmerkung:** Die **Kostenstellenrechnung** wird in der Praxis stets **tabellarisch** und nicht kontenmäßig durchgeführt. Die Kontenklasse 5 bleibt deshalb in der Regel frei.

7 Freie Kontenklasse

8 Warenverkaufskonten (Umsatzerlöse)

80 Warengruppe I
- 8010 Warenverkauf
- 8050 Rücksendungen
- 8060 Nachlässe
- 8070 Kundenboni
- 8080 Kundenskonti

81 Warengruppe II
- 8110 Warenverkauf
- 8150 Rücksendungen
- 8160 Nachlässe
- 8170 Kundenboni
- 8180 Kundenskonti

82 Warengruppe III

83 Warengruppe IV

87 Sonstige Erlöse aus Warenverkäufen
- 8710 Entnahme von Waren
- 8720 Provisionserträge

88 Außenhandelserlöse
- 8810 Erlöse aus innergemeinschaftlicher Lieferung
- 8820 Erlöse aus Warenausfuhr (in Drittländer)

9 Abschlusskonten

- 9100 Eröffnungsbilanzkonto
- 9150 Saldenvorträge (Sammelkonto)
- 9200 Warenabschlusskonto
- 9300 Gewinn- und Verlustkonto
- 9400 Schlussbilanzkonto

Kontenrahmen

- **Systematische Gliederung** aller **Konten** der Betriebe einer Branche, z. B. für Einzelhandelsbetriebe der Einzelhandels-Kontenrahmen
- Gliederung nach dem **Abschlussgliederungsprinzip** (im Hinblick auf den Jahresabschluss)

- Aufbau nach dem **dekadischen System** in
  - 10 Kontenklassen; je Klasse in
  - 10 Kontengruppen; je Gruppe in
  - 10 Kontenarten; je Art in
  - 10 Kontenunterarten; jede Unterart ...

Abschlussgliederungsprinzip

Soll		9400 Schlussbilanzkonto		Haben
Kontenklasse	Aktiva		Passiva	Kontenklasse
0	**Anlagekonten**, z. B.: Grundstücke und Gebäude, Maschinen, Betriebs- und Geschäftsaustattung, Finanzanlagen, Aktive Rechnungsabgrenzungsposten		**Kapitalkonten**, z. B.: Eigenkapital, Rückstellungen, Verbindlichkeiten gegenüber Kreditinstituten, Passive Rechnungsabgrenzungsposten	0
1	**Finanzkonten**, z. B.: Forderungen a. LL, Banken, Vorsteuer, Zahlungsmittel		**Finanzkonten**, z. B.: Privatkonten, Verbindlichkeiten a. LL, Umsatzsteuer	1
3	**Warenbestandskonten**			

Soll		9300 Gewinn- und Verlustkonto		Haben
2	**Abgrenzungskonten**, z. B.: Außerordentliche und sonstige Aufwendungen, Zinsen und ähnliche Aufwendungen, Steuern vom Einkommen, Forderungsverluste		**Abgrenzungskonten**, z. B.: Außerordentliche und sonstige Erträge, Sonstige Zinsen und ähnliche Erträge, Sonstige betriebliche Erträge	2
3	**Wareneinkaufskonten**		**Warenverkaufskonten**	8
4	**Konten der Kostenarten**			

Kontenplan

- **Betriebsindividuelle** Ausgestaltung des Kontenrahmens
- Aufbau ebenfalls nach dem **dekadischen System**
- Nicht benötigte Konten werden weggelassen, zusätzliche Konten eingefügt.

- Im Buchungssatz tritt an die Stelle der Kontobezeichnung die **Kontonummer**.

Grundsätze ordnungsmäßiger Buchführung (GoB) · *Principles of orderly bookkeeping*

- Um Handelsgeschäfte und Vermögenslage ersichtlich zu machen, sind **Handelsbücher** zu führen (§ 238 Abs. 1 HGB).
- Hierzu ist ein **Buchführungssystem** zu verwenden, das dem Anspruch der **Nachprüfbarkeit** genügt.
- Im Falle der doppelten Buchführung sind die Geschäftsfälle in zeitlicher Reihenfolge im Journal oder **Grundbuch** und nach sachlichen Gesichtspunkten im **Hauptbuch** auf Sachkonten sowie in Nebenbüchern, wie z. B. Kassenbuch, Kontokorrentbuch, aufzuzeichnen.
- Die Bücher sind in einer **lebenden Sprache** zu führen (§ 239 Abs. 1 HGB).
- Die Aufstellung des Jahresabschlusses erfolgt in **deutscher Sprache** und die Bewertung in **Euro** (§ 244 HGB).
- Die Eintragungen in die Handelsbücher sind **zeitgerecht** und **geordnet** vorzunehmen (§ 239 Abs. 2 HGB).

- Eintragungen dürfen nur so geändert werden, dass der **ursprüngliche Inhalt** noch feststellbar ist (§ 239 Abs. 3 HGB).
- Allen Buchungen müssen **Belege** zugrunde liegen.
- Handelsbücher, Inventare, Bilanzen und Buchungsbelege müssen **10 Jahre**, Handelsbriefe und sonstige Unterlagen **6 Jahre** aufbewahrt werden (§ 257 HGB).
- Die Dauer des **Geschäftsjahres** darf **12 Monate** nicht überschreiten (§ 240 Abs. 2 HGB).
- Beachtung des **Stichtagsprinzips**: Bewertung der Vermögensgegenstände und der Schulden zum Bilanzstichtag (§ 252 Abs. 1 Ziff. 3 HGB)
- Grundsätzlich gilt für die einzelnen Vermögensgegenstände und die Schulden das Prinzip der **Einzelbewertung**.

Rechtliche Grundlage

Der Umsatzsteuer unterliegen im Wesentlichen nach **§ 1 Absatz 1 UStG** *„1. die Lieferungen und sonstigen Leistungen, die ein Unternehmer im Inland gegen Entgelt im Rahmen seines Unternehmens ausführt. ... 4. die Einfuhr von Gegenständen aus dem Drittlandsgebiet in das Inland ... 5. der innergemeinschaftliche Erwerb im Inland gegen Entgelt"* sowie nach **§ 3 Absatz 1b UStG** *„... die Entnahme eines Gegenstandes durch einen Unternehmer aus seinem Unternehmen für private Zwecke ..."*

Steuerart/Steuersätze

- **Verkehrsteuer:** ihrer Wirkung nach jedoch Verbrauchsteuer, da letztlich der Endverbraucher mit der Steuer belastet wird

- **Allgemeiner Steuersatz:** 19 % (§ 12 Absatz 1 UStG)

- **Ermäßigter Steuersatz:** 7 % (§ 12 Absatz 2 UStG); gilt unter anderem für Lebensmittel und Druck-Erzeugnisse (vgl. im Einzelnen „Liste der dem ermäßigten Steuersatz unterliegenden Gegenstände" – Anhang zu § 12 Absatz 2 UStG).

Normalumsatzsteuersätze im Vergleich

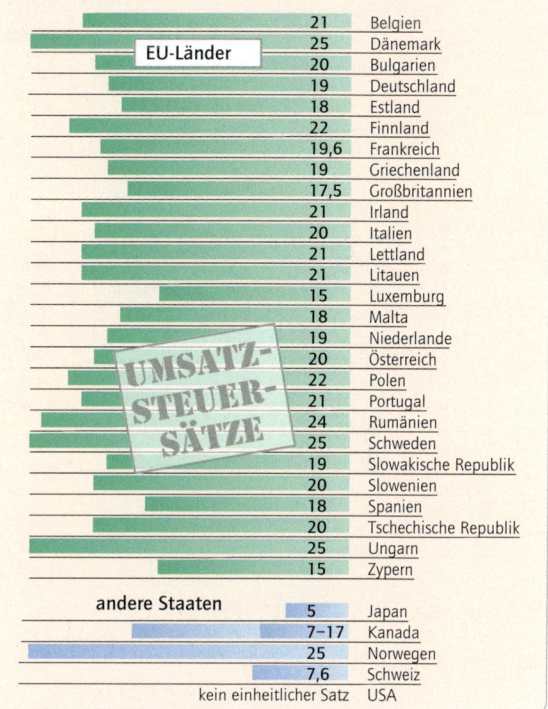

EU-Länder	
21	Belgien
25	Dänemark
20	Bulgarien
19	Deutschland
18	Estland
22	Finnland
19,6	Frankreich
19	Griechenland
17,5	Großbritannien
21	Irland
20	Italien
21	Lettland
21	Litauen
15	Luxemburg
18	Malta
19	Niederlande
20	Österreich
22	Polen
21	Portugal
24	Rumänien
25	Schweden
19	Slowakische Republik
20	Slowenien
18	Spanien
20	Tschechische Republik
25	Ungarn
15	Zypern

andere Staaten	
5	Japan
7–17	Kanada
25	Norwegen
7,6	Schweiz
kein einheitlicher Satz	USA

Wesen

Beispiel eines dreistufigen Güterwegs mit Umsatzsteuer (USt): Herstellung und Verkauf eines Büroschreibtischs

Umsatzstufe	Verkaufspreis netto	– Einkaufspreis netto	= Mehrwert	USt = 19 % des Mehrwertes[1]
1. Büromöbelfabrik	200,00 €	0,00 €	200,00 €	38,00 €
2. Bellheim-BüroService GmbH	300,00 €	200,00 €	100,00 €	19,00 €
3. Einzelhandel	800,00 €	300,00 €	500,00 €	95,00 €
4. Endverbraucher	zahlt und trägt		800,00 €	152,00 €

Beispiel eines dreistufigen Güterweges mit Vorsteuerabzug (USt – VSt):

Umsatzstufe	Rechnung an Stufe	erhaltene USt von Stufe	– gezahlte VSt an Stufe	= Zahllast an das Finanzamt
1. Büromöbelfabrik	2: Nettowert 200,00 € + 19 % USt 38,00 € = Rg.-betrag 238,00 €	2: 38,00 €	–	38,00 €
2. Bellheim-BüroService GmbH	3: Nettowert 300,00 € + 19 % USt 57,00 € = Rg.-betrag 357,00 €	3: 57,00 €	1: 38,00 €	19,00 €
3. Einzelhandel	4: Nettowert 800,00 € + 19 % USt 152,00 € = Rg.-betrag 952,00 €	4: 152,00 €	2: 57,00 €	95,00 €
4. Endverbraucher	zahlt an Stufe 3: Nettowert 800,00 € + 19 % USt 152,00 € = Rg.-betrag 952,00 €			Σ 152,00 €

[1] Die Umsatzsteuer wird umgangssprachlich häufig als Mehrwertsteuer bezeichnet.

Grafische Darstellung und Erläuterung des Umsatzsteuersystems

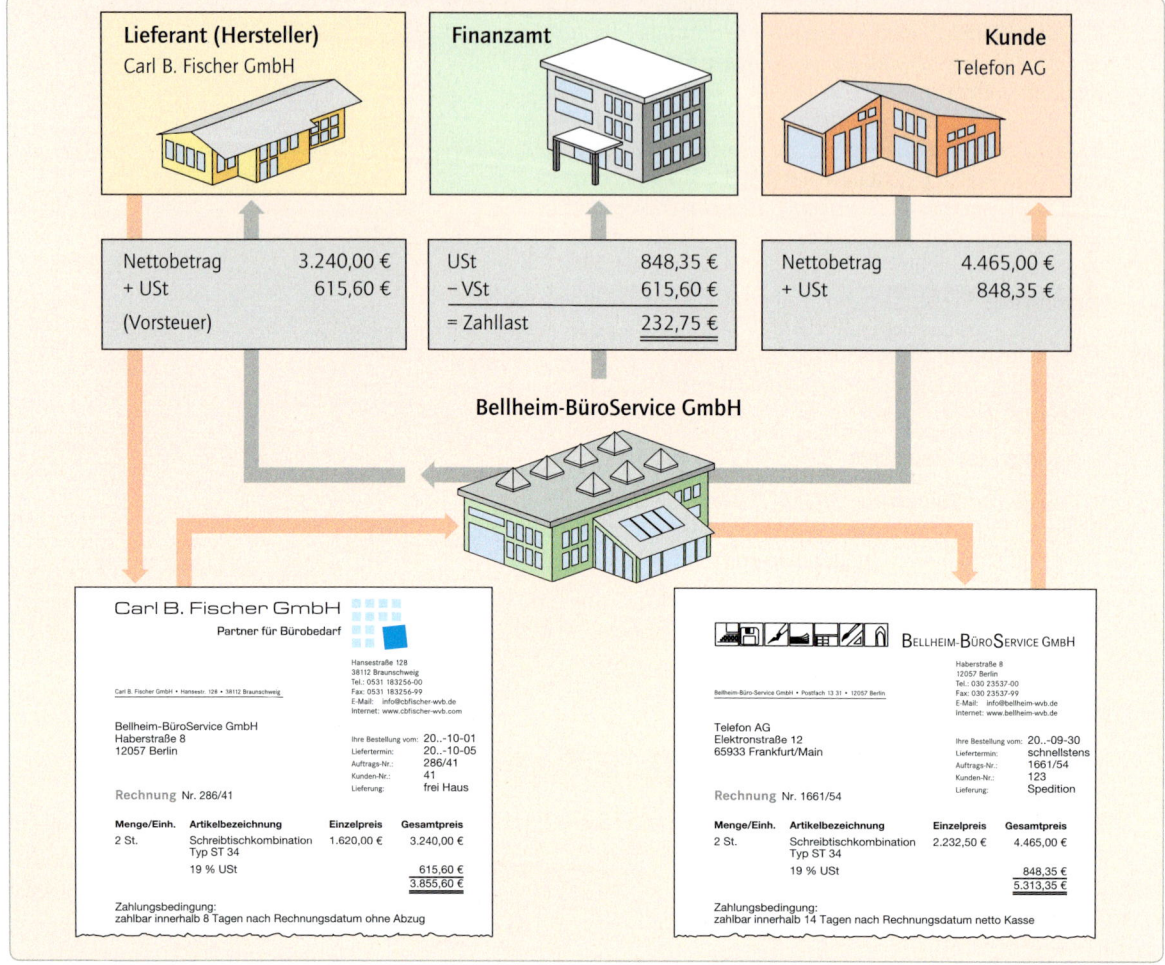

Die Bellheim-BüroService GmbH verkauft zwei Schreibtischkombinationen an den Kunden Telefon AG und erhält dafür den Nettobetrag von 4.465,00 € sowie die Umsatzsteuer in Höhe von 848,35 €.

- Diesen **erhaltenen Umsatzsteuerbetrag** von 848,35 € **schuldet** die Bellheim-BüroService GmbH dem Finanzamt.

- Andererseits muss die Bellheim-BüroService GmbH für den Einkauf dieser beiden Schreibtischkombinationen den Nettobetrag von 3.240,00 € zuzüglich 615,60 € Umsatzsteuer an ihren Lieferanten Carl B. Fischer GmbH zahlen.

- Der **gezahlte Umsatzsteuerbetrag** von 615,60 € stellt für die Bellheim-BüroService GmbH als Vorsteuer eine **Forderung** an das Finanzamt dar.

- Die Bellheim-BüroService GmbH verrechnet die gezahlte Umsatzsteuer von 615,60 € (Vorsteuer) mit der erhaltenen Umsatzsteuer von 848,35 € und führt die **Differenz** von 232,75 € als **Zahllast** an das Finanzamt ab.

- Der Betrag der Zahllast von 232,75 € macht 19 % von dem in der Bellheim-BüroService GmbH geschaffenen **Mehrwert** von 1.225,00 € (4.465,00 € − 3.240,00 €) aus.

- Die erhaltene Umsatzsteuer von 848,35 € ist für die Bellheim-BüroService GmbH ein **durchlaufender Posten**, da ein Teil dieses Betrages in Höhe von 615,60 € an den Lieferanten „fließt", der andere Teil in Höhe von 232,75 € als Zahllast an das Finanzamt gezahlt wird.

- Die beim Einkauf zu zahlende Umsatzsteuer (Vorsteuer) bedeutet für das Unternehmen (Bellheim-BüroService GmbH) **keinen Aufwand**, die aus dem Verkauf erhaltene Umsatzsteuer **keinen Ertrag**.

- Mit der Umsatzsteuer wird ausschließlich der **Endverbraucher** (Telefon AG) belastet.

Konten

- Die aus Verkäufen erhaltene **Umsatzsteuer** ist eine (zu hohe) **Verbindlichkeit** gegenüber dem Finanzamt.
- Sie wird auf dem **passiven Bestandskonto** „Umsatzsteuer" erfasst.
- Die bei Einkäufen zu zahlende Umsatzsteuer (= **Vorsteuer**) stellt eine **Forderung** an das Finanzamt dar.
- Sie wird auf dem **aktiven Bestandskonto** „Vorsteuer" gebucht.

Umsatzsteuer-Voranmeldung

- Die Verrechnung der Vorsteuer mit der Umsatzsteuer führt zu der von den Unternehmen an das Finanzamt abzuführenden Umsatzsteuer-Zahllast.
- Die Umsatzsteuer-Zahllast wird dem Finanzamt mithilfe der Software „Elster" (**el**ektronische **St**euer**er**klärung) über das Internet gemeldet.
- Umsatzsteuer-Vorauszahlungen auf die Zahllast sind grundsätzlich **vierteljährlich**, bei einer Vorjahres-Umsatzsteuer von mehr als 6.136,00 € **monatlich** (bis zum 10. des folgenden Monats) zu leisten.
- Die Umsatzsteuer-Jahreserklärung ist bis zum 31. Mai des Folgejahres beim Finanzamt einzureichen.

Buchungen

Buchung beim Einkauf (Kreditorenbuchhaltung)

Beispiel:
Zieleinkauf von 10 Papierschneidemaschinen, Nettowert pro Stück: 69,50 € + 19 % USt
Buchungssatz:

Waren	695,00 €	
Vorsteuer	132,05 €	
an Verbindlichkeiten		827,05 €

Buchung beim Verkauf (Debitorenbuchhaltung)

Beispiel:
Barverkauf von zwei Schreibtischlampen, Nettowert pro Stück: 292,00 € + 19 % USt
Buchungssatz:

Kasse	694,96 €	
an Umsatzerlöse		584,00 €
an Umsatzsteuer		110,96 €

Ermittlung und Überweisung der Zahllast

Beispiel:
Am Monatsende weisen die Konten „Vorsteuer" und „Umsatzsteuer" nach diversen Buchungen folgende Beträge auf:

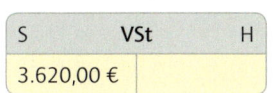 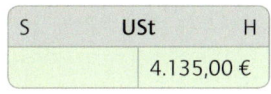

S	VSt	H		S	USt	H
3.620,00 €						4.135,00 €

Buchung zur Ermittlung der Zahllast:

Umsatzsteuer	3.620,00 €	
an Vorsteuer		3.620,00 €

Buchung zur Überweisung der Zahllast an das Finanzamt:
(4.135,00 € − 3.620,00 € = 515,00 €)

Umsatzsteuer	515,00 €	
an Bankguthaben		515,00 €

Passivierung der Zahllast

Wenn im Dezember der Betrag der erhaltenen Umsatzsteuer höher ist als der der gezahlten Vorsteuer, dann ist die Zahllast zum 31. Dezember zu passivieren. So lange die Zahllast nicht an das Finanzamt gezahlt wurde, stellt sie eine Verbindlichkeit gegenüber dem Finanzamt dar, die auf der Passivseite der Jahresbilanz auszuweisen ist. Auf der Grundlage des vorangegangenen *Beispiels* sind folgende **Buchungen** vorzunehmen:

zum 31. Dezember des alten Jahres

Umsatzsteuer	3.620,00 €	
an Vorsteuer		3.620,00 €
Umsatzsteuer	515,00 €	
an Schlussbilanzkonto		515,00 €

zum 1. Januar des neuen Jahres

Eröffnungsbilanzkonto	515,00 €	
an Umsatzsteuer		515,00 €

am 10. Januar des neuen Jahres

Umsatzsteuer	515,00 €	
an Bankguthaben		515,00 €

Vorsteuerüberhang

Ist in einem Monat der Vorsteuerbetrag höher als der Umsatzsteuerbetrag, so kann dieser sogenannte **Vorsteuerüberhang** auf Antrag vom Finanzamt **erstattet** werden oder er wird mit der Zahllast des nächsten Monats **verrechnet**. Für Dezember ist der Vorsteuerüberhang zu **aktivieren**, da er eine Forderung an das Finanzamt darstellt.
Beispiel: USt: 5.160,00 €, VSt: 7.096,00 €
Buchungen zum 31. Dezember

Umsatzsteuer	5.160,00 €	
an Vorsteuer		5.160,00 €
Schlussbilanzkonto	1.936,00 €	
an Vorsteuer		1.936,00 €

Buchungen im Überblick

```
                    Buchungen
     ┌──────────┬──────────┬──────────┬──────────┐
     ▼          ▼          ▼          ▼
```

| Einkauf von Waren | Bezugskosten | Skonti, Boni, sonstige Preisnachlässe | Rücksendungen |

Anschaffungskosten der Waren

4

	Anschaffungspreis netto (ohne USt)	→ Listeneinkaufspreis
+	Anschaffungsnebenkosten netto (ohne USt)	→ z. B. Einfuhrzoll, Transport-, Verpackungskosten, Provisionen
−	Anschaffungspreisminderungen	→ z. B. Rabatt, sonstiger Preisnachlass, Bonus, Skonto
=	**Anschaffungskosten**	→ Wert, mit dem die Waren letztendlich auf dem Konto „Waren" ausgewiesen werden

Beispiele für Einkaufsbelege

Eingangsrechnung für Waren

KNABER OHG

Knaber OHG • Dreieichweg 8 • 21029 Hamburg

Dreieichweg 8
21029 Hamburg
Tel.: 040 7342856
Fax: 040 7342858
E-Mail: knaber.aber-wvb@t-online
Internet: www.knaber-aber-wvb.de

Bellheim-BüroService GmbH
Haberstraße 8
12057 Berlin

Ihre Bestellung vom	Liefertermin	Lieferung durch	Vertreter	Kunden-Nr.
..-02-07	..-03-01	Spedition	–	18-9-1943

Lieferanschrift	Auftrags-Nr.	Datum
Bellheim-BüroService GmbH	123/13	20..-02-08
Haberstraße 8	Rechnungs-Nr.	Datum
12057 Berlin	2338/M	20..-03-01

Menge	Artikelbezeichnung	Einzelpreis	Gesamtpreis
10 St.	Taschenrechner TR 07	102,00 €	1.020,00 €
	Rabatt: 8 %		81,60 €
			938,40 €
	19 % Umsatzsteuer		178,30 €
			1.116,70 €

Zahlungsbedingungen:
2 % Skonto, zahlbar innerhalb 14 Tagen nach Lieferung;
netto Kasse, zahlbar innerhalb 4 Wochen nach Lieferung.

Bankverbindung: Knaber OHG
Hamburger Sitz Hamburg
Sparkasse, Amtsgericht Hamburg
Konto 15 264 869, Handelsregister
BLZ 200 505 50 Nr. HRA 967

BIC: HASPDEHH
IBAN: DE88 2005 0550 0015 2648 69

Steuernr. 20/310/74502,
USt-IDNr. D 450 432 629

Eingangsrechnung für Frachtkosten

Transfahrt AG

Transfahrt AG • Siemensstr. 110 • 21029 Hamburg

Tel.: 040 334455
Fax: 040 234518
E-Mail: transf-ag-wvb@t-online
Internet: www.transf-ag-wvb.de

Bellheim-BüroService GmbH
Haberstraße 8
12057 Berlin

Rechnung Nr. 4498/5

Ihr Auftrag vom	Liefertermin	Kunden-Nr.	Rechnungsdatum
20..-02-25	20..-03-01	1369	20..-03-01

Lieferanschrift
Bellheim- BüroService GmbH
Haberstraße 8
12057 Berlin

Gemäß Frachttabelle berechnen wir für o. a. Auftrag

Lieferung von nach	10 St. Taschenrechner TR 07 Hamburg Berlin	
		30,00 €
	19 % Umsatzsteuer	5,70 €
		35,70 €

Zahlung: sofort ohne Abzug

BIC: BBHBDEHH233
IBAN: DE53 2701 0049 0034 7592 65

Bär-Bank Hamburg, Konto 34 759 265, BLZ 270 100 49
Steuernr. 20/212/63113, USt-IDNr. D 456 741 443

Transfahrt AG, Sitz Hamburg, Amtsgericht Hamburg, Handelsregister Nr. HRB 639

vgl. Scharf, Dirk: Praxis der Buchführung, Beschaffung, Absatz und Finanzierung, Wiesbaden 1997, S. 5, 7

Erfassung der Wareneinkäufe

- Im Großhandel werden die **Wareneinkäufe** üblicherweise auf dem **Aufwandskonto** „Wareneingang" gebucht.
- Auf dem **Bestandskonto** „Warenbestände" werden dagegen lediglich der **Jahresanfangsbestand**, der durch Inventur ermittelte **Jahresendbestand** und als Saldo die **Bestandsveränderung** der Waren erfasst.
- Ist das Sortiment groß, werden häufig **Warengruppen** gebildet. Es werden dann so viele Konten „Wareneingang" bzw. „Warenbestände" geführt, wie es Warengruppen gibt.

- **Bezugskosten** wie z. B. Frachtkosten werden auf dem Konto „Warenbezugskosten", einem **Unterkonto** des Kontos „Wareneingang", erfasst.
- **Skonti, Boni und sonstige Preisnachlässe** werden auf den Konten „Liefererskonti", „Liefererboni" und „Nachlässe von Lieferern", die ebenfalls Unterkonten des Kontos „Wareneingang" sind, gebucht.
- Die Unterkonten werden über das Konto „Wareneingang" abgeschlossen.

Buchungen

Eingangsrechnung/Sofortrabatte

Sofortrabatte des Lieferanten mindern im Vorhinein den Listeneinkaufspreis und werden nicht gebucht.

Beispiel:
Die Eingangsrechnung für Waren (siehe S. 244) wird wie folgt gebucht:

Wareneingang	938,40 €	
Vorsteuer	178,30 €	
an Verbindlichkeiten a. LL		1.116,70 €

Bezugskosten

Beispiel:
Die Eingangsrechnung für die Frachtkosten (siehe S. 244) ist zu buchen:

Warenbezugskosten	30,00 €	
Vorsteuer	5,70 €	
an Verbindlichkeiten a. LL		35,70 €

Nachträgliche Anschaffungspreisminderungen (z. B. Skonto)

Zieht der Großhändler beim Rechnungsausgleich Skonto ab, mindert sich der Wert der eingekauften Waren. Diese Wertminderung kann direkt auf der Habenseite des Kontos „Wareneingang" oder, der besseren Übersicht wegen, auf dem Unterkonto „Nachlässe von Lieferern" gebucht werden. Da sich die Bemessungsgrundlage für die Umsatzsteuer vermindert, ist die Vorsteuer zu korrigieren.

Beispiel:
Die Eingangsrechnung für Waren (s. o.) wird unter Abzug von 2 % Skonto durch Banküberweisung bezahlt:

Nettobuchung (sofortige Steuerkorrektur)

Verbindlichkeiten a. LL	1.116,70 €	
an Liefererskonti		18,77 €
an Vorsteuer		3,57 €
an Bankguthaben		1.094,36 €

Bruttobuchung (spätere Steuerkorrektur)

Verbindlichkeiten a. LL	1.116,70 €	
an Liefererskonti		22,34 €
an Bankguthaben		1.094,36 €

Steuerkorrekturbuchung am Monatsende:

Liefererskonti	3,57 €	
an Vorsteuer		3,57 €

Analog werden sonstige Preisnachlässe – z. B. aufgrund von Reklamationen – und Boni gebucht.

Abschluss der Unterkonten

■ Konto „Warenbezugskosten" über das Konto „Wareneingang"

Beispiel:

Wareneingang	30,00 €	
an Warenbezugskosten		30,00 €

■ Konto „Liefererskonti" über das Konto „Wareneingang"

Beispiel:

Liefererskonti	18,77 €	
an Wareneingang		18,77 €

Darstellung der Konten

Auf dem Konto „Wareneingang" ergeben sich nach Abschluss der Unterkonten „Warenbezugskosten" und „Liefererskonti" folgende Zahlen:

Soll	Wareneingang		Haben
Verbindlichkeiten	938,40	Liefererskonti	18,77
Warenbezugskosten	30,00		

Soll	Warenbezugskosten		Haben
Verbindlichkeiten	30,00	Wareneingang	30,00

Soll	Liefererskonti		Haben
Wareneingang	18,77	Verbindlichkeiten	18,77

Rücksendungen

- Sendet der Großhändler Waren, die z. B. Mängel aufweisen, an den Lieferanten zurück, wird die Minderung direkt auf dem Unterkonto „Rücksendungen an Lieferer" auf der Habenseite netto gebucht, da sich der Warenbestand mengen- und wertmäßig verringert hat.
- Gleichzeitig ist die Vorsteuer zu korrigieren, da sich die Bemessungsgrundlage verändert hat.
- Die Verbindlichkeiten nehmen in entsprechender Höhe ab.
- Das Konto „Rücksendungen an Lieferer" ist über das Konto „Wareneinkauf" abzuschließen.

Beispiel:

Die Bellheim-BüroService GmbH erhält von ihrem Lieferanten Wolf Knaber OHG eine Gutschriftanzeige, die zu buchen ist:

Verbindlichkeiten a. LL	111,67 €
an Rücksendungen an Lieferer	93,84 €
an Vorsteuer	17,83 €

nach: Scharf, Dirk: Praxis der Buchführung. Beschaffung, Absatz und Finanzierung, Wiesbaden 1997, S. 7

Wareneinsatz

Sales input

Ermittlung

Am Ende des Geschäftsjahres stellt der Großhändler den tatsächlichen Wareneinsatz, auch Umsatz zu Einstandspreisen genannt, fest. Dabei sind drei mögliche Fälle zu unterscheiden:

1. Ist der Warenendbestand lt. Inventur gleich dem Warenanfangsbestand, dann entsprechen die im laufenden Jahr gekauften Waren, die als Aufwendungen für Waren gebucht wurden, dem Wareneinsatz.

2. Ist der Warenendbestand größer als der Warenanfangsbestand, dann wurden nicht alle im laufenden Jahr gekauften Waren verkauft – ein Teil ist auf Lager gegangen. Es handelt sich um eine **Bestandsmehrung** im Lager, die von den Wareneinkäufen abzuziehen ist.

3. Ist der Warenendbestand kleiner als der Warenanfangsbestand, dann wurden alle im laufenden Jahr gekauften Waren und darüber hinaus noch ein Teil des Lagerbestandes verkauft. Es handelt sich um eine **Bestandsminderung** im Lager, die den Wareneinkäufen hinzuzurechnen ist.

Beispiele:

Warenanfangsbestand:	60.000,00 €
− Warenendbestand lt. Inventur:	60.000,00 €
=	00,00 €
+ Wareneinkäufe (Aufwendungen für Waren)	450.000,00 €
= Wareneinsatz	450.000,00 €

Warenanfangsbestand:	60.000,00 €
− Warenendbestand lt. Inventur:	80.000,00 €
= Bestandsmehrung	− 20.000,00 €
+ Wareneinkäufe (Aufwendungen für Waren)	450.000,00 €
= Wareneinsatz	430.000,00 €

Warenanfangsbestand:	60.000,00 €
− Warenendbestand lt. Inventur:	50.000,00 €
= Bestandsminderung	10.000,00 €
+ Wareneinkäufe (Aufwendungen für Waren)	450.000,00 €
= Wareneinsatz	460.000,00 €

Buchungen

Beispiel:
Die Bellheim-BüroService GmbH hatte im Jahr 20.. u.a. folgende **Geschäftsfälle** zu buchen:

Buchungssätze:

1) **Jahresanfangsbestand** der Waren: 60.000,00 € netto

→ Warenbestände	60.000,00 €	
an Eröffnungsbilanzkonto		60.000,00 €

2) **Wareneinkäufe** auf Ziel, insgesamt: 450.000,00 € netto, zuzüglich 19 % Umsatzsteuer

→ Wareneingang	450.000,00 €	
Vorsteuer	85.500,00 €	
an Verbindlichkeiten a. LL		535.500,00 €

3) **Warenendbestand** lt. Inventur: 80.000,00 € netto

→ Schlussbilanzkonto	80.000,00 €	
an Warenbestände		80.000,00 €

4) **Bestandsmehrung** auf Konto „Waren": 20.000,00 € netto

→ Warenbestände	20.000,00 €	
an Wareneingang		20.000,00 €

5) **Wareneinsatz** als Differenz zwischen den Wareneinkäufen (450.000,00 € netto) und der Bestandsmehrung (20.000,00 € netto)

→ Gewinn- und Verlustkonto	430.000,00 €	
an Wareneingang		430.000,00 €

Darstellung der Buchungen auf Konten:

Soll	Warenbestände		Haben
1) EBK	60.000	3) SBK	80.000
4) Wareneingang	20.000		

Soll	Wareneingang		Haben
2) Verbindlich-		4) Warenbestände	20.000
keiten a. LL	450.000	5) GuV	430.000

Soll	Gewinn- und Verlustkonto	Haben
5) Wareneingang (Wareneinsatz)	430.000	

Im Falle einer **Bestandsminderung**, zum Beispiel von 10.000,00 € (Warenanfangsbestand 60.000,00 €, Warenendbestand 50.000,00 €), lautet die Buchung 4):

Wareneingang	10.000,00 €	
an Warenbestände		10.000,00 €

Die übrigen Buchungen 1), 2), 3) und 5) lauteten, mit den entsprechenden Zahlen, gleich.

Schematische Darstellung der Konten „Warenbestände" und „Wareneingang"

Soll	Warenbestände	Haben
▪ Anfangsbestand (Gegenkonto: „Eröffnungsbilanzkonto")		▪ Bestandsminderung* (Gegenkonto: „Wareneingang")
▪ Bestandsmehrung* (Gegenkonto: „Wareneingang")		▪ Endbestand lt. Inventur (Gegenkonto: „Schlussbilanzkonto")

Soll	Wareneingang	Haben
▪ laufende Einkäufe (Gegenkonto: z. B. „Verbindlichkeiten a. LL")		▪ Rücksendungen (aus dem Abschluss des Kontos „Rücksendungen an Lieferer")
▪ Bezugskosten (aus dem Abschluss des Kontos: „Warenbezugskosten")		▪ Nachlässe (aus dem Abschluss des Kontos: „Nachlässe von Lieferern")
▪ Bestandsminderung* (Gegenkonto „Warenbestände")		▪ Bestandsmehrung* (Gegenkonto „Warenbestände")
		▪ Liefererskonti, Liefererboni (aus dem Abschluss der Konten: „Liefererskonti", „Liefererboni")

* Die entsprechenden Buchungen sind alternativ zu sehen.

Buchungen im Überblick

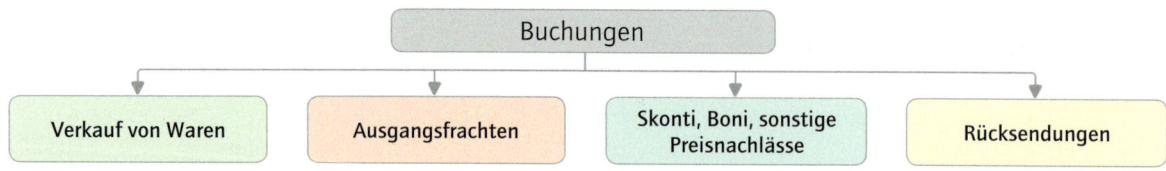

```
                        ┌─────────────────────┐
                        │      Buchungen      │
                        └─────────────────────┘
        ┌──────────────┬──────────┴───────────┬──────────────────┐
        ▼              ▼                       ▼                  ▼
┌────────────────┐ ┌──────────────┐ ┌────────────────────┐ ┌──────────────┐
│ Verkauf von    │ │ Ausgangs-    │ │ Skonti, Boni,      │ │ Rücksendungen│
│ Waren          │ │ frachten     │ │ sonstige           │ │              │
│                │ │              │ │ Preisnachlässe     │ │              │
└────────────────┘ └──────────────┘ └────────────────────┘ └──────────────┘
```

Konten

Für die Buchungen werden die folgenden zusätzlichen Konten benötigt:

- Warenverkauf → Ertragskonto
- Rücksendungen ⎫
- Nachlässe ⎬ → Unterkonten des Kontos „Warenverkauf", die über dieses Konto abgeschlossen werden
- Kundenboni ⎪
- Kundenskonti ⎭

- Ausgangsfrachten ⎫
- Verpackungsmaterial ⎬ → Aufwandskonten

Beispiele für Verkaufsbelege

Ausgangsrechnung für Waren

Eingangsrechnung für Frachtkosten

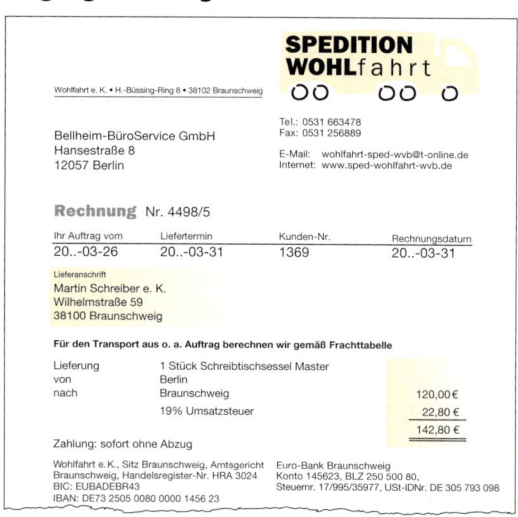

vgl. Scharf, Dirk: Praxis der Buchführung, Beschaffung. Absatz und Finanzierung, Wiesbaden 1997, S. 14 f.

Buchungen

Verkauf der Waren

Dem Kunden gewährte Sofortrabatte (z. B. Mengen-, Sonderrabatte) werden in der Buchhaltung nicht erfasst, da sie im Vorhinein die Verkaufserlöse mindern.

Beispiel:
Die Bellheim-BüroService GmbH bucht den Verkauf des Schreibtischsessels Master aufgrund des o. a. Belegs.

Buchungssatz:

Forderungen a. LL	2.147,95 €	
an Warenverkauf		1.805,00 €
an Umsatzsteuer		342,95 €

Ausgangsfrachten

Vom Verkäufer zu tragende Transportkosten werden auf dem Aufwandskonto „Ausgangsfrachten" gebucht:

Beispiel:
Da die Bellheim-BüroService GmbH den Schreibtischsessel Master frei Haus liefert, trägt sie die Transportkosten und bucht den o. a. Beleg.

Buchungssatz:

Ausgangsfrachten	120,00 €	
Vorsteuer	22,80 €	
an Verbindlichkeiten a. LL		142,80 €

Skonti, Boni, sonstige Preisnachlässe

- Skonti, Boni und sonstige Preisnachlässe, die dem Kunden gewährt werden, schmälern die Umsatzerlöse.
- Die entsprechenden **Buchungen** erfolgen **nicht direkt** auf dem Konto „Warenverkauf", sondern auf den jeweiligen Unterkonten „Kundenskonti", „Kundenboni" bzw. „Nachlässe", die über das Konto „Warenverkauf" abgeschlossen werden.
- Als **Bruttobuchung** sind die jeweiligen Nachlässe zunächst mit ihren Bruttowerten (also einschließlich Umsatzsteuer) auf den entsprechenden Unterkonten (s. o.) zu buchen. **Später**, am Monatsende, ist die Umsatzsteuer zu korrigieren.
- Als **Nettobuchung** sind die jeweiligen Nachlässe mit ihren Nettowerten, also ohne Umsatzsteuer, auf den entsprechenden Unterkonten (s. o.) zu buchen. **Gleichzeitig** ist die Korrekturbuchung der Umsatzsteuer vorzunehmen.

Beispiel:

Martin Schreiber e. K. begleicht die Ausgangsrechnung (siehe Seite 248) unter Abzug von 2 % Skonto durch Banküberweisung.

Die Bellheim-BüroService GmbH bucht:

Bruttobuchung:

Bankguthaben	2.104,99 €	
Kundenskonti	42,96 €	
an Forderungen a. LL		2.147,95 €

Berechnung des Umsatzsteueranteils:

$119 \% = 42{,}96 \text{ €}$
$\quad 19 \% = x \text{ €}$

$$x = \frac{42{,}96 \text{ €} \cdot 19 \%}{119 \%} = \underline{\underline{6{,}86 \text{ €}}}$$

Buchung zur Korrektur der Umsatzsteuer:

Umsatzsteuer	6,86 €	
an Kundenskonti		6,86 €

Nettobuchung:

Bankguthaben	2.104,99 €	
Kundenskonti	36,10 €	
Umsatzsteuer	6,86 €	
an Forderungen a. LL		2.147,95 €

Analog werden sonstige Preisnachlässe – z. B. aufgrund von Reklamationen der Kunden – und Kundenboni gebucht.

Rücksendungen

- Durch die Rücksendung verkaufter Waren, z. B. wegen Mängeln, verringern sich die Umsatzerlöse.
- Die Buchung erfolgt auf der Sollseite des Kontos „Rücksendungen" als Nettobuchung.
- Die Umsatzsteuer ist anteilig zu korrigieren.
- Die Forderungen aus Lieferungen und Leistungen verringern sich um den Bruttowert der zurückgesandten Waren.

Beispiel:

Die Bellheim-BüroService GmbH bucht den zurückgesandten Schreibtisch der Telefon AG gemäß nebenstehendem Beleg wie folgt:

Rücksendungen	2.232,50 €	
Umsatzsteuer	424,18 €	
an Forderungen a. LL		2.656,68 €

Bellheim-BüroService GmbH
Haberstraße 8
12057 Berlin

Bellheim-BüroService GmbH • Postfach 13 31 • 12055 Berlin

Telefon AG
Elektronstraße 12
65933 Frankfurt/Main

Gutschriftanzeige – Auftrags-Nr. 124/11 vom 8. Feb. 20..

Sehr geehrte Damen und Herren,

aufgrund telefonischer Vereinbarung vom 1. April 20.. haben Sie uns einen beschädigten Schreibtisch, Typ ST 34, zurückgesandt. Hierfür erhalten Sie eine Gutschrift in Höhe von 2.232,50 € zuzüglich 19 % Umsatzsteuer. Wie bitten um gleichlautende Buchung.

Mit freundlichen Grüßen

Bellheim-BüroService GmbH

ppa. *Wegener*

Wegener

Schematische Darstellung des Kontos „Warenverkauf"

Soll	Warenverkauf	Haben
■ Rücksendungen von Kunden (aus dem Abschluss des Unterkontos „Rücksendungen")	■ laufende Warenverkäufe (Nettowert)	
■ Nachlässe an Kunden (aus dem Abschluss des Unterkontos „Nachlässe")		
■ Kundenboni und Kundenskonti (aus dem Abschluss der Unterkonten „Kundenboni" und „Kundenskonti")		

Beispiel

Aufgrund der Buchungen auf den Seiten 248 und 249 ergeben sich auf dem Konto „Warenverkauf" folgende Zahlen:

Soll		Warenverkauf		Haben
Kundenskonti	36,10	Forderungen a. LL		1.805,00
Rücksendungen	2.232,50			

Warenrohgewinn / Reingewinn

Gross profit / net profit

- Am Ende des Geschäftsjahres werden sämtliche Aufwands- und Ertragskonten über das **Gewinn- und Verlustkonto** abgeschlossen, sodass sich dort die Aufwendungen (auf der Sollseite) und die Erträge (auf der Habenseite) gegenüberstehen.

- Der Saldo aus den Umsätzen für Waren und den Aufwendungen für Waren (Wareneinsatz) wird als **Warenrohgewinn** bezeichnet.

- Werden dann die weiteren Erträge wie z. B. Zinserträge hinzuaddiert und die übrigen Aufwendungen wie Löhne und Gehälter, Abschreibungen usw. abgezogen, ergibt sich der **Reingewinn** des Unternehmens.

Schematische Darstellung

Beispiel

Soll	Gewinn- und Verlustkonto der Bellheim-BüroService GmbH in Berlin in € zum 31.12.20..		Haben
Wareneingang	447.630,00	Warenverkauf	615.000,00
Aufwendungen für Betriebsstoffe	3.250,00	Zinserträge	7.860,00
Abschreibungen auf Sachanlagen	30.680,00	Sonstige Erträge	21.190,00
Gehälter	77.600,00		
Büromaterial	6.050,00		
Zinsaufwendungen	48.930,00		
Eigenkapital (Reingewinn)	29.910,00		
	644.050,00		644.050,00

Ermittlung des Warenrohgewinns

Umsatzerlöse für Waren	615.000,00 €
− Aufwendungen für Waren (Wareneinsatz)	447.630,00 €
= Warenrohgewinn	167.370,00 €

Ermittlung des Reingewinns

Warenrohgewinn	167.370,00 €
+ Weitere Erträge	29.050,00 €
− Weitere Aufwendungen	166.510,00 €
= Reingewinn	29.910,00 €

Güter des Sachanlagevermögens

- Güter des **Sachanlagevermögens** sind dazu bestimmt, **langfristig** dem Unternehmen zu dienen.
- Sofern diese Güter **abnutzbar** sind, zum Beispiel technische Anlagen und Maschinen, Fuhrpark, Betriebs- und Geschäftsausstattung, ist die Nutzungsdauer begrenzt.

- Derartige Güter sind abzuschreiben, das heißt, die **Wertminderungen** sind als Aufwendungen in der Finanzbuchhaltung zu erfassen.
- Die Wertminderungen werden als **Abschreibungen** bezeichnet, sie sind betrieblicher Aufwand.

Abschreibung

Rechtliche Grundlage

§ 253 Abs. 3 Satz 1 und 2 HGB:

„Bei Vermögensgegenständen des Anlagevermögens, deren Nutzung zeitlich begrenzt ist, sind die Anschaffungs- oder die Herstellungskosten um planmäßige Abschreibungen zu vermindern.

Der Plan muss die Anschaffungs- oder Herstellungskosten auf die Geschäftsjahre verteilen, in denen der Vermögensgegenstand voraussichtlich genutzt werden kann."

(Der steuerrechtliche Begriff für Abschreibung ist „**A**bsetzung **f**ür **A**bnutzung" – **AfA**.)

Wirtschaftliche Gründe

... für planmäßige Abschreibung	... für außerplanmäßige Abschreibung
■ technischer Verschleiß durch ständigen Gebrauch ■ natürlicher Verschleiß durch zeitabhängige Faktoren (z. B. Verrosten)	■ technischer Fortschritt ■ Bedarfsverschiebungen auf dem Absatzmarkt ■ Preisverfall auf dem Beschaffungsmarkt

Aufwand

Methoden der planmäßigen Abschreibung

Lineare Abschreibung

- jährliche Abschreibung von den Anschaffungs- oder Herstellungskosten
- Abschreibung in gleichbleibenden Jahresbeträgen
- jährlicher Abschreibungsbetrag =

$$\frac{\text{Anschaffungs- oder Herstellungskosten}}{\text{betriebsgewöhnliche Nutzungsdauer}}$$

- Abschreibungsprozentsatz =

$$\frac{100\,\%}{\text{betriebsgewöhnliche Nutzungsdauer}}$$

Beispiel:
Anschaffungskosten eines Pkw: 50.000,00 €
Betriebsgewöhnliche Nutzungsdauer: 8 Jahre

Ende des Jahres	Abschreibungs-betrag in €	Buchwert in €
1	6.250,00	43.750,00
2	6.250,00	37.500,00
3	6.250,00	31.250,00
4	6.250,00	25.000,00
5	6.250,00	18.750,00
6	6.250,00	12.500,00
7	6.250,00	6.250,00
8	6.250,00	0

Degressive Abschreibung

- jährliche Abschreibung vom Buch-/Restwert
- Abschreibung in fallenden Jahresbeträgen
- maximale Abschreibungshöhe nach § 7 Absatz 2 EStG bis 31.12.2007:
  – das Zweifache der linearen Abschreibung
  – maximal 20 %.

Ob und in welcher Höhe neben der linearen auch die **degressive Abschreibung** (z. B. das Zwei- oder Dreifache der linearen Abschreibung, maximal 20 % oder 30 %) **steuerrechtlich** zulässig ist, macht der Gesetzgeber häufig von der konjunkturellen Entwicklung abhängig.

Beispiel:
Anschaffungskosten einer
Verpackungsmaschine: 50.000,00 €
Betriebsgewöhnliche Nutzungsdauer: 12,5 Jahre
→ maximale Abschreibung: 16 %

Ende des Jahres	Abschreibungs-betrag in €	Buchwert in €
1	8.000,00	42.000,00
2	6.720,00	35.280,00
3	5.644,80	29.635,20
8	2.360,72	12.393,79
⋮	⋮	⋮
13	493,64	5.676,87

Abschreibung nach Leistungseinheiten

$$\text{Jahresabschreibungsbetrag} = \frac{\text{Anschaffungs- oder Herstellungskosten}}{\substack{\text{voraussichtliche Gesamtleistung während} \\ \text{der betriebsgewöhnlichen Nutzungsdauer}}} \cdot \text{tatsächlich erbrachte Jahresleistung}$$

Beispiel:

Anschaffungskosten eines Lkw:	82.000,00 €
betriebsgewöhnliche Nutzungsdauer:	5 Jahre
voraussichtliche Gesamtleistung:	320 000 km
tatsächliche Leistung im ersten Jahr:	66 000 km

Abschreibungsbetrag im ersten Jahr:

$$\frac{82.000,00\ \text{€}}{320\,000\ \text{km}} \cdot 66\,000\ \text{km} = \underline{16.912,50\ \text{€}}$$

Buchung der Abschreibung

- Die Abschreibung wird direkt auf dem entsprechenden Sachanlagekonto vorgenommen.
- Auf dem Sachanlagekonto und im Schlussbilanzkonto wird nur der jeweilige Buchwert ausgewiesen.
- Das Aufwandskonto „Abschreibungen auf Sachanlagen" wird über das GuV-Konto abgeschlossen.

Beispiel:

Ein Pkw, Anschaffungskosten 25.000,00 €, wird fünf Jahre linear abgeschrieben.

Buchungssatz:

Abschreibungen auf Sachanlagen	5.000,00 €	
an Fuhrpark		5.000,00 €

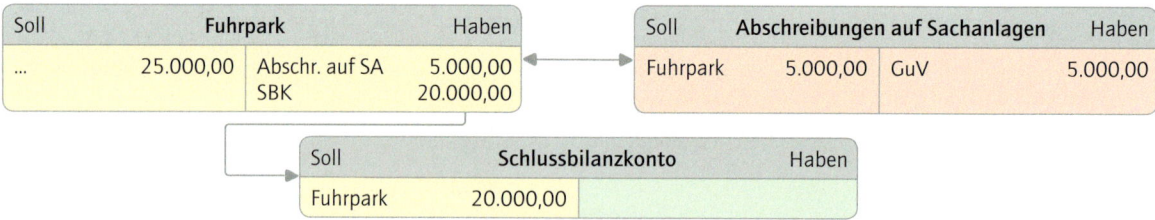

Soll	Fuhrpark		Haben
...	25.000,00	Abschr. auf SA	5.000,00
		SBK	20.000,00

Soll	Abschreibungen auf Sachanlagen		Haben
Fuhrpark	5.000,00	GuV	5.000,00

Soll	Schlussbilanzkonto		Haben
Fuhrpark	20.000,00		

Erinnerungswert

Am Ende der Nutzungsdauer ist das Anlagegut bei linearer Abschreibung auf den Wert Null abgeschrieben. Wird das Anlagegut jedoch über das Ende der Nutzungsdauer hinaus im Betrieb verwendet, ist es in der Bilanz mit einem **Erinnerungswert von 1,00 €** in der Bilanz auszuweisen. Daher ist die Abschreibung im letzten Jahr der geplanten Nutzungsdauer um 1,00 € geringer anzusetzen.

Beispiel:

Die Bellheim-BüroService GmbH hat am 2. Jan. 20.. ein Computersystem für 6.000,00 € angeschafft, dessen Nut-

zungsdauer vier Jahre beträgt und das linear abgeschrieben wird. Daraus ergibt sich ein jährlicher Abschreibungsbetrag von 1.500,00 €. Der Buchwert beträgt am Ende des dritten Jahres 1.500,00 €. Wird das Computersystem auch noch im fünften Jahr genutzt, dann werden am Ende des vierten Jahres nur 1.499,00 € abgeschrieben, sodass sich Ende des vierten Jahres ein Buchwert von 1,00 € ergibt. Wird das Computersystem auch im sechsten Jahr genutzt, wird Ende des fünften Jahres nicht mehr abgeschrieben.

Abschreibung als Mittel der Finanzierung

- Die Abschreibungen werden – wie die übrigen Aufwendungen auch (z. B. Löhne, Gehälter, Wareneinsatz, Strom, Miete) – anteilig in die **Absatzpreise** der Waren **einkalkuliert**.
- Über den **Verkauf** der Waren fließen die einkalkulierten Abschreibungsbeträge als **liquide** oder flüssige **Mittel**, z. B. in Form von Buchgeld auf dem Bankkonto, in das Großhandelsunternehmen zurück.
- Diese Mittel können dann zur **Finanzierung** neuer Sachanlagegüter verwendet werden.

Abschreibungskreislauf

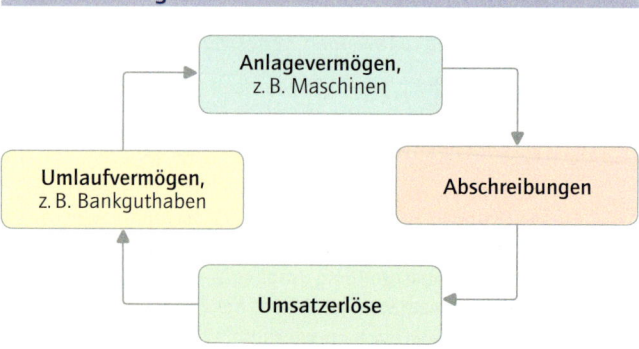

Güterverkehr mit ausländischen Unternehmen *Goods traffic with foreign companies*

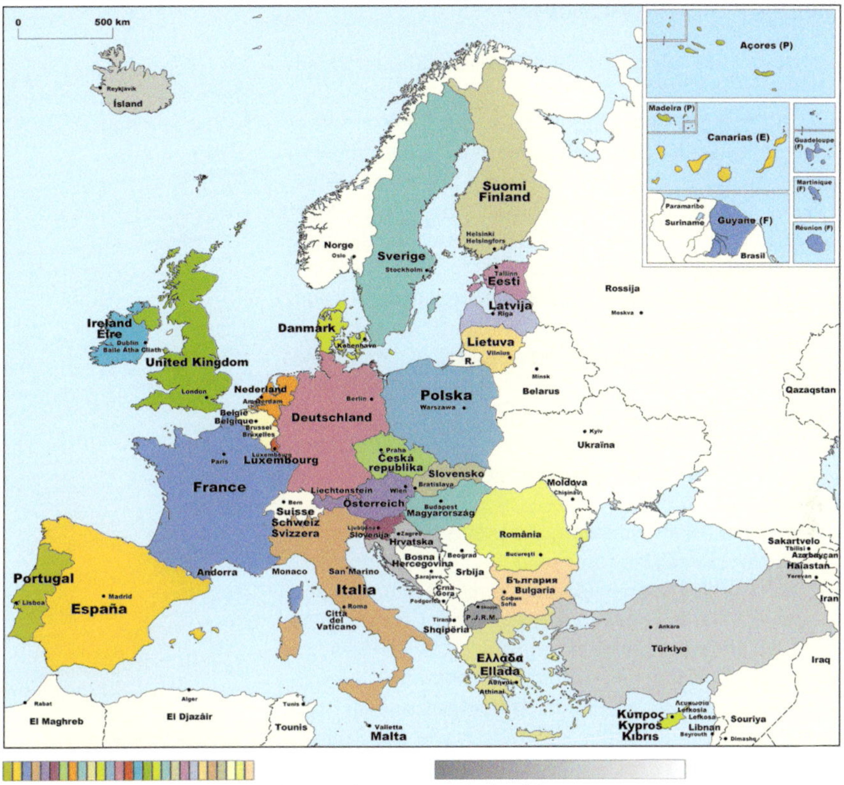

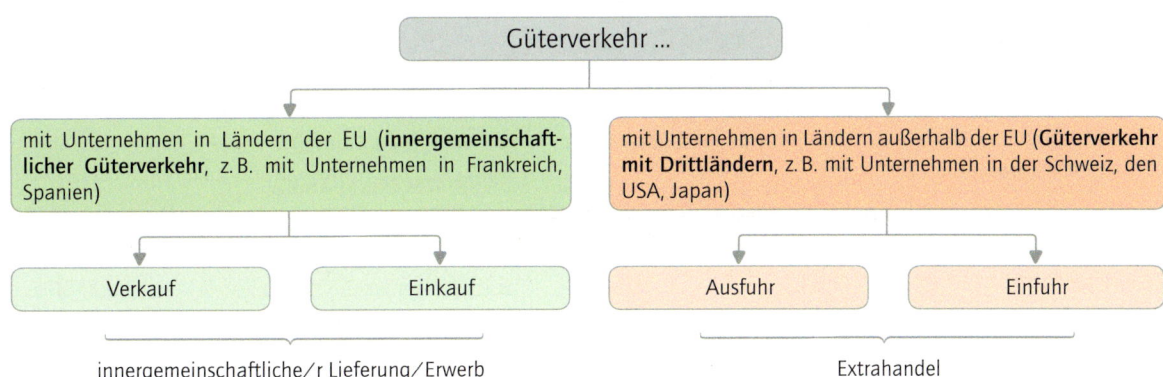

Mitgliedsstaaten der Europäischen Union (2010)

Beitrittskandidaten

Umsatzsteuerrechtliche Abgrenzung

Seit der europäische Binnenmarkt im Jahr 1993 verwirklicht wurde, muss im Handel mit Unternehmen im Ausland folgende Unterscheidung getroffen werden:

Güterverkehr ...

- mit Unternehmen in Ländern der EU (**innergemeinschaftlicher Güterverkehr**, z. B. mit Unternehmen in Frankreich, Spanien)
  - Verkauf
  - Einkauf

  innergemeinschaftliche/r Lieferung/Erwerb
- mit Unternehmen in Ländern außerhalb der EU (**Güterverkehr mit Drittländern**, z. B. mit Unternehmen in der Schweiz, den USA, Japan)
  - Ausfuhr
  - Einfuhr

  Extrahandel

- Da die Europäische Union umsatzsteuerrechtlich ein **Gemeinschaftsgebiet** ist, wird der **Warenverkehr zwischen den EU-Mitgliedstaaten**
  - als **innergemeinschaftliche Lieferung (i. L.)** beim Verkauf bzw.
  - als **innergemeinschaftlicher Erwerb (i. E.)** beim Einkauf behandelt.
- Nur im **Warenverkehr mit Nicht-EU-Ländern** (sogenannte Drittländer) wird umsatzsteuerrechtlich von **Ausfuhr** (oder Export) und **Einfuhr** (oder Import) gesprochen.
- Export und Import werden auch als **Extrahandel** bezeichnet.

Innergemeinschaftlicher Güterverkehr

- In den einzelnen Mitgliedstaaten der EU existieren unterschiedlich hohe Umsatzsteuersätze.
- Bis zu einer endgültigen Regelung hat daher der Ministerrat der EU eine Übergangsregelung erlassen, wonach nicht die Lieferung der Ware, also **nicht der Verkauf, sondern der Erwerb der Ware**, also der Einkauf, **umsatzsteuerpflichtig** ist. Die Umsatzsteuer wird also erst dort – im Bestimmungsland – erhoben, wo die Ware den gewerblichen Erwerber erreicht, und zwar in Höhe des jeweiligen Bestimmungslandes. Daher wird umsatzsteuerrechtlich vom **Bestimmungslandprinzip** gesprochen.
- Nicht der Verkäufer, sondern der **Käufer schuldet** seinem Finanzamt die **Umsatzsteuer**, sofern er Unternehmer ist und die Ware für sein Unternehmen gekauft hat.
- Der Käufer (Erwerber) kann allerdings die geschuldete Umsatzsteuer zugleich **als Vorsteuer wieder abziehen**, sodass sie ihn nicht belastet.
- Da in der Umsatzsteuervoranmeldung der steuerpflichtige innergemeinschaftliche Erwerb (also die Einkäufe) und die steuerfreie innergemeinschaftliche Lieferung (also die Verkäufe) getrennt auszuweisen sind, empfiehlt es sich (auch wegen der Umsatzsteuerverprobung), **gesonderte Konten** einzurichten.
- Zur **Kontrolle** des Umsatzsteueraufkommens sind auf allen Ausgangsrechnungen die sogenannten **Umsatzsteuer-Identifikationsnummern** (USt-IdNr.) des Lieferanten wie des Kunden anzugeben.

EU-Staaten	Umsatzsteuersätze in den EU-Mitgliedstaaten	
	Umsatzsteuersätze	
	Normalsatz	Ermäßigter Satz
Belgien	21	6; 12
Bulgarien	20	7
Dänemark	25	–
Deutschland	19	7
Estland	20	5
Finnland	23	9; 13
Frankreich	19,6	2,1; 5,5
Griechenland	23	5,5; 11
Irland	21	4,8; 13,5
Italien	20	4; 10
Lettland	21	10
Litauen	21	5; 9
Luxemburg	15	3; 6; 12
Malta	18	5
Niederlande	19	6
Österreich	20	10; 12
Polen	22	3; 7
Portugal	21	6; 13
Rumänien	24	9
Schweden	25	6; 12
Slowakei	19	6; 10
Slowenien	20	8,5
Spanien	18	4; 8
Tschechien	20	10
Ungarn	25	5
Vereinigtes Königreich	20	5
Zypern	15	5; 8

Buchungen zum innergemeinschaftlichen Güterverkehr

Einkauf

Beispiel:
Die Bellheim-BüroService GmbH kauft am 17. Februar 20.. von ihrem Lieferanten in Brüssel einen Gabelstapler für 60.000,00 € netto. Vereinbartes Zahlungsziel: 30 Tage.

(Die Bellheim-BüroService GmbH schuldet dem Finanzamt daher 19 % USt von 60.000,00 €, das entspricht 11.400,00 €. Dieser Betrag wird mit der Vorsteuer in entsprechender Höhe verrechnet.)

Benötigte Bestandskonten:
„Innergemeinschaftlicher Erwerb (i. E.)"
„Vorsteuer (19 %) für i. E."
„Umsatzsteuer (19 %) für i. E."
„TA / Maschinen"

Buchungen beim Einkauf:
Innergemeinschaftlicher Erwerb (i. E.)   60.000,00 €
an Verbindlichkeiten a. LL   60.000,00 €
Vorsteuer für i. E.   11.400,00 €
an Umsatzsteuer für i. E.   11.400,00 €

Umbuchung des innergemeinschaftlichen Erwerbs auf das entsprechende Sachkonto:
TA/Maschinen   60.000,00 €
an Innergemeinschaftlicher Erwerb (i. E.)   60.000,00 €

Verkauf

Beispiel:
Die Bellheim-BüroService GmbH verkauft an einen Kunden in Rom Druckerpapier im Wert von 7.000,00 € netto; Zahlungsziel: 30 Tage.

(Wegen des Bestimmungslandprinzips entfallen bei der Bellheim-BüroService GmbH die Buchungen zur Vorsteuer und zur Umsatzsteuer.)

Benötigtes Erfolgskonto:
„Erlöse aus innergemeinschaftlicher Lieferung (i. L.)"

Buchung beim Verkauf:
Forderungen a. LL   7.000,00 €
an Erlöse aus innergemeinschaftlicher Lieferung (i. L.)   7.000,00 €

Güterverkehr mit Drittländern

Einfuhr (Import)

- Die Einfuhr von Gütern aus Drittländern unterliegt nach § 11 UStG der **Einfuhrumsatzsteuer (EUSt)**; sie beträgt 19 % bzw. 7 % und ist als Vorsteuer im Unternehmen abzugsfähig.
- Gegebenenfalls ist auch **Zoll** fällig, der zusammen mit der Einfuhrumsatzsteuer von der Zollbehörde erhoben wird.
- Die Höhe beider Abgaben basiert auf unterschiedlichen **Bemessungsgrundlagen**.
- Rechnungen in **ausländischer Währung** sind auf der Basis amtlicher Devisenkurse in Euro **umzurechnen**.
- Von der Bank berechnete Zahlungsabwicklungs- und Maklergebühren sind auf dem Konto „Kosten des Geldverkehrs" zu buchen.

Bemessungsgrundlage für den Zoll:

Warenwert
+ Verpackungskosten/Auslandsfracht
– (möglicher) Skonto

= **Zollwert** (= Bezugspreis deutsche Grenze = Bemessungsgrundlage Zoll)

Bemessungsgrundlage für die Einfuhrumsatzsteuer:

Zollwert (= Bezugspreis)
+ Zoll (zwischen 5 % und 15 %, je nach Eintarifierung)
+ ggf. Verbrauchsteuern (z. B. Zuckersteuer)
+ Inlandsfracht

= **EUSt-Bemessungsgrundlage**

Buchungen zur Einfuhr

Beispiel:
Die Bellheim-BüroService GmbH kauft in Hongkong 2 000 St. SD-Card zum Stückpreis von 200,00 Hongkong-Dollar; die Transportkosten bis Frankfurt betragen 12.500,00 Hongkong-Dollar; Zahlungsziel: 30 Tage; Tageskurs: 10,022 Hongkong-Dollar/Euro; Zollsatz: 8 %.

Aus der **Eingangsrechnung** ergeben sich die folgenden Beträge:

Warenwert:	400.000,00 HKD
+ Transportkosten:	12.500,00 HKD
= Rechnungsbetrag:	412.500,00 HKD

Umgerechnet in Euro ergeben sich die folgenden Beträge:

Warenwert:	39.912,19 EUR
+ Transportkosten:	1.247,26 EUR
= Rechnungsbetrag (= Zollwert)	41.159,45 EUR

Berechnung Zoll:
Zoll = 41.159,45 EUR · 8 % = 3.292,76 EUR

Berechnung Einfuhrumsatzsteuer:
EUSt = (41.159,45 EUR + 3.292,76 EUR) · 19 %
= 8.445,92 €

Buchungen
(1) Buchung der Eingangsrechnung:

Gütereinfuhr	39.912,19 €	
Bezugskosten	1.247,26 €	
an Verbindlichkeiten a. LL		41.159,45 €

(2) Umbuchung der Bezugskosten

Gütereinfuhr	1.247,26 €	
an Bezugskosten		1.247,26 €

(3) Umbuchung des Zwischenkontos „Gütereinfuhr" auf das betreffende Werkstoff-, Waren oder Anlagekonto:

Wareneingang	41.159,45 €	
an Gütereinfuhr		41.159,45 €

(4) Buchung der Rechnung des Zollamtes über Zoll und Einfuhrumsatzsteuer:

Bezugskosten	3.292,76 €	
Einfuhrumsatzsteuer	8.445,92 €	
an Zollverbindlichkeiten		11.738,68 €

Ausfuhr (Export)

Die Ausfuhr von Gütern in Drittländer ist nach § 4 Nr. 1 und 3 UStG **umsatzsteuerfrei** (zur Förderung des Exports). Dazu muss allerdings ein Nachweis der Auslandslieferung (z. B. internationaler Frachtbrief) erbracht werden.

Buchung zur Ausfuhr

Beispiel:
Die Bellheim-BüroService GmbH verkauft am 16. Mai 20.. an einen Schweizer Kunden in Basel Tintenpatronen auf Ziel, Warenwert 6.430,00 CHF. Eine Grenzübertrittsbescheinigung liegt als Ausfuhrnachweis vor.
Der Tageskurs beträgt 1,5790 CHF/EUR.

Rechnungsbetrag
in EUR = $\frac{6.430,00}{1,5790}$ = 4.072,20 EUR

Buchung:

Forderungen a. LL	4.072,20 €	
an Erlöse aus Güterverkehr		4.072,20 €

Beispiel

Die Auswertung der Bilanz und des Gewinn- und Verlustkontos der Bellheim-BüroService GmbH zeigt die Auswirkungen der Geschäftsfälle auf **Struktur** und **Entwicklung** des Vermögens und des Kapitals, der Aufwendungen und Erträge sowie auf den **Erfolg** des Unternehmens.

Aktiva	Bilanz der Bellheim-BüroService GmbH in Berlin in €		Passiva		
	Berichtsjahr	**Vorjahr**		**Berichtsjahr**	**Vorjahr**
I. Anlagevermögen			**I. Eigenkapital**		
1. Grundstücke	360.000,00	360.000,00	1. Gezeichnetes Kapital	25.000,00	25.000,00
2. Gebäude	400.000,00	410.000,00	2. Rücklagen	69.360,00	39.450,00
3. BGA	90.100,00	82.000,00	**II. Fremdkapital**		
4. Fuhrpark	61.200,00	32.000,00	1. Hypotheken	490.000,00	490.000,00
			2. Darlehensschulden	385.000,00	506.000,00
II. Umlaufvermögen					
1. Waren	224.950,00	320.000,00	3. Verbindlichkeiten a. LL	263.650,00	265.720,00
2. Betriebsstoffe	1.000,00	2.300,00			
3. Forderungen a. LL	27.430,00	29.400,00	4. Sonstige Verbindlichkeiten	14.400,00	16.390,00
4. Kassenbestand	1.950,00	2.300,00			
5. Bankguthaben	81.080,00	104.560,00			
	1.247.410,00	1.342.560,00		1.247.410,00	1.342.560,00

Soll	Gewinn- und Verlustkonto der Bellheim-BüroService GmbH in Berlin in € (Berichtsjahr)		Haben
Aufwendungen für Waren	447.630,00	Umsatzerlöse für Waren	615.000,00
Aufwendungen für Betriebsstoffe	3.250,00	Erträge aus Ticketverkauf	9.380,00
Abschreibungen auf Sachanlagen	30.680,00	Zinserträge	3.170,00
Gehälter	77.600,00	Sonstige Erträge	16.500,00
Büromaterial	6.050,00		
Zinsaufwendungen	48.930,00		
Rücklagen (Eigenkapital)	29.910,00		
	644.050,00		644.050,00

Schlussfolgerungen aus der Bilanz

- Der **Anteil des Eigenkapitals** am Gesamtkapital ist zwar im Berichtsjahr auf 7,6 % gegenüber 4,8 % im Vorjahr gestiegen, im Vergleich zur durchschnittlichen Eigenkapitalquote aller deutschen Unternehmen von ca. 20 % jedoch immer noch zu niedrig.

- Dadurch ist die **Zins- und Liquiditätsbelastung** der Bellheim-BüroService GmbH leicht rückläufig.

- Der **Gewinn** von 29.910,00 € wurde nicht ausgeschüttet, sondern dem variablen Teil des Eigenkapitals, den sogenannten Rücklagen, zugeführt; das erhöht die Haftungsbasis und die Kreditwürdigkeit des Unternehmens.

- Trotz des geringen Eigenkapitalanteils wurde die sogenannte **goldene Finanzierungsregel eingehalten**: Das Anlagevermögen wurde nämlich sowohl im Berichtsjahr (911.300,00 €) als auch im Vorjahr (884.000,00 €) durch langfristiges Kapital (969.360,00 € im Berichtsjahr bzw. 1.060.450,00 € im Vorjahr) finanziert.

- Die **Anlagenintensität** (Anteil des Anlagevermögens am Gesamtvermögen) hat insbesondere durch die Erhöhung des Fuhrparks bei gleichzeitiger Abnahme der Warenvorräte und des Bankguthabens zugenommen.

- Die **Liquidität** zeigt die Fähigkeit des Unternehmens, jederzeit die kurzfristigen Verbindlichkeiten zahlen zu können. Sie ist insofern bedeutsam, als Zahlungsunfähigkeit die Einleitung eines Insolvenzverfahrens zur Folge hat. Die Abnahme der **liquiden Mittel** (Kassenbestand und Bankguthaben) im Berichtsjahr (83.030,00 €) gegenüber dem Vorjahr (106.860,00 €) muss daher beobachtet werden.

  Die Entwicklung der Liquidität wird mithilfe unterschiedlicher **Kennzahlen** gemessen.

Kennziffern der Liquidität:

$$\text{Liquiditätsgrad I (Barliquidität)} = \frac{\text{liquide Mittel}}{\text{kurzfr. Verbindlichkeiten}} \cdot 100$$

Faustregel: mindestens 20 % Deckung

$$\text{Liquiditätsgrad II (einzugsbedingte Liquidität)} = \frac{\text{liquide Mittel} + \text{Forderungen a. LL}}{\text{kurzfr. Verbindlichkeiten}} \cdot 100$$

Faustregel: mindestens 100 % Deckung

$$\text{Liquiditätsgrad III (umsatzbedingte Liquidität)} = \frac{\text{Umlaufvermögen}}{\text{kurzfr. Verbindlichkeiten}} \cdot 100$$

Faustregel: mindestens 200 % Deckung

Für die Bellheim-BüroService GmbH ergeben sich folgende Werte:

Liquiditätsgrad I

Berichtsjahr	Vorjahr
$\frac{83.0,30}{278.050} \cdot 100 = 29,9\%$	$\frac{106.860}{282.110} \cdot 100 = 37,9\%$

Liquiditätsgrad II

Berichtsjahr	Vorjahr
$\frac{110.460}{278.050} \cdot 100 = 39,7\%$	$\frac{136.260}{282.110} \cdot 100 = 48,3\%$

Liquiditätsgrad III

Berichtsjahr	Vorjahr
$\frac{336.410}{278.050} \cdot 100 = 120,99\%$	$\frac{458.560}{282.110} \cdot 100 = 162,55\%$

Der Liquiditätsgrad I entwickelt sich zwar rückläufig, ist aber verglichen mit der Faustregel noch positiv zu beurteilen. Die Ergebnisse der Liquiditätsgrade II und III machen jedoch Maßnahmen erforderlich, um die negative Entwicklung zu stoppen.

Schlussfolgerungen aus dem Gewinn- und Verlustkonto

- Das Gewinn- und Verlustkonto zeigt
  - die Höhe und die **Ursachen** des Gewinnes oder des Verlustes,
  - die **Struktur** (Zusammensetzung) **der Aufwendungen** (Hauptaufwandsquelle sind die Aufwendungen für Waren),
  - die **Struktur der Erträge** (Haupttragsquelle sind die Umsatzerlöse aus den Warenverkäufen).

- Eine wichtige Erfolgskennzahl für den Großhandel ist der sogenannte **Warenrohgewinn** (s. Seite 250). Er errechnet sich für die Bellheim-BüroService GmbH wie folgt:

Umsatzerlöse aus Waren	615.000,00 €
− Aufwendungen für Waren (Wareneinsatz)	447.630,00 €
= Warenrohgewinn	167.370,00 €

Umsatzkennzahlen:

Die Bellheim-BüroService GmbH zeigt für das Berichtsjahr folgende Werte:

$$\text{Intensität des Umsatzes} = \frac{\text{Umsatzerlöse}}{\text{Gesamterträge}} \cdot 100$$

$\frac{615.000}{644.050} \cdot 100 = 95,5\%$ Der prozentuale Anteil der Umsatzerlöse an den Gesamterträgen beträgt 95,5 %.

$$\text{Arbeitsproduktivität} = \frac{\text{Umsatzerlöse}}{\text{Zahl der Arbeitnehmer}}$$

oder

$\frac{615.000}{5} = 123.000$ Ein Mitarbeiter hat durchschnittlich 123.000 € Umsatz erwirtschaftet.

$$\text{Arbeitsproduktivität} = \frac{\text{Umsatzerlöse}}{\text{Personalaufwendungen}}$$

$\frac{615.000}{77.600} = 7,93$ Mit einem Personalaufwand von 1,00 € wurde ein Umsatz vom 7,93 € erzielt.

$$\text{Kapital- oder Anlagenproduktivität} = \frac{\text{Umsatzerlöse}}{\text{Abschreibungen auf Sachanlagen}}$$

$\frac{615.000}{30.680} = 20,05$ Mit einem Sachanlagenaufwand von 1,00 € wurde ein Umsatz von 20,05 € erzielt.

$$\text{Warenproduktivität} = \frac{\text{Umsatzerlöse}}{\text{Aufwendungen für Waren}}$$

$\frac{615.000}{447.630} = 1,37$ Für einen Umsatz von 1,37 € mussten Waren für 1,00 € angeschafft werden.

Eine positive oder negative Einordnung der wirtschaftlichen Situation der Bellheim-BüroService GmbH anhand der Kennzahlen ist nur im Wege eines Vergleichs möglich, entweder durch Vergleich mit Vorperioden (Zeitvergleiche) oder/und mit der Situation von Konkurrenzunternehmen (z. B. durch Benchmarking – s. hierzu Seite 71).

5 Personalwirtschaftliche Aufgaben wahrnehmen

Begriff

Die Personalwirtschaft umfasst einerseits die Bedürfnisse eines Unternehmens, in dem sie für eine bestmögliche Versorgung mit geeigneten Mitarbeitern zu sorgen hat; andererseits hat sie für die Mitarbeiter eines Unternehmens Fürsorge zu leisten. Die Mitarbeiter müssen betreut, verwaltet, geführt und entlohnt werden.

Die **Objekte** der Personalwirtschaft sind alle Mitarbeiter einschließlich der leitenden Angestellten eines Unternehmens. Die **Träger** personalwirtschaftlicher Entscheidungen

sind die für das Personalwesen verantwortlichen Organisationseinheiten (z. B. der Arbeitsdirektor in Kapitalgesellschaften mit mehr als 2 000 Beschäftigten) sowie alle Vorgesetzten, die personalwirtschaftliche Ziele und Entscheidungen umzusetzen haben.

Der **Betriebsrat** hat aufgrund der gesetzlich geregelten Mitbestimmungs- und Mitwirkungsrechte einen gewissen Einfluss auf personalwirtschaftliche Ziele und Entscheidungen sowie deren Umsetzung (siehe auch Seite 17).

Ziele

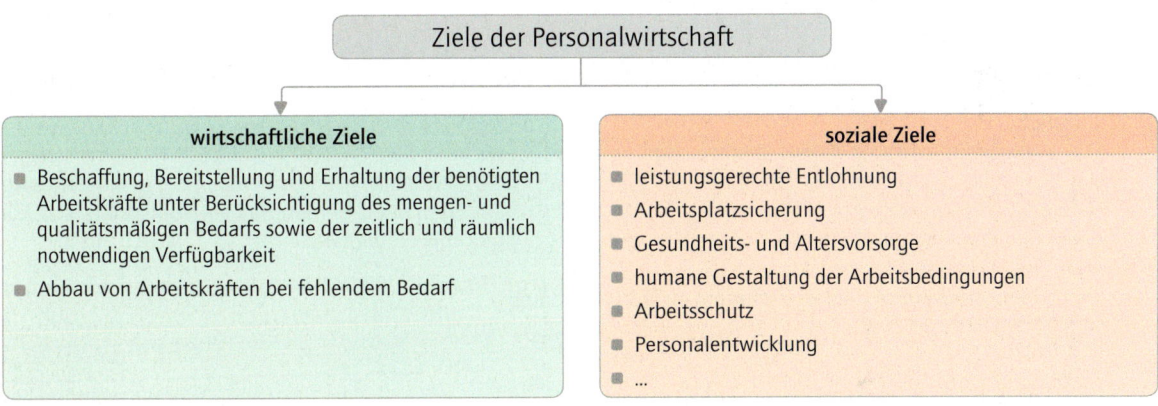

Aufgaben

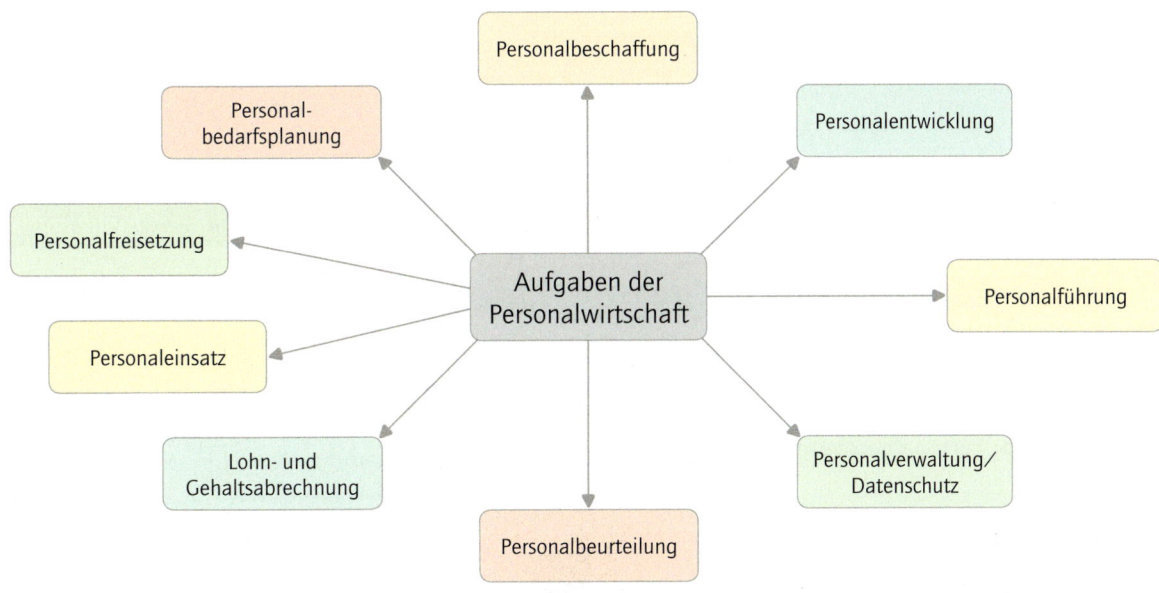

Personalplanung

Manpower planning

Arten des Personalbedarfs

- Der **Bruttopersonalbedarf** bestimmt die Anzahl der Mitarbeiter, die zur Leistungserstellung für einen bestimmten Zeitraum benötigt werden.
- Der Saldo aus dem Bruttobedarf und dem Personalbestand ergibt den **Nettopersonalbedarf**.
- Der **Ersatzbedarf** bestimmt die Anzahl der Mitarbeiter, die zum Erreichen eines Sollbestands beschafft werden müssen.
- Die Schaffung neuer Arbeitsplätze, z. B. durch Erweiterungsinvestitionen, verursacht einen **Neubedarf**.

Personalbedarfsanalyse

Zur Planung des zu beschaffenden Personals ist zunächst der Bruttopersonalbedarf (d. h. der gesamte zukünftige Personalbedarf) und der Personalbestand zu einem bestimmten Zeitpunkt zu ermitteln. Die Differenz aus dem Bruttopersonalbedarf und dem Personalbestand bestimmt den Nettopersonalbedarf:

5

Bruttopersonalbedarf – **Personalbestand** = **Nettopersonalbedarf**

Personalbedarfsrechnung

Beispiel:

Die Bellheim-BüroService GmbH beabsichtigt aufgrund der Konjunkturprognosen bis zum Jahr 2013 Personal geringfügig abzubauen. Ab 2014 erwartet das Unternehmen eine Belebung der Konjunktur und beurteilt die Entwicklung des Absatzes wieder positiv. Dadurch steigen auch die Gewinnerwartungen. Wegen der geplanten Steigerung der Produktion werden dann wieder zusätzliche Mitarbeiter/-innen benötigt.

Personalbestands- und -bedarfsrechnung zum 31. Dezember

Jahr	2011	2012	2013	2014	2015
Ist-Bestand am 1. Januar	345	348	345	340	350
geschätzte Personalabgänge	5	2	6	15	12
Soll-Bestand am 31. Dezember	348	345	340	350	355
Personalbedarf	8	0	1	25	17
▪ Ersatzbedarf	5	0	1	15	12
▪ Neubedarf	3	0	0	10	5
Personalüberhang	0	1	0	0	0

Einstellungsverfahren

Hiring procedure

Personalbeschaffung

Die Personalbeschaffung hat die Aufgabe, den in der Personalbedarfsplanung ermittelten Nettopersonalbedarf zu decken. Dabei ist kurzfristiger und langfristiger Personalbedarf zu unterscheiden.

Arten der Personalbeschaffung

	langfristiger Personalbedarf	kurzfristiger Personalbedarf
externe Personalbeschaffung	▪ Neueinstellungen	▪ Zeitarbeitsverträge ▪ Personalleasing
interne Personalbeschaffung	▪ Fort- und Weiterbildung ▪ Versetzung	▪ Überstunden ▪ Urlaubsverlagerung

Die Personalbeschaffung hat die Aufgabe, den in der Personalbedarfsplanung festgestellten personellen Zusatz- und Ersatzbedarf zu beschaffen.

Interne Personalbeschaffung

- interne Stellenausschreibung
- Versetzung
- Beförderung
- Aus- und Weiterbildung

Externe Personalbeschaffung

- Personalwerbung
- Bewerbungsverfahren
- Personalauswahl
- Personaleinstellung

Personalbeschaffungsprozess

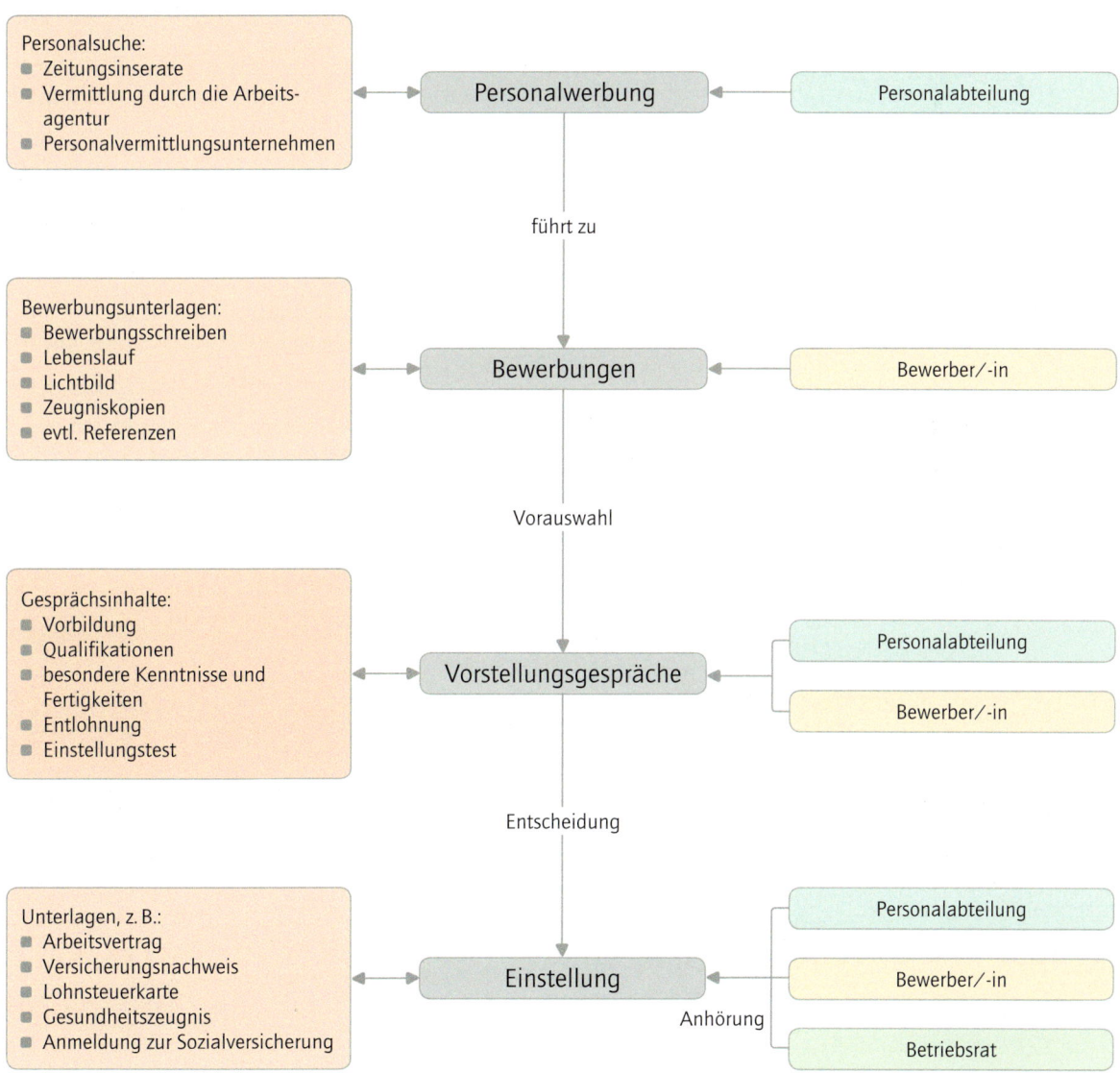

Externe Personalbeschaffung

Bewerbungsschreiben

Beispiel:

Karin Nagel
Hauptstraße 45
38304 Wolfenbüttel
Tel.: 0143 7654

12. Januar 20..

Bellheim-BüroService GmbH
Haberstr. 8
12057 Berlin

Bewerbung als Kauffrau im Groß- und Außenhandel

Sehr geehrte Damen und Herren,

Sie suchen eine Kauffrau im Groß- und Außenhandel für den Einkauf – Büroartikel. Ich bewerbe mich um diese Stelle. Ich bitte Sie, weitere Informationen zu meiner Person dem beigefügten Lebenslauf zu entnehmen.

Nach der erfolgreich absolvierten Ausbildung zur Kauffrau im Groß- und Außenhandel arbeite ich seit zwei Jahren bei einem namhaften Büroartikelversand als Einkäuferin. Neben meiner beruflichen Tätigkeit habe ich den „Europäischen Computerführerschein" bei der Volkshochschule Braunschweig erworben. Aufgrund meiner detaillierten Kenntnisse des Büroartikelbereichs und meiner guten EDV-Kenntnisse glaube ich, die Anforderungen der Stelle gut erfüllen zu können.

Ich bitte Sie, mich zu einem Vorstellungsgespräch einzuladen.

Mit freundlichen Grüßen

Karin Nagel

Anlagen
Lebenslauf
2 beglaubigte Zeugniskopien
1 Lichtbild

Externe Personalbeschaffung

Lebenslauf

Beispiel:

Karin Nagel

Hauptstraße 45
38304 Wolfenbüttel

Lebenslauf

Name:	Karin Nagel
Geburtsdatum:	14. März 1976
Geburtsort:	Goslar
Schulbesuch:	Grundschule in Goslar 1982–1986
	Orientierungsstufe in Goslar 1986–1988
	Realschule in Wolfenbüttel 1988–1992 Abschluss: Erweiterter Sekundarabschluss I
	Fachgymnasium Wirtschaft in Braunschweig 1992–1995 Abschluss: Abitur mit der Durchschnittsnote 2,9
Berufsausbildung:	Ausbildung zur Kauffrau im Groß- und Außenhandel Hoffman & Schwarze GmbH, Papiergroßhandel Braunschweig 1996–1999 Abschluss: IHK-Prüfung mit der Durchschnittsnote 2
Praktische Tätigkeit:	seit 1999 BÜVA – Büroartikelversand GmbH Schöppenstedt, als Einkäuferin
Besondere Kenntnisse:	Teilnahme an Abendlehrgängen der Volkshochschule Braunschweig zum Erwerb des „Europäischen Computerführerscheins" und zur Verbesserung meiner Französischkenntnisse
Sonstiges:	Teilnahme am Partnerschaftsprogramm AYUSA Deutscher Bundestag – Amerikanischer Kongress mit Besuch einer Highschool in Flagstaff, USA 1995–1996

Wolfenbüttel, 11. Januar 20..

Karin Nagel

Ziel

Ziel der Personalauswahl ist es, aus einer Vielzahl von Bewerberinnen/Bewerbern auf eine ausgeschriebene Stelle die am besten geeignete Bewerberin bzw. den am besten geeigneten Bewerber zu finden. Dabei sind die Anforderungen einer bestimmten Arbeitsaufgabe, die z. B. in einer Stellenbeschreibung festgelegt sind, den Kenntnissen, Fähigkeiten und Fertigkeiten einzelner Bewerber/-innen gegenüberzustellen und zu bewerten. Bei der Auswahl ist nicht nur die fachliche Kompetenz, sondern auch die soziale Kompetenz (z. B. Teamfähigkeit) zu berücksichtigen.

Beurteilungsunterlagen

Unterlagen bzw. Informationen, die zur Beurteilung herangezogen werden können:

- Bewerbungsschreiben
- Lebenslauf
- Schulzeugnisse
- Arbeitszeugnisse
- Referenzen
- Eignungstests

- Vorstellungsgesprächsnotizen
- Schriftgutachten
- ärztliche Untersuchungsergebnisse
- Zertifikate
- Beobachtungsprotokolle
- Auskünfte

Instrumente

```
                  Instrumente der Personalauswahl
   ┌──────────────┬──────────────┬──────────────┬──────────────┐
Vorstellungs-   Eignungstest   Gruppengespräch   Assessment-Center
gespräch
             ┌───────────┴───────────┐
       Persönlichkeitstest      Fähigkeitstest
```

Um aus den nach einer Vorauswahl übrig gebliebenen Bewerbern die am besten für den zu besetzenden Arbeitsplatz geeignete Arbeitskraft zu ermitteln, gibt es verschiedene Instrumente:

Das **Vorstellungsgespräch** bietet dem Arbeitgeber bzw. dessen Vertreter und dem Bewerber die Möglichkeit, sich in einem persönlichen Gepräch kennenzulernen. Die Arbeitgeberseite kann sich in dem Gespräch einen Eindruck über die Kenntnisse und Fähigkeiten sowie die Persönlichkeitsstruktur des Bewerbers bzw. der Bewerberin verschaffen. Die Bewerberin bzw. der Bewerber erhält Informationen über den künftigen Arbeitsplatz, die Arbeitsbedingungen (Entgelt, Arbeitszeit, Fort- und Weiterbildungsmöglichkeiten, Aufstiegschancen usw.).

Eignungstests helfen dabei, die im Vorstellungsgespräch durch die Arbeitgeberseite gewonnenen Erkenntnisse zu erweitern. Die Eignungstests führen zu einer differenzierten und besser begründeten Beurteilung der Bewerberin bzw. des Bewerbers.

Bei den **Gruppengesprächen** diskutiert eine Gruppe von Bewerbern unter der Leitung eines Moderators und der Anwesenheit einiger Beobachter ein bestimmtes Thema. Verschiedene Eigenschaften der Bewerber (z. B. Umgangsformen, Auftreten, Kontaktfähigkeit) können so ermittelt werden.

Eine besonders anspruchsvolle Form des Gruppengesprächs ist ein **Assessment-Center**. Bei ihm müssen von den Bewerbern praxisorientierte Fälle bearbeitet und Problemsituationen gelöst werden.

Prozess der Personalauswahl

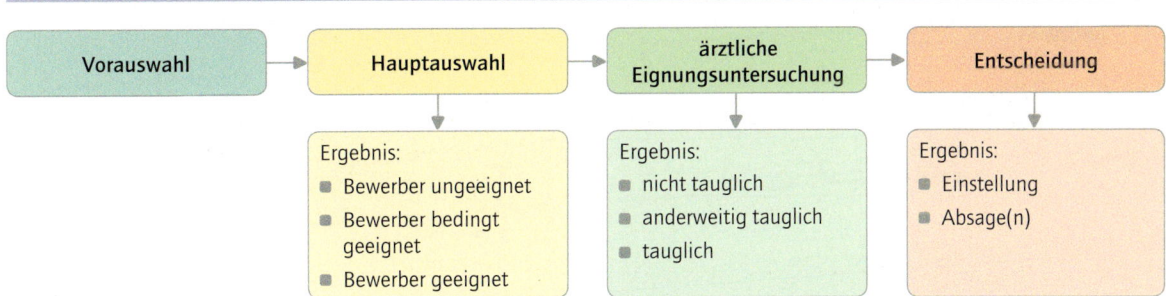

Vorauswahl	Hauptauswahl	ärztliche Eignungsuntersuchung	Entscheidung

	Ergebnis:	Ergebnis:	Ergebnis:
	▪ Bewerber ungeeignet	▪ nicht tauglich	▪ Einstellung
	▪ Bewerber bedingt geeignet	▪ anderweitig tauglich	▪ Absage(n)
	▪ Bewerber geeignet	▪ tauglich	

Bewerbungsgespräch

Wenn eine Bewerbung nach der Vorauswahl weiter berücksichtigt wird, kommt es in der Regel zu einem Bewerbungsgespräch. Der Stellenanbieter ist durch die Bewerbungsunterlagen weitgehend über die fachlichen Qualitäten eines Bewerbers bzw. einer Bewerberin informiert.

Bewerber/-in   Stellenanbieter

Im Bewerbungsgespräch prüft der Stellenanbieter u. a., ob der Bewerber bzw. die Bewerberin

▪ die Erwartungen des Unternehmens erfüllen kann,

▪ zur Philosophie des Unternehmens passt,

▪ zu den Mitarbeitern passt.

Die Erfolgschancen eines Bewerbers bzw. einer Bewerberin hängen im Wesentlichen davon ab, ob

▪ er/sie sicher, seriös, sprachlich und fachlich kompetent auftritt,

▪ der Stellenanbieter von dessen bzw. deren Teamfähigkeit, Motivation, Eigeninitiative und Zuverlässigkeit überzeugt werden kann.

Der Bewerber bzw. die Bewerberin prüft z. B., ob

▪ der Arbeitsplatz und die Vergütung seinen bzw. ihren Vorstellungen entspricht,

▪ er bzw. sie bereit ist, sich den Anforderungen des Unternehmens anzupassen,

▪ der Arbeitsplatz zu den privaten und beruflichen Zukunftsplänen passt.

Häufige Fehler im Bewerbungsgespräch:

▪ schlechte Vorbereitung der Bewerber/-innen, z. B. wenn sie über zu wenig Informationen über das Unternehmen verfügen

▪ unstrukturierte Darstellungsweise der Zusammenhänge im Lebenslauf der Bewerber/-innen

▪ Unfähigkeit der Bewerber/-innen, interessante Stationen ihres Lebenslaufs begeisternd darzustellen

Zusage der Einstellung

Beispiel:

Bellheim-BüroService GmbH • Postfach 13 31 • 12055 Berlin

BELLHEIM-BÜROSERVICE GMBH

Haberstraße 8
12057 Berlin

Frau
Karin Nagel
Hauptstr. 45
38304 Wolfenbüttel

Ihr Zeichen, Ihre Nachricht vom	Unser Zeichen, unsere Nachricht vom	Telefon, Name 030 23537-	Datum
	PA-Mue	**207 Frau Müller**	20..-02-15

Einstellung als Einkäuferin – Büroartikel

Sehr geehrte Frau Nagel,

wir können Ihnen die erfreuliche Mitteilung machen, dass Sie am 1. April 20.. die Stelle als Einkäuferin – Büroartikel in unserem Hause antreten können.

Der von uns entworfene Arbeitsvertrag wird Ihnen in den nächsten Tagen zugeschickt. Bitte senden Sie uns ein von Ihnen unterzeichnetes Exemplar zurück.

Bitte melden Sie sich am 1. April 20.. um 8:00 Uhr bei dem Leiter der Beschaffungsabteilung, Herrn Fricke, Raum 207 in unseren Geschäftsräumen in Berlin.

Wir wünschen Ihnen viel Erfolg für die Tätigkeit in unserem Hause.

Mit freundlichen Grüßen

Bellheim-BüroService GmbH
Personalabteilung

Elke Müller

Elke Müller

BELLHEIM-BÜROSERVICE GMBH Haberstraße 8 12057 Berlin	Telefon: 030 23537-0 Telefax: 030 23537-99 E-Mail: info@bellheim-wvb.de Internet: www.bellheim-wvb.de	BÄR-Bank Berlin Konto-Nr. 1 234 056 BLZ 100 347 11 BIC BBBRDEBR427 IBAN DE21 1003 4711 0001 2340 56	Geschäftsführerin: Ulrike Jürgens Berlin HRB 56 894 USt-IdNr. DE 811 918 273

Arbeitsvertrag

Arbeitsvertrag

zwischen
Bellheim-BüroService GmbH, Berlin
im Folgenden „Arbeitgeber"

und

Karin Nagel
im Folgenden „Arbeitnehmerin" genannt.

§ 1 Tätigkeit

Die Arbeitnehmerin wird zum 1. Juni 20.. als Kauffrau für den Groß- und Außenhandel für den Einkauf – Büroartikel – eingestellt.

§ 2 Dauer des Arbeitsverhältnisses

Das Arbeitsverhältnis ist unbefristet.
Soweit das Arbeitsverhältnis nicht gekündigt wird, endet es mit Ablauf des Kalendermonats, in dem die Arbeitnehmerin in den Ruhestand eintritt.

§ 3 Probezeit

Die ersten drei Monate des Arbeitsverhältnisses gelten als Probezeit.

§ 4 Kündigung

Während der Probezeit kann das Arbeitsverhältnis von beiden Vertragsparteien mit einer Frist von zwei Wochen gekündigt werden. Nach Ablauf der Probezeit kann das Arbeitsverhältnis mit einer Frist von vier Wochen zum 15. oder zum Ende eines Monats gekündigt werden. Bei längerer Betriebszugehörigkeit gelten die verlängerten gesetzlichen Kündigungsfristen.

§ 5 Arbeitszeit

Die regelmäßige Arbeitszeit beträgt 38,5 Std. pro Woche. Beginn und Ende der Arbeitszeit richten sich nach den für den Betrieb geltenden tariflichen und betrieblichen Bestimmungen.

§ 6 Vergütung

Die Arbeitnehmerin erhält für ihre Tätigkeit nach den zurzeit geltenden tariflichen Bestimmungen für den Einzelhandel ein monatliches Bruttogehalt von 2.300,00 €. Diese Vergütung wird entsprechend den tariflichen Abschlüssen angepasst.

§ 7 Urlaub

Pro Kalenderjahr erhält die Arbeitnehmerin einen Erholungsurlaub von 30 Arbeitstagen bezogen auf die Fünftagewoche. Der Zeitpunkt des Urlaubs ist mit der Unternehmensleitung abzustimmen.

§ 8 Schlussbestimmungen

Ergänzungen oder Nebenabreden bedürfen der Schriftform.
Ergänzend zu diesem Vertrag gelten die allgemeinen gesetzlichen Bestimmungen.

Braunschweig, 14. April 20..

ppa. *Detlev Fricke*
_____
Arbeitgeber

Karin Nagel
_____
Arbeitnehmerin

Mit dem Abschluss eines Arbeitsvertrages wird ein **Arbeitsverhältnis** zwischen Arbeitgeber und Arbeitnehmer begründet. Die **rechtlichen Rahmenbedingungen** sind in folgenden Gesetzen geregelt:

Überblick über Arbeitsgesetze

Das **Arbeitnehmerüberlassungsgesetz (AÜG)** regelt u.a. die Leiharbeitsverhältnisse.

Das **Arbeitsplatzschutzgesetz (ArbPlSchG)** gewährt Wehrdienstleistenden und Wehrdienstverweigerern einen Kündigungsschutz.

Im **Arbeitssicherheitsgesetz (ASiG)** ist die Bestellung von Betriebsärzten und Fachkräften für die Arbeitssicherheit in Betrieben mit besonderer Unfall- und Gesundheitsgefährdung geregelt.

Das **Arbeitszeitgesetz (ArbZG)** legt die Höchstdauer der werktäglichen Arbeitszeit und die Unterbrechung durch Ruhepausen sowie deren Dauer fest. Außerdem enthält das Gesetz Vorschriften über Sonn- und Feiertagsruhe sowie Schutzvorschriften zur Nacht- und Schichtarbeit.

Die Zusammensetzung des Betriebsrates, das Wahlverfahren, die Amtszeit, die Organisation und die Geschäftsführung des Betriebsrates sind im **Betriebsverfassungsgesetz (BetrVG)** geregelt. Darüber hinaus enthält das Gesetz Vorschriften über die Mitwirkung und Mitbestimmung des Betriebsrates bei wirtschaftlichen, sozialen und personellen Angelegenheiten in einem Unternehmen (s. dazu Seite 17).

Das **Berufsbildungsgesetz (BBiG)** regelt die Berufsausbildungsverhältnisse sowie die Ordnung der Berufsausbildung (Ausbildung, Fortbildung, Umschulung) (s. dazu Seite 13 f.).

Das **Bürgerliche Gesetzbuch (BGB)** enthält wesentliche Vorschriften zum Abschluss und zur Kündigung von Arbeitsverhältnissen.

Im **Bundeserziehungsgeldgesetz (BErzGG)** sind die Elternzeit und das Erziehungsgeld sowie ein besonderer Kündigungsschutz während der Zeit der Erziehung geregelt.

Nach dem **Bundesurlaubsgesetz (BUrlG)** hat jeder Arbeitnehmer Anspruch auf bezahlten Erholungsurlaub.

Die Lohnfortzahlung im Krankheitsfall und die Feiertagslohnzahlung werden durch das **Entgeltfortzahlungsgesetz (EntgFG)** garantiert.

Allgemeine Vorschriften zum Arbeitsverhältnis (z.B. Vertragsfreiheit, Entgeltabrechnungen, Zeugnisanspruch, Wettbewerbsverbot) enthält die **Gewerbeordnung (GewO)**.

Das Verbot von Kinderarbeit sowie die Arbeits- und Ruhezeiten von Jugendlichen werden im **Jugendarbeitsschutzgesetz (JArbSchG)** bestimmt (s. dazu Seite 15).

Für Arbeitnehmer größerer Betriebe und längerfristig Beschäftigte regelt das **Kündigungsschutzgesetz (KSchG)** den Kündigungsschutz (s. dazu Seite 308).

Das **Mitbestimmungsgesetz (MitbestG)** legt fest, dass in Kapitalgesellschaften und Genossenschaften mit mehr als 2000 Arbeitnehmern der Aufsichtsrat paritätisch besetzt sein muss.

Arbeitnehmerinnen werden durch das **Mutterschutzgesetz (MuSchG)** während einer Schwangerschaft und nach der Entbindung besonders geschützt (z.B. vor übermäßigen körperlichen Anstrengungen). Außerdem werden in dem Gesetz Freistellungen vor und nach der Geburt, die Gewährung von Stillzeiten sowie ein besonderer Entgelt- und Kündigungsschutz geregelt.

Durch das **Nachweisgesetz (NachwG)** werden Arbeitgeber verpflichtet, die Bedingungen eines Arbeitsverhältnisses spätestens einen Monat nach dessen Beginn schriftlich niederzulegen und dem Arbeitnehmer auszuhändigen.

Die Rechte von Schwerbehinderten sind im **Sozialgesetzbuch IX (SGB)** festgelegt.

Das **Tarifvertragsgesetz (TVG)** bestimmt Inhalt und Form eines Tarifvertrages zwischen Arbeitgeber- und Arbeitnehmervertretungen (s. dazu Seite 18 f.).

Arbeitnehmer mit einer Beschäftigungsdauer von sechs Monaten in Betrieben mit mehr als 15 Beschäftigten haben nach dem **Teilzeit- und Befristungsgesetz (TzBfG)** u.a. ein Recht auf Teilzeitarbeit.

Begriff

Die rechtliche Grundlage für ein Arbeitsverhältnis ist ein Arbeitsvertrag. Der Arbeitsvertrag unterliegt zum Zeitpunkt des Abschlusses keinen gesetzlichen Formvorschriften. Wegen der Beweissicherung ist die Schriftform empfehlenswert. Die Gestaltungsfreiheit von Arbeitsverträgen wird durch die vorrangigen Regelungen der Arbeitsgesetze und Tarifverträge eingeschränkt. Vertragsklauseln, die die gesetzlichen Mindeststandards unterschreiten, sind nichtig. Der Arbeitgeber ist nach dem Nachweisgesetz (NachwG) verpflichtet, die wesentlichen Regelungen des Arbeitsvertrages spätestens nach einem Monat schriftlich niederzuschreiben und der Arbeitnehmerin bzw. dem Arbeitnehmer zu übergeben.

Rechtliche Bestimmungen beim Abschluss eines Arbeitsvertrages

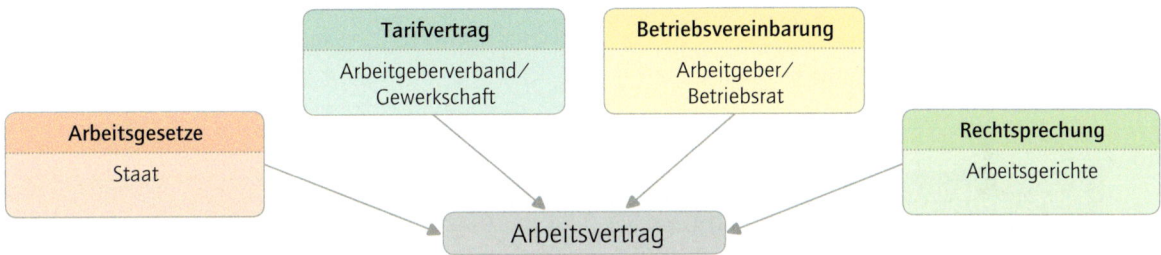

Inhalte eines Arbeitsvertrages

- Name und Adresse des Arbeitgebers
- Name und Adresse des Arbeitnehmers
- Beginn, bei befristeten Verträgen auch Ende des Arbeitsverhältnisses
- Stellenbezeichnung
- Tätigkeitsbeschreibung
- Vollmachten
- Arbeitsort
- Hinweis auf Tarifvertrag
- tarifliche Eingruppierung
- Hinweis auf Betriebsvereinbarungen
- Höhe der Vergütung
- Nebenleistungen, z. B.
  - Weihnachtsgeld
  - Urlaubsgeld
  - vermögenswirksame Leistungen
- Probezeit
- Arbeitszeit
- Pausenregelungen
- Urlaubstage
- Kündigungsfristen

Mitwirkung des Betriebsrates

Nach § 99 BetrVG hat in Unternehmen mit in der Regel mehr als zwanzig Arbeitnehmern der Arbeitgeber vor jeder **Einstellung, Eingruppierung, Umgruppierung** und **Versetzung** den Betriebsrat über die geplante Maßnahme zu unterrichten. Ihm sind die erforderlichen Unterlagen vorzulegen und Auskunft über die geplante Maßnahme zu geben. Bei Einstellungen hat der Arbeitgeber insbesondere den in Aussicht genommenen Arbeitsplatz und die vorgesehene Eingruppierung mitzuteilen. Der Betriebsrat kann die Zustimmung z. B. **verweigern**, wenn ...

- die personelle Maßnahme gegen ein Gesetz, eine Verordnung, eine Unfallverhütungsvorschrift, eine Bestimmung in einem Tarifvertrag oder einer Betriebsvereinbarung, eine gerichtliche Entscheidung oder eine behördliche Anordnung verstoßen würde.

- die personelle Maßnahme nach Verlangen des Betriebsrates nicht innerhalb des Betriebes ausgeschrieben wurde.

- die durch Tatsachen begründete Besorgnis besteht, dass durch die personelle Maßnahme beschäftigten Arbeitnehmern gekündigt wird oder ihnen sonstige Nachteile entstehen, ohne dass diese aus betrieblichen oder persönlichen Gründen gerechtfertigt sind.

Verweigert der Betriebsrat die Zustimmung, kann der Arbeitgeber beim Amtsgericht beantragen, die Zustimmung zu ersetzen.

Rechte und Pflichten

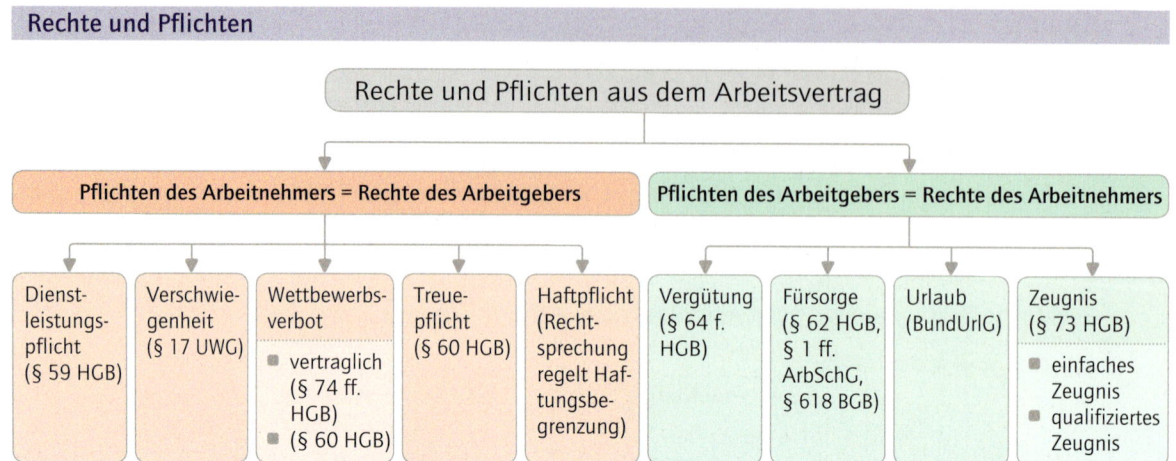

Personalleasing *Personnel leasing*

Eine Möglichkeit, einen kurzfristig aufgetretenen Personalbedarf zu befriedigen, ist u. U. das Personalleasing. Das Personalleasing wurde 1967 vom Bundesverfassungsgericht legalisiert und vom Gesetzgeber 1972 im Arbeitnehmerüberlassungsgesetz (AÜG) geregelt. In einem Dreiecksverhältnis schließen ein Arbeitnehmer (Leasing-Arbeitnehmer) und ein Arbeitsverleiher (Leasing-Arbeitgeber) einen Arbeitsvertrag ab. Der Arbeitsentleiher schließt mit dem Arbeitsverleiher einen Arbeitnehmerüberlassungsvertrag ab und erwirbt damit den Anspruch auf Arbeitsleistung und ein Weisungsrecht gegenüber dem Arbeitnehmer. Der Arbeitsverleiher bekommt ein vereinbartes Entgelt. Zwischen dem Arbeitnehmer und dem Entleiher besteht kein Vertragsverhältnis.

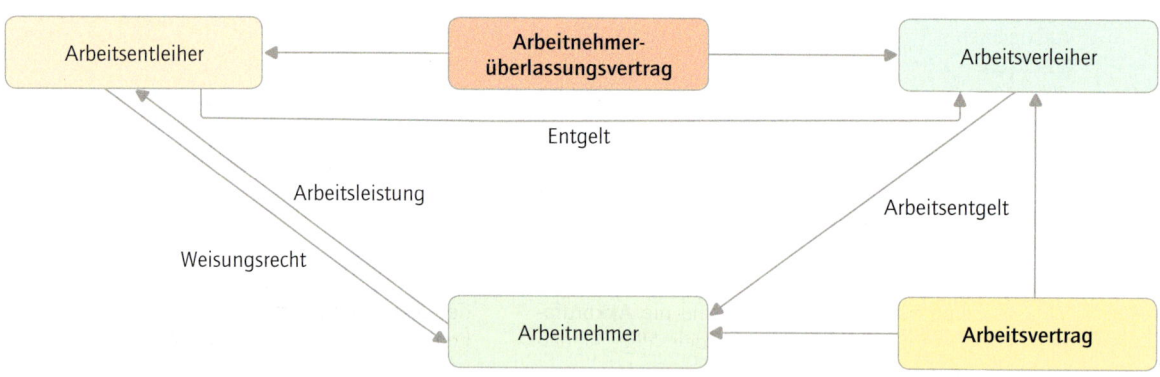

Neben der Überbrückung von kurzfristigen Personallücken können mit dieser Beschaffungsmaßnahme die Risiken von Fehleinstellungen sowie die Gefahr von Konflikten zwischen Arbeitgebern und den Leiharbeitskräften auf den Arbeitsverleiher verlagert werden. Nachteilig auf die Arbeitskosten wirken sich die hohen Entgelte für die Leiharbeitskräfte aus, die an den Arbeitsverleiher zu zahlen sind. Weil durch die Leiharbeit keine Arbeitsplätze in den Unternehmen geschaffen, sondern oft auch vernichtet werden, fordert der Deutsche Gewerkschaftsbund ein Verbot des Personalleasings.

Bei intensiver Nutzung des Personalleasings fallen häufiger Einarbeitungskosten an. Außerdem kann bei den festangestellten Mitarbeiterinnen und Mitarbeitern der Eindruck entstehen, dass durch das Personalleasing viele Arbeitsplätze abgebaut werden könnten. Diese Wahrnehmung kann besonders bei qualifizierten Angestellten dazu führen, sich anderweitig zu orientieren. Personalleasing ist deshalb als langfristige Personalpolitik zur Kosteneinsparung weniger geeignet.

Übersicht über wichtige Lohnformen

Lohnformen			
Zeitlohn		Leistungslohn	
Lohn	Gehalt	Akkordlohn	Prämienlohn
		Zeitakkord · Stückakkord	

Zeitlohn – Begriff und Bedeutung

- Grundlage für die Berechnung des Zeitlohns ist **die in der Unternehmung verbrachte Zeit**. Ein Bezug zur erbrachten Leistung ist nur mittelbar durch die im Arbeitsvertrag beschriebene Leistungserwartung gegeben.
- Der Zeitlohn kann als **Gehalt**[1] (auf Monatsbasis) bzw. als **Lohn**[2] (auf Stundenbasis) berechnet werden (s. S. 322).

[1] Arbeitsentgelt (Gehalt) = vereinbarter Monatslohn
[2] Arbeitsentgelt (Lohn) = Lohnsatz je Stunde · Stundenanzahl

- Da das Arbeitsentgelt je Zeiteinheit konstant ist, verändern sich die Lohnkosten pro Stück, wenn die Leistung im betrachteten Zeitraum variiert. Eine Erhöhung der Arbeitsleistung führt zu sinkenden Stückkosten.
- Häufig wird der Zeitlohn mit einer Leistungszulage (s. Prämienlohn S. 272) kombiniert, um entsprechende Leistungsanreize zu schaffen.

Prämienlohn – Begriff und Bedeutung

- Der **Prämienlohn** besteht aus einem Grundlohn und aus der Prämie. **Prämienzahlungen** können an quantitative Merkmale (z. B. Unterschreiten der Ausschussquote, Überschreiten der Sollstückzahl) oder an qualitative Gegebenheiten (z. B. Erreichen einer bestimmten Güte, Einhaltung von Terminen) gebunden sein.
- Die **Vor- und Nachteile** des Prämienlohns können mit den nötigen Änderungen dem Akkordlohn entnommen werden.

- Der Prämienlohn wird eingesetzt, wenn zusätzlich zum Zeitlohn Leistungsanreize geschaffen werden sollen oder die Arbeitsleistung vom Mitarbeiter beeinflussbar, die Ermittlung genauer Akkordsätze jedoch unwirtschaftlich bzw. unmöglich ist.
- Das **Prinzip der Prämiengestaltung** liegt in der angemessenen Aufteilung der Mehrleistung zwischen den Arbeitgebern, z. B. in Form von Zusatzerlösen oder als Kostenersparnis, und den Arbeitnehmern durch die Prämie.

Akkordlohn – Begriff und Bedeutung

- Beim Akkordlohn wird eine Übereinstimmung zwischen erbrachter Leistung und der entsprechenden Entlohnung angestrebt. Deshalb ist die Berechnungsgrundlage beim Akkordlohn die **mengenmäßig geleistete Arbeit**, die innerhalb eines bestimmten Zeitraums erbracht wird.
- Voraussetzung für den Akkordlohn sind die **Akkordfähigkeit** (bekannter, gleichartiger, regelmäßig wiederkehrender, leicht und genau messbarer Arbeitsablauf), die **Akkordreife** (optimaler und nach einer Einarbeitungszeit beherrschbarer Arbeitsablauf) und die unmittelbare **Beeinflussbarkeit der Leistungsmengen** durch den Mitarbeiter.
- Der Akkordlohn kann als **Einzelakkord**, bei dem die Arbeitsleistung eines einzelnen Arbeitnehmers erfasst wird, oder als **Gruppenakkord**, bei dem die Arbeitsleistung einer Gruppe von Mitarbeitern gemeinsam bewertet und das Entgelt mit einem vorgegebenen Verteilungsschlüssel aufgeteilt wird, angewendet werden. Die Arbeitszufriedenheit ist beim Gruppenakkord u. a. von einem gerecht empfundenen Verteilungsschlüssel abhängig.

- Der Akkordlohn besteht aus dem (i. d. R. tariflich festgelegten) **Mindestlohn** (Akkordgrundlohn) und dem **Akkordzuschlag**, der meist 10 – 25 % des Mindestlohns beträgt.
- Mindestlohn und Akkordzuschlag ergeben als Addition den **Akkordrichtsatz**, der dem Verdienst des Akkordarbeiters bei Normalleistung entspricht.

Beispiel:
Bei einem Mindestlohn von 12,00 €/Std. und einem Akkordzuschlag von 25 % beträgt der Akkordrichtsatz 15,00 €/Std.

- Der Arbeitnehmer kann – innerhalb gewisser Grenzen – durch eine Erhöhung seiner Arbeitsleistung auch seine Entlohnung steigern. Für den Arbeitgeber sind die Lohnstückkosten im Wesentlichen konstant; sie steigen, wenn die Istleistung unter die Normalleistung sinkt und der Arbeitgeber den Akkordrichtsatz zahlt.
- Nach den Verrechnungseinheiten kann man den **Geldakkord** (auch Stückakkord genannt) und den **Zeitakkord** unterscheiden.

Zeitakkord

- Beim Zeitakkord wird eine **Vorgabezeit** je Stück **(Zeitakkordsatz)** vorgegeben, die ein geübter Mitarbeiter über längere Zeit erfüllen kann und die aus der Normalleistung abgeleitet wird.

$$\text{Vorgabezeit} = \frac{60 \text{ min}}{\text{Normalleistung}}$$

- Die Vorgabezeit wird mit dem **Minutenfaktor** (Entgelt pro Minute) und der tatsächlichen Leistung **(Istleistung)** zum Arbeitsentgelt je betrachteter Zeiteinheit multipliziert.

$$\text{Minutenfaktor} = \frac{\text{Akkordrichtsatz}}{60 \text{ min}}$$

Arbeitsentgelt = Vorgabezeit · Minutenfaktor · Istleistung

Beispiel: Der Mindestlohn beträgt 12,00 €/Std., der Akkordzuschlag 25 %, die Normalleistung 6 Stück/Std., die Istleistung 800 Stück im Monat.

$$\text{Vorgabezeit} = \frac{60 \text{ min}}{6 \text{ Stück}} = \underline{10 \text{ min/Stück}}$$

$$\text{Minutenfaktor} = \frac{15,00 \text{ €}}{60 \text{ min}} = \underline{0,25 \text{ €/min}}$$

Arbeitsentgelt = 10 min/Stück · 0,25 €/min · 800 Stück/Monat
= $\underline{2.000,00 \text{ €/Monat}}$

- Bei Änderungen des Tariflohns: Minutenfaktoren neu berechnen! Vorgabezeiten bleiben konstant.

Geldakkord

- Beim Geldakkord wird für jedes Arbeitsstück ein bestimmter Geldbetrag **(Stückakkord, Stücklohnsatz)** vorgegeben, der aus dem Akkordrichtsatz berechnet wird.

$$\text{Stückakkord} = \frac{\text{Akkordrichtsatz}}{\text{Normalleistung}}$$

- Das Arbeitsentgelt errechnet sich als Produkt aus dem Geldakkord und der Istleistung je betrachteter Zeiteinheit.

Arbeitsentgelt = Stückakkord · Istleistung

Beispiel:
Der Mindestlohn beträgt 12,00 €/Std., der Akkordzuschlag 25 %, die Normalleistung ist mit 6 Stück/Std. festgelegt, die Istleistung beträgt 800 Stück im Monat.

$$\text{Stückakkord} = \frac{15,00 \text{ €}}{6 \text{ Stück}} = \underline{2,50 \text{ €/Stück}}$$

Arbeitsentgelt = 2,50 €/Stück · 800 Stück/Monat
= $\underline{2.000,00 \text{ €/Monat}}$

- Bei tariflichen Veränderungen (Mindestlohn bzw. Akkordzuschlag) müssen die Stückakkordsätze neu berechnet werden.

Anwendungsbereiche sowie Vor- und Nachteile von Zeit- und Akkordlohn

	Anwendungsbereiche	Vorteile	Nachteile
Zeit-lohn	- Präzisionsarbeiten - gefährliche Arbeiten - Arbeiten, die sich quantitativ schlecht messen lassen (z. B. geistige Tätigkeiten) - Einarbeitungszeiten - Arbeiten, deren Dauer vom Mitarbeiter nicht beeinflusst werden kann (z. B. Fließband)	- festes Arbeitseinkommen - einfache Berechnung - schonender Umgang mit den Betriebsmitteln - einfache Berechnung - feste Gesamtkosten für Arbeitgeber - kein überhastetes Arbeitstempo	- wenig Leistungsanreize - ansteigende Lohnstückkosten bei Minderleistung - Arbeitskontrollen - Arbeitgeber trägt Risiko von Minderleistungen allein - erschwerte Kalkulation pro Stück
Akkord-lohn	alle Arbeiten, die die Akkordvoraussetzungen (s. S. 271) erfüllen	- Leistungsanreiz - höhere Lohngerechtigkeit - Beeinflussung der Entgelthöhe durch Mitarbeiter möglich - einfache Kalkulation durch überwiegend gegebene Lohnstückkosten - Minderleistung ist (bis auf Mindesteinkommen) vom Arbeitnehmer zu tragen	- u. U. aufwändige Vorarbeiten bei der Ermittlung der Vorgabezeiten - ggf. zu hastiges Arbeitstempo mit negativen Auswirkungen auf Gesundheit, Arbeitsqualität und Betriebsmittel - ggf. erhöhter Krankenstand

Erfolgsbeteiligung

Die Unternehmer/-innen erhalten einen Gewinnanteil vor allem als Entgelt für die eigene Arbeit im Unternehmen (Unternehmerlohn), als Verzinsung ihrer Kapitaleinlage und als Risikoprämie. An dem noch übrig bleibenden **Restgewinn** sollen nicht nur die Unternehmer, sondern auch die **Arbeitnehmer beteiligt** werden.

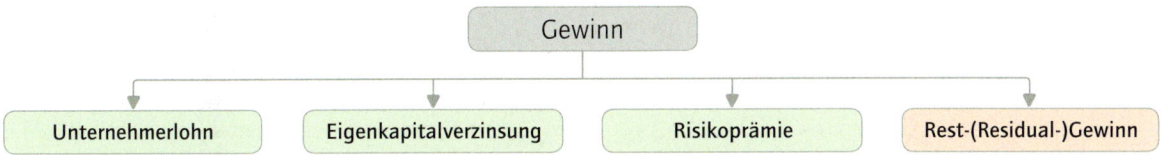

Individualbeteiligung:
Individualbeteiligung bedeutet, dass die einzelnen Arbeitnehmer/-innen am Gewinn beteiligt werden. Im Hinblick auf die Verwendung dieser individuellen Gewinnanteile werden folgende Modelle unterschieden:

- **Barbeteiligung**
  Die einzelnen Arbeitnehmer/-innen erhalten die Gewinnbeteiligung „bar" auf die Hand, d. h., sie können sofort über den Gewinnanteil frei verfügen.

- **Kapitalbeteiligung**
  Der Gewinnanteil wird nicht bar ausgeschüttet, sondern bleibt als Eigenkapital oder Fremdkapital im Unternehmen.

Kollektivbeteiligung:
Bei der Kollektivbeteiligung wird der Gewinnanteil für die Arbeitnehmer/-innen in kollektive, d. h. der gesamten Belegschaft zugutekommenden Einrichtungen investiert (z. B. Erholungsheime, Rentenkassen, Vorsorgefonds).

Lohn- und Gehaltstarife

Lohn- und Gehaltstarifverträge enthalten Vereinbarungen über Lohn- und Gehaltshöhen. In der Regel werden in diesen Verträgen Tätigkeitsmerkmale für verschiedene Lohn- und Gehaltsgruppen erläutert, denen die Arbeitnehmer/-innen zugeordnet werden können:

- Wareneingangsprüfungen nach fachlichen Gesichtspunkten

- selbstständiges Anfertigen von Schriftstücken

- Prüfen von Eingangsrechnungen auf sachliche und rechnerische Richtigkeit

- Verwalten einer umfangreichen Ablage

- Bearbeiten von Bestellungen

- Durchführen von Angebotsvergleichen

Die Vereinbarungen in den Einzelarbeitsverträgen dürfen die Arbeitnehmer/-innen nicht schlechter stellen als die Regelungen in den Tarifverträgen. Eine Überschreitung der tarifvertraglichen Vereinbarungen ist möglich.

Lohn- und Gehaltsabrechnung

Gesetzliche Abzüge

Lohnsteuer
Die Lohnsteuer ist eine Sonderform der Einkommensteuer. Sie wird bei Einkommen aus nicht selbstständiger Arbeit erhoben, vom Arbeitgeber einbehalten und an das Finanzamt abgeführt (Abzugsverfahren).

Die Höhe der Lohnsteuer ist abhängig vom Einkommen, vom Familienstand, von der Kinderzahl und kann mithilfe von Lohnsteuertabellen oder mathematischen Formeln (z. B. in Lohn- und Gehaltsabrechnungsprogrammen) ermittelt werden.

Solidaritätszuschlag
Er beträgt 5,5 % der Lohnsteuer und dient dem Aufbau der ostdeutschen Bundesländer.

Sozialversicherungsbeiträge
- Krankenversicherung
- Pflegeversicherung
- Rentenversicherung
- Arbeitslosenversicherung

Diese Beiträge werden von Arbeitnehmerinnen/Arbeitnehmern und Arbeitgebern getragen.
Die Beitragssätze zur Pflege-, Renten- und Arbeitslosenversicherung werden vom Bundesministerium für Wirtschaft und Arbeit jährlich neu festgelegt (vgl. S. 274). Die Beiträge können aus den von den Krankenversicherungen herausgegebenen Tabellen ermittelt werden.

Lohn- und Gehaltsabrechnung

Beiträge zur Sozialversicherung

Renten-, Arbeitslosen- und Pflegeversicherung

Die Beitragssätze der Renten-, Arbeitslosen- und Pflegeversicherung werden durch Gesetz bzw. durch Rechtsverordnung bestimmt.

Die Beitragssätze seit 1. Januar 2011:

- Rentenversicherung   19,9 %
- Arbeitslosenversicherung   3,0 %
- Pflegeversicherung   1,95 %
- Erhöhung der Pflegeversicherung für Kinderlose ab Vollendung des 23. Lebensjahres, die nicht vor dem 1. Jan. 1940 geboren sind, Wehr- und Zivildienstleistende und Empfänger von Arbeitslosengeld II   0,25 %

Krankenversicherung

Seit 1. Januar 2011 beträgt der Beitragssatz einheitlich für alle gesetzlichen Krankenkassen (Einheitsbetrag) 15,5 % des Bruttolohns; maximal bis zur Beitragsbemessungsgrenze.

Die gesetzlichen Krankenversicherungen können Zusatzbeiträge von ihren Versicherten verlangen.

Arbeitnehmer müssen einen zusätzlichen Beitragssatz von 0,9 % leisten, d. h. 7,3 % Arbeitgeber- und 8,2 % Arbeitnehmer-Anteil.

Die Sozialversicherungsbeiträge sind i. d. R. vom Einkommen der Versicherten abhängig. Die Leistungen werden vom Gesetzgeber festgelegt. So erhalten z. B. in der Kranken- und Pflegeversicherung trotz unterschiedlich hoher Beitragszahlungen alle Versicherten die gleichen Leistungen. In der Renten-, Arbeitslosen- und Berufsunfallversicherung sind die Versicherungsleistungen von den unterschiedlich hohen Beitragszahlungen abhängig. Der Lebensstandard der Versicherten im Versicherungsfall (z. B. bei Verlust des Arbeitsplatzes) ist somit abhängig von der Höhe des vorher erzielten Einkommens und damit von den geleisteten Versicherungsbeiträgen. Um soziale Härten zu vermeiden und jedem Versicherten einen minimalen Lebensstandard zu ermöglichen, wird vom Staat auch für Geringverdienende bei den letztgenannten Sozialversicherungen eine Mindestversorgung garantiert. Die Leistungen dieser Versicherungen werden ständig dem jeweiligen Lohnniveau angepasst und führen so zu einer dynamischen Versorgung. So steigen z. B. die laufenden Renten nach dem jährlichen Rentenanpassungsgesetz abhängig von der durch ein Wirtschaftswachstum beeinflussten positiven Einkommensentwicklung der Bevölkerung.

Beitragsbemessungsgrenzen

Die Beiträge zur Sozialversicherung orientieren sich nicht am individuellen Versicherungsrisiko, sondern an der wirtschaftlichen Leistungsfähigkeit der Versicherten. Diesem Solidaritätsprinzip sind Grenzen gesetzt. Bei der Ermittlung der Beiträge, des Krankengelds und der Rente bleiben Beträge, die über der Beitragsbemessungsgrenze liegen, beitragsfrei bzw. werden bei der Ermittlung von Geldleistungen nicht berücksichtigt.

Monatliche Beitragsbemessungsgrenzen 2011

- Kranken- und Pflegeversicherung:
  - alte und neue Bundesländer   → 3.712,50 €
  - Pflichtversicherungsgrenze   → 4.125,50 €
- Renten- und Arbeitslosenversicherung:
  - alte Bundesländer   → 5.500,00 €
  - neue Bundesländer   → 4.800,00 €

Pflichtversicherungsgrenze

Die Pflichtversicherungsgrenze regelt die Pflicht der Versicherung in einer gesetzlichen Krankenversicherung. Bei einem Bruttoeinkommen, das die Pflichtgrenze (2011: 4.125,50 € / Monat) übersteigt, hat ein Arbeitnehmer die Möglichkeit, in die private Krankenversicherung zu wechseln.

Vermögenswirksame Leistungen

Fest angestellte Arbeitnehmer können einen im Tarifvertrag oder im Arbeitsvertrag geregelten Anspruch auf vermögenswirksame Leistungen haben. Diese Geldleistung wird vom Arbeitgeber z. B. auf ein spezielles Sparkonto des Arbeitnehmers eingezahlt, das nach Abschluss eines Sparvertrags mit einem Kreditinstitut eingerichtet wurde. Der Staat fördert diese Form der Vermögensbildung mit einer Arbeitnehmer-Sparzulage, wenn festgelegte Einkommensgrenzen nicht überschritten werden.

Kirchensteuer

Die Kirchensteuer beträgt für Kirchenmitglieder je nach Bundesland 8 % oder 9 % der Lohnsteuer.

Lohn- und Gehaltsabrechnung

Beispiel:

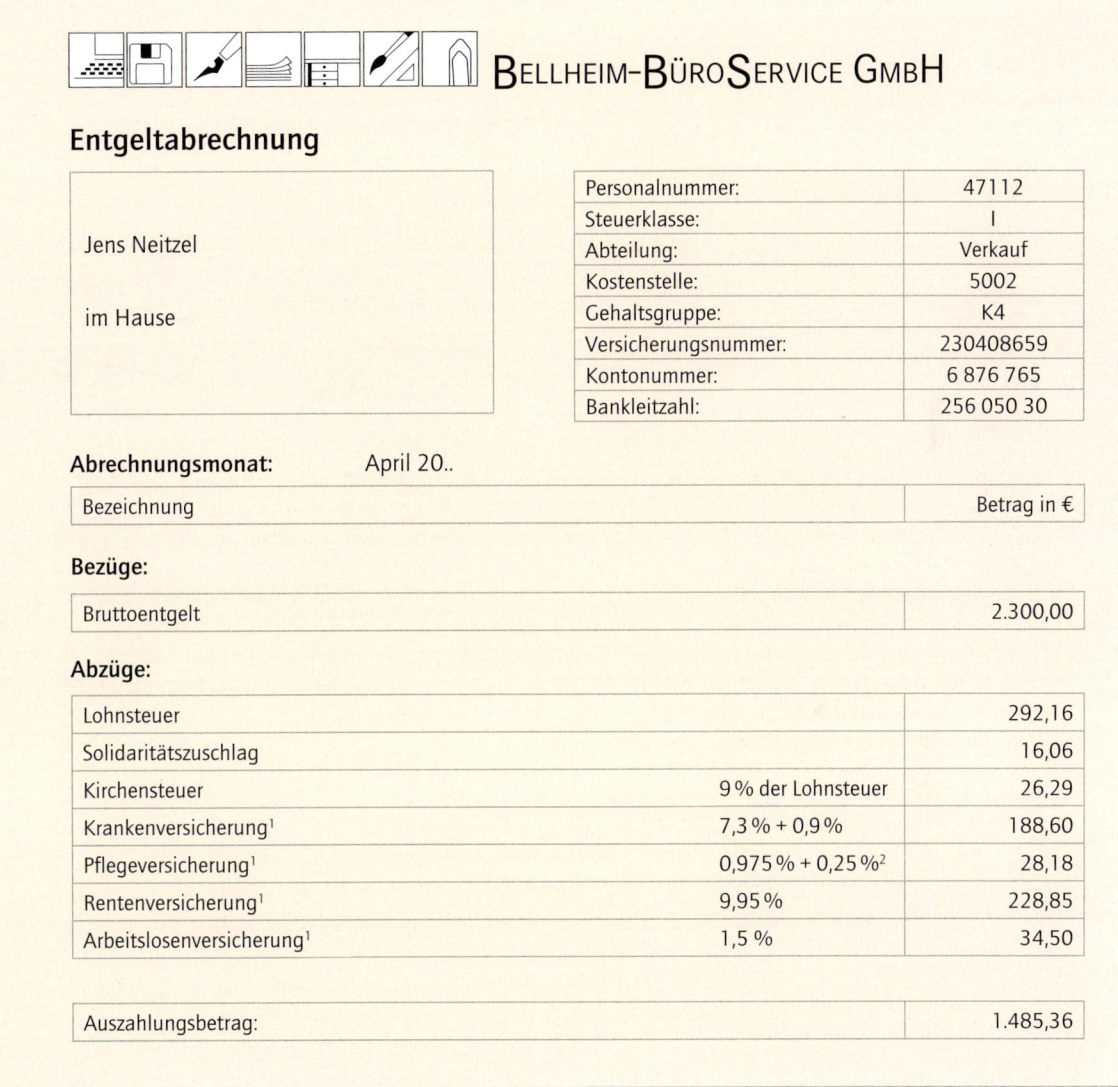

BELLHEIM-BüroService GmbH

Entgeltabrechnung

Jens Neitzel

im Hause

Personalnummer:	47112
Steuerklasse:	I
Abteilung:	Verkauf
Kostenstelle:	5002
Gehaltsgruppe:	K4
Versicherungsnummer:	230408659
Kontonummer:	6 876 765
Bankleitzahl:	256 050 30

Abrechnungsmonat: April 20..

Bezeichnung		Betrag in €
Bezüge:		
Bruttoentgelt		2.300,00
Abzüge:		
Lohnsteuer		292,16
Solidaritätszuschlag		16,06
Kirchensteuer	9 % der Lohnsteuer	26,29
Krankenversicherung[1]	7,3 % + 0,9 %	188,60
Pflegeversicherung[1]	0,975 % + 0,25 %[2]	28,18
Rentenversicherung[1]	9,95 %	228,85
Arbeitslosenversicherung[1]	1,5 %	34,50
Auszahlungsbetrag:		1.485,36

[1] Arbeitnehmeranteil
[2] Der Zuschlag von 0,25 % entfällt, wenn der Arbeitnehmer jünger als 23 Jahre ist oder Kinder hat.

Gesetzliche, tarifvertragliche und freiwillige Sozialleistungen

Zusätzlich zum Grundlohn bzw. -gehalt entstehen für die Arbeitgeber noch zahlreiche weitere **Zusatzkosten**, z. B.:

- Arbeitgeberanteile zur Sozialversicherung
- Beiträge zur Unfallversicherung
- Lohnfortzahlung im Krankheitsfall
- Urlaubsgeld
- Zulagen, z. B. für Mehrarbeit, Sonntagsarbeit, Nachtarbeit

- Prämien für Verbesserungsvorschläge
- vermögenswirksame Leistungen des Betriebs
- 13. Monatsgehalt (Weihnachtsgeld)

Abführen der Lohnsteuer

Der Arbeitgeber Bellheim-BüroService GmbH ist verpflichtet, die Lohnsteuer der beschäftigten Arbeitnehmer ordnungsgemäß abzuführen.

Die Lohnsteuer ist monatlich vom Arbeitgeber zu errechnen und bis zum 10. des nächsten Monats an das zuständige Finanzamt abzuführen.

Um die Höhe der Lohnsteuer zu bestimmen, benötigt der Arbeitgeber:

- das Bruttoarbeitsentgelt
- die Lohnsteuerklasse des Arbeitnehmers
- den Steuertarif/die Lohnsteuertabellen

Bruttoarbeitsentgelt

Unter Bruttoarbeitsentgelt werden alle laufenden und einmaligen Einnahmen aus einer Beschäftigung verstanden.

Laufende Einnahmen

Beispiele:

- Lohn
- Gehalt
- vermögenswirksame Leistungen

Einmalige Einnahmen

Beispiele:

- Weihnachtsgeld
- Urlaubsgeld
- Provisionen

Grundsätzlich geht der Arbeitgeber davon aus, dass das Bruttoarbeitsentgelt das zu versteuernde Einkommen darstellt.

Lohnsteuerklassen

Mit dem Instrument der Steuerklassen hat der Gesetzgeber die Möglichkeit geschaffen, durch bestimmte steuermindernde Tatbestände, wie Familienstand/Anzahl der Kinder, die Höhe der monatlichen Lohnsteuerabzüge zu verringern. Dadurch soll erreicht werden, dass diese Tatbestände schon beim monatlichen Steuerabzug berücksichtigt werden.

Steuerklassen	Zuordnung der Arbeitnehmer
I	nicht verheiratete Arbeitnehmer, verwitwete Arbeitnehmer, geschiedene Arbeitnehmer, verheiratete Arbeitnehmer, die ständig getrennt leben
II	Arbeitnehmer der Steuerklasse I mit mindestens einem Kind, wenn ihnen der Entlastungsbeitrag für Alleinerziehende von 1.308,00 € zusteht.
III	verheiratete Arbeitnehmer, deren Ehegatte keinen Arbeitslohn bezieht bzw. verheiratete Arbeitnehmer, deren Ehegatte Arbeitsentgelt bezieht und nach Steuerklasse V besteuert wird
IV	verheiratete Arbeitnehmer, wenn beide Ehepartner Arbeitslohn beziehen
V	für in Steuerklasse IV aufgeführte Arbeitnehmer, wenn ein Ehegatte in Klasse III eingereiht ist
VI	für ein zusätzliches Arbeitsverhältnis

Anmerkung:
Sind beide Ehepartner berufstätig, können sie die folgenden Steuerklassenkombinationen wählen:

- Beide wählen die Steuerklasse IV. Das werden sie dann tun, wenn beide etwa gleich viel verdienen.

- Wählt ein Ehepartner die Steuerklasse III, muss der andere nach Steuerklasse V besteuert werden. Diese Kombination wird i. d. R. gewählt, wenn die Arbeitsverdienste unterschiedlich hoch sind. Um die monatliche Steuerbelastung so gering wie möglich zu halten, wird der Ehepartner mit dem höheren Einkommen die Steuerklasse III wählen.

Steuertarif

Wie hoch das zu versteuernde Einkommen **besteuert wird**, ergibt sich aus **dem Steuersatz**, dem sogenannten **Einkommensteuertarif**. Dabei muss der Gesetzgeber die Leistungsfähigkeit eines jeden Steuerpflichtigen berücksichtigen.

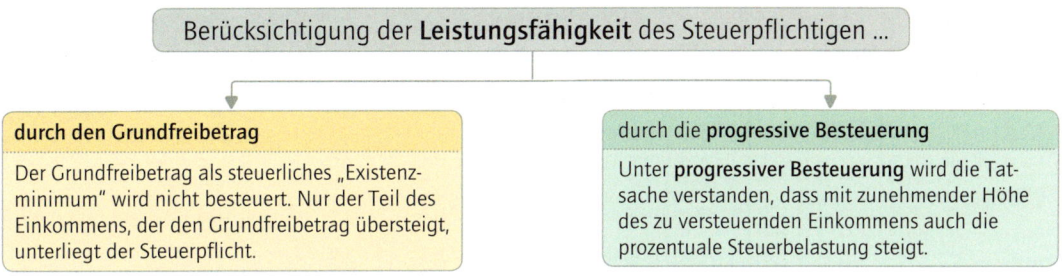

Berücksichtigung der **Leistungsfähigkeit** des Steuerpflichtigen ...

durch den Grundfreibetrag

Der Grundfreibetrag als steuerliches „Existenzminimum" wird nicht besteuert. Nur der Teil des Einkommens, der den Grundfreibetrag übersteigt, unterliegt der Steuerpflicht.

durch die progressive Besteuerung

Unter **progressiver Besteuerung** wird die Tatsache verstanden, dass mit zunehmender Höhe des zu versteuernden Einkommens auch die prozentuale Steuerbelastung steigt.

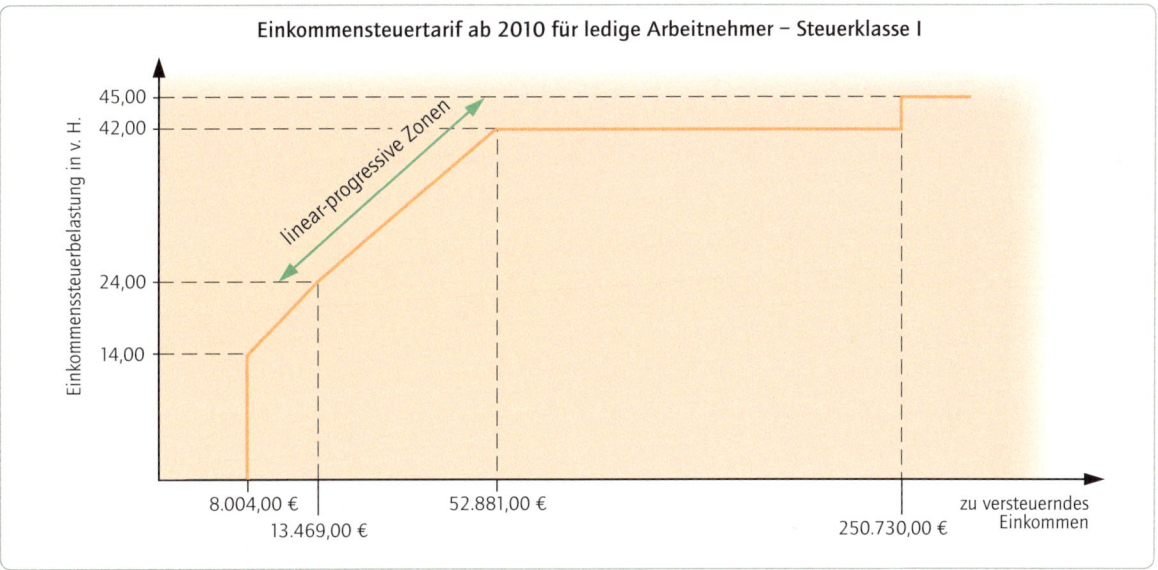

Einkommensteuertarif ab 2010 für ledige Arbeitnehmer – Steuerklasse I

Für **Verheiratete** verdoppeln sich die relevanten Werte:

- der Grundfreibetrag von 8.004,00 € auf 16.010,00 €,

- das maximal zu versteuernde Einkommen der ersten linear-progressiven Zone von 13.469,00 € auf 26.938,00 € und

- das maximal zu versteuernde Einkommen der zweiten linear-progressiven Zone von 52.881,00 € auf 105.764,00 €

Bezieher sehr hoher Einkommen (250.730,00 € Ledige, 500.000,00 € Verheiratete) müssen seit 2007 einen dreiprozentigen Zuschlag zur Einkommensteuer („Reichensteuer") zahlen. Gewinneinkünfte bleiben durch einen Entlastungsbetrag von diesem Steuerzuschlag verschont.

Beispiel:

Die Arbeitnehmerin Hanna Braun, ledig, keine Kinder, konfessionslos, Mitarbeiterin der Bellheim-BüroService GmbH, hat ein Bruttoeinkommen von 2.408,00 € monatlich. Für sie gilt die Steuerklasse I.

Gemäß der Berechnungsgrundlage des Finanzamtes überweist der Arbeitgeber 320,83 € monatlich an das Finanzamt (siehe Lohnsteuertabelle folgende Seite). Das Jahresbruttoeinkommen beträgt 28.896,00 €. Die Gesamtlohnsteuer beträgt für das Jahr 12 · 320,83 €, also 3.849,96 €.

Lohnsteuertabellen (Monat) ab 2010

Die Lohnsteuertabelle (Monat) gibt an, wie viel Lohnsteuer für die jeweiligen Bruttoarbeitsentgelte monatlich zu entrichten ist; z. B.:

Abzüge an Lohnsteuer, Solidaritätszuschlag (SolZ) und Kirchensteuer (8%, 9%) in den Steuerklassen

Linke Tabelle: **I – VI** (ohne Kinderfreibeträge). Rechte Tabelle: **I, II, III, IV** (mit Zahl der Kinderfreibeträge …).

Lohn/Gehalt bis €*	Kl.	LSt	SolZ	8%	9%	Kl.	LSt	0,5 SolZ	0,5 8%	0,5 9%	1 SolZ	1 8%	1 9%	1,5 SolZ	1,5 8%	1,5 9%	2 SolZ	2 8%	2 9%	2,5 SolZ	2,5 8%	2,5 9%	3** SolZ	3** 8%	3** 9%
2 387,99	I,IV	315,58	17,35	25,24	28,40	I	315,58	12,87	18,72	21,06	8,63	12,56	14,13	0,76	6,78	7,63	—	1,96	2,21	—	—	—	—	—	—
	II	284,58	15,65	22,76	25,61	II	284,58	11,26	16,38	18,42	7,12	10,36	11,66	—	4,81	5,41	—	0,55	0,62	—	—	—	—	—	—
	III	107,66	—	8,61	9,68	III	107,66	—	4,13	4,64	—	0,40	0,45	—	—	—	—	—	—	—	—	—	—	—	—
	V	572,50	31,48	45,80	51,52	IV	315,58	15,07	21,93	24,67	12,87	18,72	21,06	10,72	15,59	17,54	8,63	12,56	14,13	6,62	9,63	10,83	0,76	6,78	7,63
	VI	604,33	33,23	48,34	54,38																				
2 390,99	I,IV	316,33	17,39	25,30	28,46	I	316,33	12,90	18,77	21,11	8,67	12,62	14,19	0,88	6,83	7,68	—	2,—	2,25	—	—	—	—	—	—
	II	285,33	15,69	22,82	25,67	II	285,33	11,29	16,43	18,48	7,16	10,42	11,72	—	4,86	5,46	—	0,58	0,65	—	—	—	—	—	—
	III	108,33	—	8,66	9,74	III	108,33	—	4,17	4,69	—	0,42	0,47	—	—	—	—	—	—	—	—	—	—	—	—
	V	573,50	31,54	45,88	51,61	IV	316,33	15,12	21,99	24,74	12,90	18,77	21,11	10,76	15,65	17,60	8,67	12,62	14,19	6,65	9,68	10,89	0,88	6,83	7,68
	VI	605,50	33,30	48,44	54,49																				
2 393,99	I,IV	317,08	17,43	25,36	28,53	I	317,08	12,94	18,83	21,18	8,71	12,67	14,25	1,01	6,88	7,74	—	2,04	2,29	—	—	—	—	—	—
	II	286,—	15,73	22,88	25,74	II	286,—	11,33	16,48	18,54	7,19	10,46	11,77	—	4,90	5,51	—	0,61	0,68	—	—	—	—	—	—
	III	108,83	—	8,70	9,79	III	108,83	—	4,21	4,73	—	0,46	0,52	—	—	—	—	—	—	—	—	—	—	—	—
	V	574,50	31,59	45,96	51,70	IV	317,08	15,16	22,05	24,80	12,94	18,83	21,18	10,79	15,70	17,66	8,71	12,67	14,25	6,69	9,73	10,94	1,01	6,88	7,74
	VI	606,50	33,35	48,52	54,58																				
2 396,99	I,IV	317,83	17,48	25,42	28,60	I	317,83	12,98	18,88	21,24	8,74	12,72	14,31	1,15	6,94	7,80	—	2,07	2,33	—	—	—	—	—	—
	II	286,75	15,77	22,94	25,80	II	286,75	11,37	16,54	18,61	7,23	10,52	11,83	—	4,94	5,56	—	0,64	0,72	—	—	—	—	—	—
	III	109,50	—	8,76	9,85	III	109,50	—	4,25	4,78	—	0,49	0,55	—	—	—	—	—	—	—	—	—	—	—	—
	V	575,66	31,66	46,05	51,80	IV	317,83	15,19	22,10	24,86	12,98	18,88	21,24	10,83	15,76	17,73	8,74	12,72	14,31	6,72	9,78	11,—	1,15	6,94	7,80
	VI	607,66	33,42	48,61	54,68																				
2 399,99	I,IV	318,58	17,52	25,48	28,67	I	318,58	13,02	18,94	21,31	8,78	12,78	14,37	1,26	6,98	7,85	—	2,11	2,37	—	—	—	—	—	—
	II	287,50	15,81	23,—	25,87	II	287,50	11,41	16,60	18,67	7,26	10,57	11,89	—	4,99	5,61	—	0,68	0,76	—	—	—	—	—	—
	III	110,—	—	8,81	9,90	III	110,—	—	4,29	4,82	—	0,53	0,59	—	—	—	—	—	—	—	—	—	—	—	—
	V	576,50	31,70	46,12	51,88	IV	318,58	15,23	22,16	24,93	13,02	18,94	21,31	10,87	15,81	17,78	8,78	12,78	14,37	6,76	9,84	11,07	1,26	6,98	7,85
	VI	608,66	33,47	48,69	54,77																				
2 402,99	I,IV	319,33	17,56	25,54	28,73	I	319,33	13,06	19,—	21,37	8,82	12,83	14,43	1,40	7,04	7,92	—	2,15	2,42	—	—	—	—	—	—
	II	288,25	15,85	23,06	25,94	II	288,25	11,44	16,65	18,73	7,30	10,62	11,95	—	5,04	5,67	—	0,70	0,79	—	—	—	—	—	—
	III	110,66	—	8,85	9,95	III	110,66	—	4,33	4,87	—	0,56	0,63	—	—	—	—	—	—	—	—	—	—	—	—
	V	577,66	31,77	46,21	51,98	IV	319,33	15,28	22,22	25,—	13,06	19,—	21,37	10,91	15,87	17,85	8,82	12,83	14,43	6,79	9,88	11,12	1,40	7,04	7,92
	VI	609,66	33,53	48,77	54,86																				
2 405,99	I,IV	320,08	17,60	25,60	28,80	I	320,08	13,10	19,06	21,44	8,85	12,88	14,49	1,51	7,08	7,97	—	2,18	2,45	—	—	—	—	—	—
	II	289,—	15,89	23,12	26,01	II	289,—	11,49	16,71	18,80	7,34	10,68	12,01	—	5,08	5,71	—	0,74	0,83	—	—	—	—	—	—
	III	111,33	—	8,90	10,01	III	111,33	—	4,37	4,91	—	0,60	0,67	—	—	—	—	—	—	—	—	—	—	—	—
	V	578,66	31,82	46,29	52,07	IV	320,08	15,32	22,28	25,07	13,10	19,06	21,44	10,94	15,92	17,91	8,85	12,88	14,49	6,83	9,94	11,18	1,51	7,08	7,97
	VI	610,66	33,58	48,85	54,95																				
2 408,99	I,IV	320,83	17,64	25,66	28,87	I	320,83	13,14	19,11	21,50	8,89	12,94	14,55	1,65	7,14	8,03	—	2,22	2,50	—	—	—	—	—	—
	II	289,66	15,93	23,17	26,06	II	289,66	11,52	16,76	18,86	7,37	10,72	12,06	—	5,12	5,76	—	0,77	0,86	—	—	—	—	—	—
	III	111,83	—	8,94	10,06	III	111,83	—	4,41	4,96	—	0,62	0,70	—	—	—	—	—	—	—	—	—	—	—	—
	V	579,66	31,88	46,37	52,16	IV	320,83	15,35	22,34	25,13	13,14	19,11	21,50	10,98	15,98	17,97	8,89	12,94	14,55	6,87	9,99	11,24	1,65	7,14	8,03
	VI	611,83	33,65	48,94	55,06																				

Abführen der Kirchensteuer/des Solidaritätszuschlages

Zusätzlich zu dem Lohnsteuerabzug ist der Arbeitgeber Bellheim-BüroService GmbH verpflichtet, auch die Kirchensteuer und den Solidaritätszuschlag vom Bruttoarbeitsentgelt abzuziehen und an das Finanzamt abzuführen.

Kirchensteuer

Der Kirchensteuersatz beträgt in Bayern und Baden-Württemberg 8 % und in den übrigen Bundesländern 9 % der Lohnsteuer.

Steuerpflichtig sind alle Personen, die einer Steuer erhebenden Religionsgemeinschaft angehören.

Solidaritätszuschlag

Der Solidaritätszuschlag wird in Höhe von 5,5 % der Einkommensteuer festgelegt. Er dient der Aufbaufinanzierung der neuen Bundesländer.

Einkommensteuermindernde Abzüge

Das zu versteuernde Einkommen – und somit die Steuerschuld – eines Arbeitnehmers hängt nicht nur vom Bruttoarbeitsentgelt, der Steuerklasse und dem Steuertarif ab. Auch das Geltendmachen von

- **Werbungskosten**

- **Sonderausgaben** und

- **außergewöhnlichen Belastungen**

hat Einfluss auf die Höhe des zu versteuernden Einkommens. Da die anfallenden Werbungskosten, Sonderausgaben und außergewöhnlichen Belastungen erst am Ende des Jahres genau feststehen, kann der Arbeitnehmer eine Einkommensteuererklärung beim Finanzamt einreichen. Aufgrund dieser Steuererklärung ermittelt das Finanzamt die exakte Steuerschuld und erstattet gegebenenfalls zu viel gezahlte Steuer.

Dieser Antrag ist entweder handschriftlich auf speziellen Formularen auszufüllen oder online mit der elektronischen Steuererklärung **(Elster-Verfahren)** zu stellen.

Berechnung des zu versteuernden Einkommens eines Arbeitnehmers

Das zu versteuernde Einkommen berechnet sich wie folgt:

Jährliches Bruttoarbeitsentgelt
- Werbungskosten
- Sonderausgaben
- außergewöhnliche Belastungen

= zu versteuerndes Einkommenen

Das bringt die neue Werbungskostenpauschale

Berechnet für einen kinderlosen, gesetzlich versicherten Arbeitnehmer der Steuerklasse 1 mit einem jährlichen Bruttolohn von

15 000 €	20 000	30 000	40 000	50 000	60 000	ab 66 000

Entlastung durch die höhere Pauschale von 1000 Euro

16 €	21	25	28	32	36	36

Belastung durch höhere Sozialbeiträge
(mit Krankenkassen-Beitrag)

60 €	80	93	118	103	109	115

Quelle: NVL   dpa·14039

Werbungskosten

Werbungskosten sind Aufwendungen zur Erwerbung, Sicherung und Erhaltung von Einnahmen.

Entstehen nur geringe Werbungskosten, müssen diese dem Finanzamt nicht nachgewiesen werden. Es nimmt von sich aus für jeden Arbeitnehmer/jede Arbeitnehmerin im Jahr einen Pauschbetrag von 1.000,00 € an (Stand: 2011). Dieser Betrag wird als sogenannter Arbeitnehmer-Pauschbetrag automatisch vom Finanzamt berücksichtigt.

Beispiele:

- Aufwendungen für Fahrten zwischen Wohnung und Arbeitsstätte mit 0,30 € je Entfernungskilometer (Entfernungskilometer: nur eine Fahrstrecke)

- Arbeitskleidung

- Gewerkschaftsbeiträge

- Fortbildungskosten in einem ausgeübten Beruf

- Aufwendungen für Arbeitsmittel, u. a. Fachliteratur

Berechnungsbeispiel: Werbungskosten

Die Arbeitnehmerin Hanna Braun (Steuerklasse I) erzielte einen Jahresbruttolohn von 28.924,00 €.

Hanna Braun hat ein eigenes Auto, mit dem sie fünfmal pro Woche zur Arbeit fährt. Im Jahr sind das abzüglich Feiertagen 250 Arbeitstage. Im betreffenden Kalenderjahr hatte Frau Braun 30 Arbeitstage Urlaub und an 5 Arbeitstagen lag Arbeitsunfähigkeit aufgrund von Krankheit vor.

Frau Braun legte bis zu ihrer Arbeitsstelle 20 Entfernungskilometer zurück. Für Arbeitsmittel (Fachbücher, Fachzeitschriften) hatte Frau Braun im Jahr 325,00 € ausgegeben.

An Werbungskosten sind entstanden:

- die Fahrtkosten zur Arbeit

$$215 \cdot (20 \cdot 0{,}30 \text{ €}) = 1.290{,}00 \text{ €}$$

- Arbeitsmittel $= 325{,}00 \text{ €}$

Summe der Werbungskosten	1.615,00 €

In Höhe dieser Werbungskosten verringert sich das zu versteuernde Einkommen um 1.615,00 €. Beim Einbehalt der Lohnsteuer durch den Arbeitgeber wurde der Werbekostenpauschbetrag von 1.000,00 € bereits berücksichtigt.

Einkommensteuermindernde Abzüge

Sonderausgaben

Aus sozialen Gründen lässt der Gesetzgeber zu, dass bestimmte private Ausgaben bei der Berechnung des zu versteuernden Einkommens abgezogen werden dürfen. Diese Ausgaben werden nur bis zu bestimmten Höchstgrenzen vom Finanzamt anerkannt.

Bei den Sonderausgaben gibt es verschiedene Pauschbeträge. Liegen die Sonderausgaben unter dem jeweiligen Pauschbetrag, wird dieser Pauschbetrag automatisch vom Finanzamt berücksichtigt.

Beispiele:
- Vorsorgeaufwendungen wie (Sozial-)Versicherungsbeiträge
- Unterhaltsleistungen, z. B. an den geschiedenen Ehegatten
- übrige Sonderausgaben wie Kirchensteuer, Spenden, Ausbildungskosten in einem nicht ausgeübten Beruf

Außergewöhnliche Belastungen

Eine außergewöhnliche Belastung eines Steuerpflichtigen liegt dann vor, wenn er zwangsläufig größere Aufwendungen hat als die überwiegende Mehrheit der Steuerpflichtigen gleicher Einkommensverhältnisse; auch hier sind Höchstgrenzen zu beachten.

Beispiele:
- Aufwendungen wegen Betreuung von behinderten Kindern
- Aufwendungen für die auswärtige Unterbringung von Kindern
- Unterstützung bedürftiger Personen

Rechnungsbeispiel: tatsächlich zu versteuerndes Einkommen

Für die Arbeitnehmerin Hanna Braun ergibt sich nun Folgendes:

Jährliches Bruttoarbeitsentgelt	28.896,00 €	
− Werbungskosten	1.615,00 €	(Fahrtkosten, Arbeitsmittel)
− Sonderausgaben	1.700,00 €	(Sozialversicherungsbeiträge unter Berücksichtigung des Pauschbetrages)
− außergewöhnliche Belastung	800,00 €	(Unterstützung der Mutter)
= zu versteuerndes Einkommen	24.781,00 €	

Gemäß der ab 2010 gültigen Lohnsteuertabelle ergibt sich für ein zu versteuerndes Einkommen von 24.781,00 € eine Lohnsteuer von 2.898,96 €.

Der Arbeitgeber hat für das ganze Jahr 3.849,96 € Lohnsteuer abgeführt (siehe Beispiel S. 277). Durch die höheren Werbungskosten und die geltend gemachten Sonderausgaben sowie außergewöhnliche Belastungen bekommt Frau Braun im Rahmen der Einkommensteuerveranlagung den Betrag von 951,00 € (3.849,96 € − 2.898,96 €) erstattet.

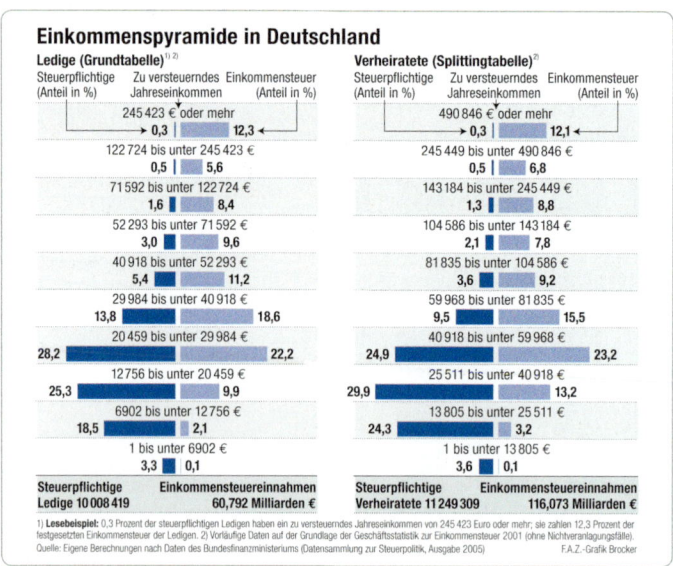

Merkmale jeder Versicherung

Risiko	Die Gefahr, dass ein negatives Ereignis eintritt, von dem niemand weiß, ob/wann es geschieht.
Risiko-/Gefahren-gemeinschaft	Der Zusammenschluss einer größeren Zahl von Menschen, die von dem/der gleichen Risiko/Gefahr bedroht sind. Das Risiko wird auf viele Schultern verteilt.
Versicherungsfall	Ein genau definiertes Ereignis, das die Leistungspflicht hervorruft.
Prämie/Beitrag	Der Preis dafür, dass im Versicherungsfall der Bedarf/Schaden gedeckt wird.
Rechtsanspruch auf Leistungen im Versicherungsfall	Im Versicherungsfall hat jedes Mitglied der Risiko-/Gefahrengemeinschaft einen einklagbaren Anspruch auf Ersatz des Schadens.

Einordnung der Versicherungsarten

Versicherungen aufgrund eines Vertrages (Individualversicherung)

Der Versicherte und das Versicherungsunternehmen einigen sich im Rahmen der Vertragsfreiheit auf Versicherungsverträge.

Beispiele:
- Lebensversicherung
- Hausratversicherung
- Haftpflichtversicherung
- private Krankenversicherung
- Betriebsunterbrechungsversicherung

Versicherung kraft Gesetz (Gesetzliche Sozialversicherung)

Diese **Versicherungspflicht** ist unabhängig vom Willen der Beteiligten. Sie kann weder schriftlich noch mündlich ausgeschlossen werden.

Es gibt folgende gesetzliche Sozialversicherungen:
- Krankenversicherung
- Rentenversicherung
- Unfallversicherung
- Arbeitslosenversicherung
- Pflegeversicherung

Gründe für die Versicherungspflicht

Arbeitnehmer/-innen – in der Regel Personen mit niedrigen Einkommen – sind besonders schutzbedürftig. Sie sollen durch die Versicherungspflicht Mitglieder einer Risiko-/Gefahrengemeinschaft (**Solidargemeinschaft**) werden, die dem Einzelnen eine gewisse **soziale Sicherheit**, z. B. bei Krankheit, Alter, Arbeitsunfall, Arbeitslosigkeit oder Pflegebedürftigkeit gewährt.

Gesetzliche Versicherungen

Statutory insurances

Gemeinsamkeiten der gesetzlichen Sozialversicherungen

- **Versicherter Personenkreis:**
  Grundsätzlich sind alle Arbeitnehmer/-innen (Arbeiter, Angestellte, Auszubildende) in der gesetzlichen Sozialversicherung pflichtversichert. Beamte gehören nicht zum hier versicherten Personenkreis. Arbeitnehmer, die oberhalb der Versicherungspflichtgrenze verdienen, können sich bei der Kranken- und Pflegeversicherung von der Versicherungspflicht befreien lassen.

  Besonderheiten in der Unfallversicherung:
  In der gesetzlichen Unfallversicherung sind neben den Arbeitnehmern noch verschiedene andere Personenkreise pflichtversichert, wie Schüler, Kindergartenkinder, Blutspender, Nothelfer bei Unfällen.

- **Beitragsberechnung:**
  Die **Beiträge zur Kranken-, Renten-, Unfall-, Arbeitslosenversicherung sind abhängig** von der wirtschaftlichen Leistungsfähigkeit (**Bruttoarbeitsentgelt des Versicherten**) und von dem **jeweiligen Beitragssatz**.
  Wer ein geringes Bruttoarbeitsentgelt bezieht, zahlt weniger als der Versicherte mit höherem Verdienst, der dadurch die Beiträge des Versicherten mit geringerem Arbeitsentgelt mit finanziert (**Solidaritätsprinzip**).
  Besonderheit bei der Unfallversicherung:
  Die Beiträge der Unfallversicherung sind u. a. abhängig von der **Lohnhöhe** des Arbeitnehmers/der Arbeitnehmerin und der **Gefahrenklasse des Unternehmens,** d. h. von der Gefährlichkeit des Berufes. So haben z. B. Fußballbundesliga-Spieler die Gefahrenklasse 47,75 – die Mitarbeiter im Handel die Gefahrenklassen 1,2 bis 5.

Gemeinsamkeiten der gesetzlichen Sozialversicherungen

Die Beiträge werden in der Regel **je zur Hälfte** durch den **Versicherten** und seinen **Arbeitgeber** aufgebracht. Besonderheit bei der Krankenversicherung: Ab 01.01.2011 beträgt der **allgemeine Beitragssatz 15,5 Prozent**.
Darin enthalten ist ein Anteil von 0,9 Prozent, der von den Versicherten allein als Sonderbeitrag getragen wird. Die verbleibenden 14,6 Prozent werden zu gleichen Teilen von Arbeitnehmern und Arbeitgebern übernommen. Das heißt, dass der Arbeitgeber 7,3 %, der Arbeitnehmer 8,2 % zu tragen hat.
Der Arbeitgeberanteil soll in Zukunft bei 7,3 Prozent eingefroren werden. Das bedeutet, dass zukünftige Anpassungen der Beitragssätze ausschließlich von den Versicherten bezahlt werden.

Besonderheit der Beitragsaufbringung in der Unfallversicherung:

Bei der Unfallversicherung bezahlt der **Arbeitgeber** die Beiträge **allein**.

- **Beitragsbemessungsgrenzen:**
  Die Beiträge werden grundsätzlich vom Bruttoarbeitsentgelt berechnet. Obergrenze des bei der Beitragsbemessung zu berücksichtigenden Entgelts ist die **Beitragsbemessungsgrenze**. Dies ist der **Höchstbetrag**, von dem Beiträge errechnet werden. Beitragsbemessungsgrenzen gibt es in der Kranken-, Pflege-, Renten- und in der Arbeitslosenversicherung.
  Das Festlegen von Beitragsbemessungsgrenzen bedeutet eine Einschränkung des Solidaritätsprinzips. Da aber die Naturalleistungen (Sach- und Dienstleistungen) bei allen Versicherten einen gewissen Durchschnittsbetrag nicht übersteigen, erscheint es dem Gesetzgeber gerechtfertigt, den Solidaranteil der Höherverdienenden, der die Finanzierung dieses Durchschnittsbetrages übersteigt, durch Beitragsbemessungsgrenzen zu begrenzen.

Besonderheit in der Unfallversicherung hinsichtlich der Beitragsbemessungsgrenzen:

Die Unfallversicherung kennt den Begriff „Beitragsbemessungsgrenze" nicht. Aber es gibt **Höchstarbeitsverdienstgrenzen**, bis zu denen der Arbeitgeber Beiträge aufzubringen hat.

- **Umlageverfahren:**
  Die Sozialversicherungen verwenden die laufenden Einnahmen für die laufenden Ausgaben. Sie leben sozusagen **„von der Hand in den Mund"**.
  Da bei rückläufigem Beitragseingang oder unerwartetem Ansteigen der Ausgaben (z. B. Auftreten einer Epidemie) die Leistungsfähigkeit der gesetzlichen Versicherung sofort gefährdet wäre, hat jeder gesetzliche Versicherungsträger zum Ausgleich von Einnahme- und Ausgabenschwankungen eine **Schwankungsreserve** und **Rücklagen** bereitzuhalten.

Gesetzliche Krankenversicherung

Statutory health insurance

- **Träger:**
  zum Beispiel: Ortskrankenkassen, Betriebskrankenkassen, Innungskrankenkassen, Ersatzkassen

- **Leistungsfälle:**
  zum Beispiel: – Krankheit
  – Schwangerschaft

- **Leistungen:**
  zum Beispiel: – ärztliche und zahnärztliche Behandlungen
  – Krankengeld
  – Rehabilitationskuren
  – Arznei- und Verbandsmittel
  – stationäre Entbindung
  – Krankenhausbehandlung
  – Mutterschaftsgeld

Alle Leistungen der gesetzlichen Krankenversicherung (nicht jedoch das Krankengeld) können grundsätzlich im Rahmen der **Familienversicherung** von den Ehegatten und den Kindern des Stammversicherten beansprucht werden.

Beispiel **zur Berechnung von Krankengeld:**

Der versicherungspflichtige Arbeitnehmer Walz (Monatsentgelt 2.100,00 € brutto / 1.200,00 € netto; keine Einmalzahlungen wie Weihnachtsgeld, Urlaubsgeld) ist seit dem 2. März an Lungenentzündung erkrankt. Sechs Wochen lang erhielt Walz nach dem Entgeltfortzahlungsgesetz seinen vollen Lohn von seinem Arbeitgeber Bellheim-BüroService GmbH. Erst danach wird Krankengeld gezahlt. Das Krankengeld wird für Kalendertage bezahlt. Es beträgt 70 % vom täglichen Bruttoarbeitsentgelt, darf aber 90 % des täglichen Nettolohnes nicht übersteigen, das heißt:

$$X_B = \frac{2.100 \cdot 70}{30 \cdot 100} = 49 \qquad X_B = \frac{2.100 \cdot 90}{30 \cdot 100} = 36$$

Das Krankengeld beträgt also kalendertäglich 36,00 €.

- **Träger:** die bei den jeweiligen Krankenkassen errichteten Pflegekassen

- **Leistungsfall:** Pflegebedürftigkeit
  Pflegebedürftig ist der Mensch, der wegen einer Krankheit oder Behinderung für die gewöhnlichen und regelmäßig wiederkehrenden **Verrichtungen des täglichen Lebens** auf **Dauer** Hilfe nötig hat, und zwar in den Bereichen der **Körperpflege**, der **Ernährung**, der **Mobilität** und der **hauswirtschaftlichen Versorgung.**

- **Kosten:**
  - Der Pflegeversicherungsbeitrag liegt bei 1,95 % des Bruttoverdienstes bis zur Beitragsbemessungsgrenze von 44.500,00 € jährlich (2011).
  - Die eine Hälfte (0,975 %) zahlt der Arbeitnehmer, maximal 36,20 € monatlich, die andere Hälfte der Arbeitgeber.

Übersicht über die wichtigsten Geldleistungen der PV			
Häusliche Pflege	Übernahme der Kosten für ambulante Pflegedienste (Sachleistungen) monatlich § 36 SGB XI	Zuschuss für pflegende Angehörige, Nachbarn oder Freunde (Pflegepersonen) (Geldleistungen) monatlich § 37 SGB XI	Stationäre Pflege in Heimen monatlich § 43 SGB XI
Pflegestufe 1 (mind. 1,5 Std./Tag Bedarf)	440,00 € (2010) 450,00 € (2012)	225,00 € (2010) 235,00 € (2012)	1.023,00 € (2008–2012)
Pflegestufe 2 (mind. 3 Std./Tag Bedarf)	1.040,00 € (2010) 1.110,00 € (2012)	430,00 € (2010) 440,00 € (2012)	1.279,00 € (2008–2012)
Pflegestufe 3 (mind. 5 Std./Tag Bedarf)	1.510,00 € (2010) 1.550,00 € (2012)	685,00 € (2010) 700,00 € (2012)	1.432.00 € (2008–2012)

Sach- und Geldleistungen nach §§ 36, 37 SGB XI können auch kombiniert in Anspruch genommen werden. Pflegepersonen, die nicht erwerbsmäßig einen Pflegebedürftigen in seiner häuslichen Umgebung pflegen, sind grundsätzlich in der gesetzlichen Unfall- und in der gesetzlichen Rentenversicherung versichert, ohne selbst einen Beitrag zahlen zu müssen.

Gesetzliche Unfallversicherung

Statutory accident insurance

- **Träger:** zum Beispiel Berufsgenossenschaften, Gemeindeunfallversicherungsverbände

- **Leistungsfälle:** zum Beispiel Arbeitsunfall infolge der versicherungspflichtigen Beschäftigung, Wegeunfall (Unfälle auf dem unmittelbaren Weg nach und von dem Ort der Tätigkeit), Berufserkrankungen

- **Leistungen:** zum Beispiel Maßnahmen zur Verhütung von Arbeitsunfällen, Berufsförderung zur Wiederherstellung der Erwerbsfähigkeit, Renten wegen Minderung der Erwerbsfähigkeit

Beispiel: **Liegt ein Arbeitsunfall vor?**

Ein kaufmännischer Angestellter isst in der Betriebskantine. Er verschluckt einen Kotelettknochen und verletzt sich an der Speiseröhre.

Ein Arbeitsunfall im Sinne der gesetzlichen Unfallversicherung liegt unter anderem dann vor, wenn zwischen der versicherten Beschäftigung als kaufmännischer Angestellter und dem Verschlucken des Knochens ein Zusammenhang besteht.

Es liegt **kein Arbeitsunfall** vor, da der Angestellte sich in seiner Arbeitspause beim Essen, also einer privaten, eigenwirtschaftlichen Verrichtung verschluckte, die nichts mit seiner versicherungspflichtigen Beschäftigung zu tun hat. Die notwendigen ärztlichen Leistungen müssen von der gesetzlichen Krankenversicherung übernommen werden.

- **Träger:** zum Beispiel Arbeitsagenturen

- **Leistungsfälle:** zum Beispiel Berufslosigkeit, Arbeitslosigkeit

- **Leistungen:** zum Beispiel
  - Berufsberatung
  - Arbeitsvermittlung
  - Insolvenzausfallgeld
  - Maßnahmen zur Erhaltung und Schaffung von Arbeitsplätzen
  - Kurzarbeitergeld
  - Arbeitslosengeld I

- **Voraussetzungen für den Erhalt von Arbeitslosengeld I**
  Der Versicherte muss ...
  1. arbeitslos sein,
  2. sich arbeitslos gemeldet haben,
  3. objektiv und subjektiv dem Arbeitsmarkt zur Verfügung stehen, d. h., er muss arbeiten wollen und arbeiten dürfen,
  4. einen Antrag gestellt haben,
  5. die Anwartschaftzeit erfüllt haben, d. h., er muss mindestens ein Jahr lang Beiträge in die Arbeitslosenversicherung gezahlt haben,
  6. jünger als 65 Jahre alt sein.

- **Dauer des Arbeitslosengeldbezuges I**
  Die Dauer des Arbeitslosengeldbezuges ist abhängig
  1. von der Dauer der Beitragszahlung in die Arbeitslosenversicherung und
  2. vom Lebensalter des Arbeitslosen.
  Arbeitslosengeld wird grundsätzlich auf die Dauer von 12 Monaten begrenzt. Arbeitslose ab 50 Jahren können maximal 15 Monate Arbeitslosengeld I (ALG I) erhalten, ab 55 Jahren maximal für 18 Monate, über 58-Jährige haben einen Anspruch von maximal 24 Monaten.

- **Höhe des Arbeitslosengeldes I**
  Die Höhe des Arbeitslosengeldes beträgt, wenn der Arbeitslose für mindestens **ein Kind** unterhaltspflichtig ist, **67 %** vom monatlichen Nettolohn. Muss der Betroffene **kein Kind** unterhalten, beträgt sein Arbeitslosengeld **60 %** vom monatlichen Nettolohn.

Bei dem Arbeitslosengeld I handelt es sich um eine Versicherungsleistung. Arbeitgeber und Arbeitnehmer zahlen Beiträge abhängig von der Höhe des Bruttoarbeitsentgeltes an die Bundesanstalt für Arbeit. Von diesen Beiträgen wird dann das Arbeitslosengeld I bezahlt.
Bei dem Arbeitslosengeld II handelt es sich um keine Versicherungsleistung. Beitragszahlungen stellen somit keine Voraussetzung für den Erhalt von Arbeitslosengeld II dar.
Die Zahlungen für das Arbeitslosengeld II werden aus Steuermitteln finanziert.

Im Rahmen der Grundsicherungsleistungen für Arbeitssuchende (Sozialgesetzbuch II) ist das Arbeitslosengeld II gesetzlich geregelt.

Arbeitslosengeld II erhalten Personen, die
- das 15., aber nicht das 65. Lebensjahr vollendet haben,
- erwerbsfähig sind,
- hilfebedürftig sind,
- ihren gewöhnlichen Aufenthalt in der Bundesrepublik haben.

Unter Erwerbsfähigkeit wird die Fähigkeit verstanden, durch Erwerbstätigkeit Einkommen zu erzielen.

Hilfebedürftigkeit liegt vor, wenn jemand seinen notwendigen Lebensunterhalt nicht oder nicht ausreichend aus eigenen Kräften (z. B. fehlendes Arbeitseinkommen, Auslaufen des Bezuges von Arbeitslosengeld I) und Mitteln (z. B. fehlende Einnahmen aus Geld- oder Sachvermögen) bestreiten kann.

Fall: Der erwerbsfähige, hilfebedürftige arbeitslose Industriekaufmann X (ledig, 34 Jahre alt, wohnhaft in Berlin) stellt einen Antrag auf Arbeitslosengeld II bei der zuständigen Grundsicherungsstelle, z. B. ARGE.

Im Rahmen des Arbeitslosengeldes II erhält X 2011 u. a. folgende Leistungen:

1. eine monatliche Regelleistung für die Ernährung, Kleidung, Körperpflege, Hausrat von 364,00 € (ab 2012 367,00 €)
2. angemessene Kosten für Unterkunft und angemessene Kosten für die Heizung – in Berlin wäre das eine Bruttowarmmiete von 378 €/monatlich
3. kostenloser Versicherungsschutz in der Krankenversicherung (Kosten für den Staat monatlich ca. 130 €)
4. kostenloser Versicherungsschutz in der Pflegeversicherung
5. Ab 2011 erhalten betroffene Kinder und Jugendliche Gutscheine über monatlich 10,00 € für Sport- oder Musikvereine, Leistungen für Schulmaterial (100 € jährlich), Zuschüsse für Schulausflüge (30,00 €) und bei Bedarf Zuschüsse für Nachhilfe sowie warmes Mittagessen in Schulen und Kindertagesstätten.

Den Empfängern von Arbeitslosengeld II ist grundsätzlich jede Arbeit zumutbar. Bei fehlender Eigeninitiative bei der Arbeitssuche können die Leistungen gekürzt bzw. verweigert werden.

- **Kurzarbeitergeld:**
  Werden Arbeitnehmer wegen eines „erheblichen Arbeitsausfalles" nicht vom Arbeitgeber beschäftigt, haben sie keinen Anspruch auf Arbeitsentgelt. In diesem Fall zahlt die Bundesagentur Kurzarbeitergeld in Höhe von 60 % (Arbeitnehmer ohne Kind) bzw. 67 % (Arbeitnehmer mit Kind) vom entfallenen Nettolohn. Der Zweck des Kurzarbeitergeldes liegt darin, dass der Arbeitgeber die Personalkosten senken kann, ohne die Arbeitnehmer zu entlassen. Nach Wegfall des „erheblichen Arbeitsausfalls" werden die Arbeitnehmer wieder voll beschäftigt.

- Träger – *zum Beispiel:*
  – Deutsche Rentenversicherung Westfalen
  – Deutsche Rentenversicherung Knappschaft – Bahn – See
  – Deutsche Rentenversicherung Bund

- Leistungsfälle – *zum Beispiel:*
  – Alter
  – Erwerbsunfähigkeit
  – Tod

- Leistungen – *zum Beispiel:*
  – Rehabilitation, Heilbehandlungen in Spezialkliniken, Umschulungsmaßnahmen. Das Ziel der Rehabilitation ist es, Beeinträchtigungen der Erwerbsfähigkeit der Versicherten oder ihr vorzeitiges Ausscheiden aus dem Erwerbsleben zu verhindern oder diese Versicherten möglichst dauerhaft in das Erwerbsleben wieder einzugliedern. Es gilt das **Prinzip „Rehabilitation vor Rente".**
  – Witwen- bzw. Witwerrenten
  – Waisenrenten
  – Altersrenten

- **Voraussetzungen für den Erhalt der (Regel-)Altersrente:**
  Der Versicherte muss ...
  1. die Wartezeit erfüllt haben, d.h., es müssen 5 Jahre (60 Monate) Beiträge zur Rentenversicherung eingezahlt worden sein,
  2. grundsätzlich das 65. Lebensjahr vollendet haben.

Jedoch werden aufgrund der u.a. durch den demographischen Wandel hervorgerufenen Finanzierungsprobleme der gesetzlichen Rentenversicherung ab 2012 die Altersgrenzen schrittweise über fast zwei Jahrzehnte hinweg auf das vollendete 67. Lebensjahr angehoben. Betroffen sind Versicherte ab dem Geburtsjahrgang 1947. Für diesen Jahrgang erhöht sich die Altersgrenze auf 65 Jahre und einen Monat. Ab dem Geburtsjahrgang 1964 beträgt die Altersgrenze 67 Jahre.

Will ein Versicherter eine Rente wegen Alters vorzeitig in Anspruch nehmen, verringert sich seine Rente für jeden früher genommenen Monat um 0,3 % (jährlich um 3,6 %).

- **Höhe einer Altersrente**

Beispiel:
Der 65-jährige Arbeitnehmer ist 45 Jahre lang bei seinem Arbeitgeber ohne Unterbrechung beschäftigt gewesen, er beantragt 2010 seine Regelaltersrente.
Für jedes Jahr seiner Beschäftigung ist vom Rentenversicherungsträger folgende „Entgeltpunkt"-Berechnung durchgeführt worden:
Es werden die jährlichen beitragspflichtigen Arbeitsentgelte des jeweiligen Arbeitnehmers durch das jährliche durchschnittliche Arbeitsentgelt aller in der Rentenversicherung pflichtversicherten Arbeitnehmer (allerdings ohne

Berücksichtigung der Auszubildenden) geteilt. Diese Durchschnittsentgelte werden jährlich neu berechnet; 1969 betrug das Durchschnittsentgelt z. B. 11.839,00 DM, 2009 30.506,00 €.

Gehen wir davon aus, dass unser Arbeitnehmer 2009 ein jährliches Arbeitsentgelt von 30.506,00 € erzielt hatte, erhält er für das Jahr 2009 1 Entgeltpunkt.

Hätte er 2009 nur ein jährliches Arbeitsentgelt von 15.253,00 € gehabt, hätte er nur 0,5 Entgeltpunkte erhalten.

Nehmen wir an, dass unser Arbeitnehmer in seinem gesamten Erwerbsleben insgesamt 45 Entgeltpunkte erwirtschaftet hat, dann erhalten wir die Höhe seiner monatlichen Regelaltersrente dadurch, dass wir seine 45 Entgeltpunkte mit dem „aktuellen Rentenwert" multiplizieren.

Dieser aktuelle Rentenwert wird jährlich vom Gesetzgeber am 01.07. vorgegeben und beträgt für die alten Bundesländer bis zum 30.06.2011 27,20 €.

Bei dem aktuellen Rentenwert handelt es sich um den Faktor, der garantiert, dass ein Arbeitnehmer, der 45 Entgeltpunkte in seinem Arbeitsleben erwirtschaftete, eine Regelaltersrente in Höhe von 67 % des Nettolohnes eines Versicherten erhält, der das Durchschnittsentgelt verdient.

In unserem Falle erhält der Arbeitnehmer eine monatliche Altersrente von 1.224,00 € (45 Entgeltpunkte × 27,20 € = 1.224,00 €).

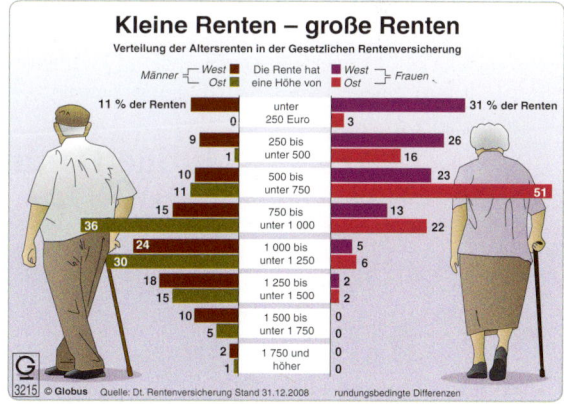

Grundbegriffe

„Vertragspartner": Die Generationen der beitragszahlenden Erwerbstätigen und die Generationen der Rentenempfänger.

„Vertragsinhalt": Die Arbeitnehmer bezahlen mit einem Teil ihres Arbeitsentgeltes die Renten. Gleichzeitig verlassen sich die Arbeitnehmer darauf, dass auch die folgende Generation ihnen ihren Ruhestand sichert.

Probleme des Generationenvertrages

Generationen im Wandel (Demografische Betrachtung)

Im Jahr 2000 wurden 32,3 Millionen Erwerbspersonen und 13,7 Millionen Rentner gezählt. Im Jahre 2030 werden nur noch 29,0 Millionen Erwerbspersonen 17,6 Millionen Rentnern gegenüberstehen. Die Bevölkerungsentwicklung in Deutschland befindet sich also in einem Teufelskreis, da die Zahl der Geburten laufend abnimmt. So sinkt die Bevölkerungszahl immer weiter, während das Durchschnittsalter gleichzeitig steigt. Diese Entwicklung belastet die sozialen Sicherheitssysteme erheblich: Immer weniger Erwerbspersonen zahlen Beiträge zur Rentenversicherung, aber immer mehr Menschen haben Rentenansprüche.

Höhere Lebenserwartung

Die Lebenserwartung der Rentner steigt laufend, Renten müssen somit immer länger bezahlt werden.

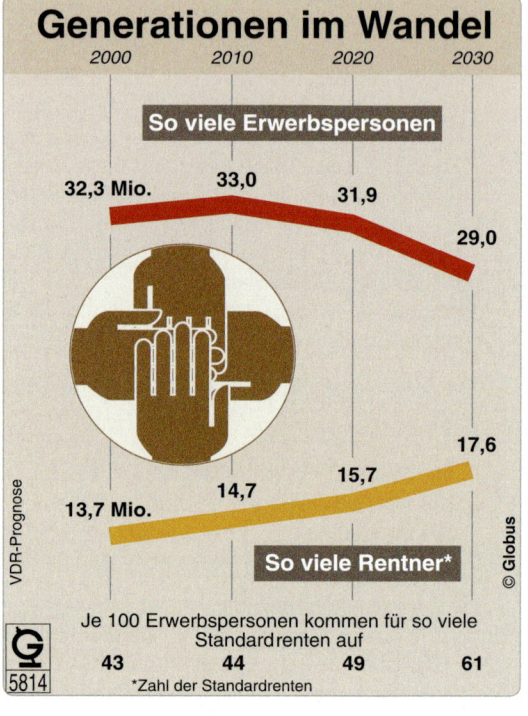

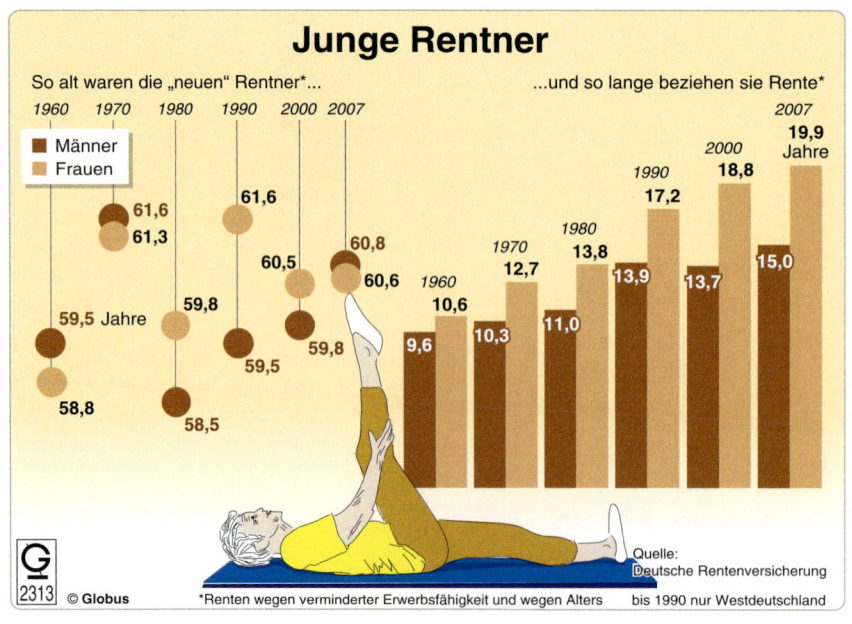

Probleme des Generationenvertrages

Hohe Arbeitslosigkeit

Durch die hohe Arbeitslosigkeit in Deutschland entstehen Einnahmeausfälle für die Rentenversicherung.

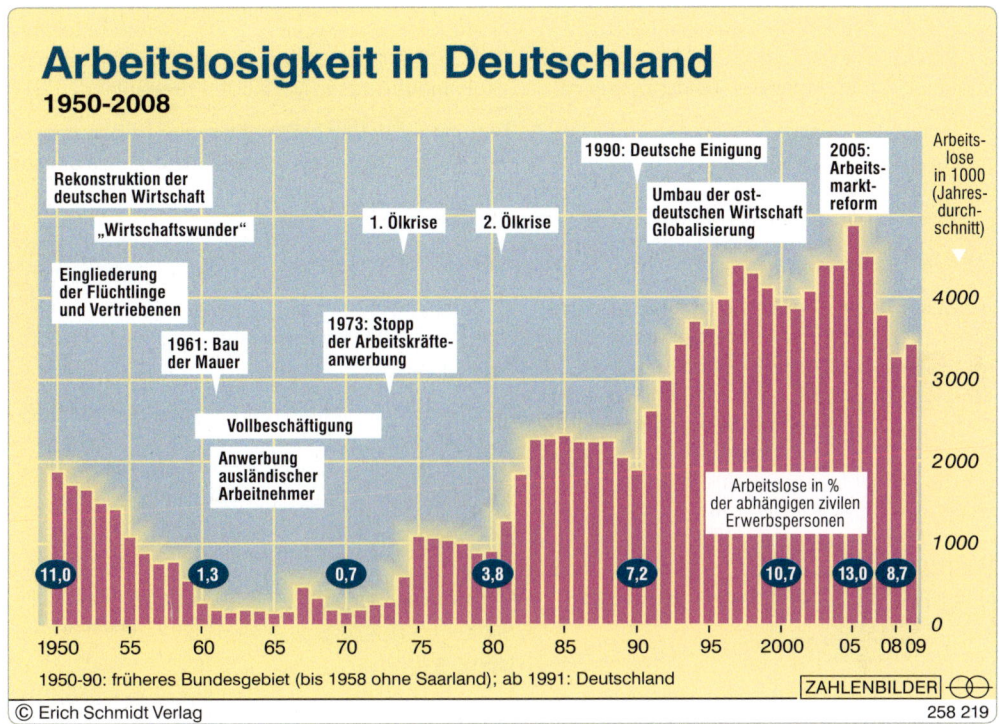

Konsequenzen

- **Erhöhung des Beitragssatzes**
  Die negativen Folgen der Beitragssatzerhöhung bestehen darin, dass der Konsum der Haushalte und die Investitionen der Unternehmen beeinträchtigt werden.

- **Absenkung des Rentenniveaus**
  Das Rentenniveau wird in den nächsten Jahren von **70% auf 67**% des durchschnittlichen Nettoarbeitsentgeltes eines Durchschnittsarbeitnehmers (2010 verdiente dieser 30.084,00 € jährlich brutto) sinken. Von diesem Rentenniveau hat der Rentner Beträge zur gesetzlichen Kranken- und Pflegeversicherung sowie Einkommensteuer zu zahlen.

- **Neue Formen der privaten Altersvorsorge**
  Neben der privaten Altersvorsorge, wie z.B. durch Lebensversicherung oder Schaffung von Wohneigentum, und der gesetzlichen Rentenversicherung ist eine neue freiwillige private Altersrente geschaffen worden, die „Riester-Rente" (Einzelheiten siehe S. 288 f.).

  Danach sollen Arbeitnehmer einen Teil ihres Bruttoarbeitsentgelts für die Altersvorsorge verwenden (ab 2002 ein Prozent, ab 2004 zwei Prozent, ab 2006 drei Prozent und ab 2008 vier Prozent). Diese Zahlungen werden staatlich durch direkte Zuschüsse oder Steuerentlastungen gefördert. Man hofft, dass dadurch 70% der Berechtigten motiviert werden, eine derartige Versicherung abzuschließen. Mit dieser Versicherung soll die Absenkung des Rentenniveaus ausgeglichen werden. Diese Altersabsicherung unterscheidet sich wesentlich von den Renten der gesetzlichen Rentenversicherung:

  - Das Prinzip der Umlagefinanzierung wird durch das **Kapitaldeckungsprinzip** ersetzt, d.h., Beiträge werden eingezahlt und zinsgünstig angelegt. Von diesen Geldern wird dann im Versicherungsfall (frühestens mit Vollendung des 60. Lebensjahres) die Leistung (eine Monatsrente als Leibrente auf Lebenszeit) bezahlt.

  - Die Beiträge werden nicht durch Arbeitgeber und Arbeitnehmer gemeinsam, sondern allein von den Arbeitnehmern getragen.

Gründe

- Die Mitglieder der gesetzlichen Rentenversicherung haben 2009 einen durchschnittlichen Rentenanspruch von 984,00 € monatlich; Tendenz sinkend!

- Miete und Nebenkosten, z. B. Energiekosten, betragen 2009 in Städten im Durchschnitt über 35 Prozent des mittleren Haushaltsnettoeinkommens; Tendenz steigend!

Diese beiden Nachrichten zwingen jeden Arbeitnehmer, sich Fragen zu seiner privaten Vorsorge zu stellen, zum Beispiel:

1. Was muss ich tun – und inwieweit unterstützt mich der Staat dabei –, damit ich als Rentner meinen Lebensstandard der Beschäftigungszeit erhalten kann?

2. Wie kann ich erreichen – und inwieweit unterstützt mich der Staat dabei –, dass ich mir Wohneigentum schaffe, um langfristig die Mietkosten zu sparen?

Zwei mögliche **Vorsorgemaßnahmen**, die vom Staat gefördert werden, sind die **Riester-Rente** und das **Bausparen**.

Riester-Rente

Um neben der gesetzlichen Altersrente noch zusätzliche Rentenleistungen zu erhalten, ist die sogenannte „Riester-Rente" (Walter Riester: ehemaliger Bundesminister für Arbeit und Sozialordnung) geschaffen worden. Sie stellt eine vom Staat durch Zulagen geförderte privat finanzierte Rente dar.

- **Berechtigte**

u. a. alle rentenversicherungspflichtigen Arbeitnehmer, Auszubildende

- **erforderliche jährliche Beiträge der berechtigten Arbeitnehmer**

4 % vom Vorjahresbruttoarbeitsentgelt (höchstens 2.100,00 €, Mindesteinlage 60,00 €)

Höchstzulagen			
Grundzulage Ledige	Grundzulage Verheiratete	Kinderzulage (pro Kind)	Zuschlag für nach dem 31.12.07 geborene Kinder
154,00 €	308,00 €	185,00 €	300,00 €

Um die Förderung in voller Höhe erhalten zu können, müssen die berechtigten Arbeitnehmer jedoch die erforderlichen Beiträge von **vier Prozent** ihres Vorjahresbruttoarbeitsentgelts in einen Riester-Vertrag einbezahlt haben. Dabei ist zu berücksichtigen, dass die Zulagen bereits mit den Beiträgen verrechnet werden, also nur die Differenz zwischen Zulage und Beitragssoll zu bezahlen ist (Jahreseigenbetrag).

Beispiel für Riester-Rente:
Der Großhandelskaufmann (30 Jahre alt, verheiratet, seine Ehefrau ist nicht berufstätig, 2 Kinder, geb. 2001 und 2006) hatte 2010 ein Bruttoarbeitsentgelt von 25.000,00 €. 2011 will er einen Riestervertrag abschließen. Als Kinderzulage kann das Ehepaar 370,00 € und als Höchstförderung für Verheiratete 308,00 € erwarten, wenn er 4 % von 25.000,00 € abzüglich der staatlichen Zulagen anspart. Das wäre eine Sparsumme im Jahr von 1000,00 € abzüglich 370,00 € und 308,00 €, also 322,00 € jährlich bzw. 26,83 € im Monat.

Der Kontenstand des Ehepaares auf ihren Riesterkonten beträgt zusammen für 2011 1000,00 €. Im Einzelnen setzt sich diese Summe wie folgt zusammen:

Ehemann: 846,00 € (322,00 € Jahreseigenbetrag, 154,00 € halbe Grundzulage Verheirate, 370,00 € Kinderzulage)
Ehefrau: 154,00 € (halbe Grundzulage Verheirate)

Berufseinsteigerbonus

Um vor allem junge Menschen für die private Altersvorsorge zu begeistern, erhalten Bürger bis zum 25. Lebensjahr einen Berufseinsteigerbonus von einmalig 200,00 €.

Leistungen

Die Auszahlung der Riester-Rente beginnt zeitgleich mit dem Eintritt in den Ruhestand und dem Beginn der Rentenzahlung aus der gesetzlichen Rentenversicherung. Tritt der Berechtigte bereits vor dem 65. Lebensjahr in den gesetzlichen Ruhestand ein, kann eine Auszahlung der Riester-Rente ebenfalls früher erfolgen, allerdings nicht vor dem 60. Lebensjahr.
Es handelt sich dabei um eine Leibrente, d. h. um eine Rente, die bis zum Tode des Empfängers monatlich gezahlt wird. Diese Riester-Rente, die neben der gesetzlichen Rente gezahlt wird, erhöht das verfügbare Einkommen im Rentenalter.

Eine Einmalentnahme von 30 % des geförderten Vermögens zu Beginn der Auszahlungsphase ist möglich.

Riester-Rente

Mögliche Höhe der Riester-Rente unter Berücksichtigung einer jährlichen Verzinsung von 4 %, einer jährlichen Gehaltssteigerung von 3 % und einer Anspardauer von 30 Jahren		
Sozialversicherungspflichtiges Einkommen im Jahr	Sparleistung im Jahr	Riester-Rente im Monat
5.000 €	200 €	94 €
10.000 €	400 €	188 €
15.000 €	600 €	282 €
20.000 €	800 €	376 €
25.000 €	1.000 €	470 €
30.000 €	1.200 €	564 €
40.000 €	1.600 €	752 €
50.000 €	2.000 €	941 €

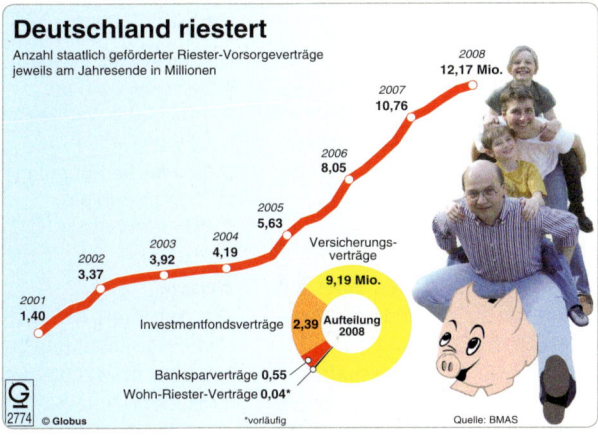

Bausparen

Ein Bausparvertrag ist ein Sparvertrag, den der Bausparer mit einer Bausparkasse seiner Wahl abschließt. Er wird zur Finanzierung von Wohneigentum benutzt. Die vertraglich vereinbarte Bausparsumme (z. B. 50.000,00 €) wird mit einem vertraglich festgelegten Prozentsatz angespart.

Bei Zuteilung des Vertrages – es müssen ca. 40 Prozent der vereinbarten Bausparsumme (z. B. 20.000,00 €) angespart worden sein, wird der bis zur abgeschlossenen Vertragssumme fehlende Teil (z. B. 30.000,00 €) als Bauspardarlehen zu günstigen Sollzinsen gewährt. Der Bausparer kann also bei Zuteilung über die volle Bausparsumme verfügen.

Förderung des Bausparens durch die vermögenswirksame Leistung des Arbeitgebers

Die **vermögenswirksame Leistung (VL)** ist eine tarifvertragliche oder durch Arbeitsvertrag vereinbarte Geldleistung durch den Arbeitgeber zusätzlich zum Arbeitsentgelt. Diese vermögenswirksame Leistung (maximal 40,00 € mo-natlich) wird nicht auf das Gehaltskonto des Arbeitnehmers überwiesen, sondern auf das Konto der von ihm gewählten Bausparkasse.

Bausparen und staatliche Förderung

Der Staat fördert das Bausparen auf zwei Arten: einmal durch das **Vermögensbildungsgesetz (Arbeitnehmersparzulage)** und darüber hinaus durch das Wohnungsbauprämiengesetz **(Wohnungsbauprämie)**.

Der Staat fördert das Bausparen, wenn der Sparer bis zu einer bestimmte Summe jährlich spart. Der Sparer erhält die Höchstförderung, wenn er den gesetzlich vorgegebenen **Höchstsparbetrag** leistet.

Der Staat sieht im Bausparen eine Anlageform, die vorzüglich geeignet ist, dem Bürger Wohneigentum zu schaffen. Dieses Wohneigentum entlastet den Bürger von Mietzahlungen.

Bausparen

Förderung des Bausparens nach dem Vermögensbildungsgesetz durch die Arbeitnehmersparzulage	
Geförderter Personenkreis	**Höchstförderung**
Arbeitnehmer, Beamte, Richter, Soldaten, die jährlich ■ als Ledige nicht mehr als **17.900,00 €** und ■ als Verheiratete nicht mehr als **35.800,00 €** pro Jahr zu versteuerndes Einkommen erzielen.	Es kann ein **Höchstsparbetrag** bis zu ■ 470,00 € (Ledige) ■ 940,00 € (Verheiratete) mit **9 %** Arbeitnehmersparzulage gefördert werden. Die maximale Förderung pro Jahr beträgt also: ■ 42,30 € (Ledige) ■ 84,60 € (Verheiratete)

Das Geld muss grundsätzlich **6 Jahre** lang *gespart* werden und ein Jahr ruhen. Mit dem Lohnsteuerjahresausgleich werden die Arbeitnehmer-Sparzulagen jährlich beim zuständigen FA beantragt und vom Finanzamt ausgezahlt.

Förderung des Bausparens nach dem Wohnungsbauprämiengesetz durch die Wohnungsbauprämie	
Geförderter Personenkreis	**Höchstförderung**
Berechtigter Personenkreis sind alle Personen, die das **16. Lebensjahr** vollendet haben, in Deutschland ansässig sind und als Ledige/Verheiratete die **Einkommensgrenze von 25.600,00 € / 51.200,00 €** zu versteuerndes Einkommen nicht überschreiten.	Es kann ein **Höchstsparbetrag** bis ■ 512,00 € (Ledige) ■ 1.024,00 € (Verheiratete) mit einer Prämie von 8,8 % gefördert werden. Die maximale Förderung pro Jahr beträgt also: ■ 45,06 € (Ledige) ■ 90,11 € (Verheiratete)

Die Wohnungsbauprämie wird jährlich mittels eines amtlich vorgeschriebenen Antrages an die zuständige Bausparkasse ermittelt. Der Sparer erhält die Wohnungsbauprämie nur, wenn er den Bausparvertrag zu wohnwirtschaftlichen Zwecken benutzt wie zum Kauf von Grundstücken oder Kauf bzw. Modernisierung von Häusern oder Wohnungen.

Beispiel:
Ein zum Kreis der Berechtigten gehörender Arbeitnehmer spart auf seinen Bausparvertrag 1.200,00 € jährlich. Dann erhält er für 470,00 € Sparsumme 42,30 € Arbeitnehmersparzulage und für 512,00 € Sparsumme 45,06 € Wohnungsbauprämie, also insgesamt eine staatliche Förderung von 87,36 € jährlich.

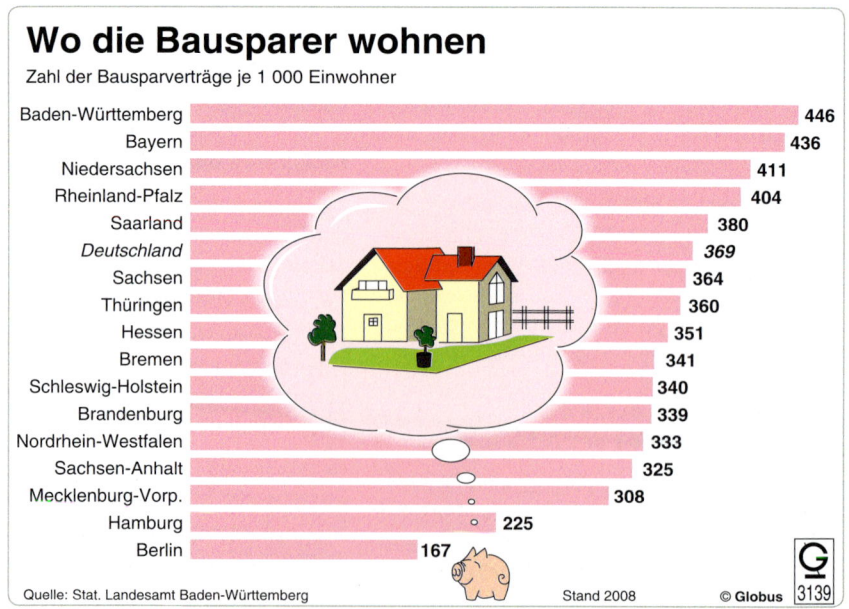

Wo die Bausparer wohnen

Zahl der Bausparverträge je 1 000 Einwohner

Baden-Württemberg	446
Bayern	436
Niedersachsen	411
Rheinland-Pfalz	404
Saarland	380
Deutschland	*369*
Sachsen	364
Thüringen	360
Hessen	351
Bremen	341
Schleswig-Holstein	340
Brandenburg	339
Nordrhein-Westfalen	333
Sachsen-Anhalt	325
Mecklenburg-Vorp.	308
Hamburg	225
Berlin	167

Quelle: Stat. Landesamt Baden-Württemberg   Stand 2008   © Globus 3139

Begriff

Unter Sozialbudget versteht man alle Sozialleistungen, die in einem Jahr vom Bund, von den Ländern, von den Kommunen, den öffentlichen Körperschaften (Sozialversicherungsträgern) und den Arbeitgebern den Bürgern gewährt werden.

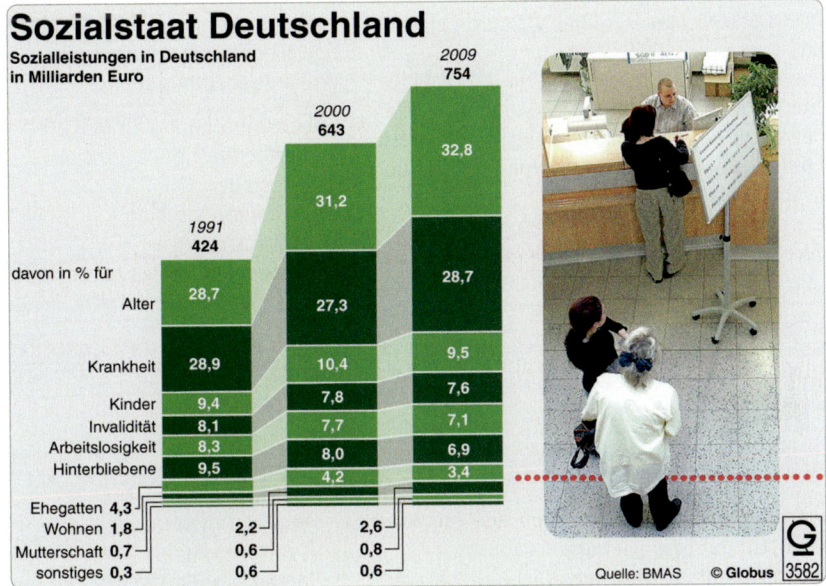

Sozialstaat Deutschland
Sozialleistungen in Deutschland in Milliarden Euro

	1991 424	2000 643	2009 754
		31,2	32,8
davon in % für Alter	28,7	27,3	28,7
Krankheit	28,9	10,4	9,5
Kinder	9,4	7,8	7,6
Invalidität	8,1	7,7	7,1
Arbeitslosigkeit	8,3	8,0	6,9
Hinterbliebene	9,5	4,2	3,4
Ehegatten	4,3		
Wohnen	1,8	2,2	2,6
Mutterschaft	0,7	0,6	0,8
sonstiges	0,3	0,6	0,6

Quelle: BMAS   © Globus   3582

Sozialleistungen werden erbracht vom/von ...

Bund	Ländern	Kommunen	Öffentlichen Körperschaften	Arbeitgeber
Beispiele:	*Beispiele:*	*Beispiele:*	*Beispiele:*	*Beispiele:*
▪ Kindergeld ▪ Wohngeld ▪ Arbeitslosengeld II ▪ Zulagen (Riester-Rente)	▪ Pensionen für Landesbeamte ▪ öffentliches Gesundheitswesen	▪ Sozialhilfe ▪ Pensionen für kommunale Beamte	▪ Altersrenten ▪ Krankengeld ▪ Arbeitslosengeld I ▪ Unfallrenten	▪ Entgeltfortzahlung ▪ betriebliche Altersversorgung

Finanzierung des Sozialbudgets

Das **Sozialbudget** wird **finanziert** durch

- **Steuerzahlungen** der Steuerpflichtigen an den Bund, an die Länder, an die Kommunen,

- **Beitragszahlungen** der versicherten Arbeitnehmer und deren Arbeitgeber an die Sozialversicherungsträger und

- **Geldleistungen** der Arbeitgeber.

Das Sozialbudget wird von Jahr zu Jahr größer. Die Gründe liegen u.a. darin, dass Transferleistungen wie Altersrenten, Sozialhilfeleistungen, Arbeitslosengeld II, Krankengeld, Wohngeld, Ausbildungsförderungen in regelmäßigen Abständen dynamisiert, d.h. den steigenden Löhnen und Gehältern angepasst werden. Ein weiterer Grund für das Ansteigen der Sozialleistungen liegt in der Schaffung von neuen Transferleistungen, wie z.B. Zuschüsse des Staates zu der neuen kapitalgedeckten Altersversorgung.

Sozialleistungsquote

Die Sozialleistungsquote gibt das Verhältnis des Sozialbudgets zum Bruttoinlandsprodukt an. Diese Sozialleistungsquote liegt bei etwa 30%. Im Jahr **2007** betrug die Sozialleistungsquote **29,3%**, im Jahr **2009** wegen der Auswirkungen der Wirtschaftskrise **31,9%**.

Fast jeder dritte Euro wird somit in Deutschland für soziale Leistungen ausgegeben. Zwar ergibt sich daraus eine Steigerung der Transferleistungen für betroffene Bürger, aber auch eine steigende Belastung der Steuer-/Beitragszahler und Arbeitgeber.

Lohn- bzw. Gehaltsabrechnung

Bruttolohn/-gehalt[1]
- Lohnsteuer
- Solidaritätszuschlag (5,5 % der Lohnsteuer)
- ggf. Kirchensteuer (8 % bzw. 9 % der Lohnsteuer, je nach Bundesland)
- Arbeitnehmeranteil an der Sozialversicherung (Arbeitslosen-, Renten-, Kranken-, Pflegeversicherung, wobei der Arbeitnehmeranteil der Pflegeversicherung für kinderlose Arbeitnehmer zwischen 23 und 64 Jahren 1,225 % beträgt; siehe Sozialversicherungstabelle)
- Zuschläge für Zahnersatz (0,4 % vom Bruttoarbeitsentgelt) und für Krankengeld (0,5 %), an denen sich der Arbeitgeber nicht beteiligt (gültig seit 1. Juli 2005)

= Nettolohn/-gehalt

[1] Zu den einzelnen Gliedern der Lohn- bzw. Gehaltsabrechnung sowie ihrer Berechnung siehe ausführlich S. 275 ff.

Beispiel:

Monika Weber, wohnhaft in Braunschweig, ist Sachbearbeiterin in der Einkaufsabteilung der Bellheim-BüroService GmbH. Sie ist verheiratet, evangelisch, hat zwei schulpflichtige Kinder und ist zurzeit Alleinverdienerin in der Familie. Ihr Tarifgehalt beträgt monatlich 2.346,50 €.

Gehaltsabrechnung für Mai 20..

Bruttogehalt	2.346,50 €
– Lohnsteuer	144,50 €
– Solidaritätszuschlag	0,00 €
– Kirchensteuer	0,00 €
– Arbeitnehmeranteil zur Sozialversicherung	482,41 €
– Zuschlag Zahnersatz/Krankengeld	21,12 €
= Nettogehalt (Auszahlungsbetrag)	1.698,47 €

Konten

- Bruttolöhne bzw. Bruttogehälter werden auf den Aufwandskonten **„Löhne"** bzw. **„Gehälter"** gebucht.
- Lohnsteuer, Solidaritätszuschlag und Kirchensteuer werden vom Arbeitgeber für den Arbeitnehmer bis zum 10. des folgenden Monats an das Finanzamt abgeführt. Bis dahin werden die entsprechenden Beträge auf das passive Bestandskonto **„Sonstige Verbindlichkeiten gegenüber Finanzbehörden"** (kurz: FB-Verbindlichkeiten) gebucht.
- Der Arbeitgeber behält ebenfalls den Arbeitnehmeranteil zur Sozialversicherung sowie die Zuschläge zu Zahnersatz und Krankengeld ein. Zusammen mit dem Arbeitgeberanteil zur Sozialversicherung sind die Sozial-

abgaben in voraussichtlicher Höhe von der jeweiligen Krankenkasse bis zum drittletzten Bankarbeitstag des Monats, in dem die Beschäftigung erfolgt, im Lastschriftverfahren zu vereinnahmen. Dabei sind die Daten vom Arbeitgeber vorab an die Krankenkasse elektronisch zu übermitteln. Der Bankeinzug wird auf dem aktiven Bestandskonto **„SV-Vorauszahlung"** gebucht und später bei der Buchung des Arbeitgeberanteils zur Sozialversicherung und der Löhne/Gehälter verrechnet.
- Der Arbeitgeberanteil zur Sozialversicherung ist ein Kostenfaktor für das Unternehmen; daher muss er als Aufwand auf dem Aufwandskonto **„Arbeitgeberanteil zur Sozialversicherung"** gebucht werden.

Buchungen

Beispiel:

Die Gehaltsabrechnung für Monika Weber für den Monat Mai 20.. wird in der Finanzbuchhaltung der Bellheim-BüroService GmbH **gebucht:**

(1) Bankeinzug der Sozialversicherungsbeiträge Ende Mai 20.. (drittletzter Bankarbeitstag):

SV-Vorauszahlung	985,94 €	
an Bankguthaben		985,94 €

(2) Banküberweisung des Gehaltes Ende Mai 20..:

Gehälter	2.346,50 €	
an FB-Verbindlichkeiten		144,50 €
an SV-Vorauszahlung		503,53 €
an Bankguthaben		1.698,47 €

(3) Arbeitgeberanteil zur Sozialversicherung:

Arbeitgeberanteil zur Sozialversicherung	482,41 €	
an SV-Vorauszahlungen		482,41 €

(4) Banküberweisung von Lohn- und Kirchensteuer sowie Solidaritätszuschlag am 10. Juni 20..:

FB-Verbindlichkeiten	144,50 €	
an Bankguthaben		144,50 €

Vorschüsse

- Vorschüsse, die in einer Entgeltperiode (z. B. Monat) an Mitarbeiter gezahlt werden, stellen für das Unternehmen Forderungen dar, die auf dem aktiven Bestandskonto **„Forderungen an Mitarbeiter"** erfasst werden.

- Am Ende der Entgeltperiode werden die Vorschüsse mit den Auszahlungsbeträgen verrechnet, sodass sich diese in entsprechender Höhe verringern.

Beispiel:

Monika Weber erhält am 10. Juni 20.. einen Barvorschuss von 200,00 €.

Buchungssatz bei Zahlung des Vorschusses:

Forderungen an Mitarbeiter	200,00 €	
an Kasse		200,00 €

Buchungssatz per 30. Juni 20..:

Gehälter	2.346,50 €	
an FB-Verbindlichkeiten		144,50 €
an SV-Vorauszahlung		503,53 €
an Forderungen an Mitarbeiter		200,00 €
an Bankguthaben		1.498,47 €

Übrige Buchungen der Gehaltsabrechnung: siehe die Ziffern (1), (3) und (4) auf S. 292.

Vermögenswirksame Leistungen

Die nach dem dritten Vermögensbildungsgesetz vom 1. Januar 1999 vermögenswirksam angelegten und staatlich geförderten Sparleistungen[1] können auf verschiedene Weise aufgebracht werden:

- allein vom Arbeitnehmer,

- allein vom Arbeitgeber oder

- von beiden gemeinsam zu bestimmten Anteilen.

[1] Zum vermögenswirksamen Sparen siehe ausführlich S. 274.

Konten

- Sofern der Arbeitgeber die Sparleistung (mit)aufbringt, erhöhen sich die Personalkosten des Unternehmens und zugleich das lohnsteuerpflichtige Entgelt des Arbeitnehmers. Der Arbeitgeberanteil wird auf dem **Aufwandskonto** „Sonstige tarifliche oder vertragliche Aufwendungen" gebucht; er kann auch direkt auf den Konten „Löhne" oder „Gehälter" erfasst werden.

- Die Sparleistung ist vom Arbeitgeber an das Anlageinstitut abzuführen. Solange die Überweisung noch nicht erfolgt ist, werden diese Beträge auf dem **passiven Bestandskonto** „Verbindlichkeiten aus vermögenswirksamen Leistungen" (kurz: VL-Verbindlichkeiten) gebucht.

Beispiel:

Monika Weber erhält aufgrund des Tarifvertrages zusätzlich zu ihrem Bruttogehalt von 2.346,50 € vom Arbeitgeber noch 39,00 € vermögenswirksame Leistung, die zusammen mit ihrem Eigenanteil an der Sparleistung von ebenfalls 39,00 € auf ihr Konto bei der Bausparkasse zu überweisen ist.

Gehaltsabrechnung:

Bruttogehalt		2.346,50 €
+ vermögenswirksame Leistung des Arbeitgebers		39,00 €
= lohnsteuer- und sozialversicherungspflichtiges Gehalt		2.385,50 €
– Lohn- und Kirchensteuer sowie Solidaritätszuschlag		153,53 €
– Arbeitnehmeranteil an der Sozialversicherung		490,43 €
– Zuschlag Zahnersatz/Krankengeld		21,47 €
– vermögenswirksame Sparleistung		78,00 €
= Nettogehalt (Auszahlungsbetrag)		1.642,07 €

Buchungen Ende des Monats:

SV-Vorauszahlung	1.002,33 €	
an Bankguthaben		1.002,33 €
Gehälter	2.346,50 €	
Sonstige tarifliche oder vertragliche Aufwendungen	39,00 €	
an FB-Verbindlichkeiten		153,53 €
an SV-Vorauszahlung		511,90 €
an VL-Verbindlichkeiten		78,00 €
an Bankguthaben		1.642,07 €
Arbeitgeberanteil zur Sozialversicherung	490,43 €	
an SV-Vorauszahlung		490,43 €

Buchungen im folgenden Monat:

FB-Verbindlichkeiten	153,53 €	
an Bankguthaben		153,53 €
VL-Verbindlichkeiten	78,00 €	
an Bankguthaben		78,00 €

Begriff

Unter dem Begriff **Personalentwicklung** werden alle Maßnahmen zusammengefasst, die die individuelle Entwicklung der Mitarbeiter fördern und ihnen unter Berücksichtigung ihrer persönlichen Wünsche und Interessen die Qualifikationen vermitteln, die zur optimalen Erfüllung ihrer Aufgaben nötig sind.

Ziele

aus der Sicht des Unternehmens

- flexibel agierende und reagierende Mitarbeiter
- aufgabengerechter Einsatz der Mitarbeiter entsprechend ihrer persönlichen und fachlichen Fähigkeiten
- wachsende Fähigkeit der Mitarbeiter, die immer komplexer werdenden Aufgaben in der betrieblichen Praxis zu erfüllen
- Schaffung einer Unternehmenskultur
- Verbesserung der Handlungsorientierung und der Selbstorganisation der Mitarbeiter
- Förderung der Bereitschaft der Mitarbeiter, neuen Entwicklungen positiv gegenüberzustehen
- Verbesserung der Fähigkeit der Mitarbeiter, das Lernen zu lernen

aus der Sicht der Mitarbeiter-/innen

- Aufgabenstellungen, die die individuellen Einsatzwünsche berücksichtigen
- Zufriedenheit am Arbeitsplatz
- Möglichkeit zur Fort- und Weiterbildung entsprechend der eigenen Vorstellungen
- Abbau von Über- oder Unterforderungen am Arbeitsplatz

Arten

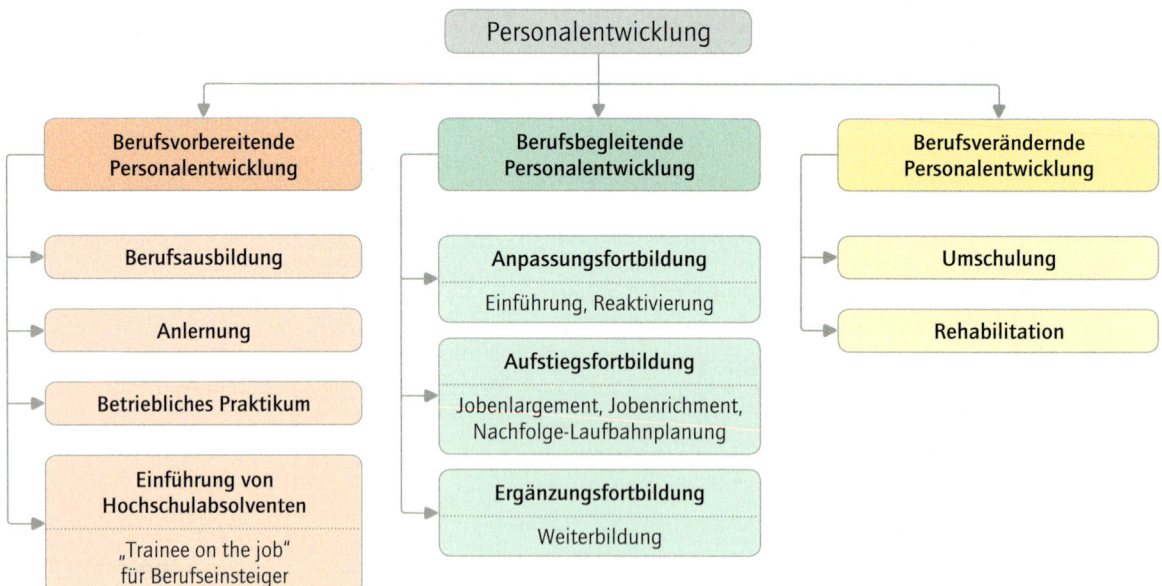

Beispiel (Auszug):

Berufsausbildungsvertrag

Zwischen der **Bellheim-BüroService GmbH** – nachstehend der Ausbildende genannt – und der Auszubildenden **Christina Heckert** – nachstehend die Auszubildende genannt – wird dieser Vertrag zur Ausbildung im Ausbildungsberuf

Kauffrau im Groß- und Außenhandel

nach Maßgabe der geltenden Ausbildungsverordnung geschlossen.

§ 1 Ausbildungsdauer/Probezeit

Die Ausbildungsdauer beträgt drei Jahre, die Probezeit vier Monate. Besteht die Auszubildende vor Ablauf der vereinbarten Ausbildungsdauer von drei Jahren die Abschlussprüfung, endet das Berufsausbildungsverhältnis mit dem Tage der Feststellung des Prüfungsergebnisses. Besteht die Auszubildende die Abschlussprüfung nicht, so verlängert sich das Berufsausbildungsverhältnis auf ihr Verlangen bis zur nächstmöglichen Wiederholungsprüfung, im Falle des Nichtbestehens der Wiederholungsprüfung bis zu einer zulässigen zweiten Wiederholungsprüfung, höchstens jedoch insgesamt um ein Jahr.

§ 2 Pflichten des Ausbildenden

Der Ausbildende verpflichtet sich,

- der Auszubildenden die Kenntnisse und Fertigkeiten in der vorgesehenen Ausbildungszeit zu vermitteln, die zum Erreichen des Ausbildungszieles nach der Ausbildungsordnung erforderlich sind. Der beigefügte zeitlich und sachlich gegliederte Ausbildungsplan ist Bestandteil dieses Vertrages;
- selbst auszubilden oder eine geeignete Ausbilderin bzw. einen geeigneten Ausbilder damit zu beauftragen;
- die Auszubildende zum Besuch der Berufsschule anzuhalten und dafür freizustellen;
- die Führung des Berichtshefts regelmäßig zu kontrollieren;
- dafür zu sorgen, dass die Auszubildende charakterlich gefördert sowie sittlich und körperlich nicht gefährdet wird;
- ...

§ 3 Pflichten der Auszubildenden

Die Auszubildende hat sich zu bemühen, die Fertigkeiten und Kenntnisse zu erwerben, die erforderlich sind, um das Ausbildungsziel zu erreichen. Sie verpflichtet sich insbesondere,

- am Berufsschulunterricht und an den Prüfungen teilzunehmen;
- den Weisungen zu folgen, die im Rahmen der Berufsausbildung von dem Ausbildenden oder einer anderen weisungsberechtigten Person erteilt werden;
- die Betriebsordnung zu beachten;
- ...

§ 4 Vergütung

Die Ausbildungsvergütung beträgt monatlich

- 500,00 € brutto im 1. Ausbildungsjahr,
- 600,00 € brutto im 2. Ausbildungsjahr,
- 700,00 € brutto im 3. Ausbildungsjahr.

Inhalt

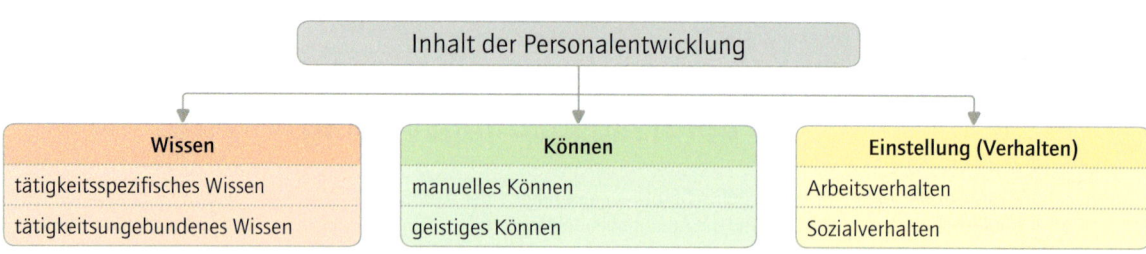

Inhalt der Personalentwicklung

Wissen	Können	Einstellung (Verhalten)
tätigkeitsspezifisches Wissen	manuelles Können	Arbeitsverhalten
tätigkeitsungebundenes Wissen	geistiges Können	Sozialverhalten

vgl. Jung, Hans: Allgemeine Betriebswirtschaftslehre, a. a. O., Seite 899

Methoden

on the job → am Arbeitsplatz	off the job → außerhalb des Arbeitsplatzes
▪ Systematische Vermittlung von Fertigkeiten für die Ausführung einzelner Arbeitsschritte. Der Lernvorgang erfolgt hierbei in genau festgelegten Lernschritten. Der formale Ablauf einer Unterweisung gliedert sich z. B. in folgende vier Stufen: – Vorbereitung – Vorführung und Erklärung durch den Unterweisenden – Ausführung durch die Lernende bzw. den Lernenden – Übung ▪ Anleitung und Beratung durch die vorgesetzten Stellen ▪ Mitarbeiter erhalten die Möglichkeit, durch ständigen Arbeitsplatzwechsel (Jobrotation) neue Aufgabengebiete kennenzulernen. ▪ Übertragung von mehr Kompetenzen und weiteren Aufgaben ▪ Arbeitsplatzorientierte Weiterbildungsmaßnahmen, z. B. Weiterbildungskonzeption für IT-Berufe	▪ Die Mitarbeiter bzw. Auszubildenden erarbeiten sich im Selbststudium den Lehrstoff in kleinen Lernsequenzen mit ständiger Kontrolle über den Lernfortschritt. ▪ Ein Vortragender hält vor einer größeren Anzahl von Mitarbeitern bzw. Auszubildenden eine Vorlesung. ▪ Bei der Konferenzmethode werden die Mitarbeiter bzw. Auszubildenden aktiv im Rahmen einer Diskussion beteiligt. ▪ Fort- und Weiterbildungsmaßnahmen unter Einsatz der Fallmethode, des Rollenspiels und des Planspiels ▪ Mithilfe gruppendynamischer Methoden kann den Teilnehmern bewusst gemacht werden, wie sie auf andere Teilnehmer wirken und welche Reaktionen sie bei Kritik durch die anderen Teilnehmer zeigen. ▪ Assessmentcenter können auch im Rahmen der Pesonalentwicklung eingesetzt werden. Konstruktive Kritik in Form von Rückkopplungsgesprächen und abschließenden Gutachten bieten den Teilnehmern Gelegenheit, ein realistisches Selbstbild zu entwickeln.

Arbeitsstudien

Job analyses

Aufgaben

Die Aufgaben der Arbeitsstudien sind die systematische Analyse und Optimierung von Arbeitsvorgängen, die Feststellung der Schwierigkeitsgrade von Arbeitsaufgaben und die Ermittlung von normalerweise erforderlichen Arbeitszeiten.

Notwendig sind die Arbeitsstudien, um menschengerechte Arbeitsplätze und gerechte Entlohnung auf der einen Seite und ständige Kosteneinsparungen durch Rationalisierungsmaßnahmen zur Sicherung der Wettbewerbsfähigkeit auf der anderen Seite zu ermöglichen.

Die Arbeitsstudien greifen auf die Erkenntnisse der Arbeitswissenschaften zurück. Träger der Arbeitsstudien ist in Deutschland hauptsächlich der „REFA – Verband für Arbeitsgestaltung, Betriebsorganisation und Unternehmensentwicklung e. V.".

Bestimmungsfaktoren der Arbeitsleistung von Mitarbeitern im Großhandelsbetrieb

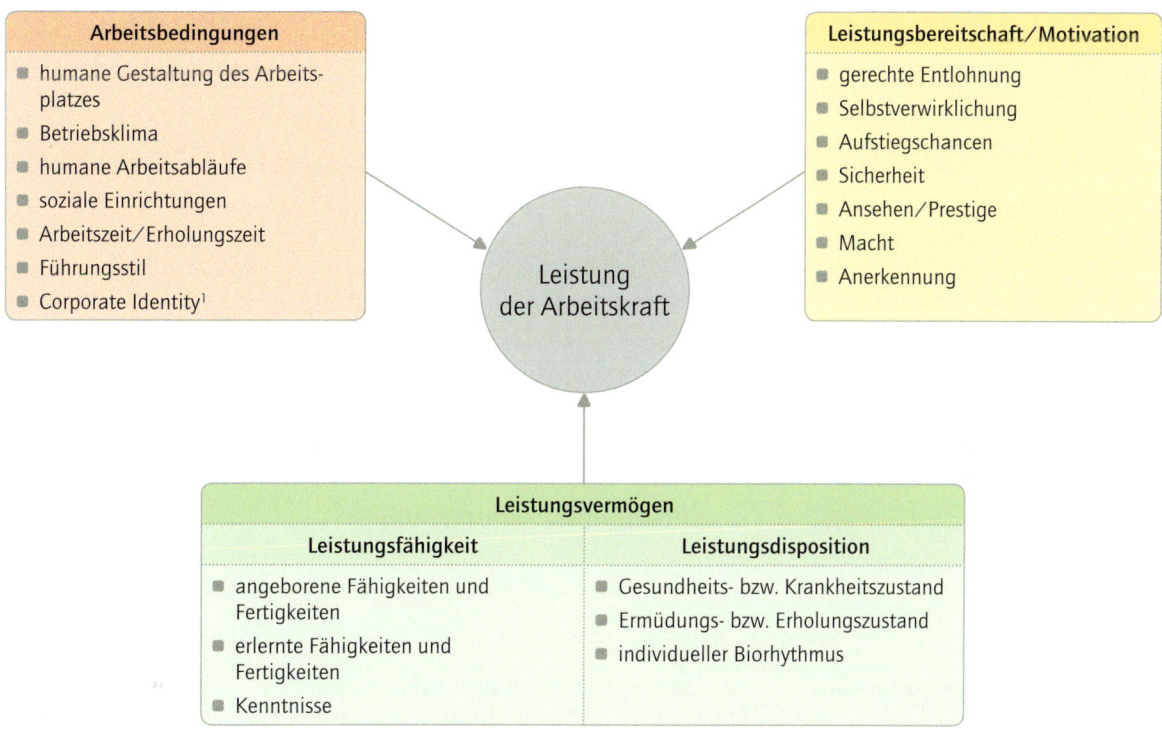

Arbeitsbedingungen

- humane Gestaltung des Arbeitsplatzes
- Betriebsklima
- humane Arbeitsabläufe
- soziale Einrichtungen
- Arbeitszeit/Erholungszeit
- Führungsstil
- Corporate Identity[1]

Leistungsbereitschaft/Motivation

- gerechte Entlohnung
- Selbstverwirklichung
- Aufstiegschancen
- Sicherheit
- Ansehen/Prestige
- Macht
- Anerkennung

Leistung der Arbeitskraft

Leistungsvermögen

Leistungsfähigkeit	Leistungsdisposition
- angeborene Fähigkeiten und Fertigkeiten - erlernte Fähigkeiten und Fertigkeiten - Kenntnisse	- Gesundheits- bzw. Krankheitszustand - Ermüdungs- bzw. Erholungszustand - individueller Biorhythmus

Begriff der Personalführung

Unter Personalführung versteht man die planmäßige Leitung der Mitarbeiter in einem Betrieb. Die Personalführung (auch Mitarbeiterführung) versucht, auf das Verhalten anderer Einzelpersonen oder Personengruppen Einfluss zu nehmen. Durch Motivatoren kann das Leistungsverhalten der Mitarbeiter positiv beeinflusst werden.

- **direkte Personalführung**
  Die vorgesetzten Personen stehen in unmittelbarem Kontakt zu den Mitarbeitern.

  Motivatoren:

  – Ermutigung

  – Vertrauen

  – Toleranz

  – Verständnis

  – Anerkennung

- **indirekte Personalführung**
  Die Vorgesetzten schaffen Rahmenbedingungen, die das Leistungsverhalten der Mitarbeiter fördern.

  Motivatoren:

  – Führungsstil

  – Unternehmensleitbild

  – Humanisierung

  – Arbeitszeitmodelle

[1] Identität mit dem Unternehmen, in dem man arbeitet. Man fühlt sich zugehörig. Besonders bei den Japanern ist die Corporate Identity sehr ausgeprägt.

Ziel der Personalbeurteilung

Ziel der Personalbeurteilung ist, die Entscheidungsgrundlage bei Lohnerhöhungen, bei Versetzungen, Beförderungen oder Kündigungen zu liefern. Außerdem ist eine als gerecht empfundene Personalbeurteilung ein wichtiges Instrument zur Steigerung der Motivation von Mitarbeitern. Die Beurteilungen sollten vergleichbar und möglichst objektiv, d. h. frei von persönlichen Ansichten, Gefühlen und Wertvorstellungen sein.

Arten

- **Summarische Beurteilung**
  Bei diesem Verfahren ist der Gesamteindruck der Mitarbeiterin/des Mitarbeiters entscheidend für die Beurteilung der Leistungsfähigkeit und Persönlichkeit. Es besteht die Gefahr einer subjektiven Beurteilung.

- **Analytische Beurteilung**
  Bei diesem Verfahren werden verschiedene Beurteilungskriterien (z. B. Fachkenntnisse, Arbeitsqualität) festgelegt, die den Vorgesetzten eine objektivere Beurteilung der Mitarbeiter/-innen ermöglichen.

Analytischer Beurteilungsbogen

Beispiel:

Personalbeurteilungsbogen

Name: Jens König   Abteilung: Verkauf

Beurteilungskriterien	liegt über den Erwartungen	entspricht den Erwartungen voll	entspricht den Erwartungen im Wesentlichen	entspricht den Erwartungen nicht	Punkte
	4	3	2	1	
Fachkenntnisse		3			3
Arbeitsleistung:					
▪ Arbeitsqualität			2		2
▪ Arbeitsschnelligkeit				1	1
▪ Arbeitssorgfalt	4				4
▪ Arbeitseinsatz		3			3
Verhalten:					
▪ gegenüber Vorgesetzten		3			3
▪ gegenüber Kollegen			2		2
Belastbarkeit				1	1
Kommunikationsfähigkeit	4				4
				Summe:	23
				Prozent:	64

Mitarbeiter/-in: *Jens König*

Datum: 20.05.20..

Vorgesetzte/-r: *Hans Schmitz*

Datum: 20.05.20..

Gesprächsplanung

Gesprächsplanung

Ziel(e) festlegen	Inhalte klären	Strategie festlegen	Verhandlungsspielraum festlegen
z. B. bestimmte Urlaubstage vereinbaren	Informationen über die rechtlichen Rahmenbedingungen (Tarifvertrag, Bundesurlaubsgesetz, Rechtsprechung) besorgen	Überlegungen anstellen, wie man im Fall einer Ablehnung reagiert	Überlegungen anstellen, welche Verhandlungsspielräume denkbar sind, z. B. alternative Urlaubstermine

Gesprächsvorbereitung

Gesprächsvorbereitung

Ort	Zeit	Atmosphäre	Protokoll
geeignete Räumlichkeiten finden und bereitstellen	geeigneten Zeitpunkt und Dauer des Gesprächs vereinbaren	angenehme Atmosphäre schaffen (Ausstattung, Sitzordnung, Getränke, Verpflegung)	Protokollant und Art des Protokolls (z. B. Ergebnisprotokoll) festlegen

Gesprächsablauf

Begrüßung	Der Gesprächsleiter wählt eine Begrüßung („Tür-Öffner"), die die Gesprächsaufnahme erleichtert.
Vorstellung	Die Teilnehmer machen Angaben zu ihrer eigenen Person und erklären ihre Rolle und Funktion.
Problematisierung	Die Teilnehmer formulieren ihre Sichtweisen, Gedanken, Gefühle, erwarteten Konsequenzen usw.
Zielanalyse	Die Teilnehmer erarbeiten gemeinsam die Ziele des Gesprächs.
Klärung von Handlungsalternativen	Die Teilnehmer klären, wie die vorher festgelegten Ziele erreicht werden können.
Entscheidung	Die Teilnehmer entscheiden sich für eine Methode zur Erreichung der vereinbarten Ziele. Die Zuständigkeiten werden festgelegt.
weiteres Vorgehen	Die Teilnehmer verabreden z. B. weitere Gesprächstermine und verteilen eventuelle Aufgaben.

Ziele und Aufgaben der Personaleinsatzplanung

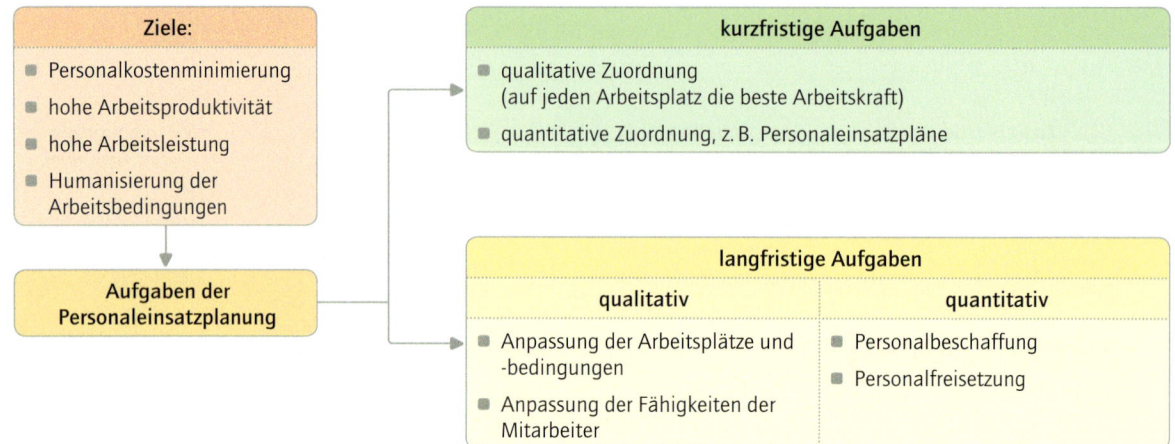

Ziele:

- Personalkostenminimierung
- hohe Arbeitsproduktivität
- hohe Arbeitsleistung
- Humanisierung der Arbeitsbedingungen

Aufgaben der Personaleinsatzplanung

kurzfristige Aufgaben

- qualitative Zuordnung (auf jeden Arbeitsplatz die beste Arbeitskraft)
- quantitative Zuordnung, z. B. Personaleinsatzpläne

langfristige Aufgaben

qualitativ	quantitativ
- Anpassung der Arbeitsplätze und -bedingungen - Anpassung der Fähigkeiten der Mitarbeiter	- Personalbeschaffung - Personalfreisetzung

Maßnahmen zur Steuerung des Personaleinsatzes bei Beschäftigungsschwankungen

Problemlösung durch ...

- **Veränderung des Beschäftigungsumfangs**
  - Beschäftigung von Teilzeitkräften während wiederkehrender Spitzenzeiten, z. B. Samstagsgeschäft
  - Beschäftigung von Aushilfen während saisonbedingter Spitzenzeiten, z. B. in der Weihnachtszeit
  - Personalleasing (siehe S. 270); z. B. bei Ausfall von Mitarbeitern bzw. Mitarbeiterinnen durch Krankheit

- **Flexibilisierung der Arbeitszeiten**
  - Freizeitausgleich von Überstunden
  - flexible Pausengestaltung
  - flexible Urlaubsregelungen

  - gestaffelte Arbeitszeiten
  - variierende Arbeitszeiten
  - Führung von Arbeitszeitkonten

- **Flexibilisierung der Organisation**
  - flexibler Personaleinsatz in verschiedenen Abteilungen
  - Aufteilung von Funktionen, z. B. Lagerarbeiten, in Zeiten schwachen Kundenverkehrs
  - optimale Kombination der betrieblichen Produktionsfaktoren menschliche Arbeitskraft und Betriebsmittel

Vollmachten

Power of attorney

Prokura

Die Prokura ermächtigt zu allen Arten von gerichtlichen und außergerichtlichen Geschäften und Rechtshandlungen, die der Betrieb **(irgend)eines** Handelsgewerbes mit sich bringt (§ 49 HGB).

Beginn der Prokura

- im **Innenverhältnis** mit der Erteilung

- im **Außenverhältnis** gegenüber Dritten (z. B. Lieferanten), wenn diese Kenntnis erlangt haben (Geschäftsfreundebrief) oder mit Eintragung und Veröffentlichung im Handelsregister (deklaratorische Wirkung des HR)

Ende der Prokura

- Beendigung des Rechtsverhältnisses
- Widerruf durch Geschäftsinhaber
- Auflösung des Geschäftes
- Tod des Prokuristen
- Wechsel des Geschäftsinhabers

Vollmachten   *Power of attorney*

Prokura

Arten

- **Einzelprokura**
  Ausübung der Vollmacht ohne Mitwirkung einer anderen Person

- **Gesamtprokura**
  Ausübung der Vollmacht nur im Zusammenwirken mit einer anderen vertretungsberechtigten Person

- **Filialprokura**
  Beschränkung der Vertretungsvollmacht auf den Betrieb einer Niederlassung

Handlungsvollmacht

Die allgemeine Handlungsvollmacht erstreckt sich auf alle Geschäfte und Rechtshandlungen, die der Betrieb eines **bestimmten** Handelsgewerbes gewöhnlich mit sich bringt (§ 54 HGB).

Arten nach dem Umfang

- **Allgemeine Handlungsvollmacht**
  Auf Dauer erteilte Vollmacht, die zur Erledigung **aller** gewöhnlichen Rechtsgeschäfte in dem betreffenden Handelsgewerbe befugt

- **Artvollmacht**
  Auf Dauer erteilte Vollmacht, die zur Erledigung einer **bestimmten Art von wiederkehrenden** Geschäften befugt, z. B. Einkaufen

- **Spezialvollmacht**
  Vollmacht, die zur Erledigung eines **einzelnen** Rechtsgeschäftes ermächtigt, z. B. Kauf eines PC

Erteilung der Vollmachten

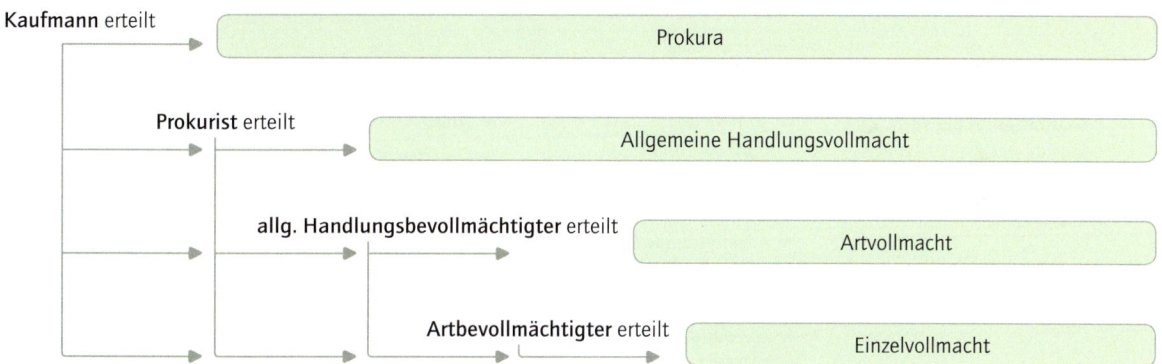

Umfang der Vollmachten

Unternehmer/-in	Prokura	Allgemeine Handlungsvollmacht	Art-vollmacht	Einzel-vollmacht
Steuererklärungen/Bilanz unterschreiben, Eid leisten, HR-Eintragungen anmelden, Insolvenz anmelden, Geschäft verkaufen, Prokura erteilen, Gesellschafter aufnehmen	Geschäfte, für die eine Vertretungsvollmacht gesetzlich verboten ist			
Grundstücke belasten/verkaufen	Geschäfte, für die eine besondere Vollmacht notwendig ist			
Prozesse führen, Darlehen aufnehmen, Wechsel unterschreiben				
Grundstücke kaufen, Zahlungsgeschäfte erledigen, verkaufen, Mitarbeiter entlassen/einstellen		Geschäfte, die ohne besondere Vollmacht möglich sind		
Einkaufen				

vgl.: Berner, Steffen u. a.: Betriebswirtschaftslehre der Unternehmung, 25. Aufl., Haan-Gruiten 2010, S. 202 ff.

Das Personalcontrolling überprüft die **Effektivität** und die **Effizienz** personalwirtschaftlicher Maßnahmen. Unter **Effektivität** ist die Eignung eines Mittels zur Erreichung eines bestimmten Ziels zu verstehen. **Effizienz** ermittelt das Verhältnis zwischen dem Ergebnis und dem getätigten Aufwand zur Erreichung des Ergebnisses. Effektivität und Effizienz sind miteinander verbunden und bedingen sich gegenseitig.

Personalkennzahlen

Personalstruktur
- Frauenanteil
- Durchschnittsalter der Belegschaft

Personalbeschaffung
- Fluktuationsrate
- Anzahl Versetzungswünsche

Personaleinsatz
- Überstundenquote

Personalerhaltung und Leistungsstimulation
- Krankheitsquote

Personalentwicklung
- jährliche Weiter-/Fortbildungszeit pro Mitarbeiter/-in

Betriebliches Vorschlagswesen
- Bearbeitungszeit pro Verbesserungsvorschlag
- Annahmequote

Personalfreisetzung
- Sozialplankosten pro Mitarbeiter/-in

Personalkostenplanung und -kontrolle
- Personalkosten je Mitarbeiter/-in

Personalstatistik

Personalstatistiken über …

Personalleistung	Personalkosten	Personalstruktur	Mitarbeiter/-innen
■ Arbeitsproduktivität ■ Umsatz je Mitarbeiter/-in ■ …	■ Summe des Bruttoentgelts ■ Summe der Überstunden-entgelte ■ Arbeitgeberanteile zur Sozialversicherung ■ Leistungszulagen ■ Aufwendungen für soziale Einrichtungen, z. B. Kantine ■ Aufwendungen für Verbesserungsvorschläge ■ Urlaubsgeld ■ Weihnachtsgeld ■ …	■ Alter ■ Geschlecht ■ Staatsangehörigkeit ■ Status – Angestellte – Arbeiter – Auszubildende – Praktikanten ■ Schulbildung – Hauptschulabschluss – Realschulabschluss – Abitur – Fachhochschulreife ■ Berufsbildung – gelernt – ungelernt ■ Studium ■ Wohnort ■ Teilzeitkräfte	■ Unfallzahlen ■ Fehlzeiten – krankheitsbedingt – sonstige ■ Versetzungen ■ Kündigungen ■ Urlaubstage ■ Einstellungen ■ …

Personalakte

Jeder Arbeitgeber muss über die Mitarbeiter/-innen eine Personalakte führen. Dazu gehören alle Daten der Beschäftigten/des Beschäftigten, die in unmittelbarem Zusammenhang mit dem Arbeits- und Dienstverhältnis stehen.

Die in der Akte enthaltenen Unterlagen bzw. Informationen sind vor unbefugten Zugriffen zu schützen, vertraulich zu behandeln und sicher aufzubewahren. Nur Mitarbeiter/-innen, die mit der Verwaltung von Personalunterlagen beauftragt sind, dürfen Zugang zu diesen haben.

Auskünfte aus Personalakten dürfen nur mit Einwilligung der Beschäftigten/des Beschäftigten gegeben werden. Die Arbeitnehmer/-innen haben ein Recht auf Einsicht in ihre vollständigen Personalakten. Zu den Personalaktendaten gehören auch Daten, die in Dateien (z. B. in einem Personalinformationssystem) informationstechnisch gespeichert sind.

Den Umgang mit personenbezogenen Daten aus Arbeits- und Dienstverhältnissen regeln das Bundesdatenschutzgesetz (BDSG) und die Datenschutzgesetze der Bundesländer sowie tarifvertragliche Vereinbarungen.

Hauptakte

Eine Reihe von Personalunterlagen muss aufgrund gesetzlicher und/oder tarifvertraglicher Regelungen aufbewahrt werden. Diese Unterlagen werden in der sogenannten Hauptakte (Personalgrundakte) geführt. Sie enthält u. a. folgende Unterlagen:

- Deckblatt, z. B.:
  persönliche Daten der Mitarbeiterin/des Mitarbeiters, wie
  - Anschrift,
  - Familienstand,
  - Bankverbindung
- Steuer- und Versicherungsunterlagen, z. B.:
  - Lohnsteuerkarte
  - Kopie des Sozialversicherungsausweises
- Bewerbungsunterlagen, z. B.:
  - Bewerbungsschreiben
  - Lebenslauf
  - Lichtbild
  - Personalfragebogen

- Arbeitsvertrag
- Werdegang der Mitarbeiterin/des Mitarbeiters während des Beschäftigungszeitraums, z. B.:
  - Beurteilungen
  - Versetzungen
  - Ehrungen
  - Zwischenzeugnisse
  - Gehaltsänderungen
  - Verbesserungsvorschläge
  - Abmahnungen
- Kündigungsunterlagen, z. B.:
  - Kündigungsschreiben
  - Zeugnis
- Hinweise auf Nebenakten

Nebenakte

Um einen störungsfreien Ablauf der Personalverwaltung zu gewährleisten und jederzeit Zugriff auf Informationen über ein Beschäftigungsverhältnis haben zu können, werden zusätzlich Nebenakten geführt. Diese enthalten vor allem folgende Unterlagen bzw. Informationen:

- Entgeltabrechnungen
- Zeiterfassungskarten
- Urlaubsdaten
- Arbeitsunfähigkeitsbescheinigungen
- Reisekostenabrechnungen
- Fehlzeiten

Personalinformationssysteme

Moderne Personalverwaltungen arbeiten mit Computerunterstützung. Im Rahmen sogenannter **Personalinformationssysteme (PIS)** werden Personaldaten erfasst, gespeichert, gepflegt und ausgewertet. Sie liefern alle wichtigen Informationen für das Personalmanagement zur Erfüllung seiner Führungs- und Verwaltungsaufgaben und die grundlegenden Daten für die Lohn- und Gehaltsabrechnung.

Die Regelungen des Datenschutzes zur vertraulichen Behandlung dieser sensiblen Daten sind zu beachten (siehe Seite 304).

Personaldatenverwaltung

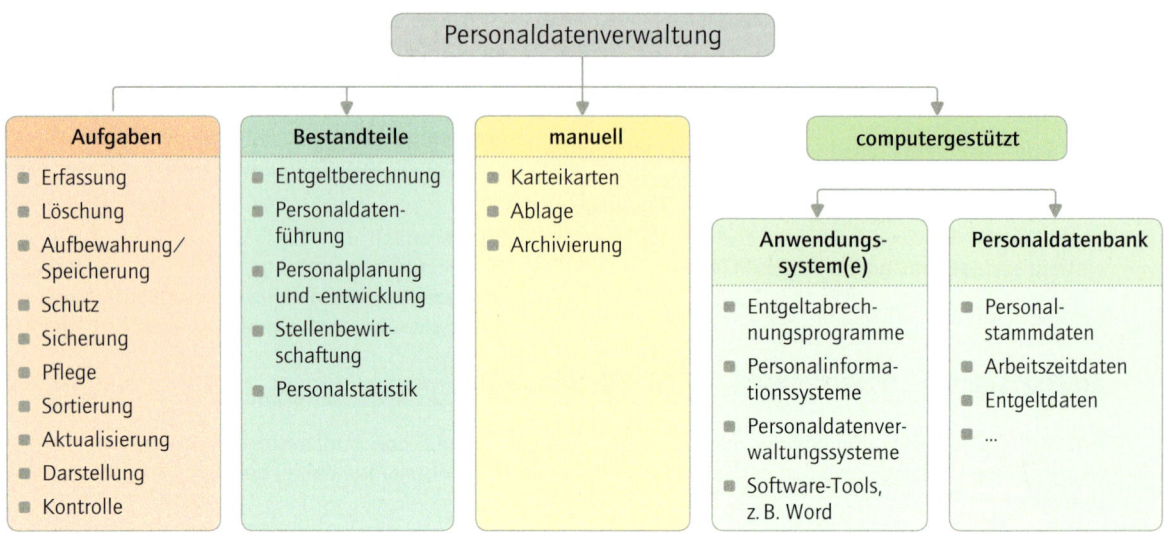

Datenschutz

Data protection

„Zweck des Datenschutzgesetzes ist es, den Einzelnen davor zu schützen, dass er durch den Umgang mit seinen personenbezogenen Daten in seinem Persönlichkeitsrecht beeinträchtigt wird." Das Gesetz gilt für die Erhebung, Verarbeitung und Nutzung personenbezogener Daten in öffentlichen Stellen des Bundes und der Länder und für nicht öffentliche Stellen, z. B. Unternehmen, wenn sie die Daten in oder aus Dateien geschäftsmäßig oder für berufliche oder gewerbliche Zwecke verarbeiten oder nutzen. Dieser Umstand trifft insbesondere für die sensiblen (schutzwürdigen) Personaldaten und deren Speicherung in Dateien im Rahmen der Personalverwaltung zu.

Schutzwürdige Daten

- Krankheitsdaten
- Ordnungswidrigkeiten
- Religionszugehörigkeit
- Lohn- oder Gehaltshöhe
- strafbare Handlungen
- Zeugnisdaten

Nichtschutzwürdige (freie) Daten

- Namen und Anschrift
- Geburtsjahr
- Berufsbezeichnung
- Titel

Rechte der betroffenen Mitarbeiter/-innen

- Benachrichtigung über gespeicherte Daten
- Auskunft über gespeicherte Daten
- Berichtigung bei Speicherung unrichtiger Daten
- Löschung von Daten, z. B. bei unzulässiger Speicherung
- Sperrung von Daten, z. B. wenn die Richtigkeit oder Unrichtigkeit nicht feststellbar ist

Gesundheits- und Unfallschutz

Das Gesetz über die Durchführung von Maßnahmen des Arbeitsschutzes zur Verbesserung der Sicherheit und des Gesundheitsschutzes der Beschäftigten bei der Arbeit (ArbSchG) verpflichtet die Arbeitgeber, die Arbeit so zu gestalten, dass eine Gefährdung für das Leben und die Gesundheit der Arbeitnehmer/-innen vermieden wird. Die Einhaltung der Bestimmung wird von den Gewerbeaufsichtsämtern und auf Betriebsebene von Sicherheitsbeauftragten überwacht. Die von den Berufsgenossenschaften erlassenen Unfallverhütungsvorschriften sind im Betrieb den Arbeitnehmerinnen/Arbeitnehmern bekanntzugeben.

Frauen- und Mutterschutz

Aufgrund ihrer körperlichen Konstitution und ihrer Stellung in der Familie genießen Frauen im Arbeitsleben einen besonderen Schutz; sie dürfen z. B. im Bergbau nicht unter Tage arbeiten. Werdende Mütter bzw. Mütter dürfen sechs Wochen vor und acht Wochen nach der Entbindung nicht beschäftigt werden. Schwere körperliche Arbeit, Mehrarbeit, Akkord- und Fließbandarbeit, Nacht- und Sonntagsarbeit ist für werdende und stillende Mütter verboten (§ 3 ff. MuSchG). Die Mutter/der Vater können insgesamt zusammen nach der Geburt eines Kindes eine dreijährige Elternzeit (Erziehungsurlaub) in Anspruch nehmen.

Risiko am Arbeitsplatz

Tödliche Arbeits- und Wegeunfälle im Bereich der gewerblichen Berufsgenossenschaften und der Unfallversicherung der öffentlichen Hand (ohne Schüler-Unfallversicherung)

2001 **1 613**
2002 **1 516**
2003 **1 501**
2004 **1 274**
2005 **1 208**
2006 **1 246**
2007 **1 122**
2008* **1 046**

Aufteilung 2008*
Arbeitsunfälle **578**
468 Wegeunfälle

© Globus Quelle: DGUV *vorläufig
2778

Arbeitszeitschutz

Nach dem Arbeitszeitgesetz (ArbZG) darf die tägliche Arbeitszeit in der Regel acht Stunden nicht überschreiten. Mit Zustimmung des Betriebsrates kann die Arbeitszeit auf bis zu zehn Stunden täglich erhöht werden. Die verlängerten Arbeitszeiten müssen innerhalb sechs Monaten durch kürzere Arbeitszeiten oder finanziell ausgeglichen werden.

Schwerbehindertenschutz

Schwerbehinderte erhalten fünf Arbeitstage mehr Urlaub im Jahr. In allen Betrieben, die jahresdurchschnittlich mindestens 20 Arbeitnehmer/-innen (ohne Auszubildende) beschäftigen, muss der Anteil der Schwerbehinderten (mindestens 50 % Erwerbsminderung) wenigstens 5 Prozent der Beschäftigten betragen (Buch IX § 71 SGB). Ist dies nicht der Fall, muss eine Ausgleichsabgabe von 105,00 bis 260,00 € pro Monat für jeden nicht besetzten Schwerbehindertenplatz an das zuständige Integrationsamt gezahlt werden. Die Kündigung des Arbeitsverhältnisses eines Schwerbehinderten durch den Arbeitgeber ist nur mit der Zustimmung des Integrationsamtes zulässig (Buch IX § 85 SGB).

Beschäftigungsschutz

Nach dem Gesetz zum Schutz der Beschäftigten vor sexueller Belästigung am Arbeitsplatz (Beschäftigungsschutzgesetz) vom 1. September 1994 ist die Wahrung der Würde von Frauen und Männern am Arbeitsplatz durch Arbeitgeber und Dienstvorgesetzte zu gewährleisten. Dieser Personenkreis muss im Bedarfsfall entsprechende Maßnahmen, z. B. Abmahnung, Versetzung, Kündigung, veranlassen.

Gründe

Die Notwendigkeit der Personalfreisetzung entsteht durch personelle Überkapazitäten. Diese entstehen z. B. durch Automatisierung (Ersatz menschlicher Arbeit durch Maschinen), Absatzeinbrüche durch eine schlechte Konjunkturlage, Bedarfsveränderungen und damit verbundene Nachfrageänderungen auf dem Markt und durch strukturelle und saisonale Beschäftigungsschwankungen.

Beendigung von Arbeitsverhältnissen

Möglichkeiten:
- Kündigung
- Aufhebungsvertrag
- Vertragsablauf
- Vereinbarung eines Altersteilzeitverhältnisses

Schriftform ist vorgeschrieben bei:
- Kündigungen
- Aufhebungsverträgen
- Befristungsabreden

Kündigungen

Die Kündigung eines Arbeitsverhältnisses wird durch eine einseitige, empfangsbedürftige Willenserklärung bewirkt.

Bei einer **ordentlichen Kündigung** sind gesetzliche oder tarifvertragliche Kündigungsfristen einzuhalten.

Liegt ein wichtiger Grund vor, z. B. Diebstahl, Beleidigung, Körperverletzung, kann ein Arbeitsverhältnis durch eine **außerordentliche Kündigung** aufgehoben werden.

Eine Kündigung, ein Aufhebungsvertrag oder ein befristetes Arbeitsverhältnis müssen, um rechtswirksam zu sein, schriftlich erfolgen.

Zum Kündigungsschutz siehe Seite 308.

Kündigungen

Beispiel:

BELLHEIM-BÜROSERVICE GMBH

Haberstraße 8
12057 Berlin

· Bellheim-BüroService GmbH · Postfach 13 31 · 12055 Berlin

Herrn
Manfred Behr
Hamburger Str. 46
38116 Braunschweig

Ihr Zeichen, Ihre Nachricht vom	Unser Zeichen, unsere Nachricht vom	Telefon, Name 030 23537-	Datum
	PA-Fra	201 Frau Franke	20..-03-12

Kündigung

Sehr geehrter Herr Behr,

wie Sie sicher inzwischen erfahren haben, ist unser Unternehmen aufgrund der schlechten Absatzlage gezwungen, umfangreiche Rationalisierungsmaßnahmen durchzuführen. Davon ist auch unser Außenlager in Braunschweig-Wenden betroffen, in dem Sie tätig sind.

Wir bedauern Sie nicht anderweitig in unserem Unternehmen beschäftigen zu können und kündigen Ihnen deshalb fristgerecht zum 15. April 20.. .

Die Arbeitspapiere werden Ihnen mit gesonderter Post in den nächsten Tagen zugestellt.

Mit freundlichen Grüßen

Bellheim-BüroService GmbH

Christine Franke
i. A. Christine Franke

Gesetzliche Kündigungsfristen

Allgemeine Kündigungsfrist	Verlängerte Kündigungfrist							
Zum 15. oder zum Ende eines Kalendermonats mit vierwöchiger Frist (§ 622 Abs. 1 BGB)	Betriebszugehörigkeit ab dem 25. Lebensjahr in Jahren[1]	2	5	8	10	12	15	20
	Kündigungsfristen in Monaten zum Monatsende (§ 622 Abs. 2 BGB)	1	2	3	4	5	6	7

[1] Nach dem Urteil des Europäischen Gerichtshofs vom Januar 2010 müssen auch Beschäftigungszeiten vor dem 25. Lebensjahr berücksichtigt werden, da nach der bisherigen Regelung des BGB gegen das Diskriminierungsverbot verstoßen wird. Eine entsprechende Änderung des BGB-Paragrafen wird vorbereitet.

Zeugnis

Jede Arbeitnehmerin bzw. jeder Arbeitnehmer hat ab dem Zeitpunkt der Kündigung einen Rechtsanspruch auf ein Arbeitszeugnis.

§ 109 Gewerbeordnung (GewO):

(1) *Der Arbeitnehmer hat bei Beendigung eines Arbeitsverhältnisses Anspruch auf ein schriftliches Zeugnis. Das Zeugnis muss mindestens Angaben zu Art und Dauer der Tätigkeit (einfaches Zeugnis) enthalten. Der Arbeitnehmer kann verlangen, dass sich die Angaben darüber hinaus auf Leistung und Verhalten im Arbeitsverhältnis (qualifiziertes Zeugnis) erstrecken.*

(2) *Das Zeugnis muss klar und verständlich formuliert sein. Es darf keine Merkmale oder Formulierungen enthalten, die den Zweck haben, eine andere als aus der äußeren Form oder aus dem Wortlaut ersichtliche Aussage über den Arbeitnehmer zu treffen.*
(3) *Die Erteilung des Zeugnisses in elektronischer Form ist ausgeschlossen.*

- Ein **einfaches Zeugnis** enthält Angaben über die Art der Beschäftigung und die Dauer des Arbeitsverhältnisses.
- Ein **qualifiziertes Zeugnis** enthält zusätzlich Angaben über die Leistungen und das Verhalten der Arbeitnehmerin bzw. des Arbeitnehmers.

Arbeitspapiere

Der Arbeitgeber muss bei Beendigung des Arbeitsverhältnisses der Arbeitnehmerin/dem Arbeitnehmer die Arbeitspapiere aushändigen, z. B.:

- Lohnsteuerkarte
- Sozialversicherungsnachweise

Sozialplan

Unter Sozialplan versteht man ein Verfahren zur Vermeidung sozialer Ungerechtigkeiten bei Entlassungen. So müssen z. B. Arbeitgeber bei sogenannten „Massenentlassungen" (innerhalb 30 Kalendertagen 30 oder mehr Kündigungen) vorher die Arbeitsagentur von den Entlassungsplänen unterrichten. Darüber hinaus ist der Betriebsrat detailliert zu informieren und es ist mit ihm darüber zu beraten, wie weitere Entlassungen vermieden oder deren Folgen gelindert werden können, z. B. durch Aufhebungsverträge.

Kündigungsschutz

Allgemeiner Kündigungsschutz

Alle Arbeitnehmer in Betrieben mit in der Regel mehr als 10 Beschäftigten und einer Beschäftigungsdauer von mindestens 6 Monaten in demselben Betrieb genießen einen allgemeinen Schutz vor einer sozial ungerechtfertigten Kündigung. Eine Kündigung ist sozial gerechtfertigt, wenn sie verhaltens-, personen- oder betriebsbedingt ist und der Betriebsrat befragt wurde (§ 1 KSchG).

Besonderer Kündigungsschutz

Wenn der Arbeitgeber kündigt, genießen folgende Arbeitnehmer/-innen einen besonderen Kündigungsschutz:

- Betriebsratsmitglieder sowie Jugend- und Auszubildendenvertreter
  – während der Amtszeit und ein Jahr danach
- werdende Mütter bzw. Mütter
  – während der Schwangerschaft (Arbeitgeber muss Kenntnis davon haben bzw. 2 Wochen nach einer Kündigung Kenntnis davon erlangen, z. B. durch ein ärztliches Attest)
  – während einer Frist von 4 Monaten nach der Entbindung
  – während der Elternzeit (maximal 3 Jahre)

- Auszubildende
  – während der Ausbildung nach der Probezeit
- Wehr- und Zivildienstleistende
  – während des Grundwehr- bzw. Zivildienstes und während der Wehrübungen
- Schwerbehinderte (mindestens 50 % Erwerbsminderung)
  – Die Kündigungsfrist beträgt mindestens 4 Wochen.
  – Die Kündigung ist nur mit behördlicher Zustimmung möglich.

Arbeitsrechtliche Konflikte, bei denen eine außergerichtliche Lösung nicht herbeigeführt werden kann, werden von den Arbeitsgerichten geklärt. Die gegnerischen Parteien können sich von den Verbänden (Gewerkschaften oder Arbeitgeberverbänden) oder einem Anwalt vertreten lassen. Da kein Anwaltszwang vor dem Arbeitsgericht besteht, können sie sich auch selbst vertreten.

In der zweiten Instanz entscheiden die Landesarbeitsgerichte im Berufungsverfahren über Urteile der Arbeitsgerichte oder im Beschwerdeverfahren über Beschlüsse der Arbeitsgerichte.

Das Bundesarbeitsgericht in Erfurt entscheidet im Revisionsverfahren über Urteile der Landesarbeitsgerichte und im Rechtsbeschwerdeverfahren über Beschlüsse der Landesarbeitsgerichte.

Bei den Landesarbeitsgerichten und beim Bundesarbeitsgericht besteht Anwaltszwang, d. h., dass sich jede Partei durch einen Rechtsanwalt oder einen Verband vertreten lassen muss.

Beispiel:

Der bei der Bellheim-BüroService GmbH beschäftigte Lagerarbeiter Friedrich Köster hat zum 30. Juni 20.. eine fristlose Kündigung von der Personalabteilung erhalten, weil er seiner Arbeitspflicht nicht nachgekommen sei. Köster hatte nach einer Krankheit mit ärztlichem Attest drei Tage zu spät die Arbeit wieder aufgenommen. Herr Köster fühlt sich ungerecht behandelt und sucht Hilfe beim Arbeitsgericht.

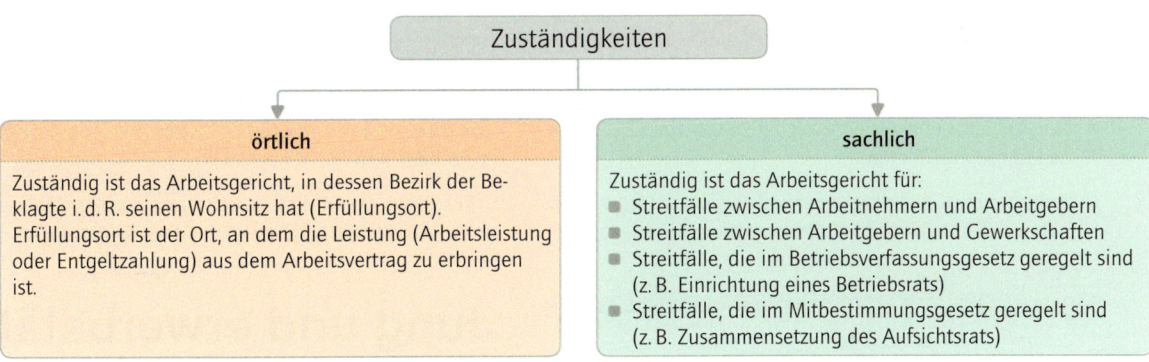

Zuständigkeiten

örtlich	sachlich
Zuständig ist das Arbeitsgericht, in dessen Bezirk der Beklagte i. d. R. seinen Wohnsitz hat (Erfüllungsort). Erfüllungsort ist der Ort, an dem die Leistung (Arbeitsleistung oder Entgeltzahlung) aus dem Arbeitsvertrag zu erbringen ist.	Zuständig ist das Arbeitsgericht für: ▪ Streitfälle zwischen Arbeitnehmern und Arbeitgebern ▪ Streitfälle zwischen Arbeitgebern und Gewerkschaften ▪ Streitfälle, die im Betriebsverfassungsgesetz geregelt sind (z. B. Einrichtung eines Betriebsrats) ▪ Streitfälle, die im Mitbestimmungsgesetz geregelt sind (z. B. Zusammensetzung des Aufsichtsrats)

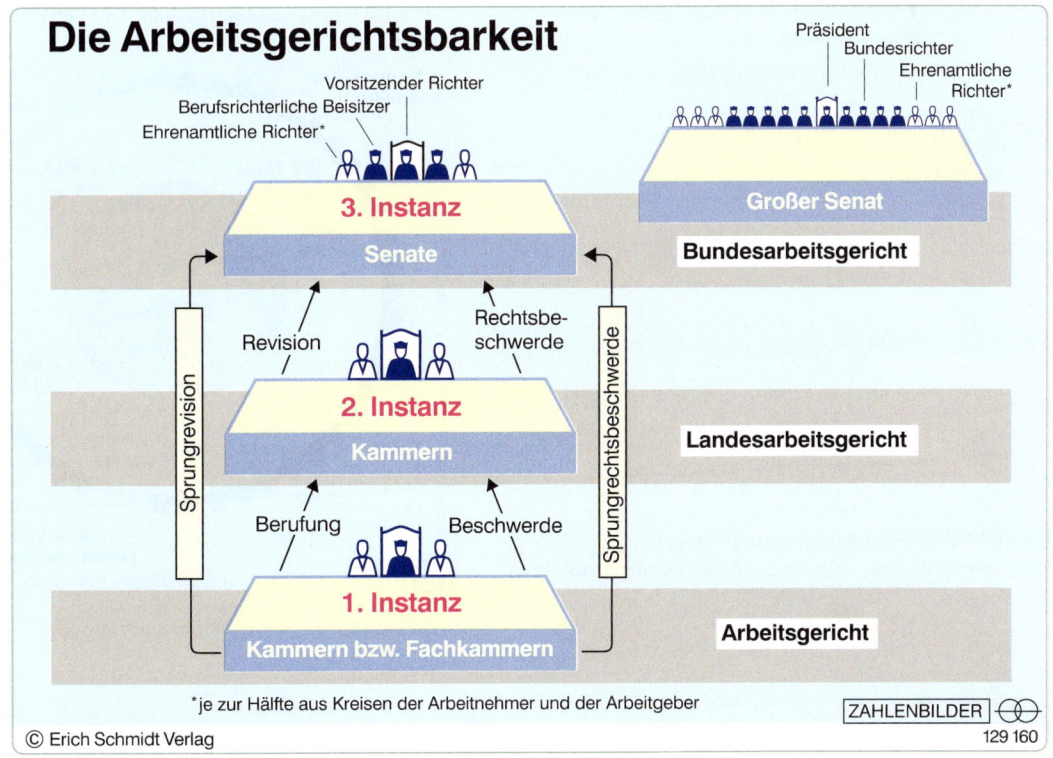

Die Arbeitsgerichtsbarkeit

*je zur Hälfte aus Kreisen der Arbeitnehmer und der Arbeitgeber

© Erich Schmidt Verlag

ZAHLENBILDER

129 160

Begriff

Auf dem Arbeitsmarkt treffen – wie auf jedem Markt – Angebot und Nachfrage aufeinander. Bei der Unterscheidung von Angebot und Nachfrage auf dem Arbeitsmarkt muss genau festgelegt werden, ob sich die beiden Begriffe auf die **Arbeitskraft** oder den **Arbeitsplatz** beziehen:

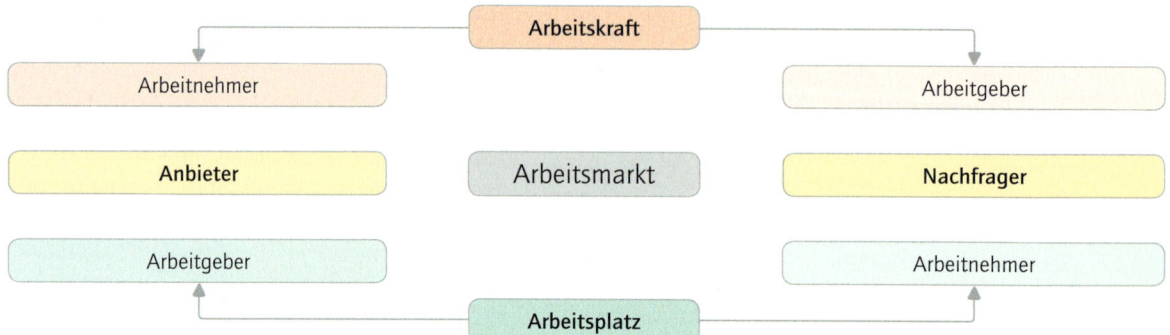

Der Arbeitsmarkt ist gegenüber anderen Märkten von besonderen Bedingungen geprägt:

- Der Anbieter von Arbeitskraft ist in der Regel gezwungen, diese anzubieten;
- Anbieter und Nachfrager schließen sich häufig zu Verbänden (Gewerkschaften, Arbeitgeberverbände) zusammen, um ihre Interessen wirksamer durchsetzen zu können;
- der Staat beeinflusst durch verschiedene Maßnahmen den Arbeitsmarkt, z. B. durch Gesetze und Vorschriften.

Erwerbstätige

Erwerbstätige sind alle Personen, die in einem bestimmten Zeitraum zur Erzielung von Einkommen arbeiten (ca. 40 Mio., d. h. knapp die Hälfte der Einwohner der Bundesrepublik Deutschland). Sie setzen sich zusammen aus:

- abhängigen Erwerbstätigen[1] (ca. 35 bis 37 Mio.)
  - Arbeiter
  - Angestellte
  - Beamte
- Selbstständigen und mithelfenden Familienangehörigen (ca. 3 bis 4 Mio.).

Arbeitslosenquote

Die Arbeitslosenquote in Prozent errechnet sich wie folgt:

$$\frac{\text{Arbeitslose} \cdot 100}{\text{abhängige Erwerbstätige} + \text{Arbeitslose}^2}$$

Sie dient als aussagefähigere und besser vergleichbare Berechnungsgröße der Arbeitslosigkeit als die absolute Arbeitslosenzahl.

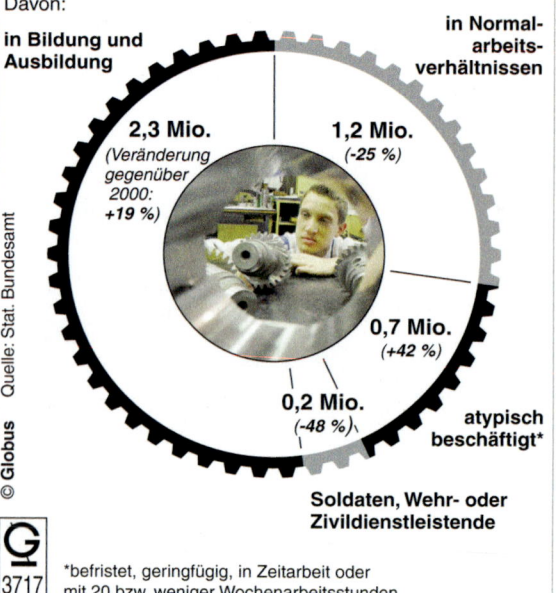

Jung und erwerbstätig

Von den 9,4 Millionen Jugendlichen im Alter von 15 bis 24 Jahren in Deutschland waren 2009 4,4 Millionen erwerbstätig. Davon:

in Bildung und Ausbildung

2,3 Mio. *(Veränderung gegenüber 2000: +19 %)*

in Normalarbeitsverhältnissen

1,2 Mio. *(-25 %)*

0,7 Mio. *(+42 %)*

atypisch beschäftigt*

0,2 Mio. *(-48 %)*

Soldaten, Wehr- oder Zivildienstleistende

© Globus   Quelle: Stat. Bundesamt

G 3717

*befristet, geringfügig, in Zeitarbeit oder mit 20 bzw. weniger Wochenarbeitsstunden

---

[1] einschließlich aller Auszubildenden (ca. 1 Mio.)
[2] abhängige Erwerbstätige + Arbeitslose = abhängige Erwerbspersonen
aus: Böker, Jürgen u. a.: Wirtschaftspolitik/Wirtschaftsordnung, 3. Aufl., Darmstadt 2005, S. 12

Arbeitszeitmodelle: ein Beitrag zur Arbeitsmarktpolitik?
Working hour models: a contribution to labour market policy?

Arbeitszeitmodelle

Altersteilzeit
Ab dem 55. Lebensjahr können vollzeitbeschäftigte Arbeitnehmerinnen und Arbeitnehmer in Altersteilzeit gehen, das heißt auf eine halbe Stelle wechseln, wobei z. B. 70 % des Vollzeitentgeltes weitergezahlt werden. Der Rentenanspruch reduziert sich (z. B. um 10 %).

Gleitende Altersruhe
Arbeitnehmer „hamstern" auf einem Langzeitarbeitskonto Arbeitsstunden, die im Alter langsam abgebaut werden können. Der Rentenanspruch vermindert sich dabei nicht.

Bandbreitenmodell
Die Arbeitnehmer können ihre vertragliche Arbeitszeit z. B. für ein Jahr innerhalb einer Bandbreite (z. B. zwischen 15 und 40 Wochenstunden) festlegen. Das Entgelt vermindert oder erhöht sich entsprechend.

Jahresarbeitszeit
Die Wochenarbeitszeit variiert zwar im Jahresverlauf, wird aber auf eine festgelegte Jahresarbeitszeit bezogen, sodass das Entgelt monatlich gleich bleibt.

Gleitzeit
Neben einer betrieblich festgelegten täglichen Kernzeit bestimmen die Arbeitnehmer ihre Arbeitszeit nach persönlichen Bedürfnissen selbst oder sie wird der Auftragslage angepasst. Dabei wird ein Monatsarbeitszeitkonto mit Minus- und Plusstunden geführt.

Arbeit auf Abruf
In Abhängigkeit von der Auftragslage werden die Arbeitnehmer von ihrem Unternehmen benachrichtigt und aufgefordert, ihre Arbeit aufzunehmen.

Rollierende Wochenarbeit
Die Arbeitnehmer haben z. B. einen rollierenden freien Tag pro Arbeitswoche. Für das Unternehmen bedeutet dies trotzdem eine 5-Tage-Woche.

Turnusteilzeit
Die Arbeitnehmer arbeiten nach festgelegten Arbeitszeitrhythmen, z. B. wöchentlich wechselnd von montags bis mittwochs bzw. mittwochs bis freitags.

4-Tage-Woche
Die Arbeitszeit wird gegenüber der Normalarbeitswoche um einen Tag gekürzt, wobei die Arbeitnehmer auf einen auszuhandelnden Teil des Entgelts verzichten.

Sabbatical
Die Arbeitnehmer verzichten trotz Vollzeitarbeit auf einen Teil des Jahresentgeltes (z. B. ein Zwölftel). Dadurch entsteht ein zusätzlicher Urlaubsanspruch pro Jahr (z. B. ein Monat), der aber erst nach einer Ansparzeit als „Langzeiturlaub" abgegolten wird.

Jobsharing
Zwei oder mehrere Arbeitnehmer teilen sich einen Arbeitsplatz. Dabei legen sie die Dauer und Lage ihrer Arbeitszeiten in Absprache fest.

aus: Böker, Jürgen u. a.: Wirtschaftspolitik/Wirtschaftsordnung, Lehrerband, Darmstadt 2005, S. 39

Ursachen

Ursachen der Arbeitslosigkeit

Saisonale Nachfrageschwankungen
z. B. schlechte Witterungsbedingungen in der Bauindustrie oder der Landwirtschaft

Konjunkturelle Schwankungen
z. B. durch eine allgemeine Abschwächung der Wirtschaftstätigkeit

Sektorale Veränderungen der Wirtschaftsstruktur
z. B. durch das Schrumpfen einzelner Wirtschaftszweige wie der Textilindustrie (sekundärer Sektor) bzw. durch das Wachsen von neuen Wirtschaftszweigen wie der Multimedia-Branche (tertiärer Sektor)

Wechsel des Arbeitsverhältnisses
z. B. wenn aus organisatorischen Gründen ein Arbeitsverhältnis nicht nahtlos in ein neues übergeht

Globalisierungsdruck
z. B. Arbeitsplatzabbau im Inland durch notwendige Verbesserung der Kostenstruktur der Unternehmen

Unzureichende Qualifikation eines Teils der Erwerbstätigen
z. B. bei mangelnder Fortbildungsbereitschaft oder -fähigkeit

Überregulierung des Arbeitsmarktes
z. B. durch zu geringe Flexibilität des Tarifvertragssystems

aus: Böker, Jürgen u. a.: Wirtschaftspolitik/Wirtschaftsordnung, Lehrerband, Darmstadt 2005, S. 26

Versteckte Arbeitslosigkeit

Von versteckter Arbeitslosigkeit wird gesprochen, wenn

- sich Arbeitslose bei der Arbeitsagentur nicht registrieren lassen, da sie keine Ansprüche auf Arbeitslosengeld oder Arbeitslosengeld II mehr geltend machen können,
- Arbeitslose in Umschulungsmaßnahmen eintreten oder
- Arbeitslose oder durch Arbeitslosigkeit Bedrohte in den vorzeitigen Ruhestand eintreten.

Langzeitarbeitslosigkeit

Ein erhebliches Problem besteht in der sogenannten Langzeitarbeitslosigkeit. Diese liegt vor, wenn Arbeitslose länger als ein Jahr ohne Arbeit sind (in Deutschland ca. 30% der Arbeitslosen). Die Betroffenen leiden verstärkt unter den Folgen (s. Seite 313) der Arbeitslosigkeit und haben schlechtere Aussichten auf neue Beschäftigung als nur kurzzeitig Arbeitslose.

vgl.: Böker, Jürgen u. a.: Wirtschaftspolitik/Wirtschaftsordnung, 3. Aufl., Darmstadt 2005, S. 13

Folgen der Arbeitslosigkeit

individuelle Folgen

materielle Einbußen bei den Betroffenen durch geringeres Einkommen und Aufzehren von Sparguthaben

Einschränkung der Teilnahme am kulturellen Leben, z. B. seltenerer Besuch von Theater, Kunstausstellungen, Musikveranstaltungen usw.

Verlust der gesellschaftlichen Anerkennung, z. B. bei Nachbarn, ehemaligen Arbeitskollegen – Gefahr der gesellschaftlichen Ausgrenzung

seelische Belastung, z. B. Verringerung des Selbstwertgefühls bis hin zu Lebensängsten; Gefahr von Drogenkonsum oder von Flucht in religiöse Scheinwelten

gesellschaftliche Folgen

Senkung des Bruttoinlandsprodukes; hohe Zahl von Arbeitslosen schwächt die Konsumnachfrage und verringert den Wert des volkswirtschaftlichen Produktionsfaktors „Arbeit".

Ausfall von **Steuereinnahmen** und **Beiträgen zur Sozialversicherung**

erhöhte staatliche Transferleistungen, z. B. Unterstützungszahlungen an Arbeitslose, Subventionen für Arbeitslose und Unternehmen, Zuschüsse an das Sozialsystem (z. B. für die Rentenversicherung)

Einengung von Verteilungsspielräumen des Staates

Zunahme des gesellschaftlichen Drucks auf die im Arbeitsverhältnis stehenden Personen (z. B. im Krankheitsfall)

Soziale Spannungen zwischen einkommensschwachen und -starken Gesellschaftsschichten nehmen zu; das Sicherheitsgefühl in der Bevölkerung nimmt stark ab.

Politische Radikalisierung, Zunahme von extremistischen Gewalttaten; das Gewaltmonopol des Staates wird zusehends in Anspruch genommen, um gesellschaftliche Konflikte einzugrenzen.

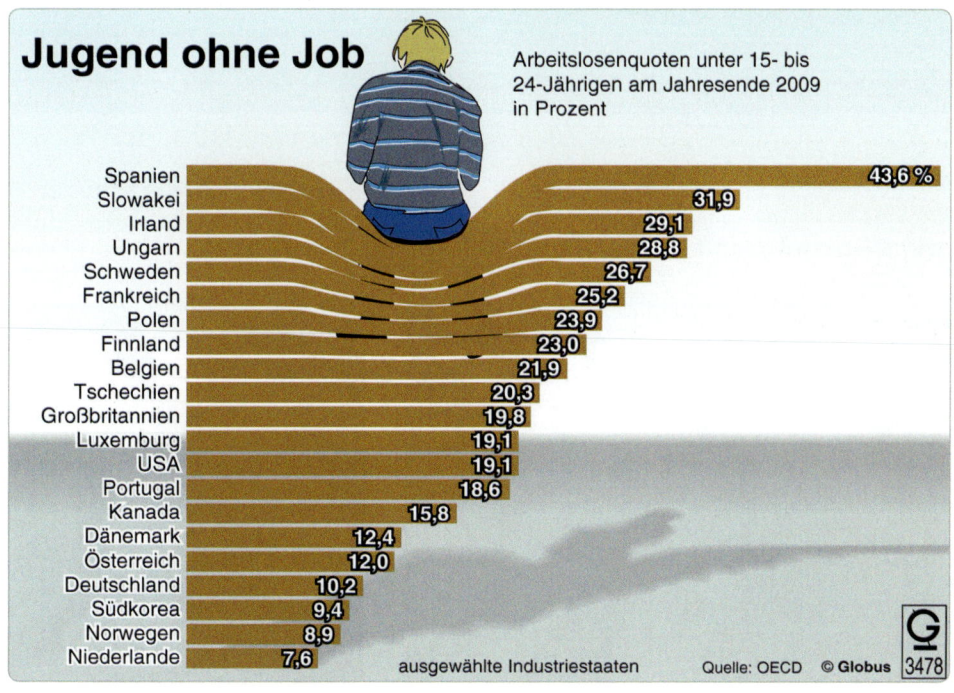

Jugend ohne Job

Arbeitslosenquoten unter 15- bis 24-Jährigen am Jahresende 2009 in Prozent

Land	Prozent
Spanien	43,6 %
Slowakei	31,9
Irland	29,1
Ungarn	28,8
Schweden	26,7
Frankreich	25,2
Polen	23,9
Finnland	23,0
Belgien	21,9
Tschechien	20,3
Großbritannien	19,8
Luxemburg	19,1
USA	19,1
Portugal	18,6
Kanada	15,8
Dänemark	12,4
Österreich	12,0
Deutschland	10,2
Südkorea	9,4
Norwegen	8,9
Niederlande	7,6

ausgewählte Industriestaaten   Quelle: OECD   © Globus   3478

6 Logistische Prozesse planen, steuern und kontrollieren

Begriff

Bei **SCM** (supply chain: Lieferkette, Wertschöpfungskette) handelt es sich um ein **Managementkonzept**, das die Optimierung der gesamten Wertschöpfungskette zwischen den Lieferanten, Logistikdienstleistern und den betreffenden Unternehmen durch Abstimmung des Geld-, Informations- und Materialflusses u. U. bis hin zum Kunden zum Inhalt hat. Gerade in Zeiten, in denen ergänzende Wertschöpfungsprozesse zunehmend in andere Unternehmen ausgelagert werden, ist es umso wichtiger, eng mit den Zulieferern zusammenzuarbeiten. Um den Kundennutzen zu erhöhen und die eingesetzten Ressourcen effektiv zu nutzen (z. B. durch Minimierung der Bestände in der gesamten Lieferkette), wird innerhalb der Wertschöpfungskette mit **spezieller SCM-Software** gearbeitet. Der Zugriff auf

die Daten der Geschäftspartner innerhalb der Wertschöpfungskette ist jeweils benutzerdefiniert geschützt. Das gegenseitige Vertrauen der beteiligten Unternehmen wird durch die Abstimmung eingesetzter **Qualitätsmanagementsysteme** – z. B. durch die Nutzung des **Total Quality Managements (TQM)** – erhöht. TQM umfasst nicht nur die Steigerung der Produktqualität, vielmehr werden alle Leistungen eines Unternehmens einer **Qualitätsanalyse** und schließlich **-zertifizierung** unterworfen.

Die Philosophie des Supply Chain Managements stellt die **Anforderungen des Kunden** an das Produkt bzw. die Unternehmensleistungen in den Vordergrund bei der Gestaltung der Wertschöpfungskette:

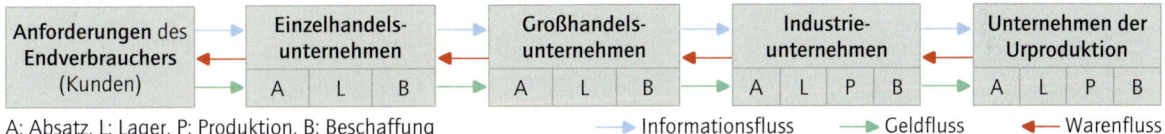

Prozessbeteiligte innerhalb der Wertschöpfungskette

A: Absatz, L: Lager, P: Produktion, B: Beschaffung — Informationsfluss — Geldfluss — Warenfluss

Ziele

Mithilfe einer speziellen SCM-Software sollen folgende **Ziele** im Großhandelsunternehmen erreicht werden:

- **Kostensenkung** im Beschaffungs-, Lager-, und Distributionsbereich durch schnelle Verfügbarkeit relevanter Entscheidungsdaten, Verringerung von Lagerbeständen und Beschleunigung von Durchlaufzeiten

- **Zeitersparnis** durch Optimierung von Entscheidungsprozessen. Zum Beispiel kann das Unternehmen flexibler auf sich verändernde Rahmenbedingungen reagieren.

- Verbesserung der **Kundenorientierung** durch genauere Prognose von Entwicklungen entlang der gesamten Wertschöpfungskette. Zum Beispiel können Kundenwünsche umgehend an Lieferanten und Logistikdienstleister weitergeleitet werden.

- **Optimierung** von unternehmensübergreifenden **Planungs-** und **Steuerungsprozessen** durch enge Kooperation mit Geschäftspartnern

Customer-Relationship-Management (CRM)

Begriff

CRM stellt eine **Managementphilosophie** dar, die eine vollständige Ausrichtung des Unternehmens auf vorhandene und potenzielle Kundenbeziehungen zum Inhalt hat. Das Unternehmen hat sich also eher am **Kunden** und seinen **Wünschen** als an der Ware auszurichten.

CRM-Systeme koordinieren und optimieren marketingpolitische Entscheidungen in einem Anwendungssystem, das neben der Kunden- und Artikelstammdatenverwaltung z. B. noch die Komponenten Versandwegverfolgung und Beschwerdemanagement beinhaltet.

Ziele

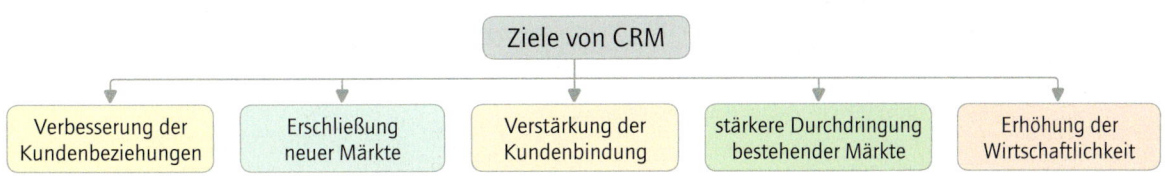

Industrieunternehmen sind stets bemüht, ihre Lagerkosten zu minimieren. Dazu erwarten sie vom Produktionsverbindungshandel (vgl. S. 53), dass die Großhandelsunternehmen die **zur Produktion benötigten Materialien** in der **notwendigen Menge genau zum Zeitpunkt des Produktionsbeginns anliefern**. Bei dieser **produktionssynchronen Logistik** werden praktisch die Lagerkosten des Produktions-

unternehmens auf den Produktionsverbindungshandel in Form von Transport- und Lagerkosten abgewälzt.

Kritik wird an diesem Konzept vor allem aus **ökologischer Sicht** geübt, da die Anzahl von Transportfahrten – zum Beispiel per Lkw – dadurch häufig zugenommen hat.

Eigenlagerung oder Fremdlagerung?

Own or contract warehousing

Lagerentscheidung

Großhändler stehen vor der Entscheidung, ob sie Waren selbst lagern oder von anderen Unternehmen, sogenannten Lagerhaltern (siehe hierzu ausführlich S. 337), lagern lassen.

Die Entscheidung ist abhängig von verschiedenen Einflussgrößen, die bei der vergleichenden Betrachtung zu berücksichtigen sind.

Mögliche Einflussgrößen beim Vergleich

- Kosten der Eigenlagerung wie Zinsen der Kapitalbindung, Personalkosten (Löhne, Gehälter), Abschreibungen usw. im Vergleich zu den Kosten der Fremdlagerung

- Kapitalbindung durch Investitionen für das Eigenlager

- unternehmerischer Gestaltungsspielraum

- Qualifikation des Personals (z. B. Umgang mit Gefahrgutstoffen)

- Vorhandensein bzw. Ausnutzung von Lagerkapazität (Unter-, Überkapazität)

- Notwendigkeit spezieller Lagereinrichtungen (z. B. Kühlhauslagerung)

Kostenvergleich

Werden **nur die Kosten** als Entscheidungsgrundlage herangezogen, könnte sich ergeben, dass ab einer bestimmten Menge **(kritische Lagermenge)** die Eigenlagerung günstiger ist als die Fremdlagerung.

Beispiel:
Die Bellheim-BüroService GmbH steht vor der Entscheidung, die Warengruppe 3 weiter selbst oder bei einem Lagerhalter zu lagern.

Kosten der Eigenlagerung (K_E):
fixe Lagerkosten/Monat (K_{Ef}): 12.000,00 €
variable Lagerkosten/Stück (k_{Ev}): 20,00 €
→ K_E = 12.000,00 + 20,00 x

Kosten der Fremdlagerung (K_F):
Lagerpreis pro Stück: 50,00 €
→ K_F = 50,00 x

Kritische Lagermenge:
12.000,00 + 20,00 x = 50,00 x
x = 400,00

Die **kritische Lagermenge** ist die Menge, bei der die Kosten von Eigenlagerung und Fremdlagerung gleich hoch sind und bei der **langfristig** über die Lagerungsalternative entschieden werden muss.

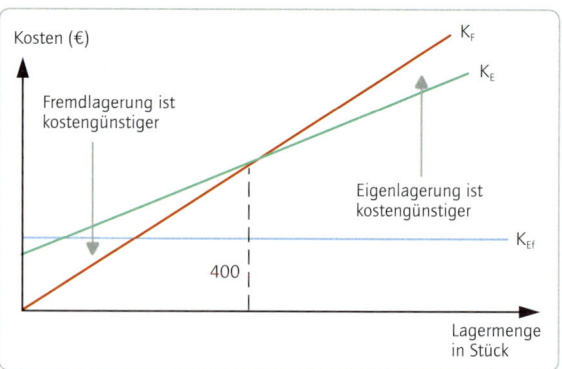

Ab einer Lagermenge von mehr als 400 Stück ist die Eigenlagerung kostengünstiger, da sich die fixen Kosten auf eine größer werdende Lagermenge verteilen (Fixkostendegression).

Tätigkeiten

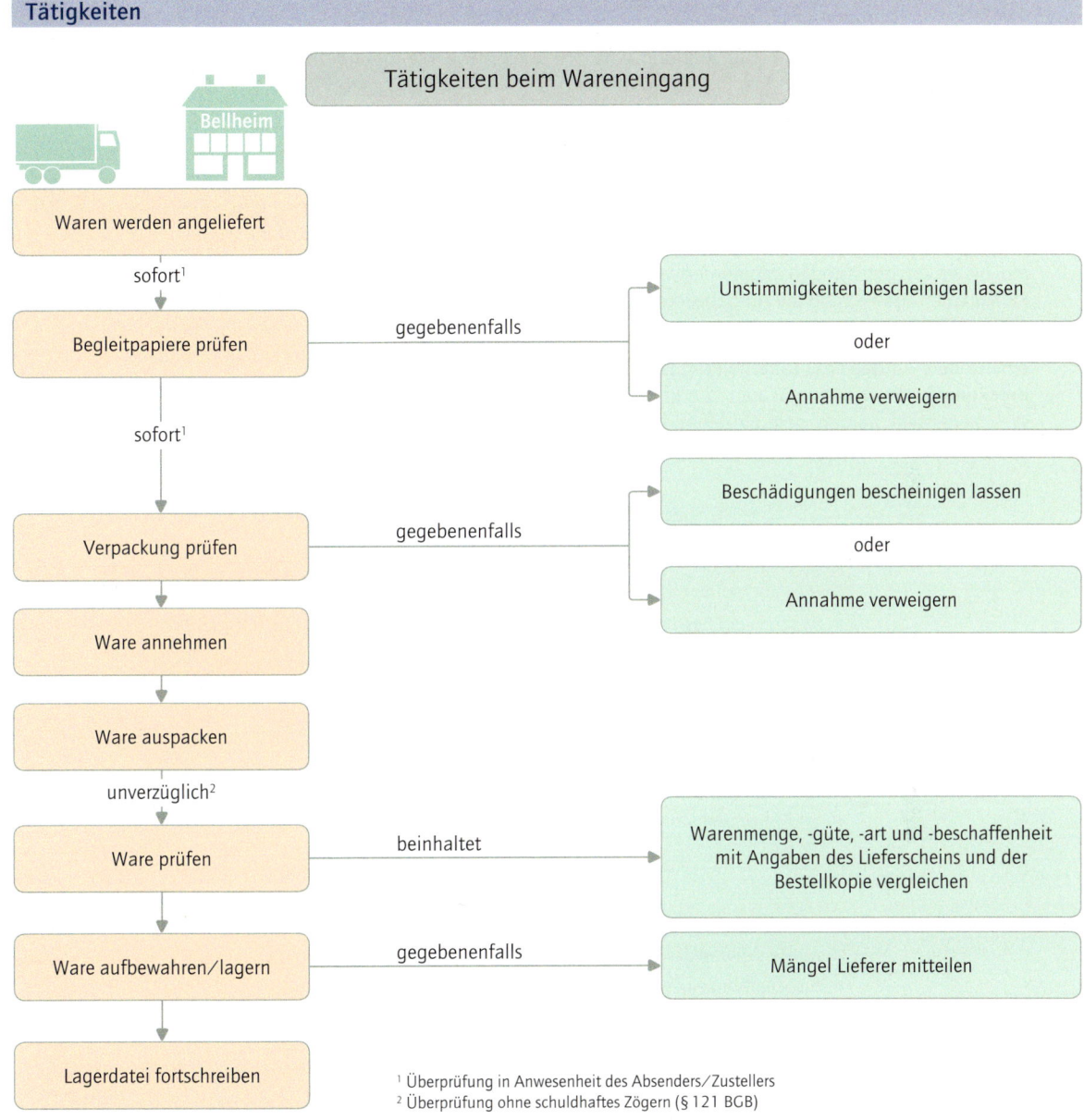

Tätigkeiten beim Wareneingang

Waren werden angeliefert

sofort[1]

Begleitpapiere prüfen — gegebenenfalls → Unstimmigkeiten bescheinigen lassen

oder

Annahme verweigern

sofort[1]

Verpackung prüfen — gegebenenfalls → Beschädigungen bescheinigen lassen

oder

Annahme verweigern

Ware annehmen

Ware auspacken

unverzüglich[2]

Ware prüfen — beinhaltet → Warenmenge, -güte, -art und -beschaffenheit mit Angaben des Lieferscheins und der Bestellkopie vergleichen

Ware aufbewahren/lagern — gegebenenfalls → Mängel Lieferer mitteilen

Lagerdatei fortschreiben

[1] Überprüfung in Anwesenheit des Absenders/Zustellers
[2] Überprüfung ohne schuldhaftes Zögern (§ 121 BGB)

aus: Bentin, Margit u. a.: Beschaffungsprozess, Lehrerband, 2. Aufl., Darmstadt 2005, S. 124

Prüfungs- und Rügepflicht

Zweiseitiger Handelskauf (beide Vertragspartner handeln als Kaufleute):

Die Ware muss **unverzüglich**, d. h. ohne schuldhafte Verzögerung, geprüft werden. Offene (sofort erkennbare) Mängel sind unverzüglich, versteckte Mängel unverzüglich nach Entdeckung, jedoch innerhalb zweier Jahre nach Lieferung zu rügen (§ 377 I – IV HGB und § 438 BGB).

Einseitiger Handelskauf (ein Vertragspartner handelt als Privatperson):

Die Ware muss innerhalb **zweier Jahre** nach Lieferung geprüft und gegebenenfalls gerügt werden (§ 438 BGB).

vgl.: Bentin, Margit u. a.: Handlungsorientierte Materialien in Wirtschaft und Verwaltung. Beschaffungsprozess, 4. Aufl., Darmstadt, 2005, S. 57

Überbrückungsfunktion

Für den Großhändler ist die Lagerhaltung eine zentrale Aufgabe. Trotz modernster Kommunikationsmittel, Kundenbefragungen und Trendanalysen der Marktforschung kann in der Mehrzahl der Fälle der Großhändler die eingekaufte Ware nicht unmittelbar weiterverkaufen. Zu unvorhersehbar, zu wenig planbar sind die Wünsche der Verbraucher. Daraus ergibt sich die Notwendigkeit, einen Teil der eingekauften Waren in einem Lager so lange aufzubewahren, bis sie von den Kunden angefordert werden. In diesem Fall hat die Lagerhaltung die Aufgabe, dieses **Zeitproblem** zu lösen.

Eine weitere Aufgabe der Lagerhaltung ist die **Raumüberbrückungsfunktion**, wenn Waren, die in allen Teilen der Welt hergestellt werden, dem Einzelhändler vor Ort angeboten werden sollen.

Die **Mengenüberbrückungsfunktion** ergibt sich aus der Notwendigkeit, die Lieferbereitschaft ständig aufrechtzuerhalten.

Die **Preisüberbrückungsfunktion** ergibt sich aus der Möglichkeit, durch Lagerhaltung Waren günstig einkaufen zu können, beispielsweise durch die Nutzung von Mengenrabatten, Inanspruchnahme von Sonderangeboten oder Einkäufe vor geplanten Preiserhöhungen.

Die Wahrnehmung dieser **Überbrückungsfunktionen** ermöglicht es dem Großhändler, den sich ständig ändernden Kundenwünschen Rechnung zu tragen.

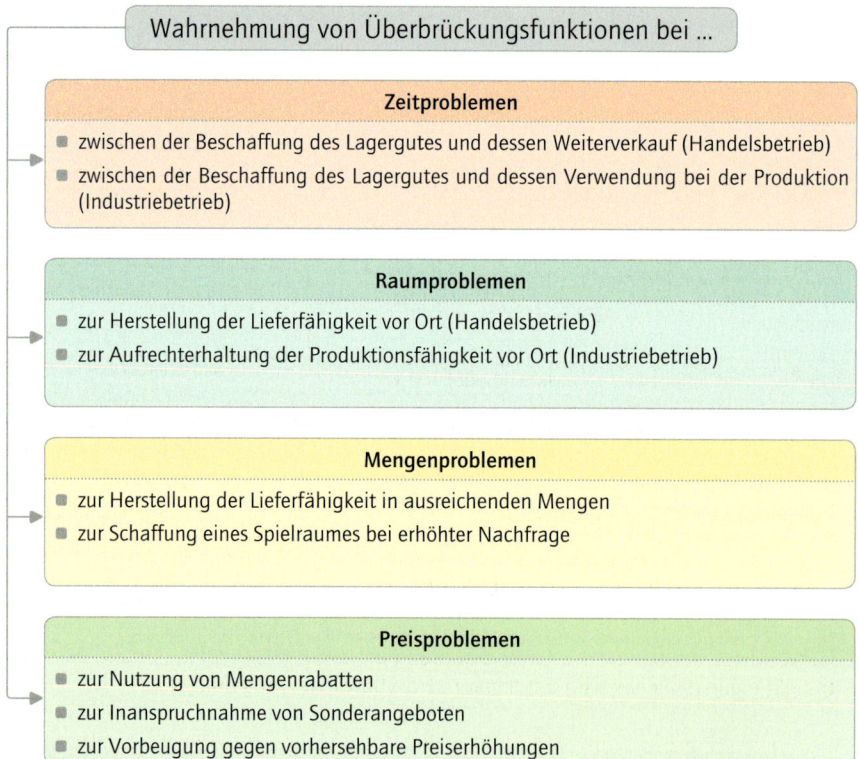

Ziele und Zielkonflikte

Zielkonflikte entstehen immer da, wo betriebswirtschaftliche Entscheidungen getroffen werden, die einerseits einen Vorteil für das Unternehmen darstellen, andererseits mit einem Nachteil verbunden sind. Die Lagerhaltung ist dafür ein gutes Beispiel (s. S. 319).

Ziele und Zielkonflikte

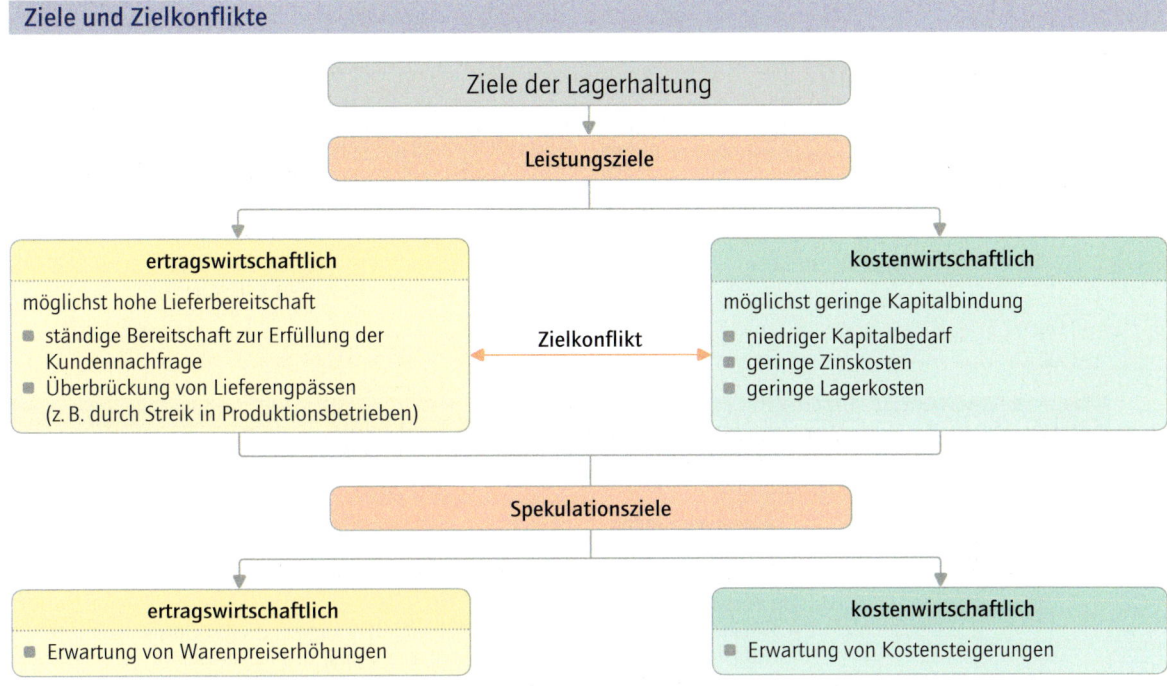

Ziele der Lagerhaltung

Leistungsziele

ertragswirtschaftlich

möglichst hohe Lieferbereitschaft

- ständige Bereitschaft zur Erfüllung der Kundennachfrage
- Überbrückung von Lieferengpässen (z. B. durch Streik in Produktionsbetrieben)

Zielkonflikt

kostenwirtschaftlich

möglichst geringe Kapitalbindung

- niedriger Kapitalbedarf
- geringe Zinskosten
- geringe Lagerkosten

Spekulationsziele

ertragswirtschaftlich

- Erwartung von Warenpreiserhöhungen

kostenwirtschaftlich

- Erwartung von Kostensteigerungen

vgl.: Bentin, Margit u. a.: Beschaffungsprozess, Lehrerband, 2. Aufl., Darmstadt 2005, S. 125 f.

Lagerbestandsgrößen

Stock figures

Mindestbestand (eiserner Bestand)

Er gibt die Vorratsmenge an, die nur bei außerordentlichen Lieferschwierigkeiten (z. B. Streik, Naturkatastrophen) in Anspruch genommen werden darf. Dazu muss der zu überbrückende Zeitraum geschätzt und als Rechengröße festgelegt werden.

Höchstbestand

Er gibt die Warenmenge an, die höchstens eingelagert werden kann (z. B. abhängig von Lagerkapazität, Verderb). Dadurch soll ein überhöhter Lagervorrat vermieden werden, der zu unnötigen Lagerkosten (z. B. für Raumkosten) führen würde.

Meldebestand

Er gibt die Warenmenge an, bei der die Lagerverwaltung der Einkaufsabteilung mitteilt, dass Ware nachbestellt werden muss. Trifft die Ware pünktlich ein, wird das Lager rechtzeitig wieder aufgefüllt.

Meldebestand = (durchschnittlicher Tagesabsatz · Lieferzeit) + Mindestbestand

aus: Bentin, Margit u. a.: Beschaffungsprozess, 4. Aufl., Darmstadt 2005, S. 45

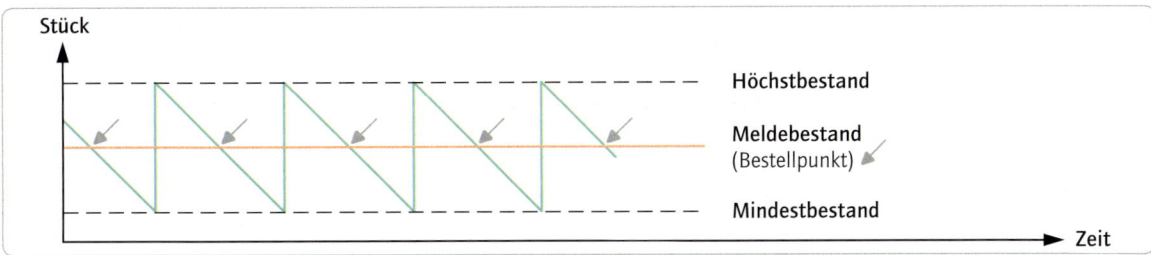

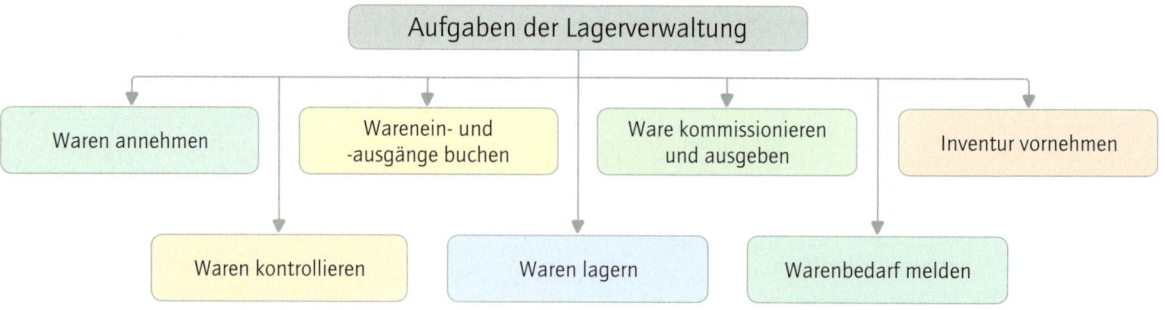

Übersichtlichkeit	**Lagerplatzordnung** Hier entscheidet sich, nach welchem Verfahren die Ware in das Regal eingelagert wird. ▪ **Feste Lagerplatzzuordnung** In diesem Verfahren hat jede Ware ihren festen Lagerplatz. Der Platzbedarf richtet sich dabei nach dem Warenhöchstbestand. Der Vorteil ist eine hervorragende Übersichtlichkeit und damit leichte Kommissionierung. Nachteilig ist der hohe Platzbedarf. ▪ **Chaotische Lagerplatzzuordnung** Bei dieser Methode erfolgt die Einlagerung der Ware nicht nach festgelegten Vorgaben, sondern nach dem Grundsatz „Ware wird da eingelagert, wo gerade Platz ist." Dieses Verfahren hat den Vorteil, die Platzreserven eines Lagers optimal nutzen zu können. Diese Methode ist ohne den Einsatz eines modernen Warenwirtschaftssystems nicht durchführbar.
Berücksichtigung der Warenart	**Ein- und Auslagerungsverfahren** Bei diesem Verfahren geht es um die Frage, welche der eingelagerten Waren zuerst verkauft werden sollen. ▪ **Lifo-Verfahren (last in – first out)** Bei diesem Verfahren wird die zuletzt eingelagerte Ware zuerst verkauft. Es wird z. B. bei lose eingelagerten Waren wie Kohle, Getreide oder Kies angewandt. ▪ **Fifo-Verfahren (first in – first out)** Nach diesem Verfahren – die zuerst eingelagerte Ware wird auch zuerst verkauft – wird im Großhandel in der Regel die Ware eingelagert und ausgelagert. Insbesondere bei empfindlicher Ware ist dieses Verfahren anzuwenden, um sie nicht wegen Verderbs oder Veralterung abschreiben zu müssen.
Geräumigkeit	Die Geräumigkeit des Lagers ist dann gegeben, wenn alle Mitarbeiter die vielfältigen Aufgaben im Lager ohne Einschränkungen durchführen können. Für die Annahme, Prüfung und Einlagerung der Ware muss bei der Nutzung von Hilfsmitteln wie Gabelstapler oder Hubwagen ausreichend Platz vorhanden sein. Auch muss die neu eingetroffene Ware vor dem Einräumen so zwischengelagert werden können, dass die normalen Lagerarbeiten, beispielsweise das Kommissionieren, nicht behindert werden.
Sachgerechte Lagerung	Siehe Warenpflege
Sicherheit	Siehe Lager- und Transportsicherheit
Optimaler Lagerbestand	Dieser Bestand ist dann erreicht, wenn bei ständiger Lieferbereitschaft die Lagerkosten so gering wie möglich sind (s. auch Seite 319).

Begriff

Die Vielzahl unterschiedlicher Lagerarten, die es im Großhandel gibt, lassen sich nach ganz unterschiedlichen Gesichtspunkten (Kriterien) unterscheiden. Mögliche Kriterien sind der Standort, die Warenanforderungen, die Eigentumssituation oder die Funktion des Lagers.

Kriterium	Lagerart	Beschreibung
Standort	Zentrallager	Alle Waren eines Großhändlers werden an einem Ort gesammelt und gelagert.
	Dezentrales Lager	Ware wird auf mehrere kleinere Lager verteilt, um beispielsweise die Ware näher am Kunden vorrätig zu haben.
Warenanforderungen	Speziallager	Lager zum Einlagern von speziellen Waren, beispielsweise Tiefkühlprodukte im Tiefkühllager oder Gas in Tanklagern
	Hochregallager	Lager, in dem die Waren meist vollautomatisch in Hochregalen eingelagert werden, z. B. Medikamente im Pharmagroßhandel
	Offenes Lager	Ware liegt auf offenen Lagerplätzen, z. B. Baumaterial
	Geschlossenes Lager	Lager für Waren, die nicht der Witterung ausgesetzt werden dürfen, z. B. Papier
Eigentumssituation	Eigenlager	Großhändler lagert die Ware in eigenen Räumen ein.
	Fremdlager	Großhändler benutzt die Lagerkapazität anderer Unternehmen, wenn beispielsweise Waren in einer anderen Stadt nur zwischengelagert werden.
	Konsignationslager	Lagerräume und Lagereinrichtung gehören dem Großhändler, die Waren jedoch dem Lieferer.
Funktion	Reservelager	Lager zur Aufrechterhaltung der Lieferbereitschaft
	Umschlaglager	Ware lagert meist nur kurzfristig, beispielsweise wenn Ware regelmäßig kurz nach Anlieferung wieder ausgeliefert wird.
	Sammellager	Große Warenmengen werden aufgenommen und nach und nach ausgeliefert, beispielsweise Getreidelager, das in der Erntezeit gefüllt und im Jahresverlauf durch Verkäufe geleert wird.
	Verteilungslager	Lager zum Ausgleich von Absatzschwankungen, beispielsweise bei Saisonartikeln
	Manipulationslager	Lager, in dem die Ware die Verkaufsfähigkeit erreichen soll, beispielsweise wenn grüne Bananen nachreifen sollen oder Getreide trocknen soll, um lagerfähig zu werden.

Begriff

Das **Einlagern** und eventuell auch das **Transportieren** der Ware gehören zu den zentralen Aufgaben des Großhändlers. In beiden Fällen ist es wichtig, die bestehenden Sicherheitsvorschriften strikt zu beachten, damit sowohl bei der Einlagerung der Waren als auch bei ihrem Transport das Unfallrisiko so gering wie möglich gehalten wird.

Im **Lager** zielen alle Sicherheitsmaßnahmen darauf ab, **Brände** und **Unfälle** zu vermeiden.

Durch die hohe Warendichte im Lager können Brände erhebliche wirtschaftliche Schäden anrichten, abgesehen von der Tatsache, dass Brände auch immer Menschen gefährden können. Das Einhalten der geltenden Brandschutzbestimmungen muss daher ständig überwacht und kontrolliert werden.

Um Unfälle zu vermeiden, müssen die Arbeitsbedingungen im Lager den Unfallverhütungsvorschriften und den Vorschriften des Arbeitsschutzes entsprechen. Es ist Aufgabe der

Berufsgenossenschaften, die **Unfallverhütungsvorschriften** herauszugeben und auf deren Einhaltung zu achten.

Dazu gehört beispielsweise das Tragen von Schutzhelmen in Hochregallagern oder die Benutzung von Leitern nur dann zu erlauben, wenn diese den Sicherheitsvorschriften entsprechen.

Lagersicherheit

Gefahr

Brand

Rettungsweg

Gefahrenstoffe

herabfallende Gegenstände

Vorkehrungen

- **Feuersicherungen:** Dazu gehört das Anbringen von technischen Brandvorrichtungen wie Feuerlöscher, Feuermelder und Sprinkleranlagen. Zum aktiven Brandschutz gehören aber auch Unterweisungen des Personals zur Handhabung der Brandschutzgeräte.
- **Fluchtwege:** Wird der wichtige Lagergrundsatz „Übersichtlichkeit" nicht eingehalten, kann es passieren, dass durch eine nicht ordnungsgemäße Einlagerung der Waren Fluchtwege und Fluchttüren verstellt werden. Es ist nicht nur die Aufgabe der Sicherheitsbeauftragten, sondern aller Mitarbeiterinnen und Mitarbeiter, darauf zu achten, dass sowohl die Fluchtwege als auch die Fluchttüren unverstellt bleiben und im Brandfall genutzt werden können.
- **Gefahrenstoffe:** Das sachgerechte Einlagern von Stoffen, von denen eine Brandgefahr ausgeht, gehört ebenso zur Sicherheit im Reservelager. So müssen beispielsweise Sprühdosen und Feuerwerkskörper gesondert gelagert werden. Bei allen anderen brandgefährlichen oder brandfördernden Stoffen sind die entsprechenden Sicherheitsvorschriften streng zu beachten.
- **Regale:** Die Regale im Lager müssen stabil und tragfähig sein, damit die Waren sicher eingelagert sind. Grundsätzlich ist zu beachten, dass die leichteren Waren auf den oberen Regalebenen und die schweren Waren in der unteren Regalebene eingelagert werden.
- **Paletten:** Beschädigte Paletten, auf denen die Waren stehen, bilden eine große Gefahr. Gebrochene Paletten sind eine häufige Ursache für herabstürzende Waren aus den Regalen. Daher sind derartige Paletten sofort auszusortieren und durch neue zu ersetzen.

Transportsicherheit

Verrutschen

- Beim Transportieren der Waren kann durch Verrutschen oder Lösen der Waren eine ernsthafte Gefahr für das Personal entstehen. Das Befestigen der Ware mit geeigneten Zurrgurten oder der Einsatz von Antirutschmatten sind hier wichtige Vorkehrungen.

Auslaufen

- Geeignete Transportbehälter können verhindern, dass gefährliche Flüssigkeiten beim Transport auslaufen und durch ihre Dämpfe zur Gefahrenquelle werden.

Aktive Unfallverhütung

Für die Mehrzahl der Mitarbeiterinnen und Mitarbeiter im Großhandel gibt es eine ganze Anzahl von Gefahrenquellen, die als Grund für einen Arbeitsunfall angesehen werden können. So verunglückten laut einer berufsgenossenschaftliche Statistik die meisten Mitarbeiter auf rutschigen Fußböden oder Gehwegen.

Viele Unfälle und Erkrankungen könnte man verhindern, wenn die Vorschriften der Unfallverhütung eingehalten würden.

Leitern

Die Leiter wird im Großhandel beim Reinigen der Regalböden und beim Einräumen der Waren benutzt. Da die Regale im Warenlager sehr hoch sind, ist besonders an dieser Stelle auf den richtigen Gebrauch zu achten.

- Einen sicheren Standplatz suchen, damit die Leiter nicht wegrutschen kann.
- Grundsätzlich gehören beide Beine auf die Leiter.
- Nicht bis auf das Ende von Stehleitern klettern.
- Für sicheren Halt der Leiter am Regal oder der Wand sorgen.
- Nicht von Stehleitern auf andere Objekte klettern.

Zum Einräumen von niedrigen Regalböden werden leider sehr häufig leere Getränkekisten als „Leiter" zum Einräumen der Regale benutzt. Dies ist unbedingt zu vermeiden.

Heben

Das Heben von schweren Gegenständen kann zu schweren Rückenleiden führen. Daher ist es äußerst wichtig, die folgenden Empfehlungen der Berufsgenossenschaft zu beachten:

- Heben Sie die Gegenstände mit gebeugten Knien, vermeiden Sie das Bücken.
- Halten Sie den Rücken gerade.
- Tragen Sie die Last möglichst dicht am Körper.
- Drehen Sie mit der Last den ganzen Körper. Verdrehen Sie sich nicht, das belastet die Wirbelsäule zusätzlich.

Umgang mit dem Kartonmesser

Beim Arbeiten mit dem Kartonmesser ist zu beachten:
- Grundsätzlich nur scharfe und unbeschädigte Klingen benutzen.
- Ist das Messer im Karton, sollte der Daumen nicht auf dem Klingenschieber bleiben.
- Den Karton mit der freien Hand gut festhalten, nicht auf diese Hand zu schneiden.
- Kunststoffbänder vor dem Durchtrennen festhalten.
- Klingen vorsichtig auswechseln
- Nie in den Papiermüll entsorgen

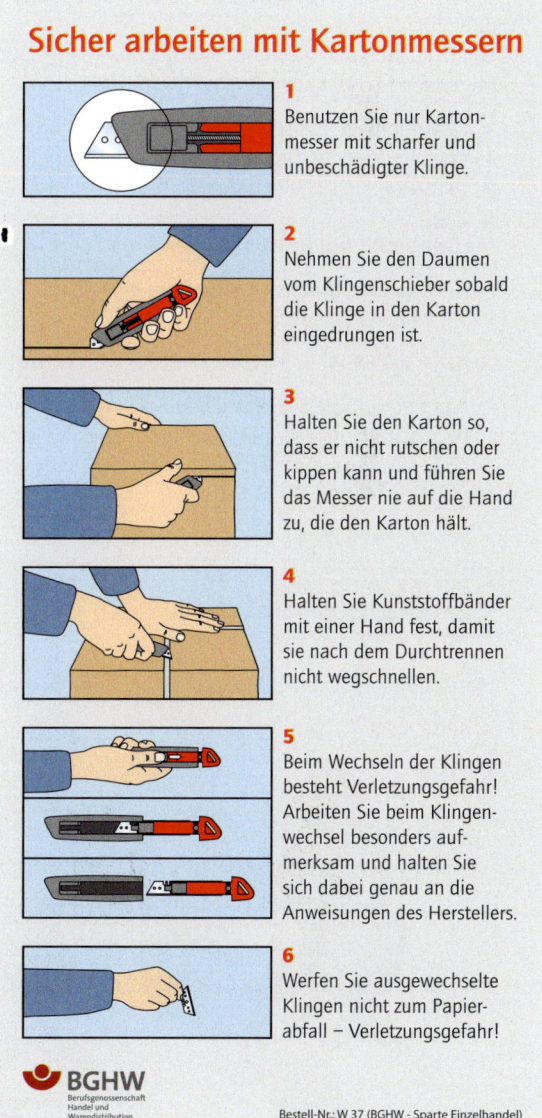

Weitere Informationen: Berufsgenossenschaft Handel und Warendistribution (www.bghw.de)

Aktive Unfallverhütung

Auffinden von verunglückten ansprechbaren Personen

- Hilfe rufen/Notruf absetzen
- Ermutigen und trösten
- Lebenswichtige Funktionen (Puls, Atmung) kontrollieren
- Decke unterlegen/zudecken

Auffinden von bewusstlosen Personen

Eine große Anzahl von Kundinnen und Kunden bewegt sich täglich in den Geschäften des Großhandels. Die Möglichkeit, dass Mitarbeiterinnen oder Mitarbeiter an ihrem Arbeitsplatz zu einer leblosen Person gerufen werden, ist daher immer gegeben.
Um in solch einer Situation richtig zu handeln, sollten die folgenden Maßnahmen durchgeführt werden:

- Bewahren Sie Ruhe!
- Verständigen Sie eine Kollegin, einen Kollegen.
- Kümmern Sie sich um die bewusstlose Person.

Maßnahmen bei bewusstlosen Personen

- **Bewusstsein prüfen:** Sprechen Sie die Person an, rütteln Sie an der Schulter.

  Keine Reaktion

- **Atmung prüfen:** Sie kontrollieren die Atmung, indem Sie beobachten, ob sich der Brustkorb hebt und senkt oder ob Sie die Person atmen hören, wenn Sie Ihr Ohr dicht an ihre Nase/ihren Mund halten.

  Atmung vorhanden

- Bringen Sie die Person in die **stabile Seitenlage** und setzen Sie einen **Notruf** ab.

Keine Atmung:

- **Herz-Lungen-Wiederbelebung:** Machen Sie den Brustkorb der Person frei und drücken Sie mit beiden Händen so kräftig auf die Brustmitte, dass sich Ihre Handflächen 4–5 cm nach unten bewegen. Halten Sie ihre Arme gestreckt.

  Drücken Sie 30×.

  Anschließend versorgen Sie die Person mit Sauerstoff. Sie halten die Nase der Person zu und blasen eine Sekunde lang Luft in den geöffneten Mund. Sie beobachten, ob sich der Brustkorb hebt. Sie wiederholen diesen Vorgang 1×.

  Beginnt die Person nicht von allein zu atmen, wiederholen Sie die Wiederbelebungsmaßnahmen bis zum Eintreffen der Rettungskräfte.

Absetzen eines Notrufes

Je schneller die Rettungskräfte bei der bewusstlosen Person eintreffen, umso größer sind die Chancen einer erfolgreichen Behandlung.

Eine Unfall-/Notfallmeldung muss klar und knapp sein. Die fünf **W-Fragen** sind zu beachten:

- **Wo** ist die bewusstlose Person?
- **Was** ist geschehen?
- **Wie** viele Verletzte sind zu versorgen?
- **Welche** Verletzungen oder Krankheitszeichen sind erkennbar?
- **Warten** auf Rückfragen der Rettungsleitstelle

Herstellen der stabilen Seitenlage bei einer bewusstlosen Person:

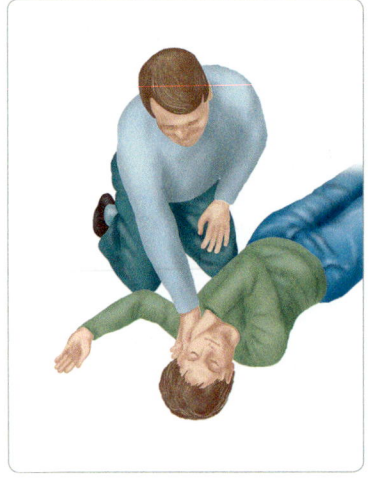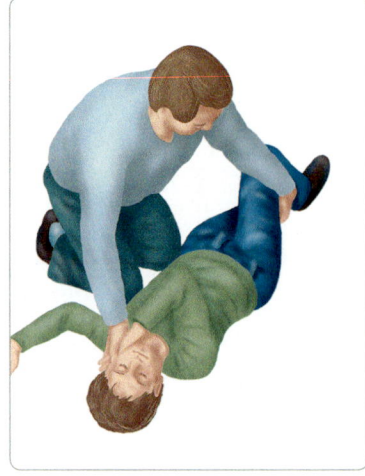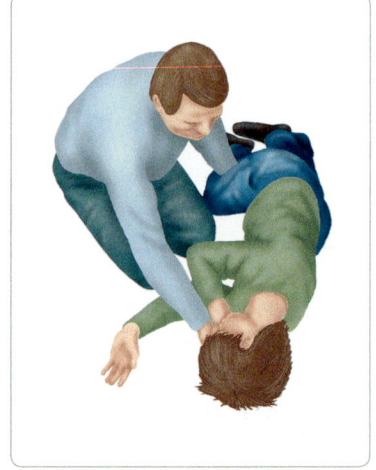

Begriff

Zur Warenpflege gehören alle Maßnahmen mit dem Ziel, die Qualität, das gepflegte oder frische Aussehen der zu verkaufenden Waren zu erhalten. Sie ist eine **betriebswirtschaftliche Größe**, die keinesfalls unterschätzt werden darf. Falsche oder unsachgemäße Lagerung, mangelnde Pflege oder nicht artgemäße Lagerung der Waren können sehr schnell zu einem Qualitätsverlust führen. Die betriebswirtschaftlichen Folgen können schwerwiegend sein, wenn der kalkulierte Verkaufspreis nicht mehr zu realisieren ist und die Waren preisreduziert verkauft werden oder sogar ganz abgeschrieben werden müssen.

Um diese Form der Lagerverluste zu vermeiden, ist auf eine **artgemäße Lagerung** zu achten. Darunter versteht man die Lagerung, die den speziellen Eigenschaften der Waren entspricht. Bestimmte Waren müssen vor Wärme, andere vor Licht oder Feuchtigkeit und wieder andere vor dem Austrocknen oder Schädlingsbefall bewahrt werden.

Gute **Warenkenntnisse** sind die Voraussetzung für die richtige, angemessene Behandlung der Waren. Das ist bei unempfindlichen Waren wie Werkzeug, Kunststoffgegenständen oder Konserven unproblematisch. Bei empfindlichen Waren hat die Warenpflege jedoch einen ganz anderen Stellenwert. Die richtige Pflege von Schmuck, frischen Lebensmitteln, Blumen oder Papier ist eine wichtige, werterhaltende Aufgabe.

Beispiele

Lebensmittel

- **Obst und Gemüse** müssen kühl und bei relativ hoher Luftfeuchtigkeit gelagert werden. Sie müssen von Fremdgerüchen ferngehalten und regelmäßig, 2- bis 3-mal am Tag, kontrolliert werden. Auf Schädlinge ist zu achten. Welke Salatblätter oder angefaultes Obst sind sofort auszusortieren. Bei äußerlicher Veränderung ist eventuell die Handelsklasse abzuändern, z. B. von HKL 1 auf HKL 2.

- **Tiefkühlkost** muss regelmäßig kontrolliert werden. Die Lagertemperatur von höchstens −18 °C darf nicht überschritten werden.

- **Molkereiprodukte** im Kühlregal müssen ebenfalls ständig kontrolliert werden. Hier ist das Mindesthaltbarkeitsdatum (MHD) von besonderer Bedeutung.

- **Trockensortiment:** V. a. Cerealien, Müsli, Vollkornprodukte und Mehl sind durch Schädlingsbefall besonders gefährdet. Eine ständige Überprüfung ist daher unabdingbar.

- **Alle Lebensmittel** müssen sauber und hygienisch einwandfrei gelagert und präsentiert werden.

Schreib- und Papierwaren

- **Schreibwaren**, besonders Filz- und Faserstifte, sind wärmeempfindlich, da sie schnell austrocknen können.

- **Papierwaren** sind lichtempfindlich. Sie dürfen daher nicht dem direkten Sonnenlicht ausgesetzt sein.

Uhren und Schmuck

- **Lederarmbänder** von Uhren trocknen schnell aus und müssen gepflegt werden.

- **Silber** ist beispielsweise ein sehr empfindliches Metall. Es muss regelmäßig geputzt werden, da es an der Luft anläuft und sich dunkel verfärbt.

Pflanzen/Blumen

- **Pflanzen** sind feucht zu halten und müssen regelmäßig gegossen und besprüht werden.

- **Blumen**, speziell **Schnittblumen**, müssen regelmäßig angeschnitten werden, die Vasen sind mit frischem Wasser zu versehen.

Begriff

Das Kommissionieren hat das Ziel, aus einer Gesamtmenge von Gütern (Sortiment) Teilmengen aufgrund von Anforderungen (Aufträgen) zusammenzustellen.[1]

Darunter versteht man die Tätigkeit, die einzelnen Waren entsprechend der Kundenaufträge aus dem Lager zu holen und zur Warenbereitstellung zu bringen. Es handelt sich um eine zentrale Aufgabe des Lagerpersonals, da die **Kundenzufriedenheit** besonders von der Schnelligkeit der Auftragsausführung abhängig ist. Diese Tätigkeit muss daher zeitökonomisch durchgeführt werden. Um diesem Anspruch gerecht zu werden, gibt es eine ganze Anzahl von **Kommissioniersystemen,** die Möglichkeiten aufzeigen, wie die angeforderte Ware zeit- und personalökonomisch aus dem Lager geholt werden kann.

Im Anschluss an die Kommissionierung erfolgt das Ausliefern der Waren. Beim Aufstellen des **Tourenplanes** sind wiederum zeit- und kostenökonomische Gesichtspunkte zu berücksichtigen.

Kommissioniersysteme

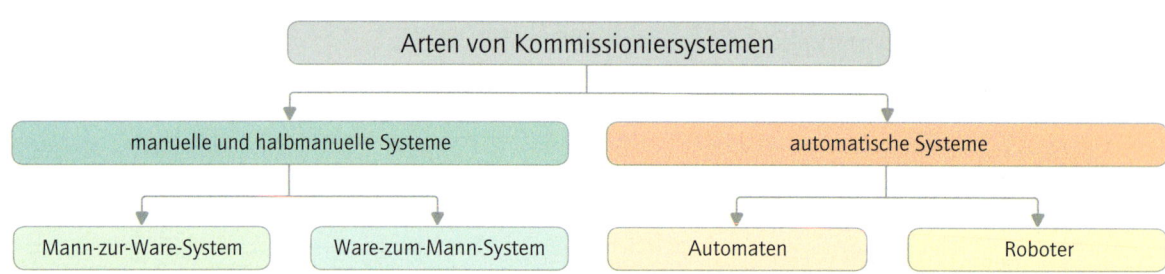

Mann-zur-Ware-System	Bei diesem System geht oder fährt der Kommissionierer in das Lager und entnimmt die angeforderte Ware den Regalen. Diese Methode kommt nur bei horizontalen Entnahmewegen und bei leichter Ware in Betracht. Bei einer festen Lagerplatzordnung kennt der Kommissionierer die Lagerplätze der angeforderten Waren. Bei der freien oder chaotischen Lagerhaltung muss der Lagerplatz der angeforderten Waren auf dem Kommissionierauftrag vermerkt sein.
Ware-zum-Mann-System	Der Kommissionierer muss nicht selbst die Ware dem Regal entnehmen, sondern erhält die Ware von einem Automaten, der sie in einem Behälter aus dem Regal zu ihm bringt. Durch den Einsatz eines Automaten ist der Entnahmeweg zweidimensional, also vertikal und horizontal. Dieses halbmanuelle System spart zwar Zeit, erfordert jedoch hohe Investitionen.
Automaten	Durch ein System von Förderanlagen und Transportautomaten wird die Ware „automatisch" aus dem Lager geholt. Dieses System ist zuverlässig und fehlerfrei, erfordert jedoch hohe Investitionen. Bei dieser Kommissionierungsform müssen die Waren einheitlich standardisiert verpackt sein, um von den Automaten oder Robotern aus den Regalen geholt werden zu können.
Roboter	Roboter holen die angeforderten Waren aus den Regalen und stellen sie auftragsgemäß zusammen. Es handelt sich um ein schnelles System, das jedoch störanfällig ist und sehr hohe Investitionen erfordert.

[1] VDI Richtlinie 3590 Kommissioniersysteme, Blatt 1, 1994

Kommissionierungsmethoden

Begriff

Die jeweilige Methode gibt Antwort auf die Frage, nach welchem Verfahren der Kommissionierer die Waren aus dem Lager holt. Arbeitet er beispielsweise die Kundenaufträge nacheinander ab oder fasst er mehrere Kundenaufträge zusammen, um die Wege nicht doppelt zu machen, oder werden die Aufträge von mehreren Kommissionierern ausgeführt, weil sie sehr umfangreich sind?

Beispiele

Auftragsorientierte, serielle Kommissionierung

Der Kommissionierer geht oder fährt systematisch durch die Lagergänge und sucht die Waren für den jeweiligen Auftrag zusammen. Diese Methode wird sehr häufig angewendet; sie ist einfach durchzuführen, hat keinen hohen Organisationsaufwand und die Verantwortlichkeiten sind klar festgelegt. Der Nachteil dieser Methode sind die vielen doppelten Wege und die langen Auftragsdurchlaufzeiten. Umfangreiche Aufträge lassen sich mit dieser Methode kaum in einem angemessenen Zeitrahmen bewältigen.

Eine Sonderform dieser Methode ist die **Stichgangmethode**. Hier geht der Kommissionierer nicht alle Gänge ab, sondern gezielt zu den Lagerplätzen der einzelnen Waren.

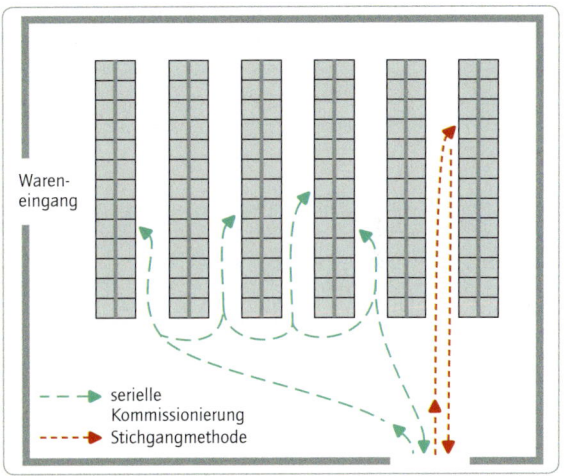

Auftragsorientierte, parallele Kommissionierung

Die Aufträge werden in Teilaufträge zerlegt; und mehrere Kommissionierer arbeiten parallel an dem Auftrag, wobei sie das Lager in unterschiedliche Zonen aufgeteilt haben, in denen sie sich jeweils bewegen. Die einzelnen Teilaufträge müssen am Ende der Kommissionierung zu einem Gesamtauftrag zusammengefasst werden. Die Auftragsdurchlaufzeiten sind bei dieser Methode verhältnismäßig kurz. Nachteilig sind das aufwendige Teilen und Zusammenführen der Aufträge, die unterschiedliche Belastung der Zonen und eine erhöhte Personalpräsenz. Diese Methode kommt in großen Lagern und bei umfangreichen Aufträgen zum Einsatz.

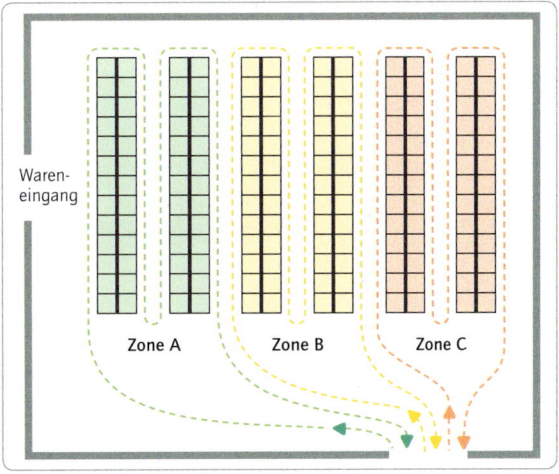

Serienorientierte, parallele Kommissionierung

Diese Methode wird auch als **mehrstufige** Kommissionierung bezeichnet. Hier werden die Aufträge zu Artikelserien zusammengefasst. Aus mehreren Aufträgen werden die gleichen Artikel herausgezogen und zu Aufträgen zusammengelegt.

So kann der Kommissionierer einem Lagerplatz immer gleich mehrere Artikel für unterschiedliche Aufträge entnehmen. Die Teilung und Zusammenführung der Aufträge ist sehr aufwendig. Die Auftragsdurchlaufzeiten sind relativ hoch.

Grundsätzlich kann die Arbeit der Kommissionierung erleichtert werden, indem entsprechend der Stichgangstrategie die häufig angeforderten Waren möglichst nahe am Versandplatz gelagert werden.

Kennziffern

Kontrolle von Kapitalbindung und Kosten der Lagervorräte (Lagerkennziffern):

Aus der Lagerbestandsdatei sich ergebende Monatsendbestände (Einheiten):			
Januar	900	Juli	220
Februar	325	August	775
März	465	September	550
April	420	Oktober	820
Mai	275	November	615
Juni	515	Dezember	670

Unterlagen aus der Buchhaltung (aus der Gewinn- und Verlustrechnung)

S	Gewinn- und Verlustkonto	H
Wareneinsatz		Verkaufserlöse

→ **Lagerkennziffern**

Kontoauszug

BÄR-BANK BERLIN

Bankleitzahl	Datum	Auszug-Nr.	Blatt-Nr.		KONTOAUSZUG für Konto-Nr.
100 347 11	20..-05-31	128	1		1 234 056

Datum		Buchungstag	Valuta	Umsatz	Soll = -
Melchior GmbH, Nürnberg Warenrücksendung v. 20..-04-30		05-31	05-30	870,00	
Papiermühle AG, Magdeburg Rechnung 1830/20..-05-25		05-31	05-30	- 1.149,80	

Herrn/Frau/Fräulein/Firma	Soll 4.890,00 EUR	Alter Saldo	Haben
Bellheim BüroService GmbH Haberstraße 8 12057 Berlin	Soll 5.169,80 EUR	Neuer Saldo	Haben

Genehmigte Kontoüberziehung: 80.000,00 EUR zu 12% p. a.
Geduldete Überziehung: 16% p. a.

Formeln   Rechenbeispiele

Durchschnittlicher Lagerbestand

$$= \frac{\text{Anfangsbestand} + \text{Endbestand}}{2} = \frac{600 + 670}{2} = 635$$

Der durchschnittliche Lagerbestand beträgt 635 Einheiten. Das sind bei einem Einstandspreis von 10,85 € je Einheit 6.889,75 €. Genauer lässt sich der durchschnittliche Lagerbestand auf der Grundlage der 12 Monatsbestände errechnen.

Durchschnittlicher monatlicher Lagerbestand[1]

$$= \frac{\text{Anfangsbestand} + 12 \text{ Monatsbestände}}{13} = \frac{600 + 6.550}{13} = 550$$

Der durchschnittliche monatliche Lagerbestand beträgt 550 Einheiten. Das sind bei einem Einstandspreis von 10,85 € je Einheit 5.967,50 €.

Umschlagshäufigkeit

$$= \frac{\text{Wareneinsatz pro Jahr in €}}{\text{durchschnittlicher Lagerbestand in €}} = \frac{107.415,00^{[2]}}{5.967,50} = 18$$

Der durchschnittliche Lagerbestand wird 18-mal pro Jahr umgeschlagen.

Durchschnittliche Lagerdauer

$$= \frac{360}{\text{Umschlagshäufigkeit}} = \frac{360}{18} = 20$$

Die durchschnittliche Lagerdauer beträgt 20 Tage.

Lagerzinssatz

$$= \frac{\text{Jahreszinssatz} \cdot \text{durchschnittliche Lagerdauer}}{360} = \frac{12 \cdot 20}{360} \triangleq 0,67$$

Für die Berechnung des Lagerzinssatzes wird der Zinssatz für eine kurzfristige Kontoüberziehung bei der Bank zugrunde gelegt. Der Lagerzinssatz beträgt 0,67 %.

Lagerzinskosten

$$= \frac{\text{Lagerzinssatz} \cdot \text{durchschnittlicher Lagerbestand}}{100} = \frac{0,67 \cdot 5.967,50}{100} \triangleq 39,98$$

Die Lagerzinskosten für das Produkt betragen 39,98 € pro Lagerperiode.

---

[1] Es gibt auch andere Zeiteinteilungen, z. B. quartalsmäßig, jährlich.
[2] Beim Wareneinsatz handelt es sich um einen angenommenen Wert.
aus: Bentin, Margit u. a.: Beschaffungsprozess, Lehrerband, 2. Aufl., Darmstadt, 2005, S. 121

Lagerhalter

Der Lagerhalter führt in kaufmännischer Weise einen Gewerbebetrieb, der als Dienstleistung die Lagerung und Aufbewahrung von Gütern zum Inhalt hat (§ 467 HGB). Für die Lagerung muss er den entsprechenden Lagerplatz (Hallen, Räume, Freiflächen) zur Verfügung stellen. Im Hinblick auf die Aufbewahrung besteht für den Lagerhalter eine Fürsorge- und Obhutspflicht, die den Kern seiner Dienstleistung ausmacht. Hierfür sind ihm grundsätzlich keine spezifischen Warenkenntnisse vorgeschrieben. Neben Lagerhausgesellschaften bieten Speditionen im Rahmen ihrer Dienstleistungen zusätzlich zur Güterversendung häufig auch die Lagerhaltung an. Einlagerer können Industrie- oder Handelsunternehmen und ebenfalls Spediteure sein.

Lagervertrag

Bedeutung des Lagervertrags für den Lagerhalter nach § 467 ff. HGB

Pflichten	Rechte
■ Prüfungs-/Kontrollpflicht beim Empfang der Lagerware	■ Recht auf die vereinbarte Vergütung für die Einlagerung
■ Interessenwahrung durch Sicherung von Schadensersatzansprüchen des Einlagerers sowie durch dessen Benachrichtigung	■ Anspruch auf Schadensersatz für Schäden, die durch die Güter des Einlagerers verursacht wurden
■ Zutrittsgewährung gegenüber dem Einlagerer	■ Notverkauf des Lagergutes bei Verderbrisiko ohne rechtzeitige Verfügung des Einlagerers
■ Sorgfaltspflicht durch Schutzmaßnahmen vor Verderb bei Sammellagerung	■ Kündigung des Lagervertrages nach Ablauf der vereinbarten Lagerzeit oder unter Einhaltung einer Kündigungsfrist
■ Mitteilungspflicht durch Unterrichtung des Einlagerers, wenn Veränderungen des Lagergutes eingetreten oder zu befürchten sind	■ Anspruch auf Ersatz für erforderliche Aufwendungen für die Einlagerung
■ Versicherungspflicht bei Verlangen des Einlagerers	■ Pfandrecht am Lagergut zur Sicherung der Ansprüche
	■ Rückgabe des Lagerscheins bei Auslagerung

Lagerdokumente

Die Dokumente des Lagervertrags, der formlos (mündlich, schriftlich) zustande kommen kann, sollen den Empfang des Lagergutes bescheinigen sowie das Eigentum am Lagergut dokumentieren. Der Empfang des Lagergutes wird vom Lagerhalter durch eine **Lagerquittung** bescheinigt, die auch als Lagerempfangsschein oder Aufnahmebestätigung bezeichnet wird. Die Eigentumsrechte an dem Lagergut des Lagervertrags werden durch **Lagerscheine** dokumentiert, die einen Herausgabeanspruch beinhalten und dementsprechend als Wertpapier gelten.

Lagerscheine (Warenwertpapiere)

Inhaberlagerschein	Namenslagerschein	Orderlagerschein
■ Inhaberpapier	■ Namenspapier	■ Orderpapier mit Orderklausel
■ Übertragung durch Übergabe mit dem Anspruch, das Lagergut vom Lagerhalter ausgehändigt zu bekommen	■ Übertragung durch Zession (Abtretung)	■ Übertragung durch Indossament (Vermerk auf der Rückseite „für mich an …")
■ Verlustrisiko, da das Lagergut an jeden Besitzer des Scheines ausgehändigt werden muss	■ Forderungen am Lagergut beziehen sich ausschließlich auf den Zeitpunkt der Abtretung. Vorherige Teilauslieferungen können nicht mehr aufgrund des Lagerscheines eingefordert werden.	■ unbedingter Anspruch auf Auslieferung der im Schein aufgeführten Lagergüter

Frachtführer

Frachtführer sind **selbstständige Kaufleute**, die gewerbsmäßig für ihre Vertragspartner mit eigenen Transportmitteln Güter befördern. Hierzu gehören der gewerbliche Güterkraftverkehr, Eisenbahngesellschaften, Binnen- und Seeschifffahrts- sowie Luftverkehrsgesellschaften. Dem Frachtgeschäft liegt ein **Frachtvertrag** zugrunde, der zwischen dem Frachtführer und dem Absender abgeschlossen wird (vgl. S. 331). Der Frachtvertrag regelt für den Frachtführer die Pflicht zur Güterbeförderung und für den Absender die Pflicht zur Zahlung der Fracht (§ 407 HGB). Der Frachtvertrag wird meist in Form eines Frachtbriefes abgeschlossen (vgl. S. 331 f.).

Spediteur

Spediteure sind **selbstständige Kaufleute**, die die Güterbeförderung als Absender im eigenen Namen, aber auf Rechnung ihres Auftraggebers (Versender) auf der Grundlage eines **Speditionsvertrags** besorgen. Insofern sind Spediteure Transportvermittler, die einen oder mehrere Frachtführer mit der Güterbeförderung der Versender beauftragen und so ggf. die gesamte Transportkette organisieren. Der Spediteur kann jedoch auch bei jedem Speditionsvertrag den Transport ganz oder teilweise selbst übernehmen und würde dadurch zum Frachtführer **(Selbsteintrittsrecht)**. In Verbindung mit Lagerdienstleistungen und preisgünstigen Sammelladungstransporten bieten Spediteure häufig marktgerechte logistische Komplettlösungen an.

Frachtgeschäft

Die Bellheim-BüroService GmbH will eine große Sendung Tischkopierer für eine Sonderaktion an den Fachgeschäftskunden Skript-Bürohandels OHG versenden lassen. Hierzu kann ein Frachtvertrag mit einem Frachtführer abgeschlossen werden. Stattdessen könnte die Bellheim-BüroService GmbH auch einen Speditionsvertrag mit einem Spediteur abschließen. Sofern dieser nicht von seinem Selbsteintritts-recht Gebrauch macht, würde er für den Auftrag seinerseits einen Frachtvertrag mit einem Frachtführer abschließen. Darüber hinaus kann er einen zweiten Spediteur als Empfangsspediteur einsetzen. In diesem Fall würde neben dem Frachtvertrag ein zweiter Speditionsvertrag zwischen ihm als Versandspediteur und dem Empfangsspediteur abgeschlossen werden.

Frachtgeschäft mit Frachtführer/Spediteur als Frachtführer:

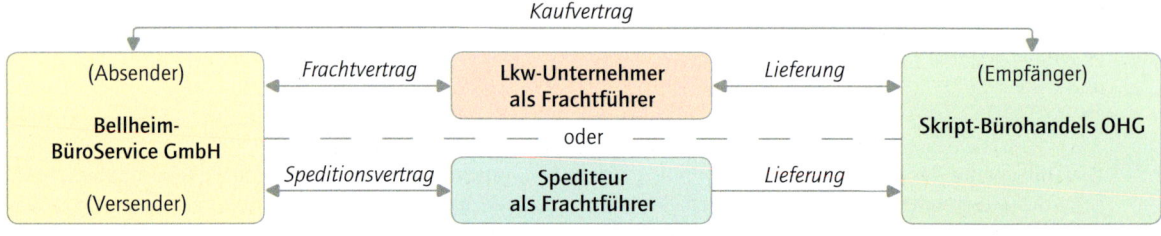

Frachtgeschäft mit Spediteur und Frachtführer:

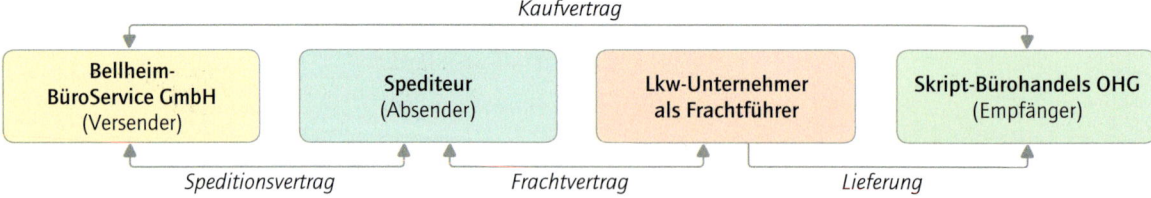

Frachtgeschäft mit Versand-, Empfangsspediteur und Frachtführer:

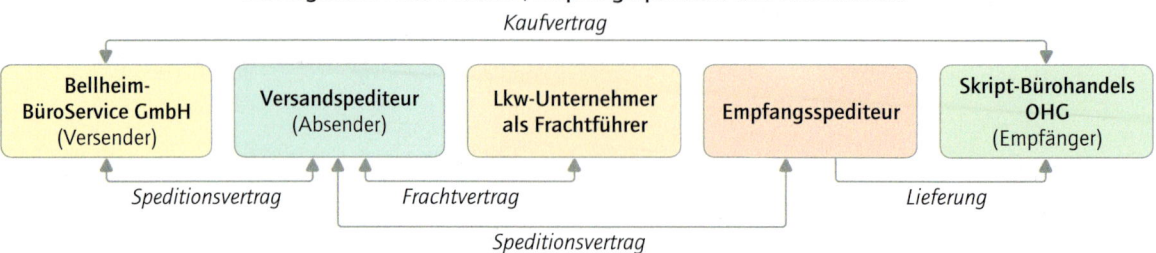

Frachtvertrag

Der Frachtvertrag ist die Grundlage eines Frachtgeschäftes. Der Frachtführer wird verpflichtet, das Gut des Versenders zum Bestimmungsort zu befördern und dort beim Empfänger abzuliefern. Der Versender verpflichtet sich zur vereinbarten Zahlung für die Frachtleistung (§ 407 HGB).

Pflichten und Rechte des Frachtführers aus dem Frachtvertrag

Frachtvertrag (z. B. Frachtbrief)		
	Pflichten des Frachtführers ...	**Rechte des Frachtführers ...**
... gegenüber dem Absender	■ frist- und sachgerechte Beförderung ■ mangelfreie Auslieferung ■ unverzügliche Nachricht bei Auslieferungsproblemen ■ Haftung bei Überschreitung der Lieferfrist, Verlust, Beschädigung, Missachtung nachträglicher Weisungen	■ Ausstellung eines Frachtvertrags bzw. Frachtbriefes ■ Übergabe der Begleitpapiere (z. B. Steuer- und Zollpapiere) ■ Zahlung des Frachtentgelts ■ Auslagenerstattung ■ Pfandrecht am Beförderungsgut
... gegenüber dem Empfänger	■ Weisungsbefolgung ■ Erfüllung der Vertragspflichten (z. B. Warenübergabe, Ladescheinausstellung)	■ Zahlung ggf. vereinbarter Dienstleistungen (z. B. Rollgelder)

Frachtbrief

Bedeutung und Inhalt des Frachtbriefes

Der Frachtbrief dokumentiert den Abschluss und Inhalt eines Frachtvertrags, die Übernahme des Frachtgutes durch den Frachtführer sowie Anzahl, Inhalt und Kennzeichnung des Frachtgutes. Ein Frachtbrief kann ausgestellt werden, ist jedoch im nationalen Güterverkehr gesetzlich nicht zwingend vorgeschrieben. Der Frachtführer kann die Ausstellung eines Frachtbriefes verlangen. Sind die Angaben des Frachtbriefes (z. B. Rohgewicht, Menge, Inhalt) nicht zu überprüfen, so kann er entsprechende Vorbehalte in den Frachtbrief eintragen. Der Frachtbrief wird in drei Originalausfertigungen erstellt. Der Absender und der Frachtführer bekommen jeweils eine Ausfertigung. Das dritte Exemplar begleitet den Transport. Der Absender hat das Recht der nachträglichen Verfügung über das Versendungsgut (Rückruf oder Umleitung) bei Vorlage des Frachtbriefes.

Grundsätzlich können alle von den Vertragsparteien als zweckmäßig erachteten Inhalte im Frachtbrief verankert werden (§ 408 HGB). Folgende Angaben sind für den Frachtführer bei der Ausstellung eines Frachtbriefes von zentraler Bedeutung:

Inhalte des Frachtbriefes nach § 408 HGB

- ■ Ort und Tag der Ausstellung
- ■ Name und Anschrift des Absenders
- ■ Name und Anschrift des Frachtführers
- ■ Ort und Tag der Frachtübernahme und der Frachtübergabe
- ■ Name und Anschrift des Empfängers und ggf. eine abweichende Meldeadresse

- ■ Bezeichnung der Güter- und der Verpackungsart (ggf. der vorgeschriebenen Gefahrgutbezeichnung)
- ■ Anzahl, Zeichen und Nummerierung der Frachtstücke
- ■ Mengenangaben zum Frachtgut (z. B. Rohgewicht)
- ■ anfallende Kosten bis zur Ablieferung und Vermerk über die Frachtzahlungsmodalitäten (z. B. Nachnahme)
- ■ Angaben zu behördlichen Regelungen (z. B. Verzollung)

Beweiskraft des Frachtbriefes

Der von Absender und Frachtführer unterzeichnete Frachtbrief beurkundet nach § 409 HGB

... den Abschluss und Inhalt des Frachtvertrags	... die Übernahme des Gutes durch den Frachtführer	... die Vermutung, dass das Gut und seine Verpackung bei der Übernahme durch den Frachtführer in äußerlich gutem Zustand waren	... die Übereinstimmung von Anzahl, Zeichen und Nummern der Frachtstücke mit den Angaben

CMR-Frachtbrief

Obwohl die Ausstellung eines Frachtbriefes nicht zwingend vorgeschrieben ist, hat der Frachtbrief bei internationalen Transporten eine größere Bedeutung als im Inland. Das am meisten verwendete **Frachtbriefdokument** ist der **CMR-Frachtbrief**[1] für den grenzüberschreitenden europäischen Güterkraftverkehr. Er gilt für den gewerblichen Güterkraftverkehr auf der Straße gegen Entgelt, wenn der Ort der Güterübernahme und der Ort der Ablieferung in verschiedenen Staaten liegen, von denen mindestens einer ein Vertragsstaat ist.

1. Blatt (weiß) Tarifkontrolle	2. Blatt (grün) Frachtführer	3. Blatt (blau) Empfänger	4. Blatt (rot) Absender	5. Blatt (weiß) Spediteurbescheinigung

1. Absender (Name, Anschrift, Land)

Gummimeyer AG
Frankfurter Str. 1–11
64300 Hanau

INTERNATIONALER FRACHTBRIEF
LETTRE DE VOITURE
INTERNATIONAL   **0506/11/020/12**

Diese Beförderung unterliegt trotz einer gegenteiligen Abmachung den Bestimmungen des Übereinkommens über den Beförderungsvertrag im internationalen Straßengüterverkehr (CMR).

Ce Transport est soumis nonobstant toute clause contraire, à'la Convention relative au contract de transport international de marchandises par route (CMR).

2. Empfänger (Name, Anschrift, Land)

Bertulucci Benito Spa
Gommista
Via Casalina 100
23020 Brescia

16. Frachtführer (Name, Anschrift, Land)

Renato Rossi
Transporti Internazionali
Via Romana 120
39100 Bolzano/Italia

3. Auslieferungsort des Gutes
Ort: Brescia
Land: Italien

17. Nachfolgende Frachtführer (Name, Anschrift, Land)

4. Ort und Tag der Übernahme des Gutes
Ort: Hanau
Land: Deutschland
Datum: 10. Nov. 20..

5. Beigefügte Dokumente

18. Vorbehalte u. Bemerkungen der Frachtführer:

6. Nr. und Kennzeichen	7. Anzahl der Packstücke	8. Art der Verpackung	9. Bezeichnung des Gutes	10. Statistiknummer	11. Bruttogewicht in kg	12. Umfang in m³
GM	255	lose	Reifen XY 121		5 110 kg	

C M R

13. Anweisungen des Absenders
(Zoll- und sonstige amtliche Behandlung)

19. zu zahlen vom	Absender	Währung	Empfänger
Fracht			
Ermäßig.			
Zwischen-summe			
Zuschläge: Gebühren:			
Gesamt: +			

14. Rückerstattung

15. Frachtzahlungsanweisung: frei Brescia

20. Besondere Vereinbarung

21. Ausgefertigt in: Frankfurt/M. **am:** 10. Nov. 20..

24. Gut empfangen   Datum

22.
Gummimeyer AG
Hanau
Unterschrift (Absender)

23.
Renato Rossi
Bolzano
Unterschrift (Frachtführer)

Unterschrift (Empfänger)

27. Amtl. Kennzeichen
BZ-S 12833

[1] CMR: Convention relative au Contrat de transport international de Marchandises par Route (Übereinkommen über den Beförderungsvertrag im internationalen Straßengüterverkehr)

Spediteurarten

Funktionen und Aufgabenbereiche von Spediteuren

Speditionstätigkeit ohne Besitz des Frachtgutes	Speditionstätigkeit mit Besitz des Frachtgutes	Speditionstätigkeit mit Frachtführerfunktion	Frachtgeschäft ohne Speditionstätigkeit
Spediteur organisiert die Versendung des Gutes im Rahmen eines Speditionsvertrags über andere Frachtführer, ohne das Frachtgut selbst in der Obhut zu haben.	Spediteur übernimmt im Rahmen eines **Speditionsvertrags** Organisations- und Umschlagtätigkeiten mit Obhut über das Frachtgut bei Abholung, Zwischenlagerung, Be- und Entladung, Verpackung, Kennzeichnung, Zollabfertigung (gilt auch bei Selbsteintritt oder als Sammelgutspediteur).	■ **bei Selbsteintritt:** Spediteur führt die Beförderung im Rahmen eines Speditionsvertrags selbst aus. ■ **als Sammelgutspediteur:** Spediteur versendet Güter verschiedener Frachtverträge mit gemeinsamer Fracht. ■ **als Fixkostenspediteur:** Spediteur setzt als Entgelt einen festen Betrag inkl. Beförderung fest.	Spediteur tritt lediglich als Frachtführer im Rahmen eines **Frachtvertrags** auf, ohne die Versendung zu organisieren.

Speditionsrecht § 453 ff. HGB   Frachtrecht § 407 ff. HGB

Speditionsvertrag

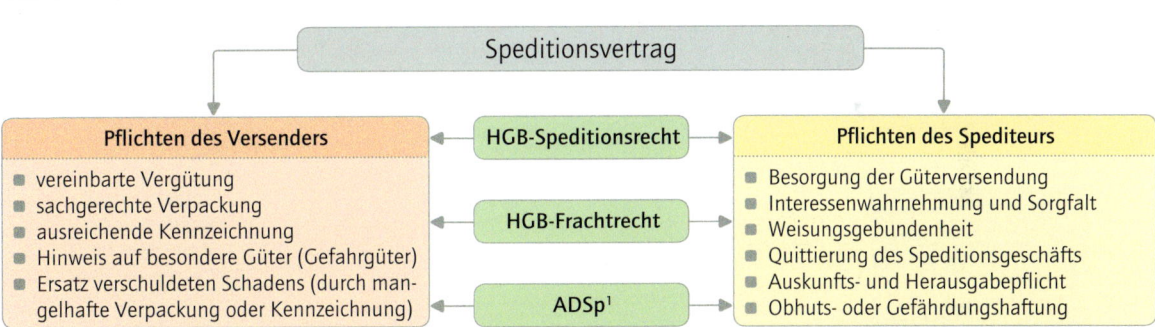

Speditionsvertrag

Pflichten des Versenders
- vereinbarte Vergütung
- sachgerechte Verpackung
- ausreichende Kennzeichnung
- Hinweis auf besondere Güter (Gefahrgüter)
- Ersatz verschuldeten Schadens (durch mangelhafte Verpackung oder Kennzeichnung)

HGB-Speditionsrecht

HGB-Frachtrecht

ADSp[1]

Pflichten des Spediteurs
- Besorgung der Güterversendung
- Interessenwahrnehmung und Sorgfalt
- Weisungsgebundenheit
- Quittierung des Speditionsgeschäfts
- Auskunfts- und Herausgabepflicht
- Obhuts- oder Gefährdungshaftung

Besondere Rechte des Spediteurs aus dem Speditionsvertrag

Das Speditionsrecht des HGB sieht neben den üblichen Rechten, die sich für den Spediteur aus den Pflichten des Vertragspartners (Versenders) aufgrund des Speditionsvertrages ergeben, weitere besondere Rechte vor:

- **Recht auf Selbsteintritt (§ 458 HGB)**
  Übernahme der Funktion als Frachtführer im Rahmen seines Speditionsauftrags

- **Recht auf Sammelladung (§ 460 HGB)**
  Beförderung der Güter mehrerer Versender in einem Sammeltransport zum Zwecke der Kosteneinsparung

- **Pfandrecht am Beförderungsgut (§ 464 HGB)**
  Pfändung von beförderten Gütern zur Sicherung unbestrittener Forderungen aus dem Speditionsvertrag bei Erfüllung entsprechender Bedingungen

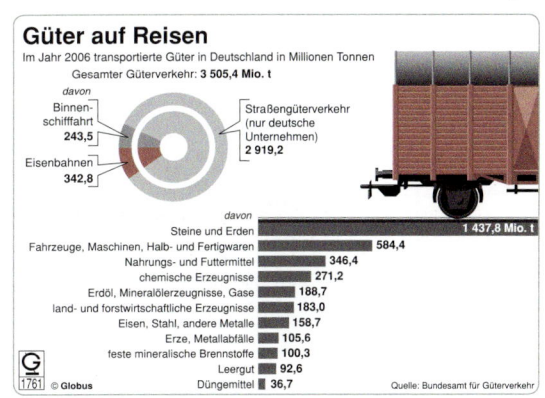

[1] ADSp: Allgemeine Deutsche Spediteurbedingungen; durch die ADSp können die Vorschriften des HGB-Fracht- und Speditionsrechts nicht beeinflusst werden.

Kriterien zur Auswahl der Verkehrsträger für das Frachtgeschäft

Verkehrsträger	Vorteile	Nachteile	Besondere Eignung für
Lastkraftwagen	● umfangreiches Straßennetz ● fahrplanunabhängiger, flexibler Einsatz möglich ● Vermeidung von Umladungen durch Haus-zu-Haus-Verkehr möglich	● relativ umweltbelastend ● nur sehr eingeschränkt für Massengüter geeignet ● relativ hohe Unfallgefahr ● relativ witterungsabhängig	● Stückgüter und Ladungsgüter mit geeigneten Abmessungen ● flüssiges Gut (Tankwagen) ● Güter mit speziellen Anforderungen (z. B. Kühlgut in Kühlwagen)
Eisenbahn	● relativ große Ladekapazitäten ● umweltfreundlich ● hohe Transportgeschwindigkeit ● relativ sicher	● schienengebunden ● Umladevorgänge notwendig ● eingeschränkte Flexibilität durch Abhängigkeit von Fahrplänen	● Stückgüter und Massengüter ● Schüttgüter (z. B. Kies, Sand) ● Gefahrgüter (z. B. chemische Güter)
Binnenschiff	● große Ladekapazität ● relativ preisgünstig ● umweltfreundlich	● eingeschränkte Flexibilität durch Abhängigkeit vom Binnenwasserstraßennetz ● geringe Transportgeschwindigkeit ● Umladevorgänge notwendig ● witterungsabhängig	● Massengüter ● Schüttgüter ● großvolumige und schwere Stückgüter
Seeschiff	● große Ladekapazität ● konkurrenzlos für große Gütermengen im Überseeverkehr	● lange Transportzeiten ● Umladevorgänge notwendig ● häufig lange zusätzliche Transportwege nötig (Vor- und Nachlauf) ● aufwendige Transportverpackung nötig	● alle Güter, die für den Containertransport geeignet sind (Stückgüter aller Art mit normalen Abmessungen) ● großvolumige und schwere Stückgüter
Flugzeug	● hohe Transportgeschwindigkeit ● relativ sicher ● hohe Verkehrsdichte	● eingeschränkte Nutzlast ● kostenintensiv ● witterungsabhängig ● relativ umweltbelastend	● Frischwaren mit leichter Verderblichkeit (z. B. Früchte, Blumen) ● Terminsendungen (z. B. Ersatzteile, Medikamente, Zeitungen) ● hochwertige, kapitalintensive Waren ● lebende Tiere

Nutzung der Verkehrsträger

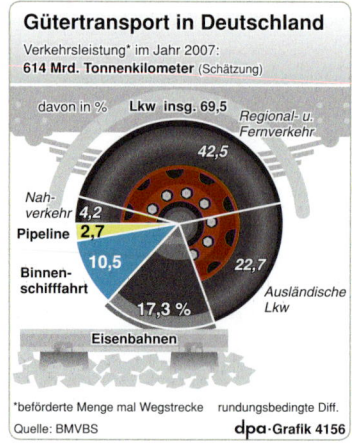

Gütertransport in Deutschland

Verkehrsleistung* im Jahr 2007:
614 Mrd. Tonnenkilometer (Schätzung)

davon in %

Lkw insg. 69,5

Regional- u. Fernverkehr 42,5

Nahverkehr 4,2
Pipeline 2,7
Binnenschifffahrt 10,5
22,7 Ausländische Lkw
17,3 %
Eisenbahnen

*beförderte Menge mal Wegstrecke   rundungsbedingte Diff.
Quelle: BMVBS

dpa·Grafik 4156

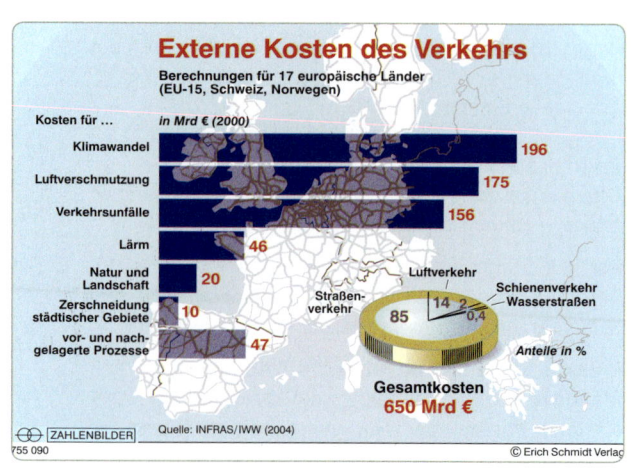

Externe Kosten des Verkehrs

Berechnungen für 17 europäische Länder
(EU-15, Schweiz, Norwegen)

Kosten für …   in Mrd € (2000)

Klimawandel   196
Luftverschmutzung   175
Verkehrsunfälle   156
Lärm   46
Natur und Landschaft   20
Zerschneidung städtischer Gebiete   10
vor- und nachgelagerte Prozesse   47

Luftverkehr 14
Schienenverkehr 2
Wasserstraßen 0,4
Straßenverkehr 85

Anteile in %

**Gesamtkosten
650 Mrd €**

ZAHLENBILDER
755 090   Quelle: INFRAS/IWW (2004)

© Erich Schmidt Verlag

Zolllagerverfahren

Begriff

Nach Artikel 98 Abs. 1 Zollkodex (ZK) können im Zolllagerverfahren an bestimmten zugelassenen Orten oder Lagereinrichtungen im Zollgebiet der Gemeinschaft Waren regelmäßig zeitlich unbegrenzt gelagert werden.

Beispiele:
- Lagerräume
- Freiflächen
- Güterwaggons
- Silos
- Tanks
- Lkw-Ladeflächen

Funktion des Zolllagers

In Zolllagern werden **Nichtgemeinschaftswaren** gelagert. Für die Dauer der Lagerung
- werden keine Einfuhrabgaben erhoben,
- müssen z. B. keine Einfuhrgenehmigungen vorgelegt werden.

In Zolllagern können u. a.

- Transitwaren zeitlich unbegrenzt **unverzollt** gelagert werden.
- Waren gelagert werden, bei denen erst nach Verlassen des Zolllagers die Einfuhrabgaben anfallen.

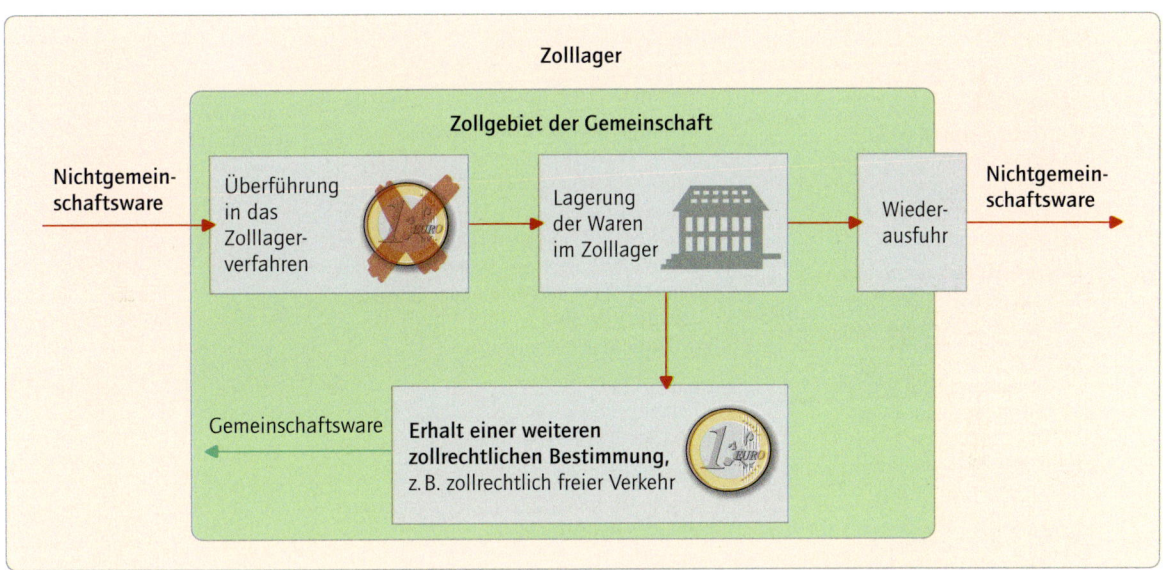

nach: www.zoll.de

Genehmigungsvoraussetzungen

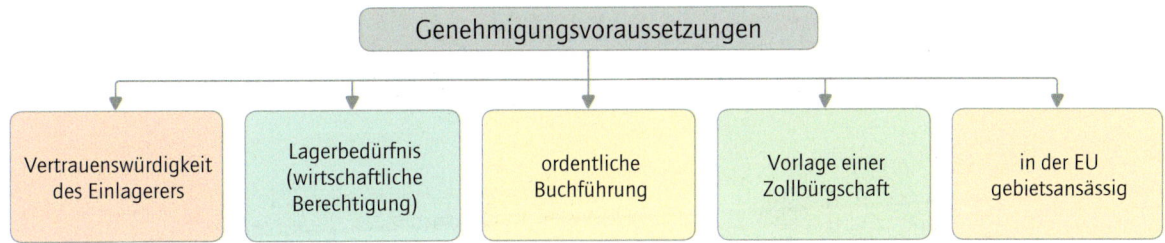

Zolllagertypen

Bei den **Zolllagern** handelt es sich um Lagereinrichtungen oder Orte, die unter **zollamtlicher Überwachung** stehen. Je nach Einzelfall können unterschiedliche **Zolllagertypen** genehmigt werden. Der Hauptunterschied liegt darin, wer das Lager führt bzw. wer dort Waren einlagern kann.

Folgende **Lagertypen** werden unterschieden:

- **öffentliche Zolllager** (Lagertypen A, B und F)

- **private Zolllager** (Lagertypen C, D und E)

Zolllagerverfahren

Zolllagertypen

Zolllagertypen		
Öffentliche Zolllager (Gesamtanteil ca. 40 %)	**Private Zolllager** (Gesamtanteil ca. 60 %)	**Verwahrungslager**
In öffentlichen Zolllagern kann jeder Bürger seine Waren einlagern. Der **Einlagerer** (z. B. Spediteur, Lagerhalter, Händler) überführt durch die Zollanmeldung die Waren in das Zolllagerverfahren.	In privaten Zolllagern werden Waren durch den **Lagerhalter**, der **gleichzeitig Einlagerer** sein muss, gelagert. Keine Rolle spielen die Eigentumsverhältnisse. Beispielsweise kann ein Spediteur Waren anderer Eigentümer in ein ihm bewilligtes Zolllager überführen. Private Zolllager können an mehreren Orten zugelassen werden.	Die Zolllager des **Typs A**, **C** oder **D** können auch für die Lagerung von vorübergehend verwahrten Waren genutzt werden. Eine Überführung in das Zolllagerverfahren findet dabei jedoch nicht statt.

In öffentlichen Zolllagern kann jeder Bürger seine Waren einlagern. Der **Einlagerer** (z. B. Spediteur, Lagerhalter, Händler) überführt durch die Zollanmeldung die Waren in das Zolllagerverfahren.

Es werden folgende Lagertypen unterschieden:

■ **Lagertyp A**
- **Verschiedene Einlagerer** können an einem Ort ihre Waren einlagern, z. B. in Kühlhäusern, Lagerhäusern, Distributionszentren.
- **Lagerhalter** sind für das Einhalten der Vorschriften des Zolllagerverfahrens zuständig.
- **Einlagerer** überführen die Waren durch die Zollanmeldung in das Zolllagerverfahren.

■ **Lagertyp B**
- **Einlagerer** sind für das Einhalten der Vorschriften für das Zolllagerverfahren und für die Einleitung des Zolllagerverfahrens zuständig.

■ **Lagertyp F**
- **Zollbehörde** richtet die Lager ein.
- **Lagerhalter** ist die Zollbehörde.

In privaten Zolllagern werden Waren durch den **Lagerhalter**, der **gleichzeitig Einlagerer** sein muss, gelagert. Keine Rolle spielen die Eigentumsverhältnisse. Beispielsweise kann ein Spediteur Waren anderer Eigentümer in ein ihm bewilligtes Zolllager überführen. Private Zolllager können an mehreren Orten zugelassen werden.

Folgende Lagertypen werden unterschieden:

■ **Lagertyp C**
- **Zollmitverschluss** möglich (Lagerhalter haben nur unter Mitwirkung des Zolls Zugriff auf die eingelagerten Waren.)
- Überführung von in das Zolllagerverfahren überführten Nichtgemeinschaftswaren in den zollrechtlich freien Verkehr: Zollschuld wird z. B. nach Beschaffenheit, Zollwert, Menge festgesetzt.

■ **Lagertyp D**
- **Überführung** in den zollrechtlich freien Verkehr kann im mitbewilligten **Anschreibeverfahren** vorgenommen werden.
- Warenentnahmen aus dem Zolllager sind ohne direkte **Mitwirkung** der Zollstelle möglich.
- In der Praxis ist das offene Zolllager mit wechselnden Beständen am häufigsten verbreitet. Das alleinige Zutrittsrecht liegt beim Importeur.

■ **Lagertyp E**
- Lagerung der Waren muss nicht zwingend an einem als Zolllager zugelassenen Ort erfolgen.
- Unter Lagerorten werden Lagereinrichtungen verstanden, die der Lagerhalter zur Einlagerung nutzt (z. B. Lagerhaus, Lagercontainer, Beförderungsmittel wie Lkw, Güterbahnwaggon).
- **Lagereinrichtungen** müssen im Antrag auf Bewilligung nicht genau beschrieben werden.
- **Lagerort** kann nur in Verbindung mit den Bestandsaufzeichnungen festgestellt werden.

Die Zolllager des **Typs A**, **C** oder **D** können auch für die Lagerung von vorübergehend verwahrten Waren genutzt werden. Eine Überführung in das Zolllagerverfahren findet dabei jedoch nicht statt.

6

AUSSENHANDEL

Zolllagerverfahren

Lagerhalter
Er ist die zum Betrieb eines Zolllagers befugte Person, Inhaber des Zolllagerverfahrens und hat die Bewilligung zum Betrieb des Zolllagers erhalten.

Einlagerer
Er ist die Person, die durch die Zollanmeldung zur Überführung von Waren in das Zolllagerverfahren verpflichtet wird. Er ist Inhaber des Zollverfahrens gem. Artikel 4 Nr. 21 ZK.

Antrag und Bewilligung
Das Zolllagerverfahren muss von der zuständigen Zollbehörde bewilligt werden (Ausnahme: Lagertyp F). Die Bewilligung berechtigt den Bewilligungsinhaber **(Lagerhalter)**, die Waren in das **Zolllagerverfahren** zu überführen, zu lagern und das Verfahren zu beenden. Der Lagerhalter muss diese Vorgänge (z. B. durch Aufzeichnungen, Inventuren) **dokumentieren**.

Überführung in das Zolllagerverfahren
Durch die Abgabe einer schriftlichen **Zollanmeldung** mit dem Einheitspapier werden die Waren in das **Zolllagerverfahren** überführt. Die Waren müssen bei der **Zollabfertigung** erkannt und nachgewiesen werden.

Aufnahme der Zolllagerwaren
Nach der Zollabfertigung müssen die Zolllagerwaren **unverzüglich** in die genehmigten **Zolllager eingelagert** werden. Dort können sie **zeitlich unbegrenzt** lagern. Die eingelagerten Waren dürfen in der Regel **nicht verändert** werden.

Beendigung des Zolllagerverfahrens
Wenn die Waren eine **zulässige neue zollrechtliche Bestimmung** erhalten haben, ist das Zolllagerverfahren **beendet**. Nach der Lagerung können die Waren z. B. in den zollrechtlich freien Verkehr überführt, ausgeführt oder versendet werden.

Ausnahme:
Waren des Zolllagers Typ D können ohne **zollamtliche Mitwirkung** in den zollrechtlich freien Verkehr überführt werden. Im Rahmen des **Anschreibeverfahrens** wird diese Möglichkeit bei der Zolllagerbewilligung eingeräumt.

Carnet A. T. A.
(admission temporaire/temporary admission)
Bei dem Carnet A. T. A. handelt es sich um ein **internationales Zollpapier/Zollpassierscheinheft**, das die Zollformalitäten zur **vorübergehenden Verwendung** von Waren im Ausland erleichtert. Dies wird möglich, da die nationalen Spitzenverbände der Handelskammern der Vertragsstaaten für die Wiedereinfuhr bzw. nachträgliche Verzollung der betreffenden Waren bürgen. In Deutschland bürgt der Deutsche Industrie- und Handelstag (DIHT) in Bonn.

Umwandlungsverfahren
Eine Ware erhält unter **zollamtlicher Überwachung** eine andere Beschaffenheit, häufig eine niedrigere Produktionsstufe, und wird dann in diesem neuen Zustand eingeführt. Ein Vorteil ergibt sich in der Regel aus einem niedrigeren Steuersatz.

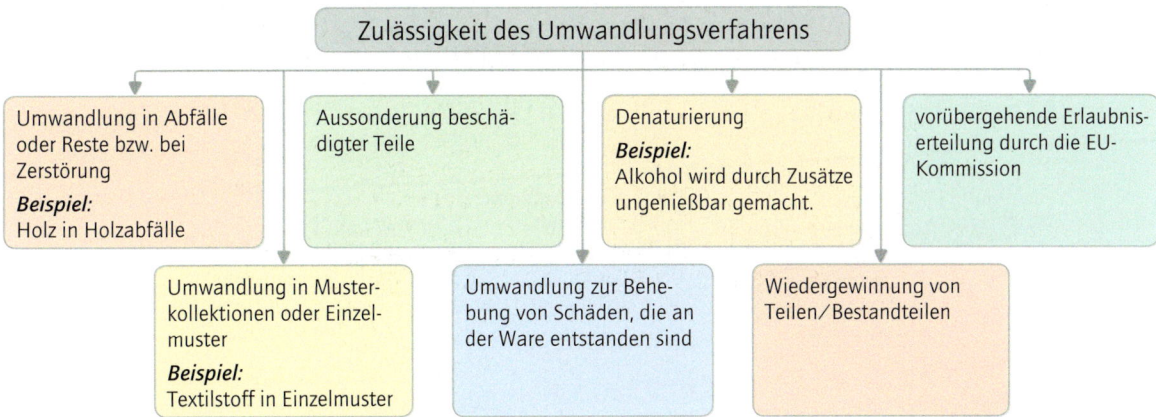

AUSSENHANDEL

Zolllagerverfahren

Umwandlungsverfahren

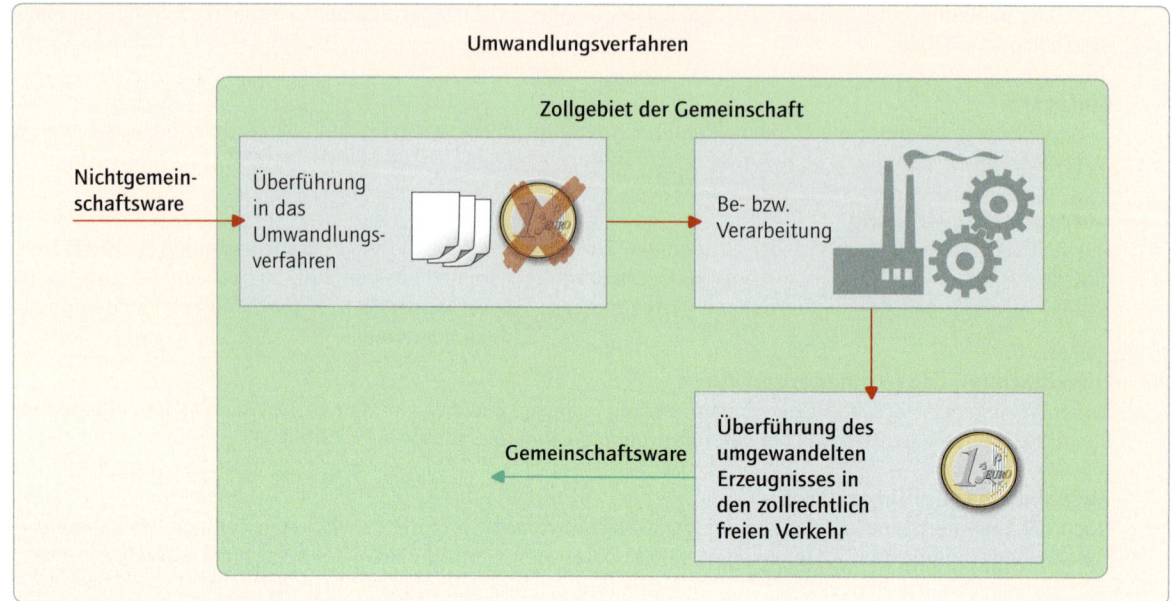

nach: www.zoll.de, 26. Februar 2007

Versandverfahren

Grundsätzlich sind die Einfuhrabgaben bei Grenzübergang zu zahlen. Da die Waren in der Regel für einen inländischen Empfänger bestimmt sind, bietet das **Versandverfahren** die Möglichkeit, die Ware erst am endgültigen **Bestimmungsort zu verzollen**.

Der Transport der Waren wird unter **zollamtlicher Überwachung** durchgeführt. Zollamtliche Überwachung bedeutet, dass sichergestellt wird, dass die Ware fristgerecht und unverändert am Bestimmungsort übergeben wird, damit eine ordnungsgemäße Verzollung stattfinden kann.

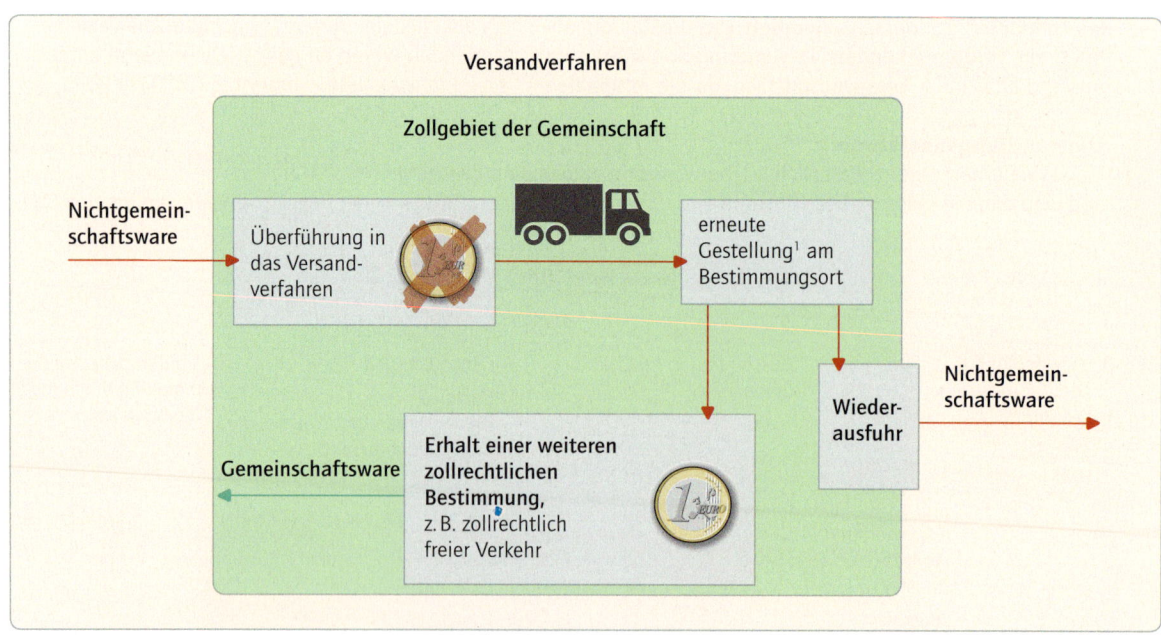

nach: www.zoll.de, 27. Februar 2007

[1] Gestellung: Mitteilung an die Zollstelle, dass die Waren eingetroffen sind.

Zolllagerverfahren

Versandverfahrensarten

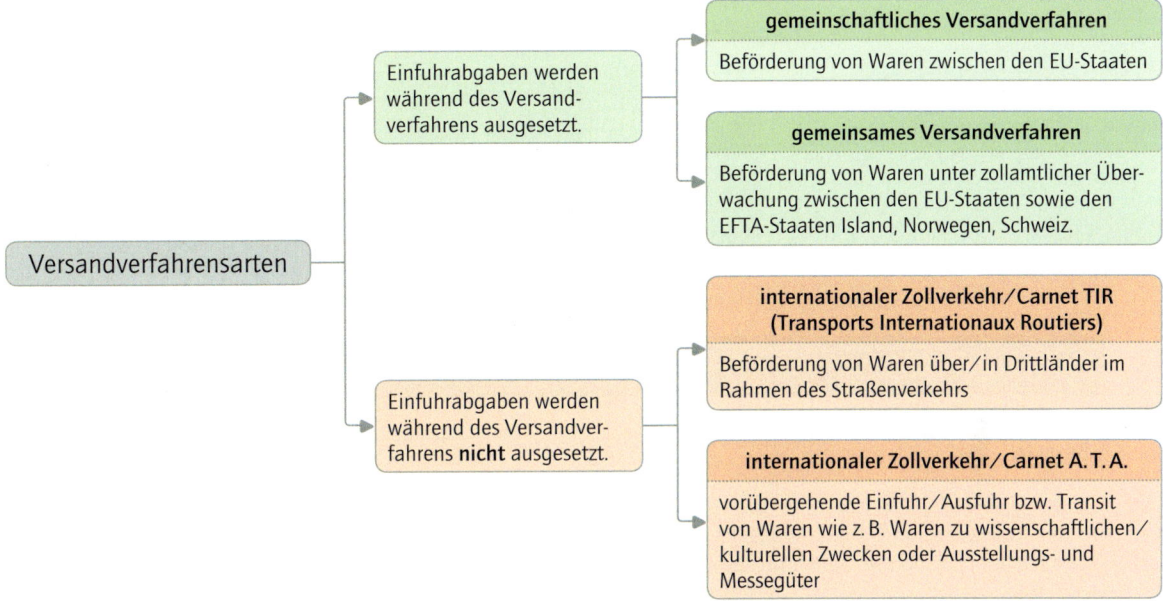

Versandverfahrensarten

- Einfuhrabgaben werden während des Versandverfahrens ausgesetzt.
  - **gemeinschaftliches Versandverfahren**
    Beförderung von Waren zwischen den EU-Staaten
  - **gemeinsames Versandverfahren**
    Beförderung von Waren unter zollamtlicher Überwachung zwischen den EU-Staaten sowie den EFTA-Staaten Island, Norwegen, Schweiz.
- Einfuhrabgaben werden während des Versandverfahrens **nicht** ausgesetzt.
  - **internationaler Zollverkehr/Carnet TIR (Transports Internationaux Routiers)**
    Beförderung von Waren über/in Drittländer im Rahmen des Straßenverkehrs
  - **internationaler Zollverkehr/Carnet A.T.A.**
    vorübergehende Einfuhr/Ausfuhr bzw. Transit von Waren wie z. B. Waren zu wissenschaftlichen/ kulturellen Zwecken oder Ausstellungs- und Messegüter

Vorteile

Vorteile des Versandverfahrens

- Die Waren werden am **Bestimmungsort überprüft**.
- Die Waren werden am **Bestimmungsort abgefertigt**.
- Die Grenzzollstellen werden entlastet, da die **Verzollung** am endgültigen **Bestimmungsort erfolgt**.

Beispiel:
Ein Berliner Importeur bezieht eine Ware aus Russland. Die Ware wird nicht an der EU-Grenze, sondern am Bestimmungsort Berlin verzollt.

AUSSENHANDEL

Verfrachter und Combined Transport Operator (CTO)

| Verfrachter ... | → | betreibt das Seefrachtgeschäft, unabhängig davon, ob er Eigentümer des Schiffes ist oder nicht. |

Combined Transport Operator (CTO) →

Es handelt sich um den Durchführer **kombinierter** Transporte, die über verschiedene Stationen mit einem Wechsel der Transportarten stattfinden.

Beispiel:

Containerverkehr
Container traffic

Begriff

Container sind Großraumbehälter, die zur Lagerung oder für den Transport von Gütern eingesetzt werden. Erst die Normung der Transportbehälter führte zu der überragenden Bedeutung, die sie heute beim Gütertransport einnehmen. Bei den am meisten genutzten Containern handelt es sich um **ISO-Container**, die so genormt sind, dass sie von den unterschiedlichen Transportmitteln (Schiffe, Binnenschiffe, Bahn, Lkw) befördert werden können und die Ware auch bei Wechsel des Transportmittels in den Containern bleiben kann.

Containerarten

| Standardcontainer | High-Cube-Container | Hardtop-Container | Opentop-Container | Flat |

| Platt (Plattform) | ventilierter (belüfteter) Container | Kühl-Container | Bulk-Container | Tankcontainer |

Binnenschifffahrt

Ladekapazität

Die Ladekapazität bei **Binnenschiffen** beträgt bis zu ca. 3 000 Tonnen.

340 Logistische Prozesse planen, steuern und kontrollieren   3528340

Binnenschifffahrt

Vergleich: Binnenschiff – Straße

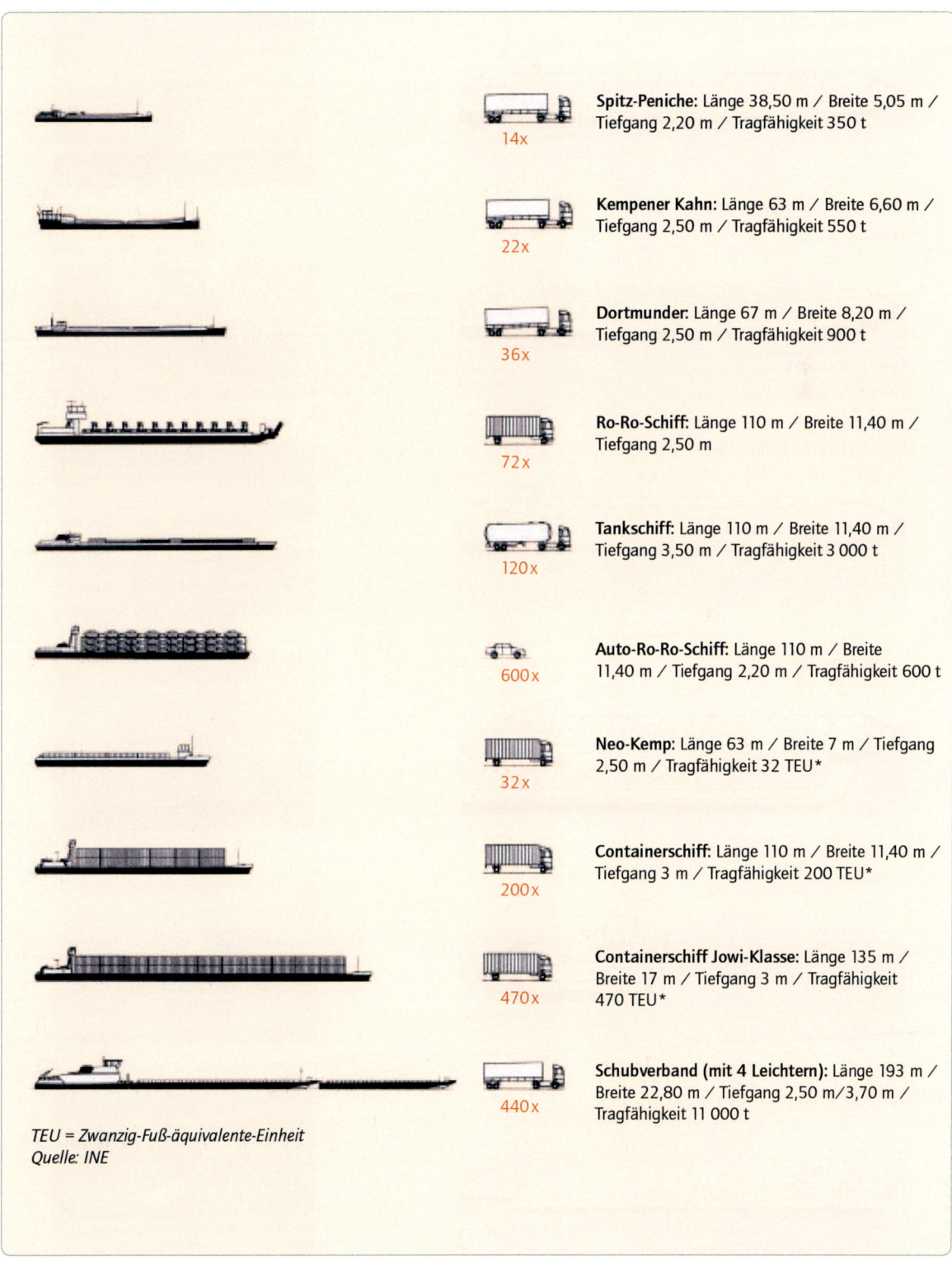

Spitz-Peniche: Länge 38,50 m / Breite 5,05 m / Tiefgang 2,20 m / Tragfähigkeit 350 t
14x

Kempener Kahn: Länge 63 m / Breite 6,60 m / Tiefgang 2,50 m / Tragfähigkeit 550 t
22x

Dortmunder: Länge 67 m / Breite 8,20 m / Tiefgang 2,50 m / Tragfähigkeit 900 t
36x

Ro-Ro-Schiff: Länge 110 m / Breite 11,40 m / Tiefgang 2,50 m
72x

Tankschiff: Länge 110 m / Breite 11,40 m / Tiefgang 3,50 m / Tragfähigkeit 3 000 t
120x

Auto-Ro-Ro-Schiff: Länge 110 m / Breite 11,40 m / Tiefgang 2,20 m / Tragfähigkeit 600 t
600x

Neo-Kemp: Länge 63 m / Breite 7 m / Tiefgang 2,50 m / Tragfähigkeit 32 TEU*
32x

Containerschiff: Länge 110 m / Breite 11,40 m / Tiefgang 3 m / Tragfähigkeit 200 TEU*
200x

Containerschiff Jowi-Klasse: Länge 135 m / Breite 17 m / Tiefgang 3 m / Tragfähigkeit 470 TEU*
470x

Schubverband (mit 4 Leichtern): Länge 193 m / Breite 22,80 m / Tiefgang 2,50 m/3,70 m / Tragfähigkeit 11 000 t
440x

TEU = Zwanzig-Fuß-äquivalente-Einheit
Quelle: INE

AUSSENHANDEL

Binnenschifffahrt

Binnenschiffstypen

Motorgüterschiff mit trockener Ladung

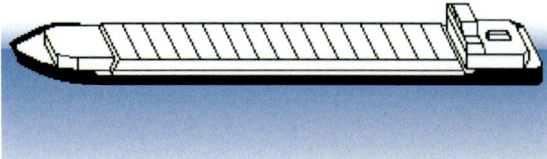 

Tankmotorschiff

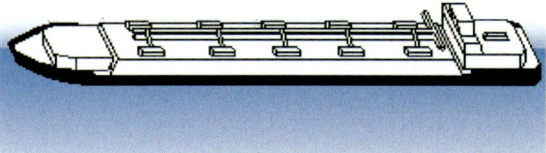 

Motorschiff mit Container

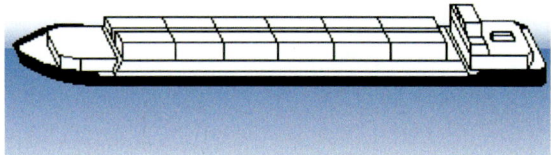 

Gekuppelte Fahrzeuge

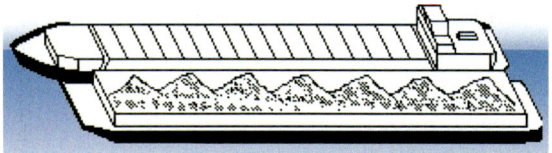 

Schubboot

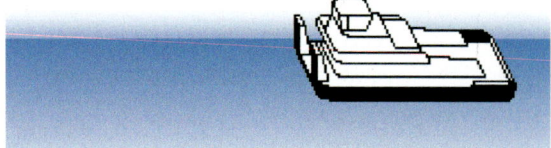 

Schubverband

Seeschifffahrt

Ladekapazität

Die Ladekapazität bei **Seeschiffen** bemisst sich nach **TEU** (Twenty Foot Equivalent Unit):

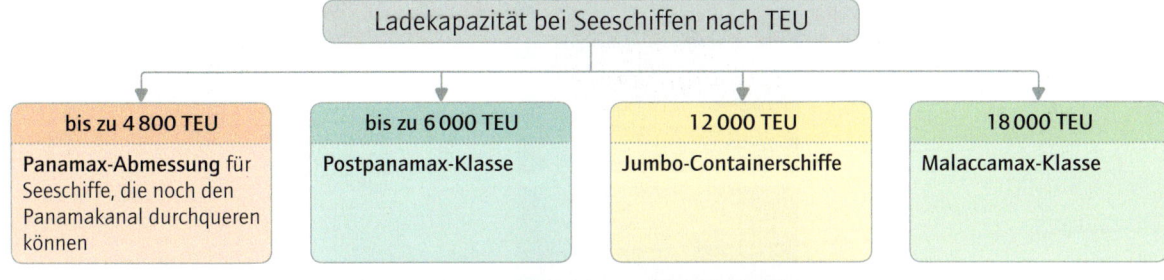

Ladekapazität bei Seeschiffen nach TEU			
bis zu 4 800 TEU	**bis zu 6 000 TEU**	**12 000 TEU**	**18 000 TEU**
Panamax-Abmessung für Seeschiffe, die noch den Panamakanal durchqueren können	Postpanamax-Klasse	Jumbo-Containerschiffe	Malaccamax-Klasse

Entwicklung des Containerumschlags

Zirka 70 % aller Beförderungen von Stückgutfrachten erfolgen in Containern. Die Anzahl der Containerschiffe hat sich fortlaufend erhöht. Im Jahr 2008 lag der weltweite Containerumschlag bei mehr als 500 Millionen TEU.

Die Beförderung durch See- oder Binnenschiffe bietet große umweltpolitische Vorteile, da durch die höhere Beladungskapazität (Containerumschlag) der Schadstoffausstoß gesenkt und die Belastungen für den Straßenverkehr verringert werden können.

nach: www.hafen-hamburg.de, 11. November 2010

AUSSENHANDEL

Containerverkehr

Container traffic

Containerverkehrsangebote

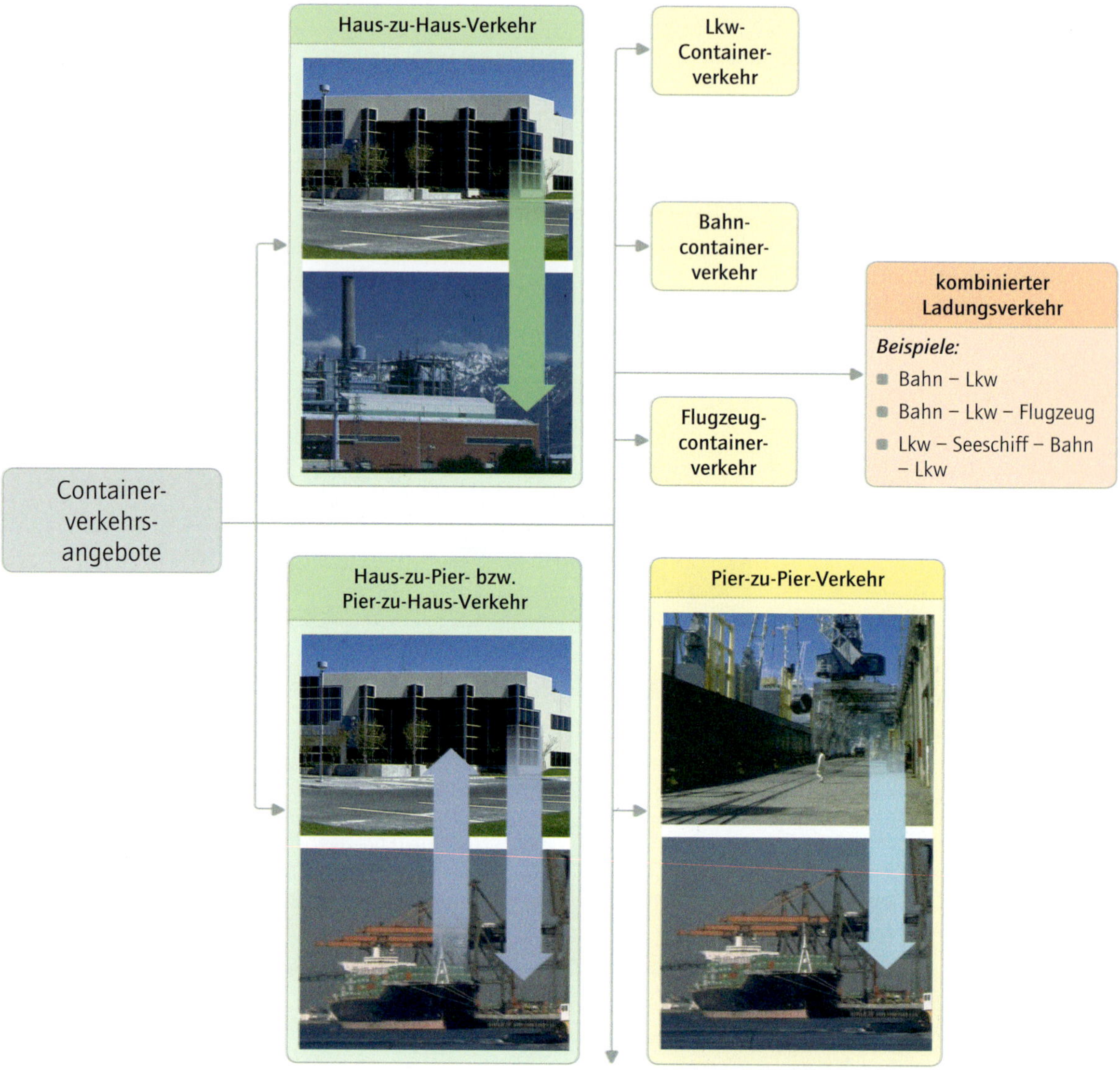
Container-verkehrs-angebote
Haus-zu-Haus-Verkehr
Haus-zu-Pier- bzw. Pier-zu-Haus-Verkehr
Pier-zu-Pier-Verkehr
Lkw-Container-verkehr
Bahn-container-verkehr
Flugzeug-container-verkehr
kombinierter Ladungsverkehr
Beispiele:
Bahn – Lkw
Bahn – Lkw – Flugzeug
Lkw – Seeschiff – Bahn – Lkw

Leichterverkehr (Lash-Verkehr)

Ein **Leichter** ist ein schwimmender Großbehälter ohne eigenen Antrieb, der ausschließlich in Schub- oder Schleppverbänden bewegt wird.

Da viele Seefrachtschiffe für Binnenhäfen zu groß sind, wird das Frachtgut auf Leichter umgeladen und zum Zielort über Binnenseestraßen befördert.

Leichter sind bis zu ca. 80 m lang und 12 m breit und haben eine Ladekapazität von bis zu ca. 1 500 t.

Leichter im Schubverband

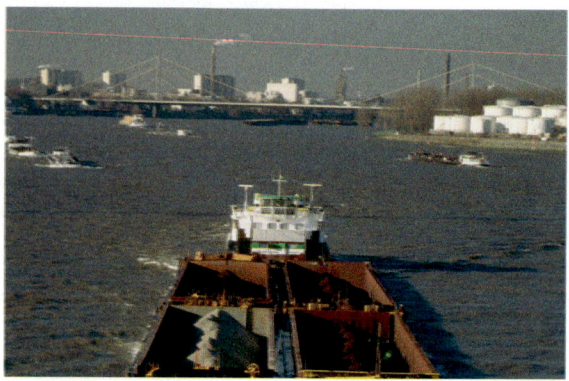

Außenhandelsrisiken

Der Export von Waren kann ein erhebliches Risiko darstellen, da sich die politischen und wirtschaftlichen Rahmenbedingungen im Empfängerland schnell und radikal ändern können. Daher ist für das exportierende Unternehmen die **Risikovorsorge** von existenzieller Bedeutung.

Marktrisiko

- wirtschaftliche Fehleinschätzung der Auslandsmärkte, z. B. falsche Produkte, falscher Zeitpunkt, falsche Absatzwege
- Fehleinschätzung des Marktaufnahmevermögens

Preisrisiko

- Veränderung des Inlandspreisniveaus
- Preissteigerungen bei den benötigten Produkten auf den Auslandsmärkten
- Gefahr der Preissubvention für die ausländischen Mitbewerber

Kreditrisiko

- Gefahr des Zahlungsverzugs
- Zahlungsunwilligkeit/ Zahlungsunfähigkeit

Kursrisiko

- für den **Exporteur**: Gefahr, dass er durch Kursschwankungen weniger Geld erhält
- für den **Importeur**: Gefahr, dass er durch Kursschwankungen mehr Geld als geplant zahlen muss

Standortrisiko

- Problem der Infrastruktur
- Problem der Arbeitskräfte
- Problem der Lohnstruktur
- Problem der Steuergesetzgebung
- Problem des Absatzmarktes
- Problem der Gesellschaftsstruktur (Bräuche, Traditionen, Religionen usw.)

Transportrisiko

- Ware wird während des Transports beschädigt.
- Transport dauert länger als vereinbart.
- Ware wird nicht zum vereinbarten Ort geliefert.
- Diebstahl während des Transports

politisches Risiko

- Gefahr von Bürgerkriegen, Boykotten und Blockaden
- staatliche Eingriffe, um Erfüllung der Verbindlichkeiten zu verhindern
- Verbot des Umtauschens einer Währung (Konvertierungsverbot)
- nationale Regelungen im Bereich des Rechtes trotz internationaler Abkommen (WTO)

weitere Risiken

- Qualitätsrisiko
- Risiko der Fristeinhaltung
- kaum nachzuprüfende Mängelrügen
- Risiko durch sprachliche Unklarheiten
- Risiken durch Fehleinschätzungen der Handelsbräuche, der kulturellen Gegebenheiten, der religiösen Veränderungen usw.

AUSSENHANDEL

Exportkreditgarantien der Bundesrepublik Deutschland
Export credits guarantees of Federal Republic of Germany

Die globale Wettbewerbsposition wird für deutsche Unternehmen durch **Exportkreditgarantien** (Hermesversicherung) gestärkt. Beispielsweise werden Banken und deutsche Exporteure gegen einen Zahlungsausfall beim Export geschützt.

Die Hermesversicherung erleichtert den Handel mit Ländern, in denen das politische und wirtschaftliche Risiko besonders hoch ist (z. B. Länder der Dritten Welt) und private Ausfuhrkreditversicherungen zu kostspielig sind.

Folgende Absicherungen werden durch den Staat geleistet:

- Deckung des Zahlungsausfalls aus politischen und wirtschaftlichen Gründen
- Lieferantenkreditdeckung
- revolvierende (zurückdrehende) Einzeldeckung
- Ausfuhr-Pauschal-Gewährleistung
- Ausfuhr-Pauschal-Gewährleistung light (wenn Spezialanfertigungen aus politischen und wirtschaftlichen Gründen nicht exportiert werden können)
- Fabrikationsrisikodeckung
- Vertragsgarantiedeckung
- Beschlagnahmedeckung
- Finanzkreditdeckung (Absicherung des Ausfallrisikos von Darlehensforderungen)

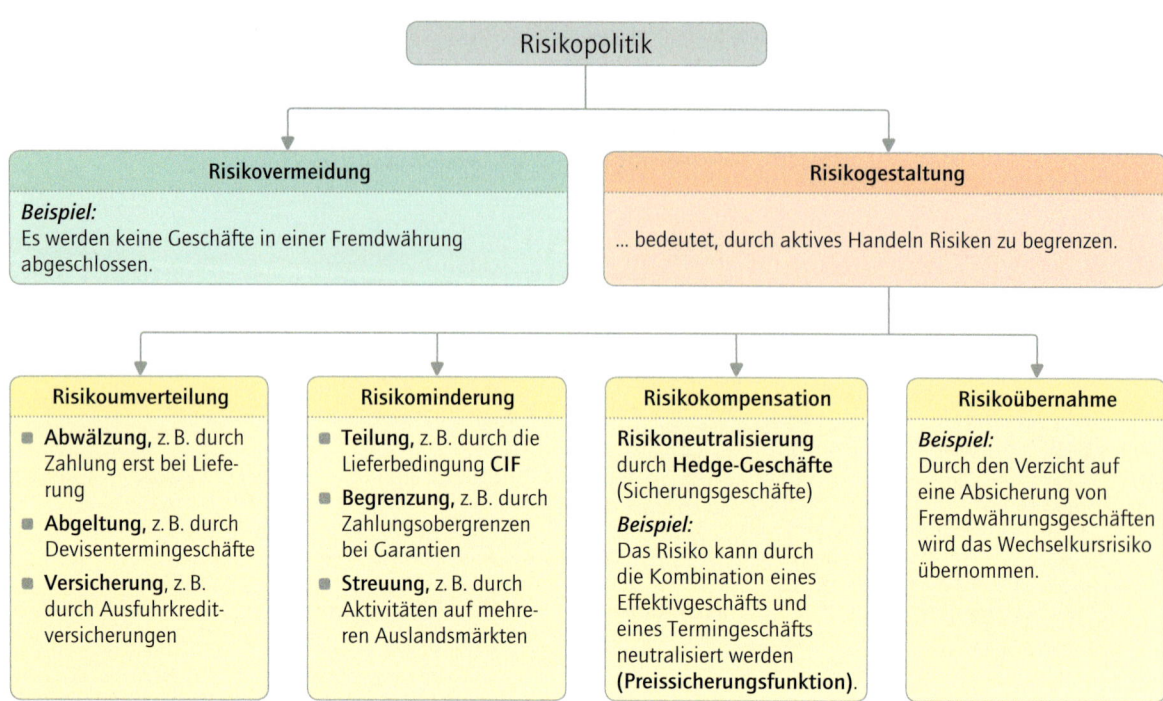

Risikopolitik

Risikovermeidung

Beispiel:
Es werden keine Geschäfte in einer Fremdwährung abgeschlossen.

Risikogestaltung

... bedeutet, durch aktives Handeln Risiken zu begrenzen.

Risikoumverteilung
- **Abwälzung,** z. B. durch Zahlung erst bei Lieferung
- **Abgeltung,** z. B. durch Devisentermingeschäfte
- **Versicherung,** z. B. durch Ausfuhrkreditversicherungen

Risikominderung
- **Teilung,** z. B. durch die Lieferbedingung CIF
- **Begrenzung,** z. B. durch Zahlungsobergrenzen bei Garantien
- **Streuung,** z. B. durch Aktivitäten auf mehreren Auslandsmärkten

Risikokompensation
Risikoneutralisierung durch **Hedge-Geschäfte** (Sicherungsgeschäfte)
Beispiel:
Das Risiko kann durch die Kombination eines Effektivgeschäfts und eines Termingeschäfts neutralisiert werden **(Preissicherungsfunktion)**.

Risikoübernahme
Beispiel:
Durch den Verzicht auf eine Absicherung von Fremdwährungsgeschäften wird das Wechselkursrisiko übernommen.

vgl. Jahrmann, Fritz-Ulrich, Außenhandel, 11. Auflage, Ludwigshafen 2004, S. 292

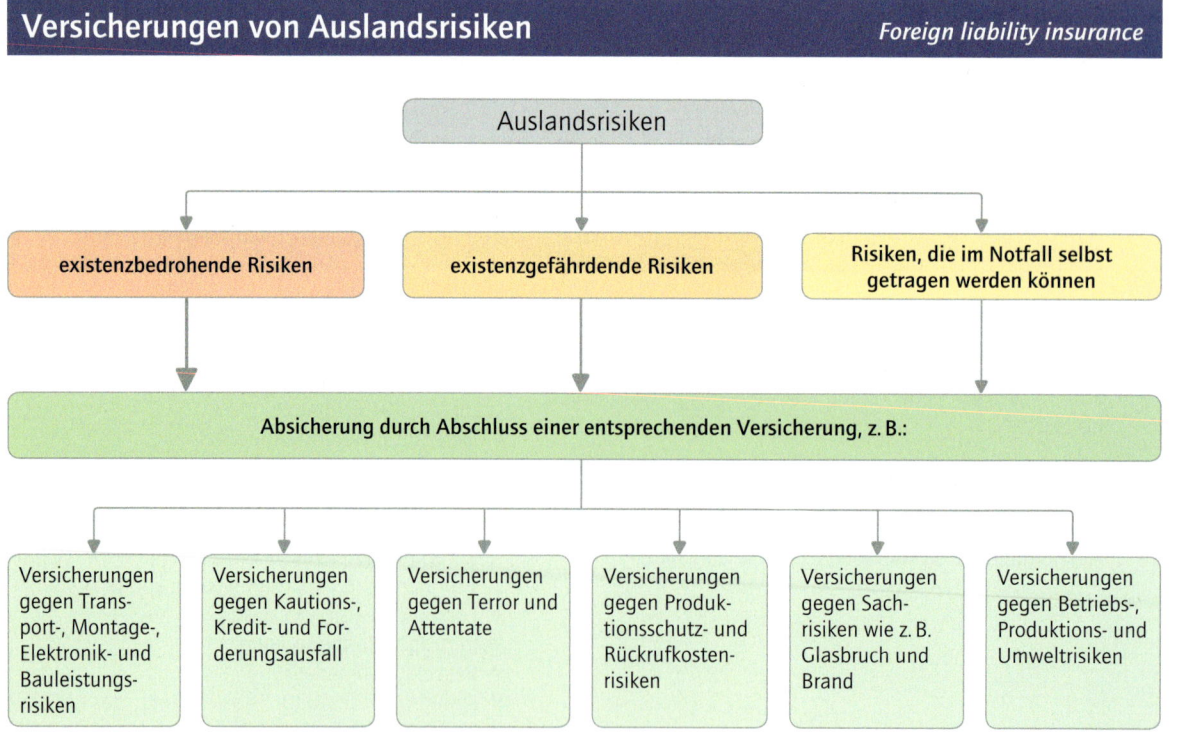

Auslandsrisiken

existenzbedrohende Risiken

existenzgefährdende Risiken

Risiken, die im Notfall selbst getragen werden können

Absicherung durch Abschluss einer entsprechenden Versicherung, z. B.:

Versicherungen gegen Transport-, Montage-, Elektronik- und Bauleistungsrisiken

Versicherungen gegen Kautions-, Kredit- und Forderungsausfall

Versicherungen gegen Terror und Attentate

Versicherungen gegen Produktionsschutz- und Rückrufkostenrisiken

Versicherungen gegen Sachrisiken wie z. B. Glasbruch und Brand

Versicherungen gegen Betriebs-, Produktions- und Umweltrisiken

Überblick

Transportversicherung

Gegen Zahlung einer Versicherungsprämie können alle beim Transport entstehenden Gefahren abgesichert werden.

Seeversicherung

Es werden alle Gefahren versichert, die für das Schiff oder die Ladung im Rahmen der Seeschifffahrt entstehen können (vgl. § 778 HGB). Zur Seeversicherung gehören die **Seewarenversicherung** und die **Seekaskoversicherung**.

Beispiel:
Bei der Seewarenversicherung wird der Seetransport von Gütern einschließlich aller Vor- und Nachtransporte, d. h. der gesamte Transport bis zum Bestimmungsort, versichert.

Binnentransportversicherung

Hierzu gehören die Warenversicherung, die Flusskaskoversicherung und die Wassersportkaskoversicherung. Durch die Warenversicherung sind alle Warentransporte auf den Binnengewässern und zu Lande abgesichert. Die Flusskaskoversicherung gilt für Binnenschiffe.

Beispiel:
Bei einer Havarie (Unfall auf einer Binnenwasserstraße) ist eine Beschädigung oder der Verlust der Ware durch die Warenversicherung gedeckt.

Lufttransportversicherung

Versichert sind alle Schäden, die durch den Lufttransport entstanden sind. Auch hier wird nach Warenversicherung und Kaskoversicherung unterschieden.

Beispiele:
Unfälle des Flugzeugs in der Luft und auf dem Boden, Diebstahl der Waren oder des Flugzeugs, Erpressung, Verschmutzung

Versicherungsdeckung

Versicherungsdeckung

Komplettdeckung

Die Waren sind gegen alle Risiken versichert, die während des Transports auftreten können.

Versicherungsdeckung für „genannte" Gefahren

Nur die beim Versicherungsabschluss „genannten" (kalkulierten) Gefahren sind abgesichert (z. B. Blitzschlag).

Seeversicherung

Haftung im Seehandel

Haftung im Seehandel (Rechtsquelle: § 476 ff. HGB)

vertraglich kein Haftungsausschluss möglich

- See- und Ladeuntüchtigkeit des Transportmittels (§ 559 HGB)
- Schadensersatz bei mangelnder Sorgfalt auf dem Transportweg (§§ 563, 606 ff. HGB)
- Warenempfänger hat die Beweisführungspflicht bei rechtzeitiger Schadensanzeige (§ 611 f. HGB).
- Beweisvermutung des Konnossements (§ 656 HGB)
- Eine Haftungssumme kann nicht ausgeschlossen werden, wenn der Wert der Ware im Konnossement nicht deklariert ist (§ 650 HGB).

mögliche Haftungsausschlüsse

- Beschaffenheit der Ware
- Unfälle/Havarie
- Krieg, Unruhen, Quarantäne-Beschränkungen
- gerichtliche Beschlagnahme
- Streik, Aussperrung
- Schwund an Raumgehalt oder Gewicht
- Unterlassungen oder Handlungen des Eigentümers bzw. Abladers
- Retten von Leben und Eigentum zur See

AUSSENHANDEL

Seeversicherung

Versicherungsverträge

Da in der Regel die möglichen vertraglichen Haftungsausschlüsse vereinbart werden, werden die entsprechenden Risiken durch Abschluss von Transportversicherungen gemindert. Dies kann entweder durch **Einzelversicherungsverträge oder durch Rahmenversicherungsverträge geschehen**.

Versicherungsschein/ Police	Einzelversicherungsverträge	Rahmenversicherungsverträge
Einzelpolice	Versichert ist nur ein einzelnes Transportgeschäft.	
Generalpolice laufende Versicherung		▪ regelmäßige bzw. häufige Transporte zu ähnlichen Bedingungen ▪ Versichert sind – alle deklarierten Waren während des Transports, – alle Waren, die auf einem vorher vereinbarten Transportweg befördert werden. ▪ Die Leistungspflicht des Versicherers erlischt bzw. kann erlöschen, z. B. – wenn die Deklarationspflicht nicht eingehalten wurde, – wenn Risikoänderungen dem Versicherer nicht mitgeteilt wurden (z. B. Verlängerung der Transportzeit, Änderung des Transportweges oder des Bestimmungshafens).
Pauschalpolice		Es wird eine bestimmte Schadenshöchstsumme vereinbart. Bis zu dieser vereinbarten Versicherungssumme sind alle Warentransporte versichert. Eine Deklarationspflicht besteht nicht.
Abschreibungspolice		Die Prämie für eine vereinbarte Versicherungssumme wird im Voraus bezahlt. Die durchgeführten Transporte werden der Versicherung mitgeteilt und der entsprechende Anteil wird von der Gesamtversicherungssumme **abgeschrieben**. Ist die Gesamtversicherungssumme verbraucht, erneuert sich der Versicherungsvertrag in der Regel automatisch.

Versicherungsdauer

Die Versicherungsdauer hängt von den Frachtvereinbarungen ab.

Beispiele:

▪ CIF: Die Ware ist bis zum Bestimmungshafen versichert.

▪ Bei allen anderen Frachtvereinbarungen können Verkäufer oder Käufer auf Wunsch eine Transportversicherung abschließen, um ihr eigenes Transportrisiko abzusichern.

Versicherungssumme/Versicherungswert

Im Schadensfall hat der Versicherte maximal einen Anspruch in Höhe der **Versicherungssumme**, die dem Wert der Güter entsprechen sollte.

Bei dem **Versicherungswert (Warenwert)** handelt es sich um den Wert der Ware, den sie bei ordnungsgemäßer Lieferung gehabt hätte. Er setzt sich zusammen aus dem Rechnungswert (Handelswert), den Fracht- und Versicherungskosten sowie dem **imaginären** (angenommenen) **Gewinn**, der neben dem entgangenen Gewinn noch Ausgaben für Folgeschäden oder Ersatzansprüche beinhalten kann.

Der Versicherungswert wird wie folgt ermittelt:

  Preis der Ware entsprechend der Rechnung

+ Beförderungskosten

+ Versicherungsprämie

+ evtl. imaginärer (angenommener) Gewinn, der nach **ADS** (Allgemeine Deutsche Seeversicherungsbedingungen) in Höhe von 10 % mitversichert werden kann, ohne dass der Versicherer informiert werden muss. (Die Incoterms schreiben bei CIF und CIP eine Höherversicherung von 10 % vor, wobei dies auf freiwilliger Basis für alle Transportversicherungen möglich ist.)

= **Versicherungswert**

AUSSENHANDEL

6

Seeversicherung

Versicherungssumme/Versicherungswert

Unterversicherung

Ist die Versicherungssumme niedriger als der Warenwert, handelt es sich um eine **Unterversicherung**. Dies führt zu einer erheblichen Verringerung der Erstattung im Schadensfall.

Beispiel:

Warenwert:	2.000.000,00 €
Versicherungssumme:	1.000.000,00 €
Unterdeckung:	50 %
Schaden:	500.000,00 €
Erstattung:	50 % von 500.000,00 €
maximale Erstattung	**250.000,00 €**

Überversicherung

Im Fall einer **Überversicherung** hat der Versicherte nur einen Anspruch auf den Versicherungswert, auch wenn er die Ware höher versichert und entsprechend höhere Versicherungsprämien gezahlt hat; entscheidend ist der Warenwert/Versicherungswert.

Beispiel:

Warenwert:	2.000.000,00 €
Versicherungssumme:	2.500.000,00 €
Überdeckung:	25 %
Schaden:	500.000,00 €
maximale Erstattung	**500.000,00 €**

Schadensfall

Schadensfall

Grundlage ist das **Seerechtsübereinkommen der Vereinten Nationen, SRÜ** (United Nations Convention on the Law of the Sea, UNCLOS), das eine der ältesten Regelungen des Völkerrechtes ist.

Schadensarten	Maßnahmen	notwendige Unterlagen

Beispiele:
 ■ Strandung (Schiff kentert, stößt auf Grund usw.)
 ■ Überbordspülen von Containern
 ■ Kollisionen
 ■ Kriegsschäden
 ■ Terrorismus
 ■ Havarie
   – **Große Havarie** (Gemäß § 700 HGB handelt es sich um Schäden, die dem Schiff und/oder der Ladung vorsätzlich, i. d. R. auf Anweisung des Kapitäns, entstanden sind, damit weitere größere Schäden vermieden werden konnten. Es liegt kein Totalverlust vor.)
   – **Besondere Havarie** (Gemäß § 701 HGB handelt es sich um Schäden, die durch unmittelbare zufällige Unfalleinwirkung entstanden sind, z. B. durch Brand, Leckage, Kollision, Strandung.)
   – **Kleine Havarie** (Gemäß § 621 HGB gehören dazu alle schiffsfahrttypischen Kosten wie Transportkosten, Lotsengelder usw.; es handelt sich nicht um Schäden, sondern um Kosten.)
	■ unverzügliche Überprüfung der Waren in Anwesenheit des Frachtführers
	 ■ Sicherstellen der Ersatzansprüche an den Frachtführer
	 ■ Ergreifen aller Maßnahmen, um den Schaden gering zu halten
	 ■ Benachrichtigung der Versicherungsgesellschaft über den Schaden und evtl. Aussage, wie er entstanden sein könnte
	 ■ Bestätigung des Schadens durch den **Havariekommissar**, der vor Ort den Schaden feststellt und ein **Havariezertifikat** ausstellt
	 ■ Benachrichtigung des Lieferanten unter Berücksichtigung der Mängelrügefristen
		■ selbst erstellte Schadensaufstellung
		 ■ Havariezertifikat
		 ■ Versicherungspolice
		 ■ Versanddokumente
		 ■ Rechnung, Lieferschein
		 ■ Abtretungserklärung an die Versicherung
		 ■ Aufstellung der gegenüber dem Frachtführer gemachten Ansprüche
		 ■ …

AUSSENHANDEL

Seeversicherung

Beispiel für ein Dokument eines Einzelversicherungsvertrags

Einzelversicherung
Marine / CargoPolicy

Güterversicherungszertifikat
Cargo Insurance Certificate   X

Versicherungssumme Sum Insured	Ausfertigungsort/-tag Place and Date of Issue	Exemplare Issues	Einzelversicherungs-Nr. Policy-No.	
			General-Police-Nr. Open Cover No.	Zertifikat-Nr. Certificate No.
EUR 100.000,00 (= 110 %)	Hamburg, 01.01.2011	2	1000000000	100000

Hiermit wird bescheinigt, dass aufgrund der oben genannten Einzelversicherung/General-Police Versicherung übernommen worden ist gegenüber:/This is to certify that insurance has been granted under the above Policy/Open Cover to:

Versicherungsnehmer oder "to whom it may concern" oder "to the holder"

für Rechnung wen es angeht, auf nachstehend näher bezeichnete Güter:/for account of whom it may concern, on following goods:

MACHINE W; TYPE XY
AS PER PURCHASE ORDER NO: 1. (M) DD. 2010-12-01
CREDIT NO. 11110011
CONTAINER NO. TISD 011000 1
GROSS 20.000 KGS

für folgende Reise (Transportmittel, Reiseweg)/for the following voyage (conveyance, route):

KATARINA VESSEL
FROM ROTTERDAM PORT TO ALEXANDRIA PORT

Von Haus zu Haus, sofern nicht anderweitig vereinbart, gemäß Ziffer 8 der DTV-Güter 2000, Volle Deckung
From warehouse to warehouse, unless otherwise agreed, in accordance with no. 8 of the DTV Cargo 2000, Full Cover

Schäden zahlbar an den Inhaber dieser Einzelversicherung/dieses Zertifikats. Mit Schadenszahlung gegen eine Ausfertigung werden die anderen ungültig./Claims payable to the holder of this Policy/Certificate. Settlement under one copy shall render all others null and void.

Bedingungen/Conditions:

A. DTV-Güterversicherungsbedingungen 2000 (DTV-Güter 2000)/DTV Cargo Insurance Conditions 2000 (DTV Cargo 2000)
   Volle Deckung/Full Cover (siehe Rückseite)
B. Bedingungen der oben genannten Einzelversicherung/General-Police/Terms and conditions of the above Policy/Open Cover.
C. Besondere Bedingungen/Klauseln:/Special Conditions/Clauses:
   1. Kriegsklausel für die Versicherung von Seetransporten sowie von Lufttransporten im Verkehr mit dem Ausland nach den DTV-Güter 2000/War Clauses for the insurance of goods carried by sea and air transports to and from foreign countries governed by the provisions of DTV Cargo 2000
   2. Streik- und Aufruhrklauseln für die Versicherung nach den DTV-Güter 2000/Strikes, Riots and Civil Commotions Clause for insurances governed by DTV Cargo 2000

CLAIMS PAYABLE AT DESTINATION FOR THE FULL INVOICE VALUE PLUS 10 % PCT.

Anweisungen für den Schadensfall siehe Rückseite.
See overleaf for instructions to be followed in case loss or damage.

Im Schadensfall unverzüglich hinzuziehen:
In case of loss or damages immediately contact:

Namens und in Vollmacht der beteiligten Gesellschaften:

For and on behalf of all insurance companies of participating:

Musterversicherung
Hege-Allee 21, 20251 Hamburg

Fa Mustermann Surveyors
9nd Floor, Example Street, No. 10
P.O. Box 555; Musterhausen, Schlaraffenland
Tel. u. Fax 123456789

Prämie bezahlt/Premium paid

nach: www.learnline.nrw.de/angebote/berufskolleg-praxistransfer/download/versicherungszertifikat.pdf

Transportversicherung

Binnentransportversicherung

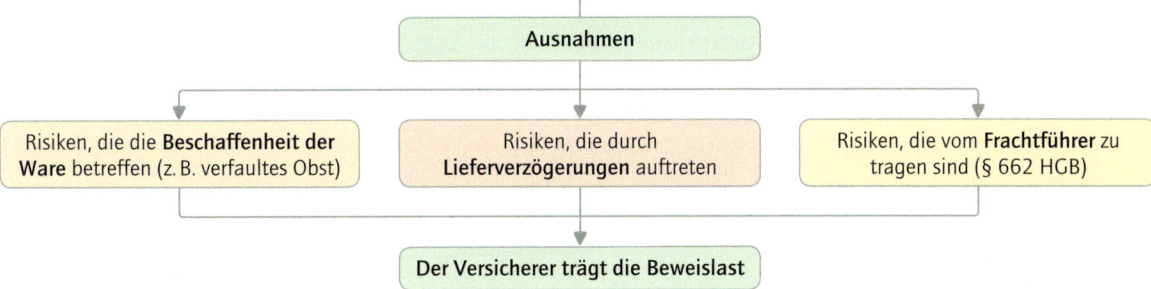

Versicherung aller Gefahren beim Transport durch Bahn, Lkw und Binnenschiff gem. den Allgemeinen Deutschen Binnentransportversicherungsbedingungen (ADB)

Ausnahmen

Risiken, die die **Beschaffenheit der Ware** betreffen (z. B. verfaultes Obst)	Risiken, die durch **Lieferverzögerungen** auftreten	Risiken, die vom **Frachtführer** zu tragen sind (§ 662 HGB)

Der Versicherer trägt die Beweislast

Lufttransportversicherung

Versicherung grundsätzlich aller Gefahren beim Transport durch Flugzeug entsprechend den Allgemeinen Deutschen Seeversicherungsbedingungen (ADS)

keine Versicherungsdeckung

wie bei der See- bzw. Binnentransportversicherung (z. B. Beschaffenheit der Ware)

durch die Versicherung gedeckte Risiken:

Witterungseinflüsse, Unfälle des Flugzeugs, Diebstahl, Verschmutzung, nicht ordnungsgemäße Verladung, falsche Warenauslieferung, Erpressung usw.

Im **Schadensfall** sind der **Havariekommissar** und/oder die entsprechende **Fluggesellschaft** zu informieren.

Erfüllungsverpflichtung beim Dokumentengeschäft
Obligation of fulfilment in documentation

Im Rahmen des Vertragsabschlusses sind die Vertragspartner verpflichtet, bei allen im Außenhandel in Anspruch genommenen Dokumenten die getroffenen Vereinbarungen einzuhalten.

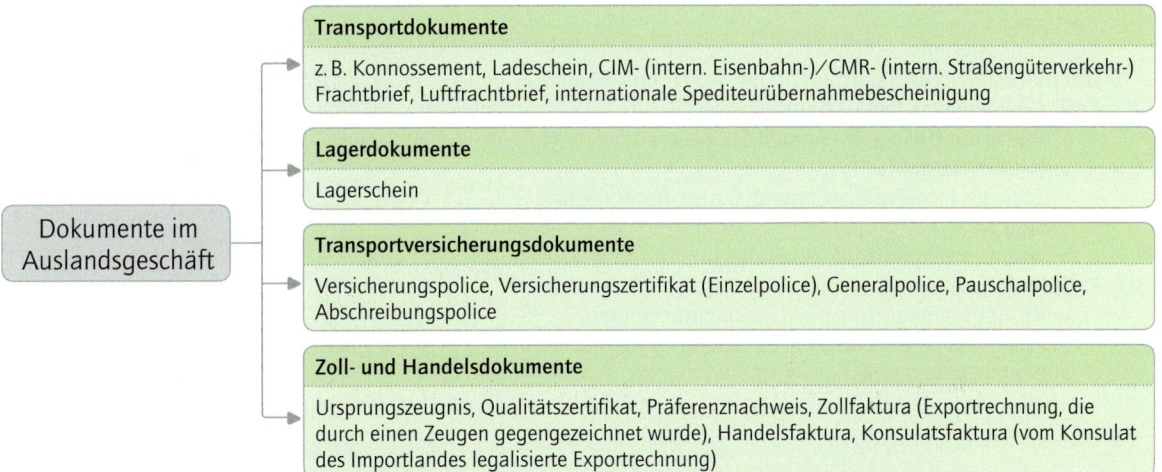

Dokumente im Auslandsgeschäft

Transportdokumente

z. B. Konnossement, Ladeschein, CIM- (intern. Eisenbahn-)/CMR- (intern. Straßengüterverkehr-) Frachtbrief, Luftfrachtbrief, internationale Spediteurübernahmebescheinigung

Lagerdokumente

Lagerschein

Transportversicherungsdokumente

Versicherungspolice, Versicherungszertifikat (Einzelpolice), Generalpolice, Pauschalpolice, Abschreibungspolice

Zoll- und Handelsdokumente

Ursprungszeugnis, Qualitätszertifikat, Präferenznachweis, Zollfaktura (Exportrechnung, die durch einen Zeugen gegengezeichnet wurde), Handelsfaktura, Konsulatsfaktura (vom Konsulat des Importlandes legalisierte Exportrechnung)

AUSSENHANDEL

Beispiele:

- Beim Konnossement können u. a. folgende Verpflichtungen entstehen:
  – Übernahme einer bestimmten Art und Menge von Waren an einem bestimmten Ort und zu einer bestimmten Zeit
  – Beförderung der Ware auf einem bestimmten Transportweg und Durchführung/Regelung der Beförderung der Ware
  – Übergabe der Ware an einen legitimierten Empfänger
- Bei einem **Ursprungszeugnis** müssen sichere Angaben über die Warenherkunft gemacht werden (Made in Germany).
- Bei einem **Qualitätszertifikat** müssen sichere Angaben über die Materialzusammensetzung (50 % Alpaka, 30 % Schurwolle, 20 % Polyester) bzw. den Reinheitsgrad der Ware gemacht werden (100 % Seide).

Berechnungsgrundlagen

Calculation bases

Frachten

Seefracht

Die Seefracht setzt sich zusammen aus: Frachtrate (Frachteinheit · Grundrate) und Zuschlägen wie z. B.:

- Hafenumschlaggebühr
- Kaigeld
- FOB-Provision
- Verschiffungsprovision
- Entgelte für besondere Leistungen wie Ausfuhrzollabfertigung usw.
- Entgelt für Sicherungsmaßnahmen im Hafenbereich
- Ausgleich für Währungsschwankungen
- Ausgleich für Treibstoff
- Gefahrgutzuschlag
- Überlängenzuschlag für Stückgut
- evtl. Eisbrechereinsatzzuschlag

Beispiel:

Die Bellheim-BüroService GmbH exportiert in vier Standardcontainern (**BOX 20**) komplette Büroausstattungen von Hamburg nach San Francisco. Der Wert beträgt 64.380,20 €. Es wird eine Boxrate von 201,59 € vereinbart.

Berechnung:

Fracht (4 · Boxrate von 201,59 €)	806,36 €
+ Kaigeld (4 · 13,11)	52,44 €
+ Hafenumschlag (80,00 € je Box)	320,00 €
+ FOB-Provision (4 · 23,45 €)	93,80 €
+ Verschiffungsprovision (4 · 23,45 €)	93,80 €
Frachtkosten insgesamt	**1.366,40 €**

Binnenschifffahrtsfracht

Die Frachtrate der Binnenschifffahrt setzt sich u. a. zusammen aus:

- Personalkosten
- Material- und Reparaturkosten
- Versicherungskosten, Betriebsgemeinkosten
- Steuern
- öffentlich-rechtliche Schifffahrtsabgaben wie z. B. Kanal- und Schleusengebühren, Kleinwasserzuschläge

- kalkulatorische Kosten wie z. B. kalkulatorische Abschreibungen, Zinsen, Unternehmerlohn
- Ufergelder, Hafengelder
- Umschlagsätze, Lagergeldsätze
- Gebühren für Nebenleistungen
- Entgelte für Kranleistungen, Bahnentgelte
- Arbeitsleistungen wie Signieren, Verkeilen, Entfernen von Herkunftszeichen usw.

Luftfracht

Berechnungsgrundlage für die Luftfahrtfrachtrate ist der **Internationale Luftfrachttarif (The Air Cargo Tarif/ TACT)**, der folgende Raten unterscheidet:

- Mindestfrachtbeträge/**Minimum Charges** (dürfen nicht unterschritten werden)
- Allgemeine Frachtraten/**General Cargo Rates/N-Raten** (bis 45 kg)
- Mengenfrachtraten/**Quantity Rates** (ab 45 kg)
- Spezialraten/**Specific Commodity Rates/SCR** (Sondertarife für bestimmte Waren auf bestimmten Routen)
- Warenklassenraten/**Class Rates/CR** (Sondertarife für bestimmte Waren (z. B. Tiere, Wertsendungen)

Das **Volumengewicht/Sperrigkeitsgewicht** wird nach folgender Formel berechnet:

$$\text{Volumengewicht in kg} = \frac{\text{Länge} \cdot \text{Breite} \cdot \text{Höhe (alles in cm)}}{6\,000 \text{ cm}^3 *}$$

Es wird das tatsächliche mit dem errechneten Gewicht verglichen und das **höhere Gewicht** von beiden als Grundlage zur Frachtberechnung genommen.

Beispiel:

Eine Luftfrachtsendung besteht aus einer Kiste mit folgenden Abmessungen und folgendem Gewicht:
120 cm x 100 cm x 30 cm; Gewicht 50 kg

Berechnung der Volumen-kg: $x = \dfrac{120 \cdot 100 \cdot 30}{6\,000} = 60$

Die Frachtberechnung erfolgt nach dem **Volumengewicht** von 60 kg.

* 1 kg = 6 dm³ = 6 000 cm³

Versicherung

Der Transport von Waren ist einer Vielzahl von Risiken ausgesetzt, die die Höhe der Versicherungsprämie beeinflussen.

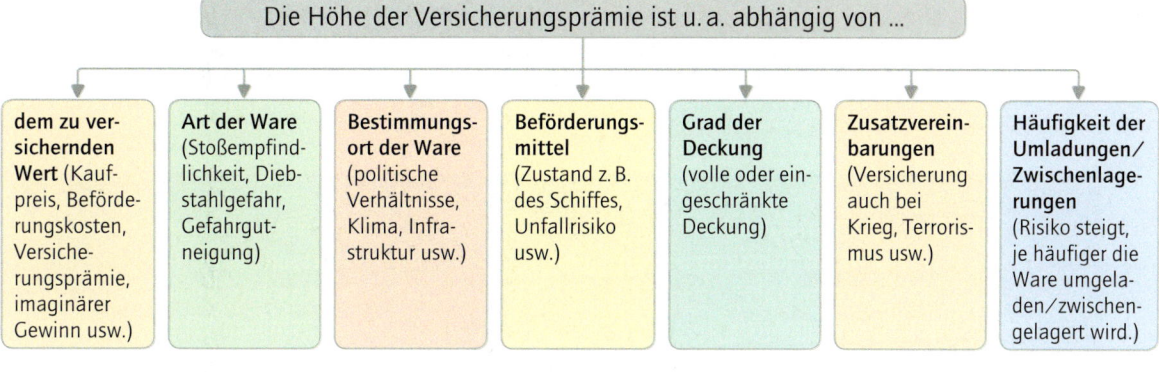

Beispiel: Berechnung einer Versicherungsprämie:

		in Euro		(Berechnung)
Warenwert FOB San Francisco		64.380,20		
+ **Seefracht**		1.366,40		
+ **10 % imaginärer Gewinn**				
(von Warenwert + Fracht)		6.574,66		
Wert ohne Versicherungsprämie (Ausland)	99,85 %	72.321,26		72.321,26 · 0,15
+ **Versicherungsprämie – Auslandsanteil** (im Hundert)	0,15 %	108,64	=	99,85
Wert einschließlich Versicherungsprämie	100,00 %	72.429,90	=	72.321,26 · 100
				99,85

+ **Zoll** 4,7 % von:				
Warenwert FOB San Francisco	64.380,20			
+ Seefracht	1.366,40	65.746,60		
+ Versicherungsprämie 0,15 % von	65.746,60	98,62		
(ohne imaginären Gewinn)				
4,7 % von		65.845,22	3.094,73	

+ Nachlaufkosten einschließlich Gebühren (geschätzt)			702,12	
+ 10 % imaginärer Gewinn auf Zoll	3.094,73 €			
und Fracht	1.366,40 €	4.461,13	446,11	

	99,85 %	4.242,96		4.242,96 · 0,15
Versicherungsprämie – Inlandsanteil (im Hundert)	0,15 %	6,36	=	99,85

Versicherungsprämie – Auslandsanteil		108,64
+ Versicherungsprämie – Inlandsanteil		6,36
Versicherungsprämie gesamt		**115,00**

AUSSENHANDEL

7 Gesamtwirtschaftliche Einflüsse auf das Groß- und Außenhandelsunternehmen analysieren

Merkmale

Die **Wirtschaftsordnung** beziehungsweise das Wirtschaftssystem eines Staates wird durch folgende **Merkmale** bestimmt:

- **Eigentumsordnung**
  Hierbei geht es insbesondere um die Frage, in wessen Händen sich vor allem die Produktionsmittel (das Sachkapital) befinden: in privatem Eigentum von Unternehmen, in gesellschaftlichem oder staatlichem Eigentum.

- **Wirtschaftliche Zielsetzungen**
  Jede Wirtschaftsordnung bestimmt die Hierarchie (Gewichtung, Reihenfolge) ihrer wirtschaftlichen Ziele. So kann bei einer Wirtschaftsordnung beispielsweise als oberstes Ziel die Vollbeschäftigung oder ein hohes Wirtschaftswachstum im Vordergrund stehen; auch über die Art der produzierten Güter können Grundsatzentscheidungen (z. B. die Herstellung umweltfreundlicher Produkte) getroffen werden.

- **Entscheidungträger und -mechanismen**
  Bei diesen Merkmalen geht es darum, durch wen und wie wirtschaftliche Entscheidungen getroffen werden: z. B. durch einzelne Wirtschaftssubjekte (Unternehmen, Verbraucher) oder durch den Staat bzw. gesellschaftliche Institutionen.

Die Wirtschaftsordnung ist Teil des Gesellschaftssystems eines Staates; zwischen der Wirtschaftsordnung und dem politischen und kulturellen System bestehen in der Regel wechselseitige Abhängigkeiten.

Wirtschaftsordnungen können als theoretische Modelle, also als gedanklich konstruierte volkswirtschaftliche Systeme **(Idealtypen)** oder als tatsächlich verwirklichte volkswirtschaftliche Systeme **(Realtypen)** beschrieben werden.

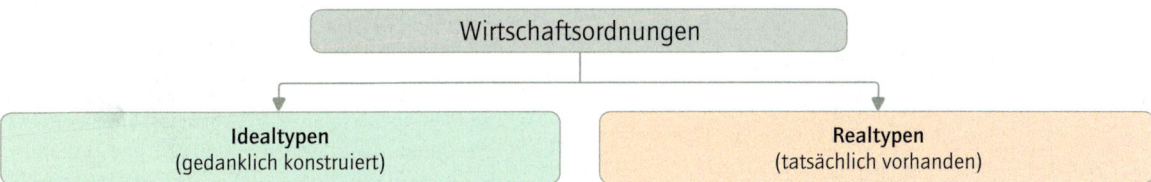

Idealtypen

Als idealtypische Modelle werden die **freie Marktwirtschaft** und die **Zentralverwaltungswirtschaft** unterschieden. Beide Modelle sind aufgrund historischer Entwicklungen – vornehmlich in Europa – entstanden.

Die Idee der freien Marktwirtschaft entwickelte sich vor allem vor dem Hintergrund des aufstrebenden Bürgertums im 18. und 19. Jahrhundert, als der Adel seine Vorrechte verlor. Ein einschneidendes Ereignis war die Französische Revolution von 1789. Die universelle Idee der Menschenrechte breitete sich durch Revolutionen in ganz Europa aus.

Im Zeichen der zunehmenden Industrialisierung entstand die Idee der Zentralverwaltungswirtschaft in der zweiten Hälfte des 19. und zu Beginn des 20. Jahrhunderts, als negative soziale Folgen der raschen Industrialisierung (z. B. Kinderarbeit, Elendsviertel in Industriestädten) für breite Schichten der Bevölkerung deutlich spürbar wurden.

Die extrem gegensätzlichen Grundideen des **Individualismus** (Vorrechte des Einzelnen) und des **Kollektivismus** (Vorrechte der Gemeinschaft) sind in diesen historischen Prozessen zum Tragen gekommen; der Individualismus kommt im Modell der freien Marktwirtschaft, der Kollektivismus in dem der Zentralverwaltungswirtschaft zum Ausdruck:

Merkmale der freien Marktwirtschaft

- Produktionsmittel sind in privatem Eigentum.

- Art, Menge und Preis der Güter werden durch private Unternehmen im Wettbewerb bestimmt.

- Die Erwirtschaftung von privatem Gewinn und die Erzielung eines möglichst hohen Wirtschaftswachstums stehen als wirtschaftliche Ziele im Vordergrund.

Merkmale der Zentralverwaltungswirtschaft

- Produktionsmittel sind in staatlichem Eigentum.

- Art, Menge und Preis der Güter werden durch den Staat im Voraus festgelegt.

- Die Bedarfsdeckung und die Vollbeschäftigung stehen als wirtschaftliche Ziele im Vordergrund.

vgl.: Böker, Jürgen u. a.: Wirtschaftspolitik/Wirtschaftsordnung, 3. Aufl., Darmstadt 2005, S. 64

Idealtypen

Als **Vorteile** können bei der freien Marktwirtschaft beispielsweise der wettbewerbsbedingte Anreiz zu wirtschaftlicher Effektivität und technischem Fortschritt mit der Folge relativ hohen Wirtschaftswachstums genannt werden.

Die Zentralverwaltungswirtschaft weist z. B. die Vorteile einer garantierten Vollbeschäftigung und einer gesicherten Grundversorgung auf.

Nachteile der freien Marktwirtschaft bestehen beispielsweise in der Gefahr der Monopolbildung, also einer Einschränkung des Wettbewerbs und als Folge der ungleichen Machtverteilung in einer Benachteiligung oder im Extremfall sogar Verarmung der Arbeitnehmerschaft.

In der Zentralverwaltungswirtschaft sind als Nachteile z. B. ein knappes Warenangebot und entsprechende Versorgungslücken zu nennen, die aufgrund der Unmöglichkeit langfristiger staatlicher Vorausplanung des individuellen Bedarfs entstehen.

Realtypen

Als realtypische Wirtschaftsordnungen standen sich bis Ende der 80er-Jahre die **soziale Marktwirtschaft** demokratischer Staaten und die sozialistische Planwirtschaft kommunistischer Staaten gegenüber.

Nach dem Zusammenbruch der **sozialistischen Wirtschaftsordnungen** vor allem in Osteuropa gibt es die sozialistische Planwirtschaft heute nur noch in Kuba und Nordkorea.

Vorherrschend sind heute unterschiedliche Ausprägungen der sozialen Marktwirtschaft. Ihr Grundgedanke ist es, wirtschaftliche Freiheit und staatliche Steuerungsmöglichkeiten zum Schutz vor sozialer Ungerechtigkeit zu verbinden.

In der Bundesrepublik Deutschland, als Land im Zentrum des Ost-West-Konflikts, wurde von dem ersten Wirtschaftsminister Ludwig Erhard und seinem Staatssekretär Alfred Müller-Armack eine soziale Marktwirtschaft als Weiterentwicklung der freien Marktwirtschaft begründet. Ziel war die Verwirklichung eines allgemeinen Wohlstandes sowie sozialer Sicherheit und Gerechtigkeit vor dem Hintergrund der Wiederaufbauphase nach dem Zweiten Weltkrieg.

Die Konzeption der **sozialen Marktwirtschaft** wird durch folgende Hauptelemente bestimmt:

- **Eigentumsordnung:**
  Wirtschaftliche Entscheidungsfreiheit ist durch gesetzlich geschütztes Privateigentum und freies Vertragsrecht gewährleistet.
- **Wettbewerbsordnung:**
  Der Staat stellt die Regeln für einen funktionsfähigen Wettbewerb auf und überwacht sie.
- **Sozialordnung:**
  Ein System sozialer Sicherheit soll diejenigen vor Verarmung schützen, die zur Bestreitung des Lebensunterhalts kein ausreichendes Einkommen erzielen können.
- **Geld- und Währungsordnung:**
  Die Geldversorgung und die Geldwertstabilität werden durch eine vom Staat unabhängige Zentralbank gesichert.

Obwohl die Wirtschaftsordnung in der Bundesrepublik Deutschland nicht durch die Verfassung geregelt wird, lassen sich aus einzelnen Artikeln des Grundgesetzes Merkmale der Wirtschaftsordnung ableiten. So wird Deutschland als ein demokratischer und sozialer Bundesstaat (Art. 20 GG) bezeichnet, es werden freie Berufswahl (Art. 12 GG), das Recht auf Eigentum (Art. 14 GG) und die Tarifautonomie als Teil des Koalitionsrechts (Art. 9 GG) garantiert.

Die Idee der sozialen Marktwirtschaft wird weltweit in verschiedenen Ausprägungen realisiert und diskutiert. So ist in Deutschland zum einen aufgrund der zunehmenden Sorge um eine gesunde Umwelt seit den 80er-Jahren der Trend zur **ökologischen Marktwirtschaft** im Gespräch. Der Grundgedanke ist hierbei, wirtschaftspolitische und umweltpolitische Maßnahmen zu koordinieren.

Zum anderen gibt es im Zeichen der weltweiten Globalisierungsdebatte den Trend zur Deregulierung, also zu weniger staatlicher Steuerung und mehr wirtschaftlicher Freiheit, in der Regel aber auch zu einem Abbau von sozialen Leistungen (zum Beispiel Kürzungen in den Leistungen der staatlichen Sozialversicherung).

Das bevölkerungsreichste Land der Welt, die Volksrepublik China, hat sich im Rahmen der weltweiten Veränderungen von der sozialistischen Planwirtschaft zu einer **sozialistischen Marktwirtschaft** entwickelt.

In diesem Veränderungsprozess nimmt der Anteil staatlicher Unternehmen ab, der Anteil von Privatunternehmen wächst dementsprechend. Dem Markt wird schrittweise mehr Regulierungsfunktion zugebilligt (z. B. durch Zulassung von Börsen), die „staatliche Kommandowirtschaft" wird nach und nach zurückgedrängt. Der Beitritt der Volksrepublik China zur Welthandelsorganisation WTO[1] im Dezember 2001 hat diesen Entwicklungsprozess beschleunigt.

[1] WTO: World Trade Organization
aus: Böker, Jürgen u. a.: Wirtschaftspolitik/Wirtschaftsordnung, 3. Aufl., Darmstadt 2005, S. 65

Wettbewerbspolitik in der Sozialen Marktwirtschaft
Competition policy in the social market economy

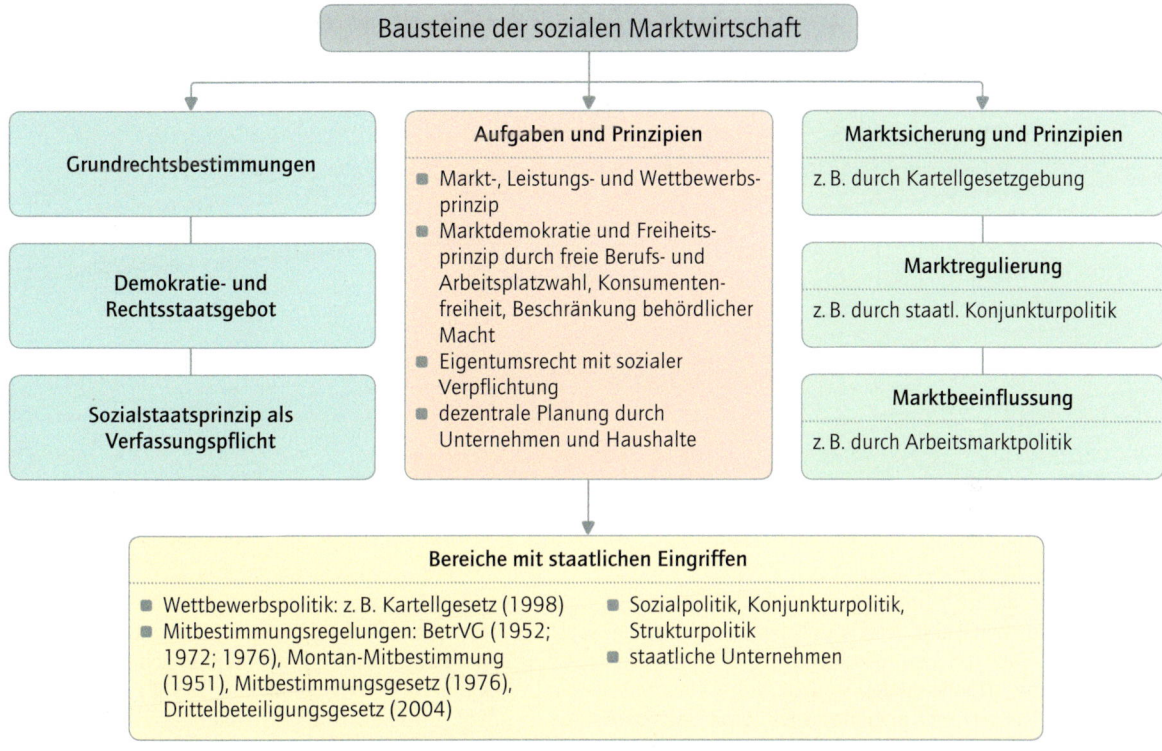

Bausteine der sozialen Marktwirtschaft

Grundrechtsbestimmungen

Demokratie- und Rechtsstaatsgebot

Sozialstaatsprinzip als Verfassungspflicht

Aufgaben und Prinzipien

- Markt-, Leistungs- und Wettbewerbsprinzip
- Marktdemokratie und Freiheitsprinzip durch freie Berufs- und Arbeitsplatzwahl, Konsumentenfreiheit, Beschränkung behördlicher Macht
- Eigentumsrecht mit sozialer Verpflichtung
- dezentrale Planung durch Unternehmen und Haushalte

Marktsicherung und Prinzipien

z. B. durch Kartellgesetzgebung

Marktregulierung

z. B. durch staatl. Konjunkturpolitik

Marktbeeinflussung

z. B. durch Arbeitsmarktpolitik

Bereiche mit staatlichen Eingriffen

- Wettbewerbspolitik: z. B. Kartellgesetz (1998)
- Mitbestimmungsregelungen: BetrVG (1952; 1972; 1976), Montan-Mitbestimmung (1951), Mitbestimmungsgesetz (1976), Drittelbeteiligungsgesetz (2004)
- Sozialpolitik, Konjunkturpolitik, Strukturpolitik
- staatliche Unternehmen

vgl.: Bundesverband deutscher Banken (Hrsg.): Schul/Bank. Wirtschaft. Materialien für den Unterricht, Köln 1994, 1.6/3

Instrumente staatlicher Wettbewerbspolitik

Unter staatlicher Wettbewerbspolitik ist zum einen die aktive Förderung des Wettbewerbs, z. B. durch eine unabhängige, öffentlich geförderte Forschung bei kleineren und mittelgroßen Unternehmen, zu verstehen.

Andererseits bedeutet staatliche Wettbewerbspolitik, dass Unternehmenszusammenschlüsse, die gegen die Prinzipien des freien Wettbewerbs verstoßen, zu verbieten und unter Strafe zu stellen sind. Hierüber wacht auf der Grundlage des Gesetzes gegen Wettbewerbsbeschränkung (GWB) das Bundeskartellamt in Bonn.

Einkommens- und Vermögensverteilung

Gerade das Ziel einer leistungsgerechten Einkommens- und Vermögensverteilung (vgl. S. 356) wird in einer Marktwirtschaft kaum erreicht, wie die untenstehende Abbildung beispielhaft verdeutlicht. Die Statistik bestätigt eher den weitläufig formulierten Vorwurf, dass statt der geforderten Leistungsgesellschaft in der Realität mehr eine „Erbengesellschaft" anzutreffen ist. Staatliche Wettbewerbspolitik könnte hier in Form einer entsprechenden Steuerpolitik für soziale Gerechtigkeit sorgen, was häufig aber nur in Ansätzen geschieht.

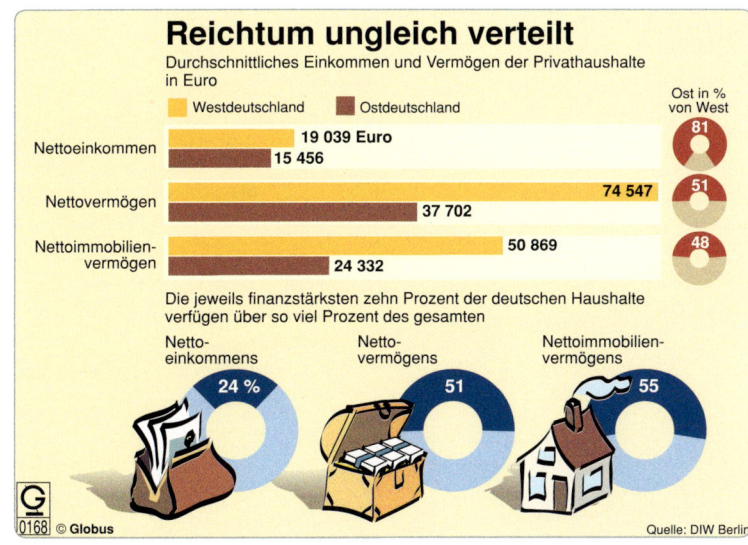

Reichtum ungleich verteilt

Durchschnittliches Einkommen und Vermögen der Privathaushalte in Euro

Westdeutschland Ostdeutschland   Ost in % von West

	Westdeutschland	Ostdeutschland	Ost in % von West
Nettoeinkommen	19 039 Euro	15 456	81
Nettovermögen	74 547	37 702	51
Nettoimmobilienvermögen	50 869	24 332	48

Die jeweils finanzstärksten zehn Prozent der deutschen Haushalte verfügen über so viel Prozent des gesamten

Nettoeinkommens	Nettovermögens	Nettoimmobilienvermögens
24 %	51	55

0168 © Globus   Quelle: DIW Berlin

Einordnung staatlicher Wettbewerbspolitik in ein wirtschaftspolitisches Zielsystem

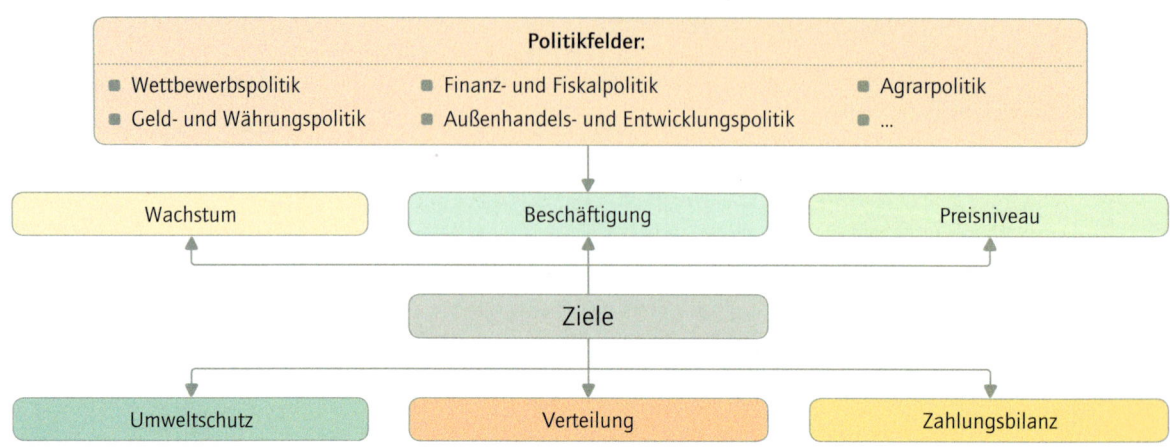

aus: Altmann, Jörn: Wirtschaftspolitik, 6. erweit. und völlig überarb. Auflage, Stuttgart, Jena 1995, S. 7

Das „Gesetz zur Förderung der Stabilität und des Wachstums der Wirtschaft" von 1967, kurz **„Stabilitätsgesetz"** (vgl. S. 366) genannt, beschreibt als vier Ziele wirtschaftspolitischen Handelns des Staates: hoher Beschäftigungsstand, stetiges und angemessenes Wirtschaftswachstum, stabiles Preisniveau und außenwirtschaftliches Gleichgewicht (**„magisches Viereck"**).

Werden als weitere Ziele eine gerechte Einkommens- und Vermögensverteilung sowie eine Verbesserung der Umweltbedingungen verfolgt, spricht man vom **magischen Sechseck** der Wirtschaftspolitik (vgl. S. 366). Das Adjektiv „magisch" drückt aus, dass es in der Realität nahezu unmöglich ist, die unterschiedlichen Ziele gleichzeitig zu erreichen.

Ziele und Funktionen staatlicher Wettbewerbspolitik

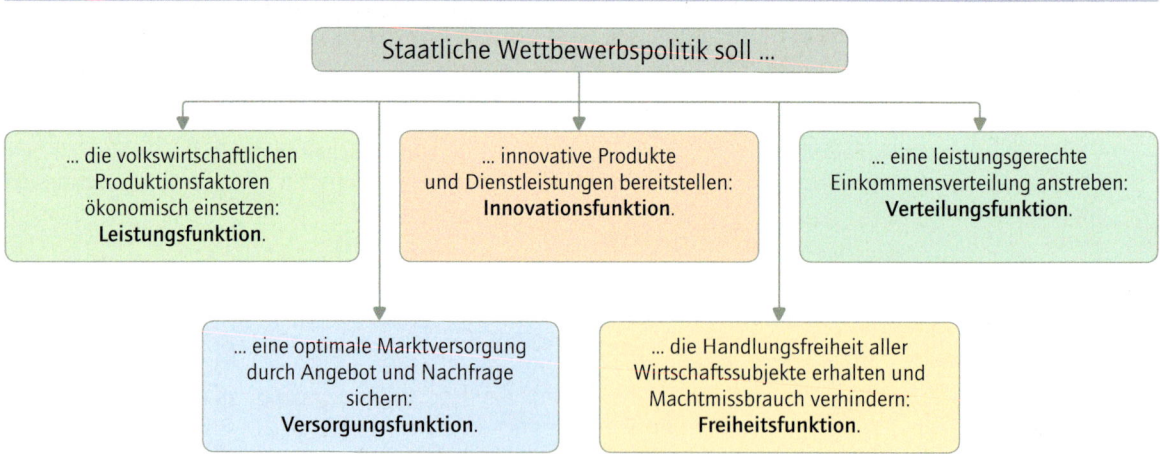

aus: Böker, Jürgen u. a.: Wirtschaftspolitik/Wirtschaftsordnung, Lehrerband, Darmstadt 2005, S. 37

Begriffliche Einordnung

Das Modell der Marktwirtschaft geht von einem funktionierenden Wettbewerb aus, bei dem Angebot und Nachfrage die Preise bestimmen. Dem Marktpreis werden hierbei folgende **Funktionen** zugeschrieben: Ausgleichs-, Lenkungs-, Signal- und Erziehungsfunktion (siehe hierzu S. 365).

Da in der Realität diese Funktionen nur eingeschränkt wirksam werden, muss der Staat **aktive** Wettbewerbspolitik betreiben (siehe S. 367), um zum Beispiel auf Unternehmungszusammenschlüsse zu reagieren.

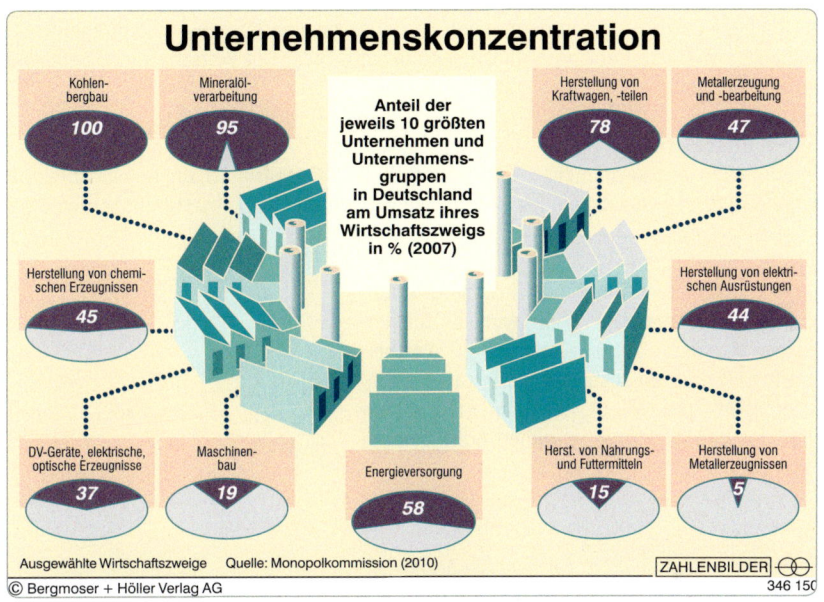

Gründe von Unternehmenszusammenschlüssen

- Verringerung hoher Forschungs- und Entwicklungskosten
- Verbreiterung der Kapitalbasis
- Streuung des unternehmerischen Risikos
- Ausnutzung von Rationalisierungsvorteilen
- Erhöhung des Auslastungsgrades der Produktionsanlagen
- Erschließung neuer Beschaffungs- oder Absatzmärkte
- Begrenzung des Wettbewerbs/Aufteilung von Märkten

Formen von Unternehmenszusammenschlüssen

Unternehmenszusammenschlüsse

nach der Richtung
- horizontal (Unternehmen gleicher Produktions- bzw. Handelsstufen)
- vertikal (Angliederung vorgelagerter oder nachgelagerter Produktions- oder Handelsstufen)
- diagonal oder anorganisch (Angliederung branchenfremder Produktions- oder Handelsstufen)

nach dem Grad der Selbstständigkeit
- Arbeitsgemeinschaft
- Konsortium
- Interessengemeinschaft
- Kartell
- Konzern
- Fusion

vgl. Hübscher, Heinrich u. a.: IT-Handbuch, IT-Systemkaufmann/-frau, Informatikkaufmann/-frau, 7. Aufl., Braunschweig 2011, S. 36

Kooperation

Arbeitsgemeinschaft

Beschränkte Zusammenarbeit von Unternehmen in ausgewählten Teilbereichen – in der Regel in Form einer vertraglichen Vereinbarung –, z. B. Bildung einer Werbegemeinschaft in einer Fußgängerzone. Die beteiligten Unternehmen behalten ihre rechtliche, größtenteils auch ihre wirtschaftliche Selbstständigkeit.

Konsortium

Unternehmen schließen sich für einen begrenzten Zeitraum zusammen, z. B. in Form einer BGB-Gesellschaft, um ein gemeinsames Projekt, z. B. Bau einer Autobahntrasse, durchzuführen. Die wirtschaftliche Selbstständigkeit wird nur in sehr geringem Umfang begrenzt.

Interessengemeinschaft

Unternehmen schließen sich zusammen, z. B. in Form einer BGB-Gesellschaft, um gemeinsam unternehmerische Tätigkeitsfelder zu bearbeiten, etwa gemeinsame Forschung. Die wirtschaftliche Selbstständigkeit wird dadurch eingeschränkt.

Kartell

Ein vertraglicher Zusammenschluss rechtlich selbstständiger Unternehmen, die einen Teil ihrer wirtschaftlichen Selbstständigkeit mit dem Ziel aufgeben, den Wettbewerb zu beeinflussen oder auszuschalten, wird als Kartell bezeichnet. Der Begriff „Kartell" ist von dem Lateinischen „charta" abgeleitet und bedeutet Schreiben oder Vereinbarung.

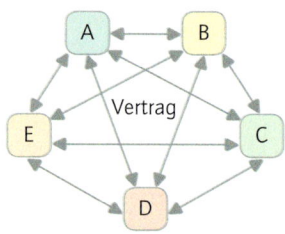

Konzentration

Konzern

Zusammenschluss von Unternehmen unter einheitlicher Leitung, die ihre rechtliche Selbstständigkeit behalten, ihre wirtschaftliche Selbstständigkeit dagegen völlig verlieren. Eine besondere wirtschaftliche und politische Bedeutung erlangen die sogenannten Multis (multinationale Konzerne). Prinzipiell kann zwischen Unterordnungs- und Gleichordnungskonzernen unterschieden werden.

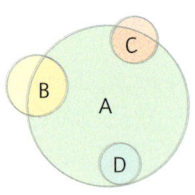

Unterordnungskonzern

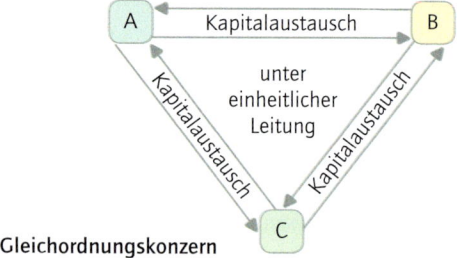

Gleichordnungskonzern

Fusion

Ehemals rechtlich und wirtschaftlich selbstständige Unternehmen schließen sich zu einem (neuen) Unternehmen zusammen, z. B. Verschmelzen eines deutschen und eines ausländischen Automobilunternehmens.
Unterschieden werden sogenannte „freundliche Übernahmen" (**mit Einverständnis** des übernommenen Unternehmens) und „feindliche Übernahmen" (**gegen den Willen** des übernommenen Unternehmens).

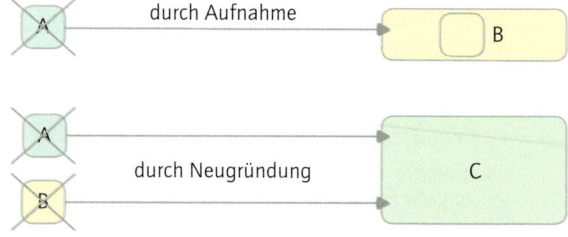

vgl. Hübscher, Heinrich u. a.: IT-Handbuch, IT-Systemkaufmann/-frau, Informatikkaufmann/-frau, 7. Aufl., Braunschweig 2011, S. 37

Begriff Kartell

Ein Kartell ist ein Zusammenschluss rechtlich selbstständiger Unternehmen einer Branche (horizontaler Zusammenschluss), die den Teil der wirtschaftlichen Selbstständigkeit aufgeben, auf den sich die Kartellabsprache bezieht. Damit das Kartell durchgesetzt werden kann, müssen möglichst alle Unternehmen der Branche beteiligt sein.

Ziele von Kartellen

- Beeinflussung des Marktes für bestimmte Produkte durch Wettbewerbsbeschränkung
- Verbesserung der Gewinnsituation der am Kartell beteiligten Unternehmen

Kartellarten

Je nach **Gegenstand der Absprache** werden verschiedene Kartellarten unterschieden, zum *Beispiel*:

Kartellart	Die beteiligten Unternehmen vereinbaren:
Preiskartell	... einen Einheits-, Höchst- oder Mindestpreis sowie zugehörige Produktions- oder Beschaffungsquoten.
Submissionskartell	... wer im Rahmen öffentlicher Ausschreibungen den Auftrag erhalten soll, z. B. das Kartellmitglied, das in seinem Angebot den niedrigsten Preis kalkuliert.
Absatz-, Beschaffungskartell	... die räumliche Aufteilung des Absatz- oder Beschaffungsgebiets (**Gebietskartell**) oder dass der gesamte Absatz/die gesamte Beschaffung von einer Zentrale aus vorgenommen wird (**Syndikat**).
Rationalisierungskartell	... z. B. die Entwicklung gemeinsamer Normen wie Abmessungen (**Normungskartell**), die Vereinheitlichung von Produkten (**Typungskartell**), die Aufteilung bestimmter Funktionen oder Produkte (**Spezialisierungskartell**) oder weitergehende Rationalisierungen.
Konditionenkartell	... die Gewährung gleicher Rabatte, Boni, Skonti (**Rabattkartell**) oder sonstiger gleicher Geschäftsbedingungen wie z. B. Lieferbedingungen, Verpackungskosten.

Wettbewerbsrechtliche Regelungen nach dem Gesetz gegen Wettbewerbsbeschränkung (GWB)

Nach § 1 GWB gilt grundsätzlich ein **Kartellverbot**:
„Vereinbarungen zwischen Unternehmen, Beschlüsse von Unternehmensvereinigungen und aufeinander abgestimmte Verhaltensweisen, die eine Verhinderung, Einschränkung oder Verfälschung des Wettbewerbs bezwecken oder bewirken, sind verboten."

Gemäß § 2 GWB müssen Unternehmen grundsätzlich selbst prüfen, ob die von ihnen getroffenen (wettbewerbsbeschränkenden) Vereinbarungen mit anderen Unternehmen erlaubt sind **(freigestellte Vereinbarungen)**. Dieses Selbstprüfungssystem hat eine höhere Eigenverantwortung der Unternehmen zur Folge. Es birgt mitunter jedoch auch die Gefahr einer falschen Beurteilung und somit das Risiko, dass gegen das Unternehmen Bußgelder oder Schadensersatzansprüche erhoben werden.

*„(1) Vom Verbot des § 1 freigestellt sind Vereinbarungen (...) Beschlüsse (...) oder aufeinander abgestimmte Verhaltensweisen, die unter angemessener Beteiligung der Ver-*braucher an dem entstehenden Gewinn zur Verbesserung der Warenerzeugung oder -verteilung oder zur Förderung technischen oder wirtschaftlichen Fortschritts beitragen, ohne dass den beteiligten Unternehmen 1. Beschränkungen auferlegt werden, die für die Verwirklichung dieser Ziele nicht unerlässlich sind, oder 2. Möglichkeiten eröffnet werden, für einen wesentlichen Teil der betreffenden Waren den Wettbewerb auszuschalten."*

Für mittelständische Unternehmen gilt die folgende Ausnahmeregelung nach § 3 GWB **(Mittelstandskartelle)**:
„(1) Vereinbarungen zwischen miteinander im Wettbewerb stehenden Unternehmen und Beschlüsse von Unternehmensvereinigungen, die die Rationalisierung wirtschaftlicher Vorgänge durch zwischenbetriebliche Zusammenarbeit zum Gegenstand haben, erfüllen die Voraussetzungen des § 2 Abs. 1, wenn 1. dadurch der Wettbewerb auf dem Markt nicht wesentlich beeinträchtigt wird und 2. die Vereinbarung oder der Beschluss dazu dient, die Wettbewerbsfähigkeit kleiner oder mittlerer Unternehmen zu verbessern."

Missbrauch einer marktbeherrschenden Stellung

Nach § 19 GWB ist die missbräuchliche Ausnutzung einer **marktbeherrschenden Stellung** durch ein oder mehrere Unternehmen verboten.
*„Ein Unternehmen ist marktbeherrschend, soweit es als Anbieter oder Nachfrager einer bestimmten Art von Wa-*ren oder gewerblichen Leistungen auf dem sachlich und räumlich relevanten Markt 1. ohne Wettbewerber ist oder keinem wesentlichen Wettbewerb ausgesetzt ist oder 2. eine im Verhältnis zu seinen Wettbewerbern überragende Marktstellung hat."*

Kooperationsformen im Groß- und Außenhandel
Forms of cooperation in wholesale and export trade

Begriff und Zielsetzung

Es handelt sich um eine Zusammenarbeit, die auf der Grundlage der Freiwilligkeit beruht. Umfang und Form der Zusammenarbeit werden vertraglich festgelegt, die kooperierenden Unternehmen behalten weitgehend ihre wirtschaftliche Unabhängigkeit. Prinzipiell unterschieden wird zwischen **horizontaler** (Unternehmen auf gleicher Wirtschaftsstufe: unterschiedliche Großhandelsunternehmen kooperieren)

und **vertikaler Kooperation** (z. B. Kooperation von Groß- und Einzelhandelsunternehmen).

Ziel der Kooperation ist es, die Wettbewerbsfähigkeit der beteiligten Unternehmen zu verbessern. Die Erschließung neuer Absatz- und Beschaffungsmärkte im In- und Ausland und die Stärkung der Marktposition sind die häufigsten Gründe für eine Kooperation von Groß- und Außenhändlern.

Übersicht

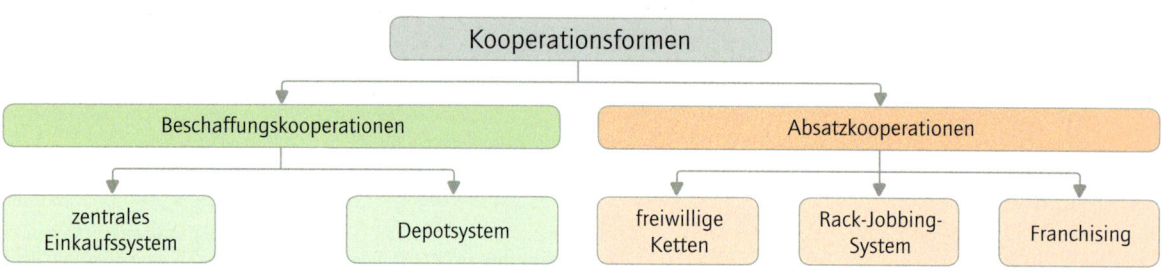

7

Beschaffungskooperationen

Zentrales Einkaufssystem
Die beteiligten Großhändler schließen sich zu einer Einkaufsgemeinschaft, der Zentrale, zusammen. Durch das Zusammenfassen der einzelnen Bedarfsmengen kann die Zentrale als starker Nachfrager gegenüber Herstellern auftreten und Preisvorteile erreichen.

- Bei **Empfehlungsgeschäften** gibt die Zentrale ihren beteiligten Großhändlern nur Einkaufsempfehlungen.
- Beim **Abschlussgeschäft** werden von der Zentrale günstige Rahmenverträge für die Großhändler abgeschlossen, die jedoch mit einer Abnahmeverpflichtung verbunden sind.
- Beim **Delkredergeschäft** gibt die Zentrale den Lieferanten Zahlungsgarantien durch Übernahme von Ausfallbürgschaften.
- Beim **Zentralregulierungsgeschäft** übernimmt die Zentrale alle Zahlungen an die Lieferanten, während die Großhändler ihre Rechnungen bei der Zentrale begleichen.

Depotsystem
Bei dieser Form der Kooperation zwischen Hersteller und Großhändler verpflichtet sich der Händler, das gesamte Sortiment des Herstellers zu übernehmen und als Depot vorzuhalten. Der Hersteller unterstützt seinerseits den Großhändler beim Absatz der Produkte.

Absatzkooperationen

Freiwillige Ketten	Bei dieser Kooperationsform schließen sich Großhändler und Einzelhändler zusammen, die meist zu einer gleichartigen Branche gehören. Sie bleiben dabei **wirtschaftlich und rechtlich unabhängig**. Die „Kettengroßhändler" arbeiten mit einer Zahl von Einzelhändlern zusammen, die möglichst einen Großteil ihrer Waren beziehen sollen. Die Vorteile dieser Kooperationsform beim Absatz liegen in einer höheren Markttransparenz, der Steigerung der Wirtschaftlichkeit von Werbemaßnahmen und der Erzielung von Absatzvorteilen durch gemeinsame Handelsmarken.
Rack-Jobbing-System	Bei dieser Kooperationsform **mietet der Großhändler** bei den Einzelhändlern **Regalplätze** oder Verkaufsräume an, um seine Waren zu platzieren. Die angemieteten Flächen werden vom Großhändler gepflegt, d. h., er füllt die Regale auf, achtet auf Verfalldaten und nimmt unverkaufte Waren wieder zurück. Das Einzelhandelsunternehmen kann auf diese Weise sein Sortiment risikolos erweitern.
Franchising	Diese Art der Kooperation gibt es zwischen Großhandel und Einzelhandel, aber auch zwischen Hersteller und Einzelhandel. Man unterscheidet zwischen **Franchisegeber (Großhandel)** und **Franchisenehmer (Einzelhandel)**. Der Franchisenehmer erhält Waren, Markenzeichen, Ausstattung und Unterstützung in Fragen des Absatzes. Er muss dafür nicht nur bezahlen, sondern verpflichtet sich zudem, sich genau an die vereinbarten Bedingungen, beispielsweise bei Zubereitung und Verkauf der Waren, zu halten.

Begriff Markt

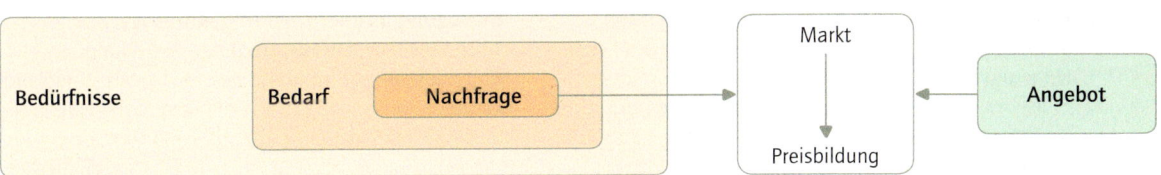

- **Bedürfnisse**
  ... sind Wünsche, die durch Mangelempfindungen des Menschen hervorgerufen werden, z. B. Trinken gegen Durst, Essen gegen Hunger.
  ... sind Triebfeder wirtschaftlichen Handelns.

- **Bedarf**
  ... ist der Teil der Bedürfnisse, der durch Einkommen gedeckt werden kann.

- **Nachfrage**
  ... ist der auf dem Markt erscheinende Bedarf.

In der Fachliteratur wird zwischen dem abstrakten und dem konkreten Markt unterschieden:

- Der **abstrakte Markt** ist eine Zusammenfassung von Angebots- und Nachfragebeziehungen. Er ist der theoretische Ort, an dem sich Angebot und Nachfrage treffen und an dem die Preisbildung stattfindet.

- Der **konkrete Markt** ist sachlich, zeitlich und örtlich bestimmt, z. B. die Cebit-Messe im Jahr 20.. in Hannover.

Marktarten

- **Unterscheidung nach Umfang der staatlichen Marktbeeinflussung:**
  freie Märkte (ohne Staatseingriff; Modell der freien Marktwirtschaft), regulierte Märkte.

- **Unterscheidung nach Umfang der Marktzutrittsmöglichkeit:**
  offene Märkte (jedermann kann als Anbieter oder Nachfrager auftreten), geschlossene Märkte.

- **Unterscheidung nach Stellung des Betriebes im Markt:**
  Beschaffungsmärkte, Absatzmärkte.

- **Unterscheidung nach Art der gehandelten Sachgüter und Leistungen:**
  Werkstoffmärkte für Roh-, Hilfs- und Betriebsstoffe, Betriebsmittelmärkte, Arbeitsmärkte, Geld- und Kapitalmärkte, Informationsmärkte.

- **Unterscheidung nach Art der Verwendung der Sachgüter und Leistungen:**
  Investitionsgütermärkte, Konsumgütermärkte.

- **Unterscheidung nach geograf. Gesichtspunkten:**
  Inlandsmarkt (örtlich, regional, national), Auslandsmarkt (EU-Markt, Weltmarkt).

- **Unterscheidung nach räumlich-zeitlichen Gesichtspunkten:**
  zentralisierte Märkte (Punktmärkte; organisierte Märkte), dezentralisierte Märkte (unorganisierte Märkte).

- **Unterscheidung nach Marktposition:**
  Verkäufermärkte (Nachfrage > Angebot; Verkäufer haben starke Marktposition), Käufermärkte (Angebot > Nachfrage; Käufer haben starke Marktposition).

- **Unterscheidung nach Vollkommenheit der Märkte:**
  vollkommene Märkte, unvollkommene Märkte.

Marktformen

Anbieter \ Nachfrager	einer	wenige	viele
einer	bilaterales Monopol	beschränktes Nachfragemonopol	Nachfragemonopol
wenige	beschränktes Angebotsmonopol	bilaterales Oligopol	Nachfrageoligopol
viele	Angebotsmonopol	Angebotsoligopol	Polypol

Erklärung: mono = ein; olig = wenig; poly = viel
aus: Hübscher, Heinrich u.a.: IT-Handbuch, IT-Systemkaufmann/-frau, Informatikkaufmann/-frau, 7. Aufl., Braunschweig 2011, S. 34

Bestimmungsgründe der Nachfrage privater Haushalte

Bestimmungsgründe der Nachfragekurve N_0:
- Individuelle Nutzeneinschätzung bezüglich des Gutes
- Höhe des verfügbaren Einkommens/des Vermögens
- Preis des nachgefragten Gutes, Preise anderer Güter (Substitutionsgüter, Komplementärgüter)

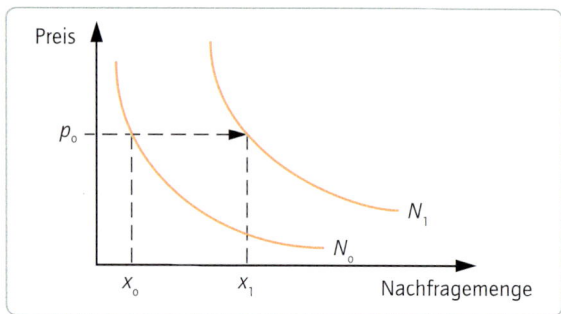

Bewegung auf der Nachfragekurve N_0:
Normalerweise besteht folgende Beziehung zwischen Preis und nachgefragter Menge des Gutes: Mit steigendem/sinkendem Preis eines Gutes sinkt/steigt die Nachfrage nach diesem Gut.

Verschiebung der Nachfragekurve von N_0 auf N_1:
Ändert sich einer der vier zuerst genannten Bestimmungsgründe der Nachfrage (steigt z. B. durch eine Einkommensteuersenkung das verfügbare Einkommen der Nachfrager), verschiebt sich die Nachfragekurve von N_0 auf N_1 nach rechts. Bei gegebenem Preis p_0 steigt die Nachfrage von x_0 auf x_1.

Das Ausmaß von Nachfrageänderungen als Reaktion auf Preis- bzw. Einkommensänderungen wird als **Preis- bzw. Einkommenselastizität** der Nachfrage bezeichnet.

Bestimmungsgründe des Angebots privater Betriebe

Bestimmungsgründe der Angebotskurve A_0:
- Zielsetzung des Anbieters (Gewinnmaximierung, Kostendeckung, Ausweitung des Marktanteils, ...)
- Marktposition des Anbieters (Monopol, Oligopol, ...)
- tatsächliche bzw. erwartete Marktlage (Konjunktur, Preise der Konkurrenz, Nachfrageentwicklung, ...)
- Kostenstruktur des Anbieters (Faktorpreise, ...)
- Preis des angebotenen Gutes

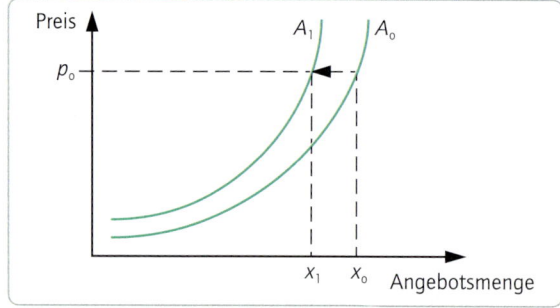

Bewegung auf der Angebotskurve A_0:
Normalerweise besteht folgende Beziehung zwischen Preis und angebotener Menge des Gutes:
- Mit steigendem Preis eines Gutes steigt die Angebotsmenge dieses Gutes, da weitere Anbieter, angelockt durch sich verbessernde Gewinnchancen, auf den Markt drängen.
- Mit sinkendem Preis eines Gutes sinkt die Angebotsmenge dieses Gutes, da es sich für zunehmend mehr Anbieter aus Kostengründen nicht mehr lohnt, weiter zu produzieren.

Verschiebung der Angebotskurve von A_0 auf A_1:
Ändert sich einer der vier zuerst genannten Bestimmungsgründe des Angebots (z. B. verschlechtern sich die Konjunkturaussichten), verschiebt sich die Angebotskurve (in diesem Beispiel von A_0 auf A_1 nach links). Bei gegebenem Preis p_0 sinkt das Angebot von x_0 auf x_1.

Preisbildung auf dem vollkommenen Markt

Pricing in an ideal market

Bedingungen des vollkommenen Marktes

- viele Anbieter und viele Nachfrager (Polypol)
- Anbieter und Nachfrager haben vollständige Marktübersicht (Markttransparenz).
- Anbieter und Nachfrager reagieren auf Marktänderungen ohne zeitliche Verzögerungen.
- Das von den Anbietern angebotene Gut ist homogen (Güter unterscheiden sich nicht).

- Angebot und Nachfrage treffen an einem bestimmten Ort aufeinander (Punktmarkt).
- Anbieter und Nachfrager haben keine sachlichen, zeitlichen, räumlichen oder persönlichen Präferenzen.
- Unter diesen Bedingungen ergibt sich für das angebotene Gut ein Einheitspreis, der von dem einzelnen Anbieter nicht verändert werden kann (Preis = Datum).

vgl. Hübscher, Heinrich u. a.: IT-Handbuch, IT-Systemkaufmann/-frau, Informatikkaufmann/-frau, 7. Aufl., Braunschweig 2011, S. 35

Gleichgewichtspreis und -menge | *Price and quantity equilibrium*

Marktgleichgewicht

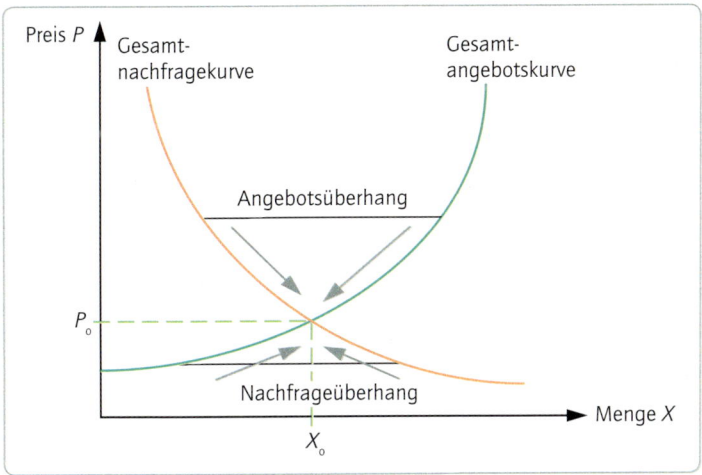

P_0 = Einheits- oder Gleichgewichtspreis
Preis, bei dem der Markt „geräumt" ist, d. h., die zum Preis P_0 insgesamt angebotene Menge wurde auch abgesetzt bzw. die zum Preis P_0 nachgefragte Menge wurde befriedigt.

X_0 = Gleichgewichtsmenge
angebotene und nachgefragte Menge stimmen überein.

→ : Bei einem Angebots- bzw. Nachfrageüberhang setzt ein dynamischer Prozess ein, der langfristig zum Marktgleichgewicht führt.

Funktionen des Preises

Was leistet der Preis in der Marktwirtschaft?
- Der Preis gleicht Angebot und Nachfrage auf dem Markt aus: **Ausgleichsfunktion**.
- Der Preis lenkt das Angebot (die Produktion) auf die Märkte mit der größten Nachfrage: **Lenkungsfunktion**.

- Der Preis signalisiert, ob ein Gut besonders knapp (hoher Preis) oder besonders reichlich vorhanden (niedriger Preis) ist: **Signalfunktion**.
- Der Preis „erzieht" Produzenten und Konsumenten dazu, jeweils die wirtschaftlichste Entscheidung zu treffen: **Erziehungsfunktion**.

aus: Detjen, Joachim u. a.: Mensch und Politik für die Sekundarstufe I, Hannover 1997, S. 185

Break-even-Analyse

- Ist der Preis für den einzelnen Anbieter eine durch ihn nicht veränderbare Größe, kann er seinen Gewinn nur dadurch steigern, dass er die Produktions- und Absatzmenge erhöht (Mengenanpasser). Dabei stellt sich dem Anbieter zunächst die Frage, welche Menge er mindestens produzieren und absetzen muss, um überhaupt Gewinn zu machen.

- Mithilfe der **Break-even-Analyse** – auch Gewinnschwellenanalyse genannt – wird die Produktions- und Absatzmenge (Break-even-Menge) ermittelt, bei der der Gewinn gleich null ist, Umsatz und Kosten also gleich hoch sind.

Beispiel:
Umsatzfunktion: U = 45 x
Kostenfunktion: K = 400 + 25 x

Errechnung der Break-even-Menge:
U = K
45 x = 400 + 25 x
20 x = 400
x = 20

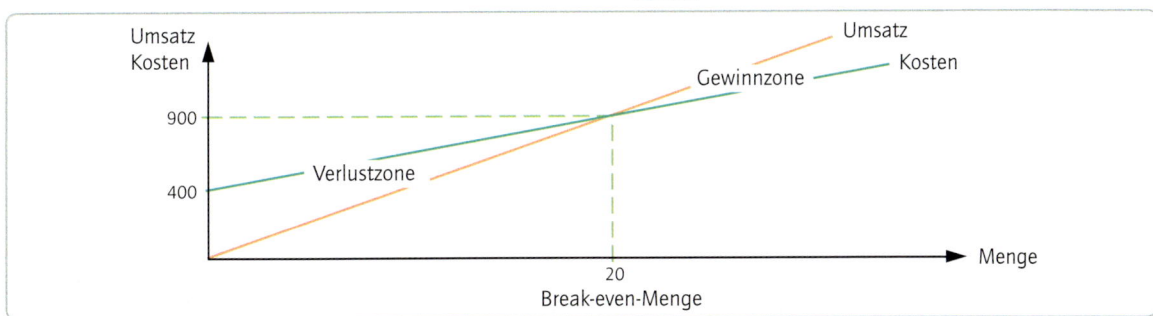

Wirtschaftspolitische Ziele nach dem Stabilitätsgesetz von 1967

Bereits in § 1 des Gesetzes zur Förderung der Stabilität und des Wachstums der Wirtschaft vom 8. Juni 1967 („Stabilitätsgesetz") werden die wirtschaftspolitischen Ziele des Staates genannt:

- Stabilität des Preisniveaus

- hoher Beschäftigungsstand

- außenwirtschaftliches Gleichgewicht

- stetiges und angemessenes Wirtschaftswachstum

§ 1

„Bund und Länder haben bei ihren wirtschafts- und finanzpolitischen Maßnahmen die Erfordernisse des gesamtwirtschaftlichen Gleichgewichts zu beachten. Die Maßnahmen sind so zu treffen, dass sie im Rahmen der marktwirtschaftlichen Ordnung gleichzeitig zur Stabilität des Preisniveaus, zu einem hohen Beschäftigungsstand und außenwirtschaftlichem Gleichgewicht bei stetigem und angemessenem Wirtschaftswachstum beitragen."

aus: § 1 des Gesetzes zur Förderung der Stabilität und des Wachstums der Wirtschaft (StWG), 8. Juni 1967

aus: Böker, Jürgen u. a.: Wirtschaftspolitik ⁄ Wirtschaftsordnung, 3. Aufl., Darmstadt 2005, S. 29

In § 2 des Stabilitätsgesetzes wird die Bundesregierung verpflichtet, regelmäßig einen **Jahreswirtschaftsbericht** zu veröffentlichen.

§ 2

(I) Die Bundesregierung legt im Januar eines jeden Jahres (…) einen Jahreswirtschaftsbericht vor. Er enthält:

1. *die Stellungnahme zu dem Jahresgutachten des Sachverständigenrates (…)*

2. *eine Darlegung der für das laufende Jahr von der Bundesregierung angestrebten wirtschafts- und finanzpolitischen Ziele (Jahresprojektion); (…)*

3. *eine Darlegung der für das laufende Jahr geplanten Wirtschafts- und Finanzpolitik. (…)*

aus: § 2 des Gesetzes zur Förderung der Stabilität und des Wachstums der Wirtschaft (StWG), 8. Juni 1967

Die in § 1 des Gesetzes genannten vier wirtschaftspolitischen Ziele werden in der Fachliteratur als **„Magisches Viereck"** bezeichnet.

Ziele der Wirtschaftspolitik und ihre Messgrößen *Aims of economic policy and its indexes*

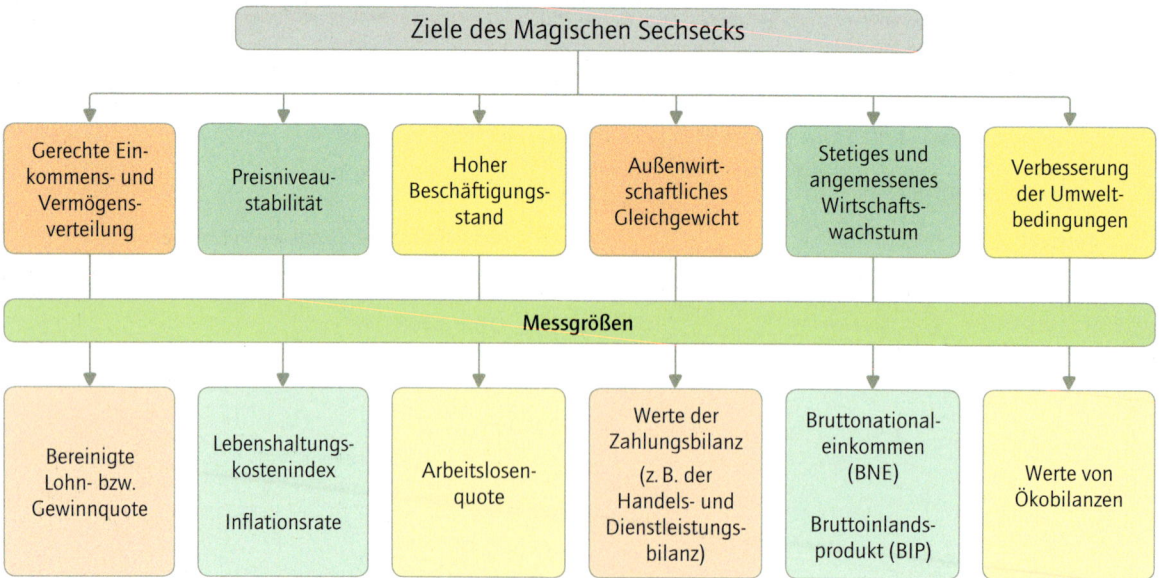

aus: Böker, Jürgen u. a.: Wirtschaftspolitik ⁄ Wirtschaftsordnung, Lehrerband, Darmstadt 2005, S. 28

Vom quantitativen zum qualitativen Wirtschaftswachstum

From quantitative growth to qualitative growth

Quantitatives Wachstum als wirtschaftspolitisches Ziel

Die Steigerung der Produktion von Gütern und Dienstleistungen soll Arbeitsplätze, Einkommen und damit materiellen Wohlstand schaffen und sichern.

Kritik an der Theorie des quantitativen Wachstums

→ Die Ressourcen (Rohstoffe) verknappen zunehmend durch immer umfangreichere Produktions- und Konsumprozesse.

→ Die Umwelt wird durch immer umfangreichere Produktions- und Konsumprozesse belastet.

→ Das BIP als Wohlstandsmaßstab beinhaltet auch den Zuwachs an Produkten und Dienstleistungen infolge von Unglücksfällen, Krankheit und Tod.

→ Das quantitative Wachstum sichert nicht automatisch Arbeitsplätze, da es häufig mit Entlassungen im Rahmen von Rationalisierungsmaßnahmen zur Steigerung der Produktivität einhergeht.

Forderungen

... nach mehr qualitativem Wachstum

Steigerung der Lebensqualität durch Umverteilung der Wachstumsbereiche: mehr Wachstum in den Bereichen zur Förderung der Lebensqualität – weniger Wachstum in den Bereichen, die zu einer Einschränkung der Lebensqualität führen können.

... nach neuen Wohlstandsindikatoren

Aufstellung von Messgrößen, die Wohlstand als Lebensqualität besser erfassen können: z. B. Sozialindikatoren wie Gesundheit, Bildung, Freizeit, Arbeitszufriedenheit oder Umweltindikatoren wie Luftreinheit, Wasserqualität, Schadstoffbelastung.

vgl.: Böker, Jürgen u. a.: Wirtschaftspolitik/Wirtschaftsordnung, Lehrerband, Darmstadt 2005, S. 29

Staatliche Ordnungspolitik

Governmental regulative policy

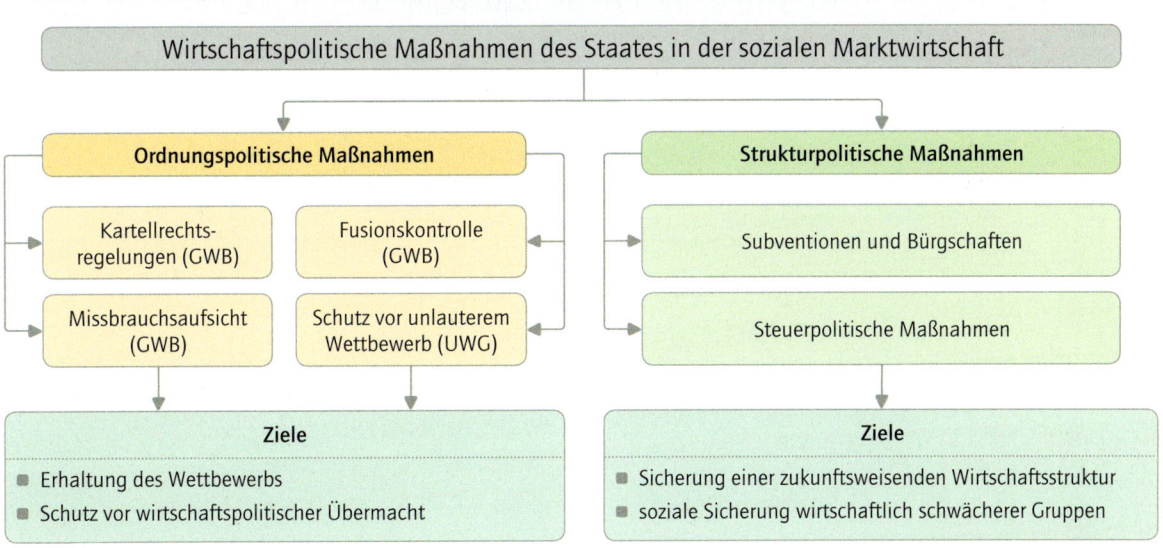

Wirtschaftspolitische Maßnahmen des Staates in der sozialen Marktwirtschaft

Ordnungspolitische Maßnahmen

- Kartellrechtsregelungen (GWB)
- Fusionskontrolle (GWB)
- Missbrauchsaufsicht (GWB)
- Schutz vor unlauterem Wettbewerb (UWG)

Strukturpolitische Maßnahmen

- Subventionen und Bürgschaften
- Steuerpolitische Maßnahmen

Ziele

- Erhaltung des Wettbewerbs
- Schutz vor wirtschaftspolitischer Übermacht

Ziele

- Sicherung einer zukunftsweisenden Wirtschaftsstruktur
- soziale Sicherung wirtschaftlich schwächerer Gruppen

aus: Böker, Jürgen u. a.: Wirtschaftspolitik/Wirtschaftsordnung, Lehrerband, Darmstadt 2005, S. 36

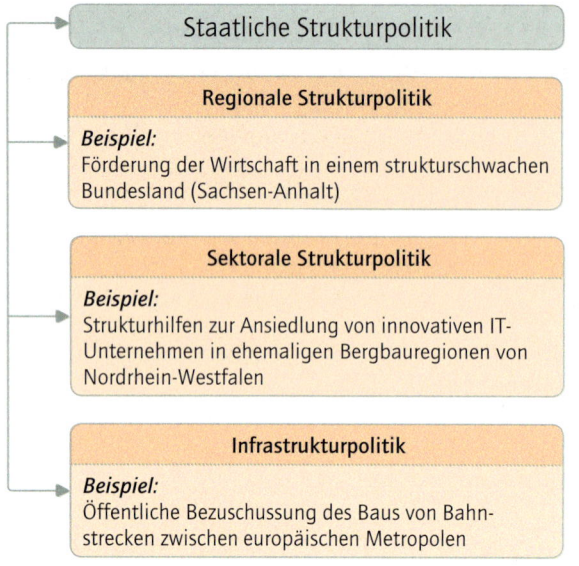

Staatliche Strukturpolitik

Regionale Strukturpolitik

Beispiel:
Förderung der Wirtschaft in einem strukturschwachen Bundesland (Sachsen-Anhalt)

Sektorale Strukturpolitik

Beispiel:
Strukturhilfen zur Ansiedlung von innovativen IT-Unternehmen in ehemaligen Bergbauregionen von Nordrhein-Westfalen

Infrastrukturpolitik

Beispiel:
Öffentliche Bezuschussung des Baus von Bahnstrecken zwischen europäischen Metropolen

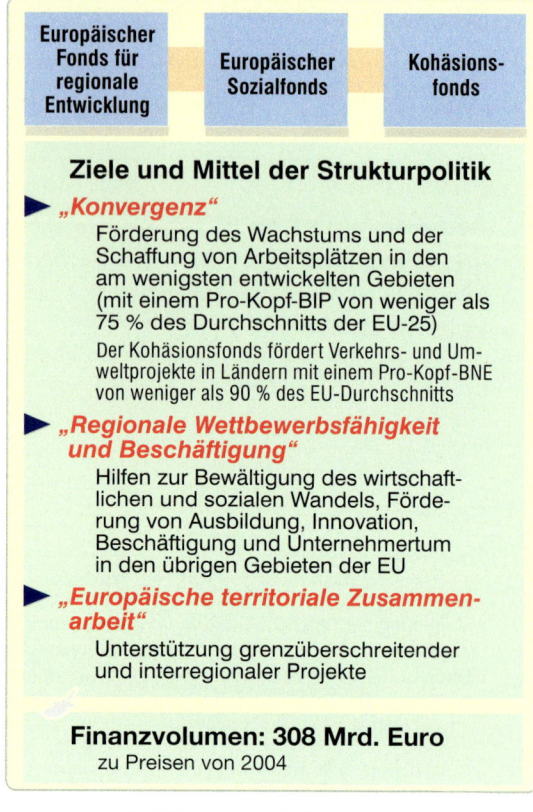

Europäischer Fonds für regionale Entwicklung | Europäischer Sozialfonds | Kohäsionsfonds

Ziele und Mittel der Strukturpolitik

▶ *„Konvergenz"*

Förderung des Wachstums und der Schaffung von Arbeitsplätzen in den am wenigsten entwickelten Gebieten (mit einem Pro-Kopf-BIP von weniger als 75 % des Durchschnitts der EU-25)

Der Kohäsionsfonds fördert Verkehrs- und Umweltprojekte in Ländern mit einem Pro-Kopf-BNE von weniger als 90 % des EU-Durchschnitts

▶ *„Regionale Wettbewerbsfähigkeit und Beschäftigung"*

Hilfen zur Bewältigung des wirtschaftlichen und sozialen Wandels, Förderung von Ausbildung, Innovation, Beschäftigung und Unternehmertum in den übrigen Gebieten der EU

▶ *„Europäische territoriale Zusammenarbeit"*

Unterstützung grenzüberschreitender und interregionaler Projekte

Finanzvolumen: 308 Mrd. Euro
zu Preisen von 2004

aus: Zahlenbild 725 368, Erich Schmidt Verlag

Investitionen und Bruttoinlandsprodukt

Investment and gross domestic product

Betriebswirtschaftliche Ebene

Investition: Zielgerichtete Kapitalbindung zur Erwirtschaftung zukünftiger Erträge

Investitionsarten

nach dem Investitionszweck	nach den betrieblichen Funktionen
▪ Ersatzinvestition ▪ Erweiterungsinvestition ▪ Rationalisierungsinvestition	▪ Forschungsinvestition ▪ Fertigungsinvestition ▪ Absatzinvestition

Volkswirtschaftliche Ebene

Auswirkungen der Investitionen auf die Höhe des Bruttoinlandsprodukts (BIP)

Investitionsart	Auswirkung auf das BIP
▪ Ersatzinvestition	▪ BIP gleichbleibend oder steigend
▪ Erweiterungsinvestition	▪ BIP in der Regel steigend
▪ Rationalisierungsinvestition	▪ BIP in der Regel steigend, aber auch andere Auswirkungen möglich

vgl.: Böker, Jürgen u. a.: Wirtschaftspolitik / Wirtschaftsordnung, Lehrerband, Darmstadt 2005, S. 31

Entstehung des Vier-Phasen-Schemas

Die wirtschaftliche Aktivität in einer Volkswirtschaft, die sich z. B. in der Höhe der Güterproduktion ausdrückt, unterliegt unterschiedlich starken Schwankungen. Das Auf und Ab dieser wirtschaftlichen Entwicklung wurde über Jahrzehnte gemessen und statistisch ausgewertet. Die dabei festgestellten Regelmäßigkeiten ließen es zu, die gewon-nenen Datenreihen zum sogenannten **Konjunkturphasenmodell** zusammenzufassen. Die Wirtschaftswissenschaftler sprechen seitdem von einem Konjunkturzyklus, der in seiner Wellenbewegung die vier Konjunkturphasen Aufschwung, Hochkonjunktur, Abschwung und Konjunkturtief umfasst.

Die Konjunkturphasen

Klassischer Konjunkturverlauf

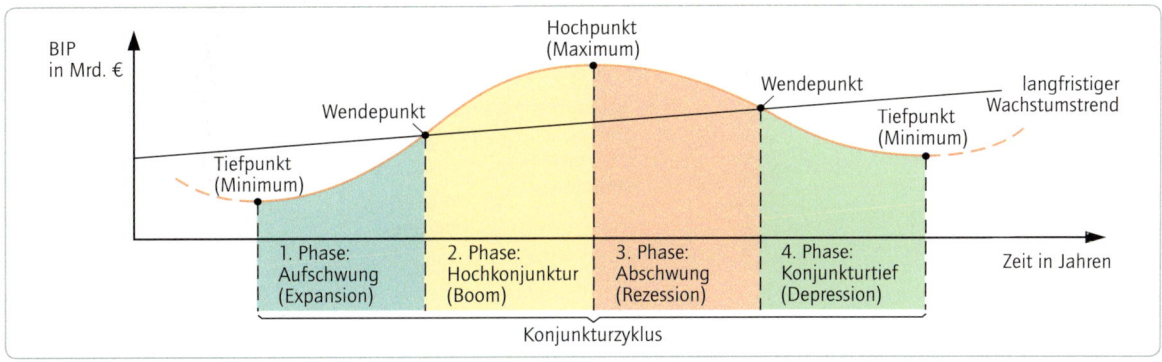

Konjunkturphase	Charakteristische Merkmale
1. Phase: **Aufschwung** (Expansion)	Die Nachfrage nach Gütern und Dienstleistungen von privaten Haushalten (Verbrauchern), den Unternehmen, dem Staat und dem Ausland steigt. Als Folge davon werden mehr Güter produziert bzw. Dienstleistungen erbracht. Die höhere Nachfrage führt zu Preissteigerungen. Soweit es notwendig erscheint, werden infolge der erhöhten Produktion mehr Arbeitskräfte eingestellt. Unternehmen erhöhen aufgrund optimistischer Erwartungen die Investitionen. Als Folge des erhöhten Verbrauchs und der gestiegenen Investitionen werden mehr Kredite nachgefragt, wodurch die Zinsen steigen. Arbeitnehmerorganisationen (Gewerkschaften) können in der Regel höhere Löhne und Gehälter im Rahmen von Tarifverhandlungen durchsetzen. Die Gewinne der Unternehmen nehmen aufgrund der gestiegenen Kapazitätsauslastung und des erhöhten Umsatzes zu.
2. Phase: **Hochkonjunktur** (Boom)	Die Kapazitäten in der Wirtschaft sind aufgrund der sehr hohen Nachfrage voll ausgelastet. Sonderschichten und Überstunden werden in vielen Unternehmen geleistet, es herrscht Vollbeschäftigung, zum Teil sogar Arbeitskräftemangel. Die Einkommen steigen, aber auch die Preise und Zinsen ziehen weiter an. Weiter zunehmende Investitionen führen zu einer fortlaufenden Produktion, bis es schließlich zu einer Überhitzung kommt: Man spricht von einer Überproduktion, die Marktsättigung ist erreicht. An diesem Punkt nimmt das Bruttoinlandsprodukt nicht weiter zu, es tritt nun eine Wende dieser Entwicklung ein.
3. Phase: **Abschwung** (Rezession)	Die Marktsättigung führt dazu, dass die Nachfrage stagniert und schließlich sinkt. Die Erstellung von Gütern und Dienstleistungen passt sich der abnehmenden Nachfrage an, der Kapazitätsauslastungsgrad in den Unternehmen wird geringer. Arbeitskräfte werden entlassen und die Löhne und Gehälter beginnen zu sinken. Geringere Nachfrage führt zu fallenden Preisen. Die Unternehmen nehmen aufgrund pessimistischer Absatz- und Gewinnerwartungen nur noch die wichtigsten Investitionen vor. Es werden vornehmlich Rationalisierungs- und Ersatzinvestitionen statt Erweiterungsinvestitionen getätigt. Die Zinsen sinken, da die Nachfrage nach Krediten rückläufig ist. Das Bruttoinlandsprodukt sinkt als Folge der eingetretenen Entwicklung.
4. Phase: **Konjunkturtief** (Depression)	Die Nachfrage nach Gütern und Dienstleistungen erreicht in der Depression ihr niedrigstes Niveau. Die Kapazitätsauslastung in den Unternehmen ist gering, auch sinkende Preise können die Gesamtnachfrage kaum steigern. Löhne und Gehälter sinken weiter, die Arbeitslosigkeit steigt stark an. Viele Unternehmen müssen Insolvenz anmelden, die Investitionsneigung befindet sich auf einem Tiefpunkt. Die geringe Kreditnachfrage führt zu sehr niedrigen Zinssätzen. Die Wirtschaftssubjekte erhöhen – soweit möglich – aufgrund pessimistischer Zukunftserwartungen ihre Spareignung. Das Bruttoinlandsprodukt ist stark gesunken. Ist die Talsohle (Tiefpunkt) des Konjunkturverlaufs erreicht, zeigen sich wieder leichte Aufschwunganzeichen. In Deutschland helfen häufig Nachfrageimpulse aus dem Ausland, die zum großen Teil auf die geringen Preise zurückzuführen sind, aus dem Konjunkturtief herauszukommen.

vgl.: Böker, Jürgen u. a.: Wirtschaftspolitik/Wirtschaftsordnung, 3. Aufl., Darmstadt 2005, S. 23 f.

Zur Beschreibung und Analyse der einzelnen Phasen des Konjunkturverlaufs werden charakteristische Merkmale der wirtschaftlichen Entwicklung herangezogen, wie z. B. die Höhe der Kapazitätsauslastung in der Industrie oder die Höhe des Bruttoinlandsprodukts. Diese Merkmale haben aber nicht nur beschreibenden Charakter, sie dienen auch der **Konjunkturprognose**. Aussagen über die Zukunft der wirtschaftlichen Entwicklung sind z. B. für Unternehmen wichtig, um Investitionsentscheidungen abzusichern, oder sie dienen dem Staat, um den Konjunkturverlauf rechtzeitig durch **konjunkturpolitische Maßnahmen**, wie z. B. Veränderung des Steuersatzes, zu beeinflussen.

Man kann die Konjunkturindikatoren nach ihrer zeitlichen Beziehung zum Konjunkturverlauf einteilen in:

- vorlaufende Indikatoren (Frühindikatoren),
- gleichlaufende Indikatoren (Gegenwartsindikatoren),
- nachlaufende Indikatoren (Spätindikatoren).

Art des Konjunkturindikators	Beispiele
vorlaufend (Frühindikator)	▪ Geschäftserwartungen von Unternehmen ▪ Entwicklung der Aktienkurse ▪ Auftragseingänge in Unternehmen ▪ Baugenehmigungen
gleichlaufend (Gegenwartsindikator)	▪ Kapazitätsauslastung in Industrieunternehmen ▪ Höhe der industriellen Produktion ▪ Einzelhandelsumsatz ▪ Außenhandelsumsatz
nachlaufend (Spätindikator)	▪ Zahl der Beschäftigten bzw. Arbeitslosen ▪ Zahl der Insolvenzen

Grafische Darstellung der unterschiedlichen Entwicklung von vor-, gleich- und nachlaufenden Konjunkturindikatoren

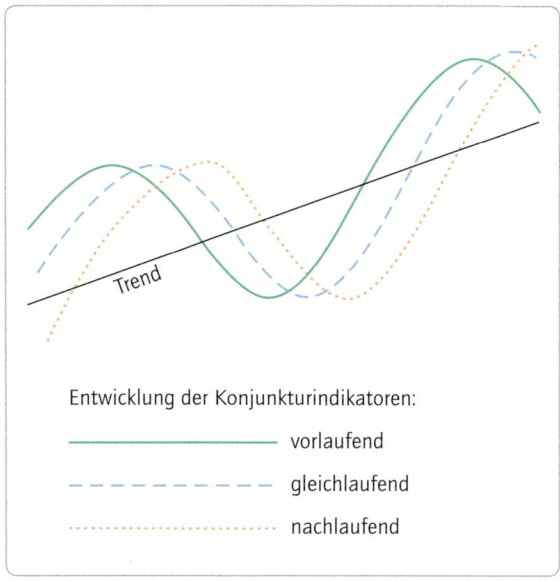

Entwicklung der Konjunkturindikatoren:

———— vorlaufend

– – – – gleichlaufend

· · · · · · · nachlaufend

Wachstumsraten des Bruttoinlandsprodukts in der Bundesrepublik Deutschland ab 1960

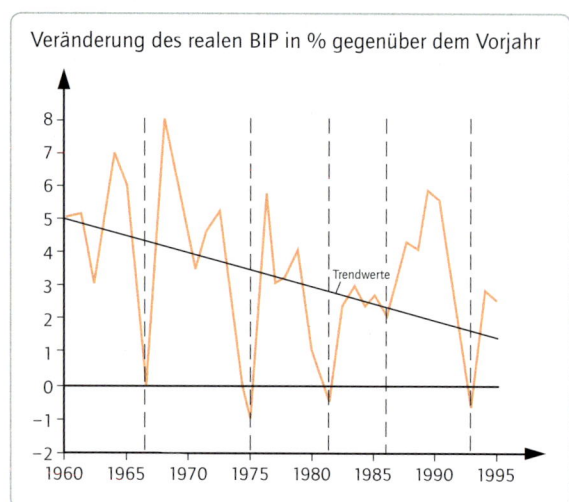

Konjunktur: Wachstumsraten und Trendwerte des Bruttoinlandsproduktes der Bundesrepublik Deutschland 1960 bis 1995 (ab 1992 einschließlich neue Bundesländer) in Preisen von 1991 (dargestellt sind jeweils die Veränderungen gegenüber dem Vorjahr in Prozent); die Jahre 1967, 1975, 1982 und 1993 markieren die unteren Wendepunkte eines Konjunkturzyklus.

aus: Böker, Jürgen u. a.: Wirtschaftspolitik/Wirtschaftsordnung, 3. Aufl., Darmstadt 2005, S. 24 f.

nach: Brockhaus-Enzyklopädie in 24 Bänden. 20. überarbeitete und aktualisierte Auflage. Bd. 12, Mannheim 1997

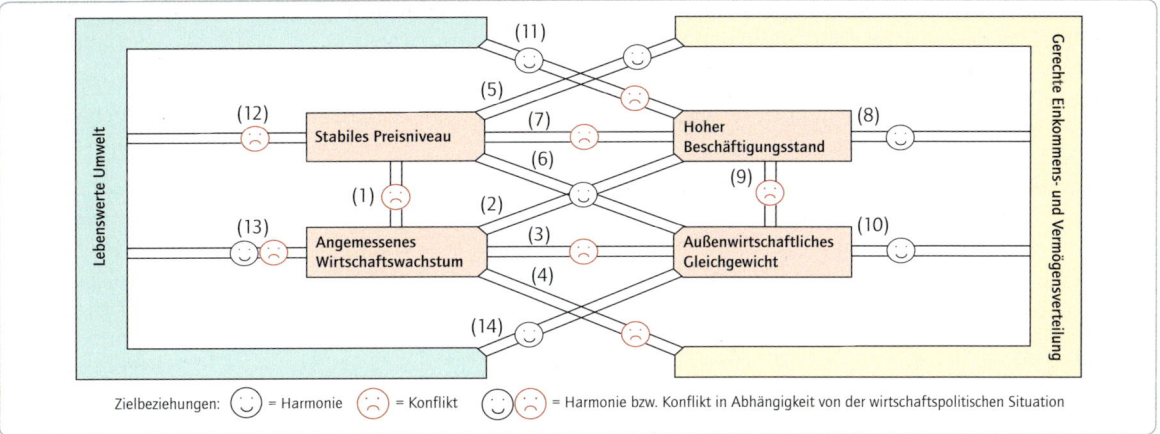

Zielbeziehungen: ☺ = Harmonie   ☹ = Konflikt   ☺☹ = Harmonie bzw. Konflikt in Abhängigkeit von der wirtschaftspolitischen Situation

Erläuterungen zu den Beziehungen der Ziele staatlicher Wirtschaftspolitik (vgl. S. 366)

1 Angem. Wirtschaftswachstum/Stabiles Preisniveau	Ein erhöhtes Wirtschaftswachstum kann durch eine verstärkte Gesamtnachfrage gegenüber dem gesamtwirtschaftlichen Angebot ein erhöhtes Preisniveau verursachen (Zielkonflikt).
2 Angem. Wirtschaftsw./Hoher Beschäftigungsstand	Ein erhöhtes Wirtschaftswachstum hat z. B. durch größere Produktionskapazitäten eine steigende Beschäftigung zur Folge (Zielharmonie).
3 Angemessenes Wirtschaftswachstum/Außenwirtschaftliches Gleichgewicht	Maßnahmen zur Stärkung des Wirtschaftswachstums (z. B. Steuervergünstigungen, Subventionen) sind nicht immer geeignet, gleichzeitig ein außenwirtschaftliches Gleichgewicht zu sichern, weil hierdurch ein Exportüberhang entstehen kann (eher Zielkonflikt).
4 Angem. Wirtschaftsw./Gerechte Einkommens- und Vermögensverteilung	Ein erhöhtes Wirtschaftswachstum wird durch ein leistungsorientiertes Steuersystem begünstigt, während eine gerechtere Einkommens- und Vermögensverteilung eher mithilfe eines sozialorientierten Steuersystems erreicht wird (eher Zielkonflikt).
5 Stabiles Preisniveau/Gerechte Eink.- und Verm.-vert.	Stabile Preise können eher ein Auseinanderklaffen der Einkommensschere verhindern und unterstützen damit eine gerechtere Einkommens- und Vermögensverteilung (Zielharmonie).
6 Stabiles Preisniveau/Außenwirtschaftliches Gleichgewicht	Maßnahmen zur Sicherung eines stabilen Preisniveaus (z. B. Eindämmung der staatlichen Nachfrage) müssen nicht zu gravierenden Angebots- bzw. Nachfrageverschiebungen im Im- und Export führen; die Zielvorstellung eines außenwirtschaftlichen Gleichgewichts wird dadurch nicht zwangsläufig beeinträchtigt (Zielharmonie).
7 Hoher Beschäftigungsstand/Stabiles Preisniveau	Ein hoher Beschäftigungsstand kann durch einen entsprechenden Anstieg der Einkommen über eine erhöhte gesamtwirtschaftliche Nachfrage zu Preiserhöhungen führen. Die erhöhten Preise sind außerdem eine Folge der Verteuerung des Produktionsfaktors Arbeit (Zielkonflikt).
8 Hoher Beschäftigungsstand/Gerechte Einkommens- und Vermögensverteilung	Ein hoher Beschäftigungsstand führt auf der Nachfrageseite zu einem höheren Einkommen für alle Wirtschaftssubjekte. Damit steigt auch der Spielraum für den Staat, durch gezielte Maßnahmen (z. B. durch eine entsprechende Steuerpolitik) eine gerechtere Einkommens- und Vermögensverteilung zu verwirklichen (eher Zielharmonie).
9 Hoher Beschäftigungsstand/Außenw. Gleichgewicht	Eine hohe Beschäftigung wird häufig durch Maßnahmen verfolgt, die i. d. R. die Exporte begünstigen, wodurch ein außenwirtsch. Gleichgewicht gefährdet sein könnte (eher Zielkonflikt).
10 Außenwirtschaftliches Gleichgewicht/Gerechte Einkommens- und Vermögensverteilung	Maßnahmen zur Erreichung eines außenwirtschaftlichen Gleichgewichts (z. B. Veränderung der Zoll- und Steuersätze) stehen nicht unbedingt in Konflikt mit Maßnahmen zur Erreichung einer gerechten Einkommens- und Vermögensverteilung, wie z. B. die Förderung eines sozialorientierten Steuersystems (Zielharmonie).
11 Lebenswerte Umwelt/Hoher Beschäftigungsstand	Staatliche Investitionsförderung im Umweltschutzsektor kann entsprechende Arbeitsplätze schaffen (Zielharmonie). Hohe Umweltschutzauflagen führen häufig zu Produktionsverlagerungen ins Ausland und damit zum Export von Arbeitsplätzen (Zielkonflikt).
12 Lebenswerte Umwelt/Stabiles Preisniveau	Staatliche Umweltschutzauflagen können beim Hersteller die Produktionskosten erhöhen, wodurch das Preisniveau steigen kann (eher Zielkonflikt).
13 Lebenswerte Umwelt/Angemessenes Wirtschaftswachstum	Staatliche Investitionsförderung im Umweltschutzsektor führt in entsprechenden Branchen zu Wirtschaftswachstum (Zielharmonie). Hohe Umweltschutzauflagen können in Produktions- und Dienstleistungsbetrieben zur Eindämmung wirtschaftl. Aktivitäten führen (Zielkonflikt).
14 Lebenswerte Umwelt/Außenwirtschaftliches Gleichgewicht	Sowohl die Förderung von Umweltschutzinvestitionen als auch staatliche Umweltschutzauflagen stehen wirtschaftspolitischen Maßnahmen zur Gewährleistung eines außenwirtschaftlichen Gleichgewichts nicht prinzipiell entgegen (Zielharmonie).

Das **wirtschaftspolitische Instrumentarium** umfasst die Gesamtheit aller Maßnahmen, die dem Staat zur Verfügung stehen, um die in § 1 des „Stabilitätsgesetzes" festgelegten Ziele zu erreichen.

Zentrale wirtschaftspolitische Instrumente des Staates[1]

Konjunktur-fördernde Wirkung auf	*Beispiele*		*Beispiele*	Konjunktur-dämpfende Wirkung auf
Unternehmen, z. B. Verbilligung der Produktion durch Verbesserung der Abschreibungsmöglichkeiten	Abschaffung von Steuern/Steuersenkung	**Steuerpolitik**	Einführung neuer Steuern/Steuererhöhung	**Unternehmen,** z. B. Verteuerung der Produktion durch Verschlechterung der Abschreibungsmöglichkeiten
	Erhöhung der staatlichen Aufträge	**Nachfrage-politik**	Senkung der staatlichen Aufträge	
Private Haushalte, z. B. Erhöhung der Konsumausgaben durch Steuersenkungen	Abbau oder Verminderung von Sparprämien	**Sparpolitik**	Gewährung oder Erhöhung von Sparprämien	**Private Haushalte,** z. B. Senkung der Konsumausgaben durch Steuererhöhungen
	Erhöhung der staatlichen Kreditaufnahme	**Kreditpolitik**	Verminderung oder Verzicht auf Kreditaufnahme	
Ausland, z. B. Verbilligung der Warenlieferungen ins Ausland durch Senkung von Steuern und staatlichen Abgaben	Gewährung von Subventionen	**Subventions-politik**	Abbau von Subventionen	**Ausland,** z. B. Verteuerung der Warenlieferungen ins Ausland durch Erhöhung von Steuern und staatlichen Abgaben
	Einführung von Abschreibungsvergünstigungen	**Abschreibungspolitik**	Abbau von Abschreibungsvergünstigungen	

Der Einsatz dieser wirtschaftspolitischen Instrumente erfolgt im Rahmen der kurzfristigen **antizyklischen Konjunkturpolitik** und dient der langfristigen Gestaltung der **Strukturpolitik**. Die Strukturpolitik unterstützt durch gezielte Maßnahmen die Bewältigung des wirtschaftlichen und sozialen Wandels.

Staatliche Wirtschaftspolitik

kurzfristig	langfristig
antizyklische Konjunkturpolitik	Strukturpolitik

Beispiel:
In einer Wirtschaftskrise vergibt der Staat öffentliche Aufträge zum Ausbau des Autobahnnetzes.

Beispiel:
Im Bundestag wird der Ausstieg aus der Kernenergie beschlossen. Der Staat unterstützt diesen langfristigen Prozess durch Gewährung von Subventionen bei erneuerbaren Energien.

[1] nach: Lötzerich, R./Schneider, P.-J./Zindel, M., Wegweiser Wirtschaft, Darmstadt 1991
aus: Böker, Jürgen u. a.: Wirtschaftspolitik/Wirtschaftsordnung, 3. Aufl., Darmstadt 2005, S. 33

Angebots- und Nachfrageorientierung staatlicher Wirtschaftspolitik
Supply- and demand-oriented governmental economic policy

Grundkonzeptionen staatlicher Wirtschaftspolitik

Angebotsorientierte Wirtschaftspolitik

Grundannahme

Die Verbesserung der gesamtwirtschaftlichen Angebots-bedingungen (effizientere Kostenstruktur) führt zum Angebot kostengünstigerer Produkte, das die Wettbewerbs-fähigkeit (z. B. gegenüber dem Ausland) verstärkt und damit langfristig das Wirtschaftswachstum erhöht.

Wirtschaftspolitische Maßnahmen

- Schaffung von rechtlichen Rahmenbedingungen, die zu Kosteneinsparungen in Unternehmen führen (z. B. Senkung von Lohnnebenkosten)
- Einschränkung der staatlichen Nachfrage
- Abbau staatlicher Subventionen
- Abbau des staatlichen Einflusses auf die Konjunktur-politik, um langfristig Marktkräfte zu stärken

Nachfrageorientierte Wirtschaftspolitik

Grundannahme

Die Stärkung der gesamtwirtschaftlichen Nachfrage führt zur Ankurbelung der Produktion und damit zur Erhöhung des Wirtschaftswachstums.

Wirtschaftspolitische Maßnahmen

- Stärkung der Massenkaufkraft durch Erhöhung von Löhnen und Gehältern
- Erhöhung der staatlichen Nachfrage (z. B. durch gezielten Einsatz von speziellen Ausgaben- bzw. Beschäftigungs-programmen)
- Verstärkter Einsatz staatlicher Subventionen (zum Beispiel zur Förderung alternativer Energien)
- Antizyklische Konjunkturpolitik, um die Intensität der einzelnen Konjunkturausschläge abzumildern

Wirtschaftspolitik der Zukunft?

Verbindung von angebots- und nach-frageorientierter Wirtschaftspolitik

aus: Böker, Jürgen u. a.: Wirtschaftspolitik/Wirtschaftsordnung, Lehrerband, Darmstadt 2005, S. 38

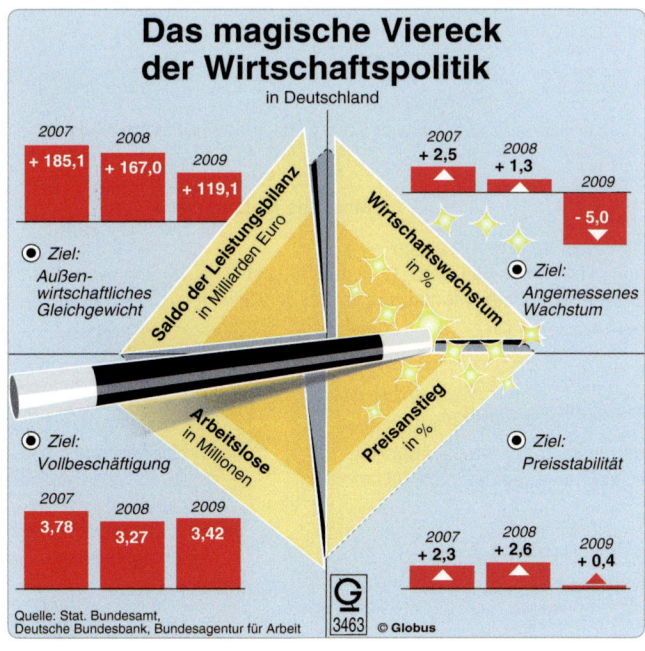

Jahresgutachten und Jahreswirtschaftsbericht

Basis for governmental economic decisions

Sachverständigenrat (SVR = die sogenannten „Fünf Weisen")

erstellt
(jährlich bis zum 15. Nov.)
das

Bundesregierung

nimmt Stellung zum Jahresgutachten
(bis zum 31. Jan.)
im

Jahresgutachten

Inhalt:
- Begutachtung der gesamtwirtschaftlichen Lage und deren absehbare Entwicklung durch unabhängige Sachverständige
- Aufzeigen möglicher wirtschaftspolitischer Maßnahmen, ohne bestimmte wirtschaftspolitische Maßnahmen zu empfehlen

Rechtsquelle:
Gesetz über die Bildung eines Sachverständigenrates zur Begutachtung der gesamtwirtschaftlichen Entwicklung

Jahreswirtschaftsbericht

Inhalt:
- Darlegung der angestrebten wirtschafts- und finanzpolitischen Ziele (Jahresprojektion)
- Darlegung der für das laufende Jahr geplanten Wirtschafts- und Finanzpolitik

Rechtsquelle:
Gesetz zur Förderung der Stabilität und des Wachstums der Wirtschaft

geht ein in
- Haushaltsplan der Bundesregierung
- Mittelfristige Finanzplanung (Mifrifi)

Öffentlichkeit

aus: Böker, Jürgen u. a.: Wirtschaftspolitik/Wirtschaftsordnung, Lehrerband, Darmstadt 2005, S. 31

Zielsetzung und Maßnahmen einer ökologischen Steuerreform

Aims and instruments of an ecological tax reform

Ökologische Steuerreform

Einbeziehung ökologischer Elemente in das Steuersystem durch Besteuerung des Verbrauchs von Umweltressourcen bei gleichzeitiger Verbilligung des Produktionsfaktors Arbeit

Ziel

Schonung der Umwelt bei gleichzeitigem Abbau der Arbeitslosigkeit

Mögliche Maßnahmen

- Belastung energieintensiver Branchen
- Verminderung von Lohnnebenkosten (z. B. durch Absenkung der Sozialversicherungsbeiträge)
- Förderung technischer Innovationen zum Schutz der Umwelt (z. B. Subventionierung der Solartechnologie)

Argumente der Befürworter:

- Beschleunigung eines notwendigen wirtschaftlichen Strukturwandels durch Verteuerung des Verbrauchs von Umweltgütern
- Doppelter Nutzen durch Schonung von Ressourcen und Umwelt sowie Entlastung des Produktionsfaktors Arbeit bzw. Abbau von Arbeitslosigkeit

Argumente der Gegner:

- Wettbewerbsnachteile deutscher Unternehmen wegen fehlender internationaler Harmonisierung von Öko-Steuersätzen
- Verstoß gegen das Verfassungsprinzip einer leistungsabhängigen Besteuerung

Geldwert

Er gibt an, wie viele Güter und Dienstleistungen man mit einer Geldeinheit, z. B. 1 €, kaufen kann. Vom **nominalen Geldwert**, dem aufgedruckten Betrag, ist der **reale Geldwert**, die sogenannte **Kaufkraft**, zu unterscheiden. Nur der reale Geldwert entscheidet letztendlich darüber, welchen Wert das Geld z. B. für einen Verbraucher oder ein Unternehmen hat. Die Veränderung des realen Geldwertes im Zeitablauf spiegelt sich in der Preissteigerungsrate (s. u.) wider. Von **Geldwertstabilität** wird gesprochen, wenn der Geldwert über mehrere Jahre unverändert bleibt.

Preisniveau

Erhöhen sich die **Preise** für Güter und Dienstleistungen in einer Volkswirtschaft, verringert sich die Kaufkraft. Das sogenannte **Preisniveau** ist der Durchschnittswert aller vom **Statistischen Bundesamt** erfassten Preise von Gütern und Dienstleistungen. Von einem **stabilen Preisniveau** wird gesprochen, wenn sich dieser Durchschnittswert im Zeitablauf, z. B. in einem Jahr, nicht verändert. Die **Preissteigerungsrate (Inflationsrate)** gibt an, um wie viel Prozent sich die Preise gegenüber einem Vergleichszeitpunkt oder -raum verändert haben. In Deutschland werden die Preissteigerungsraten vom Statistischen Bundesamt monatlich und jährlich ausgewiesen. Die Preissteigerungsrate lässt sich aber auf unterschiedliche Arten von Gütern und Dienstleistungen beziehen: So kann die jährliche Preissteigerungsrate bei Kaffee z. B. 0,5 %, bei Autos z. B. 5 % betragen, was für die Kaufentscheidung des Einzelnen wichtig ist.

Für wirtschaftspolitische Entscheidungen werden von den Statistikern sogenannte **Warenkörbe** gebildet. Ein Warenkorb ist eine repräsentative Auswahl von Gütern und Dienstleistungen, er wird vom Statistischen Bundesamt ca. alle fünf Jahre verändert, um so veränderte Verbrauchsgewohnheiten zu berücksichtigen.

Warenkorb

Der Verbraucherpreisindex für Deutschland will ein umfassendes Bild der Preisentwicklung vermitteln, soweit davon die privaten Haushalte betroffen sind. Es ist deshalb erforderlich, deren Verbrauchsgewohnheiten umfassend und sehr detailliert zu erfassen und den Berechnungen eines Verbraucherpreisindex zugrunde zu legen. Es ist aber nicht möglich und auch nicht erforderlich, die Preise für alle angebotenen und von privaten Haushalten gekauften Waren und Dienstleistungen zu erheben. Es ist vielmehr ausreichend, aus der Fülle des Güterangebots einige hundert auszuwählen, die stellvertretend sowohl den gesamten Verbrauch als auch die Preisentwicklung der von den Haushalten nachgefragten Güter mit hinreichender Genauigkeit repräsentieren. Die Gesamtheit der ausgewählten Güter heißt Warenkorb. Der Warenkorb für die Preisindizes in der Bundesrepublik Deutschland umfasst zurzeit ca. 750 Waren und Dienstleistungen.

Wägungsschema

Viel wichtiger als die Auswahl der einzelnen Preisrepräsentanten, also die Festlegung des Warenkorbes, ist die Bestimmung des Gewichts, mit dem die Preisentwicklung einzelner Preisrepräsentanten in die Gesamtindizes eingeht. Das Wägungsschema quantifiziert, welchen Anteil z. B. die Mietausgaben oder andere Ausgabepositionen an den gesamten Verbrauchsausgaben der privaten Haushalte haben. Höhe und Struktur der Ausgaben der privaten Haushalte werden vom Statistischen Bundesamt aus den Ergebnissen der Einkommens- und Verbrauchsstichprobe, die alle fünf Jahre durchgeführt wird, und der jährlichen Statistik der laufenden Wirtschaftsrechnungen abgeleitet.

aus: Statistisches Bundesamt Deutschland, www.destatis.de/basis/d/preis/vpitsti8.htm, Jan. 2002

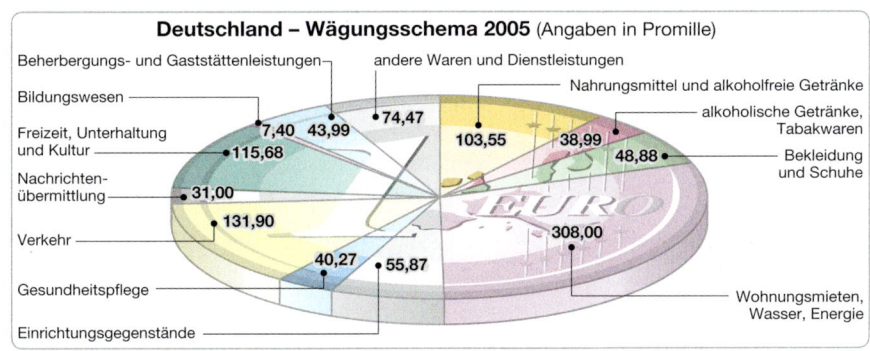

Deutschland – Wägungsschema 2005 (Angaben in Promille)

Beherbergungs- und Gaststättenleistungen — 7,40
andere Waren und Dienstleistungen — 74,47
Bildungswesen — 43,99
Nahrungsmittel und alkoholfreie Getränke — 103,55
Freizeit, Unterhaltung und Kultur — 115,68
alkoholische Getränke, Tabakwaren — 38,99
Nachrichtenübermittlung — 31,00
Bekleidung und Schuhe — 48,88
Verkehr — 131,90
Gesundheitspflege — 40,27
Einrichtungsgegenstände — 55,87
Wohnungsmieten, Wasser, Energie — 308,00

Zahlenangaben: Statistisches Bundesamt, Wiesbaden, Juli 2010

Preisniveau

Verbraucherpreisindex Deutschland: Alle privaten Haushalte (2005 = 100)

Jahr	Gesamtindex (alle 12 Abteilungen)	Nahrungsmittel und alkoholfreie Getränke	Alkoholische Getränke, Tabakwaren	Bekleidung und Schuhe	Wohnungsmiete, Wasser, Strom, Gas und andere Brennstoffe	Einrichtungsgegenstände u. Ä. für den Haushalt und deren Instandhaltung
		01	02	03	04	05
2010	108,2	112,5	113,0	103,7	110,1	104,6
2009	107,0	110,9	111,3	102,8	108,9	104,2
2008	106,6	112,3	108,4	101,4	108,5	102,5
2007	103,9	105,9	106,4	100,7	104,9	101,0
2006	101,6	102,0	103,0	99,4	102,9	99,8
2005	100,0	100,0	100,0	100,0	100,0	100,0
2004	98,5	99,9	92,2	101,9	97,3	100,3
2003	96,9	100,3	86,3	102,6	95,8	100,5
2002	95,9	100,4	82,0	103,4	94,4	100,2

Jahr	Gesundheitspflege	Verkehr	Nachrichtenübermittlung	Freizeit, Unterhaltung und Kultur	Bildungswesen	Beherbergungs- und Gaststättendienstleistungen	Andere Waren- und Dienstleistungen
	06	07	08	09	10	11	12
2010	104,7	112,1	88,0	101,3	131,8	109,9	108,4
2009	104,0	108,3	89,8	101,4	132,3	108,7	107,5
2008	103,0	110,5	91,8	99,8	137,9	106,3	105,9
2007	101,3	106,9	94,9	99,8	126,9	104,0	103,7
2006	100,5	103,0	96,0	99,5	101,5	101,2	101,1
2005	100,0	100,0	100,0	100,0	100,0	100,0	100,0
2004	98,3	96,1	101,8	101,1	98,1	99,9	99,3
2003	82,5	93,9	102,7	102,0	95,0	99,1	97,9
2002	82,1	91,9	102,0	102,6	93,0	98,3	96,3

aus: Statistisches Bundesamt Deutschland, www.destatis.de, März 2011

Inflation – Deflation

Das Verhältnis zwischen der sich in einer Volkswirtschaft befindlichen Geldmenge und der Menge an Gütern und Dienstleistungen kann sich im Zeitablauf unter Umständen stark verändern:

- Erhöht sich die Geldmenge wesentlich stärker als die Menge an Gütern und Dienstleistungen, kommt es zu einer **Inflation** (Prozess stetig steigender Preise), der Wert des Geldes sinkt.

- Erhöht sich die Menge an Gütern und Dienstleistungen wesentlich stärker als die Geldmenge, kommt es zu einer **Deflation** (Prozess stetig sinkender Preise), der Wert des Geldes steigt.

Die Aufgabe der Europäischen Zentralbank und der jeweiligen Landesregierungen ist es, diese negativen Entwicklungen für die Wirtschaft zu verhindern.

In Artikel 88 des Grundgesetzes (GG) ist die gesetzliche Grundlage zur Gründung der **Deutschen Bundesbank** geschaffen:

Art. 88 GG: (Bundesbank) Der Bund errichtet eine Währungs- und Notenbank als Bundesbank.

Die Bundesbank ist eine bundesunmittelbare juristische Person des öffentlichen Rechts, die ihren Sitz in Frankfurt am Main hat. Neben der Zentrale in Frankfurt existieren die seit 1992 in neun Hauptverwaltungen zusammengefassten **Landeszentralbanken**.

Mit Beginn der dritten Stufe zur **Europäischen Wirtschafts- und Währungsunion** 1999 wurde eine einheitliche europäische Geldpolitik durch die **Europäische Zentralbank (EZB)** gesichert, in deren Politik sich die einzelnen Notenbanken der Mitgliedsländer einzufügen haben.

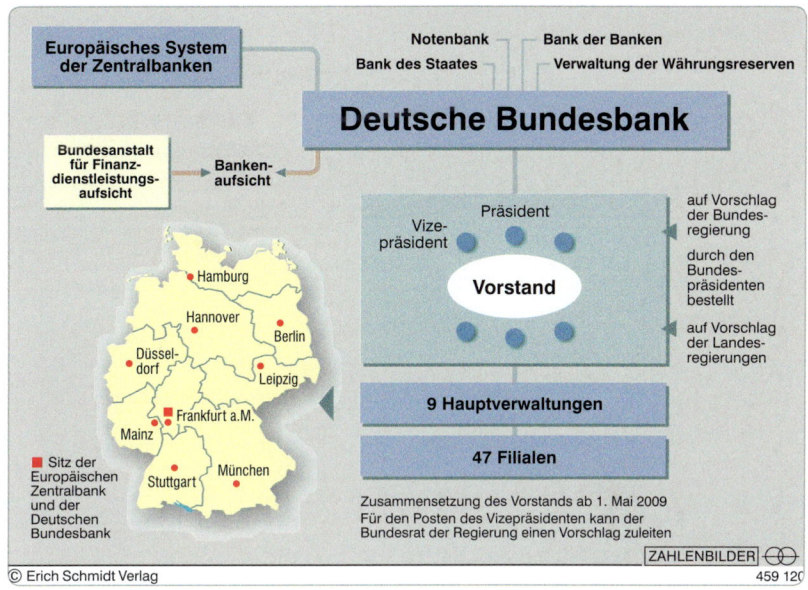

Der Gesetzgeber hat im Bundesbankgesetz bestimmt, dass die Bundesbank prinzipiell unabhängig von den Weisungen der Bundesregierung ist. Allerdings muss die Bundesbank die allgemeine Wirtschaftspolitik der Regierung unterstützen.

BBankG § 12: Verhältnis der Bank zur Bundesregierung
„Die Deutsche Bundesbank ist bei der Ausübung der Befugnisse, die ihr nach diesem Gesetz zustehen, von Weisungen der Bundesregierung unabhängig. Soweit dies unter Wahrung ihrer Aufgabe als Bestandteil des Europäischen Systems der Zentralbanken möglich ist, unterstützt sie die allgemeine Wirtschaftspolitik der Bundesregierung."

Die Aufgaben der Bundesbank und die von ihr einzusetzenden Instrumente sind im Bundesbankgesetz (BBankG) von 1957 gesetzlich geregelt, zuletzt geändert am 5. Februar 2009.

BBankG § 3: Aufgaben
„Die Deutsche Bundesbank ist als Zentralbank der Bundesrepublik Deutschland integraler Bestandteil des Europäischen Systems der Zentralbanken. Sie wirkt an der Erfüllung seiner Aufgaben mit dem vorrangigen Ziel mit, die Preisstabilität zu gewährleisten, hält und verwaltet die Währungsreserven der Bundesrepublik Deutschland, sorgt für die bankmäßige Abwicklung des Zahlungsverkehrs im Inland und mit dem Ausland und trägt zur Stabilität der Zahlungs- und Verrechnungssysteme bei. Sie nimmt darüber hinaus die ihr nach diesem Gesetz oder anderen Rechtsvorschriften übertragenen Aufgaben wahr."

Geldpolitische Instrumente der Europäischen Zentralbank (EZB)
Monetary policy devices of the European Central Bank (ECB)

Das Bundesbankgesetz legt fest, dass die Bundesbank als nationale Notenbank integraler Bestandteil des **Europäischen Systems der Zentralbanken (ESZB)** ist. Das ESZB besteht aus der Europäischen Zentralbank und den nationalen Zentralbanken der EU-Mitgliedsstaaten, die eine einheitliche Währung eingeführt haben.

Der sogenannte **EZB-Rat** legt die Geldpolitik fest, das **Direktorium der EZB** hat die Aufgabe, diese Geldpolitik gemäß den Leitlinien und Entscheidungen des EZB-Rats auszuführen. Das vorrangige Ziel des ESZB ist vertragsgemäß die Gewährleistung der Preisstabilität und damit auch die Geldwertstabilität. Soweit dies ohne Beeinträchtigung dieses Zieles möglich ist, unterstützt das ESZB die allgemeine Wirtschaftspolitik in der Europäischen Union.

aus: Böker, Jürgen u. a.: Wirtschaftspolitik/Wirtschaftsordnung, 3. Aufl., Darmstadt 2005, S. 50 f.

Geldpolitische Instrumente der Europäischen Zentralbank (EZB)
Monetary policy devices employed by the European Central Bank (ECB)

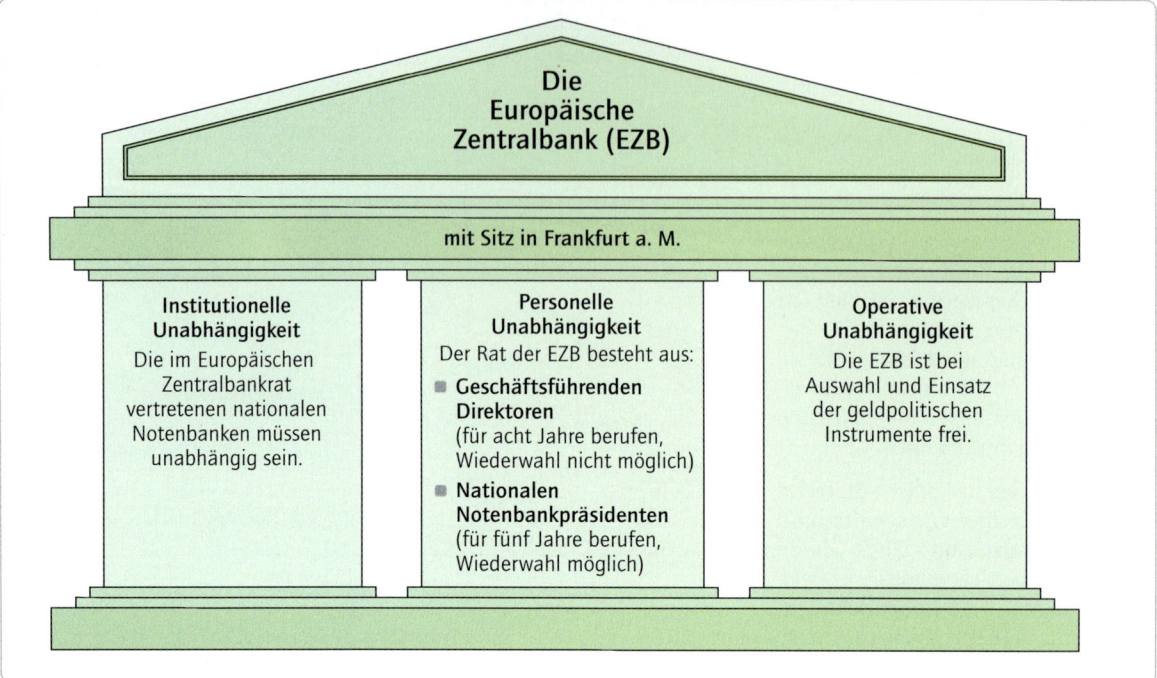

vgl.: Das Zeitbild, hrsg. v. Zeitbild-Verlag, Bonn 1997

Um seine Ziele zu erreichen, stehen dem ESZB verschiedene geldpolitische Instrumente zur Verfügung, die den ehemaligen nationalen geldpolitischen Instrumenten der Deutschen Bundesbank stark ähneln.

Als **Handlungsrahmen** stehen folgende geldpolitische Instrumente zur Verfügung, deren Nutzung bzw. Ausgestaltung der EZB-Rat jederzeit ändern kann:

I   Offenmarktgeschäfte
II Ständige Fazilitäten[1]
III Mindestreserven

Der Einsatz dieser Instrumente dient zur Steuerung der Zinssätze und der Liquidität („Flüssigkeit") am Markt, der „Preis des Geldes" – z.B. für Kredite – wird so erhöht oder gesenkt.

[1] Fazilität = Kreditmöglichkeit

Offenmarktgeschäfte

Bei den sogenannten **Offenmarktgeschäften** werden Wertpapiere von der EZB bzw. von den Nationalen Zentralbanken ge- und verkauft oder entsprechende Kredite gegen Verpfändung von Sicherheiten eingeräumt. Die Offenmarktgeschäfte können in den folgenden vier Formen durchgeführt werden:

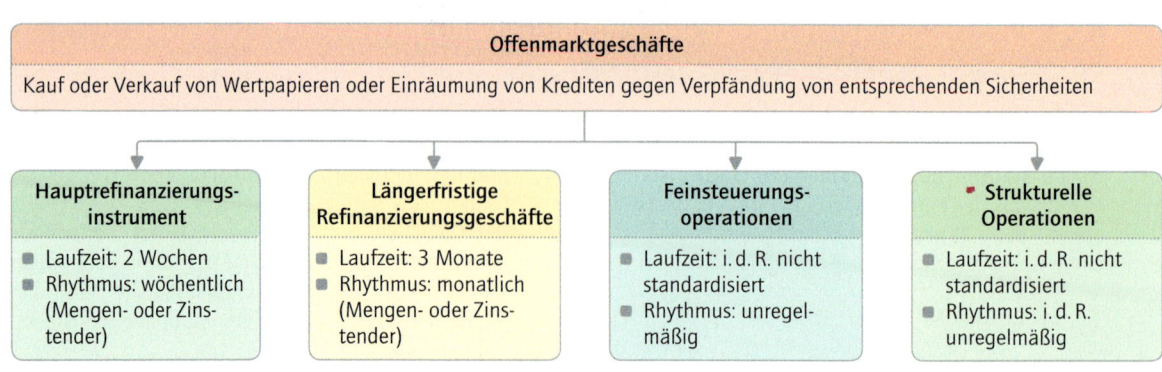

aus: Böker, Jürgen u.a.: Wirtschaftspolitik/Wirtschaftsordnung, 3. Aufl., Darmstadt 2005, S. 51 f.

Offenmarktgeschäfte

Bei der Durchführung offenmarktpolitischer Geschäfte wird vor allem auf das **Tenderverfahren** – ein Versteigerungsverfahren – zurückgegriffen. Man unterscheidet dabei zwischen **Mengen-** und **Zinstender**. Beim Mengentender gibt die EZB bzw. die NZB[1] den Zinssatz vor, die Banken nennen die Beträge, für die sie Wertpapiere „in Pension" geben wollen. Die EZB entscheidet dabei über die Zuteilungsquote.

Liquiditätszuführende befristete Transaktion über Mengentender

Die EZB beschließt, dem Markt Liquidität über eine befristete Transaktion in Form eines Mengentenders zuzuführen.

Drei Geschäftspartner geben folgende Gebote ab:

Geschäftspartner	Gebot (Millionen €)
Bank 1	30
Bank 2	40
Bank 3	70
Insgesamt	140

Die EZB beschließt, insgesamt 105 Mio. € zuzuteilen.

Der Prozentsatz der Zuteilung errechnet sich wie folgt: $\frac{105}{(30 + 40 + 70)} = 75\,\%$

Geschäftspartner	Gebot (Millionen €)	Zuteilung (Millionen €)
Bank 1	30	22,5
Bank 2	40	30,0
Bank 3	70	52,5
Insgesamt	140	105,0

[1] NZB: Nationale Zentralbank

Liquiditätszuführende befristete Transaktion über Zinstender

Die EZB beschließt, dem Markt Liquidität über eine befristete Transaktion in Form eines Zinstenders zuzuführen.

Drei Geschäftspartner geben folgende Gebote ab:

Zinssatz (%)	Beträge in Millionen €				
	Bank 1	Bank 2	Bank 3	Gebote insgesamt	Kumulative Gebote
3,15				0	0
3,10		5	5	10	10
3,09		5	5	10	20
3,08		5	5	10	30
3,07	5	5	10	20	50
3,06	5	10	15	30	80
3,05	10	10	15	35	115
3,04	5	5	5	15	130
3,03	5		10	15	145
Insgesamt	30	45	70	145	

aus: Europäische Zentralbank: Die einheitliche Geldpolitik in Stufe 3. Allgemeine Regelungen für die geldpolitischen Instrumente und Verfahren des ESZB. Frankfurt 1998, S. 64 f.

Die EZB beschließt, 94 Mio. € zuzuteilen, sodass sich ein marginaler Zinssatz von 3,05 % ergibt. Alle Gebote über 3,05 % (bis zu einem kumulativen Betrag von 80 Mio. €) werden voll zugeteilt. Bei 3,05 % ergibt sich folgende prozentuale Zuteilung:

$$\frac{94 - 80}{35} = 40\,\%$$

Die Zuteilung an Bank 1 zum marginalen Zinssatz beträgt zum Beispiel:

$$0,4 \cdot 10 = 4$$

Insgesamt ergibt sich für Bank 1 folgende Zuteilung:

$$5 + 5 + 4 = 14$$

Ständige Fazilitäten

Die **ständigen Fazilitäten** können in zwei Formen genutzt werden:

- Bei der **Spitzenrefinanzierungsfazilität** können sich die Banken kurzfristig – praktisch über Nacht – Geld beschaffen, zu einem Zinssatz, der wahrscheinlich die Obergrenze des Tagesgeldzinssatzes bilden wird.

- Die Banken können außerdem in Form der **Einlagefazilität** bei den nationalen Zentralbanken Guthaben bis zum nächsten Geschäftstag einlegen. Der Zinssatz für die Einlagefazilität bildet in der Regel die Untergrenze des Tagesgeldzinssatzes.

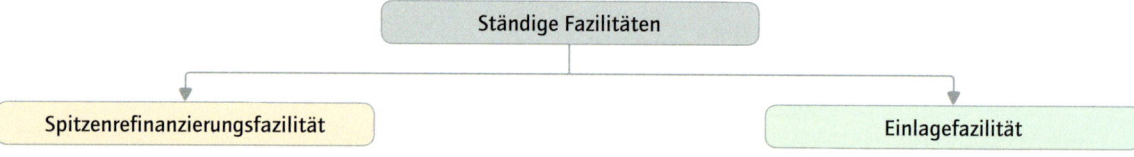

Mindestreserven

Gemäß § 16 des Bundesbankgesetzes kann die Deutsche Bundesbank von den Kreditinstituten verlangen, dass diese einen bestimmten Prozentsatz ihrer Verbindlichkeiten als Guthaben auf den Konten der Zentralbanken unterhalten. Man bezeichnet diese Guthaben als **Mindestreserve**. Je höher diese Mindestreserve festgelegt wird, umso stärker werden die Banken bei der Kreditvergabe eingeschränkt, was sich in einer Erhöhung des Kreditzinses niederschlägt. Der Geldschöpfungsspielraum der Kreditinstitute kann somit beeinflusst werden.

aus: Böker, Jürgen u. a.: Wirtschaftspolitik/Wirtschaftsordnung, 3. Aufl., Darmstadt 2005, S. 54

Zwei-Säulen-Strategie

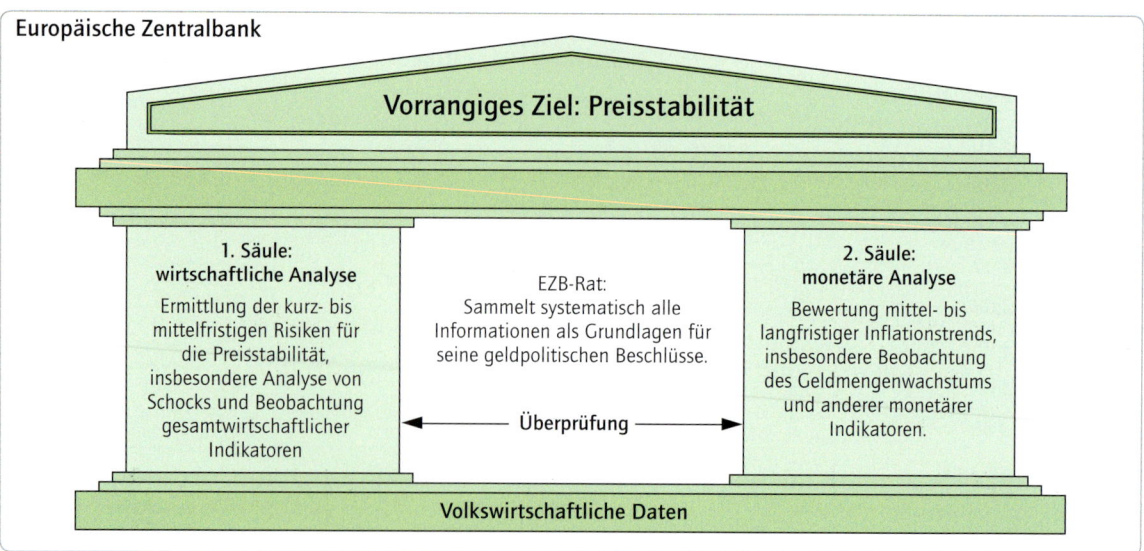

vgl.: Süddeutsche Zeitung Nr. 106, München, 9. Mai 2003, S. 21

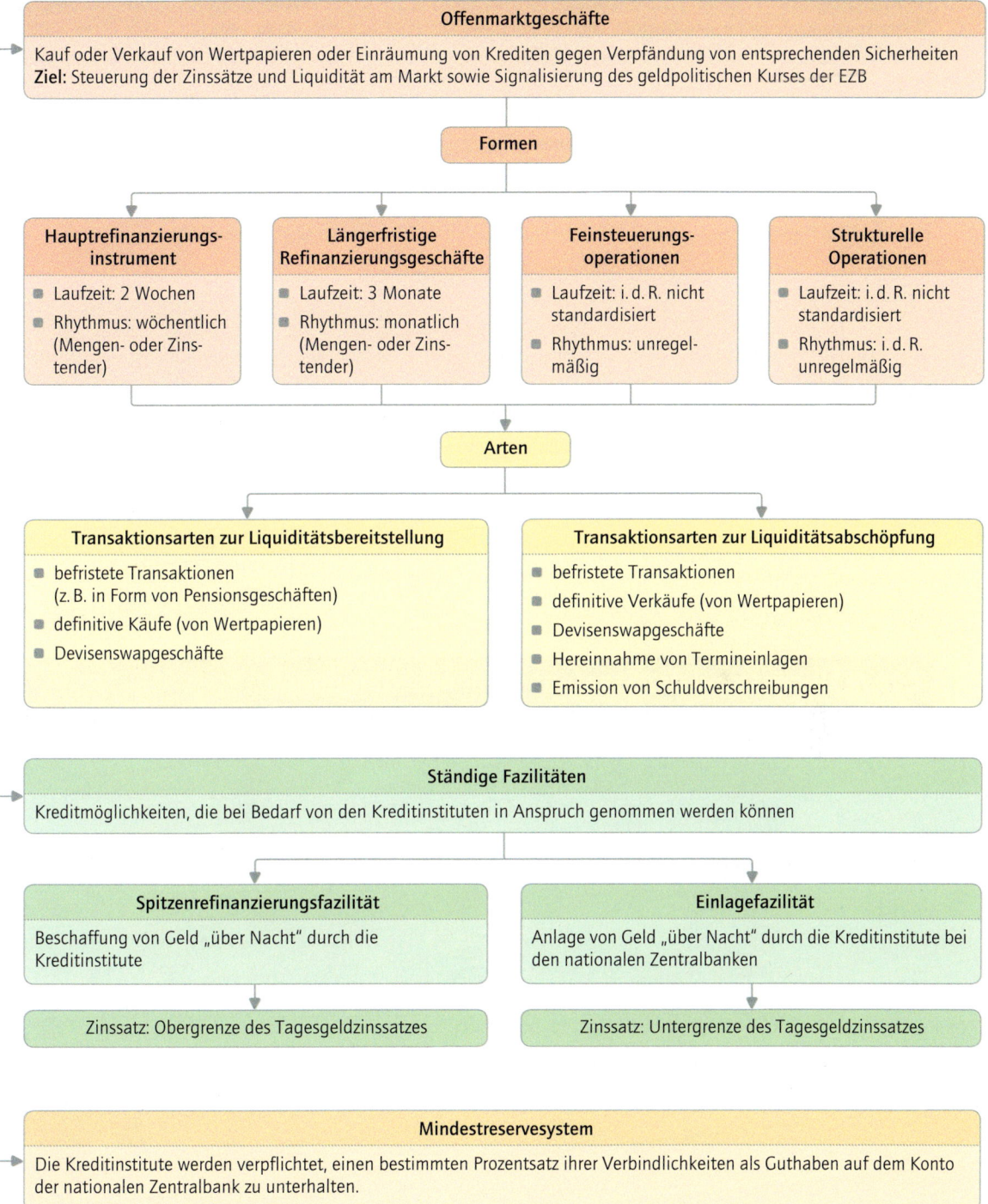

Offenmarktgeschäfte

Kauf oder Verkauf von Wertpapieren oder Einräumung von Krediten gegen Verpfändung von entsprechenden Sicherheiten
Ziel: Steuerung der Zinssätze und Liquidität am Markt sowie Signalisierung des geldpolitischen Kurses der EZB

Formen

Hauptrefinanzierungs-instrument
- Laufzeit: 2 Wochen
- Rhythmus: wöchentlich (Mengen- oder Zinstender)

Längerfristige Refinanzierungsgeschäfte
- Laufzeit: 3 Monate
- Rhythmus: monatlich (Mengen- oder Zinstender)

Feinsteuerungs-operationen
- Laufzeit: i.d.R. nicht standardisiert
- Rhythmus: unregelmäßig

Strukturelle Operationen
- Laufzeit: i.d.R. nicht standardisiert
- Rhythmus: i.d.R. unregelmäßig

Arten

Transaktionsarten zur Liquiditätsbereitstellung
- befristete Transaktionen (z.B. in Form von Pensionsgeschäften)
- definitive Käufe (von Wertpapieren)
- Devisenswapgeschäfte

Transaktionsarten zur Liquiditätsabschöpfung
- befristete Transaktionen
- definitive Verkäufe (von Wertpapieren)
- Devisenswapgeschäfte
- Hereinnahme von Termineinlagen
- Emission von Schuldverschreibungen

Ständige Fazilitäten

Kreditmöglichkeiten, die bei Bedarf von den Kreditinstituten in Anspruch genommen werden können

Spitzenrefinanzierungsfazilität

Beschaffung von Geld „über Nacht" durch die Kreditinstitute

Zinssatz: Obergrenze des Tagesgeldzinssatzes

Einlagefazilität

Anlage von Geld „über Nacht" durch die Kreditinstitute bei den nationalen Zentralbanken

Zinssatz: Untergrenze des Tagesgeldzinssatzes

Mindestreservesystem

Die Kreditinstitute werden verpflichtet, einen bestimmten Prozentsatz ihrer Verbindlichkeiten als Guthaben auf dem Konto der nationalen Zentralbank zu unterhalten.

vgl.: Böker, Jürgen u. a.: Wirtschaftspolitik/Wirtschaftsordnung, Lehrerband, Darmstadt 2005, S. 42 f.

Globalisierung

Verstärkung der internationalen Arbeitsteilung zu einer zunehmend verflochtenen, mittlerweile fast grenzenlosen mobilen Weltwirtschaft

Ursachen

- Neue Kommunikationstechnologien (z. B. Internet) ermöglichen einen weltumspannenden Austausch von Waren, Dienstleistungen, Kapital und Arbeit
- Technisches Know-how und unternehmerisches Wissen können weltweit transferiert werden
- Fehlendes Kapital kann in unterentwickelten Regionen durch Investitionen ausländischer Unternehmen ausgeglichen werden
- Ausgefeilte Produktionstechnologien und hohe Produktqualität sind immer weniger standortgebunden

Chancen

- Nutzung von Kostenvorteilen in allen Wirtschaftsbereichen
- Anschluss unterentwickelter Regionen an weltwirtschaftliche Standards durch verstärkte Konkurrenzbeziehungen im Welthandel
- Zunahme kultureller Akzeptanz der unterschiedlichen Weltregionen
- Abbau der Gefahr von Kriegen durch zunehmende weltwirtschaftliche Abhängigkeiten

Risiken

- Bedrohung historisch gewachsener Sozialstandards (z. B. Sozialversicherung) durch den zunehmenden Globalisierungsdruck
- Verschlechterung der Umweltbedingungen durch eine verstärkte Wirtschaftstätigkeit
- Machtverlust von Nationalstaaten zugunsten von weltweit operierenden Konzernen („Global Players")
- Gefahr einer ruinösen Konkurrenz zwischen den einzelnen Wirtschaftsregionen („Globalisierungsfalle")

vgl.: Böker, Jürgen u. a.: Wirtschaftspolitik / Wirtschaftsordnung, Lehrerband, Darmstadt 2005, S. 41

Entwicklungsstand der Staaten – Lebensbedingungen

State of development of individual states – living conditions

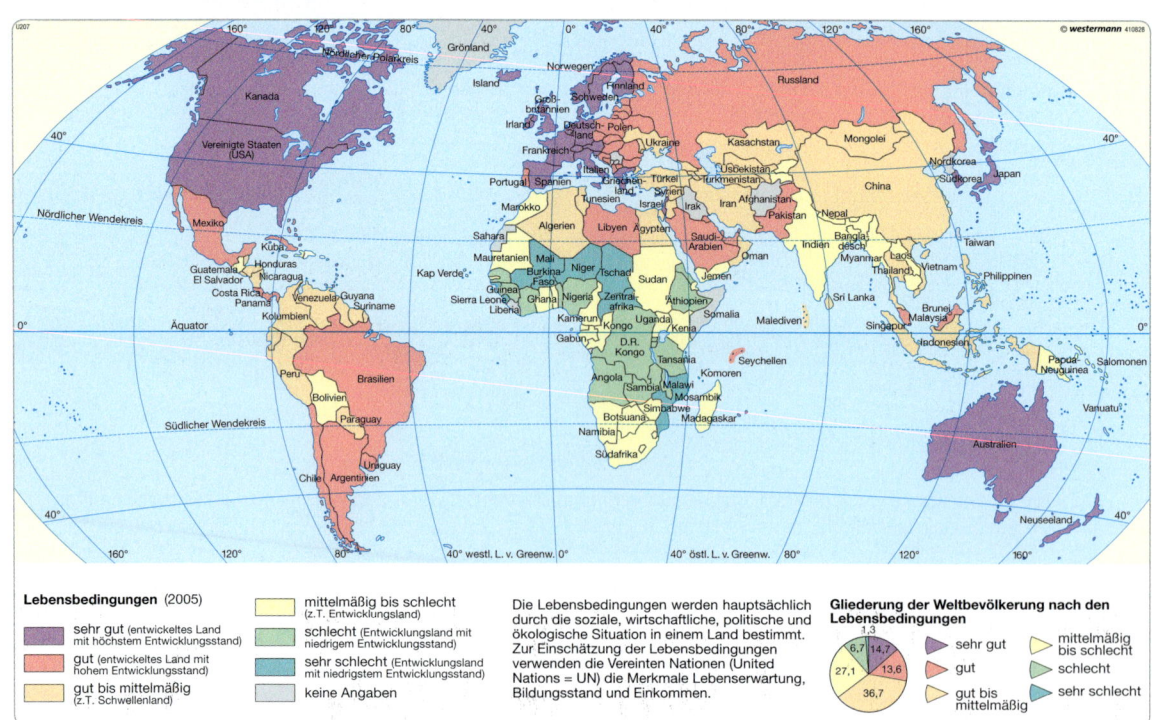

Lebensbedingungen (2005)

- sehr gut (entwickeltes Land mit höchstem Entwicklungsstand)
- gut (entwickeltes Land mit hohem Entwicklungsstand)
- gut bis mittelmäßig (z.T. Schwellenland)
- mittelmäßig bis schlecht (z.T. Entwicklungsland)
- schlecht (Entwicklungsland mit niedrigem Entwicklungsstand)
- sehr schlecht (Entwicklungsland mit niedrigstem Entwicklungsstand)
- keine Angaben

Die Lebensbedingungen werden hauptsächlich durch die soziale, wirtschaftliche, politische und ökologische Situation in einem Land bestimmt. Zur Einschätzung der Lebensbedingungen verwenden die Vereinten Nationen (United Nations = UN) die Merkmale Lebenserwartung, Bildungsstand und Einkommen.

Gliederung der Weltbevölkerung nach den Lebensbedingungen

1,3 / 14,7 / 6,7 / 13,6 / 27,1 / 36,7

- sehr gut
- gut
- gut bis mittelmäßig
- mittelmäßig bis schlecht
- schlecht
- sehr schlecht

aus: Diercke Drei, Braunschweig 2008, S. 28

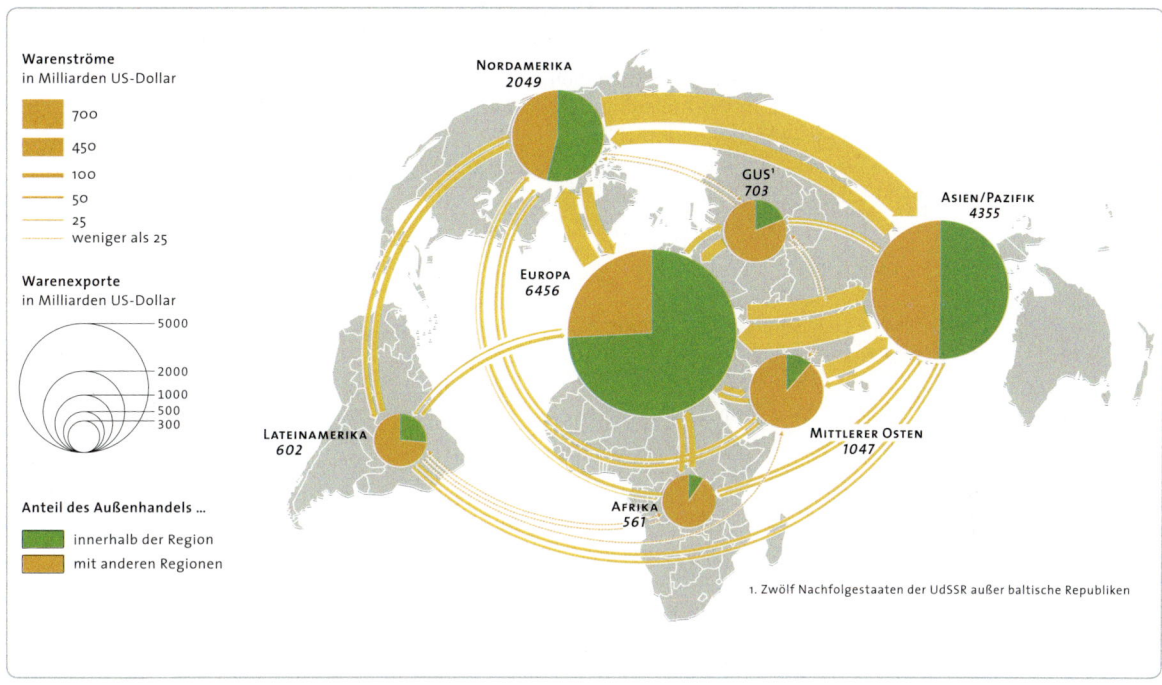

Warenströme
in Milliarden US-Dollar

- 700
- 450
- 100
- 50
- 25
- weniger als 25

Warenexporte
in Milliarden US-Dollar

- 5000
- 2000
- 1000
- 500
- 300

Anteil des Außenhandels ...

- innerhalb der Region
- mit anderen Regionen

NORDAMERIKA
2049

GUS[1]
703

ASIEN/PAZIFIK
4355

EUROPA
6456

LATEINAMERIKA
602

AFRIKA
561

MITTLERER OSTEN
1047

1. Zwölf Nachfolgestaaten der UdSSR außer baltische Republiken

nach: LE MONDE diplomatique. Atlas der Globalisierung. taz Verlags- und Vertriebs GmbH, Berlin 2009, S. 57

Finanzplätze und Steueroasen · *Financial centres and tax havens*

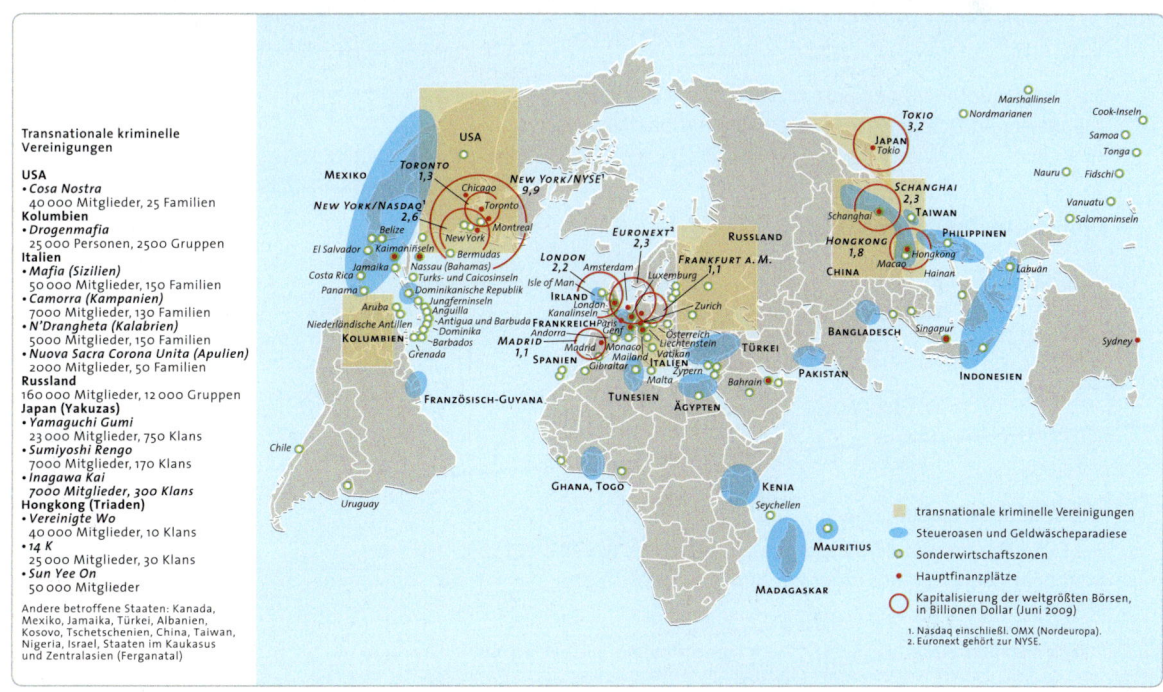

Transnationale kriminelle Vereinigungen

USA
- *Cosa Nostra*
  40 000 Mitglieder, 25 Familien
Kolumbien
- *Drogenmafia*
  25 000 Personen, 2500 Gruppen
Italien
- *Mafia (Sizilien)*
  50 000 Mitglieder, 150 Familien
- *Camorra (Kampanien)*
  7000 Mitglieder, 130 Familien
- *N'Drangheta (Kalabrien)*
  5000 Mitglieder, 150 Familien
- *Nuova Sacra Corona Unita (Apulien)*
  2000 Mitglieder, 50 Familien
Russland
  160 000 Mitglieder, 12 000 Gruppen
Japan (Yakuzas)
- *Yamaguchi Gumi*
  23 000 Mitglieder, 750 Klans
- *Sumiyoshi Rengo*
  7000 Mitglieder, 170 Klans
- *Inagawa Kai*
  7000 Mitglieder, 300 Klans
Hongkong (Triaden)
- *Vereinigte Wo*
  40 000 Mitglieder, 10 Klans
- *14 K*
  25 000 Mitglieder, 30 Klans
- *Sun Yee On*
  50 000 Mitglieder

Andere betroffene Staaten: Kanada, Mexiko, Jamaika, Türkei, Albanien, Kosovo, Tschetschenien, China, Taiwan, Nigeria, Israel, Staaten im Kaukasus und Zentralasien (Ferganatal)

- transnationale kriminelle Vereinigungen
- Steueroasen und Geldwäscheparadiese
- Sonderwirtschaftszonen
- Hauptfinanzplätze
- Kapitalisierung der weltgrößten Börsen, in Billionen Dollar (Juni 2009)

1. Nasdaq einschließl. OMX (Nordeuropa).
2. Euronext gehört zur NYSE.

aus: LE MONDE diplomatique. Atlas der Globalisierung. taz Verlags- und Vertriebs GmbH, Berlin 2009, S. 53

Außenhandel

Der Außenhandel umfasst den grenzüberschreitenden Warenverkehr einer Volkswirtschaft. In der Außenhandelsstatistik erfassen die Staaten jeweils den Import (Einfuhr) und den Export (Ausfuhr) von Waren; in der sogenannten **Handelsbilanz** werden beide Größen saldiert. Sind die Exporte größer als die Importe, spricht man von einer **aktiven Handelsbilanz** (Handelsbilanzüberschuss); im umgekehrten Fall von einer **passiven Handelsbilanz** (Handelsbilanzdefizit).

Import (Einfuhr) von Waren

Jahr[1]	Einfuhr[2] in Mrd. €[3]	Brutto-inlands-produkt (BIP) in Mrd. €	Einfuhr in % des BIP (Import-quote)
1995	339,6	1.801,3	18,9
2000	538,3	2.030,0	26,5
2005	628,1	2.244,6	28,0
2010	794,4	2.497,6	31,9

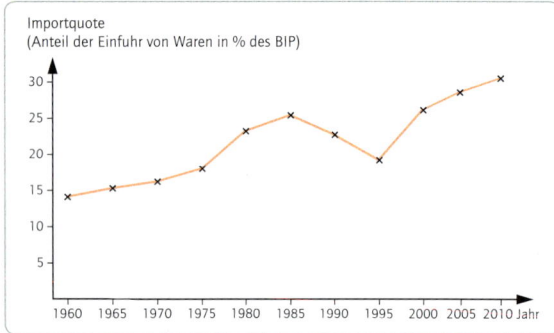

Importquote
(Anteil der Einfuhr von Waren in % des BIP)

Die **Importquote** gibt den prozentualen Anteil des Warenimports am Bruttoinlands- oder am Bruttonationaleinkommen[4] an.

Export (Ausfuhr) von Waren

Jahr	Ausfuhr[2] in Mrd. €[3]	Brutto-inlands-produkt (BIP) in Mrd. €	Ausfuhr in % des BIP (Export-quote)
1995	383,2	1.801,3	21,2
2000	597,4	2.030,0	29,4
2005	786,3	2.244,6	35,0
2010	951,9	2.497,6	38,1

Die **Exportquote** gibt den prozentualen Anteil des Warenexports am Bruttoinlands- oder am Bruttonationaleinkommen an.

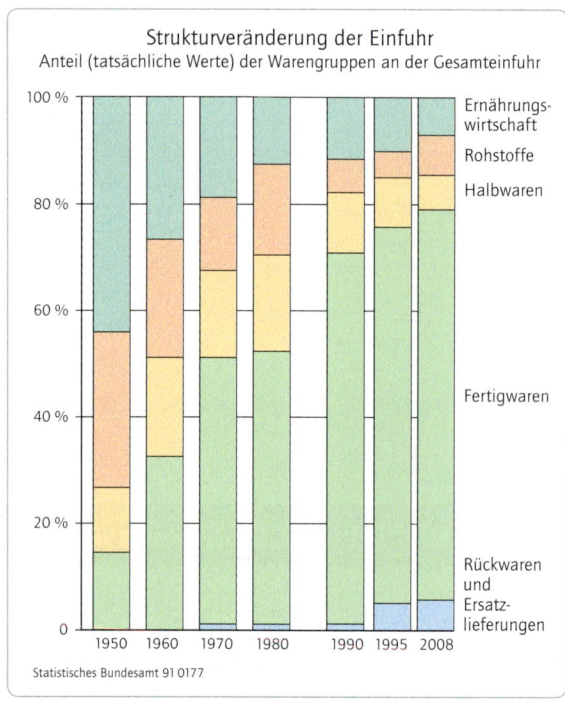

Strukturveränderung der Einfuhr
Anteil (tatsächliche Werte) der Warengruppen an der Gesamteinfuhr

Ernährungswirtschaft
Rohstoffe
Halbwaren
Fertigwaren
Rückwaren und Ersatzlieferungen

Statistisches Bundesamt 91 0177

Die Struktur des Imports spiegelt den Anteil unterschiedlicher Warengruppen (z. B. ernährungswirtschaftliche Produkte, Rohstoffe, Halb- und Fertigwaren) am Import wider.

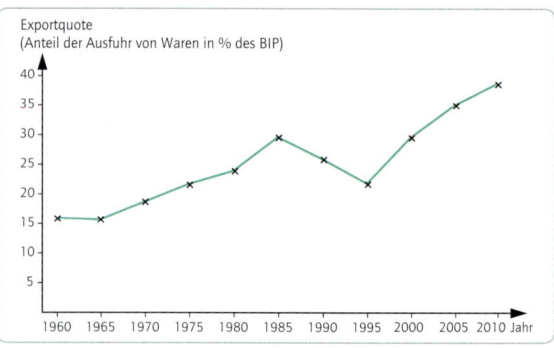

Exportquote
(Anteil der Ausfuhr von Waren in % des BIP)

[1] Tabelle nach: Datenreport 1994, S. 261, Tabelle 2 und Statistisches Bundesamt a. a. O.
[2] Spezialhandel entsprechend der Außenhandelsstatistik. Er erfasst den Import von Waren ohne Transportkosten.
[3] Umrechnungskurs für 1 Euro = 1,95583 DM
[4] In der Fachliteratur werden die Import- und Exportquote unterschiedlich definiert, d. h. entweder auf das BIP oder das BNE bezogen.
nach: Böker, Jürgen u. a.: Wirtschaftspolitik/Wirtschaftsordnung, 3. Aufl., Darmstadt 2005, S. 16 f.

Außenhandel

Export (Ausfuhr) von Waren

Die Struktur des Exports spiegelt den Anteil unterschiedlicher Warengruppen (z. B. Straßenfahrzeuge, Maschinen, chemische Erzeugnisse)[1] am Export wider.

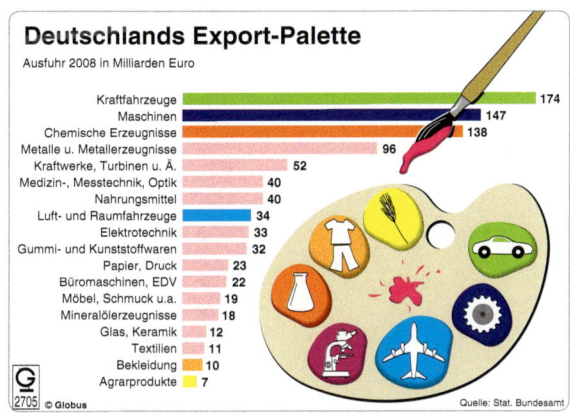

Deutschlands Export-Palette
Ausfuhr 2008 in Milliarden Euro

Kraftfahrzeuge	174
Maschinen	147
Chemische Erzeugnisse	138
Metalle u. Metallerzeugnisse	96
Kraftwerke, Turbinen u. Ä.	52
Medizin-, Messtechnik, Optik	40
Nahrungsmittel	40
Luft- und Raumfahrzeuge	34
Elektrotechnik	33
Gummi- und Kunststoffwaren	32
Papier, Druck	23
Büromaschinen, EDV	22
Möbel, Schmuck u. a.	19
Mineralölerzeugnisse	18
Glas, Keramik	12
Textilien	11
Bekleidung	10
Agrarprodukte	7

Quelle: Stat. Bundesamt

Deutschlands Kunden und Lieferanten
Angaben für 2008 in Milliarden Euro

Die größten Lieferanten (Einfuhr)		Die größten Kunden (Ausfuhr)	
Niederlande	72,1 Mrd. €	Frankreich	96,9 Mrd. €
Frankreich	66,7	USA	71,5
China	59,4	Großbritannien	66,8
USA	46,1	Niederlande	65,6
Italien	46,0	Italien	64,0
Großbritannien	44,3	Österreich	53,8
Belgien	39,8	Belgien	51,6
Russland	35,9	Spanien	43,7
Österreich	33,1	Polen	40,1
Schweiz	31,2	Schweiz	39,0
Tschechien	28,3	China	34,1
Polen	26,2	Russland	32,3
Japan	23,1	Tschechien	27,8
Norwegen	22,3	Schweden	20,6
Spanien	21,6	Ungarn	17,6

Quelle: Stat. Bundesamt

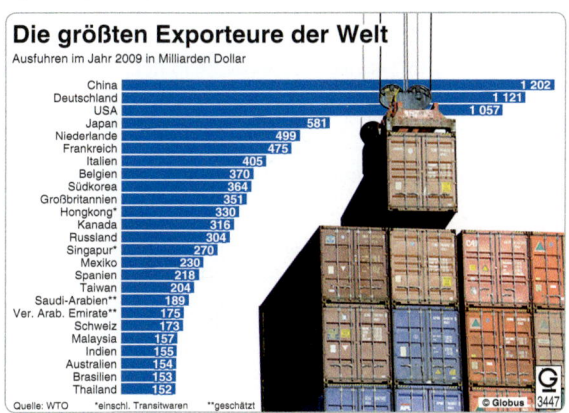

Die größten Exporteure der Welt
Ausfuhren im Jahr 2009 in Milliarden Dollar

China	1 202
Deutschland	1 121
USA	1 057
Japan	581
Niederlande	499
Frankreich	475
Italien	405
Belgien	370
Südkorea	364
Großbritannien	351
Hongkong*	330
Kanada	316
Russland	304
Singapur*	270
Mexiko	230
Spanien	218
Taiwan	204
Saudi-Arabien**	189
Ver. Arab. Emirate**	175
Schweiz	173
Malaysia	157
Indien	155
Australien	154
Brasilien	153
Thailand	152

Quelle: WTO   *einschl. Transitwaren   **geschätzt

Im Jahr 2009 hat China Deutschland als exportstärkste Wirtschaftsnation abgelöst. Grund hierfür war insbesondere, dass der weltweite Rückgang der Exporte im Zuge der Finanz- und Wirtschaftskrise in China geringer ausfiel als in Deutschland oder den USA.

Ein- und Ausfuhr von Dienstleistungen

Bei der Inanspruchnahme von ausländischen Dienstleistungen entstehen für die Wirtschaftssubjekte in einer Volkswirtschaft **Ausgaben** (z. B. für Auslandstourismus), bei der Ausfuhr von Dienstleistungen entstehen **Einnahmen** (z. B. für Transportleistungen).

Jahr	Ausgaben in Mrd. €
1980	37,0
1985	46,9
1990	62,9
1995	94,3
2000	146,1
2005	161,1
2010	189,0

Ausgaben für die Einfuhr von Dienstleistungen (Mrd. Euro)

[1] Die veröffentlichten Statistiken des Statistischen Bundesamtes bzw. der Deutschen Bundesbank nennen als Warengruppen Erzeugnisse des Grundstoff- und Produktionsgüter-, des Investitionsgüter- und des Verbrauchsgütergewerbes.
nach: www.destatis.de, 2010 und eigene Berechnungen
nach: Böker, Jürgen u. a.: Wirtschaftspolitik/Wirtschaftsordnung, 3. Aufl., Darmstadt 2005, S. 17 f.

Ein- und Ausfuhr von Dienstleistungen

Jahr	Einnahmen in Mrd. €
1971	13,6
1975	20,1
1980	31,3
1985	46,2
1990	53,8
1995	61,5
2000	96,2
2005	133,7
2010	181,0

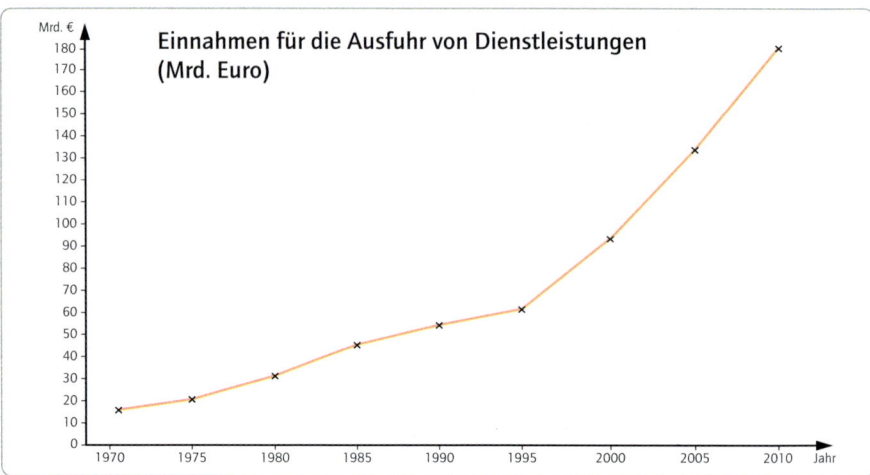

nach: www.destatis.de, 2009 und eigenen Berechnungen

Ein- und Ausfuhr von Kapital (Kapitalimport und -export)

Von **Kapitalimport** wird gesprochen, wenn Ausländer in Deutschland Direktinvestitionen vornehmen, Wertpapiere (z. B. Aktien) kaufen oder z. B. kurz- oder langfristige Kredite an Inländer vergeben.

Bundesrepublik Deutschland: Einfuhr von Kapital ab 1995 in Mrd. €[1]				
Jahr	Kapital-import gesamt	davon		
		Direkt-investit.	Wert-papiere	Kredite
1995	127,3	9,9	43,3	74,1
2000	392,0	218,2	47,6	125,9
2005	269,9	38,1	175,8	55,9
2010	259,0	34,8	46,4	177,8

[1] Nicht berücksichtigt wurden die Werte der sonstigen Kapitaleinfuhr.

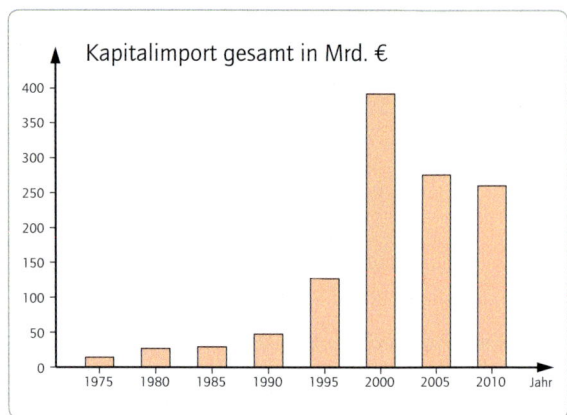

nach: www.destatis.de, 2009 und eigenen Berechnungen

Von **Kapitalexport** wird gesprochen, wenn Inländer im Ausland Direktinvestitionen vornehmen, Wertpapiere (z. B. Aktien) kaufen oder z. B. kurz- oder langfristige Kredite an das Ausland vergeben.

Bundesrepublik Deutschland: Ausfuhr von Kapital ab 1995 in Mrd. € (Nettokapitalexport)[2]				
Jahr	Kapital-export gesamt	davon		
		Direkt-investit.	Wert-papiere	Kredite
1995	−89,8	−28,4	−16,7	−42,6
2000	−355,7	−60,0	−208,9	−84,6
2005	−399,5	−61,0	−214,9	−125,7
2010	−390,4	−79,2	−188,9	−120,7

[2] Nicht berücksichtigt wurden die Werte der sonstigen Kapitalausfuhr.

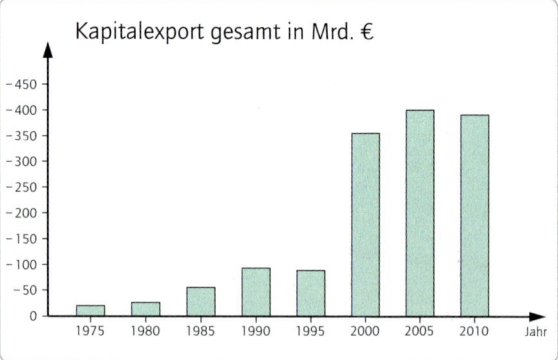

nach: www.destatis.de, 2009 und eigenen Berechnungen

Welthandel

Die Summe sämtlicher Exporte der einzelnen Länder wird zum Welthandelsvolumen zusammengefasst. In der Regel wird es wertmäßig in einer Leitwährung ausgedrückt, bisher ist dies der US-Dollar.

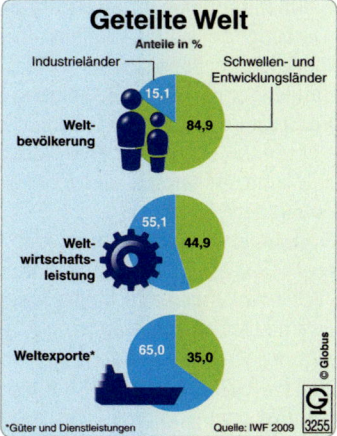

Geteilte Welt
Anteile in %

nach: Böker, Jürgen u. a.: Wirtschaftspolitik/Wirtschaftsordnung,
 3. Aufl., Darmstadt 2005, S. 19

Zahlungsbilanz und ihre Teilbilanzen

Balance of payments and its partial balances

Zahlungsbilanz
erfasst alle außenwirtschaftlichen Transaktionen durch die Gegenüberstellung sämtlicher Zahlungsforderungen und Zahlungsverpflichtungen eines Landes gegenüber dem Ausland innerhalb eines Jahres.

Die Zahlungsbilanz gliedert sich in **Teilbilanzen**:

Leistungsbilanz
- **Handelsbilanz:**
  erfasst Warenein- und -ausfuhr;
- **Dienstleistungsbilanz:**
  erfasst die Exporte und Importe von Dienstleistungen;
- **Bilanz der Erwerbs- und Vermögenseinkommen:**
  erfasst Einkommen aus grenzüberschreitender Erwerbstätigkeit oder Vermögensanlage;
- **Bilanz der laufenden Übertragungen:**
  erfasst z. B. Überweisungen ausländischer Arbeitnehmer/-innen in ihre Heimat, Zahlungen an internationale Organisationen und Entwicklungshilfe.

Vermögensbilanz
erfasst grenzüberschreitende Schenkungen, Erbschaften usw.

Kapitalbilanz
erfasst alle Kreditbeziehungen zwischen In- und Ausland, die im Zusammenhang mit der Finanzierung von Ein- und Ausfuhren, Übertragungen usw. entstehen.

Devisenbilanz
erfasst die Zu- oder Abnahme des Devisenbestands der Bundesbank.

Ausprägungen der Zahlungsbilanz	
Aktive Zahlungsbilanz (+) Zahlungsforderungen gegenüber dem Ausland sind größer als die Zahlungsverpflichtungen.	**Passive Zahlungsbilanz (−)** Zahlungsforderungen gegenüber dem Ausland sind kleiner als die Zahlungsverpflichtungen.

nach: Böker, Jürgen u. a.: Wirtschaftspolitik/Wirtschaftsordnung, Lehrerband, Darmstadt 2005, S. 30

Begriffe

- Unter **Außenhandelspolitik** versteht man die Ordnung und Lenkung der internationalen Güterströme (Waren und Dienstleistungen). Sie umfasst den Abschluss von Handelsverträgen, die Beteiligung an internationalen Organisationen zur Liberalisierung des Welthandels sowie Maßnahmen zur Förderung des Exports und zur Beschränkung des Imports und wirkt so auf den Warenverkehr mit dem Ausland ein.

- Als **Freihandel** bezeichnet man den internationalen Austausch von Waren und Dienstleistungen ohne staatliche Beschränkungen. Nachteilig kann der Freihandel für einzelne Länder sein, wenn z. B. Arbeitsplätze in das kostengünstigere Ausland verlagert werden, die jeweilige Volkswirtschaft stark von der Auslandsnachfrage abhängig ist oder einseitige Produktionsstrukturen entstehen.

- Wenn zum Schutz der eigenen Wirtschaft Maßnahmen ergriffen werden, die den freien Güteraustausch einschränken, spricht man von **Protektionismus**.
- **Handelshemmnisse** sind Maßnahmen, die den Freihandel insgesamt beschränken, indem sie Ausmaß, Struktur oder Richtung der Güterströme beeinflussen.
- Man unterscheidet **tarifäre Handelshemmnisse** (direkte Handelseinschränkungen in Form von Zöllen und Einfuhrabgaben) und **nicht tarifäre Handelshemmnisse** (indirekte Handelseinschränkungen).
- Obwohl die **WTO** (World Trade Organization) die Beseitigung von Handelsbeschränkungen und die Erreichung eines globalen Freihandels anstrebt, werden Handelshemmnisse zurzeit noch gebilligt, wenn sie für alle Beteiligten transparent sind.

Beispiele für Handelshemmnisse

Handelshemmnisse		
tarifäre Handelshemmnisse		**nicht tarifäre Handelshemmnisse**
Zölle	**weitere Eingangsabgaben**	<ul><li>**Kontingente** (mengenmäßige Beschränkungen von Im- und Exporten)</li><li>**Aus- und Einfuhrverbote**</li><li>**Kennzeichnungspflichten** (z. B. Made in …)</li><li>**Beteiligung des Staates am Handel** (z. B. durch Subventionen, Beihilfen, Kreditbürgschaften, Staatsmonopole)</li><li>**Normen und Standards** (z. B. pharmazeutische Kontrollvorschriften, Industrienormen, Qualitätsvorschriften, Verpackungs- und Vermarktungsvorschriften)</li><li>**Verwaltungsverfahren** (z. B. Ein- und Ausfuhrformalitäten, Verfahrensvorschriften bei Ein- und Ausfuhrlizenzen)</li><li>**Transferbeschränkungen** (z. B. zeitliche oder betragsmäßige Beschränkungen im grenzüberschreitenden Zahlungsverkehr)</li></ul>
<ul><li>**Finanzzölle** (Einnahmeverbesserungen des Staates)</li><li>**Präferenzzölle** (z. B. niedrigere Zölle für bevorzugte Länder)</li><li>**Retorsionszölle** (als Gegenmaßnahme gegen Handelshemmnisse des Auslands)</li><li>**Schutzzölle** (als Schutz der inländischen Wirtschaft)</li></ul>	<ul><li>**Einfuhrumsatzsteuer**</li><li>**Verbrauchsteuern**</li><li>**Abschöpfungen** (z. B. Mindestpreise bei Agrarprodukten in der EU)</li></ul>	

Subventionen

- **Wirtschaftsförderung** bezieht sich auf die staatliche Beeinflussung des Wirtschaftsverkehrs, um eine rechtliche oder tatsächliche Verbesserung der Position einzelner Marktteilnehmer zu erreichen. Subventionen sind dabei die wichtigste Förderungsmöglichkeit.

- Als **Subvention** kann man allgemein die Unterstützungsleistungen des Staates oder eines sonstigen Trägers hoheitlicher Gewalt (z. B. EU) für Unternehmen oder private Haushalte ohne unmittelbare Gegenleistung des Empfängers definieren.

- Die **Unterstützungsleistungen** können z. B. als Zuschüsse, zinslose oder zinsgünstige Darlehen, Steuervergünstigungen oder Bürgschaften bewilligt werden.

Begriff

- In der volkswirtschaftlichen Gesamtrechnung (VGR) werden alle zahlenmäßig erfassbaren (quantifizierbaren) Ergebnisse des Wirtschaftsprozesses einer Volkswirtschaft dargestellt, die innerhalb des Wirtschaftskreislaufs in einer Wirtschaftsperiode (in der Regel einem Jahr) stattfinden.
- Die VGR wird im Zuge der EU-Harmonisierung seit 1999 nach dem Europäischen System Volkswirtschaftlicher Gesamtrechnungen (ESVG) dargestellt und in Deutschland vom Statistischen Bundesamt in Wiesbaden durchgeführt.

Aufgaben

Die VGR dient den Trägern der Wirtschaftspolitik (Bundes- und Landesregierungen, Tarifpartner, Wirtschaftsverbände u. a.) sowie den Wirtschaftsforschungsinstituten als Grundlage zur Kennzeichnung, Beurteilung oder Vorhersage der wirtschaftlichen Situation bzw. der zu erwartenden wirtschaftlichen Entwicklung.

- Für die Wirtschaftswissenschaften stellt die VGR ein unverzichtbares Mittel dar, um Theorien über Wirkungszusammenhänge in der Volkswirtschaft zu überprüfen.
- Hauptaufgabe der VGR ist die Berechnung von Kennziffern, wie z. B. das Bruttoinlandsprodukt oder das Volkseinkommen.

Sozialprodukt im Rahmen der volkswirtschaftlichen Gesamtrechnung

Unter dem Sozialprodukt versteht man die Leistungsfähigkeit der bundesdeutschen Volkswirtschaft. Sie kann mit verschiedenen Kennziffern beschrieben werden:

- dem **Bruttoinlandsprodukt (BIP)**
- dem **Bruttonationaleinkommen** (früher: Bruttosozialprodukt)
- dem **Nettonationaleinkommen** (Primäreinkommen)
- dem **Volkseinkommen** (früher: Nettosozialprodukt zu Faktorpreisen)

Bruttoinlandsprodukt

Das Bruttoinlandsprodukt (BIP) ist der zu Marktpreisen gemessene Wert der innerhalb der Staatsgrenzen einer Volkswirtschaft erstellten Güter und Dienstleistungen in einer Periode **(Inlandskonzept)**, unabhängig davon, ob sie von In- oder Ausländern erzeugt werden. Das BIP wird seit 1992 zur Berechnung des Wirtschaftswachstums verwendet.

Bruttonationaleinkommen

Das Bruttonationaleinkommen ist der zu Marktpreisen gemessene Wert aller in einer Periode erstellten Güter und Dienstleistungen, die von den Staatsbürgern innerhalb einer Volkswirtschaft erwirtschaftet wurden **(Inländerkonzept)**. Dazu zählen auch Einkommen, die Inländern aufgrund von Leistungen aus dem Ausland zufließen.

vgl. Schmitz, Udo u. a.: Volkswirtschaftliches Handbuch, Stuttgart, Düsseldorf, Leipzig 2002, S. 161 ff.

Nettonationaleinkommen

Das Nettonationaleinkommen ist der Wert des Bruttonationaleinkommens vermindert um die Wertminderungen des Vermögens einer Volkswirtschaft, die von den Unternehmen in den Marktpreis einkalkuliert werden (Abschreibungen). Es umfasst also den Wert der tatsächlich neu geschaffenen Güter, bewertet zu Marktpreisen, und spiegelt damit die wirkliche Produktionsleistung einer Volkswirtschaft innerhalb einer Wirtschaftsperiode wider.

Volkseinkommen

Das Volkseinkommen umfasst den Wert aller Erwerbs- und Vermögenseinkommen, die in einer Wirtschaftsperiode für die am Produktionsprozess beteiligten Produktionsfaktoren Arbeit, Boden und Kapital geflossen sind. Damit erfolgt die Berechnung zu Faktorpreisen, d. h. als Summe der durch die Produktionsfaktoren verursachten Kosten. Das Volkseinkommen ermöglicht die Beurteilung der Einkommensverteilung bzw. Einkommensumverteilung.

Jahr	Bruttoinlands-produkt	Bruttonational-einkommen	Abschrei-bungen	Nettonational-einkommen	Volks-einkommen	Bruttoinlandsprodukt zu Marktpreisen (BIP)
	in jeweiligen Preisen in Mrd. Euro					in Preisen von 1995
2006	2.321,50	2.362,44	343,13	2.019,31	1.765,56	2.122,60 Mrd. Euro
2007	2.422,90	2.464,19	358,75	2.105,44	1.827,07	2.173,80 Mrd. Euro
2008	2.492,00	2.528,60	363,12	2.165,48	1.880,16	2.202,00 Mrd. Euro
2009	2.409,10	2.443,95	364,87	2.079,08	1.806,55	2.152,36 Mrd. Euro

nach: Angaben des Statistischen Bundesamtes, Wiesbaden 2010

Entstehung, Verwendung und Verteilung des Bruttoinlandsprodukts

Entstehung, Verwendung und Verteilung des Bruttoinlandsproduktes 2009 in Mrd. Euro: 2.409,10

Entstehung	=	Verwendung	=	Verteilung

Bruttowertschöpfung

Land- und Forstwirtschaft, Fischerei
17,39

Produzierendes Gewerbe ohne Baugewerbe
474,65

Baugewerbe
97,79

Handel, Gastgewerbe und Verkehr
376,09

Finanzierung, Vermietung und Unternehmensdienstleister
668,90

Öffentliche und private Dienstleister
517,54

+

Gütersteuern abzüglich Gütersubventionen
256,74

Private Konsumausgaben

Konsumausgaben der privaten Haushalte
1.371,02

Konsumausgaben der privaten Organisationen ohne Erwerbszweck
39,79

Konsumausgaben des Staates
473,54

Bruttoinvestitionen
411,62

+

Außenbeitrag (Exporte abzüglich Importe)
113,13

Volkseinkommen

Arbeitnehmerentgelt
1.223,34

Unternehmens- und Vermögenseinkommen
583,21

+

Produktions- und Importabgaben an den Staat abzüglich Subventionen vom Staat
272,53

+

Abschreibungen
364,87

–

Saldo der Primäreinkommen aus der übrigen Welt
34,85

Quelle: Statistisches Bundesamt, Statistisches Jahrbuch 2010, http://www.destatis.de/jetspeed/portal/cms/Sites/destatis/SharedContent/Oeffentlich/AI/IC/Publikationen/Jahrbuch/VGR,property=file.pdf, eingesehen am 07. August 2010

Volkswirtschaftliches Wachstum (Wirtschaftswachstum)

Begriff

Unter **Wirtschaftswachstum** versteht man die Veränderung des Bruttoinlandsprodukts zwischen zwei Wirtschaftsperioden. Die **Wachstumsrate** ist dabei die prozentuale Veränderung zwischen dem Berichtsjahr und dem Vorjahr. Wird das nominale Bruttoinlandsprodukt (zu Marktpreisen der jeweiligen Wirtschaftsperiode) zur Berechnung des Wachstums herangezogen, so spricht man vom **nominalen Wachstum**. Aussagefähiger ist jedoch das **reale Wachstum**, das das reale Bruttoinlandsprodukt zu Preisen eines Basisjahres misst.

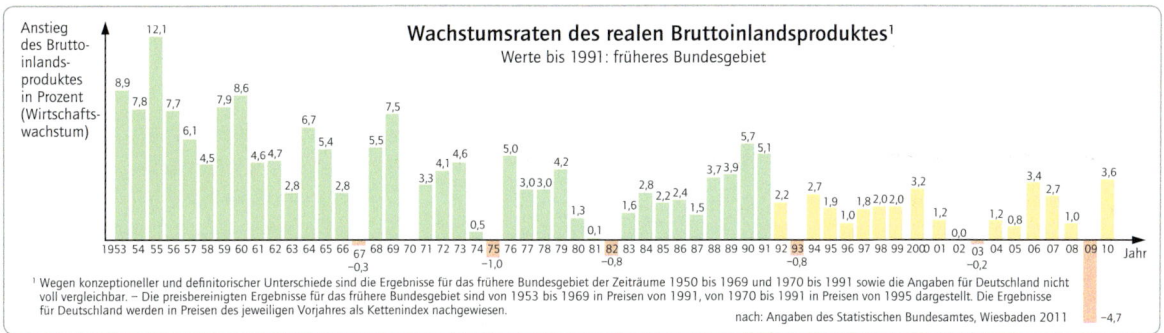

Wachstumsraten des realen Bruttoinlandsproduktes[1]
Werte bis 1991: früheres Bundesgebiet

Anstieg des Bruttoinlandsproduktes in Prozent (Wirtschaftswachstum)

[1] Wegen konzeptioneller und definitorischer Unterschiede sind die Ergebnisse für das frühere Bundesgebiet der Zeiträume 1950 bis 1969 und 1970 bis 1991 sowie die Angaben für Deutschland nicht voll vergleichbar. – Die preisbereinigten Ergebnisse für das frühere Bundesgebiet sind von 1953 bis 1969 in Preisen von 1991, von 1970 bis 1991 in Preisen von 1995 dargestellt. Die Ergebnisse für Deutschland werden in Preisen des jeweiligen Vorjahres als Kettenindex nachgewiesen.

nach: Angaben des Statistischen Bundesamtes, Wiesbaden 2011

Bedeutung

Das Wirtschaftswachstum ist eine zentrale Kennziffer zur Beurteilung der volkswirtschaftlichen Leistungsfähigkeit und des Wohlstandszuwachses einer Volkswirtschaft. Es wird davon ausgegangen, dass durch einen Zuwachs an bereitgestellten Gütern und Dienstleistungen und die damit verbundene höhere Bedürfnisbefriedigung auch mehr gesellschaftlicher Wohlstand einhergeht.

Ziel

Im „Gesetz zur Förderung der Stabilität und des Wachstums der Wirtschaft (StWG)" vom 8. Juni 1967 ist in § 1 ein „stetig steigendes und angemessenes Wirtschaftswachstum" als wirtschaftspolitische Zielsetzung festgeschrieben. Durch das Wirtschaftswachstum soll eine angenommene damit einhergehende Erhöhung der Beschäftigung und der internationalen Konkurrenzfähigkeit, der Erhalt des sozialen Friedens sowie eine gerechtere Einkommens- und Vermögensverteilung erreicht werden.

Arten des Wachstums

Bleiben Umweltfaktoren bei der Ermittlung des Wachstums unberücksichtigt, so spricht man von **quantitativem Wachstum**. Da dies jedoch nicht mehr zeitgemäß ist und neben der mengenmäßigen Erhöhung der volkswirtschaftlichen Leistungen auch Umweltaspekte zu berücksichtigen sind, ist der Begriff des **qualitativen Wachstums** entstanden.

Kritik an der Theorie des Wachstums[1]

An der Wachstumstheorie werden verschiedene Aspekte kritisiert:

- Für die Berechnung des Bruttoinlandsprodukts wird ausschließlich „bezahlte Arbeit" berücksichtigt. Das bedeutet beispielsweise, dass **Eigenleistungen** oder **Nachbarschaftshilfe**, ebenso aber auch die **Schwarzarbeit** unberücksichtigt bleiben.
- Andererseits erhöhen notwendige **Leistungen durch Unfälle, Kriege oder Naturkatastrophen** das Bruttoinlandsprodukt.
- Das Wachstum allein gibt **keine Hinweise über die Verteilung der erbrachten Leistungen**. So können z. B. trotz steigenden Wachstums Regionen oder bestimmte gesellschaftliche Personengruppen verarmen.
- **Langlebige Gebrauchsgüter** der privaten Haushalte fließen nur in der Anschaffungsperiode in vollem Umfang in die Berechnungen ein, obwohl sie über mehrere Wirtschaftsperioden Nutzen bringen.
- Um **Schwankungen in der Bevölkerungszahl** zu berücksichtigen, dürfte nur das Wachstum pro Kopf berechnet und für Vergleiche herangezogen werden.

Deshalb sollten solche, die Lebensqualität der Menschen sehr stark beeinflussenden Aspekte zu einer stärker qualitativen Betrachtungsweise führen.

Alternative Indikatoren[2]

Eine Reihe von alternativen Wohlstandsindikatoren, wie z. B. der Net Economic Welfare (NEW), versucht, diese Kritikpunkte zu berücksichtigen. Ein Problem stellt jedoch die Bewertung des Umfangs und der tatsächlichen Preise der o. g. Problemfälle dar sowie die Frage, von wem diese Bewertung vorgenommen werden kann oder sollte.

[1] u. [2] vgl. Schmitz, Udo u. a.: Volkswirtschaftliches Handbuch, Stuttgart, Düsseldorf, Leipzig 2002, S. 173 ff.

AWG/AWV/Ausfuhrliste

Rahmen des deutschen Außenwirtschaftsrechts

Außenwirtschaftsgesetz (AWG)

enthält die Grundsätze des freien Außenhandels und die konkreten Voraussetzungen für eine Einschränkung des freien Handels (s. S. 140 ff.)

Inhalt:

- Anwendungsgebiet
- Beschränkungsmöglichkeiten (Verbote, Genehmigungspflichten)
- Genehmigungsbehörden (z. B. Bundesamt für Wirtschaft, Bundesausfuhramt)
- Straf- und Bußgeldvorschriften

Außenwirtschaftsverordnung (AWV)

regelt aufgrund der Ermächtigung durch einzelne Vorschriften des AWG das Einfuhr- und Ausfuhrverfahren (s. S. 140 ff.)

Ausfuhrliste

wird als Anlage zur AWV geführt und enthält eine genaue Auflistung aller genehmigungspflichtigen Waren (s. S. 140 ff.)

Beispiele:

- Liste für Waffen, Munition und Rüstungsmaterial
- gemeinsame Warenliste der EU für Waren mit doppeltem Verwendungszweck (Rechner, allgemeine Elektronik usw.)

Einfuhrgenehmigung

Grundsätzlich ist nach dem AWG die Einfuhr **genehmigungsfrei**.

Genehmigungspflichtige Einfuhr	
gemäß AWG	**gemäß EU-Recht**
- Die einfuhrgenehmigungspflichtigen Waren stehen in der **Einfuhrliste**. - Die **Einfuhrgenehmigung** muss beim zuständigen Bundesamt beantragt werden.	- Der Schutz bestimmter **Wirtschaftszweige** oder bestimmter **Warengruppen** steht im Vordergrund. - Es muss eine **Einfuhrlizenz** beim zuständigen Bundesamt beantragt werden.

Genehmigungsvorbehalte

Für Güter, die sowohl im zivilen als auch im militärischen Bereich nutzbar sind, gibt es in der EG-Dual-Use-VO Genehmigungsvorbehalte.

Weiterhin gibt es **nationale Genehmigungsvorbehalte** gemäß der Außenwirtschaftsverordnung (AWV).

Diese unterscheidet zwischen Gütern, die in der Anlage AL zur AWV, der sogenannten **Ausfuhrliste**, aufgeführt sind, und nicht in der Ausfuhrliste gelisteten Gütern, die für einen bestimmten Zweck verwendet und in ein bestimmtes Zielland exportiert werden sollen. Grundsätzlich ist **vom Ausführer zu prüfen**, ob die zum Export bestimmten Güter von Teil I der Ausfuhrliste erfasst sind. Teil I der Ausfuhrliste besteht aus zwei Abschnitten:

Ausfuhrgenehmigung

Gemäß AWG sind u. a. folgende **Ausfuhrbeschränkungen** möglich:

- Exporte von Waffen in Spannungsgebiete
- Exporte in Staaten, über die internationale Organisationen Embargos verhängt haben (z. B. haben die UN den Iran mit einem Embargo belegt, um ihn daran zu hindern, eine Atombombe zu bauen)
- Export von Waren, deren Ausfuhr einen Versorgungsengpass im Inland herbeiführen könnte
- zum Schutz der Waren vor minderwertiger Lizenzfertigung bzw. Nachahmung (Plagiat)

- Abschnitt A: Liste für Waffen, Munition und Rüstungsmaterial
- Abschnitt C: Liste, die mit Anhang I der EG-Dual-Use-VO identisch und um nationale Sonderpositionen (900er-Kennung) ergänzt ist (z. B. Antriebssysteme, Hubschrauber- oder Herstellungsausrüstung), vgl. http://www.zoll.de/b0_zoll_und_steuern/f0_aussenwirtschaft/a0_unternehmen/a0_warenverkehr/a0_warenausfuhr/c0_ausfuhrbeschraenkungen/b0_genehmigung/index.html

Begriffliche Einordnung

Als Geburtsstunde der Europäischen Union wird allgemein das Inkrafttreten des Vertrags von Maastricht (1. November 1993)[1] angesehen. Zu diesem Zweck haben die meisten EU-Mitgliedsstaaten als Kernbereiche einen europäischen **Binnenmarkt** und eine gemeinsame **Wirtschafts- und Währungsunion** vereinbart.

- **Europäischer Binnenmarkt:**
  Er umfasst den ungehinderten Verkehr von Waren, Dienstleistungen, Kapital und Personen **innerhalb** des EU-Wirtschaftsraums.

- **Wirtschaftsunion:**
  Bei ihr geht es um einen einheitlichen **Markt** mit freiem Güter-, Kapital- und Personenverkehr und einer möglichst abgestimmten Wettbewerbs- und Wirtschaftspolitik.

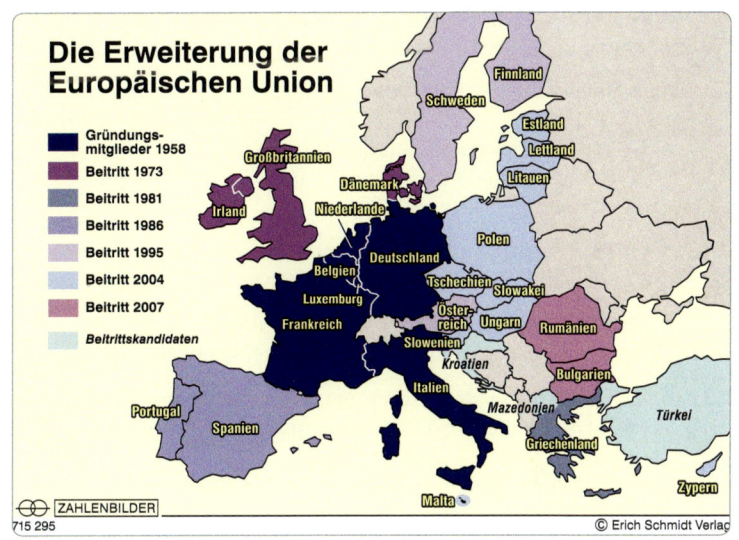

Auch Island gehört inzwischen zu den Beitrittskandidaten.

- **Währungsunion:**
  Die Verwirklichung einer europäischen Währungsunion beinhaltet in seiner letzten Stufe (1999) eine gemeinschaftliche **Geldpolitik**, die mithilfe des Europäischen Systems der Zentralbanken (ESZB) und einer gemeinsamen Währung umgesetzt werden soll (siehe auch Seite 377 ff.).

Deutschlands Rolle im Welthandel

Die große wirtschaftliche Bedeutung der Bundesrepublik Deutschland als Exportnation geht aus ihrem Welthandelsanteil und ihren Exportanteilen innerhalb regionaler Freihandelszonen hervor:

Was hat Deutschland vom europäischen Binnenmarkt?		
Welthandel gesamt	597	786
Anteil EU 15 (54,65 %)	337	430
Anteil EU 25 (63,41 %)	383	499
Umfang in Mrd. Euro:	2000	2005

Quelle: Statistisches Bundesamt

AUSSENHANDEL (side tab)

Intraregionale Warenexporte 1970–2004 – Anteil der Exporte innerhalb regionaler Freihandelszonen in %								
	Gründungsjahr	1970	1980	1990	1995	2000	2003	2004
EU (25)	2004	60,1	60,9	67,1	66,1	67,2	67,6	67,0
EU (15)	1958	59,5	60,8	65,9	62,4	62,1	61,7	61,1
MERCOSUR (Mercado Común del Sur)	1994	9,4	11,6	8,9	20,3	20,0	11,9	12,0
NAFTA (North American Free Trade Agreement)	1992	36,0	33,6	41,4	46,2	55,7	56,1	55,2
ECOWAS (Economic Community of West African States)	1975	2,9	9,6	8,0	9,0	7,6	8,3	8,2
SADC (Southern African Development Community)	1992	4,2	0,4	3,1	10,6	9,3	9,1	8,8
ASEAN (Association of South-East Asian Nations)	1967	22,4	17,4	19,0	24,6	23,0	22,0	22,0

Quellen: UNCTAD 2004; UNCTAD 2005[2]

[1] vgl. Weidenfeld, W., Wessels, W. (Hrsg.): Europa von A bis Z. Taschenbuch der europäischen Integration, Bonn 2002 (Nachdruck 2004), S. 370 ff.
[2] aus: Debiel, T., Messner, D., Nuscheler, F. (alle drei Hrsg.): Globale Trends 2007. Frieden, Entwicklung, Umwelt, Bonn 2006, S. 283

Welthandelsorganisation (World Trade Organization/WTO)

Als Aufsicht über den Handel der Nationen wurde die Welthandelsorganisation **(WTO)** ins Leben gerufen, die für die **Überwachung** und **Schlichtung** von Handel und Konflikten zuständig ist.

Im Rahmen dessen wurden folgende Abkommen geschlossen:

- **GATT** (General Agreement on Tariffs and Trade/Allgemeines Zoll- und Handelsabkommen):
  ist für die Einhaltung der Regeln im freien Welthandel zuständig und hat den Abbau von Zoll- und Handelshemmnissen zum Ziel.

- **GATS** (General Agreement on Trade in Services):
  ist für die Einhaltung der Regeln im freien Dienstleistungshandel zuständig.

- **TRIMS** (Trade-related Investment Measures):
  ist für die Einhaltung der Regeln für handelsbezogene Direktinvestitionen zuständig.

- **TRIPS** (Trade-related Aspects of Intellectual Property Rights):
  ist für die Einhaltung der Regeln zum Schutz des geistigen Eigentums zuständig.

Trotz dieser Einrichtungen und Abkommen versuchen viele Länder, ihre Volkswirtschaften durch **Handelsbeschränkungen** zu schützen.

Handelsbeschränkungen können Zölle, Subventionen, Ein- und Ausfuhrverbote, mengenmäßige Beschränkungen (Kontingente) usw. sein.

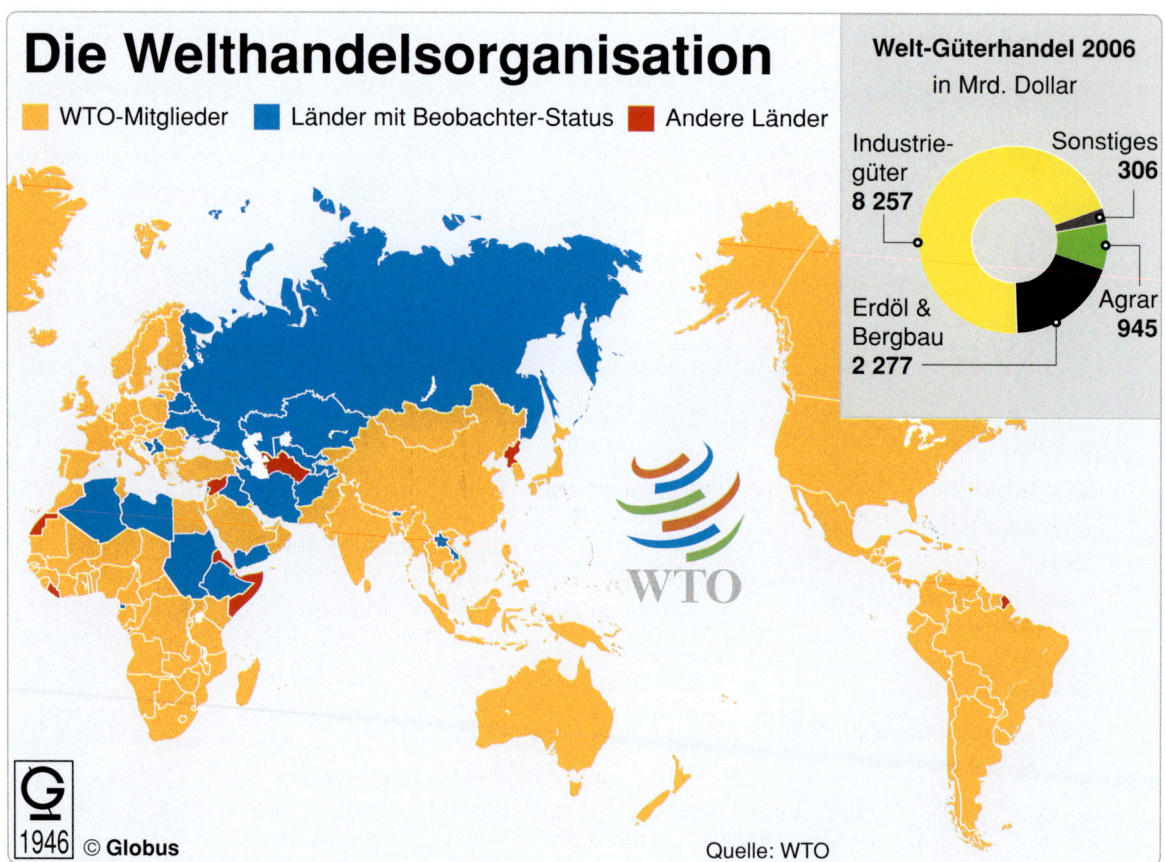

Die Welthandelsorganisation

- WTO-Mitglieder
- Länder mit Beobachter-Status
- Andere Länder

Welt-Güterhandel 2006
in Mrd. Dollar

Industriegüter **8 257**
Sonstiges **306**
Erdöl & Bergbau **2 277**
Agrar **945**

1946 © Globus

Quelle: WTO

Instrumente der Handelspolitik

Handelspolitik

nationale Instrumente		bilaterale Instrumente		multilaterale/internationale Instrumente	
Arten	**Ziele**	**Arten**	**Ziele**	**Arten**	**Ziele**
Zölle	Preiserhöhung	Handelsverträge	langfristige Regelung der Handelsbeziehungen	GATT/WTO	Abbau von Zoll- und Handelshemmnissen
Subventionen	Preissenkung			Zoll- und Handelsabkommen der EU	wechselseitige Präferenzen
Kontingente	mengenmäßige Beschränkungen	Handelsabkommen	kurzfristige Vereinbarungen konkreter Maßnahmen	Rohstoffabkommen	Warenvereinbarungen zwischen Erzeuger- und Verbraucherländern
Ein-/Ausfuhrverbote	Verhinderung von Wirtschaftsbeziehungen				
nicht tarifäre Handelshemmnisse	willkürliche/ verdeckte Behinderungen				

aus: Jahrmann, Fritz-Ulrich, Außenhandel, 11. Auflage, Ludwigshafen 2004, S. 31

Obwohl zahlreiche Organisationen gegründet und Abkommen geschlossen wurden, um den Welthandel zu laberalisieren, führen die obigen Instrumente der Handelspolitik zum Teil zu Handelsbeschränkungen.

Die EU hat mit zahlreichen Ländern Zoll- und Handelsabkommen abgeschlossen, die den Wirtschaftsverkehr mit diesen Ländern erleichtern sollen **(Präferenzräume)**. Das GATT ist ausdrücklich für eine solche Bildung von Präferenzräumen, da dies als ein Schritt gesehen wird, die Handelshemmnisse bzw. Handelsschranken abzubauen. Präferenzräume bieten für die Handelspartner die Möglichkeit, beim Import von Waren **Zollvergünstigungen** bis zu 10 % des Warenwertes zu erhalten.

Grundvoraussetzung ist aber, dass der **Ursprung** der importierten Waren im **Präferenzland** liegt (Nachweis durch **Ursprungszeugnis**, **Warenverkehrsbescheinigung** oder **Ursprungserklärung**). Neben diesen wirtschaftlichen Vorteilen werden u. a. folgende **Ziele** durch Präferenzabkommen von der EU verfolgt:

- Intensivierung/Festigung der politischen und wirtschaftlichen Beziehungen zu den Präferenzpartnern
- Ausbau und Förderung der sozialen, wirtschaftlichen und politischen Entwicklung in den Präferenzpartnerländern
- Vorstufe zur Aufnahme von EU-Beitrittsverhandlungen

Zweiseitige Abkommen

Die Zollerleichterungen gelten für den Wirtschaftsraum der EU und das Präferenzland.

Einseitige Abkommen

Die Zollerleichterungen gelten nur für den EU-Wirtschaftsraum, d. h., die Präferenzländer bekommen bei ihren Exporten **Zollvergünstigungen**, ohne dass sie ihren Wirtschaftsraum für die Länder der EU öffnen.
Beispiel:
Entwicklungsländer werden durch diese einseitige Maßnahme gefördert und unterstützt.

Zollerleichterung im Rahmen der europäischen Demokratie-Hilfe

Der EU-Sondergipfel vom 11.03.2011 will den nordafrikanischen Ländern wie Ägypten und Tunesien mit der sogenannten **Transformationspartnerschaft** politische und wirtschaftliche Hilfe anbieten. Für die Länder, die sich im Übergang zur Demokratie befinden, soll es konkrete Zollerleichterungen geben, für die die Europäische Investitionsbank zuständig sein soll. Bis 2013 können im Rahmen der EU-Nachbarschaftspolitik vier Mrd. Euro vergeben werden, wobei hier eine Kopplung mit Kriterien wie Demokratie, Beachtung der Menschenrechte und der Rechtsstaatlichkeit vorgesehen ist.

AUSSENHANDEL

Präferenzräume der EU

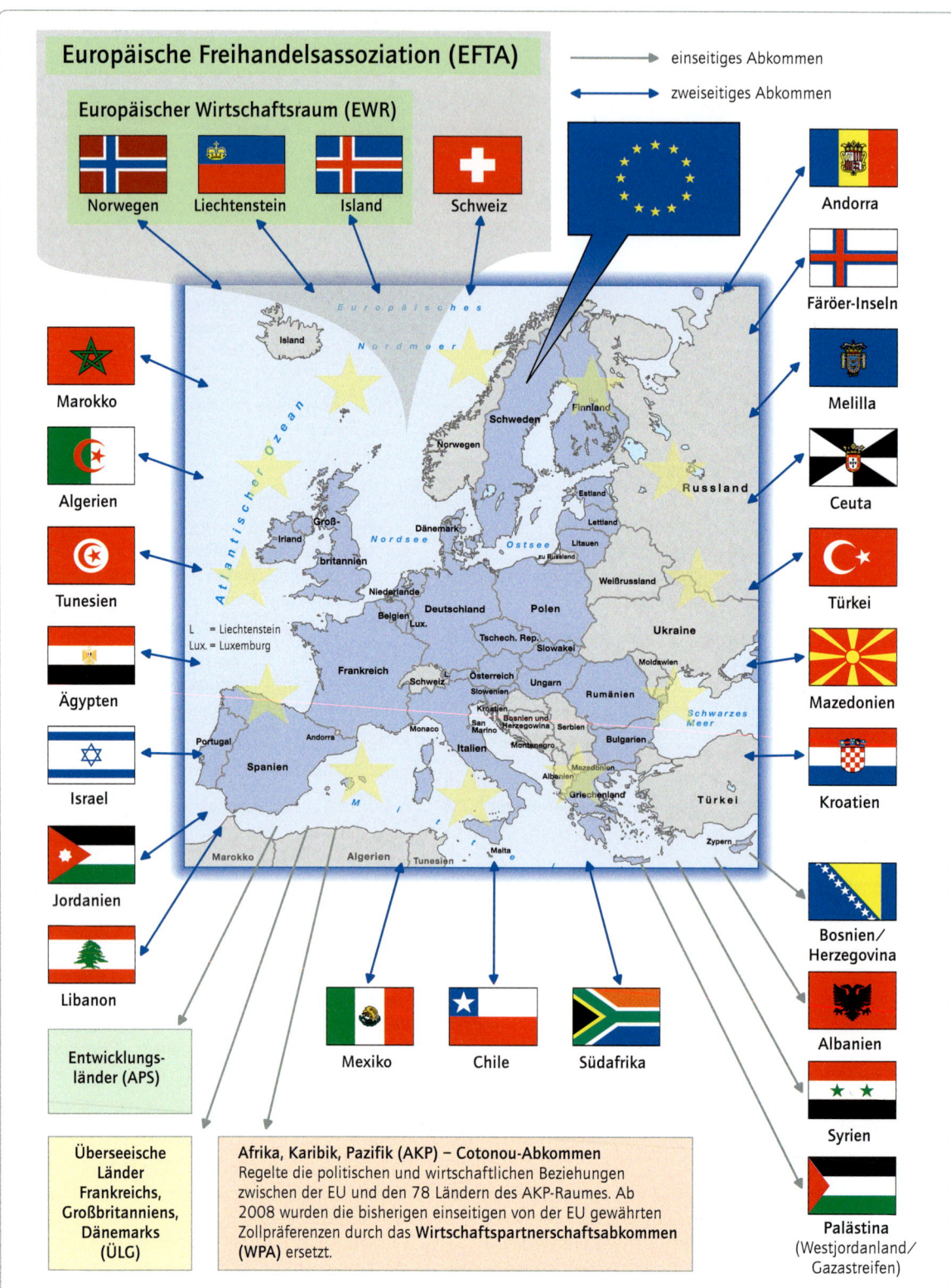

Europäische Freihandelsassoziation (EFTA)

→ einseitiges Abkommen

↔ zweiseitiges Abkommen

Europäischer Wirtschaftsraum (EWR)

Norwegen Liechtenstein Island Schweiz

Andorra

Färöer-Inseln

Melilla

Ceuta

Türkei

Mazedonien

Kroatien

Bosnien/Herzegovina

Albanien

Syrien

Palästina
(Westjordanland/Gazastreifen)

Marokko

Algerien

Tunesien

Ägypten

Israel

Jordanien

Libanon

L = Liechtenstein
Lux. = Luxemburg

Mexiko Chile Südafrika

Entwicklungs-länder (APS)

Überseeische
Länder
Frankreichs,
Großbritanniens,
Dänemarks
(ÜLG)

Afrika, Karibik, Pazifik (AKP) – Cotonou-Abkommen
Regelte die politischen und wirtschaftlichen Beziehungen zwischen der EU und den 78 Ländern des AKP-Raumes. Ab 2008 wurden die bisherigen einseitigen von der EU gewährten Zollpräferenzen durch das **Wirtschaftspartnerschaftsabkommen (WPA)** ersetzt.

7

AUSSENHANDEL

Instrumente der Handelspolitik

Wirtschaftspartnerschaftsabkommen (WPA) – Economic Partnership Agreement (EPA)

Auf Grundlage des Cotonou-Abkommens verhandelten die EU und die AKP-Staaten die Wirtschaftspartnerschaftsabkommen.

vgl. Bundesministerium für wirtschaftliche Zusammenarbeit und Entwicklung, EU 2007, BMZ MATERIALIEN 174. Wirtschaftspartnerschaftsabkommen zwischen AKP-Staaten und EU

Es wurde in folgenden sechs Regionalverbünden verhandelt:

- **Zentralafrika (CEMAC-EPA)**
  Hauptausfuhr: Erdöl (47 %), Holz (23 %), Bananen (5 %), Kakao (4 %)

- **westliches Afrika (ECOWAS-EPA)**
  Hauptausfuhr: Erdöl (45 %), Kakao (21 %), Fisch (5 %), Holz (4 %), Eisen/Aluminium (4 %)

- **südliches Afrika (SADC-EPA)**
  Hauptausfuhr: Diamanten (42 %), Erdöl (17 %), Aluminium (13 %), Fisch (8 %), Gold (6 %)

- **südliches und östliches Afrika (ESA-EPA)**
  Hauptausfuhr: Textilien (15 %), Fisch (11 %), Diamanten (9 %), Zucker (8 %), Schnittblumen (7 %)

- **karibische Region (CARIFORUM-EPA)**
  Hauptausfuhr: Schiffe (23 %), Mineral Korund (10 %), Ethanol (10 %), Zucker (8 %), Flugzeuge (7 %)
  Schiffe und Flugzeuge werden nicht in der Karibik hergestellt, sondern als „Handelsware" weiterverkauft.

- **pazifische Region (Pazifik-EPA)**
  Hauptausfuhr: Palmöl (36 %), Zucker (16 %), Kupfererz (13 %), Kaffee (7 %), Fisch (5 %)

Ziele

Die EPAs haben das Ziel, eine schrittweise Integration der AKP-Staaten in die Weltwirtschaft zu unterstützen. Damit dies gelingt, müssen sowohl die EU als auch die AKP-Staaten ihre Märkte öffnen und Handelsbeschränkungen abbauen.

Die AKP-Staaten wurden hier allerdings mit langen Übergangsfristen bedacht. Sensible Produkte können aber auch ganz von der Liberalisierung ausgeschlossen werden. Von dieser Liberalisierung verspricht man sich niedrigere Verbraucherpreise und wettbewerbsfähigere Industrien in den AKP-Staaten.

Als problematisch dagegen wird angesehen, dass es dadurch zu niedrigeren Zolleinnahmen der AKP-Staaten kommen kann. Um dies auszugleichen, wurden lange Übergangsfristen eingeräumt. Ferner sollen diese Länder durch eine intensivere Entwicklungszusammenarbeit unterstützt werden, in deren Rahmen z. B. neue Besteuerungssysteme entwickelt und die jeweilige Wirtschaft gefördert werden sollen.

Vorteile

Die EPAs ermöglichen es, die Marktzugangspräferenzen für die AKP-Staaten in die EU zu erhalten und zu verbessern. Sie beinhalten folgende Vorteile:

- Verbesserung der Marktzugangspräferenzen für die AKP-Staaten in die EU
- Berücksichtigung des Entwicklungsstandes und der Schutzbedürftigkeit einzelner Sektoren bei der Marktöffnung in den AKP-Staaten
- Unterstützung durch handelsbezogene Entwicklungszusammenarbeit

- Breiter Ansatz: Stärkung der regionalen Integration, Stärkung der Produktions- und Handelskapazität sowie entwicklungsförderliche Gestaltung handelsbezogener Themen
- Sicherstellung des Zusammenhangs von Handel und Entwicklung

Nachteile und Befürchtungen

- ungleiche Anpassungskosten
- Zerstörung sensibler Entwicklungssektoren durch ungeschützte und vorschnelle Liberalisierung sowie die Unterminierung der bisherigen Ansätze regionaler Integration

- Befürchtung, dass die Armut nicht verringert, sondern verstärkt wird

AUSSENHANDEL

8 Preispolitische Maßnahmen erfolgsorientiert vorbereiten und steuern

Begriffliche Abgrenzung

Die Preis- und Konditionenpolitik, in der fachwissenschaftlichen Literatur häufig als Kontrahierungspolitik zusammengefasst, kennzeichnet die folgenden Entscheidungsbereiche eines Unternehmens bei der Berechnung des Verkaufspreises:

Zielsetzung

Ziel des Einsatzes dieses absatzpolitischen Instruments ist es, unter Berücksichtigung der Kosten im Unternehmen und des preispolitischen Verhaltens der Mitbewerber (Konkurrenten) sowie der Konsumenten langfristig den Unternehmensgewinn zu sichern und zu steigern.

Die Entgeltpolitik muss in die Unternehmensphilosophie, die allgemeine Unternehmenszielsetzung, eingebettet sein.

Strategien der Preis- und Konditionenpolitik

Strategies for terms and pricing policy

Begriff

Das Großhandelsunternehmen muss zwar täglich seine Entgeltpolitik überprüfen, wird aber trotzdem versuchen, **mittel- bis langfristige Grundsatzentscheidungen** bei der Preis- und Konditionenpolitik zu fällen. Diese Entscheidungen werden in der Fachliteratur als **Preisstrategien** bezeichnet. Marktgegebenheiten, z. B. der Preisdruck von Mitbewerbern, können allerdings dazu führen, dass auch bei der strategischen Planung der Entgeltpolitk kurzfristig Änderungen vorgenommen werden müssen.

Überblick

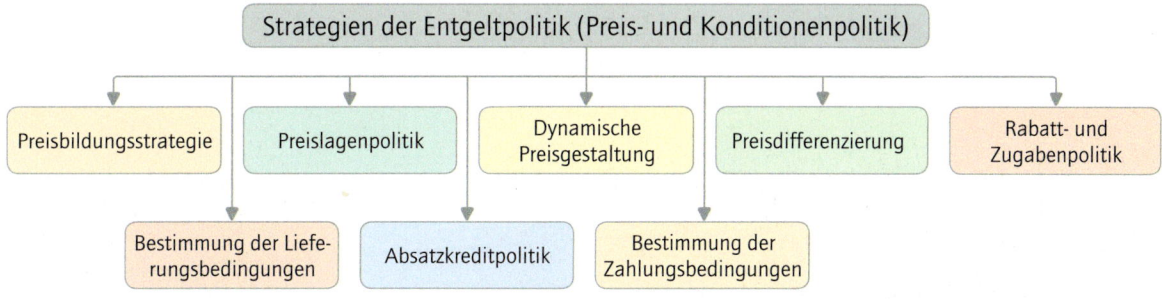

Preisbildungsstrategie

Einflussgrößen der Preispolitik

Der Preis eines Produktes wird **betriebsintern** durch die Kosten und **betriebsextern** durch die Marktbedingungen – das Verhalten der Mitbewerber und Kunden – beeinflusst.

Ein Unternehmen muss versuchen, zwischen der **kosten-** und der **marktorientierten Preisbildung** eine Verbindung herzustellen.

Preisbildungsstrategie

Kostenorientierte Preisfindung

Jedes Großhandelsunternehmen wird bei der kostenorientierten Preisfindung zunächst fragen, welche Kosten eine Ware durch Einkauf, Lagerung, Verkauf und Verwaltung verursacht.

Unter Berücksichtigung dieser Kosten ermitteln die Großhändler dann den Verkaufspreis einer Ware mithilfe des folgenden **Kalkulationsschemas**:

Beispiel:
Der Listeneinkaufspreis des Schreibtischsets „Futura" beträgt 130,00 €; der Lieferant gewährt 20 % Rabatt und 2 % Skonto. Frachtkosten: 10,00 €. Die Bellheim-BüroService GmbH kalkuliert mit 18 % Handlungskosten, 10 % Gewinn, 3 % Kundenskonto, 10 % Kundenrabatt und 19 % Umsatzsteuer.

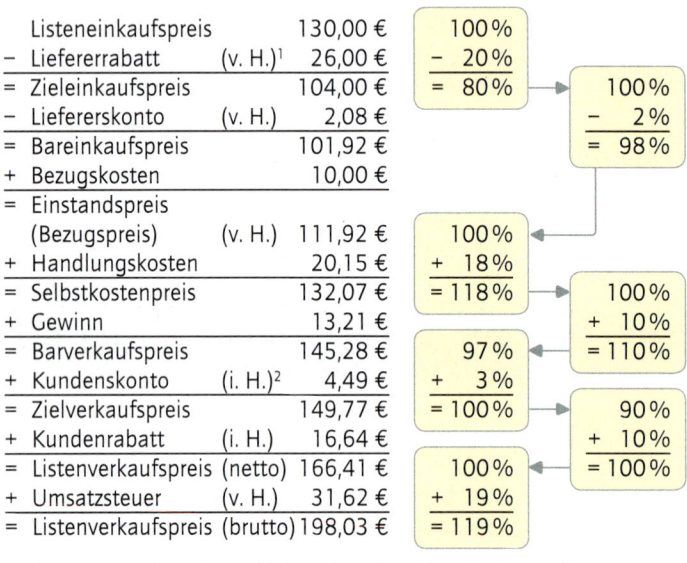

Listeneinkaufspreis		130,00 €
− Liefererrabatt	(v. H.)[1]	26,00 €
= Zieleinkaufspreis		104,00 €
− Liefererskonto	(v. H.)	2,08 €
= Bareinkaufspreis		101,92 €
+ Bezugskosten		10,00 €
= Einstandspreis (Bezugspreis)	(v. H.)	111,92 €
+ Handlungskosten		20,15 €
= Selbstkostenpreis		132,07 €
+ Gewinn		13,21 €
= Barverkaufspreis		145,28 €
+ Kundenskonto	(i. H.)[2]	4,49 €
= Zielverkaufspreis		149,77 €
+ Kundenrabatt	(i. H.)	16,64 €
= Listenverkaufspreis (netto)		166,41 €
+ Umsatzsteuer	(v. H.)	31,62 €
= Listenverkaufspreis (brutto)		198,03 €

Prozentschema:
- 100 % − 20 % = 80 %
- 100 % − 2 % = 98 %
- 100 % + 18 % = 118 %
- 100 % + 10 % = 110 %
- 97 % + 3 % = 100 %
- 90 % + 10 % = 100 %
- 100 % + 19 % = 119 %

[1] v. H.: vom Hundert (Grundwert), [2] i. H.: im Hundert (verminderter Grundwert)

Bezugskosten sind zum *Beispiel:*

- Fracht, Hausfracht (Rollgeld)
- Kosten für Wiegen, Verladen, Verpackung
- Zoll und Transportversicherung

Handlungskosten sind Kosten, die durch Beschaffung, Lagerung und Verkauf der Waren entstehen, wie zum *Beispiel:*

- Löhne und Gehälter des Personals
- Abschreibungen auf das abnutzbare Anlagevermögen
- Transport- und Verpackungskosten beim Verkauf
- Verwaltungskosten
- Zinsen für das in den Waren gebundene Kapital

Der Wettbewerbsdruck durch die Mitbewerber kann ein Unternehmen dazu zwingen, den kalkulierten Verkaufspreis zu unterschreiten. Dabei stellt sich für ein Unternehmen die Frage, bis zu welcher **Preisuntergrenze** ein Produkt angeboten werden kann.

Für einen **längeren Zeitraum** kann ein Unternehmen das Produkt zum Selbstkostenpreis anbieten (z. B. in konjunkturschwachen Zeiten). **Kurzfristig** kann der Verkaufspreis bis zur Höhe der variablen Kosten gesenkt werden, da die fixen Kosten unabhängig von der Produktionsmenge gleichbleibend anfallen.

> langfristige Preisuntergrenze = Höhe der Selbstkosten

> kurzfristige Preisuntergrenze = Höhe der variablen Kosten

Variable Kosten: beschäftigungs-(umsatz-)abhängige Kosten, z. B. Wareneinsatz

Fixe Kosten: beschäftigungs-(umsatz-)abhängige Kosten, z. B. Leasingrat für EDV-Anlage

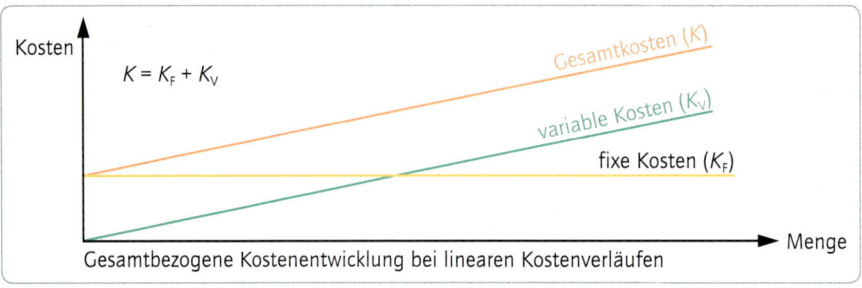

$K = K_F + K_V$

Gesamtbezogene Kostenentwicklung bei linearen Kostenverläufen

Preisbildungsstrategie

Kundenorientierte Preisfindung

Jedes Unternehmen muss sich bei der Preisfindung an der **Kaufkraft der Kunden** orientieren. Deshalb wird sich die Preisgestaltung auch an den am Markt erzielbaren Preisen ausrichten. Liegt der bisher kalkulierte Preis über dem am Markt realisierbaren, muss das Unternehmen nach Möglichkeiten suchen, Kosten zu senken, z. B. bei der Beschaffung. Kosten können auch reduziert werden, indem die Absatzmenge gesteigert wird. In diesem Fall werden die Fixkosten auf eine größere Absatzmenge verteilt; man spricht von der Fixkostendegression.

Den Zusammenhang zwischen der abgesetzten Menge und den erzielbaren Marktpreisen drückt die sogenannte Preis-Absatz-Funktion aus. Sie zeigt auf, welche Mengen zu welchen Preisen absetzbar sind.

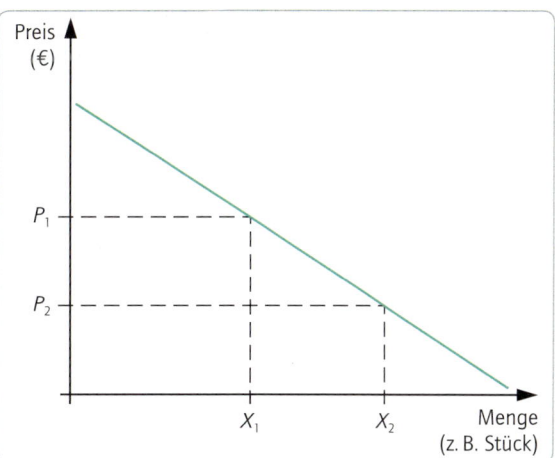

Konkurrenzorientierte Preisfindung

Bei der konkurrenzorientierten Preisfindung beziehen die Unternehmen die preispolitischen **Verhaltensweisen der Mitbewerber** in ihre Preisgestaltung ein.
Die Unternehmen können einerseits aggressive Preispolitik betreiben, um so Marktanteile auf Kosten der Mitbewerber zu gewinnen. Sinnvoll ist diese Preispolitik nur, wenn durch den gesteigerten Gesamtumsatz der geringere Erlös pro Stück mindestens ausgeglichen werden kann.
Andererseits können sich die Unternehmen an die Preispolitik der Mitbewerber anpassen, die Preisführerschaft von mächtigen Konkurrenten wird dabei anerkannt.

aus: Bentin, Margit u. a.: Handlungsorientierte Materialien in Wirtschaft und Verwaltung. Absatz/Marketing, 3., durchgesehene Aufl., Darmstadt 2006, S. 49

Preislagenpolitik

Die meisten Großhandelsunternehmen können es sich aus Wettbewerbsgründen nicht leisten, Waren nur einer Preislage zu führen. Ihre Kunden, unterschiedlichste Einzelhandelsunternehmen, verlangen ein Warenangebot in verschiedenen Preislagen. Das Großhandelsunternehmen wird aber aus Kostengründen versuchen, einen **Schwerpunkt** bei seiner Preislagenpolitik zu setzen. Diese Entscheidung ist zum einen abhängig von den **Kundenwünschen**, andererseits wird auch die **Gewinnerwartung** beim Verkauf der Waren in unterschiedlichen Preissegmenten eine Rolle spielen. Je nachdem, ob das Großhandelsunternehmen mittel- bis langfristig eher mit einer niedrigeren oder eher mit einer höheren Gewinnspanne beim einzelnen Produkt kalkuliert, wird prinzipiell zwischen einer **Niedrig-** und einer **Hochpreisstrategie** unterschieden. Gerade bei der Verfolgung einer Hochpreisstrategie wird das Großhandelsunternehmen bemüht sein, die angebotenen Leistungen (z. B. Personalschulungen) als Teil des **Preis-Leistungs-Verhältnisses** besonders positiv herauszustellen.

Der folgende Ausschnitt aus der Homepage eines Großhandelsunternehmens zeigt, wie mit einer Niedrigpreisstrategie bei potenziellen Kunden geworben wird:

Beispiel: **Preislagenpolitik**
Der Preis stimmt! Die Kalkulationsgrundlage für unsere Sortimente ist die Maßgabe, unter den drei aggressivsten Preisen im Markt zu liegen. Der IT2U-Preis für ein Produkt des von uns vertretenen Sortiments liegt definitiv unter dem marktüblichen Großhandelspreis. Wir orientieren uns nicht an Durchschnittspreisen – wir wollen zu den Aggressivsten gehören. Aufgrund unserer hocheffizienten Prozesse und verlässlich hoher Stückzahlen können wir dieses Vorhaben auch täglich in unserer Preisliste dokumentieren.
Ebenfalls zu unserer Preispolitik rechnen wir die Konditionenregelung. Das sind alle Vereinbarungen, die über den Preis hinausgehen. Wir sind also im Contracting zu flexiblen Regelungen bereit. Das umfasst insbesondere:

- die Liefermengen auch über eine Abrufphase
- die Warenübernahme bzw. -zustellung (Ort und Zeit)
- die Transportmittel
- den Zeitpunkt des Gefahrenübergangs
- die Verteilung der zwischen Verwendung und Ankunft aufgelaufenen Kosten (Abgaben, Zölle ...)

Für unsere internationalen Geschäftspartner sind wir routiniert in der INCOTERM-gerechten Bearbeitung Ihrer Orders und erfahren in der termingerechten Erstellung von Zoll- und Shippingpapieren.

aus: www.it2u.de/preispolitik.html, 13. Mai 2007

Preislagenpolitik

Beispiel: Schwerpunktsetzung bei der Preislagenpolitik der Bellheim-BüroService GmbH:

Gesamtsortiment der Bellheim-BüroService GmbH		
obere Preislage 25 % des Sortiments	**mittlere Preislage** 40 % des Sortiments	**untere Preislage** 35 % des Sortiments

Der gewählte Schwerpunkt bei der Wahl der Preislage kann sich je nach Produktgruppe stark unterscheiden. Beispielsweise ist es denkbar, dass beim Angebot von Dokumenten- mappen eher Produkte der oberen und mittleren Preislage angeboten werden und bei Kopierpapier eher die untere und mittlere Preislage den Angebotsschwerpunkt bilden.

Dynamische Preisgestaltung

Mit der dynamischen Preisgestaltung versucht ein Unternehmen, Preise flexibel an die Marktsituation anzupassen. Das kann z. B. durch einen niedrigen Einführungspreis für ein neues Produkt geschehen, um so schnell einen großen Umsatz zu erzielen (sogenannte **Penetrationsstrategie**).

Eine andere Möglichkeit wäre, zunächst einen hohen Preis zu verlangen, der von einer bestimmten Käuferschicht akzeptiert wird. Um danach neue Käuferschichten zu erschließen, wird der Preis schrittweise gesenkt (sogenannte **Skimmingstrategie**).

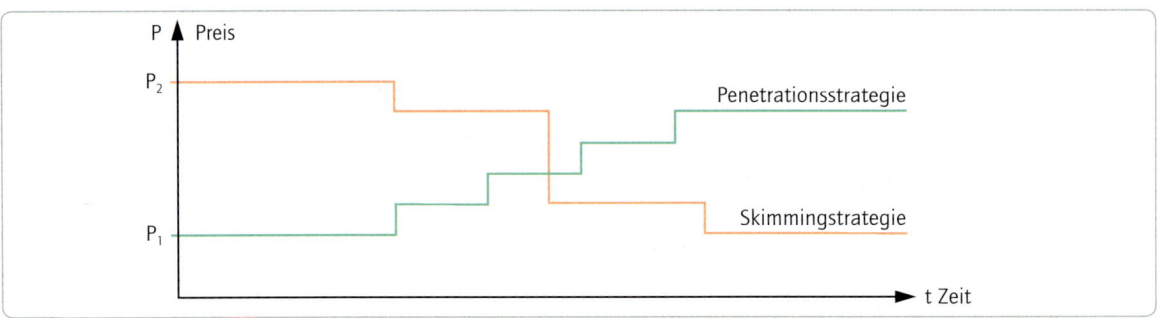

Preisdifferenzierung

Formen: [1]

- **räumliche** Preisdifferenzierung (unterschiedliche Preise in mehreren Niederlassungen, z. B. in Ballungsräumen und ländlichen Gebieten)

- **mengenmäßige** Preisdifferenzierung (z. B. Mengenrabatt)

- **zeitliche** Preisdifferenzierung (z. B. Saisonpreise)

- **personenbezogene** Preisdifferenzierung (z. B. Sonderpreise für Stammkunden oder das Verkaufspersonal)

[1] vgl. Hüttner, M. u. a., Marketing-Management, München 1994

Rabatt- und Zugabenpolitik

Die Unternehmen nutzen z. B. folgende **Preisnachlässe**, um Preisdifferenzierungen (s. o.) vornehmen zu können:

- **Mengenrabatt** (z. B. für Großabnehmer),

- **Treuerabatt** (z. B. für Stammkunden),

- **Saisonrabatt** (z. B. für spezielle Saisonverkäufe),

- **Sonderrabatt** (z. B. für Sonderaktionen),

- **Jubiläumsrabatt**,

- **Personalrabatt**,

- **Naturalrabatt** (als Drauf- oder Dreingabe),
  - Draufgabe: Kunde erhält zur gekauften Ware zusätzlich gratis eine weitere Mengeheit.
  - Dreingabe: Kunde zahlt nur einen Teil der Ware, den verbleibenden Rest erhält er gratis.

- **Bonus** (nachträglicher Preisnachlass bei Erreichen eines Mindestumsatzes),

- **Skonto** (Nachlass für vorzeitige Zahlung).

Im Rahmen der Rabattpolitik sind die beiden **Preisstellungssysteme** Brutto- und Nettopreissystem zu unterscheiden.

Rabatt- und Zugabenpolitik

Beim **Bruttopreissystem** werden in der Großhandelspreisliste Bruttopreise ausgewiesen, von denen je nach Kunde und Anlass Preisnachlässe (Rabatte) gewährt werden.

Beim **Nettopreissystem** sind für den Kunden die Endpreise direkt ablesbar, allenfalls werden je nach Abnahmemenge spezielle Staffelpreise gewährt. Das Großhandelsunternehmen addiert beim Nettopreissystem auf seinen Warenbezugspreis einen Kosten- und Gewinnzuschlag, die Summe bildet den (Netto-)Verkaufspreis. Das Nettopreissystem breitet sich im Großhandel verstärkt aus, da die Abnehmer diese Preistransparenz schätzen.

Ein besonderes preispolitisches Instrument stellen **Sonderangebote** dar. Mit dem Einsatz dieses Instrumentes hofft das Großhandelsunternehmen auf vermehrte Kundenbesuche. Damit der erhöhte Umsatz aber auch zu einem erhöhten Gewinn führt, wird der Großhändler eine unterschiedliche Kalkulation des Verkaufspreises bei Waren des **Sortimentsverbundes** nutzen.

Niedrige Preise des Sonderangebotsartikels werden ausgeglichen durch höhere Preise von Artikeln, die zusammen mit dem Sonderangebot gekauft werden. Man spricht in diesem Zusammenhang von einer **Misch-** oder **Ausgleichskalkulation**. Die niedrig kalkulierten Artikel werden dabei als **Ausgleichsnehmer**, die höher kalkulierten Artikel als **Ausgleichsträger** bezeichnet.

Ein weiteres preispolitisches Instrument stellt die **Preisbündelung** dar: Mehrere Artikel werden zu einem Bündel zusammengefasst und zu einem preisgünstigen Paketpreis angeboten. Bei der sogenannten **reinen Bündelung** werden die Artikel nur in dieser Kombination angeboten, bei der **gemischten Bündelung** können die Artikel sowohl im preiswerten Bündel als auch einzeln gekauft werden.

Bestimmung der Lieferungsbedingungen

Da es bei Großhandelsgeschäften in der Regel um große Mengeneinheiten geht, spielen die Lieferungsbedingungen meist eine große kalkulatorische Rolle. Besonders wirkt sich dies natürlich bei **sperriger** oder sehr **schwerer Ware** aus.

Kundenorientierte Lieferungsbedingungen können dazu beitragen, sich von Wettbewerbern abzuheben.

Zu den wichtigen **Lieferungsbedingungen** gehören:

- Gestaltung der Transport- und Versicherungskosten,
- Verpflichtung des Großhändlers zur Zahlung einer Konventionalstrafe (Vertragsstrafe) bei verspäteter Lieferung,
- Regelung des Umtauschrechts,
- Verzicht auf Mindermengenzuschläge.

Bestimmung der Zahlungsbedingungen

Zu den wichtigen **Zahlungsbedingungen** gehören:

- Bestimmung von Zahlungsfristen (z. B. Zahlungsziel und Skontofrist)

- Regelung der Zahlungsweise/Zahlungsabwicklung (z. B. Barzahlung, Ratenzahlung, Zahlung mit Kreditkarte)

- Valutierung von Rechnungen (Das Rechnungsdatum wird vordatiert, d. h., die Bezahlung muss erst später erfolgen.)

- Zahlungssicherung (z. B. Eigentumsvorbehalt)

- Einsatz einer Pay-back-Karte, um Bonuspunkte zu erhalten (evtl. zusätzlich zum Gebrauch der Kreditkarte)

Absatzkreditpolitik

Wichtige **absatzkreditpolitische Maßnahmen:**

- Einräumen eines Kreditrahmens unter Gewährung eines günstigen Zinssatzes (Dieses Instrument kann zur langfristigen Kundenbindung genutzt werden.)

- Zahlungsaufschub (Gerade Stammkunden erwarten hier eine gewisse Großzügigkeit des Großhändlers.)

- Leasing (Leistung einer geringen Anzahlung und laufender Ratenzahlungen während der vertraglichen Nutzungsdauer, siehe auch S. 471 f.)

Abgrenzung von der Finanzbuchhaltung

Rechnungskreis I
Finanzbuchhaltung

Rechnungskreis II
Kosten- und
Leistungsrechnung

- ist eine **externe** Rechnung, die überwiegend die finanziellen Beziehungen zwischen dem Unternehmen und der Außenwelt (z. B. Kunden, Lieferanten) erfasst;

- ist eine unternehmensbezogene Rechnung, die **alle** Erträge und Aufwendungen einer Abrechnungsperiode, unabhängig von ihrem Entstehungsgrund, aufzeichnet;

- ermittelt aus deren Gegenüberstellung in der Gewinn- und Verlustrechnung das **Gesamtergebnis** des Unternehmens;

- wird auf Konten durchgeführt;

- unterliegt gesetzlichen Vorschriften wie dem HGB, EStG, UStG usw.

- ist eine **interne** Rechnung, die der Planung, Steuerung und Kontrolle dient;

- ist eine betriebsbezogene Rechnung, die nur die Erträge (Leistungen) und Aufwendungen (Kosten) einer Abrechnungsperiode erfasst, die in engem Zusammenhang mit dem eigentlichen **Betriebszweck** – in einem Industrieunternehmen Beschaffung, Leistungserstellung (Produktion) und Absatz – stehen;

- ermittelt aus der Gegenüberstellung von Leistungen und Kosten das **Betriebsergebnis**;

- wird i. d. R. außerhalb der Konten durchgeführt;

- unterliegt keinen gesetzlichen Vorschriften.

Aufgaben

- Ermittlung des bewerteten mengenmäßigen Wareneinsatzes und der bewerteten zeitlichen Inanspruchnahme von Betriebsmitteln und Arbeitnehmern (Kostenarten) einer Abrechnungsperiode (Monat, Quartal)

- Ermittlung der Kosten in den einzelnen Kostenstellen als Grundlage für die Kostenkalkulation der Waren bzw. Dienstleistungen (Kostenträger)

- Kontrolle der Kostenentwicklung in den Kostenstellen

- Errechnung der Selbstkosten der Waren als Grundlage für die Absatzpreiskalkulation sowie für die Ermittlung der langfristigen und kurzfristigen Preisuntergrenzen

- Kontrolle der Wirtschaftlichkeit durch Gegenüberstellung von Leistungen und Kosten

Kennzahl der Wirtschaftlichkeit: $\dfrac{\text{Leistungen}}{\text{Kosten}}$

- Ermittlung des Jahres-Betriebsergebnisses (Leistungen minus Kosten) als der Teil des Unternehmensergebnisses, der auf die eigentliche betriebliche Tätigkeit zurückzuführen ist

- Durchführung kurzfristiger, z. B. monatlicher Erfolgsrechnungen und Darstellung der Anteile einzelner Waren bzw. Warengruppen am Betriebserfolg

- Lieferung von Grundlagen für Planungen und Entscheidungen der Unternehmensleitung, z. B. Kauf oder Leasing von Anlagegütern, Erweiterung oder Bereinigung des Sortiments

Kostenrechnung (Kostenarten, -stellen, -träger)

Cost accounting (cost types, cost centres, cost objectives)

Übersicht über die Kosten- und Leistungsrechnung

Kostenrechnung
Kostenartenrechnung
Kostenstellenrechnung
Kostenträgerrechnung
Welche Kosten in welcher Höhe?
Wo, an welchem Ort entstanden?
Für welche Leistungen oder Produkte?
Gesamtkosten
Personalkosten
Wareneinsatz
Abschreibungen
sonstige Kosten
Beschaffungsbereich
zum Beispiel in der Kostenstelle: Einkauf
Lagerbereich
zum Beispiel in den Kostenstellen: Verkaufslager, Reservelager, Versandlager
Absatzbereich
zum Beispiel in den Kostenstellen: Marketing, Verkauf
Verwaltungsbereich
zum Beispiel in den Kostenstellen: Personalwesen, Finanzwesen, Rechnungswesen
Warenart 1
Warenart 2
Warenart 3
Warenart 4
Gesamtleistung
Absatzleistung: für den Absatz bestimmte Waren
Umsatzerlöse aus Waren
Leistungsrechnung

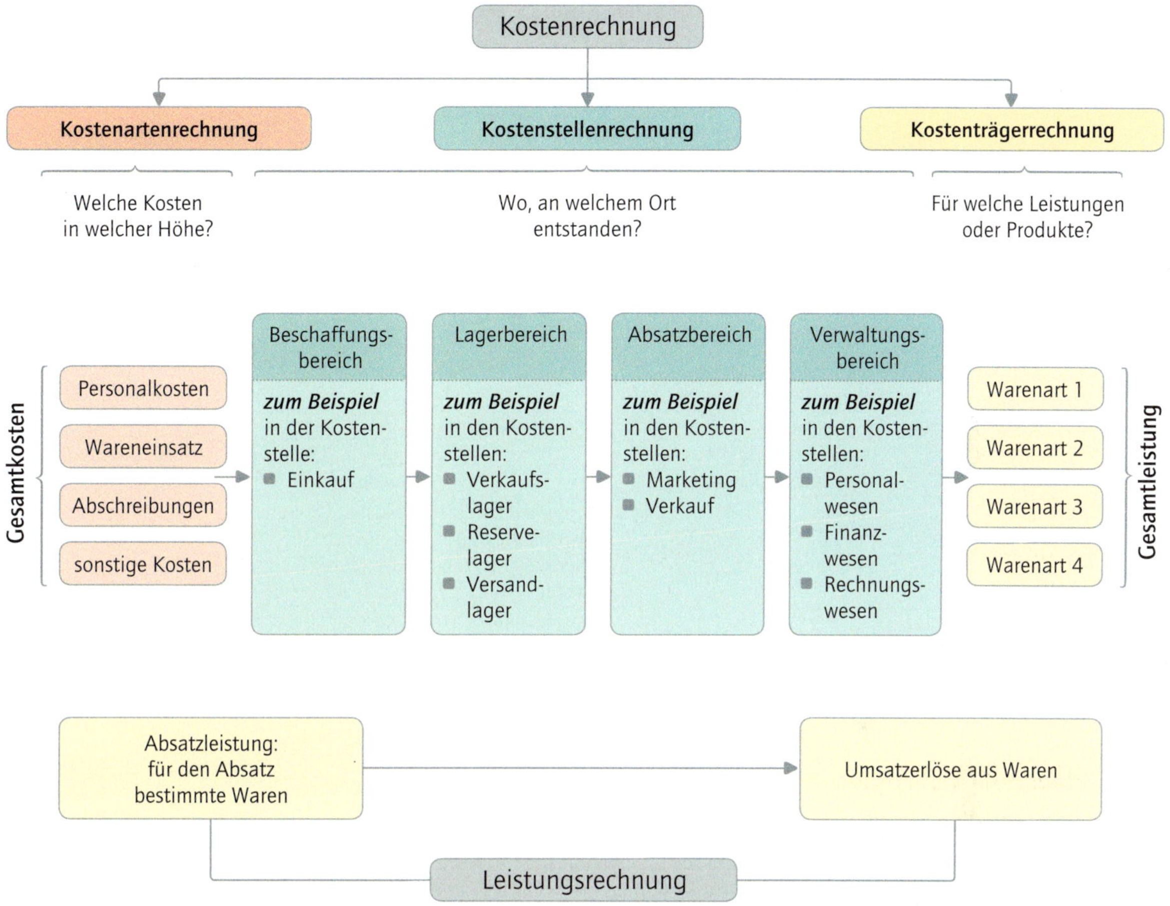

vgl.: David, Christian u. a.: Kosten- und Leistungsrechnung Schritt für Schritt, 8. Auflage, Haan-Gruiten 2009, S. 33

Phasen der Kostenrechnung

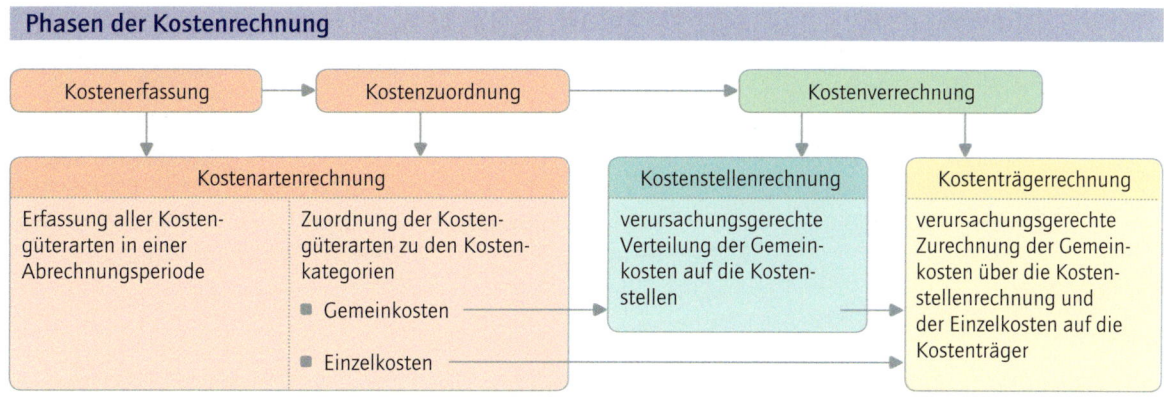

Kostenerfassung
Kostenzuordnung
Kostenverrechnung
Kostenartenrechnung
Erfassung aller Kostengüterarten in einer Abrechnungsperiode
Zuordnung der Kostengüterarten zu den Kostenkategorien
Gemeinkosten
Einzelkosten
Kostenstellenrechnung
verursachungsgerechte Verteilung der Gemeinkosten auf die Kostenstellen
Kostenträgerrechnung
verursachungsgerechte Zurechnung der Gemeinkosten über die Kostenstellenrechnung und der Einzelkosten auf die Kostenträger

vgl. Hübscher, Heinrich u. a.: IT-Handbuch, IT-Systemkaufmann/-frau, Informatikkaufmann/-frau, 7. Aufl., Braunschweig 2011, S. 442

Übersicht über die Kosten- und Leistungsrechung

Kosten = in Geldeinheiten (GE) bewerteter mengenmäßiger Einsatz an Waren und Leistungen zum Zweck der betrieblichen Leistungserstellung in einer Abrechnungsperiode

Aufwendungen = gesamter in GE bewerteter mengenmäßiger Einsatz an Waren und Leistungen in einem Unternehmen, unabhängig von ihrem Entstehungsgrund, in einer Abrechnungsperiode

Aufwendungen			Kosten			Beispiele
neutrale Aufwendungen	Aufwendungen, nicht Kosten	betriebsfremde Aufwendungen				Abschreibungen auf Finanzanlagen
		betriebsbezogene, außerordentliche Aufwendungen				Verkauf einer Verpackungsmaschine unter Buchwert
	Aufwendungen, ungleich Kosten	betriebsbezogene, periodenfremde Aufwendungen				Gewerbesteuernachzahlung
	Aufwendungen, gleich Kosten	betriebsbezogene, periodenbezogene Aufwendungen	= Grundkosten	Kosten, gleich Aufwendungen		Aufwendungen für Waren, Löhne, Gehälter
			Anderskosten oder bewertungsverschiedene Kosten	Kosten, ungleich Aufwendungen	kalkulat. Kosten	kalkulatorische Abschreibungen auf Sachanlagen, kalkulatorische Wagnisse
	aus: Scharf, Dirk: Grundzüge des betrieblichen Rechnungswesens, 3. Auflage, Wiesbaden 1997, S. 26		wesensmäßige **Zusatzkosten**	Kosten, nicht Aufwendungen		kalkulatorischer Unternehmerlohn, kalkulatorische Zinsen

Leistungen und Erträge

Leistungen = lediglich die in GE bewerteten erfolgswirksamen Wertezuflüsse in einer Abrechnungsperiode, die aus der betrieblichen Leistungserstellung resultieren

Erträge = alle erfolgswirksamen, in GE bewerteten Wertezuflüsse in einem Unternehmen, unabhängig von ihrem Entstehungsgrund, in einer Abrechnungsperiode

Erträge			Leistungen		Beispiele
neutrale Erträge	Erträge, nicht Leistungen	betriebsfremde Erträge			Mieterträge, Zinserträge, Erträge aus Beteiligungen
		betriebsbezogene, außerordentliche Erträge			Verkauf einer Maschine über Buchwert
	Erträge, ungleich Leistungen	betriebsbezogene, periodenfremde Erträge			Rückzahlung einer ausgebuchten Forderung, Gewerbesteuerrückzahlung
	Erträge, gleich Leistungen	betriebsbezogene, periodenbezogene Erträge	= Grundleistungen (Grunderlöse)	Leistungen, gleich Erträge	Umsatzerlöse aus Warenverkäufen

Unternehmensergebnis, Betriebsergebnis, neutrales Ergebnis

Betriebsergebnis	= Leistungen	− Kosten
+ neutrales Ergebnis	= neutrale Erträge	− neutrale Aufwendungen
= Unternehmensergebnis	= sämtliche Erträge	− sämtliche Aufwendungen

Aufgabe

- Grundlage der Kosten- und Leistungsrechnung ist die Gewinn- und Verlustrechnung aus der Finanzbuchhaltung.

- Aus den Aufwendungen und Erträgen der Gewinn- und Verlustrechnung werden mithilfe der Abgrenzungsrechnung die neutralen Aufwendungen und die neutralen Erträge herausgefiltert und damit von den Kosten und Leistungen getrennt (unternehmensbezogene Abgrenzung).

- Die Abgrenzungsrechnung wird außerhalb der Finanzbuchhaltung auf einem Formblatt, das als **Ergebnistabelle** bezeichnet wird, durchgeführt.

- Die Ergebnistabelle besteht aus zwei Teilen.

  - Im linken Teil werden der Inhalt des Gewinn- und Verlustkontos in Staffelform dargestellt und das Gesamtergebnis des Unternehmens ausgewiesen (Rechnungskreis I).

  - Der rechte Teil dient der Kosten- und Leistungsrechnung (Rechnungskreis II) mit den Bereichen „Unternehmensbezogene Abgrenzung" – hier wird das neutrale Ergebnis ausgewiesen – und „Betriebsergebnisrechnung" – hier wird das Betriebsergebnis ermittelt.

Beispiel Gewinn- und Verlustkonto

Das Gewinn- und Verlustkonto der Bellheim-BüroService GmbH weist per 31. Dezember 20.. folgende Zahlen aus:

Soll	Gewinn- und Verlustkonto Bellheim-BüroService GmbH per 31. Dezember 20.. in €		Haben
Aufwendungen für Warengruppe 1	3.480.000,00	Umsatzerlöse aus Warengruppe 1	5.239.800,00
Aufwendungen für Warengruppe 2	465.600,00	Umsatzerlöse aus Warengruppe 2	838.700,00
Aufwendungen für Warengruppe 3	690.205,00	Umsatzerlöse aus Warengruppe 3	1.130.000,00
Aufwendungen für Betriebsstoffe	66.490,00	Zinserträge	39.170,00
Gehälter	273.000,00	Mieterträge	120.000,00
Arbeitgeberanteil zur Sozialversicherung	95.550,00		
Abschreibungen auf Sachanlagen[1]	1.230.680,00		
Verluste aus dem Abgang von Gegenständen des Anlagevermögens[2]	126.500,00		
Verluste aus dem Abgang von Gegenständen des Umlaufvermögens[3]	26.130,00		
Abschreibungen auf Forderungen	89.420,00		
Zinsaufwendungen	68.930,00		
Steuern[4]	6.320,00		
Fremdinstandhaltungen[5]	23.510,00		
Sonstige Aufwendungen[6]	39.180,00		
Jahresüberschuss (Gewinn)	686.155,00		
	7.367.670,00		7.367.670,00

Zusatzinformationen:

[1] davon entfallen auf vermietete Büroetagen 10 %
[2] Verluste resultieren aus dem Verkauf mehrerer alter Geschäfts-Pkws unter Buchwert.
[3] Abschreibungen auf Wertpapiere
[4] Gewerbesteuer, Kfz-Steuer
[5] 3.900,00 € entfallen auf Instandhaltungen der vermieteten Büroetagen.
[6] Büromaterial, Werbeaufwendungen, Transportkosten

Beispiel Ergebnistabelle mit unternehmensbezogener Abgrenzung

Auf der Grundlage des Gewinn- und Verlustkontos der Bellheim-BüroService GmbH und der Zusatzinformationen (siehe S. 407) wird die folgende **vorläufige** Ergebnistabelle, die die unternehmensbezogene Abgrenzung zeigt, erstellt:

Vorläufige Ergebnistabelle in €						
Finanzbuchhaltung			Kosten- und Leistungsrechnung			
Gesamtergebnisrechnung (GuV) der Finanzbuchhaltung			Abgrenzungsrechnung unternehmensbezogene Abgrenzungen		Betriebsergebnisrechnung	
Konto	Aufwendungen	Erträge	neutrale Aufwendungen	neutrale Erträge	Kosten	Leistungen
Umsatzerlöse aus WG 1		5.239.800,00				5.239.800,00
Umsatzerlöse aus WG 2		838.700,00				838.700,00
Umsatzerlöse aus WG 3		1.130.000,00				1.130.000,00
Zinserträge		39.170,00		39.170,00		
Mieterträge		120.000,00		120.000,00		
Aufwendungen für WG 1	3.480.000,00				3.480.000,00	
Aufwendungen für WG 2	465.600,00				465.600,00	
Aufwendungen für WG 3	690.205,00				690.205,00	
Aufwendungen für Betriebsstoffe	66.490,00				66.490,00	
Gehälter	273.000,00				273.000,00	
Arbeitgeberanteil zur Sozialversicherung	95.550,00				95.550,00	
Abschreibungen auf Sachanlagen	1.230.680,00		123.068,00		1.107.612,00	
Verluste aus dem Abgang von Gegenständen des Anlagevermögens	126.500,00		126.500,00			
Verluste aus dem Abgang von Gegenständen des Umlaufvermögens	26.130,00		26.130,00			
Abschreibungen auf Forderungen	89.420,00				89.420,00	
Zinsaufwendungen	68.930,00				68.930,00	
Steuern	6.320,00				6.320,00	
Fremdinstandhaltungen	23.510,00		3.900,00		19.610,00	
Sonstige Aufwendungen	39.180,00				39.180,00	
	6.681.515,00	7.367.670,00	279.598,00	159.170,00	6.401.917,00	7.208.500,00
	686.155,00			**120.428,00**	**806.583,00**	
	7.367.670,00	7.367.670,00	279.598,00	279.598,00	7.208.500,00	7.208.500,00
	Gesamtergebnis		**neutrales Ergebnis**		**Betriebsergebnis**	

Abstimmung der Ergebnisse:

Gesamtergebnis der Finanzbuchhaltung (Rechnungskreis I):		686.155,00 € (Gewinn)
neutrales Ergebnis:	− 120.428,00 € (neutraler Verlust)	
+ Betriebsergebnis:	+ 806.583,00 € (Betriebsgewinn)	
= Gesamtergebnis Rechnungskreis II		686.155,00 € (Gewinn)

In der Spalte „Unternehmensbezogene Abgrenzung" werden solche Erträge und Aufwendungen erfasst, die nichts mit dem eigentlichen Geschäftszweck des Unternehmens (Geschäftszweck der Bellheim-BüroService GmbH: Vertrieb von Bürotechnik, Schreib- und Zeichenbedarf usw., s. Seite 209) zu tun haben.

Gründe

Nicht alle betriebsbedingten Aufwendungen aus der Finanzbuchhaltung können einfach in die Betriebsergebnisrechnung übernommen werden, obwohl sie aus dem eigentlichen Geschäftszweck resultieren – sie **entsprechen nicht den Anforderungen der Kosten- und Leistungsrechnung.**

Zum Beispiel werden Maschinen häufig für die Bilanz degressiv abgeschrieben, um den steuerlichen Vorteil hoher Aufwendungen nutzen zu können. Der so ermittelte Ab-

schreibungsbetrag ist aus verschiedenen Gründen für die Kosten- und Leistungsrechnung ungeeignet, u. a. deshalb, weil sich die Abschreibungsbeträge von Jahr zu Jahr ändern und sich damit einer kostenrechnerischen Planbarkeit und Vergleichbarkeit für die Kalkulation entziehen. Außerdem haben steuerliche Gründe für die Abschreibungshöhe nichts mit der tatsächlichen Abnutzung der Maschinen zu tun.

Korrekturbedürftige Aufwendungen

Für die Kosten- und Leistungsrechnung sind daher folgende Aufwendungen der Finanzbuchhaltung zu korrigieren und als kalkulatorische Kosten anzusetzen:

- Abschreibungen auf Sachanlagen → **Kalkulatorische Abschreibungen**
- Eingetretene Wagnisse wie Abschreibungen auf Forderungen → **Kalkulatorische Wagnisse**

- Zinsaufwendungen → **Kalkulatorische Zinsen**

In Einzelunternehmen und Personengesellschaften wird zusätzlich noch ein **kalkulatorischer Unternehmerlohn** in der Kosten- und Leistungsrechnung angesetzt, für den in der Finanzbuchhaltung kein entsprechender Aufwand angesetzt werden darf.

Auswirkung auf die Ergebnistabelle

Die Ergebnistabelle wird um die Doppelspalte „Kostenrechnerische Korrekturen" im Bereich Abgrenzungsrechnung erweitert. Die Erläuterung erfolgt in Verbindung mit den folgenden Beispielen.

In der Kosten- und Leistungsrechnung ist allein der Betriebszweck Gegenstand der Betrachtung. Daher müssen die in der Gewinn- und Verlustrechnung der Finanzbuchhaltung ausgewiesenen Abschreibungen auf Sachanlagen (bilanzielle Abschreibungen) für die Kosten- und Leistungs-

rechnung mit einem anderen Wert (kalkulatorische Abschreibungen) angesetzt werden.

Die folgende Gegenüberstellung zeigt die unterschiedlichen Bewertungsgrundlagen:

Bilanzielle Abschreibungen = neutrale Aufwendungen	Kalkulatorische Abschreibungen = Kosten
<ul><li>werden von **allen** Gegenständen des abnutzbaren Anlagevermögens berechnet;</li><li>werden höchstens von den **Herstellungs- bzw. Anschaffungskosten** berechnet (nominale Kapitalerhaltung);</li><li>werden weitgehend **unabhängig vom tatsächlichen Werteverzehr** ermittelt;</li><li>werden häufig über eine **kürzere Nutzungsdauer** als die kalkulatorische Abschreibung berechnet;</li><li>beeinflussen das **Neutrale Ergebnis** und das **Gesamtergebnis.**</li></ul>	<ul><li>werden vom **betriebsnotwendigen** abnutzbaren Anlagevermögen berechnet;</li><li>werden vom **Wiederbeschaffungswert** berechnet (reale Kapitalerhaltung);</li><li>sollen dem tatsächlichen **Werteverzehr** entsprechen;</li><li>werden häufig wegen gleichmäßig hoher Kosten im Zeitvergleich nach der **linearen** Methode errechnet;</li><li>beeinflussen nur das **Betriebsergebnis**, sind bezüglich des Gesamtergebnisses erfolgsneutral.</li></ul>

aus: Bentin, Margit u. a.: Handlungsorientierte Materialien zur Allgemeinen Wirtschaftslehre, Lehrerband Absatz, 2. Auflage, Braunschweig 2003, S. 56

Beispiel 1:

Im Januar 20.. kaufte die Bellheim-BüroService GmbH einen neuen Gabelstapler, Anschaffungskosten 250.000,00 €. Für die bilanzielle Abschreibung wurde – nach Rücksprache mit dem Finanzamt – die Nutzungsdauer auf 8 Jahre festgelegt. Der Gabelstapler wird linear abgeschrieben.

→ **Bilanzieller Abschreibungsbetrag** im ersten Jahr der Nutzung: 31.250,00 € (12,5 % von 250.000,00 €)

Für die kalkulatorische Abschreibung wurden der Wiederbeschaffungswert auf 135 % der Anschaffungskosten und die Nutzungsdauer auf 10 Jahre geschätzt. Der Gabelstapler wird linear abgeschrieben.

→ **Kalkulatorischer Abschreibungsbetrag:** 33.750,00 € (10 % von 337.500,00 €)

Beispiel 2: Die kalkulatorischen Abschreibungen der Bellheim-BüroService GmbH betragen per 31. Dezember 20.. 970.320,00 €, die bilanziellen Abschreibungen auf das betriebsnotwendige abnutzbare Sachanlagevermögen, gemäß Ergebnistabelle auf S. 408, 1.107.612,00 €.

Behandlung in der Ergebnistabelle:

Ergebnistabelle in €								
Finanzbuchhaltung			Kosten- und Leistungsrechnung (KLR)					
Gesamtergebnisrechnung (GuV) der Finanzbuchhaltung			Abgrenzungsrechnung				Betriebsergebnis-rechnung	
			Unternehmensbezogene Abgrenzungen		Kostenrechnerische Korrekturen			
Konto	Aufwen-dungen	Erträge	neutrale Aufwen-dungen	neutrale Erträge	betriebliche Aufwen-dungen	verrechnete Kosten	Kosten	Leistungen
Abschrei-bungen SA	1.230.680,00		123.068,00		1.107.612,00	970.320,00	970.320,00	

Erläuterung:

- Die gesamten bilanziellen Abschreibungen auf Sachanlagen wurden zunächst aufgespalten in einen nicht betriebsbedingten oder neutralen Teil (123.068,00 €) und einen betriebsbedingten Teil (1.107.612,00 €). Die betriebsbedingten Abschreibungen werden jetzt jedoch nicht in die Betriebsergebnisrechnung übernommen, sondern in der Spalte „Kostenrechnerische Korrekturen" unter „Betriebliche Aufwendungen" ausgewiesen.

- Die kalkulatorischen Abschreibungen (970.320,00 €) werden in der „Betriebsergebnisrechnung" unter „Kosten" ausgewiesen und mindern so das Betriebsergebnis. Damit sie jedoch das Gesamtergebnis nicht beeinflussen, werden sie als „Ertrag" in der Spalte „Verrechnete Kosten" „gegengebucht".

Kalkulatorische Wagnisse

Imputed risks

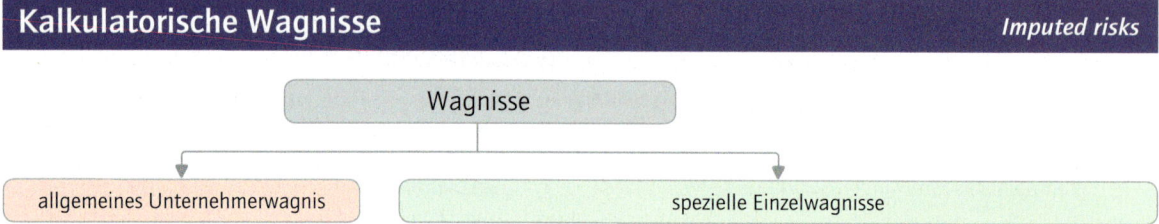

Beispiel:
Fehleinschätzung des Absatzmarktes
→ nicht kalkulierbar
→ daher nicht Gegenstand der KLR

Diese Verluste sind aus dem Eigenkapital abzudecken.

- **Beständewagnis** (z. B. Verlust an Vorräten durch Verderb, Schwund, Veraltern)
- **Fertigungswagnis** (z. B. Mehrkosten aufgrund von Arbeitsfehlern)
- **Anlagewagnis** (z. B. Verluste durch Schadensfälle)

- **Entwicklungswagnis** (z. B. Verlust aus fehlgeschlagenen Produktentwicklungen)
- **Vertriebswagnis** (z. B. Ausfälle aus Kundenforderungen)
- **Gewährleistungswagnis** (z. B. kostenlose Ersatzlieferung)

Werden Einzelwagnisse durch Versicherungen abgedeckt (z. B. Brandschäden), gehen die entsprechenden **Versicherungsprämien** in die Kosten ein (fremdversicherte Einzelwagnisse).
Für Einzelwagnisse, die nicht fremdversichert werden können (z. B. Währungsverluste), werden in der Kostenrechnung **kalkulatorische Kosten** angesetzt (selbstversicherte Einzelwagnisse).

aus: Bentin, Margit, u. a.: Handbuch für Industriekaufleute, 5. Auflage, Braunschweig 2010, S. 157

Beispiel 1: Langjährige Erfahrungen zeigen, dass in der kommenden Abrechnungsperiode mit Garantieansprüchen seitens der Kunden von 3 % des Umsatzes von 8.500.000,00 € (netto) gerechnet werden muss.
→ **Kalkulatorische Kosten** des Vertriebswagnisses: 3 % von 8.500.000,00 € = 255.000,00 €.

Beispiel 2: Die kalkulatorischen Wagnisse (Vertriebswagnis) der Bellheim-BüroService GmbH wurden für das Jahr 20.. mit 25.000,00 € angesetzt. Die tatsächlichen Forderungsausfälle (Abschreibungen auf Forderungen) betrugen, gemäß Gewinn- und Verlustkonto auf S. 407, 89.420,00 €.

Behandlung in der Ergebnistabelle:

Ergebnistabelle in €								
Finanzbuchhaltung			Kosten- und Leistungsrechnung (KLR)					
Gesamtergebnisrechnung (GuV) der Finanzbuchhaltung			Abgrenzungsrechnung				Betriebsergebnis-rechnung	
			unternehmensbezogene Abgrenzungen		kostenrechnerische Korrekturen			
Konto	Aufwen-dungen	Erträge	neutrale Aufwen-dungen	neutrale Erträge	betriebliche Aufwen-dungen	verrechnete Kosten	Kosten	Leistungen
Abschr. auf Forderungen	89.420,00				89.420,00	25.000,00	25.000,00	

Erläuterung:

- Die tatsächlichen Kosten des Vertriebswagnisses spiegeln sich in den Abschreibungen auf Forderungen wider. Da sie mit 89.420,00 € im Jahr 20.. außerordentlich hoch sind und von Jahr zu Jahr in ihrer Höhe schwanken, können sie nicht als Kosten in die Betriebsergebnisrechnung einfließen. Sie sind daher als betrieblicher Aufwand unter „Kostenrechnerische Korrekturen" zu erfassen.
- Die kalkulatorischen Wagnisse von 25.000,00 € werden als Kosten in der Betriebsergebnisrechnung erfasst und

mindern so das Betriebsergebnis. Gleichzeitig werden sie als „Ertrag" in der Spalte „Kostenrechnerische Korrekturen" unter „Verrechnete Kosten" „gegengebucht". Dadurch verringern sie nur das Betriebsergebnis.
- Das Neutrale Ergebnis wird in Höhe der Differenz 89.420,00 € minus 25.000,00 € gleich 64.420,00 € verringert. Da das Gesamtergebnis die Summe aus Betriebsergebnis und Neutralem Ergebnis ist, wird das Gesamtergebnis mit den tatsächlichen Aufwendungen von 89.420,00 € belastet.

Kalkulatorische Zinsen

Imputed interest

In der Geschäftsbuchhaltung führt der Einsatz von Fremdkapital zu Zinszahlungen bzw. -aufwendungen. Dabei kann allerdings nicht gesagt werden, ob mit diesem Fremdkapital betriebsnotwendiges Vermögen oder nichtbetriebsnotwendiges Vermögen finanziert wurde. Mithin kann auch nicht gesagt werden, welcher Anteil der Zinszahlungen den Kosten, welcher den neutralen Aufwendungen zuzurechnen ist.

Der Einsatz von Eigenkapital im Betrieb verursacht dagegen keine Zinsaufwendungen; da er jedoch eine anderweitige Verwendung ausschließt, z. B. Wertpapieranlage, entgeht dem Eigenkapitalgeber ein Nutzen insofern, als er auf

entsprechende Zinserträge bei anderweitiger Verwendung verzichtet. Dieser Nutzenentgang wird als Opportunitätskosten bezeichnet. Allerdings könnte aus demselben Grund wie bei den Fremdkapitalzinsen nicht gesagt werden, welcher Anteil des entgangenen Nutzens als Kosten und welcher als neutraler Aufwand anzusehen ist. Hieraus folgt, dass die in der Gewinn- und Verlustrechnung der Geschäftsbuchhaltung ausgewiesenen Zinsaufwendungen nicht in die Kosten- und Leistungsrechnung übernommen werden dürfen.

Für die Kosten- und Leistungsrechnung werden die kalkulatorischen Zinsen wie folgt berechnet:

> betriebsnotwendiges Anlagevermögen (Wiederbeschaffungskosten − kalkulatorische Abschreibungen)
> + betriebsnotwendiges Umlaufvermögen [(Anfangsbestand + Endbestand) : 2]
>
> = betriebsnotwendiges Vermögen
> − Abzugskapital (zinslos überlassenes Fremdkapital)
>
> = **betriebsnotwendiges Kapital**
> · landesüblicher durchschnittlicher Zinssatz für langfristige Darlehen
>
> = **kalkulatorische Zinsen**

aus: Bentin, Margit, u. a.: Handbuch für Industriekaufleute, 5. Auflage, Braunschweig 2010, S. 158

Zinsaufwendungen = neutrale Aufwendungen	Kalkulatorische Zinsen = Kosten
■ sind die in der laufenden Periode gezahlten Zinsen für **Fremdkapital** gemäß Gewinn- und Verlustrechnung; ■ beeinflussen das **neutrale Ergebnis** und das **Gesamtergebnis**.	■ werden berechnet **vom betriebsnotwendigen Kapital**; ■ beeinflussen nur das **Betriebsergebnis**, sind bezüglich des Gesamtergebnisses erfolgsneutral.

Beispiel 1:

Aktiva		Bilanz in €	Passiva
bebaute Grundstücke	300.000,00	Eigenkapital	300.000,00
Maschinen	440.000,00	Darlehen	800.000,00
Betriebs- und Geschäftsausstattung	80.000,00	Verbindlichkeiten a. LL	325.000,00
Waren	450.000,00	erhaltene Anzahlungen	65.000,00
Forderungen a. LL	150.000,00		
liquide Mittel	70.000,00		
	1.490.000,00		1.490.000,00

Zusatzinformationen zu den Aktiva:
Der kalkulatorische Restwert der bebauten Grundstücke beträgt 400.000,00 €. Davon sind bebaute Grundstücke im Wert von 60.000,00 € vermietet. Der kalkulatorische Restwert der Maschinen beläuft sich auf 600.000,00 €, da für die Bilanz aus steuerlichen Gründen höher abgeschrieben wurde. Kalkulatorischer Restwert der Betriebs- und Geschäftsausstattung: 100.000,00 €. Der Warenbestand ist am Bilanzstichtag überhöht, der Durchschnittsbestand beträgt monatlich 300.000,00 €. Die Bestände der Forderungen und der liquiden Mittel entsprechen den Durchschnittsbeständen.

Zusatzinformationen zu den Passiva:
Für die Darlehen sind 9 % Zinsen zu zahlen. Die Lieferantenkredite werden in voller Höhe unter Verzicht auf einen möglichen Skontoabzug in Anspruch genommen. Die Anzahlungen der Kunden stehen zinslos zur Verfügung.

Für die Berechnung der kalkulatorischen Zinsen wird ein durchschnittlicher Zinssatz für langfristiges Fremdkapital von 12 % zugrunde gelegt.

Berechnung kalkulatorische Zinsen:

	bebaute Grundstücke	340.000,00 €
+	Maschinen	600.000,00 €
+	Betriebs- u. Geschäftsausstattung	100.000,00 €
+	Waren	300.000,00 €
+	Forderungen	150.000,00 €
+	liquide Mittel	70.000,00 €
=	betriebsnotwendiges Vermögen	1.560.000,00 €
−	Anzahlungen	65.000,00 €
=	betriebsnotwendiges Kapital	1.495.000,00 €

davon 12 %:
→ **kalkulatorische Zinsen**   179.400,00 €

Berechnung Zinsaufwendungen:

Darlehen   800.000,00 €

davon 9 %
→ **Zinsaufwendungen**   72.000,00 €

Beispiel 2:
Die kalkulatorischen Zinsen der Bellheim-BüroService GmbH wurden für das Jahr 20.. mit 112.450,00 € angesetzt. Im selben Jahr wurden, gemäß Gewinn- und Verlustkonto auf S. 407, Zinsen von 68.930,00 € gezahlt.

Behandlung in der Ergebnistabelle:

Ergebnistabelle in €								
Finanzbuchhaltung			Kosten- und Leistungsrechnung					
Gesamtergebnisrechnung (GuV) der Finanzbuchhaltung			Abgrenzungsrechnung				Betriebsergebnis-rechnung	
			unternehmensbezogene Abgrenzungen		kostenrechnerische Korrekturen			
Konto	Aufwen-dungen	Erträge	neutrale Aufwen-dungen	neutrale Erträge	betriebliche Aufwen-dungen	verrechnete Kosten	Kosten	Leistungen
Zinsaufw.	68.930,00				68.930,00	112.450,00	112.450,00	

Erläuterung:

- Die tatsächlich gezahlten Zinsen des Jahres 20.. gemäß Gewinn- und Verlustkonto werden in der Abgrenzungsrechnung unter „Kostenrechnerische Korrekturen" in der Spalte „Betriebliche Aufwendungen" ausgewiesen.
- Die kalkulatorischen Zinsen von 112.450,00 € werden in der Spalte „Kosten" der Betriebsergebnisrechnung erfasst und als „Ertrag" in der Spalte „Kostenrechnerische Korrekturen" unter „Verrechnete Kosten" „gegengebucht".

Dadurch beeinflussen sie nur das Betriebsergebnis, nicht aber das Gesamtergebnis.
- Das Neutrale Ergebnis verbessert sich in Höhe der Differenz von 112.450,00 € minus 68.930,00 € gleich 43.520,00 €. Da das Gesamtergebnis die Summe aus Betriebsergebnis und Neutralem Ergebnis ist, wird das Gesamtergebnis nur in Höhe der tatsächlich gezahlten Zinsen von 68.930,00 € belastet.

Kalkulatorischer Unternehmerlohn

Imputed management earnings

- In Kapitalgesellschaften erhalten Vorstandsmitglieder (z. B. Aktiengesellschaft) und Geschäftsführer (GmbH) für ihre Arbeitsleistung Gehälter, die in der Finanzbuchhaltung dieser Unternehmungen als gewinnmindernder Aufwand gebucht und in gleicher Höhe in die Kosten- und Leistungsrechnung übernommen werden.
- Für die Arbeitsleistung geschäftsführender Inhaber von Einzelunternehmungen und Gesellschafter von Personengesellschaften (OHG und KG) dürfen nach Handels- und Steuerrecht keine gewinnmindernden Aufwendungen geltend gemacht werden. Die Arbeitsleistung ist vielmehr aus dem Gewinn abzugelten.

- Bei Einzelunternehmungen und Personengesellschaften können die vollhaftenden Geschäftsinhaber aufgrund ihrer unternehmerischen Tätigkeit in der Kosten- und Leistungsrechnung einen sogenannten kalkulatorischen Unternehmerlohn ansetzen – als Ausgleich für Nutzenentgang. Dadurch werden zudem die Kostenstrukturen und Betriebsergebnisrechnungen von Unternehmungen unterschiedlicher Rechtsform vergleichbar.
- Die Höhe des kalkulatorischen Unternehmerlohnes könnte sich nach den Gehältern leitender Angestellter in vergleichbaren Positionen richten.

Beispiel: Ein Einzelunternehmer setzt für seine Arbeit als kalkulatorischen Unternehmerlohn 150.000,00 € an. Behandlung in der Ergebnistabelle:

Ergebnistabelle in €								
Finanzbuchhaltung			Kosten- und Leistungsrechnung (KLR)					
Gesamtergebnisrechnung (GuV) der Finanzbuchhaltung			Abgrenzungsrechnung				Betriebsergebnis-rechnung	
			unternehmensbezogene Abgrenzungen		kostenrechnerische Korrekturen			
Konto	Aufwen-dungen	Erträge	neutrale Aufwen-dungen	neutrale Erträge	betriebliche Aufwen-dungen	verrechnete Kosten	Kosten	Leistungen
Unternehmerlohn						150.000,00	150.000,00	

Erläuterung:

- Da keine gewinnmindernden Aufwendungen für die unternehmerische Arbeit geltend gemacht werden dürfen, ist im Gewinn- und Verlustkonto kein entsprechender Aufwand ausgewiesen.

- Das Betriebsergebnis verringert sich um 150.000,00 €, während sich – durch die „Gegenbuchung" – das Neutrale Ergebnis um den gleichen Betrag verbessert. Das Gesamtergebnis bleibt dadurch unberührt.

Beispiel: Auf der Grundlage des Gewinn- und Verlustkontos auf S. 407 sowie der vorangegangenen Beispiele zu den kalkulatorischen Kosten ergibt sich für die Bellheim-BüroService GmbH zum 31. Dezember 20.. folgende **endgültige Ergebnistabelle**:

Ergebnistabelle in €

Konto	Finanzbuchhaltung (GuV): Aufwendungen	Finanzbuchhaltung (GuV): Erträge	Abgrenzungsrechnung – unternehmensbezogene Abgrenzungen: neutrale Aufwendungen	neutrale Erträge	Abgrenzungsrechnung – kostenrechnerische Korrekturen: betriebliche Aufwendungen	verrechnete Kosten	Betriebsergebnisrechnung: Kosten	Leistungen
Umsatzerlöse aus WG 1		5.239.800,00						5.239.800,00
Umsatzerlöse aus WG 2		838.700,00						838.700,00
Umsatzerlöse aus WG 3		1.130.000,00						1.130.000,00
Zinserträge		39.170,00		39.170,00				
Mieterträge		120.000,00		120.000,00				
Aufwendungen für WG 1	3.480.000,00						3.480.000,00	
Aufwendungen für WG 2	465.600,00						465.600,00	
Aufwendungen für WG 3	690.205,00						690.205,00	
Aufwendungen für Betriebsstoffe	66.490,00						66.490,00	
Gehälter	273.000,00						273.000,00	
Arbeitgeberanteil zur Sozialversicherung	95.550,00						95.550,00	
Abschreibungen auf Sachanlagen	1.230.680,00		123.068,00		1.107.612,00	970.320,00	970.320,00	
Verluste aus dem Abgang von Gegenständen des Anlagevermögens	126.500,00		126.500,00					
Verluste aus dem Abgang von Gegenständen des Umlaufvermögens	26.130,00		26.130,00					
Abschreibungen auf Ford.	89.420,00				89.420,00	25.000,00	25.000,00	
Zinsaufwendungen	68.930,00				68.930,00	112.450,00	112.450,00	
Steuern	6.320,00						6.320,00	
Fremdinstandhaltungen	23.510,00		3.900,00				19.610,00	
sonstige Aufwendungen	39.180,00						39.180,00	
	6.681.515,00	7.367.670,00	279.598,00	159.170,00	1.265.962,00	1.107.770,00	6.243.725,00	7.208.500,00
	686.155,00			120.428,00		158.192,00	964.775,00	
	7.367.670,00	7.367.670,00	279.598,00	279.598,00	1.265.962,00	1.265.962,00	7.208.500,00	7.208.500,00
	Gesamtergebnis		Ergebnis der unternehmensbezogenen Abgrenzungen		Ergebnis der kostenrechnerischen Korrekturen		**Betriebsergebnis**	
			Neutrales Ergebnis					

Abstimmung der Ergebnisse:

Betriebsergebnis	964.775,00 €
Ergebnis der unternehmensbezogenen Abgrenzungen	– 120.428,00 €
Ergebnis der kostenrechnerischen Korrekturen	– 158.192,00 €
+ Neutrales Ergebnis	– 278.620,00 €
= **Gesamtergebnis**	**686.155,00 €**

Einteilung der Kosten

Die Kostenartenrechnung erfasst die in einem Betrieb entstandenen Kostengüterarten, die nach verschiedenen Kriterien eingeteilt werden können, für eine bestimmte Abrechnungsperiode (Monat, Quartal, Jahr):

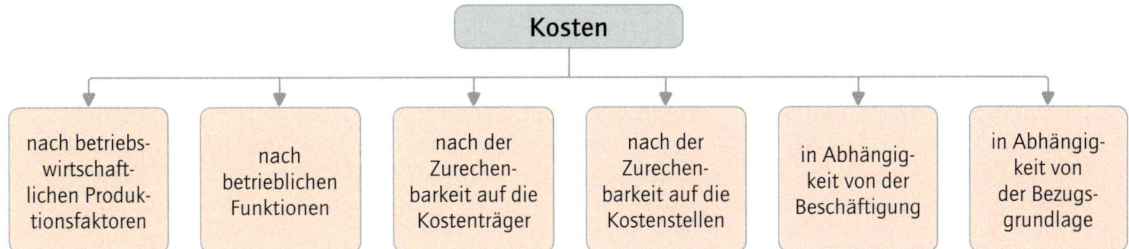

Kosten auf der Grundlage der betriebswirtschaftlichen Produktionsfaktoren (Kostengüterarten)

- Werkstoffkosten, Betriebsstoffkosten
- Personalkosten
- Betriebsmittelkosten
- Finanzierungskosten
- Fremdleistungskosten
- Abgaben mit Kostencharakter

Beispiele:
- Wareneinsatz, Verbrauch von Heizöl
- Löhne, Gehälter
- Abschreibungen auf Anlagen, Zinsen
- Abschlussprovisionen
- Telefonkosten, Kosten der Müllabfuhr
- Gewerbesteuer, Kfz-Steuer

Kosten auf der Grundlage der betrieblichen Funktionen

- Beschaffungskosten
- Absatz- oder Vertriebskosten
- Verwaltungskosten
- Lagerkosten
- Finanzierungskosten

Kosten in Abhängigkeit von ihrer Zurechenbarkeit auf die Kostenträger

- **Einzelkosten:** Kosten, die direkt den Kostenträgern (Warenarten bzw. -gruppen) zugerechnet werden können

Beispiele:
Wareneinsatz,
Versandverpackung

- **Gemeinkosten:** Kosten, die nicht direkt, sondern nur mithilfe von Verteilungsschlüsseln über die Kostenstellenrechnung den Kostenträgern (Warenarten bzw. -gruppen) zugerechnet werden können

Beispiele:
Gehälter der Angestellten, lineare Abschreibungen auf Maschinen und Gebäude, Hilfslöhne, Gehälter, Zinsen, Miete

Kosten in Abhängigkeit von ihrer Zurechenbarkeit auf die Kostenstellen

- **Kostenstelleneinzelkosten:** Gemeinkosten in Bezug auf die Kostenträger, die den Kostenstellen direkt zugerechnet werden können

Beispiele:
Hilfslöhne aufgrund von Stempelkarten, Gehälter aufgrund von Gehaltslisten des Personalbüros, Abschreibungen auf Maschinen sowie auf Betriebs- und Geschäftsaustattung mithilfe der Anlagendatei

- **Kostenstellengemeinkosten:** Gemeinkosten in Bezug auf die Kostenträger, die den Kostenstellen nicht direkt, sondern nur mithilfe von Verteilungsschlüsseln zugerechnet werden können

Beispiele:
Heiz- und Stromkosten, wenn die Kostenstellen über keine eigenen Zähler verfügen; Reinigungskosten

vgl. Hübscher, Heinrich u. a.: IT-Handbuch, IT-Systemkaufmann/-frau, Informatikkaufmann/-frau, 7. Aufl., Braunschweig 2011, S. 443

Kosten in Abhängigkeit von der Beschäftigung

Fixe Kosten:
Kosten, die unabhängig von der Absatzmenge in einer Abrechnungsperiode in gleicher Höhe anfallen (Kosten der Betriebsbereitschaft),
z. B. Mietkosten für eine Lagerhalle, Gehälter

Variable Kosten:
Kosten, deren Höhe sich in Abhängigkeit von der Warenmenge in einer Abrechnungsperiode verändern,
z. B. Aufwendungen für Waren

Kosten in Abhängigkeit von der Bezugsgrundlage

Gesamt- oder Periodenkosten:
Kosten, die insgesamt in einer Abrechnungsperiode anfallen, z. B. in einem Monat, einem Quartal, einem Jahr

Stückkosten oder Kosten pro Leistungseinheit:
z. B. Kosten pro Stück, pro Liter, pro Meter

Grafische Darstellung von Kostenkurven

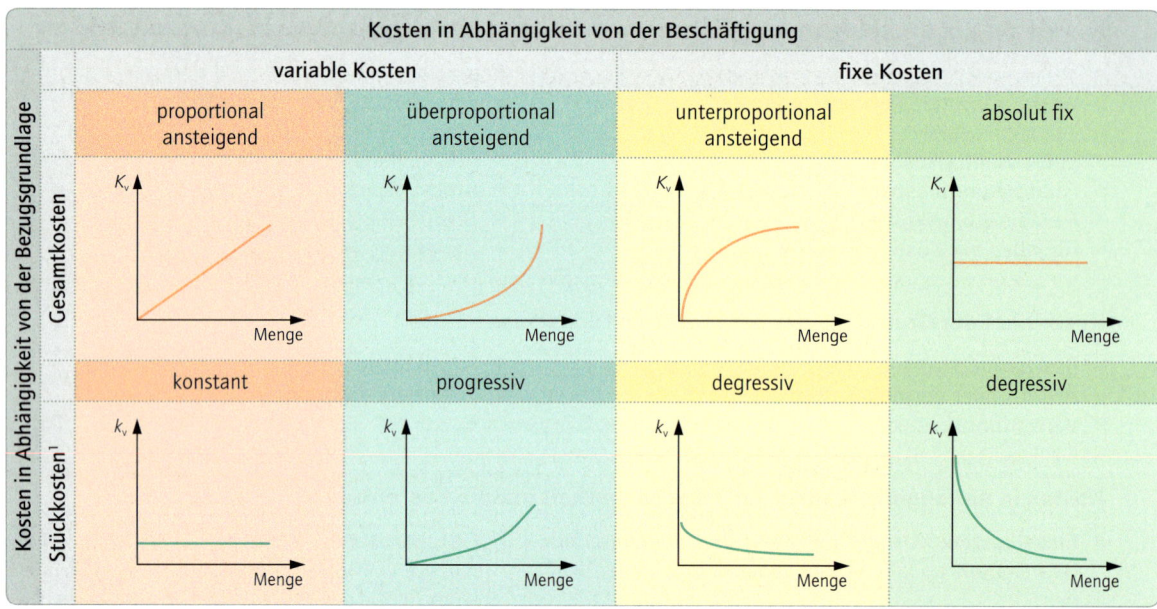

[1] Die Verläufe der Stückkostenkurven ergeben sich aus den darüber abgebildeten Verläufen der Gesamtkostenkurven, indem die jeweiligen Gesamtkosten durch die zugehörigen Mengen geteilt werden.

Kostenträger

In einem Handelsbetrieb versteht man unter Kostenträger die in einer Abrechnungsperiode **vorgesehene Absatzleistung** (Waren oder Dienstleistungen). Das können die einzelnen Artikel, die jeweiligen Warengruppen oder ein Auftrag (z. B. Catering) sein.

Häufig ist im Großhandel ein Kostenträger gleichzeitig Kostenstelle (s. Seite 425).

Ziel

Eine wesentliche Aufgabe der Kosten- und Leistungsrechnung (s. Seite 404) besteht darin, die in einem Unternehmen entstandenen Kosten den Kostenträgern möglichst **genau und verursachungsgerecht** zuzurechnen. Die entsprechenden Kostenträger sollen die Kosten, die sie verursacht haben, auch tragen: **Kostenträgerrechnung**.

Arten der Kostenträgerrechnung

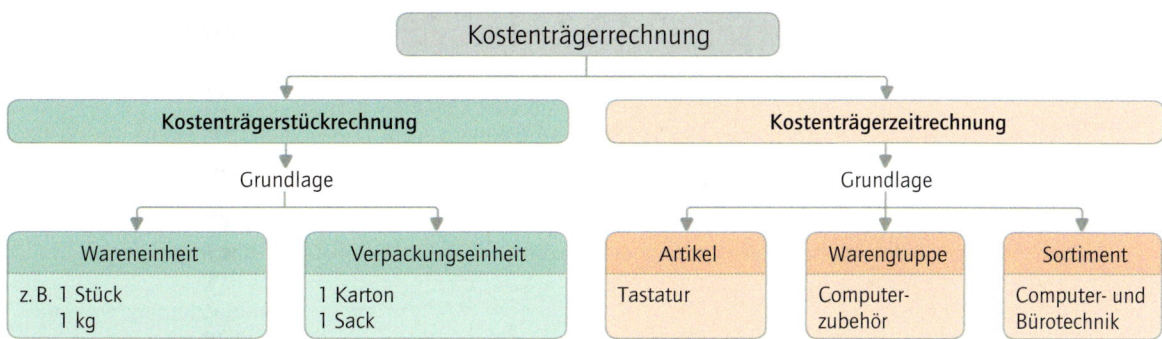

Kostenträgerstückrechnung

- Beziehen sich die **Kosten auf eine Mengeneinheit**, spricht man von Kostenträgerstückrechnung oder **Kalkulation**.
- Die Kalkulation der Waren lässt sich in drei Stufen einteilen:
  - **Kalkulation der Bezugspreise** (s. unten)
  - **Kalkulation der Selbstkosten**, ausgehend von den Bezugspreisen
  - **Kalkulation der Absatzpreise**, ausgehend von den Selbstkosten
- Um von den Bezugspreisen zu den Selbstkosten zu gelangen, werden die sogenannten Handlungskosten im Wege der Zuschlagskalkulation zu den Bezugspreisen hinzuaddiert.
- Dabei ist zu unterscheiden zwischen: der Kalkulation mit einem für alle Warenarten **einheitlichen Handlungskostensatz** (s. Seite 417 ff.) und der Kalkulation mit nach Warenarten **differenzierenden Handlungskostensätzen** (s. Seite 429 ff.)
- Die **Umsatzsteuer** wird bei der Kalkulation nicht **berücksichtigt**, da sie für das Unternehmen ein durchlaufender Posten ist. Es wird also nur mit Nettowerten gerechnet.

Kostenträgerzeitrechnung

- Werden die **Kosten der Abrechnungsperiode** (z. B. Monat, Quartal, Jahr) auf die Kostenträger bezogen, spricht man von Kostenträgerzeitrechnung.
- Die Kostenträgerzeitrechnung wird zur **Ergebnisrechnung** erweitert, wenn den Kosten der Abrechnungsperiode die entsprechenden Umsatzerlöse gegenübergestellt werden (s. Seite 432).

Warenkalkulation mit einheitlichem Handlungskostensatz
Calculation of goods sold using uniform general expenses rates

Bezugspreiskalkulation

Kalkulationsschema

Für den Einkauf von Waren gilt das folgende Kalkulationsschema:

```
  Listeneinkaufspreis
− Liefererrabatt        (v. H.)*
= Zieleinkaufspreis
− Liefererskonto        (v. H.)*
= Bareinkaufspreis
+ Bezugskosten
= Einstandspreis (Bezugspreis)
```

* v. H.: vom Hundert (Grundwert)

Bezugskosten sind zum *Beispiel*:

- Fracht, Hausfracht (Rollgeld)
- Kosten für Wiegen, Verladen, Verpackung
- Zoll
- Transportversicherung

Bezugspreiskalkulation

Beispiel:

Die Bellheim-BüroService GmbH handelt u.a. mit Multifunktionsgeräten, z.B. Deskjet BB 860. Die InterNET AG in Hamburg liefert diese Multifunktionsgeräte zu folgenden Konditionen: 135,00 €; bei Abnahme von 50 St. und mehr: 10% Rabatt; Zahlungsbedingungen: 10 Tage mit 3% Skonto, vier Wochen ohne Abzug; Fracht- und Verpackungskosten für 200 Stück: 210,00 €.

Die Bellheim-BüroService GmbH, die grundsätzlich Skonto abzieht, kauft 70 Multifunktionsgeräte. Der Einstandspreis für ein Multifunktionsgerät errechnet sich wie folgt:

Vorwärtskalkulation

Ausgehend vom Listeneinkaufspreis wird mithilfe der Vorwärtskalkulation der Einstands- oder Bezugspreis kalkuliert:

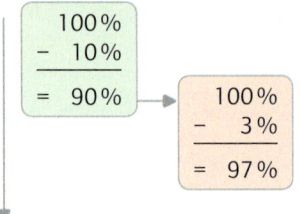

Listeneinkaufspreis		135,00 €
− Liefererrabatt	(v.H.)*	13,50 €
= Zieleinkaufspreis		121,50 €
− Liefererskonto	(v.H.)*	3,65 €
= Bareinkaufspreis		117,85 €
+ Bezugskosten[1]		3,00 €
= Einstandspreis (Bezugspreis)		120,85 €

Prozentrechnung/Dreisatz

Liefererrabatt:
$$100\% = 135,00\,\text{€}$$
$$10\% = x\,\text{€}$$
$$x = \frac{135,00\,\text{€} \cdot 10\%}{100\%} = \underline{13,50\,\text{€}}$$

Liefererskonto:
$$100\% = 121,50\,\text{€}$$
$$3\% = x\,\text{€}$$
$$x = \frac{121,50\,\text{€} \cdot 3\%}{100\%} = \underline{3,65\,\text{€}}$$

[1] Bezugskosten: 210,00 € : 70 St. = 3,00 €/St.

Kalkulation des Selbstkostenpreises

Handlungskosten

- Der Großhändler will über den Verkaufspreis nicht nur den Einstandspreis seiner Waren, sondern möglichst alle übrigen Kosten, die sogenannten **Handlungskosten**, abdecken.

- Handlungskosten sind Kosten, die durch Beschaffung, Lagerung und Verkauf der Waren entstehen, wie zum *Beispiel:*
  - Löhne und Gehälter des Personals
  - Abschreibungen auf das abnutzbare Anlagevermögen
  - Verpackungs- und Transportkosten
  - Zinsen für das in den Waren gebundene Kapital
  - Energiekosten
  - betriebliche Versicherungen

Beispiel: Aus der Betriebsergebnisrechnung der Ergebnistabelle (s. Seite 414) ergeben sich für die Bellheim-BüroService GmbH zum 31. Dezember 20.. folgende Zahlen:

Handlungskosten: 1.607.920,00 €
Wareneinsatz: 4.635.805,00 €

Daraus errechnet sich der HKZ:
$$HKZ = \frac{1.607.920,00}{4.635.805,00} \cdot 100 = 34,69\% \approx 35\%$$

Einheitlicher Handlungskostenzuschlagssatz

- Die Handlungskosten werden mithilfe des HKZ dem Einstandspreis der Ware hinzugerechnet, wobei der Einstandspreis 100% beträgt.

- Werden sämtliche Handlungskosten einer Abrechnungsperiode zu sämtlichen Aufwendungen für Waren derselben Abrechnungsperiode (Wareneinsatz) ins Verhältnis gesetzt, ergibt sich ein für alle Warenarten des Großhändlers **einheitlicher Handlungskostenzuschlagssatz (HKZ)**:

$$HKZ = \frac{\text{Handlungskosten der vergangenen Periode}}{\text{Wareneinsatz der vergangenen Periode}} \cdot 100$$

Selbstkostenpreis

	Einstandspreis
+	Handlungskosten (v.H.)
=	Selbstkostenpreis

Der Selbstkostenpreis für das Multifunktionsgerät Deskjet BB 860 ergibt sich wie folgt:

Einstandspreis	120,85 €	100%
+ Handlungskosten	42,30 €	+ 35%
= Selbstkostenpreis	163,15 €	= 135%

Absatzspreiskalkulation

Rechnet der Großhändler auf die Selbstkosten noch seinen Gewinn sowie dem Kunden zu gewährenden Skonto und Rabatt, ergibt sich ausgehend von den Selbstkosten folgende weitere Kalkulation:

Selbstkostenpreis		
+ Gewinn	(v. H.)	
= Barverkaufspreis		
+ Kundenskonto	(i. H.)	
= Zielverkaufspreis		
+ Kundenrabatt	(i. H.)	
= Listenverkaufspreis (netto)		

i. H.: im Hundert

Gewinn/Gewinnzuschlagssatz (GZ)

Gewinn ist das Entgelt für
- das in das Unternehmen eingebrachte Eigenkapital (Eigenkapitalverzinsung),
- das Risiko der Kapitalanlage im eigenen Unternehmen (Risikoprämie) und
- die Arbeit des Unternehmers (Unternehmerlohn) → gilt nur für Personenunternehmen.

Jedes Unternehmen entwickelt unter Berücksichtigung ihrer Durchsetzbarkeit am Markt eigene Vorstellungen über die Höhe der drei Gewinnkomponenten.

Der Gewinn wird mithilfe des **Gewinnzuschlagssatzes** (GZ) dem Selbstkostenpreis hinzugerechnet, wobei der Selbstkostenpreis 100 % gesetzt wird.

Kundenskonto

Der Zielverkaufspreis stellt für den Kunden 100 % dar. Zieht er davon Skonto ab, z. B. 3 %, erhält der Großhändler letztlich nur 97 % des Zielverkaufspreises, nämlich den Barverkaufspreis. Da der Großhändler den Skonto schon vorher in den Preis einkalkuliert, ist der Barverkaufspreis der um den Skonto verminderte Grundwert, hier 97 %, dem der Skonto, hier 3 %, hinzugerechnet wird:

$$\text{Skontobetrag in €} = \frac{\text{Barverkaufspreis in € · Skontosatz in \%}}{(100\,\% - \text{Skontosatz in \%})}$$

Kundenrabatt

Der Listenverkaufspreis stellt für den Kunden 100 % dar. Wird ihm ein Rabatt, z. B. 10 % gewährt, erhält der Großhändler also nur 90 % des Listenverkaufspreises, nämlich den Zielverkaufspreis. Da der Großhändler auch den Rabatt schon vorher in den Preis einkalkuliert, ist der Zielverkaufspreis der um den Rabatt verminderte Grundwert, hier 90 %, dem der Kundenrabatt, hier 10 %, hinzugerechnet wird:

$$\text{Rabattbetrag in €} = \frac{\text{Zielverkaufspreis in € · Rabattsatz in \%}}{(100\,\% - \text{Rabattsatz in \%})}$$

Beispiel: Um den Listenverkaufspreis netto für das Multifunktionsgerät Deskjet BB 860 auf der Grundlage eines Selbstkostenpreises von 163,15 € (s. Seite 418) zu berechnen, kalkuliert die Bellheim-BüroService GmbH mit 8 % Gewinn, 3 % Kundenskonto und 10 % Kundenrabatt.

Vorwärtskalkulation:
Ausgehend vom Selbstkostenpreis der Selbstkostenkalkulation wird die Vorwärtskalkulation fortgesetzt, um den Listenverkaufspreis netto zu errechnen:

Selbstkostenpreis		163,15 €
+ Gewinn	(v. H.)	13,05 €
= Barverkaufspreis		176,20 €
+ Kundenskonto	(i. H.)	5,45 €
= Zielverkaufspreis		181,65 €
= Kundenrabatt	(i. H.)	20,18 €
= Listenverkaufspreis netto		201,83 €

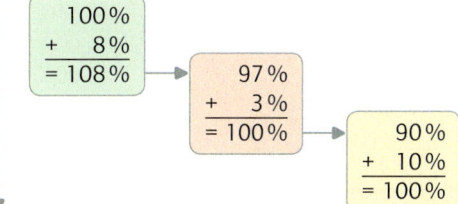

Rückwärtskalkulation

- Bei der **Vorwärtskalkulation** ist der **Einkaufspreis** durch den Markt **vorgegeben**. Der Großhändler stellt sich die Frage, wie hoch sein Listenverkaufspreis mindestens sein muss, will er seine Vorstellungen über die zu verrechnenden Handlungskosten, den Gewinn sowie den Kundenrabatt und Kundenskonto realisieren.

- Bei der folgenden **Rückwärtskalkulation** ist der **Verkaufspreis** durch den Markt, z. B. durch die Mitbewerber, **vorgegeben**. Ausgehend von diesem Preis wird rückwärts kalkuliert, um die Frage zu beantworten, wie hoch der Listeneinkaufspreis höchstens sein darf, damit der Großhändler seine Vorstellungen über Handlungskosten, Gewinn, Skonto und Rabatt verwirklichen kann.

Rückwärtskalkulation

Beispiel: Der Marktpreis (Listenverkaufspreis netto) eines Laser-Faxgerätes beträgt 289,00 €. Wie hoch darf der Listeneinkaufspreis höchstens sein, wenn der Lieferer 15 % Rabatt und 2 % Skonto gewährt, die Bezugskosten 25,00 € betragen und die Bellheim-BüroService GmbH mit 35 % Handlungskosten, 8 % Gewinn, 3 % Skonto und 10 % Rabatt rechnet?

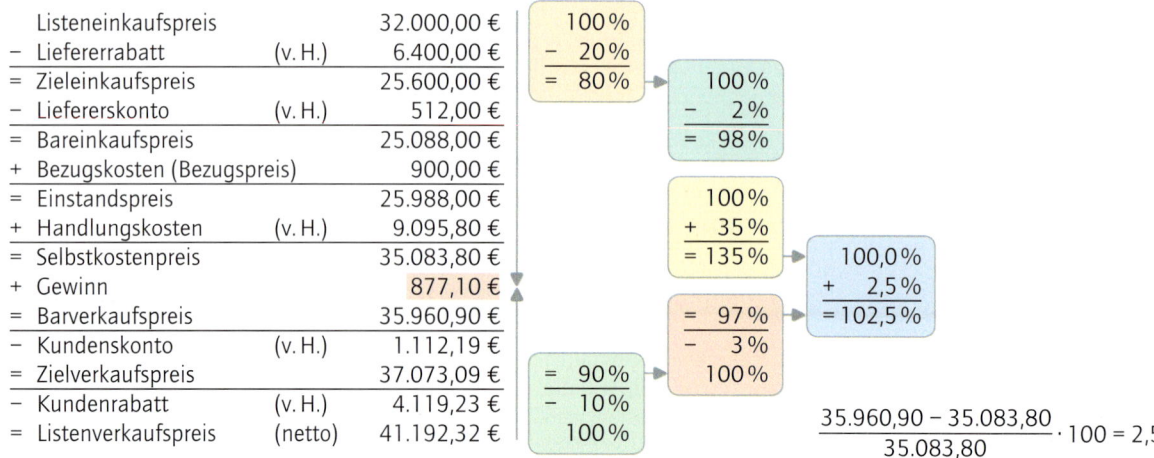

=	Listeneinkaufspreis		177,72 €
+	Liefererrabatt	(i. H.)	26,66 €
=	Zieleinkaufspreis		151,06 €
+	Liefererskonto	(i. H.)	3,02 €
=	Bareinkaufspreis		148,04 €
–	Bezugskosten		25,00 €
=	Einstandspreis (Bezugspreis)		173,04 €
–	Handlungskosten	(a. H.)*	60,57 €
=	Selbstkostenpreis		233,61 €
–	Gewinn	(a. H.)*	18,69 €
=	Barverkaufspreis		252,30 €
–	Kundenskonto	(v. H.)	7,80 €
=	Zielverkaufspreis		260,10 €
–	Kundenrabatt	(v. H.)	28,90 €
=	Listenverkaufspreis	(netto)	289,00 €

* a. H.: auf Hundert (vermehrter Grundwert)

Der Listeneinkaufspreis darf höchstens 177,72 € betragen.

Differenzkalkulation

Stehen der Einkaufs- und der Verkaufspreis eines Artikels fest, muss der Großhändler prüfen, ob es sich lohnt, diesen Artikel im Sortiment zu führen. Grundlage seiner Entscheidung ist die Höhe des Gewinns, der sich aus der Differenz zwischen Barverkaufspreis und Selbstkostenpreis ergibt. Mithilfe der **Differenzkalkulation** wird vorwärts vom Listeneinkaufspreis zum Selbstkostenpreis und rückwärts vom Listenverkaufspreis zum Barverkaufspreis kalkuliert.

Beispiel: Der Listeneinkaufspreis von 10 000 Paketen Kopierpapier A4, weiß, 80 g/m² zu 500 Blatt beträgt 32.800,00 €; der Lieferer gewährt 20 % Rabatt und 2 % Skonto. Frachtkosten: 900,00 €. Die Bellheim-BüroService GmbH kalkuliert mit 35 % Handlungskosten, 3 % Skonto und 10 % Rabatt. Der Listenverkaufspreis netto (Marktpreis) beträgt 41.192,32 €.

	Listeneinkaufspreis		32.000,00 €
–	Liefererrabatt	(v. H.)	6.400,00 €
=	Zieleinkaufspreis		25.600,00 €
–	Liefererskonto	(v. H.)	512,00 €
=	Bareinkaufspreis		25.088,00 €
+	Bezugskosten (Bezugspreis)		900,00 €
=	Einstandspreis		25.988,00 €
+	Handlungskosten	(v. H.)	9.095,80 €
=	Selbstkostenpreis		35.083,80 €
+	Gewinn		877,10 €
=	Barverkaufspreis		35.960,90 €
–	Kundenskonto	(v. H.)	1.112,19 €
=	Zielverkaufspreis		37.073,09 €
–	Kundenrabatt	(v. H.)	4.119,23 €
=	Listenverkaufspreis	(netto)	41.192,32 €

$$\frac{35.960,90 - 35.083,80}{35.083,80} \cdot 100 = 2,5$$

Beträgt die geplante Gewinnspanne 8 %, ist die zu erreichende Gewinnspanne von 2,5 % zu gering: Das Kopierpapier wird nicht in das Sortiment aufgenommen.

8

Kalkulationszuschlagssatz

- Die **Kalkulation** des Listenverkaufspreises kann **vereinfacht** werden, wenn die Prozentsätze für die Handlungskosten, den Gewinn, den Kundenskonto und den Kundenrabatt bekannt sind.

- Die Vereinfachung besteht darin, dass diese fünf Prozentsätze zu einer Größe, dem **Kalkulationszuschlagssatz**, zusammengefasst werden.
- Dabei ergibt sich die Zusammenfassung nicht aus der Addition der einzelnen Prozentsätze, sondern aus dem Kalkulationsschema.

Ermittlung des Kalkulationszuschlagssatzes
***Bedingung:* Prozentsätze sind bekannt.**

Sind nur die Prozentsätze für Handlungskosten, Gewinn, Kundenskonto und Kundenrabatt bekannt, wird der Einstandspreis gleich 100 Geldeinheiten (GE) gesetzt und der Listenverkaufspreis (netto) mithilfe des Kalkulationsschemas errechnet.

Kalkulationszuschlagssatz = Listenverkaufspreis (netto) − Einstandspreis

Beispiel: Die Bellheim-BüroService GmbH kalkuliert mit folgenden Prozentsätzen:
Handlungskosten 35 %, Gewinn 8 %, Skonto 3 % und Rabatt 10 %

	Einstandspreis		100,00 GE
+	Handlungskosten	(v. H.)	35,00 GE
=	Selbstkostenpreis		135,00 GE
+	Gewinn	(v. H.)	10,80 GE
=	Barverkaufspreis		145,80 GE
+	Kundenskonto	(i. H.)	4,51 GE
=	Zielverkaufspreis		150,31 GE
+	Kundenrabatt	(i. H.)	16,70 GE
=	Listenverkaufspreis netto		167,01 GE

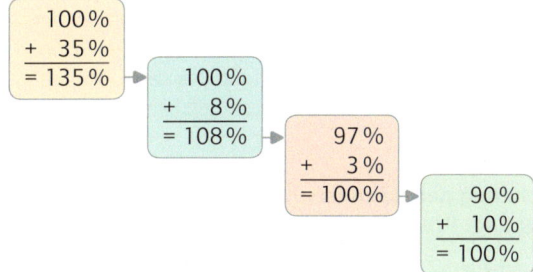

Kalkulationszuschlagssatz = 167,01 GE − 100,00 GE = 67,01 GE = 67,01 %

***Bedingung:* Einkaufspreis und Listenverkaufspreis (brutto) sind bekannt.**

Auf der Grundlage des bekannten Einstandspreises wird der Listenverkaufspreis mithilfe der ebenfalls bekannten Prozentsätze – wie auf S. 418 f. dargestellt – kalkuliert. Der Kalkulationszuschlagssatz errechnet sich dann wie folgt:

$$\text{Kalkulationszuschlagssatz} = \frac{(\text{Listenverkaufspreis netto} - \text{Einstandspreis}) \cdot 100}{\text{Einstandspreis}}$$

Beispiel: Der Einstandspreis für das Multifunktionsgerät „Deskjet BB 860" beträgt 120,85 €. Werden 35 % Handlungskosten, 8 % Gewinn, 3 % Kundenskonto und 10 % Kundenrabatt berücksichtigt, ergibt sich für die Bellheim-BüroService GmbH ein Listenverkaufspreis (netto) von 201,83 € (s. Berechnung Seite 418 f.).

$$\text{Kalkulationszuschlagssatz} = \frac{(201,83 \,€ - 120,85 \,€) \cdot 100}{120,85 \,€} = \underline{67,01 \,\%}$$

Kalkulation mit dem Kalkulationszuschlagssatz

Der Listenverkaufspreis (netto) errechnet sich mithilfe des Kalkulationszuschlagssatzes wie folgt:

Listenverkaufspreis (netto) = Einstandspreis · (1 + Kalkulationszuschlagssatz)

Beispiel: Der Einstandspreis für den Bürodrehstuhl „Open Light" beträgt 135,00 €. Die Bellheim-BüroService GmbH rechnet mit einem Kalkulationszuschlagssatz von 67,01 % $\left(= \frac{67,01}{100}\right)$.

Listenverkaufspreis (netto) = $135,00 \,€ \cdot \left(1 + \frac{67,01}{100}\right) = 225,46 \,€$

Kalkulationsfaktor

■ Der Kalkulationsfaktor dient ebenfalls der Vereinfachung der Kalkulation.

■ Er ist eine Zahl, die, multipliziert mit dem Einstandspreis, den Listenverkaufspreis (netto) ergibt.

$$\text{Kalkulationsfaktor} = \frac{\text{Listenverkaufspreis (netto)}}{\text{Einstandspreis}}$$

Beispiel:
Einstandspreis für das Multifunktionsgerät Deskjet BB 860: 120,85 €
Listenverkaufspreis (netto): 201,83 €

$$\textbf{Kalkulationsfaktor} = \frac{201,83\ €}{120,85\ €} = \textbf{1,6701}$$

Die Bellheim-BüroService GmbH handelt auch mit Notebooktaschen, für die der Einstandspreis 15,00 € beträgt. Gelten die gleichen Zuschlagssätze wie für das Multifunktionsgerät (s. Seite 421), so ergibt sich der Listenverkaufspreis (netto) für die Notebooktasche wie folgt:

Listenverkaufspreis (netto) = 15,00 € · 1,6701
= **25,05 €**

Handelsspanne

■ Wird der Listenverkaufspreis durch den Markt bestimmt (konkurrenzorientierter Preis), möchte der Großhändler wissen, ob er die ihm von den Lieferern angebotenen Einstandspreise – unter Berücksichtigung seiner Vorstellungen über die Zuschlagssätze – bezahlen kann.

■ Zur **schnellen Überprüfung** zieht er vom vorgegebenen Verkaufs- oder Marktpreis netto einen bestimmten Prozentsatz ab und gelangt so zu einem Einstandspreis, den er gerade noch bereit ist zu zahlen. Dieser Prozentsatz, der sich aus dem Kalkulationsschema ergibt, bezogen auf den Verkaufspreis netto, wird **Handelsspanne** genannt.

Berechnung der Handelsspanne
Bedingung: Prozentsätze sind bekannt.

Bei gegebenen Zuschlagssätzen errechnet sich die Handelsspanne, indem vom Listenverkaufspreis netto aus **rückwärts** zum Einstandspreis kalkuliert wird, wobei der Listenverkaufspreis (netto) 100,00 GE gesetzt wird.

Handelsspanne = Listenverkaufspreis netto − Einstandspreis

Beispiel: Die Bellheim-BüroService GmbH kalkuliert mit 35 % Handlungskosten, 8 % Gewinn, 3 % Kundenskonto und 10 % Rabatt:

Listenverkaufspreis netto		100,00 GE
− Kundenrabatt	(v. H.)	10,00 GE
= Zielverkaufspreis		90,00 GE
− Kundenskonto	(v. H.)	2,70 GE
= Barverkaufspreis		87,30 GE
− Gewinn	(a. H.)	6,47 GE
= Selbstkostenpreis		80,83 GE
− Handlungskosten	(a. H.)	20,96 GE
= Einstandspreis		59,87 GE
Listenverkaufspreis netto		100,00 GE
− Einstandspreis		59,87 GE
= Handelsspanne		40,13 GE

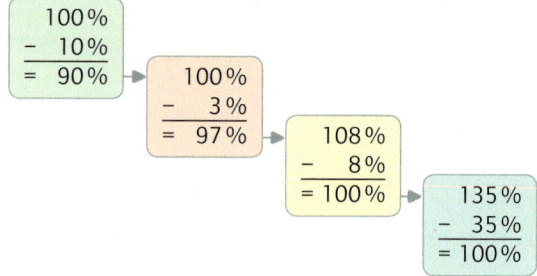

Das entspricht einer Handelsspanne von 40,13 %.

Bedingung: Einstandspreis und Listenverkaufspreis netto sind bekannt.

Sind lediglich Einstandspreis und Listenverkaufspreis oder Marktpreis netto bekannt, errechnet sich die Handelsspanne in Prozent wie folgt:

$$\text{Handelsspanne} = \frac{\text{Listenverkaufspreis netto} - \text{Einstandspreis}}{\text{Listenverkaufspreis netto}} \cdot 100$$

***Bedingung:* Einstandspreis und Listenverkaufspreis netto sind bekannt.**

Beispiel: Beträgt der Listenverkaufspreis netto für den Laserdrucker „LD 285" 105,00 €, der Einstandspreis 57,50 €, dann rechnet die Bellheim-BüroService GmbH mit einer Handelsspanne von 45,24 %:

$$\text{Handelsspanne in \%} = \frac{105,00\ € - 57,50\ €}{105,00\ €} \cdot 100 = \textbf{45,24 \%}$$

Kalkulation mit der Handelsspanne

Der Einstandspreis errechnet sich mithilfe der Handelsspanne wie folgt:

> Einstandspreis = Listenverkaufspreis netto · (1 − Handelsspanne)

Beispiel: Die Bellheim-BüroService GmbH möchte auch externe Festplatten 500 GB, für die auf dem Markt maximal ein Preis von 245,00 € netto zu erzielen ist, in ihr Sortiment aufnehmen. Die Handelsspanne beträgt 40,12 %.

Maximaler Einstandspreis = 245,00 € · (1 − 40,12 / 100) = **146,71 €**

Kalkulationsabschlag

- Ähnlich wie die Handelsspanne dient der Kalkulationsabschlag ebenfalls dazu, schnell zu überprüfen, ob der vom Lieferer verlangte Einstandspreis bei gegebenem Marktpreis bezahlt werden kann.

- Wird bei der Berechnung der Handelsspanne vom Listenverkaufspreis netto ausgegangen, so wird bei der Ermittlung des Kalkulationsabschlags der Listenverkaufspreis brutto, also einschließlich Umsatzsteuer, zugrunde gelegt.

Berechnung des Kalkulationsabschlags
***Bedingung:* Prozentsätze sind bekannt.**

Sind lediglich die einzelnen Zuschlagssätze für Handlungskosten, Gewinn, Kundenskonto und -rabatt sowie der Umsatzsteuersatz bekannt und wird der Listenverkaufspreis brutto 100 GE gesetzt, errechnet sich der Kalkulationsabschlag wie folgt:

> Kalkulationsabschlag = Listenverkaufspreis brutto − Einstandspreis

Beispiel: Es gelten die Zuschlagssätze wie bei der Berechnung der Handelsspanne (s. Beispiel Seite 422); die Umsatzsteuer beträgt 19 %.

Listenverkaufspreis brutto	100,00 GE
− Umsatzsteuer	15,97 GE
= Listenverkaufspreis netto	84,03 GE
− Kundenrabatt	8,40 GE
= Zielverkaufspreis	75,63 GE
− Kundenskonto	2,27 GE
= Barverkaufspreis	73,36 GE
− Gewinn	5,43 GE
= Selbstkostenpreis	67,93 GE
− Handlungskosten	17,61 GE
= Einstandspreis	50,32 GE

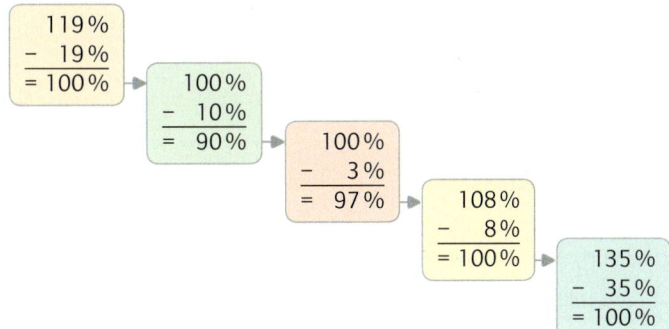

Der Kalkulationsabschlag beträgt 100,00 GE − 50,32 GE = 49,68 GE, das entspricht 49,68 %.

***Bedingung:* Einstandspreis und Listenverkaufspreis brutto sind bekannt.**

Die Formel für den Kalkulationsabschlag lautet:

> $$\text{Kalkulationsabschlag} = \frac{\text{Listenverkaufspreis brutto} - \text{Einstandspreis}}{\text{Listenverkaufspreis brutto}} \cdot 100$$

Beispiel: Listenverkaufspreis brutto des Laserdruckers „LD 285": 124,95 €; Einstandspreis: 57,50 €

$$\text{Kalkulationsabschlag in \%} = \frac{124,95\ € - 57,50\ €}{124,95\ €} \cdot 100 = \textbf{53,98 \%}$$

Zusammenfassung

- **Kalkulationszuschlagssatz** und **Kalkulationsfaktor** sind Instrumente, um schneller, weil einfacher, vom Einstandspreis im Wege der **Vorwärtskalkulation** zum Verkaufspreis zu gelangen.

- **Handelsspanne** und **Kalkulationsabschlag** dienen dazu, einfacher und damit schneller vom Verkaufspreis aus im Wege der **Rückwärtskalkulation** den Einstandspreis zu ermitteln.

Beispiel:

- Der Listeneinkaufspreis für Kopierpapier „Basic" beträgt 130,00 € für 40 000 Blatt.
- Der Lieferant gewährt 20 % Rabatt und 2 % Skonto.
- Die Frachtkosten betragen 10,00 €.

- Die Bellheim-BüroService GmbH kalkuliert mit 35 % Handlungskosten, 8 % Gewinn, 3 % Skonto und 10 % Rabatt.
- Die Umsatzsteuer beträgt 19 %.

Der Listenverkaufspreis brutto errechnet sich zunächst mithilfe der **Vorwärtskalkulation** wie folgt:

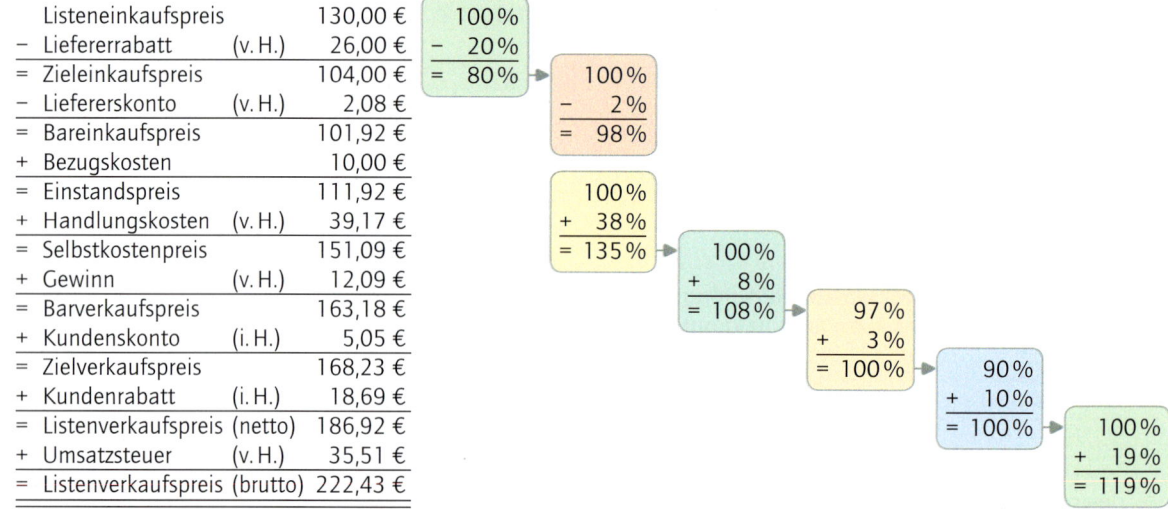

Listeneinkaufspreis		130,00 €	100 %
− Liefererrabatt	(v. H.)	26,00 €	− 20 %
= Zieleinkaufspreis		104,00 €	= 80 %
− Liefererskonto	(v. H.)	2,08 €	
= Bareinkaufspreis		101,92 €	
+ Bezugskosten		10,00 €	
= Einstandspreis		111,92 €	
+ Handlungskosten	(v. H.)	39,17 €	
= Selbstkostenpreis		151,09 €	
+ Gewinn	(v. H.)	12,09 €	
= Barverkaufspreis		163,18 €	
+ Kundenskonto	(i. H.)	5,05 €	
= Zielverkaufspreis		168,23 €	
+ Kundenrabatt	(i. H.)	18,69 €	
= Listenverkaufspreis (netto)		186,92 €	
+ Umsatzsteuer	(v. H.)	35,51 €	
= Listenverkaufspreis (brutto)		222,43 €	

Kalkulationszuschlagssatz in %:

$$\frac{\text{Listenverkaufspreis netto} - \text{Einstandspreis}}{\text{Einstandspreis}} \cdot 100 = \frac{186{,}92\,€ - 111{,}92\,€}{111{,}92\,€} \cdot 100 = 67{,}01\,\%$$

Werden von 111,92 € (Einstandspreis) 67,01 % berechnet und zum Einstandspreis addiert, ergibt sich der Listenverkaufspreis netto von 186,92 €.

Kalkulationsfaktor:

$$\frac{\text{Listenverkaufspreis netto}}{\text{Einstandspreis}} = \frac{186{,}92\,€}{111{,}92\,€} = 1{,}6701$$

Wird der Einstandspreis von 111,92 € mit 1,6701 multipliziert, ergibt sich der Listenverkaufspreis netto von 186,92 €.

Handelsspanne in %:

$$\frac{\text{Listenverkaufspreis netto} - \text{Einstandspreis}}{\text{Listenverkaufspreis netto}} \cdot 100 = \frac{186{,}92\,€ - 111{,}92\,€}{186{,}92\,€} \cdot 100 = 40{,}12\,\%$$

Werden von 186,92 € (Listenverkaufspreis netto) 40,12 % abgezogen, ergibt sich der Einstandspreis von 111,92 €.

Kalkulationsabschlag in %:

$$\frac{\text{Listenverkaufspreis brutto} - \text{Einstandspreis}}{\text{Listenverkaufspreis brutto}} \cdot 100 = \frac{222{,}43\,€ - 111{,}92\,€}{222{,}43\,€} \cdot 100 = 49{,}68\,\%$$

Der Einstandspreis von 111,92 € ergibt sich aus dem Listenverkaufspreis brutto von 222,43 € minus 49,68 %.

Begriff Kostenstelle

Unter einer Kostenstelle versteht man den **Ort** (z. B. Abteilung, Arbeitsplatz), an dem die Kosten entstehen.

Einteilung der Kostenstellen

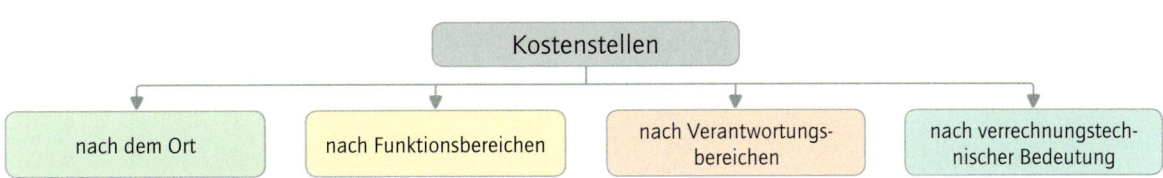

Kostenstellen nach dem Ort

- Zusammenfassung räumlich abgegrenzter Betriebsteile mit jeweils einheitlichen Aufgaben

  oder

- Zusammenfassung unterschiedlicher Arbeitsgänge, die abrechnungstechnisch gleich behandelt werden können,

oder

- Bildung eines einheitlichen, räumlich abgegrenzten Verantwortungsbereichs, der aus Kontrollgründen als Ganzes abgerechnet werden soll

Kostenstellen nach Funktionsbereichen

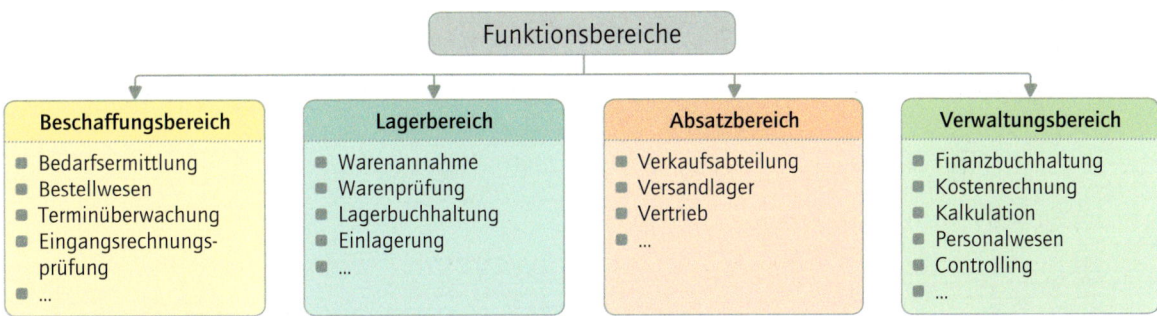

Kostenstellen nach Verantwortungsbereichen

Die Kostenstellenbildung nach Verantwortungsbereichen deckt sich im Regelfall mit der nach Funktionsbereichen.

Kostenstellen nach verrechnungstechnischer Bedeutung

Folgende Arten von Kostenstellen werden – auch im Hinblick auf den Betriebsabrechnungsbogen (s. Seite 426) – unterschieden:

- **selbstständige oder Hauptkostenstellen:**
  Ihre Kosten werden den Kostenträgern unmittelbar zugerechnet.

  Beispiele:
  Warenart oder Warengruppe 1, Warenart oder Warengruppe 2, Warenart oder Warengruppe 3

- **unselbstständige Kostenstellen:**
  - **Allgemeine Kostenstellen** erbringen Leistungen für alle übrigen Kostenstellen; ihre Kosten werden daher auf die Hilfs- und Hauptkostenstellen umgelegt.

    Beispiele:
    Geschäftsleitung, Fuhrpark, Personalabteilung, Finanzbuchhaltung, Kostenrechnung

  - **Hilfskostenstellen** erbringen Leistungen für die Hauptkostenstellen; daher werden ihre Kosten nur auf die Hauptkostenstellen umgelegt.

    Beispiele:
    Einkauf, Lager, Vertrieb

Beispiel: BAB der Bellheim-BüroService GmbH für Monat ... 20..

Kostenarten	Zahlenwerte des KLR-Bereichs	Verteilungsgrundlagen	Allgemeine Kostenstellen		Hilfskostenstellen				Hauptkostenstellen			Summen
			Fuhrpark	Geschäftsleitung	Einkauf	Lager	Vertrieb	Allgemeine Verwaltung	WG 1	WG 2	WG 3	
Einzelkosten												
Aufwendungen für WG 1	3.480.000								3.480.000			
Aufwendungen für WG 2	465.600									465.600		
Aufwendungen für WG 3	690.205										690.205	
Summe Einzelkosten	4.635.805								3.480.000	465.600	690.205	4.635.805
Gemeinkosten												
Betriebsstoffaufw.	66.490	Umbauter Raum in m³	4.858	607	304	30.361	304	1.214	12.144	6.072	10.626	66.490
Gehälter	273.000	Gehaltsliste	8.531	25.594	25.594	34.125	42.656	68.250	42.656	17.063	8.531	273.000
Arbeitgeberanteil SV	95.550	Gehaltsliste	3.082	12.329	9.247	12.329	15.411	18.494	15.411	6.165	3.082	95.550
Kalk. Abschreibungen	970.320	Anlagendatei	210.939	42.188	84.376	210.939	84.376	126.563	126.563	42.188	42.188	970.320
Kalk. Wagnisse	25.000	Kostenstelle Verkauf	0	0	0	0	25.000	0	0	0	0	25.000
Kalk. Zinsen	112.450	Betriebsnotw. Kapital	19.728	1.973	3.946	23.674	3.946	11.837	19.728	15.782	11.837	112.450
Steuern	6.320	Steuergegenstände	2.370	0	790	790	790	1.580	0	0	0	6.320
Fremdinstandhaltung	19.610	Rechnungen	7.354	0	2.451	2.451	2.451	4.903	0	0	0	19.610
Sonstige Aufwendungen	39.180	Rechnungen u. a.	3.134	1.567	1.567	6.269	12.538	3.134	3.134	4.702	3.134	39.180
Summe Gemeinkosten	1.607.920		259.997	84.258	128.274	320.938	187.471	235.975	219.638	91.971	79.399	1.607.920
Umlage Fuhrpark				45.217	11.304	11.304	33.913	67.825	56.521	11.304	22.608	259.997
Zwischensumme				129.475	139.578	332.242	221.384	303.800	276.159	103.275	102.007	
Umlage Geschäftsleitung					19.919	9.960	19.919	19.919	29.879	9.960	19.919	129.475
Zwischensumme					159.497	342.201	241.303	323.720	306.038	113.235	121.926	
Umlage Einkauf									106.331	26.583	26.583	159.497
Umlage Lager									256.651	42.775	42.775	342.201
Umlage Vertrieb									172.359	34.472	34.472	241.303
Umlage Allg. Verwaltung									231.228	46.246	46.246	323.720
Summe Handlungskosten									1.072.608	263.310	272.002	1.607.920
Handlungskostenzuschlagssätze									31 %	57 %	39 %	

Allgemeiner Überblick

Die Kostenstellenrechnung wird monatlich und jährlich in der Regel tabellarisch mithilfe des sogenannten **Betriebsabrechnungsbogens (BAB)** durchgeführt und vollzieht sich in folgenden Schritten:

1. Erstellung des „Betriebsabrechnungsbogens"
Der Betriebsabrechnungsbogen (BAB) ist eine tabellarische Darstellung der Kostenstellenrechnung, der senkrecht nach Gemeinkostenarten und waagerecht nach Kostenbereichen bzw. Kostenstellen gegliedert ist. In vielen Unternehmen orientiert sich die Einteilung der Kostenstellen an den entsprechenden Funktionsbereichen (s. Seite 425), wobei im Handel noch Differenzierungen nach den Kostenträgern (Warengruppen, Artikelgruppen oder einzelne Artikel) üblich sind.

2. Überprüfung sämtlicher Kostenarten im Hinblick auf ihre Zurechenbarkeit auf die Kostenträger
Sämtliche Kosten werden daraufhin untersucht, ob sie sich den Erzeugnissen (= Kostenträger) direkt zurechnen lassen (= Einzelkosten) oder ob sie sich den Kostenträgern nicht direkt zurechnen lassen (= Gemeinkosten).

3. Verteilung der Gemeinkostenarten auf die Kostenbereiche oder Kostenstellen
Die auf die Kostenträger bezogenen Gemeinkosten können entweder Kostenstelleneinzelkosten sein, die den

Kostenstellen direkt mithilfe von Belegen zugerechnet werden (z. B. Personalkosten für die Beschäftigten im Lager), oder Kostenstellengemeinkosten, die mithilfe von Verteilungsschlüsseln auf die Kostenstellen aufgeteilt werden (z. B. Mieten, die auf der Grundlage von m² je Kostenstelle verteilt werden können).

4. Ermittlung der Gemeinkostensummen für die Kostenbereiche oder Kostenstellen
Addition der Gemeinkostenbeträge für jeden Kostenbereich bzw. jede Kostenstelle

5. Ermittlung der Handlungskostensätze
In vielen Unternehmen werden die Gemeinkostensummen der jeweiligen Kostenbereiche noch zu bestimmten Zuschlagsgrundlagen ins Verhältnis gesetzt. Das Ergebnis sind **Gemeinkostenzuschlagssätze**, mit deren Hilfe die in den Kostenstellen des BAB ermittelten Gemeinkosten den verschiedenen Kostenträgern (Waren bzw. Dienstleistungen) zugerechnet werden können. Im Handel ist die wesentliche Bezugsgrundlage für die Bildung von Verrechnungssätzen der Wareneinsatz als bedeutsame Einzelkostenart. Die Verrechnung der Gemeinkosten in die Selbstkosten der einzelnen Waren oder Warengruppen über Zuschlagssätze wird dann erleichtert, wenn im BAB eine Feingliederung der Hauptkostenstelle „Verkauf" nach Kostenträgern vorgenommen wird.

1. Schritt: Erstellung des Betriebsabrechnungsbogens (BAB)

Beispiel: Die Bellheim-BüroService GmbH weist in ihrem Betriebsabrechnungsbogen die folgenden Kostenstellen aus:

Gemein-kostenarten	Zahlenwerte des KLR-Bereichs	Verteilungs-grundlagen	Allgemeine Kostenstellen		Hilfskostenstellen				Hauptkostenstellen		
			Fuhrpark	Geschäftsleitung	Einkauf	Lager	Vertrieb	Allgemeine Verwaltung	WG 1	WG 2	WG 3

2. Schritt: Überprüfung der Kostenarten auf ihre Zurechenbarkeit auf die Kostenträger

Beispiel: Die Überprüfung der Kostenarten aus der Betriebsergebnisrechnung der Ergebnistabelle (s. Seite 414) ergab, dass in der Bellheim-BüroService GmbH lediglich die Aufwendungen für die Warengruppen 1, 2 und 3 Einzelkosten darstellen, während alle übrigen Kosten den Gemeinkosten zuzurechnen sind.

3. Schritt: Verteilung der Gemeinkostenarten auf die Kostenstellen

Beispiel: Auf der Grundlage der im BAB der Bellheim-BüroService GmbH (s. Seite 426) in der Spalte Verteilungsgrundlagen genannten Verteilungsschlüssel werden die Gemeinkostenarten entsprechend den folgenden Aufteilungsverhältnissen auf die Kostenstellen verteilt.

Verteilungsschlüssel für die Gemeinkosten	Fuhr-park	Geschäfts-leitung	Einkauf	Lager	Vertrieb	Allg. Verwalt.	WG 1	WG 2	WG 3	Summen
Betriebsstoffaufwendungen	1.600	200	100	10.000	100	400	4.000	2.000	3.500	21.900
Gehälter	1	3	3	4	5	8	5	2	1	32
Arbeitgeberanteil Sozialversicherung	1	4	3	4	5	6	5	2	1	31
Kalkulatorische Abschreibungen	5	1	2	5	2	3	3	1	1	23
Kalkulatorische Wagnisse	0	0	0	0	1	0	0	0	0	1
Kalkulatorische Zinsen	5	1	1	6	1	3	5	4	3	29
Steuern	3	0	1	1	1	2	0	0	0	8
Fremdinstandhaltung	3	0	1	1	1	2	0	0	0	8
Sonstige Aufwendungen	1	1	1	2	4	1	1	2	1	14

4. Schritt: Ermittlung der Gemeinkostensummen für die Kostenbereiche oder -stellen

Sind die Gemeinkosten auf die Kostenstellen verteilt, werden die Summen der Gemeinkosten der einzelnen Kostenstellen gebildet.

5. Schritt: Umlage der Gemeinkosten der allgemeinen Kostenstellen und der Hilfskostenstellen

Beispiel: Zunächst werden die Gemeinkosten der allgemeinen Kostenstelle Fuhrpark auf alle übrigen Kostenstellen umgelegt, danach die um den Fuhrparkanteil erhöhten Gemeinkosten der Kostenstelle Geschäftsleitung auf alle nachgelagerten Kostenstellen. Anschließend werden die Gemeinkosten der Hilfskostenstellen auf die Hauptkosten-stellen umgelegt. Schließlich werden die Summen der Gemeinkosten in den Hauptkostenstellen errechnet. Die Verteilungsschlüssel für die Gemeinkostenumlage bei der Bellheim-BüroService GmbH sind der folgenden Tabelle zu entnehmen:

Verteilungsschlüssel für die Umlagen	Fuhr-park	Geschäfts-leitung	Einkauf	Lager	Vertrieb	Allg. Verwalt.	WG 1	WG 2	WG 3	Summen
Umlage Fuhrpark		4	1	1	3	6	5	1	2	23
Umlage Geschäftsleitung			2	1	2	2	3	1	2	13
Umlage Einkauf							4	1	1	6
Umlage Lager							6	1	1	8
Umlage Vertrieb							5	1	1	7
Umlage Allg. Verwaltung							5	1	1	7

6. Schritt: Errechnung der differenzierten Gemeinkostenzuschlagssätze

Beispiel: Die Bellheim-BüroService GmbH hat ihre verschiedenen Warenarten zu drei Warengruppen zusammengefasst, die gleichzeitig die drei Hauptkostenstellen bilden. Dies ermöglicht die Ermittlung von differenzierten, auf die einzelnen Warengruppen bezogenen Handlungskostenzuschlagssätzen.
Der Handlungskostenzuschlagssatz für die Warengruppe 1 errechnet sich wie folgt:

$$\text{HKZ}_1 \text{ (in Prozent)} = \frac{\text{Gemeinkosten der Warengruppe 1}}{\text{Aufwendungen für Waren der Warengruppe 1}} \cdot 100$$

$$\text{HKZ}_1 \text{ (in Prozent)} = \frac{1.072.608,00 \, €}{3.480.000,00 \, €} \cdot 100 = 31\%$$

Analog werden die Handlungskostenzuschlagssätze für die beiden anderen Warengruppen errechnet (s. BAB Seite 426).

Grafische Darstellung

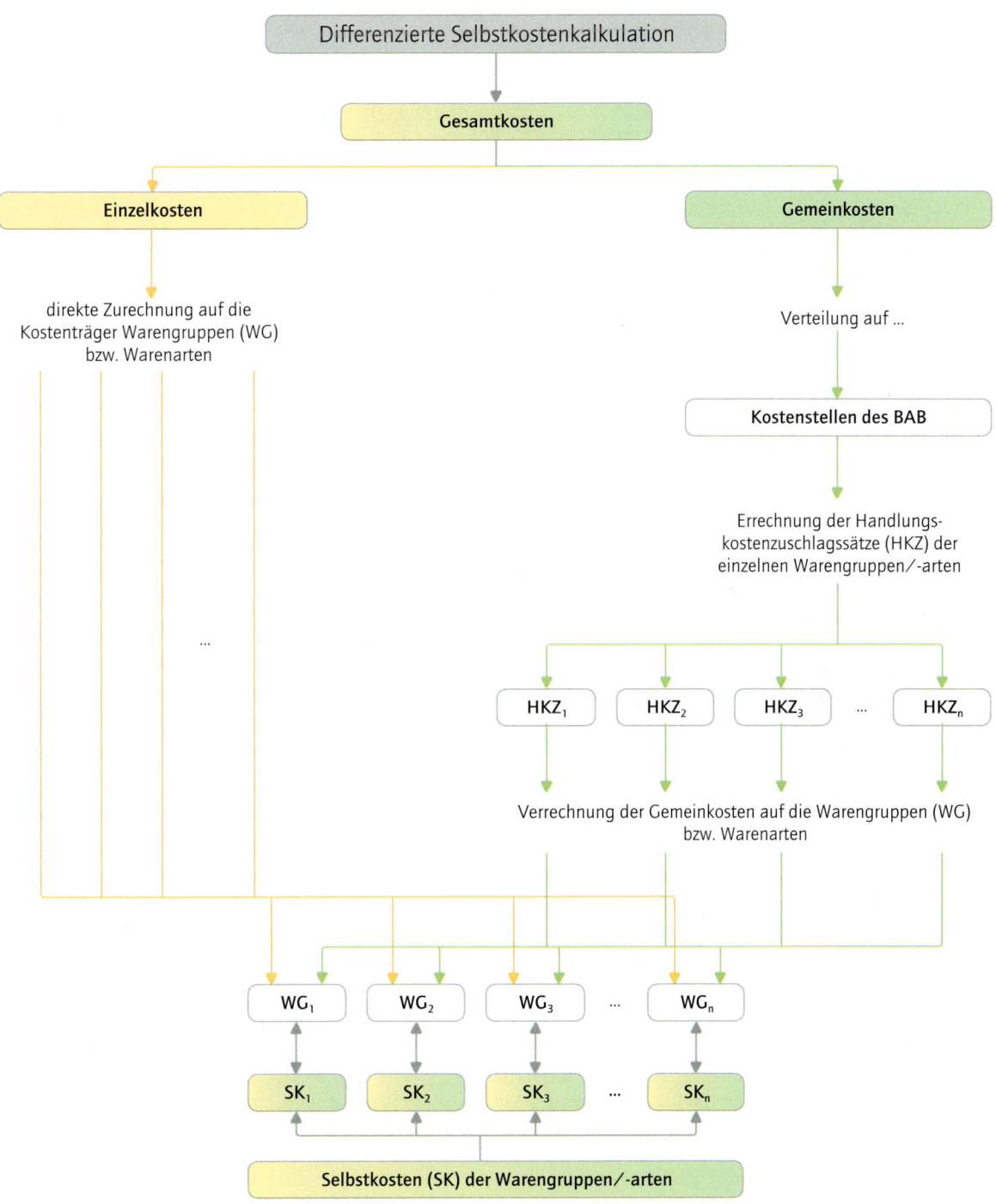

Kalkulation mit differenzierten Handlungskostensätzen
Calculation of goods using differentiated general expenses rates

Vergleich einheitlicher und differenzierter Handlungskostensatz

- Die **Warenkalkulation mit einheitlichem Handlungskostensatz** (s. Seite 417 ff.) verzichtet weitgehend auf eine verursachungsgerechte Zurechnung der Gemeinkosten auf die Produkte. Im Hinblick darauf ist auch eine Kostenstellenrechnung nicht nötig.
- Die **Warenkalkulation mit differenzierten Handlungskostensätzen** will der Tatsache Rechnung tragen, dass die verschiedenen Warenarten bzw. Warengruppen in der Regel unterschiedlich hohe Gemeinkosten (Handlungskosten) verursachen und daher mit unterschiedlichen Handlungskostensätzen zu kalkulieren sind.

- Voraussetzung hierfür ist die **Kostenstellenrechnung**, die neben der Kontrolle der Kosten der einzelnen Stellen eine nach Warenarten bzw. Warengruppen **differenzierte Errechnung von Handlungskostensätzen** (s. Seite 428) ermöglicht, welche der Kostenverursachung eher gerecht werden.
- Dafür ist die **Hauptkostenstelle „Verkauf"** nach Warenarten bzw. Warengruppen zu **differenzieren** (s. Seite 426).

Beispiel

- Wird in der Bellheim-BüroService GmbH mit einem **einheitlichen Handlungskostensatz** von 35 % (s. Seite 418) kalkuliert, errechnet sich der Selbstkostenpreis für das Multifunktionsgerät Deskjet BB 860 wie folgt:

Einstandspreis	120,85 €	100 %
+ Handlungskosten	42,30 €	35 %
= Selbstkostenpreis	163,15 €	135 %

- Wird dagegen in der Bellheim-BüroService GmbH mit nach Warengruppen **differenzierten Handlungskostensätzen** gerechnet und ist das Multifunktionsgerät Deskjet BB 860 der Warengruppe 2 zugeordnet, ergibt sich bei einem Handlungskostensatz von 57 % (s. BAB Seite 426) folgende Kalkulation:

Einstandspreis	120,85 €	100 %
+ Handlungskosten	68,88 €	57 %
= Selbstkostenpreis	189,73 €	157 %

Die Vergleichsrechnung zeigt, dass dem Multifunktionsgerät Deskjet BB 860 bei Anwendung eines einheitlichen Handlungskostensatzes zu wenig Handlungskosten zugerechnet würden.

Unterschied zwischen Vollkosten- und Teilkostenrechnung
Difference between full- and direct-cost accounting

Kritik an der Vollkostenrechnung

- Die Gemeinkosten werden nicht durchgängig nach dem in der Kostenrechnung geltenden Verursachungsprinzip den Kostenträgern zugerechnet, sondern mithilfe von **Verteilungsschlüsseln** auf die Kostenträger verteilt.
- Betrachtet man die Kosten in Abhängigkeit von der Beschäftigung (im Großhandel gemessen an der Zahl der verkauften Waren und Dienstleistungen), kann man Fixkosten und variable Kosten unterscheiden. Die Fixkosten (häufig Gemeinkosten wie z. B. Abschreibungen) werden über die Handlungskostenzuschlagssätze **proportional** verrechnet. Steigen nun die Bezugsgrundlagen für die Handlungskostenzuschlagssätze wie etwa der Wareneinsatz aufgrund steigender Beschäftigung, so steigen proportional dazu die Handlungskosten, die den Kos-

tenträgern zugeschlagen werden. Das führt aber z. B. bei der Kalkulation der Verkaufspreise zu einer falschen Verrechnung der Fixkosten, da der Anteil der fixen Kosten pro verkaufter Mengeneinheit (fixe Stückkosten) mit zunehmender Beschäftigung abnimmt bzw. mit abnehmender Beschäftigung zunimmt.
- Schließlich bestehen erhebliche Zweifel an der Brauchbarkeit der Vollkostenrechnung als **Grundlage für Unternehmensentscheidungen**. Langfristig sind sicherlich alle Kosten abzudecken, kurzfristig kann eine Unternehmung z. B. im Rahmen einer Sonderangebotspolitik oder aufgrund der Wettbewerbssituation jedoch darauf verzichten, einen Teil der Kosten über den Preis abzudecken.

Systeme der Teilkostenrechnung

Teilkostenrechnung auf der Grundlage von variablen und fixen Kosten
- mit globaler Fixkostenbehandlung (einfaches Direct Costing)
- mit differenzierender Fixkostenbehandlung (stufenweise Fixkostendeckung)

Begriff Deckungsbeitrag

Die Teilkostenrechnung auf der Grundlage von variablen und fixen Kosten wird als **Deckungsbeitragsrechnung** bezeichnet. Zieht man von den Umsatzerlösen der betrachteten Artikel (bzw. Warengruppen oder Unternehmensbereiche) die jeweiligen variablen Kosten ab, erhält man den sogenannten **Deckungsbeitrag**, der dazu dient, die gesamten Fixkosten zu decken und darüber hinaus noch einen Gewinn zu erzielen.

Anwendungsbereiche

Unternehmensentscheidungen wie *zum Beispiel:*
- Sonderangebotspolitik
- Preiskalkulation aufgrund besonderer Wettbewerbsbedingungen
- Preisdifferenzierung
- Ermittlung der kurzfristigen Preisuntergrenze
- Gestaltung des optimalen Sortiments
- Analyse der Gewinnschwelle

Deckungsbeitragsrechnung mit globaler Fixkostenbehandlung (Direct Costing)

Stückbezogene Deckungsbeitragsrechnung

Allgemein	Beispiel: Aktenvernichter „630 XCD"	
Verkaufserlös (pro Mengeneinheit)	Verkaufspreis pro Stück	44,90 €
− variable Kosten (pro Mengeneinheit)	− Bezugspreis pro Stück	− 31,21 €
	− variable Handlungskosten pro Stück	− 9,67 €
= Deckungsbeitrag (pro Mengeneinheit)	= Deckungsbeitrag pro Stück	= 4,02 €

Der **Deckungsbeitrag** für einen Aktenvernichter „630 XCD" beträgt 4,02 €. Wenn nun noch **anteilige Fixkosten** von 2,00 € zu berücksichtigen sind, dann würde für jeden verkauften Aktenvernichter ein **Gewinn** von 2,02 € anfallen.

Periodenbezogene Deckungsbeitragsrechnung

Beispiel: Bellheim-BüroService GmbH für den Monat März bezogen auf die Warengruppen 1, 2 und 3:

Allgemein		WG 1	WG 2	WG 3
Verkaufserlöse der Abrechnungsperiode	Umsatzerlöse (der Buchhaltung entnommen)	325.440,17 €	73.012,00 €	237.988,67 €
− variable Kosten der Abrechnungsperiode	− Wareneinsatz (der Buchhaltung entnommen)	160.753,24 €	49.889,65 €	102.721,56 €
	− variable Handlungskosten	149.376,89 €	19.313,38 €	119.422,42 €
= Deckungsbeitrag der Abrechnungsperiode	= Deckungsbeiträge März	15.310,04 €	3.808,97 €	15.844,69 €

Der gesamte Deckungsbeitrag der Bellheim-BüroService GmbH für die Warengruppen 1, 2 und 3 beträgt im Monat März 34.963,70 €.

Zieht man von diesem Deckungsbeitrag die gesamten Fixkosten für den März von 30.000,00 € ab, beträgt das Betriebsergebnis +4.963,70 €.
Die Bellheim-BüroService GmbH hat im März einen Betriebsgewinn von 4.963,70 € erzielt.

Deckungsbeitragsrechnung mit stufenweiser Fixkostendeckung

- Die gesamten Fixkosten eines Großhandelsunternehmens lassen sich häufig teilweise einzelnen Artikelgruppen (artikelgruppenfixe Kosten) bzw. Warengruppen (waren- oder sortimentsgruppenfixe Kosten) zurechnen. Die restlichen Fixkosten sind unverteilbare unternehmensfixe Kosten.

- Entsprechend dieser stufenweisen Fixkostenzurechnung ergeben sich dann weitere Deckungsbeiträge, sodass man zu einer aussagekräftigeren Deckungsbeitragsrechnung gelangt.

Deckungsbeitragsrechnung mit stufenweiser Fixkostendeckung

Beispiel: Von den fixen Kosten von 30.000,00 € des Beispiels auf S. 431 entfallen auf die Warengruppen: WG 1 4.500,00 €, WG 2 2.000,00 €, WG 3 3.900,00 €. Die restlichen Fixkosten von 19.600,00 € sind unternehmensfixe Kosten. Danach ergibt sich folgende Rechnung:

	WG 1	WG 2	WG 3	Gesamt
Umsatzerlöse	325.440,17 €	73.012,00 €	237.988,67 €	636.440,84 €
− variable Kosten				
Wareneinsatz	160.753,24 €	49.889,65 €	102.721,56 €	313.364,45 €
variable Handlungskosten	149.376,89 €	19.313,38 €	119.422,42 €	288.112,69 €
= Deckungsbeitrag I	15.310,04 €	3.808,97 €	15.844,69 €	34.963,70 €
− sortimensgruppenfixe Kosten	4.500,00 €	2.000,00 €	3.900,00 €	10.400,00 €
= Deckungsbeitrag II	10.810,04 €	1.808,97 €	11.944,69 €	24.563,70 €
− unternehmensfixe Kosten				19.600,00 €
= Betriebsergebnis				4.963,70 €

Sortimentsentscheidung

Entscheidungen über die Aufnahme von Produkten in das Sortiment oder über die Bereinigung des Sortiments werden mithilfe der Deckungsbeitragsrechnung getroffen.

Beispiel: Die folgende Tabelle zeigt das Betriebsergebnis der Bellheim-BüroService GmbH für den Monat April 20..:

	Warengruppe 1	Warengruppe 2			Warengruppe 3	Gesamt
		Artikel-gruppe 1	Artikel-gruppe 2	Artikel-gruppe 3		
Umsatzerlöse	159.331,00 €	67.899,12 €	56.251,77 €	83.455,81 €	119.310,55 €	486.248,25 €
− variable Kosten	142.787,33 €	78.977,21 €	50.355,90 €	70.121,03 €	111.861,10 €	454.102,57 €
= Deckungsbeitrag	16.543,67 €	−11.078,09 €	5.895,87 €	13.334,78 €	7.449,45 €	32.145,68 €
− fixe Gesamtkosten						30.000,00 €
= Betriebsergebnis						2.145,68 €

Die Artikelgruppe 1 weist einen **negativen Deckungsbeitrag** auf, d. h., sie deckt nicht einmal die variablen Kosten ab und trägt daher natürlich auch nicht dazu bei, fixe Kosten zu decken. Würde man – unter sonst gleichen Umständen – die Artikelgruppe 1 aus dem Sortiment nehmen, würden zwar deren Umsätze entfallen, gleichzeitig aber auch deren variable Kosten. Das Betriebsergebnis würde sich verbessern, wie die folgende Tabelle zeigt:

Betriebsergebnis der Bellheim-BüroService GmbH nach der Sortimentsbereinigung:

	Warengruppe 1	Warengruppe 2		Warengruppe 3	Gesamt
		Artikelgruppe 2	Artikelgruppe 3		
Umsatzerlöse	159.331,00 €	56.251,77 €	83.455,81 €	119.310,55 €	418.349,13 €
− variable Kosten	142.787,33 €	50.355,90 €	70.121,03 €	111.861,10 €	375.125,36 €
= Deckungsbeitrag	16.543,67 €	5.895,87 €	13.334,78 €	7.449,45 €	43.223,77 €
− fixe Gesamtkosten					30.000,00 €
= Betriebsergebnis					13.223,77 €

- Ist der **Deckungsbeitrag** einer Artikel- oder Warengruppe **null**, ist es unter dem Gesichtspunkt des Betriebsergebnisses gleichgültig, ob das Sortiment bereinigt wird oder nicht.

- Ist der **Deckungsbeitrag positiv**, sollte die Artikel- oder Warengruppe im Sortiment belassen werden. Andernfalls müssten die von ihr gedeckten Fixkostenanteile von den anderen Warengruppen getragen werden. Das Betriebsergebnis würde sich verschlechtern.

Ausgangssituation

- Die Bellheim-BüroService GmbH plant, auf dem Markt für mobile Navigationssysteme tätig zu werden. Dafür hat sie ein eigenes Unternehmen, die Bellheim-Navi GmbH, als 100%iges Tochterunternehmen gegründet.
- Für das mobile Traffic-Highspeed-Navigationssystem „THN 2008" wird mit folgenden Zahlen gerechnet:
  - konkurrenzorientierter Absatzpreis pro Stück (p): 350,00 €
  - Einstandspreis und Handlungskosten (variable Kosten) pro Stück (k_v): 270,00 €

- fixe Kosten pro Jahr (K_f): 50.000,00 €
- maximale Absatzmenge pro Jahr (x): 1 000 Stück

- Die Geschäftsleitung der Bellheim-BüroService GmbH möchte wissen, wie viele Navigationsgeräte im Jahr mindestens verkauft werden müssen, damit sich die Bellheim-Navi GmbH selbst trägt. Die Absatzmenge, bei der ein Unternehmen die **Gewinnschwelle** erreicht, wird als **Break-even-Menge** bezeichnet.

Ermittlung der Break-even-Menge bei Vollkostenrechnung

Auf der Grundlage der Vollkostenrechnung ist die **Break-even-Menge** die Menge, bei der die **Umsatzerlöse genauso hoch wie die Gesamtkosten** sind, d.h., der Gewinn (G) gleich null ist.

Ermittlung der Break-even-Menge allgemein:
Umsatzfunktion: $U = p \cdot x$
Kostenfunktion: $K = K_f + k_v \cdot x$
Bedingung für die Gewinnschwelle:
$G = U - K = 0 \rightarrow U = K$
Break-even-Menge:
$p \cdot x = K_f + k_v \cdot x$
$p \cdot x - k_v \cdot x = K_f$
$(p - k_v) \cdot x = K_f$
$x = \dfrac{K_f}{(p - k_v)}$

Break-even-Menge der Bellheim-Navi GmbH:
$350 \cdot x = 50.000 + 270 \cdot x$
$80 \cdot x = 50.000$
$x = 50.000 : 80$
$\underline{x = 625}$

Grafische Darstellung:

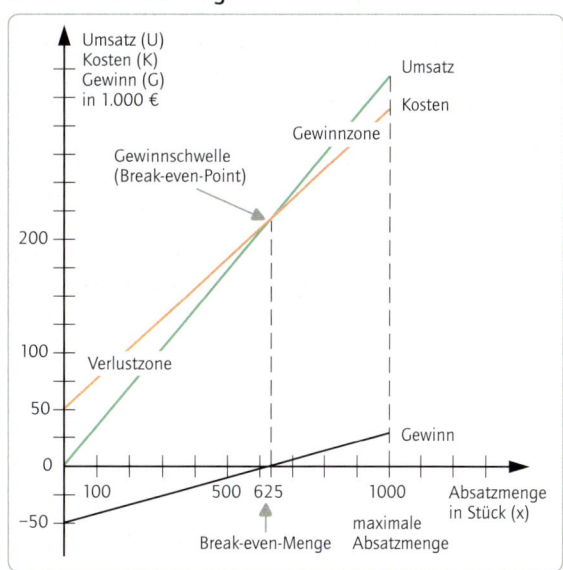

Ermittlung der Break-even-Menge bei Teilkostenrechnung (Deckungsbeitragsrechnung)

Im Rahmen der Teilkosten- oder Deckungsbeitragsrechnung wird die **Break-even-Menge** als die Menge bezeichnet, bei der die **Summe der Stückdeckungsbeiträge (db · x = DB) den Fixkosten entspricht**, also auch hier der Gewinn gleich null ist.

Ermittlung der Break-even-Menge allgemein:
Umsatz- und Kostenfunktion: siehe oben
Bedingung für die Gewinnschwelle:
$G = db \cdot x - K_f = 0 \rightarrow db \cdot x = K_f$

Break-even-Menge:
Da der Stückdeckungsbeitrag $db = p - k_v$ ist, gilt:
$(p - k_v) \cdot x = K_f$
$x = \dfrac{K_f}{(p - k_v)}$

Break-even-Menge der Bellheim-Navi GmbH:
$x = 50.000 : (350 - 270) = 50.000 : 80 = \underline{\underline{625}}$

Grafische Darstellung:

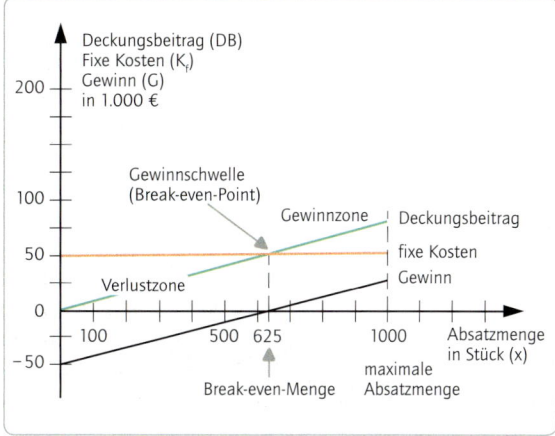

9 Marketing planen, durchführen und kontrollieren

Die Marktsituation und unternehmerisches Handeln

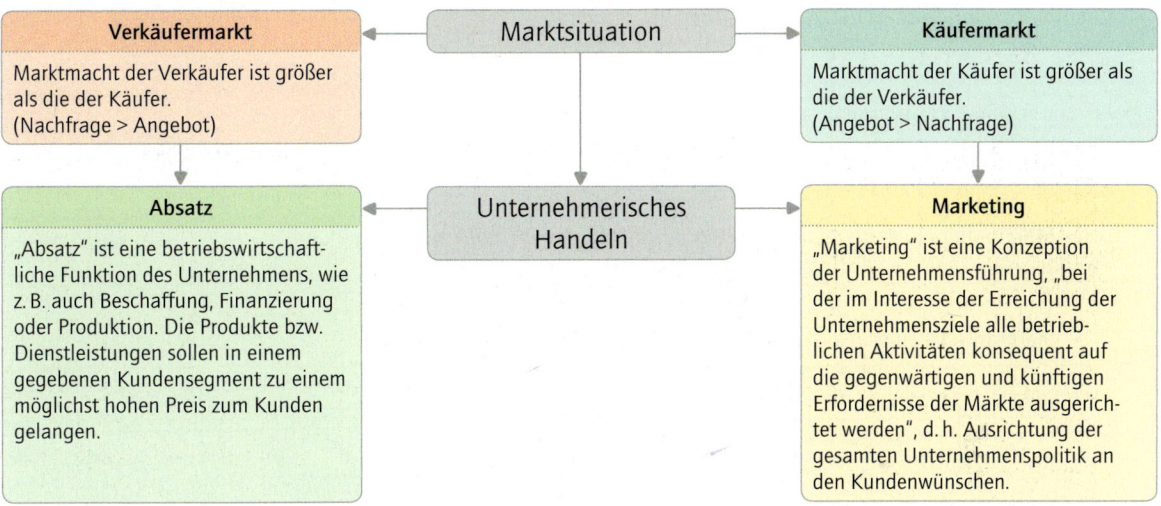

Verkäufermarkt
Marktmacht der Verkäufer ist größer als die der Käufer.
(Nachfrage > Angebot)

Marktsituation

Käufermarkt
Marktmacht der Käufer ist größer als die der Verkäufer.
(Angebot > Nachfrage)

Absatz
„Absatz" ist eine betriebswirtschaftliche Funktion des Unternehmens, wie z. B. auch Beschaffung, Finanzierung oder Produktion. Die Produkte bzw. Dienstleistungen sollen in einem gegebenen Kundensegment zu einem möglichst hohen Preis zum Kunden gelangen.

Unternehmerisches Handeln

Marketing
„Marketing" ist eine Konzeption der Unternehmensführung, „bei der im Interesse der Erreichung der Unternehmensziele alle betrieblichen Aktivitäten konsequent auf die gegenwärtigen und künftigen Erfordernisse der Märkte ausgerichtet werden", d. h. Ausrichtung der gesamten Unternehmenspolitik an den Kundenwünschen.

vgl.: Bidlingmaier, Johannes: Marketing, Reinbek 1973, S. 15

Marketingkonzeption

Damit das Großhandelsunternehmen ein klares **Marketingkonzept** entwickeln kann, benötigt es genaue **Daten** über den zu bearbeitenden Markt, über die Merkmale der zu versorgenden Kunden. Eine genaue **Marktuntersuchung** liefert die entsprechenden Informationen. Daneben müssen die Mitbewerber (die Konkurrenten) auf dem Markt beobachtet und beurteilt werden, man spricht von einer **Konkurrenzanalyse**. Als Ergebnis der Abstimmung der erhobenen Daten mit der eigenen Unternehmensphilosophie (siehe auch S. 45) werden **Marketingziele** (z. B. Verstärkung der

Kundenbindung) und das **Leistungsprogramm** (z. B. Breite und Tiefe des Sortiments) festgelegt.

Mit ganz bestimmten absatzpolitischen Instrumenten (z. B. Sortiments-, Preis- und Werbepolitik) wird die **Marktbearbeitung** vorgenommen, damit die Unternehmens- bzw. Marketingziele erreicht werden können.

Die laufende **Überprüfung** des Marketingkonzepts führt zu neuen Daten und kann zur **Veränderung** der **Unternehmensphilosophie** und des **Marketingkonzepts** führen.

Marketing als Prozess

Marktuntersuchung
Datenerhebung über Kunden und Konkurrenten und ihr Verhalten

Unternehmensphilosophie
Festlegung grundlegender Wertvorstellungen und Ziele des Großhandelsunternehmens

Erstellung eines Marketingkonzepts
Planung und Koordinierung der **Marketingziele** und des **Leistungsprogramms** des Großhandelsunternehmens

Umsetzung des Marketingkonzepts
Marktbearbeitung durch Einsatz **absatzpolitischer Instrumente** (z. B. Sortiments-, Preis- und Werbepolitik)

laufende **Überprüfung** des Marketingkonzepts

Analyse

Planung und Organisation

Kontrolle

Quantitative Analyse des Marktes

Bei der quantitativen Marktanalyse geht es um die Erfassung der mengen- und wertmäßigen Größe des Marktes sowie um die Prognose seiner Entwicklung in der Zukunft.

Dabei sind drei **Marktgrößen** zu unterscheiden:

Das **Marktpotenzial** entspricht der überhaupt möglichen Aufnahmefähigkeit eines Marktes für eine Warenart.

Das **Marktvolumen** ist die realisierte oder prognostizierte effektive Absatzmenge aller Industrieunternehmen in einem Markt.

Der **Marktanteil** ist der realisierte Umsatz oder die realisierte Absatzmenge einer Unternehmung, ausgedrückt als Prozentsatz des Marktvolumens.

Abbildungen aus: Hill, Wilhelm u. Rieser, Ignaz: Marketing-Management. 2., durchges. Aufl., Bern, Stuttgart, Wien 1993, S. 111 f., 177

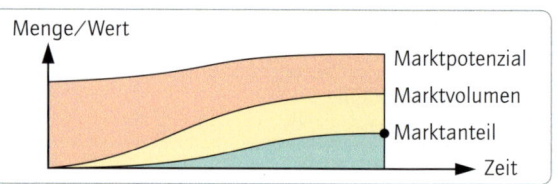

Menge/Wert
Marktpotenzial
Marktvolumen
Marktanteil
Zeit

	Marktanteil	
Marktvolumen	**steigern**	**halten**
wächst	+	+
stagniert	+	=
schrumpft	?	–

Absatzmenge: + steigt – sinkt = bleibt konstant ? Wirkung offen

Von der Marktuntersuchung zur Marketingkonzeption

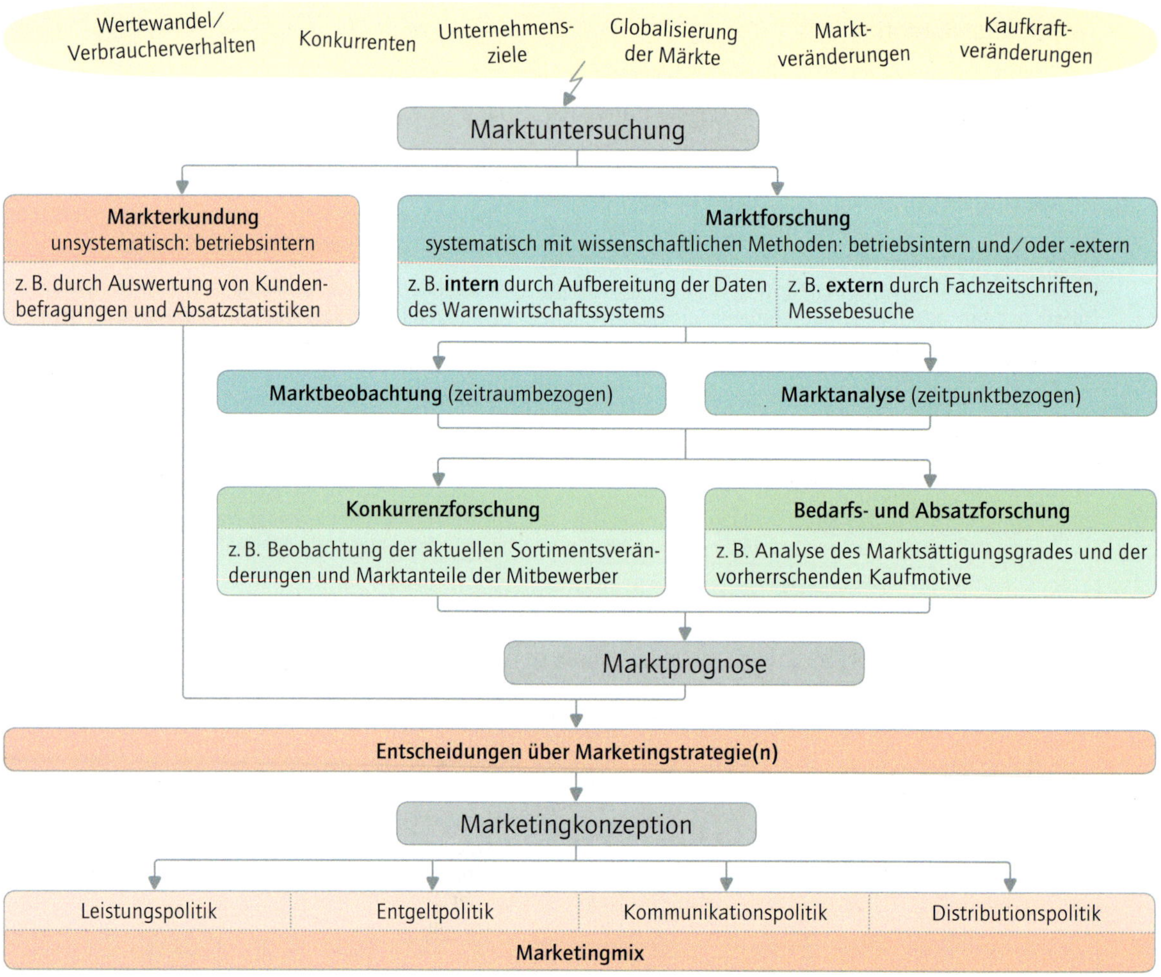

Wertewandel/Verbraucherverhalten
Konkurrenten
Unternehmensziele
Globalisierung der Märkte
Marktveränderungen
Kaufkraftveränderungen
Marktuntersuchung
Markterkundung
unsystematisch: betriebsintern
z. B. durch Auswertung von Kundenbefragungen und Absatzstatistiken
Marktforschung
systematisch mit wissenschaftlichen Methoden: betriebsintern und/oder -extern
z. B. intern durch Aufbereitung der Daten des Warenwirtschaftssystems
z. B. extern durch Fachzeitschriften, Messebesuche
Marktbeobachtung (zeitraumbezogen)
Marktanalyse (zeitpunktbezogen)
Konkurrenzforschung
z. B. Beobachtung der aktuellen Sortimentsveränderungen und Marktanteile der Mitbewerber
Bedarfs- und Absatzforschung
z. B. Analyse des Marktsättigungsgrades und der vorherrschenden Kaufmotive
Marktprognose
Entscheidungen über Marketingstrategie(n)
Marketingkonzeption
Leistungspolitik
Entgeltpolitik
Kommunikationspolitik
Distributionspolitik
Marketingmix

aus: Bentin, Margit u. a.: Absatz/Marketing, Lehrerband, 2. Aufl., Braunschweig 2009, S. 122

Marktuntersuchung

Gründe

Ständige internationale und nationale Marktveränderungen, hervorgerufen z. B. durch den Wertewandel in der Gesellschaft oder durch die unterschiedliche ökonomische Entwicklung einzelner Regionen, machen eine Marktuntersuchung für die agierenden Unternehmen unverzichtbar.

Unterbleiben die Beobachtung und Untersuchung von Marktveränderungen, besteht die Gefahr, dass einzelne Unternehmen vom Markt verschwinden und sich Mitbewerber durchsetzen.

Formen

- Bei der **Markterkundung** handelt es sich um eine betriebsinterne, unsystematische Informationssammlung durch Einzelbeobachtungen und Gespräche, z. B. Auswerten von Kundenbefragungen und Marktberichten, Auswerten interner Absatzstatistiken, Gespräche mit Kunden usw.

- Bei der **Marktforschung** handelt es sich um das systematische Beschaffen und Verarbeiten von Informationen mithilfe wissenschaftlicher Methoden. Bei der Marktforschung werden unternehmensintern (Buchhaltung, Verkaufsberichte, Reklamationen usw.) und/oder unternehmensextern (Statistiken, Fachzeitschriften, Messebesuche usw.) Daten beschafft.

Marktprognose

Bei der Marktprognose handelt es sich um eine Vorhersage zur Marktentwicklung auf der Grundlage gesammelter Daten der Markterkundung bzw. -forschung. Die Marktprognose unterstützt die Entscheidung über absatzpolitische Aktivitäten des Unternehmens.

Marktforschung

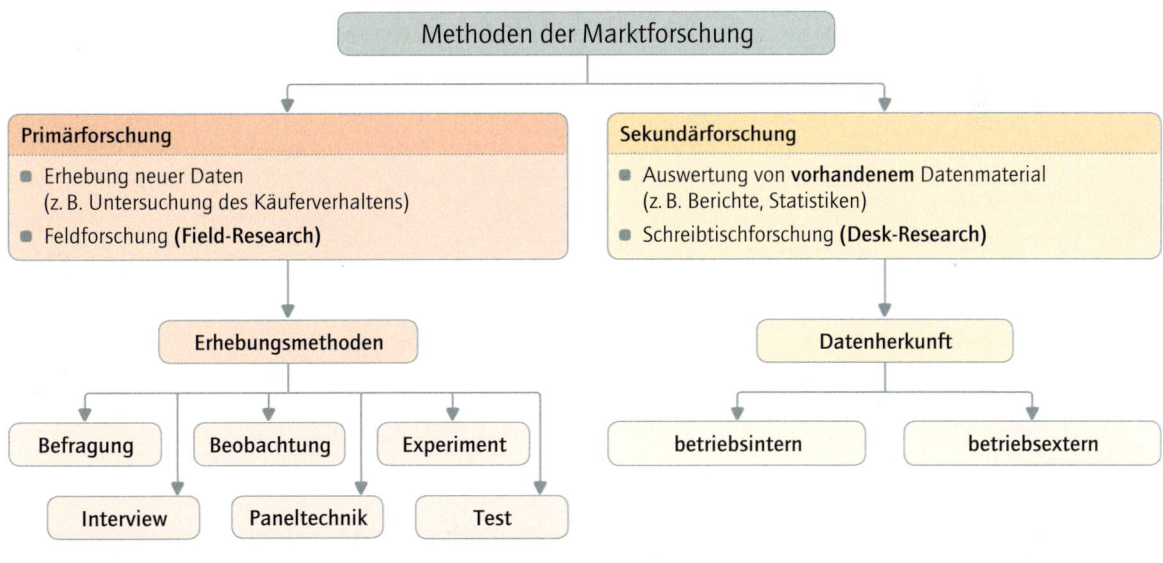

aus: Bentin, Margit u. a.: Absatz/Marketing, Lehrerband, Braunschweig 2009, S. 123

Marketingforschungsprozess

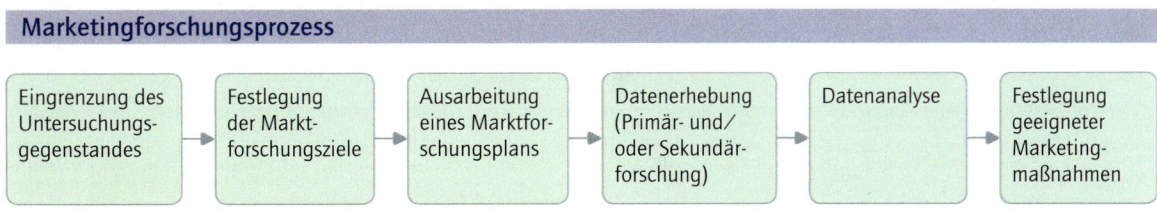

```
        Zielgruppen der Marktforschung
```

Kunden	Konkurrenten (Mitbewerber)

Konkurrenzanalyse *Competitor analysis*

Konkurrenzforschung

Unternehmen erheben im Rahmen der **Konkurrenzforschung** vor allem folgende Daten:

- Welche Konkurrenten (Mitbewerber) existieren regional, national und international?

- Welche Produkte bzw. Dienstleistungen bieten die Mitbewerber an?

- Welche Marktanteile besitzen die Mitbewerber im Hinblick auf die angebotenen Produkte bzw. Dienstleistungen im Gesamtmarkt bzw. in bestimmten Teilmärkten (z. B. im Ausland)?

- Welche Marketingstrategie(n) verfolgen die Mitbewerber?

- Welche Stärken und Schwächen weisen die Mitbewerber auf?

- Mit welchen potenziellen Mitbewerbern muss demnächst gerechnet werden?

Beispiele

Die **Konkurrenzanalyse** kann sich außerdem an einzelnen Daten der verschiedenen Funktionsbereiche der zu analysierenden Unternehmen orientieren:

Beschaffung:

- Bezugsquellen
- Einkaufsorganisation
- Beschaffungswege

Personal:

- Anzahl der Beschäftigten
- Struktur der Beschäftigten
- Personalkosten

Absatz/Marketing:

- Absatzmärkte
- Absatzorganisation
- Werbestrategien
- Werbeaktivitäten

Finanzierung:

- Gesamtkapital
- Eigenkapitalquote
- Umsatz/Gewinn
- Cashflow

Primärforschung: Auswahlverfahren und Erhebungsmethoden
Initial research: Methods of selection end survey

Auswahlverfahren der Primärforschung

Vollerhebung: Alle Angehörigen einer Zielgruppe werden untersucht; nur bei einer kleinen, überschaubaren Zielgruppe praktikabel (z. B. Käufer von Spezialprodukten).

Teilerhebung: Angehörige einer Zielgruppe werden stichprobenhaft (i. d. R. repräsentativ) untersucht. Die Teilerhebung bietet sich bei sehr großen Zielgruppen (z. B. Käufer von Schreibgeräten) an.

vgl. Hübscher, Heinrich u. a.: IT-Handbuch, IT-Systemkaufmann/-frau, Informatikkaufmann/-frau, 7. Aufl., Braunschweig 2011, S. 342

Auswahlverfahren der Primärforschung

Befragung:
Schriftliche, mündliche oder fernmündliche Datenerhebung zur Erstellung eines Meinungsbildes zu einem bestimmten Produkt bzw. zu einer bestimmten Produktgruppe

Interview:
Erhebung zu einer grundsätzlichen Meinung, die für ein bestimmtes Konsumverhalten ausschlaggebend sein kann, um wirkliche Kaufmotive offenzulegen

Paneltechnik:
Regelmäßige Befragung einer bestimmten Personengruppe über einen längeren Zeitraum anhand von speziellen Fragebögen (z. B. regelmäßige Aufzeichnung des Konsumverhaltens eines 4-Personen-Haushaltes)

Test:
Meinungserhebung in einer Zielgruppe für ein bestimmtes Produkt anhand von neutral verpackten Warenproben

Experiment:
Spezielle Form der Beobachtung oder Erfragung von Reaktionen auf unterschiedliche Produktmerkmale (z. B. Gestaltung, Qualität und Preise)

Beobachtung:
Erhebung von Sachverhalten und Verhaltensweisen ohne Befragung

aus: Bentin, Margit u. a.: Absatz/Marketing, 4., aktualisierte Aufl., Braunschweig 2009, S. 24

Beispiel eines **Fragebogens** aus dem Bereich des **Produktionsverbindungshandels** (Auszug)

Zur Einkaufsorganisation:

Denken Sie bitte zuerst kurz an die Personen, die in Ihrem Unternehmen für den Einkauf von VBMK-Teilen (Verbindungs-, Befestigungs- und Montageteilen sowie Kleinmaschinen) zuständig sind.

1. Haben Sie in Ihrem Unternehmen eine separate Einkaufsabteilung, die auch VBMK-Teile beschafft?

– Ja, Einkaufsabteilung vorhanden	○
– Nein, keine Einkaufsabteilung vorhanden	○

2. Wer ermittelt in Ihrem Unternehmen den Bedarf an VBMK-Teilen? Wer bestellt diese?
(Mehrfachnennung erlaubt)

	Bedarfsermittlung	Bestellung
– Eigentümer	○	○
– Mitarbeiter/Leiter der Einkaufsabteilung	○	○
– Mitarbeiter/Leiter der Produktion/Werkstatt	○	○
– Mitarbeiter/Leiter des Lagers	○	○
– Sonstige (welche):	○	○

3. Welchen Anteil der Arbeitszeit sind die Mitarbeiter, die für die Bestellung von VBMK-Teilen zuständig sind, am Firmensitz anzutreffen?

	keine	0–20%	21–40%	41–60%	61–80%	81–100%
Zeit am Firmensitz	○	○	○	○	○	○

⋮

6. Sind Sie in Bezug auf die Beschaffung von VBMK-Teilen momentan einer Einkaufskooperation oder einem Einkaufsverbund angeschlossen? Schätzen Sie bitte den Anteil an VBMK-Teilen ab, den Sie heute und in fünf Jahren über eine Einkaufskooperation beschaffen.

○ ja   heutiger Anteil: _____ %
○ nein   Anteil in fünf Jahren: _____ %

7. Haben Sie momentan eine Jahresvereinbarung oder einen Rahmenvertrag mit einem Lieferanten für VMBK-Teile? Schätzen Sie bitte den Anteil an VBMK-Teilen ab, den Sie heute und in fünf Jahren über einen Rahmenvertrag beschaffen.

○ ja   heutiger Anteil: _____ %
○ nein   Anteil in fünf Jahren: _____ %

aus: Walter, Tobias: Segmentspezifische Vertriebsstrategien im Großhandel. Analyse nachfrageorientierter Vertriebsinstrumente im Produktionsverbindungshandel, Künzelsau 2003, S. 282 f.

Sekundärforschung: betriebsinterne und -externe Quellen
Secondary research: internal and external sources

Betriebsinterne Quellen

- Daten des Warenwirtschaftssystems
- Kundendateien
- Messeberichte
- Auswertungsergebnisse von Kundenbefragungen
- Auswertungsergebnisse von Mitarbeiterbefragungen

Betriebsexterne Quellen

- Erhebungen des Statistischen Bundesamtes
- Publikationen der Industrie- und Handelskammern
- Veröffentlichungen von Branchenverbänden
- Publikationen der Bundesbank/EZB
- Lieferantenkataloge
- Fachzeitschriften/Fachbücher
- Datenmaterial von Marktforschungsinstituten

Kundenanalyse und Käuferverhalten
Customer analysis and buyer behaviour

Clusteranalyse

Die Clusteranalyse stellt eine Möglichkeit dar, durch die **Primärerhebung** gewonnene große Datenmengen mithilfe **mathematisch-statistischer Verfahren auszuwerten**.
Die Zielsetzung der Clusteranalyse ist es, große Datenmengen von Befragten **nach bestimmten Merkmalen** zu **aussagefähigen Größen** (Gruppen) **zusammenzufassen**.

aus: Bentin, Margit u. a., Absatz/Marketing, 4., aktualisierte Aufl., Braunschweig 2009, S. 26

Beispiel: Von vielen Großhandelskunden liegen aufgrund einer Befragung **Merkmale** wie z. B. Einkaufsvolumen, Bestellhäufigkeit, Betriebsform, Kernsortiment, Preispositionierung, Serviceschwerpunkt vor. Die befragten Großhandelskunden werden mithilfe der Clusteranalyse so zusammengefasst, dass verschiedene **(heterogene)** Kundengruppen (Cluster) mit möglichst ähnlichen **(homogenen)** Merkmalen entstehen.

Marktsegmentierung

Begriff

Die Auswertung der Clusteranalyse dient dazu, den Markt in **Teilmärkte (Marktsegmente)** mit relativ homogenen Kundengruppen aufzuteilen. Die Clusteranalyse ist demnach ein Instrument der Marktsegmentierung. Die Segmentierung des Marktes in Teilmärkte führt dazu, dass die entstandenen Kundengruppen jeweils gezielt mit einer individuellen Marketingkonzeption bearbeitet werden können. Letztendlich muss aber der Einsatz dieser individuellen Konzeptionen gegenüber den entstandenen Kosten einen Mehrerlös für das Großhandelsunternehmen erbringen.

Voraussetzungen zur Bildung von Marktsegmenten

- Die Marktsegmente müssen eine **zeitliche Stabilität** aufweisen. Die Kundengruppen müssen zeitlich so lange bestehen, dass geeignete Marketingkonzeptionen eingesetzt werden können.
- Die Bearbeitung der Marktsegmente muss **wirtschaftlich** sein. Sind die Kundengruppen zu klein, ist eine kundenspezifische Marketingkonzeption für das Großhandelsunternehmen nicht rentabel.

[1] vgl. Walter, Tobias, a. a. O., Künzelsau 2003, S. 112 f.

- Die Verhaltensweisen der Kundengruppen in den Marktsegmenten müssen zuverlässig und objektiv **messbar** sein.
- Die gebildeten Marktsegmente müssen mithilfe der jeweils gewählten Marketingkonzeption für das Großhandelsunternehmen **zugänglich** sein.
- Die ermittelten Verhaltensweisen der Kundengruppen müssen für den Einsatz einer segmentspezifischen Marketingkonzeption **relevant**, also von Bedeutung sein.[1]

Typen von Käuferverhalten

Faktoren der Kaufentscheidung

aus: Vry, Wolfgang: Absatzwirtschaft. Lehrbücher für Fachwirte und Fachkaufleute, 3., überarb. Aufl., Ludwigshafen 1987, S. 40, S. 44

Mithilfe der Kundenbindung sollen das Abwandern von Kunden verhindert und Folge- bzw. Wiederholungskäufe ausgelöst werden. Voraussetzung ist die Kundenzufriedenheit. Um sie zu erreichen, ist es notwendig, die Kundenwünsche zu kennen.

Kundenwünsche	→	Leistungserwartung des Kunden
gute Qualität	→	Das Produkt überzeugt, es ist besser als das der Mitbewerber.
Sortimentserweiterung	→	stetige Erweiterung der Angebotspalette
angemessener Preis	→	Das Preis-Leistungs-Verhältnis stimmt.
kurze Lieferzeit	→	Die Zeitspanne zwischen Auftragserteilung und Leistungserbringung ist klein.
pünktliche Lieferung	→	Der Liefertermin wird eingehalten.
offene Kommunikation	→	Der Kunde kann jederzeit Informationen über den Auftrag erhalten.
guter Kundenservice	→	Eingehen auf individuelle Kundenwünsche
Eingehen auf Reklamationen	→	kundenfreundliches Verhalten bei Problemen im Rahmen der Auftragsabwicklung

Wirkungen von Kundenzufriedenheit	
500–700 % …	teurer ist es, neue Kunden zu gewinnen, als alte zu halten.
300 % …	größer ist die Wahrscheinlichkeit, dass sehr zufriedene (= begeisterte) Kunden im Gegensatz zu zufriedenen Kunden das Unternehmen erneut aufsuchen.
Fast 100 % …	ist die Wahrscheinlichkeit, dass sehr zufriedene Kunden zu den besten Werbeträgern des Unternehmens werden.
50–70 % …	aller Käufe sind auf Empfehlungen von Bekannten zurückzuführen.
75 % …	der zu Wettbewerbern wechselnden Kunden stören sich an mangelnder Servicequalität.
25–85 % …	beträgt die Steigerung des RoI[1], die jeder Prozentpunkt nachhaltig erhöhter Kundenzufriedenheit bewirkt.
25 % …	der zu Wettbewerbern wechselnden Kunden stören sich an unzureichender Produktgüte und/oder zu hohem Preis.
7,25 % …	beträgt die Gewinnsteigerung, wenn die Abwanderungsrate von Kunden um 5 % reduziert und damit die Kundenbindung erhöht wird.

[1] RoI = Return on Investment (vgl. S. 507)
in Anlehnung an: Töpfer, Mann: Kundenzufriedenheit als Messlatte für den Erfolg, S. 61 sowie Lötscher, Fredy: Warum ist die Kundenzufriedenheit so wichtig?, Bern 1998, S. 4 f.
aus: Theis, Hans-Joachim: Handbuch Handelsmarketing: Erfolgreiche Strategien und Instrumente im Handelsmarketing. Bd. 1, Frankfurt/M. 2007, S. 178

Prozess einer systematischen Kundenrückgewinnung

Leider wird der Rückgewinnung von ehemaligen Kunden häufig zu wenig Aufmerksamkeit geschenkt, der entstandene Schaden für das Unternehmen ist meist beträchtlich. Wie der Prozess einer systematischen **Kundenrückgewinnung** aussehen kann, verdeutlicht folgendes **Prozessschema**:

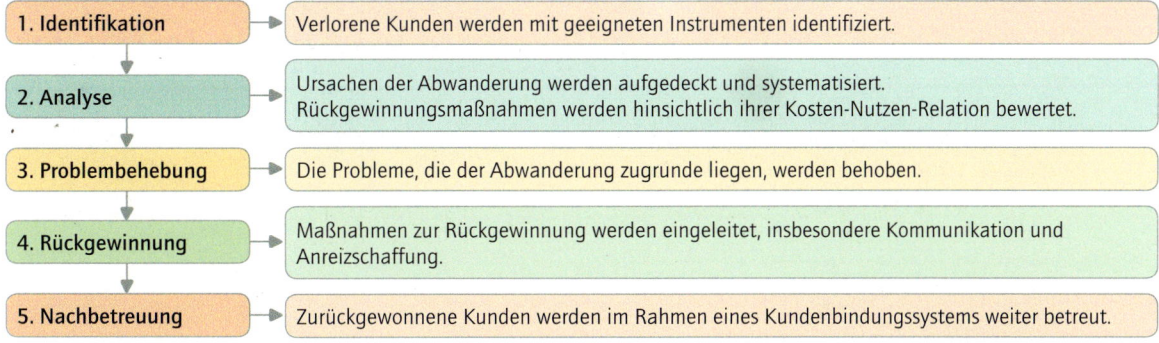

1. Identifikation	Verlorene Kunden werden mit geeigneten Instrumenten identifiziert.
2. Analyse	Ursachen der Abwanderung werden aufgedeckt und systematisiert. Rückgewinnungsmaßnahmen werden hinsichtlich ihrer Kosten-Nutzen-Relation bewertet.
3. Problembehebung	Die Probleme, die der Abwanderung zugrunde liegen, werden behoben.
4. Rückgewinnung	Maßnahmen zur Rückgewinnung werden eingeleitet, insbesondere Kommunikation und Anreizschaffung.
5. Nachbetreuung	Zurückgewonnene Kunden werden im Rahmen eines Kundenbindungssystems weiter betreut.

Quelle: Homburg: Marketingmanagement, S. 799
aus: Theis, Hans-Joachim: Handbuch Handelsmarketing: Erfolgreiche Strategien und Instrumente im Handelsmarketing. a. a. O., S. 257

Begriff und Zielsetzung

Internationaler Wettbewerbsdruck macht es für die Unternehmen zunehmend erforderlich, von der **Produkt-** zur **Kundenorientierung** überzugehen, das heißt, der Kundengewinnung und -pflege erhöhte Aufmerksamkeit zu schenken.

Aufgrund der IT-Technologie ist es heutzutage möglich, zu vertretbaren Kosten mit dem **einzelnen** Kunden in Interaktion zu treten, z. B. durch die Nutzung von Datenbanken. Wird dies verwirklicht, spricht man vom **Kundenmanagement** (siehe auch S. 443 zum **C**ustomer-**R**elationship-**M**anagement).

Phasen

Phase des Kundenmanagements	Hauptaufgabe
Zielkunden finden	• Zielmärkte definieren • Zielkunden gewinnen
Bedürfnisse der Zielkunden befriedigen	• den Kundenwert in konkrete Kundenvorteile verwandeln • die Marktangebote auf den Entscheidungskontext des Kunden abstimmen
Bindung zu den Zielkunden aufbauen	• Loyalität der Kunden fördern • ein Marktinformationssystem entwickeln

aus: Kotler, Philip u. a., Marketing der Zukunft. Mit „Sense and Response" zu mehr Wachstum und Gewinn, Frankfurt/Main 2002, S. 145

Erläuterungen:

Zielkunden finden: Zu diesem Zweck wird der Gesamtmarkt in Teilmärkte, in **Marktsegmente**, zerlegt. In diesen Marktsegmenten werden die für das Unternehmen als am wichtigsten geltenden Kunden als **Zielkunden** identifiziert bzw. definiert.

Da nicht alle Kunden in einem Teilmarkt gleich wertvoll für das Unternehmen sind, muss ihr **gegenwärtiger** und ihr **zukünftiger Wert** für das Unternehmen eingeschätzt werden. Die Folge könnte z. B. sein, dass man sich intensiver um die bestehenden Topkunden des Unternehmens kümmert, mit dem Ziel, sie langfristig an das Unternehmen zu binden.

Bedürfnisse der Zielkunden befriedigen: Einzelne Kundenzielgruppen erwarten je nach Marktsegment unterschiedliche oder unterschiedlich gewichtete Kundenvorteile (z. B. abhängig vom Einkommen), die vom Unternehmen individuell befriedigt werden müssen.

Wie man beim Produkt vom Produktlebenszyklus spricht, so spricht man auch beim Kunden vom **Kundenlebenszyklus:** In unterschiedlichen Lebenssituationen erwartet der Kunde andere Produkte (z. B. Kleinwagen als Jugendlicher, später Familienwagen). Die Positionierung des Produktangebots muss darauf jeweils genau abgestimmt werden, damit die Unternehmensziele realisiert werden können.

Bindung zu den Zielkunden aufbauen: Das Kundenmanagement erfordert umfassende **Marktinformationssysteme**, mit denen die Kundendaten gesammelt und schließlich auch ausgewertet werden müssen.

Neben Angaben über Standort, Betriebsgröße und Betriebsform sind genaue Kundenpräferenzen, bestimmte Konsummuster zu erheben, man spricht von **Kundenprofildaten**. Die Erhebung der Daten muss zu passgenauen Kundenangeboten

führen. Eine enge Verzahnung mit der Einkaufsabteilung ist aus diesem Grund notwendig.

Kann dem einzelnen Kunden ein individuelles Angebot unterbreitet werden, das den Kundenvorteil erhöht, lassen sich meist auch **langfristige Kundenbeziehungen** aufbauen. Der Großhändler wird es begrüßen, wenn sich die Anzahl von Stammkunden erhöht.

Customer-Relationship-Management (CRM)

Begriff und Ziele

CRM stellt eine **Managementphilosophie** dar, die eine vollständige Ausrichtung des Unternehmens auf vorhandene und potenzielle Kundenbeziehungen zum Inhalt hat. Das Unternehmen hat sich also eher am **Kunden** und seinen **Wünschen** als an der Ware auszurichten.

CRM-Systeme koordinieren und optimieren marketingpolitische Entscheidungen in einem Anwendungssystem, das neben der Kunden- und Artikelstammdatenverwaltung z. B. noch die Komponenten Versandwegverfolgung und Beschwerdemanagement beinhaltet.

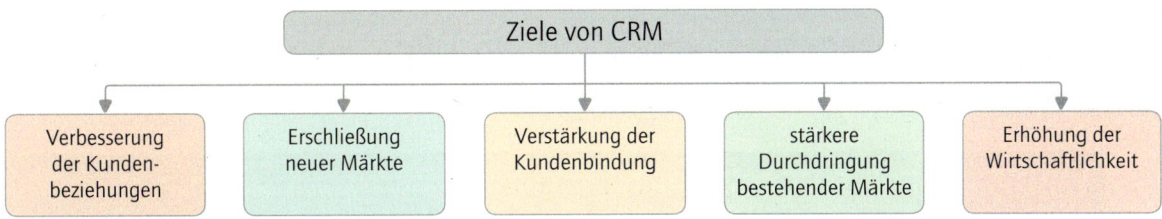

Ziele von CRM

| Verbesserung der Kundenbeziehungen | Erschließung neuer Märkte | Verstärkung der Kundenbindung | stärkere Durchdringung bestehender Märkte | Erhöhung der Wirtschaftlichkeit |

Kundenorientierung

Die zehn Gebote für kundenorientierte Unternehmen

1. Gebot
Pflegen Sie einen engen Kontakt mit Ihren Kunden, dies gilt insbesondere für leitende Angestellte.

2. Gebot
Machen Sie sich mit den Bedürfnissen und Wünschen Ihrer Kunden vertraut. Es sollte das Ziel sein, die Erwartungen Ihrer Kunden noch zu übertreffen.

3. Gebot
Überprüfen Sie regelmäßig die Zufriedenheit Ihrer Kunden mit Ihren Produkten und Dienstleistungen. Ein ständiger Informationsfluss zwischen Ihnen und Ihren Kunden ist sehr wichtig – sei er positiv, neutral oder negativ.

4. Gebot
Konzentrieren Sie sich auf alle Ihre Leistungen, mit denen Sie die Wertschöpfung für den Kunden erhöhen, wie z. B. Qualität und Service, Umweltfreundlichkeit, Wirtschaftlichkeit, schnelle Lieferung sowie Leistung, Sicherheit u. a.

5. Gebot
Beziehen Sie Ihre Kunden in Ihre Entscheidungsfindung, in themenmäßige Schwerpunktgruppen, Treffen, Planungen und sogar in betriebsinterne Überlegungen ein.

6. Gebot
Verlangen Sie von jeder Person innerhalb der Organisation, Ihre Kunden mindestens einen oder mehrere Tage im Jahr persönlich zu treffen.

7. Gebot
Passen Sie Ihre Geschäftsprozesse an die Bedürfnisse und Wahrnehmungen des Kunden an und strukturieren Sie sie gegebenenfalls um. Gehen Sie von oben nach unten vor und beziehen Sie alle Funktionsbereiche Ihrer Organisation mit ein.

8. Gebot
Strukturieren Sie Ihre Organisation entsprechend dem Markt. Richten Sie die Organisation so aus, dass sie auf Ihre Märkte zugeschnitten ist (d. h. 1 Kunde = 1 Vertreter).

9. Gebot
Entwickeln Sie eine Kunden-Rückgewinnungs-Strategie (Customer Recovery Strategy = CRS) und wenden Sie sie an. Belohnen Sie CRS-Verhalten, insbesondere bei funktionsübergreifenden Teams mit Kundenkontakt. Sowohl Marriott als auch Nordstrom nehmen den alten Grundsatz sehr ernst: „Wenn ein Kunde zufrieden ist, erzählt er oder sie es einem bis drei anderen Personen. Aber jeder unzufriedene Kunde erzählt seine Geschichte elf anderen weiter." Beide Organisationen reagieren prompt auf jede Reklamation.

10. Gebot
Sie sollten nur kundenfreundliche Mitarbeiterinnen und Mitarbeiter einstellen und fördern.

aus: Raab, Gerhard; Werner, Nicole: Customer Relationship Management. Aufbau dauerhafter und profitabler Kundenbeziehungen, 2., überarb. Auflage, Frankfurt am Main 2005, S. 23 f.

Absatzpolitische Instrumente des Großhandels
Marketing instruments in the wholesale business

Wurde aufgrund der Markterkundung und -forschung eine Marketingstrategie entwickelt, gilt es, mithilfe des Einsatzes der sogenannten **absatzpolitischen Instrumente** jeweils eine geeignete Marketingkonzeption für die einzelnen Marktsegmente des Großhandelsunternehmens umzusetzen:

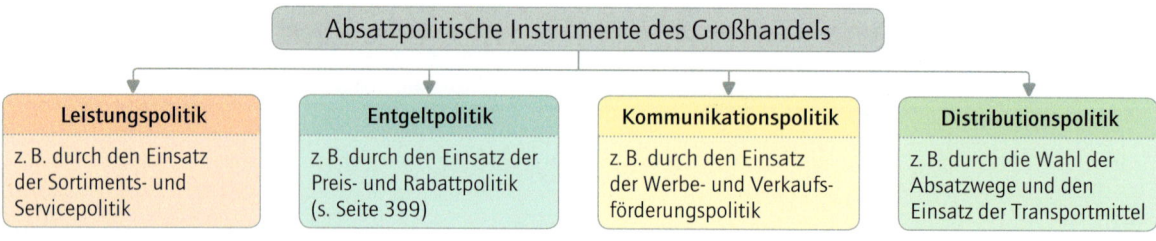

Absatzpolitische Instrumente des Großhandels

Leistungspolitik	Entgeltpolitik	Kommunikationspolitik	Distributionspolitik
z. B. durch den Einsatz der Sortiments- und Servicepolitik	z. B. durch den Einsatz der Preis- und Rabattpolitik (s. Seite 399)	z. B. durch den Einsatz der Werbe- und Verkaufsförderungspolitik	z. B. durch die Wahl der Absatzwege und den Einsatz der Transportmittel

Leistungspolitik des Großhandels
Policy of performance in the wholesale business

Begriff

Das Großhandelsunternehmen muss die Leistungen auf dem entsprechenden **Zielmarkt** erbringen, die von den einzelnen **Kundenzielgruppen** nachgefragt werden. Werden die **Kundenwünsche** nicht ausreichend erfüllt, wird die Kundennachfrage zurückgehen und die Existenz des Großhandelsunternehmens gefährdet. Die gesamte Leistungspolitik eines Handelsbetriebs setzt sich aus der Kombination mehrerer **absatzpolitischer Instrumente** zusammen (z. B. Sortiments-, Standort- oder Servicepolitik). Das hohe Maß an unterschiedlichen Einsatzmöglichkeiten verdeutlicht, dass das Großhandelsunternehmen keineswegs dem Markt und seinen Bedingungen ausgeliefert ist, vielmehr kann es die Kundenzielgruppen gezielt ansprechen und zum Kauf bewegen.

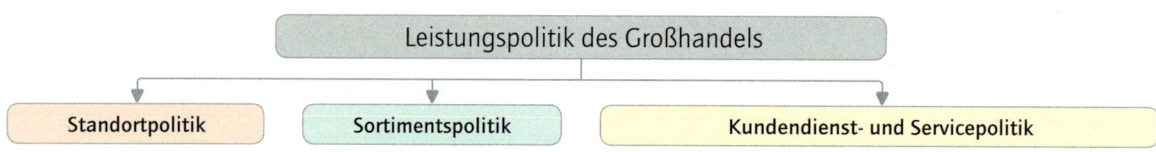

Leistungspolitik des Großhandels

Standortpolitik	Sortimentspolitik	Kundendienst- und Servicepolitik

Standortpolitik

Bei der **Standortwahl** berücksichtigt das Großhandelsunternehmen sowohl Kosten- (z. B. Mietpreis) als auch Ertragsgesichtspunkte (z. B. Marktpotenzial).
Bei der **Kostenbetrachtung** müssen nicht nur die Raumkosten betrachtet werden, vielmehr kann der günstige Mietpreis durch hohe Transportkosten überkompensiert werden, die durch die Entfernung zu den Großhandelskunden entstehen.
Bei der **Ertragsbetrachtung** wird sicherlich das Einzugsgebiet von Kunden eine Rolle spielen (ihre Betriebsgröße, ihr Nachfrageverhalten). Nicht unbedeutend dabei ist auch die Entfernung zu Mitbewerbern oder Lieferanten. Die Nutzung einer gut ausgebauten **Infrastruktur** (z. B. Auto-bahnanschluss) kann Kosten senken und durch die gute Erreichbarkeit zusätzliche Ertragschancen bieten. Gerade diese Gesichtspunkte haben zur Bildung von **Großhandelszentren** geführt, in denen nicht nur mehrere Großhandelsunternehmen einen gemeinsamen Standort gewählt haben, sondern z. B. auch Auslieferungslager von Industrieunternehmen, selbstständige Handlungsvermittler und Zentrallager des Einzelhandels anzutreffen sind.
Wenn die Standortwahl auch eher als langfristige Entscheidung angesehen werden kann, ist über die Neueröffnung von **Niederlassungen** oder **Außenlagern** auch eine kurzfristige Reaktion auf Marktveränderungen möglich (z. B. bei Entstehung neuer Auslandsmärkte).

Sortimentspolitik

Das Großhandelsunternehmen hat im Rahmen der Sortimentspolitik zu **entscheiden**, in welcher **Breite** (Sortimentsbreitenpolitik), in welcher **Tiefe** (Sortimentstiefenpolitik) und auf welchem **Qualitätsniveau** (Sortimentsniveaupolitik) den Kunden Waren angeboten werden sollen. Die Sortimentspolitik ist dabei genau auf die Kundenzielgruppen des Großhandelsunternehmens abzustimmen. Jede falsche Entscheidung führt zu Fehlinvestitionen im Warenbestand, man spricht von „totem Kapital".

Sortimentspolitik

Unter dem **Sortiment** wird das gesamte Angebot an Waren und Dienstleistungen eines Großhandelsunternehmens verstanden.

Gliederung des Sortiments

Das Warensortiment kann nach **Warenbereichen**, **Warengruppen**, **Warenarten** und **Artikeln** gegliedert werden. *Beispiel:*

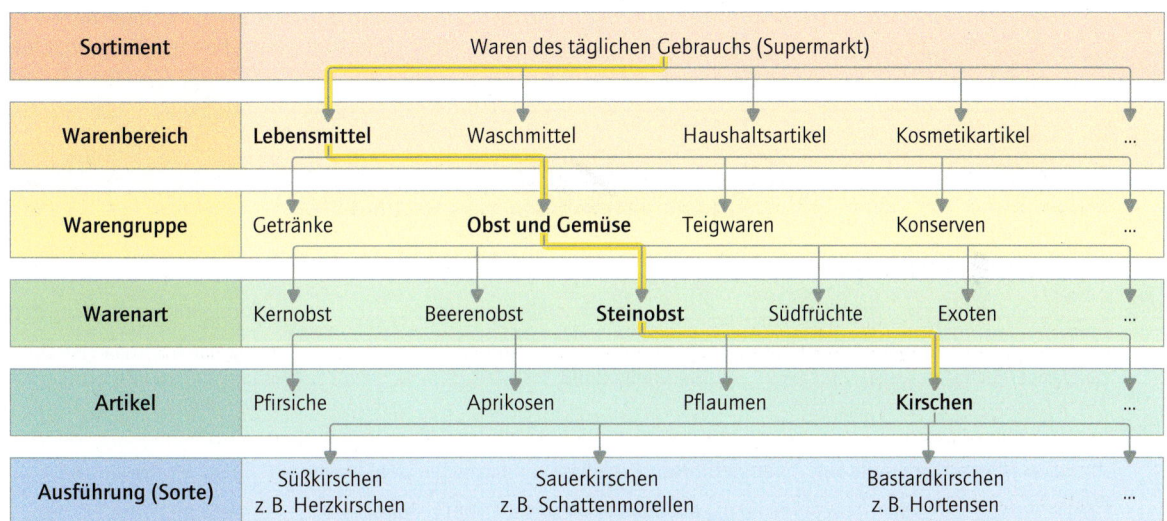

Sortimentskennzeichen/-dimension

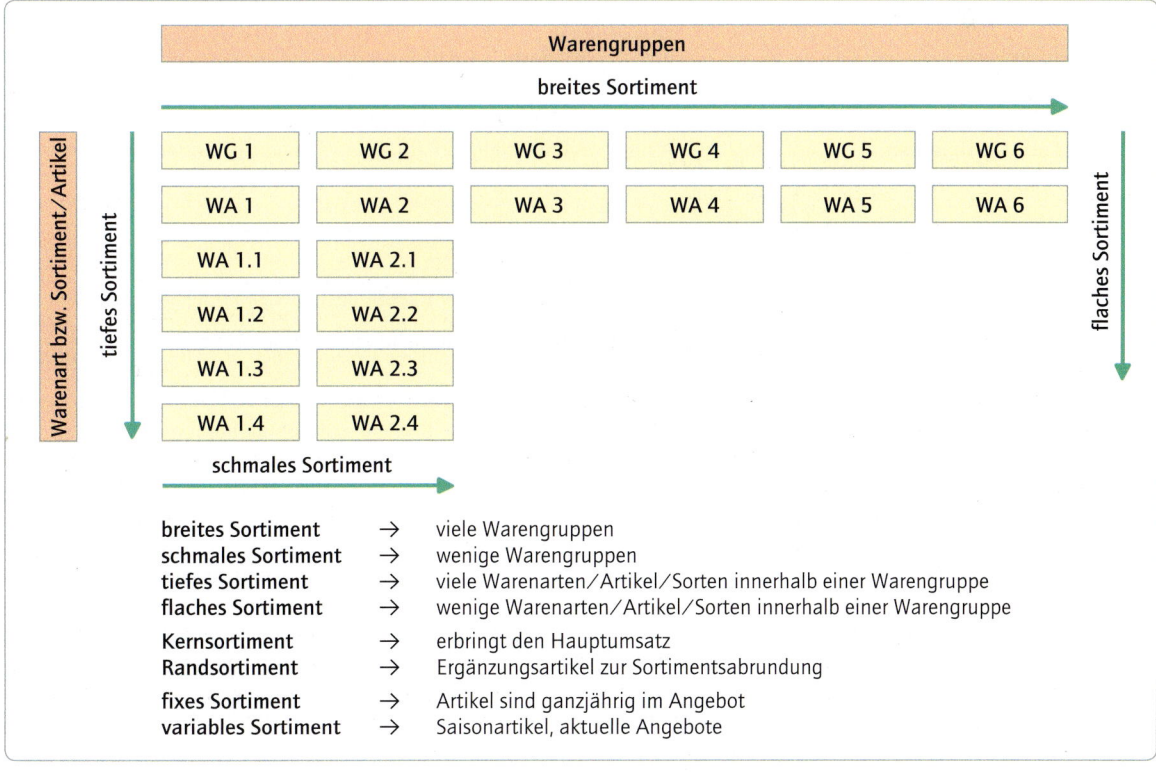

breites Sortiment	→	viele Warengruppen
schmales Sortiment	→	wenige Warengruppen
tiefes Sortiment	→	viele Warenarten/Artikel/Sorten innerhalb einer Warengruppe
flaches Sortiment	→	wenige Warenarten/Artikel/Sorten innerhalb einer Warengruppe
Kernsortiment	→	erbringt den Hauptumsatz
Randsortiment	→	Ergänzungsartikel zur Sortimentsabrundung
fixes Sortiment	→	Artikel sind ganzjährig im Angebot
variables Sortiment	→	Saisonartikel, aktuelle Angebote

Sortimentspolitik

Das **„Gesetz der abnehmenden Sortimentsrentabilität"** verdeutlicht das Problem, wie viele Artikel ein Handelsunternehmen führen soll:

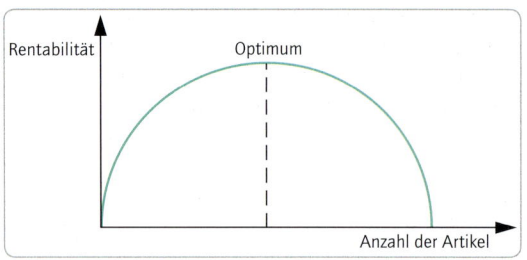

Mehr Artikel erhöhen nicht nur die reinen Lagerkosten (z. B. Miet- und Energiekosten), es entstehen auch erhöhte Personalkosten (z. B. im Beschaffungsbereich) oder es besteht die Gefahr des Lagerns von „Ladenhütern" (es entstehen hohe Zinskosten für gebundenes Kapital). Werden zu wenige Artikel geführt, kann das Unternehmen für seine Kunden unattraktiv werden.

aus: Rudolph, Thomas: Modernes Handelsmanagement. Eine Einführung in die Handelslehre, München 2005, S. 81

Maßnahmen der Sortimentspolitik

Sortimentserweiterung	Sortimentsbereinigung	Sortimentsumstrukturierung
Vergrößerung der Sortimentsbreite und/oder -tiefe	Verkleinerung der Sortimentsbreite und/oder -tiefe	Austausch von Sortimentsteilen (Veränderung des Kern- und/oder Randsortiments)

Praktiker unterscheiden die von ihnen geführten Artikel gern nach folgender Typologie[1]:

Muss-Artikel:	Artikel, die aufgrund der Kundennachfrage unbedingt zu führen sind
Kann-Artikel:	Artikel, die angeboten werden können – abhängig von der Lagerfläche, vom Deckungsbeitrag (vgl. S. 431), von speziellen Werbeaktionen
Power-Artikel:	Artikel, die zu einem speziellen Niedrigpreis angeboten werden, um preisbewusste Kunden zufriedenstellen zu können
Profit-Artikel:	Artikel, die die für die Sicherung des Unternehmenserfolgs notwendigen Deckungsbeiträge erwirtschaften

Sortimentspolitische Entscheidungen drücken sich auch in den folgenden Fachbegriffen[2] aus:

- **Spezialsortimenter:** Das Großhandelsunternehmen hat sich innerhalb einer Warengruppe oder -art auf einen Hersteller spezialisiert.
- **Doppelsortimenter:** Das Großhandelsunternehmen führt austauschbare Waren von zwei Herstellern.
- **Exklusivsortimenter:** Das Großhandelsunternehmen führt im Alleinvertrieb in einer Region Produkte von einem Hersteller.
- **Aktionssortimenter:** Ein Spezialgroßhandelsunternehmen beliefert bestimmte Einzelhandelsunternehmen mit spezieller Aktionsware. Die Ware wird in der Regel im preiswerten Ausland (z. B. China) eingekauft und eigens für zeitlich befristete Aktionen (z. B. spezielle Weihnachts- oder Badesaisonartikel) produziert.

Die von einem Großhandelsunternehmen getroffenen sortimentspolitischen Entscheidungen werden durch die **Sortimentskontrolle** laufend überprüft. So können z. B. folgende Ereignisse statistisch erfasst werden:

- **Fehlverkäufe:** Artikel ist zum Zeitpunkt der Kundenanfrage nicht auf Lager, obwohl er Teil des Großhandelssortiments ist.
- **Nichtverkäufe:** Artikel ist zum Zeitpunkt der Kundenanfrage nicht Teil des Großhandelssortiments.
- **„Ladenhüter":** Artikel, die über einen festgelegten Zeitraum – z. B. ein Jahr – noch auf Lager sind (vgl. dazu: Umschlaghäufigkeit Seite 328).

Die **Deckungsbeitragsrechnung** (vgl. Seite 431) wird als traditionelles Instrument der Sortimentskontrolle im Handel genutzt, um sortimentspolitische Entscheidungen betriebswirtschaftlich zu überprüfen.

[1] vgl. Tietz, Bruno: Dynamik im Handel. Band 3: Zukunftsstrategien für Handelsunternehmen, Frankfurt am Main 1993, S. 199
[2] vgl. Tietz, Bruno: Dynamik im Handel. Band 2: Großhandelsperspektiven für die Bundesrepublik Deutschland bis zum Jahre 2010, Frankfurt am Main 1993, S. 299 ff.

Leistungspolitik des Großhandels
Policy of performance in the wholesale business

Produktpolitik im Großhandel?

Gelegentlich wird darauf hingewiesen, dass auch der Großhandel – wie die Hersteller – **Produktpolitik** betreibt. Dies ist zwar die Ausnahme, aber dennoch möglich. Durch die Etablierung von **Handelsmarken** im Einzelhandel ist auch der Großhandel bestrebt, an dieser Entwicklung teilzuhaben. In der Regel wird sich das Großhandelsunternehmen eher als genauer Informant über Kundenwünsche bei der Produktentwicklung von Handelsmarken beteiligen. Nur in den seltensten Fällen wird er auch selbst produzieren lassen. Die Eigenproduktion durch Großhandelsunternehmen wurde insbesondere im Produktionsverbindungshandel beobachtet. Wird Produktpolitik vom Großhandel betrieben, sind Entscheidungen im Rahmen der Produktpolitik zu treffen:

Produktpolitik

Produktgestaltung
- **Qualität** (Langlebigkeit, Umweltverträglichkeit)
- **Aufmachung** (Form, Größe, Farbe)
- **Verpackung** (werbewirksam, transportgerecht)
- **Markierung** (Name, Schriftzug)

Produktbegleitende Servicepolitik
- **Kundendienst**
- **Garantieleistungen**
- **Verkäuferschulung**

Prozessorientierte Produktpolitik
- **Innovation** (Einführung neuer Produkte)
- **Variation** (Änderung von Produkteigenschaften)
- **Elimination** (Herausnahme von Produkten aus dem Programm)

Strategien der Produktinnovation

Produktdifferenzierung
Aufnahme **programmnaher** Produkte
Beispiel: Produktion von Laserdruckern neben Tintenstrahldruckern

Produktdiversifikation
Aufnahme **programmferner** Produkte
Beispiel: Erweiterung um neue Produktlinien

horizontal
Angebot von weiteren Produkten der gleichen Wirtschaftsstufe
Beispiel: Druckerhersteller vertreibt PCs

vertikal
Angebot von weiteren Produkten vor- oder nachgelagerter Produktionsstufen
Beispiel: Druckerhersteller kauft Großkunden auf

lateral
Angebot von weiteren Produkten ohne jeden Zusammenhang mit bisherigem Produktionsprogramm
Beispiel: Druckerhersteller kauft Versicherungsunternehmen auf

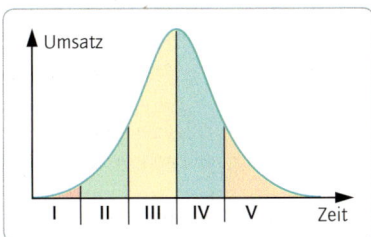

Produktpolitische Entscheidungen im Verlauf des Produktlebenszyklus

I	II	III	IV	V
Einführung	**Wachstum**	**Reife**	**Sättigung**	**Degeneration**
Innovation, Produktdifferenzierung, Produktpflege	Produktdifferenzierung, Produktpflege	Produktdifferenzierung	Elimination, Produktvariation	Elimination, Produktvariation

vgl. Bentin, Margit u. a.: Absatz/Marketing. 4., aktualisierte Aufl., Braunschweig 2009, S. 40 f.

Portfolio-Analyse

Begriff

Die **Portfolio-Analyse** (portfolio [engl.] = Mappe, hier im übertragenen Sinn eine Mappe mit den Produkten eines Unternehmens) ist ein weit verbreitetes Instrument strategischer Unternehmens- und Marketingplanung, mit der Chancen und Risiken der Produkte im Absatzmarkt sichtbar gemacht werden.

Ziel

Das Hauptziel der Portfolio-Analyse besteht darin, die Wachstumsmöglichkeiten des Unternehmens unter Berücksichtigung vorhandener Ressourcen zu erkennen und betriebswirtschaftliche Schlussfolgerungen zu ziehen.

Portfolio-Matrix

Ein Unternehmen muss sich laufend über die aktuelle Wettbewerbsposition seiner Produkte informieren. Hierfür wird häufig das Instrument der Portfolio-Matrix angewandt. Sie stellt in vier Feldern die beiden zentralen Einflussfaktoren „Marktanteil" und „Marktwachstum" gegenüber und unterscheidet auf jeder Achse die Intensitätsgrade „niedrig" und „hoch". In jedem der vier Matrixfelder treffen hohes und niedriges Marktwachstum mit hohen oder niedrigen Marktanteilen zusammen.

Mithilfe der Matrix werden die Produkte eines Unternehmens aufgeteilt in:

I Fragezeichen/Hoffnungen („Question marks"), d. h. Nachwuchsprodukte

II Sterne („Stars"), d. h. Zukunftsprodukte

III Milchkühe („Cash cows"), d. h. Basisprodukte und

IV Arme Hunde („Poor dogs"), d. h. Ergänzungsprodukte.

Diese vier Begriffe beschreiben die derzeitige Wettbewerbssituation der Produkte (Maßstab ist der prozentuale Marktanteil) sowie deren zu erwartendes Marktwachstum (gemessen in Prozent).

Aus der Portfolio-Analyse lassen sich erste Hinweise und Ansatzpunkte für die künftige strategische Gestaltung von Produkt-Markt-Aktivitäten ableiten. Jedes Unternehmen muss also Vorsorge treffen, dass es jederzeit über genügend „Fragezeichen/Hoffnungen", „Sterne" und „Milchkühe" verfügt, damit es auch „arme Hunde" verkraften kann, zu denen alle Produkte in der Endphase ihres Produktlebenszyklus einmal werden. Dabei ist es besonders wichtig, ständig für genügend Nachwuchs an Produkten, d. h. für „Hoffnungen" zu sorgen, damit das Unternehmen fortbestehen kann.

vgl. Hübscher, Heinrich u. a.: IT-Handbuch, IT-Systemkaufmann/-frau, Informatikkaufmann/-frau, 7. Aufl., Braunschweig 2011, S. 347

Kundendienst- und Servicepolitik

Die **Kundenanforderungen** an eine umfassende Servicepolitik des Großhandelsunternehmens nehmen stetig zu. Der harte **Wettbewerb** im Großhandel unterstützt diesen Trend, da sich die Großhandelsunternehmen durch besondere Serviceleistungen von den Mitbewerbern abheben können. Die bestehende Bandbreite an Kundendienst- und Serviceleistungen zeigt, dass Großhandelsunternehmen diesen Bereich der Leistungspolitik als sehr wichtig ansehen:

- Reparaturservice
- Wartungsservice
- Ersatzteildienst
- Warenmanipulation (z. B. Mischen von Teesorten)
- Garantieleistungen
- kundenfreundliches Beschwerdemanagement
- Kulanzleistungen (z. B. extensive Umtauschpolitik)

- Sortimentsberatung
- Umweltberatung
- Produktschulungen
- Verkaufstraining
- Unternehmensberatung
- kundenfreundliche Geschäftszeiten

Nach dem **Zeitpunkt der Leistungserbringung** werden folgende Kundendienst- und Serviceleistungen unterschieden:[1]

- **Pre-Sales-Leistungen:** Leistungen werden vor dem Kaufabschluss vom Großhandelsunternehmen erbracht (z. B. Zurverfügungstellung von Informationsmaterial).
- **During-Sales-Leistungen:** Leistungen werden verkaufsbegleitend erbracht (z. B. Sortimentsberatung).
- **After-Sales-Leistungen:** Leistungen werden nach dem Kaufabschluss erbracht (z. B. Reparaturleistungen und Ersatzteildienst).

[1] Theis, Hans-Joachim: Handbuch Handelsmarketing. Erfolgreiche Strategien und Instrumente im Handelsmarketing. Band 1, Frankfurt am Main 2007, S. 506

Da sich das Warenangebot von konkurrierenden Großhandelsunternehmen häufig wenig unterscheidet, bietet die Servicepolitik die Möglichkeit der **Profilierung**. Eine umfassende Kundendienst- und Servicepolitik erhöht die **Kundenzufriedenheit** und führt damit zu einer verstärkten **Kundenbindung**.

Entgeltpolitik — *Price policy*

Begriffliche Abgrenzung

Die Preis- und Konditionenpolitik, in der fachwissenschaftlichen Literatur häufig als Kontrahierungspolitik zusammengefasst, kennzeichnet die folgenden Entscheidungsbereiche eines Unternehmens bei der Berechnung des Verkaufspreises:

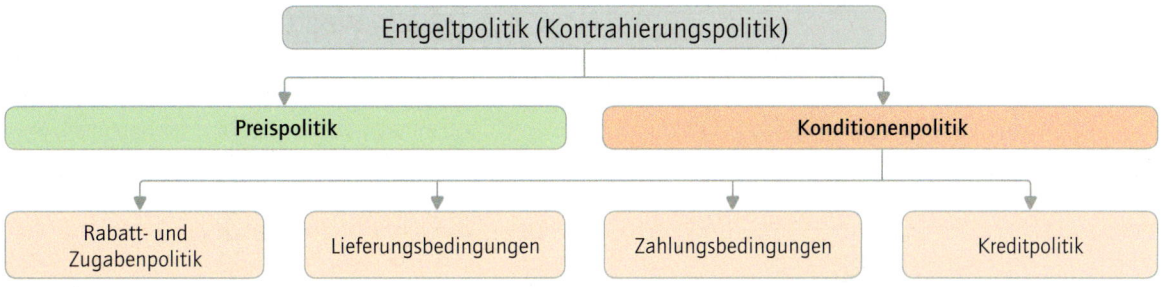

vgl. dazu S. 399

Ziele

Die **Kommunikationspolitik** versucht gezielt, das Verhalten potenzieller Kunden mithilfe besonderer **Kommunikationsmittel** oder **-instrumente** zu beeinflussen, um bestimmte Ziele zu erreichen. Beim Einsatz der Kommunikationspolitik werden prinzipiell **ökonomische** und **psychologische Ziele** unterschieden:

- **Ökonomische Ziele** sind in der Regel leichter messbar, da sie leicht quantifizierbar sind, z. B. Erhöhung des Umsatzes oder Steigerung des Marktanteils.

- **Psychologische Ziele** sind meist nicht so leicht messbar wie ökonomische Ziele. Es geht in der Regel darum, die Wirkung der Unternehmensleistungen am Markt auf die Kunden zu ermitteln und zu verändern. Beispielsweise sollen das wahrgenommene Produkt- oder Unternehmensimage verbessert und die Kundenzufriedenheit erhöht werden.

Strategische Entscheidungen

Bevor einzelne Instrumente der Kommunikationspolitik (z. B. Werbung oder Direktmarketing) vom Großhandelsunternehmen eingesetzt werden, ist eine übergeordnete **Corporate-Identity-Strategie** auf Basis einer vorher bestimmten **Unternehmensphilosophie** (vgl. Seite 45) festzulegen. Diese Strategie hat das Ziel, die **Unternehmensidentität** im Markt zu verankern. Die folgende Abbildung zeigt die einzelnen Bestandteile der **Corporate Identity:**[1]

Schematische Darstellung der Corporate Identity (Identitätsmix)

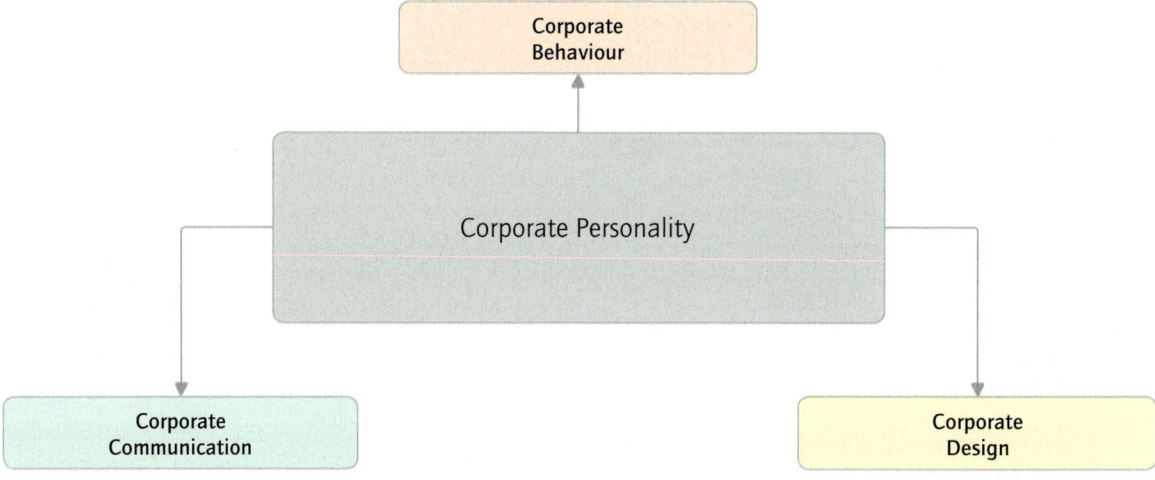

Quelle: Birkigt, Klaus; Stadler Marius; Funck, Hans J.: Corporate Identity, Landsberg 2002, S. 19

Im Zentrum der strategischen Überlegungen steht die **Corporate Personality,** das historisch gewachsene Selbstverständnis des Großhandelsunternehmens.
Als Instrumente der Corporate Identity dienen die drei folgenden Bereiche:[2]

- **Corporate Communication** (Unternehmenskommunikation):
  Alle vom Unternehmen eingesetzten Instrumente der Kommunikationspolitik werden so aufeinander abgestimmt, dass das Unternehmen von außen als ein einheitlich wirkendes Ganzes wahrgenommen wird.

- **Corporate Design** (Unternehmenserscheinungsbild):
  Die optische Erscheinung des Unternehmens im Markt wird durch aufeinander abgestimmte optische Elemente, z. B. Nutzung eines Firmenlogos, von ausgewählten Farben und Schriftzeichen, wiedererkennungsfähig gestaltet.

- **Corporate Behaviour** (Unternehmensverhalten):
  Die Mitarbeiter des Großhandelsunternehmens sollen einheitliche Verhaltensweisen gegenüber externen Kunden praktizieren, ein „Wir-Gefühl" sollte im Rahmen dieses Abstimmungsprozesses entstehen.

[1] vgl.: Theis, Hans-Joachim: Handbuch Handelsmarketing. Band 1, Frankfurt am Main 2007, S. 635 ff.
[2] vgl.: ebd., S. 633 ff.

Begriffliche Abgrenzung und Zielsetzung

Die Kommunikationspolitik versucht gezielt, das Verhalten von potenziellen Kunden mithilfe besonderer Kommunikationsmittel zu beeinflussen:

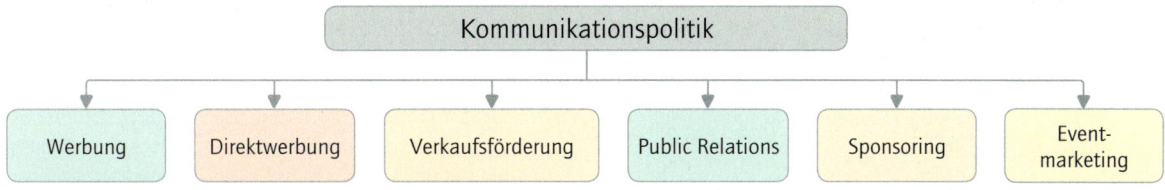

Entscheidungsbereiche der Kommunikationspolitik

(Klassische) Werbung

- **Werbende:** Wer wirbt?
  Nach der **Anzahl** der werbenden Großhandelsunternehmen unterteilt man in **Einzelwerbung** und **Kollektivwerbung (kooperative Werbung)**. Die Kooperation in der Werbung kann in **horizontaler** oder in **vertikaler Form** durchgeführt werden. Bei den **horizontalen Werbeformen** arbeiten mehrere Großhandelsunternehmen zusammen, um die Konsumenten in ihrem Kaufverhalten zu beeinflussen.
  Bei den **vertikalen Werbeformen** betreibt das Großhandelsunternehmen Werbeaktivitäten gemeinsam mit Herstellern.

- **Werbeziel:** Welche Wirkung soll erzielt werden?[1]
  In der Fachliteratur werden **ökonomische** (z. B. Umsatzsteigerung) und **außerökonomische Ziele** (z. B. Markenimage verbessern) unterschieden.
  Eine weitere geläufige Unterteilung von Werbezielen lautet:
  Einführungswerbung (z. B. für ein neues Produkt), **Expansionswerbung** (z. B. zur Erhöhung des Marktanteils) und **Erinnerungswerbung** (z. B. zum Erhalt des bisherigen Bekanntheitsgrades).

- **Werbezielgruppen:** Wer soll umworben werden?[1]
  Die Werbezielgruppe muss genau bestimmt werden, um **Streuverluste** beim Einsatz der Werbeträger und Werbemittel so gering wie möglich zu halten.

- **Werbezielgebiet:** Wo soll geworben werden?[1]
  Das Unternehmen hat zu entscheiden, ob auf dem **Gesamtmarkt** oder auf bestimmten **Teilmärkten** geworben werden soll.

- **Werbeträger:** Welche Medien sollen genutzt werden?[1]
  Werbeträger werden gewöhnlich in **Printmedien** (z. B. Zeitschriften), **elektronische Medien** (z. B. Internet) und **Außenwerbung** (z. B. Plakate) unterteilt, deren Nutzung sich in sehr unterschiedlich hohen Werbekosten niederschlagen kann.

- **Werbemittel:** In welcher Form soll geworben werden?[1]
  Die Auswahl der geeigneten Werbemittel muss Erkenntnisse der Wahrnehmungspsychologie berücksichtigen. Die Gestaltung des Werbemittels entscheidet meistens darüber, ob die Werbebotschaft den Umworbenen zielgerichtet erreicht und die beabsichtigte Wirkung erzielt.

Beispiele:

Werbeträger	Werbemittel
Zeitung, Zeitschrift	Anzeige, Beilage
Fernsehen	Fernsehspot
Kino	Dia, Kinospot, Werbefilm
Fahrzeuge	Beschriftung von Firmenwagen, Straßenbahnen, Speditions-Lkws
Internet	Pop-ups, Homepage-Gestaltung

- **Werbebotschaft:** Wie soll geworben werden?[1]
  Die Werbebotschaft sollte den **Nutzen, den Vorteil** des Produktes für den Umworbenen herausstellen.

- **Werbeetat:** Welche Geldmittel stehen zur Verfügung?[1]
  Häufig wird ein **prozentualer Anteil der Werbeausgaben** am Umsatz festgelegt, obwohl ein antizyklisches Vorgehen sinnvoller wäre. Der Werbeetat soll vor allem an den Werbezielen ausgerichtet werden.

[1] vgl.: Hüttner, M. u. a.: Marketing-Management, München 1994, S. 220 ff.

Entscheidungsbereiche der Kommunikationspolitik

(Klassische) Werbung

Werbetiming: Wann soll (wie) geworben werden?[1]
Die Werbemaßnahmen sollten in einem **Werbeplan** festgehalten werden, auch wenn Werbeaktionen der Mitbewerber kurzfristige Änderungen hervorrufen können. Das Werbetiming ist gerade bei der Einführung neuer Produkte besonders wichtig.

Beim Werbetiming wird grundsätzlich zwischen **zyklischer** und **antizyklischer Werbung** unterschieden: Im Gegensatz zur zyklischen Werbung werden bei der **antizyklischen Werbung** gerade in **wirtschaftlich schwierigen Zeiten** (z. B. Wirtschaftskrise mit Umsatzrückgängen) die Werbeausgaben erhöht. Man erhofft sich dadurch einen **Umkehrtrend** bei der wirtschaftlichen Entwicklung des Unternehmens.

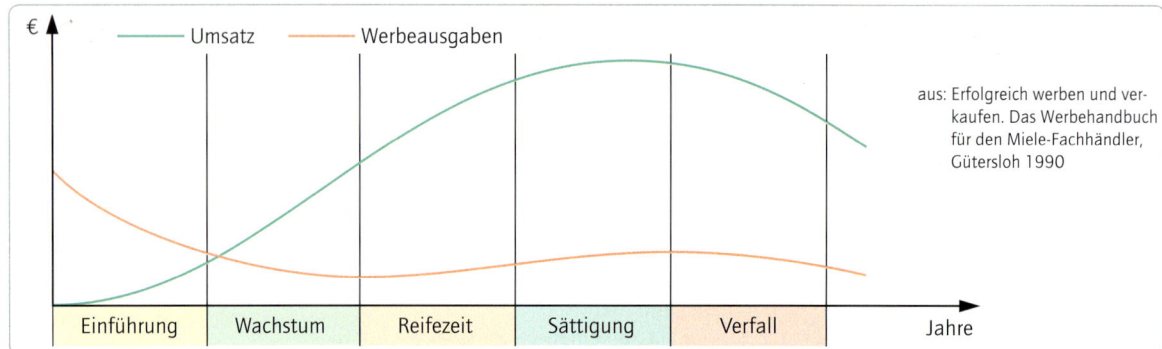

aus: Erfolgreich werben und verkaufen. Das Werbehandbuch für den Miele-Fachhändler, Gütersloh 1990

Werbeerfolgskontrolle: Wie soll der Werbeerfolg gemessen werden?

Man unterscheidet die **ökonomische** von der **außerökonomischen Werbeerfolgskontrolle.** Der ökonomische Werbeerfolg soll sich aufgrund der folgenden Formel berechnen lassen:

> Werbegewinn
> = werbebedingter Mehrumsatz – Werbekosten

Gerade die genaue Ermittlung des werbebedingten Mehrumsatzes ist aber aufgrund von Zuordnungsproblemen kaum möglich.

Die **außerökonomische Werbeerfolgskontrolle** versucht z. B. über Befragungen Werbekontakte und Werbewirkungen zu messen.

[1] vgl.: Hüttner, M. u. a.: Marketing-Management, München 1994, S. 220 ff.

vgl.: Bentin, Margit u. a.: Absatz/Marketing, 4., aktualisierte Aufl., Braunschweig 2009, S. 54 f.

Werbegrundsätze

Die **Werbung** eines Industrieunternehmens sollte sich prinzipiell an folgenden **Werbegrundsätzen** ausrichten:

- **Wahrheit** der Werbeaussage
  Die Werbung darf keine Unwahrheiten enthalten, Näheres regelt das Gesetz gegen den unlauteren Wettbewerb (UWG).

- **Klarheit**
  Die Werbeaussage muss für den Umworbenen klar verständlich sein; das werbende Industrieunternehmen sollte dabei auch berücksichtigen, dass sich bestimmte Werbeaussagen leicht einprägen lassen (z. B. durch einen Werbeslogan).

- **Wirksamkeit**
  Damit die Werbemaßnahme optimal wirkt, müssen Werbebotschaft, Werbemittel und -träger treffsicher ausgewählt werden. Die Wirksamkeit wird erhöht, wenn gezielt Wiederholungen der Werbemaßnahme genutzt werden.

- **Soziale Verantwortung**
  Viele Branchenverbände setzen sich dafür ein, dass die Werbemaßnahmen sozial verantwortlich gestaltet werden, da ansonsten die Werbeaktion eher Schaden für das Unternehmen zur Folge hat. Im Medienzeitalter wird dieser Werbegrundsatz immer wichtiger. Text- und Bildaussagen sollten den gesellschaftlichen Werten grundsätzlich entsprechen.

- **Wirtschaftlichkeit**
  Die Werbeausgaben sollten in einem angemessenen Verhältnis zum Werbeerfolg stehen.

Werbegrundsätze

Gelegentlich fühlen sich Umworbene von bestimmten Werbemaßnahmen negativ berührt. Die Institution des **Deutschen Werberates** bietet ein **Konfliktmanagement zwischen** werbender **Wirtschaft** und den **Umworbenen** an. Der Werberat ist eine Institution der 43 vom Zentralverband der deutschen Werbewirtschaft *(ZAW)* vertretenen Organisationen der werbenden Firmen, Medien, Agenturen, Werbeberufe und Forschung. Er wird von allen relevanten Marktbeteiligten der Werbewirtschaft getragen.

Der Werberat stellt zum einen **Grundregeln der Werbung** auf, zum anderen bietet er allen Umworbenen ein **Beschwerdeverfahren** für anstößige Werbung an. Jeder kann sich per Telefon, Fax, Post oder E-Mail (werberat@werberat.de) über eine konkrete Werbemaßnahme beschweren (Weiteres siehe unter www.werberat.de).

Bilanz Deutscher Werberat Erstes Halbjahr		
	2009	2008
Werbeaktivitäten vor dem Werberat	**147**	**118**
Beanstandungen	39	30
Reaktion der betroffenen Firma		
● Werbung eingestellt	30	26
● Werbung abgeändert	4	1
● zunächst weitergeschaltet (Folge: öffentliche Rüge)	5	3
von Kritik freigesprochen	108	88

Quelle: Deutscher Werberat
aus: http://www.werberat.de/content/pm_20090820.php

AIDA-Regel

Beim **Abfassen von Werbetexten** sollte die sogenannte AIDA-Regel berücksichtigt werden:

A: Attention: Der Werbetext muss die **Aufmerksamkeit** beim Umworbenen wecken. Die geschickte Platzierung eines sogenannten **Eye-Catchers** (z. B. eines Fotos) oder eines **Werbeslogans** entscheiden häufig schon innerhalb der ersten Sekunde beim Betrachter darüber, ob er gewillt ist, weiterzulesen.

I: Interest: Das sprachlich und grafisch gut gestaltete Werbemittel (z. B. ein Werbebrief) soll **Interesse** beim Betrachter wecken. Wichtig ist es, die Interessen, die Bedürfnisse des potenziellen Kunden zu erkennen – diese Interessen müssen gezielt angesprochen werden.

D: Desire: Das Interesse des Kunden ist bereits geweckt, jetzt gilt es, den **Kaufwunsch** gezielt anzusprechen. Der Leser des Werbetextes soll ja schließlich dazu angeregt werden, das Produkt oder die Dienstleistung zu erwerben. Produktvorteile müssen kundenorientiert herausgestellt werden.

A: Action: Nachdem der Kaufwunsch angesprochen wurde, muss der Kunde konkret **zum Kauf veranlasst** werden. Zum Beispiel kann eine fertig gestaltete Bestell-Postkarte oder ein Bestell-Fax diese Kundenaktivität herausfordern.

aus: Breitkreutz, Rainer; Gladigau, Gerhard; Richter, Klaus: Gutes Deutsch – Gute Briefe. Fachbuch für Korrespondenz in Wirtschaft und Verwaltung. 26., überarb. u. erweiterte Aufl., Braunschweig 2011

Werbeplan

Ein vollständiger **Werbeplan** sollte folgende **Inhalte** aufweisen:

- **Werbeinhalt:** Wofür soll geworben werden?
- **Werbeziel(e):** Welche Wirkung soll bei den Umworbenen erreicht werden?
- **Streukreis:** Welche Zielgruppe(n) werden umworben?
- **Werbebotschaft:** Welchen Nutzen, welchen Vorteil hat das Produkt für den Umworbenen?
- **Reichweitenbestimmung:** Wie hoch ist die Anzahl der Umworbenen?
- **Streugebiet:** In welchem geografischen Raum wird geworben?
- **Streuzeit:** Zu welchen Zeitpunkten in welchem Zeitraum wird geworben?
- **Streuweg:** Welche Werbemittel und Werbeträger werden ausgewählt?
- **Werbeetat/Streudichte:** In welchem Verhältnis stehen die eingesetzten Werbemittel, der Werbeetat, zum Streugebiet?

Der **Werbeetat**, auch Werbebudget genannt, kann **zu Beginn** der **Werbeplanung** festgelegt werden. Der Umfang der Werbemaßnahme(n) hat sich dann am Werbeetat auszurichten. Möglich ist aber auch, dass der Werbeetat nach allen anderen inhaltlichen Festlegungen **am Schluss** der Höhe nach geplant wird. Werbeziel(e), Streukreis, Streugebiet usw. bestimmen dann den Umfang des Werbeetats.

Werbeplan

Die **Höhe des Werbeetats** kann grundsätzlich als **Festbetrag** für einen Zeitraum (z. B. ein Geschäftsjahr) oder eine Werbeaktion bestimmt werden.

Häufig wird auch ein fester **Prozentsatz** vom Umsatz oder Gewinn festgelegt.

Denkbar ist auch, dass man sich am Umfang der Werbeaktionen der **Mitbewerber** orientiert.

Auszug aus einem Werbeplan:

Werbeplan für Schreibgeräte			Terminübersicht												
Werbeträger:	Werbemittel:	Werbebotschaft:	Jan.	Febr.	März	Apr.	Mai	Juni	Juli	Aug.	Sept.	Okt.	Nov.	Dez.
Werbebrief	Brieftext	Messeneuheiten									x	x	x	
E-Mail	Mailtext	günstige Einkaufspreise											x	

Entscheidungsbereiche der Kommunikationspolitik

Direktwerbung

Im Gegensatz zur anonymen Massenumwerbung werden bei der Direktwerbung die Zielpersonen direkt individuell angesprochen. Diese Form der Werbung hat an Bedeutung so stark zugenommen, dass zusammen mit dem Direktverkauf an Letztverwender und -verbraucher vom sogenannten **Direktmarketing** gesprochen wird. Neben individuell adressierten Werbesendungen zählt zur Direktwerbung vor allem das **Telefonmarketing**.

Die neuen elektronischen Medien bieten eine Vielzahl von Möglichkeiten für Direktwerbung. Um eine zielgenaue Direktwerbung durchführen zu können, wird eine umfangreiche Datei (Datenbank) über die anzusprechenden Zielgruppen geführt.
Bei dieser Form der Werbung lässt sich der Werbeerfolg in der Regel besser messen.

Werbung im Internet

Im Internet wird im Wesentlichen auf drei verschiedene Arten geworben:

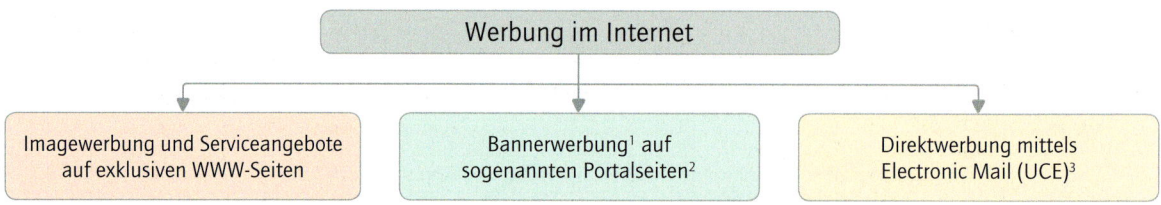

[1] Werbebanner sind kleine Werbeflächen im Kopfbereich der Portalseiten.
[2] Portalseiten sind speziell gestaltete WWW-Einstiegsadressen mit Such-, Nachrichten- und Verzeichnisdienst.
[3] UCE = (engl.) Unsolicited Commercial E-Mail; unverlangt zugesandte Werbe-E-Mail, oft auch „SPAM" genannt. Versender erwerben käuflich Listen von E-Mail-Adressen.

Bannerwerbung und **UCE** sind allgemein im Internet unbeliebt. Die oft aufwendig gestalteten sogenannten „Ads" (von engl. Advertising = Werbung) verbrauchen zur Übertragung auf den PC des Internetbenutzers zusätzliche Zeit und verschwenden so die – oft teure – Arbeits- und Onlinezeit.

Der **Erfolg von Werbeangeboten** im Internet kann mithilfe von Berichtsprogrammen geprüft werden, die die Nutzungsprotokolle der WWW-Server im Internet auswerten. (Ein in Deutschland verbreitetes Bewertungsverfahren für Internetwerbung ist das IVW-ZMOD der Informationsgesellschaft zur Feststellung der Verbreitung von Werbeträgern e. V., Bonn.)

Das Großhandelsunternehmen kann **Außendienstmitarbeiter** und **Handelsvertreter** durch spezielle Verkaufsförderungsmaßnahmen motivieren **(Außendienst-Promotions)**, z. B. durch Gewährung von Sonderprämien oder Gestaltung von Verkaufswettbewerben.

Außerdem kann es auch den **Einzelhandel** durch vergleichbare Aktionen unterstützen **(Händler-Promotions)**. Dazu zählen auch Verkäuferschulungen oder die Bereitstellung von Verkaufsunterlagen.

Das Großhandelsunternehmen kann aber beispielsweise auch zusammen mit den Herstellern **Verbraucher-Promotions** im Einzelhandel organisieren, z. B. Verkostungen oder Produktvorführungen für Endverbraucher.

Public Relations (PR)

Im Mittelpunkt der Öffentlichkeitsarbeit (PR) steht nicht ein Produkt des Unternehmens, sondern das ganze Unternehmen. Ziel der PR-Maßnahmen ist vor allem die Imagepflege des Unternehmens in der Öffentlichkeit, daneben auch eine nach innen gerichtete Wirkung: Die Mitarbeiter/-innen des Unternehmens sollen ein Wir-Gefühl entwickeln, die Motivation soll gesteigert werden. Ein besonderes Interesse gilt bei den PR-Aktivitäten sogenannten Meinungsführern oder Multiplikatoren (z. B. Medienvertreter). Gute Pressebeziehungen werden in der Regel durch eine Presseabteilung unterstützt.

Mögliche **PR-Maßnahmen** sind:

- Veröffentlichungen (Pressemitteilungen, Erstellung von Sozial- und Ökobilanzen),
- Vorträge und Diskussionsrunden,
- Veranstaltungen und Ausstellungen,
- Schausonntage.

Der PR-Gedanke wird bei der Gestaltung einer **Corporate Identity** (Unternehmensidentität) aufgegriffen. Ein einheitliches Bild des Unternehmens nach außen, eine Unternehmenskultur soll geschaffen werden. Dies geschieht z. B. durch Schaffung von einheitlichen Zeichen (Symbolen) des Unternehmens (u. a. auf Briefbögen, Visitenkarten, Firmen-Pkws und -Lkws) oder durch besondere Verhaltensregeln, die von den Mitarbeiterinnen und Mitarbeitern gegenüber Kunden, Lieferanten und der Öffentlichkeit einzuhalten sind.

Sponsoring

Das Unternehmen (der Sponsor) unterstützt durch Finanz-, Sach- oder Dienstleistungen Personen, Organisationen oder Institutionen (Gesponserte) und erwartet dafür bestimmte Gegenleistungen (z. B. besondere Werbemöglichkeiten), die vertraglich abgesichert sind.

Mithilfe des Sponsorings versucht das Unternehmen, das positive Image des Gesponserten auf sich zu übertragen. Die Sponsoring-Aktivitäten erreichen auch Zielgruppen, die sich mit herkömmlichen Mitteln der Kommunikationspolitik nicht oder kaum ansprechen lassen.

Formen des Sponsorings sind vor allem:

- Sportsponsoring,
- Sozialsponsoring,
- Kultursponsoring,
- Umweltsponsoring.

Eventmarketing

Ein sogenannter **Event**, eine besondere Veranstaltung, wird vom Großhandelsunternehmen genutzt, um neue Kunden zu gewinnen oder bestehende Kunden enger an sich zu binden. Ein derartiger Event kann z. B. eine Modenschau oder der Auftritt eines Künstlers in den Verkaufsräumen sein.

Denkbar ist auch die Inszenierung eines Events außerhalb der Verkaufsräume (z. B. eine Musikveranstaltung in einer Diskothek). Der Event wird genutzt, um neue Sortimentsteile oder das gesamte Unternehmen einer breiten Öffentlichkeit vorzustellen.

vgl. Bentin, Margit u. a.: Absatz/Marketing, 4., aktualisierte Aufl., Braunschweig 2009, S. 56 f.

Begriffliche Abgrenzung und Zielsetzung

Die **Zielsetzung** der Distributionspolitik, die mit den übergeordneten Zielen der Unternehmenspolitik (Unternehmensphilosophie) abgestimmt sein muss, besteht darin, „... das richtige Produkt zur richtigen Zeit, im richtigen Zustand, in der richtigen Menge am richtigen Ort den Abnehmern zur Verfügung zu stellen".

vgl.: Knoblich, Hans: Absatzpolitik, Göttingen 1994, S. 158

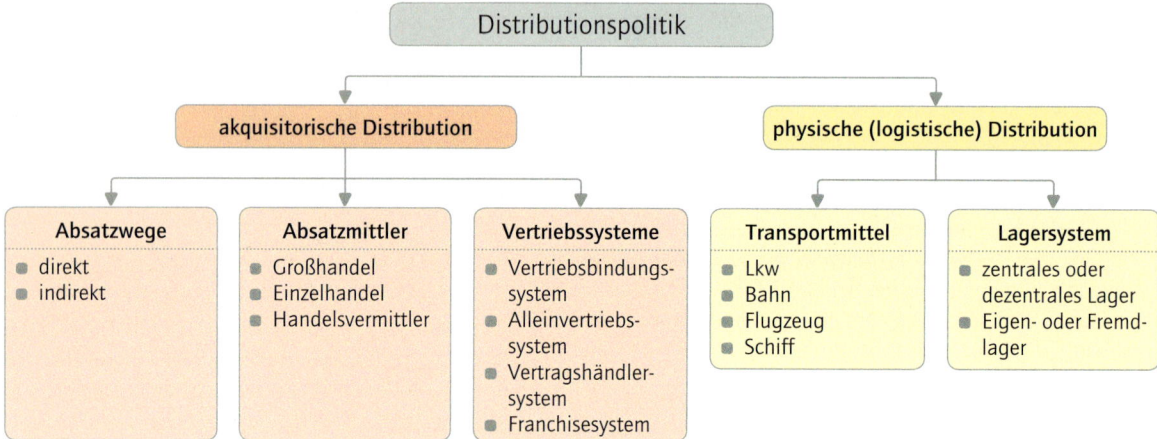

Die **akquisitorische Distribution** kann als das Management der Verteilungskanäle bezeichnet werden. Sie beschäftigt sich vor allem mit der Wahl des Distributionssystems.

vgl.: Hüttner, a. a. O., S. 255

Unter **physischer Distribution** (Marketinglogistik) versteht man „die Planung, Steuerung, Realisation und Kontrolle aller Güter und Dienstleistungen, die von den Anbietern zu den Abnehmern gelangen sollen".

vgl.: Weis, Hans Christian: Marketing, Ludwigshafen 2007, S. 411

9

Entscheidungsbereiche der akquisitorischen Distribution

1. Entscheidung über den Absatzweg

Direkter Absatzweg
Beim direkten Absatzweg übernimmt der Hersteller alle Verteilerfunktionen seines Produktes bis zum Verwender bzw. Konsumenten unter Umgehung des institutionellen Handels. Der Hersteller kann sich dabei entweder direkt an den Kunden wenden (z. B. bei Großkunden) oder es werden betriebseigene Absatzorgane (u. a. Verkaufsniederlassungen und/oder **Reisende**) dazwischengeschaltet.

Indirekter Absatzweg
Beim indirekten Absatzweg verteilt der Hersteller sein Produkt mithilfe betriebsfremder Organe: Selbstständige Handelskettenglieder (Groß- und Einzelhandel) und/oder selbstständige **Handelsvermittler** (Handelsvertreter, Kommissionär, Handelsmakler).

Bestimmungsfaktoren für die Wahl des Absatzweges[1]
- betriebsinterne Faktoren, wie u. a. Betriebsgröße (z. B. Groß- oder Kleinbetrieb) oder eigene Absatzorganisation (stark oder schwach ausgebaut)
- die Eigenart der Ware, wie der Verwendungszweck (Produktionsmittel/Konsumgut) oder die Erklärungsbedürftigkeit (technische Komplexität)

[1] vgl.: Knoblich, Hans: Absatzpolitik, a. a. O., S. 162 f.

- betriebsexterne Faktoren, z. B. die Anzahl und Größe der Abnehmer, Entfernung zu den Absatzmärkten oder gesetzliche Bestimmungen

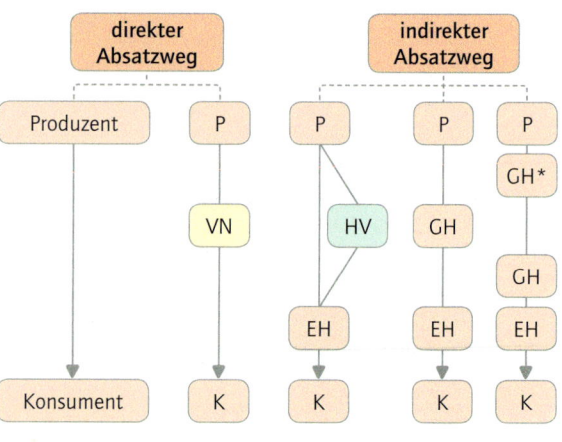

Entscheidungsbereiche der akquisitorischen Distribution

2. Entscheidung über Absatzmittler

Großhandel
Der Großhandel kauft i. d. R. von Produktionsunternehmen in eigenem Namen und für eigene oder fremde Rechnung Waren. Es ist u. a. abhängig von der jeweiligen Betriebsform (z. B. Sortiments- und/oder Spezialgroßhandel), welche Distributionsfunktionen (u. a. Lagerung, Sortimentsbildung usw.) vom Großhandel übernommen werden können.

Einzelhandel
Der Einzelhandel kauft entweder direkt vom Hersteller und/oder über Handelsvermittler oder den Großhandel im eigenen Namen und für eigene oder fremde Rechnung Waren, um sie an den Konsumenten weiterzuverkaufen. Für den Hersteller ist es von Bedeutung, inwiefern der Einzelhändler das Marketingkonzept des Herstellers mitträgt.

Handelsvermittler
Zu den Handelsvermittlern zählen der Handelsvertreter, Kommissionär und Handelsmakler.

- Der **Handelsvertreter** ist selbstständiger Gewerbetreibender und ständig damit beauftragt, für andere Unternehmen (d. h. im fremden Namen) Geschäfte abzuschließen. Er kann im Wesentlichen seine Tätigkeit selbst bestimmen. In der Regel ist er für mehrere Unternehmen tätig (Mehrfirmenvertreter). Als Vergütung erhält er eine Vermittlungs- oder Abschlussprovision.
- Der **Kommissionär** ist selbstständiger Gewerbetreibender und übernimmt es gewerbsmäßig, Verträge im eigenen Namen auf fremde Rechnung abzuschließen. Er trägt kein Absatzrisiko, da er nicht verkaufte Ware zurückgeben kann. Als Vergütung erhält er eine Provision (festen Prozentsatz) vom vereinbarten Preis.
- Der **Handelsmakler** ist selbstständiger Gewerbetreibender und wird nur im Bedarfsfall aufgrund seiner guten Marktkenntnisse mit der Anschaffung oder dem Verkauf von Waren oder Dienstleistungen beauftragt. Als Vergütung erhält er je zur Hälfte vom Verkäufer und Käufer (falls nicht anders vertraglich vereinbart) einen bestimmten Prozentsatz vom Auftragsvolumen.

3. Entscheidung über die Form des vertraglichen Vertriebssystems

Durch den Aufbau eines vertraglichen Vertriebssystems versucht der Hersteller, bestimmte Abnehmer auszuschließen. Ausgewählte selbstständige Handelsunternehmen können so in seine Vertriebskonzeption eingebunden werden.

Vertriebsbindungssystem
Vertriebsbindungen können sich je nach Gestaltung der Verträge u. a. erstrecken auf:

- Vertriebswegebindungen in räumlicher Hinsicht, z. B. Exportverbot für inländische Abnehmer,
- Vertriebswegebindungen in personeller Hinsicht, z. B. Vertriebsbeschränkung auf bestimmte Abnehmerkreise (sogenannte Kundenbeschränkungsklauseln),
- Vertriebsbindungen in zeitlicher Hinsicht, z. B. Beschränkungen hinsichtlich der Vertriebszeit neuer bzw. auslaufender Modelle (vgl.: Knoblich, a. a. O., S. 189).

Vertragshändlersystem
Der Vertragshändler verpflichtet sich durch vertragliche Regelungen, im eigenen Namen und auf eigene Rechnung Waren des Herstellers unter Einhaltung der Marketingkonzeption zu vertreiben (u. a. Bewahrung des Images und angemessener Kundendienst).

Alleinvertriebssystem
Der Hersteller verpflichtet sich, in einem bestimmten Absatzgebiet nur den allein vertriebsberechtigten Händler zu beliefern (z. B. bei Neueinführung eines Produkts).

Franchisesystem
Der Franchisenehmer (z. B. Groß- oder Einzelhandelsbetrieb) schließt mit einem Franchisegeber (z. B. Hersteller) einen Vertrag. Der Franchisevertrag geht in der vertraglichen Bindung über den Vertrag mit dem Vertragshändler hinaus, da der Name bzw. die Firma des Franchisenehmers in den Hintergrund treten. Für die Übernahme eines ausgereiften Marketingkonzepts (z. B. Fastfood-Kette) hat der Franchisenehmer ein Entgelt an den Franchisegeber zu entrichten.

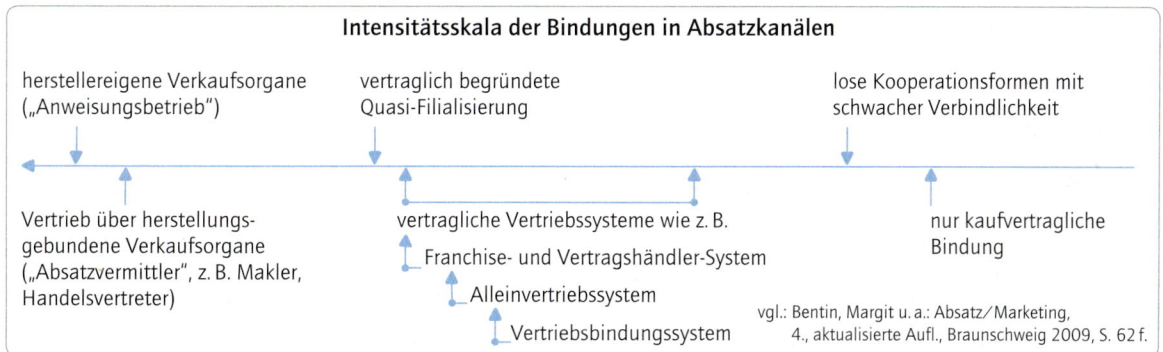

Intensitätsskala der Bindungen in Absatzkanälen

herstellereigene Verkaufsorgane ("Anweisungsbetrieb")

vertraglich begründete Quasi-Filialisierung

lose Kooperationsformen mit schwacher Verbindlichkeit

Vertrieb über herstellungsgebundene Verkaufsorgane ("Absatzvermittler", z. B. Makler, Handelsvertreter)

vertragliche Vertriebssysteme wie z. B. Franchise- und Vertragshändler-System

Alleinvertriebssystem

Vertriebsbindungssystem

nur kaufvertragliche Bindung

vgl.: Bentin, Margit u. a.: Absatz/Marketing, 4., aktualisierte Aufl., Braunschweig 2009, S. 62 f.

Entscheidungsbereiche der akquisitorischen Distribution

4. Festlegung eines vertikalen Marketings

Unter vertikalem Marketing versteht man die Einflussnahme auf die zwischen Hersteller und Handel auftretenden Zielkonflikte, die u. a. aus der Aufteilung der Vertriebsspanne resultieren. Zur Problemlösung werden deshalb zwischen Hersteller und Handel häufig vertragliche Vereinbarungen zur Durchsetzung eines einheitlichen Marketings eingesetzt.

vgl.: Hüttner, a. a. O., S. 265

Entscheidungsbereiche der physischen Distribution

1. Entscheidung über die Transportmittel

Im Rahmen der physischen Distribution (**Marketinglogistik**) geht es um die Problemlösung, wie Güter durch Transportmittel und die entsprechenden Transportvorgänge über Lagersysteme in die Nähe des Verwenders/Kunden (gewerbliche Abnehmer, Händler, Verbraucher) gelangen.

Die wichtigsten **Gründe** für die Auswahl eines Transportmittels sind:

- Eigenart des Produkts (z. B. Verderblichkeit, Gewicht, Größe des Produkts),
- Kosten des Transportmittels,
- Transportgeschwindigkeit,
- Zuverlässigkeit des Transportträgers und Haftungsumfang,
- Umweltverträglichkeit des Transportmittels.

Diese Bestimmungsgründe entscheiden auch darüber, ob ein eigener oder fremder Fuhrpark genutzt werden soll.

2. Entscheidung über das Lagersystem

Bei der Festlegung des Lagersystems muss zunächst geklärt werden, ob nur ein Zentrallager oder auch regionale Auslieferungslager (dezentrale Lager) errichtet werden sollen.

Zentrallager oder Regionallager

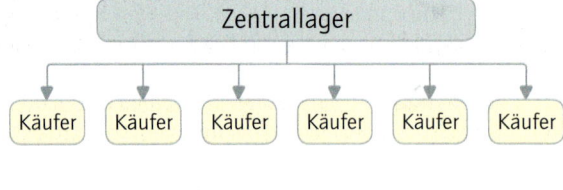

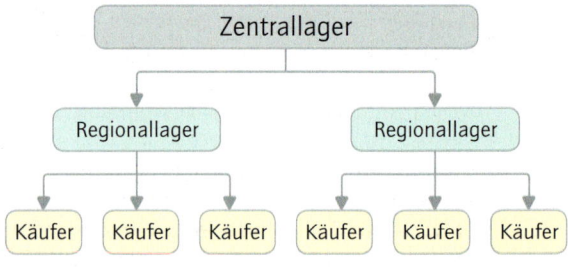

Fall A:

- hohe Transportkosten
- niedrige Lagerkosten
- langsame Liefermöglichkeiten

Fall B:

- geringe Transportkosten
- hohe Lagerkosten
- schnelle Liefermöglichkeiten

aus: Weis, a. a. O., S. 417 f.

Eigen- und Fremdlager

Für die Entscheidung, ob ein Lager in Eigen- oder Fremdregie geführt werden soll, sind vor allem die unterschiedlich hohen Kosten ausschlaggebend (z. B. hohe Fixkosten beim Eigenlager). Ein weiterer Grund für diese Entscheidung könnte z. B. die Einflussnahme auf die Kontrolle des Lagerpersonals sein.

aus: Bentin, Margit u. a.: Absatz/Marketing, 4., aktualisierte Aufl., Braunschweig 2009, S. 63 f.

Marketingmix

Die absatzpolitischen Instrumente dürfen nicht isoliert voneinander eingesetzt werden, sie müssen aufeinander abgestimmt sein, um oberste Unternehmens- bzw. Marketingziele zu verfolgen.

Marketing ist als eine Konzeption der Unternehmensführung zu verstehen, „bei der im Interesse der Erreichung der Unternehmensziele alle betrieblichen Aktivitäten konsequent auf die gegenwärtigen und künftigen Erfordernisse der Märkte ausgerichtet werden"[1]. Die zunehmende Marktmacht der Kunden zwingt die Unternehmen dazu, sich in ihrer gesamten Unternehmenspolitik an den Kundenwünschen auszurichten.

Das sogenannte **Marketingmix** ist eine möglichst **optimale Kombination** des Mitteleinsatzes, d. h. eine „zielgerichtete Auswahl und qualitative, quantitative sowie zeitliche Kombination der absatzpolitischen Instrumente"[2]. Der qualitative Aspekt des Marketingmix betrifft die Art der einzelnen Instrumente, der quantitative Aspekt bezieht sich auf das Gewicht der einzelnen Instrumente innerhalb des Marketingmix, und der zeitliche Aspekt beinhaltet Dauer und Abfolge des Einsatzes der einzelnen Instrumente[3]. Das Marketingmix ist eingebettet in die vom Unternehmen festgelegten **Marketingstrategien**, also in unternehmenspolitische Richtlinien, die einen Handlungsrahmen für den Einsatz der absatzpolitischen Instrumente vorgeben.[4]

[1] vgl.: Bidlingmaier, Johannes: Marketing, Reinbek 1973, S. 15
[2] vgl.: Hüttner, M. u. a.: Marketing-Management, München 1994, S. 278
[3] vgl.: Knoblich, Hans: Absatzpolitik, Universität Göttingen 1994, S. 300 f.
[4] vgl.: Hüttner, a. a. O., S. 81

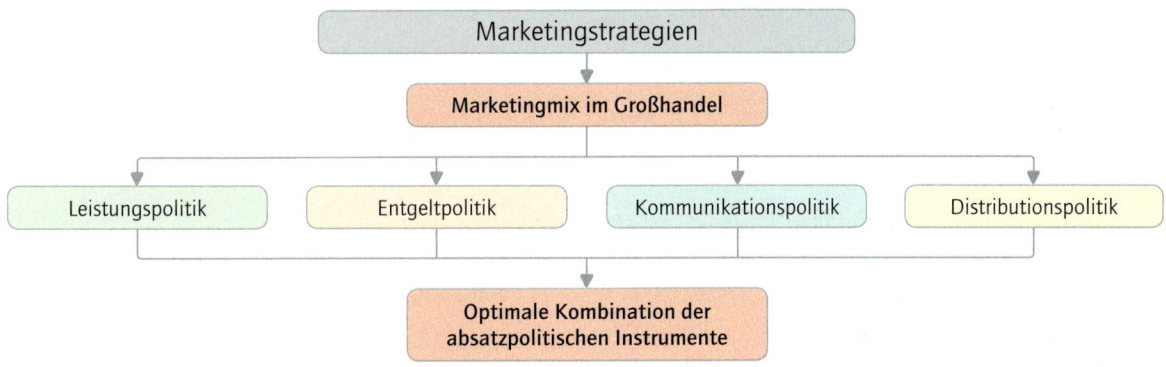

vgl.: Bentin, Margit u. a.: Absatz/Marketing, 4., aktualisierte Aufl., Braunschweig 2009, S. 67 f.

Internationales Marketing   *International marketing*

Unter **internationalem Marketing** versteht man Marketingaktivitäten eines Unternehmens, das nennenswerte Umsätze im **Auslandsgeschäft** tätigt. Dabei müssen exportorientierte Unternehmen, die im Inland produzieren, aber einen wichtigen Teil ihres Umsatzes im Ausland erzielen, von multinationalen Unternehmen unterschieden werden, die in mehreren Ländern produzieren, ein- und verkaufen.

Je stärker die Integration in internationale Märkte erfolgt, umso größer ist die Komplexität von Marketingentscheidungen.
Internationales Marketing muss die besonderen **Risiken** auf Auslandsmärkten berücksichtigen – sowohl **wirtschaftliche** (z. B. Wechselkursrisiko) als auch **politische** (z. B. Einfluss des Staates auf die Wirtschaftspolitik).

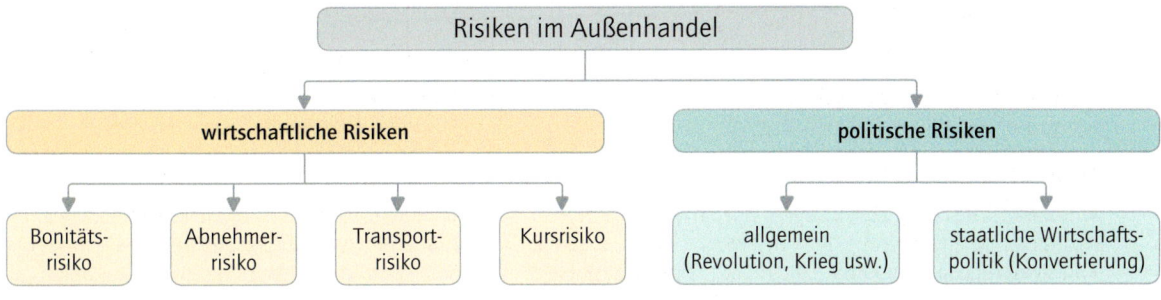

aus: Hüttner, a. a. O., S. 506

Gesetz gegen den unlauteren Wettbewerb (UWG)

Begriff

Das UWG soll sowohl die **Unternehmen** als auch die **Verbraucher** vor unlauterem Wettbewerb schützen, d.h. vor Aktivitäten bewahren, die nicht einem fairen Wettbewerb zwischen den Marktteilnehmern entsprechen. § 3 UWG (sogenannte **Generalklausel**) bestimmt, dass **unlautere geschäftliche Handlungen unzulässig** sind, die die Marktteilnehmer „spürbar beeinträchtigen". Wer dieser Vorschrift **vorsätzlich** oder **fahrlässig** zuwiderhandelt, ist den Mitbewerbern laut § 9 UWG zum **Ersatz des** daraus entstehenden **Schadens** verpflichtet.

Beispiele unlauteren Wettbewerbs

Unlauter im Sinne von § 3 und 4 UWG handelt, wer z. B.
1. geschäftliche Handlungen vornimmt, die die **Entscheidungsfreiheit** von Marktteilnehmern durch Ausübung von **Druck** oder in **menschenverachtender Weise** beeinträchtigen;
2. geschäftliche Handlungen vornimmt, die die **Unerfahrenheit**, die Leichtgläubigkeit, die Angst oder Zwangslage von Verbrauchern ausnutzt;
3. die Teilnahme von Verbrauchern an einem **Preisausschreiben** oder **Gewinnspiel** von dem Erwerb einer Ware oder der Inanspruchnahme einer Dienstleistung abhängig macht;
4. die Kennzeichen, Waren, Dienstleistungen oder persönlichen oder geschäftlichen Verhältnisse eines Mitbewerbers **herabsetzt** oder **verunglimpft**;
5. **gesetzlichen Vorschriften** zuwiderhandelt.

Irreführende geschäftliche Handlungen

Verboten sind **nicht wahrheitsgemäße** oder **irreführende Aussagen** in der Werbung z. B. über

- die Verfügbarkeit,
- die Art,
- die Ausführung,
- die Zusammensetzung,
- das Verfahren und den Zeitpunkt der Herstellung,
- die Verwendungsmöglichkeiten,
- die Menge,
- die Beschaffenheit,
- die Herkunft der Ware oder Dienstleistung.

In § 5 Absatz 4 UWG wird die sogenannte **Mondpreiswerbung** verboten. Demnach darf nicht mit der Preisherabsetzung geworben werden, wenn der unmittelbar vorher geforderte (höhere) Preis nur für eine unangemessen kurze Zeit verlangt wurde.

Vergleichende Werbung

Verboten ist beispielsweise vergleichende Werbung laut § 6 UWG, wenn der **Vergleich**
- sich nicht auf Waren oder Dienstleistungen für den **gleichen Bedarf** oder **dieselbe Zweckbestimmung** bezieht;
- nicht objektiv auf eine oder mehrere wesentliche, relevante, nachprüfbare oder typische **Eigenschaften** oder den **Preis** dieser Waren oder Dienstleistungen bezogen ist;
- die Waren, Dienstleistungen, Tätigkeiten oder persönlichen oder gesellschaftlichen Verhältnisse eines Mitbewerbers **herabsetzt** oder **verunglimpft**.

Belästigende Werbung

Verboten sind laut § 7 UWG **unzumutbare Belästigungen** z. B. durch **Telefon-** oder **elektronische Werbung** (E-Mail-, SMS-Werbung).

Bei diesen Werbemaßnahmen ist die **vorherige Einwilligung** des Adressaten erforderlich.

Auch muss ein entsprechender Vermerk auf einem **Briefkasten** (z. B. „Keine Werbung", „Keine kostenlosen Zeitungen") respektiert werden.

Marketingcontrolling
Marketing controlling

Marketingentscheidungen sind wie letztendlich alle Unternehmensentscheidungen einer Kontrolle zu unterziehen, um getroffene Entscheidungen auswerten und zukünftige Fehlentscheidungen verhindern zu können. Das Marketingcontrolling kann sich dabei sowohl auf **langfristige** Marketingmanagemententscheidungen beziehen, man spricht vom **strategischen Marketingcontrolling**, als auch auf die **kurzfristigen** Marketingentscheidungen – z. B. beim Einsatz der einzelnen absatzpolitischen Instrumente. Im letzteren Fall spricht man vom **operativen Marketingcontrolling**, das sich einer Vielzahl von betriebswirtschaftlichen Kennzahlen bedient. Was in der täglichen Praxis eines Großhandelsunternehmens Bezugsgegenstand des Handelscontrollings sein kann, verdeutlicht die folgende Abbildung[1]:

[1] aus: Mattmüller, Roland; Tunder, Ralph: Strategisches Handelsmarketing, München 2004, S. 241

Bezugsobjekte des Handelscontrollings

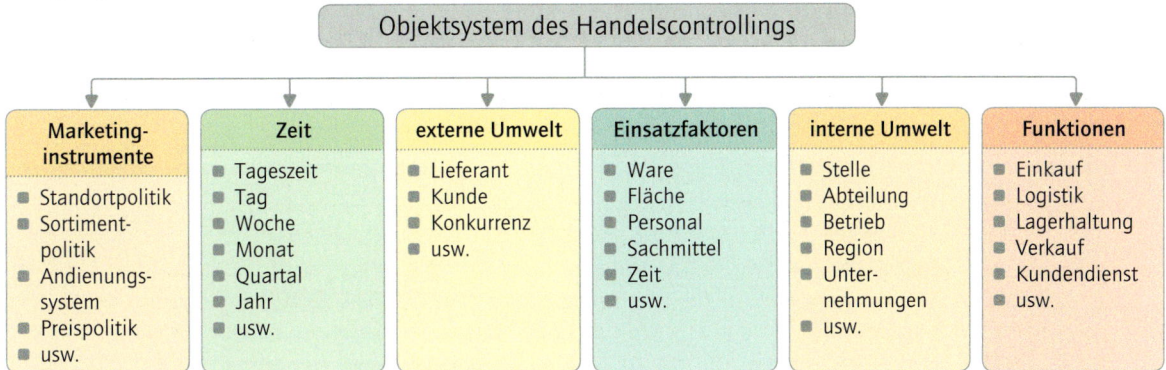

Operatives Marketingcontrolling geht bei der Nutzung betriebswirtschaftlicher Kennzahlen in der Regel in folgenden Schritten vor:[1]

In welchen Phasen verläuft eine Marketingkontrolle?

- **Sollgrößen festlegen,** z. B.: Gewinn, Umsatz, Marktanteil, Image, Werbekosten pro Umsatz usw.

- **Istwerte ermitteln:** ggf. die Istwerte um Zufallsschwankungen bereinigen

- **Soll-Ist-Vergleich durchführen**

- **Soll-Ist-Analyse:** Die Ursachen der Abweichungen von den Sollwerten sind zu ermitteln und die Störungen zu beseitigen.

- **Korrekturmaßnahmen**

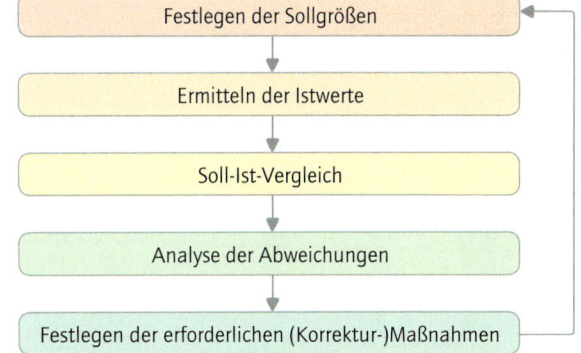

[1] aus: Krause, Günter; Krause, Bärbel: Die Prüfung der Handelsfachwirte, 12., aktualisierte Auflage, Ludwigshafen (Rhein) 2006, S. 509

Da der Einsatz der absatzpolitischen Instrumente genauestens ausgewertet werden soll, spricht man analog zu diesen Instrumenten vom **Controlling der Entgeltpolitik,** vom **Sortiments-, Kommunikations-** und **Distributionscontrolling.** Die folgende Tabelle zeigt am Beispiel des Sortimentscontrollings eine Übersicht von ausgewählten Kennzahlen:[2]

Klassische Kennzahlen zur Beurteilung der Vorteilhaftigkeit einzelner Sortimentsteile

	Definition	Andere Bezeichnungen
Umsatz	Absatzmenge · Verkaufspreis	Umsatzkraft
Spanne	Betragsspanne = absolute Differenz von Umsatz (bereinigt um USt) und Wareneinkauf (EK) der abgesetzten Artikel prozentual als Abschlagsspanne oder als Aufschlagsspanne	Warenrohertrag Bruttoertrag Ertragskraft Varianten: Stück-, WG-, Betriebsspanne
Umschlaghäufigkeit	$\dfrac{\text{Umsatz (zu Einkaufspreisen)}}{\text{Ø Warenbestand (bew. zu Einkaufspreisen)}}$	Umschlaggeschwindigkeit Lagerumschlag
Kapitalumschlag	$\dfrac{\text{Umsatz (zu Verkaufspreisen)}}{\text{Ø Warenbestand (bew. zu Einkaufspreisen)}}$	
Bruttorentabilität	$\dfrac{\text{Bruttoertrag}}{\text{Ø Warenbestand (bew. zu Einkaufspreisen)}}$	Bruttorentabilitätskraft Bruttonutzen

[2] aus: Müller-Hagedorn, Lothar: Handelsmarketing, 4., überarbeitete Auflage, Stuttgart 2005, S. 195

10 Finanzierungsentscheidungen treffen

Begriff

Finanzierung als betriebswirtschaftliche Funktion eines Unternehmens:

Sämtliche **Maßnahmen** eines Unternehmens, die der **Beschaffung von Kapital** für unternehmerische Aktivitäten dienen.

[1] Liquiditätssicherung: Sicherung der Zahlungsfähigkeit eines Unternehmens

Damit sichert die Finanzierung

1. den **Erwerb** betrieblicher Vermögenswerte und

2. den **Erhalt** betrieblicher Vermögenswerte bzw. die Leistungsfähigkeit des Unternehmens (z. B. durch Liquiditätssicherung[1]).

Mittelverwendung und Mittelherkunft

Wird die **Finanzierung** als **Kapitalbeschaffung** definiert, so beschreibt die **Investition** ganz allgemein die **Kapitalverwendung.** Dieser Zusammenhang lässt sich in der Bilanz einer Unternehmung darstellen:

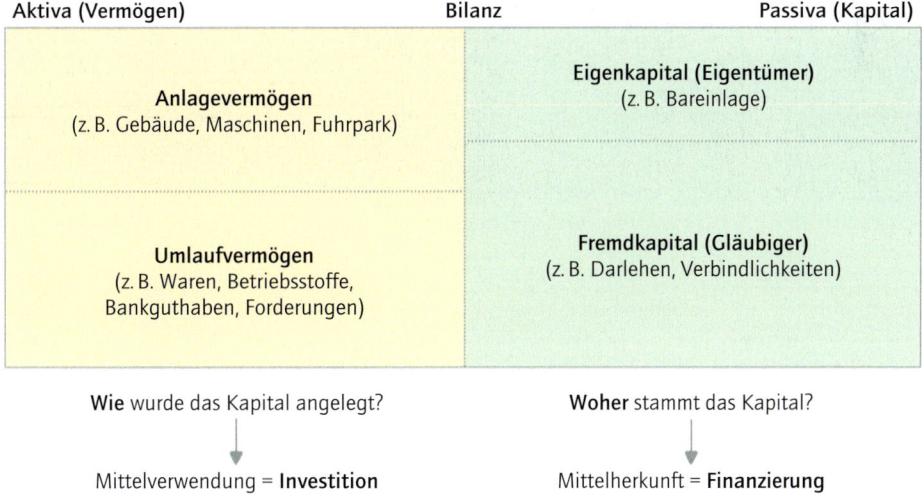

Finanzierungs- und Investitionsanlässe

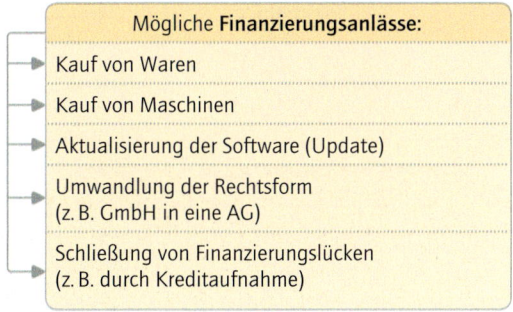

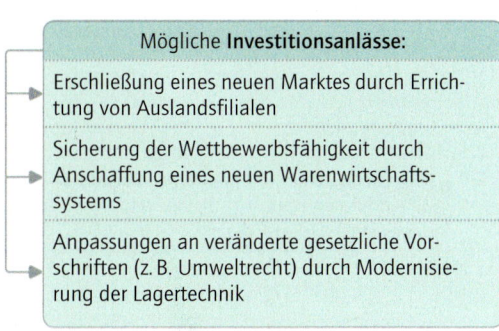

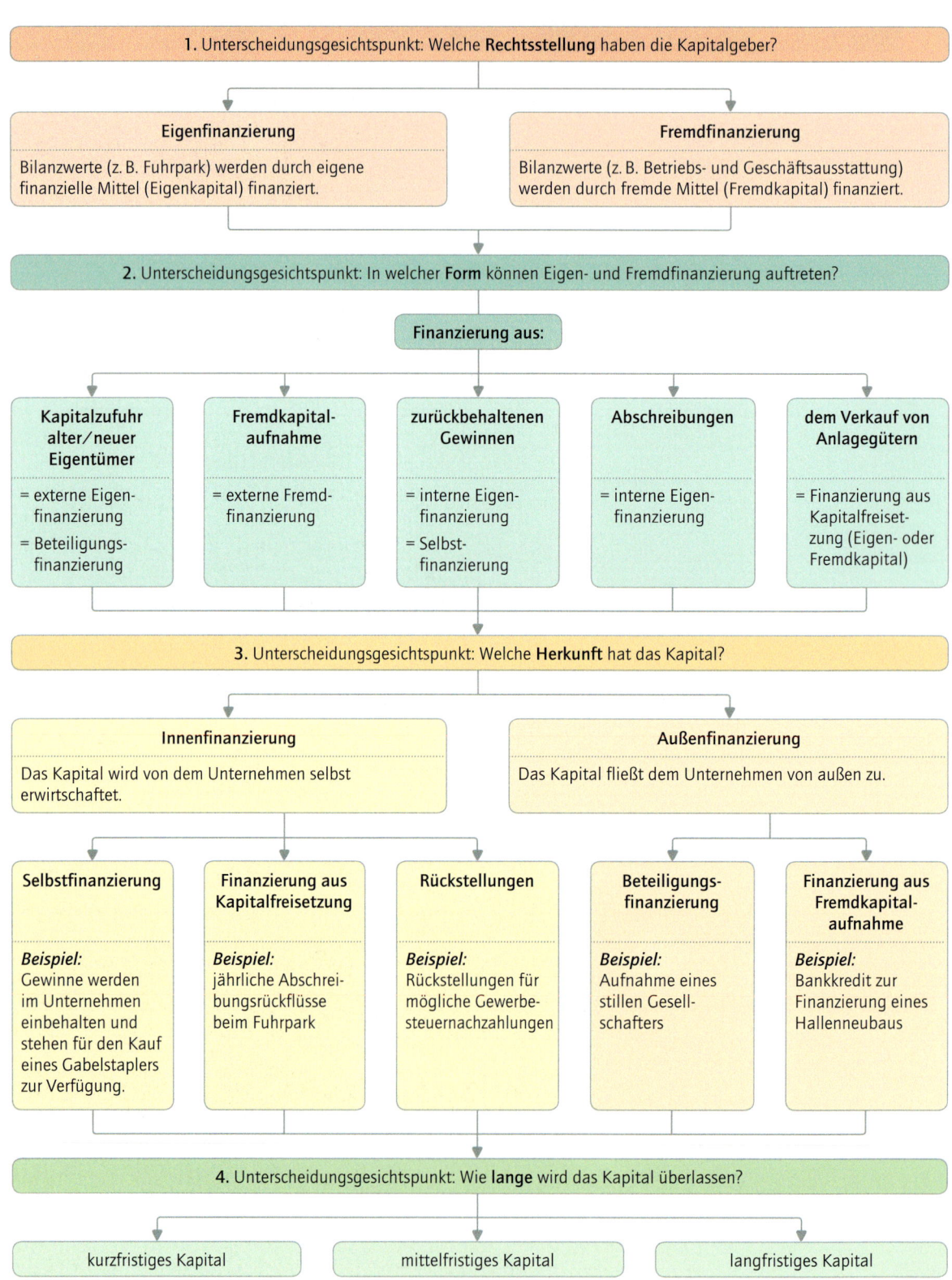

1. Unterscheidungsgesichtspunkt: Welche Rechtsstellung haben die Kapitalgeber?

Eigenfinanzierung

Bilanzwerte (z. B. Fuhrpark) werden durch eigene finanzielle Mittel (Eigenkapital) finanziert.

Fremdfinanzierung

Bilanzwerte (z. B. Betriebs- und Geschäftsausstattung) werden durch fremde Mittel (Fremdkapital) finanziert.

2. Unterscheidungsgesichtspunkt: In welcher Form können Eigen- und Fremdfinanzierung auftreten?

Finanzierung aus:

Kapitalzufuhr alter/neuer Eigentümer	Fremdkapital-aufnahme	zurückbehaltenen Gewinnen	Abschreibungen	dem Verkauf von Anlagegütern
= externe Eigen-finanzierung = Beteiligungs-finanzierung	= externe Fremd-finanzierung	= interne Eigen-finanzierung = Selbst-finanzierung	= interne Eigen-finanzierung	= Finanzierung aus Kapitalfreiset-zung (Eigen- oder Fremdkapital)

3. Unterscheidungsgesichtspunkt: Welche Herkunft hat das Kapital?

Innenfinanzierung

Das Kapital wird von dem Unternehmen selbst erwirtschaftet.

Außenfinanzierung

Das Kapital fließt dem Unternehmen von außen zu.

Selbstfinanzierung	Finanzierung aus Kapitalfreisetzung	Rückstellungen	Beteiligungs-finanzierung	Finanzierung aus Fremdkapital-aufnahme
Beispiel: Gewinne werden im Unternehmen einbehalten und stehen für den Kauf eines Gabelstaplers zur Verfügung.	*Beispiel:* jährliche Abschrei-bungsrückflüsse beim Fuhrpark	*Beispiel:* Rückstellungen für mögliche Gewerbe-steuernachzahlungen	*Beispiel:* Aufnahme eines stillen Gesell-schafters	*Beispiel:* Bankkredit zur Finanzierung eines Hallenneubaus

4. Unterscheidungsgesichtspunkt: Wie lange wird das Kapital überlassen?

kurzfristiges Kapital	mittelfristiges Kapital	langfristiges Kapital

1. Unterscheidungsgesichtspunkt: Welchen Zweck erfüllt die Investition?

Erstinvestition	Ersatzinvestition	Rationalisierungs-investition	Erweiterungs-investition
Beispiel: Kauf von Anlagegütern bei Unternehmensgründung	*Beispiel:* Ersatz einer alten Computeranlage durch eine neue	*Beispiel:* Kauf moderner Lkws mit geringem Kraftstoff-verbrauch	*Beispiel:* Bau einer zusätzlichen Lagerhalle

2. Unterscheidungsgesichtspunkt: Welche betriebliche Funktion erfüllt die Investition?

zum Beispiel

Forschungsinvestition (z. B. Eigenlabor)	Lagerlogistikinvestition (z. B. Transportsystem)	Absatzinvestition (z. B. Werbekampagne)

3. Unterscheidungsgesichtspunkt: Welche Vermögensart wird durch die Investition berührt?

Sachinvestition (z. B. Maschine)	Finanzinvestition (z. B. Beteiligung)	immaterielle Investition (z. B. Patent)

Begriff

Der Finanzplan einer Unternehmung enthält die Aufstellung der erwarteten Einnahmen und Ausgaben für eine Planungsperiode (z. B. ein Quartal, ein Halbjahr oder sogar mehrere Jahre). Die auf die Zukunft ausgerichteten Schätzwerte müssen – gerade bei langfristigen Finanzplanungen – laufend an die tatsächlichen betrieblichen Entwicklungen angepasst werden. Der Finanzplan muss Teil der Gesamtplanung eines Unternehmens sein.

Beispiel: Finanzplan vom … bis …						
	Januar				Februar	
	1. Woche	2. Woche	3. Woche	4. Woche	1. Woche	2. Woche
Zahlungsmittelbestand	50.000	96.000	106.000	10.000	37.000	− 66.000
Einzahlungen						
… aus Umsätzen	200.000	180.000	140.000	160.000	120.000	150.000
… des Finanzbereichs	−	10.000	2.000	−	−	−
… sonstige	−	−	−	10.000	−	−
Einzahlungen insgesamt	200.000	190.000	142.000	170.000	120.000	150.000
Auszahlungen						
… für Personal	58.000	64.000	64.000	60.000	60.000	58.000
… für Waren	82.000	96.000	90.000	80.000	140.000	60.000
… für Steuern	−	−	−	−	20.000	−
… für Anlageninvestitionen	−	−	80.000	−	−	−
… des Finanzbereichs	4.000	4.000	4.000	3.000	3.000	2.000
… sonstige	10.000	16.000	−	−	−	−
Auszahlungen insgesamt	154.000	180.000	238.000	143.000	223.000	120.000
Überdeckung (+)/ Unterdeckung (−)	+96.000	+106.000	+10.000	+37.000	− 66.000	− 36.000

10

Einordnung der Finanzplanung in die unternehmerische Gesamtplanung

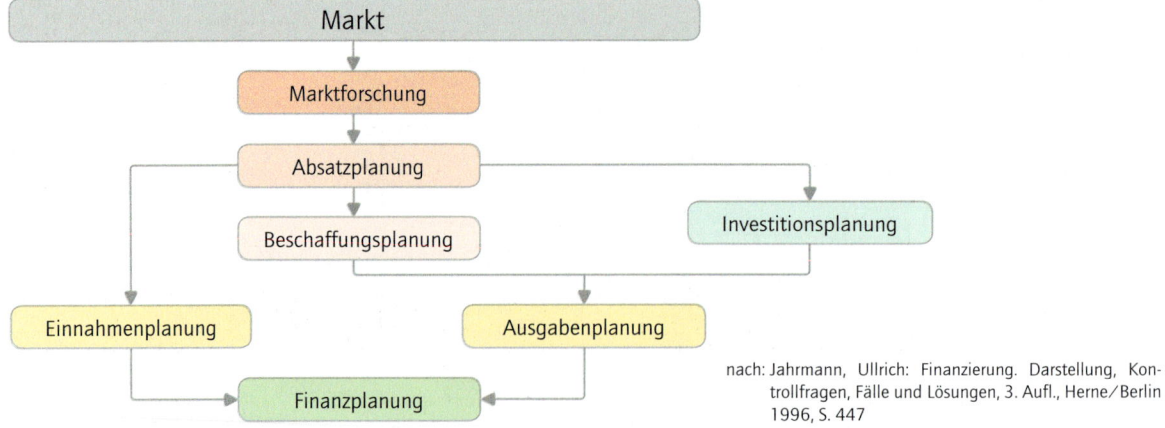

nach: Jahrmann, Ullrich: Finanzierung. Darstellung, Kontrollfragen, Fälle und Lösungen, 3. Aufl., Herne/Berlin 1996, S. 447

Ziel des Finanzplans

Ziel eines Finanzplans ist einerseits die Sicherstellung der Zahlungsfähigkeit (Liquidität) des Unternehmens, andererseits die Begrenzung überschüssiger Finanzierungsmittel, um die Rentabilität des Unternehmens optimal zu gestalten. Deshalb sollen durch eine vorausschauende Finanzplanung finanzielle Engpässe erkannt und eine Gegensteuerung frühzeitig ermöglicht werden.

Lieferantenkredit

Bei dieser Kreditart räumt der Lieferant dem Großhandelsunternehmen einen **Kredit** ein, sodass dieses die gelieferte Ware erst nach einer bestimmten Zeit, z. B. nach 4 Wochen, bezahlen muss. Das Großhandelsunternehmen hat dieses **Zahlungsziel** mit dem Lieferanten im Kaufvertrag vereinbart. Dadurch wird es ihm möglich, seine Warenverbindlichkeiten aus den Umsatzerlösen der verkauften Waren zu begleichen; es benötigt dadurch wesentlich weniger Kapital von seiner Hausbank.

Dem Großhandelsunternehmen werden für die Inanspruchnahme des späteren Zahlungszeitpunktes direkt keine Zinsen ausgewiesen, sie werden aber vorher in die Verkaufspreise einkalkuliert.

Um das Großhandelsunternehmen zu einer vorzeitigen Zahlung zu bewegen, wird ihm der Lieferant die Gewährung von **Skonto**, z. B. 2 % Skonto bei Zahlung binnen 10 Tagen, anbieten. Der Lieferant kann den Lieferantenkredit über die Vereinbarung eines **Eigentumvorbehalts** (siehe S. 468) zusätzlich absichern.

Beispiel:
Kaufvertragsabschluss: 5. März
Vereinbartes Zahlungsziel: 15. April

Vereinbartes Lieferdatum: 15. März
Skonto: 2 % Skonto bei Zahlung innerhalb 14 Tagen

Kontokorrentkredit

Die Hausbank des Großhandelsunternehmens, also ein Kreditinstitut, gewährt ihm einen **Überziehungskredit** bis zu einem vereinbarten Höchstbetrag **(Kreditlimit)**. Das Großhandelsunternehmen kann je nach Finanzbedarf das Geschäftskonto bis zum Limit überziehen. Die Bank verzinst nur den tatsächlich beanspruchten Kreditbetrag. Dafür berechnet sie ihm einen vereinbarten **Zinssatz**, zusätzlich kann die Bank – je nach Vereinbarung – noch eine Kreditprovision (Bereitstellungsgebühr) für das Kreditlimit und eine Umsatzprovision für die Kontoführung berechnen. Sollte das Kreditlimit überzogen werden, wird das Kreditinstitut einen erhöhten **Überziehungszinssatz** berechnen. Allerdings ist die Möglichkeit des Überziehens in der Höhe begrenzt.

Ein **Guthaben** wird in der Regel in Form von Habenzinsen verzinst. Kontokorrentkredite werden individuell zwischen Kreditinstitut und Großhandelsunternehmen ausgehandelt, die Konditionen (insbesondere Sollzinsen) richten sich vor allem nach der **Bonität** (dem Ruf, der Zahlungsfähigkeit) des Unternehmens.

Beispiel:
Der Bellheim-BüroService GmbH wird ein Kontokorrentkredit bis zu einem Limit von 250.000,00 € zu einem Zinssatz von 9,5 % eingeräumt, eine weitere Überziehung ist in Ausnahmefällen gegen einen höheren Zinssatz von 12,5 % bis zu einer Kredithöhe von 300.000,00 € möglich.

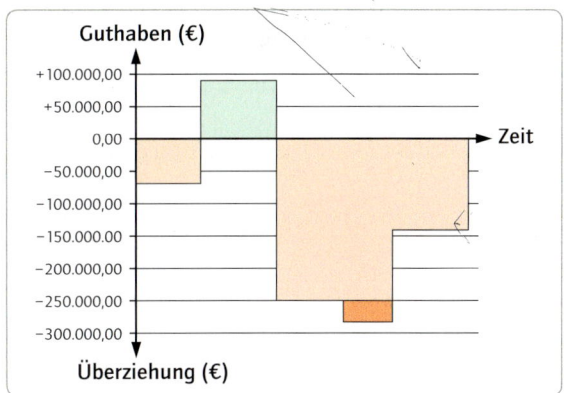

Darlehen

In einem **Darlehensvertrag** wird zwischen Darlehensgeber und -nehmer die **Überlassung eines Geldbetrags** gegen **Entgelt** (z. B. **Zinsen**) vereinbart. Diese Kreditform zählt zu den längerfristigen Kreditarten. Das Großhandelsunternehmen wird in der Regel ein Darlehen bei seinem Kreditinstitut aufnehmen, auch wenn andere Darlehensgeber denkbar sind, wie z. B. Geschäftsfreunde.

Die Darlehenssumme kann je nach Vertragsart entweder in einer Summe am Tag der Fälligkeit oder in der Form gleich hoher Raten zurückgezahlt werden.

Die Höhe des Zinssatzes richtet sich nach der Bonität des Darlehensnehmers, nach der Höhe des Darlehens, nach den angebotenen Sicherheiten und nach dem Zinsniveau auf dem Kapitalmarkt.

Sicherungsmöglichkeiten von Krediten

Personalsicherheiten

Bei sogenannten Personalkrediten haften die Person oder Dritte für die Kreditsumme.

Nach der Art der **persönlichen Haftung** werden folgende Personalkredite unterschieden:

Blankokredit

Der Kreditgeber gewährt den Kredit ohne besondere Sicherheit.

Bürgschaftskredit

Ihm liegen zwei Verträge zugrunde: Der **Kreditvertrag** (zwischen Kreditnehmer und Kreditgeber) und der **Bürgschaftsvertrag** (zwischen Bürge und Kreditgeber).
Beim **Bürgschaftsvertrag** verpflichtet sich der **Bürge**, für die Verbindlichkeiten des Kreditnehmers einzustehen, wenn dieser nicht leisten kann.

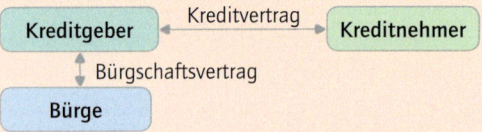

Zessionskredit (Sicherungsabtretung)

Bei dieser Kreditart werden Forderungen des Kreditnehmers gegenüber Dritten an den Kreditgeber als Sicherheit abgetreten.

Beispiel: Ein Kreditnehmer tritt eine Forderung aus einer bereits bestehenden Lebensversicherung an den Kreditgeber für den Fall ab, dass der Kreditnehmer den Kredit nicht zurückzahlen kann.

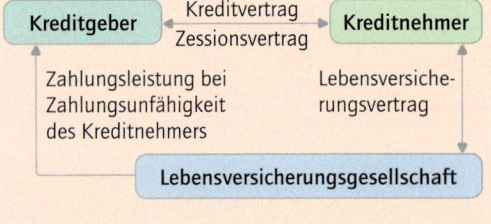

Zessionsarten

Bei der **stillen Zession** weiß der sogenannte Drittschuldner (z. B. Lebensversicherung) nichts von der Forderungsabtretung seines Gläubigers. Bei der **offenen Zession** wird der Drittschuldner von der Forderungsabtretung benachrichtigt.

Realsicherheiten

Bei sogenannten Realkrediten stehen nicht Personen, sondern bewegliche oder unbewegliche Sachen (dingliche Sicherheit) im Mittelpunkt der Kreditsicherung.
Nach der Art der **dinglichen Haftung** werden folgende Realkredite unterschieden:

Eigentumsvorbehalt

Der Verkäufer einer Ware bleibt bis zur vollständigen Bezahlung Eigentümer, der Käufer ist zunächst nur Besitzer der Ware.

Arten des Eigentumsvorbehalts
Beim **einfachen Eigentumsvorbehalt** erlischt der Anspruch auf Herausgabe der gelieferten Ware, z. B. bei Weiterverarbeitung. Soll dieser rechtliche Nachteil für den Verkäufer ausgeschlossen werden, kann der **verlängerte Eigentumsvorbehalt** vertraglich vereinbart werden: Er sieht z. B. eine Forderungsabtretung vor. Wird der sogenannte **erweiterte Eigentumsvorbehalt** vereinbart, erweitert sich der Zugriff des Verkäufers auch auf andere von ihm gelieferte Ware.

Sicherungsübereignungskredit

Bei dieser Kreditart wird das Eigentum an einer beweglichen Sache (z. B. einem Gabelstapler, einem Auto) zur Kreditsicherung an den Kreditgeber abgetreten. Der Kreditnehmer bleibt aber im Besitz des Gegenstandes und kann ihn weiter nutzen.

Lombardkredit

Der Lombardkredit ist ein Kredit, der vor allem durch Wertpapiere, aber auch durch Bankguthaben oder Ansprüche aus Lebensversicherungspolicen mit Rückkaufswert gedeckt ist. Durch die Verpfändung geht der Besitz auf den Kreditgeber über, aber der Kreditnehmer bleibt Eigentümer des Vermögens.

Hypothek

Bei dieser Kreditart wird zur Absicherung einer Forderung dem Kreditgeber sowohl ein Pfandrecht an einem Grundstück (dingliche Sicherheit) als auch der Zugriff auf das gesamte Vermögen (persönliche Haftung) des Kreditnehmers eingeräumt. Die Hypothek wird ins Grundbuch eingetragen.

Grundschuld

Hierbei besteht ebenso wie bei der Hypothek ein Pfandrecht des Kreditgebers an einem Grundstück (dingliche Sicherheit), allerdings keine persönliche Haftung des Kreditnehmers. Die Grundschuld setzt das Bestehen einer Forderung nicht voraus.

vgl.: Hübscher, Heinrich u. a.: IT-Handbuch, IT-Systemkaufmann/-frau, Informatikkaufmann/-frau, 7. Aufl., Braunschweig 2011, S. 364

Auskunfteien sind Unternehmen, häufig in der Form eines Vereins geführt, die interessierten Unternehmen Informationen über bestehende oder zukünftige Geschäftsverbindungen anbieten. Die Auskünfte beziehen sich beispielsweise auf:

- Inhaber/Gesellschafter
- Rechtsform
- Haftungsverhältnisse
- Branche
- Kapitalausstattung
- Anzahl der Mitarbeiter/-innen
- Umsatz und Gewinn
- Strukturdaten von Aktiva und Passiva der Bilanz (z. B. Höhe von Forderungen und Verbindlichkeiten)
- Zahlungsverhalten gegenüber Gläubigern
- Kreditrisiken und Kreditlimits

Nicht in jedem Fall können die Auskunfteien Informationen über alle angeforderten Daten bieten, wie z. B. über die Gewinnhöhe bei bestimmten Rechtsformen.

Als **zusätzliche Dienstleistungen** bieten viele Auskunfteien Folgendes an:

- Inkassoleistungen (Abwicklung des kaufmännischen Mahnverfahrens, Einbringung von ausstehenden Forderungen),
- Marktuntersuchungen (z. B. bei beabsichtigten Firmenkäufen).

Auskunfteien mindern durch ihre Dienstleistungen die **Finanzierungsrisiken** von Unternehmen und unterstützen die unternehmerische **Entscheidungsfindung** (z. B. bei Firmenzusammenschlüssen).

aus: Creditreform: Bonitätsindex, Früherkennung und Vermeidung von Insolvenzrisiken. Verein Creditreform Braunschweig e. V., o. J.

Factoring

Begriff

Unter **Factoring** versteht man den **Verkauf von Forderungen** an einen **Factor** (eine Factoring-Gesellschaft), man spricht auch von einer Forderungsabtretung. Grundlage dafür ist ein **Factoringvertrag** zwischen dem Factor und dem **Factoring-Kunden**. Der Verkauf der Forderung geschieht vor der Fälligkeit der Forderung, in der Regel zum Zeitpunkt der Entstehung der Forderung. Der Factoring-Kunde erhält das Geld vor der Fälligkeit und kann somit mit dem Geld arbeiten, zum Beispiel bei seinem Lieferanten Skonto ausnutzen. Der Factor zieht die Forderung bei Fälligkeit direkt bei dem Vertragspartner des Factoring-Kunden ein. Der Factor berechnet dem Factoring-Kunden für die Dienstleistung (z. B. Buchhaltung, Inkasso, Mahnwesen) eine **Factoring-Gebühr** und für die frühzeitige Zahlung (Vorschuss-)**Zinsen**.

Bedeutung

Viele Unternehmen möchten mit dem Forderungseinzug nichts zu tun haben, da der Verwaltungsaufwand zu hoch und zu kostenintensiv ist. Die Unternehmen ziehen es vor, ihre Kräfte im **Kerngeschäft** zu bündeln und freie Kapazitäten dort zu investieren. Außerdem spielt für viele Unternehmen die Sicherung der **Liquidität** („Flüssigkeit") eine sehr große Rolle. Schließlich ist die fehlende Liquidität – nicht die fehlende Wirtschaftlichkeit – für viele Unternehmen die Hauptursache der Insolvenz.

Factoring-Gesellschaften sind häufig Tochtergesellschaften von Kreditinstituten. Der Factoringvertrag beinhaltet meist nicht den Verkauf einer einzelnen Forderung, sondern eher die langfristige Zusammenarbeit zwischen Factor und Factoring-Kunden, um eine Vielzahl von Einzelforderungen einzuziehen.

Ablauf

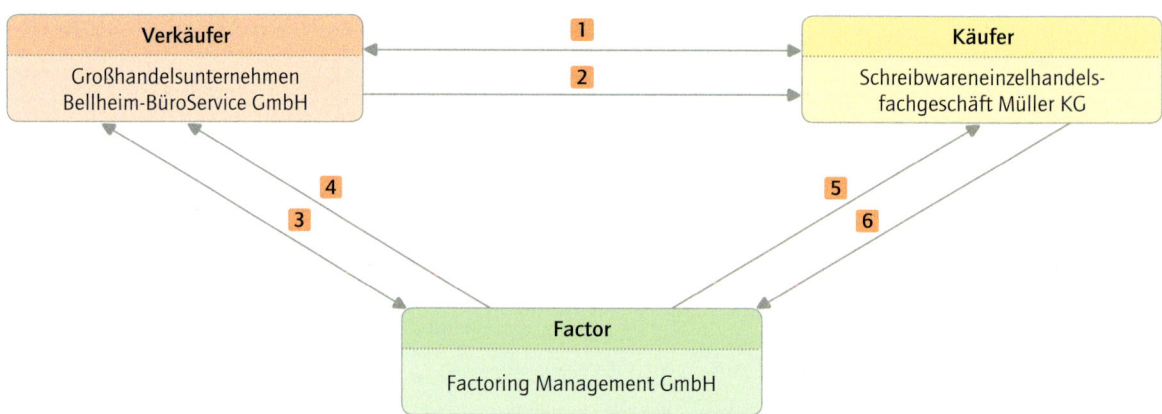

1 Käufer und Verkäufer schließen einen Kaufvertrag über die Lieferung einer Ware oder Dienstleistung.

2 Verkäufer liefert dem Käufer die vereinbarte Leistung.

3 Verkäufer und Factor schließen einen Factoringvertrag über den Verkauf der Forderung vor der Fälligkeit.

4 Factor zahlt dem Verkäufer den ausstehenden Forderungsbetrag abzüglich der Gebühren und Zinsen.

5 Factor erhebt Forderung gegenüber dem Käufer.

6 Käufer bezahlt die Forderung zum Zeitpunkt der Fälligkeit an den Factor.

Factoringfunktionen

- **Dienstleistungsfunktion:**
  Der Factor übernimmt die notwendigen Buchhaltungsarbeiten, das Inkasso- und Mahnwesen sowie eventuelle Sonderleistungen (z. B. statistische Erhebungen und Auswertungen).

- **Finanzierungsfunktion:**
  Der Factor-Kunde sichert sich durch die Zahlungen des Factors hohe Liquidität und kann somit Lieferantenkredite refinanzieren. Durch den frühzeitigen Zahlungseingang kann er Skontoabzug bei seinem Lieferanten ausnutzen.

- **Delkrederefunktion** (Kreditversicherungsfunktion):
  Der Factor übernimmt das Risiko der Zahlungsunfähigkeit des Käufers und die damit entstehenden Kosten.

Leasing

Begriff

Werden Leasingobjekte (z. B. Lagerhallen, Autos) durch einen Leasinggeber (z. B. einen Hersteller) vermietet, spricht man von Leasing.

Im **Leasingvertrag** sind in der Regel die folgenden **Inhalte** vereinbart:

- Höhe der Anzahlung,
- Vertragslaufzeit und
- Höhe der monatlichen Leasingrate.

Diese Größen werden individuell nach Kundenwünschen festgelegt. Hat z. B. der Leasingnehmer eine begrenzte Liquidität, wird die Höhe der Anzahlung gering gehalten – dafür die Vertragslaufzeit oder die Höhe der monatlichen Leasingrate ausgeweitet.

Nach Ablauf der Vertragslaufzeit kann das Leasingobjekt weiter gemietet, zum Restwert gekauft oder zurückgegeben werden.

Grundform des Leasings

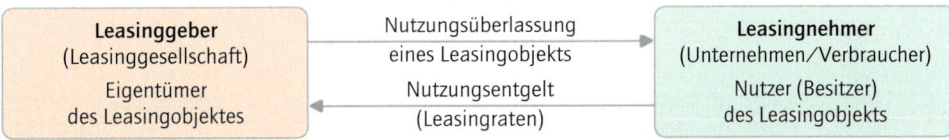

Merkmale des Leasings

1. 100 %ige Fremdfinanzierung, also kein Eigenkapitalbedarf
2. Steuerliche Berücksichtigung der Leasingraten als Aufwand
3. In der Regel keine Bilanzierung von Leasingobjekt und Leasingfinanzierung
4. Kein Eigentum
5. Häufig Einbeziehung von Dienstleistungen
6. Vielfältige Erscheinungsformen mit unterschiedlicher Vertragsgestaltung
7. Die Vorteilhaftigkeit des Leasings lässt sich nur individuell ermitteln, da sie von einer Mehrzahl von Einflussfaktoren abhängt, die für jedes Unternehmen unterschiedlich sein können.

vgl.: Jahrmann, Ulrich: Finanzierung. Darstellung, Kontrollfragen, Fälle und Lösungen, 3. Auflage, Herne/Berlin 1996, S. 24 u. S. 447

Vorteile des Firmenleasings aus der Sicht des Leasingnehmers

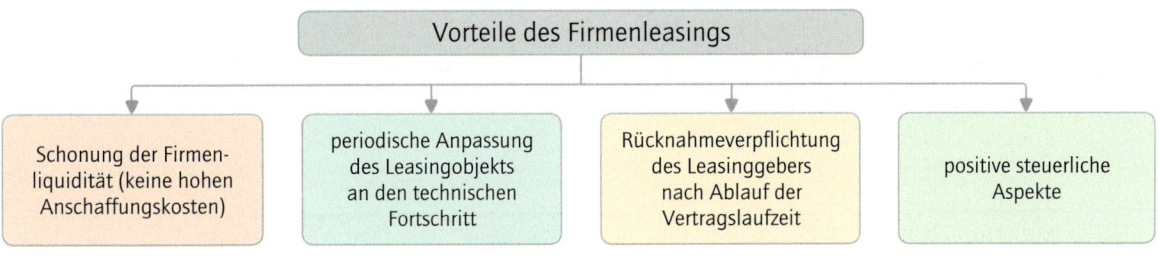

Leasing

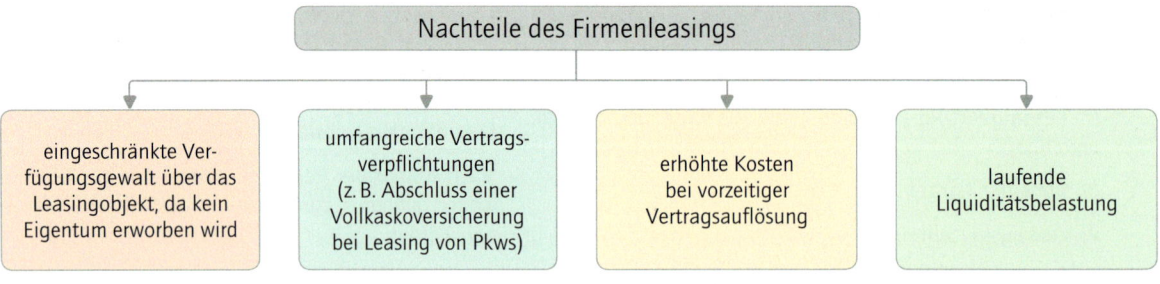

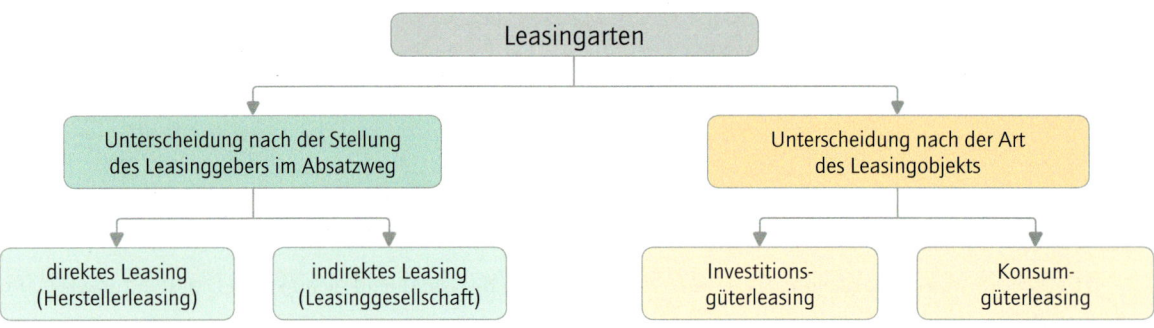

Direktes Leasing

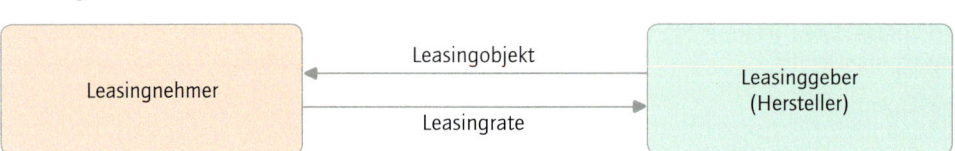

Indirektes Leasing

Privatleasing

Leasen Privatpersonen Leasingobjekte (z. B. Autos, PCs), entfällt der steuerliche Vorteil für den Leasingnehmer. Trotzdem gibt es Leasingverträge, bei denen die Privatperson nicht schlechter gestellt sein muss als beim Finanzierungskauf. In diesen Fällen wird zur Förderung des Absatzes eines Produkts ein Kostenvorteil gewährt (z. B. bei Pkws einer auslaufenden Serie).

Not leidende Unternehmung
Ailing company

Merkmale

Häufig sind Fehler in Finanzierungs- und Investitions-
fragen dafür verantwortlich, dass eine Unternehmung in
wirtschaftliche Schwierigkeiten gerät, die den Fortbestand
gefährden.

Zu den Kennzeichen einer Bedrohung der Zahlungs- und
Ertragsfähigkeit und somit einer nachhaltigen Störung des
betrieblichen Leistungsprozesses zählen:

- starke Umsatzrückgänge
- rückläufige Gewinne, die schließlich in Verluste um-
  schlagen
- anhaltende Verluste
- Abnahme des Eigenkapitals
- Steigende Verschuldung und schließlich
- Zahlungsunfähigkeit

Ursachen für Unternehmenskrisen

Aus unterschiedlichen Gründen geraten immer wieder Unternehmen sowohl aus innerbetrieblichen Fehlentscheidungen als
auch außerbetrieblichen Entwicklungen in eine wirtschaftliche Krise.

Innerbetriebliche Ursachen
- Unter- oder Überorganisation im Betrieb
- mangelhaftes Controlling
- Entscheidungsfehler im Finanzierungsbereich
- Fehlplanungen und -entscheidungen der Geschäfts-
  führung
- Überkapazitäten im Lager
- zu hohe Privatentnahmen

Außerbetriebliche Ursachen
- Allgemeiner Wirtschaftsabschwung
- Ausfall von Forderungen
- Verknappung von Einfuhrwaren
- Nachfrageverschiebungen, z. B. durch technischen
  Wandel
- Verluste infolge politischer Entscheidungen
  (z. B. Gesetzesänderungen)

Maßnahmen bei Krisen der Unternehmung

Häufig geraten Unternehmen in Krisensituationen und
können zur Abwehr auftretender Schwierigkeiten unterschiedliche Maßnahmen ergreifen. Gelingt es den Unternehmen jedoch nicht, die Zahlungs- und Ertragsfähigkeit

- aus eigenen Kräften,
- mithilfe der Eigentümer oder
- mithilfe der Gläubiger

wiederherzustellen, ist das Unternehmen freiwillig oder ge-
richtlich aufzulösen.

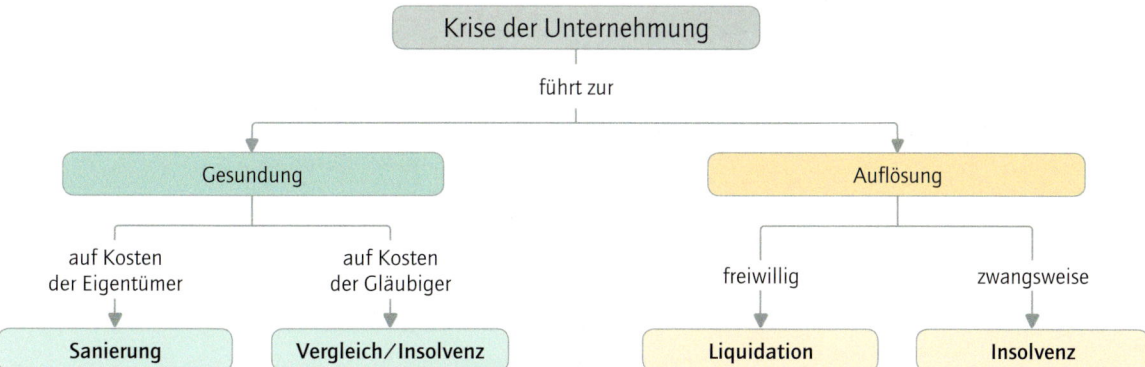

Sanierung
Rescue operation

Begriff

Eine **Gesundung** auf Kosten des Unternehmens oder der
beteiligten Gesellschafter, ohne Hilfe der Gläubiger, nennt
man **Sanierung**.

Hierunter versteht man alle Maßnahmen organisatorischer
und finanzieller Art, die ein in Schwierigkeiten geratenes
Unternehmen aus eigener Kraft wieder leistungs- und wett-
bewerbsfähig machen.

Sanierungsmaßnahmen

Man unterscheidet folgende **Maßnahmen**:

Personelle Maßnahmen

- Umbesetzung der Geschäftsführung oder Suche nach neuen und qualifizierten Mitarbeitern

Organisatorische Maßnahmen

- Neugestaltung der Unternehmung im technischen und/oder kaufmännischen Bereich
- Durchführung von Rationalisierungsmaßnahmen
- Stärkung des Absatzbereichs z. B. durch Auftragsbeschaffung und Werbeaktionen
- Erweiterung der Geschäftsbereiche

Finanzielle Maßnahmen

- Neuordnung der Eigenfinanzierung, z. B. durch Zuführung neuer Mittel (Kapitalerhöhung durch die Alteigentümer oder Neuaufnahme weiterer Gesellschafter)
- Neuausrichtung der Fremdfinanzierung, z. B. durch Aufnahme von Lieferantenkrediten oder Darlehen

Sachbezogene Maßnahmen

- Abstoßen von unrentablen Betriebsteilen

Doch keine der Maßnahmen kann an sich isoliert Verluste vermeiden. Vielmehr sind die Krisenursachen genau zu bestimmen und ihnen ist durch das Ergreifen zielgerichteter organisatorischer Gegenmaßnahmen zu begegnen.

Vergleich

Accord/Settlement

Der **Vergleich** stellt den Versuch dar, ein Not leidendes Unternehmen durch einen *teilweisen Forderungsverzicht* der Gläubiger oder durch einen *Zahlungsaufschub* zu erhalten. Nach dem **Inhalt** unterscheidet man:

- **Stundungsvergleich** (Moratorium), bei dem die Gläubiger ihre Forderungen stunden und einem Tilgungsplan zustimmen

- **Erlassvergleich** (Quotenvergleich), bei dem die Gläubiger auf einen Teil ihrer Forderungen verzichten (z. B. 40 %)

Nach dem **Zustandekommen** kann man unterscheiden zwischen:

- außergerichtlichem Vergleich,
- gerichtlichem Vergleich.

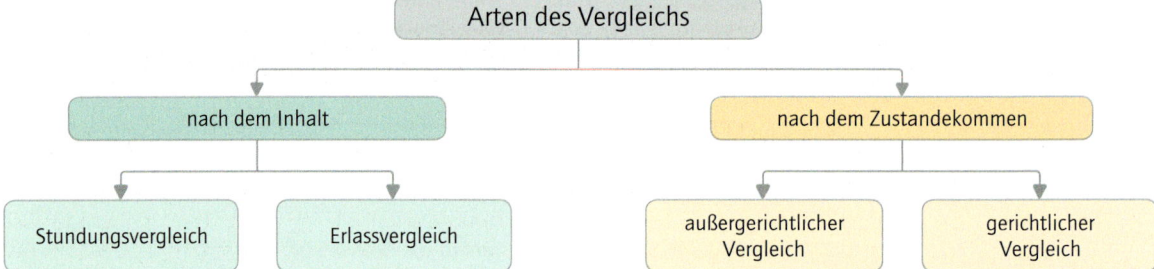

Außergerichtlicher Vergleich

Out-of-court settlement

Begriff

Der Vergleich kann ohne Hilfe eines Gerichts, meist vertraulich, durchgeführt werden. Der außergerichtliche Vergleich (auch freiwilliger Vergleich oder Akkord genannt) kommt somit durch **freiwillige Vereinbarungen** zwischen dem Schuldner und seinen Gläubigern zustande.

Vor- und Nachteile

Vorteile:
- Fortfall der Gerichtskosten
- rasche Durchführung des Vergleichs

Nachteile:
- Schwierige Verhandlungsführung sowie die Tatsache, dass die Gläubiger im Fall einer Insolvenz nur noch ihre Restforderungen geltend machen können.

Begriff

Der Antrag auf Eröffnung eines Vergleichsverfahrens kann ausschließlich vom Schuldner beim Amtsgericht gestellt werden. Der Antrag muss einen Vergleichsvorschlag über Höhe, Zeitpunkt und Sicherung der Leistung enthalten.

Zustandekommen des Vergleichs

Am Vergleichstermin wird über den Vergleichsvorschlag verhandelt, das Stimmrecht der Forderungen festgestellt und dann abgestimmt. Hierbei sind nur die Vergleichsgläubiger, das sind diejenigen, die im Insolvenzverfahren nicht bevorrechtigte Forderungen haben, stimmberechtigt.

Der Vergleich ist angenommen, wenn am Vergleichstermin von den anwesenden und den schriftlich abstimmenden Gläubigern bei einem Vergleichsvorschlag von

- 50 % und mehr die Mehrheit mit mindestens 75 % aller Forderungen oder

- bei weniger als 50 % die Mehrheit mit mindestens 80 % aller Forderungen zustimmt.

Werden diese Bedingungen erfüllt, wird der Vergleich vom Gericht bestätigt, im Handelsregister eingetragen und veröffentlicht.

Aufhebung des Verfahrens

Die Aufhebung erfolgt, wenn der Schuldner seine vertraglichen Pflichten erfüllt hat. Der bestätigte Vergleich ist für alle betroffenen Vergleichsgläubiger verbindlich.

Vor- und Nachteile

Vorteile:
- Vergleichsunwillige Gläubiger können überstimmt werden.

- Gläubiger haben den Vorteil, dass Stundungen oder Erlasse für diejenigen Gläubiger hinfällig werden, gegenüber denen der Schuldner mit der Erfüllung des Vergleichs in Verzug gerät.

Nachteile:
- hohe gerichtliche Kosten

- Zeitverlust

- Vergleich muss bekannt gemacht werden

Begriff

Von einer *freiwilligen* Auflösung des Unternehmens spricht man, wenn sich in Zukunft aller Voraussicht nach keine Chancen mehr für das Unternehmen ergeben.

Ziel

Das Ziel der Auflösung besteht darin, alle Vermögensteile planmäßig zu veräußern und die Schulden zu begleichen. Die Auflösung wird dabei von der Unternehmensführung bzw. den Gesellschaftern (je nach Unternehmensform) betrieben.

Liquidationsarten

Das Geschäftsvermögen kann durch einen *Totalverkauf* (in seiner Gesamtheit) oder *in Teilen* verkauft werden. Die Liquidation der letzteren Art ist seltener, da bei der Veräußerung im Ganzen meist ein höherer Preis erzielt wird.

Abwicklung

Die Abwicklung wird meist sogenannten Liquidatoren überlassen. Dies sind i. d. R. die Gesellschafter bei Personengesellschafen, die Vorstandsmitglieder bei Aktiengesellschaften usw. Die Liquidatoren sind zur Eintragung im Handelsregister anzumelden.

Die laufenden Geschäfte werden abgewickelt und Vermögen wird „versilbert" (in flüssige Mittel umgewandelt), um Schulden zu begleichen. Der verbleibende Restbetrag wird an die Eigentümer bzw. die Gesellschafter des Unternehmens ausbezahlt.

Beendigung

Im Handelsregister sind Beginn und Beendigung der Auflösung anzumelden. Während der Auflösung erhält die Firma den Zusatz „i. L." (in Liquidation). Nach durchgeführter Auflösung wird die Firma einschließlich aller anderen Angaben im Handelsregister gelöscht.

Begriff

Die Zinsrechnung dient dazu, Geldbeträge (Zinsen) zu ermitteln, die durch die zeitweilige Überlassung von Kapital entstehen. Die Zinsen stellen dabei den Preis für die Überlassung dar.

Die Zinsrechnung ist die Anwendung der Prozentrechnung unter Berücksichtigung einer weiteren Größe: der Zeit. Demgemäß geht man bei der Zinsrechnung von drei gegebenen Größen aus, um die vierte zu ermitteln. Folgende rechnerische Größen werden zur Zinsrechnung benötigt:

1. Das **Kapital (K)** ist eine Geldsumme, die von einem Geldgeber (z. B. einer Bank) entliehen wird, bei einer Bank angelegt oder einem Schuldner überlassen wird. In der Prozentrechnung entspricht dieser Wert dem Grundwert.

2. Die **Zinsen (Z)** sind der in Geld bewertete Aufwand für geliehenes Kapital oder der Ertrag für Dritten überlassenes Kapital. Sie entsprechen in der Prozentrechnung dem Prozentwert.

3. Der **Zinssatz (p)** ist der Prozentsatz, mit dem das Kapital verzinst wird. In der Prozentrechnung entspricht dieser Wert dem Prozentsatz.

4. Die **Zeit (t)** gibt den Zeitraum an, für den Zinsen zu zahlen sind bzw. erhalten werden. Diese Größe gibt es in der Prozentrechnung nicht.

Berechnung der Zinsen

Berechnung der Jahreszinsen

Beispiel:
Wir nehmen bei unserer Hausbank ein Darlehen von 120.000,00 € (Kapital) auf, für das wir einen Zinssatz von 6,5 % bezahlen müssen. Die Laufzeit beträgt 5 Jahre.

Gegeben:	Kapital	K = 120.000,00 €
	Zinssatz	p = 6,5 %
	Zeit	j = 5 Jahre

Fragesatz: Wie viel Zinsen müssen wir an unsere Hausbank insgesamt bezahlen?

Gesucht sind die Jahreszinsen. Sie können mithilfe folgender Formel berechnet werden:

$$\text{Jahreszinsen} = \frac{\text{Kapital (K)} \cdot \text{Zinssatz (p)} \cdot \text{Jahre (j)}}{100} = \frac{120.000,00 \cdot 6,5 \cdot 5}{100} = \underline{39.000,00}$$

Antwortsatz:
Wir müssen an unsere Hausbank 39.000,00 € Jahreszinsen bezahlen.

Berechnung der Monatszinsen

Beispiel:
Wir nehmen bei unserer Hausbank einen kurzfristigen Kredit über 50.000,00 € (Kapital) zu einem Zinssatz von 8 % auf. Die Laufzeit beträgt 6 Monate.

Gegeben:	Kapital	K = 50.000,00 €
	Zinssatz	p = 8 %
	Zeit	m = 6 Monate

Fragesatz: Wie hoch sind die zu zahlenden Zinsen?

Gesucht sind die Monatszinsen. Sie können mithilfe folgender Formel berechnet werden:

$$\text{Monatszinsen} = \frac{\text{Kapital (K)} \cdot \text{Zinssatz (p)} \cdot \text{Monate (m)}}{100 \cdot 12} = \frac{50.000,00 \cdot 8 \cdot 6}{100 \cdot 12} = \underline{2.000,00}$$

Antwortsatz:
Die zu zahlenden Monatszinsen betragen 2.000,00 €.

Berechnung der Zinsen

Berechnung der Tageszinsen

Beispiel:

Wir gewähren einem Kunden auf einen Rechnungsbetrag von 2.400,00 € einen Zahlungsaufschub von 100 Tagen. Der Zinssatz beträgt werbewirksame 1,9 %.

Fragesatz: Wie hoch ist unser Zinsaufwand?

Gegeben: Kapital $\quad$ K = 2.400,00 €
$\qquad$ Zinssatz $\quad$ p = 1,9 %
$\qquad$ Zeit $\qquad$ t = 100 Tage

Gesucht sind die Tageszinsen. Sie können mithilfe folgender Formel berechnet werden:

$$\text{Tageszinsen} = \frac{\text{Kapital (K)} \cdot \text{Zinssatz (p)} \cdot \text{Tage (t)}}{100 \cdot 360}$$

$$= \frac{2.400,00 \cdot 1,9 \cdot 100}{100 \cdot 360} = \underline{12,67}$$

Antwortsatz:
Unser Zinsaufwand beträgt 12,67 €.

Berechnung des Kapitals

Beispiel:

Für einen Kredit mit einer Laufzeit von 90 Tagen mussten wir bei einem Zinssatz von 12 % 4.500,00 € Zinsen zahlen.

Fragesatz: Wie hoch war der Kreditbetrag?

Gegeben: Zinsen $\qquad$ Z = 4.500,00 €
$\qquad$ Zinssatz $\quad$ p = 12 %
$\qquad$ Zeit $\qquad$ t = 90 Tage

Gesucht ist das Kapital K. Es kann mithilfe folgender Formel berechnet werden:

$$\text{Kapital (K)} = \frac{\text{Zinsen (Z)} \cdot 100 \cdot 360}{\text{Zinssatz (p)} \cdot \text{Tage (t)}}$$

$$= \frac{4.500,00 \cdot 100 \cdot 360}{12 \cdot 90} = \underline{150.000,00}$$

Antwortsatz:
Der Kreditbetrag belief sich auf 150.000,00 €.

Berechnung des Zinssatzes

Beispiel:

Eine Kapitalanlage von 75.000,00 € bei unserer Hausbank erbrachte nach 6 Monaten einen Zinsertrag von 1.125,00 €.

Fragesatz: Wie hoch war der für die Anlage gewährte Zinssatz?

Gegeben: Kapital $\qquad$ K = 75.000,00 €
$\qquad$ Zinsen $\qquad$ Z = 1.125,00 €
$\qquad$ Zeit $\qquad$ t = 6 Monate = 180 Tage

Gesucht ist der Zinssatz p. Er kann mithilfe folgender Formel berechnet werden:

$$\text{Zinssatz (p)} = \frac{\text{Zinsen (Z)} \cdot 100 \cdot 360}{\text{Kapital (K)} \cdot \text{Tage}}$$

$$= \frac{1.125,00 \cdot 100 \cdot 360}{75.000,00 \cdot 180} = \underline{3,00}$$

Antwortsatz:
Der Zinssatz betrug 3,00 %.

Berechnung der Zeit

Beispiel:

Ein Lieferer berechnet uns für eine Verbindlichkeit über 20.000,00 € bei einem Zinssatz von 6 % Verzugszinsen in Höhe von 250,00 €.

Fragesatz: Um wie viele Tage haben wir unser Zahlungsziel überzogen?

Gegeben: Kapital $\qquad$ K = 20.000,00 €
$\qquad$ Zinsen $\qquad$ Z = 250,00 €
$\qquad$ Zinssatz $\quad$ p = 6 %

Gesucht ist die Zeit t. Sie kann mithilfe folgender Formel berechnet werden:

$$\text{Tage (t)} = \frac{\text{Zinsen (Z)} \cdot 100 \cdot 360}{\text{Kapital (K)} \cdot \text{Zinssatz (p)}}$$

$$= \frac{250,00 \cdot 100 \cdot 360}{20.000,00 \cdot 6} = \underline{75}$$

Antwortsatz:
Wir haben unser Zahlungsziel um 75 Tage überzogen.

Dokumentenvorschuss

Importvorschuss

Er ist ein **Kredit auf fällige Akkreditiv- oder Inkassodokumente**. Der Importeur tilgt diesen Kredit in der Regel durch den Erlös aus dem Weiterverkauf der importierten Waren.

Dokumentenbeleihung

Banken sind häufig bereit, eine Kreditierung des Auslandsgeschäftes vorzunehmen, wenn als Sicherheit die entsprechenden Dokumente **beliehen** werden.

Beispiel:
Das Konnossement dient der Bank als Kreditsicherheit während des Warentransports bis zum Verkauf des Lagerscheines.

Negoziierungskredit

Die Bank des Exporteurs kauft eine vom Exporteur ausgestellte **Tratte** (noch nicht akzeptierter Wechsel) an, die von Dokumenten (z. B. Faktura/Handelsrechnung, Zollrechnung, Ursprungszeugnis, Verladepapiere, die die Waren repräsentieren, Konnossement, Ladeschein) begleitet wird. Die Bank des Importeurs hat der Exporteurbank eine Ziehungsermächtigung erteilt. Grundlage des Negoziierungskredits ist das **Dokumentenakkreditiv**.

Beispiel:
Die Bank des Exporteurs zahlt dem Exporteur den Wechselbetrag aus und belastet die Bank des Importeurs mit der Wechselsumme und den anfallenden Gebühren.

Exportvorschuss

Es handelt sich um **einen Kredit auf Dokumentenbasis**, der im Rahmen der Zahlungsbedingungen vereinbart wurde. Durch diesen Kredit soll der Zeitraum von der Warenlieferung bis zum Eingang des akzeptierten Wechsels bzw. des Exporterlöses **überbrückt** werden.

Akkreditivkredit

Der Exporteur erhält normalerweise den Kaufpreis erst, wenn der Importeur die Ware erhalten hat. Um den durch die langen Transportwege verursachten großen Zeitraum zu überbrücken, kann der Importeur dem Exporteur über seine Bank (Importeurbank) ein **Akkreditiv** ausstellen lassen. Das Akkreditiv ist ein Auftrag an die Bank des Kunden, von seinem Konto an einen Dritten unter bestimmten Bedingungen eine festgelegte Geldsumme zu zahlen.

Beispiel:
Die Zahlung an den Exporteur erfolgt erst gegen Vorlage der Dokumente, die nachweisen, dass die Waren versandt wurden. Der Exporteur kann schon während des **Warentransports** sein Geld erhalten.

Bankgarantien

Begriff

Bankgarantien dienen zur Sicherung von Zahlungen oder anderweitigen vertraglichen Verpflichtungen im Auslandsgeschäft. Der **Garantiebegünstigte** wird durch sie von einem bestimmten Risiko freigestellt. Die Bank übernimmt als **Garantie** eine **unwiderrufliche Zahlungsverpflichtung** zur Absicherung des Auslandsgeschäfts.

Die Bankgarantie ist ein **Vertrag** zwischen der **Bank** und dem **Begünstigten** im **Auftrag** des **Bankkunden** (Auftraggeber), der in der Regel der Geschäftspartner des Begünstigten ist. Es handelt sich um einen **abstrakten** Vorgang, der vom Verhältnis des **Begünstigten** mit dem **Garantieauftraggeber** losgelöst ist. Wenn der durch Garantie abgesicherte Zahlungsanspruch angefordert wird, muss die garantierende Bank zahlen, unabhängig davon, ob die Forderung berechtigt ist oder nicht.

Garantiearten

Folgende Garantien werden u. a. im Auslandsgeschäft vergeben:

- Anzahlungsgarantie
- Bietungsgarantie
- Gewährleistungsgarantie
- Kreditsicherungsgarantie
- Lieferungs- und Leistungsgarantie
- Konnossementgarantie
- Transfergarantie
- Vertragserfüllungsgarantie
- Zahlungsgarantie
- Zollgarantie
- Ausschreibungsgarantie

Bankgarantien

Direkte Garantie

Sie wird direkt durch die Bank des Leistungsverpflichteten an den Begünstigten erstellt.

Kurssicherungsgeschäfte

Bei allen Geschäften in Auslandswährungen besteht das Risiko der Wechselkursschwankungen. Folgende Möglichkeiten der **Kurssicherung** können u. a. genutzt werden:

- **Hedging:** Geschäfte sollen durch die Kombination eines Effektivgeschäfts mit einem Termingeschäft abgesichert werden.

- **Swaps:** Geschäftspartner tauschen Zahlungsforderungen bzw. -verbindlichkeiten untereinander aus, um die gegenseitigen Vorteile des Partners zu nutzen.

- **Optionen:** Der Käufer hat das Recht, einen vereinbarten Betrag eines Wertes z. B. von Aktien und Devisen zu einem festgelegten Preis zu kaufen **(Call-Option)** bzw. zu verkaufen **(Put-Option)**.

- **Terminmarktgeschäfte:** Handelsgegenstand sind Verträge über in der Zukunft liegende zu erfüllende Geschäfte. Die Preise werden bei Vertragsabschluss festgelegt.

Politische Risiken

Grundsätzlich hat jedes Unternehmen im Wirtschaftsverkehr mit Risiken zu rechnen. Diese treten im Außenhandel verstärkt auf, da oft genaue Kenntnisse über die politischen und örtlichen Gegebenheiten im Ausland fehlen bzw. sie sich schnell ändern können.

Folgende **Risiken** sind beispielsweise im Außenhandel besonders zu beachten bzw. zu erwarten:

- kriegerische Auseinandersetzungen
- Enteignungen
- Blockaden
- staatliche Eingriffe in die Unternehmenspolitik
- Erdbeben und andere Naturkatastrophen
- Lebensmittelknappheit
- Korruption

Indirekte Garantie

Bei einer indirekten Garantie wird eine zweite Bank eingeschaltet. Diese Bank wird von der auftraggebenden Bank aufgefordert, unter deren Rückhaftung ihrerseits eine Garantie zu erstellen.

Die auftraggebende Bank muss sich verpflichten, auf erstes Anfordern der erstellenden Bank die Beträge bis zum Höchstbetrag der Rückhaftung zu zahlen, für die sie aus der von ihr abgegebenen Garantie in Anspruch genommen wurde.

Hintergrund der indirekten Garantie ist die Unsicherheit des Begünstigten bezüglich der Bonität der Banken im Land des Auftraggebers, des Länderrisikos im Allgemeinen oder des geltenden Rechts bei Direkterstellung. Auch gesetzliche Regelungen im Land des Begünstigten können die indirekte Erstellung einer Garantie erforderlich machen.

vgl. www.bayernlb.de/internet/de/kunden/Unternehmen/Intgsch1/Ausrisik/Garantie/Garantie.html, 5. März 2007

Staatliche Ausfuhrbürgschaften und Ausfuhrgarantien

Der Staat bietet den deutschen Exporteuren die Möglichkeit einer **Ausfuhrgewährleistung des Bundes** zur Förderung des Exportes an. Die **Richtlinien für die Übernahme von Ausfuhrgewährleistungen** regeln die Entscheidungen über Anträge auf Gewährung von Bundesdeckungen und deren vertragliche Abwicklung:

- Entscheidungen über Anträge auf Übernahme einer Ausfuhrgewährleistung werden unter Beteiligung des Wirtschafts-, Finanz- und Außenministeriums getroffen.

- Die Abwicklung erfolgt durch die HERMES AG.

Es werden folgende Ausfuhrgewährleistungen unterschieden:

- **Ausfuhrgarantie** (ausländischer Vertragspartner ist ein privates Unternehmen)

- **Ausfuhrbürgschaften** (ausländischer Vertragspartner ist ein Staat bzw. eine Gebietskörperschaft)

11 Unternehmensergebnisse aufbereiten, bewerten und nutzen

Bestandteile

```
                    ┌─────────────────────────┐
                    │     Jahresabschluss     │
                    └─────────────────────────┘
              ┌──────────────┴──────────────┐
              ▼                              ▼
```

bei Einzelunternehmen und Personengesellschaften (§ 242 HGB)	bei Kapitalgesellschaften (§ 242 HGB i. V. m. § 264 Absatz 1 HGB)
▪ Bilanz ▪ Gewinn- und Verlustrechnung	▪ Bilanz ▪ Gewinn- und Verlustrechnung ▪ Anhang (erläutert bestimmte Einzelposten der Bilanz und der Gewinn- und Verlustrechnung)

▪ Die **Bilanz** ist eine **Zeitpunktrechnung**, die zum Bilanzstichtag (in der Regel 31. Dezember) unter Beachtung der Grundsätze ordnungsmäßiger Buchführung die **Vermögens-, Finanz- und Ertragslage** des Unternehmens ausweisen soll. Die **Gliederung** der Bilanz ist für Kapitalgesellschaften nach § 266 HGB verbindlich vorgeschrieben (s. Seite 219); sie sollte jedoch auch von Personenunternehmen beachtet werden.

▪ Die **Gewinn- und Verlustrechnung** ist eine **Zeitraumrechnung**, die alle **Erträge und Aufwendungen eines Geschäftsjahres** ausweist. Sie zeigt die **Quellen des Erfolgs** oder Misserfolgs. Sie ist von Kapitalgesellschaften gemäß § 275 HGB zu **gliedern** und in **Staffelform** aufzustellen (s. Seite 234).

▪ Im **Anhang** werden einzelne Positionen der Bilanz und der GuV-Rechnung sowie Wertansätze und Bewertungsmethoden (z. B. Methode und Höhe der Abschreibungen) erläutert.

Bedeutung

Der Jahresabschluss dient unter anderem

… der Rechenschaftslegung gegenüber den Gesellschaftern und Kreditgebern,

… als Grundlage für die Gewinnverteilung unter den Gesellschaftern und für die Gewinnverwendung,

… der Ermittlung der Einkommen- bzw. Körperschaftsteuer durch das Finanzamt,

… als Grundlage finanzwirtschaftlicher Entscheidungen des Unternehmens, wie Eigenkapitalerhöhungen, Aufnahme oder Tilgung von Krediten,

… als Grundlage für Geschäftsführungsentscheidungen, wie die Vornahme von Investitionen, den Verkauf von Betriebsteilen, Masseneinstellungen oder -entlassungen von Arbeitskräften,

… als Basis für Entscheidungen externer Interessenten, wie z. B.
  – Kreditinstitute, Kredite zu gewähren,
  – Kunden, langfristige Aufträge gegen Vorauszahlung zu erteilen,
  – Lieferanten, Güter auf Kredit zu liefern.

Wichtige Jahresabschlussarbeiten

▪ **Inventur** vor dem Kontenabschluss durchführen und das **Inventar** aufstellen sowie die Vermögensteile und die Schulden bewerten

▪ Mithilfe der **Hauptabschlussübersicht** die Konten probeweise abschließen, um die Richtigkeit der Buchungen während des Geschäftsjahres zu überprüfen

▪ **Inventurdifferenzen** erfassen, wenn der Inventurwert vom Buchwert abweicht

▪ Aufwendungen und Erträge **zeitlich abgrenzen**, um den Erfolg periodengerecht zu ermitteln

▪ **Vorbereitende Abschlussbuchungen** vornehmen, wie z. B. Unterkonten über die entsprechenden Hauptkonten abschließen oder die Zahllast ermitteln

▪ In Verbindung mit der Bewertung bisher nicht vorgenommene **Buchungen**, wie z. B. Abschreibungen auf Sachanlagen und Abschreibungen auf Forderungen, vornehmen

▪ Bilanz und Gewinn- und Verlustrechnung entsprechend den **Gliederungsvorschriften** des HGB sowie – bei Kapitalgesellschaften – den Anhang ordnungsmäßig erstellen

Zielsetzung

- Der Unternehmenserfolg muss periodengerecht und damit periodenvergleichbar ermittelt werden.
- Dafür sind die Aufwendungen und Erträge dem Geschäftsjahr zuzuordnen, zu dem sie **wirtschaftlich** gehören, unabhängig von den Zeitpunkten der entsprechenden Zahlungen (vgl. auch § 252 Absatz 1 Ziffer 5 HGB).

Posten der zeitlichen Abgrenzung

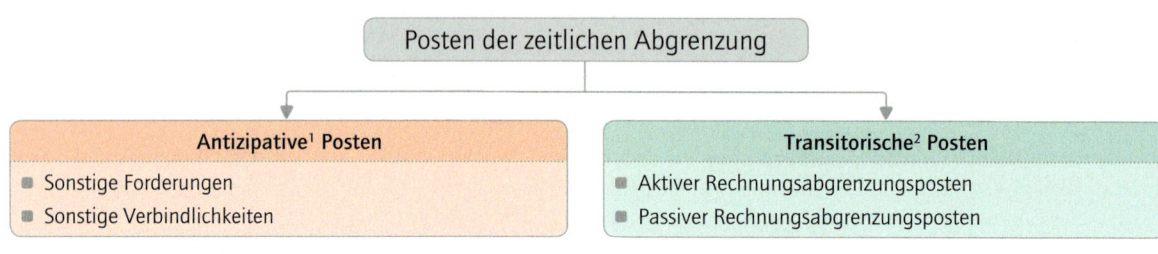

Posten der zeitlichen Abgrenzung

Antizipative[1] Posten
- Sonstige Forderungen
- Sonstige Verbindlichkeiten

Transitorische[2] Posten
- Aktiver Rechnungsabgrenzungsposten
- Passiver Rechnungsabgrenzungsposten

[1] antizipieren: vorwegnehmen
[2] transire (lat.): hinübergehen

Sonstige Forderungen

Erträge, die wirtschaftlich *vollständig* oder *teilweise* das alte Jahr betreffen, die aber erst im neuen Jahr zu einer Einnahme führen, stellen für das Unternehmen per 31. Dezember des alten Jahres vollständig oder anteilig eine **Geldforderung** dar, die auf dem aktiven Bestandskonto „Sonstige Forderungen" zu buchen ist. Die Ertragswirksamkeit für das alte Jahr wird damit vorweggenommen, antizipiert.

Beispiel:
Die Bellheim-BüroService GmbH erhält die Dezembermiete für den vermieteten Teil des Verwaltungsgebäudes von 5.600,00 € erst im Januar des folgenden Jahres durch Banküberweisung.

Buchungen:
(1) **Zeitliche Abgrenzung per 31. Dezember des alten Jahres:**
Sonstige Forderungen an Mieterträge   5.600,00 €
(2) **Abschlussbuchungen per 31. Dezember des alten Jahres:**
Schlussbilanzkonto an Sonstige Forderungen   5.600,00 €
Mieterträge an Gewinn- und Verlustkonto   5.600,00 €
(3) **Eröffnungsbuchung per 1. Januar des folgenden Jahres:**
Sonstige Forderungen an Eröffnungsbilanzkonto   5.600,00 €
(4) **Zahlungsausgleich im neuen Jahr:**
Bankguthaben an Sonstige Forderungen   5.600,00 €

Sonstige Verbindlichkeiten

Aufwendungen, die wirtschaftlich *vollständig* oder *teilweise* das alte Jahr betreffen, die aber erst im neuen Jahr zu einer Ausgabe führen, stellen für das Unternehmen per 31. Dezember des alten Jahres vollständig oder teilweise eine **Geldverbindlichkeit** dar, die auf dem passiven Bestandskonto „Sonstige Verbindlichkeiten" zu buchen ist. Die Aufwandswirksamkeit für das alte Jahr wird damit vorweggenommen.

Beispiel:
Die Bellheim-BüroService GmbH muss vierteljährlich nachträglich fällige Zinsen für die Zeit von November bis Januar über 2.535,00 € für ein aufgenommenes Darlehen am 31. Januar des folgenden Jahres zahlen.

Buchungen:
(1) **Zeitliche Abgrenzung per 31. Dezember des alten Jahres:**
Zinsaufwendungen an Sonstige Verbindlichkeiten   1.690,00 €
(2) **Abschlussbuchungen per 31. Dezember des alten Jahres:**
Sonstige Verbindlichkeiten an Schlussbilanzkonto   1.690,00 €
Gewinn- und Verlustkonto an Zinsaufwendungen   1.690,00 €
(3) **Eröffnungsbuchung per 1. Januar des folgenden Jahres:**
Eröffnungsbilanzkonto an Sonstige Verbindlichkeiten   1.690,00 €
(4) **Zinszahlung am 31. Januar des neuen Jahres:**
Sonstige Verbindlichkeiten   1.690,00 €
Zinsaufwendungen   845,00 €
an Bankguthaben   2.535,00 €

11

Darstellung des Beispiels zu „Sonstige Verbindlichkeiten" auf Konten

Buchungen im alten Jahr:

Soll	Sonstige Verbindlichkeiten		Haben
2. SBK	1.690,00	1. Zinsaufw.	1.690,00

Soll	Zinsaufwendungen		Haben
1. Sonst. Verb.	1.690,00	2. GuV-Konto	1.690,00

Soll	Schlussbilanzkonto		Haben
		2. sonst. Verb.	1.690,00

Soll	Gewinn- und Verlustkonto		Haben
2. Zinsaufw.	1.690,00		

Buchungen im neuen Jahr:

Soll	Zinsaufwendungen	Haben
4. Bankguthaben	845,00	

Soll	Eröffnungsbilanzkonto	Haben
3. Sonst. Verb.	1.690,00	

Soll	Sonstige Verbindlichkeiten		Haben
4. Bankguthaben	1.690,00	3. EBK	1.690,00

Soll	Bankguthaben		Haben
		4. Zinsaufw./ Sonst. Verb.	2.535,00

Aktive Rechnungsabgrenzung

Aufwendungen, die wirtschaftlich *vollständig* oder *teilweise* das neue Jahr betreffen, die aber schon im alten Jahr zu einer Ausgabe führten, stellen für das Unternehmen per 31. Dezember des alten Jahres eine vollständige oder anteilige **Sach- oder Leistungsforderung** dar, die auf dem aktiven Bestandskonto **„Aktive Rechnungsabgrenzung"** (ARA) zu buchen ist. Die Aufwandswirksamkeit wird damit in das neue Jahr hinübergenommen.

Beispiel:
Die Bellheim-BüroService GmbH bezahlt die Januarmiete des kommenden Jahres für eine Lagerhalle über 1.600,00 € bereits am 29. Dezember des alten Jahres durch Banküberweisung.

Buchungen:
(1) **Mietzahlung am 29. Dezember des alten Jahres:**
Aktive Rechnungsabgrenzung an Bankguthaben 1.600,00 €
(2) **Abschlussbuchung per 31. Dezember des alten Jahres:**
Schlussbilanzkonto an Aktive Rechnungsabgrenzung 1.600,00 €
(3) **Eröffnungsbuchung per 1. Januar des neuen Jahres:**
Aktive Rechnungsabgrenzung an Eröffnungsbilanzkonto 1.600,00 €
(4) **Buchung des Mietaufwands per 1. Januar des neuen Jahres:**
Mieten, Pachten an Aktive Rechnungsabgrenzung 1.600,00 €

Passive Rechnungsabgrenzung

Erträge, die wirtschaftlich *vollständig* oder *teilweise* das neue Jahr betreffen, die aber schon im alten Jahr zu einer Einnahme führten, stellen für das Unternehmen per 31. Dezember des alten Jahres eine vollständige oder anteilige **Sach- oder Leistungsverbindlichkeit** dar, die auf dem passiven Bestandskonto **„Passive Rechnungsabgrenzung"** (PRA) zu buchen ist. Die Ertragswirksamkeit wird damit in das neue Jahr hinübergenommen.

Beispiel:
Die Bellheim-BüroService GmbH erhält am 1. November für ein vergebenes Darlehen die Zinsen für das kommende Quartal (November bis Januar) von 3.870,00 € im Voraus dem Bankkonto gutgeschrieben.

Buchungen:
(1) **Zinszahlung am 1. November des alten Jahres:**
Bankguthaben 3.870,00 €
an Zinserträge 2.580,00 €
an Passive Rechnungsabgrenzung 1.290,00 €
(2) **Abschlussbuchungen per 31. Dezember des alten Jahres:**
Passive Rechnungsabgrenzung an Schlussbilanzkonto 1.290,00 €
Zinserträge an Gewinn- und Verlustkonto 2.580,00 €
(3) **Eröffnungsbuchung per 1. Januar des neuen Jahres:**
Eröffnungsbilanzkonto an Passive Rechnungsabgrenzung 1.290,00 €
(4) **Buchung des anteiligen Zinsertrages des neuen Jahres:**
Passive Rechnungsabgrenzung an Zinserträge 1.290,00 €

Darstellung des Beispiels zu „Passive Rechnungsabgrenzung" auf Konten

Buchungen im alten Jahr:

Soll	Bankguthaben	Haben
1. Zinserträge/PRA 3.870,00		

Soll	Zinserträge	Haben
2. GuV-Konto 2.580,00	1. Bankguthaben	2.580,00

Soll	Passive Rechnungsabgrenzung	Haben
2. SBK 1.290,00	1. Bankguthaben	1.290,00

Soll	Gewinn- und Verlustkonto	Haben
	2. Zinserträge	2.580,00

Soll	Schlussbilanzkonto	Haben
	2. PRA	1.290,00

Buchungen im neuen Jahr:

Soll	Eröffnungsbilanzkonto	Haben
3. PRA 1.290,00		

Soll	Zinserträge	Haben
	4. PRA	1.290,00

Soll	Passive Rechnungsabgrenzung	Haben
4. Zinserträge 1.290,00	3. EBK	1.290,00

Fälle der zeitlichen Abgrenzung

im alten Jahr	im neuen Jahr	Buchungen zur zeitlichen Abgrenzung
Aufwand	Ausgabe	Aufwandskonto an Sonstige Verbindlichkeiten
Ertrag	Einnahme	Sonstige Forderungen an Ertragskonto
Ausgabe	Aufwand	Aktive Rechnungsabgrenzung an Finanzkonto
Einnahme	Ertrag	Finanzkonto an Passive Rechnungsabgrenzung

Rückstellungen

- Rückstellungen sind **Verbindlichkeiten** für (geschätzte) **Aufwendungen**, die am Bilanzstichtag ihrem Grunde nach feststehen, nicht aber in ihrer Höhe und/oder Fälligkeit.

- In § 249 HGB ist geregelt, für welche Zwecke Rückstellungen gebildet werden müssen.

- In der Bilanz sind auf der **Passivseite** auszuweisen
  - Pensionsrückstellungen,
  - Steuerrückstellungen,
  - Sonstige Rückstellungen.

- Sind im neuen/späteren Jahr
  - tatsächliche Kosten > Rückstellung
    → periodenfremder Aufwand
  - tatsächliche Kosten < Rückstellung
    → Ertrag aus der Auflösung der Rückstellung.

Beispiel:
Die Bellheim-BüroService GmbH führt mit einem Lieferanten einen Prozess, dessen Ausgang per 31. Dezember ungewiss ist. Vorsichtshalber rechnet die Bellheim-BüroService GmbH mit 2.500,00 € Prozesskosten. Bei Abschluss des Prozesses im neuen Jahr entstehen tatsächlich Kosten von 2.300,00 €.

Buchung per 31. Dezember des alten Jahres:

Rechts- und Beratungskosten	2.500,00 €	
an Sonstige Rückstellungen		2.500,00 €

Buchung nach Abschluss des Prozesses im neuen Jahr:

Sonstige Rückstellungen	2.500,00 €	
an Bankguthaben		2.300,00 €
an Erträge aus der Auflösung von Rückstellungen		200,00 €

Zielsetzung

- Zum Bilanzstichtag sind alle Vermögensgegenstände und Schulden zu bewerten und in der Bilanz auszuweisen.

- Bilanzierung bzw. Bewertung der Vermögensgegenstände und der Schulden beeinflussen die Höhe des in der Gewinn- und Verlustrechnung ausgewiesenen Erfolgs.

- Insbesondere zum Schutz der Gläubiger hat der Gesetzgeber Bilanzierungs- und Bewertungsvorschriften erlassen, um die willkürliche Bewertung der Vermögensgegenstände und Schulden zu unterbinden.

- Zu beachten sind dabei handels- und steuerrechtliche Bewertungsvorschriften.

Unterscheidungsmerkmale

```
                    Unterscheidungsmerkmale
                    ┌──────────┴──────────┐
```

Handelsrechtliche Bewertungsvorschriften	Steuerrechtliche Bewertungsvorschriften
… sind im **Handelsgesetzbuch** (§§ 252 bis 256 HGB) festgehalten,	… ergeben sich aus dem **Einkommensteuergesetz** (§§ 5 bis 7 EStG),
… dienen der **Kapitalerhaltung** und damit vor allem dem **Schutz der Gläubiger**,	… sollen die Gewinnermittlung nach einheitlichen **Grundsätzen** sicherstellen und damit zur **Steuergerechtigkeit** beitragen,
… verfolgen als obersten Bewertungsgrundsatz das **Prinzip der Vorsicht**,	… sind die Grundlage für die **Steuerbilanz**.
… sind die Grundlage für die **Handelsbilanz**.	

Prinzip der Maßgeblichkeit

Principle of relevance

Grundsatz

Die **handelsrechtlichen Bilanzierungs- und Bewertungsvorschriften sind auch maßgebend für die Steuerbilanz**, sofern nicht steuerrechtliche Vorschriften zwingend etwas anderes vorschreiben; das heißt, die Steuerbilanz ist aus der Handelsbilanz abzuleiten. So bestimmt § 5 Absatz 1 EStG, dass *„bei Gewerbetreibenden, die aufgrund gesetzlicher Vorschriften verpflichtet sind, Bücher zu führen und regelmäßig Abschlüsse zu machen, …, … für den Schluss des Wirtschaftsjahrs das Betriebsvermögen anzusetzen ist, …, das nach den handelsrechtlichen Grundsätzen ordnungsmäßiger Buchführung auszuweisen ist."*

Beispiele übereinstimmender Vorschriften nach HGB und EStG:

- **Aktivierungsverbot** von Vertriebsgemeinkosten und Sondereinzelkosten des Vertriebs

- **Passivierungsgebot** von Rückstellungen für unterlassene Instandhaltung, sofern diese innerhalb der ersten drei Monate des folgenden Jahres nachgeholt werden.

vgl.: Scharf, Dirk: Handelsrechtlicher Jahresabschluss, Wiesbaden 1993, S. 51 f.

Durchbrechung des Grundsatzes

Häufig weichen die steuerrechtlichen Vorschriften von den handelsrechtlichen ab, schreiben also zwingend etwas anderes vor.

Beispiel abweichender Vorschriften nach HGB und EStG:

Während in der Handelsbilanz nach § 249 Absatz 1 HGB Rückstellungen für drohende Verluste aus schwebenden Geschäften gebildet werden müssen, ist in der Steuerbilanz die Bildung derartiger Rückstellungen nach § 5 Absatz 4 a Satz 1 EStG untersagt. Insofern wird das Maßgeblichkeitsprinzip durchbrochen.

Übersicht

Bilanzierungs- und Bewertungsgrundsätze

- Grundsatz der Bilanzklarheit und -übersichtlichkeit
- Prinzip der Vorsicht
- Prinzip der Bilanzwahrheit
- Prinzip der Bilanzverknüpfung
- Prinzip der Einzelbewertung

Grundsatz der Bilanzklarheit und -übersichtlichkeit

Damit ein sachkundiger Dritter, z. B. ein Steuerberater oder ein Wirtschaftsprüfer, in der Lage ist, in angemessener Zeit einen sicheren Einblick in die Vermögens- und Erfolgslage des bilanzierenden Unternehmens zu gewinnen, muss die Bilanz klar und übersichtlich (§ 243 Absatz 2 HGB), muss das Zahlenmaterial nachprüfbar sein.

Nachprüfbarkeit der Bilanz

Die **Nachprüfbarkeit** der Zahlen, als **Grundsätze ordnungsmäßiger Buchführung** (GoB) im engeren Sinne bezeichnet, setzt im Wesentlichen die Einhaltung formaler Vorschriften voraus, die sich zum Teil in der Praxis herausgebildet haben und zum Teil in Gesetzen festgelegt sind (HGB, AktG, EStG, AO):

- **Führung von Handelsbüchern**, in denen die Handelsgeschäfte und die Lage des Vermögens ersichtlich zu machen sind (§ 238 Absatz 1 HGB);
- Verwendung eines **Buchführungssystems**, das der Nachprüfbarkeit Genüge tut;
- im Falle der doppelten Buchführung: Aufzeichnung der Geschäftsfälle in zeitlicher Reihenfolge im Journal oder **Grundbuch** und nach sachlichen Gesichtspunkten im **Hauptbuch** auf Sachkonten sowie in **Nebenbüchern**, wie zum Beispiel Kassenbuch, Lagerbuch;
- Führung der Bücher in einer **lebenden Sprache** (§ 239 Absatz 1 HGB);
- Aufstellung des Jahresabschlusses in deutscher Sprache und **Bewertung in Euro** (§ 244 HGB);
- **zeitgerechte** und **geordnete Eintragungen** in die Handelsbücher (§ 239 Absatz 2 HGB);

vgl.: Scharf, Dirk: Handelsrechtlicher Jahresabschluss, Wiesbaden 1993, S. 28 ff.

- Eintragungen dürfen – wenn überhaupt – nur so geändert werden, dass der **ursprüngliche Inhalt noch feststellbar** ist (§ 239 Absatz 3 HGB);
- allen Buchungen müssen **Belege** zugrunde liegen;
- Handelsbücher, Inventare, Bilanzen, Buchungsbelege und Lageberichte müssen zehn Jahre, Handelsbriefe und sonstige Unterlagen **sechs Jahre aufbewahrt** werden (§ 257 HGB);
- die **Dauer des Geschäftsjahres** darf **zwölf Monate** nicht überschreiten (§ 240 Absatz 2 HGB);
- die Beachtung des **Stichtagsprinzips** (Bewertung der Vermögensgegenstände und der Schulden zum Abschlussstichtag) nach § 252 Absatz 1 Ziffer 3 HGB soll die Berücksichtigung zukünftiger Ereignisse ausschließen;
- grundsätzlich gilt für die einzelnen Vermögensgegenstände und die Schulden das Prinzip der **Einzelbewertung**.

Übersichtlichkeit der Bilanz

Die **Übersichtlichkeit** des Zahlenmaterials der Finanzbuchhaltung wird erreicht durch ...

- die Anwendung des branchenspezifischen **Kontenrahmens** bei der Erstellung des betriebsindividuellen Kontenplanes,
- die – für Kapitalgesellschaften zwingend vorgeschriebenen – **Gliederungsvorschriften** für die Bilanz (§ 266 HGB) und die Gewinn- und Verlustrechnung (§ 275 HGB) sowie die Vorschriften über den Inhalt des Anhangs (§§ 284–288 HGB),
- das Verbot, **fremdartige Wirtschaftsgüter** in einer Position zusammenzufassen,
- die Anwendung des **Bruttoprinzips**; das bedeutet, dass Posten der Aktivseite nicht mit Posten der Passivseite verrechnet werden dürfen, z. B. Forderungen aus Lieferungen und Leistungen mit Verbindlichkeiten aus Lieferungen und Leistungen (§ 246 Abs. 2 HGB):
- die – nur für Kapitalgesellschaften vorgeschriebene – Darstellung der Entwicklung einzelner Posten des Anlagevermögens in einem **Anlagengitter** oder Anlagenspiegel (§ 268 Abs. 2 HGB).

Prinzip der Vorsicht

Das dem Handels- und Steuerrecht immanente **Vorsichtsprinzip** kommt in unterschiedlichen Bewertungsprinzipien zum Ausdruck:

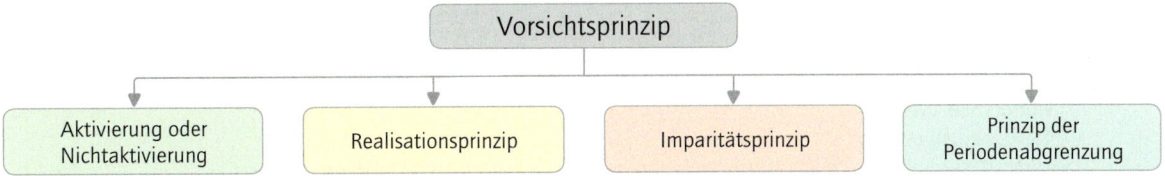

Vorsichtsprinzip

- Aktivierung oder Nichtaktivierung
- Realisationsprinzip
- Imparitätsprinzip
- Prinzip der Periodenabgrenzung

Aktivierung oder Nichtaktivierung von Vermögensgegenständen

Das Vorsichtsprinzip zeigt sich in der Entscheidung über eine Aktivierung oder Nichtaktivierung von Vermögensgegenständen.

Beispiele:
Verbot der Aktivierung von Forschungs- und Vertriebskosten, von Aufwendungen für die Gründung eines Unternehmens

Realisationsprinzip

Die Beachtung des Realisationsprinzips meint allgemein, dass Erträge bzw. Aufwendungen erst dann in der Bilanz ausgewiesen werden dürfen, wenn sie durch Umsätze realisiert sind.

Da nicht realisierte Gewinne (besser: Erträge) in der Bilanz nicht ausgewiesen werden dürfen, hat der Gesetzgeber in § 253 HGB **Wertgrenzen** für die Vermögensgegenstände und die Schulden festgelegt:

Wertgrenzen nach § 253 HGB

ursprüngliche Anschaffungskosten als Wertobergrenze	fortgeschriebene* Anschaffungskosten als Wertobergrenze	ursprünglicher Erfüllungsbetrag als Wertuntergrenze
▪ Gegenstände des **Anlagevermögens mit zeitlich unbegrenzter** Nutzung (§ 253 Abs. 1 Satz 1 HGB) z. B. Grundstücke, Finanzanlagen ▪ Gegenstände des **Umlaufvermögens** (§ 253 Abs. 1 Satz 1 HGB) z. B. Waren	Gegenstände des **Anlagevermögens mit zeitlich begrenzter Nutzung** (§ 253 Abs. 3 Satz 1 HGB) z. B. Gebäude, Maschinen, Fuhrpark, Betriebs- und Geschäftsausstattung (* fortgeschriebene AK = ursprüngliche AK – planmäßige Abschreibungen)	**Verbindlichkeiten** (§ 253 Abs. 1 Satz 2 HGB) z. B. Auslandsschulden
Beispiel: Ein Grundstück, Anschaffungskosten 1 Mio. €, hat nach 5 Jahren einen Wert von 1,2 Mio. €. Das Grundstück darf weiter nur mit 1 Mio. € in der Bilanz ausgewiesen werden; 200.000 € sind **nicht realisierter Gewinn**, der nicht ausgewiesen werden darf.	*Beispiel:* Anschaffungskosten eines Lkw: 80.000 €; Nutzungsdauer: 5 Jahre; Wiederbeschaffungswert: 87.000 €; Abschreibungsmethode: linear; Abschreibung pro Jahr: 16.000 €; Bilanzierung zum Anschaffungszeitpunkt: 80.000 €; Bilanzausweis Ende des ersten Jahres zu fortgeschriebenen AK: 64.000 €.	*Beispiel:* Aufnahme eines Kredits im Ausland über 1,5 Mio. US-$ zum Kurs von 1,10 €; Laufzeit 3 Jahre; Passivierung zum Zeitpunkt der Kreditaufnahme: 1,65 Mio. €; Kurs am Ende des ersten Jahres: 1,05 €; Wert des Kredits: 1,575 Mio. €; das Unternehmen muss den Kredit mit 1,65 Mio. € bilanzieren, da die 75.000 € **nicht realisierten Gewinn** darstellen, der nicht ausgewiesen werden darf.

Imparitätsprinzip

Imparität bedeutet Ungleichstellung, nämlich, dass Erträge (Gewinne) und Aufwendungen (Verluste) im Hinblick auf ihren Ausweis in der Bilanz ungleich behandelt werden.

Erträge dürfen erst in der Bilanz ausgewiesen werden, wenn sie durch Umsätze **realisiert** sind. **Aufwendungen** werden dagegen schon ausgewiesen, wenn sie **noch nicht realisiert** sind.

Niederstwertprinzip beim Vermögen

Das **Niederstwertprinzip**
... gilt für die Bewertung des Vermögens;
... besagt, dass von mehreren möglichen Werten der jeweils niedrigste zu wählen ist.

- *Niederstwertprinzip beim Anlagevermögen*
  - Ist der Wert, der dem Anlagevermögensgegenstand am Bilanzstichtag „beizulegen" ist, **voraussichtlich dauernd** niedriger als die AK/HK (für alle zeitlich unbegrenzt nutzbaren Güter des Anlagevermögens) bzw. als die fortgeschriebenen AK/HK (für alle zeitlich begrenzt nutzbaren Güter des Anlagevermögens), **muss** nach § 253 Absatz 3 HGB eine **außerplanmäßige Abschreibung** auf diesen niedrigeren Wert vorgenommen werden **(Abschreibungspflicht)**
  - Für **Finanzanlagen** gilt nach § 253 Absatz 3 Satz 4 HGB zusätzlich folgende Regelung: Ist die **Wertminderung** voraussichtlich nicht dauernd, also voraussichtlich nur **vorübergehend, können** außerplanmäßige Abschreibungen auf den niedrigeren „beizulegenden" Wert vorgenommen werden **(Abschreibungswahlrecht)**
  - Der niedrigere Wertansatz darf nicht beibehalten werden, wenn die Gründe dafür nicht mehr bestehen (§ 253 Absatz 5 HGB)

Beispiel:
Die Bellheim-BüroService GmbH kauft am 19. Juni 20.. 8 500 Stück Aktien der XY-AG zum Kurswert von 35,70 € pro Stück mit dem Ziel einer langfristigen Kapitalanlage. Am 31. Dezember 20.. (Bilanzstichtag) ist der Kurs vorübergehend auf 33,76 € gesunken.

Die XY-Aktien gehören zum Finanzanlagevermögen der Bellheim-BüroService GmbH; daher gilt das gemilderte Niederstwertprinzip. Es besteht also ein Abschreibungswahlrecht. Folgende Bilanzansätze sind möglich:

- 8 500 St. · 35,70 €/St. = 303.450,00 € oder

- 8 500 St. · 33,76 €/St. = 286.960,00 € (Die außerplanmäßige Abschreibung beträgt dann 16.490,00 €.) oder

- Wert zwischen 303.450,00 € und 286.960,00 € mit entsprechender außerplanmäßigen Abschreibung

- *Niederstwertprinzip beim Umlaufvermögen*
  Ist der Börsen- oder Marktpreis am Bilanzstichtag niedriger als die AK, **muss** dieser niedrigere Wert angesetzt werden, unabhängig davon, ob diese Wertminderung nur **vorübergehend oder dauerhaft** ist (§ 253 Absatz 3 Satz 1 HGB).

Beispiel:
Die Anschaffungskosten für 100 t einer Ware betrugen 170,00 €/t. Am Bilanzstichtag waren die Anschaffungskosten vorübergehend auf 165,00 €/t gesunken.

Wertansatz in der Bilanz: 16.500,00 €
Außerplanmäßige Abschreibung: 500,00 €

Höchstwertprinzip bei den Schulden

Für Schulden gilt analog das **Höchstwertprinzip**. Ist der Tageswert am Bilanzstichtag höher als der ursprüngliche Erfüllungs- oder Rückzahlungsbetrag, **muss** der höhere Tageswert angesetzt werden, unabhängig davon, ob der Tageswert nur **vorübergehend** oder **dauerhaft** gestiegen ist.

Das Höchstwertprinzip ist nur für **Auslandsschulden** von Bedeutung.

Prinzip der Periodenabgrenzung

Nach § 252 Absatz 1 Ziffer 5 HGB sind „Aufwendungen und Erträge des Geschäftsjahres ... unabhängig von den Zeitpunkten der entsprechenden Zahlungen im Jahresabschluss zu berücksichtigen", um den Gewinn periodengerecht zu ermitteln.

Bereiche der Periodenabgrenzung

sachliche Zuordnung von Leistungen und der durch ihre Entstehung bedingten Aufwendungen

zeitliche Abgrenzung, wenn Zahlungszeitpunkt und Erfolgswirksamkeit zeitlich auseinanderfallen

- Wenn Ausgaben für Produktionsfaktoren sowie deren Verbrauch zur Leistungserstellung und der Verkauf der Leistungen **in derselben Periode** stattfinden, ist die sachliche Zuordnung unproblematisch.

  Beispiel:
  Einkauf und Verkauf von Waren in der Periode 1 und Verkauf dieser Waren in derselben Periode

- Wenn die Ausgaben für Produktionsfaktoren **in der Periode 1** stattfinden, deren Verbrauch und der Verkauf der Leistungen aber erst in der/den folgenden Periode/n, dann werden die **Ausgaben** in der Periode der Anschaffung **aktiviert** und erst in der/den folgenden Periode/n zu Aufwendungen.

  Beispiel:
  Kauf eines Gabelstaplers in der Periode 1 und Abschreibung in der Periode 1 sowie in den Folgeperioden

- Stehen Zahlungen am Bilanzstichtag in ihrer Art und Höhe fest und sind sie wirtschaftlich der abgelaufenen Periode zuzurechnen, liegt der Zahlungszeitpunkt aber erst in der kommenden Periode, werden sie am Bilanzstichtag als Ertrag bzw. Aufwand vorweggenommen.

  → **antizipative Posten der zeitlichen Abgrenzung**

- Sind Zahlungen der abgelaufenen Periode wirtschaftlich der kommenden Periode als Aufwendungen bzw. Erträge zuzuordnen, sind sie über die Posten der aktiven bzw. passiven Rechnungsabgrenzung zeitlich abzugrenzen.

  → **transitorische Posten der zeitlichen Abgrenzung**

  (Zum Problem der zeitlichen Abgrenzung mit Beispielen siehe ausführlich S. 482 ff.)

Prinzip der Bilanzwahrheit

Das Prinzip der Bilanzwahrheit beruht auf den Grundsätzen der **Vollständigkeit** und der **Richtigkeit**:
„Die Eintragungen in Büchern und die sonst erforderlichen Aufzeichnungen müssen vollständig, richtig, zeitgerecht und geordnet vorgenommen werden." (§ 239 Abs. 2 HGB)

„Der Jahresabschluss hat sämtliche Vermögensgegenstände, Schulden, Rechnungsabgrenzungsposten, Aufwendungen und Erträge zu enthalten, soweit gesetzlich nichts anderes bestimmt ist." (§ 246 Abs. 1 HGB)

Bilanzwahrheit

Vollständigkeit	Richtigkeit
- Bilanzierung **sämtlicher** vorhandener bzw. bilanzierungspflichtiger Wirtschaftsgüter und Kapitalwerte - Ausweis der Vermögensgegenstände und Kapitalwerte in **zutreffend bezeichneten** Bilanzpositionen – bei Kapitalgesellschaften entsprechend dem Mindestgliederungsschema der Bilanz (siehe S. 219) - Verbot des Ausweises **falscher** oder **fiktiver** Posten in der Bilanz	- **Richtige** Bewertung der Vermögens- und Kapitalpositonen entsprechend den gesetzlichen Bewertungsvorschriften, wobei Bewertungsspielräume nicht willkürlich genutzt werden dürfen

Prinzip der Bilanzverknüpfung

Um die Entwicklung von Vermögen, Schulden und Erfolg des Unternehmens beurteilen zu können, müssen die Jahresbilanzen sowie Gewinn- und Verlustrechnungen über mehrere Perioden hinweg verglichen werden können. Diese Vergleichbarkeit soll durch die Beachtung des Prinzips der Bilanzverknüpfung erreicht werden:

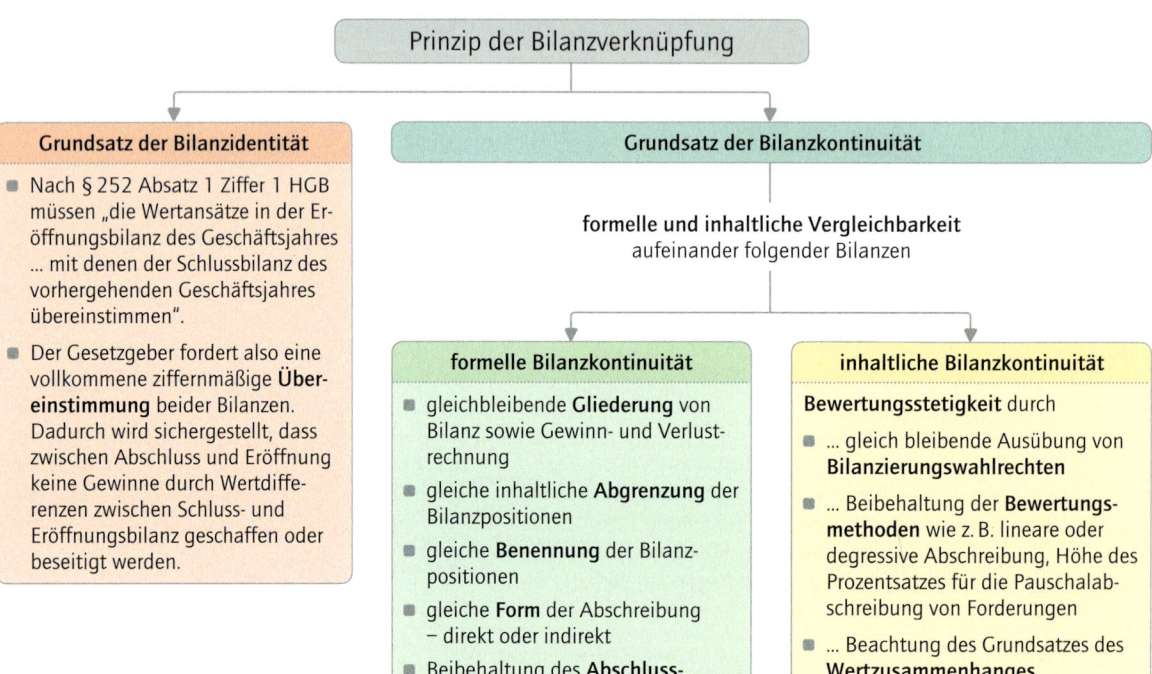

Prinzip der Bilanzverknüpfung

Grundsatz der Bilanzidentität

- Nach § 252 Absatz 1 Ziffer 1 HGB müssen „die Wertansätze in der Eröffnungsbilanz des Geschäftsjahres ... mit denen der Schlussbilanz des vorhergehenden Geschäftsjahres übereinstimmen".
- Der Gesetzgeber fordert also eine vollkommene ziffernmäßige **Übereinstimmung** beider Bilanzen. Dadurch wird sichergestellt, dass zwischen Abschluss und Eröffnung keine Gewinne durch Wertdifferenzen zwischen Schluss- und Eröffnungsbilanz geschaffen oder beseitigt werden.

Grundsatz der Bilanzkontinuität

formelle und inhaltliche Vergleichbarkeit
aufeinander folgender Bilanzen

formelle Bilanzkontinuität

- gleichbleibende **Gliederung** von Bilanz sowie Gewinn- und Verlustrechnung
- gleiche inhaltliche **Abgrenzung** der Bilanzpositionen
- gleiche **Benennung** der Bilanzpositionen
- gleiche **Form** der Abschreibung – direkt oder indirekt
- Beibehaltung des **Abschlusszeitraumes**, d. h. keine Änderung des Geschäftsjahres

inhaltliche Bilanzkontinuität

Bewertungsstetigkeit durch

- ... gleich bleibende Ausübung von **Bilanzierungswahlrechten**
- ... Beibehaltung der **Bewertungsmethoden** wie z. B. lineare oder degressive Abschreibung, Höhe des Prozentsatzes für die Pauschalabschreibung von Forderungen
- ... Beachtung des Grundsatzes des **Wertzusammenhanges**

Prinzip der Einzelbewertung

Bewertungsgrundsatz

- Sämtliche abgrenzbaren Vermögensgegenstände und Schulden sind nach § 252 Absatz 1 Ziffer 3 HGB einzeln zu bewerten. Die Abgrenzung selbstständig bewertbarer Güter kann in der Praxis Schwierigkeiten bereiten: Bilden zum Beispiel PC und Bildschirm eine Einheit oder sind sie getrennt zu bewerten?
- Gleichartige Güter mit gleichen Anschaffungskosten und gleichem Anschaffungstermin können zu einer Gruppe zusammengefasst und gemeinsam bewertet werden.

Durchbrechung des Prinzips der Einzelbewertung

- Werden gleichartige oder ähnliche Güter zu unterschiedlichen Preisen und Zeitpunkten angeschafft und ändern sich in der Abrechnungsperiode laufend die Bestände (z. B. der Waren), gestattet der Gesetzgeber **Bewertungsvereinfachungen**:

  - Gruppenbewertung mit dem **gewogenen Durchschnittswert** nach § 240 Absatz 4 HGB
  - Bewertung zu **Festpreisen** nach § 240 Absatz 3 HGB
  - Bewertung mithilfe von **Verbrauchsfolgeverfahren** nach § 256 HGB
  - **Pauschalwertberichtigungen zu Forderungen** wegen des allgemeinen Kreditrisikos
  - Bewertung von **Rückstellungen für Massenereignisse** wie z. B. für künftige Garantieleistungen

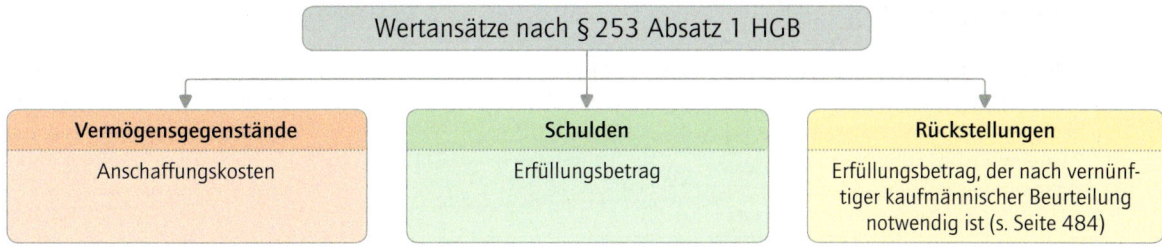

Wertansätze nach § 253 Absatz 1 HGB

Vermögensgegenstände	Schulden	Rückstellungen
Anschaffungskosten	Erfüllungsbetrag	Erfüllungsbetrag, der nach vernünftiger kaufmännischer Beurteilung notwendig ist (s. Seite 484)

(Aktivierungspflichtige) Anschaffungskosten

Begriff

„Anschaffungskosten sind die Aufwendungen, die geleistet werden, um einen Vermögensgegenstand zu erwerben und ihn in einen betriebsbereiten Zustand zu versetzen, soweit sie dem Vermögensgegenstand einzeln zugeordnet werden können."
(§ 255 Absatz 1 Satz 1 HGB)

Berechnung

Anschaffungspreis
− Anschaffungspreisminderungen
+ Anschaffungsnebenkosten, soweit einzeln zuordenbar
+ nachträgliche Anschaffungskosten

= Anschaffungskosten

Anschaffungspreisminderungen ...
sind z. B. Sofortrabatte, Skonti, Boni, sonstige Preisnachlässe.

Anschaffungsnebenkosten ...
sind einmalige Ausgaben, um das Wirtschaftsgut betriebsbereit zu machen, z. B. Vermessungs-, Fundamentierungs-, Transport-, Montagekosten.

Nachträgliche Anschaffungskosten ...
sind z. B. nachträgliche Preiserhöhungen aufgrund gerichtlicher Entscheidung.

Die Umsatzsteuer zählt nicht zu den Anschaffungskosten.

Beispiel: Die Bellheim-BüroService GmbH kauft von der Maschinenfabrik Kurt Utzinger e. K. eine Verpackungsmaschine und erhält nach Aufstellung und Montage am 25. Februar 20.. folgende Rechnung, die am 5. März 20.. unter Abzug von 2 % Skonto durch Banküberweisung beglichen wird: Außerdem schickt die Scharte KG für die Erstellung eines Fundaments für die Verpackungsmaschine eine Rechnung, die ebenfalls durch Banküberweisung bezahlt wird:

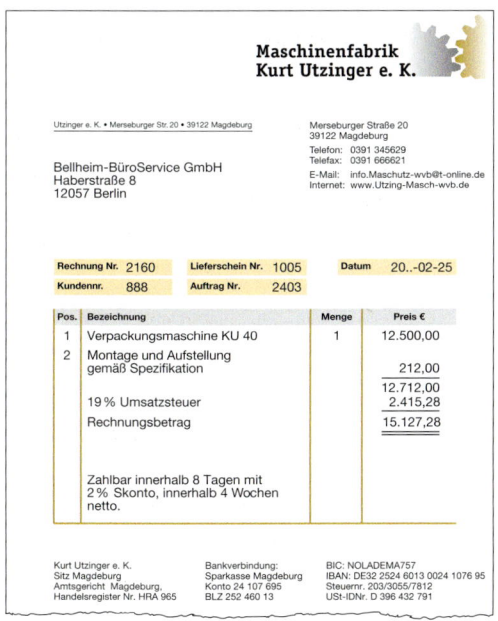

Beispiel:

Errechnung der aktivierungspflichtigen Anschaffungskosten:

Anschaffungspreis (netto)		12.500,00 €
+ Anschaffungsnebenkosten		
Montage und Aufstellung (netto)	212,00 €	
Erstellung eines Fundaments (netto)	3.360,00 €	3.572,00 €
– Anschaffungskostenminderungen		
Skonto (netto: 2 % von 12.712,00 €)		254,24 €
= Aktivierungspflichtige Anschaffungskosten		15.817,76 €

Der Betrag 15.817,76 € muss sich als Saldo auf dem aktiven Bestandskonto „Technische Anlagen und Maschinen" ergeben (siehe unten). Er bildet die Grundlage für die Abschreibung.

Buchung der aktivierungspflichtigen Anschaffungskosten

Buchung der Eingangsrechnung der Maschinenfabrik Kurt Utzinger e. K.:

Technische Anlagen und Maschinen	12.712,00 €	
Vorsteuer	2.415,28 €	
an Verbindlichkeiten a. LL		15.127,28 €

Buchung des Rechnungsausgleichs an die Maschinenfabrik Kurt Utzinger e. K. mit Abzug von 2 % Skonto:

Verbindlichkeiten a. LL	15.127,28 €	
an Technische Anlagen und Maschinen		254,24 €
an Vorsteuer		48,31 €
an Bankguthaben		14.824,73 €

Buchung der Eingangsrechnung der SCHARTE KG:

Technische Anlagen und Maschinen	3.360,00 €	
Vorsteuer	638,40 €	
an Verbindlichkeiten a. LL		3.998,40 €

Buchung des Rechnungsausgleichs an die SCHARTE KG ohne Abzug:

Verbindlichkeiten a. LL	3.998,40 €	
an Bankguthaben		3.998,40 €

Der Saldo auf dem Konto „Technische Anlagen und Maschinen" ergibt die aktivierungspflichtigen Anschaffungskosten von 15.817,76 €.

Soll	Technische Anlagen und Maschinen		Haben
Verbindlichkeiten a. LL	12.712,00 €	Verbindlichkeiten a. LL	254,24 €
Verbindlichkeiten a. LL	3.360,00 €		

Erfüllungsbetrag

Schulden sind mit ihrem Erfüllungsbetrag zu bewerten. Was unter dem Erfüllungsbetrag zu verstehen ist, hängt vom Grund der Schuldentstehung ab:

Verbindlichkeit ist entstanden durch ...	Beispiele	Wertansätze
den Zufluss von Geld und muss in Geld beglichen werden.	Darlehensaufnahme, Inanspruchnahme eines Kontokorrentkredits	Tilgungsbetrag
den Erhalt von Gütern oder Dienstleistungen und muss in Geld beglichen werden.	Zieleinkauf von Betriebsstoffen, Gegenständen der Betriebs- und Geschäftsausstattung, technischen Anlagen und Maschinen	Rechnungsbetrag oder Bruttobetrag (einschließlich USt)
den Zufluss von Geld oder Erhalt von Gütern bzw. Dienstleistungen aus dem Ausland und muss in Geld beglichen werden.	Aufnahme eines Darlehens in den USA, Zieleinkauf von Waren in Südafrika	Tilgungs-/Rechnungsbetrag in ausländischer Währung, multipliziert mit dem gültigen Wechselkurs
den Zufluss von Geld und muss mit Gütern oder Dienstleistungen beglichen werden.	erhaltene Anzahlungen oder Vorauszahlungen im Zuge des Verkaufs von Waren	Wert der geschuldeten Güter/Dienstleistungen
die Zahlungen in die Rentenkasse des Unternehmens.	Betriebsrente	Barwert
die Bildung von Rückstellungen für zu leistende Zahlungen an Dritte;	Gewerbesteuernachzahlung	voraussichtlicher Zahlungsbetrag;
die Bildung von Rückstellungen für zu erbringende Sachleistungen an Dritte.	Garantieleistungen	voraussichtlicher Wert der Sach-/Dienstleistungen

vgl. Scharf, Dirk: Handelsrechtlicher Jahresabschluss, Wiesbaden 1993, S. 60

Anlagevermögen nach HGB

Zum Anlagevermögen eines Unternehmens gehören alle Vermögensgegenstände, die nach § 247 Absatz 2 HGB dazu bestimmt sind, dem Geschäftsbetrieb auf Dauer zu dienen.
Das Anlagevermögen gliedert sich nach § 266 Abs. 2 HGB in folgende Gruppen (siehe auch S. 219):

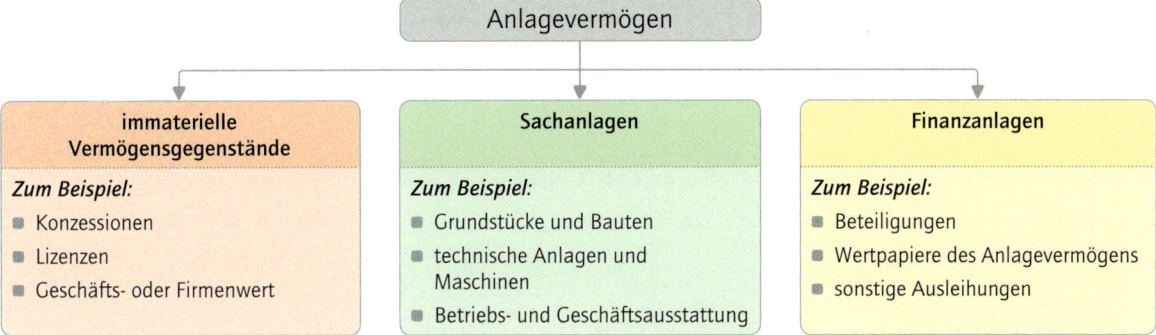

Für die Bewertung am Bilanzstichtag sind diese Vermögensgegenstände in **abnutzbare** Güter (Sachanlagen wie z. B. technische Anlagen und Maschinen, Fuhrpark) und **nicht abnutzbare** Güter (z. B. Grundstücke, Wertpapiere des Anlagevermögens) einzuteilen.

Sachanlagenkartei

Die einzelnen Sachanlagegruppen wie z. B. technische Anlagen und Maschinen oder Betriebs- und Geschäftsausstattung bestehen aus einer Vielzahl von Einzelgegenständen bzw. -werten. Um eine bessere wirtschaftliche Kontrolle über die verschiedenen Anlagegüter zu haben und die Abschreibungen korrekt ermitteln zu können, ist eine gesonderte Anlagenbuchführung notwendig.
Jedes Sachanlagegut wird daher in einer Anlagenkarte erfasst. Alle Anlagenkarten ergeben die Anlagenkartei oder – im PC – die Anlagendatei.

Eine **Anlagenkarte** kann folgendes Aussehen haben:

Inventar-/Bilanzposition: Technische Anlagen und Maschinen			Menge:	1	Anlagenkarte Nr. 136
Bezeichnung: Verpackungsmaschine KU 40					***Bellheim-BüroService GmbH***
Standort: Fertigung	Kostenstelle: 110	Lieferant: Kurt Utzinger e. K.			Haberstraße 8 12057 Berlin
Anschaffungsdatum: 20..-02-25	Anschaffungskosten: 15.817,76 €*				
Nutzungsdauer: 10 Jahre	Voraussichtlicher Schrottwert: –				Abschreibungsmethode: linear Abschreibungssatz: 10%
Buchungsdatum	Beleg-Nr.	Buchungstext	Betrag in €		Buchwert
20..-02-26	ER 324	Lieferung	15.817,76		
20..-12-31	7510	Abschreibung	1.581,78		14.235,98

* s. Seite 492

Planmäßige Abschreibung

- Anlagegüter mit zeitlich begrenzter Nutzungsdauer, also Güter des abnutzbaren Anlagevermögens, sind planmäßig abzuschreiben.

- Der Plan – Anlagenkarte oder -datei (s. Seite 493) – weist u. a. folgende Daten aus:

  - Anschaffungskosten
  - Zeitpunkt der Anschaffung
  - voraussichtliche Nutzungsdauer
  - Abschreibungsmethode, -prozentsatz und -beträge
  - jährlicher Buchwert
  - ggf. voraussichtlicher Schrottwert

Abschreibungsmethoden

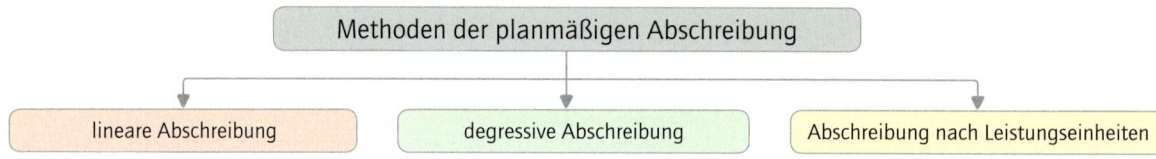

Siehe im Einzelnen S. 251 f.

Wechsel der Abschreibungsmethode

- Nach § 7 Absatz 3 EStG ist ein Wechsel der Abschreibungsmethode von degressiver zu linearer Abschreibung möglich, nicht jedoch umgekehrt (gilt nur noch für Güter, die vor dem 1. Jan. 2008 angeschafft wurden).

- Der ökonomisch sinnvolle Zeitpunkt für den **Wechsel** ist gegeben, wenn gilt:

- Vorteile des Methodenwechsels:

  - Der Anlagegegenstand ist am Ende der Nutzungsdauer auf den Wert null abgeschrieben.

  - Der lineare Abschreibungsbetrag und damit der gewinnmindernde Aufwand ist vom Zeitpunkt des Wechsels an höher als der degressive.

$$\frac{\text{Restwert (zum Zeitpunkt des Wechsels)}}{\text{Restnutzungsdauer}} > \text{Abschreibungsbetrag bei fortgeführter degressiver Abschreibung}$$

Beispiel:
Die Bellheim-BüroService GmbH kaufte zu Beginn des Jahres 20.. einen Lkw, Anschaffungskosten 50.000,00 €, betriebsgewöhnliche Nutzungsdauer 12,5 Jahre. Der Lkw ist höchstmöglich abzuschreiben, um den Gewinn so niedrig wie möglich auszuweisen. Das bedeutet, er ist zunächst mit 16 % degressiv, später linear abzuschreiben. (Zur Berechnung siehe S. 251.)

Ende des Jahres	Degressive Abschreibung in €	Lineare Abschreibung in €	Buchwert in €
1	8.000,00		42.000,00
2	6.720,00		35.280,00
3	5.644,80		29.635,20
4	4.741,63		24.893,57
5	3.982,97		20.910,60
6	3.345,70		17.564,90
7	2.810,38		14.754,52
8	2.360,72	2.682,64	12.071,88
9		2.682,64	9.389,24
10		2.682,64	6.706,66
11		2.682,64	4.023,96
12		2.682,64	1.341,32
13		1.341,32	0

Der Wechsel der Abschreibungsmethode ist im achten Jahr sinnvoll, da der Betrag bei degressiver Abschreibung (2.360,72 €) geringer wäre als der Betrag bei linearer Abschreibung (14.754,52 € : 5,5 Jahre = 2.682,64 €).

Planmäßige Abschreibung

Zeitanteilige Abschreibung im Jahr der Anschaffung/Herstellung

Die Pflicht zur planmäßigen Abschreibung beginnt mit dem Zeitpunkt der Lieferung, der jedoch in der Regel nicht an den Beginn eines Geschäftsjahres, sondern in die laufende Abrechnungsperiode fällt.

Monatsgenaue Abschreibung

Nach § 7 Abs. 1 Satz 4 und Abs. 2 Satz 3 sowie § 52 Abs. 21 EStG gilt für bewegliche, abnutzbare Güter des Anlagevermögens, die **nach dem 31. Dez. 2003 angeschafft** wurden, dass sie monatsgenau abzuschreiben sind. Dabei beginnt die planmäßige Abschreibung im Monat der Anschaffung/Herstellung.

Beispiel: Die Bellheim-BüroService GmbH kaufte am 26. April 20.. einen Pkw, AK 25.000,00 €, Nutzungsdauer 5 Jahre, lineare Abschreibung. Monatsgenauer Abschreibungsbetrag im ersten Jahr der Nutzung:

$$\frac{25.000,00\ € \cdot 9\ \text{Monate}}{5\ \text{Jahre} \cdot 12\ \text{Monate}} = 3.750,00\ €$$

Geringwertige Wirtschaftsgüter (GWG)

Begriff

Güter gelten nach § 6 Absatz 2 und 2a EStG als geringwertige Wirtschaftsgüter, wenn...

- sie abnutzbar sind,
- sie beweglich sind,
- sie selbstständig nutzbar sind,
- ihre AK/HK, abzüglich darin enthaltener Vorsteuer, 1.000,00 € nicht übersteigen (Absatz 2a EStG).
  Für die Bewertung der GWG am Jahresende in der Bilanz sind zusätzlich noch die Wertgrenzen 150,00 € und 410,00 € zu berücksichtigen (siehe unten).

*Ein Wirtschaftsgut ist zu einer **selbstständigen Nutzung nicht fähig**, wenn es nach seiner betrieblichen Zweckbestimmung nur zusammen mit anderen Wirtschaftsgütern des Anlagevermögens genutzt werden kann und die in den Nutzungszusammenhang eingefügten Wirtschaftsgüter technisch aufeinander abgestimmt sind. Das gilt auch, wenn das Wirtschaftsgut aus dem betrieblichen Nutzungszusammenhang gelöst und in einen anderen betrieblichen Nutzungszusammenhang eingefügt werden kann (§ 6 Absatz 2 Sätze 2 und 3 EStG)*
So sind z. B. Drucker, Bildschirme, Scanner nicht selbstständig nutzbar.

Bewertung der GWG nach dem Unternehmenssteuerreformgesetz 2008

In § 6 Absatz 2 EStG wurden zwei Wertgrenzen unterschieden, nämlich 150,00 € und 1.000,00 €. Für die Bewertung der Güter in der Bilanz bis 150,00 € und der Güter über 150,00 € bis 1.000,00 € gab es keine Wahlrechte, sondern nur **zwingende Vorschriften**. Diese Vorschriften gelten für Güter, die in den Jahren **2008 und 2009** angeschafft bzw. hergestellt wurden.

GWG bis 150,00 €

Die AK/HK dieser Wirtschaftsgüter *„...sind im Wirtschaftsjahr der Anschaffung, Herstellung oder Einlage des Wirtschaftsgutes oder der Eröffnung des Betriebs in voller Höhe als **Betriebsausgaben** abzusetzen ..."* (§ 6 Absatz 2 EStG).
Das heißt, dass derartige Wirtschaftsgüter in der Finanzbuchhaltung sofort als **Aufwand gebucht werden müssen**.

Beispiel: Die Bellheim-BüroService GmbH kaufte für den eigenen Gebrauch 10 schnurlose Telefonapparate zum Stückpreis von 120,00 € zuzüglich 19 % Umsatzsteuer auf Ziel:

Büromaterial	1.200,00 €	
Vorsteuer	228,00 €	
an Verbindlichkeiten a. LL		1.428,00 €

GWG über 150,00 € bis 1.000.00 €

Für derartige Wirtschaftsgüter *„... ist im Wirtschaftsjahr der Anschaffung, Herstellung oder Einlage des Wirtschaftsgutes oder der Eröffnung des Betriebs ein Sammelposten zu bilden, ..., der im Wirtschaftsjahr der Bildung und den folgenden vier Wirtschaftsjahren mit jeweils einem Fünftel gewinnmindernd aufzulösen"* ist (§ 6 Absatz 2a EStG).

- Nicht die einzelnen Wirtschaftsgüter sind abzuschreiben, sondern der gesamte Sammelposten oder Pool muss pauschal über **5 Jahre linear, also mit 20 % jährlich, abgeschrieben** werden (sogenannte **Poolabschreibung**).
- Daraus folgt, dass für diese Wirtschaftsgüter jedes Jahr ein neuer Sammelposten zu bilden ist.

Geringwertige Wirtschaftsgüter (GWG)

GWG über 150,00 € bis 1.000.00 €

Beispiel für die Entwicklung der Anzahl der Sammelposten in der Bilanz

Bildung der Sammelposten		Jahres-AfA	Anzahl und Werte der Sammelposten in der Bilanz Ende des Jahres… in €								
Jahr	€	€	01	02	03	04	05	06	07	08	09	…
01	10.000	2.000	8.000	6.000	4.000	2.000	–				
02	12.000	2.400		9.600	7.200	4.800	2.400	–			
03	11.000	2.200			8.800	6.600	4.400	2.200	–		
04	8.000	1.600				6.400	4.800	3.200	1.600	–	
05	13.000	2.600					10.400	7.800	5.200	2.600	–
…	…	…						…	…	…	…	–

Ergebnis: Maximal können also am Jahresende **vier** verschiedene **Sammelposten** in der Bilanz (ab dem Jahr 04) ausgewiesen werden.

Ausscheiden von GWG im laufenden Geschäftsjahr

Scheidet ein geringwertiges Wirtschaftsgut im laufenden Geschäftsjahr aus dem Betriebsvermögen aus, zum Beispiel durch Verkauf, wird der entsprechende **Sammelposten nicht verringert**. Das bedeutet, dass dieser Sammelposten weiter so abgeschrieben wird, als ob sich das ausgeschiedene Gut noch im Vermögen des Betriebs befindet. Das Ausscheiden hat also **keine Wirkung** auf die Höhe der Poolabschreibung.

Beispiel für die Buchungen der Sammelposten

Im Jahr 2010 wurden die folgenden GWG auf Ziel angeschafft (19 % Umsatzsteuer):

Gegenstand	AK netto	Abgang
Multifunktionsgerät	430,00 €	
PC	910,00 €	
Schreibtisch	850,00 €	
Laserdrucker	320,00 €	Nov. 2010

Im Jahr 2010 wurden also GWG für 2.510,00 € angeschafft. Dieser Wert bildete die Grundlage für die Abschreibung, auch wenn der Laserdrucker im November 2010 bereits wieder aus dem Betriebsvermögen ausgeschieden ist.

Folgende Buchungen waren im Jahr 2010 vorzunehmen:

Buchung der Anschaffung (hier pauschal)
GWG-2010
(Sammelkonto 2010)   2.510,00 €
Vorsteuer   476,90 €
an Verbindlichkeiten a. LL   2.986,90 €

Buchung der Abschreibung (20 %)
Abschreibungen auf GWG-2010   502,00 €
an GWG-2010   502,00 €

Abschluss des Kontos „Abschreibungen auf GWG-2010"
GuV-Konto   502,00 €
an Abschreibungen auf GWG-2010   502,00 €

Abschluss des Kontos „GWG-2010"
Schlussbilanzkonto   2.008,00 €
an GWG-2010   2.008,00 €

Bewertung der GWG nach dem „Wachstumsbeschleunigungsgesetz" 2009

Seit dem 01.01.2010 gelten neue Regelungen zur Bewertung geringwertiger Wirtschaftsgüter. An die Stelle der zwingend vorgeschriebenen Bewertungsgebote sind **Bewertungswahlrechte** getreten.

Geringwertige Wirtschaftsgüter (GWG)

GWG bis 150,00 €

Der Unternehmer hat ein Wahlrecht zwischen zwei Möglichkeiten:

1. **sofortige Buchung als Betriebsausgabe (Aufwand) in voller Höhe**

2. **planmäßige Abschreibung über die Jahre der Nutzung**

Beispiel: Die Bellheim-BüroService GmbH kauft zwei Schreibtischlampen für den Eigenbedarf, Anschaffungskosten (AK) 150,00 € pro Stück, zuzüglich 19 % Umsatzsteuer.

Die Bellheim-BüroService GmbH kann …
- die AK für beide Schreibtischlampen im Jahr der Anschaffung in voller Höhe als Betriebsausgabe absetzen oder
- planmäßig über die Jahre der Nutzung abschreiben oder
- eine Lampe sofort als Betriebsausgabe absetzen, die andere planmäßig über die Nutzungsdauer abschreiben.

GWG über 150,00 € bis 410,00

Der Unternehmer hat ein Wahlrecht zwischen drei Möglichkeiten:

1. **Abschreibung in voller Höhe** im Jahr der Anschaffung/ Herstellung

2. **planmäßige Abschreibung** über die Jahre der **Nutzung**

3. Erfassung in den **Sammelposten** und Vornahme der jährlich 20%igen Poolabschreibung.
   Wurde für andere Güter dieser Preisklasse im selben Wirtschaftsjahr die Möglichkeit 1 gewählt, ist die Möglichkeit 3 ausgeschlossen.

Beispiel: Die Bellheim-BüroService GmbH kauft zwei Notebooks für den Eigenbedarf, AK 395,00 € pro Stück, zuzüglich 19 % Umsatzsteuer.

Die Bellheim-BüroService GmbH kann …
- die AK beider Notebooks sofort als Betriebsausgabe absetzen oder
- die AK in den Sammelposten nach § 6 Absatz 2a EStG aufnehmen und über 5 Jahre linear abschreiben oder
- die AK planmäßig über die Jahre der Nutzung abschreiben oder
- die AK eines Notebooks sofort als Betriebsausgabe geltend machen, die des anderen planmäßig über die Nutzungsdauer abschreiben.

GWG über 410,00 € bis 1.000,00 €

Der Unternehmer hat ein Wahlrecht zwischen zwei Möglichkeiten:

1. **planmäßige Abschreibung** über die Jahre der **Nutzung**

2. Erfassung in den **Sammelposten** und Vornahme der jährlich 20%igen Poolabschreibung.

Beispiel: Die Bellheim-BüroService GmbH kauft zwei PCs für den Eigenbedarf, Anschaffungskosten (AK) je 960,00 € zuzüglich 19 % Umsatzsteuer.

Die Bellheim-BüroService GmbH kann …
- die AK beider PCs in den Sammelposten nach § 6 Absatz 2a EStG aufnehmen und über 5 Jahre linear abschreiben oder
- die AK planmäßig über die Jahre der Nutzung abschreiben.

Zusammenfassung

Bewertungswahlrechte	Wertgrenzen
Betriebsausgabe bzw. Sofortabschreibung in voller Höhe im Jahr der Anschaffung bzw. Herstellung	0,01 € bis 410,00 €
Bildung von Sammelposten und lineare Abschreibung über 5 Jahre, beginnend im Jahr der Anschaffung/Herstellung, sofern nicht im selben Jahr schon andere GWG als Betriebsausgabe abgesetzt bzw. in voller Höhe abgeschrieben wurden	über 150,00 € bis 1.000,00 €
planmäßige Abschreibung über die betriebsgewöhnliche Nutzungsdauer	0,01 € bis 1.000,00 €

Zeitanteilige Abschreibung bei Verkauf gebrauchter Anlagegüter

- Der Verkauf gebrauchter Anlagegüter ist ein steuerpflichtiger Umsatz, der zunächst auf dem Zwischenkonto „Erlöse aus Anlagenabgängen" zu buchen ist.
- Die Höhe der Umsatzsteuer richtet sich nach dem Nettoverkaufspreis.
- **Nettoverkaufspreis > Buchwert:** Der Ertrag ist auf dem Konto „Erträge aus Vermögensabgang" zu buchen.
- **Nettoverkaufspreis < Buchwert:** Der Aufwand ist auf dem Konto „Verluste aus Vermögensabgang" zu buchen.
- Da Anlagegüter i. d. R. in der laufenden Periode verkauft werden, muss der Buchwert zum Zeitpunkt des Verkaufs ermittelt werden. Hierfür ist das Anlagegut **zeitanteilig** bis auf den vollen vorhergehenden Monat planmäßig **abzuschreiben.**

Beispiel:
Die Bellheim-BüroService GmbH verkauft am 9. Oktober 20.. einen nicht mehr benötigten Pkw an einen Betriebsangehörigen zum Preis von 650,00 € netto zuzüglich 19 % USt (Barverkauf).
Der Buchwert betrug am 1. Januar desselben Jahres 1.500,00 €, der lineare Jahresabschreibungsbetrag 900,00 €.

Ermittlung des Buchwertes zum Zeitpunkt des Verkaufs:

Buchwert am 1. Januar 20..	1.500,00 €
– zeitanteilige Abschreibung (9/12 von 900,00 €)	675,00 €
= Buchwert zum 9. Oktober 20..	825,00 €
– Nettoverkaufspreis	650,00 €
= Aufwand aus Vermögensabgang	175,00 €

Buchungssätze:
Buchung der zeitanteiligen Abschreibung:

Abschreibungen auf SA	675,00 €	
an Fuhrpark		675,00 €

Buchung des Barverkaufs:

Kasse	773,50 €	
an Erlöse aus Anlagenabgängen		650,00 €
an Umsatzsteuer		123,50 €

Ausbuchung des Buchwertes:

Erlöse aus Anlagenabgängen	650,00 €	
Verluste aus Vermögensabgang	175,00 €	
an Fuhrpark		825,00 €

Außerplanmäßige Abschreibung

- Güter des zeitlich begrenzt nutzbaren (abnutzbaren) Anlagevermögens können neben den planmäßigen auch außerordentliche Wertminderungen, z. B. durch technischen Fortschritt, Bedarfsverschiebungen oder Katastrophen, erleiden. Sind diese **Wertminderungen** voraussichtlich von **Dauer, müssen** diese Güter nach § 253 Absatz 3 HGB **außerplanmäßig abgeschrieben** werden, um sie mit dem niedrigeren Wert anzusetzen, der ihnen am Abschlussstichtag beizulegen ist:

	Urspüngliche AK/HK
–	planmäßige Abschreibungen
=	fortgeführte AK/HK
–	außerplanmäßige Abschreibungen
=	Wert am Bilanzstichtag

Der so errechnete Buchwert bildet die Grundlage für die neu zu berechnende planmäßige Abschreibung für die verbliebene Nutzungsdauer. Der niedrigere Wertansatz darf nicht beibehalten werden, wenn die Gründe hierfür nicht mehr bestehen (§ 253 Absatz 5 HGB).

Bewertung des nicht abnutzbaren Anlagevermögens
Evaluation of the non-wearable fixed assets

Zum nicht abnutzbaren Anlagevermögen gehören z. B. immaterielle Güter wie Patente und Lizenzen, Grundstücke, Anlagen im Bau, Finanzanlagen (Wertpapiere des Anlagevermögens, Beteiligungen). Diese Güter sind am Bilanzstichtag höchstens mit den AK/HK zu bewerten.

- Liegt der Wert am Bilanzstichtag unter den AK/HK und ist die **Wertminderung voraussichtlich von Dauer, muss** eine **planmäßige Abschreibung** auf den niedrigeren beizulegenden Wert vorgenommen werden.

- Für **Finanzanlagen** gilt der Sonderfall, dass eine **außerplanmäßige Abschreibung** auch dann vorgenommen werden kann, wenn die **Wertminderung** voraussichtlich **nur vorübergehend** ist (§ 253 Absatz 3 HGB)

- Der niedrigere Wertansatz darf auch hier nicht beibehalten werden, wenn die Gründe hierfür nicht mehr bestehen (§ 253 Absatz 5 HGB).

Um die planmäßige Abschreibung auf Sachanlagen in der Finanzbuchhaltung zu erfassen, können zwei Verfahren angewandt werden:

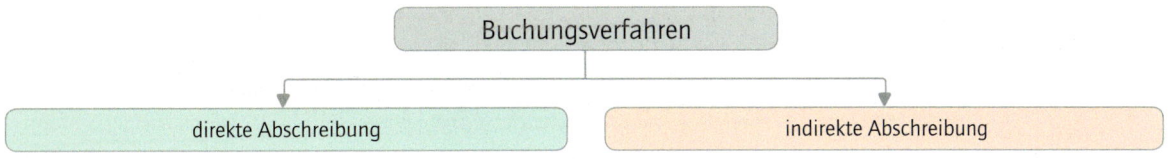

Zur direkten Abschreibung siehe S. 252

Buchungen bei indirekter Abschreibung

- Die Abschreibung wird nicht direkt auf dem Sachanlagekonto, sondern „indirekt" auf dem passiven „Bestands"konto **„Wertberichtigungen zu Sachanlagen"** gebucht. Dieses Konto ist ein **Korrekturposten** zu den Sachanlagekonten; es ist daher weder Eigen- noch Fremdkapitalkonto.
- Das Sachanlagegut wird auf dem Sachanlagekonto und im SBK immer mit den Anschaffungskosten ausgewiesen, während auf der Habenseite des SBK die bisher vorgenommenen Abschreibungen zu finden sind.
- Der Buchwert ergibt sich im SBK als Saldo zwischen Sachanlagekonto (Anschaffungskosten) und „Wertberichtigungen zu Sachanlagen".
- Durch die indirekte Abschreibung wird die Bilanzsumme unnötig „aufgebläht".

Beispiel:
Ein Computersystem, Anschaffungskosten 6.000,00 €, wird vier Jahre linear abgeschrieben.

Buchungssatz der indirekten Abschreibung:

Abschreibungen auf SA	1.500,00 €	
an Wertberichtigungen zu SA		1.500,00 €

Abschlussbuchungen:

Gewinn- und Verlustkonto	1.500,00 €	
an Abschreibungen auf SA		1.500,00 €
Wertberichtigungen zu SA	1.500,00 €	
an Schlussbilanzkonto		1.500,00 €
Schlussbilanzkonto	6.000,00 €	
an Betriebs- und Geschäftsausstattung		6.000,00 €

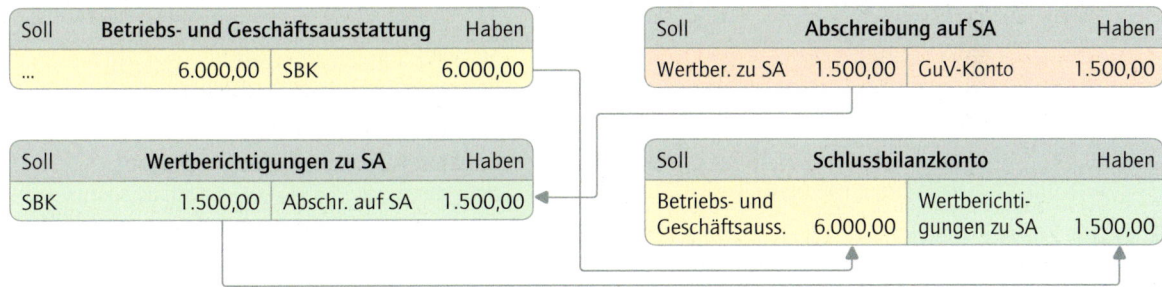

Bewertung von Vorräten   *Valuation of stock*

Vorräte

Zu den Vorräten eines Großhandelsbetriebs gehören:

- Bestände an Betriebsstoffen
- Bestände an Waren

Bewertungsgrundsätze

- Grundsätzlich gilt das Prinzip der **Einzelbewertung**.
- Unter bestimmten Bedingungen lässt der Gesetzgeber sogenannte **Sammelbewertungsverfahren** zu.
- Wird eines der Sammelbewertungsverfahren angewendet, muss der so ermittelte Wert des Endbestands noch mit dem am Bilanzstichtag geltenden Tageswert verglichen werden:
  → Ist der Tageswert niedriger als der Wert gemäß Sammelbewertungsverfahren, muss der **Tageswert** in der Bilanz angesetzt werden.
  → Ist der Tageswert höher als der Wert nach dem Sammelbewertungsverfahren, muss mit dem Wert des Sammelbewertungsverfahrens bilanziert werden **(strenges Niederstwertprinzip)**.

Verfahren der Sammelbewertung

Bewertung der Vorräte nach dem ...

Festwertverfahren	Verfahren der Durchschnittspreisbewertung	Verbrauchsfolgeverfahren
	• gewogener Durchschnitt	• last in − first out (Lifo)
	• permanenter gewogener Durchschnitt	• first in − first out (Fifo)

Festwertverfahren

Die Bestände von Waren können nach § 240 Abs. 3 HGB mit einem Festwert in der Bilanz angesetzt werden, wenn folgende Bedingungen erfüllt sind:
- Größe, Wert und Zusammensetzung der Bestände dürfen sich nur geringfügig verändern.
- Der Gesamtwert ist für das Unternehmen von nachrangiger Bedeutung.
- Die Vermögensgegenstände müssen regelmäßig ersetzt werden.

Beispiele:
- „eiserne Bestände" der Betriebs-stoffe sowie der Waren
- Geschirr der Kantine

Gewogener Durchschnitt

Nach § 240 Abs. 4 HGB können *„gleichartige Vermö-gensgegenstände des Vorratsvermögens ... jeweils zu einer Gruppe zusammengefasst und mit dem gewogenen Durch-schnittswert angesetzt werden."*
Der durchschnittliche Anschaffungswert des Endbestands lt. Inventur ergibt sich aus dem gewogenen Durchschnitts-preis pro Mengeneinheit, multipliziert mit den Mengenein-heiten des Endbestands gemäß Inventur.

Durchschnittlicher Anschaffungspreis/t:

$$\frac{792{,}00 \ €}{80 \ t} = \underline{9{,}90 \ €/t}$$

Durchschnittlicher Anschaffungswert des Endbestands lt. Inventur: 20 t · 9,90 €/t = $\underline{198{,}00 \ €}$

Beispiel:

	Menge in t	Preis/t in €	Menge · Preis
Jahres-AB	10	9,00	90,00
Zugang Februar	15	8,00	120,00
Zugang April	12	10,00	120,00
Zugang Juli	18	9,00	162,00
Zugang Oktober	25	12,00	300,00
Summe	80		792,00
Verbrauch	60		
Jahres-EB	20		

Beträgt der Tageswert am Bilanzstichtag 9,70 €, ist der Endbestand mit 194,00 € in der Bilanz auszuweisen.

Permanenter gewogener Durchschnitt

- Nach jedem Zugang – also laufend oder permanent – wird der Gesamtwert des sich dann ergebenden neuen Bestands ermittelt.

- Jeder Abgang oder Verbrauch wird mit den sich jeweils ergebenden durchschnittlichen Anschaffungskosten be-wertet.

- Mit der letzten Lagerbestandsänderung ergibt sich der Wert des Endbestands zu durchschnittlichen Anschaf-fungskosten, der noch mit dem Tageswert zu vergleichen ist.

- Gegenüber der einmaligen Durchschnittsbewertung ist das Ergebnis der permanenten Durchschnittsbewertung genauer.

Beispiel:

	Menge in t	Preis/t in €	Menge · Preis
Jahres-AB	10	9,00	90,00
Zugang Februar	15	8,00	120,00
Bestand	25	8,40	210,00
Abgang Februar	12	8,40	100,80
Bestand	13	8,40	109,20
Zugang April	12	10,00	120,00
Bestand	25	9,17	229,20
Abgang April	16	9,17	146,72
Bestand	9	9,16	82,48
Zugang Juli	18	9,00	162,00
Bestand	27	9,05	244,48
Abgang August	20	9,05	181,00
Bestand	7	9,07	63,48
Zugang Oktober	25	12,00	300,00
Bestand	32	11,36	363,48
Abgang November	12	11,36	136,32
Endbestand 31. Dez.	20	11,36	227,16

11

Verbrauchsfolgeverfahren

Lifo-Verfahren

- Last in – first out heißt, dass die zuletzt gekauften Vorräte zuerst verbraucht bzw. verkauft werden.

- Umkehrschluss: Die zuerst gekauften Vorräte liegen noch auf Lager und sind für die Bilanz zu bewerten.

- Der nach dem Lifo-Verfahren ermittelte Wert ist noch mit dem Tageswert zu vergleichen.

- Das Lifo-Verfahren ist handels- und steuerrechtlich zulässig.

Beispiel:
Auf der Grundlage des Zahlenbeispiels auf S. 500 ergibt sich nach dem Lifo-Verfahren folgender Wert des Endbestands:

$$10\ t \cdot 9{,}00\ € = 90{,}00\ €$$
$$10\ t \cdot 8{,}00\ € = 80{,}00\ €$$
$$20\ t \qquad\ \ = 170{,}00\ €$$

Fifo-Verfahren

- First in – first out heißt, dass die zuerst gekauften Vorräte auch zuerst verbraucht oder verkauft werden.

- Umkehrschluss: Die zuletzt gekauften Vorräte liegen am Bilanzstichtag noch auf Lager.

- Der nach dem Fifo-Verfahren ermittelte Wert ist noch mit dem Tageswert zu vergleichen.

- Das Fifo-Verfahren ist nur handelsrechtlich zulässig, nicht dagegen steuerrechtlich.

Beispiel:
Auf der Grundlage des Zahlenbeispiels auf S. 500 ergibt sich nach dem Fifo-Verfahren folgender Wert des Endbestands:

$$20\ t \cdot 12{,}00\ € = 240{,}00\ €$$

Forderungen nach der Bonität

Einwandfreie Forderungen	Zweifelhafte Forderungen	Uneinbringliche Forderungen
… werden mit ihrem Rechnungsbetrag (brutto) in der Bilanz ausgewiesen.	… werden mit ihrem wahrscheinlichen Wert in der Bilanz ausgewiesen (indirekte Abschreibung).	… werden nicht in der Bilanz ausgewiesen (direkte Abschreibung).

Uneinbringliche Forderungen

- Forderungen gelten als uneinbringlich, wenn ihr (teilweiser) **Ausfall gewiss** ist, z. B. wenn ein Kunde die Zahlung einstellt.

- Derartige Forderungen sind zunächst von den einwandfreien („guten") Forderungen zu trennen, indem sie auf das aktive Bestandskonto **„Zweifelhafte Forderungen"** umgebucht werden.

- Anschließend sind sie **direkt** auf dem Konto „Zweifelhafte Forderungen" **abzuschreiben**. Das entsprechende Aufwandskonto heißt **„Abschreibungen auf Forderungen"**. Die Abschreibung wird vom **Nettowert** der Forderung berechnet.

- Da durch den Forderungsausfall *„das vereinbarte Entgelt für eine steuerpflichtige Lieferung oder sonstige Leistung uneinbringlich geworden ist"* (§ 17 Absatz 2 Ziffer 1 UStG), ist die **Umsatzsteuer** in entsprechender Höhe zu **korrigieren**. Das Finanzamt erstattet also die vorher zu viel berechnete bzw. schon abgeführte Umsatzsteuer.

Uneinbringliche Forderungen

Beispiel:
Die Bellheim-BüroService GmbH hat Aktenschränke im Wert von 15.700,00 € zuzüglich 19 % USt an einen Kunden auf Ziel verkauft. Am 15. März 20.. erfährt die Bellheim-BüroService GmbH, dass der Kunde das Insolvenzverfahren beantragt hat, das jedoch nach Prüfung vom zuständigen Insolvenzgericht am 19. Juli 20.. mangels Masse eingestellt wird. Damit kann die Bellheim-BüroService GmbH davon ausgehen, dass die Forderung verloren, uneinbringlich ist.

Buchungen:
Umbuchung der Forderung am 15. März 20..:

Zweifelhafte Forderungen	18.683,00 €	
an Forderungen a. LL		18.683,00 €

Direkte Abschreibung der Forderung einschließlich USt-Korrektur am 19. Juli 20..:

Abschreibungen auf Forderungen	15.700,00 €	
Umsatzsteuer	2.983,00 €	
an Zweifelhafte Forderungen		18.683,00 €

Zweifelhafte Forderungen

Entstehung der Einzelwertberichtigung zu Forderungen

- Einzelne Forderungen gelten als zweifelhaft, wenn ihr (teilweiser) **Ausfall am Bilanzstichtag wahrscheinlich** ist, z. B. wenn bei einem Kunden das Insolvenzverfahren eröffnet ist.
- Derartige Forderungen sind ebenfalls auf das aktive Bestandskonto „Zweifelhafte Forderungen" umzubuchen.
- Anschließend sind sie **indirekt** auf dem **passiven** „Be-stands"konto **„Einzelwertberichtigung (EWB) zu Forderungen"** in Höhe des mutmaßlichen Ausfalls abzuschreiben. Die Gegenbuchung erfolgt auf dem Aufwandskonto **„Einstellung in die Einzelwertberichtigung"**. Die Abschreibung wird vom **Nettowert** der Forderung berechnet.
- Das Konto „Einzelwertberichtigung zu Forderungen" ist ein **Korrekturposten** zum Konto „Zweifelhafte Forderungen".
- Die USt-Korrektur darf noch **nicht** erfolgen, da die endgültige Höhe des Ausfalls am Bilanzstichtag nicht feststeht.

Beispiel:
Per 31. Dezember 20.. beträgt der Forderungsbestand der Bellheim-BüroService GmbH 230.000,00 €. Darin enthalten ist eine Forderung über 33.320,00 € an den Kunden Miller GmbH, über deren Vermögen das Insolvenzverfahren eröffnet wurde. Der Insolvenzverwalter rechnet für die Bellheim-BüroService GmbH mit einer Insolvenzquote von 20 %. Das bedeutet einen mutmaßlichen Forderungsausfall von 80 %.

Buchungen per 31. Dezenber 20..:

(1) **Umbuchung der zweifelhaften Forderung**

Zweifelhafte Forderungen	33.320,00 €	
an Forderungen a. LL		33.320,00 €

(2) **Indirekte Abschreibung der zweifelhaften Forderung** (80 % von 28.000,00 €):

Einstellung in die Einzelwertberichtigung	22.400,00 €	
an Einzelwertberichtigung zu Forderungen		22.400,00 €

Darstellung des Beispiels zu „Einzelwertberichtigung zu Forderungen" auf Konten

Soll	Forderungen a. LL		Haben
...	230.000,00	1. Zweifelhafte Forderungen	33.320,00
		SBK	196.680,00

Soll	Einstellung in die EWB		Haben
2. EWB zu Forderungen	22.400,00	GuV-Konto	22.400,00

Soll	Zweifelhafte Forderungen		Haben
1. Forderungen a. LL	33.320,00	SBK	33.320,00

Soll	EWB zu Forderungen		Haben
SBK	22.400,00	2. Einst. in die EWB	22.400,00

Soll	Schlussbilanzkonto		Haben
Forderungen a. LL	196.680,00	EWB zu Forderungen	22.400,00
Zweifelhafte Forderungen	33.320,00		

Soll	Gewinn- und Verlustkonto		Haben
Einstellung in die EWB	22.400,00		

11

Eigenkapital

Eigenkapital der AG

↓ ↓

gezeichnetes Kapital + **Rücklagen**

- Das gezeichnete Kapital oder **Grundkapital** ist mit dem Nennwert anzusetzen, wobei das Grundkapital die Summe der Nennwerte aller Aktien ist. Es stellt den längerfristig **konstanten** Teil des Eigenkapitals dar, das sich nur im Zuge einer Kapitalerhöhung oder -herabsetzung ändert.
- Die **Rücklagen** sind mit dem tatsächlichen Wert anzusetzen; sie sind der **variable** Teil des Eigenkapitals, werden **offen** in der Bilanz **ausgewiesen** und lassen sich unterteilen in Kapitalrücklagen und Gewinnrücklagen.
- **Kapitalrücklagen** entstehen z. B. bei der Ausgabe von Aktien als Differenz zwischen Nennwert und höherem Ausgabewert (Agio oder Aufgeld).

- **Gewinnrücklagen** sind einbehaltene Gewinne; zu unterscheiden sind
  - gesetzliche Gewinnrücklagen,
  - satzungsmäßige Gewinnrücklagen und
  - andere (freie) Gewinnrücklagen.
- Die Summe aus gezeichnetem Kapital und offenen Rücklagen entspricht i. d. R. nicht dem **„tatsächlichen"** Wert des Eigenkapitals; zu berücksichtigen sind noch die sogenannten stillen Rücklagen oder Reserven (siehe unten).

Schulden

- **Darlehen** wie z. B. Grundschulden sind mit ihrem Rückzahlungsbetrag in der Bilanz auszuweisen.
- **Verbindlichkeiten** aus Lieferungen und Leistungen sind mit ihrem Erfüllungsbetrag (Zahlungs- oder Rechnungs- oder Bruttobetrag einschließlich Umsatzsteuer) zu passivieren.

- **Rückstellungen** sind mit solchen Erfüllungsbeträgen in der Bilanz anzusetzen, die gemäß § 253 Abs. 1 HGB *„... nach vernünftiger kaufmännischer Beurteilung notwendig ..."* sind.
  (Zu Begriff, Arten und Buchung von Rückstellungen siehe S. 484)

Stille Rücklagen
Undisclosed reserves

Stille Rücklagen (auch als **stille Reserven** bezeichnet) sind der Teil des Eigenkapitals, der in der Bilanz nicht ersichtlich ist.

Stille Rücklagen

↓ ↓

Differenz zwischen den Buchwerten und den tatsächlichen (höheren) Werten von Aktiva (also durch **Unterbewertung von Aktiva**)

Differenz zwischen den Buchwerten und den tatsächlichen (niedrigeren) Werten von Passiva (also durch **Überbewertung von Passiva**)

tatsächliche Werte
= Buchwerte + stille Rücklagen

tatsächliche Werte
= Buchwerte − stille Rücklagen

Beispiel: Ein Betriebsgrundstück, dessen Verkehrswert 650.000,00 € beträgt, darf in der Bilanz höchstens zu den Anschaffungskosten von 485.000,00 € ausgewiesen werden. Die stille Rücklage beträgt 165.000,00 €.

Beispiel: Ein in den USA zum Kurs von 1,20 € aufgenommener Kredit über 200.000,00 US-$ ist in der Bilanz weiter mit 240.000,00 € auszuweisen, auch wenn der Kurs inzwischen auf 1,05 € gesunken ist. Die stille Rücklage beträgt 30.000,00 €.

Ziel

- Aufbereitung des Zahlenmaterials aus Bilanz, Gewinn- und Verlustkonto, Anhang und Lagebericht, um einen komprimierten Einblick in die Vermögens-, Finanz- und Ertragslage des Unternehmens zu ermöglichen.

- Auswertung des aufbereiteten Zahlenmaterials mithilfe sogenannter Bilanzkennziffern, um die Lage des Unternehmens im Zeitablauf und mit anderen Unternehmen vergleichen zu können.

Aufbereitung der Bilanz (Bilanzanalyse)

- **Bereinigung** von Bilanzpositionen, wie z. B. Verrechnung (Saldierung) der Wertberichtigungen zu Forderungen mit den zweifelhaften Forderungen oder Wertberichtigungen zu Sachanlagen mit den entsprechenden Sachanlagekonten

- **Umgruppierung** von Bilanzpositionen; so gehört z. B. der Posten der aktiven Rechnungsabgrenzung zu den Forderungen a. LL, der Posten der passiven Rechnungsabgrenzung zu den Verbindlichkeiten a. LL. Der Rücklagenanteil des Jahresüberschusses ist Eigenkapital, der auszuschüttende Teil des Bilanzgewinnes gehört zu den Verbindlichkeiten.

- Erstellung einer **Strukturbilanz**:
  Bilanzpositionen werden nach bestimmten Kriterien zu Gruppen zusammengefasst. Der Ausweis der einzelnen Posten bzw. Postengruppen erfolgt in absoluten Beträgen (also in Euro) und in Prozentzahlen, bezogen auf die bereinigte Bilanzsumme.

  Um einen Zeitvergleich anstellen zu können, werden in der Strukturbilanz die Zahlen und Prozentsätze des Berichtsjahres und die des Vorjahres ausgewiesen.

Beispiel:
Strukturbilanz der Bellheim-BüroService GmbH zum 31. Dezember 20..

Aktiva	Berichtsjahr		Vorjahr		Passiva	Berichtsjahr		Vorjahr	
	Tsd. €	%	Tsd. €	%		Tsd. €	%	Tsd. €	%
Sachanlagen	368,0	56,1	380,0	60,5	Gezeichnetes Kapital	100,0	15,3	100,0	15,9
Anlagevermögen	**368,0**	**56,1**	**380,0**	**60,5**	Rücklagen	256,4	39,1	247,3	39,4
Waren	190,4	29,0	170,9	27,2	**Eigenkapital**	**356,4**	**54,4**	**347,3**	**55,3**
Forderungen	49,0	7,5	31,5	5,0	Darlehen	250,0	38,1	240,0	38,2
Liquide Mittel	48,3	7,4	46,0	7,3	Verbindlichkeiten	49,3	7,5	41,1	6,5
Umlaufvermögen	**287,7**	**43,9**	**248,4**	**39,5**	**Fremdkapital**	**299,3**	**45,6**	**281,1**	**44,7**
Gesamtvermögen	**655,7**	**100,0**	**628,4**	**100,0**	**Gesamtkapital**	**655,7**	**100,0**	**628,4**	**100,0**

Auswertung der Bilanz mithilfe ausgesuchter Bilanzkennziffern

Die Bilanz – wie auch die Gewinn- und Verlustrechnung – wird mithilfe sogenannter Bilanzkennzahlen ausgewertet.

Vermögensstruktur oder Konstitution
Die Vermögensstruktur eines Unternehmens hängt von der Branche und dem Grad der Mechanisierung und Automation ab. Sie beeinflusst die Anpassungsfähigkeit des Unternehmens.

Kennziffern *(Beispiele):*

$$\text{Anlagenintensität} = \frac{\text{Anlagevermögen}}{\text{Gesamtvermögen}} \cdot 100$$

$$\text{Forderungsquote} = \frac{\text{Forderungen}}{\text{Gesamtvermögen}} \cdot 100$$

Beispiele: Aufgrund der Strukturbilanz ergeben sich für die Bellheim-BüroService GmbH folgende Werte:

Anlagenintensität

Berichtsjahr
$$\frac{368 \cdot 100}{655,7} = 56,1\,\%$$

Vorjahr
$$\frac{380 \cdot 100}{628,4} = 60,5\,\%$$

Forderungsquote

Berichtsjahr
$$\frac{49 \cdot 100}{655,7} = 7,5\,\%$$

Vorjahr
$$\frac{31,5 \cdot 100}{628,4} = 5,0\,\%$$

Kapitalstruktur oder Finanzierung

Die Kapitalstruktur zeigt, mit welchen Mitteln (eigenen und fremden, langfristigen und kurzfristigen) das Vermögen finanziert wurde. Sie gibt u. a. Aufschluss über den Haftungsumfang, die Kreditwürdigkeit und Krisenfestigkeit sowie die finanzielle Unabhängigkeit des Unternehmens.

Kennziffern *(Beispiele):*

$$\text{Grad der finanziellen Unabhängigkeit} = \frac{\text{Eigenkapital}}{\text{Gesamtkapital}} \cdot 100$$

$$\text{Anteil des kurzfristigen Fremdkapitals} = \frac{\text{kfr. Fremdkapital}}{\text{Gesamtkapital}} \cdot 100$$

Anlagendeckung oder Investierung

Die „goldene Finanzierungsregel" fordert, dass die Dauer der Kapitalbindung im Vermögen nicht länger als die Dauer der Kapitalüberlassung sein soll (**Fristenkongruenz** von Aktiva und Passiva). Der Finanzierungsumfang des Anlagevermögens durch langfristiges Kapital (Deckung) zeigt die Finanzierungssolidität und -stabilität des Unternehmens. Das Anlagevermögen – und die „eisernen Bestände" der Vorräte – soll durch langfristiges Kapital finanziert werden (**„goldene Bilanzregel"**).

Kennziffern:

$$\text{Deckungsgrad I} = \frac{\text{Eigenkapital}}{\text{Anlagevermögen}} \cdot 100$$

$$\text{Deckungsgrad II} = \frac{\substack{\text{Eigenkapital} \\ + \text{ langfr. Fremdkapital}}}{\text{Anlagevermögen}} \cdot 100$$

Liquidität

Die Liquidität zeigt die Fähigkeit des Unternehmens an, jederzeit die kurzfristigen Verbindlichkeiten bezahlen zu können. Sie ist insofern bedeutsam, als Zahlungsunfähigkeit die Einleitung eines Insolvenzverfahrens (siehe dazu S. 473 ff.) zur Folge hat.

Kennziffern:

$$\text{Liquiditätsgrad I (Barliquidität)} = \frac{\text{liquide Mittel}}{\text{kurzfr. Verbindlichkeiten}} \cdot 100$$

Faustregel: mindestens 20 % Deckung

$$\text{Liquiditätsgrad II (einzugsbedingte Liquidität)} = \frac{\substack{\text{liquide Mittel} \\ + \text{ Forderungen a. LL}}}{\text{kurzfr. Verbindlichkeiten}} \cdot 100$$

Faustregel: mindestens 100 % Deckung

$$\text{Liquiditätsgrad III (umsatzbedingte Liquidität)} = \frac{\text{Umlaufvermögen}}{\text{kurzfr. Verbindlichkeiten}} \cdot 100$$

Faustregel: mindestens 200 % Deckung

Beispiele: Für die Bellheim-BüroService GmbH werden folgende Werte anhand der Strukturbilanz ermittelt:

Grad der finanziellen Unabhängigkeit

Berichtsjahr
$$\frac{356{,}4 \cdot 100}{655{,}7} = 54{,}4\,\%$$

Vorjahr
$$\frac{347{,}3 \cdot 100}{628{,}4} = 55{,}3\,\%$$

Anteil des kurzfristigen Fremdkapitals

Berichtsjahr
$$\frac{49{,}3 \cdot 100}{655{,}7} = 7{,}5\,\%$$

Vorjahr
$$\frac{41{,}1 \cdot 100}{628{,}4} = 6{,}5\,\%$$

Beispiele: Mithilfe der Strukturbilanz ergeben sich für die Bellheim-BüroService GmbH folgende Deckungsgrade:

Deckungsgrad I

Berichtsjahr
$$\frac{356{,}4 \cdot 100}{368} = 96{,}8\,\%$$

Vorjahr
$$\frac{347{,}3 \cdot 100}{380} = 91{,}4\,\%$$

Deckungsgrad II

Berichtsjahr
$$\frac{606{,}4 \cdot 100}{368} = 164{,}8\,\%$$

Vorjahr
$$\frac{587{,}3 \cdot 100}{380} = 154{,}6\,\%$$

Beispiele: Den Liquiditätsstatus der Bellheim-BüroService GmbH zeigen – auf der Grundlage der Strukturbilanz – die folgenden Zahlen:

Liquiditätsgrad I

Berichtsjahr
$$\frac{48{,}3 \cdot 100}{49{,}3} = 98{,}0\,\%$$

Vorjahr
$$\frac{46 \cdot 100}{41{,}1} = 111{,}9\,\%$$

Liquiditätsgrad II

Berichtsjahr
$$\frac{(48{,}3 + 49) \cdot 100}{49{,}3} = 197{,}4\,\%$$

Vorjahr
$$\frac{(46 + 31{,}5) \cdot 100}{41{,}1} = 188{,}6\,\%$$

Liquiditätsgrad III

Berichtsjahr
$$\frac{287{,}7 \cdot 100}{49{,}3} = 583{,}6\,\%$$

Vorjahr
$$\frac{248{,}4 \cdot 100}{41{,}1} = 604{,}4\,\%$$

Rentabilität

Die Rentabilität ist die innerbetriebliche Verzinsung des eingesetzten Kapitals, die den Erfolg des Unternehmens zum Ausdruck bringt. Die Erfolgsentwicklung ist u. a. bedeutsam für das Verhalten bestehender und zukünftiger Teilhaber bzw. Investoren, Kunden und Lieferanten.

Kennziffern:

$$\text{Rentabilität des Eigenkapitals} = \frac{\text{bereinigter Unternehmensgewinn}^1}{\text{durchschnittliches Eigenkapital}^2} \cdot 100$$

$$\text{Rentabilität des Gesamtkapitals} = \frac{\text{bereinigter Unternehmensgewinn} + \text{Fremdkapitalzinsen}}{\text{durchschnittliches Gesamtkapital}} \cdot 100$$

$$\text{Rentabilität des Umsatzes} = \frac{\text{bereinigter Unternehmensgewinn}}{\text{Umsatz}} \cdot 100$$

[1]   Unternehmensgewinn
− außerordentliche Erträge
+ außerordentliche Aufwendungen

= bereinigter Unternehmensgewinn

Beispiele: Für die Bellheim-BüroService GmbH ergeben sich aus der Strukturbilanz folgende Zahlen:

Durchschnittliches Eigenkapital in tausend Euro im Berichtsjahr:
(347,3 + 356,4) : 2 = 351,85

Durchschnittliches Gesamtkapital in tausend Euro im Berichtsjahr:
(628,4 + 655,7) : 2 = 642,05

Im Berichtsjahr betragen der Gewinn 19.100,00 €, der Umsatz 215.000,00 € und die Zinsaufwendungen 5.300,00 €. Außerordentliche Aufwendungen und Erträge liegen nicht vor.

Für das Berichtsjahr ergeben sich die folgenden Prozentzahlen:

Rentabilität des Eigenkapitals
$$\frac{19,1 \cdot 100}{351,85} = 5,4\,\%$$

Rentabilität des Gesamtkapitals
$$\frac{(19,1 + 5,3) \cdot 100}{642,05} = 3,8\,\%$$

Rentabilität des Umsatzes
$$\frac{19,1 \cdot 100}{215} = 8,9\,\%$$

[2]   Durchschnittliches Eigenkapital
$$= \frac{\text{Eigenkapital am 1. Jan.} + \text{Eigenkapital am 31. Dez.}}{2}$$

Cashflow

Der Cashflow (Kassenfluss oder Liquiditätszufluss) drückt die Selbstfinanzierungskraft eines Unternehmens aus. Er gibt an, welche selbst erwirtschafteten Mittel des Geschäftsjahres dem Unternehmen für Investitionen, Schuldentilgung und Gewinnausschüttung zur Verfügung stehen.

Kennziffer *(Beispiel):*

Jahresüberschuss (Gewinn)
+ Abschreibungen auf Anlagen
+ Zuführungen zu den langfristigen Rückstellungen

= Cashflow

Beispiel: Für die Bellheim-BüroService GmbH ergibt sich folgender Cashflow (die Abschreibungen beinhalten nur solche auf Anlagen):

Cashflow
Berichtsjahr:

Gewinn	19.100,00 €
+ Abschreibungen auf Anlagen	54.000,00 €
= Cashflow	73.100,00 €

Wirtschaftlichkeit

Unter Wirtschaftlichkeit wird das Verhältnis von Aufwendungen und Erträgen verstanden. Der Aussagewert ist gering, da die Unternehmen nicht nach maximaler Wirtschaftlichkeit, sondern nach hoher Rentabilität streben.

Kennziffer *(Beispiel):*

$$\text{Wirtschaftlichkeit} = \frac{\text{Erträge}}{\text{Aufwendungen}}$$

Beispiel: Die Bellheim-BüroService GmbH berechnet die Wirtschaftlichkeit wie folgt:

Wirtschaftlichkeit
Berichtsjahr:
$$\frac{223}{203,9} = 1,09$$

Mit 1,00 € Aufwand wurde ein Ertrag von 1,09 € erzielt.

EBIT

Earnings before Interest and Tax (EBIT), Operating Income, Operating Profit; Gewinn (Ergebnis der gewöhnlichen Geschäftstätigkeit) vor Ertragsteuern und Zinsen (Finanzergebnis). EBIT ist eine im angelsächsischen Raum gebräuchliche Kennzahl, die eine von der Finanzstruktur des Unternehmens unabhängige Beurteilung der Ertragskraft aus der operativen Geschäftstätigkeit ermöglicht (ähnlich dem in Deutschland üblichen Betriebsergebnis). Dadurch kann zwischen Unternehmen mit unterschiedlichen Fremdkapitalanteilen Vergleichbarkeit hergestellt werden.

aus: Gablers Wirtschaftslexikon, 15. Aufl., Wiesbaden 2001

EBDIT

Earnings before Depreciation, Interest and Tax (EBDIT); Gewinn (Ergebnis der gewöhnlichen Geschäftstätigkeit) vor dem Abzug von Abschreibungen, Steuern und Zinsen. Das EBDIT dient dazu, die Effekte stark schwankender Abschreibungsgepflogenheiten beim Ergebnisvergleich auszuschalten.

aus: Gablers Wirtschaftslexikon, 15. Auflage, Wiesbaden 2001

Insbesondere die Kennziffer EBDIT führt zu internationaler Vergleichbarkeit der Ergebnisse, da die unterschiedliche Höhe der Zinssätze sowie die unterschiedlichen gesetzlichen Regelungen bezüglich Ertragsteuern und Abschreibungsmöglichkeiten in den einzelnen Ländern unberücksichtigt bleiben.

RoI

- Return on Investment (RoI) = Rückfluss des investierten Kapitals = Kapitalrendite; Verhältnis des gesamten investierten Kapitals und des Umsatzes zum Gewinn:

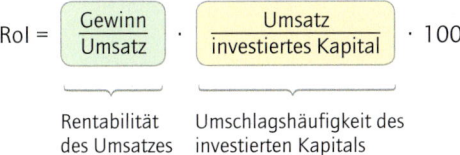

$$RoI = \underbrace{\frac{Gewinn}{Umsatz}}_{\substack{Rentabilität \\ des\ Umsatzes}} \cdot \underbrace{\frac{Umsatz}{investiertes\ Kapital}}_{\substack{Umschlagshäufigkeit\ des \\ investierten\ Kapitals}} \cdot 100$$

- RoI ist eine Kombination zweier Kennzahlen und dient der Analyse der Rentabilität. Der erste Faktor der Gleichung zeigt den Umsatzerfolg, der zweite die Kapitalumschlagshäufigkeit. Durch Multiplikation beider Faktoren ergibt sich die jährliche Rentabilität des investierten Kapitals.

- RoI kann als Grundlage für die Unternehmenspolitik und Unternehmensplanung dienen. Stehen mehrere Investitionsobjekte zur Auswahl, wird für jedes Objekt die RoI-Kennziffer gebildet. Als Entscheidungsgrundlage für Investitionen hat RoI allerdings den Nachteil einer statischen, da kurzfristigen Betrachtungsweise.

Kennzahlensystem RoI (DuPont-Schema):

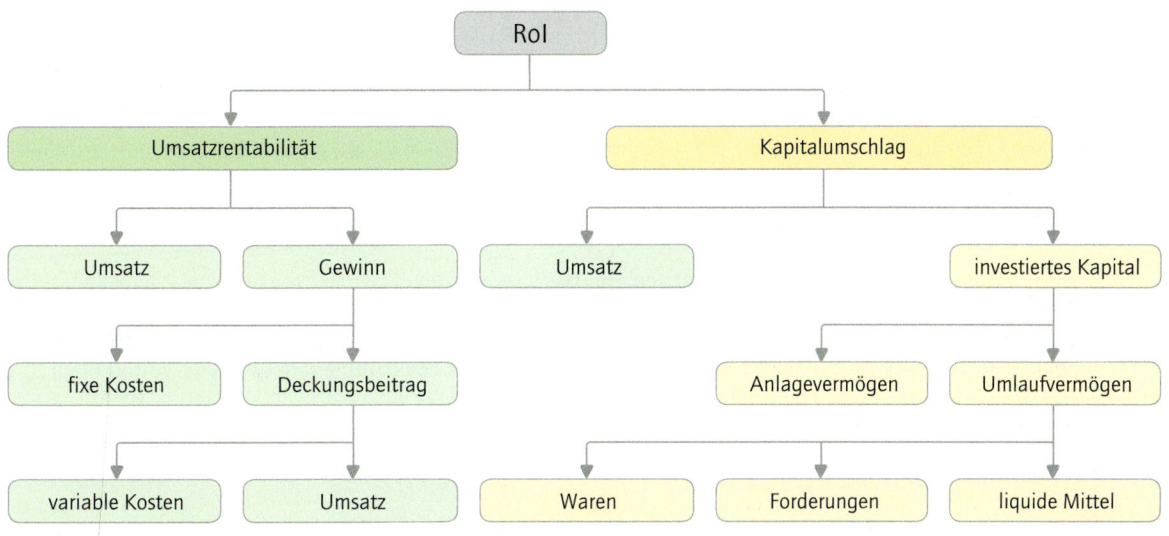

Begriff

- Unter Budgetierung kann die **Vorgabe von Planzahlen** (Sollzahlen) für einen bestimmten Zeitraum auf der Grundlage unternehmerischer Zielsetzungen für alle betrieblichen Teilbereiche bzw. Prozesse verstanden werden.

- Ergebnis der Budgetierung sind **Einzelbudgets** (z. B. Budget für Warenverkäufe), die in einem Gesamtbudget zusammengefasst werden.

- In Abhängigkeit vom Planungszeitraum werden unterschieden
  - **operative Budgetierung:**
    kurzfristige (z. B. monatliche) und mittelfristige (z. B. jährliche) mengen- und wertmäßige Vorgabe der Planzahlen
  - **strategische Budgetierung:**
    langfristige (bis zu 10 Jahre) Aufstellung von Plänen zur Existenzsicherung

Budgetierungsprozess als Controllinginstrument

Festlegung der Unternehmensziele

Budgetarten
Budgetierung umfasst im Wesentlichen zwei Bereiche, nämlich die Erstellung des Erfolgsbudgets und des Finanzbudgets, die sich beide wiederum aus Teilbudgets zusammensetzen:

Budgetarten

Erfolgsbudget	Finanzbudget
Ermittelt wird das geplante **Betriebsergebnis** aus der Gegenüberstellung einzelner **Kosten- und Leistungsbudgets** wie z. B.: ■ Budget für den Wareneinsatz ■ Budget für Werbekosten ■ Budget für Personalkosten ■ Budget für Betriebsstoffe/Energie ■ Budget für Warenverkäufe	Ermittelt wird der geplante **Einnahmen- bzw. Ausgabenüberschuss** aus der Gegenüberstellung einzelner **Ausgaben- und Einnahmenbudgets** wie z. B.: ■ Budget für Wareneinkäufe ■ Budget für Verwaltung ■ Budget für geplante Investitionen ■ Budget für Warenverkäufe ■ Budget für Zinserträge

Regeln der Budgetierung
- Budgets müssen Verantwortlichen eindeutig zugeschrieben werden können.
- Budgetverantwortliche sind daher am Prozess der Budgetierung zu beteiligen.

- Budgetvorhaben müssen messbar und vor allen Dingen erreichbar sein.
- Budgetvorhaben müssen Handlungsspielräume enthalten, damit sie von den Budgetverantwortlichen beeinflussbar sind.

Budgetkontrolle/Abweichungsanalyse

- Die Kontrolle der Budgets erfolgt mithilfe von **Soll-Ist-Vergleichen**, indem die Soll-Zahlen (Planzahlen) der Budgets mit den Ist-Zahlen verglichen werden.
- Festgestellte Mehr- oder Minderverbräuche von Produktionsfaktoren bzw. gestiegene/gesunkene Absatzmengen stellen **Mengenabweichungen** dar.

- Aus der Differenz zwischen geplanten und tatsächlichen Preisen ergeben sich **Preisabweichungen**.
- Die Gründe dieser Abweichungen sind zu analysieren und den dafür Verantwortlichen zuzurechnen.

Korrekturmaßnahmen

Die Ergebnisse der Abweichungsanalysen führen zu Korrekturmaßnahmen, die ihren Niederschlag in den **neu zu erstellenden Budgets** finden. Denkbar ist allerdings auch eine **Korrektur der Unternehmensziele**.

Begriff

Unter dem Begriff Statistik wird vielfach die zahlenmäßige Erfassung und Analyse von **Massenerscheinungen** im Sinne großer Mengen verstanden, womit einerseits die Tätigkeit selbst, andererseits das Ergebnis dieser Tätigkeit gemeint sein kann. In neuerer Zeit bedeutet Statistik aber auch die Analyse von Stichproben kleinen Umfangs, sodass das Wort „Masse" heute nur als **„Mehrheit"** interpretiert werden darf.

Beispiel: Das Ergebnis der Bundestagswahl steht erst dann endgültig fest, wenn die Stimmen **aller** Wähler in allen Wahlkreisen ausgezählt sind (**Masse** der Wähler). Annähernd richtige Ergebnisse liegen aber schon viel früher vor, nämlich wenn aufgrund der Auszählergebnisse weniger Wahlkreise und damit **weniger** Wähler (**Stichproben**) bereits ca. 30 Minuten nach dem Schließen der Wahllokale diese Teilergebnisse mit bestimmten statistischen Rechenverfahren auf das gesamte Bundesgebiet hochgerechnet werden.

Anforderungen an statistische Maßzahlen

- Maß- oder Kennzahlen bilden die Grundlage dafür, einen bestimmten Sachverhalt quantitativ, also mithilfe von Zahlen, darzustellen.
- Sie müssen eindeutig definiert sein.
- Aufbau und Eignung einer Maßzahl haben ihren Ausgangspunkt in der aus ihr erwachsenden sachlichen Fragestellung.

Beispiel: Welches Transportmittel ist sicherer, die Eisenbahn oder das Flugzeug? Es ist eine Maßzahl zu finden, mit der die Unfallhäufigkeit und damit die unterschiedliche Sicherheit der beiden Verkehrsmittel verglichen werden kann.
Frage 1: Sollen bei den Unfällen nur die Toten oder auch die Verletzten gezählt werden?
Frage 2: Worauf soll die Zahl der Toten bzw. die Zahl der Toten einschließlich der Verletzten bezogen werden? Welche Größe dient also als Maßzahl für den Umfang der Reisetätigkeit?
Als Maßzahl hierfür die „Zahl der Reisenden" zu nehmen, ist nicht befriedigend. Ob ein Reisender A von Braunschweig über Würzburg nach München fährt oder ob der Reisende A von Braunschweig nach Würzburg fährt, dort aussteigt und der Reisende B den Platz von A einnimmt und nach München fährt – das Risiko eines Unfalls auf der Strecke Braunschweig – München ist gleich hoch. Nur haben wir als Bezugsgröße im ersten Fall einen Reisenden, im zweiten Fall zwei. Als Maß für den Umfang der Reisetätigkeit kommt daher nicht die Zahl der Reisenden, sondern die Zahl der „Personen-km" in Betracht.

Arten von Maßzahlen

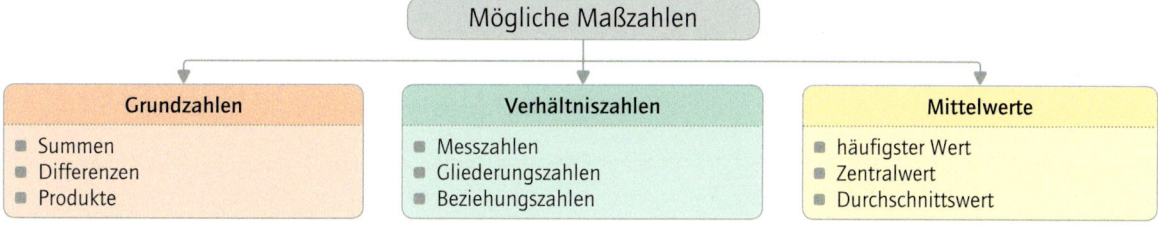

Grundzahlen

- Sie sind absolute Zahlen zur Darstellung quantitativer Sachverhalte.
- Sie erhalten ihre Bedeutung, wenn sie mit anderen absoluten Zahlen ins Verhältnis gesetzt werden (→ Verhältniszahlen).

Beispiel:
Gewinn der Bellheim-BüroService GmbH im Jahr 20..: 2 Mio. €
Gewinn des Konkurrenzunternehmens: 3 Mio. €

$$\text{Eigenkapitalrentabilität} = \frac{\text{Gewinn}}{\text{Eigenkapital}} \cdot 100$$

Bellheim-BüroService GmbH: 2 Mio. € : 20 Mio. € · 100 = 10 %
Konkurrent: 3 Mio. € : 35 Mio. € · 100 = 8,6 %

Ergebnis: Die Verzinsung des Eigenkapitals bei der Bellheim-BüroService GmbH ist höher.

vgl. Scharf, Dirk: Einführung in das betriebliche Rechnungswesen und statistische Grundlagen, Wiesbaden 1997, S. 26 f.

Verhältniszahlen

Sie ergeben sich dadurch, dass zwei in einem sachlichen Zusammenhang stehende Maßzahlen zueinander ins Verhältnis gesetzt werden. Das Ergebnis ist der Quotient (die Verhältniszahl).

Beispiel:

$$\frac{\text{Zahl der Toten und Verletzten pro Jahr}}{\text{Zahl der gefahrenen Eisenbahnkilometer pro Jahr}}$$

Messzahlen

- Eine Reihe gleichartiger Größen wird auf eine dieser Größen als gemeinsame Basis bezogen, zum Beispiel Monatsumsätze von Produkten.

- Messzahlen eignen sich gut zur Darstellung der zeitlichen Entwicklung von Sachverhalten.

Darstellungsformen von Messzahlen

Tabelle

Anforderungsmerkmale zur Gestaltung gemäß Normblatt DIN 55 301 sind u. a.

- Gliederung in Zeilen und Spalten, deren Kreuzung Fächer ergeben;

- Kennzeichnung der Zeileninhalte in der Vorspalte, der Spalteninhalte im Tabellenkopf;

- Beschreibung des dargestellten Sachverhalts in einer Überschrift mit örtlicher/zeitlicher Abgrenzung.

Beispiel:

Monatsumsätze Warengruppen der Bellheim-BüroService GmbH im Jahr 20.. in Tsd. €				
	WG 1	WG 2	WG 3	WG 4	Gesamt
Januar	10	12	35	22	79
Februar	12	18	40	20	90
März	15	16	37	18	86
April	20	9	34	24	87
Mai	16	4	41	28	89
Juni	24	15	39	26	104
Juli	18	13	38	16	85
August	10	17	36	20	83
September	14	15	39	26	94
Oktober	19	10	40	24	93
November	20	11	33	21	85
Dezember	21	14	36	20	91
	199	154	448	265	1.066

Säulendiagramm

- Eignet sich zur Darstellung der zeitlichen Entwicklung nur einer Zahlenreihe

- Beschreibung des dargestellten Sachverhalts mit einer Überschrift

- Benennung der Achsen

Beispiel:

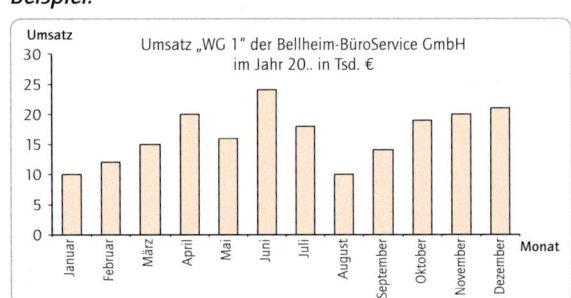

Liniendiagramm

Diese Art Diagramm, auch als Kurvendiagramm bezeichnet, ist geeignet, die zeitliche Entwicklung eines Sachverhalts, der mehrere Zahlenreihen umfasst, übersichtlich darzustellen.

Beispiel:

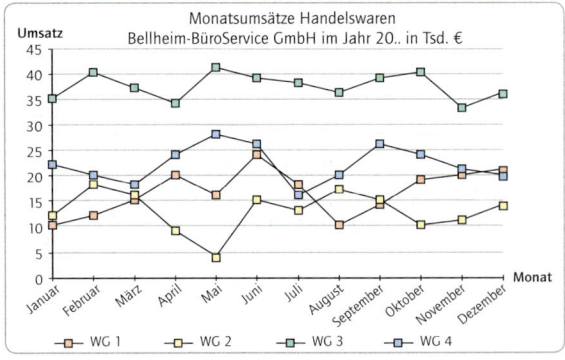

vgl.: Hübscher, Heinrich u. a.: IT-Kompendium, Braunschweig 2001, S. 427 f.

Verhältniszahlen

Gliederungszahlen

- Wird eine Reihe von Teilgrößen durch eine übergeordnete Größe als gemeinsame Basis dividiert und mit Hundert multipliziert, sind die Ergebnisse Prozentzahlen, die als Gliederungs- oder Strukturzahlen bezeichnet werden.
- Mit ihrer Hilfe wird die Struktur der Gesamtheit deutlich.

- Gliederungszahl (in %)

$$= \frac{\text{Teilgröße (Einzelposition)}}{\text{übergeordnete Größe (Summe der Einzelpositionen)}} \cdot 100$$

Anwendungsbeispiele für Gliederungszahlen
Kreisdiagramme-Umsatzstruktur

- Sie machen Strukturunterschiede auch bei starker Größenvariation deutlich.

- Kleine Anteile sind noch deutlich sichtbar.
- Besondere Kreissegmente können herausgezogen werden.

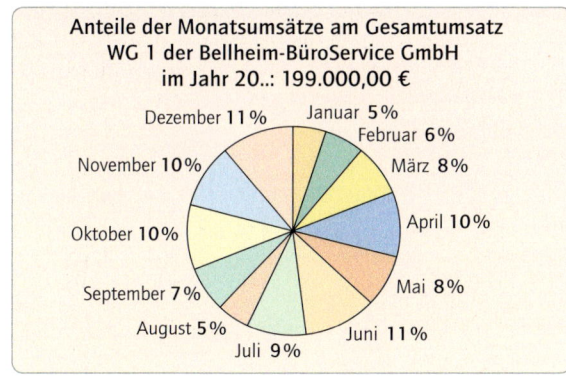

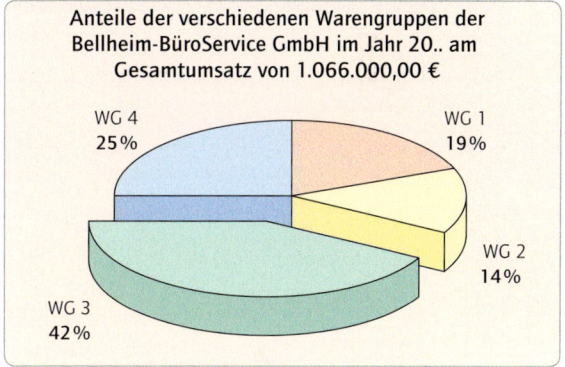

vgl.: Scharf, Dirk: Einführung in das betriebliche Rechnungswesen und statistische Grundlagen, Wiesbaden 1997, S. 33 ff.

Strukturbilanz

Aktiva	Strukturbilanz der Bellheim-BüroService GmbH per 31. Dez. 20..					Passiva
	€	%			€	%
Anlagevermögen	300.000,00	27,27	Eigenkapital		240.000,00	21,82
Umlaufvermögen	800.000,00	72,73	Fremdkapital		860.000,00	78,18
	1.100.000,00	100,00			1.100.000,00	100,00

Beziehungszahlen

Bei ihnen werden zwei verschiedene Größen, die in einem sachlich sinnvollen Zusammenhang stehen, zueinander ins Verhältnis gesetzt.

Anwendungsbeispiele aus dem Rechnungswesen
Analyse der Bilanz

$$\text{Barliquidität} = \frac{\text{flüssige Mittel}}{\text{kurzfristige Verbindlichkeiten}} \cdot 100$$

$$\text{Anlagendeckungsgrad I} = \frac{\text{Eigenkapital}}{\text{Anlagevermögen}} \cdot 100$$

Analyse der Gewinn- und Verlustrechnung

$$\text{Wirtschaftlichkeit} = \frac{\text{Erträge}}{\text{Aufwendungen}}$$

$$\text{Personalintensität} = \frac{\text{Personalaufwand}}{\text{Betriebsaufwendungen}}$$

Analyse der Bilanz i. V. m. der GuV-Rechnung

$$\text{Eigenkapitalrentabilität} = \frac{\text{Gewinn}}{\text{Eigenkapital}} \cdot 100$$

$$\text{Umschlaghäufigkeit der Forderungen} = \frac{\text{Umsatzerlöse}}{\text{durchschnittlicher Forderungsbestand}}$$

Kosten- und Leistungsrechnung

$$\text{Leistungsergiebigkeit} = \frac{\text{Leistungen}}{\text{Kosten}}$$

$$\text{Stückkosten} = \frac{\text{Gesamtkosten}}{\text{Produktionsmenge}}$$

12 Berufsorientierte Projekte für den Groß- und Außenhandel durchführen

Projekt

Begriff

Nach DIN 69901 handelt es sich bei einem **Projekt** um „ein Vorhaben, das im Wesentlichen durch die Einmaligkeit **1** der Bedingungen in ihrer Gesamtheit **2** gekennzeichnet ist, z. B. Zielvorgabe **3** , zeitliche **4** , finanzielle **5** , personelle **6** und andere Begrenzungen, Abgrenzung gegenüber anderen Vorhaben **7** , projektspezifische Organisation **8** "[1].

Projekte werden in Unternehmen, aber auch in politischen, sozialen und kulturellen Organisationen durchgeführt.

Beispiele für Projekte:

Anwendungsbereich	Projektgegenstand	Zeitrahmen
Schule	Planung, Durchführung und Auswertung einer Betriebserkundung	4 Wochen
Unternehmen	Entwicklung eines neuen Vertriebssystems im Bereich des E-Commerce	9 Monate
Staat	Wiederaufbau der Ölfelder in Kuwait nach dem Golfkrieg	27 Monate

[1] aus: DIN 69901. Projektwirtschaft; Projektmanagement; Begriffe. Ausgabe 1987-08, Berlin, Wien, Zürich

Projektmerkmale

Merkmal	Bedeutung
Einmaligkeit der Bedingungen **1**	Projekte sind von ihrem Wesen her stets **innovativ**, einige Fachautoren sprechen in diesem Zusammenhang von revolutionären Veränderungen bei Projekten gegenüber sonst evolutionären Veränderungsprozessen. Diese Eigenschaft setzt hohe Anforderungen an die Projektbeteiligten, sowohl im Hinblick auf **Fach-** und **Methoden-** als auch **Sozialkompetenz** und grenzt Projekttätigkeiten somit von laufenden Routinetätigkeiten, z. B. im Unternehmen, ab.
Komplexität/ Bedingungen in ihrer Gesamtheit **2**	Das Zusammentreffen verschiedenster Bedingungen bei der Durchführung eines konkreten Projekts bedeutet, nicht nur unterschiedlichste **Einflussgrößen** des Projekts und ihre Abhängigkeiten zu berücksichtigen, sondern auch die **Veränderung** dieser Größen im Zeitablauf des Projektprozesses in ihrer Gesamtheit zu erfassen und darauf angemessen zu reagieren. Damit wird von allen Beteiligten **dynamisches Prozessdenken** verlangt; diese Anforderungen steigen mit dem Umfang der Komplexität.

Dimensionen der Projektkomplexität

aus: Williams, Terry: Management von komplexen Projekten. Projektrisiken durch quantitative Modellierungstechniken steuern, 1. Aufl., Weinheim 2003, S. 76

Projektmerkmale

Merkmal	Bedeutung
Zielvorgabe 3	Sowohl das **Gesamtziel** als auch **Teilziele** eines Projekts müssen möglichst genau festgelegt werden, damit die von einem **Auftraggeber** (z. B. interne oder externe Auftraggeber eines Unternehmens) formulierten Ziele und Erwartungen auch punktgenau getroffen werden. Eventuelle **Zielkonflikte** zwischen einzelnen Teilzielen sowie spezielle **Projektrisiken** müssen vorher ausreichend beachtet werden.
	Sind die Projektziele genau definiert, um einen abgestimmten Projektzweck zu realisieren, kann im Rahmen der **Projektauswertung** auch festgestellt werden, inwieweit dies erreicht wurde. Gerade ein externer Auftraggeber wird größten Wert darauf legen, dass die Zielerreichung messbar ist. Schließlich stellt er eine große Geldsumme zur Projektdurchführung zur Verfügung und möchte wissen, ob die getätigte Investition für ihn lohnend war. Ist das mit dem Auftraggeber abgestimmte Projektziel nicht im erforderlichen Umfang erreicht worden, kann es zu **Schadensersatzansprüchen** des Auftraggebers kommen.
	Die **Ziele** eines Projekts können nach unterschiedlichen **Gesichtspunkten** eingeteilt werden. Einteilung der **Projektziele** nach[1] …
	■ der **Zielausrichtung**: – **Ergebnisziele** (beziehen sich auf das Projektergebnis) – **Arbeitsziele** (beziehen sich auf die Projektdurchführung)
	■ dem **Zielinhalt**: – **qualitative Ziele** (nicht in Zahlen vorgebbar) – **quantitative Ziele** (zahlenmäßig vorgebbare Ziele)
	■ der **Zielkategorie**: – **strategische Ziele** (langfristig) – **taktische Ziele** (mittelfristig) – **operative Ziele** (kurzfristig)
	Olfert/Steinbuch definieren als **grundlegende Ziele** aller Projekte[2]: ■ Einhaltung des ökonomischen Prinzips ■ konsequente Kundenfokussierung ■ systematische Prozessorientierung ■ Schonung der Umwelt
	[1] vgl. Olfert, Klaus/Steinbuch, Pitter A.: Kompakt-Training Projektmanagement. 3., überarbeitete und aktualisierte Auflage, Ludwigshafen/Rhein, 2002, S. 15 [2] aus: Olfert, Klaus/Steinbuch, Pitter A., a. a. O., S. 16
zeitliche Begrenzung 4	Ein Projekt hat sowohl einen **Start-** als auch einen **Endtermin**. Der zeitliche Umfang kann sich z. B. auf wenige Wochen, aber auch auf Monate oder sogar Jahre erstrecken. Der **Arbeitsfortschritt** im Projektablauf muss stets zielgerichtet **gesteuert** und **überwacht** werden. Eine genaue **Zeitplanung** ist Teil eines ganzheitlichen Projektmanagements.
finanzielle Begrenzung 5	Für ein Projekt steht in der Regel ein bestimmtes **Budget** zur Verfügung. Dieses soll die gesamten **Projektkosten** abdecken, also sowohl **Sach-** als auch **Personalkosten**. Der **Projektkostenplan** enthält die geschätzte Höhe der einzelnen Kostenarten (z. B. Softwarekosten für die Projektdauer) und ermittelt somit die **Gesamtprojektkosten**. Voraussetzung dafür ist, dass die einzelnen Projektaufgaben, das notwendige Personal, die erforderlichen Sachmittel vorher abgeschätzt werden und eine Terminplanung vorliegt, die die Dauer der Nutzung der einzelnen Ressourcen enthält. **Kostenrisiken** müssen vorher abgeschätzt werden, sogenannte Risikoreserven werden daher einkalkuliert.
	Ein **Projektcontrolling** wird während der Projektdurchführung (z. B. ein permanenter Soll-Ist-Vergleich der einzelnen Kostenarten) und zum Projektabschluss durchgeführt.

12

Projekt

Projektmerkmale

Merkmal	Bedeutung
finanzielle Begrenzung 5	

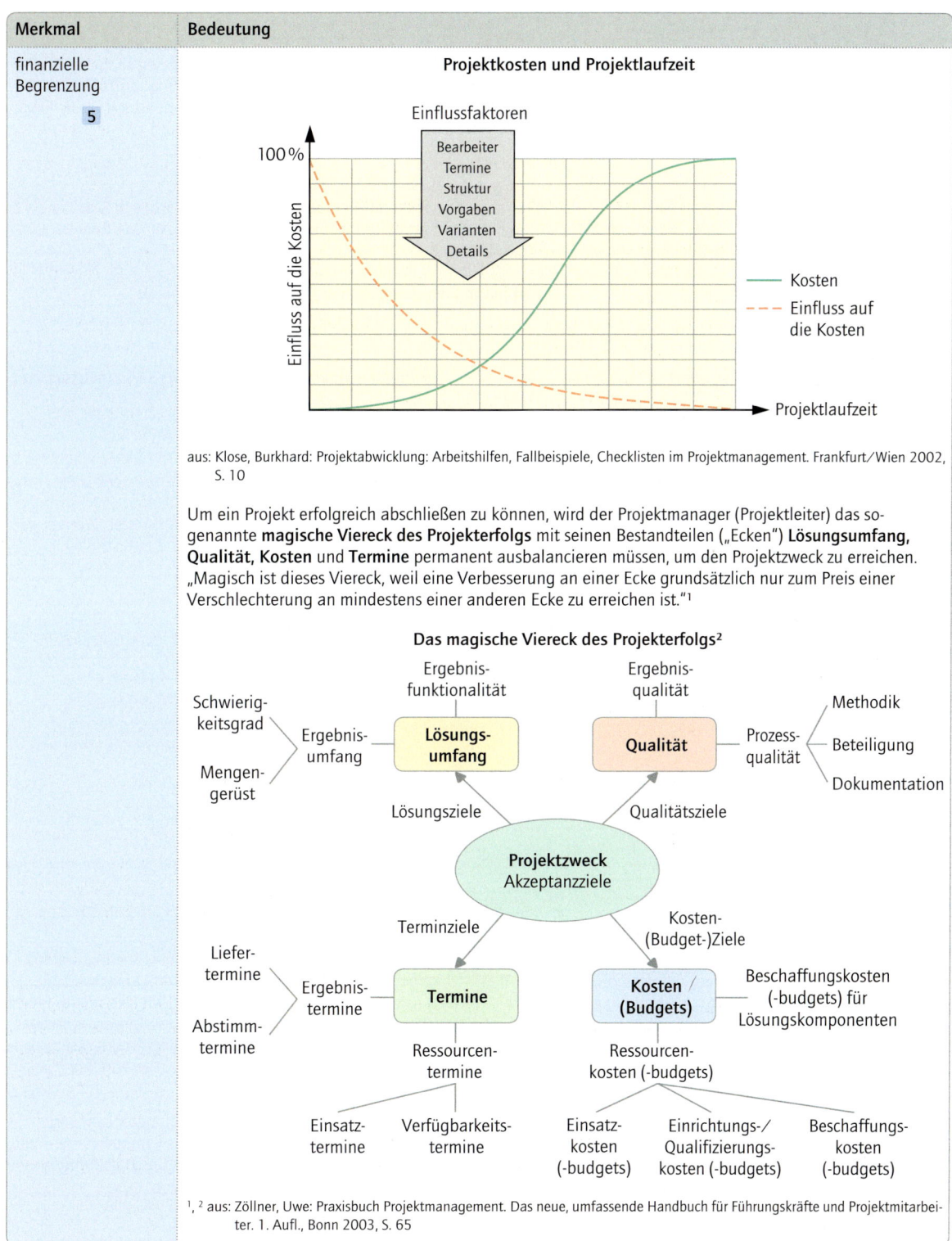

Projektkosten und Projektlaufzeit

aus: Klose, Burkhard: Projektabwicklung: Arbeitshilfen, Fallbeispiele, Checklisten im Projektmanagement. Frankfurt / Wien 2002, S. 10

Um ein Projekt erfolgreich abschließen zu können, wird der Projektmanager (Projektleiter) das sogenannte **magische Viereck des Projekterfolgs** mit seinen Bestandteilen („Ecken") **Lösungsumfang, Qualität, Kosten** und **Termine** permanent ausbalancieren müssen, um den Projektzweck zu erreichen. „Magisch ist dieses Viereck, weil eine Verbesserung an einer Ecke grundsätzlich nur zum Preis einer Verschlechterung an mindestens einer anderen Ecke zu erreichen ist."[1]

Das magische Viereck des Projekterfolgs[2]

[1], [2] aus: Zöllner, Uwe: Praxisbuch Projektmanagement. Das neue, umfassende Handbuch für Führungskräfte und Projektmitarbeiter. 1. Aufl., Bonn 2003, S. 65

Projekt

Projektmerkmale

Merkmal	Bedeutung
personelle Begrenzung **6**	Eine **personelle Bedarfsplanung** (Kapazitätsplanung) umfasst den Bedarf an Personal, um das Projekt ordnungsgemäß durchführen zu können. Der Personalbedarf ist aber nicht nur **quantitativ** zu erfassen, es bedarf auch der Ermittlung des **qualitativen Personalbedarfs** (z. B. IT-Spezialisten). Diese Planungen sind Grundlage für den Personalkostenplan.
Abgrenzung gegenüber anderen Vorhaben **7**	Das Projekt muss in sich abgeschlossen sein: **inhaltlich**, **zeitlich** und **organisatorisch**. Das Projekt hat ein klares **Handlungsziel**: das **Projektergebnis**. Man spricht bei der Konzipierung eines konkreten Projekts von der ihm eigenen **Projektstruktur**.

Die Ableitung der wesentlichen Teile der Projektstruktur

Basiskomponenten · **Teilstrukturen**

Aufgabenstruktur	**Kosten-(Budget-)struktur**
Projektgegenstand (Objekte) → ■ Gegenstände der Kerngeschäftsaufgaben	■ Beschaffungskosten (-budgets) für Lösungskomponenten
Projekttätigkeiten (Verrichtungen) → ■ Kerngeschäftsaufgaben ■ Managementaufgaben	■ Ressourcenkosten (-budgets) für Personal, Hilfsmittel/Werkzeuge und Infrastruktur

Ressourcenstruktur	**Terminstruktur**
Projektbeteiligte (Subjekte) → ■ Personal ■ Hilfsmittel/Werkzeuge ■ Infrastruktur	■ Aufgaben- und Ergebnistermine ■ Ressourcentermine für Verfügbarkeit und Einsatz

aus: Zöllner, Uwe: Praxisbuch Projektmanagement. Das neue, umfassende Handbuch für Führungskräfte und Projektmitarbeiter. 1. Auflage, Bonn 2003, S. 80

Merkmal	Bedeutung
projektspezifische Organisation **8**	Da jedes Projekt in seiner Existenz einmalig ist, muss auch bei jedem Projekt neu überlegt werden, welche Organisationsform für dieses Vorhaben angemessen ist. In einem Unternehmen wird die Geschäftsleitung oder der Bereichsleiter einen **Projektmanager** (Projektleiter) zur Leitung des Projekts berufen. Ihm sind die Mitglieder der Projektgruppe unterstellt. Bei großen Projekten wird zwischen Projektmanager und einem ihm unterstellten Projektleiter unterschieden, häufig gibt es zusätzlich noch einen kaufmännischen Projektleiter. Ebenfalls möglich – wenn auch sehr selten anzutreffen – ist ein **Selbstmanagement**, bei dem alle Projektmitarbeiter gleichberechtigt sind. Bei einigen Großprojekten wird oberhalb des Projektmanagers noch ein sogenannter **Lenkungsausschuss** eingesetzt, der eher auf der strategischen Entscheidungsebene des Unternehmens angesiedelt ist. Er dient als oberstes Entscheidungs- und Kontrollgremium, Mitglieder der Geschäftsführung eines Unternehmens werden in ihn entsandt.

12

Projekt

Projektmerkmale

Merkmal	Bedeutung
projektspezifische Organisation **8**	Wenn bei einem Projekt i. d. R. auch hierarchische Strukturen erkennbar sind, ist doch die vorherrschende Arbeitsweise die **Teamarbeit** (siehe hierzu S. 577).
	Alle für die Organisation eines Projekts notwendigen Informationen werden meist in einem sogenannten **Projekthandbuch** (siehe unten) festgehalten. Eine permanente Pflege des Projekthandbuchs ist notwendig und wird vom Projektmanager angewiesen und überwacht.
	Eine große Hilfe bei der Organisation eines Projekts kann der Einsatz von **Projektmanagementsoftware** (z. B. MS Project; siehe hierzu S. 523) sein.

Beispiel für ein Inhaltsverzeichnis eines Projekthandbuches:

Projekthandbuch	3.11/B1
1 PROJEKTBESCHREIBUNG 1.1 Leistungen 1.2 Termine	Auftraggeber, Ziel des Auftrags, Standort der Anlagen, Besonderheiten (öffentlicher Auftrag, kritische Punkte usw.)
2 ORGANISATIONSSTRUKTUR 2.1 Projektleitung (technisch, kaufmännisch) 2.2 Zuständigkeiten	Hierarchie, Federführung, Zuständigkeiten, Aufgaben, Weisungsbefugnisse
3 PROJEKTBETEILIGTE 3.1 Auftraggeber 3.2 Kooperationspartner 3.3 Interne Mitarbeiter 3.4 Externe Mitarbeiter (Experten usw.)	Name, Funktion, Postanschrift, Telefonnummer, Fax-Nr., E-Mail, Aufgabe im Projekt, evtl. Vertreter
4 ABKÜRZUNGEN	Festlegung der Abkürzungen, die im Projekt verwendet werden
5 SCHRIFTVERKEHR 5.1 Form/Schriftordnung 5.2 Unterschriftenregelung 5.3 Korrespondenzverteilung	Festlegung der Form und der Verteilung der Korrespondenz (Beispielformulare)
6 INFORMATIONSAUSTAUSCH 6.1 Unterlagenverteilung 6.2 Besprechungen	Grundsätze und Durchführung des Informationsaustausches, Turnus, Ort, Teilnehmer der Besprechungen
7 AKTENORDNUNG	Festlegung des Ablagesystems
8 PROJEKTDOKUMENTATION 8.1 Vorgehensweise 8.2 Unterlagenverzeichnis	Anweisung zur Erfassung und Pflege, Zusammenstellung der verfügbaren Projektunterlagen
9 ANHANG Lageplan Beispiele (Brief, Aktennotiz usw.)	

aus: Klose, Burkhard: Projektabwicklung: Arbeitshilfen, Fallbeispiele, Checklisten im Projektmanagement, Frankfurt/Wien 2002, S. 58

Begriff

Laut DIN 69901 ist das **Projektmanagement** „die Gesamtheit von Führungsaufgaben, Führungsorganisation, Führungstechniken und Führungsmitteln für die Abwicklung eines Projektes". Die Abwicklung geschieht in sogenannten **Projektphasen**.

vgl. DIN 69901. Projektwirtschaft; Projektmanagement; Begriffe. Ausgabe 1987-08. Berlin, Wien, Zürich

Projektphasen

Es gibt kein allgemein anerkanntes Begriffssystem für die Definition von einzelnen Projektphasen. Umstritten ist in der Fachliteratur auch, zu welchem Zeitpunkt ein Projekt als solches beginnt: Soll man schon bei der ersten Projektidee vom Projektbeginn sprechen oder beispielsweise erst bei der Vereinbarung eines Projektauftrags mit unternehmensinternen oder -externen Auftraggebern?

In jedem Fall können folgende **Projektphasen** grob abgegrenzt werden:

1. **Projektvorbereitung**
2. **Projektplanung**
3. **Projektdurchführung**
4. **Projektabschluss**

Projektvorbereitung

Projekte in Unternehmen werden entweder intern von dazu autorisierten Stellen (z. B. der Geschäftsführung) oder von unternehmensexternen Kunden initiiert. Am Anfang steht meist eine wenig klar abgegrenzte **Projektidee**, die zu einer eindeutigen **Projektdefinition** fortentwickelt werden muss.

Viele Projekte scheitern daran, dass diese Definition keine klaren Ziele für die Projektarbeit setzt oder den Projektzweck nicht eindeutig von ähnlichen Vorhaben abgrenzt. Die Projektdefinition mündet in einen **Projektantrag**, über den ein unternehmensinternes Gremium oder ein externer Kunde entscheidet. Der genehmigte Projektantrag führt zum rechtlich verbindlichen **Projektauftrag**.

Beispiel: **Aufbau eines Projektantrages**

Inhaltsgliederung für einen Projektantrag	
Hauptbereiche	**Spezifikationen**
Ausgangslage und Zielsetzungen	▪ kurze Projektbeschreibung ▪ strategische Relevanz ▪ Projektziele ▪ Beziehungen zu anderen Projekten
Istzustand	▪ Problemlage, Bedarf ▪ kritische Erfolgsfaktoren ▪ Beschreibung der Aufgaben/Funktionen des Produkts ▪ Beschreibung des Datengerüstes/Mengengerüstes
Gewünschte Ergebnisse und Anwendungserfordernisse (Sollkonzept)	▪ Ergebnisse des Projekts ▪ funktionale Anforderungen ▪ prozessuale Anforderungen ▪ informationelle Anforderungen
Lösungsalternativen	Beschreibung der Lösungsvarianten aus funktionaler und prozessualer Perspektive
Wirtschaftlichkeitsbeurteilung	▪ Kostenschätzung der Lösungsvarianten ▪ Kosten-Nutzen-Analyse
Projektplanung	▪ Aufwand und Zeitrahmen ▪ Finanzierungsplan ▪ Personalbedarfsplan ▪ Durchführungsplan (Ablauf in Phasen)
Umsetzung und Organisation	▪ interne Beteiligte, Einbindung in Unternehmensorganisation ▪ geplante Fremdvergaben ▪ Qualitätsmanagement ▪ Änderungsmanagement ▪ Risikomanagement ▪ Projektberichtswesen

Eine sogenannte **Projektumfeldanalyse** sollte bei Projektbeginn die Einstellungen der unterschiedlichen Interessensgruppen (Stakeholder) erfassen, z. B. die Interessen des Auftraggebers, der Geschäftsleitung, anderer Abteilungen des Unternehmens, des Projektmanagers oder von Lieferanten. Eine derartige **Stakeholderanalyse** lässt frühzeitig Projektrisiken erkennen; geeignete Maßnahmen können so rechtzeitig ergriffen werden. Die Entscheidung ist abhängig von verschiedenen Einflussgrößen, die bei der vergleichenden Betrachtung zu berücksichtigen sind.

aus: Tiemeyer, Ernst: Projekte erfolgreich managen. Methoden, Instrumente, Erfahrungen, Weinheim, Basel 2002, S. 19

12

Projektphasen

Projektvorbereitung

Beispiel für Projektziele bei einem Projekt zur Erstellung eines neuen Internetauftritts für einen Industriekonzern:

Projektziele formulieren	
Ausgangslage/Teilziele	**Zielformulierungen**
Projektbeschreibung und strategische Relevanz	Es soll ein optimierter Internetauftritt für einen Industriekonzern erstellt werden. Das Projekt hat hohe Relevanz für die Wettbewerbsfähigkeit des Unternehmens.
Leistungsziele	▪ verbesserte Präsentation des Unternehmens ▪ gezielte Sammlung und Auswertung von Kundenprofilen (Kundenwünsche, Kundenverhalten) ▪ Erschließung neuer Märkte und Kundengruppen ▪ stärkere Kundenbindung durch Umsetzung von Anregungen
Ökonomische Ziele	▪ Verminderung der Vertriebs- und Werbekosten ▪ Senkung der Kommunikationskosten ▪ Umsatzsteigerung durch höhere Kapazitätsauslastung
Humane und soziale Ziele	▪ höhere Flexibilität für die Kunden ▪ bessere Zusammenarbeit der einzelnen Konzernteile
Ökologische Ziele	Reduzierung der papiergebundenen Informationen um 50 %

Eine möglichst genaue Formulierung der Projektteilziele ist auch Grundlage für die Wirtschaftlichkeitsbeurteilung (s. Seite 518) des Projekts, d. h. für die Kostenschätzung der einzelnen Lösungsvarianten und der Kosten-Nutzen-Analyse.

Die Projektziele müssen schließlich **bewertet** werden, es ergibt sich eine Hierarchisierung nach Bedeutung und Dringlichkeit. Es ist durchaus möglich, dass aufgrund der Bewertung einzelne Zielvorstellungen des Projekts aufgegeben werden (müssen).

aus: Tiemeyer, Ernst: Projekte erfolgreich managen. Methoden, Instrumente, Erfahrungen, Weinheim, Basel 2002, S. 21

Der schriftlich fixierte **Projektauftrag** enthält zumindest Angaben über:

- Projektzweck
- Projektziele
- Projektbeginn, -ende
- Auftraggeber
- Projektmanager
- Projektzeitplan
- Projektbudget
- Projektergebnisse

Eine **Fortschreibung** des erstmalig erteilten Projektauftrags ist gerade bei größeren Projekten die Regel, da bei der Projektdurchführung häufig neue Situationen auftreten, über die dann entschieden werden muss.

Projektplanung

Die **Projektplanungsphase** ist die entscheidende Grundlage für die anschließende Projektdurchführungsphase. Je genauer geplant wird, desto reibungsloser kann die Realisierung des Projekts erfolgen. Im Rahmen der **Projektplanung** muss über folgende **Planungsgrößen** entschieden werden:

- einzelne Arbeitsschritte (Arbeitspakete)
- Ressourcen (Eigen- und Fremdpersonal)
- zeitliche Abfolge der einzelnen Arbeitsschritte
- finanzieller Aufwand

Im Rahmen der Projektplanungsphase wird das Projekt in kleinste Teilaufgaben aufgeteilt, in sogenannte **Arbeitspakete**, die folgendermaßen definiert werden können:

Arbeitspaket
▪ Für jedes Arbeitspaket gibt es nur einen Verantwortlichen. ▪ Es erfolgt eine eindeutige Abgrenzung zu anderen Arbeitspaketen. ▪ Die Bearbeitung sollte weitgehend unabhängig von anderen Arbeitspaketen möglich sein. ▪ Es wird eine eindeutige Zielsetzung fixiert. ▪ Es wird ein überschaubarer Zeitrahmen vorgegeben. ▪ Größere Arbeitspakete werden in Phasen mit Zwischenterminen gegliedert. ▪ Es wird ein eindeutiger Zeit- und Kostenrahmen vorgegeben.

aus: Klose, Burkhard: Projektabwicklung: Arbeitshilfen, Fallbeispiele, Checklisten im Projektmanagement, Frankfurt/Wien 2002, S. 41

Projektphasen

Projektplanung

Beispiel für die **Arbeitspaketplanung**:

Arbeitspaketplanung	
Projekt:	**Überarbeitung des Internetauftritts**
Arbeitspaket:	**Ist-Analyse Webauftritt**
Verantwortlich:	
1. Abgrenzung, Inhalt und Umfang	
Analyse der Ist-Situation des bisherigen Webauftritts des Industriekonzerns unter Berücksichtigung der angestrebten Ziele und vorhandener Verbesserungs- und Erweiterungspotenziale	
2. Erwartete Ergebnisse	
▪ Inhaltsbeschreibung (Dokumentation) ▪ Benutzerprofilanalyse (Anteil der Neukunden, Häufigkeit des Zugriffs durch Stammkunden) ▪ Bericht zur Akzeptanz des Webdesigns (Kundenbefragung) ▪ Beschreibung der Funktionalität (Datenbankunterstützung)	
3. Abstimmung mit anderen Arbeitspaketen	
Ist-Analyse ist die Basis zur Entwicklung eines Sollkonzepts	
4. Einzuhaltende Spezifikationen	
QS-Richtlinien des Industriekonzerns für Websites	
5. Kapazitätsbedarf	
Vier Personenwochen	
6. Ecktermine	
▪ Geplanter Beginn der Arbeiten: ▪ Geplantes Ende der Arbeiten:	

Die **Arbeitspaketplanung** mündet in ihrer Gesamtheit in den **Projektstrukturplan**. In ihm werden alle Projektaktivitäten systematisch erfasst. Die Reihenfolge der einzelnen Arbeitsschritte wird dabei noch nicht berücksichtigt, dies geschieht erst im **Projektablaufplan**.

Beispiel für einen **Projektstrukturplan**:

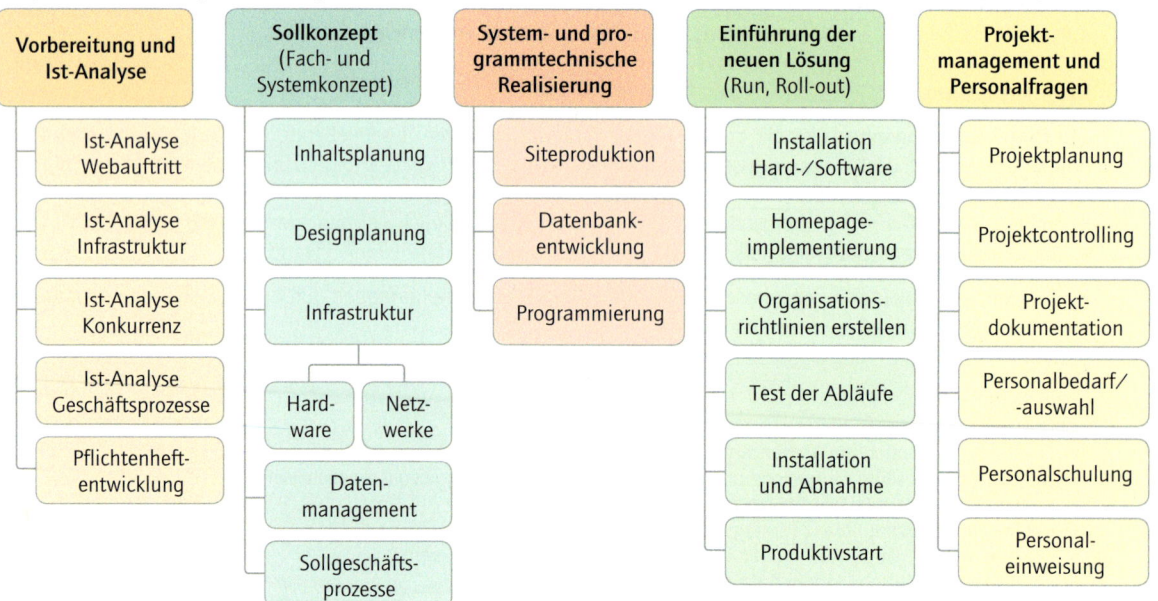

vgl. Tiemeyer, Ernst: Projekte erfolgreich managen. Methoden, Instrumente, Erfahrungen, Weinheim, Basel 2002, S. 60

12

Projektphasen

Projektplanung

Beispiel für einen **Projektablaufplan**:

Nr.	Vorgang	Dauer (Wochen)	Unmittelbarer Vorgänger
1	Grobe Vorstudie	1	–
2	Ist-Analyse	4	1
3	Pflichtenhefterstellung	2	2
4	Auftragserteilung	3	3
5	Entwurf „Geschäftsprozesse"	7	4
6	Datenmodellierung	3	5
7	Entwurf „Webdesign"	2	5
8	Entwurf „Organisation"	3	5
9	Infrastrukturplanung	4	6
10	Entscheidungssitzung	1 Tag	9; 8; 7
11	Screen-Design „Disposition"	6	10
12	Screen-Design „Marketing"	8	10
13	Screen-Design „Zusatzleistungen"	6	10
14	Screen-Design „Intranet"	10	10
15	Anlageninstallation	3	11; 12; 13; 14
16	Datenbankanbindung	3	15
17	Programmierarbeiten	2	16
18	Programminstallation und Abnahme	2	17; 14
19	Personalausbildung	4	14
20	Personaleinweisung	1	19; 18
21	Produktivstart	1	20; 18

Gerade durch die Möglichkeit, spezielle Projektmanagementsoftware zu nutzen, haben sich Balkendiagramme und Netzpläne zur Darstellung von Projektablaufplänen durchgesetzt (siehe dazu Seite 523). Sie wenden sowohl die Arbeitspaketplanung als auch die **Meilensteintechnik** an. Als Meilensteine werden laut DIN „Ereignisse besonderer Bedeutung"[1] definiert. Sie sind Teil der Terminplanung des Projekts.

Sind Arbeitspaket- und Projektablaufplanung abgeschlossen, muss die **Ressourcen-** und **Kostenplanung** erfolgen. Die Ergebnisse der Kostenplanung gehen schließlich in einen allumfassenden **Projektfinanzplan** ein.

vgl. Tiemeyer, Ernst: Projekte erfolgreich managen. Methoden, Instrumente, Erfahrungen, Weinheim, Basel 2002, S. 62
[1] aus: DIN 69901. Projektwirtschaft; Projektmanagement; Begriffe. Ausgabe 1987-08, Berlin, Wien, Zürich

Überblick: Projektplanungsphase

Projektplanung im Zusammenhang

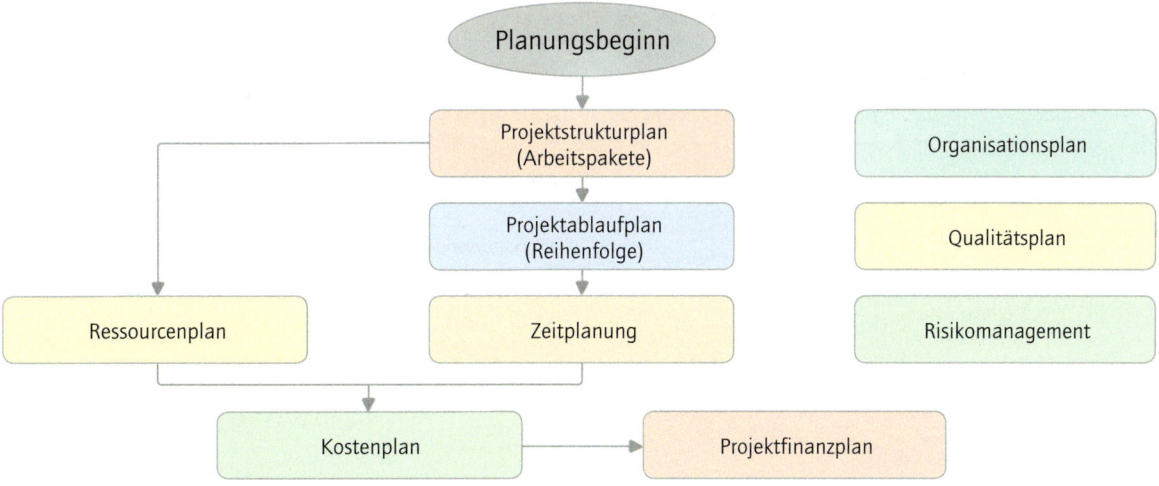

vgl. Tiemeyer, Ernst: Projekte erfolgreich managen. Methoden, Instrumente, Erfahrungen, Weinheim, Basel 2002, S. 58

Vergleiche hierzu auch S. 515 und S. 516.

Projektphasen

Projektdurchführung

Ist die Entscheidung über die Durchführung des Projekts getroffen, wird meist mit einem sogenannten **Kick-off-Meeting** die Projektdurchführungsphase begonnen. Teilnehmer dieses Initiierungstreffens sind:

- Auftraggeber
- Projektmitarbeiter
- Projektmanager
- weitere Stakeholder (z. B. Lieferanten)

Das Kick-off-Meeting soll alle Projektbeteiligten in angemessener Umgebung zusammenführen, um die Motivation aller Beteiligten zu erhöhen und ein **Wir-Gefühl** (siehe auch S. 577) zu entwickeln. Der geplante Ablauf des gesamten Projekts wird präsentiert und erste Absprachen werden getroffen.

Im Rahmen der Projektdurchführung ist eine laufende **Projektsteuerung** und **-kontrolle** notwendig. Sie kann durch den Projektmanager, aber auch durch den Lenkungsausschuss oder spezielle **Projektcontroller** erfolgen.

Typische **Fragen** im Rahmen der **prozessorientierten Projektsteuerung** und **-kontrolle** können sein:

- Sind die vereinbarten Meilensteine zum richtigen Zeitpunkt erreicht worden?
- Konnte die Kostenplanung bisher eingehalten werden?

- Hat der Auftraggeber Änderungswünsche am Projektauftrag?
- Gibt es Probleme/Konflikte im Projektteam?
- Erfolgt die Projektdokumentation für alle Beteiligten (z. B. auch für den Auftraggeber) in ausreichendem Maße?

Das **Projektcontrolling** vergleicht laufend **Plan-** und **Ist-Daten** zur Kosten- sowie Zeitplanung und wertet sie aus; der Projektmanager muss unter Umständen korrigierend eingreifen. Änderungswünsche des Auftraggebers werden durch ein sogenanntes **Claim Management** geprüft und entsprechende Korrekturen am Projektablauf vorgenommen.

Um die **Projektdokumentation** für alle Beteiligten transparent zu gestalten, wird spezielle Software eingesetzt, eventuell wird auch das Internet als Systemplattform für alle Dokumente genutzt. Durch ein Passwort geschützt haben alle Projektbeteiligten beim sogenannten **Projekt-Hosting** jederzeit Zugriff auf alle Dokumente.

Um Auftraggeber und Stakeholder vor Projektabschluss aufbereitete Informationen über den Projektfortschritt zukommen zu lassen, ist ein entsprechendes **Projektmarketing** sinnvoll.

Projektabschluss

Das Projektteam wird in der Regel in einer **Abschlusspräsentation** die Ergebnisse des Projekts in ansprechender Art und Weise vorstellen (siehe dazu S. 570), dies kann als Teil des Projektmarketings verstanden werden.

Schließlich wird das Projekt durch den Auftraggeber abgenommen und die Projektergebnisse werden übergeben.

Unter Umständen schließt sich eine Einweisung oder sogar Schulung an. Viele Auftraggeber erwarten auch einen förmlichen **Projektabschlussbericht**.

Unternehmensintern sollte eine **Auswertung** der Projektarbeit erfolgen, z. B. im Hinblick auf die Ursachen von Störungen im Projektablauf.

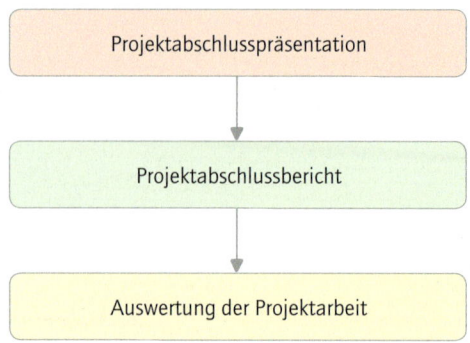

12

Projektplanungsprogramme am Beispiel Microsoft Project
Project planning programs using Microsoft Project as an example

Begriff

Projektplanungsprogramme sind computergestützte Hilfsmittel, die den Verlauf eines Projekts bezüglich Planung, Steuerung, Dokumentation und Zielkontrolle unterstützen.

Sie erlauben die Aufzeichnung der Organisation eines Projekts sowie seiner zeitlichen Abfolge und Gliederung in einzelne Arbeitsschritte mit zugehörigem Zeit-, Personal- und Materialbedarf.

Programmfunktionen

- Entwicklung von Zeit- und Arbeitsplänen
- Aufteilung eines Projekts in Arbeitsschritte und Meilensteine (s. Seite 521)
- Definition der Abhängigkeiten einzelner Arbeitsschritte
- Aufzeichnung von Projektfortschritten

- Dokumentation und Präsentation von Planungsergebnissen (Berichtsfunktion)
- Darstellung eines Projektplans in verschiedenen Sichten (Balkendiagramm, Netzplan, Tabellen)
- Dokumentation und Kontrolle des Projektfortschrittes (Soll-Ist-Vergleich)

Balkendiagramm (Gantt-Diagramm[1])

Im Rahmen eines Projekts soll der Zeitplan mithilfe eines Balkendiagramms verdeutlicht werden.
Schritt 1: Starten des Progammes „Microsoft Project"

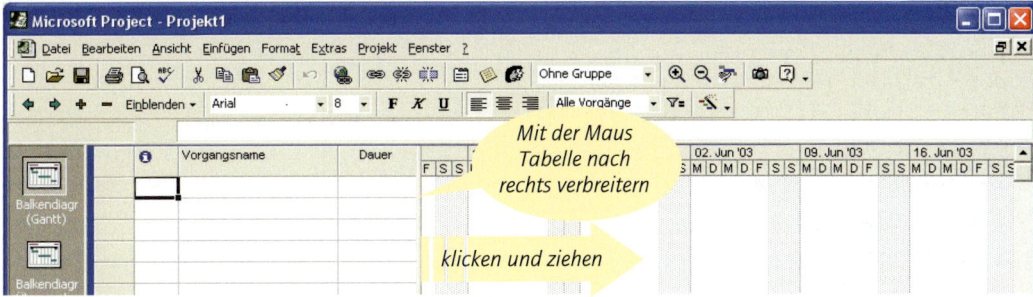

Schritt 2: Eintragen der Planungsschritte in die Tabelle der Vorgangsnamen. Die Vorgangsdauer oder Beginn- und Endzeitpunkt können genau angegeben werden.

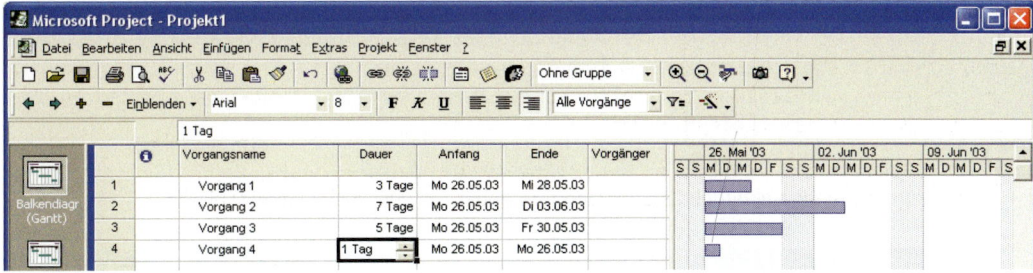

Schritt 3: In der Spalte „Vorgänger" werden zeitliche Abhängigkeiten zwischen den Vorgängen dargestellt.

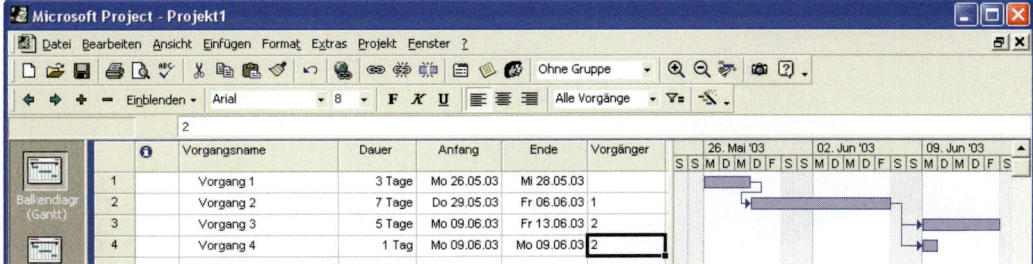

[1] nach: Henry Gantt, 1861–1919, Pionier der wissenschaftlichen Projektplanung

13 Datenverarbeitung

Einsatzgebiete der elektronischen Datenverarbeitung (EDV)

- Bearbeitung von gleichartigen Belegen oder Schriftstücken
- bei sich häufig wiederholenden und schematisierbaren Arbeiten
- Verarbeitung großer Datenmengen

- Durchführung von umfangreichen Rechenoperationen mit langen Bearbeitungszeiten
- Ermöglichung eines schnelleren Informationsaustausches

Das EVA-Prinzip

Die Verarbeitung von Daten verläuft in den drei Phasen: **Eingabe, Verarbeitung** und **Ausgabe**. Dieser Prozess wird kurz als **EVA-Prinzip** bezeichnet.

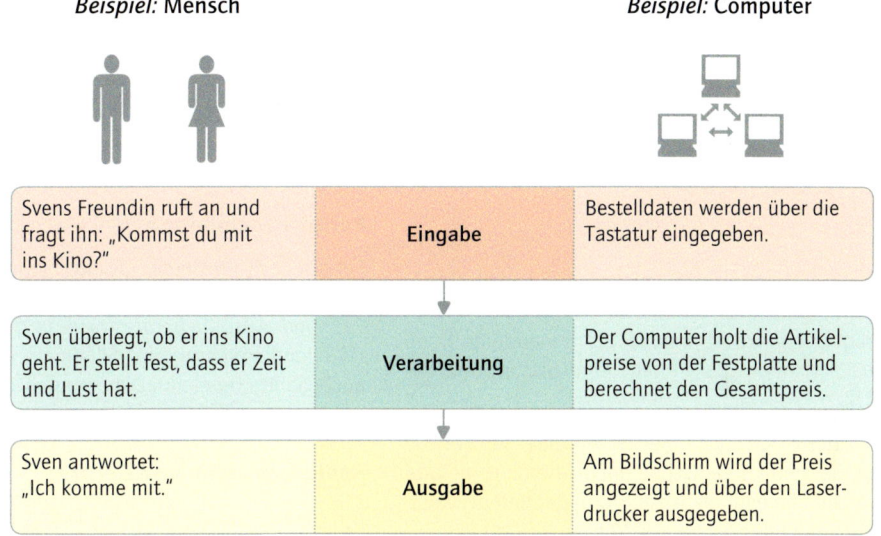

Beispiel: Mensch — *Beispiel:* Computer

	Eingabe	
Svens Freundin ruft an und fragt ihn: „Kommst du mit ins Kino?"	**Eingabe**	Bestelldaten werden über die Tastatur eingegeben.
Sven überlegt, ob er ins Kino geht. Er stellt fest, dass er Zeit und Lust hat.	**Verarbeitung**	Der Computer holt die Artikelpreise von der Festplatte und berechnet den Gesamtpreis.
Sven antwortet: „Ich komme mit."	**Ausgabe**	Am Bildschirm wird der Preis angezeigt und über den Laserdrucker ausgegeben.

Grundeinheiten eines EDV-Systems

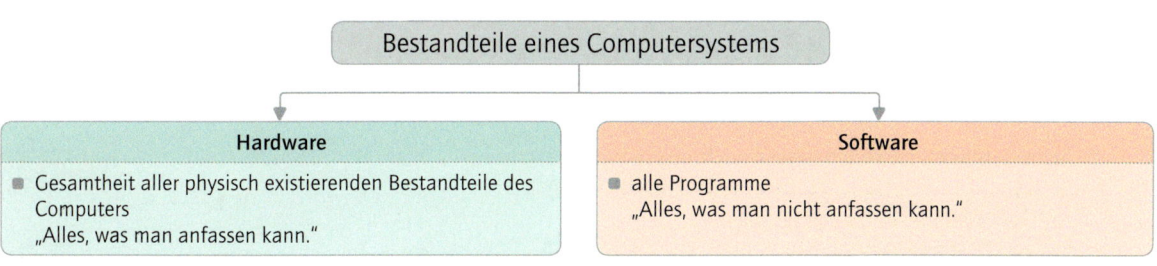

Bestandteile eines Computersystems

Hardware
- Gesamtheit aller physisch existierenden Bestandteile des Computers
  „Alles, was man anfassen kann."

Software
- alle Programme
  „Alles, was man nicht anfassen kann."

Hardware

Eingabegeräte

Eingabegeräte sind Schnittstellen, um Daten in eine Form zu bringen, die der Computer weiterverarbeiten kann. Das sind z. B. Tastatur, Maus, Trackball, Scanner oder Barcodeleser. In Zukunft werden diese Schnittstellen immer weiter dem Menschen angepasst, z. B. Spracheingaben anstatt Tastatureingaben.

Ausgabegeräte

Ausgabegeräte sind Schnittstellen, um Daten in eine Form zu bringen, die vom Menschen weiterverarbeitet werden können. Das sind z. B. Monitore oder Drucker.

Hardware

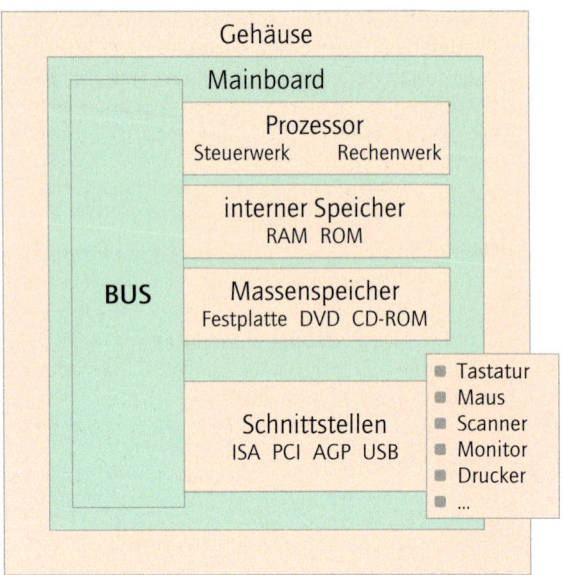

- Der **Prozessor**, auch Zentraleinheit (CPU = **c**entral **p**ro-cessing **u**nit) genannt, ist für die Verarbeitung der Daten zuständig. Er überwacht und steuert alle anderen Komponenten. Wichtige Bestandteile sind Steuer- und Rechenwerk.

  - Das **Steuerwerk** steuert die Reihenfolge der Befehle eines Programms. Es entschlüsselt die Befehle und gibt anschließend die für die Ausführung der Befehle erforderlichen digitalen Signale weiter.

  - Das **Rechenwerk** übernimmt auf Anweisung des Steuerwerks Berechnungen und führt Vergleiche durch. Dabei werden alle Rechenvorgänge in einfachste Additionen aufgelöst, die das Rechenwerk extrem schnell ausführt.

- **Interne** und **externe Speicher (Massenspeicher)** übernehmen die Speicherung von Daten und Programmen.

- **Schnittstellen** sind Verbindungseinrichtungen zwischen verschiedenen Komponenten bzw. auch zwischen Computern an sich, z. B.:
  - EISA (**e**xtended **i**ndustry **s**tandard **a**rchitecture) ist ein Standardbussystem, das den bisherigen ISA-Bus auf 32 Bit erweitert,
  - AGP-Schnittstelle (**a**ccelerated **g**raphics **p**ort), die speziell für die Verbindung zu Grafikkarten entwickelt wurde,
  - PCI (**p**eripheral **c**omponent **i**nterface), eine Schnittstelle für Erweiterungssteckkarten, beispielsweise Netzwerk- oder Soundkarten,
  - USB (**u**niversal **s**erial **b**us), eine universelle Schnittstelle für den Anschluss externer Geräte.

- Ein **Bus** ist ein Verbindungssystem von parallelen Leitungen zur Übertragung von Daten zwischen einzelnen Systemkomponenten, z. B. zwischen Prozessor, Hauptspeicher, Schnittstellen und Erweiterungskarten. Die Schnelligkeit des Busses ist ein wesentlicher Faktor für die Schnelligkeit des gesamten Systems. Sie hängt von der Taktzeit (Zeitspanne, die zur Abarbeitung von Befehlen zur Verfügung steht) und der Busbreite (Anzahl der parallelen Datenleitungen) ab.

- Ein **Mainboard** (Motherboard, Hauptplatine) ist eine Kunststoffplatte (eine sogenannte Platine), die sich im Computergehäuse befindet und auf bzw. in der alle Komponenten des PCs stecken bzw. angeschlossen sind (z. B. Prozessor, RAM, Grafikkarte usw., aber auch Festplatte, DVD-Laufwerk). Das Mainboard bildet das zentrale Element, auf dem über einen Bus alles zusammenläuft und von dem alles gesteuert wird.

Peripherieeinheiten

Peripherie (griechisch „Rand, Umgebung"): Peripheriegeräte sind alle an die Zentraleinheit angeschlossenen Ein- und Ausgabegeräte, externe Speicher und sonstige Datenendeinrichtungen. Allgemein werden als Peripherie auch Geräte bezeichnet, die an den Computer angeschlossen sind.

Speichermedien und Geräte

Auf Speichermedien werden Daten und Programme in einer computerlesbaren Form abgelegt. Das kann dauerhaft erfolgen oder nur als Zwischenspeicherung.

Bei der Verarbeitung der Daten müssen diese und das dafür nötige Programm schnell verfügbar sein.

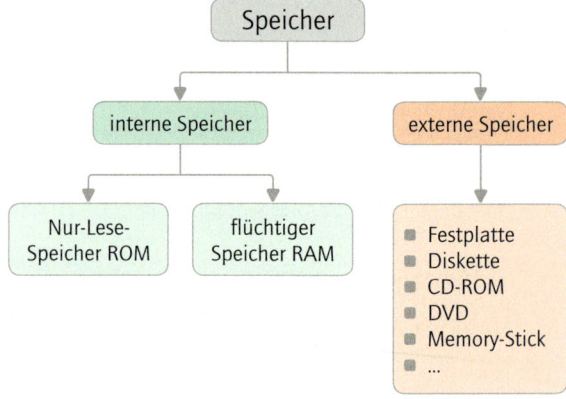

Hardware

Speichermedien und Geräte

Deshalb werden im **internen Speicher** neben den ablaufenden Programmen die aktuell benötigten Daten gespeichert. Bei der Abarbeitung eines Programms holen Steuer- und Rechenwerk Befehle und Daten schrittweise aus dem inneren Speicher und verarbeiten diese. Der Speicher besteht aus zwei Teilen: dem RAM- und dem ROM-Speicher.

Der **RAM-Speicher** (RAM = **r**andom **a**ccess **m**emory) oder Hauptspeicher wird häufig auch als flüchtiger Speicher bezeichnet. Durch das Unterbrechen der Stromzufuhr beim Ausschalten der EDV-Anlage geht der Inhalt dieses Speichers verloren. In ihm befinden sich die aktuell benötigten Programme und Daten. Werden beispielsweise die Daten geändert, so ändert sich auch der Inhalt des RAM-Speichers. Der Inhalt dieses Speichers kann sowohl gelesen als auch verändert werden.

Der Inhalt des **ROM-Speichers** (ROM = **r**ead **o**nly **m**emory) kann nur gelesen werden. Die hier abgelegten Informationen sind folglich unveränderbar. Da der ROM-Speicher seinen Inhalt nicht verliert, wenn der Strom abgeschaltet wird, wird er vom Hersteller genutzt, um hier die zum elementaren Betrieb nötigen Informationen und Programme abzulegen.

Unter externen Speichern (**Massenspeicher**) ist eine Zusammenfassung aller Speicherarten zu verstehen, die Daten dauerhaft speichern können. Häufig können die Daten auch wieder gelöscht werden, wie bei Festplatten. Allerdings gibt es auch Massenspeicher, die eine Nur-Lese-Option haben, z. B. CD-ROMs.

Festplatte

Eine Festplatte, auch Harddisk (HD) genannt, ist für die Speicherung größerer Datenmengen bestimmt. Sie ist zwar viel langsamer als der Arbeitsspeicher (RAM), die gespeicherten Daten bleiben aber auch erhalten, wenn der Computer ausgeschaltet wird.

CD/CD-R/CD-RW

Bei einer CD (**c**ompact **d**isk) können mithilfe eines Laserstrahls digital abgespeicherte Daten gelesen werden. Eine CD-R (**r**ecordable) kann nur einmal beschrieben werden. Die CD-RW (**re-w**ritable) ist mit geeigneten Brennern mehrmals wiederbeschreibbar. Die Speicherkapazität von CDs beträgt ungefähr 800 MB.

USB-Speicher-Stick

USB-Speicher-Sticks (engl. stick = stab) sind kleine, stabförmige Speichergeräte, die ausgewechselt werden können. Die Geräte verfügen über einen USB-Stecker Typ A, der in die USB-Schnittstelle eines PCs gesteckt wird. Die Speicherkapazität eines USB-Sticks beträgt aktuell bis zu 128 GigaByte. Die Lebensdauer der gespeicherten Daten beträgt ca. 10 Jahre.

Speicherkarte

Speicherkarten (auch: Memory Card) sind kleine, wiederbeschreibbare Speichergeräte in Form einer Karte. Sie werden u. a. für Digitalkameras, Handys und PCs verwendet. Es gibt unterschiedliche Speicherkarten auf dem Markt, z. B. *Secure Digital Memory Card* (SD), Mini SD, Micro SD, *xD-Picture Card* (xD).

DVD/DVD-RW

DVD (**d**igital **v**ersatile **d**isc) ist ein universeller Multimediastandard, der sich durch eine hohe Speicherkapazität auszeichnet (bis zu 17 GB).

Blu-ray Disc

Die Blu-ray Disc (von engl. blue ray = blauer Lichtstrahl), abgekürzt BD, löst als digitales, optisches Speichermedium die DVD ab. Vergleichbar zur DVD gibt es die Blu-ray Disc als nur lesbare *BD-ROM*, als nur einmal beschreibbare *BD-R* (engl. recordable) und als mehrmals beschreibbare *BD-RE* (engl. rewritable). Eine Blu-ray Disc mit einem Durchmesser von 12 cm hat eine Speicherkapazität von bis zu 200 Gigabyte. Daher ist die BD besonders geeignet, Full-HD-Videos zu speichern und abzuspielen. Auch in neueren Playstations sowie in der Filmindustrie wird das neue Speichermedium Blu-ray Disc vermehrt eingesetzt.

Kapazität von Speichermedien

1 Bit			1 Wert (0 oder 1)	
1 Byte		= 8 Bit	8 Werte = 1 Zeichen	1 Buchstabe
1 Kilobyte	1 KB	= 2^{10} Byte = 1.024 Byte	1.024 Zeichen	ca. ein Drittel der Seite eines Buches
1 Megabyte	1 MB	= 2^{20} Byte = 1.024 KB	etwas mehr als 1 Million Zeichen	ca. 400 Seiten eines Buches (ohne Grafiken usw.)
1 Gigabyte	1 GB	= 2^{30} Byte = 1.024 MB	etwas mehr als 1 Milliarde Zeichen	ca. 700 Bücher mit je 500 Seiten

Interne Darstellung von Informationen

Menschen bedienen sich bei ihrer Kommunikation einer Vielzahl von Wörtern, Symbolen, Gesten usw. Diese Möglichkeiten hat der Computer zunächst nicht. Hier wird mit zwei Spannungszuständen (niedrige und hohe Spannung) gearbeitet. Der hohen Spannung wird 0 und der niedrigen 1 zugeordnet. So können alle Informationen, ähnlich dem Morsen, mit dieser zweiwertigen Logik (Dualsystem) verschlüsselt (codiert) werden.

- **Bit:** binary digit (binäre Ziffer) ist die kleinste Speichereinheit. Sie kann nur die Werte 0 oder 1 enthalten. Erst die Kombination mehrerer Bits macht es möglich, Zeichen darzustellen.

- **Byte:** besteht aus 8 Bit. Dies ist die kleinste adressierbare Speichereinheit, weil die heute gebräuchlichen Codes auf einer Kombination von 8 Bit beruhen.

- **Code:** Verschlüsselungsverfahren, das jedem Byte ein bestimmtes Zeichen zuordnet. Die Zuordnung wird von den Hard- und Softwareherstellern übernommen.

Der **ASCII-Code** (American Standard Code of Information Interchange) ist der bekannteste. Dabei werden die Zahlen 0 bis 255 als Dualzahlen verschlüsselt und einem Zeichen zugeordnet.

Beim Menschen: Zeichen	Verschlüsselung im ASCII-Code: Dezimalzahl	Computer intern: Dualzahl
A	65	0100 0001
B	66	0100 0010

Software

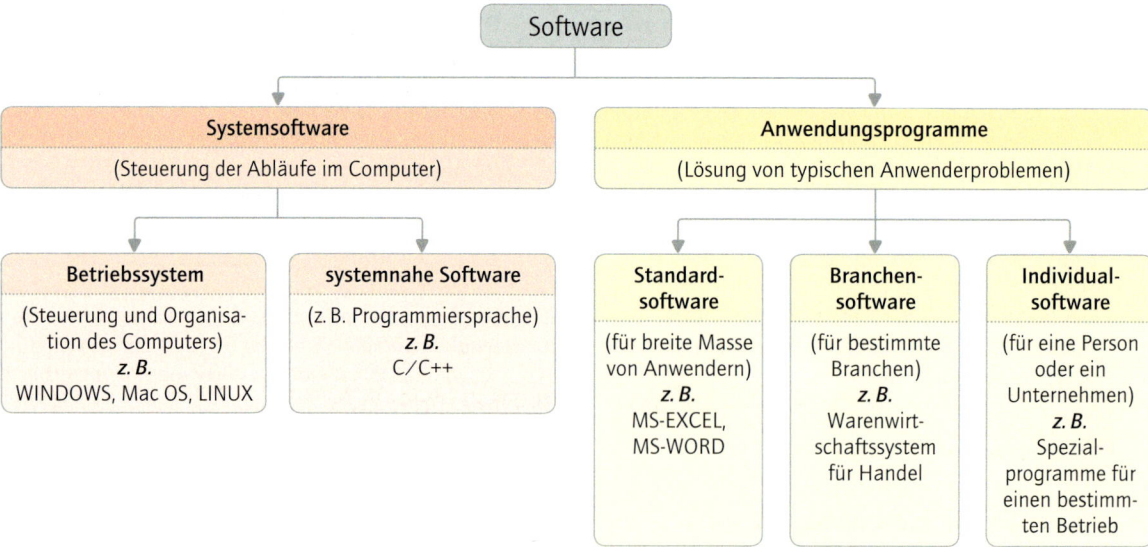

3528528

Aufgaben

Das **Betriebssystem** gehört zur Systemsoftware. Es besteht aus einer Gruppe von Programmen, die ...
- den internen und externen Speicher verwalten,
- geringe Hard- und Softwareunterschiede anpassen,
- Kommunikation mit dem Benutzer ermöglichen,
- die Bestandteile der Zentraleinheit verwalten,
- die Peripheriegeräte steuern,
- den Systemstart durchführen.

Benutzeroberfläche

Das Betriebssystem kommt mit dem Benutzer über die Benutzeroberfläche in Kontakt. Dabei können die Anweisungen auf zwei verschiedene Arten übermittelt werden:

Kommandosprache

Die gewünschte Anweisung wird dem Betriebssystem in Form von **Kommandos** (Worten) mitgeteilt. Dabei müssen die Benutzer viele Kommandos auswendig kennen und diese fehlerfrei eingeben, sonst kann das Betriebssystem die Kommandos nicht entschlüsseln und ausführen.

MS-DOS (**M**icrosoft **D**isk **O**perating **S**ystem) wird über die Kommandosprache bedient.

Grafische Benutzeroberfläche

Den Benutzern werden auf dem Bildschirm vom Betriebssystem **Icons** (Symbolbilder) angeboten, die beim Anklicken durch die Maus oder durch einen Tastendruck den entsprechenden Befehl an das Betriebssystem weitergeben.
Alle WINDOWS-Versionen unterstützen grafische Benutzeroberflächen.

Systemstart von WINDOWS

Nach dem Einschalten des Computers mit dem Netzschalter (Kaltstart) findet folgender Prozess statt:
1. Stufe: Das BIOS (= **B**asic-**I**nput-**O**utput-**S**ystem, ein Programm, das im ROM-Speicher steht) wird gestartet und sorgt für die Einleitung der weiteren Stufen.

2. Stufe: Im Selbsttest wird die Hardware auf Funktionstüchtigkeit überprüft.
3. Stufe: WINDOWS wird gebootet, d.h., es wird in den Arbeitsspeicher geladen.
4. Stufe: Start von WINDOWS.

Programm(e) starten

- Startbutton anklicken

- „Alle Programme" auswählen
- gewünschtes Programm auswählen
- Programm mit Mausklick starten

Oder: Programmsymbol auf dem Desktop auswählen und mit Mausklick starten:

  Microsoft Office Word 2007

  Microsoft Excel 2007

Datenträger- und Dateioperationen unter WINDOWS

Start eines Programms

- Doppelklick auf das Programmsymbol auf dem Desktop (sofern das Symbol dort angelegt ist)
- Startbutton → Programme → Name des Programms

Verschieben oder Kopieren eines Ordners oder einer Datei

- Im Desktop (Startmenü/Programme/Zubehör/Windows-Explorer) Ordner oder Datei markieren, rechte Maustaste → Kontextmenü: Ausschneiden oder Kopieren
- Zielordner oder -laufwerk markieren, rechte Maustaste → Kontextmenü; Einfügen

Datei/Ordner umbenennen

- Im Windows-Explorer Ordner oder Datei markieren, rechte Maustaste → Kontextmenü: Umbenennen
- Neuen Namen für Datei/Ordner eingeben; RETURN

Datei/Ordner löschen

- Im Windows-Explorer Ordner oder Datei markieren, rechte Maustaste → Kontextmenü: Löschen
- Frage, ob Ordner/Datei wirklich in den Papierkorb verschoben werden soll, mit „Ja" bestätigen
- Ordner/Datei wird in den Papierkorb verschoben

Begriff

Algorithmus → exakte Vorschrift, die bei geeigneten Eingabedaten zwangsläufig zu korrekten Ausgabedaten führt.

Vorgehen

Eingabe: $x = 3, y = 4$

Verarbeitung
(mit einem Algorithmus): $z = x + y$ (hier: $z = 3 + 4$)

Ausgabe: $z = 7$

Stufen der Softwareerstellung

Problemstellung
- Aufgabenstellung mit Auftraggeber abstimmen

Problemanalyse
- Eingabedaten festlegen
- Reihenfolge und Art der Verarbeitung festlegen
- Ausgabedaten festlegen

Entwurf
- Aufbau der Bildschirmmaske
- Gestaltung der Druckausgabe (z. B. Briefe, Berichte)
- Darstellung der für die Verarbeitung benötigten Algorithmen z. B. mit Struktogrammen

Implementierung (Einbau)
- Erstellung und Installation eines lauffähigen Programms, Datenbankanwendung usw.

Systemtest
- Testen der erstellten Software (z. B. Programm, Datenbankanwendung)

Abschlussphase
- Einsatz und Wartung der erstellten Software-Dokumentation
- Erstellen einer Bedienungsanweisung

Algorithmische Grundstrukturen

Struktur	Beschreibung	Struktogramm	Beispiele
Folge (Sequenz)	Aneinanderreihung von mehreren Anweisungen	1. Anweisung 2. Anweisung 3. Anweisung	**in C:** printf („Preis: "); scanf („%f", &Preis); USt = Preis * 0.19;
Auswahl (Selektion)	**Zweiseitige Auswahl:** In Abhängigkeit von der Erfüllung einer Bedingung werden zwei Alternativen ausgewählt.	Bedingung erfüllt? ja nein 1. Anweisung 2. Anweisung	**in EXCEL:** =WENN(B12>1000; 5; 10)
	Fallunterscheidung: In Abhängigkeit von der Erfüllung einer Bedingung werden mehrere Alternativen (Fälle) ausgewählt.	Fall? = 1 = 2 = 3 1. Anw. 2. Anw. 3. Anw.	**in C:** switch(UstSatz) { case 1: Ust=Wert*0.19; break; case 2: Ust=Wert*0.07; break; case 3: Ust=0:}

Wiederholung (Iteration)	Eine Folge von Anweisungen wird so oft wiederholt, solange eine Bedingung erfüllt ist. Man unterscheidet die **fußgesteuerte**, die **kopfgesteuerte** und die **zählgesteuerte** Schleife.
	
	z. B. kopfgesteuerte **Schleife**
		Anweisung
		Wiederholung, solange Bedingung erfüllt
		1. Anweisung
		2. Anweisung
		3. Anweisung
			Kopfgesteuerte Schleife
			in C:
			x=0;
			while(x<10)
			{
			  x=x+1;
			  printf(„%i",x);
			  y=0
			}

13

Tabellenkalkulation am Beispiel von EXCEL   *Spread sheet using EXCEL as an example*

Begriff

Daten werden in Form von Tabellen erfasst und mithilfe von mathematischen und anderen Funktionen verarbeitet. Bei einer Änderung der Daten werden die Ergebnisse und Analysen automatisch angepasst. Die Ergebnisse und Analysen können anschließend grafisch ansprechend aufbereitet werden, denn die meisten modernen Tabellenkal-

kulationsprogramme (z. B. EXCEL) verfügen über Grafiktools.
Diese Standardsoftware findet weite Verbreitung und wird betriebswirtschaftlich beispielsweise für Angebotsvergleiche, Kalkulationen oder zur Erstellung von Statistiken eingesetzt.

Adressierung

Um in Formeln auf Daten aus Zellen oder Bereichen zugreifen zu können, müssen die Zellen mit einer **Adresse** verse-

hen werden. Durch die **Adressierung** werden also Bezüge zu anderen Zellen hergestellt.

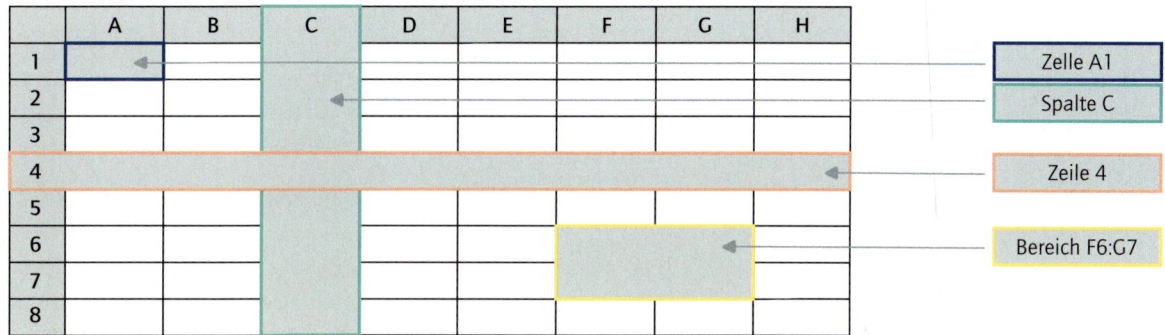

	A	B	C	D	E	F	G	H
1								
2								
3								
4								
5								
6								
7								
8								

Zelle A1
Spalte C
Zeile 4
Bereich F6:G7

absolute Adressierung	Beim Kopieren verändert EXCEL die Adresse einer Zelle nicht. Sie bleibt konstant (absolut). Dafür muss aber diese Zelladresse mit $-Zeichen versehen werden.	
		A
	1	100
	2	=$A$1+1
	3	=$A$1+1
	Wert in A2 und A3 → 101	
relative Adressierung	Beim Kopieren verändert EXCEL automatisch die Adresse einer Zelle relativ (im Verhältnis) zur ursprünglichen Zelle.	
		A
	1	100
	2	=A1+1
	3	=A2+1
	Wert in A2 → 101 Wert in A3 → 102	
Adressierung über den Namen	Die Zelle, die kopiert oder in einer Formel verwendet werden soll, wird vorher mit einem Namen versehen. Beim Kopieren wird dann dieser Name beibehalten.	
		A
	1	100
	2	Umsatz
	3	Umsatz
	Name in A2 → Umsatz Name in A3 → Umsatz	

Inhalte von Zellen

	A	B	C	D	
1		Angebotsvergleich			
2					
3		Kunze KG	Meier GmbH		Texte
4	Listeneinkaufspreis	10.000	11.500		
5	Rabatt in %	10	12		Werte
6	Bezugskosten	150	200		
7					
8	Listeneinkaufspreis	=B4	=C4		
9	− Rabatt	=B4*B5/100	=C4*C5/100		Formeln
10	Zieleinkaufspreis	=B8-B9	=C8-C9		
11					
12	Zieleinkaufspreis	=B10	=C10		
13	+ Bezugskosten	=B6	=C6		
14	Bezugspreis	=SUMME(B12:B13)	=SUMME(C12:C13)		Funktionen

Formeln: setzen sich aus den zu den Werten gehörenden Adressen zusammen und dienen der Berechnung neuer Werte.

Funktionen: von EXCEL vorgegebene mathematische, statistische, logische oder andere Formeln.

Erstellen eines Diagramms mit dem Diagramm-Assistenten

- Markieren des gewünschten Bereichs
- Menüpunkte: Einfügen/Diagramm/Auf dieses Blatt **oder** Schaltfläche Diagramm

1. Stufe: Diagramm-Assistent – Schritt 1 von 4 – Diagrammtyp. Aus 14 Diagrammtypen kann der gewünschte ausgewählt werden.

2. Stufe: Diagramm-Assistent – Schritt 2 von 4 – Diagramm-Quelldaten. Hier kann der Datenbereich geändert werden.

3. Stufe: Diagramm-Assistent – Schritt 3 von 4 – Diagrammoptionen. Verschiedene Beschriftungen (z. B. Diagrammtitel oder Achsenbeschriftungen), Gitternetzlinien usw. können hier ausgewählt werden.

4. Stufe: Diagramm-Assistent – Schritt 4 von 4 – Diagramm-Platzierung. Es kann ausgewählt werden, ob das Diagramm auf ein eigenes Blatt oder in der aktiven Tabelle platziert wird.

Datenbank am Beispiel von ACCESS — *Databases using ACCESS as an example*

Aufgaben einer Datenbank (engl. Data Base)

In einer Datenbank sind große Mengen unterschiedlichster Daten gespeichert. Sie ermöglicht dem Benutzer mit einer entsprechenden Berechtigung
- einen flexiblen Zugriff auf die Daten,
- Änderung der Daten und
- Strukturierung der Daten.

Dabei wird die Konsistenz (Eindeutigkeit) gewährleistet und somit eine Mehrfachspeicherung von Daten (Redundanz) verhindert. Die Speicherung der Daten in der Datenbank erfolgt unabhängig von den eingesetzten Anwendungsprogrammen.

Entwurf und Anlage einer Datenbankanwendung

Im Gegensatz zur Arbeit mit anderen Standardprogrammen, bei denen die Daten direkt eingegeben werden, muss bei einer Datenbank erst der Aufbau geplant werden:
- Analyse der Daten
- Datenmodellierung z. B. mithilfe eines Entity-Relationship-Diagramms **(ERM)**, d. h., die Daten und die Beziehungen zwischen ihnen werden grafisch dargestellt
- Erstellen von Tabellen, Festlegung der Datenstruktur und Festlegung der Beziehungen zwischen den Tabellen
- Festlegung eines Primärschlüssels für jede Tabelle
- Erstellung von Formularen zur leichteren Erfassung der Daten
- Eingeben von Daten in Tabellen
- Verknüpfung der Daten aus verschiedenen Tabellen
- Formulierung von Abfragen zur Auswertung der gespeicherten Daten
- Präsentation der Daten über einen Bericht

13

Entwurf relationaler Datenbanken

Ein Hilfsmittel zum Entwurf relationaler Datenbanken ist das **E**ntity-**R**elationship-**M**odell **(ERM)**. Aus dem ER-Modell können die notwendigen ACCESS-Tabellen abgeleitet werden. *Beispiel:*

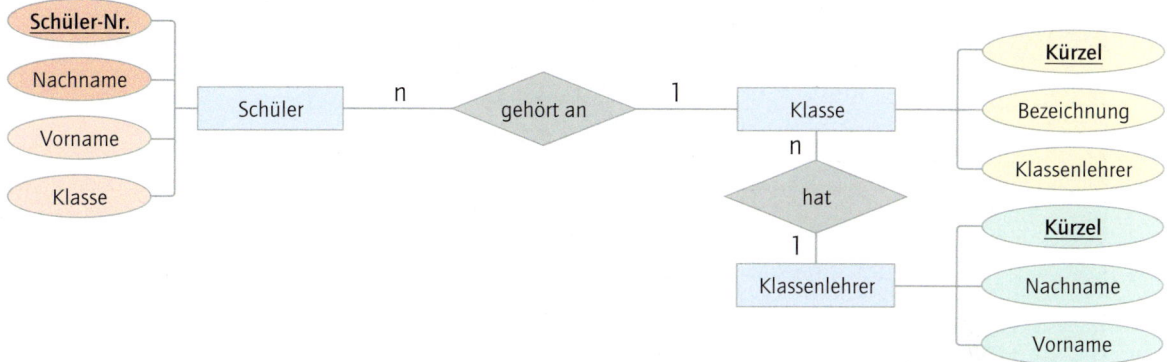

- Eine Relation (Entity, Tabelle) hat einen eindeutigen Namen, z. B. **Klasse**.
- Eine Relation hat mehrere Attribute (Eigenschaften), z. B. **Nachname**.
- Eine Relation hat einen Primärschlüssel, der jeden Datensatz eindeutig identifiziert, z. B. **Schüler-Nr.**

- Die Entities sind über Beziehungen miteinander verknüpft, z. B. hat jede Klasse einen Klassenlehrer.
- Die Beziehungstypen ergeben sich aus den mengenmäßigen Zusammenhängen zwischen den einzelnen Elementen, z. B. gehören viele Schüler einer Klasse an (n-zu-1-Beziehung).

Relationenschema

Eine **Relation (Tabelle)** verknüpft logisch eine fest definierte Anzahl von Tabellenspalten (Attribute) und eine variable Anzahl von **Tabellenzeilen (Tupel)**. *Beispiel:*

Tabelle Schueler

Schueler-Nr	Nachname	Vorname	*Klasse-kurz*
1002	Krause	Florian	G064
1007	Walter	Kerstin	G072

Tabelle Klasse

Klasse-kurz	Klasse-lang	*Lehrer-kurz*
G064	Großhandelskaufleute	MUE
G072	Außenhandelskaufleute	SCHEIB

Tabelle Lehrer

Lehrer-kurz	Nachname	Vorname
MUE	Müller	Heinz
SCHEIB	Scheibner	Sabine

Struktur einer ACCESS-Datenbankanwendung

Tabellen
Eine Tabelle bildet Gegenstände der Wirklichkeit ab. Dabei werden die Daten ähnlich wie bei der Tabellenkalkulation eingegeben. Beispielsweise wird eine Tabelle zur Erfassung von Personaldaten (Nachname, Vorname, Stundenlohn, Wochenarbeitszeit) angelegt.

Formulare
Formulare erleichtern beispielsweise die Eingabe der Daten. Sie können aber auch zur Ansicht und Bearbeitung der Daten verwendet werden. Sie können automatisch vom Programm oder mit Unterstützung des Assistenten schnell erstellt werden.

Abfragen
Mit Abfragen können die Daten nach verschiedenen Kriterien sortiert (z. B. aufsteigend, absteigend) oder selektiert (ausgesucht) werden. Mithilfe einer Abfrage könnten beispielsweise alle Mitarbeiter ermittelt werden, die mehr als 12,50 € pro Stunde verdienen.

Berichte
Daten können in Berichten zusammengefasst und grafisch ansprechend aufbereitet werden. Diese können dann über den Drucker ausgegeben und/oder in der Datenbank/Datei gespeichert werden.

14 Fachliches Englisch

The wholesale business – *Der Großhandel*

wholesale business/trade	Großhandel
wholesaler, wholesale supplier	Großhändler/-in
wholesaler, wholesale company/enterprise	Großhandelsunternehmen
wholesale	zum Großhandelspreis, in großen Mengen

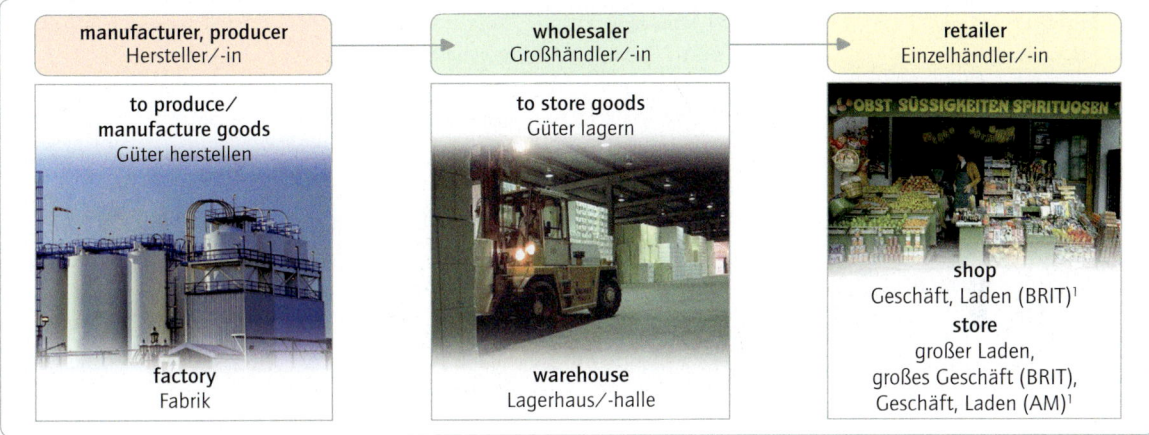

manufacturer, producer Hersteller/-in	wholesaler Großhändler/-in	retailer Einzelhändler/-in
to produce/ manufacture goods Güter herstellen	to store goods Güter lagern	shop Geschäft, Laden (BRIT)[1] store großer Laden, großes Geschäft (BRIT), Geschäft, Laden (AM)[1]
factory Fabrik	warehouse Lagerhaus/-halle	

Buying and selling – *Kaufen und Verkaufen*

← buying		selling →	
buy, bought, bought	kaufen	sell, sold, sold	verkaufen
to buy something from somebody	etwas von jemandem kaufen	to sell something to somebody, to sell somebody something	jemandem etwas verkaufen
to buy something at a shop/store	etwas in einem Geschäft kaufen	to sell something wholesale	etwas in großen Mengen/en gros verkaufen
to buy something wholesale	etwas in großen Mengen/en gros kaufen	seller	Verkäufer/-in
to buy something in bulk	etwas in großen Mengen/en gros kaufen	salesperson, salesman, saleswoman	Verkäufer/-in, Handelsvertreter/-in, Handlungsreisende/-r
buyer	Käufer/-in		
bulk buyer	Großabnehmer/-in	sales/shop assistant (BRIT), salesperson, sales clerk (AM)	Verkäufer/-in *(in einem Laden)*
customer	Kunde, Kundin		
← dealing and trading →			
to deal in something	mit etwas *(einem Gut)* handeln	to trade in something	mit etwas *(einem Gut)* handeln
to deal with somebody	mit jemandem *(einem Unternehmen)* handeln	to trade with somebody	mit jemandem *(einem Unternehmen)* handeln
dealer	Händler/-in	trader	Händler/-in

Example sentences – *Beispielsätze*

Bellheim-BüroService GmbH in Berlin buys paper wholesale from an Asian producer.
Bellheim is a wholesaler and sells computers, stationery and paper to retailers.
The company also deals in office furniture.

[1] BRIT = britisches Englisch und AM = amerikanisches Englisch
Achtung: Das britische und das amerikanische Englisch weichen häufig in Aussprache, Schreibung oder Bedeutung voneinander ab.
Lesebeispiel: „Store" bezeichnet im britischen Englisch ein großes Geschäft wie beispielsweise in „department store" (Warenhaus). Im Amerikanischen dagegen heißt „store" einfach „Geschäft".

The personnel – *Das Personal*

personnel	Belegschaft, Personal	superior	Vorgesetzte/-r
staff	Belegschaft, Personal	owner	Inhaber/-in
employee	Angestellte/-r	managing director, MD	Geschäftsführer/-in
employer	Arbeitgeber/-in	chief executive officer, CEO	Geschäftsführer/-in
to employ sb[1]	jmdn.[2] anstellen/beschäftigen	branch manager	Filialleiter/-in
to work as a *(job)*	als *(Beruf)* arbeiten	department manager	Abteilungsleiter/-in
to work at/for	arbeiten bei	accountant	Buchhalter/-in
place of work, workplace	Arbeitsplatz	sales representative	Vertreter/-in
member of staff	Mitarbeiter/-in	secretary	Sekretär/-in
colleague	Kollege, Kollegin	stockroom worker	Lagerarbeiter/-in
boss	Chef/-in	temporary worker, temp	Aushilfe

employer
Arbeitgeber/-in

employee
Arbeitnehmer/-in,
Angestellte/-r

The employment relationship – *Das Arbeitsverhältnis*

contract of employment	Arbeitsvertrag	advanced/further vocational training	berufliche Fortbildung
working conditions	Arbeitsbedingungen		
pay	Bezahlung	training course	Fortbildungskurs, Schulung
pay rise (BRIT), pay raise (AM)	Lohnerhöhung	promotion	Beförderung
to earn	verdienen	to employ sb	jemanden einstellen
wage, wages *(pl.)*	Lohn	to be on sick leave	krankgeschrieben sein
salary	Gehalt	to retire	in den Ruhestand treten
gross salary	Bruttogehalt	retirement	Ruhestand
net salary	Nettogehalt	to lose one's job	seinen Arbeitsplatz verlieren
income tax	Einkommensteuer	out of work, unemployed, redundant (BRIT)	arbeitslos
social security contribution	Sozialabgabe		
health insurance	Krankenversicherung	unemployment	Arbeitslosigkeit
nursing care insurance	Pflegeversicherung	unemployment benefit	Arbeitslosengeld
unemployment insurance	Arbeitslosenversicherung	to give sb notice	jemandem kündigen
pension insurance	Rentenversicherung	to hand in one's notice	kündigen
accident insurance	Unfallversicherung	notice	Kündigung
commission	Provision	to dismiss sb	jemanden entlassen
employee discount	Personalrabatt	dismissal	Entlassung
holiday pay	Urlaubsgeld	job centre (BRIT), job center (AM)	Arbeitsamt/-agentur
Christmas bonus	Weihnachtsgeld		
working hours *(pl.[3])*	Arbeitszeit	collective agreement, labor contract (AM)	Tarifvertrag
to work overtime	Überstunden machen		
to work flexitime (BRIT)/ flextime (AM)	Gleitzeit arbeiten	(trade) union (BRIT), labor union (AM)	Gewerkschaft
to work full-time	Vollzeit arbeiten	union member	Gewerkschaftsmitglied
to work part-time	Teilzeit arbeiten	to negotiate	verhandeln
to take a holiday (BRIT)/ vacation (AM)	Urlaub nehmen	negotiation	Verhandlung
		to strike	streiken
probationary period	Probezeit	strike	Streik
working atmosphere, work climate	Arbeitsklima	to reach an agreement	zu einer Übereinkunft kommen

[1] sb = somebody
[2] jmdn. = jemanden, jmdm. = jemandem
[3] Es handelt sich hier um ein Nomen im Plural (in der Mehrzahl). Es muss also heißen: „My working hours are from 10 to 7."

14

Vocational training – *Die Berufsausbildung*

trainee	Auszubildende/-r	wholesaler, wholesale trader	Großhandelskaufmann/-frau
to train as a *(job)*	ausgebildet werden zu *(Beruf)*	trainer, instructor	Ausbilder/-in
trainee management assistant in wholesale and foreign trade	Auszubildende/-r zum Groß- und Außenhandels-kaufmann/-frau[1]	training period	Ausbildungzeit
		to attend vocational school	zur Berufsschule gehen

Serving customers and other activities – *Kunden bedienen und andere Tätigkeiten*

to send sb a catalogue	jemandem einen Katalog schicken
to serve customers	Kunden bedienen
to give information on/about sth[2]	Informationen über etwas geben
to advise customers on sth	Kunden in etwas beraten
to explain sth to sb	jemandem etwas erklären
to explain how sth works	erklären, wie etwas funktioniert
to recommend sth	etwas empfehlen
to make an offer	ein Angebot unterbreiten
to take an order	eine Bestellung aufnehmen
to check the stocks	Warenbestände überprüfen
to stocktake, to do the stocktaking	Inventur durchführen/machen
to look for sources of supply	Bezugsquellen ermitteln
to contact suppliers	sich mit Lieferern in Verbindung setzen
to visit a fair	eine Messe besuchen
to make a comparison of offers	einen Angebotsvergleich vornehmen
to negotiate prices and terms of delivery	über Preise und Lieferbedingungen verhandeln
to order goods	Waren bestellen
to inspect the delivery	die Lieferung kontrollieren
to unpack the goods	Waren auspacken
to sort the goods	Waren sortieren
to fill/dust the shelves	Regale auffüllen/abstauben
to store goods properly	Güter ordnungsgemäß lagern
to transfer money	Geld überweisen
to process customer orders	Kundenaufträge bearbeiten
to pick an order	kommissionieren
to pack sth in a box	etwas in einen Karton/eine Schachtel einpacken
to wrap sth (up) in paper	etwas in Papier einwickeln
to make up parcels (BRIT)/packages (AM)	Pakete packen
to load/unload lorries (BRIT)/trucks (AM)	Lkw beladen/entladen
to make out invoices	Rechnungen schreiben
to make out a receipt	eine Quittung ausstellen
to enter sth into the books	etwas buchen
to enter data into the computer	Daten in den Computer eingeben
to write business letters and emails	Geschäftsbriefe und E-Mails schreiben
to answer the phone	ans Telefon gehen
to do the advertising, to advertise (sth)	(für etwas) werben
to run a company	ein Unternehmen leiten

Example sentences – *Beispielsätze*

I train as a management assistant in wholesale and foreign trade at Bellheim-BüroService GmbH.
We have twenty-three employees and sell office equipment and writing materials.
I like negotiating prices with the producers, but I don't like stocktaking at all.

[1] Achtung: In Ländern, in denen Englisch gesprochen wird, gibt es keine Ausbildungsberufe, die mit dem deutschen „Kaufmann/Kauffrau im Groß- und Außen-handel" vergleichbar sind.
[2] sth = something

Company profile

Company name:	Bellheim-BüroService GmbH	Firma:	Bellheim-BüroService GmbH
Location:	Berlin, Germany	Standort:	Berlin, Deutschland
Type of company:	wholesaler	Art des Unternehmens:	Großhändler
Number of employees:	23	Anzahl der Beschäftigten:	23
Departments:	purchasing, sales, warehouse, administration	Abteilungen:	Einkauf, Verkauf, Lager, Verwaltung
Range of goods:	office equipment, computer accessories, writing materials, office paper, office furniture, drawing supplies, office supplies	Sortiment:	Bürotechnik, Computerzubehör, Schreibbedarf, Büropapiere, Büroeinrichtungen, Zeichenbedarf, Bürobedarf
Customer target group:	280 specialist retailers	Kundenzielgruppe:	280 Facheinzelhändler

Product range

Stages of production – *Produktionsstufen*

raw material
Rohstoff

semi-finished good/product
Halbfertigprodukt

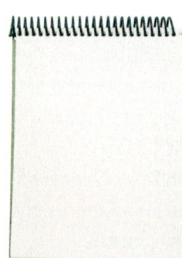

finished good/product
Fertigprodukt

Different types of goods – *Verschiedene Arten von Gütern*

food, foodstuffs	Nahrungsmittel	sports equipment/goods	Sportgeräte/-artikel
fresh food	Frischwaren	home textiles	Heimtextilien
frozen food	Tiefkühlkost	fabric, material, cloth	Stoff
tinned food (BRIT), canned food (AM)	Konserven	curtain	Gardine
		furniture	Möbel
convenience food	Fertigprodukte	lamp	Leuchte
alcoholic beverages/drinks	alkoholische Getränke	carpet	Teppich
soft drinks	alkoholfreie Getränke	household goods	Haushaltswaren
tobacco products	Tabakwaren	porcelain, china	Porzellan
magazine	Zeitschrift	glassware	Glasartikel
newspaper	Zeitung	hardware	Eisen- und Haushaltswaren
textiles	Textilien	toy	Spielzeug
clothes	Bekleidung	electrical goods/appliances	Elektrogeräte
women's wear, menswear, children's wear	Damen-/Herren-/Kinderbekleidung	consumer/entertainment electronics	Unterhaltungselektronik
footwear, shoes	Schuhe	domestic appliances	Haushaltsgeräte
leather goods	Lederwaren	camera	Fotoapparat
accessories	Accessoires	car accessories	Autozubehör
cosmetics	Kosmetikartikel	plant	Pflanze
toiletry	Toilettenartikel	stationery	Schreibwaren
jewellery (BRIT), jewelry (AM)	Schmuck	office supplies	Bürobedarf
(wrist)watch	Armbanduhr	DIY[1] supplies	Heimwerkerbedarf
sportswear	Sportbekleidung	tool	Werkzeug
[1] DIY = do-it-yourself		building material	Baumaterial

538   Fachliches Englisch

Describing the product range – *Das Sortiment beschreiben*

product range	Sortiment	equipment	Ausrüstung, Gerät(e)
range of goods	Sortiment, Produktpalette	device	Gerät, Vorrichtung
assortment	Sortiment, Auswahl, Zusammenstellung	component	Bauteil
		attachment	Zusatzteil, Zubehörteil
a wide choice of sth	eine große Auswahl an etwas	accessory	Zubehör
selection	Auswahl	spare, spare part	Ersatzteil
product line	Produktlinie	to stock sth	etwas führen
series	Serie, Baureihe	available	verfügbar, erhältlich
item	Artikel	to be in stock	vorrätig sein
brand	Sorte, Marke	to be out of sth *(item)*, to be out of stock, to be sold out	ausverkauft sein *(Artikel)*
trademark	Handelsmarke		
branded article	Markenartikel	best seller	Bestseller
appliance	Gerät	shelf warmer	Ladenhüter

Example sentences – *Beispielsätze*

Our product range includes pencils, coloured pencils and pencil sharpeners.

We also stock a large assortment of felt-tip pens.

Unfortunately, board markers are out of stock, but flip chart pads are still available.

Describing items   *Artikel beschreiben*

Quality and price – *Qualität und Preis*

high-quality	hochwertig	↔	low-quality	minderwertig
expensive	teuer	↔	cheap	billig
			inexpensive	preiswert
luxurious	luxuriös	↔	simple	einfach
valuable	wertvoll	↔	worthless	wertlos
stable	stabil	↔	unstable	instabil
durable	haltbar			

Size – *Größe*

big	groß	↔	small	klein
long	lang	↔	short	kurz
wide	weit	↔	tight	eng

Weight – *Gewicht*

heavy	schwer	↔	light, lightweight	leicht

Use – *Gebrauch*

practical	praktisch	↔	impractical	unpraktisch
convenient	zweckmäßig, bequem *(z. B. zeitsparend)*			
comfortable	bequem *(z. B. bei Kleidung, Möbeln)*	↔	uncomfortable	unbequem
useful	nützlich	↔	useless	unnütz
reliable	zuverlässig	↔	unreliable	unzuverlässig

Verbs to describe items – *Verben zur Beschreibung von Artikeln*

- It **is** environmentally friendly.
- It **looks** very elegant.
- It **feels** smooth.
- It **smells** of roses.
- It **tastes** sweet.
- It **is made** of wood.

- Es ist umweltfreundlich.
- Es sieht sehr elegant aus.
- Es fühlt sich glatt an.
- Es riecht nach Rosen.
- Es schmeckt süß.
- Es ist aus Holz.

Cardinal numbers – *Kardinalzahlen*

1	one	14	fourteen	80	eighty
2	two	15	fifteen	90	ninety
3	three	16	sixteen	100	a/one hundred[1]
4	four	20	twenty	101	a/one hundred and[2] one
5	five	21	twenty-one	123	a/one hundred and twenty-three
6	six	22	twenty-two	200	two hundred
7	seven	23	twenty-three	1000	a/one thousand
8	eight	24	twenty-four	1050	a/one thousand and fifty
9	nine	30	thirty	1147	one thousand one hundred and forty-seven[3]
10	ten	40	forty	10,000	ten thousand[4]
11	eleven	50	fifty	300,000	three hundred thousand
12	twelve	60	sixty	1,000,000	a/one million
13	thirteen	70	seventy	1,000,000,000	a/one billion

Ordinal numbers – *Ordnungszahlen*

1st	first	14th	fourteenth	80th	eightieth
2nd	second	15th	fifteenth	90th	ninetieth
3rd	third	16th	sixteenth	100th	hundredth
4th	fourth	20th	twentieth	101st	hundred and first
5th	fifth	21st	twenty-first	123rd	hundred and twenty-third
6th	sixth	22nd	twenty-second	200th	two hundredth
7th	seventh	23rd	twenty-third	1000th	thousandth
8th	eighth	24th	twenty-fourth	1050th	thousand and fiftieth
9th	ninth	30th	thirtieth	1147th	thousand one hundred and forty-seventh
10th	tenth	40th	fortieth	10,000th	ten thousandth
11th	eleventh	50th	fiftieth	300,000th	threehundred thousandth
12th	twelfth	60th	sixtieth	1,000,000th	millionth
13th	thirteenth	70th	seventieth	1,000,000,000th	billionth

Fractions, decimal numbers and percentages – *Brüche, Dezimalzahlen und Prozentsätze*

$\frac{1}{2}$	a/one half	0.2	oh point two, nought point two, zero point two (AM)
$\frac{1}{3}$	a/one third	.2	point two[5]
$\frac{1}{4}$	a/one quarter	.25	point two five
$\frac{3}{4}$	three quarters	1.25	one point two five
$\frac{1}{8}$	a/one eighth	2.865	two point eight six five
$\frac{1}{10}$	a/one tenth	6.03	six point oh/nought/zero (AM) three
$\frac{5}{16}$	five sixteenths		
$\frac{1}{100}$	one hundredth	19%	nineteen per cent (BRIT)/percent (AM)
$1\frac{1}{2}$	one and a half		

Calculating – *Rechnen*

8 + 6 = 14	eight **and/plus** six **is/are/equals** fourteen
15 – 3 = 12	fifteen **take away/minus** three is twelve
3 · 3 = 9	three **times/multiplied by** three is nine
32 : 8 = 4	thirty-two **divided by** eight is four

[1] „A hundred" ist informelles (umgangssprachliches) Englisch.
[2] Im amerikanischen Englisch entfällt meist das „and" bei Zahlen über 100.
[3] „A thousand" wird nur benutzt bei „1000" und vor „and".
[4] Im Englischen werden bei Zahlen ab 10 000 Tausender, Millionen oder Milliarden durch Kommas abgetrennt: 10,000. Bei Dezimalzahlen setzt man hingegen einen Punkt: 0.2.
[5] Anders als im Deutschen kann im Englischen bei Dezimalzahlen unter eins die Null vor dem Komma entfallen.

14

Metric units of length – *Metrische Längenmaße*

1 mm	one millimetre[1]	1 m	one metre
1 cm	one centimetre	1 km	one kilometre

Metric units of square measure and cubic measure – *Metrische Flächen- und Raummaße*

1 cm²	one square centimetre	1 m²	one square metre
1 cm³	one cubic centimetre	1 m³	one cubic metre

Metric units of weight – *Metrische Gewichtsmaße*

1 g	one gram(me)	1 kg	one kilogram/kilo
1 t	one tonne, one metric ton		

British units of length – *Britische Längenmaße[2]*

	1 inch	= 2.54 centimetres (cm)	in. *or* "
12 inches	= 1 foot	= 0,3048 metres (m)	ft *or* '
3 feet	= 1 yard	= 0.9144 metres (m)	yd, yards: yds
1760 yards	= 1 mile	= 1.609 kilometres (km)	m. *or* mi.

British units of weight – *Britische Gewichtsmaße*

	1 ounce	= 28.35 gram(me)s	oz
16 ounces	= 1 pound	= 0.4536 kilogram(me)s	lb
14 pounds	= 1 stone	= 6.350 kilogram(me)s	st.
2240 pounds	= 1 (long) ton[3]	= 1,016 kilogram(me)s	

Dimensions – *Maße*

height / Höhe
length / Länge
width / Breite

40-foot container 40-Fuß-Container			
		imperial[4] imperial	**metric** metrisch
external dimensions Außenmaße	length	40' 0"	12.192 m
	width	8' 0"	2.438 m
	height	8' 6"	2.591 m
internal dimensions Innenmaße	length	39' 5 45/64"	12.032 m
	width	7' 8 19/32"	2.352 m
	height	7' 9 57/64"	2.385 m
volume Rauminhalt		2,385 ft³	67.5 m³
empty weight Leergewicht		8,820 lb	4,000 kg

A 40-foot container is 40 feet **in length**, eight feet **in width** and eight feet six inches **in height**.
It is 40 feet **long**, eight feet **wide** and eight feet six inches **high**.
It is 40 feet **by** eight feet **by** eight feet six inches.
Its volume is 2,385 cubic feet.

Describing measures and weights – *Maße und Gewichte beschreiben*

- It's a **two-metre** strip.
- The chipboard **measures** one square metre.
- The carpet is one metre ten **square**.
- The tablecloth is one metre **in diameter**.
- The mattress **weighs** ten kilogram(me)s.
- The container **weighs** four metric tons.

- Es ist eine **zwei Meter lange** Leiste.
- Die Spanplatte **misst** einen Quadratmeter.
- Der Teppich ist ein Meter zehn **im Quadrat**.
- Die Tischdecke ist ein Meter **im Durchmesser**.
- Die Matratze **wiegt** zehn Kilogramm.
- Der Container **wiegt** vier metrische Tonnen.

---

[1] BRIT: millimetre, centimetre, metre, kilometre, litre – AM: millimeter, centimeter, meter, kilometer, liter
[2] Die britischen Flächen- und Raummaße werden wie die metrischen gebildet, z. B. „square inch" und „cubic inch".
[3] Die „short ton" ist ein amerikanisches Gewicht und entspricht 907,18 kg.
[4] Das „imperial system" ist das britische System der Maße und Gewichte, Lesebeispiel: 8' 6" bedeutet „eight feet six inches".

Sending a consignment – *Waren versenden*

consignor, consigner
Versender/-in

port of loading/shipment
Verlade-/Versandhafen

LONDON

consignment
Warensendung,
Lieferung

GLASGOW

(freight) forwarder
Spediteur/-in

haulage contractor
Frachtführer/-in

consignee
Empfänger/-in

BERLIN

port of discharge/destination
Entladehafen

HAMBURG

The consignor, Desks & Chairs Ltd, Glasgow, has a consignment of 12 desks packed in crates for Bellheim-BüroService GmbH in Berlin.
The freight forwarder arranges for the goods to be collected at the Glasgow factory.
The freight is transported by lorry and ship.
A lorry delivers the crates to Bellheim-BüroService GmbH on time.

Der Versender, Desks & Chairs Ltd., Glasgow, hat eine Lieferung von 12 Schreibtischen, in Kisten verpackt, für Bellheim-Büro-Service GmbH in Berlin.
Der Spediteur organisiert die Abholung der Güter bei der Glasgower Fabrik.
Die Fracht wird per Lkw und Schiff transportiert.
Ein Lkw liefert die Kisten pünktlich an die Bellheim-BüroService GmbH aus.

freight	Frachtgut, Ladung, Frachtgebühr	to unload	entladen, abladen
freight charge/price	Frachtgebühr/-kosten	load	Ladung
freight rate	Frachtrate, Frachtsatz	handling	Auf- und Abladen
freighter	Transportunternehmer/-in, Reeder/-in, Transportschiff/-flugzeug	to trans(s)hip	umladen, umschlagen
		trans(s)hipment	Umladen, Umladung
		to forward sth	etw. befördern/senden
cargo	Fracht, Ladung *(Schiff, Flugzeug)*	(freight) forwarder, forwarding agent/agency	Spediteur/-in, Spedition
to consign sth to sb	etwas an jmdn. versenden		
to transport sth (somewhere)/(from ... to ...)	etwas *(irgendwohin)*/ *(von ... nach ...)* transportieren	haulier (BRIT), hauler (AM)	Spediteur/-in *(Lkw, Bahn)*
		haulage	Transport, Speditionskosten *(Lkw, Bahn)*
to collect sth	etwas abholen		
collection	Abholung	haulage contractor	Frachtführer/-in
to send (sent, sent) sth	etwas versenden	carrier	Frachtführer/-in *(bes. Flugzeug)*
to send sth by post (BRIT)/ mail (AM)	etwas mit der Post verschicken	place of consignment	Versendungsort
		destination	Ziel, Bestimmungsort
to dispatch sth (somewhere)	etwas *(irgendwohin)* senden/ schicken	to discharge cargo	Ladung löschen, entladen
		to discharge a ship	ein Schiff entladen
dispatch	Lieferung, Versenden	discharge	Entladung, Löschen
to deliver	(aus)liefern	perishable	verderblich
delivery	Lieferung *(Versand)*	bulky	sperrig
delivery date	Liefertermin/-datum	fragile	zerbrechlich
to ship sth	etwas befördern/senden	inflammable, flammable	(leicht) entzündlich, feuergefährlich
shipment	Sendung, Versand		
shipper	Versender/-in, Spediteur/-in, Ablader/-in, Verlader/-in *(bes. Schiff)*	contract of carriage (BRIT), shipping contract (AM)	Beförderungsvertrag
		shipping document	Verladedokument, Versandpapier
to load	laden		

14

Modes of transport – *Transportmittel*

Goods can be transported:		Güter können transportiert werden:	
■ by road/by lorry (BRIT)/truck (AM)		■ auf der Straße/mit dem Lkw	
■ by rail/by train		■ auf der Schiene/mit dem Zug	
■ by sea/by ship		■ auf dem Seeweg/mit dem Schiff	
■ by air/by plane		■ auf dem Luftweg/mit dem Flugzeug	
vehicle	Fahrzeug	goods station (BRIT), freight depot (AM)	Güterbahnhof
transportation by road, road haulage (BRIT)	Straßentransport	vessel	Schiff
trailer	Anhänger	freighter	Frachtschiff/-flugzeug
van	Lieferwagen	harbour (BRIT), port	Hafen
motorway (BRIT), freeway (AM)	Autobahn	shipowner, freighter	Reeder/-in
		airline	Fluggesellschaft
goods train (BRIT), freight train (AM)	Güterzug	plane, aircraft, aeroplane (BRIT), airplane (AM)	Flugzeug
train station, railway (BRIT)/railroad (AM) station	Bahnhof	airliner	Linienflugzeug
		airport	Flughafen

Containers and transport material – *Behälter und Transportmaterial*

  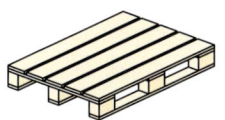  

container Container	**crate** Lattenkiste, Kiste	**pallet** Palette	**barrel, cask** Barrel, Fass	**sack, bag** Beutel, Sack, Tüte

packaging	Verpackung	canister	Kanister
wrapping	Verpackung *(Papier, Folie)*	plastic wrap	Folienverpackung
packaging material	Verpackungsmaterial	blister pack	Blisterverpackung
cardboard box, carton	(Papp-)Karton	steel strapping	Verpackungsstahlband
parcel, package	Päckchen, Paket	padding (material)	Polster-, Füllmaterial
wooden box/case	Holzkiste	caution mark	Gefahrgutetikett
chest	Kiste	airtight	luftdicht
bale	Ballen	sealed	versiegelt
bundle	Bündel	waterproof	wasserdicht
drum	Tonne	insulated	isoliert
		shockproof	bruch-, stoßsicher

Weights and dimensions of packaging – *Verpackungsgewichte und -maße*

gross weight	Bruttogewicht	dimension	Ausmaß, Maß, Umfang
net weight	Nettogewicht	volume	Volumen, Rauminhalt
tare	Tara	capacity	Fassungsvermögen

Important trade partners (import) – *Wichtige Handelspartner (Import)*

France, French	Frankreich, französisch	Austria, Austrian	Österreich, österreichisch
Netherlands, Dutch	Niederlande, niederländisch	Switzerland, Swiss	Schweiz, schweizerisch
United States of America, US American	Vereinigte Staaten von Amerika, US-amerikanisch	Russia, Russian	Russland, russisch
		Japan, Japanese	Japan, japanisch
China, Chinese	China, chinesisch	Spain, Spanish	Spanien, spanisch
Great Britain, British	Großbritannien, britisch	Czech Republic, Czech	Tschechische Republik, tschechisch
Italy, Italian	Italien, italienisch		
Belgium, Belgian	Belgien, belgisch	Poland, Polish	Polen, polnisch
		Norway, Norwegian	Norwegen, norwegisch

In the warehouse – *Im Lager*

warehouse, store, storehouse, depot	Lagerhaus/-halle	conveyor (belt)	Förderband
		crane	Kran
storage area	Lagerbereich/-fläche	stock (on hand), stores, goods in stock, goods on hand, inventory level	Lagerbestand, Warenvorrat
cold store	Kühlhaus/-halle		
storage	Lagerung		
random storage	freie/chaotische Lagerplatz-zuordnung	store/materials accounting	Lagerbuchhaltung
		stock control	Lagerbestandskontolle, Lagerwirtschaft
shelf, shelves *(pl.)*	Regal(e)		
high rack	Hochregal	inventory/stock figures	Lagerbestandsverzeichnis
automated storage and retrieval system (AS/RS)	Hochregalsystem	storage capacity	Lagerkapazität
		storage cost/expenses	Lagerkosten
automated storage and retrieval machines	automatische Ein- und Auslagerungsmaschinen	storage risk	Lagerrisiko
		inventory reserve, reserve stock, buffer stock, inventory safety stock	Mindestbestand
logistics software	Logistiksoftware		
warehouse management system (WMS)	Lagerverwaltungssystem (LVS)		
		reordering quantity, reorder point	Meldebestand
to store sth	etwas lagern		
to keep sth in stock	etwas vorrätig halten	order(ing) quantity, order size	Bestellmenge
to stock up (on sth)	Lager (mit etw.) auffüllen	purchasing lead time, delivery period	Lieferzeit
to fill up/to refill/ to replenish inventories	Lagerbestände auffüllen		
		inventory turnover ratio	Lagerkennzahl
to pick an order	kommissionieren	average inventory	durchschnittlicher Lagerbestand
order picking	Kommissionierung		
to compile inventory	Lagerbestände aufnehmen	period of storage, turnover period	Lagerdauer
to take stock	Inventur machen		
to be in stock	vorrätig sein	average inventory period	durchschnittliche Lagerdauer
to be out of stock	nicht vorrätig sein	stock turn, stock turnover, inventory sales ratio, turnover of inventories	Lagerumschlag
to have sth in stock	etw. am/auf Lager haben		
platform trolley	Handwagen		
hand/sack truck	Sackkarre	implicit interest charges for average inventory period	Lagerzinsen
pallet truck	Palettenhubwagen		

Example sentences – *Beispielsätze*

Bellheim has a fast turnover of stock and all the warehouses are completely automated.
Ink cartridges are currently out of stock. However, we do have toner cartridges in stock.
Rulers went out of stock in August, but came back into stock in the first week of October.

Import and export – *Import und Export*

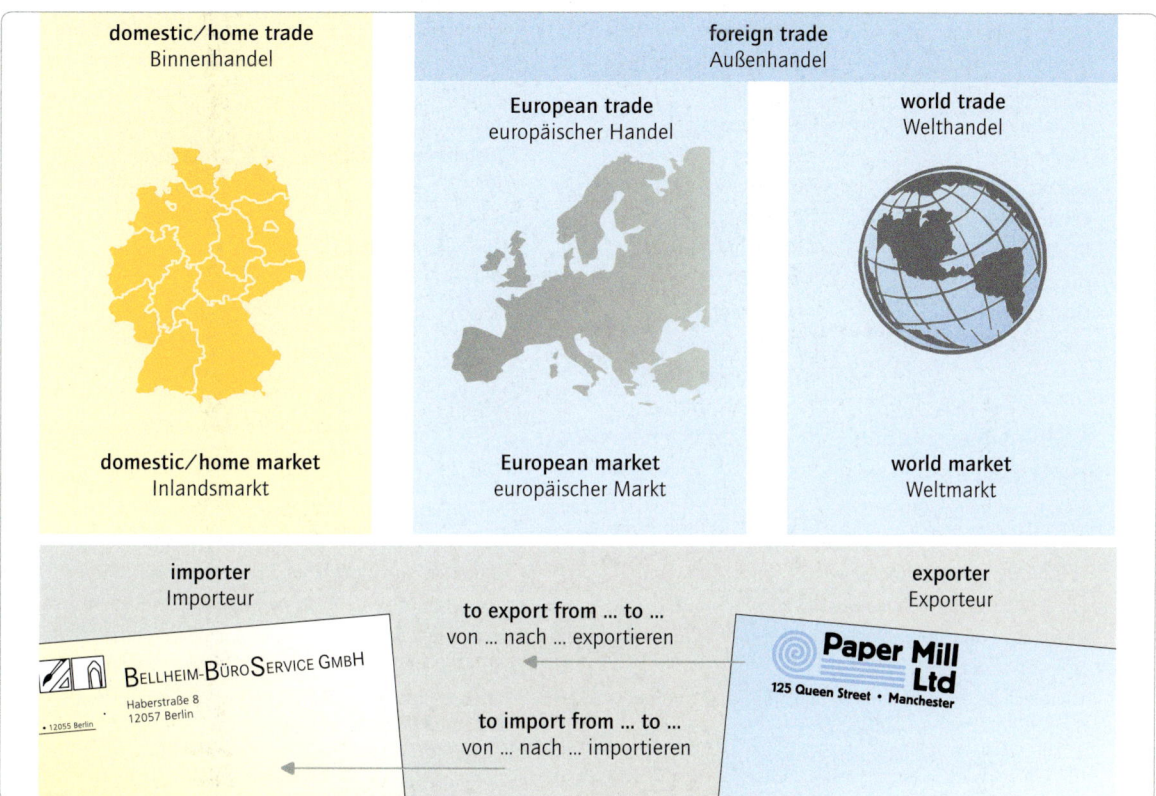

overseas trade/market	Überseehandel/-markt	foreign countries	Ausland
to export worldwide	weltweit exportieren	to trade abroad	Außenhandel betreiben

Documents in foreign trade – *Außenhandelsdokumente*

shipping document	Verladedokument, Versandpapier	freight note	Frachtrechnung
shipping note	Verladeschein, Warenbegleitschein	(marine) insurance certificate/policy	(See-)Versicherungspolice
		import/export licence (BRIT)/ license (AM)	Import-/Exportlizenz
bill of lading (B/L)	Konnossement	export permit	Ausfuhrgenehmigung
international consignment note	internationaler Frachtbrief	customs entry/declaration	Zollerklärung/-anmeldung
international road consignment note (CMR consignment note)	internationaler Frachtbrief im Straßengüterverkehr (CMR-Frachtbrief)	certificate of origin	Ursprungszeugnis
		quality assurance certificate	Qualitätszertifikat, Gütepass
		commercial invoice	Handelsrechnung
air waybill (AWB)	Luftfrachtbrief		

Customs – *Zoll*

customs	Zoll	dutiable	zollpflichtig
customs inspection	Zollabfertigung	tariff	Zoll
customs officer	Zollbeamtin/-beamter	to declare sth	etwas verzollen *(anmelden)*
customs duty	Zollgebühr	to clear sth	etwas verzollen *(abfertigen)*
import duty (on)	Einfuhrzoll (auf)	bonded warehouse	Zolllager
duty paid	verzollt	formality	Formalität
duty-free	zollfrei	to smuggle	schmuggeln

[1] Weitere Informationen zum Außenhandel finden sich auf den Seiten 180 ff., z. B. Incoterms siehe S. 182, Zahlung im Außenhandel siehe S. 183 ff.

Equipment – *Ausstattung*

notes	Notizen	PowerPoint presentation	PowerPoint-Präsentation
prompt card	Karte mit Stichwörtern	computer files	Computerdateien
handout	Handout, Handzettel	screen	Bildschirm, Leinwand
flip chart	Flipchart	projector	Beamer
whiteboard	Whiteboard	film	Film
wiper	Wischer	video recorder/cassette	Videorekorder/-kassette
marker	(dicker) Filzstift, Marker	DVD (player)	DVD(-Player)
catalogue	Katalog	microphone	Mikrofon
brochure, leaflet	Broschüre, Prospekt	extension lead (BRIT)/ cord (AM)	Verlängerungskabel
sample	Muster		
OHP transparency	Overheadfolie	plug	Stecker
overhead projector, OHP	Tageslichtschreiber, Overheadprojektor	socket	Steckdose
		blind	Jalousie
		curtain	Gardine, Vorhang

Giving a presentation – *Eine Präsentation vortragen*

Introduction – *Einleitung*

Thank you for coming.	Vielen Dank, dass Sie gekommen sind.
My name is ... and I'm responsible for ...	Mein Name ist ... und ich bin verantwortlich für ...
This morning I'd like to talk to you about/show you ...	Heute Morgen möchte ich über ... sprechen/Ihnen ... zeigen.
I'm very pleased to be here to talk to you about ...	Es freut mich sehr, heute hier über ... zu sprechen.
If you have questions, please feel free to interrupt me any time.	Wenn Sie Fragen haben, scheuen Sie sich bitte nicht, mich zu unterbrechen.
There will be enough time for questions and comments after the presentation.	Im Anschluss an die Präsentation wird genug Zeit für Fragen und Anmerkungen sein.

Giving an overview – *Einen Überblick geben*

I'll begin my presentation by giving you an overview of ...	Ich werde meine Präsentation damit beginnen, Ihnen einen Überblick über ... zu geben.
I'll begin by telling you about ... and then I'll go on to ...	Ich werde damit beginnen, Ihnen etwas über ... zu erzählen, und dann werde ich übergehen zu ...

Main part – *Hauptteil*

I should like to start/begin by telling you ...	Ich möchte gern beginnen, indem ich Ihnen erzähle.../ Zu Beginn möchte ich Ihnen gern erzählen ...
First, I should like to explain to you ...	Zuerst möchte ich Ihnen erläutern ...
Next, I'd like to tell you something about the new product.	Danach möchte ich Ihnen etwas über das neue Produkt erzählen.
This brings me to my third point.	Hiermit komme ich zu meinem dritten Punkt.
I should like to conclude by saying that ...	Ich möchte gern schließen, indem ich sage, dass ...
In conclusion, ...	Abschließend ...
Let's have a look at this.	Bitte sehen Sie sich dies an.
Here we can see ...	Hier können wir ... sehen.
I'd like to draw your attention to ...	Ich möchte Ihre Aufmerksamkeit auf ... lenken.
In addition, ...	Zusätzlich ...
What's especially important is ...	Was besonders wichtig ist, ist ...
The main thing is ...	Das Wichtigste ist ...
Above all, ...	Vor allem ...

Summarizing and answering questions – *Zusammenfassen und Fragen beantworten*

To sum up, ...	Um es zusammenzufassen, ...
Thank you for your attention. Now, are there any questions you'd like to ask?	Vielen Dank für Ihre Aufmerksamkeit. Haben Sie noch Fragen?

14

Different types of charts – *Verschiedene Arten von Tabellen und Diagrammen*

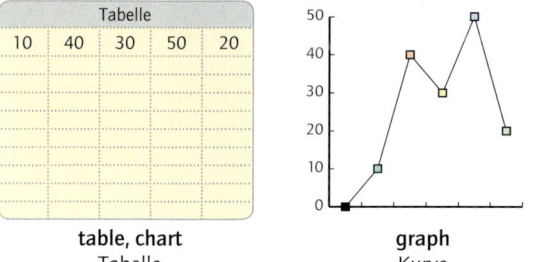

table, chart
Tabelle

graph
Kurve

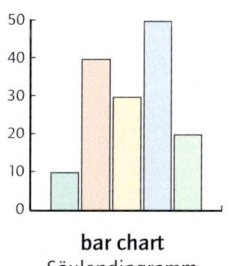

bar chart
Säulendiagramm

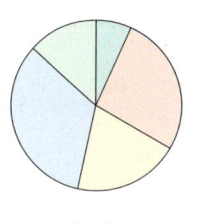

pie chart
Kreis-/Tortendiagramm

Trends – *Trends*

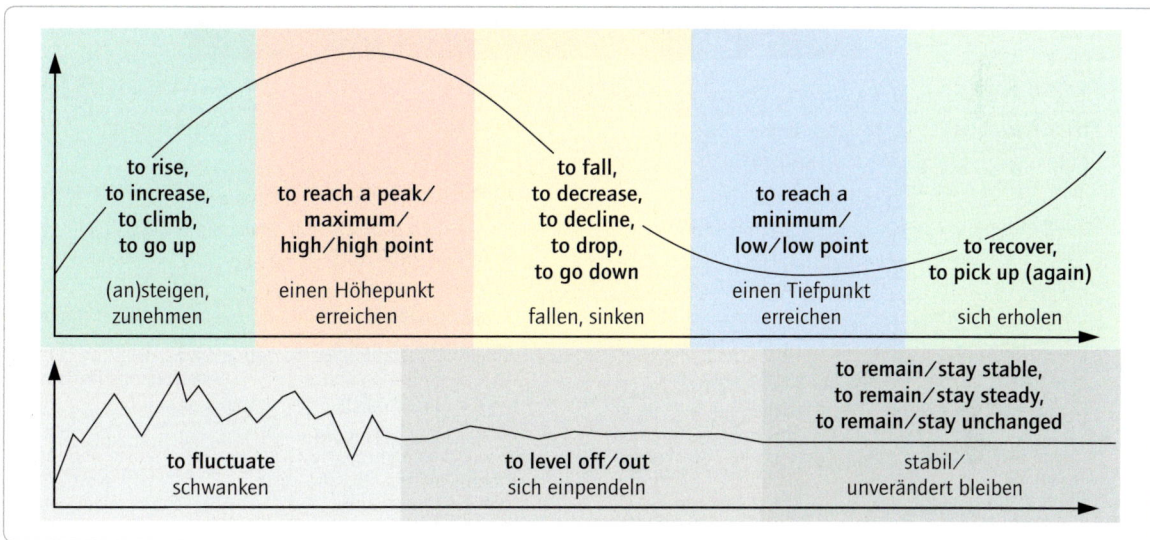

to rise, to increase, to climb, to go up
(an)steigen, zunehmen

to reach a peak/maximum/high/high point
einen Höhepunkt erreichen

to fall, to decrease, to decline, to drop, to go down
fallen, sinken

to reach a minimum/low/low point
einen Tiefpunkt erreichen

to recover, to pick up (again)
sich erholen

to fluctuate
schwanken

to level off/out
sich einpendeln

to remain/stay stable, to remain/stay steady, to remain/stay unchanged
stabil/unverändert bleiben

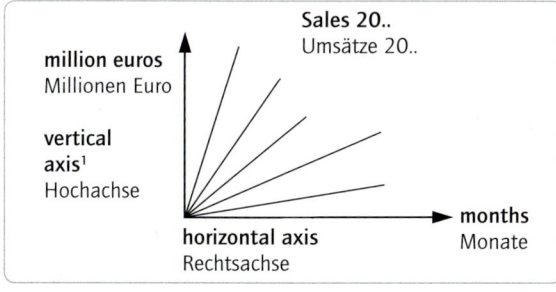

Sales 20..
Umsätze 20..

million euros
Millionen Euro

vertical axis[1]
Hochachse

horizontal axis
Rechtsachse

months
Monate

to rise	
... drastically	drastisch ...
... sharply	scharf ...
... considerably	erheblich ...
... steadily	stetig ...
... gradually	allmählich ...
... moderately	mäßig ....
... slowly	langsam ...
... slightly	leicht ...
	ansteigen

Example sentences – *Beispielsätze*

Between January and May sales rose **by** 12 per cent **from** 2,578 **to** 2,887 photocopiers.

Profits reached the lowest point **at** 2,300 euros in June.

In the third quarter, prices remained stable **at** 39 euros, but reached a minimum **of** 35 euros in December.

The monthly turnover fluctuated **between** 10,000 euros **and** 12,000 euros over the year.

Expenses went down gradually **from** August **to** December and levelled off **at** 4,000 euros.

Pencils have a share **of** only five per cent and ballpoint pens have a percentage **of** 55 per cent.

Only five per cent **of** the notepads are exported to the Netherlands.

Our Italian market is much smaller **than** our British market.

The US market is the biggest **with** about one third of all sales.

The Asian market is **as** important **as** the American market.

[1] Der Plural von „axis" ist „axes".

exhibition hall
Messehalle

stand, booth
Messestand

exhibitor
Aussteller/-in

trade visitor
Fachbesucher/-in

trade fair/show	Messe	fair catalogue (BRIT)/ catalog (AM)	Messekatalog
exhibition	Ausstellung		
map	Plan	to exhibit (a product) at the fair	(ein Produkt) auf der Messe ausstellen
trade fair site	Messegelände		
hall	Halle	to have a stand at the trade fair	einen Stand auf der Messe haben
pavilion	Pavillon		
trade fair organizer	Messeveranstalter/-in	to set up a stand	einen Stand aufbauen
trade audience	Fachpublikum	joint stand, shared booth	Gemeinschaftsstand
visitor to a/the fair	Messebesucher	to rent exhibition space	Ausstellungsfläche mieten
(wholesale) trade buyer	Facheinkäufer/-in (aus dem Großhandel)	stand rental	Standmiete
		to book a stand/booth	einen Stand mieten
to attend/visit a trade fair	eine Messe besuchen	to pay a fee	eine Gebühr bezahlen
fair/exhibition pass	Messeausweis	brochure, pamphlet	Broschüre
opening hours	Öffnungszeiten	to be on display	ausgestellt werden
calendar of events	Veranstaltungskalender	sample	Muster
		translator	Übersetzer/-in

Example of a sales dialogue – *Beispiel eines Verkaufsgesprächs*

Visitor: I'm looking around for fountain pens. Someone sent me to your stand.

Besucher: Ich sehe mich nach Füllfederhaltern um. Jemand hat mich zu Ihrem Stand geschickt.

Representative: Are you looking for anything special?

Fachverkäufer: Suchen Sie etwas Bestimmtes?

V: Yes, I need unbreakable plastic fountain pens for children.

B: Ja, ich brauche unzerbrechliche Kunststofffüllfederhalter für Kinder.

R: I think we've exactly the right thing for you. This is our latest model. The fountain pen is made of a very durable rubber material and comes in various bright colours.

F: Ich glaube, wir haben genau das Richtige für Sie. Dies ist unser neuestes Modell. Der Füllfederhalter wird aus einem sehr haltbaren Gummimaterial hergestellt und in verschiedenen leuchtenden Farben geliefert.

V: I like the red one. Can I have one?

B: Mir gefällt der rote gut. Kann ich einen haben?

R: I'm afraid this is a sample. It's not for sale. May I give you our catalogue?

F: Leider ist dies ist ein unverkäufliches Muster. Darf ich Ihnen unseren Katalog geben?

V: Thank you. Could you send me further details?

B: Vielen Dank. Könnten Sie mir weitere Einzelheiten zuschicken?

R: Certainly. If you leave me your business card, I will send you a quotation and a few brochures when we return to the office next week.

F: Gern. Wenn Sie mir Ihre Visitenkarte da lassen, werde ich Ihnen ein Angebot und ein paar Broschüren senden, wenn wir in der nächsten Woche wieder im Büro sind.

14

Different terms of a contract – *Verschiedene Vertragsbedingungen*

general terms and conditions of business	allgemeine Geschäftsbedingungen	(irrevocable) letter of credit	(unwiderrufliches) Akkreditiv
quality	Qualität, Güte	credit period	Zahlungsziel
order volume	Auftragsvolumen	goods on consignment	Kommissionsware
quantity	Menge	delivery terms	Lieferbedingungen
minimum order quantity	Mindestbestellmenge	delivery deadline/date	Lieferfrist/-termin
(unit/list) price	(Stück-/Listen-)Preis	mode of transport	Transportmittel
discount	Rabatt	packaging	Verpackung
commission	Provision	warranty period	Garantiefrist
payment terms	Zahlungsbedingungen	contractual penalty	Vertragsstrafe
currency	Währung	sales training	Verkäuferschulung
means of payment	Zahlungsmittel	demonstration unit	Vorführgerät

The price – *Der Preis*

€2.99
two ninety-nine
two euros ninety-nine
two euros (and) ninety-nine cents

Currencies – *Währungen*

€1 = 100 ct	1 euro = 100 cents
£1 = 100 p	1 (British) pound (sterling) = 100 pence, 100 p
$1 = 100 ¢	1 (US) dollar = 100 cents
¥	yen

Price reductions – *Preisnachlässe*

adjustable/differential/ graduated price	Staffelpreis	bulk/quantity/ volume discount	Mengenrabatt
special offer	Sonderangebot	cash discount	Barzahlungsnachlass, Skonto
sale, sales *(pl.)*	Ausverkauf		
trade discount	Händlerrabatt	bonus	Bonus
introductory discount	Einführungsrabatt	loyality discount	Treuerabatt

Prices have been reduced by 30 per cent.	Die Preise sind um 30 Prozent reduziert.
We can grant/offer you a discount of five per cent.	Wir können Ihnen fünf Prozent Rabatt gewähren/anbieten.
Coffee is on (special) offer this week.	Kaffee ist diese Woche im (Sonder-)Angebot.

Modes of payment – *Zahlungsarten*

Invoices can be paid:
Rechnungen können bezahlt werden:

(in) cash	**by debit card**	**by credit card**	**by cheque (BRIT)/ check (AM)**	**by banker's order/ (credit) transfer order**
(in) bar	mit der Bankkarte/ Debitkarte	mit der Kreditkarte	per Scheck	per Überweisung

Payments can be made in cash or by cheque.	Die Zahlung kann bar oder per Scheck erfolgen.
Many of our customers pay by credit card.	Viele unserer Kunden zahlen mit der Kreditkarte.
Please transfer the money to our current account (BRIT)/ checking account (AM).	Bitte überweisen Sie das Geld auf unser Girokonto.
Please pay by international money order.	Bitte zahlen Sie per Auslandszahlungsauftrag.

Verbs for negotiating – *Verben für das Verhandeln*

to negotiate (sth)	verhandeln, (etwas) aushandeln	to increase/reduce the size of the order	das Auftragsvolumen erhöhen/herabsetzen
to bargain (for sth)	(um etwas) handeln	to compromise	einen Kompromiss schließen
to offer sth	etwas anbieten		
to put sth forward, to propose sth	etwas vorschlagen	to come to/to reach an agreement	zu einer Einigung kommen
to draft a contract	einen Vertrag aufsetzen	to make/conclude/ close a deal (with sb)	ein Geschäft (mit jmdm.) abschließen
to quote a price	einen Preis nennen		
to lower an offer/a price	im Angebot heruntergehen, einen Preis senken	to draw up/sign/finalize a contract	einen Vertrag entwerfen/ unterschreiben/abschließen

Starting a negotiation – *Eine Verhandlung beginnen*

We're pleased to announce that we offer a new line of stationery.	Wir freuen uns Ihnen mitteilen zu können, dass wir eine neue Schreibwarenserie anbieten.
This item is now available in three different versions	Dieser Artikel ist jetzt in drei unterschiedlichen Ausführungen lieferbar..
We have adjusted our products to better suit the present market requirements.	Wir haben unsere Produkte den derzeitigen Markt- erfordernissen angepasst.
We are prepared to make you a good offer on our glue sticks.	Wir sind bereit, Ihnen ein gutes Angebot für unsere Klebestifte zu machen.
We need to talk about some of the details/conditions.	Wir müssen über einige der Einzelheiten/Bedingungen sprechen.
I wanted to talk to you about the samples you sent me last week.	Ich wollte mit Ihnen über die Muster sprechen, die Sie mir letzte Woche geschickt haben.
They are really rather good.	Sie sind wirklich recht gut.
We especially liked the felt-tip pens.	Uns gefielen besonders die Filzstifte.
We are thinking about buying/ordering/using them.	Wir erwägen, sie zu kaufen/bestellen/verwenden.

Convincing customers – *Kunden überzeugen*

I'm sure/certain that ...	Ich bin sicher, dass ...
I'm positive that ...	Ich bin mir ganz sicher, dass ...
We shouldn't forget that ...	Wir sollten nicht vergessen, dass ...

Negotiating conditions of a contract – *Vertragsbedingungen aushandeln*

How much/many are we talking about?	Um wie viel/viele geht es?
How much/many would you like?	Wie viel/viele hätten Sie gern?
Would you grant us better terms on the photocopiers?	Würden Sie uns bessere Konditionen für die Fotokopiergeräte einräumen?
The price needs to be as low as possible.	Der Preis muss so niedrig wie möglich sein.
What discount could you offer?	Was für einen Rabatt könnten Sie anbieten?
I propose a ten per cent discount if you buy 5,000 items.	Ich schlage einen Rabatt von zehn Prozent vor, wenn Sie 5 000 Stück kaufen.
Could you guarantee delivery of the order next week?	Könnten Sie garantieren, dass Sie die bestellte Ware nächste Woche liefern?
My proposal is that you guarantee delivery by the end of August.	Mein Vorschlag ist, dass Sie Lieferung bis Ende August zusichern.
And would you include a three-year warranty?	Und wären drei Jahre Garantie inbegriffen?
We'd like to have a demonstration unit.	Wir hätten gerne ein Vorführgerät.
What did you have in mind?	Was hatten Sie sich vorgestellt?
Provided that you extend the warranty period, I will accept your conditions.	Vorausgesetzt, dass Sie die Garantiefrist verlängern, werde ich Ihre Bedingungen akzeptieren.
Supposing I reduced the price, would you sign the contract?	Gesetzt den Fall, ich ginge mit dem Preis herunter, würden Sie dann den Vertrag unterschreiben?

14

Negotiating conditions of a contract – *Vertragsbedingungen aushandeln*

If we said yes to five per cent, would you give us 30 days' credit?	Wenn wir Ja zu fünf Prozent sagten, würden Sie uns dann ein Zahlungsziel von 30 Tagen einräumen?
We could agree to your proposed price if you gave us better payment terms.	Wir könnten dem von Ihnen vorgeschlagenen Preis zustimmen, wenn Sie uns bessere Zahlungsbedingungen gewährten.
If we paid in pounds, would you increase the discount?	Wenn wir in Pfund bezahlten, würden Sie dann den Rabatt erhöhen?
If you agreed to the penalty clause, we might be able to offer you one million euros.	Wenn Sie der Vertragsstrafenklausel zustimmten, könnten wir Ihnen vielleicht eine Million Euro anbieten.
What sort of discount could we talk about if we agreed to pay in advance?	Über welche Art von Rabatt könnten wir sprechen, wenn wir uns einverstanden erklärten, im Voraus zu zahlen?
Is that acceptable?	Ist das akzeptabel?
Would this be satisfactory to you?	Wären Sie damit zufrieden?
This is my last offer.	Das ist mein letztes Angebot.

Rejecting an offer – *Ein Angebot ablehnen*

That's not exactly what we had in mind.	Es ist nicht genau das, was wir uns vorgestellt hatten.
I'm sorry, but we can't accept that.	Es tut mir leid, aber das können wir nicht akzeptieren.
I still have to reject your offer.	Ich muss Ihr Angebot immer noch ablehnen.
It's unacceptable.	Das ist inakzeptabel.
It's out of the question./I'm afraid that's out of the question.	Das kommt nicht infrage./Leider kommt das nicht infrage.
That's expensive!	Das ist (aber) teuer!
We insist on delivery by Tuesday.	Wir bestehen auf Lieferung bis Dienstag.
I'm surprised the discount isn't higher.	Ich bin überrascht, dass der Rabatt nicht höher ist.
We didn't expect the price to be so high.	Wir haben nicht erwartet, dass der Preis so hoch sein würde.
You can't have six per cent.	Sie können keine sechs Prozent haben.
I'm sorry, but we always do this.	Es tut mir leid, aber das machen wir immer so.
I'm afraid it's customary/company policy/we always insist on this.	Ich bedauere, aber es ist üblich/es ist unsere Firmenpolitik/wir bestehen immer darauf.
It's absolutely/completely/totally against the company policy.	Es ist absolut/vollkommen/gänzlich gegen die Firmenpolitik.

Accepting an offer – *Ein Angebot annehmen*

We could agree to this.	Dem könnten wir zustimmen.
OK, it's a deal.	O. K., abgemacht.
We could live with these terms.	Mit diesen Konditionen könnten wir leben.
I think we've come to an agreement.	Ich denke, wir sind uns einig.
This sounds good to me and I think I can accept it.	Das klingt gut und ich denke, ich kann es akzeptieren.
We can accept these terms.	Wir können diese Bedingungen akzeptieren.
It seems reasonable.	Das scheint annehmbar zu sein.
Could we check what we've agreed (on)?	Könnten wir überprüfen, worauf wir uns geeinigt haben?
Let's just summarize what we've agreed (on).	Lassen Sie uns eben zusammenfassen, worauf wir uns geeinigt haben.
To sum up, we have agreed on ...	Um es zusammenzufassen, haben wir uns auf ... geeinigt.

to phone/telephone sb
to ring sb (up)
to call sb

jmdn. anrufen

to make a phone call	anrufen	(tele)phone book	Telefonbuch
to get a phone call	einen Anruf erhalten	directory enquiries *(pl.)* (BRIT), directory assistance (AM)	Telefonauskunft
to dial a number	eine Nummer wählen		
to answer the phone	ans Telefon gehen	switchboard	zentrale Vermittlung
mobile phone (BRIT), cell(ular) phone (AM)	Mobiltelefon, Handy	operator	Telefonist/-in, Vermittlung
		answering machine	Anrufbeantworter

Giving identity – *Sich melden*

Bellheim-BüroService GmbH. Good morning/afternoon/evening. What can I do for you?	Bellheim-BüroService GmbH. Guten Morgen/Tag/Abend. Was kann ich für Sie tun?
(This is) Elke Kahnert of Bellheim-BüroService GmbH (speaking). I'm calling about ...	(Hier ist) Elke Kahnert von der Bellheim-BüroService GmbH. Ich rufe wegen ... an.
My name is Elke Kahnert.	Mein Name ist Elke Kahnert.
Who's speaking, please?	Wer ist am Apparat, bitte?

Asking for somebody – *Nach jemandem fragen*

I'd like to speak to Mr Baker.	Ich möchte mit Herrn Baker sprechen.
Could I speak to Mr Baker, please?	Könnte ich bitte mit Herrn Baker sprechen?
Speaking.	Am Apparat.

Putting a caller through – *Einen Anrufer durchstellen*

Hold the line, please. I'll put you through.	Bitte bleiben Sie am Apparat. Ich stelle Sie durch.
One moment, please.	Einen Moment, bitte.
I'll try to connect you.	Ich versuche, Sie durchzustellen.

Saying that somebody is not available – *Sagen, dass jemand nicht erreichbar ist*

I'm sorry, the line is engaged (BRIT)/busy (AM).	Es tut mir leid, die Leitung ist besetzt.
I'm afraid he's not available/he's not in/he's in a meeting.	Ich fürchte, er ist nicht erreichbar/er ist nicht im Haus/er ist in einer Besprechung.
I'll tell him you rang.	Ich sage ihm, dass Sie angerufen haben.
He'll call you back as soon as possible.	Er wird Sie so schnell wie möglich zurückrufen.
Can I take your number?	Kann ich Ihre Nummer aufnehmen?
I'll try again later.	Ich versuche es später noch einmal.

Taking or leaving a message – *Eine Nachricht aufnehmen oder hinterlassen*

Can I take a message?	Kann ich eine Nachricht aufnehmen?
May I leave a message?	Kann ich eine Nachricht hinterlassen?
What message can I give him?	Welche Nachricht kann ich ihm geben?
I'm sorry, I didn't get that. Could you repeat that, please?	Es tut mir leid, das habe ich nicht verstanden. Könnten Sie das bitte wiederholen?
Could you speak more slowly, please?	Könnten Sie bitte langsamer sprechen?
May I have your name, please?	Wie ist Ihr Name, bitte?
Could you spell that, please?	Könnten Sie das bitte buchstabieren?

Finishing the call – *Den Anruf beenden*

Thanks a lot for the information/your help.	Vielen Dank für die Informationen/Ihre Hilfe.
That's very kind of you.	Das ist sehr nett von Ihnen.
Thanks for calling.	Vielen Dank für Ihren Anruf.
You're welcome./Not at all.	Bitte. *(im Sinne von „Gern geschehen.")*
Bye-bye./Goodbye.	Auf Wiederhören.

14

Telephoning *Telefonieren*

Telephone numbers – *Telefonnummern*

(0049)	030	721698	11
double oh four nine (BRIT)/ zero zero four nine (AM)	oh three oh (BRIT)/ zero three zero (AM)	seven two one six nine eight	double one (BRIT)/ one one (AM)
country (calling) code, international dialing code (AM)	**(local) dialling code (BRIT), (local) area code (esp. AM)**	**telephone number**	**extension (number)**
Ländervorwahl	Ortsnetzkennzahl	Rufnummer	Durchwahl

Answering machines – *Anrufbeantworter*

Welcome to Bellheim-BüroService GmbH. This is Tobias Baumann's office. I'm not in at the moment, but I'll call you back. Please leave your message after the tone. Thank you for calling.	Herzlich willkommen bei Bellheim-BüroService GmbH. Sie sind mit dem Büro von Tobias Baumann verbunden. Ich bin zurzeit nicht da, aber ich rufe Sie zurück. Bitte hinterlassen Sie Ihre Nachricht nach dem Signalton. Vielen Dank für Ihren Anruf.

Times of the day *Uhrzeiten*

Sofern es sich nicht um Fahrpläne, öffentliche Ankündigungen und Ähnliches handelt, werden die Stunden nur mit den Ziffern 1 bis 12 angegeben. Falls nötig, kann man „a.m." oder „p.m." (auch „am" und „pm" geschrieben), „at night" usw. verwenden. „O'clock" darf nur bei der vollen Stunde stehen.

Bei Minutenzahlen, die nicht durch fünf teilbar sind, muss „minutes" stehen.

12 a.m.	12 p.m.	11.59 p.m.
twelve o'clock at night/midnight	twelve o'clock/midday/noon	

5 a.m.	It's five a.m. It's five o'clock at night/in the morning.	5 p.m.	It's five p.m. It's five o'clock in the afternoon.
10 a.m.	It's ten a.m. It's ten o'clock in the morning.	10 p.m.	It's ten p.m. It's ten o'clock at night.
10.00	ten (o'clock)	10.25	twenty-five (minutes) past ten *(gesprochen auch: ten twenty-five)*
10.01	one minute past ten *(gesprochen auch: ten oh one)*	10.30	half past ten *(gesprochen auch: ten thirty)*
10.05	five (minutes) past ten *(gesprochen auch: ten oh five)*	10.35	twenty-five (minutes) to eleven *(gesprochen auch: ten thirty-five)*
10.10	ten (minutes) past ten *(gesprochen auch: ten ten)*	10.45	(a) quarter to eleven *(gesprochen auch: ten forty-five)*
10.15	(a) quarter past ten *(gesprochen auch: ten fifteen)*	10.55	five (minutes) to eleven *(gesprochen auch: ten fifty-five)*
10.20	twenty (minutes) past ten *(gesprochen auch: ten twenty)*	10.59	one minute to eleven *(gesprochen auch: ten fifty-nine)*

Business hours – *Geschäftszeiten*

Mon.–Fri. 7 a.m.–5 p.m.

Our business hours are Monday to Friday from 7 a.m. to 5 p.m. To leave a message outside business hours, please phone us or send an email.	Unsere Geschäftszeiten sind Montag bis Freitag von 7 bis 17 Uhr. Um außerhalb der Geschäftszeiten eine Nachricht zu hinterlassen, rufen Sie uns bitte an oder schicken Sie eine E-Mail.

Monday	Tuesday	Wednesday	Thursday	Friday	Saturday	Sunday
during the week, on weekdays					at (BRIT)/on (AM) the weekend	

Layout – *Gestaltung*

1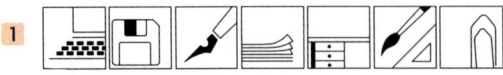

BELLHEIM-BÜROSERVICE GMBH

Haberstraße 8
12057 Berlin

Bellheim-BüroService GmbH • Postfach 13 31 • 12055 Berlin

2 Paper Mill Ltd
125 Queen Street
Manchester
M1 5ES
England

Ihr Zeichen, Ihre Nachricht vom	Unser Zeichen, unsere Nachricht vom	Telefon, Name 030 23537-	Datum
	3 SG/bb	12 Ms Gebken	**4** 1 August 20..

5 **Enquiry**

6 Dear Sir or Madam

7
We have seen your advertisement in the *Paperworld Today* of July.

Bellheim-BüroService GmbH is a medium-sized wholesaler for office equipment and stationery. At present we are extending our range of writing materials and are looking for potential suppliers of high quality ballpoint pens.

Could you please send us your latest catalogue and price list?

Please find enclosed our company brochure.

We are looking forward to hearing from you soon.

8 Yours faithfully

9 *Sigrid Gebken*
Sigrid Gebken (Ms)
Purchasing Manager

10 Enc: company brochure

BELLHEIM-BÜROSERVICE GMBH
Haberstraße 8
12057 Berlin

Telefon: 030 23537-0
Telefax: 030 23537-99
E-Mail: info@bellheim-wvb.de
Internet: www.bellheim-wvb.de

BÄR-Bank Berlin
Konto-Nr. 1 234 056
BLZ 100 347 11

Geschäftsführerin: Ulrike Jürgens
Berlin HRB 56 894
USt-IdNr. DE 811 918 273

14

Letters and other documents – *Briefe und andere Dokumente*

enquiry, inquiry (esp. AM)	Anfrage	complaint, notice of defects	Reklamation, Mängelrüge
offer	Angebot	reminder	Mahnung
order	Bestellung	delivery note	Lieferschein
order form	Bestellformular	invoice	Rechnung

General rules – *Allgemeine Regeln*

Das Muster links ist in einer weit verbreiteten Form des modernen englischen Geschäftsbriefes geschrieben, es sind aber auch andere Varianten anzutreffen. Insgesamt gilt:

- Die Regeln für deutsche und englische Geschäftsbriefe weichen häufig voneinander ab.
- Der Geschäftsbrief soll möglichst kurz und einfach sein.

- Englische Geschäftsbriefe werden meist mithilfe von standardisierten Mustersätzen geschrieben. Freie Formulierungen in der Fremdsprache sind oft falsch oder nicht gebräuchlich.

Parts – *Bestandteile*

1 Letterhead – *Briefkopf*
Der Briefkopf beinhaltet Firma, Adresse, Telefon- und Faxnummer sowie Internet- und E-Mail-Adresse des absendenden Unternehmens.

2 Inside address – *Empfängeranschrift*
Die Empfängeranschrift wird ohne Leerzeile geschrieben. Bei Auslandsbriefen muss das Empfängerland angeben werden.

3 Reference – *Bezugszeichen*
Das Bezugszeichen besteht meistens aus den Initialen (Anfangsbuchstaben des Namens) des Verfassers und desjenigen, der den Brief in seinem Auftrag geschrieben hat. Manchmal enthält es auch noch Kundennummern o. Ä.

4 Date – *Datum*
Um Missverständnisse zu vermeiden, sind die Monate immer in Worten zu schreiben:

1 August 20.. (BRIT)   August 1, 20.. (AM)[1]

Auf Ordnungszahlen („1st August 20.." bzw. „August 1st, 2007") wird heutzutage oft verzichtet.

5 Subject line – *Betreffzeile*
Der Betreff wird durch Fettdruck oder Unterstreichung hervorgehoben.

6 Salutation – *Anrede*
Im Englischen gibt es feste Kombinationen von Anrede und Grußformel:

	salutation	complimentary close
Der Empfängername ist unbekannt.	Dear Sir or Madam	Yours faithfully (BRIT) Yours truly (AM) Truly yours (AM)
Der Empfängername ist bekannt.	Dear Ms/Mrs/Mr[2] Baker (BRIT) Dear Ms./Mrs./Mr. Baker (AM)	Yours sincerely (BRIT) Sincerely yours (AM) Yours truly (AM)
Der Empfänger wird mit Vornamen angesprochen.	Dear Susan Dear Charles	Yours sincerely *(förmlicher)* Yours *(vertraulicher)*

Anrede und Grußformel müssen einheitlich entweder mit oder ohne Komma geschrieben werden. Häufig setzt man heutzutage keine Kommas.

7 Body of the letter – *Brieftext*
Das erste Wort des Brieftexts wird immer großgeschrieben. Kurzformen wie „I'm" oder „we're" sind zu vermeiden; man schreibt „I am" und „we are". Mit jedem neuen Gedanken wird auch ein neuer Absatz begonnen. Die Sätze sollten möglichst kurz sein.

8 Complimentary close – *Grußformel*
Die Grußformel muss zur Anrede passen (siehe Nr. 6).

9 Signature block – *Unterschriftsblock*
Zuerst erscheint die Unterschrift und dann der maschinenschriftliche Name des Absenders (evtl. mit Angabe der Anrede, wenn diese für den Empfänger nicht klar ist). Darunter kann die Funktion (z. B. „Managing Director") oder die Abteilung („Marketing Department") des Absenders angegeben werden.

10 Enclosure(s) – *Anlage(n)*
Die Abkürzungen lauten „Enc" oder „Encl" bei einer und „Encs" oder „Encls" bei mehreren Anlagen.

---

[1] Die Daten werden wie folgt gesprochen: „the first of August two thousand and seven" und „August the first, two thousand and seven".
[2] Ms: Anrede für eine unverheiratete oder verheiratete Frau; Mrs: Anrede für eine verheiratete Frau, Mr: Anrede für einen Mann

Enquiries – *Anfragen*

Opening – *Eröffnung*

We have seen your advertisement in the July edition of *Paperworld Today*.	Wir haben Ihre Anzeige in der Juliausgabe von *Paperworld Today* gesehen.
We recently visited your stand at the trade fair *Office Life* in Leipzig.	Wir besuchten kürzlich Ihren Stand auf der Messe *Office Life* in Leipzig.
We were given your name by Mr Baker.	Herr Baker nannte uns Ihren Namen.
We have received your name from the Chamber of Commerce and Industry in Berlin.	Wir haben Ihren Namen von der Industrie- und Handelskammer in Berlin erhalten.

Reason for the enquiry – *Grund für die Anfrage*

We are a leading/medium-sized wholesale company specializing in stationery.	Wir sind ein führendes/mittelständisches Großhandelsunternehmen, das auf Schreibwaren spezialisiert ist.
Bellheim-BüroService is a wholesaler in Berlin.	Bellheim-BüroService ist ein Großhändler in Berlin.
At present we are extending our range of writing instruments.	Zurzeit erweitern wir unser Schreibgerätesortiment.
We are interested in ballpoint pens.	Wir interessieren uns für Kugelschreiber.
We are looking for potential suppliers of high quality ballpoint pens.	Wir suchen nach möglichen Lieferanten für hochwertige Kugelschreiber.

Request – *Bitte*

Please send us your current/latest/new catalogue and price list.	Bitte schicken Sie uns Ihren aktuellen/neuesten/neuen Katalog und Ihre Preisliste.
We would (also) be grateful for a sample of your refills.	Wir wären Ihnen (auch) sehr dankbar für ein Muster Ihrer Minen.
Could you please send us information on trade discounts and delivery periods?	Könnten Sie uns bitte Informationen über Handelsrabatte und Lieferzeiten schicken?
We would like some information on felt-tip pens.	Wir hätten gern Informationen über Filzstifte.
Would you kindly let us have a quotation for ballpoint pens?	Würden Sie uns freundlicherweise ein Angebot für Kugelschreiber schicken?

Close – *Schluss*

Thank you in advance for your help.	Vielen Dank im Voraus für Ihre Hilfe.
We look forward to hearing from you shortly/soon.	Wir freuen uns, bald von Ihnen zu hören.
We are looking forward to an early reply.	Wir freuen uns, bald von Ihnen zu hören.
We would appreciate an answer by 20 August 20.., if possible.	Wir wären für eine Antwort bis spätestens zum 20. August 20.. dankbar.

Offers – *Angebote*

Opening – *Eröffnung*

Thank you for your enquiry of 1 August 20...	Vielen Dank für Ihre Anfrage vom 1. August 20...
Many thanks for your letter dated 1 August 20...	Vielen Dank für Ihren Brief vom 1. August 20...
Referring to your enquiry/telephone call of 1 August 20.. ...	Wir beziehen uns auf Ihre Anfrage/Ihren Anruf vom 1. August 20.. und ...
... we/We take pleasure in enclosing our catalogue and price list.	... freuen uns/Wir freuen uns, unseren Katalog und unsere Preisliste beizufügen.
... we/We are pleased to send you the following quotation: ...	... freuen uns/Wir freuen uns, Ihnen das folgende Angebot vorzulegen: ...

Terms – *Bedingungen*

We are able to supply the ballpoint pens Cat. No. BP 144 at a unit price of €2.60.	Wir können Ihnen die Kugelschreiber Kat.-Nr. BP 144 zu einem Stückpreis von 2,60 € liefern.
We can quote/give you a unit price of €2.20 for orders over €500.	Wir können Ihnen einen Stückpreis von 2,20 € für Bestellungen über 500,00 € gewähren.

14

Offers – *Angebote*

Terms – *Bedingungen*

We are able to offer/grant a 10% discount on all orders exceeding €1000.	Wir können 10 % Rabatt auf alle Bestellungen anbieten/gewähren, die 1.000,00 € übersteigen.
We are pleased to give/offer you a cash discount of 3% for payment within 20 days.	Wir sind bereit, Ihnen 3 % Skonto bei Bezahlung innerhalb von 20 Tagen einzuräumen/anzubieten.
We will dispatch the consignment by rail on receipt of order/within 10 days of receipt of order.	Wir werden die Sendung sofort nach Bestellungseingang/innerhalb von 10 Tagen nach Eingang der Bestellung per Bahn ausliefern.
Delivery will be made immediately/within two months.	Die Lieferung wird sofort/innerhalb von zwei Monaten erfolgen.
Our prices include packaging and carriage.	Unsere Preise schließen Verpackung und Transport ein.
Our prices are ex works/EXW[1]/free domicile.	Unsere Preise gelten ab Werk/EXW/frei Haus.
Payment should be made in advance/on receipt of the goods/within two weeks of delivery.	Zahlung sollte im Voraus/bei Erhalt der Waren/innerhalb von zwei Wochen nach Lieferung erfolgen.
Otherwise, our enclosed general terms and conditions of business apply.	Ansonsten gelten unsere allgemeinen Geschäftsbedingungen, die wir beifügen.
This offer is firm/valid until 1 October 20...	Dieses Angebot ist bis zum 1. Oktober 20.. gültig.
This offer is without engagement.	Dieses Angebot ist unverbindlich.

Close – *Schluss*

We are certain that you will be satisfied with our products and look forward to receiving your order.	Wir sind sicher, dass Sie mit unseren Produkten zufrieden sein werden, und freuen uns auf Ihre Bestellung.
If you have any questions, do not hesitate to contact us.	Wenn Sie Fragen haben, zögern Sie bitte nicht, sich mit uns in Verbindung zu setzen.
We look forward to doing business with you.	Wir freuen uns darauf, mit Ihnen in Geschäftsbeziehung zu treten.

Orders – *Bestellungen*

Opening – *Eröffnung*

Thank you (very much) for your offer/quotation of 12 August 20../your catalogue/price list.	Vielen Dank für Ihr Angebot vom 12. August 20../Ihren Katalog/Ihre Preisliste.

Instructions and conditions – *Anweisungen und Bedingungen*

We would like to place the following order: ...	Wir möchten gern die folgende Bestellung aufgeben: ...
Please deliver the following items/products: ...	Bitte liefern Sie uns die folgenden Artikel/Produkte: ...

QUANTITY	NAME	MODEL	UNIT PRICE	MENGE	NAME	MODELL	STÜCKPREIS
250	Slim	BP 144	€2.20	250	Slim	BP 144	2,20 €

We would be grateful if you could supply the following goods at catalogue price/the price agreed.	Wir wären dankbar, wenn Sie uns die folgende Ware zum Katalogpreis/zum vereinbarten Preis liefern könnten.
Please arrange early delivery.	Bitte sorgen Sie für baldige Lieferung.
We look forward to receiving the ballpoint pens within four weeks.	Wir freuen uns darauf, die Kugelschreiber innerhalb von vier Wochen zu erhalten.
Please notify us as soon as the goods are shipped.	Bitte benachrichtigen Sie uns, sobald die Ware versandt worden ist.
Please dispatch the goods by road/rail/air/sea.	Bitte senden Sie die Waren per Lkw/per Luftfracht/per Schiff/mit der Bahn.

Close – *Schluss*

Please acknowledge/confirm this order by fax/in writing/by return.	Bitte bestätigen Sie den Erhalt dieses Auftrags per Fax/schriftlich/umgehend.
Thank you for your trouble. We look forward to receiving the goods shortly.	Vielen Dank für Ihre Bemühungen. Wir freuen uns auf den baldigen Eingang der Ware.

[1] EXW = ex works, ab Werk
Weitere Incoterms befinden sich auf S. 182.

Present simple

Forms – *Formen*

statement – Aussage	negative – Verneinung	question – Frage
I/you/we/they **go** he/she/it **goes**	I/you/we/they **don't/do not go** he/she/it **doesn't/does not go**	**Do** I/you/we/they **go?** **Does** he/she/it **go?**

Bildung: infinitive (Grundform des Verbs), nur bei he/she/it wird ein -s angehängt (bei „to go" und „to do" ein -es)

Use and examples – *Gebrauch und Beispiele*

1. für gewohnheitsmäßige, regelmäßig wiederkehrende Handlungen der Gegenwart:
   She always **goes** *to work by car.*

2. für allgemeingültige Aussagen:
   *Children **like** pink pens.*
   *The earth **goes** round the sun.*

Signal words – *Signalwörter*

always, sometimes, never, often, usually, normally, rarely, seldom, every day/week/Monday etc.

Present continuous (present progressive)

Forms – *Formen*

statement – Aussage	negative – Verneinung	question – Frage
I'**m/am going** you/we/they'**re/are going** he/she/it'**s/is going**	I'**m/am not going** you/we/they **aren't/are not going** he/she/it **isn't/is not going**	**Am** I **going?** **Are** you/we/they **going?** **Is** he/she/it **going?**

Bildung: present simple (einfache Gegenwart) von „to be" + -ing-Form des Verbs

Use and examples – *Gebrauch und Beispiele*

1. für Handlungen, die im Augenblick des Sprechens gerade ablaufen:
   *My colleague **is serving** a customer at the moment.*

2. für Handlungen, die „zurzeit" stattfinden:
   *At present we'**re looking for** a new sales representative.*

Signal words – *Signalwörter*

now, at the moment, Look, ..., Listen, ..., at present, these days, this summer etc.

Past simple[1]

Forms – *Formen*

statement – Aussage	negative – Verneinung	question – Frage
I/you/he/she/it/we/they **went**	I/you/he/she/it/we/they **didn't/did not go**	**Did** I/you/he/she/it/we/they **go?**

Bildung: regelmäßige Verben: infinitive + -ed; unregelmäßige Verben: Past-simple-Form des Verbs

Use and examples – *Gebrauch und Beispiele*

für völlig abgeschlossene Handlungen in der Vergangenheit:
*Yesterday we **bought** new pencil cases.*
*Muhammad Ali **was** a famous boxer.*

14

Signal words – *Signalwörter*

yesterday, last week, 10 years ago, in 1990, when I was a child etc.

infinitive Infinitiv	past simple Vergangenheit	past participle Partizip Perfekt
go	went	gone

---

[1] Obwohl in diesem Kapitel nur das present continuous aufgeführt ist, gibt es natürlich auch zu allen anderen Zeiten Verlaufsformen, z. B. past continuous („he was buying"). Im Allgemeinen kommt man am Arbeitsplatz aber mit den einfachen Formen der anderen Zeiten aus. Der Unterschied zwischen present simple und continuous muss aber gemacht werden.

Present perfect simple

Forms – *Formen*

statement – Aussage	negative – Verneinung	question – Frage
I/you/we/they've/**have gone** he/she/it's/**has gone**	I/you/we/they **haven't/have not gone** he/she/it **hasn't/has not gone**	**Have** I/you/we/they **gone?** **Has** he/she/it **gone?**

Bildung: regelmäßige Verben: have/has + infinitive + -ed; unregelmäßige Verben: have/has + Past-participle-Form des Verbs

Use and examples – *Gebrauch und Beispiele*

Immer wenn eine Verbindung zwischen Gegenwart und Vergangenheit besteht, d. h. für Handlungen,

1. die gerade erst geschehen sind (mit „just"):
   *She **has** just **gone** to the post office.*

2. deren Auswirkungen auf die Gegenwart wichtig sind; der Zeitpunkt der Handlung wird nicht genannt:
   *There's a customer in the warehouse. We**'ve forgotten** to lock the door.*

3. die in der Vergangenheit begannen und bis jetzt andauern oder in unabgeschlossenen Zeiträumen stattfinden:
   *I**'ve worked** here for three years.*
   ***Have** you ever **played** basketball?*
   *There**'s been** a lot of rain this year.*

"Since" and "for" – *„Since" und „for"*

*I haven't seen her **since Monday**.* → *Zeitpunkt*	*I haven't seen her **for three days**.* → *Zeitraum*

Past perfect simple

Forms – *Formen*

statement – Aussage	negative – Verneinung	question – Frage
I/you/he/she/it/we/they'd/**had gone**	I/you/he/she/it/we/they **hadn't/had not gone**	**Had** I/you/he/she/it/we/they **gone?**

Bildung: regelmäßige Verben: had + infinitive + -ed; unregelmäßige Verben: had + past participle

Use and examples – *Gebrauch und Beispiele*

für Handlungen, die vor einer anderen Handlung oder einem anderen Ereignis in der Vergangenheit abgelaufen sind:

*I didn't know who the customer was. I **had** never **seen** her before.*

*When we arrived at work, we found that somebody **had broken into** the office.*

*After he **had written** to the English producer, he made an important phone call.*

Future simple ("will" future)

Forms – *Formen*

statement – Aussage	negative – Verneinung	question – Frage
I/you/he/she/it/we/they'll/**will go**	I/you/he/she/it/we/they **won't/will not go**	**Will** I/you/he/she/it/we/they **go?**

Bildung: will + infinitive

Use and examples – *Gebrauch und Beispiele*

1. für spontane Entscheidungen, die im Moment des Sprechens getroffen werden:
   *I like this laptop. I**'ll take** it.*
   *Wait, I**'ll help** you.*

2. für Vorhersagen, Vermutungen und persönliche Meinungen:
   *I think we**'ll sell** more this year.*
   *This summer **will be** hot and sunny.*

3. für zukünftige Ereignisse, die unausweichlich eintreten werden:
   *The company **will be** 10 years old next month.*

"Going to" future

Forms – *Formen*

statement – Aussage	negative – Verneinung	question – Frage
I'm/am going to go you/we/they're/are going to go he/she/it's/is going to go	I'm/am not going to go you/we/they aren't/are not going to go he/she/it isn't/is not going to go	Am I going to go? Are you/we/they going to go? Is he/she/it going to go?

Bildung: present simple von „to be" + going to + Verb

Use and examples – *Gebrauch und Beispiele*

1. feste Pläne für die Zukunft:
   I'm going to learn more about the things we sell.

2. Ereignisse, die in der nahen Zukunft bevorstehen und für die es schon Anzeichen gibt:
   Look at the sky. It's going to rain any minute.

Present tenses for the future – *Present tenses mit zukünftiger Bedeutung*

Present simple: Use and examples – *Present simple: Gebrauch und Beispiele*

für fest terminierte Vorgänge (Fahrpläne, Kinoprogramme usw.):
The plane leaves at 8 a.m.

Present continuous: Use and examples – *Present continuous: Gebrauch und Beispiele*

für geplante Ereignisse in der nahen Zukunft (mit Zeitangabe):
I'm seeing my friends this evening.

Forms of "to be"

Formen von „to be"

Das Verb „to be" (sein) weist unterschiedliche Formen für die einzelnen Personen sowohl im present simple als auch im past simple auf. Verneinungen und Fragen werden in beiden Zeiten ohne „do/does" bzw. „did" gebildet.

Alle anderen Zeiten weisen keine Besonderheiten auf, z. B. **I have been** (present perfect simple), **I had been** (past perfect simple), **I will be** ("will" future simple), **I am going to be** ("going to" future simple).

Present simple

statement – Aussage	negative – Verneinung	question – Frage
I'm/am you/we/they're/are he/she/it's/is	I'm/am not you/we/they aren't/are not he/she/it isn't/is not	Am I? Are you/we/they? Is he/she/it?

Past simple

statement – Aussage	negative – Verneinung	question – Frage
I/he/she/it was you/we/they were	I/he/she/it wasn't/was not you/we/they weren't/were not	Was I/he/she/it? Were you/we/they?

14

Question words

Fragewörter

When do you open your shop?	Wann ...?	**Whom**[1]/**Who** did they invite?	Wen ...?
Where do you live?	Wo ...?	**Whose** notes are these?	Wessen ...?
What does this word mean?	Was ...?	**How** does it work?	Wie ...?
Which of these pens do you like best?	Welcher/Welche/Welches ...?	**How many** computers did you sell?	Wie viele ...?
Why did you call?	Warum ...?	**How much** do you earn?	Wie viel ...?
Who speaks English here?	Wer ...?	**How long** do you have to work?	Wie lange ...?

[1] „Whom" ist formelleres Englisch als „who"; in der Umgangssprache würde man also „who" sagen.

| Infinitive, past simple, past participle | German translation | Infinitive, past simple, past participle | German translation |
Infinitiv, Vergangenheit, Partizip Perfekt	Deutsche Übersetzung	Infinitiv, Vergangenheit, Partizip Perfekt	Deutsche Übersetzung
be, was/were, been	sein	let, let, let	lassen, erlauben
become, became, become	werden	lose, lost, lost	verlieren
begin, began, begun	anfangen, starten	make, made, made	machen, tun
break, broke, broken	brechen, kaputt machen	mean, meant, meant	bedeuten
bring, brought, brought	bringen	meet, met, met	treffen
build, built, built	bauen	pay, paid, paid	bezahlen
burn, burnt, burnt[1] (burned)	brennen, verbrennen	put, put, put	legen, stellen
buy, bought, bought	kaufen	read, read, read	lesen
catch, caught, caught	fangen	ride, rode, ridden	reiten, fahren
choose, chose, chosen	wählen	rise, rose, risen	steigen, sich erheben
come, came, come	kommen	ring, rang, rung	klingeln, anrufen
cost, cost, cost	kosten	run, ran, run	laufen
cut, cut, cut	schneiden	say, said, said	sagen
deal, dealt, dealt	handeln, sich beschäftigen mit	see, saw, seen	sehen
do, did, done	tun, machen	sell, sold, sold	verkaufen
draw, drew, drawn	zeichnen, ziehen	send, sent, sent	senden
drink, drank, drunk	trinken	set, set, set	setzen, stellen, legen
drive, drove, driven	fahren	shake, shook, shaken	schütteln
eat, ate, eaten	essen	show, showed, shown (showed)[1]	zeigen
fall, fell, fallen	fallen	shut, shut, shut	schließen
feel, felt, felt	fühlen	sing, sang, sung	singen
fight, fought, fought	kämpfen	sit, sat, sat	sitzen
fly, flew, flown	fliegen	sink, sank, sunk	sinken
forget, forgot, forgotten	vergessen	sleep, slept, slept	schlafen
freeze, froze, frozen	(ge)frieren, einfrieren	smell, smelt, smelt (smelled)[1]	riechen
get, got, got	bekommen	speak, spoke, spoken	sprechen
give, gave, given	geben	spend, spent, spent	ausgeben
go, went, gone	gehen	stand, stood, stood	stehen
grow, grew, grown	wachsen	steal, stole, stolen	stehlen
have, had, had	haben	swim, swam, swum	schwimmen
hear, heard, heard	hören	take, took, taken	nehmen
hide, hid, hidden	(sich) verstecken	teach, taught, taught	unterrichten, beibringen
hit, hit, hit	schlagen	tear, tore, torn	zerreißen
hold, held, held	halten	tell, told, told	erzählen
hurt, hurt, hurt	wehtun	think, thought, thought	denken
keep, kept, kept	behalten	throw, threw, thrown	werfen
know, knew, known	wissen, kennen	wake, woke, woken	wecken
lay, laid, laid	legen	wear, wore, worn	tragen (Kleidung usw.)
learn, learnt, learnt (learned)[1]	lernen	win, won, won	gewinnen
leave, left, left	weggehen, (ver)lassen	write, wrote, written	schreiben

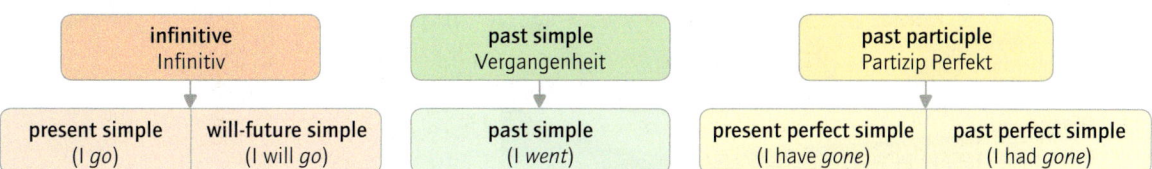

[1] „Burn", „learn", „show" und „smell" können auch regelmäßig sein.

15 Arbeitsmethoden

Arten

Prinzipiell werden unterschieden:

- **Verlaufsprotokoll** (gibt den Verlauf eines Gesprächs oder Ablauf einer Handlung wieder)
- **Ergebnisprotokoll** (Festhalten der Gesprächsergebnisse bzw. der Handlungsergebnisse)

Aufbau/Inhalt

Protokollkopf

- Protokollanlass (Überschrift)
- Datum und Zeitangabe, in der Regel der Beginn (Uhrzeit)
- Ortsangabe
- Namen der anwesenden Personen (z. T. werden auch abwesende Personen genannt, eventuell unter Nennung des Fehlgrundes)
- Tagesordnungspunkte

Protokolltext

- Ereignisse bzw. Abläufe werden beim Verlaufsprotokoll in chronologischer Form schriftlich festgehalten.
- Ergebnisse werden in chronologischer Form oder nach der Wichtigkeit geordnet schriftlich fixiert.

Protokollfuß

- Ende des Gesprächs bzw. der Handlung
- eventuell Hinweis auf Anlagen
- Ort und Datum der Protokollabfassung
- Unterschrift des Protokollanten/der Protokollantin (links unten)
- Unterschrift des Gegenzeichnenden, z. B. Konferenzleiterin (rechts unten). Diese Unterschrift bestätigt die sachliche Richtigkeit des Protokollinhalts.

Sprachliche Gestaltung

- Als Tempus (Zeitraum) wird das Präsens (die Gegenwart) benutzt.
- Die direkte Rede wird mittels des Konjunktivs (Möglichkeitsform) in die indirekte Rede übertragen; ein wörtliches Zitat kann als Ausnahme benutzt werden.

Beispiel:

Protokoll der Mitarbeiterbesprechung der Bellheim-BüroService GmbH

am:	15. Oktober 20..
um:	14:00 Uhr (Beginn)
Ort:	Bellheim-BüroService GmbH, Berlin
Anwesende:	Frau Jürgens, Frau Schmidt, Herr Baumann, Herr Mertens, Frau Hoffmann, Herr Hartmann
Tagesordnung:	1. Bericht der Geschäftsführerin 2. geschäftliche Entwicklung im 3. Quartal 20.. 3. zukünftige Geschäftspolitik 4. Verschiedenes
Zu TOP 1:	Frau Jürgens begrüßt die Anwesenden und weist darauf hin, dass sie heute großen Termindruck habe, deshalb müssten alle Tagesordnungspunkte bis 17 Uhr besprochen sein.

.
.
.
.
.

Ende der Konferenz: 16:45 Uhr

Schmidt

Protokollantin

Jürgens

Geschäftsführerin

Begriff und Zielsetzung

In der schulischen und betrieblichen Aus- und Fortbildung nimmt das (Kurz-)Referat einen zentralen Stellenwert ein, um wichtige Inhalte in kurzer und prägnanter Form zu vermitteln. Als Gesprächsform zählt das Referat zu den Mono-logen. Im Anschluss an den Vortrag tritt häufig ein Wechsel in der Gesprächsform auf, der Referent/die Referentin tritt dann in einen Dialog mit seinen/ihren Zuhörern ein.

Vorbereitung des Referates

Damit ein Referent/eine Referentin bei der Vermittlung seiner/ihrer Aussagen einen optimalen Wirkungsgrad erreicht, sollte er/sie sich gut auf das Referat vorbereiten.

Die wichtigsten **Schritte bei der Vorbereitung** sind:

- Entsprechende Materialien zur Abfassung des Referates sind zu sammeln (z. B. Zeitungsausschnitte, Statistiken). Eine Internetrecherche (siehe S. 584) bietet sich in jedem Fall an.

- Die Inhalte der beschafften Materialien sind auf ihre Glaubwürdigkeit hin zu prüfen (vor allem wichtig bei einer Internetrecherche), eine Gewichtung der beschafften Informationen ist vorzunehmen.

- Eine Grobgliederung ist zu erstellen, die später durch eine Feingliederung zu ergänzen ist.

- Abstrakte Inhalte sollten unter Zuhilfenahme von Beispielen verdeutlicht werden.

- Entlang der Feingliederung ist zu formulieren, auf eine adressatengemäße Ausdrucksweise ist zu achten.

- Die Länge des Referates ist angemessen zu wählen.

- Um Monotonie beim Vortragen zu verhindern, sind entsprechende Textpassagen zu markieren – damit kann die Betonung bzw. das Einlegen von Sprechpausen vorbereitet werden.

- Insbesondere die Einleitung des Schlussteils ist durch eine entsprechende Formulierung anzukündigen.

- Benötigte Medien (z. B. Beamer oder Overheadprojektor) sind zu besorgen und vorher auszuprobieren.

- Der Vortragsraum muss für das Referat angemessen ausgewählt werden (z. B. Beachtung der Akustik und der Lichtverhältnisse).

- Es ist zu entscheiden, ob ein Thesenpapier zu erstellen ist.

Durchführung des Referates

- Ein eventuell angefertigtes Thesenpapier ist zu verteilen, unter Umständen sind dazu kurze Anmerkungen zu machen.

- Die Lautstärke ist entsprechend der Entfernung zu den Zuhörern zu wählen; die Variierung der Lautstärke dient der Betonung.

- Das Referat ist keinesfalls monoton abzulesen, neben der Variierung durch Lautstärke, Betonung und Sprechgeschwindigkeit ist auf gelegentlichen Blickkontakt zu den Zuhörern zu achten. Sprechpausen sind gezielt einzusetzen.

- Es ist auf den gezielten Einsatz von Gestik (Körpersprache) und Mimik (Gesichtssprache) zu achten, um die Aufmerksamkeit der Zuhörer zu erhöhen.

- Der Einsatz der Medien muss störungsfrei verlaufen (z. B. durch Vermeidung von störenden Nebengeräuschen).

15

Begriff und Zielsetzung

Eine besondere Form der Argumentation stellt die Diskussion dar, bei der sich die Diskussionsteilnehmer sprachlich mit einem Thema auseinandersetzen, ein Streitgespräch führen. Da sich an dieser Gruppenkommunikationsform mehrere Personen beteiligen, wird bei größeren Gruppen ein/-e Diskussionsleiter/-in benötigt.

Diskussionsleiter/-in

Seine/Ihre Aufgabe besteht vor allem darin, auf die Form der Diskussion Einfluss zu nehmen. Dementsprechend hat er/sie auf die richtige Reihenfolge der Redebeiträge zu achten, persönliche Beleidigungen hat er/sie zu unterbinden, die Diskussion wird von ihm/ihr eröffnet und meist mit einem Schlusswort beendet.

Diskussionsregeln

Von den Diskussionsteilnehmern untereinander kann erwartet werden, dass sie die Meinung des anderen achten und zumindest bereit sind, sich von anderen überzeugen zu lassen. Das bedeutet nicht, dass jede Diskussion mit einem Konsens oder einem Kompromiss enden muss.

Damit die Diskussion von allen Teilnehmern/Teilnehmerinnen als nützlich angesehen werden kann, sollten folgende Regeln eingehalten werden:

- Man muss bereit sein, allen Teilnehmern aufmerksam zuzuhören, auf jeden Fall sollte man den Gesprächspartner ausreden lassen.

- Bei längeren Ausführungen der anderen Diskussionsteilnehmer sollte man sich Notizen machen; eigenen Beitrag mithilfe von Stichwörtern vorstrukturieren.

- Die gewichtigsten Argumente sollte man für die Schlussphase „aufsparen".

- Beim eigenen Redebeitrag sollte man sich auf die Aussagen des Vorgängers beziehen.

- Die Redebeiträge sind so kurz und anschaulich wie möglich zu halten.

- Es ist prinzipiell sachlich zu argumentieren, was nicht heißen soll, dass Gefühle ausgeklammert werden müssen; auf jeden Fall sind Kränkungen und Beleidigungen anderer zu unterlassen.

Vorbereitung einer Diskussion

- Sammlung umfangreichen Informationsmaterials, z. B. durch eine Internetrecherche oder durch Zusammentragen von Zeitungsausschnitten

- Gegenüberstellung von Pro- und Kontra-Argumenten aufgrund der beschafften Informationen

- Vorbereitung auf Gegenargumente, z. B. durch Empathieübungen (sich hineinversetzen in die Gegenposition)

- Auswahl geeigneter Räume und sinnvolle Anordnung der Stühle und Tische

- Bestimmung eines/einer Diskussionsleiters/Diskussionsleiterin

- Festlegung der zur Verfügung stehenden Zeit

- Abstimmung mit Teilnehmern und/oder Beobachtern, wie mögliche Diskussionsergebnisse ausgewertet und weitergenutzt werden können

Begriff und Zielsetzung

Das Rollenspiel ist eine Variante der Simulationsspiele. Lernende probieren in vorgegebenen Situationen „spielend" ihr Handlungsrepertoire aus und erweitern es, ohne negative Folgen befürchten zu müssen. Dabei sollen Hemmungen, besonders vor schwierigen Situationen der Realität, durch Erfolgserlebnisse im Spiel abgebaut werden. Die Rollenspielenden übernehmen ungewohnte Rollen, um die gespielten Personen verstehen zu lernen und für diese zu handeln und zu entscheiden. In der Nachbereitung (Reflexion) des Rollenspiels überdenken sie ihr im Spiel gezeigtes Verhalten und bewerten es im Hinblick auf zukünftiges eigenes Tun in der Realität. Den Beobachtern des Rollenspiels kommt eine besondere Bedeutung bei der anschließenden Auswertung zu (siehe „Beobachtung und Auswertung").

Das Rollenspiel dient dazu, dass Schülerinnen und Schüler ...

- lernen, ihre Interessen wirkungsvoll zu vertreten, indem sie ihre Meinung überzeugend darstellen,

- ihr Verhaltensrepertoire für kritische Situationen erweitern und ihr Selbstvertrauen steigern,

- Widersprüche eher aushalten,

- ihre Kommunikationstechniken verbessern,

- lernen, sich in die Meinung anderer einzufühlen und

- damit Strategien für Konfliktlösungen entwickeln.

vgl.: Steinmann, Bodo; Weber, Birgit (Hrsg.), Handlungsorientierte Methoden in der Ökonomie, Neusäß 1995, S. 30 ff.

Ablaufgestaltung

Alle Schüler lesen die Informationskarte.	Informationsphase
Alle Schüler (außer den Rollenspielern) lösen die Aufgaben zur Informationskarte. / Die Rollenspieler lesen ihre Rollenkarten und sammeln Argumente für das Rollenspiel.	Vorbereitungsphase für das Rollenspiel
Die Schüler verfolgen die Diskussion der Rollenspieler (evtl. Notizen) und bilden sich eine eigene Meinung. / **Das Rollenspiel**	Rollenspielphase
Diskussion in der Klasse über die Argumente der Rollenspieler	Diskussionsphase
Durch den Spielleiter, Lehrer oder andere Schüler werden die Ergebnisse der Diskussion (eine oder mehrere Lösungen) zusammengefasst.	Ergebnisphase
Alle Schüler lesen die Ergebnis- und Aufgabenkarte, die über den speziellen Fall hinaus allgemeine Erkenntnisse vermittelt.	Generalisierungsphase
Zur Festigung der allgemeinen Erkenntnisse lösen die Schüler die Aufgaben der Ergebniskarte.	
Die so gewonnenen Informationen und Erkenntnisse aus dem Rollenspiel ermöglichen die Lösung analoger Fallsituationen.	Transferphase

nach: Kaiser, F. J., Entscheidungstraining. Die Methode der Entscheidungsfindung, Bad Heilbrunn 1973, S. 73

Beobachtung und Auswertung

15

Wichtige Fragen für die Beobachter:

- Wer hat am meisten/wenigsten gesagt?
- Wann hat jemand eine Rede unterbrochen?
- Welche Fragen/Argumente wurden nicht beantwortet?
- Wie hat sich die allgemeine Atmosphäre während des Spiels verändert?
- Welche noch möglichen Lösungen wurden übersehen?

- Haben die Sprecher Augenkontakt behalten?
- Welche Gefühlsregungen nahmen sie wahr?
- Welche Teilnehmer hatten großen, welche geringen Einfluss?
- Wer hat die Diskussion am Thema gehalten? Wie?
- Welche Aktionen förderten den Problemlösungsprozess?
- Wie wurden schweigsame Zeiten aufgenommen?
- Wer hat mit wem/wer nicht mit wem gesprochen?

aus: Van Meub, Morry, Rollenspiel effektiv, München 1991

Begriff und Zielsetzung

Die in den 60er-Jahren des 20. Jahrhunderts entstandene Methode hat das **Ziel,** zwischen Mitgliedern einer Gruppe eine Art **gleichberechtigter Kommunikation** zu ermöglichen, bei der ein Moderator darauf achtet, dass bestimmte Kommunikationsregeln eingehalten werden. Der **Moderator/die Moderatorin** lenkt die Gruppe nicht inhaltlich, er/sie unterstützt die Gruppenmitglieder nur darin, ihre eigenen Zielvorstellungen und Erkenntnisse zu aktivieren, zu visualisieren und eine Problemlösung oder Entscheidungsfindung zielgerichtet voranzutreiben. Bei der Moderationsmethode werden in starkem Maße sowohl **Visualisierungs-** als auch **Frage-** und **Antworttechniken** genutzt, um eine ausgesprochen interaktive Kommunikation zwischen den Gruppenmitgliedern zu ermöglichen.

Voraussetzungen

- Alle Gruppenmitglieder akzeptieren die Grundregeln der Moderationsmethode.
- Gruppe und Moderator(en) akzeptieren sich gegenseitig.
- Der Moderator hat so viel Vorwissen über das zu bearbeitende Thema, dass er die Kommunikation effektiv gestalten kann.

- Der Moderator verfügt sowohl über grundlegende Visualisierungs- als auch über Frage- und Antworttechniken.
- Die emotionale Betroffenheit des Themas ist für den Moderator allenfalls in geringem Maße gegeben.
- Die Größe der Gruppe sollte beschränkt sein (optimale Gruppengröße: ca. 15 Personen).

Visualisierungshilfsmittel (Beispiele)

- Pinnwand
- Flipchart
- Wandzeitung
- Magnettafel
- Schreibgeräte (z. B. Filzstifte)

- Moderationskarten in unterschiedlichen Formen (eckig, oval, rund), Größen und Farben
- Klebepunkte
- eventuell zusätzliche Piktogramme/Symbole, z. B. „Blitzpfeil"

Visualisierungstechniken

Diese Techniken verfolgen folgende **Ziele:**
- Ermöglichung einer gleichberechtigten Kommunikation durch Einbeziehung möglichst aller Gruppenmitglieder
- Erhöhung der Behaltensquote durch zusätzliche Nutzung von Schriftsprache und Grafik
- permanente Rückverfolgung des Diskussionsstranges

- Trennung von Wichtigem und Unwichtigem bzw. Gewichtung ausgewählter Merkmale bzw. Aussagen
- gezielte Ergebnissicherung (auch von Zwischenergebnissen)

Mithilfe der verschiedenen Visualisierungshilfsmittel (s. o.) können unterschiedliche **Visualisierungstechniken** angewandt werden.

- Gliederung von **Ober-** und **Unterbegriffen:**
- Erstellung von **Struktogrammen:**

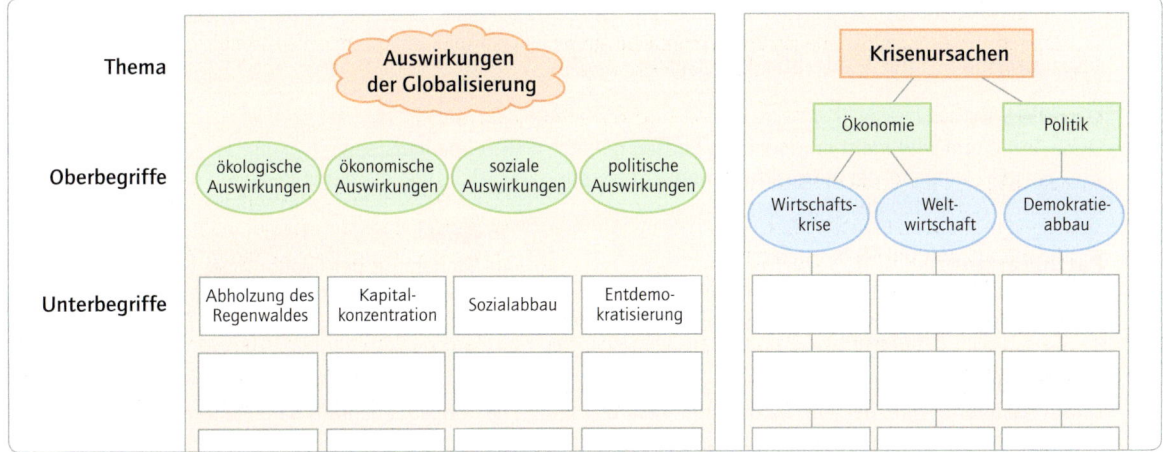

Visualisierungstechniken

● Erstellung eines **Netzes**:

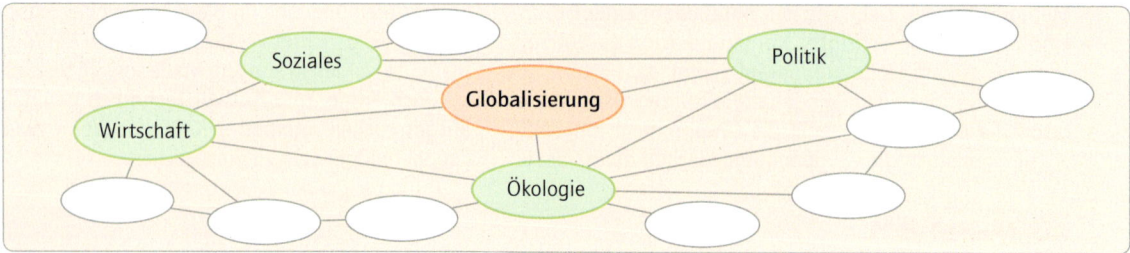

● Erstellung einer **Liste** (z. B. von Regeln oder zu bearbeitenden Aufgaben):

● Aufbau einer **Tabelle** oder **Matrix:**

Auswirkungen von Alter und Haushaltsgröße auf Lebenseinstellungen			
Haushaltsgröße / Alter	Single-haushalt	Partner-haushalt	Wohn-gemein-schaft	Familien-haushalt
bis 25 J.				
25–50.				
über 50				

Verhaltensregeln für Moderatoren/Moderatorinnen

Der Moderator/die Moderatorin sollte
● niemals inhaltlich Stellung beziehen
● alle Gruppenmitglieder einbeziehen
● allen Gruppenmitgliedern ausreichend zuhören
● Störungen im Gruppenprozess beachten („Störungen haben Vorrang!")

● flexibel bzw. situativ reagieren (z. B. in Schwächephasen motivieren)
● Fragen eindeutig formulieren
● Gesprochenes visualisieren (soweit sinnvoll)
● Pausen- und Arbeitszeiten mit der Gruppe abstimmen

Sozialformen in der Moderationsmethode

Einzelarbeit
Diese Sozialform wird meist nur in kurzen Phasen genutzt, zum Beispiel während der Beschriftung von Karten oder beim Lesen von Materialien.

Partnerarbeit
Zwei Partner/-innen arbeiten zusammen, um einen klar überschaubaren Arbeitsauftrag gemeinsam zu lösen.

Gruppenarbeit
Diese Sozialform wird bei der Moderation benutzt, um die Vorteile von Gruppenprozessen zu nutzen. Erst in der Gruppe entstehen bestimmte Arbeitsergebnisse, da der Diskurs von mehreren Personen dafür Voraussetzung ist.

Plenum
Im Plenum, in der Großgruppe, wird der Moderationsprozess begonnen und beendet. Auch viele Sammlungs- und Entscheidungsprozesse finden in dieser Sozialform statt, da die Meinung und Kreativität aller Beteiligten zeitgleich gefragt ist. Die Entscheidung über die Bildung von Teilgruppen obliegt ebenfalls dem Plenum.

15

Frage- und Antworttechniken

Kartenabfrage

Der Moderator stellt eine Frage – meist schriftlich zusätzlich visualisiert – und lässt sie per Moderationskarten (in der Regel rechteckige Karten) schriftlich beantworten. Dies kann in Einzel- und Partnerarbeit, offen oder anonym geschehen. Anschließend werden die Karten gesammelt und vom Plenum nach Ober- und Unterbegriffen an der Pinnwand geordnet (geclustert). Für weitergehende Sortierungsphasen steht meistens eine zweite Pinnwand zur Verfügung. Oberbegriffe können vor oder auch erst nach der Sammlungsphase gebildet werden. Die Kartenabfrage ist meist Grundlage für eine weiterführende Gruppenarbeitsphase.

Zuruffrage

Der Moderator stellt eine Frage und notiert die mündlichen Antworten selbst (z. B. auf Karten) oder lässt sie von einem Zweitmoderator schriftlich fixieren. Die Zuruffrage kann mit der Methode des Mindmappings kombiniert werden (siehe hierzu S. 582).

+ Vorteile:
■ Zeitersparnis (gegenüber der Kartenabfrage)
■ Nutzung des Gruppenprozesses bei Artikulierung der Zurufe

− Nachteile:
■ fehlende Anonymität
■ geringe Zeit, um Antwort zu überlegen
■ Kommunikationsgehemmte Personen bringen sich nicht ein.

Einpunktfrage

Eine Frage wird schriftlich vom Moderator z. B. an einer Pinnwand oder einem Flipchart fixiert. Die Gruppenmitglieder erhalten für die Gestaltung der Antwort (der Skalierung) einen Klebepunkt. Das anonyme Abfragen von Meinungen oder Stimmungen steht bei der Einpunktfrage im Vordergrund.

Beispiele für die Einpunktfrage:

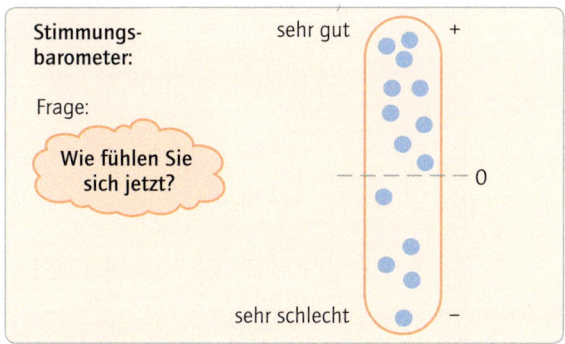

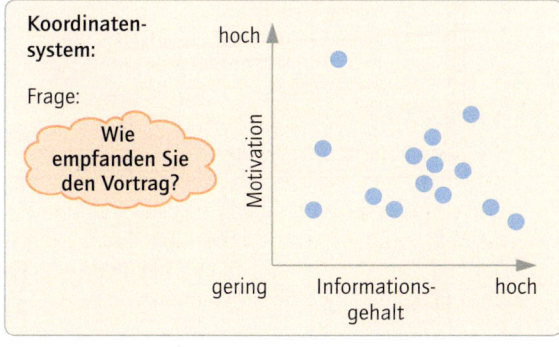

Mehrpunktfrage

Auf einer Pinnwand oder einer Wandzeitung wird ein Fragekomplex offen oder anonym bearbeitet, indem die Gruppenmitglieder schriftlich vorgegebene Antworten mithilfe von Klebepunkten gewichten. Eine beschränkte Anzahl von Klebepunkten (z. B. drei Klebepunkte für fünf mögliche Antworten) führt zu einer eindeutigen Entscheidungsfindung.

Beispiel:

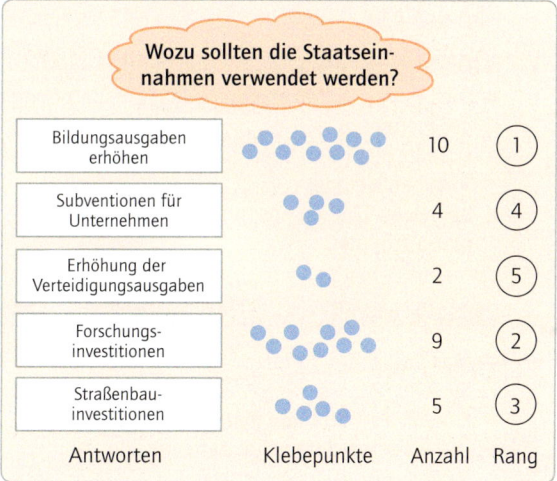

Ziele

Sowohl bei den Präsentierenden als auch bei den Zuhörern sollen gefördert werden:

- Kommunikationskompetenz (z. B. Stellen und Beantworten von Verständnisfragen)
- Sozialkompetenz (z. B. diszipliniertes Zuhören und Abstimmung der Präsentationsergebnisse)
- Fachkompetenz (z. B. durch selbstständiges Formulieren von Sachverhalten)

Tipps/Empfehlungen zur Präsentation

- Jedes Mitglied der Arbeitsgruppe soll sich an der Präsentation beteiligen.
- Der Sprechanteil jedes Einzelnen sollte ungefähr gleich groß sein.
- Jedes Mitglied der Arbeitsgruppe sollte beim Vortrag der anderen konzentriert sein, um gegebenenfalls helfen zu können.

Inhaltliche Aspekte

Schon in der Erarbeitungsphase sollten folgende Gesichtspunkte für eine erfolgreiche Präsentation beachtet werden:

- Das Thema muss eindeutig strukturiert werden: Gliederung, Überschriften, Unterpunkte, Absätze.
- Die Problematik sollte umfassend bearbeitet worden sein, damit Hintergrundwissen vorhanden ist (Recherche, z. B. Bibliothek, Internet).
- Die Aussagen müssen eindeutig formuliert sein.
- Die schriftliche Ausarbeitung muss sprachlich korrekt sein.
- Beispiele können vor allem schwierige Sachverhalte veranschaulichen.
- Im Anschluss an die (oder während der) Präsentation sollte auf Fragen eingegangen werden.

Gestalterische Aspekte

- Es müssen geeignete Medien benutzt werden, z. B. Tafel, Folie, Plakat, Moderationskarten, farbige Kreide, farbige Stifte, Beamer, Videorekorder, Kassettenrekorder.
- Die Schrift muss groß, deutlich und gut lesbar sein.
- Es sollen ansprechende Farbtöne verwendet werden, z. B. bei farbigen Plakaten.
- Zur Veranschaulichung eignen sich besonders Grafiken, Abbildungen, Schaubilder, Fotos, Dias und Plakate.

Sprachliche Aspekte

- Die Stimme muss klar, laut und deutlich sein.
- Die Stimme sollte variiert werden, z. B. Betonung einzelner Wörter.
- Es sollte nicht zu schnell, aber auch nicht zu langsam gesprochen werden.
- Bei neuen Gliederungspunkten sollte eine kurze Sprechpause erfolgen.

Gestik/Mimik

- Man sollte die Zuhörer/-innen immer ansehen (freies Sprechen).
- Für den Vortrag sollte man sich hinstellen.
- Die Körperhaltung sollte aufrecht sein, man darf weder zu steif noch zu locker wirken.
- Die Mimik muss zum vorgetragenen Sachverhalt passen.
- Ein freundliches Lächeln kann die Spannung lösen.

PRÄSENTATIONSREGELN

1) Die Präsentation soll die Arbeit in der Gruppe und ihre Ergebnisse widerspiegeln. Aus diesem Grund sollten sich möglichst alle Gruppenmitglieder an der Präsentation beteiligen.

2) Benutzen Sie geeignete Medien, die Ihre Arbeitsergebnisse veranschaulichen.

3) Sprechen Sie laut und deutlich und heben Sie zentrale Aussagen durch Betonung hervor.

4) Achten Sie darauf, dass sich Ihre Präsentation an die gesamte Klasse und nicht nur an die Lehrkraft wendet – Blickrichtung und Körperhaltung beachten.

5) Geben Sie im Anschluss an die Präsentation Ihren Mitschülerinnen und Mitschülern Gelegenheit, Verständnis- und gegebenenfalls Vertiefungsfragen zu stellen.

aus: Bentin, Margit u. a., Beschaffungsprozess, 4. Aufl., Darmstadt 2005

Kommunikationsanlässe

Die **Kommunikation,** d.h. die Verständigung, ist für das Lebewesen Mensch nahezu wesensbestimmend. In jedem Lebensalter und in allen Lebenssituationen – im Privat- wie im Berufsleben – gehört die zwischenmenschliche Verständigung zur menschlichen Existenz. Gezielte Kommunikation findet im beruflichen Alltag mit Kollegen und Vorgesetzten, mit Kunden und Lieferanten statt. Gerade im Berufsleben ist es wichtig, gewisse **Kommunikationsregeln** zu beachten, um eine **effektive Kommunikation,** z.B. beim Kunden- oder Vorstellungsgespräch, zu erzielen. Diese Regeln können aber auch in beruflichen **Konfliktsituationen,** z.B. bei Problemen zwischen Kollegen, dazu beitragen, die Konflikte zu lösen. Wird im **Team** gearbeitet, z.B. im Rahmen eines Projekts, dienen Kommunikationsregeln vor allem dazu, den **Gruppenprozess** optimal zu gestalten.

Kommunikationsmodell

Sogenannte **Kommunikationsmodelle** versuchen, das Beziehungsgeflecht des **Kommunikationsprozesses** umfassend abzubilden. Dabei wird zwischen eher kommunikationstechnischen oder kybernetischen und eher psychologischen Modellen unterschieden.

Kommunikationstechnisches Kommunikationsmodell:

Mithilfe eines **Übertragungskanals** wird eine **Nachricht** zwischen **Sender** und **Empfänger** ausgetauscht. Damit sich beide Kommunikationspartner verstehen, müssen sie über ein Zeichensystem, einen **Code,** verfügen, der von beiden verstanden wird.

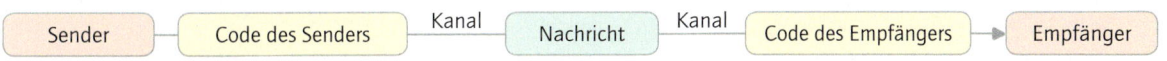

Psychologisches Kommunikationsmodell:

Friedemann Schulz von Thun unterscheidet in seinem Kommunikationsmodell **vier Seiten** einer **Nachricht:**

Die vier Seiten (Aspekte) einer Nachricht – ein psychologisches Modell der zwischenmenschlichen Kommunikation

1. Sachinhalt (oder: Worüber ich informiere)
Zunächst enthält die Nachricht eine Sachinformation. [...]

2. Selbstoffenbarung (oder: Was ich von mir selbst kundgebe)
In jeder Nachricht stecken nicht nur Informationen über die mitgeteilten Sachinhalte, sondern auch Informationen über die Person des Senders. [...]

3. Beziehung (oder: Was ich von dir halte und wie wir zueinander stehen)
Aus der Nachricht geht ferner hervor, wie der Sender zum Empfänger steht, was er von ihm hält. Oft zeigt sich dies in der gewählten Formulierung, im Tonfall und anderen nichtsprachlichen Begleitsignalen. Für diese Seite der Nachricht hat der Empfänger ein besonders empfindliches Ohr; denn hier fühlt er sich als Person in bestimmter Weise behandelt (oder misshandelt). [...]

4. Appell (oder: Wozu ich dich veranlassen möchte)
Kaum etwas wird „nur so" gesagt – fast alle Nachrichten haben die Funktion, auf den Empfänger Einfluss zu nehmen.

aus: Friedemann Schulz von Thun, Miteinander reden. Band 1. Störungen und Klärungen. Allgemeine Psychologie der Kommunikation, Reinbek bei Hamburg 1981, S. 26ff.

Kommunikationsarten und -formen

Kommunikationsarten

menschliche Kommunikation	Mensch-Maschine-Kommunikation	maschinelle Kommunikation
Beispiel: Kundengespräch	*Beispiel:* Datenbankabfrage durch Nutzer	*Beispiel:* automatischer Datenabgleich

Kommunikationsformen

akustische Kommunikation	optische Kommunikation	taktile Kommunikation
Beispiel: Telefongespräch	*Beispiel:* Plakattext und -gestaltung	*Beispiel:* menschliche Berührung

Verbale und nonverbale Kommunikation

Die **verbale Kommunikation** nutzt die gesprochene oder geschriebene Sprache als Kommunikationsmittel, die **nonverbale Kommunikation** bedient sich vor allem visueller Elemente, also zum Beispiel der Mimik (Gesichtssprache) und Gestik (Körpersprache). So kann die Sitzhaltung einer Person oder die Haltung der Hände hohen Aussagegehalt im Kommunikationsprozess aufweisen.

Regeln zur Gestaltung des Kommunikationsprozesses

Jeder Kommunikationsanlass, jede Kommunikationssituation wird andere Kommunikationsregeln erfordern. Optimal ist es, wenn von den Kommunikationspartnern für den speziellen Kommunikationszweck gemeinsam Kommunikationsregeln festgelegt werden können, zum Beispiel im Rahmen einer Weiterbildungsveranstaltung zum Kommunikationstraining.

Beispiel für Kommunikationsregeln bei der mündlichen Kommunikation:

1. dem/den Kommunikationspartner(n) intensiv zuhören
2. auf Gesprächsäußerungen genau eingehen, den Gesprächsfaden konstruktiv weiterspinnen
3. Thesen (Behauptungen) begründen
4. verständlich sprechen, alle Facetten der Sprachmodulation nutzen (z. B. Sprechgeschwindigkeit, -lautstärke, Betonung)
5. nonverbale Gesprächselemente wahrnehmen und darauf angemessen reagieren
6. auf Störungen in der Kommunikation situativ reagieren

Methoden der Kommunikationsanalyse

Gesprächssoziogramm

Um das Gesprächs- oder Interaktionsverhalten von Mitgliedern einer Gruppe (z. B. Projektteam, Schulklasse) analysieren zu können, kann das **Gesprächssoziogramm** nützliche Dienste leisten. Dazu werden die in der Gruppe geführten Gespräche, z. B. im Rahmen einer Gruppendiskussion, grafisch aufgezeichnet.
Jeder Sprechakt wird von dem bzw. den Beobachter(n) in Form einer **Strichliste** festgehalten. Möchte man auch den Gesprächspartner kenntlich machen, so kann dies zusätzlich über **Richtungspfeile** grafisch verdeutlicht werden.

Weitere Differenzierungen können durch zusätzliche Symbole vorgenommen werden.
Die Aufzeichnung kann anschließend dazu dienen, das Gesprächsverhalten in einer Gruppe auszuwerten (z. B. Hinweise auf Vielsager, Schweiger).

Beispiel:

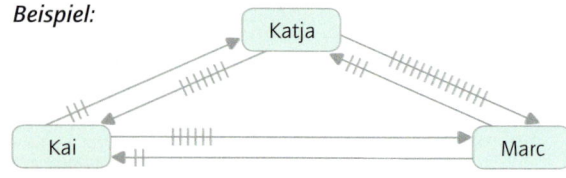

15

Methoden der Kommunikationsanalyse

Fishbowl mit Beobachtungsbogen

Eine Gruppe wird in einen **Innenkreis** mit Gesprächspartnern und in einen **Außenkreis** mit Beobachtern eingeteilt. Die Beobachter analysieren mithilfe eines vorbereiteten **Beobachtungsbogens** das Gesprächsverhalten der Personen des Innenkreises. Anschließend wird das beobachtete Kommunikationsverhalten gemeinsam analysiert.

Beispiel für einen Beobachtungsbogen:

Beobachtungsbogen

Gesprächsverhalten

Kreuzen Sie in den einzelnen Zeilen an, wie Sie den von Ihnen zu beobachtenden Schüler während des Gesprächs erlebt haben. Je weiter links Ihr Kreuz, desto positiver, je weiter rechts, desto negativer. Versuchen Sie am Ende eine „Gesamtnote" zu finden und überlegen Sie sich eine Begründung. Anschließend können Sie Ihre Eindrücke mit einigen anderen Schülern besprechen, die ebenfalls Ihre „Bezugsperson" beobachtet haben.

+		−
beteiligt sich gut	.–.–.–.–.–.–.–.–.–.–.	beteiligt sich kaum
bleibt beim Thema	.–.–.–.–.–.–.–.–.–.–.	schweift vom Thema ab
spricht andere an	.–.–.–.–.–.–.–.–.–.–.	kümmert sich nicht um andere
redet deutlich	.–.–.–.–.–.–.–.–.–.–.	redet undeutlich
spricht freundlich	.–.–.–.–.–.–.–.–.–.–.	spricht aggressiv
leitet das Gespräch	.–.–.–.–.–.–.–.–.–.–.	ist Mitläufer
ist bei der Sache	.–.–.–.–.–.–.–.–.–.–.	hört nicht zu
geht auf Vorredner ein	.–.–.–.–.–.–.–.–.–.–.	redet nur seinen Kram
blickt Mitschüler an	.–.–.–.–.–.–.–.–.–.–.	blickt zum Lehrer hin
bringt eigene Gedanken	.–.–.–.–.–.–.–.–.–.–.	plappert nur nach
macht anderen Mut	.–.–.–.–.–.–.–.–.–.–.	schreckt andere ab
bringt das Gespräch voran	.–.–.–.–.–.–.–.–.–.–.	ist eher ein Hemmschuh
redet in ganzen Sätzen	.–.–.–.–.–.–.–.–.–.–.	redet bruchstückhaft
redet überzeugend	.–.–.–.–.–.–.–.–.–.–.	schwafelt nur
ist kompromissbereit	.–.–.–.–.–.–.–.–.–.–.	ist rechthaberisch
redet in Maßen	.–.–.–.–.–.–.–.–.–.–.	redet zu viel
bezieht andere ein	.–.–.–.–.–.–.–.–.–.–.	denkt nur an sich selbst
redet verständlich	.–.–.–.–.–.–.–.–.–.–.	redet umständlich
redet knapp und präzise	.–.–.–.–.–.–.–.–.–.–.	redet ausschweifend
redet lebendig	.–.–.–.–.–.–.–.–.–.–.	redet langweilig
lässt andere ausreden	.–.–.–.–.–.–.–.–.–.–.	fällt anderen ins Wort

Gesamtnote „Gesprächsverhalten": ☐ 1 ☐ 2 ☐ 3 ☐ 4 ☐ 5 (ankreuzen)

---

nach: Klippert, Heinz, Kommunikations-Training, 9. Aufl., Weinheim und Basel 2002, S. 153

Kommunikationsprobleme – Konfliktbewältigung

Sowohl im Privat- als auch im Berufsleben treten immer wieder **Kommunikationsprobleme** auf, die sich zu regelrechten **Konflikten** „hochschaukeln" können. Erste **Anzeichen** für diesen Prozess können z. B. im Berufsalltag sein: Mit einigen Arbeitskollegen wird nur das Allernötigste besprochen, anderen weicht man sogar völlig aus. Bei einigen Gesprächen, zum Beispiel mit Vorgesetzten, spielen Hemmungen oder Ängste eine große Rolle. In vielen Fällen sind die genauen Kommunikationsprobleme gar nicht bekannt, man spürt allenfalls eine innere Unzufriedenheit. Möchte man diese Probleme lösen, muss man sie zuerst genau erkennen, ihre **Ursachen** aufdecken.

Beispiel: Gesprächsführung – woran erkennt man Kommunikationsprobleme?

Erkennungszeichen von Problemen in der Gesprächsführung:

- Zwischen den Kommunikationspartnern tritt eine gereizte Stimmung auf.

- Ein Gespräch wird nur sehr oberflächlich geführt, sogenannte Gesprächsfloskeln bestimmen einen Großteil der Unterhaltung.

- Man versucht, das Gespräch relativ schnell zu beenden, obwohl kein eigentlicher Zeitdruck besteht.

- Der Gesprächsverlauf ist stockend und gehemmt.

- Man hat während des Gesprächs das Gefühl, dass man „aneinander vorbeiredet".

- Man vermeidet bewusst oder unbewusst, dem Kommunikationspartner während des Gesprächs in die Augen zu sehen.

- Gefühle werden während des Gesprächs unterdrückt, man spürt gerade am Ende der Kommunikation eine innere Unzufriedenheit.

Noch schwieriger als das Erkennen von Kommunikationsproblemen ist deren Lösung. Allgemein lässt sich feststellen, dass diese Probleme nur gelöst werden können, wenn man die **Ursachen** beseitigt. Dazu gehört, dass die Kommunikationspartner ihre Schwierigkeiten in der zwischenmenschlichen Verständigung offen aussprechen mit dem Ziel, die Probleme im gegenseitigen Interesse zu lösen. Bei einer derartigen **Aussprache**, bei der eventuell eine dritte Person moderiert, sollten folgende Punkte beachtet werden:

- Beide Gesprächspartner müssen bereit sein, das **„Anderssein"** des jeweils anderen prinzipiell zu akzeptieren. Lösung von Kommunikationsproblemen kann nicht bedeuten, die Persönlichkeit, die Individualität eines Menschen beschneiden zu wollen.

- Die Lösung von Kommunikationsproblemen darf nicht mit dem Beseitigen von **betrieblichen Strukturen** oder **Abhängigkeiten** verwechselt werden. Zum Beispiel ist die offene Gesprächsbereitschaft eines Vorgesetzten nicht als die Aufgabe seiner Vorgesetztenrolle zu interpretieren.

- Es wird selten der Fall sein, dass bereits ein erstes Gespräch zur Lösung der Probleme führt. **Geduld** und **Toleranz** sind notwendige Voraussetzungen der Gesprächsführung.

- Bei dem Gespräch sollte nicht nur sachlogisch argumentiert werden. Genauso wichtig sind häufig **gefühlsbetonte Ausdrucksweisen**. Gerade sogenannte nonverbale Kommunikationsmittel, Mimik und Gestik, können eine bedeutende Rolle spielen. Sie helfen in vielen Fällen, eventuell bestehende Hemmungen und Ängste abzubauen.

- **Schwächen des Kommunikationspartners,** egal welcher Art, dürfen nicht zur „Lösung" der Probleme ausgenutzt werden. Auch wenn es zunächst so aussehen sollte, als käme man mit dieser „Technik" eher an sein Ziel, führt dieses Vorgehen in der Regel nur zu neuen Schwierigkeiten.

- Der sprachliche Ausdruck ist **situations-** und **partnerbezogen** zu wählen. Es ist zum Beispiel sehr wichtig, sich an die jeweilige Aufnahmefähigkeit des Kommunikationspartners und dessen Ausdrucksweise anzupassen.

Argumentation

Begriff

Unter einem **Argument** versteht man die Begründung für eine Behauptung (These). Die **Argumentation** wird in einem Lexikon folgendermaßen definiert: „Beweisführung mit dem Ziel, die Zustimmung oder den Widerspruch wirklicher oder fiktiver Gesprächspartner zu einer Aussage oder Norm durch schrittweisen oder lückenlosen Rückgang auf bereits gemeinsam anerkannte Aussagen oder Normen zu erreichen."[1]

[1] aus: Brockhaus Enzyklopädie in vierundzwanzig Bänden, 19. Auflage, Mannheim 1987, Band 2, S. 103

Argumentationsstruktur

Eine **Argumentationsstruktur** kann in den folgenden vier Schritten bzw. Stufen beschrieben werden:

Argumentationsstruktur

1. Stufe:	2. Stufe:	3. Stufe:	4. Stufe:
Fakten/Grundannahmen	Formulierung der These mit Begründung	Rechtfertigung(en)	Stützung(en)

Zu Stufe 1: Vermeintlich allgemein anerkannte **Fakten** oder **Annahmen** bilden die Basis der Argumentation und sorgen häufig dafür, dass der Kommunikationspartner überhaupt bereit ist, die folgenden Argumentationsschritte nachzuvollziehen.

Zu Stufe 2: Die angeführten Fakten oder Annahmen sind die Grundlage für die aufzustellende **These,** die mit einem Argument begründet wird.

Zu Stufe 3: Um vom Kommunikationspartner akzeptiert zu werden, dienen **Rechtfertigungen,** z. B. der Hinweis auf Naturgesetze oder allgemeine gesellschaftliche Normen, der Untermauerung der These.

Zu Stufe 4: Zur argumentativen Ergänzung der Rechtfertigung können **Stützungen** (Absicherungen) behilflich sein. Das kann z. B. der Verweis auf wissenschaftliche Forschungsergebnisse oder auf ein Zitat einer anerkannten Persönlichkeit sein.

Feedbackregeln

Lernt man über ein **Feedback** eines Kommunikationspartners, dienen diese Rückmeldungen dazu, sein eigenes Verhalten, seine eigenen Überlegungen zu überdenken und eventuell zu verändern. Ist man selbst in der Verantwortung, ein Feedback zu geben, sollte man bei diesem Mitteilungsprozess die folgenden **Regeln** beachten, um den Lernprozess effektiv zu gestalten:

1 Hören Sie aufmerksam zu!
Bevor Kritik geäußert wird, sollte man die Meinung des anderen genau kennen. Dazu gehört, dass man dem Kommunikationspartner genau zuhört und ihn stets aussprechen lässt.

2 Verstärken Sie Positives!
Ein Feedback sollte prinzipiell von Stärken des Kommunikationspartners ausgehen, bevor andere Bereiche angesprochen werden.

3 Äußern Sie die Kritik sachgemäß!
Die geäußerte Kritik sollte sich auf die Sache, nicht auf die Person beziehen. Dabei ist prinzipiell zwischen objektiven Fakten und subjektiven Wahrnehmungen zu unterscheiden.

4 Formulieren Sie Ich-Botschaften!
Urteile über andere Menschen wirken schnell verletzend und erschweren dadurch den Interaktionsprozess.
Wird Kritik an Einstellungen oder am Verhalten anderer Menschen geübt, sollte man Verallgemeinerungen verhindern (z. B. „*Alle* sind der Meinung, dass du ..."), stattdessen sollten Ich-Botschaften formuliert werden (z. B. „*Ich* bin der Meinung, dass du ..."), die das abgegebene Urteil als subjektiv kennzeichnen.

5 Nutzen Sie die nonverbale Kommunikation!
Die Aussagen sind durch nonverbale Elemente zu unterstützen, z. B. durch eine bestimmte Mimik oder Gestik. Der Aussagegehalt wird dadurch nicht nur gesteigert, sondern die Kommunikation wird unter Umständen auch vertrauenswürdiger (z. B. durch eine Mimik, die Verständnis oder Anteilnahme ausdrückt).

Begriff

Es reicht nicht aus, gute Ideen zu haben und über viel Wissen zu verfügen, man muss auch in der Lage sein, bei Besprechungen oder **Verhandlungen** zu überzeugen. Dabei sollte man stets fair bleiben, denn die Zusammenarbeit soll kollegial, team- und kundenorientiert sein. Streit schadet dem guten Betriebsklima und der Teamorientierung, wodurch effektives Arbeiten gestört wird.

Daher ist es wichtig, Konflikte frühzeitig zu erkennen und mithilfe eines **Konfliktgesprächs** (auch Kritikgespräch genannt) zu entschärfen. Ein konstruktives Konfliktgespräch kann allerdings nur erfolgreich sein, wenn jeder der Gesprächsteilnehmer bereit ist, seine Einstellung zu überdenken und ggf. zu ändern. Das Prinzip sollte sein, dass jeder ein wenig auf den anderen zugeht.[1]

Verhandeln nach der Harvard-Methode

Bei der an der Havard-Universität entwickelten Methode sollen **vier Grundsätze** dafür sorgen, dass ein Ausgleich der Interessen erreicht wird. Bedingung: Die Verhandlung leitet eine neutrale Person.

1. **Menschen und Sachthemen sind getrennt zu behandeln.**
   Verhandlungen bedeuten Stress, sind emotional belastend und die Verhandlungspartner gehen selten tolerant miteinander um. Trotzdem muss das gemeinsame Ziel im Vordergrund stehen.

2. **Die Interessen sind wichtig, nicht die Positionen.**
   Es geht nicht darum, eigene Ziele durchzusetzen, sondern beide Parteien legen ihre Interessen dar. Dann wird gemeinschaftlich versucht, den Interessen fast vollständig zu entsprechen.

3. **Es sind Alternativen zu entwickeln und zu berücksichtigen.**
   Ein neutraler Dritter soll den Blickwinkel der Beteiligten erweitern, sodass neue Sichtweisen weitere Lösungsansätze ermöglichen.

4. **Es müssen Kriterien zur Qualitätsmessung des Verhandlungsergebnisses definiert werden.**
   Werden Kriterien vereinbart, z. B. Corporate Identity stärken, kann ein kreativer Prozess beginnen, denn die Verhandlung wird zu einem gemeinsamen Projekt.[2]

Das Drei-Phasen-Modell zur Konfliktaussprache

Das Phasenmodell sollte in Rollenspielen geübt werden, bevor tatsächliche Konflikte aufgetreten sind.

1. **Erkennen des Standpunktes der Gegenseite**
   Die erste Phase darf nicht durch ein Hin und Her von Behauptungen und Forderungen geprägt sein, denn diese Haltung würde aus der offenen Aussprache ein Wortgefecht werden lassen. Aufgabe der Gesprächspartner ist es, dem anderen zuzuhören und Fragen zu stellen, ruhig und sachlich zu bleiben.

2. **klare Vermittlung des eigenen Standpunktes**
   In der zweiten Phase kommt es darauf an, dem Gegenüber die eigene Position zu verdeutlichen. Hierbei ist es besonders wichtig, keine Beleidigungen oder Angriffe einfließen zu lassen.

3. **Entwickeln einer gemeinsamen Lösung**
   Ideal wäre es, wenn sich die Gesprächspartner auf einen Kompromiss einigen könnten.[3]

Konfliktgespräch führen im Berufsalltag: Beispiel

→ Konfliktgespräch	
1) Gesprächseröffnung ▪ fachlich, sachlich	**3) Lösungssuche** ▪ gemeinsam eine Lösung finden ▪ konkrete Vereinbarungen schriftlich festhalten
2) Situationsanalyse ▪ sagen, was man festgestellt hat ▪ Partner dazu Stellung nehmen lassen ▪ gegenseitig befragen und zuhören	**4) Abschluss** ▪ positiven Gesprächsabschluss erzielen (wichtig für weitere Zusammenarbeit!)

[1,3] vgl.: Kellner, Hedwig, Konflikte verstehen, verhindern, lösen, München 2000, S. 1 u. S. 93–95

[2] vgl.: Kellner, Hedwig, Rhetorik, München 2000, S. 166–169

15

Begriff

Das Arbeiten in Teams ist heutzutage in allen gesellschaftlichen Bereichen zum Alltag geworden, in Unternehmen genauso wie in der Schule. Werden neue Mitarbeiter in Unternehmen eingestellt, wird nahezu überall Teamfähigkeit verlangt.

Merkmale der Teamarbeit:

- Eine **Gruppe** von Personen (meist 5–10) arbeitet für ein **gemeinsames Ziel** zusammen.

- Die Zusammenarbeit ist häufig **zeitlich befristet,** z. B. im Rahmen eines Projekts.

- Eine Person führt i. d. R. als **Teamleiter** die Gruppe, er definiert sich eher als „Primus inter Pares" (Erster unter Gleichen).

- Bei der Verfolgung des Gruppenziels kommt es auf die Ausprägung eines **Wir-Gefühls** an; es werden dabei hohe Anforderungen an die **Kommunikationsbeziehungen** des Teams gestellt (z. B. Offenheit, Gleichberechtigung).

- Die gestellten **Aufgaben** sind meist so **komplex** und/oder **innovativ,** dass diese Arbeitsform ihre besonderen Vorzüge nutzt: Die Arbeitsleistung eines Teams ist mehr als die Summe der Einzelleistungen, man geht von **Synergieeffekten** („2 + 2 = 5") aus.

- Die **Arbeitsverteilung** innerhalb des Teams sollte transparent und gerecht erfolgen, jedes Teammitglied hat sich aktiv am Gruppenprozess zu beteiligen.

- Die **Verantwortung** für das gemeinsame Ziel lastet auf allen Mitgliedern.

- **Konflikte** müssen deutlich angesprochen werden, sie werden i. d. R. vom Team selbst gelöst (siehe zu Kommunikationsproblemen S. 574), allerdings können auch externe Personen (z. B. Berater) zur **Teamentwicklung** herangezogen werden.

- Die **Bewertung** der Teamleistung kann sowohl **intern** als auch **extern** (z. B. durch die Unternehmensleitung) vorgenommen werden, sogenannte Feedbackregeln (siehe dazu S. 575) können dabei unterstützend eingesetzt werden.

Vorteile (Chancen)	Nachteile (Probleme)
<ul><li>höhere Arbeitsleistung durch Ausnutzen von Synergieeffekten[1]</li><li>hohe Arbeitsmotivation der Teammitglieder (z. B. durch Gleichberechtigung)</li><li>Teammitarbeiter bilden sich gegenseitig fort (Kostenersparnis)</li><li>Entwicklung eines guten Betriebsklimas (z. B. durch Entwickeln eines Wir-Gefühls)</li><li>Verbesserung von Kommunikationsbeziehungen durch Teamentwicklung</li></ul>	<ul><li>geringe Arbeitsleistung und höherer Zeitaufwand durch die Notwendigkeit umfangreicher Maßnahmen zur Konfliktbewältigung</li><li>Kompetenzstreitigkeiten bei schlechter Teamentwicklung</li><li>Gefahr von „schlechten Kompromissen" durch Rücksicht auf Mehrheitsmeinung</li><li>Gruppendruck verschlechtert das Arbeitsklima</li><li>Dominanz von „Vielrednern" und „Besserwissern"</li></ul>

[1] Synergieeffekt: Wirkung, die aus dem Zusammenschluss oder der Kooperation mehrerer Teilkomponenten hervorgeht

Begriff

Beim Aneignen von Wissen, z. B. für eine Klassenarbeit oder eine Prüfung, geht es meist darum, aus schriftlich abgefassten Texten den Kerngehalt herauszufiltern und den Inhalt im Gedächtnis zu speichern. Soll das Wissen nicht nur kurzfristig abgespeichert werden, sondern möglichst **langfristig** zur Verfügung stehen, um es abrufen und in unterschiedlichen Lebenssituationen anwenden zu können, gilt es, **sich aktiv mit** den abzuspeichernden **Informationen** oder Daten **auseinanderzusetzen.** Bestimmte Lernprozesse finden auch erst in besonderen **Sozialformen,** z. B. in Partner- oder Gruppenarbeit, statt, wie zum Beispiel das Erlernen von Konfliktfähigkeit. Erst die Interaktion mit Kommunikationspartnern führt dann zu den angestrebten Lernergebnissen (siehe zu Kommunikationsregeln S. 575).

Lernatmosphäre

Um Textinhalte verstehen und abspeichern zu können, muss man sich eine geeignete **Lernatmosphäre** schaffen. Dazu gehört:

- **Einrichten** eines angemessenen **Arbeitsplatzes**
  - geeignete Lese- oder Schreibfläche (z. B. Schreibtisch) schaffen
  - richtige Körperhaltung wählen: stehen (z. B. Stehpult), liegen (z. B. Arbeitsliege) oder sitzen (z. B. Bürostuhl)
  - gute Lichtverhältnisse schaffen
  - ausreichende Sauerstoffzufuhr sichern (z. B. durch Öffnen des Fensters)
  - eventuelle Störquellen (z. B. Lärm) beseitigen
  - Arbeitsmaterialien sortieren
  - Ergänzungsmaterialien bereithalten (z. B. Fremdwörterlexikon)

- **Wählen** der geeigneten **Tageszeit**
  - optimale Lernzeit auswählen (individuell unterschiedlich)
  - Ess- und Ruhephasen beachten
  - Gesamtlernzeit einschätzen (eventuell Mehrtagesplan aufstellen)

- **ernährungsphysiologische Erkenntnisse** nutzen
  - Flüssigkeitszufuhr ermöglichen (z. B. Mineralwasser oder Obstsaft)
  - „leichte Kost" verbrauchen (z. B. Joghurt, Obst)

Arbeitstechniken

Methods of work

Textbearbeitung

Um einen schriftlich abgefassten Text erfassen zu können, sind einige **Techniken der Textbearbeitung** anzuwenden:

- Kernbegriffe oder -sätze markieren (Wichtiges wird vom Unwichtigen getrennt)

- Randnotizen machen (z. B. auch durch Nutzen von geeigneten Piktogrammen)

- Textteile/Absätze durch Teilüberschriften gliedern

- längere Textpassagen durch eigene Formulierungen zusammenfassen (z. B. durch Nutzen von Klebezetteln oder Karteikarten)

- bildhafte Elemente (z. B. Abbildungen, Diagramme) erschließen und Textpassagen zuordnen

- Zusammenhänge visuell verdeutlichen (z. B. durch Bilden von Verweisen oder Nutzen von Pfeilsymbolen)

- Strukturen des Textes herausarbeiten, z. B. durch:
  - Erstellen einer Textgliederung
  - Herstellen einer Mindmap (siehe hierzu S. 582 f.)
  - Anfertigen eines Ablaufdiagramms
  - Anlegen von Karteikarten mit Schlüsselbegriffen (einschließlich Erläuterungstext und Textverweis)

- offengebliebene Fragen herausschreiben und Ergänzungsliteratur suchen (z. B. mithilfe einer Internetrecherche, siehe S. 584)

15

Wissensspeicherung

Um sich zentrale Textinhalte aneignen, sie speichern zu können, genügt es nicht, bestimmte Schlüsselbegriffe auswendig zu lernen. Vielmehr gilt es, sich mit den Inhalten und **Strukturen** auseinanderzusetzen. Beispielsweise können schriftlich **Fragen** an den Textgehalt formuliert werden, die den Text strukturell erschließen. Um eine Struktur zu erfassen, müssen aus unterschiedlichen Blickrichtungen Fragen an den Textgehalt gestellt werden, es müssen unterschiedliche **Fragekriterien** herausgearbeitet werden.

Beispiel: Analyse eines Wirtschaftstextes
Mögliche **Fragekriterien:**

- Wie könnte der Textinhalt aus betriebswirtschaftlicher Sicht gesehen werden?
- Wie könnte der Textinhalt aus volkswirtschaftlicher Sicht gesehen werden?
- Wie könnte der Textinhalt aus ökologischer Sicht gesehen werden?

- Wie könnte der Textinhalt aus gesellschaftspolitischer Sicht gesehen werden?
- Wie könnte der Textinhalt aus historischer Sicht gesehen werden?

Das Formulieren von Fragen an den Textgehalt dient zum einen dazu, **Zusammenhänge** innerhalb des neu zu erwerbenden Wissens herzustellen, zum anderen hilft es, neues Wissen mit bereits vorhandenen Wissensbeständen zu verknüpfen.

Gesteigert wird der **Lernerfolg,** wenn Fragen an die Struktur des Textes von mehreren Personen formuliert werden und ein Gruppengespräch, eventuell sogar eine **Gruppendiskussion,** daraus entsteht. Möglicherweise ergibt sich auch eine Änderung in der **Lernmotivation.**

In jedem Fall wird durch Verfolgung kooperativer Lernstrategien die sogenannte **Behaltensquote** erhöht, das Verbinden von Hören, Sehen und Sprechen (und eventuell auch Handeln) wirkt leistungssteigernd gegenüber der Nutzung nur einzelner Elemente (z. B. nur Hören oder nur Sehen).

Brainstorming

Begriff

Beim Brainstorming ("Gehirn- oder Gedankensturm") handelt es sich um eine **Kreativitätstechnik,** die in Unternehmen zunächst zur Findung von Produktideen eingesetzt wurde. Heute wird diese Technik in unterschiedlichsten Anwendungsbereichen genutzt, z. B. auch bei Problemlöseprozessen im Schulunterricht.

Zielsetzung

Als Kreativitätstechnik dient Brainstorming dazu, in **möglichst kurzer Zeit** eine **Vielzahl von Ideen,** Lösungsansätzen u. Ä. zu finden. Da es keine "unsinnigen" Einfälle bei dieser Technik gibt, werden auch unkonventionelle Lösungen entwickelt, **assoziatives Denken** wird dabei angewandt. Das aktive Einbeziehen aller Beteiligten kann als weiteres Ziel angesehen werden, deswegen wird diese Technik auch im Rahmen der Moderationsmethode (siehe hierzu S. 567 ff.) genutzt.

Regeln

- Alle Brainstormingteilnehmer beteiligen sich mündlich und/oder schriftlich an der Ideensammlung!

- Alle Ideen, Lösungsansätze u. Ä. sind erlaubt – es gibt keine falschen Ideen! Quantität vor Qualität!

- Negativkritik gegenüber einzelnen Vorschlägen ist verboten!

- Vorgetragene Ideen dürfen aufgenommen und weiterentwickelt werden!

Ablauf

Festlegen der Frage- oder Problemstellung
↓
Vorgabe der zur Verfügung stehenden Zeit
↓
Bekanntgabe oder gemeinsame Festlegung der Regeln
↓
Sammlung aller geäußerten Ideen
↓
Sortierung und Bewertung der gesammelten Ideen
↓
Auswahl "geeigneter" Ideen und Weiterbearbeitung der Lösungsansätze

Ziele

Ebenso wie das Brainstorming stellt das Brainwriting eine Kreativitätstechnik dar. In schriftlicher Form werden kreative **Ideen** entwickelt oder **Problemlösungsansätze** gewonnen. Diese Methode **aktiviert** alle Teilnehmer gleichermaßen und führt in der Regel zu einem **kreativen Gruppendenkprozess.**

Begriff

Bei dieser Methode formulieren **sechs** Personen jeweils **drei** Ideen/Vorschläge auf einem vorstrukturierten Formblatt und reichen es an die anderen Personen **fünfmal** weiter.

Ablauf

Phase 1: Ein zu lösendes Problem wird der Gruppe vorgestellt und als Aufgabenstellung schriftlich (z. B. an der Tafel) formuliert.

Phase 2: Jede der sechs Personen erhält ein Formblatt mit 18 Feldern und trägt in ihr Formblatt in die oberste Reihe drei Ideen/Vorschläge zur Lösung der Aufgabenstellung ein.

Phase 3: Nach der Bearbeitungszeit von ca. fünf Minuten wird das Formblatt im Uhrzeigersinn an den Sitznachbarn weitergereicht. Die 2. Person trägt ihre drei Ideen in die 2. Reihe des Formblattes ein. Dies wiederholt sich, bis alle Gruppenmitglieder alle sechs Formblätter ausgefüllt haben.

Phase 4: Durch die sechs Personen wurden insgesamt 108 Ideen gesammelt. Es gilt nun, die Vielzahl dieser Ideen zu prüfen und auszuwerten. Dies kann beispielsweise mithilfe der Moderationsmethode geschehen (siehe S. 567 ff.).

Formblatt

Name	Idee/Vorschlag	Idee/Vorschlag	Idee/Vorschlag
1			
2			
3			
4			
5			
6			

Vorteile

- Diese Methode führt relativ schnell zu neuen Ideen bzw. Lösungsvorschlägen.
- Die Ideen der einzelnen Personen stellen Denkanstöße für die anderen Teilnehmer dar.
- Durch die vielen Ideen kann ein Problem von vielen Seiten betrachtet werden.
- Alle Teilnehmer können sich gleichberechtigt in den Gruppendenkprozess einbringen.
- Die klaren Regeln führen zu einem gut strukturierten Ablauf.

Nachteile

- Während der Ideenfindungsphase kann nicht zwischen sinnvollen und unsinnigen Ideen unterschieden werden.
- Die hohe Anzahl von Ideen kann zu Auswertungsproblemen führen.

Begriff und Zielsetzung

Um komplexe Zusammenhänge in Wirtschaft und Gesellschaft verstehen und beurteilen zu können, reicht das lineare Denken – zum Beispiel in Form einer Ablaufkette – nicht mehr aus. Stattdessen müssen eine Vielzahl von wechselseitigen Abhängigkeiten und Verknüpfungen von einzelnen Elementen untersucht werden, man spricht von der **Methodik des vernetzten Denkens.** Die Komplexität eines Systems lässt sich mithilfe eines sogenannten **Netzwerks** veranschaulichen.

Die Netzwerktechnik hat das Ziel, die einzelnen Elemente (Faktoren) eines Systems und ihre Beziehungen in Form eines **Modells** abzubilden.

Symbole der Netzwerktechnik

- Wirkungszusammenhänge einzelner Faktoren werden mithilfe von **Pfeilen** abgebildet, wobei die Stärke des Pfeils den Umfang oder Grad der Wirkung widerspiegelt.

- Eine **gleichgerichtete Wirkung** („je mehr ... desto mehr ...") wird durch ein **Pluszeichen,** eine **gegensätzliche Wirkung** („je mehr ... desto weniger ..." bzw. „je weniger ... desto mehr ...") durch ein **Minuszeichen** verdeutlicht.

Beispiel: Überlegungen zur Auswirkung einer Werbemaßnahme

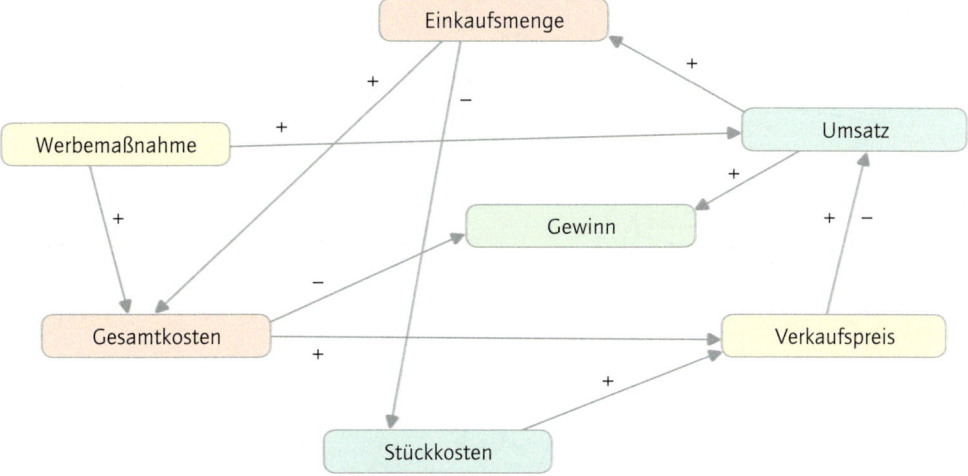

Vorteile der Netzwerktechnik

- Da komplexe Zusammenhänge mithilfe des Netzwerks veranschaulicht werden, können zum Beispiel Langzeitwirkungen von bestimmten Maßnahmen nicht so leicht übersehen werden.

- Netzwerke ermöglichen eine Absicherung von Entscheidungsprozessen.

- Auch komplizierte Zusammenhänge können für Laien mithilfe von Netzwerken transparent gemacht werden. Die Netzwerktechnik unterstützt damit demokratische Entscheidungsprozesse.

Grenzen der Aussagekraft

- Je mehr Elemente in ein Netzwerk eingefügt werden, desto unübersichtlicher wird es. Es besteht die Gefahr, dass die Unübersichtlichkeit einen Entscheidungsprozess eher erschwert als erleichtert.

- Werden nur die vermeintlich wichtigsten Elemente in das Modell aufgenommen, entsteht eventuell ein falsches Abbild der Wirklichkeit. Die Summe der Wirkungen von vielen kleinen Faktoren kann unterschätzt werden, es werden unter Umständen falsche Schlussfolgerungen gezogen.

Mindmapping

Begriff

Mindmapping ist eine Arbeitsmethode oder Lerntechnik, bei der Gedanken, Ideen oder Gesprächsinhalte in ihrer Originalfassung aufgenommen werden, ohne sie sofort in eine richtige Reihenfolge zu bringen.

Mindmaps sind Gedanken-Landkarten. Eine Gedanken-Landkarte besteht aus Haupt- und Nebenästen.

Beispiel:

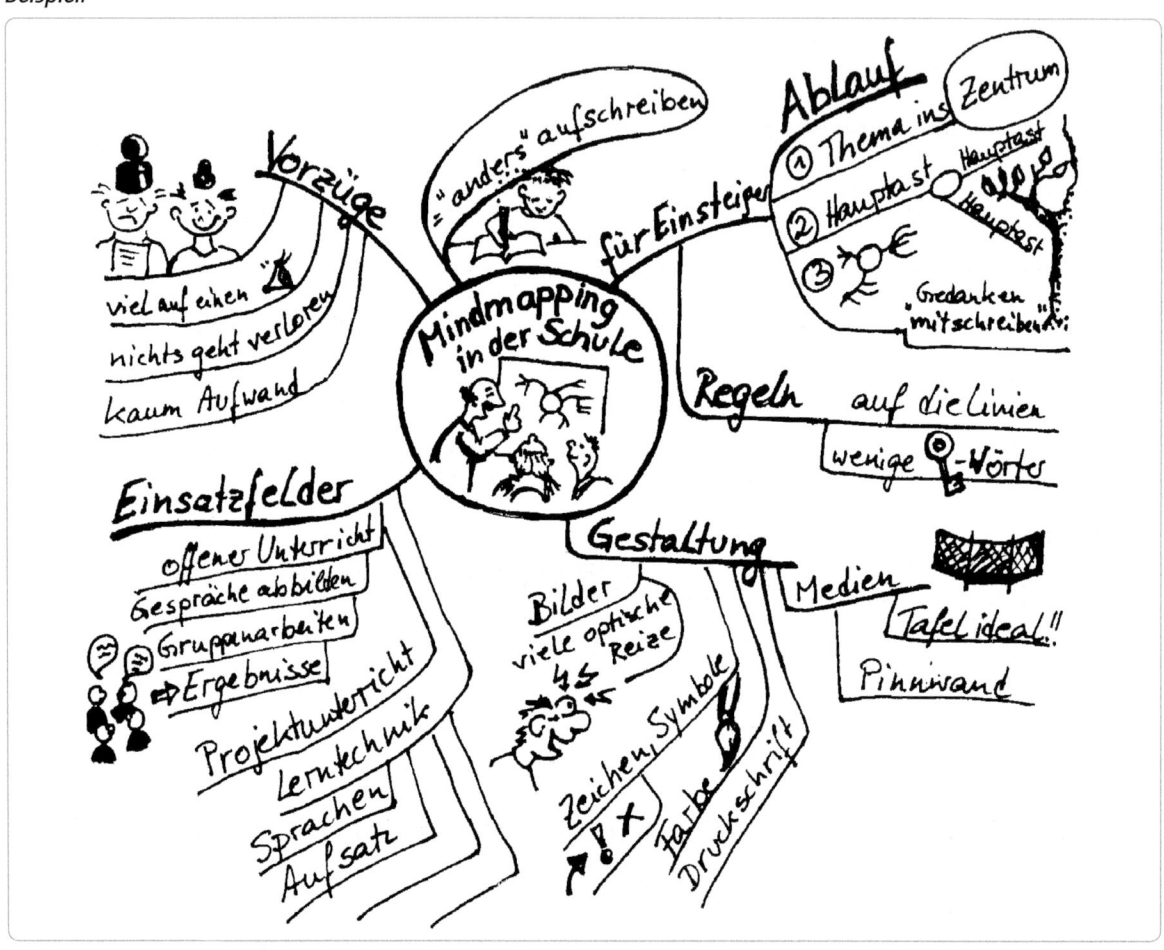

nach Lipp, Ulrich, Pädagogik, Heft 10, Weinheim Oktober 2004

Ziele

- Bildhaftes Denken und durch Sprache initiiertes Denken werden sehr gut verbunden.
- Die Visualisierung erleichtert das Lernen von Inhalten und Strukturen und kommt bestimmten Lerntypen besonders entgegen (v. a. „Sehtyp").
- Die sogenannte Behaltensquote erhöht sich durch die Verbindung von Sehen, Hören, Sprechen und Handeln.
- Kreativität und Kommunikationsfähigkeit werden durch das Ansprechen unterschiedlicher Sinne gefördert.

Anwendungsmöglichkeiten

Einsatzmöglichkeiten der Methode des Mindmappings in Schule und Ausbildung:

- spontanes Zusammentragen von Gedanken zu einem bestimmten Thema
- Präsentation der Ergebnisse einer Gruppenarbeit
- Erarbeiten von Problemlösungen in der Klasse/im Team, z. B. Planen von Projekten

15

Mindmapping

Tipps/Empfehlungen zur Erstellung von Mindmaps

Material
- farbige Stifte bzw. farbige Kreide
- Tapetenrolle oder große Blätter (A3)
- Moderationskarten
- Befestigungsmaterial, wie z. B. Pinnnadeln, Klebeband, Magnete
- Wandtafel, Pinnwand oder Flipchart
- PC mit entsprechender Software

Gestaltung
- groß und gut lesbar schreiben (z. B. Druckschrift)
- Hauptäste nur mit Schlüsselwörtern (Normen) versehen
- waagerecht schreiben
- Groß- und Kleinbuchstaben verwenden

Mindmapping – Vorgehensweise

1. Das Thema, Problem oder die Fragestellung wird groß in die Mitte geschrieben.
2. Die Gedanken werden notiert, wie sie kommen (Brainstorming). Schlüsselwörter werden auf Hauptästen platziert, Ergänzungen auf Nebenästen.
3. Unwichtige Äste können gestrichen, zwischen den Ästen können Verknüpfungen hergestellt werden.
4. Die Äste (Linien) sollten so angeordnet werden, dass sie waagerecht beschrieben werden können.
5. Für die anschauliche Gestaltung können auch Bilder, Zeichen oder Symbole verwendet werden.

Mindmapping am PC

Die Technik des Mindmappings lässt sich auch am PC nutzen. Mithilfe einer Suchmaschine kann im Internet unter dem Suchbegriff „mind mapping" eine Vielzahl von Links zu WWW-Seiten gefunden werden.

Beispiel:

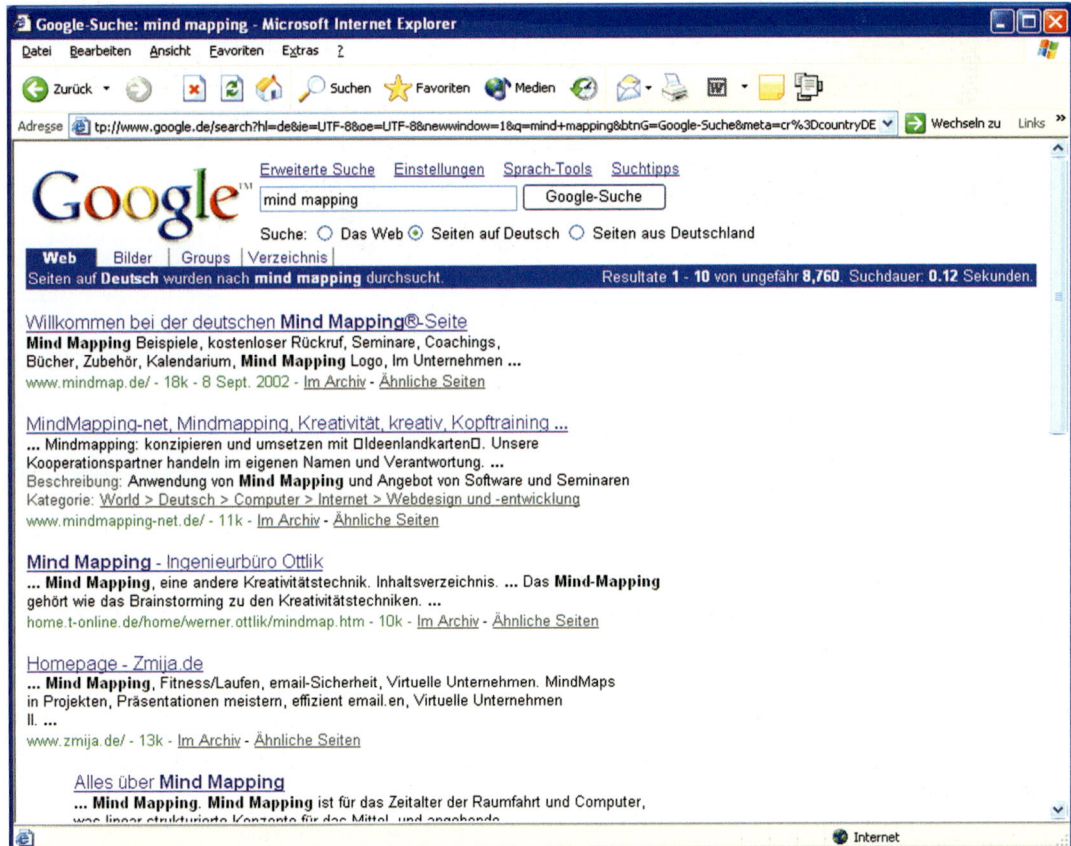

Begriff

Umfassende Suche nach Informationen anhand von Stichwörtern mithilfe des elektronischen Mediums Internet

Ziele

- schneller und unmittelbarer Zugriff auf Informationen
- Nutzen der Vielfalt des Informationsangebots
- Einholen der Informationen direkt vom Arbeitsplatz oder von zu Hause aus und zu jeder Zeit

Beispiel:
Ein Industrieunternehmen plant einen neuen Standort in Dresden und möchte über die Stadt Informationen einholen.

Schritt 1:
- Aufruf der Suchmaschine, z. B. „www.google.de"
- Suchbegriff „Dresden" eingeben
- Schaltfläche „Google Suche" anklicken

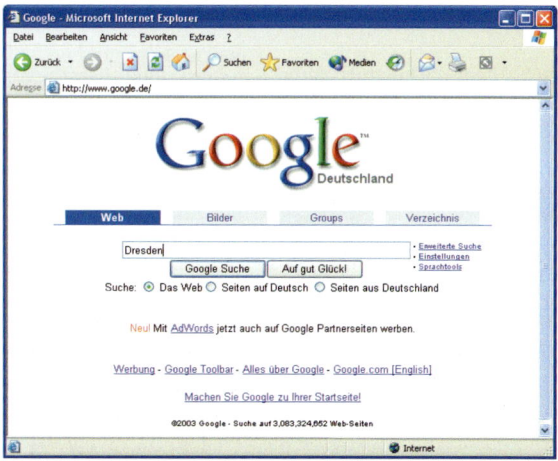

Schritt 2:
- Es erscheint die Trefferliste. Der erste Treffer ist die Startseite der sächsischen Landeshauptstadt.

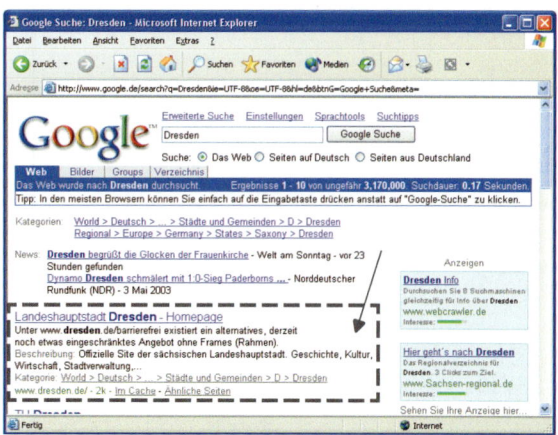

Schritt 3:
- Die Homepage der Landeshauptstadt Dresden erscheint.
- Die Zeile „Wirtschaft und Wissenschaft" anklicken

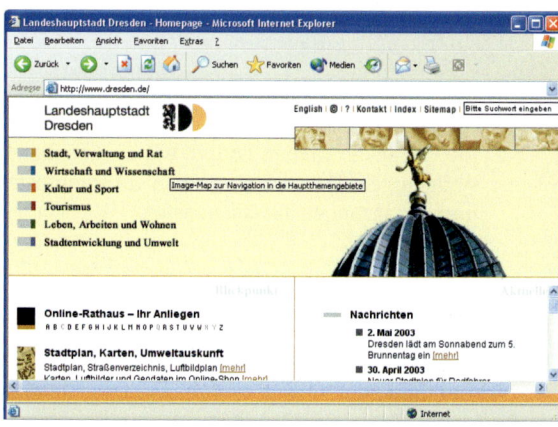

Schritt 4:
Es erscheint das Inhaltsverzeichnis der Informationen über Wirtschaft und Wissenschaft der Stadt Dresden.

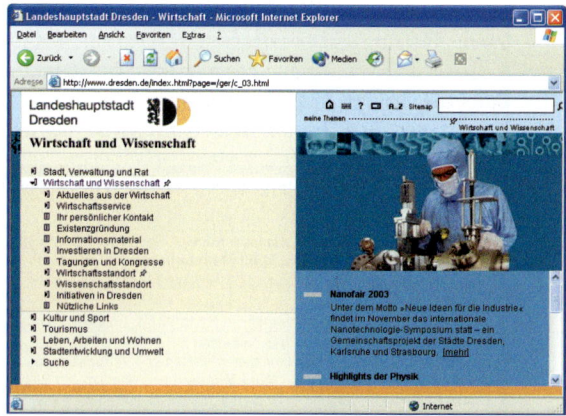

15

Aufbau

Die von der Legislative, der gesetzgebenden Gewalt, beschlossenen Gesetze werden in einer juristischen Fachsprache abgefasst. Diese normierenden Sachtexte sind in ihrem Aufbau klar gegliedert: in Paragrafen, Absätze, Sätze und Nummern.

Bezieht man sich auf Gesetzestexte, so sind die entsprechenden Gesetzesteile genau anzugeben, zum Beispiel: vergleiche § 573 Absatz 2 Nr. 1 BGB.

Beispiel:

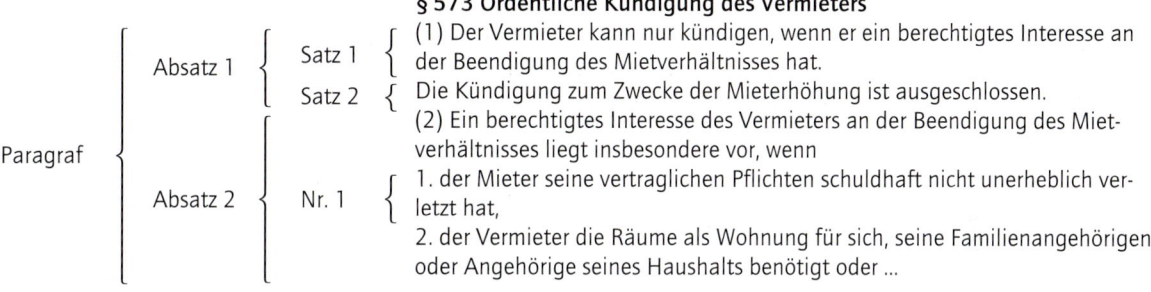

§ 573 Ordentliche Kündigung des Vermieters

Paragraf { **Absatz 1** { **Satz 1** { (1) Der Vermieter kann nur kündigen, wenn er ein berechtigtes Interesse an der Beendigung des Mietverhältnisses hat.

Satz 2 { Die Kündigung zum Zwecke der Mieterhöhung ist ausgeschlossen.

Absatz 2 { (2) Ein berechtigtes Interesse des Vermieters an der Beendigung des Mietverhältnisses liegt insbesondere vor, wenn

Nr. 1 { 1. der Mieter seine vertraglichen Pflichten schuldhaft nicht unerheblich verletzt hat,

2. der Vermieter die Räume als Wohnung für sich, seine Familienangehörigen oder Angehörige seines Haushalts benötigt oder ...

Bei einem Verweis auf mehrere Paragrafen gilt:

Beispiele	Bedeutung
§ 17 f. BGB	§ 17 und (der folgende) § 18 BGB
§ 17 ff. BGB	§ 17 und mehrere (darauffolgende) Paragrafen BGB

Gesetzeskommentare

Zu den wichtigsten Gesetzen gibt es von Juristen verfasste **Gesetzeskommentare.** Sie besitzen keine Gesetzeskraft, sie stellen aber fachlich begründete „Meinungen" (Interpretationen) von Juristen zur Auslegung der einzelnen Paragrafen eines Gesetzes dar. Dabei arbeiten die Juristen die bereits durch Einzelurteile festgestellten Gerichtsentscheidungen in ihre Kommentare ein und nehmen häufig auch Bezug zu Gesetzesinterpretationen in der übrigen Fachliteratur. Einer der berühmtesten Gesetzeskommentare ist der „Palandt", ein Kommentar zum BGB (siehe S. 600 ff.). Für viele Gesetze gibt es verschiedene Kommentare, also von unterschiedlichen Juristen verfasste Texte.

Geschäftsbriefe sollten formgerecht nach den Vorgaben der DIN 5008 erstellt werden:

1 Der **Briefkopf** enthält die Firma des Absenders, häufig wird zusätzlich ein werbewirksames Firmenlogo hinzugefügt.

2 Oberhalb des Anschriftfeldes erscheint die **Postanschrift des Absenders**.

3 Inhalte des neunzeiligen **Anschriftfeldes**:
- In den ersten 3 Zeilen, der sogenannten **Zusatz**- und **Vermerkzone**, werden – soweit notwendig – postalische Vermerke, z. B. die Versendungsform („Einschreiben"), genannt.
- Es folgt die sechszeilige **Anschriftzone**, in der mit der Empfängerbezeichnung begonnen wird.
- Unter der Empfängerbezeichnung folgen Postfach oder Straße und Hausnummer; die Postfachnummer ist von rechts beginnend zweistellig zu gliedern.
- Unmittelbar darunter werden Postleitzahl und Bestimmungsort genannt; bei Auslandsanschriften werden Bestimmungsort und -land in Großbuchstaben geschrieben.

4 Inhalte der **Bezugszeichenzeile**:
- in Kurzform Zeichen (in der Regel Buchstaben), die zur Identifizierung des Schreibenden dienen („Ihr Zeichen" bzw. „Unser Zeichen");

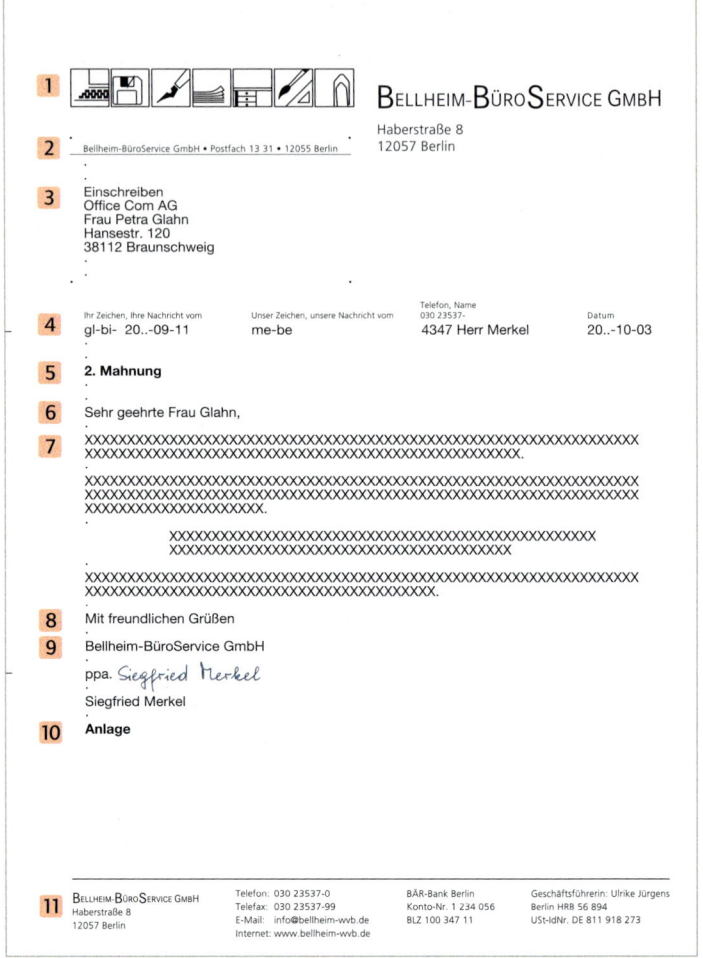

- Daten des vorangegangenen Schriftverkehrs („Ihre Nachricht vom" bzw. „unsere Nachricht vom");
- Telefonnummer (funktionsbezogen gegliedert, z. B.: 0531 12345);
- Absendedatum in numerischer (z. B. 2011-10-04) oder alphanumerischer Schreibweise (z. B. 4. Oktober 2011).

Neben der Bezugszeichenzeile können weitere Kommunikationsangaben in einer **Kommunikationszeile rechts neben dem Anschriftfeld** genannt werden. Möglich ist auch ein eigenständiger **Informationsblock** rechts neben dem Anschriftfeld.

5 Nach zwei Leerzeilen folgt der **Betreff**, der den Inhalt des Briefes in Kurzform nennt, um z. B. die Postverteilung in der Poststelle von Großunternehmen zu beschleunigen. Der Betreff wird in der Regel in Fettdruck geschrieben.

6 Nach zwei Leerzeilen wird die **Anrede** formuliert, die in der Regel mit einem Komma schließt.

7 Nach einer Leerzeile beginnt der eigentliche **Brieftext**. Längere Textteile sind sinnvoll durch Absätze zu untergliedern. Nach jedem Absatz ist eine Leerzeile einzuplanen.

8 Nach einer Leerzeile erscheint die **Grußformel**, die stets mit einem Großbuchstaben beginnt.

9 Nach einer Leerzeile wird die **Firma des Absenders** genannt. Darunter ist Platz für die handschriftliche Unterschrift des Unterzeichners zu lassen, eventuell erfolgt zusätzlich eine maschinenschriftliche Namenswiedergabe des Unterzeichners.

10 In Fettdruck erscheinen in der Regel **Anlagen**- bzw. **Verteilervermerke**.

11 Der **Brieffuß** enthält in vorgedruckter Form **Geschäftsangaben** des Absenders (vgl. § 37 a bzw. § 125 a HGB).

15

Ziel

Mithilfe einer Lernkartei werden wichtige **Lerninhalte wiederholt** und durch den mehrmaligen Wiederholungseffekt **verinnerlicht**. Dies ist besonders wichtig für **Klassenarbeiten** und **Prüfungen**.

Vorgehen

Die zu lernenden Wissensinhalte werden in kleine Teile zerlegt und in Form einer **Frage** oder **Aufgabe** auf der Vorderseite einer **Karteikarte** (DIN A7) notiert. Auf der Rückseite befindet sich die Lösung. Wird eine Karteikarte bearbeitet, wird sie bei richtiger Lösung aus dem Fach 1 des Karteikastens in das Fach 2 gelegt. Bei falscher Lösung bleibt die Karteikarte im Fach 1. Da der Karteikasten fünf Fächer besitzt, wird sich also mit jedem Lerninhalt jeweils **mindestens fünfmal** beschäftigt. Möglich ist der Einsatz unterschiedlicher Farben von Karteikarten zur Abgrenzung von Wissensteilgebieten.

Karteikasten

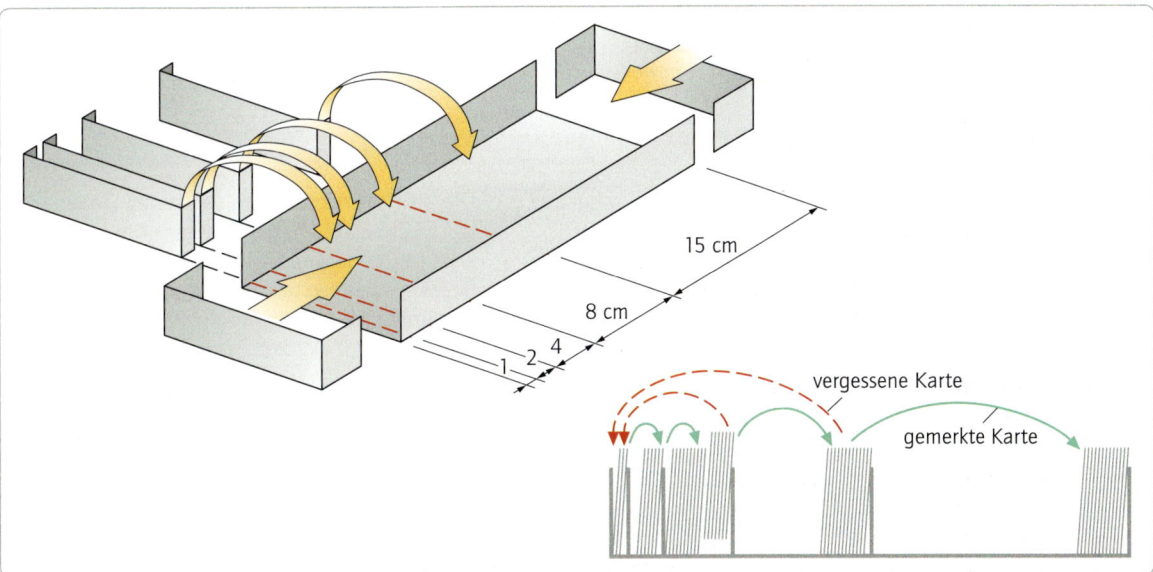

15 cm

8 cm

4

2

1

vergessene Karte

gemerkte Karte

Die Herstellung des **Karteikastens** kann folgendermaßen ablaufen: Als Grundmaterial benötigt man einen stabilen Pappdeckel mit einer Länge von 30 cm. Dieser wird so zugeschnitten und gefaltet, dass die beschriebenen Kärtchen in der Breite gerade hineinpassen; die Seitenwände rechts und links sind etwa 1 cm niedriger als die Kärtchen. Vor Kopf werden – wie in der obigen Skizze angedeutet – zwei gefaltete Wände eingepasst und festgeklebt, die den Karteikasten abschließen und in Form halten. Dann werden vier Zwischenwände eingezogen, die verschieden große Fächer entstehen lassen (s. Skizze). Das erste Fach misst etwa einen Zentimeter, das zweite zwei, das dritte vier, das vierte acht und das fünfte ca. 15 cm (s. Skizze).

nach: Klippert, Heinz, Methoden-Training, 5. Aufl., Weinheim und Basel 1996, S. 204 f.

Vorteile

- Das Verschriftlichen von Lerninhalten auf einer Karteikarte führt zu einer ersten Auseinandersetzung mit dem sich anzueignenden Wissen. Die dazu notwendige Zerlegung eines Gesamtproblems in Teilbereiche führt zu einer Vorstrukturierung des zu erlernenden Wissens.

- Die Lerngeschwindigkeit und die Lerndauer können von jedem selbst bestimmt werden.

- Der Lernprozess kann beliebig oft wiederholt werden.

- Der Wissensstand kann vom Lernenden selbst überprüft werden.

- Die Methode verlangt keinen großen Materialaufwand.

Begriff und Zielsetzung

Von der Erkundung wird sowohl die Betriebsbesichtigung als auch das Betriebspraktikum abgegrenzt.

Während die **Betriebsbesichtigung** einen ersten, eher oberflächlichen Eindruck von dem Unternehmen vermittelt, dient das **Betriebspraktikum** dazu, Arbeitsprozesse im Unternehmen über längere Zeit beobachten und „ausprobieren" zu können.

Bei der **Erkundung** spielt die genaue Vorbereitung, z. B. durch Erstellung eines detaillierten Fragebogens, eine große Rolle. Die beschafften Informationen schließen zum einen Wissenslücken, bieten zum anderen Hilfe bei Fragen nach Zusammenhängen und ermöglichen die Initiierung von Erkenntnisprozessen. Theoretische Vorstellungen bzw. Modelle werden mit Praxiserfahrungen konfrontiert und somit überprüft.

Phasen der Erkundung

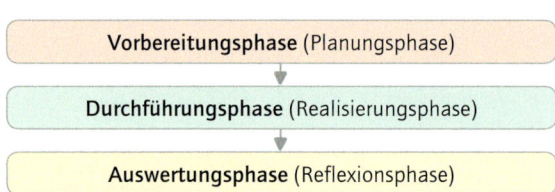

Tipps zur Vorbereitungsphase

- Zu Beginn sollte die **Zielsetzung** der Erkundung genau festgelegt werden.
- Über das zu erkundende Unternehmen sind zunächst **Vorinformationen** einzuholen, z. B. über eine Internetrecherche (Homepage des Unternehmens) oder durch eine kurze Anfrage bei der zuständigen Kammer (z. B. IHK).
- **organisatorische Vorbereitungen** sind zu treffen, z. B.:
  - Klärung der infrage kommenden Gesprächspartner (Experten)
  - Festlegung der vorbereitenden Einzelschritte (z. B. Einholen von Genehmigungen, Festlegung des Transportmittels) und ihre genaue zeitliche Planung
- Die bei der Erkundung zu stellenden Fragen sollten vorher zusammengetragen werden. Dabei muss überlegt werden, ob der **Fragenkatalog** in Einzel-, Partner- oder Gruppenarbeit erstellt werden soll.
- Der **Ablauf der Erkundung** muss **inhaltlich** und **zeitlich** genau geplant werden. Dazu ist vielleicht auch eine vorherige örtliche Begehung des Unternehmens notwendig.
- Es muss vorher überlegt werden, wie **Erkundungsergebnisse gesichert** werden (z. B. über einen vorbereiteten Fragebogen, Festlegung von Protokollanten).
- Eventuell sollen neben der Lehrkraft einige Schüler/-innen als **Ansprechpartner/Moderatoren** festgelegt werden.

Tipps zur Durchführung

- Das **pünktliche Erscheinen** ist in jedem Fall sicherzustellen.
- Die **Begrüßungs- und Vorstellungsphase** sollte angemessen ablaufen (z. B. Vorstellung der Klasse bei allen Gesprächspartnern, Äußerung erster Dankesworte).
- Der vorbereitete Fragenkatalog ist so „abzuarbeiten", dass auf die Schwerpunkte einzelner Gesprächspartner **situativ reagiert** werden kann.
- Zum Abschluss ist auf eine **angemessene Verabschiedung** zu achten (abschließende Dankesworte sind in jedem Fall zu äußern).

Tipps zur Auswertungsphase

- Die zusammengetragenen **Informationen** und **Eindrücke** müssen – soweit noch nicht geschehen – **gesichert** werden (z. B. über ein Gedächtnisprotokoll).
- Es muss entschieden werden, ob die gesammelten Informationen von allen **gemeinsam** oder **arbeitsteilig** (z. B. in Gruppenarbeit) **ausgewertet** werden.
- Auch die **Systematisierung** der Auswertungsergebnisse muss schriftlich **gesichert** werden.
- Die Ergebnisse sollen nicht nur inhaltlich kritisch gewürdigt werden. Es sollte auch überlegt werden, ob die Methode Erkundung angemessen eingesetzt war.
- Das Ergebnis der Auswertung kann eventuell **veröffentlicht** werden (z. B. über eine Schulhomepage), falls das besuchte Unternehmen keine Einwände vorbringt.
- Den Gesprächspartnern der Erkundung ist eventuell noch einmal schriftlich **zu danken,** gegebenenfalls sind Auswertungsergebnisse mitzusenden.

15

Begriff

Das Projekt zählt zu den sogenannten methodischen Großformen des Unterrichts. Ausgehend von den Interessen der Beteiligten wird ein Thema oder Problem umfassend bearbeitet, d. h. geplant, durchgeführt und ausgewertet. Die Lehrkraft sieht sich dabei eher als Lernberater oder Moderator. Ergebnis des Projekts ist in der Regel ein Handlungsprodukt, z. B. eine erstellte Schülerzeitung.

Ziele

- Förderung der Selbstorganisation und des Verantwortungsbewusstseins
- Herstellung von Problem- und Praxisbezug
- Realisierung fächerübergreifenden Unterrichts
- Förderung ganzheitlichen Denkens, Einbeziehen vieler Sinne
- Verstärkung von Interaktionsbeziehungen der Projektteilnehmer/-innen

Projektphasen

Projektinitiative

Ausgangspunkt ist in der Regel eine Problemstellung oder eine Projektidee.

Projektskizze

Die Projektteilnehmer/-innen setzen sich mit der Projektinitiative auseinander. Ergebnis des Diskussionsprozesses ist eine gemeinsame Projektskizze, die die Absichten und Ideen kurz umreißt.

Projektplan

Ausgehend von der Projektskizze wird ein genauer Projektplan erstellt, der neben den einzelnen geplanten Projektschritten auch die Zeitplanung aufweist. Schriftlich festgehalten werden außerdem die Personen, die bestimmte Aufgaben zu übernehmen haben.

Projektdurchführung

Aufgrund des Projektplans werden die einzelnen Projektschritte durchgeführt; eventuell ergibt sich die Notwendigkeit, die Planung leicht zu verändern. In der Regel wird am Ende des Projekts ein Handlungsprodukt erstellt sein.

Projektabschluss

In der Abschlussphase wird das Handlungsprodukt vor einem ausgewählten Personenkreis (z. B. Schulöffentlichkeit, Internetbenutzer) präsentiert. Am Ende wird sicherlich der Ablauf des gesamten Projektprozesses kritisch reflektiert, sowohl inhaltlich als auch methodisch. Möglicherweise mündet das Projekt in der Absicht, längerfristig zu einem bestimmten Problem zusammenzuarbeiten (z. B. Gründung einer Arbeitsgemeinschaft).

Im gesamten Projektverlauf werden zusätzlich sogenannte **Fixpunkte** verankert. Das sind abgestimmte Zeitpunkte, zu denen die Projektteilnehmer zusammenkommen, um Informationen auszutauschen und sich so effektiv abzustimmen. Zusätzlich können Termine vereinbart werden, um Beziehungsprobleme zwischen den Projektteilnehmern aufzuarbeiten – man spricht von sogenannten **Metainteraktionen**.

Ziele der Zukunftswerkstatt

Die Methode der Zukunftswerkstatt ist aus der kritischen Arbeit sozial engagierter Zukunftsforscher, z. B. Robert Jungk, entstanden und in die Bürgerinitiativenbewegung der 60er- und 70er-Jahre integriert worden.

Ziel dieser Methode war es zunächst, die Demokratisierung der Gesellschaft voranzutreiben, indem die Bürger/-innen an die aktive Mitarbeit zur Veränderung der Gesellschaft herangeführt wurden.

Mit der Übernahme dieser Methode in den pädagogischen Alltag des Schul- und Ausbildungswesens steht vor allem die Förderung von Analyse- und Kritikfähigkeit sowie von Kreativität im Vordergrund; die Beteiligten sollen eigene **Zukunftsentwürfe** entwickeln. Hohe Lernaktivität soll innerhalb dieses Prozesses zu selbstbestimmtem Lernen führen.

Ablauf der Methode

Charakteristisch für die Methode der Zukunftswerkstatt ist ihre Aufteilung in mehrere voneinander deutlich – auch zeitlich – getrennte **Phasen:**

1. Die Kritik- oder Beschwerdephase
2. Die Fantasie- oder Utopiephase
3. Die Realisierungs- oder Verwirklichungsphase

Eine einleitende **Vorbereitungsphase** dient vor allem dazu, den Teilnehmenden die Methode zu erklären und benötigte Arbeitsmaterialien (z. B. Wandzeitungspapier, Schreibgeräte, Pinnwände, Moderationskarten) zu beschaffen.

Eine abschließende **Nachbereitungsphase** dient überwiegend der Auswertung, der Reflexion der Methode. Sinnvoll ist die vorherige Auswahl eines oder mehrerer Moderatoren bzw. Moderatorinnen, die möglichst bereits Erfahrungen mit der Methode gesammelt haben sollten. Ihre Aufgabe ist es, vor allem auf die Einhaltung der Spielregeln zu achten und u. U. Impulse (z. B. gezieltes Nachfragen) für den Gruppenprozess zu geben.

Kritikphase

In dieser Phase sollen die Beteiligten Kritik am ausgewählten Thema, z. B. an der bestehenden Wirtschaftsordnung und ihren gesellschaftlichen Folgen, offen äußern. Mögliche Fragen des Moderators bzw. der Moderatorin zum Einstieg könnten sein:

- Was stört Sie an der bestehenden Wirtschaftsordnung?
- Was kritisieren Sie an den Folgen dieser Wirtschaftsordnung?

Die wichtigsten Regeln der Kritikphase

1. Jeder Teilnehmer äußert seine Kritik in der Regel mündlich oder schriftlich (stichwortartig z. B. auf Moderationskarten oder Wandzeitung), ohne dass andere diese Kritik kommentieren oder diskutieren. Es ist möglich, die Anzahl der Kritikpunkte pro Teilnehmer zu beschränken.

2. Die kritischen Äußerungen sollen noch keine Lösungsvorschläge enthalten.

aus: Böker, Jürgen u. a., Wirtschaftspolitik/Wirtschaftsordnung, 3. Aufl., Darmstadt 2005, S. 61

15

Kritikphase

Am Ende der Kritikphase gilt es, die vorgebrachten Kritikpunkte zu ordnen und zu systematisieren. Am einfachsten lassen sich beschriebene Moderationskarten an der Pinnwand umstecken, für verschiedene Kritikbereiche können Oberbegriffe formuliert werden. Falls die Zeit für die Durchführung der Zukunftswerkstatt begrenzt ist, ist es sinnvoll, zunächst die wichtigsten Kritikpunkte herauszustellen (z. B. durch die Vergabe von Klebepunkten). Die Anzahl der zu vergebenden Punkte pro Teilnehmer sollte dabei beschränkt werden.

Als Sitzordnung für die Kritikphase hat sich der Stuhlhalbkreis bewährt:

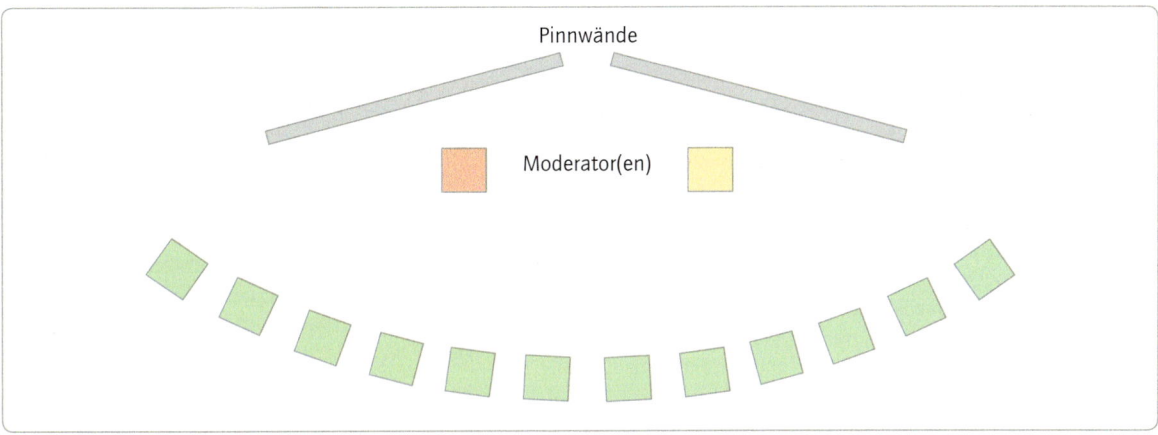

Pinnwände

Moderator(en)

Fantasie- oder Utopiephase

Das Ziel dieser Phase besteht darin, Ideen für wünschenswerte Zukunftsideen zu sammeln, wobei es unbedeutend ist, ob sie auch zu realisieren sind. Gesucht werden Idealvorstellungen von utopischen Entwürfen. Der Moderator bzw. die Moderatorin könnten z. B. einleitend fragen:

- Wie stellen Sie sich eine optimale Wirtschaftsordnung der Zukunft vor?

- Welche Wesensmerkmale müsste Ihrer Meinung nach eine wünschenswerte Wirtschaftsordnung aufweisen?

Die Hauptregeln der Fantasie- oder Utopiephase

1. „Sie haben alle Macht und alles Geld dieser Welt – alles geht."

2. Unsinnige Ideen sind nicht nur zugelassen, sie sind sogar erwünscht.

3. Eine Kommentierung oder Diskussion einzelner Ideen ist nicht erlaubt.

Um es den Teilnehmern leichter zu machen, Utopien zu beschreiben, können von den Moderatoren/-innen bestimmte Techniken angewendet werden, um eine „Fantasieatmosphäre" zu schaffen, z. B.:

- Bildung von Assoziationen (z. B. aus der Natur)
- Förderung von Übertreibungen durch Setzen von Impulsen
- Durchführung einer Fantasiereise
- Malen von Bildern
- Erstellen von Collagen
- Durchführung von Rollenspielen

Die Fantasiephase kann im Plenum, aber auch arbeitsteilig oder arbeitsgleich in Gruppenarbeit durchgeführt werden. Moderationskarten können hier dazu dienen, die Wunschvorstellungen sprachlich zu fixieren und sie anschließend zu ordnen. Falls es gewünscht wird, können die utopischen Entwürfe auch in nichtschriftlicher Form vor dem Plenum präsentiert werden (z. B. Videofilm, szenisches Spiel, Nachrichtensendung, Collage).

vgl.: Böker, Jürgen u. a., Wirtschaftspolitik/Wirtschaftsordnung, 3. Aufl., Darmstadt 2005, S. 62

Fantasie- oder Utopiephase

Wenn in der anschließenden Realisierungsphase aus Zeitgründen nicht alle Zukunftsvorstellungen berücksichtigt werden können, muss am Ende der Fantasiephase wieder eine Gewichtung, eine Auswahl einzelner Zukunftsentwürfe – z. B. durch Punktekleben – vorgenommen werden.

Realisierungsphase

Ausgangspunkt der Realisierungsphase sind die Ergebnisse der Fantasiephase: die utopischen Entwürfe. Zum Vergleich können die Resultate der Kritikphase herangezogen werden. In der Realisierungsphase geht es darum, Wege zu finden, wie man von den gegenwärtigen – kritisierten – Zuständen zu den wünschenswerten Zukunftsvorstellungen gelangt. Verwirklichungsstrategien werden entwickelt – ob anhand ausgewählter Schwerpunkte im Plenum oder in abgestimmter Gruppenarbeit. Der Ausgangspunkt für diese Strategien sind Ansätze in der Realität. Unterschiedliche Realisierungsmöglichkeiten können dargestellt, gegebenenfalls wieder gewichtet werden. In die Verwirklichungsphase können verschiedene Methoden integriert werden, um den Praxisbezug zu erhöhen und die Ergebnisorientierung zu effektivieren. Beispiele hierfür sind:

- Durchführung von Expertengesprächen (z. B. Befragen von Politikern oder Wissenschaftlern)
- Planung und Durchführung von Fragebogenaktionen
- Analyse fachwissenschaftlicher Aufsätze

Schließlich kann die Zukunftswerkstatt auch überleiten in die Vorbereitung und Realisation eines Projekts.

In einer **Nachbereitungsphase** geht es vor allem darum, die gewonnenen Erkenntnisse zu sammeln und zu ordnen, eine abschließende **Ergebnissicherung** ist vorzunehmen. In jedem Falle sollte positive und negative Kritik zur durchgeführten Zukunftswerkstatt protokolliert und ausgewertet werden.

aus: Böker, Jürgen u. a., Wirtschaftspolitik/Wirtschaftsordnung, 3. Aufl., Darmstadt 2005, S. 63

Begriff

Die Szenariotechnik ist eine Methode, mit der langfristige Entwicklungen und Vorstellungen über die Zukunft im Unterricht untersucht und aufbereitet werden können.

Ziele

- Erarbeitung von wahrscheinlichen Zukunftsentwicklungen in Wirtschaft und Gesellschaft

- Training von sachlich-analytischem Arbeiten

- Erstellung von fundierten Grundlagen, um sachlogische Entscheidungen zu ermöglichen

- Förderung ganzheitlichen Denkens, Einbeziehen vieler Sinne

Phasen

1. Phase: Problembeschreibung

Ein wirtschaftliches oder gesellschaftliches Problem (z. B. die Entwicklung des Weltenergieverbrauchs) ist der Ausgangspunkt der Szenariomethode.

2. Phase: Bestimmung von Einflussbereichen und -faktoren

Unterschiedliche Einflussbereiche und -faktoren werden herausgearbeitet, die auf das ausgewählte Problem einwirken.

3. Phase: Entwicklung von alternativen Szenarien

Aufgrund der wahrscheinlichen Entwicklung der ausgewählten Einflussfaktoren können – je nach Gewichtung und Verknüpfung – unterschiedliche Szenarien entwickelt werden. Als drei **Grundtypen** von Szenarien werden prinzipiell unterschieden:

Der Szenariotrichter und die drei Grundtypen des Szenarios

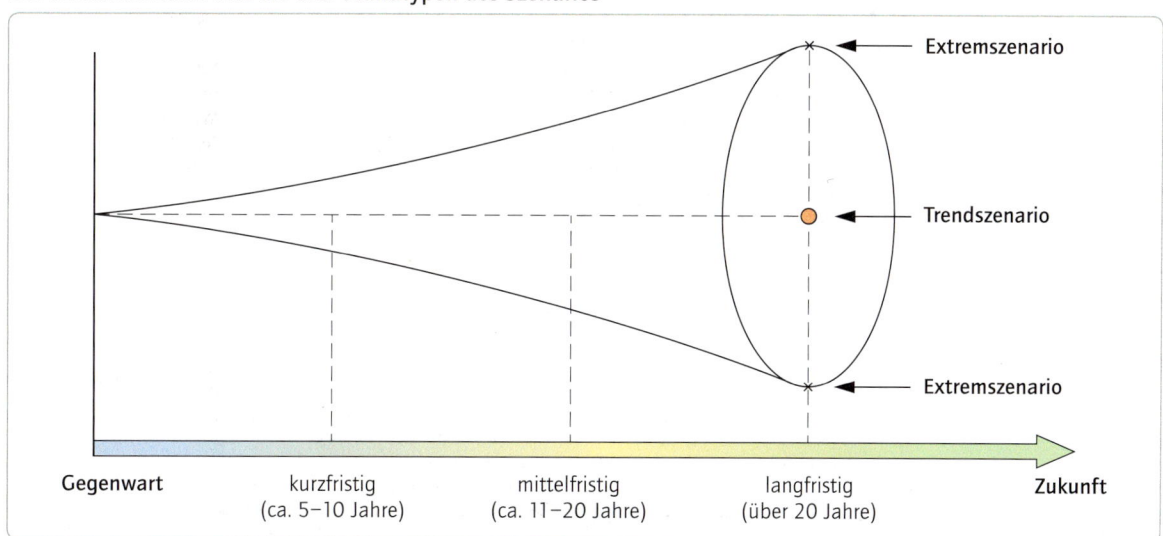

- ein positives Extremszenario: Es bezeichnet die *bestmögliche* Zukunftsentwicklung,

- ein negatives Extremszenario: Es bezeichnet den *schlechtestmöglichen* Entwicklungsverlauf,

- ein Trendszenario: Es beinhaltet die *Fortschreibung* der heutigen Situation in die Zukunft.

aus: Weinbrenner, Peter, Selbstgesteuertes Lernen. In: Sander, Wolfgang (Hrsg.): Handbuch politische Bildung, Schwalbach 1997, S. 494

4. Phase: Entwicklung von Handlungsstrategien

Die in der 3. Phase erstellten Szenarien zeigen unterschiedliche Entwicklungsmöglichkeiten auf. In der 4. Phase geht es darum, Handlungsstrategien zu entwickeln, um unerwünschte Entwicklungen zu verhindern und positive Entwicklungsalternativen zu fördern. Am Ende der 4. Phase sollte die benutzte Methode in ihrer Gesamtheit kritisch reflektiert werden.

16 Gesetzestexte

Landes -
arbeitsgericht

Deutsche
Gesetze
Ergänzungsband

Teil 1 Allgemeine Vorschriften

§ 1 Ziele und Begriffe der Berufsbildung
(1) Berufsbildung im Sinne dieses Gesetzes sind die Berufsausbildungsvorbereitung, die Berufsausbildung, die berufliche Fortbildung und die berufliche Umschulung.
(2) Die Berufsausbildungsvorbereitung dient dem Ziel, durch die Vermittlung von Grundlagen für den Erwerb beruflicher Handlungsfähigkeit an eine Berufsausbildung in einem anerkannten Ausbildungsberuf heranzuführen.
(3) Die Berufsausbildung hat die für die Ausübung einer qualifizierten beruflichen Tätigkeit in einer sich wandelnden Arbeitswelt notwendigen beruflichen Fertigkeiten, Kenntnisse und Fähigkeiten (berufliche Handlungsfähigkeit) in einem geordneten Ausbildungsgang zu vermitteln. Sie hat ferner den Erwerb der erforderlichen Berufserfahrungen zu ermöglichen.
(4) Die berufliche Fortbildung soll es ermöglichen, die berufliche Handlungsfähigkeit zu erhalten und anzupassen oder zu erweitern und beruflich aufzusteigen.
(5) Die berufliche Umschulung soll zu einer anderen beruflichen Tätigkeit befähigen.
(...)

Teil 2 Berufsbildung

Kapitel 1 Berufsausbildung
(...)

Abschnitt 2
Berufsausbildungsverhältnis
Unterabschnitt 1 Begründung des Ausbildungsverhältnisses

§ 10 BBiG – Vertrag
(1) Wer andere Personen zur Berufsausbildung einstellt (Ausbildende), hat mit den Auszubildenden einen Berufsausbildungsvertrag zu schließen.
(2) Auf den Berufsausbildungsvertrag sind, soweit sich aus seinem Wesen und Zweck und aus diesem Gesetz nichts anderes ergibt, die für den Arbeitsvertrag geltenden Rechtsvorschriften und Rechtsgrundsätze anzuwenden.
(3) Schließen die gesetzlichen Vertreter oder Vertreterinnen mit ihrem Kind einen Berufsausbildungsvertrag, so sind sie von dem Verbot des § 181 des Bürgerlichen Gesetzbuchs befreit.
(4) Ein Mangel in der Berechtigung, Auszubildende einzustellen oder auszubilden, berührt die Wirksamkeit des Berufsausbildungsvertrages nicht.
(5) Zur Erfüllung der vertraglichen Verpflichtungen der Ausbildenden können mehrere natürliche oder juristische Personen in einem Ausbildungsverbund zusammenwirken, soweit die Verantwortlichkeit für die einzelnen Ausbildungsabschnitte sowie für die Ausbildungszeit insgesamt sichergestellt ist (Verbundausbildung).

§ 11 BBiG – Vertragsniederschrift
(1) Ausbildende haben unverzüglich nach Abschluss des Berufsausbildungsvertrages, spätestens vor Beginn der Berufsausbildung, den wesentlichen Inhalt des Vertrages gemäß Satz 2 schriftlich niederzulegen; die elektronische Form ist ausgeschlossen. In die Niederschrift sind mindestens aufzunehmen
1. Art, sachliche und zeitliche Gliederung sowie Ziel der Berufsausbildung, insbesondere die Berufstätigkeit, für die ausgebildet werden soll,
2. Beginn und Dauer der Berufsausbildung,
3. Ausbildungsmaßnahmen außerhalb der Ausbildungsstätte,
4. Dauer der regelmäßigen täglichen Ausbildungszeit,
5. Dauer der Probezeit,
6. Zahlung und Höhe der Vergütung,
7. Dauer des Urlaubs,
8. Voraussetzungen, unter denen der Berufsausbildungsvertrag gekündigt werden kann,
9. ein in allgemeiner Form gehaltener Hinweis auf die Tarifverträge, Betriebs- oder Dienstvereinbarungen, die auf das Berufsausbildungsverhältnis anzuwenden sind.
(2) Die Niederschrift ist von den Ausbildenden, den Auszubildenden und deren gesetzlichen Vertretern und Vertreterinnen zu unterzeichnen.
(3) Ausbildende haben den Auszubildenden und deren gesetzlichen Vertretern und Vertreterinnen eine Ausfertigung der unterzeichneten Niederschrift unverzüglich auszuhändigen.
(4) Bei Änderungen des Berufsausbildungsvertrages gelten die Absätze 1 bis 3 entsprechend.

§ 12 BBiG – Nichtige Vereinbarungen
(1) Eine Vereinbarung, die Auszubildende für die Zeit nach Beendigung des Berufsausbildungsverhältnisses in der Ausübung ihrer beruflichen Tätigkeit beschränkt, ist nichtig. Dies gilt nicht, wenn sich Auszubildende innerhalb der letzten sechs Monate des Berufsausbildungsverhältnisses dazu verpflichten, nach dessen Beendigung mit den Ausbildenden ein Arbeitsverhältnis einzugehen.
(2) Nichtig ist eine Vereinbarung über
1. die Verpflichtung Auszubildender, für die Berufsausbildung eine Entschädigung zu zahlen,
2. Vertragsstrafen,
3. den Ausschluss oder die Beschränkung von Schadensersatzansprüchen,
4. die Festsetzung der Höhe eines Schadensersatzes in Pauschbeträgen.

Unterabschnitt 2 Pflichten der Auszubildenden
§ 13 BBiG – Verhalten während der Berufsausbildung
Auszubildende haben sich zu bemühen, die berufliche Handlungsfähigkeit zu erwerben, die zum Erreichen des Ausbildungsziels erforderlich ist. Sie sind insbesondere verpflichtet,
1. die ihnen im Rahmen ihrer Berufsausbildung aufgetragenen Aufgaben sorgfältig auszuführen,
2. an Ausbildungsmaßnahmen teilzunehmen, für die sie nach § 15 freigestellt werden,
3. den Weisungen zu folgen, die ihnen im Rahmen der Berufsausbildung von Ausbildenden, von Ausbildern oder Ausbilderinnen oder von anderen weisungsberechtigten Personen erteilt werden,
4. die für die Ausbildungsstätte geltende Ordnung zu beachten,
5. Werkzeug, Maschinen und sonstige Einrichtungen pfleglich zu behandeln,
6. über Betriebs- und Geschäftsgeheimnisse Stillschweigen zu wahren.

Unterabschnitt 3 Pflichten der Ausbildenden
§ 14 BBiG – Berufsausbildung
(1) Ausbildende haben
1. dafür zu sorgen, dass den Auszubildenden die berufliche Handlungsfähigkeit vermittelt wird, die zum Erreichen des Ausbildungsziels erforderlich ist, und die Berufsausbildung in einer durch ihren Zweck gebotenen Form planmäßig, zeitlich und sachlich gegliedert so durchzuführen, dass das Ausbildungsziel in der vorgesehenen Ausbildungszeit erreicht werden kann,
2. selbst auszubilden oder einen Ausbilder oder eine Ausbilderin ausdrücklich damit zu beauftragen,

3. Auszubildenden kostenlos die Ausbildungsmittel, insbesondere Werkzeuge und Werkstoffe zur Verfügung zu stellen, die zur Berufsausbildung und zum Ablegen von Zwischen- und Abschlussprüfungen, auch soweit solche nach Beendigung des Berufsausbildungsverhältnisses stattfinden, erforderlich sind,
4. Auszubildende zum Besuch der Berufsschule sowie zum Führen von schriftlichen Ausbildungsnachweisen anzuhalten, soweit solche im Rahmen der Berufsausbildung verlangt werden, und diese durchzusehen,
5. dafür zu sorgen, dass Auszubildende charakterlich gefördert sowie sittlich und körperlich nicht gefährdet werden.
(2) Auszubildenden dürfen nur Aufgaben übertragen werden, die dem Ausbildungszweck dienen und ihren körperlichen Kräften angemessen sind.

§ 15 BBiG – Freistellung
Ausbildende haben Auszubildende für die Teilnahme am Berufsschulunterricht und an Prüfungen freizustellen. Das Gleiche gilt, wenn Ausbildungsmaßnahmen außerhalb der Ausbildungsstätte durchzuführen sind.

§ 16 BBiG – Zeugnis
(1) Ausbildende haben den Auszubildenden bei Beendigung des Berufsausbildungsverhältnisses ein schriftliches Zeugnis auszustellen. Die elektronische Form ist ausgeschlossen. Haben Ausbildende die Berufsausbildung nicht selbst durchgeführt, so soll auch der Ausbilder oder die Ausbilderin das Zeugnis unterschreiben.
(2) Das Zeugnis muss Angaben enthalten über Art, Dauer und Ziel der Berufsausbildung sowie über die erworbenen beruflichen Fertigkeiten, Kenntnisse und Fähigkeiten der Auszubildenden. Auf Verlangen Auszubildender sind auch Angaben über Verhalten und Leistung aufzunehmen.

Unterabschnitt 4 Vergütung
§ 17 BBiG – Vergütungsanspruch
(1) Ausbildende haben Auszubildenden eine angemessene Vergütung zu gewähren. Sie ist nach dem Lebensalter der Auszubildenden so zu bemessen, dass sie mit fortschreitender Berufsausbildung, mindestens jährlich, ansteigt.
(2) Sachleistungen können in Höhe der nach § 17 Abs. 1 Satz 1 Nr. 4 des Vierten Buches Sozialgesetzbuch festgesetzten Sachbezugswerte angerechnet werden, jedoch nicht über 75 Prozent der Bruttovergütung hinaus.
(3) Eine über die vereinbarte regelmäßige tägliche Ausbildungszeit hinausgehende Beschäftigung ist besonders zu vergüten oder durch entsprechende Freizeit auszugleichen.

§ 18 BBiG – Bemessung und Fälligkeit der Vergütung
(1) Die Vergütung bemisst sich nach Monaten. Bei Berechnung der Vergütung für einzelne Tage wird der Monat zu 30 Tagen gerechnet.
(2) Die Vergütung für den laufenden Kalendermonat ist spätestens am letzten Arbeitstag des Monats zu zahlen.

§ 19 BBiG – Fortzahlung der Vergütung
(1) Auszubildenden ist die Vergütung auch zu zahlen
1. für die Zeit der Freistellung (§ 15),
2. bis zur Dauer von sechs Wochen, wenn sie
   a) sich für die Berufsausbildung bereithalten, diese aber ausfällt oder
   b) aus einem sonstigen, in ihrer Person liegenden Grund unverschuldet verhindert sind, ihre Pflichten aus dem Berufsausbildungsverhältnis zu erfüllen.
(2) Können Auszubildende während der Zeit, für welche die Vergütung fortzuzahlen ist, aus berechtigtem Grund Sachleistungen nicht abnehmen, so sind diese nach den Sachbezugswerten (§ 17 Abs. 2) abzugelten.

Unterabschnitt 5 Beginn und Beendigung des Ausbildungsverhältnisses
§ 20 BBiG – Probezeit
Das Berufsausbildungsverhältnis beginnt mit der Probezeit. Sie muss mindestens einen Monat und darf höchstens vier Monate betragen.

§ 21 BBiG – Beendigung
(1) Das Berufsausbildungsverhältnis endet mit dem Ablauf der Ausbildungszeit. Im Falle der Stufenausbildung endet es mit Ablauf der letzten Stufe.
(2) Bestehen Auszubildende vor Ablauf der Ausbildungszeit die Abschlussprüfung, so endet das Berufsausbildungsverhältnis mit Bekanntgabe des Ergebnisses durch den Prüfungsausschuss.
(3) Bestehen Auszubildende die Abschlussprüfung nicht, so verlängert sich das Berufsausbildungsverhältnis auf ihr Verlangen bis zur nächstmöglichen Wiederholungsprüfung, höchstens um ein Jahr.

§ 22 BBiG – Kündigung
(1) Während der Probezeit kann das Berufsausbildungsverhältnis jederzeit ohne Einhalten einer Kündigungsfrist gekündigt werden.
(2) Nach der Probezeit kann das Berufsausbildungsverhältnis nur gekündigt werden
1. aus einem wichtigen Grund ohne Einhalten einer Kündigungsfrist,
2. von Auszubildenden mit einer Kündigungsfrist von vier Wochen, wenn sie die Berufsausbildung aufgeben oder sich für eine andere Berufstätigkeit ausbilden lassen wollen.
(3) Die Kündigung muss schriftlich und in den Fällen des Absatzes 2 unter Angabe der Kündigungsgründe erfolgen.
(4) Eine Kündigung aus einem wichtigen Grund ist unwirksam, wenn die ihr zugrunde liegenden Tatsachen dem zur Kündigung Berechtigten länger als zwei Wochen bekannt sind. Ist ein vorgesehenes Güteverfahren vor einer außergerichtlichen Stelle eingeleitet, so wird bis zu dessen Beendigung der Lauf dieser Frist gehemmt.

§ 23 BBiG – Schadensersatz bei vorzeitiger Beendigung
(1) Wird das Berufsausbildungsverhältnis nach der Probezeit vorzeitig gelöst, so können Ausbildende oder Auszubildende Ersatz des Schadens verlangen, wenn die andere Person den Grund für die Auflösung zu vertreten hat. Dies gilt nicht im Falle des § 22 Abs. 2 Nr. 2.
(2) Der Anspruch erlischt, wenn er nicht innerhalb von drei Monaten nach Beendigung des Berufsausbildungsverhältnisses geltend gemacht wird.

Unterabschnitt 6 Sonstige Vorschriften
§ 24 BBiG – Weiterarbeit
Werden Auszubildende im Anschluss an das Berufsausbildungsverhältnis beschäftigt, ohne dass hierüber ausdrücklich etwas vereinbart worden ist, so gilt ein Arbeitsverhältnis auf unbestimmte Zeit als begründet.

Erster Abschnitt – Allgemeine Vorschriften

§ 1 JArbSchG – Geltungsbereich

(1) Dieses Gesetz gilt für die Beschäftigung von Personen, die noch nicht 18 Jahre alt sind,
1. in der Berufsausbildung,
2. als Arbeitnehmer oder Heimarbeiter,
3. mit sonstigen Dienstleistungen, die der Arbeitsleistung von Arbeitnehmern oder Heimarbeitern ähnlich sind,
4. in einem der Berufsausbildung ähnlichen Ausbildungsverhältnis.

(2) Dieses Gesetz gilt nicht
1. für geringfügige Hilfeleistungen, soweit sie gelegentlich
   a) aus Gefälligkeit,
   b) aufgrund familienrechtlicher Vorschriften,
   c) in Einrichtungen der Jugendhilfe,
   d) in Einrichtungen zur Eingliederung Behinderter erbracht werden,
2. für die Beschäftigung durch die Personensorgeberechtigten im Familienhaushalt.

§ 2 JArbSchG – Kind, Jugendlicher

(1) Kind im Sinne dieses Gesetzes ist, wer noch nicht 15 Jahre alt ist.

(2) Jugendlicher im Sinne dieses Gesetzes ist, wer 15, aber noch nicht 18 Jahre alt ist.

(3) Auf Jugendliche, die der Vollzeitschulpflicht unterliegen, finden die für Kinder geltenden Vorschriften Anwendung.

§ 3 JArbSchG – Arbeitgeber

Arbeitgeber im Sinne dieses Gesetzes ist, wer ein Kind oder einen Jugendlichen gemäß § 1 beschäftigt.

§ 4 JArbSchG – Arbeitszeit

(1) Tägliche Arbeitszeit ist die Zeit vom Beginn bis zum Ende der täglichen Beschäftigung ohne die Ruhepausen (§ 11).

(2) Schichtzeit ist die tägliche Arbeitszeit unter Hinzurechnung der Ruhepausen (§ 11).

(3) Im Bergbau unter Tage gilt die Schichtzeit als Arbeitszeit. Sie wird gerechnet vom Betreten des Förderkorbes bei der Einfahrt bis zum Verlassen des Förderkorbes bei der Ausfahrt oder vom Eintritt des einzelnen Beschäftigten in das Stollenmundloch bis zu seinem Wiederaustritt.

(4) Für die Berechnung der wöchentlichen Arbeitszeit ist als Woche die Zeit von Montag bis einschließlich Sonntag zugrunde zu legen. Die Arbeitszeit, die an einem Werktag infolge eines gesetzlichen Feiertags ausfällt, wird auf die wöchentliche Arbeitszeit angerechnet.

(5) Wird ein Kind oder ein Jugendlicher von mehreren Arbeitgebern beschäftigt, so werden die Arbeits- und Schichtzeiten sowie die Arbeitstage zusammengerechnet.

Zweiter Abschnitt – Beschäftigung von Kindern

§ 5 JArbSchG – Verbot der Beschäftigung von Kindern

(1) Die Beschäftigung von Kindern (§ 2 Abs. 1) ist verboten.

(2) Das Verbot des Absatzes 1 gilt nicht für die Beschäftigung von Kindern
1. zum Zwecke der Beschäftigungs- und Arbeitstherapie,
2. im Rahmen des Betriebspraktikums während der Vollzeitschulpflicht,
3. in Erfüllung einer richterlichen Weisung.
   Auf die Beschäftigung finden § 7 Satz 1 Nr. 2 und die §§ 9 bis 46 entsprechende Anwendung.

(3) Das Verbot des Absatzes 1 gilt ferner nicht für die Beschäftigung von Kindern über 13 Jahre mit Einwilligung des Personensorgeberechtigten, soweit die Beschäftigung leicht und für

Kinder geeignet ist. Die Beschäftigung ist leicht, wenn sie aufgrund ihrer Beschaffenheit und der besonderen Bedingungen, unter denen sie ausgeführt wird,
1. die Sicherheit, Gesundheit und Entwicklung der Kinder,
2. ihren Schulbesuch, ihre Beteiligung an Maßnahmen zur Berufswahlvorbereitung oder Berufsausbildung, die von der zuständigen Stelle anerkannt sind, und
3. ihre Fähigkeit, dem Unterricht mit Nutzen zu folgen,
nicht nachteilig beeinflusst. Die Kinder dürfen nicht mehr als zwei Stunden täglich, in landwirtschaftlichen Familienbetrieben nicht mehr als drei Stunden täglich, nicht zwischen 18 und 8 Uhr, nicht vor dem Schulunterricht und nicht während des Schulunterrichts beschäftigt werden. Auf die Beschäftigung finden die §§ 15 bis 31 entsprechende Anwendung.

(4) Das Verbot des Absatzes 1 gilt ferner nicht für die Beschäftigung von Jugendlichen (§ 2 Abs. 3) während der Schulferien für höchstens vier Wochen im Kalenderjahr. Auf die Beschäftigung finden die §§ 8 bis 31 entsprechende Anwendung.

(4 a) Die Bundesregierung hat durch Rechtsverordnung mit Zustimmung des Bundesrates die Beschäftigung nach Absatz 3 näher zu bestimmen.

(4 b) Der Arbeitgeber unterrichtet die Personensorgeberechtigten der von ihm beschäftigten Kinder über mögliche Gefahren sowie über alle zu ihrer Sicherheit und ihrem Gesundheitsschutz getroffenen Maßnahmen.

(5) Für Veranstaltungen kann die Aufsichtsbehörde Ausnahmen gemäß § 6 bewilligen.

§ 6 JArbSchG – Behördliche Ausnahmen für Veranstaltungen

(1) Die Aufsichtsbehörde kann auf Antrag bewilligen, dass
1. bei Theatervorstellungen Kinder über sechs Jahre bis zu vier Stunden täglich in der Zeit von 10 bis 23 Uhr,
2. bei Musikaufführungen und anderen Aufführungen, bei Werbeveranstaltungen sowie bei Aufnahmen im Rundfunk (Hörfunk und Fernsehen), auf Ton- und Bildträger sowie bei Film- und Fotoaufnahmen
   a) Kinder über drei bis sechs Jahre bis zu zwei Stunden täglich in der Zeit von 8 bis 17 Uhr,
   b) Kinder über sechs Jahre bis zu drei Stunden täglich in der Zeit von 8 bis 22 Uhr
gestaltend mitwirken und an den erforderlichen Proben teilnehmen. Eine Ausnahme darf nicht bewilligt werden für die Mitwirkung in Kabaretts, Tanzlokalen und ähnlichen Betrieben sowie auf Vergnügungsparks, Kirmessen, Jahrmärkten und bei ähnlichen Veranstaltungen, Schaustellungen oder Darbietungen.

(2) Die Aufsichtsbehörde darf nach Anhörung des zuständigen Jugendamtes die Beschäftigung nur bewilligen, wenn
1. die Personensorgeberechtigten in die Beschäftigung schriftlich eingewilligt haben,
2. der Aufsichtsbehörde eine nicht länger als vor drei Monaten ausgestellte ärztliche Bescheinigung vorgelegt wird, nach der gesundheitliche Bedenken gegen die Beschäftigung nicht bestehen,
3. die erforderlichen Vorkehrungen und Maßnahmen zum Schutze des Kindes gegen Gefahren für Leben und Gesundheit sowie zur Vermeidung einer Beeinträchtigung der körperlichen oder seelisch-geistigen Entwicklung getroffen sind,
4. Betreuung und Beaufsichtigung des Kindes bei der Beschäftigung sichergestellt sind,
5. nach Beendigung der Beschäftigung eine ununterbrochene Freizeit von mindestens 14 Stunden eingehalten wird,
6. das Fortkommen in der Schule nicht beeinträchtigt wird.

(3) Die Aufsichtsbehörde bestimmt,

1. wie lange, zu welcher Zeit und an welchem Tage das Kind beschäftigt werden darf,
2. Dauer und Lage der Ruhepausen,
3. die Höchstdauer des täglichen Aufenthalts an der Beschäftigungsstätte.

(4) Die Entscheidung der Aufsichtsbehörde ist dem Arbeitgeber schriftlich bekannt zu geben. Er darf das Kind erst nach Empfang des Bewilligungsbescheides beschäftigen.

§ 7 JArbSchG – Beschäftigung von nicht vollzeitschulpflichtigen Kindern

Kinder, die der Vollzeitschulpflicht nicht mehr unterliegen, dürfen
1. im Berufsausbildungsverhältnis,
2. außerhalb eines Berufsausbildungsverhältnisses nur mit leichten und für sie geeigneten Tätigkeiten bis zu sieben Stunden täglich und 35 Stunden wöchentlich

beschäftigt werden. Auf die Beschäftigung finden die §§ 8 bis 46 entsprechende Anwendung.

Dritter Abschnitt – Beschäftigung Jugendlicher

Erster Titel – Arbeitszeit und Freizeit

§ 8 JArbSchG – Dauer der Arbeitszeit

(1) Jugendliche dürfen nicht mehr als acht Stunden täglich und nicht mehr als 40 Stunden wöchentlich beschäftigt werden.

(2) Wenn in Verbindung mit Feiertagen an Werktagen nicht gearbeitet wird, damit die Beschäftigten eine längere zusammenhängende Freizeit haben, so darf die ausfallende Arbeitszeit auf die Werktage von fünf zusammenhängenden, die Ausfalltage einschließenden Wochen nur dergestalt verteilt werden, dass die Wochenarbeitszeit im Durchschnitt dieser fünf Wochen 40 Stunden nicht überschreitet. Die tägliche Arbeitszeit darf hierbei achteinhalb Stunden nicht überschreiten.

(2 a) Wenn an einzelnen Werktagen die Arbeitszeit auf weniger als acht Stunden verkürzt ist, können die Jugendlichen an den übrigen Werktagen derselben Woche achteinhalb Stunden beschäftigt werden.

(3) In der Landwirtschaft dürfen Jugendliche über 16 Jahre während der Erntezeit nicht mehr als neun Stunden täglich und nicht mehr als 85 Stunden in der Doppelwoche beschäftigt werden.

§ 9 JArbSchG – Berufsschule

(1) Der Arbeitgeber hat den Jugendlichen für die Teilnahme am Berufsschulunterricht freizustellen. Er darf den Jugendlichen nicht beschäftigen
1. vor einem vor 9 Uhr beginnenden Unterricht; dies gilt auch für Personen, die über 18 Jahre alt und noch berufsschulpflichtig sind,
2. an einem Berufsschultag mit mehr als fünf Unterrichtsstunden von mindestens je 45 Minuten, einmal in der Woche,
3. in Berufsschulwochen mit einem planmäßigen Blockunterricht von mindestens 25 Stunden an mindestens fünf Tagen; zusätzliche betriebliche Ausbildungsveranstaltungen bis zu zwei Stunden wöchentlich sind zulässig.

(2) Auf die Arbeitszeit werden angerechnet
1. Berufsschultage nach Absatz 1 Nr. 2 mit acht Stunden,
2. Berufsschulwochen nach Absatz 1 Nr. 3 mit 40 Stunden,
3. im Übrigen die Unterrichtszeit einschließlich der Pausen.

(3) Ein Entgeltausfall darf durch den Besuch der Berufsschule nicht eintreten.

(4) (weggefallen)

§ 10 JArbSchG – Prüfungen und außerbetriebliche Ausbildungsmaßnahmen

(1) Der Arbeitgeber hat den Jugendlichen
1. für die Teilnahme an Prüfungen und Ausbildungsmaßnahmen, die aufgrund öffentlich-rechtlicher oder vertraglicher Bestimmungen außerhalb der Ausbildungsstätte durchzuführen sind,
2. an dem Arbeitstag, der der schriftlichen Abschlussprüfung unmittelbar vorangeht,

freizustellen.

(2) Auf die Arbeitszeit werden angerechnet
1. die Freistellung nach Absatz 1 Nr. 1 mit der Zeit der Teilnahme einschließlich der Pausen,
2. die Freistellung nach Absatz 1 Nr. 2 mit acht Stunden.

Ein Entgeltausfall darf nicht eintreten.

§ 11 JArbSchG – Ruhepausen, Aufenthaltsräume

(1) Jugendlichen müssen im Voraus feststehende Ruhepausen von angemessener Dauer gewährt werden. Die Ruhepausen müssen mindestens betragen
1. 30 Minuten bei einer Arbeitszeit von mehr als viereinhalb bis zu sechs Stunden,
2. 60 Minuten bei einer Arbeitszeit von mehr als sechs Stunden.

Als Ruhepause gilt nur eine Arbeitsunterbrechung von mindestens 15 Minuten.

(2) Die Ruhepausen müssen in angemessener zeitlicher Lage gewährt werden, frühestens eine Stunde nach Beginn und spätestens eine Stunde vor Ende der Arbeitszeit. Länger als viereinhalb Stunden hintereinander dürfen Jugendliche nicht ohne Ruhepause beschäftigt werden.

(3) Der Aufenthalt während der Ruhepausen in Arbeitsräumen darf den Jugendlichen nur gestattet werden, wenn die Arbeit in diesen Räumen während dieser Zeit eingestellt ist und auch sonst die notwendige Erholung nicht beeinträchtigt wird.

(4) Absatz 3 gilt nicht für den Bergbau unter Tage.

§ 12 JArbSchG – Schichtzeit

Bei der Beschäftigung Jugendlicher darf die Schichtzeit (§ 4 Abs. 2) 10 Stunden, im Bergbau unter Tage 8 Stunden, im Gaststättengewerbe, in der Landwirtschaft, in der Tierhaltung, auf Bau- und Montagestellen 11 Stunden nicht überschreiten.

§ 13 JArbSchG – Tägliche Freizeit

Nach Beendigung der täglichen Arbeitszeit dürfen Jugendliche nicht vor Ablauf einer ununterbrochenen Freizeit von mindestens 12 Stunden beschäftigt werden.

§ 14 JArbSchG – Nachtruhe

(1) Jugendliche dürfen nur in der Zeit von 6 bis 20 Uhr beschäftigt werden.

(2) Jugendliche über 16 Jahre dürfen
1. im Gaststätten- und Schaustellergewerbe bis 22 Uhr,
2. in mehrschichtigen Betrieben bis 23 Uhr,
3. in der Landwirtschaft ab 5 Uhr oder bis 21 Uhr,
4. in Bäckereien und Konditoreien ab 5 Uhr

beschäftigt werden.

(3) Jugendliche über 17 Jahre dürfen in Bäckereien ab 4 Uhr beschäftigt werden.

(4) An dem einem Berufsschultag unmittelbar vorangehenden Tag dürfen Jugendliche auch nach Absatz 2 Nr. 1 bis 3 nicht nach 20 Uhr beschäftigt werden, wenn der Berufsschulunterricht am Berufsschultag vor 9 Uhr beginnt.

(5) Nach vorheriger Anzeige an die Aufsichtsbehörde dürfen in Betrieben, in denen die übliche Arbeitszeit aus verkehrstechnischen Gründen nach 20 Uhr endet, Jugendliche bis 21 Uhr beschäftigt werden, soweit sie hierdurch unnötige Wartezeiten vermeiden können. Nach vorheriger Anzeige an die Aufsichtsbehörde dürfen ferner in mehrschichtigen Betrieben Jugendliche über 16 Jahre

ab 05:30 Uhr oder bis 23:30 Uhr beschäftigt werden, soweit sie hierdurch unnötige Wartezeiten vermeiden können.

(6) Jugendliche dürfen in Betrieben, in denen die Beschäftigten in außergewöhnlichem Grade der Einwirkung von Hitze ausgesetzt sind, in der warmen Jahreszeit ab 5 Uhr beschäftigt werden. Die Jugendlichen sind berechtigt, sich vor Beginn der Beschäftigung und danach in regelmäßigen Zeitabständen arbeitsmedizinisch untersuchen zu lassen. Die Kosten der Untersuchungen hat der Arbeitgeber zu tragen, sofern er diese nicht kostenlos durch einen Betriebsarzt oder einen überbetrieblichen Dienst von Betriebsärzten anbietet.

(7) Jugendliche dürfen bei Musikaufführungen, Theatervorstellungen und anderen Aufführungen, bei Aufnahmen im Rundfunk (Hörfunk und Fernsehen), auf Ton- und Bildträger sowie bei Film- und Fotoaufnahmen bis 23 Uhr gestaltend mitwirken. Eine Mitwirkung ist nicht zulässig bei Veranstaltungen, Schaustellungen oder Darbietungen, bei denen die Anwesenheit Jugendlicher nach den Vorschriften des Jugendschutzgesetzes verboten ist. Nach Beendigung der Tätigkeit dürfen Jugendliche nicht vor Ablauf einer ununterbrochenen Freizeit von mindestens 14 Stunden beschäftigt werden.

§ 15 JArbSchG – 5-Tage-Woche

Jugendliche dürfen nur an fünf Tagen in der Woche beschäftigt werden. Die beiden wöchentlichen Ruhetage sollen nach Möglichkeit aufeinander folgen.

§ 16 JArbSchG – Samstagsruhe

(1) An Samstagen dürfen Jugendliche nicht beschäftigt werden.
(2) Zulässig ist die Beschäftigung Jugendlicher an Samstagen nur
1. in Krankenanstalten sowie in Alten-, Pflege- und Kinderheimen,
2. in offenen Verkaufsstellen, in Betrieben mit offenen Verkaufsstellen, in Bäckereien und Konditoreien, im Friseurhandwerk und im Marktverkehr,
3. im Verkehrswesen,
4. in der Landwirtschaft und Tierhaltung,
5. im Familienhaushalt,
6. im Gaststätten- und Schaustellergewerbe,
7. bei Musikaufführungen, Theatervorstellungen und anderen Aufführungen, bei Aufnahmen im Rundfunk (Hörfunk und Fernsehen), auf Ton- und Bildträger sowie bei Film- und Fotoaufnahmen,
8. bei außerbetrieblichen Ausbildungsmaßnahmen,
9. beim Sport,
10. im ärztlichen Notdienst,
11. in Reparaturwerkstätten für Kraftfahrzeuge.
Mindestens zwei Samstage im Monat sollen beschäftigungsfrei bleiben.
(3) Werden Jugendliche am Samstag beschäftigt, ist ihnen die 5-Tage-Woche (§ 15) durch Freistellung an einem anderen berufsschulfreien Arbeitstag derselben Woche sicherzustellen. In Betrieben mit einem Betriebsruhetag in der Woche kann die Freistellung auch an diesem Tage erfolgen, wenn die Jugendlichen an diesem Tage keinen Berufsschulunterricht haben.
(4) Können Jugendliche in den Fällen des Absatzes 2 Nr. 2 am Samstag nicht acht Stunden beschäftigt werden, kann der Unterschied zwischen der tatsächlichen und der nach § 8 Abs. 1 höchstzulässigen Arbeitszeit an dem Tage bis 13 Uhr ausgeglichen werden, an dem die Jugendlichen nach Absatz 3 Satz 1 freizustellen sind.

§ 17 JArbSchG – Sonntagsruhe

(1) An Sonntagen dürfen Jugendliche nicht beschäftigt werden.
(2) Zulässig ist Beschäftigung Jugendlicher an Sonntagen nur

1. in Krankenanstalten sowie in Alten-, Pflege- und Kinderheimen,
2. in der Landwirtschaft und Tierhaltung mit Arbeiten, die auch an Sonn- und Feiertagen naturnotwendig vorgenommen werden müssen,
3. im Familienhaushalt, wenn der Jugendliche in die häusliche Gemeinschaft aufgenommen ist,
4. im Schaustellergewerbe,
5. bei Musikaufführungen, Theatervorstellungen und anderen Aufführungen sowie bei Direktsendungen im Rundfunk (Hörfunk und Fernsehen),
6. beim Sport,
7. im ärztlichen Notdienst,
8. im Gaststättengewerbe.
Jeder zweite Sonntag soll, mindestens zwei Sonntage im Monat müssen beschäftigungsfrei bleiben.
(3) Werden Jugendliche am Sonntag beschäftigt, ist ihnen die 5-Tage-Woche (§ 15) durch Freistellung an einem anderen berufsschulfreien Arbeitstag derselben Woche sicherzustellen. In Betrieben mit einem Betriebsruhetag in der Woche kann die Freistellung auch an diesem Tage erfolgen, wenn die Jugendlichen an diesem Tage keinen Berufsschulunterricht haben.

§ 18 JArbSchG – Feiertagsruhe

(1) Am 24. und 31. Dezember nach 14 Uhr und an gesetzlichen Feiertagen dürfen Jugendliche nicht beschäftigt werden.
(2) Zulässig ist die Beschäftigung Jugendlicher an gesetzlichen Feiertagen in den Fällen des § 17 Abs. 2, ausgenommen am 25. Dezember, am 1. Januar, am ersten Osterfeiertag und am 1. Mai.
(3) Für die Beschäftigung an einem gesetzlichen Feiertag, der auf einen Werktag fällt, ist der Jugendliche an einem anderen berufsschulfreien Arbeitstag derselben oder der folgenden Woche freizustellen. In Betrieben mit einem Betriebsruhetag in der Woche kann die Freistellung auch an diesem Tage erfolgen, wenn die Jugendlichen an diesem Tage keinen Berufsschulunterricht haben.

§ 19 JArbSchG – Urlaub

(1) Der Arbeitgeber hat Jugendlichen für jedes Kalenderjahr einen bezahlten Erholungsurlaub zu gewähren.
(2) Der Urlaub beträgt jährlich
1. mindestens 30 Werktage, wenn der Jugendliche zu Beginn des Kalenderjahres noch nicht 16 Jahre alt ist,
2. mindestens 27 Werktage, wenn der Jugendliche zu Beginn des Kalenderjahres noch nicht 17 Jahre alt ist,
3. mindestens 25 Werktage, wenn der Jugendliche zu Beginn des Kalenderjahres noch nicht 18 Jahre alt ist.
Jugendliche, die im Bergbau unter Tage beschäftigt werden, erhalten in jeder Altersgruppe einen zusätzlichen Urlaub von drei Werktagen.
(3) Der Urlaub soll Berufsschülern in der Zeit der Berufsschulferien gegeben werden. Soweit er nicht in den Berufsschulferien gegeben wird, ist für jeden Berufsschultag, an dem die Berufsschule während des Urlaubs besucht wird, ein weiterer Urlaubstag zu gewähren.
(4) Im Übrigen gelten für den Urlaub der Jugendlichen § 3 Abs. 2, §§ 4 bis 12 und § 13 Abs. 3 des Bundesurlaubsgesetzes. Der Auftraggeber oder Zwischenmeister hat jedoch abweichend von § 12 Nr. 1 des Bundesurlaubsgesetzes den jugendlichen Heimarbeitern für jedes Kalenderjahr einen bezahlten Erholungsurlaub entsprechend Absatz 2 zu gewähren; das Urlaubsentgelt der jugendlichen Heimarbeiter beträgt bei einem Urlaub von 30 Werktagen 11,6 vom Hundert, bei einem Urlaub von 27 Werktagen 10,3 vom Hundert und bei einem Urlaub von 25 Werktagen 9,5 vom Hundert.

§ 20 JArbSchG – Binnenschifffahrt
In der Binnenschifffahrt gelten folgende Abweichungen:
1. Abweichend von § 12 darf die Schichtzeit Jugendlicher über 16 Jahre während der Fahrt bis auf 14 Stunden täglich ausgedehnt werden, wenn ihre Arbeitszeit sechs Stunden täglich nicht überschreitet. Ihre tägliche Freizeit kann abweichend von § 13 der Ausdehnung der Schichtzeit entsprechend bis auf 10 Stunden verkürzt werden.
2. Abweichend von § 14 Abs. 1 dürfen Jugendliche über 16 Jahre während der Fahrt bis 22 Uhr beschäftigt werden.
3. Abweichend von § 15, 16 Abs. 1, § 17 Abs. 1 und 18 Abs. 1 dürfen Jugendliche an jedem Tag der Woche beschäftigt werden, jedoch nicht am 24. Dezember, an den Weihnachtsfeiertagen, am 31. Dezember, am 1. Januar, an den Osterfeiertagen und am 1. Mai. Für die Beschäftigung an einem Samstag ist ihnen je ein freier Tag zu gewähren. Diese freien Tage sind den Jugendlichen in Verbindung mit anderen freien Tagen zu gewähren, spätestens, wenn ihnen 10 freie Tage zustehen.

§ 21 JArbSchG – Ausnahmen in besonderen Fällen
(1) Die §§ 8 und 11 bis 18 finden keine Anwendung auf die Beschäftigung Jugendlicher mit vorübergehenden und unaufschiebbaren Arbeiten in Notfällen, soweit erwachsene Beschäftigte nicht zur Verfügung stehen.
(2) Wird in den Fällen des Absatzes 1 über die Arbeitszeit des § 8 hinaus Mehrarbeit geleistet, so ist sie durch entsprechende Verkürzung der Arbeitszeit innerhalb der folgenden drei Wochen auszugleichen.
(3) (aufgehoben)
(...)

§ 22 JArbSchG – Gefährliche Arbeiten
(1) Jugendliche dürfen nicht beschäftigt werden
1. mit Arbeiten, die ihre Leistungsfähigkeit übersteigen,
2. mit Arbeiten, bei denen sie sittlichen Gefahren ausgesetzt sind,
3. mit Arbeiten, die mit Unfallgefahren verbunden sind, von denen anzunehmen ist, dass Jugendliche sie wegen mangelnden Sicherheitsbewusstseins oder mangelnder Erfahrung nicht erkennen oder nicht abwenden können,
4. mit Arbeiten, bei denen ihre Gesundheit durch außergewöhnliche Hitze oder Kälte oder starke Nässe gefährdet wird,
5. mit Arbeiten, bei denen sie schädlichen Einwirkungen von Lärm, Erschütterungen oder Strahlen ausgesetzt sind,
6. mit Arbeiten, bei denen sie schädlichen Einwirkungen von Gefahrsstoffen im Sinne des Chemikaliengesetzes ausgesetzt sind,
7. mit Arbeiten, bei denen sie schädlichen Einwirkungen von biologischen Arbeitsstoffen im Sinne der Richtlinie 90/679/EWG des Rates vom 26. November 1990 zum Schutze der Arbeitnehmer gegen Gefährdung durch biologische Arbeitsstoffe bei der Arbeit ausgesetzt sind.
(2) Absatz 1 Nr. 3 bis 7 gilt nicht für die Beschäftigung Jugendlicher, soweit
1. dies zur Erreichung ihres Ausbildungszieles erforderlich ist,
2. ihr Schutz durch die Aufsicht eines Fachkundigen gewährleistet ist und
3. der Luftgrenzwert bei gefährlichen Stoffen (Absatz 1 Nr. 6) unterschritten wird.
Satz 1 findet keine Anwendung auf den absichtlichen Umgang mit biologischen Arbeitsstoffen der Gruppen 3 und 4 im Sinne der Richtlinie 90/679/EWG des Rates vom 26. November 1990 zum Schutze der Arbeitnehmer gegen Gefährdung durch biologische Arbeitsstoffe bei der Arbeit.
(3) Werden Jugendliche in einem Betrieb beschäftigt, für den ein Betriebsarzt oder eine Fachkraft für Arbeitssicherheit verpflichtet ist, muss ihre betriebsärztliche oder sicherheitstechnische Betreuung sichergestellt sein.

§ 23 JArbSchG – Akkordarbeit; tempoabhängige Arbeiten
(1) Jugendliche dürfen nicht beschäftigt werden
1. mit Akkordarbeit und sonstigen Arbeiten, bei denen durch ein gesteigertes Arbeitstempo ein höheres Entgelt erzielt werden kann,
2. in einer Arbeitsgruppe mit erwachsenen Arbeitnehmern, die mit Arbeiten nach Nummer 1 beschäftigt werden,
3. mit Arbeiten, bei denen ihr Arbeitstempo nicht nur gelegentlich vorgeschrieben, vorgegeben oder auf andere Weise erzwungen wird.
(2) Absatz 1 Nr. 2 gilt nicht für die Beschäftigung Jugendlicher,
1. soweit dies zur Erreichung ihres Ausbildungszieles erforderlich ist oder
2. wenn sie eine Berufsausbildung für diese Beschäftigung abgeschlossen haben
und ihr Schutz durch die Aufsicht eines Fachkundigen gewährleistet ist.
(...)

Vierter Titel – Gesundheitliche Betreuung

§ 32 JArbSchG – Erstuntersuchung
(1) Ein Jugendlicher, der in das Berufsleben eintritt, darf nur beschäftigt werden, wenn
1. er innerhalb der letzten vierzehn Monate von einem Arzt untersucht worden ist (Erstuntersuchung) und
2. dem Arbeitgeber eine von diesem Arzt ausgestellte Bescheinigung vorliegt.
(2) Absatz 1 gilt nicht für eine nur geringfügige oder eine nicht länger als zwei Monate dauernde Beschäftigung mit leichten Arbeiten, von denen keine gesundheitlichen Nachteile für den Jugendlichen zu befürchten sind.
(...)

Buch 1 – Allgemeiner Teil

Abschnitt 1 – Personen

Titel 1 – Natürliche Personen, Verbraucher, Unternehmer
§ 1 BGB – Beginn der Rechtsfähigkeit
Die Rechtsfähigkeit des Menschen beginnt mit der Vollendung der Geburt.

§ 2 BGB – Eintritt der Volljährigkeit
Die Volljährigkeit tritt mit der Vollendung des 18. Lebensjahres ein.
(...)

§ 13 BGB – Verbraucher
Verbraucher ist jede natürliche Person, die ein Rechtsgeschäft zu einem Zwecke abschließt, der weder ihrer gewerblichen noch

ihrer selbstständigen beruflichen Tätigkeit zugerechnet werden kann.

§ 14 BGB – Unternehmer
(1) Unternehmer ist eine natürliche oder juristische Person oder eine rechtsfähige Personengesellschaft, die bei Abschluss eines Rechtsgeschäfts in Ausübung ihrer gewerblichen oder selbstständigen beruflichen Tätigkeit handelt.
(2) eine rechtsfähige Personengesellschaft ist eine Personengesellschaft, die mit der Fähigkeit ausgestattet ist, Rechte zu erwerben und Verbindlichkeiten einzugehen.
(...)

Abschnitt 2 – Sachen und Tiere

§ 90 BGB – Begriff der Sache
Sachen im Sinne des Gesetzes sind nur körperliche Gegenstände.

§ 90a BGB – Tiere
Tiere sind keine Sachen. Sie werden durch besondere Gesetze geschützt. Auf sie sind die für Sachen geltenden Vorschriften entsprechend anzuwenden, soweit nicht etwas anderes bestimmt ist.

§ 91 BGB – Vertretbare Sachen
Vertretbare Sachen im Sinne des Gesetzes sind bewegliche Sachen, die im Verkehre nach Zahl, Maß oder Gewicht bestimmt zu werden pflegen.
(...)

Abschnitt 3 – Rechtsgeschäfte

Titel 1 – Geschäftsfähigkeit
§ 104 BGB – Geschäftsunfähigkeit
Geschäftsunfähig ist:
1. wer nicht das siebente Lebensjahr vollendet hat;
2. wer sich in einem die freie Willensbestimmung ausschließenden Zustande krankhafter Störung der Geistestätigkeit befindet, sofern nicht der Zustand seiner Natur nach ein vorübergehender ist.

§ 105 BGB – Nichtigkeit der Willenserklärung
(1) Die Willenserklärung eines Geschäftsunfähigen ist nichtig.
(2) Nichtig ist auch eine Willenserklärung, die im Zustand der Bewusstlosigkeit oder vorübergehender Störung der Geistestätigkeit abgegeben wird.

§ 105a BGB – Geschäfte des täglichen Lebens
Tätigt ein volljähriger Geschäftsunfähiger ein Geschäft des täglichen Lebens, das mit geringwertigen Mitteln bewirkt werden kann, so gilt der von ihm geschlossene Vertrag in Ansehung von Leistung und, soweit vereinbart, Gegenleistung als wirksam, sobald Leistung und Gegenleistung bewirkt sind. Satz 1 gilt nicht bei einer erheblichen Gefahr für die Person oder das Vermögen des Geschäftsunfähigen.

§ 106 BGB – Beschränkte Geschäftsfähigkeit Minderjähriger
Ein Minderjähriger, der das siebente Lebensjahr vollendet hat, ist nach Maßgabe der §§ 107 bis 113 in der Geschäftsfähigkeit beschränkt.

§ 107 BGB – Einwilligung des gesetzlichen Vertreters
Der Minderjährige bedarf zu einer Willenserklärung, durch die er nicht lediglich einen rechtlichen Vorteil erlangt, der Einwilligung seines gesetzlichen Vertreters.

§ 108 BGB – Vertragsschluss ohne Einwilligung
(1) Schließt der Minderjährige einen Vertrag ohne die erforderliche Einwilligung des gesetzlichen Vertreters, so hängt die Wirksamkeit des Vertrags von der Genehmigung des Vertreters ab.

(2) Fordert der andere Teil den Vertreter zur Erklärung über die Genehmigung auf, so kann die Erklärung nur ihm gegenüber erfolgen; eine vor der Aufforderung dem Minderjährigen gegenüber erklärte Genehmigung oder Verweigerung der Genehmigung wird unwirksam. Die Genehmigung kann nur bis zum Ablauf von zwei Wochen nach dem Empfang der Aufforderung erklärt werden; wird sie nicht erklärt, so gilt sie als verweigert.
(3) Ist der Minderjährige unbeschränkt geschäftsfähig geworden, so tritt seine Genehmigung an die Stelle der Genehmigung des Vertreters.

§ 109 BGB – Widerrufsrecht des anderen Teils
(1) Bis zur Genehmigung des Vertrags ist der andere Teil zum Widerruf berechtigt. Der Widerruf kann auch dem Minderjährigen gegenüber erklärt werden.
(2) Hat der andere Teil die Minderjährigkeit gekannt, so kann er nur widerrufen, wenn der Minderjährige der Wahrheit zuwider die Einwilligung des Vertreters behauptet hat; er kann auch in diesem Falle nicht widerrufen, wenn ihm das Fehlen der Einwilligung bei dem Abschlusse des Vertrags bekannt war.

§ 110 BGB – Bewirken der Leistung mit eigenen Mitteln
Ein von dem Minderjährigen ohne Zustimmung des gesetzlichen Vertreters geschlossener Vertrag gilt als von Anfang an wirksam, wenn der Minderjährige die vertragsmäßige Leistung mit Mitteln bewirkt, die ihm zu diesem Zwecke oder zu freier Verfügung von dem Vertreter oder mit dessen Zustimmung von einem Dritten überlassen worden sind.

§ 111 BGB – Einseitige Rechtsgeschäfte
Ein einseitiges Rechtsgeschäft, das der Minderjährige ohne die erforderliche Einwilligung des gesetzlichen Vertreters vornimmt, ist unwirksam. Nimmt der Minderjährige mit dieser Einwilligung ein solches Rechtsgeschäft einem anderen gegenüber vor, so ist das Rechtsgeschäft unwirksam, wenn der Minderjährige die Einwilligung nicht in schriftlicher Form vorlegt und der andere das Rechtsgeschäft aus diesem Grunde unverzüglich zurückweist. Die Zurückweisung ist ausgeschlossen, wenn der Vertreter den anderen von der Einwilligung in Kenntnis gesetzt hatte.

§ 112 BGB – Selbstständiger Betrieb eines Erwerbsgeschäfts
(1) Ermächtigt der gesetzliche Vertreter mit Genehmigung des Vormundschaftsgerichts den Minderjährigen zum selbstständigen Betrieb eines Erwerbsgeschäfts, so ist der Minderjährige für solche Rechtsgeschäfte unbeschränkt geschäftsfähig, welche der Geschäftsbetrieb mit sich bringt. Ausgenommen sind Rechtsgeschäfte, zu denen der Vertreter der Genehmigung des Vormundschaftsgerichts bedarf.
(2) Die Ermächtigung kann von dem Vertreter nur mit Genehmigung des Vormundschaftsgerichts zurückgenommen werden.

§ 113 BGB – Dienst- oder Arbeitsverhältnis
(1) Ermächtigt der gesetzliche Vertreter den Minderjährigen, in Dienst oder in Arbeit zu treten, so ist der Minderjährige für solche Rechtsgeschäfte unbeschränkt geschäftsfähig, welche die Eingehung oder Aufhebung eines Dienst- oder Arbeitsverhältnisses der gestatteten Art oder die Erfüllung der sich aus einem solchen Verhältnis ergebenden Verpflichtungen betreffen. Ausgenommen sind Verträge, zu denen der Vertreter der Genehmigung des Vormundschaftsgerichts bedarf.
(2) Die Ermächtigung kann von dem Vertreter zurückgenommen oder eingeschränkt werden.
(3) Ist der gesetzliche Vertreter ein Vormund, so kann die Ermächtigung, wenn sie von ihm verweigert wird, auf Antrag des Minderjährigen durch das Vormundschaftsgericht ersetzt werden. Das Vormundschaftsgericht hat die Ermächtigung zu ersetzen, wenn sie im Interesse des Mündels liegt.

(4) Die für einen einzelnen Fall erteilte Ermächtigung gilt im Zweifel als allgemeine Ermächtigung zur Eingehung von Verhältnissen derselben Art.
(...)

Titel 2 – Willenserklärung

§ 117 BGB – Scheingeschäft
(1) Wird eine Willenserklärung, die einem anderen gegenüber abzugeben ist, mit dessen Einverständnis nur zum Schein abgegeben, so ist sie nichtig.
(2) Wird durch ein Scheingeschäft ein anderes Rechtsgeschäft verdeckt, so finden die für das verdeckte Rechtsgeschäft geltenden Vorschriften Anwendung.

§ 118 BGB – Mangel der Ernstlichkeit
Eine nicht ernstlich gemeinte Willenserklärung, die in der Erwartung abgegeben wird, der Mangel der Ernstlichkeit werde nicht verkannt werden, ist nichtig.

§ 119 BGB – Anfechtbarkeit wegen Irrtums
(1) Wer bei der Abgabe einer Willenserklärung über deren Inhalt im Irrtum war oder eine Erklärung dieses Inhalts überhaupt nicht abgeben wollte, kann die Erklärung anfechten, wenn anzunehmen ist, dass er sie bei Kenntnis der Sachlage und bei verständiger Würdigung des Falles nicht abgegeben haben würde.
(2) Als Irrtum über den Inhalt der Erklärung gilt auch der Irrtum über solche Eigenschaften der Person oder der Sache, die im Verkehr als wesentlich angesehen werden.

§ 120 BGB – Anfechtbarkeit wegen falscher Übermittlung
Eine Willenserklärung, welche durch die zur Übermittlung verwendete Person oder Einrichtung unrichtig übermittelt worden ist, kann unter der gleichen Voraussetzung angefochten werden wie nach § 119 eine irrtümlich abgegebene Willenserklärung.

§ 121 BGB – Anfechtungsfrist
(1) Die Anfechtung muss in den Fällen der §§ 119, 120 ohne schuldhaftes Zögern (unverzüglich) erfolgen, nachdem der Anfechtungsberechtigte von dem Anfechtungsgrund Kenntnis erlangt hat. Die einem Abwesenden gegenüber erfolgte Anfechtung gilt als rechtzeitig erfolgt, wenn die Anfechtungserklärung unverzüglich abgesendet worden ist.
(2) Die Anfechtung ist ausgeschlossen, wenn seit der Abgabe der Willenserklärung zehn Jahre verstrichen sind.

§ 122 BGB – Schadensersatzpflicht des Anfechtenden
(1) Ist eine Willenserklärung nach § 118 nichtig oder aufgrund der §§ 119, 120 angefochten, so hat der Erklärende, wenn die Erklärung einem anderen gegenüber abzugeben war, diesem, andernfalls jedem Dritten den Schaden zu ersetzen, den der andere oder der Dritte dadurch erleidet, dass er auf die Gültigkeit der Erklärung vertraut, jedoch nicht über den Betrag des Interesses hinaus, welches der andere oder der Dritte an der Gültigkeit der Erklärung hat.
(2) Die Schadensersatzpflicht tritt nicht ein, wenn der Beschädigte den Grund der Nichtigkeit oder der Anfechtbarkeit kannte oder infolge von Fahrlässigkeit nicht kannte (kennen musste).

§ 123 BGB – Anfechtbarkeit wegen Täuschung oder Drohung
(1) Wer zur Abgabe einer Willenserklärung durch arglistige Täuschung oder widerrechtlich durch Drohung bestimmt worden ist, kann die Erklärung anfechten.
(2) Hat ein Dritter die Täuschung verübt, so ist eine Erklärung, die einem anderen gegenüber abzugeben war, nur dann anfechtbar, wenn dieser die Täuschung kannte oder kennen musste. Soweit ein anderer als derjenige, welchem gegenüber die Erklärung abzugeben war, aus der Erklärung unmittelbar ein Recht erworben hat, ist die Erklärung ihm gegenüber anfechtbar, wenn er die Täuschung kannte oder kennen musste.

§ 124 BGB – Anfechtungsfrist
(1) Die Anfechtung einer nach § 123 anfechtbaren Willenserklärung kann nur binnen Jahresfrist erfolgen.
(2) Die Frist beginnt im Falle der arglistigen Täuschung mit dem Zeitpunkt, in welchem der Anfechtungsberechtigte die Täuschung entdeckt, im Falle der Drohung mit dem Zeitpunkt, in welchem die Zwangslage aufhört. Auf den Lauf der Frist finden die für die Verjährung geltenden Vorschriften der §§ 206, 210 und 211 entsprechende Anwendung.
(3) Die Anfechtung ist ausgeschlossen, wenn seit der Abgabe der Willenserklärung zehn Jahre verstrichen sind.

§ 125 BGB – Nichtigkeit wegen Formmangels
Ein Rechtsgeschäft, welches der durch Gesetz vorgeschriebenen Form ermangelt, ist nichtig. Der Mangel der durch Rechtsgeschäft bestimmten Form hat im Zweifel gleichfalls Nichtigkeit zur Folge.
(...)

§ 128 BGB – Notarielle Beurkundung
Ist durch Gesetz notarielle Beurkundung eines Vertrags vorgeschrieben, so genügt es, wenn zunächst der Antrag und sodann die Annahme des Antrags von einem Notar beurkundet wird.

§ 129 BGB – Öffentliche Beglaubigung
(1) Ist durch Gesetz für eine Erklärung öffentliche Beglaubigung vorgeschrieben, so muss die Erklärung schriftlich abgefasst und die Unterschrift des Erklärenden von einem Notar beglaubigt werden. Wird die Erklärung von dem Aussteller mittels Handzeichen unterzeichnet, so ist die im § 126 Abs. 1 vorgeschriebene Beglaubigung des Handzeichens erforderlich und genügend.
(2) Die öffentliche Beglaubigung wird durch die notarielle Beurkundung der Erklärung ersetzt.
(...)

§ 134 BGB – Gesetzliches Verbot
Ein Rechtsgeschäft, das gegen ein gesetzliches Verbot verstößt, ist nichtig, wenn sich nicht aus dem Gesetz ein anderes ergibt.
(...)

§ 138 BGB – Sittenwidriges Rechtsgeschäft; Wucher
(1) Ein Rechtsgeschäft, das gegen die guten Sitten verstößt, ist nichtig.
(2) Nichtig ist insbesondere ein Rechtsgeschäft, durch das jemand unter Ausbeutung der Zwangslage, der Unerfahrenheit, des Mangels an Urteilsvermögen oder der erheblichen Willensschwäche eines anderen sich oder einem Dritten für eine Leistung Vermögensvorteile versprechen oder gewähren lässt, die in einem auffälligen Missverhältnis zu der Leistung stehen.
(...)

Titel 3 – Vertrag

§ 145 BGB – Bindung an den Antrag
Wer einem anderen die Schließung eines Vertrags anträgt, ist an den Antrag gebunden, es sei denn, dass er die Gebundenheit ausgeschlossen hat.

§ 146 BGB – Erlöschen des Antrags
Der Antrag erlischt, wenn er dem Antragenden gegenüber abgelehnt oder wenn er nicht diesem gegenüber nach den §§ 147 bis 149 rechtzeitig angenommen wird.

Bürgerliches Gesetzbuch (BGB) – *Auswahl*

§ 147 BGB – Annahmefrist
(1) Der einem Anwesenden gemachte Antrag kann nur sofort angenommen werden. Dies gilt auch von einem mittels Fernsprechers oder einer sonstigen technischen Einrichtung von Person zu Person gemachten Antrag.
(2) Der einem Abwesenden gemachte Antrag kann nur bis zu dem Zeitpunkt angenommen werden, in welchem der Antragende den Eingang der Antwort unter regelmäßigen Umständen erwarten darf.

§ 148 BGB – Bestimmung einer Annahmefrist
Hat der Antragende für die Annahme des Antrags eine Frist bestimmt, so kann die Annahme nur innerhalb der Frist erfolgen.

§ 149 BGB – Verspätet zugegangene Annahmeerklärung
Ist eine dem Antragenden verspätet zugegangene Annahmeerklärung dergestalt abgesendet worden, dass sie bei regelmäßiger Beförderung ihm rechtzeitig zugegangen sein würde, und musste der Antragende dies erkennen, so hat er die Verspätung dem Annehmenden unverzüglich nach dem Empfang der Erklärung anzuzeigen, sofern es nicht schon vorher geschehen ist. Verzögert er die Absendung der Anzeige, so gilt die Annahme als nicht verspätet.

§ 150 BGB – Verspätete und abändernde Annahme
(1) Die verspätete Annahme eines Antrags gilt als neuer Antrag.
(2) Eine Annahme unter Erweiterungen, Einschränkungen oder sonstigen Änderungen gilt als Ablehnung verbunden mit einem neuen Antrag.

§ 151 BGB – Annahme ohne Erklärung gegenüber dem Antragenden
Der Vertrag kommt durch die Annahme des Antrags zustande, ohne dass die Annahme dem Antragenden gegenüber erklärt zu werden braucht, wenn eine solche Erklärung nach der Verkehrssitte nicht zu erwarten ist oder der Antragende auf sie verzichtet hat. Der Zeitpunkt, in welchem der Antrag erlischt, bestimmt sich nach dem aus dem Antrag oder den Umständen zu entnehmenden Willen des Antragenden.
(...)

Abschnitt 5 – Verjährung
Titel 1 – *Gegenstand und Dauer der Verjährung*
§ 194 BGB – Gegenstand der Verjährung
(1) Das Recht, von einem anderen ein Tun oder ein Unterlassen zu verlangen (Anspruch), unterliegt der Verjährung.
(2) Ansprüche aus einem familienrechtlichen Verhältnis unterliegen der Verjährung nicht, soweit sie auf die Herstellung des dem Verhältnis entsprechenden Zustandes für die Zukunft gerichtet ist.

§ 195 BGB – Regelmäßige Verjährungsfrist
Die regelmäßige Verjährungsfrist beträgt drei Jahre.

§ 196 BGB – Verjährungsfrist bei Rechten an einem Grundstück
Ansprüche auf Übertragung des Eigentums an einem Grundstück sowie auf Begründung, Übertragung oder Aufhebung eines Rechts an einem Grundstück oder auf Änderung des Inhalts eines solchen Rechts sowie die Ansprüche auf die Gegenleistung verjähren in zehn Jahren.

§ 197 BGB – Dreißigjährige Verjährungsfrist
(1) In 30 Jahren verjähren, soweit nicht ein anderes bestimmt ist,
1. Herausgabeansprüche aus Eigentum, anderen dinglichen Rechten, den §§ 2018, 2130 und 2362 sowie die Ansprüche, die der Geltendmachung der Herausgabeansprüche dienen,
2. (weggefallen)
3. rechtskräftig festgestellte Ansprüche,
4. Ansprüche aus vollstreckbaren Vergleichen oder vollstreckbaren Urkunden,
5. Ansprüche, die durch die im Insolvenzverfahren erfolgte Feststellung vollstreckbar geworden sind, und
6. Ansprüche auf Erstattung der Kosten der Zwangsvollstreckung.
(2) Soweit Ansprüche nach Absatz 1 Nr. 3 bis 5 künftig fällig werdende regelmäßig wiederkehrende Leistungen zum Inhalt haben, tritt an die Stelle der Verjährungsfrist von 30 Jahren die regelmäßige Verjährungsfrist.

§ 198 BGB – Verjährung bei Rechtsnachfolge
Gelangt eine Sache, hinsichtlich derer ein dinglicher Anspruch besteht, durch Rechtsnachfolge in den Besitz eines Dritten, so kommt die während des Besitzes des Rechtsvorgängers verstrichene Verjährungszeit dem Rechtsnachfolger zugute.

§ 199 BGB – Beginn der regelmäßigen Verjährungsfrist und Verjährungshöchstfristen
(1) Die regelmäßige Verjährungsfrist beginnt, soweit nicht ein anderer Verjährungsbeginn bestimmt ist, mit dem Schluss des Jahres, in dem
1. der Anspruch entstanden ist und
2. der Gläubiger von den den Anspruch begründenden Umständen und der Person des Schuldners Kenntnis erlangt oder ohne grobe Fahrlässigkeit erlangen müsste.
(2) Schadensersatzansprüche, die auf der Verletzung des Lebens, des Körpers, der Gesundheit oder der Freiheit beruhen, verjähren ohne Rücksicht auf ihre Entstehung und die Kenntnis oder grob fährlässige Unkenntnis in 30 Jahren von der Begehung der Handlung, der Pflichtverletzung oder dem sonstigen, den Schaden auslösenden Ereignis an.
(3) Sonstige Schadensersatzansprüche verjähren
1. ohne Rücksicht auf die Kenntnis oder grob fahrlässige Unkenntnis in zehn Jahren von ihrer Entstehung an und
2. ohne Rücksicht auf ihre Entstehung und die Kenntnis oder grob fahrlässige Unkenntnis in 30 Jahren von der Begehung der Handlung, der Pflichtverletzung oder dem sonstigen, den Schaden auslösenden Ereignis an.
Maßgeblich ist die früher endende Frist.
(3a) Ansprüche, die auf einem Erbfall beruhen oder deren Geltendmachung die Kenntnis einer Verfügung von Todes wegen voraussetzt, verjähren ohne Rücksicht auf die Kenntnis oder grob fahrlässige Unkenntnis in 30 Jahren von der Entstehung des Anspruchs an.
(4) Andere Ansprüche als die nach den Absätzen 2 bis 3a verjähren ohne Rücksicht auf die Kenntnis oder grob fahrlässige Unkenntnis in zehn Jahren von ihrer Entstehung an.
(5) Geht der Anspruch auf ein Unterlassen, so tritt an die Stelle der Entstehung die Zuwiderhandlung.

§ 200 BGB – Beginn anderer Verjährungsfristen
Die Verjährungsfrist von Ansprüchen, die nicht der regelmäßigen Verjährungsfrist unterliegen, beginnt mit der Entstehung des Anspruchs, soweit nicht ein anderer Verjährungsbeginn bestimmt ist. § 199 Abs. 5 findet entsprechende Anwendung.

§ 201 BGB – Beginn der Verjährungsfrist von festgestellten Ansprüchen
Die Verjährung von Ansprüchen der in § 197 Abs. 1 Nr. 3 bis 6 bezeichneten Art beginnt mit der Rechtskraft der Entscheidung, der Errichtung des vollstreckbaren Titels oder der Feststellung im Insolvenzverfahren, nicht jedoch vor der Entstehung des Anspruchs. § 199 Abs. 5 findet entsprechende Anwendung.

§ 202 BGB – Unzulässigkeit von Vereinbarungen über die Verjährung
(1) Die Verjährung kann bei Haftung wegen Vorsatzes nicht im Voraus durch Rechtsgeschäft erleichtert werden.
(2) Die Verjährung kann durch Rechtsgeschäft nicht über eine Verjährungsfrist von 30 Jahren ab dem gesetzlichen Verjährungsbeginn hinaus erschwert werden.

Titel 2 – Hemmung, Ablaufhemmung und Neubeginn der Verjährung
§ 203 BGB – Hemmung der Verjährung bei Verhandlungen
Schweben zwischen dem Schuldner und dem Gläubiger Verhandlungen über den Anspruch oder die den Anspruch begründenden Umstände, so ist die Verjährung gehemmt, bis der eine oder der andere Teil die Fortsetzung der Verhandlungen verweigert. Die Verjährung tritt frühestens drei Monate nach dem Ende der Hemmung ein.

§ 204 BGB – Hemmung der Verjährung durch Rechtsverfolgung
(1) Die Verjährung wird gehemmt durch
1. die Erhebung der Klage auf Leistung oder auf Feststellung des Anspruchs, auf Erteilung der Vollstreckungsklausel oder auf Erlass des Vollstreckungsurteils,
2. die Zustellung des Antrags im vereinfachten Verfahren über den Unterhalt Minderjähriger,
3. die Zustellung des Mahnbescheids im Mahnverfahren oder des Europäischen Zahlungsbefehls im Europäischen Mahnverfahren nach der Verordnung (EG) Nr. 1896/2006 des Europäischen Parlaments und des Rates vom 12. Dezember 2006 zur Einführung eines Europäischen Mahnverfahrens (ABl. EU Nr. L 399 S. 1),
4. die Veranlassung der Bekanntgabe des Güteantrags, der bei einer durch die Landesjustizverwaltung eingerichteten oder anerkannten Gütestelle oder, wenn die Parteien den Einigungsversuch einvernehmlich unternehmen, bei einer sonstigen Gütestelle, die Streitbeilegungen betreibt, eingereicht ist; wird die Bekanntgabe demnächst nach der Einreichung des Antrags veranlasst, so tritt die Hemmung der Verjährung bereits mit der Einreichung ein,
5. die Geltendmachung der Aufrechnung des Anspruchs im Prozess,
6. die Zustellung der Streitverkündung,
7. die Zustellung des Antrags auf Durchführung eines selbstständigen Beweisverfahrens,
8. den Beginn eines vereinbarten Begutachtungsverfahrens,
9. die Zustellung des Antrags auf Erlass eines Arrests, einer einstweiligen Verfügung oder einer einstweiligen Anordnung, oder, wenn der Antrag nicht zugestellt wird, dessen Einreichung, wenn der Arrestbefehl, die einstweilige Verfügung oder die einstweilige Anordnung innerhalb eines Monats seit Verkündung oder Zustellung an den Gläubiger dem Schuldner zugestellt wird,
10. die Anmeldung des Anspruchs im Insolvenzverfahren oder im Schifffahrtsrechtlichen Verteilungsverfahren,
11. den Beginn des schiedsrichterlichen Verfahrens,
12. die Einreichung des Antrags bei einer Behörde, wenn die Zulässigkeit der Klage von der Vorentscheidung dieser Behörde abhängt und innerhalb von drei Monaten nach Erledigung des Gesuchs die Klage erhoben wird; dies gilt entsprechend für bei einem Gericht oder bei einer in Nummer 4 bezeichneten Gütestelle zu stellende Anträge, deren Zulässigkeit von der Vorentscheidung einer Behörde abhängt,
13. die Einreichung des Antrags bei dem höheren Gericht, wenn dieses das zuständige Gericht zu bestimmen hat und innerhalb von drei Monaten nach Erledigung des Gesuchs die Klage erhoben oder der Antrag, für den die Gerichtsstandsbestimmung zu erfolgen hat, gestellt wird, und
14. die Veranlassung der Bekanntgabe des erstmaligen Antrags auf Gewährung von Prozesskostenhilfe oder Verfahrenskostenhilfe; wird die Bekanntgabe demnächst nach der Einreichung des Antrags veranlasst, so tritt die Hemmung der Verjährung bereits mit der Einreichung ein.
(2) Die Hemmung nach Absatz 1 endet sechs Monate nach der rechtskräftigen Entscheidung oder anderweitigen Beendigung des eingeleiteten Verfahrens. Gerät das Verfahren dadurch in Stillstand, dass die Parteien es nicht betreiben, so tritt an die Stelle der Beendigung des Verfahrens die letzte Verfahrenshandlung der Parteien, des Gerichts oder der sonst mit dem Verfahren befassten Stelle. Die Hemmung beginnt erneut, wenn eine der Parteien das Verfahren weiter betreibt.
(3) Auf die Frist nach Absatz 1 Nr. 9, 12 und 13 finden die §§ 206, 210 und 211 entsprechende Anwendung.

§ 205 BGB – Hemmung der Verjährung bei Leistungsverweigerungsrecht
Die Verjährung ist gehemmt, solange der Schuldner aufgrund einer Vereinbarung mit dem Gläubiger vorübergehend zur Verweigerung der Leistung berechtigt ist.

§ 206 BGB – Hemmung der Verjährung bei höherer Gewalt
Die Verjährung ist gehemmt, solange der Gläubiger innerhalb der letzten sechs Monate der Verjährungsfrist durch höhere Gewalt an der Rechtsverfolgung gehindert ist.
(...)

§ 209 BGB – Wirkung der Hemmung
Der Zeitraum, während dessen die Verjährung gehemmt ist, wird in die Verjährungsfrist nicht eingerechnet.
(...)

§ 212 BGB – Neubeginn der Verjährung
(1) Die Verjährung beginnt erneut, wenn
1. der Schuldner dem Gläubiger gegenüber den Anspruch durch Abschlagszahlung, Zinszahlung, Sicherheitsleistung oder in anderer Weise anerkennt oder
2. eine gerichtliche oder behördliche Vollstreckungshandlung vorgenommen oder beantragt wird.
(2) Der erneute Beginn der Verjährung infolge einer Vollstreckungshandlung gilt als nicht eingetreten, wenn die Vollstreckungshandlung auf Antrag des Gläubigers oder wegen Mangels der gesetzlichen Voraussetzungen aufgehoben wird.
(3) Der erneute Beginn der Verjährung durch den Antrag auf Vornahme einer Vollstreckungshandlung gilt als nicht eingetreten, wenn dem Antrag nicht stattgegeben oder der Antrag vor der Vollstreckungshandlung zurückgenommen oder die erwirkte Vollstreckungshandlung nach Absatz 2 aufgehoben wird.
(...)

Titel 3 – Rechtsfolgen der Verjährung
§ 214 BGB – Wirkung der Verjährung
(1) Nach Eintritt der Verjährung ist der Schuldner berechtigt die Leistung zu verweigern.
(2) Das zur Befriedigung eines verjährten Anspruchs Geleistete kann nicht zurückgefordert werden, auch wenn in Unkenntnis der Verjährung geleistet worden ist. Das Gleiche gilt von einem vertragsmäßigen Anerkenntnis sowie einer Sicherheitsleistung des Schuldners.
(...)

Buch 2 – Recht der Schuldverhältnisse
Abschnitt 1 – Inhalt der Schuldverhältnisse
Titel 1 Verpflichtung zur Leistung
§ 241 BGB – Pflichten aus dem Schuldverhältnis
(1) Kraft des Schuldverhältnisses ist der Gläubiger berechtigt von dem Schuldner eine Leistung zu fordern. Die Leistung kann auch in einem Unterlassen bestehen.
(2) Das Schuldverhältnis kann nach seinem Inhalt jeden Teil zur Rücksicht auf die Rechte, Rechtsgüter und Interessen des anderen Teils verpflichten.

§ 241a BGB – Unbestellte Leistungen
(1) Durch die Lieferung unbestellter Sachen oder durch die Erbringung unbestellter sonstiger Leistungen durch einen Unternehmer an einen Verbraucher wird ein Anspruch gegen diesen nicht begründet.
(2) Gesetzliche Ansprüche sind nicht ausgeschlossen, wenn die Leistung nicht für den Empfänger bestimmt war oder in der irrigen Vorstellung einer Bestellung erfolgte und der Empfänger dies erkannt hat oder bei Anwendung der im Verkehr erforderlichen Sorgfalt hätte erkennen können.
(3) Eine unbestellte Leistung liegt nicht vor, wenn dem Verbraucher statt der bestellten eine nach Qualität und Preis gleichwertige Leistung angeboten und er darauf hingewiesen wird, dass er zur Annahme nicht verpflichtet ist und die Kosten der Rücksendung nicht zu tragen hat.

§ 242 BGB – Leistung nach Treu und Glauben
Der Schuldner ist verpflichtet die Leistung so zu bewirken, wie Treu und Glauben mit Rücksicht auf die Verkehrssitte es erfordern.

§ 243 BGB – Gattungsschuld
(1) Wer eine nur der Gattung nach bestimmte Sache schuldet, hat eine Sache von mittlerer Art und Güte zu leisten.
(2) Hat der Schuldner das zur Leistung einer solchen Sache seinerseits Erforderliche getan, so beschränkt sich das Schuldverhältnis auf diese Sache.

§ 244 BGB – Fremdwährungsschuld
(1) Ist eine in einer anderen Währung als Euro ausgedrückte Geldschuld im Inland zu zahlen, so kann die Zahlung in Euro erfolgen, es sei denn, dass Zahlung in der anderen Währung ausdrücklich vereinbart ist.
(2) Die Umrechnung erfolgt nach dem Kurswert, der zur Zeit der Zahlung für den Zahlungsort maßgebend ist.

§ 245 BGB – Geldsortenschuld
Ist eine Geldschuld in einer bestimmten Münzsorte zu zahlen, die sich zur Zeit der Zahlung nicht mehr im Umlauf befindet, so ist die Zahlung so zu leisten, wie wenn die Münzsorte nicht bestimmt wäre.

§ 246 BGB – Gesetzlicher Zinssatz
Ist eine Schuld nach Gesetz oder Rechtsgeschäft zu verzinsen, so sind vier vom Hundert für das Jahr zu entrichten, sofern nicht ein anderes bestimmt ist.
(...)

§ 249 BGB – Art und Umfang des Schadensersatzes
(1) Wer zum Schadensersatz verpflichtet ist, hat den Zustand herzustellen, der bestehen würde, wenn der zum Ersatz verpflichtende Umstand nicht eingetreten wäre.

(2) Ist wegen Verletzung einer Person oder wegen Beschädigung einer Sache Schadensersatz zu leisten, so kann der Gläubiger statt der Herstellung den dazu erforderlichen Geldbetrag verlangen. Bei der Beschädigung einer Sache schließt der nach Satz 1 erforderliche Geldbetrag die Umsatzsteuer nur ein, wenn und soweit sie tatsächlich angefallen ist.

§ 252 BGB – Entgangener Gewinn
Der zu ersetzende Schaden umfasst auch den entgangenen Gewinn. Als entgangen gilt der Gewinn, welcher nach dem gewöhnlichen Lauf der Dinge oder nach den besonderen Umständen, insbesondere nach den getroffenen Anstalten und Vorkehrungen, mit Wahrscheinlichkeit erwartet werden konnte.

§ 253 BGB – Immaterieller Schaden
(1) Wegen eines Schadens, der nicht Vermögensschaden ist, kann Entschädigung in Geld nur in den durch das Gesetz bestimmten Fällen gefordert werden.
(2) Ist wegen einer Verletzung des Körpers, der Gesundheit, der Freiheit oder der sexuellen Selbstbestimmung Schadensersatz zu leisten, kann auch wegen des Schadens, der nicht Vermögensschaden ist, eine billige Entschädigung in Geld gefordert werden.

§ 269 BGB – Leistungsort
(1) Ist ein Ort für die Leistung weder bestimmt noch aus den Umständen, insbesondere aus der Natur des Schuldverhältnisses, zu entnehmen, so hat die Leistung an dem Ort zu erfolgen, an welchem der Schuldner zur Zeit der Entstehung des Schuldverhältnisses seinen Wohnsitz hatte.
(2) Ist die Verbindlichkeit im Gewerbebetrieb des Schuldners entstanden, so tritt, wenn der Schuldner seine gewerbliche Niederlassung an einem anderen Ort hatte, der Ort der Niederlassung an die Stelle des Wohnsitzes.
(3) Aus dem Umstand allein, dass der Schuldner die Kosten der Versendung übernommen hat, ist nicht zu entnehmen, dass der Ort, nach welchem die Versendung zu erfolgen hat, der Leistungsort sein soll.

§ 270 BGB – Zahlungsort
(1) Geld hat der Schuldner im Zweifel auf seine Gefahr und seine Kosten dem Gläubiger an dessen Wohnsitz zu übermitteln.
(2) Ist die Forderung im Gewerbebetrieb des Gläubigers entstanden, so tritt, wenn der Gläubiger seine gewerbliche Niederlassung an einem anderen Ort hat, der Ort der Niederlassung an die Stelle des Wohnsitzes.
(3) Erhöhen sich infolge einer nach der Entstehung des Schuldverhältnisses eintretenden Änderung des Wohnsitzes oder der gewerblichen Niederlassung des Gläubigers die Kosten oder die Gefahr der Übermittlung, so hat der Gläubiger im ersteren Falle die Mehrkosten, im letzteren Falle die Gefahr zu tragen.
(4) Die Vorschriften über den Leistungsort bleiben unberührt.

§ 271 BGB – Leistungszeit
(1) Ist eine Zeit für die Leistung weder bestimmt noch aus den Umständen zu entnehmen, so kann der Gläubiger die Leistung sofort verlangen, der Schuldner sie sofort bewirken.
(2) Ist eine Zeit bestimmt, so ist im Zweifel anzunehmen, dass der Gläubiger die Leistung nicht vor dieser Zeit verlangen, der Schuldner aber sie vorher bewirken kann.
(...)

§ 284 Ersatz vergeblicher Aufwendungen
Anstelle des Schadensersatzes statt der Leistung kann der Gläubiger Ersatz der Aufwendungen verlangen, die er im Vertrauen

auf den Erhalt der Leistung gemacht hat und billigerweise machen durfte, es sei denn, deren Zweck wäre auch ohne die Pflichtverletzung des Schuldners nicht erreicht worden.

§ 286 BGB – Verzug des Schuldners
(1) Leistet der Schuldner auf eine Mahnung des Gläubigers nicht, die nach dem Eintritt der Fälligkeit erfolgt, so kommt er durch die Mahnung in Verzug. Der Mahnung stehen die Erhebung der Klage auf die Leistung sowie die Zustellung eines Mahnbescheids im Mahnverfahren gleich.
(2) Der Mahnung bedarf es nicht, wenn
1. für die Leistung eine Zeit nach dem Kalender bestimmt ist,
2. der Leistung ein Ereignis vorauszugehen hat und eine angemessene Zeit für die Leistung in der Weise bestimmt ist, dass sie sich von dem Ereignis an nach dem Kalender berechnen lässt,
3. der Schuldner die Leistung ernsthaft und endgültig verweigert,
4. aus besonderen Gründen unter Abwägung der beiderseitigen Interessen der sofortige Eintritt des Verzugs gerechtfertigt ist.
(3) Der Schuldner einer Entgeltforderung kommt spätestens in Verzug, wenn er nicht innerhalb von 30 Tagen nach Fälligkeit und Zugang einer Rechnung oder gleichwertigen Zahlungsaufstellung leistet; dies gilt gegenüber einem Schuldner, der Verbraucher ist, nur, wenn auf diese Folgen in der Rechnung oder Zahlungsaufstellung besonders hingewiesen worden ist. Wenn der Zeitpunkt des Zugangs der Rechnung oder Zahlungsaufstellung unsicher ist, kommt der Schuldner, der nicht Verbraucher ist, spätestens 30 Tage nach Fälligkeit und Empfang der Gegenleistung in Verzug.
(4) Der Schuldner kommt nicht in Verzug, solange die Leistung infolge eines Umstands unterbleibt, den er nicht zu vertreten hat.

§ 287 BGB – Verantwortlichkeit während des Verzugs
Der Schuldner hat während des Verzugs jede Fahrlässigkeit zu vertreten. Er haftet wegen der Leistung auch für Zufall, es sei denn, dass der Schaden auch bei rechtzeitiger Leistung eingetreten sein würde.

§ 288 BGB – Verzugszinsen
(1) Eine Geldschuld ist während des Verzugs zu verzinsen. Der Verzugszinssatz beträgt für das Jahr fünf Prozentpunkte über dem Basiszinssatz.
(2) Bei Rechtsgeschäften, an denen ein Verbraucher nicht beteiligt ist, beträgt der Zinssatz für Entgeltforderungen acht Prozentpunkte über dem Basiszinssatz.
(3) Der Gläubiger kann aus einem anderen Rechtsgrund höhere Zinsen verlangen.
(4) Die Geltendmachung eines weiteren Schadens ist nicht ausgeschlossen.
(...)

Titel 2 – Verzug des Gläubigers
§ 293 BGB – Annahmeverzug
Der Gläubiger kommt in Verzug, wenn er die ihm angebotene Leistung nicht annimmt.
(...)

§ 300 BGB – Wirkungen des Gläubigerverzugs
(1) Der Schuldner hat während des Verzugs des Gläubigers nur Vorsatz und grobe Fahrlässigkeit zu vertreten.
(2) Wird eine nur der Gattung nach bestimmte Sache geschuldet, so geht die Gefahr mit dem Zeitpunkt auf den Gläubiger

über, in welchem er dadurch in Verzug kommt, dass er die angebotene Sache nicht annimmt.
(...)

Abschnitt 2 – Gestaltung rechtsgeschäftlicher Schuldverhältnisse durch Allgemeine Geschäftsbedingungen
§ 305 BGB – Einbeziehung Allgemeiner Geschäftsbedingungen in den Vertrag
(1) Allgemeine Geschäftsbedingungen sind alle für eine Vielzahl von Verträgen vorformulierten Vertragsbedingungen, die eine Vertragspartei (Verwender) der anderen Vertragspartei bei Abschluss eines Vertrags stellt. Gleichgültig ist, ob die Bestimmungen einen äußerlich gesonderten Bestandteil des Vertrags bilden oder in die Vertragsurkunde selbst aufgenommen werden, welchen Umfang sie haben, in welcher Schriftart sie verfasst sind und welche Form der Vertrag hat. Allgemeine Geschäftsbedingungen liegen nicht vor, soweit die Vertragsbedingungen zwischen den Vertragsparteien im Einzelnen ausgehandelt sind.
(2) Allgemeine Geschäftsbedingungen werden nur dann Bestandteil eines Vertrags, wenn der Verwender bei Vertragsschluss
1. die andere Vertragspartei ausdrücklich oder, wenn ein ausdrücklicher Hinweis wegen der Art des Vertragsschlusses nur unter unverhältnismäßigen Schwierigkeiten möglich ist, durch deutlich sichtbaren Aushang am Ort des Vertragsschlusses auf sie hinweist und
2. der anderen Vertragspartei die Möglichkeit verschafft, in zumutbarer Weise, die auch eine für den Verwender erkennbare körperliche Behinderung der anderen Vertragspartei angemessen berücksichtigt, von ihrem Inhalt Kenntnis zu nehmen,
und wenn die andere Vertragspartei mit ihrer Geltung einverstanden ist.
(3) Die Vertragsparteien können für eine bestimmte Art von Rechtsgeschäften die Geltung bestimmter Allgemeiner Geschäftsbedingungen unter Beachtung der in Absatz 2 bezeichneten Erfordernisse im Voraus vereinbaren.
(...)

§ 305b BGB – Vorgang der Individualabrede
Individuelle Vertragsabreden haben Vorrang vor Allgemeinen Geschäftsbedingungen.
(...)

Abschnitt 4 – Erlöschen der Schuldverhältnisse
Titel 2 – Hinterlegung
§ 372 BGB – Voraussetzungen
Geld, Wertpapiere und sonstige Urkunden sowie Kostbarkeiten kann der Schuldner bei einer dazu bestimmten öffentlichen Stelle für den Gläubiger hinterlegen, wenn der Gläubiger im Verzug der Annahme ist. Das Gleiche gilt, wenn der Schuldner aus einem anderen in der Person des Gläubigers liegenden Grund oder infolge einer nicht auf Fahrlässigkeit beruhenden Ungewissheit über die Person des Gläubigers seine Verbindlichkeit nicht oder nicht mit Sicherheit erfüllen kann.
(...)

§ 374 BGB – Hinterlegungsort; Anzeigepflicht
(1) Die Hinterlegung hat bei der Hinterlegungsstelle des Leistungsorts zu erfolgen; hinterlegt der Schuldner bei einer anderen Stelle, so hat er dem Gläubiger den daraus entstehenden Schaden zu ersetzen.
(2) Der Schuldner hat dem Gläubiger die Hinterlegung unverzüglich anzuzeigen; im Falle der Unterlassung ist er zum Schadensersatz verpflichtet. Die Anzeige darf unterbleiben, wenn sie untunlich ist.
(...)

§ 381 BGB – Kosten der Hinterlegung
Die Kosten der Hinterlegung fallen dem Gläubiger zur Last, sofern nicht der Schuldner die hinterlegte Sache zurücknimmt. (...)

§ 383 BGB – Versteigerung hinterlegungsunfähiger Sachen
(1) Ist die geschuldete bewegliche Sache zur Hinterlegung nicht geeignet, so kann der Schuldner sie im Falle des Verzugs des Gläubigers am Leistungsort versteigern lassen und den Erlös hinterlegen. Das Gleiche gilt in den Fällen des § 372 Satz 2, wenn der Verderb der Sache zu besorgen oder die Aufbewahrung mit unverhältnismäßigen Kosten verbunden ist.
(2) Ist von der Versteigerung am Leistungsort ein angemessener Erfolg nicht zu erwarten, so ist die Sache an einem geeigneten anderen Ort zu versteigern.
(3) Die Versteigerung hat durch einen für den Versteigerungsort bestellten Gerichtsvollzieher oder zu Versteigerungen befugten anderen Beamten oder öffentlich angestellten Versteigerer öffentlich zu erfolgen (öffentliche Versteigerung). Zeit und Ort der Versteigerung sind unter allgemeiner Bezeichnung der Sache öffentlich bekannt zu machen.
(4) Die Vorschriften der Absätze 1 bis 3 gelten nicht für eingetragene Schiffe und Schiffsbauwerke.

§ 384 BGB – Androhung der Versteigerung
(1) Die Versteigerung ist erst zulässig, nachdem sie dem Gläubiger angedroht worden ist; die Androhung darf unterbleiben, wenn die Sache dem Verderb ausgesetzt und mit dem Aufschub der Versteigerung Gefahr verbunden ist.
(2) Der Schuldner hat den Gläubiger von der Versteigerung unverzüglich zu benachrichtigen; im Falle der Unterlassung ist er zum Schadensersatz verpflichtet.
(3) Die Androhung und die Benachrichtigung dürfen unterbleiben, wenn sie untunlich sind.

§ 385 BGB – Freihändiger Verkauf
Hat die Sache einen Börsen- oder Marktpreis, so kann der Schuldner den Verkauf aus freier Hand durch einen zu solchen Verkäufen öffentlich ermächtigten Handelsmäkler oder durch eine zur öffentlichen Versteigerung befugte Person zum laufenden Preis bewirken.

§ 386 BGB – Kosten der Versteigerung
Die Kosten der Versteigerung oder des nach § 385 erfolgten Verkaufs fallen dem Gläubiger zur Last, sofern nicht der Schuldner den hinterlegten Erlös zurücknimmt.
(...)

Abschnitt 8 – Einzelne Schuldverhältnisse
Titel 1 – Kauf, Tausch

Untertitel 1 – Allgemeine Vorschriften
§ 433 BGB – Vertragstypische Pflichten beim Kaufvertrag
(1) Durch den Kaufvertrag wird der Verkäufer einer Sache verpflichtet, dem Käufer die Sache zu übergeben und das Eigentum an der Sache zu verschaffen. Der Verkäufer hat dem Käufer die Sache frei von Sach- und Rechtsmängeln zu verschaffen.
(2) Der Käufer ist verpflichtet dem Verkäufer den vereinbarten Kaufpreis zu zahlen und die gekaufte Sache abzunehmen.

§ 434 BGB – Sachmangel
(1) Die Sache ist frei von Sachmängeln, wenn sie bei Gefahrübergang die vereinbarte Beschaffenheit hat. Soweit die Beschaffenheit nicht vereinbart ist, ist die Sache frei von Sachmängeln,
1. wenn sie sich für die nach dem Vertrag vorausgesetzte Verwendung eignet, sonst
2. wenn sie sich für die gewöhnliche Verwendung eignet und eine Beschaffenheit aufweist, die bei Sachen der gleichen Art üblich ist und die der Käufer nach der Art der Sache erwarten kann.

Zu der Beschaffenheit nach Satz 2 Nr. 2 gehören auch Eigenschaften, die der Käufer nach den öffentlichen Äußerungen des Verkäufers, des Herstellers (§ 4 Abs. 1 und 2 des Produkthaftungsgesetzes) oder seines Gehilfen insbesondere in der Werbung oder bei der Kennzeichnung über bestimmte Eigenschaften der Sache erwarten kann, es sei denn, dass der Verkäufer die Äußerung nicht kannte und auch nicht kennen musste, dass sie im Zeitpunkt des Vertragsschlusses in gleichwertiger Weise berichtigt war oder dass sie die Kaufentscheidung nicht beeinflussen konnte.
(2) Ein Sachmangel ist auch dann gegeben, wenn die vereinbarte Montage durch den Verkäufer oder dessen Erfüllungsgehilfen unsachgemäß durchgeführt worden ist. Ein Sachmangel liegt bei einer zur Montage bestimmten Sache ferner vor, wenn die Montageanleitung mangelhaft ist, es sei denn, die Sache ist fehlerfrei montiert worden.
(3) Einem Sachmangel steht es gleich, wenn der Verkäufer eine andere Sache oder eine zu geringe Menge liefert.

§ 435 BGB – Rechtsmangel
Die Sache ist frei von Rechtsmängeln, wenn Dritte in Bezug auf die Sache keine oder nur die im Kaufvertrag übernommenen Rechte gegen den Käufer geltend machen können. Einem Rechtsmangel steht es gleich, wenn im Grundbuch ein Recht eingetragen ist, das nicht besteht.
(...)

§ 437 BGB – Rechte des Käufers bei Mängeln
Ist die Sache mangelhaft, kann der Käufer, wenn die Voraussetzungen der folgenden Vorschriften vorliegen und soweit nicht ein anderes bestimmt ist,
1. nach § 439 Nacherfüllung verlangen,
2. nach den §§ 440, 323 und 326 Abs. 5 von dem Vertrag zurücktreten oder nach § 441 den Kaufpreis mindern und
3. nach den §§ 440, 280, 281, 283 und 311a Schadensersatz oder nach § 284 Ersatz vergeblicher Aufwendungen verlangen.

§ 438 BGB – Verjährung der Mängelansprüche
(1) Die in § 437 Nr. 1 und 3 bezeichneten Ansprüche verjähren
1. in 30 Jahren, wenn der Mangel
   a) in einem dinglichen Recht eines Dritten, aufgrund dessen Herausgabe der Kaufsache verlangt werden kann, oder
   b) in einem sonstigen Recht, das im Grundbuch eingetragen ist,
   besteht,
2. in fünf Jahren
   a) bei einem Bauwerk und
   b) bei einer Sache, die entsprechend ihrer üblichen Verwendungsweise für ein Bauwerk verwendet worden ist und dessen Mangelhaftigkeit verursacht hat, und
3. im Übrigen in zwei Jahren.
(2) Die Verjährung beginnt bei Grundstücken mit der Übergabe, im Übrigen mit der Ablieferung der Sache.
(3) Abweichend von Absatz 1 Nr. 2 und 3 und Absatz 2 verjähren die Ansprüche in der regelmäßigen Verjährungsfrist, wenn der Verkäufer den Mangel arglistig verschwiegen hat. Im Falle des Absatzes 1 Nr. 2 tritt die Verjährung jedoch nicht vor Ablauf der dort bestimmten Frist ein.
(4) Für das in § 437 bezeichnete Rücktrittsrecht gilt § 218. Der Käufer kann trotz einer Unwirksamkeit des Rücktritts nach § 218

Abs. 1 die Zahlung des Kaufpreises insoweit verweigern, als er aufgrund des Rücktritts dazu berechtigt sein würde. Macht er von diesem Recht Gebrauch, kann der Verkäufer vom Vertrag zurücktreten.

(5) Auf das in § 437 bezeichnete Minderungsrecht finden § 218 und Absatz 4 Satz 2 entsprechende Anwendung.

§ 439 BGB – Nacherfüllung

(1) Der Käufer kann als Nacherfüllung nach seiner Wahl die Beseitigung des Mangels oder die Lieferung einer mangelfreien Sache verlangen.

(2) Der Verkäufer hat die zum Zwecke der Nacherfüllung erforderlichen Aufwendungen, insbesondere Transport-, Wege-, Arbeits- und Materialkosten zu tragen.

(3) Der Verkäufer kann die vom Käufer gewählte Art der Nacherfüllung unbeschadet des § 275 Abs. 2 und 3 verweigern, wenn sie nur mit unverhältnismäßigen Kosten möglich ist. Dabei sind insbesondere der Wert der Sache in mangelfreiem Zustand, die Bedeutung des Mangels und die Frage zu berücksichtigen, ob auf die andere Art der Nacherfüllung ohne erhebliche Nachteile für den Käufer zurückgegriffen werden könnte. Der Anspruch des Käufers beschränkt sich in diesem Fall auf die andere Art der Nacherfüllung; das Recht des Verkäufers, auch diese unter den Voraussetzungen des Satzes 1 zu verweigern, bleibt unberührt.

(4) Liefert der Verkäufer zum Zwecke der Nacherfüllung eine mangelfreie Sache, so kann er vom Käufer Rückgewähr der mangelhaften Sache nach Maßgabe der §§ 346 bis 348 verlangen.

§ 440 BGB – Besondere Bestimmungen für Rücktritt und Schadensersatz

Außer in den Fällen des § 281 Abs. 2 und des § 323 Abs. 2 bedarf es der Fristsetzung auch dann nicht, wenn der Verkäufer beide Arten der Nacherfüllung gemäß § 439 Abs. 3 verweigert oder wenn die dem Käufer zustehende Art der Nacherfüllung fehlgeschlagen oder ihm unzumutbar ist. Eine Nachbesserung gilt nach dem erfolglosen zweiten Versuch als fehlgeschlagen, wenn sich nicht insbesondere aus der Art der Sache oder des Mangels oder den sonstigen Umständen etwas anderes ergibt.

§ 441 BGB – Minderung

(1) Statt zurückzutreten, kann der Käufer den Kaufpreis durch Erklärung gegenüber dem Verkäufer mindern. Der Ausschlussgrund des § 323 Abs. 5 Satz 2 findet keine Anwendung.

(2) Sind auf der Seite des Käufers oder auf der Seite des Verkäufers mehrere beteiligt, so kann die Minderung nur von allen oder gegen alle erklärt werden.

(3) Bei der Minderung ist der Kaufpreis in dem Verhältnis herabzusetzen, in welchem zur Zeit des Vertragsschlusses der Wert der Sache in mangelfreiem Zustand zu dem wirklichen Wert gestanden haben würde. Die Minderung ist, soweit erforderlich, durch Schätzung zu ermitteln.

(4) Hat der Käufer mehr als den geminderten Kaufpreis gezahlt, so ist der Mehrbetrag vom Verkäufer zu erstatten. § 346 Abs. 1 und § 347 Abs. 1 finden entsprechende Anwendung.

§ 442 BGB – Kenntnis des Käufers

(1) Die Rechte des Käufers wegen eines Mangels sind ausgeschlossen, wenn er bei Vertragsschluss den Mangel kennt. Ist dem Käufer ein Mangel infolge grober Fahrlässigkeit unbekannt geblieben, kann der Käufer Rechte wegen dieses Mangels nur geltend machen, wenn der Verkäufer den Mangel arglistig verschwiegen oder eine Garantie für die Beschaffenheit der Sache übernommen hat.

(2) Ein im Grundbuch eingetragenes Recht hat der Verkäufer zu beseitigen, auch wenn es der Käufer kennt.

§ 443 BGB – Beschaffenheits- und Haltbarkeitsgarantie

(1) Übernimmt der Verkäufer oder ein Dritter eine Garantie für die Beschaffenheit der Sache oder dafür, dass die Sache für eine bestimmte Dauer eine bestimmte Beschaffenheit behält (Haltbarkeitsgarantie), so stehen dem Käufer im Garantiefall unbeschadet der gesetzlichen Ansprüche die Rechte aus der Garantie zu den in der Garantieerklärung und der einschlägigen Werbung angegebenen Bedingungen gegenüber demjenigen zu, der die Garantie eingeräumt hat.

(2) Soweit eine Haltbarkeitsgarantie übernommen worden ist, wird vermutet, dass ein während ihrer Geltungsdauer auftretender Sachmangel die Rechte aus der Garantie begründet.
(...)

§ 446 BGB – Gefahr- und Lastenübergang

Mit der Übergabe der verkauften Sache geht die Gefahr des zufälligen Untergangs und der zufälligen Verschlechterung auf den Käufer über. Von der Übergabe an gebühren dem Käufer die Nutzungen und trägt er die Lasten der Sache. Der Übergabe steht es gleich, wenn der Käufer im Verzug der Annahme ist.

§ 447 BGB – Gefahrübergang beim Versendungskauf

(1) Versendet der Verkäufer auf Verlangen des Käufers die verkaufte Sache nach einem anderen Ort als dem Erfüllungsort, so geht die Gefahr auf den Käufer über, sobald der Verkäufer die Sache dem Spediteur, dem Frachtführer oder der sonst zur Ausführung der Versendung bestimmten Person oder Anstalt ausgeliefert hat.

(2) Hat der Käufer eine besondere Anweisung über die Art der Versendung erteilt und weicht der Verkäufer ohne dringenden Grund von der Anweisung ab, so ist der Verkäufer dem Käufer für den daraus entstehenden Schaden verantwortlich.

§ 448 BGB – Kosten der Übergabe und vergleichbare Kosten

(1) Der Verkäufer trägt die Kosten der Übergabe der Sache, der Käufer die Kosten der Abnahme und der Versendung der Sache nach einem anderen Ort als dem Erfüllungsort.

(2) Der Käufer eines Grundstücks trägt die Kosten der Beurkundung des Kaufvertrags und der Auflassung, der Eintragung ins Grundbuch und der zu der Eintragung erforderlichen Erklärungen.

§ 449 BGB – Eigentumsvorbehalt

(1) Hat sich der Verkäufer einer beweglichen Sache das Eigentum bis zur Zahlung des Kaufpreises vorbehalten, so ist im Zweifel anzunehmen, dass das Eigentum unter der aufschiebenden Bedingung vollständiger Zahlung des Kaufpreises übertragen wird (Eigentumsvorbehalt).

(2) Aufgrund des Eigentumsvorbehalts kann der Verkäufer die Sache nur herausverlangen, wenn er vom Vertrag zurückgetreten ist.

(3) Die Vereinbarung eines Eigentumsvorbehalts ist nichtig, soweit der Eigentumsübergang davon abhängig gemacht wird, dass der Käufer Forderungen eines Dritten, insbesondere eines mit dem Verkäufer verbundenen Unternehmens, erfüllt.
(...)

§ 453 BGB – Rechtskauf

(1) Die Vorschriften über den Kauf von Sachen finden auf den Kauf von Rechten und sonstigen Gegenständen entsprechende Anwendung.

(2) Der Verkäufer trägt die Kosten der Begründung und Übertragung des Rechts.

(3) Ist ein Recht verkauft, das zum Besitz einer Sache berechtigt, so ist der Verkäufer verpflichtet, dem Käufer die Sache frei von Sach- und Rechtsmängeln zu übergeben.

16

Untertitel 2 – Besondere Arten des Kaufs
Kapitel 1 – Kauf auf Probe
§ 454 BGB – Zustandekommen des Kaufvertrags
(1) Bei einem Kauf auf Probe oder auf Besichtigung steht die Billigung des gekauften Gegenstandes im Belieben des Käufers. Der Kauf ist im Zweifel unter der aufschiebenden Bedingung der Billigung geschlossen.
(2) Der Verkäufer ist verpflichtet dem Käufer die Untersuchung des Gegenstandes zu gestatten.
(...)

Untertitel 3 – Verbrauchsgüterkauf
§ 474 BGB – Begriff des Verbrauchsgüterkaufs
(1) Kauft ein Verbraucher von einem Unternehmer eine bewegliche Sache (Verbrauchsgüterkauf), gelten ergänzend die folgenden Vorschriften. Dies gilt nicht für gebrauchte Sachen, die in einer öffentlichen Versteigerung verkauft werden, an der der Verbraucher persönlich teilnehmen kann.
(2) Auf die in diesem Untertitel geregelten Kaufverträge ist § 439 Abs. 4 mit der Maßgabe anzuwenden, dass Nutzungen nicht herauszugeben oder durch ihren Wert zu ersetzen sind. Die §§ 445 und 447 sind nicht anzuwenden.

§ 475 BGB – Abweichende Vereinbarungen
(1) Auf eine vor Mitteilung eines Mangels an den Unternehmer getroffene Vereinbarung, die zum Nachteil des Verbrauchers von den §§ 433 bis 435, 437, 439 bis 443 sowie von den Vorschriften dieses Untertitels abweicht, kann der Unternehmer sich nicht berufen. Die in Satz 1 bezeichneten Vorschriften finden auch Anwendung, wenn sie durch anderweitige Gestaltungen umgangen werden.
(2) Die Verjährung der in § 437 bezeichneten Ansprüche kann vor Mitteilung eines Mangels an den Unternehmer nicht durch Rechtsgeschäft erleichtert werden, wenn die Vereinbarung zu einer Verjährungsfrist ab dem gesetzlichen Verjährungsbeginn von weniger als zwei Jahren, bei gebrauchten Sachen von weniger als einem Jahr führt.
(3) Die Absätze 1 und 2 gelten unbeschadet der §§ 307 bis 309 nicht für den Ausschluss oder die Beschränkung des Anspruchs auf Schadensersatz.

§ 476 BGB – Beweislastumkehr
Zeigt sich innerhalb von sechs Monaten seit Gefahrübergang ein Sachmangel, so wird vermutet, dass die Sache bereits bei Gefahrübergang mangelhaft war, es sei denn, diese Vermutung ist mit der Art der Sache oder des Mangels unvereinbar.

§ 477 BGB – Sonderbestimmungen für Garantien
(1) Eine Garantieerklärung (§ 443) muss einfach und verständlich abgefasst sein. Sie muss enthalten
1. den Hinweis auf die gesetzlichen Rechte des Verbrauchers sowie darauf, dass sie durch die Garantie nicht eingeschränkt werden und
2. den Inhalt der Garantie und alle wesentlichen Angaben, die für die Geltendmachung der Garantie erforderlich sind, insbesondere die Dauer und den räumlichen Geltungsbereich des Garantieschutzes sowie Namen und Anschrift des Garantiegebers.
(2) Der Verbraucher kann verlangen, dass ihm die Garantieerklärung in Textform mitgeteilt wird.
(3) Die Wirksamkeit der Garantieverpflichtung wird nicht dadurch berührt, dass eine der vorstehenden Anforderungen nicht erfüllt wird.

§ 478 BGB – Rückgriff des Unternehmers
(1) Wenn der Unternehmer die verkaufte neu hergestellte Sache als Folge ihrer Mangelhaftigkeit zurücknehmen musste oder der Verbraucher den Kaufpreis gemindert hat, bedarf es für die in § 437 bezeichneten Rechte des Unternehmers gegen den Unternehmer, der ihm die Sache verkauft hatte (Lieferant), wegen des vom Verbraucher geltend gemachten Mangels einer sonst erforderlichen Fristsetzung nicht.
(2) Der Unternehmer kann beim Verkauf einer neu hergestellten Sache von seinem Lieferanten Ersatz der Aufwendungen verlangen, die der Unternehmer im Verhältnis zum Verbraucher nach § 439 Abs. 2 zu tragen hatte, wenn der vom Verbraucher geltend gemachte Mangel bereits beim Übergang der Gefahr auf den Unternehmer vorhanden war.
(3) In den Fällen der Absätze 1 und 2 findet § 476 mit der Maßgabe Anwendung, dass die Frist mit dem Übergang der Gefahr auf den Verbraucher beginnt.
(4) Auf eine vor Mitteilung eines Mangels an den Lieferanten getroffene Vereinbarung, die zum Nachteil des Unternehmers von den §§ 433 bis 435, 437, 439 bis 443 sowie von den Absätzen 1 bis 3 und von § 479 abweicht, kann sich der Lieferant nicht berufen, wenn dem Rückgriffsgläubiger kein gleichwertiger Ausgleich eingeräumt wird. Satz 1 gilt unbeschadet des § 307 nicht für den Ausschluss oder die Beschränkung des Anspruchs auf Schadensersatz. Die in Satz 1 bezeichneten Vorschriften finden auch Anwendung, wenn sie durch anderweitige Gestaltungen umgangen werden.
(5) Die Absätze 1 bis 4 finden auf die Ansprüche des Lieferanten und der übrigen Käufer in der Lieferkette gegen die jeweiligen Verkäufer entsprechende Anwendung, wenn die Schuldner Unternehmer sind.
(6) § 377 des Handelsgesetzbuchs bleibt unberührt.

§ 479 BGB – Verjährung von Rückgriffsansprüchen
(1) Die in § 478 Abs. 2 bestimmten Aufwendungsersatzansprüche verjähren in zwei Jahren ab Ablieferung der Sache.
(2) Die Verjährung der in den §§ 437 und 478 Abs. 2 bestimmten Ansprüche des Unternehmers gegen seinen Lieferanten wegen des Mangels einer an einen Verbraucher verkauften neu hergestellten Sache tritt frühestens zwei Monate nach dem Zeitpunkt ein, in dem der Unternehmer die Ansprüche des Verbrauchers erfüllt hat. Diese Ablaufhemmung endet spätestens fünf Jahre nach dem Zeitpunkt, in dem der Lieferant die Sache dem Unternehmer abgeliefert hat.
(3) Die vorstehenden Absätzen finden auf die Ansprüche des Lieferanten und der übrigen Käufer in der Lieferkette gegen die jeweiligen Verkäufer entsprechende Anwendung, wenn die Schuldner Unternehmer sind.
(...)

Titel 5 – Mietvertrag, Pachtvertrag
Untertitel 1 – Allgemeine Vorschriften für Mietverhältnisse
§ 535 BGB – Inhalt und Hauptpflichten des Mietvertrags
(1) Durch den Mietvertrag wird der Vermieter verpflichtet dem Mieter den Gebrauch der Mietsache während der Mietzeit zu gewähren. Der Vermieter hat die Mietsache dem Mieter in einem zum vertragsgemäßen Gebrauch geeigneten Zustand zu überlassen und sie während der Mietzeit in diesem Zustand zu erhalten. Er hat die auf der Mietsache ruhenden Lasten zu tragen.
(2) Der Mieter ist verpflichtet dem Vermieter die vereinbarte Miete zu entrichten.
(...)

§ 542 BGB – Ende des Mietverhältnisses

(1) Ist die Mietzeit nicht bestimmt, so kann jede Vertragspartei das Mietverhältnis nach den gesetzlichen Vorschriften kündigen.

(2) Ein Mietverhältnis, das auf bestimmte Zeit eingegangen ist, endet mit dem Ablauf dieser Zeit, sofern es nicht

1. in den gesetzlich zugelassenen Fällen außerordentlich gekündigt oder
2. verlängert wird.

(...)

Titel 6 – *Leihe*

§ 598 BGB – Vertragstypische Pflichten bei der Leihe

Durch den Leihvertrag wird der Verleiher einer Sache verpflichtet dem Entleiher den Gebrauch der Sache unentgeltlich zu gestatten.

§ 599 BGB – Haftung des Verleihers

Der Verleiher hat nur Vorsatz und grobe Fahrlässigkeit zu vertreten.

(...)

§ 604 BGB – Rückgabepflicht

(1) Der Entleiher ist verpflichtet die geliehene Sache nach dem Ablauf der für die Leihe bestimmten Zeit zurückzugeben.

(...)

Titel 7 – *Sachdarlehensvertrag*

§ 607 BGB – Vertragstypische Pflichten beim Sachdarlehensvertrag

(1) Durch den Sachdarlehensvertrag wird der Darlehensgeber verpflichtet, dem Darlehensnehmer eine vereinbarte vertretbare Sache zu überlassen. Der Darlehensnehmer ist zur Zahlung eines Darlehensentgelts und bei Fälligkeit zur Rückerstattung von Sachen gleicher Art, Güte und Menge verpflichtet.

(2) Die Vorschriften dieses Titels finden keine Anwendung auf die Überlassung von Geld.

§ 608 BGB – Kündigung

(1) Ist für die Rückerstattung der überlassenen Sache eine Zeit nicht bestimmt, hängt die Fälligkeit davon ab, dass der Darlehensgeber oder der Darlehensnehmer kündigt.

(2) Ein auf unbestimmte Zeit abgeschlossener Sachdarlehensvertrag kann, soweit nicht ein anderes vereinbart ist, jederzeit vom Darlehensgeber oder Darlehensnehmer ganz oder teilweise gekündigt werden.

§ 609 BGB – Entgelt

Ein Entgelt hat der Darlehensnehmer spätestens bei Rückerstattung der überlassenen Sache zu bezahlen.

(...)

Titel 8 – *Dienstvertrag*

§ 611 BGB – Vertragstypische Pflichten beim Dienstvertrag

(1) Durch den Dienstvertrag wird derjenige, welcher Dienste zusagt, zur Leistung der versprochenen Dienste, der andere Teil zur Gewährung der vereinbarten Vergütung verpflichtet.

(2) Gegenstand des Dienstvertrags können Dienste jeder Art sein.

§ 612 BGB – Vergütung

(1) Eine Vergütung gilt als stillschweigend vereinbart, wenn die Dienstleistung den Umständen nach nur gegen eine Vergütung zu erwarten ist.

(2) Ist die Höhe der Vergütung nicht bestimmt, so ist bei dem Bestehen einer Taxe die taxmäßige Vergütung, in Ermangelung einer Taxe die übliche Vergütung als vereinbart anzusehen.

(3) (weggefallen)

§ 614 BGB – Fälligkeit der Vergütung

Die Vergütung ist nach der Leistung der Dienste zu entrichten. Ist die Vergütung nach Zeitabschnitten bemessen, so ist sie nach dem Ablauf der einzelnen Zeitabschnitte zu entrichten.

(...)

§ 623 BGB – Schriftform der Kündigung

Die Beendigung von Arbeitsverhältnissen durch Kündigung oder Auflösungsvertrag bedürfen zu ihrer Wirksamkeit der Schriftform; die elektronische Form ist ausgeschlossen.

(...)

§ 630 BGB – Pflicht zur Zeugniserteilung

Bei der Beendigung eines dauernden Dienstverhältnisses kann der Verpflichtete von dem anderen Teil ein schriftliches Zeugnis über das Dienstverhältnis und dessen Dauer fordern. Das Zeugnis ist auf Verlangen auf die Leistungen und die Führung im Dienst zu erstrecken. Die Erteilung des Zeugnisses in elektronischer Form ist ausgeschlossen. Wenn der Verpflichtete ein Arbeitnehmer ist, findet § 109 der Gewerbeordnung Anwendung.

Titel 9 – *Werkvertrag und ähnliche Verträge*
Untertitel 1 – *Werkvertrag*

§ 631 BGB – Vertragstypische Pflichten beim Werkvertrag

(1) Durch den Werkvertrag wird der Unternehmer zur Herstellung des versprochenen Werkes, der Besteller zur Entrichtung der vereinbarten Vergütung verpflichtet.

(2) Gegenstand des Werkvertrags kann sowohl die Herstellung oder Veränderung einer Sache als auch ein anderer durch Arbeit oder Dienstleistung herbeizuführender Erfolg sein.

(...)

§ 632a BGB – Abschlagszahlungen

(1) Der Unternehmer kann von dem Besteller für eine vertragsgemäß erbrachte Leistung eine Abschlagszahlung in der Höhe verlangen, in der der Besteller durch die Leistung einen Wertzuwachs erlangt hat. Wegen unwesentlicher Mängel kann die Abschlagszahlung nicht verweigert werden. § 641 Abs. 3 gilt entsprechend. Die Leistungen sind durch eine Aufstellung nachzuweisen, die eine rasche und sichere Beurteilung der Leistungen ermöglichen muss. Die Sätze 1 bis 4 gelten auch für erforderliche Stoffe oder Bauteile, die angeliefert oder eigens angefertigt und bereitgestellt sind, wenn dem Besteller nach seiner Wahl Eigentum an den Stoffen oder Bauteilen übertragen oder entsprechende Sicherheit hierfür geleistet wird.

(2) Wenn der Vertrag die Errichtung oder den Umbau eines Hauses oder eines vergleichbaren Bauwerks zum Gegenstand hat und zugleich die Verpflichtung des Unternehmers enthält, dem Besteller das Eigentum an dem Grundstück zu übertragen oder ein Erbbaurecht zu bestellen oder zu übertragen, können Abschlagszahlungen nur verlangt werden, soweit sie gemäß einer Verordnung auf Grund von Artikel 244 des Einführungsgesetzes zum Bürgerlichen Gesetzbuche vereinbart sind.

(3) Ist der Besteller ein Verbraucher und hat der Vertrag die Errichtung oder den Umbau eines Hauses oder eines vergleichbaren Bauwerks zum Gegenstand, ist dem Besteller bei der ersten Abschlagszahlung eine Sicherheit für die rechtzeitige Herstellung des Werkes ohne wesentliche Mängel in Höhe von 5 vom Hundert des Vergütungsanspruchs zu leisten. Erhöht sich der Vergütungsanspruch infolge von Änderungen oder Ergän-

zungen des Vertrages um mehr als 10 vom Hundert, ist dem Besteller bei der nächsten Abschlagszahlung eine weitere Sicherheit in Höhe von 5 vom Hundert des zusätzlichen Vergütungsanspruchs zu leisten. Auf Verlangen des Unternehmers ist die Sicherheitsleistung durch Einbehalt dergestalt zu erbringen, dass der Besteller die Abschlagszahlungen bis zu dem Gesamtbetrag der geschuldeten Sicherheit zurückhält.

(4) Sicherheiten nach dieser Vorschrift können auch durch eine Garantie oder ein sonstiges Zahlungsversprechen eines im Geltungsbereich dieses Gesetzes zum Geschäftsbetrieb befugten Kreditinstituts oder Kreditversicherers geleistet werden.

§ 633 BGB – Sach- und Rechtsmangel

(1) Der Unternehmer hat dem Besteller das Werk frei von Sach- und Rechtsmängeln zu verschaffen.

(2) Das Werk ist frei von Sachmängeln, wenn es die vereinbarte Beschaffenheit hat. Soweit die Beschaffenheit nicht vereinbart ist, ist das Werk frei von Sachmängeln,
1. wenn es sich für die nach dem Vertrag vorausgesetzte, sonst
2. für die gewöhnliche Verwendung eignet und eine Beschaffenheit aufweist, die bei Werken der gleichen Art üblich ist und die der Besteller nach der Art des Werks erwarten kann.

Einem Sachmangel steht es gleich, wenn der Unternehmer ein anderes als das bestellte Werk oder das Werk in zu geringer Menge herstellt.

(3) Das Werk ist frei von Rechtsmängeln, wenn Dritte in Bezug auf das Werk keine oder nur die im Vertrag übernommenen Rechte gegen den Besteller geltend machen können.

§ 634 BGB – Rechte des Bestellers bei Mängeln

Ist das Werk mangelhaft, kann der Besteller, wenn die Voraussetzungen der folgenden Vorschriften vorliegen und soweit nicht ein anderes bestimmt ist,
1. nach § 635 Nacherfüllung verlangen,
2. nach § 637 den Mangel selbst beseitigen und Ersatz der erforderlichen Aufwendungen verlangen,
3. nach den §§ 636, 323 und 326 Abs. 5 von dem Vertrag zurücktreten oder nach § 638 die Vergütung mindern und
4. nach den §§ 636, 280, 281, 283 und 311a Schadensersatz oder nach § 284 Ersatz vergeblicher Aufwendungen verlangen.

§ 634a BGB – Verjährung der Mängelansprüche

(1) Die in § 634 Nr. 1, 2 und 4 bezeichneten Ansprüche verjähren
1. vorbehaltlich der Nummer 2 in zwei Jahren bei einem Werk, dessen Erfolg in der Herstellung, Wartung oder Veränderung einer Sache oder in der Erbringung von Planungs- oder Überwachungsleistungen hierfür besteht,
2. in fünf Jahren bei einem Bauwerk und einem Werk, dessen Erfolg in der Erbringung von Planungs- oder Überwachungsleistungen hierfür besteht, und
3. im Übrigen in der regelmäßigen Verjährungsfrist.

(2) Die Verjährung beginnt in den Fällen des Absatzes 1 Nr. 1 und 2 mit der Abnahme.

(3) Abweichend von Absatz 1 Nr. 1 und 2 und Absatz 2 verjähren die Ansprüche in der regelmäßigen Verjährungsfrist, wenn der Unternehmer den Mangel arglistig verschwiegen hat. Im Fall des Absatzes 1 Nr. 2 tritt die Verjährung jedoch nicht vor Ablauf der dort bestimmten Frist ein.

(4) Für das in § 634 bezeichnete Rücktrittsrecht gilt § 218. Der Besteller kann trotz einer Unwirksamkeit des Rücktritts nach § 218 Abs. 1 die Zahlung der Vergütung insoweit verweigern, als er aufgrund des Rücktritts dazu berechtigt sein würde. Macht er von diesem Recht Gebrauch, kann der Unternehmer vom Vertrag zurücktreten.

(5) Auf das in § 634 bezeichnete Minderungsrecht finden § 218 und Absatz 4 Satz 2 entsprechende Anwendung.

(...)

§ 651 BGB – Anwendung des Kaufrechts

Auf einen Vertrag, der die Lieferung herzustellender oder zu erzeugender beweglicher Sachen zum Gegenstand hat, finden die Vorschriften über den Kauf Anwendung. § 442 Abs. 1 Satz 1 findet bei diesen Verträgen auch Anwendung, wenn der Mangel auf den vom Besteller gelieferten Stoff zurückzuführen ist. Soweit es sich bei den herzustellenden oder zu erzeugenden beweglichen Sachen um nicht vertretbare Sachen handelt, sind auch die §§ 642, 643, 645, 649 und 650 mit der Maßgabe anzuwenden, dass an die Stelle der Abnahme der nach den §§ 446 und 447 maßgebliche Zeitpunkt tritt.

(...)

Buch 3 – Sachenrecht
Abschnitt 2 – Allgemeine Vorschriften über Rechte an Grundstücken
§ 873 BGB – Erwerb durch Einigung und Eintragung

(1) Zur Übertragung des Eigentums an einem Grundstück, zur Belastung eines Grundstücks mit einem Recht sowie zur Übertragung oder Belastung eines solchen Rechtes ist die Einigung des Berechtigten und des anderen Teiles über den Eintritt der Rechtsänderung und die Eintragung der Rechtsänderung in das Grundbuch erforderlich, soweit nicht das Gesetz ein anderes vorschreibt.

(2) Vor der Eintragung sind die Beteiligten an die Einigung nur gebunden, wenn die Erklärungen notariell beurkundet oder vor dem Grundbuchamt abgegeben oder bei diesem eingereicht sind oder wenn der Berechtigte dem anderen Teil eine den Vorschriften der Grundbuchordnung entsprechende Eintragungsbewilligung ausgehändigt hat.

(...)

Abschnitt 3 – Eigentum

Titel 2 – Erwerb und Verlust des Eigentums an Grundstücken
§ 925 BGB – Auflassung

(1) Die zur Übertragung des Eigentums an einem Grundstück nach § 873 erforderliche Einigung des Veräußerers und des Erwerbers (Auflassung) muss bei gleichzeitiger Anwesenheit beider Teile vor einer zuständigen Stelle erklärt werden. Zur Entgegennahme der Auflassung ist, unbeschadet der Zuständigkeit weiterer Stellen, jeder Notar zuständig. Eine Auflassung kann auch in einem gerichtlichen Vergleich oder in einem rechtskräftig bestätigten Insolvenzplan erklärt werden.

(2) Eine Auflassung, die unter einer Bedingung oder einer Zeitbestimmung erfolgt, ist unwirksam.

(...)

Titel 3 – Erwerb und Verlust des Eigentums an beweglichen Sachen
Untertitel 1 – Übertragung
§ 929 BGB – Einigung und Übergabe

Zur Übertragung des Eigentums an einer beweglichen Sache ist erforderlich, dass der Eigentümer die Sache dem Erwerber übergibt und beide darüber einig sind, dass das Eigentum übergehen soll. Ist der Erwerber im Besitz der Sache, so genügt die Einigung über den Übergang des Eigentums.

(...)

§ 930 BGB – Besitzkonstitut
Ist der Eigentümer im Besitz der Sache, so kann die Übergabe dadurch ersetzt werden, dass zwischen ihm und dem Erwerber ein Rechtsverhältnis vereinbart wird, vermöge dessen der Erwerber den mittelbaren Besitz erlangt.

§ 931 BGB – Abtretung des Herausgabeanspruchs
Ist ein Dritter im Besitz der Sache, so kann die Übergabe dadurch ersetzt werden, dass der Eigentümer dem Erwerber den Anspruch auf Herausgabe der Sache abtritt.

§ 932 BGB – Gutgläubiger Erwerb vom Nichtberechtigten
(1) Durch eine nach § 929 erfolgte Veräußerung wird der Erwerber auch dann Eigentümer, wenn die Sache nicht dem Veräußerer gehört, es sei denn, dass er zu der Zeit, zu der er nach diesen Vorschriften das Eigentum erwerben würde, nicht in gutem Glauben ist. In dem Falle des § 929 Satz 2 gilt dies jedoch nur dann, wenn der Erwerber den Besitz von dem Veräußerer erlangt hatte.

(2) Der Erwerber ist nicht in gutem Glauben, wenn ihm bekannt oder infolge grober Fahrlässigkeit unbekannt ist, dass die Sache nicht dem Veräußerer gehört.
(...)

§ 935 BGB – Kein gutgläubiger Erwerb von abhandengekommenen Sachen
(1) Der Erwerb des Eigentums aufgrund der §§ 932 bis 934 tritt nicht ein, wenn die Sache dem Eigentümer gestohlen worden, verloren gegangen oder sonst abhandengekommen war. Das Gleiche gilt, falls der Eigentümer nur mittelbarer Besitzer war, dann, wenn die Sache dem Besitzer abhandengekommen war.
(2) Diese Vorschriften finden keine Anwendung auf Geld oder Inhaberpapiere sowie auf Sachen, die im Wege öffentlicher Versteigerung oder in einer Versteigerung nach § 979 Absatz 1a veräußert werden.
(...)

Erstes Buch – Handelsstand
Erster Abschnitt – Kaufleute
§ 1 HGB
(1) Kaufmann im Sinne dieses Gesetzbuchs ist, wer ein Handelsgewerbe betreibt.
(2) Handelsgewerbe ist jeder Gewerbebetrieb, es sei denn, dass das Unternehmen nach Art oder Umfang einen in kaufmännischer Weise eingerichteten Geschäftsbetrieb nicht erfordert.

§ 2 HGB
Ein gewerbliches Unternehmen, dessen Gewerbebetrieb nicht schon nach § 1 Abs. 2 Handelsgewerbe ist, gilt als Handelsgewerbe im Sinne dieses Gesetzbuchs, wenn die Firma des Unternehmens in das Handelsregister eingetragen ist. Der Unternehmer ist berechtigt, aber nicht verpflichtet, die Eintragung nach den für die Eintragung kaufmännischer Firmen geltenden Vorschriften herbeizuführen. Ist die Eintragung erfolgt, so findet eine Löschung der Firma auch auf Antrag des Unternehmers statt, sofern nicht die Voraussetzung des § 1 Abs. 2 eingetreten ist.
(...)

Zweiter Abschnitt – Handelsregister
§ 8 HGB
(1) Das Handelsregister wird von den Gerichten geführt.
(2) Andere Datensammlungen dürfen nicht unter Verwendung oder Beifügung der Bezeichnung „Handelsregister" in den Verkehr gebracht werden.

§ 8a HGB
(1) Eine Eintragung in das Handelsregister wird wirksam, sobald sie in den für die Handelsregistereintragungen bestimmten Datenspeicher aufgenommen ist und auf Dauer inhaltlich unverändert in lesbarer Form wiedergegeben werden kann.
(2) Die Landesregierungen werden ermächtigt, durch Rechtsverordnung nähere Bestimmungen über die elektronische Füh-
rung des Handelsregisters, die elektronische Anmeldung, die elektronische Einreichung von Dokumenten sowie deren Aufbewahrung zu treffen, soweit nicht durch das Bundesministerium der Justiz nach § 387 Abs. 2 des Gesetzes über das Verfahren in Familiensachen und in den Angelegenheiten der freiwilligen Gerichtsbarkeit entsprechende Vorschriften erlassen werden. Dabei können sie auch Einzelheiten der Datenübermittlung regeln sowie die Form zu übermittelnder elektronischer Dokumente festlegen, um die Eignung für die Bearbeitung durch das Gericht sicherzustellen. Die Landesregierungen können die Ermächtigung durch Rechtsverordnung auf die Landesjustizverwaltungen übertragen.
(...)

§ 9 HGB
(1) Die Einsichtnahme in das Handelsregister sowie in die zum Handelsregister eingereichten Dokumente ist jedem zu Informationszwecken gestattet. Die Landesjustizverwaltungen bestimmen das elektronische Informations- und Kommunikationssystem, über das die Daten aus den Handelsregistern abrufbar sind, und sind für die Abwicklung des elektronischen Abrufverfahrens zuständig. Die Landesregierung kann die Zuständigkeit durch Rechtsverordnung abweichend regeln; sie kann diese Ermächtigung durch Rechtsverordnung auf die Landesjustizverwaltung übertragen. Die Länder können ein länderübergreifendes, zentrales elektronisches Informations- und Kommunikationssystem bestimmen. Sie können auch eine Übertragung der Abwicklungsaufgaben auf die zuständige Stelle eines anderen Landes sowie mit dem Betreiber des Unternehmensregisters eine Übertragung der Abwicklungsaufgaben auf das Unternehmensregister vereinbaren.
(2) Sind Dokumente nur in Papierform vorhanden, kann die elektronische Übermittlung nur für solche Schriftstücke verlangt werden, die weniger als zehn Jahre vor dem Zeitpunkt der Antragstellung zum Handelsregister eingereicht wurden.
(3) Die Übereinstimmung der übermittelten Daten mit dem Inhalt des Handelsregisters und den zum Handelsregister einge-

reichten Dokumenten wird auf Antrag durch das Gericht beglaubigt. Dafür ist eine qualifizierte elektronische Signatur nach dem Signaturgesetz zu verwenden.

(4) Von den Eintragungen und den eingereichten Dokumenten kann ein Ausdruck verlangt werden. Von den zum Handelsregister eingereichten Schriftstücken, die nur in Papierform vorliegen, kann eine Abschrift gefordert werden. Die Abschrift ist von der Geschäftsstelle zu beglaubigen und der Ausdruck als amtlicher Ausdruck zu fertigen, wenn nicht auf die Beglaubigung verzichtet wird.

(5) Das Gericht hat auf Verlangen eine Bescheinigung darüber zu erteilen, dass bezüglich des Gegenstandes einer Eintragung weitere Eintragungen nicht vorhanden sind oder dass eine bestimmte Eintragung nicht erfolgt ist.

(6) Für die Einsichtnahme in das Unternehmensregister gilt Absatz 1 Satz 1 entsprechend. Anträge nach den Absätzen 2 bis 5 können auch über das Unternehmensregister an das Gericht vermittelt werden.
(...)

§ 10 HGB

Das Gericht macht die Eintragungen in das Handelsregister in dem von der Landesjustizverwaltung bestimmten elektronischen Informations- und Kommunikationssystem in der zeitlichen Folge ihrer Eintragung nach Tagen geordnet bekannt; § 9 Abs. 1 Satz 4 und 5 gilt entsprechend. Soweit nicht ein Gesetz etwas anderes vorschreibt, werden die Eintragungen ihrem ganzen Inhalt nach veröffentlicht.

Dritter Abschnitt – Handelsfirma

§ 17 HGB

(1) Die Firma eines Kaufmanns ist der Name, unter dem er seine Geschäfte betreibt und die Unterschrift abgibt.

(2) Ein Kaufmann kann unter seiner Firma klagen und verklagt werden.

§ 18 HGB

(1) Die Firma muss zur Kennzeichnung des Kaufmanns geeignet sein und Unterscheidungskraft besitzen.

(2) Die Firma darf keine Angaben enthalten, die geeignet sind, über geschäftliche Verhältnisse, die für die angesprochenen Verkehrskreise wesentlich sind, irrezuführen. Im Verfahren vor dem Registergericht wird die Eignung zur Irreführung nur berücksichtigt, wenn sie ersichtlich ist.

§ 19 HGB

(1) Die Firma muss, auch wenn sie nach den §§ 21, 22, 24 oder nach anderen gesetzlichen Vorschriften fortgeführt wird, enthalten:
1. bei Einzelkaufleuten die Bezeichnung „eingetragener Kaufmann", „eingetragene Kauffrau" oder eine allgemein verständliche Abkürzung dieser Bezeichnung, insbesondere „e. K.", „e. Kfm." oder „e. Kffr.";
2. bei einer offenen Handelsgesellschaft die Bezeichnung „offene Handelsgesellschaft" oder eine allgemein verständliche Abkürzung dieser Bezeichnung;
3. bei einer Kommanditgesellschaft die Bezeichnung „Kommanditgesellschaft" oder eine allgemein verständliche Abkürzung dieser Bezeichnung.

(2) Wenn in einer offenen Handelsgesellschaft oder Kommanditgesellschaft keine natürliche Person persönlich haftet, muss die Firma, auch wenn sie nach den §§ 21, 22, 24 oder nach anderen gesetzlichen Vorschriften fortgeführt wird, eine Bezeichnung enthalten, welche die Haftungsbeschränkung kennzeichnet.
(...)

§ 29 HGB

Jeder Kaufmann ist verpflichtet seine Firma und den Ort und die inländische Geschäftsanschrift seiner Handelsniederlassung bei dem Gericht, in dessen Bezirke sich die Niederlassung befindet, zur Eintragung in das Handelsregister anzumelden.
(...)

§ 37a HGB

(1) Auf allen Geschäftsbriefen des Kaufmanns, die an einen bestimmten Empfänger gerichtet werden, müssen seine Firma, die Bezeichnung nach § 19 Abs. 1 Nr. 1, der Ort seiner Handelsniederlassung, das Registergericht und die Nummer, unter der die Firma in das Handelsregister eingetragen ist, angegeben werden.

(2) Der Angaben nach Absatz 1 bedarf es nicht bei Mitteilungen oder Berichten, die im Rahmen einer bestehenden Geschäftsverbindung ergehen und für die üblicherweise Vordrucke verwendet werden, in denen lediglich die im Einzelfall erforderlichen besonderen Angaben eingefügt zu werden brauchen.

(3) Bestellscheine gelten als Geschäftsbriefe im Sinne des Absatzes 1. Absatz 2 ist auf sie nicht anzuwenden.

(4) Wer seiner Pflicht nach Absatz 1 nicht nachkommt, ist hierzu von dem Registergericht durch Festsetzung von Zwangsgeld anzuhalten. § 14 Satz 2 gilt entsprechend.
(...)

Zweites Buch – Handelsgesellschaften und stille Gesellschaft
Erster Abschnitt – Offene Handelsgesellschaft
Erster Titel – Errichtung der Gesellschaft
§ 105 HGB

(1) Eine Gesellschaft, deren Zweck auf den Betrieb eines Handelsgewerbes unter gemeinschaftlicher Firma gerichtet ist, ist eine offene Handelsgesellschaft, wenn bei keinem der Gesellschafter die Haftung gegenüber den Gesellschaftsgläubigern beschränkt ist.

(2) Eine Gesellschaft, deren Gewerbebetrieb nicht schon nach § 1 Abs. 2 Handelsgewerbe ist oder die nur eigenes Vermögen verwaltet, ist offene Handelsgesellschaft, wenn die Firma des Unternehmens in das Handelsregister eingetragen ist. § 2 Satz 2 und 3 gilt entsprechend.

(3) Auf die offene Handelsgesellschaft finden, soweit nicht in diesem Abschnitt ein anderes vorgeschrieben ist, die Vorschriften des Bürgerlichen Gesetzbuchs über die Gesellschaft Anwendung.
(...)

Dritter Titel – *Rechtsverhältnis der Gesellschafter zu Dritten*
§ 125a HBG

(1) Auf allen Geschäftsbriefen der Gesellschaft, gleichviel welcher Form, die an einen bestimmten Empfänger gerichtet werden, müssen die Rechtsform und der Sitz der Gesellschaft, das Registergericht und die Nummer, unter der die Gesellschaft in das Handelsregister eingetragen ist, angegeben werden. Bei einer Gesellschaft, bei der kein Gesellschafter eine natürliche Person ist, sind auf den Geschäftsbriefen der Gesellschaft ferner die Firmen der Gesellschafter anzugeben, sowie für die Gesellschafter die nach § 35a des Gesetzes betreffend die Gesellschaften mit beschränkter Haftung oder § 80 des Aktiengesetzes für Geschäftsbriefe vorgeschriebenen Angaben zu machen. Die Angaben nach Satz 2 sind nicht erforderlich, wenn zu den Gesellschaftern der Gesellschaft eine offene Handelsgesellschaft oder Kommanditgesellschaft gehört, bei der ein persönlich haftender Gesellschafter eine natürliche Person ist.

(2) Für Vordrucke und Bestellscheine ist § 37a Abs. 2 und 3, für Zwangsgelder gegen die zur Vertretung der Gesellschaft ermäch-

tigten Gesellschafter oder deren or-ganschaftliche Vertreter und die Liquidatoren ist § 37a Abs. 4 entsprechend anzuwenden.
(...)

Sechster Titel – Verjährung. Zeitliche Begrenzung der Haftung

Zweiter Abschnitt – Kommanditgesellschaft

§ 161 HGB
(1) Eine Gesellschaft, deren Zweck auf den Betrieb eines Handelsgewerbes unter gemeinschaftlicher Firma gerichtet ist, ist eine Kommanditgesellschaft, wenn bei einem oder bei einigen von den Gesellschaftern die Haftung gegenüber den Gesellschaftsgläubigern auf den Betrag einer bestimmten Vermögenseinlage beschränkt ist (Kommanditisten), während bei dem anderen Teil der Gesellschafter eine Beschränkung der Haftung nicht stattfindet (persönlich haftende Gesellschafter).
(2) Soweit nicht in diesem Abschnitt ein anderes vorgeschrieben ist, finden auf die Kommanditgesellschaft die für die offene Handelsgesellschaft geltenden Vorschriften Anwendung.
(...)

Drittes Buch – Handelsbücher
Vorschriften für alle Kaufleute
I. Buchführung, Inventar

§ 238 HGB – Buchführungspflicht
(1) Jeder Kaufmann ist verpflichtet Bücher zu führen und in diesen seine Handelsgeschäfte und die Lage seines Vermögens nach den Grundsätzen ordnungsmäßiger Buchführung ersichtlich zu machen. Die Buchführung muss so beschaffen sein, dass sie einem sachverständigen Dritten innerhalb angemessener Zeit einen Überblick über die Geschäftsvorfälle und über die Lage des Unternehmens vermitteln kann. Die Geschäftsvorfälle müssen sich in ihrer Entstehung und Abwicklung verfolgen lassen.
(2) Der Kaufmann ist verpflichtet eine mit der Urschrift übereinstimmende Wiedergabe der abgesandten Handelsbriefe (Kopie, Abdruck, Abschrift oder sonstige Wiedergabe des Wortlauts auf einem Schrift-, Bild- oder anderen Datenträger) zurückzubehalten.

§ 239 HGB – Führung der Handelsbücher
(1) Bei der Führung der Handelsbücher und bei den sonst erforderlichen Aufzeichnungen hat sich der Kaufmann einer lebenden Sprache zu bedienen. Werden Abkürzungen, Ziffern, Buchstaben oder Symbole verwendet, muss im Einzelfall deren Bedeutung eindeutig festliegen.
(2) Die Eintragungen in Büchern und die sonst erforderlichen Aufzeichnungen müssen vollständig, richtig, zeitgerecht und geordnet vorgenommen werden.
(3) Eine Eintragung oder eine Aufzeichnung darf nicht in einer Weise verändert werden, dass der ursprüngliche Inhalt nicht mehr feststellbar ist. Auch solche Veränderungen dürfen nicht vorgenommen werden, deren Beschaffenheit es ungewiss lässt, ob sie ursprünglich oder erst später gemacht worden sind.
(4) Die Handelsbücher und die sonst erforderlichen Aufzeichnungen können auch in der geordneten Ablage von Belegen bestehen oder auf Datenträgern geführt werden, soweit diese Formen der Buchführung einschließlich des dabei angewandten Verfahrens den Grundsätzen ordnungsmäßiger Buchführung entsprechen. Bei der Führung der Handelsbücher und der sonst erforderlichen Aufzeichnungen auf Datenträgern muss insbesondere sichergestellt sein, dass die Daten während der Dauer der Aufbewahrungsfrist verfügbar sind und jederzeit innerhalb angemessener Frist lesbar gemacht werden können. Absätze 1 bis 3 gelten sinngemäß.

§ 240 HGB – Inventar
(1) Jeder Kaufmann hat zu Beginn seines Handelsgewerbes seine Grundstücke, seine Forderungen und Schulden, den Betrag seines baren Geldes sowie seine sonstigen Vermögensgegenstände genau zu verzeichnen und dabei den Wert der einzelnen Vermögensgegenstände und Schulden anzugeben.
(2) Er hat demnächst für den Schluss eines jeden Geschäftsjahr ein solches Inventar aufzustellen. Die Dauer des Geschäftsjahrs darf zwölf Monate nicht überschreiten. Die Aufstellung des Inventars ist innerhalb der einem ordnungsmäßigen Geschäftsgang entsprechenden Zeit zu bewirken.
(3) Vermögensgegenstände des Sachanlagevermögens sowie Roh-, Hilfs- und Betriebsstoffe können, wenn sie regelmäßig ersetzt werden und ihr Gesamtwert für das Unternehmen von nachrangiger Bedeutung ist, mit einer gleich bleibenden Menge und einem gleich bleibenden Wert angesetzt werden, sofern ihr Bestand in seiner Größe, seinem Wert und seiner Zusammensetzung nur geringer Veränderungen unterliegt. Jedoch ist in der Regel alle drei Jahre eine körperliche Bestandsaufnahme durchzuführen.
(4) Gleichartige Vermögensgegenstände des Vorratsvermögens sowie andere gleichartige oder annähernd gleichwertige bewegliche Vermögensgegenstände und Schulden können jeweils zu einer Gruppe zusammengefasst und mit dem gewogenen Durchschnittswert angesetzt werden.
(...)

II. Eröffnungsbilanz – Jahresabschluss

§ 242 HGB – Pflicht zur Aufstellung der Bilanz
(1) Der Kaufmann hat zu Beginn seines Handelsgewerbes und für den Schluss eines jeden Geschäftsjahrs einen das Verhältnis seines Vermögens und seiner Schulden darstellenden Abschluss (Eröffnungsbilanz, Bilanz) aufzustellen. Auf die Eröffnungsbilanz sind die für den Jahresabschluss geltenden Vorschriften entsprechend anzuwenden, soweit sich auf die Bilanz beziehen.
(2) Er hat für den Schluss eines jeden Geschäftsjahrs eine Gegenüberstellung der Aufwendungen und Erträge des Geschäftsjahrs (Gewinn- und Verlustrechnung) aufzustellen.
(3) Die Bilanz und die Gewinn- und Verlustrechnung bilden den Jahresabschluss.
(4) Die Absätze 1 bis 3 sind auf Einzelkaufleute im Sinn des § 241a nicht anzuwenden. Im Fall der Neugründung treten die Rechtsfolgen nach Satz 1 schon ein, wenn die Werte des § 241a Satz 1 am ersten Abschlussstichtag nach der Neugründung nicht überschritten werden.

§ 243 HGB – Aufstellungsgrundsatz
(1) Der Jahresabschluss ist nach den Grundsätzen ordnungsmäßiger Buchführung aufzustellen.
(2) Er muss klar und übersichtlich sein.
(3) Der Jahresabschluss ist innerhalb der einem ordnungsmäßigen Geschäftsgang entsprechenden Zeit aufzustellen.

§ 244 HGB – Sprache, Währungseinheit
Der Jahresabschluss ist in deutscher Sprache und in Euro aufzustellen.

§ 245 HGB – Unterzeichnung
Der Jahresabschluss ist vom Kaufmann unter Angabe des Datums zu unterzeichnen. Sind mehrere persönlich haftende Gesellschafter vorhanden, so haben sie alle zu unterzeichnen.

§ 246 HGB – Vollständigkeit, Verrechnungsverbot
(1) Der Jahresabschluss hat sämtliche Vermögensgegenstände, Schulden, Rechnungsabgrenzungsposten sowie Aufwendungen und Erträge zu enthalten, soweit gesetzlich nichts anderes be-

16

stimmt ist. Vermögensgegenstände sind in der Bilanz des Eigentümers aufzunehmen; ist ein Vermögensgegenstand nicht dem Eigentümer, sondern einem anderen wirtschaftlich zuzurechnen, hat dieser ihn in seiner Bilanz auszuweisen. Schulden sind in die Bilanz des Schuldners aufzunehmen. Der Unterschiedsbetrag, um den die für die Übernahme eines Unternehmens bewirkte Gegenleistung den Wert der einzelnen Vermögensgegenstände des Unternehmens abzüglich der Schulden im Zeitpunkt der Übernahme übersteigt (entgeltlich erworbener Geschäfts- oder Firmenwert), gilt als zeitlich begrenzt nutzbarer Vermögensgegenstand.

(2) Posten der Aktivseite dürfen nicht mit Posten der Passivseite, Aufwendungen nicht mit Erträgen, Grundstücksrechte nicht mit Grundstückslasten verrechnet werden. Vermögensgegenstände, die dem Zugriff aller übrigen Gläubiger entzogen sind und ausschließlich der Erfüllung von Schulden aus Altersversorgungsverpflichtungen oder vergleichbaren langfristig fälligen Verpflichtungen dienen, sind mit diesen Schulden zu verrechnen; entsprechend ist mit den zugehörigen Aufwendungen und Erträgen aus der Abzinsung und aus dem zu verrechnenden Vermögen zu verfahren. Übersteigt der beizulegende Zeitwert der Vermögensgegenstände den Betrag der Schulden, ist der übersteigende Betrag unter einem gesonderten Posten zu aktivieren.

(3) Die auf den vorhergehenden Jahresabschluss angewandten Ansatzmethoden sind beizubehalten. § 252 Abs. 2 ist entsprechend anzuwenden.

§ 247 HGB – Inhalt der Bilanz

(1) In der Bilanz sind das Anlage- und das Umlaufvermögen, das Eigenkapital, die Schulden sowie die Rechnungsabgrenzungsposten gesondert auszuweisen und hinreichend aufzugliedern.

(2) Beim Anlagevermögen sind nur die Gegenstände auszuweisen, die bestimmt sind, dauernd dem Geschäftsbetrieb zu dienen.

Viertes Buch – Handelsgeschäfte

Erster Abschnitt – Allgemeine Vorschriften

§ 343 HGB

(1) Handelsgeschäfte sind alle Geschäfte eines Kaufmanns, die zum Betrieb seines Handelsgewerbes gehören.

(2) (weggefallen)

(...)

§ 345 HGB

Auf ein Rechtsgeschäft, das für einen der beiden Teile ein Handelsgeschäft ist, kommen die Vorschriften über Handelsgeschäfte für beide Teile gleichmäßig zur Anwendung, soweit nicht aus diesen Vorschriften sich ein anderes ergibt.

(...)

Zweiter Abschnitt – Handelskauf

§ 373 HGB

(1) Ist der Käufer mit der Annahme der Ware im Verzug, so kann der Verkäufer die Ware auf Gefahr und Kosten des Käufers in einem öffentlichen Lagerhaus oder sonst in sicherer Weise hinterlegen.

(2) Er ist ferner befugt, nach vorgängiger Androhung die Ware öffentlich versteigern zu lassen; er kann, wenn die Ware einen Börsen- oder Marktpreis hat, nach vorgängiger Androhung den Verkauf auch aus freier Hand durch einen zu solchen Verkäufen öffentlich ermächtigten Handelsmakler oder durch eine zur öffentlichen Versteigerung befugte Person zum laufenden Preise

bewirken. Ist die Ware dem Verderb ausgesetzt und Gefahr im Verzuge, so bedarf es der vorgängigen Androhung nicht; dasselbe gilt, wenn die Androhung aus anderen Gründen untunlich ist.

(3) Der Selbsthilfeverkauf erfolgt für Rechnung des säumigen Käufers.

(4) Der Verkäufer und der Käufer können bei der öffentlichen Versteigerung mitbieten.

(5) Im Falle der öffentlichen Versteigerung hat der Verkäufer den Käufer von der Zeit und dem Ort der Versteigerung vorher zu benachrichtigen; von dem vollzogenen Verkauf hat er bei jeder Art des Verkaufs dem Käufer unverzüglich Nachricht zu geben. Im Falle der Unterlassung ist er zum Schadensersatz verpflichtet. Die Benachrichtigungen dürfen unterbleiben, wenn sie untunlich sind.

(...)

§ 376 HGB

(1) Ist bedungen, dass die Leistung des einen Teiles genau zu einer festbestimmten Zeit oder innerhalb einer festbestimmten Frist bewirkt werden soll, so kann der andere Teil, wenn die Leistung nicht zu der bestimmten Zeit oder nicht innerhalb der bestimmten Frist erfolgt, von dem Vertrag zurücktreten oder, falls der Schuldner im Verzug ist, statt der Erfüllung Schadensersatz wegen Nichterfüllung verlangen. Erfüllung kann er nur beanspruchen, wenn er sofort nach dem Ablauf der Zeit oder der Frist dem Gegner anzeigt, dass er auf Erfüllung bestehe.

(2) Wird Schadensersatz wegen Nichterfüllung verlangt und hat die Ware einen Börsen- oder Marktpreis, so kann der Unterschied des Kaufpreises und des Börsen- oder Marktpreises zur Zeit und am Orte der geschuldeten Leistung gefordert werden.

(3) Das Ergebnis eines anderweit vorgenommenen Verkaufs oder Kaufes kann, falls die Ware einen Börsen- oder Marktpreis hat, dem Ersatzanspruch nur zugrunde gelegt werden, wenn der Verkauf oder Kauf sofort nach dem Ablaufe der bedungenen Leistungszeit oder Leistungsfrist bewirkt ist. Der Verkauf oder Kauf muss, wenn er nicht in öffentlicher Versteigerung geschieht, durch einen zu solchen Verkäufen oder Käufen öffentlich ermächtigten Handelsmakler oder eine zur öffentlichen Versteigerung befugte Person zum laufenden Preise erfolgen.

(4) Auf den Verkauf mittels öffentlicher Versteigerung findet die Vorschrift des § 373 Abs. 4 Anwendung. Von dem Verkauf oder Kauf hat der Gläubiger den Schuldner unverzüglich zu benachrichtigen; im Falle der Unterlassung ist er zum Schadensersatz verpflichtet.

§ 377 HGB

(1) Ist der Kauf für beide Teile ein Handelsgeschäft, so hat der Käufer die Ware unverzüglich nach der Ablieferung durch den Verkäufer, soweit dies nach ordnungsmäßigem Geschäftsgange tunlich ist, zu untersuchen und, wenn sich ein Mangel zeigt, dem Verkäufer unverzüglich Anzeige zu machen.

(2) Unterlässt der Käufer die Anzeige, so gilt die Ware als genehmigt, es sei denn, dass es sich um einen Mangel handelt, der bei der Untersuchung nicht erkennbar war.

(3) Zeigt sich später ein solcher Mangel, so muss die Anzeige unverzüglich nach der Entdeckung gemacht werden; anderenfalls gilt die Ware auch in Ansehung dieses Mangels als genehmigt.

(4) Zur Erhaltung der Rechte des Käufers genügt die rechtzeitige Absendung der Anzeige.

(5) Hat der Verkäufer den Mangel arglistig verschwiegen, so kann er sich auf diese Vorschriften nicht berufen.

(...)

17 Rahmenlehrplan Kaufmann im Groß- und Außenhandel/ Kauffrau im Groß- und Außenhandel

Nr.	Lernfelder	Zeitrichtwerte in Unterrichtsstunden		
		1. Jahr	2. Jahr	3. Jahr
1	Den Ausbildungsbetrieb als Groß- und Außenhandelsunternehmen präsentieren	80		
2	Aufträge kundenorientiert bearbeiten	80		
3	Beschaffungsprozesse planen, steuern und durchführen	80		
4	Geschäftsprozesse als Werteströme erfassen, dokumentieren und auswerten	80		
5	Personalwirtschaftliche Aufgaben wahrnehmen		Großhandel 80 Außenhandel 60	
6	Logistische Prozesse planen, steuern und kontrollieren		Großhandel 80 Außenhandel 100	
7	Gesamtwirtschaftliche Einflüsse auf das Groß- und Außenhandelsunternehmen analysieren		40	
8	Preispolitische Maßnahmen erfolgsorientiert vorbereiten und steuern		80	
9	Marketing planen, durchführen und kontrollieren			Großhandel 80 Außenhandel 60
10	Finanzierungsentscheidungen treffen			Großhandel 80 Außenhandel 100
11	Unternehmensergebnisse aufbereiten, bewerten und nutzen			80
12	Berufsorientierte Projekte für den Groß- und Außenhandel durchführen			40
	Summe (insgesamt 880 Stunden)	320	280	280

Lernfeld 1: Den Ausbildungsbetrieb als Groß- und Außenhandelsunternehmen präsentieren

1. Ausbildungsjahr – Zeitrichtwert: 80 Stunden

Ziel:

Die Schülerinnen und Schüler präsentieren den Ausbildungsbetrieb. Dabei bearbeiten sie Aufgabenstellungen selbstständig und im Team und wenden problemlösende Methoden an. Sie sammeln Daten über den Groß- und Außenhandelsbetrieb als komplexes System mit seinen vielfältigen innerbetrieblichen und außerbetrieblichen Beziehungen und Prozessen. Dazu informieren sie sich im Ausbildungsunternehmen und aktualisieren diese Informationen regelmäßig. Sie nutzen Möglichkeiten, zugängliches Datenmaterial auch über andere Unternehmen zu erhalten. Zur Informationsgewinnung und -weitergabe bedienen sie sich auch informationstechnischer Systeme.

Die Schülerinnen und Schüler beschreiben die Organisation ihres Unternehmens. Im Hinblick auf ihre beruflichen Tätigkeits- und Entwicklungsmöglichkeiten stellen sie die Leistungsschwerpunkte und Arbeitsgebiete ihres Groß- und Außenhandelsunternehmens dar. Sie erläutern ökonomische und ökologische Zielsetzungen sowie die gesamtgesellschaftliche Verantwortung des Unternehmens. Sie begreifen die Kundenorientierung als Leitbild ihres beruflichen Handelns.

Sie reflektieren das Zusammenwirken des Personals in einem Groß- und Außenhandelsbetrieb und setzen sich mit den Regelungen sowie Aufgaben, Rechten und Pflichten der Beteiligten im dualen System der beruflichen Ausbildung auseinander. In diesem Zusammenhang überprüfen sie ihre eigene Entgeltabrechnung und beurteilen die Bedeutung von Tarifverträgen und die Rolle der Sozialpartner.

Die Schülerinnen und Schüler präsentieren und dokumentieren ihre Arbeitsergebnisse strukturiert und adressatenorientiert unter Verwendung angemessener Medien.

Gemeinsame Inhalte:

Lerntechniken und Arbeitsmethoden
Wirtschaftskreislauf
Rechtsformen (KG, GmbH)
Aufbau- und Ablauforganisation
Kern- und Supportprozesse
Unternehmensziele
Qualitätsmanagement
rechtliche Regelungen zur Berufsausbildung
Funktionen und Formen des Groß- und Außenhandels
Standortfaktoren

Lernfeld 2: Aufträge kundenorientiert bearbeiten

1. Ausbildungsjahr – Zeitrichtwert: 80 Stunden

Ziel:

Die Schülerinnen und Schüler bearbeiten Kundenanfragen und Kundenaufträge bei vorrätiger Ware.

Sie prüfen Anfragen von Kunden und erstellen Angebote. Sie stellen sich in Verkaufsgesprächen auf die Kunden ein, erklären und beraten, verhandeln und lösen Konflikte. Sie nehmen Bestellungen entgegen und schließen Kaufverträge ab.

Die Schülerinnen und Schüler planen die Auftragsbearbeitung, erstellen die zugehörigen Warenbegleitpapiere und überwachen die termingerechte Lieferung. Sie kontrollieren den Zahlungseingang und veranlassen Mahnungen. Bei Störungen in der Vertragserfüllung gehen sie kundenorientiert vor.

Die Schülerinnen und Schüler nutzen für ihre Tätigkeit informationstechnische Systeme und wickeln den dazugehörigen Schriftverkehr auch in Fremdsprachen ab.

Gemeinsame Inhalte:

Vertragsfreiheit
Rechts- und Geschäftsfähigkeit
Anfechtbarkeit, Nichtigkeit
Allgemeine Geschäftsbedingungen
Kaufvertragsarten
Streckengeschäft
Kaufvertragsstörungen
Warenwirtschaftssystem
Geschäftskorrespondenz
gesetzliche und vertragliche Bestandteile von Kaufverträgen
nationaler Zahlungsverkehr

Inhalte Großhandel:

Verjährung
Verbraucherschutz

Inhalte Außenhandel:

UN-Kaufrecht
typische Vereinbarungen in Außenhandelskontrakten (z. B. Qualitätsbestimmung)
genehmigungsfreie und genehmigungspflichtige
Exporte (AWG, AWV)
Ausschreibungen
Abladegeschäft,
Schiedsgerichtsbarkeit

Lernfeld 3: Beschaffungsprozesse planen, steuern und durchführen

1. Ausbildungsjahr – Zeitrichtwert: 80 Stunden

Ziel:

Die Schülerinnen und Schüler planen und steuern den gesamten Beschaffungsprozess sowohl kundenorientiert als auch unter Berücksichtigung ökonomischer, rechtlicher und ökologischer Aspekte. Sie ermitteln den betrieblichen Beschaffungsbedarf und entsprechende Lieferanten im In- und Ausland, holen Angebote ein, werten sie nach betrieblichen Vorgaben aus und führen eine Bestellplanung durch.

Sie sind in der Lage, Kaufverträge, auch im Außenhandel, unter Beachtung der jeweiligen rechtlichen Rahmenbedingungen, abzuschließen. Die Schülerinnen und Schüler bearbeiten Beschaffungsvorgänge aus EU- und Drittländern. Sie wählen national und international anerkannte Lieferbedingungen fallbezogen und interessengeleitet aus. Sie kalkulieren Bezugspreise in Euro und Fremdwährung. Sie kommunizieren mit Lieferanten auch in einer Fremdsprache.

Die Schülerinnen und Schüler können ihren rechtlichen und wirtschaftlichen Handlungsspielraum sicher einschätzen und Konfliktsituationen mit den Geschäftspartnern situationsgerecht bereinigen. Dazu wenden sie erworbene rechnerische Fähigkeiten auf kaufmännische Sachverhalte an.

Zur Organisation des Beschaffungsprozesses nutzen die Schülerinnen und Schüler informationstechnische Systeme, mit denen sie den Belegfluss und die Terminüberwachung innerhalb des Wareneinkaufsprozesses gestalten und kontrollieren. Sie werten die gewonnenen Daten aus und präsentieren sie.

Gemeinsame Inhalte:

Bezugsquellenermittlung
Angebotsvergleich
Einfuhrgenehmigung
innergemeinschaftlicher Erwerb
Prozentrechnen
Währungsrechnen
Lieferungsbedingungen
Zahlungsbedingungen
Einkaufskalkulation

Inhalte Großhandel:	Inhalte Außenhandel:
Incoterms (EXW, CIF, FOB, DDP, FCA, CPT) ABC-Analyse Mengen- und Zeitplanung Verteilungsrechnen	Incoterms Dokumentenakkreditiv Dokumenteninkasso Einfuhrabgaben (Zölle, Verbrauchsteuern) genehmigungsfreie und genehmigungspflichtige Importe (AWG, AWV)

17

Lernfeld 4: Geschäftsprozesse als Werteströme erfassen, dokumentieren und auswerten

1. Ausbildungsjahr – Zeitrichtwert: 80 Stunden

Ziel:

Die Schülerinnen und Schüler wenden Techniken des Rechnungswesens zur Lösung ökonomischer Problemstellungen an. Dazu dokumentieren sie den Wertefluss in einem Unternehmen mithilfe der Systematik der Buchführung und führen einen einfachen Jahresabschluss durch. Sie analysieren den Wertefluss und nutzen betriebliche Daten für die Vorbereitung ökonomischer Entscheidungen und Interpretation betriebswirtschaftlich bedeutsamer Vorgänge innerhalb und außerhalb des Unternehmens. Sie messen die Erreichung von Unternehmenszielen und beurteilen die Bedeutung verschiedener Geschäftsprozesse für den Unternehmenserfolg.

Die Schülerinnen und Schüler erfassen Geschäftsvorgänge auf der Basis von Belegen. Dabei beurteilen sie verschiedene Darstellungsformen der Werteströme. Die Schülerinnen und Schüler analysieren die Ergebnisse der Aufzeichnungen und sind in der Lage, auf der Grundlage der Bestands- und Erfolgsrechnung Fehler systematisch einzugrenzen und zu korrigieren. Sie interpretieren und präsentieren die Ergebnisse ihrer Dokumentation.

Gemeinsame Inhalte:

Inventur, Inventar, Bilanz
Bestands- und Erfolgsvorgänge
rechtliche Grundlagen
Kontenrahmen, Kontenplan
Bücher der Buchführung
Buchungen beim Warenein- und -verkauf mit Bestandsveränderungen
Besonderheiten der Warenbuchungen
Umsatzsteuer

Lernfeld 5: Personalwirtschaftliche Aufgaben wahrnehmen

2. Ausbildungsjahr
Zeitrichtwert: 80 Stunden Großhandel
60 Stunden Außenhandel

Ziel:

Die Schülerinnen und Schüler übernehmen personalwirtschaftliche Aufgaben im Unternehmen.

Sie planen den Personaleinsatz und ergreifen Maßnahmen zur Personalbeschaffung. Sie beurteilen Arbeitsverträge unter Berücksichtigung von gesetzlichen und tariflichen Rahmenbedingungen sowie Betriebsvereinbarungen. Sie erkennen die Notwendigkeit der sozialen Sicherung und der privaten Vorsorge und diskutieren Ursachen und Folgen der Arbeitslosigkeit. Die Schülerinnen und Schüler nehmen manuell und datenverarbeitungsgestützt Entgeltabrechnungen vor und verschaffen sich einen Überblick über einkommensteuerrechtliche Regelungen.

Sie vergleichen Arbeitszeugnisse und Beurteilungen hinsichtlich ihrer Aussagekraft und informieren sich über gesetzliche Bestimmungen zur Beendigung von Arbeitsverhältnissen. Dabei beachten sie die Vorschriften zum Datenschutz und ergreifen entsprechende Maßnahmen.

Die Schülerinnen und Schüler entwickeln Konzepte für die Mitarbeitermotivation und Personalqualifizierung und bewältigen Konfliktsituationen, die sich aus der Zusammenarbeit ergeben.

Sie sind sich der Bedeutung des lebenslangen Lernens für ihre eigene berufliche Entwicklung und Zukunft bewusst.

Gemeinsame Inhalte:

rechtliche Grundlagen des Arbeitsverhältnisses
Mitbestimmung (Betriebsverfassungsgesetz)
Arbeitsschutzgesetze
Sozialversicherungen
Entgeltabrechnung
Einkommensteuererklärung

Zusätzliche Inhalte Großhandel:

Personalplanung
Einstellungsverfahren
Personalentwicklung
Personalbeurteilung

Ziel:

Die Schülerinnen und Schüler erkunden und analysieren eine Lieferkette und einen Distributionsweg ihres Unternehmens, beschreiben mögliche Schwachstellen und stellen das Ergebnis als logistische Kette dar.

Sie verfolgen die Wertschöpfungskette eines Produktes ihres Unternehmens bis zur Urproduktion zurück und wägen die Chancen und Risiken internationaler Wertschöpfungsketten ab. Sie stellen den Warenfluss in ihrem Unternehmen dar und erkennen, welche Bereiche an dessen qualitativer und quantitativer Steuerung beteiligt sind.

In der Fachrichtung Großhandel überwachen die Schülerinnen und Schüler aufgrund fälliger Lieferungen den Wareneingang. Sie organisieren die warengerechte Lagerung und optimieren die Arbeitsabläufe im Lager und überprü-fen die Wirtschaftlichkeit. Dabei beachten sie Vorschriften zum Arbeits- und Umweltschutz. Auf der Basis fälliger Kundenaufträge kommissionieren sie die Waren und stellen sie zum Versand bereit.

Unter Beachtung ökonomischer und ökologischer Zielsetzungen organisieren die Schülerinnen und Schüler beider Fachrichtungen den Transport einer Ware.

In der Fachrichtung Außenhandel bearbeiten sie darüber hinaus die Zollabfertigung unter besonderer Berücksichtigung der dokumentenbezogenen Abwicklung von Außenhandelsgeschäften.

Dabei kommunizieren die Schülerinnen und Schüler beider Fachrichtungen auch in einer Fremdsprache.

Gemeinsame Inhalte:

Lieferketten- und Qualitätsmanagement (Supply Chain Management, TQM)
Eigen- und Fremdlagerung
Lagerhalter, Spediteur, Frachtführer
Warenbegleit- und Warenwertpapiere
Auswahl von Transportmitteln

Inhalte Großhandel:

Warenfluss und Warenwirtschaftssystem
Wareneingangskontrolle
Lagerarten
Ordnungssysteme der Lagerhaltung
Sicherheit im Lager
Wirtschaftlichkeit der Lagerhaltung
Kommissionierung

Inhalte Außenhandel:

Zolllager
Verfrachter und Combined Transport Operator (CTO)
Containerverkehr
Transportversicherungen, Zusatzklauseln,
Schutzversicherungen und Versicherungsdokumente
Erfüllungsverpflichtungen beim Dokumentengeschäft
Frachtrechnen, Versicherungsrechnen

Lernfeld 7: Gesamtwirtschaftliche Einflüsse auf das Groß- und Außenhandelsunternehmen analysieren

2. Ausbildungsjahr – Zeitrichtwert: 40 Stunden

Ziel:

Die Schülerinnen und Schüler informieren sich über volkswirtschaftliche Entwicklungen und analysieren diese hinsichtlich ihrer Auswirkung auf den Groß- und Außenhandel und ihre Unternehmen. Sie reflektieren Konsequenzen für ihr eigenes Leben. Die Schülerinnen und Schüler präsentieren und dokumentieren ihre Arbeitsergebnisse unter Verwendung angemessener Medien.

Die Schülerinnen und Schüler beurteilen Marktregulierungsmechanismen sowie Aspekte der europäischen Integration und Globalisierung. Sie erkennen die Bedeutung des internationalen Freihandels. Sie beurteilen protektionistische Maßnahmen und schätzen ihre Auswirkungen für den Binnen- und Welthandel ein. Daraus ziehen sie die nötigen Konsequenzen für die Anbahnung und sichere Abwicklung eines Außenhandelsgeschäfts.

Gemeinsame Inhalte:

soziale Marktwirtschaft	Geldpolitik
wirtschaftspolitische Ziele	Subventionen
Unternehmenszusammenschlüsse	tarifäre und nichttarifäre Handelsbeschränkungen
Kooperationsformen im Groß- und Außenhandel	WTO, Freihandelszone, EU
BIP	Gesamtwirtschaftliche Bedeutung des Außenhandels
Fiskalpolitik	

Inhalte Großhandel:

Außenwirtschaftsgesetz
Außenwirtschaftsverordnung
Ein- und Ausfuhrgenehmigung

Inhalte Außenhandel:

Präferenzräume

Lernfeld 8: Preispolitische Maßnahmen erfolgsorientiert vorbereiten und steuern

2. Ausbildungsjahr – Zeitrichtwert: 80 Stunden

Ziel:

Die Schülerinnen und Schüler bereiten preispolitische Maßnahmen des Groß- und Außenhandelsbetriebes vor und führen sie durch. Sie verstehen die Bedeutung einer nachfrage-, konkurrenz- und kostenorientierten Preisgestaltung und beurteilen die Auswirkungen getroffener Entscheidungen auf die Kostensituation des Unternehmens. Dabei entwickeln sie ein differenziertes Kostenbewusstsein und begreifen dieses als Grundlage für das Controlling.

Die Schülerinnen und Schüler bewerten unterschiedliche Preisstrategien, suchen in Vergleichsrechnungen nach Optimierungsmöglichkeiten und präsentieren die von ihnen entwickelten Konzepte.

Gemeinsame Inhalte:

Preis- und Konditionenpolitik
Aufgaben der Kosten-und-Leistungs-Rechnung
Funktionen des Controllings
Break-even-Point
Deckungsbeitragsrechnung
Kalkulationsverfahren

17

Lernfeld 9: Marketing planen, durchführen und kontrollieren

3. Ausbildungsjahr
Zeitrichtwert: 80 Stunden   Großhandel
60 Stunden Außenhandel

Ziel:

Die Schülerinnen und Schüler verstehen das Marketing als zentrale Unternehmensaufgabe, die weitgehend die anderen Unternehmensbereiche steuert und dessen betriebliche Umsetzung entscheidend den Erfolg des Unternehmens auf den nationalen und internationalen Märkten begründet.

Die Schülerinnen und Schüler werten Informationen über Märkte im In- und Ausland aus und entwickeln marktpolitische Zielsetzungen. Bei der Entwicklung eines Marketingkonzeptes planen sie optimale Kombinationsmöglichkeiten des absatzpolitischen Instrumentariums unter Berücksichti-

gung soziokultureller Rahmenbedingungen bei Außenhandelsgeschäften, entwickeln Alternativen, treffen Umsetzungsentscheidungen und beurteilen die durchgeführten Maßnahmen.

Für die Entwicklung des Marketingkonzeptes legen sie Verantwortlichkeiten fest, entwickeln Zeit- und Arbeitspläne, dokumentieren den Projektverlauf und untersuchen die Gründe für Abweichungen zwischen Projektplanung und Projektrealisierung. Sie präsentieren ihre Arbeitsergebnisse mit geeigneten Mitteln und Methoden.

Gemeinsame Inhalte:

Strategisches Marketing	Produkt- und Sortimentspolitik
Marktformen	Kommunikationspolitik
Marktforschung	Distributionspolitik
Absatzplanung	Absatzcontrolling
Kombination des absatzpolitischen Instrumentariums	Projektplanung, -organisation, -dokumentation

Lernfeld 10: Finanzierungsentscheidungen treffen

3. Ausbildungsjahr
Zeitrichtwert: 80 Stunden   Großhandel
100 Stunden Außenhandel

Ziel:

Die Schülerinnen und Schüler analysieren Ziele und Aufgaben der Finanzierung und setzen dazu informationstechnische Systeme ein. Sie ermitteln den Finanzierungsbedarf für verschiedene Anlässe und beurteilen Finanzierungsmöglichkeiten für Unternehmen in Abhängigkeit von der Rechtsform. Dabei berücksichtigen sie die betriebliche Finanzsituation und Rahmendaten der Kapitalmärkte. Sie schätzen Folgen von finanziellen Fehlentscheidungen für Unternehmung und Arbeitnehmer ein.

Die Schülerinnen und Schüler entwickeln Finanzierungsmöglichkeiten, treffen Entscheidungen unter Abwägung von Kosten, Nutzen und Risiken und prüfen Alternativen der Kreditsicherung bei Bank- und Lieferantenkrediten. Sie beurteilen typische Risiken im Außenhandelsgeschäft aus der Sicht des Exporteurs und des Importeurs, schlagen geeignete Zahlungsbedingungen und Absicherungen vor und bewerten diese im Hinblick auf eigene Risiken und Kosten. Sie präsentieren ihre Finanzierungskonzepte und begründen ihre Wahl der Absicherung.

Gemeinsame Inhalte:

Finanzierungsarten	Insolvenz
Kreditarten	Kreditrisiko und Wechselkursrisiko
Zinsrechnung	Factoring, Leasing
Kreditsicherungen	

Inhalte Großhandel:	**Inhalte Außenhandel:**
Dokumenteninkasso, Dokumentenakkreditiv	Dokumentenvorschuss, Dokumentenbeleihung, Akkreditivkredit und Negoziierungskredit
	Bankgarantien
	Kurssicherungsgeschäfte
	politische Risiken
	Staatliche Ausfuhrbürgschaften und Ausfuhrgarantien

Lernfeld 11: Unternehmensergebnisse aufbereiten, bewerten und nutzen

3. Ausbildungsjahr – Zeitrichtwert: 80 Stunden

Ziel:

Die Schülerinnen und Schüler wirken bei der Erstellung eines Jahresabschlusses mit, analysieren diese Daten und erkennen die Bedeutung von Bewertungsentscheidungen. Sie überprüfen Bewertungshandlungen im Hinblick auf die verfolgten Unternehmensziele und die rechtliche Zulässigkeit und erkennen den Zweck einer gesetzlichen Regulierung.

Sie führen eine Erfolgsermittlung durch und berechnen und analysieren das Betriebsergebnis. Die Schülerinnen und Schüler wenden Controllingtechniken an, indem sie die wirtschaftliche Lage des Unternehmens anhand geeigneter Kennzahlen beurteilen, einen Soll-Ist-Vergleich durchführen und mögliche Ursachen für Planabweichungen darstellen. Sie erläutern die Bedeutung der Budgetierung für eine

Wirtschaftlichkeitskontrolle und eine zukunftsorientierte Unternehmensausrichtung.

Die Schülerinnen und Schüler erkennen die Notwendigkeit, über die mengen- und wertmäßige Erfassung von Geschäftsvorfällen hinaus Geschäftsprozesse zu vernetzen, um eine möglichst genaue und zeitnahe Steuerung des Gesamtunternehmens zu ermöglichen. Die Schülerinnen und Schüler beurteilen die Rechnungslegung auch im Hinblick auf die Berücksichtigung ökologischer und sozialer Folgewirkungen unternehmerischen Handelns.

Die Schülerinnen und Schüler präsentieren statistische Auswertungen und grafische Darstellungen von Unternehmensergebnissen.

Gemeinsame Inhalte:

Bestandteile des Jahresabschlusses

Bewertung von Vermögen und Schulden

Abschreibung von Anlagevermögen

Gesamtergebnis, neutrales Ergebnis, Betriebsergebnis

Kennziffern zur Vermögens-, Kapital- und Erfolgsstruktur

Budgetierung

Datensicherung

Lernfeld 12: Berufsorientierte Projekte für den Groß- und Außenhandel durchführen

3. Ausbildungsjahr – Zeitrichtwert: 40 Stunden

Ziel:

Die Schülerinnen und Schüler entwickeln oder übernehmen eine Projektidee aus dem Bereich des Groß- und Außenhandels. Sie planen, steuern und kontrollieren die Projektdurchführung unter Berücksichtigung regionaler Gegebenheiten und gesamtwirtschaftlicher Rahmenbedingungen.

Im Rahmen des Projektmanagements definieren sie Ziele, treffen begründete Entscheidungen bezüglich der Zielerreichung und planen und organisieren den Ablauf. Sie dokumentieren und präsentieren die Projektergebnisse, reflektieren den Verlauf und den Erfolg ihrer Arbeit.

Gemeinsame Inhalte:

Projektziel und -beschreibung

Projektrisiken und -bewertung

Projektausstattung und -ablauforganisation

Konflikt- und Problemlösungstechniken

Projektauswertung

17

3528642

3528644

Cover: iStockphoto/Bildbearbeitung: Visuelle Lebensfreude

A1PIX - Your Photo Today, Taufkirchen: 82.3 (PHA);
adpic Bildagentur, Bonn: 26.2 (M. Baumann), 39, 103 (A.Trautmann), 142 (D. Cervo), 143 (N. Klenova), 147.3 (M. Baumann), 152.1 (P. Stanislav), 152.2 (H. Dora), 180 (D. Schneider), 204 (V. Petö), 209 (H. Richter), 258.1 (A. Raths), 334.3 (H. Dora), 343.1 (P. Lange), 398.1 (E. Wodicka), 398.2 (S. Nezhinskiy), 434.1 (J. Röse-Oberreich), 434.2 (A. Trautmann), 462.1 (M. Benik), 462.2 (S. Nezhinskiy), 480.1 (H. Rettschlag), 480.2 (I. Mikhaylov), 512.1 (Yuri Arcurs), 512.2 (P. Lange), 524.1 (K. Wittfeld), 538.3, 562.1 (R. Kneschke), 577 (Yuri Arcurs);
AMD GmbH, Dornach: 57.2;
American Express International, Inc., Frankfurt: 123.2;
Baumwollbörse Bremen, Bremen: 137.1+2;
Bayerisches Staatsministerium für Ernährung, Landwirtschaft und Forsten, München: 93.3;
Bergmoser + Höller Verlag AG, Aachen: 16, 58.2, 110, 287, 306, 309, 334.7, 359, 368, 377, 393, 394;
Berufsgenossenschaft Handel und Warendistribution, Bonn: 323.1+2;
bildagentur-online GmbH, Burgkunstadt: 51.7, 57.1 (Telling Images), 87.6 (TIPS/Patti McConville);
Bildarchiv Werner Bachmeier, Ebersberg: 31;
bildmaschine.de, Berlin: 87.4 (Erwin Wodicka);
Bundesanstalt für Landwirtschaft und Ernährung, Bonn: 44.1;
Bundesverwaltung der deutschen Binnenschifffahrt e.V., Duisburg: 146;
Caro Fotoagentur GmbH, Berlin: 207.1 (Sorge);
CMA, Bonn: 94.4;
Der Grüne Punkt – Duales System Deutschland GmbH, Köln: 42;
Deutsche Bahn AG, Berlin: 334.2 (Banaszak);
Deutsche Gesetzliche Unfallversicherung, Meißen: 94.3;
Deutsche Post AG, Bonn: 113.3, 326, 334.5;
Deutscher Kaffeeverband e.V., Hamburg: 137.3;
Deutscher Sparkassen Verlag GmbH, Stuttgart: 118.2–5;
Duisburger Hafen AG, Duisburg: 342.1–6, 344.4;
ecopix-Fotoagentur, Berlin: 54.2;
EnBW Energie Baden-Württemberg AG, Karlsruhe: 59.1 (Matthias Ibeler);
Europäische Gemeinschaft, Luxemburg: 56.1-3, 59.2 + 3, 339;
Europäische Kommission, Luxemburg: 44.3;
Formular-Verlag Puschke + Hensel GmbH, Berlin: 196, 200, 201;
Fotodesign – Heinz Hefele, Darmstadt: 322.1, 325;
Frankfurt Messe GmbH, Frankfurt: 548;
Frankfurter Allgemeine Zeitung, Frankfurt: 280 (Felix Brocker);
Fujifilm Deutschland, Düsseldorf: 93.4;

Gröblinghoff, Ullrich, Peine: 11, 56.1, 144, 149, 340.3, 564, 565;
Hafen Hamburg Marketing e.V., Hamburg: 343.2;
Hamburger Hafen und Logistik AG, Hamburg: 147.1+2;
Hapag Lloyd AG, Hamburg: 340;
Hewlett-Packard GmbH, Böblingen: 93.1;
ICC, Paris: 148.4;
ICC Deutschland e.V., Berlin: 150.1, 150.3;
Igepa group GmbH & Co. KG, Hamburg: 88.1;
IHK Hannover, Hannover: 181.2;
ING DiBa AG, Frankfurt: 123.1;
Jochen Tack Fotografie, Essen: 87.2;
JOKER: Fotojournalismus, Bonn: 592.1 (Martina Hengesbach);
laif, Köln: 82.1 (Kruell);
Lantelmé, Jörg, Kassel: 82.6;
Loyalty Partner GmbH, München: 403;
MasterCard Worldwide, Frankfurt: 118.1;
mauritius images GmbH, Mittenwald: 27.1 (Benelux Press), 88.3 (Martin Lex), 181.1 (imagebroker.net), 206, 207.2, 207.3 (age), 574;
Metro AG, Düsseldorf: 26.1;
MEV Verlag GmbH, Augsburg: 22.1 (Photodesign Müller), 38.1, 536.2, 540, 552.1+2;
OKAPIA KG Michael Grzimek & Co., Frankfurt: 38.2 (Z. Yi/UNEP/Still Pictures);
photothek.net GbR, Radevormwald: 150 (Ute Grabowsky);
Picture Press Bild- und Textagentur GmbH, Hamburg: 52.4 (Illustration Source/Jack Stachowski), 87.5 (Illustration Source);
Picture-Alliance GmbH/dpa-Infografik, Frankfurt: 18, 26.3, 28, 29.2, 30.2, 38.3, 40.1, 43, 122, 279, 285, 286.1, 286.2, 289, 290, 291, 305, 310, 313, 333, 334.6, 357, 373, 385.1, 385.2, 385.3, 387;
Picture-Alliance GmbH, Frankfurt: 84 (ZB/H. Wiedl), 96 (Jens Schierenbeck/dpa Themendienst), 163 (Peter Förster/ZB), 208.1 (Nicholas Kane), 208.2 (Keith Hunter/Arcaid), 258.2 (Cultura RM), 314.1 (dpa), 314.2 (Alexander Bernhard/CHROMORANGE), 334.4 (Godong), 465 (Siegbert Heiland/dpa-Zentralbild), 524.2 (Cultura RM), 534.1 (landov), 534.2 (EPA/Andy Rain/dpa), 562.2 (Frank May/dpa), 594.1 (Bernd Thissen/dpa), 594.2 (Heiko Wolfraum/dpa), 616.1 (chromorange), 616.2 (Roland Holschneider/dpa);
plainpicture GmbH & Co. KG, Hamburg: 82.2 (A. Lechner);
Project Photos GmbH & Co. KG, Walchensee: 195 (Reinhard Eisele);
RAL Deutsches Institut für Gütersicherung und Kennzeichnung e.V., St. Augustin: 44.2, 139.3;
Schenker AG, Essen: 54.3;
Scharf, Dr. Dirk, Meine: 24;
Schumacher, Bochum: 141;
Schwelle, Dagmar, Hamburg: 88.2;

Trotz intensiver Nachforschungen ist es uns in manchen Fällen nicht gelungen, die Rechteinhaber zu ermitteln. Wir bitten diese, sich mit dem Verlag in Verbindung zu setzen.

Die 2-Euro-Münze und 20 Rückseiten

Während alle Münzwerte einheitliche Vorderseiten aufweisen, hat jedes Euro-Teilnehmerland seine Rückseiten mit eigenen Motiven ausgestattet; hier dargestellt am Beispiel der 2-Euro-Münze.

Die **Belgier** haben sich für das Porträt ihres Königs Albert II. entschieden.

In **Monaco** ist auf der 2-Euro-Münze das Porträt von Fürst Rainier III. abgebildet.

In **Deutschland** zeigt die 2-Euro-Münze den Bundesadler.

Die **Niederländer** haben sich für das Bildnis der Königin Beatrix entschieden.

Der kleinste der drei baltischen Staaten, **Estland**, führte zum 1. Januar 2011 den Euro ein. Die Esten entschieden sich für die Landesgrenzen als Motiv.

Die **österreichischen** Münzen zeigen die Friedenskämpferin Bertha von Suttner.

Finnland prägt auf die 2-Euro-Münze die dort weit verbreitete Moltebeere.

Die **Portugiesen** bilden auf ihren Münzen historische Siegel von König Alfonso Henriques aus dem 12. Jahrhundert ab.

Frankreich hat sich für einen Lebensbaum und die revolutionäre Losung „Liberté, Egalité, Fraternité" entschieden.

In **San Marino** ist der neugotische Regierungspalast abgebildet.

Die **Griechen** wählten die Sage von Zeus, der in Gestalt eines weißen Stiers Europa entführt.

Auf den 2-Euro-Münzen der **Slowakei** steht ein Doppelkreuz auf drei Hügeln in Anlehnung an das slowakische Staatswappen für die Stabilität des Landes.

Die **Iren** haben ihr nationales Symbol, die Harfe, auf die Münzrückseiten prägen lassen.

Die **Slowenen** bilden ihren größten Dichter France Prešeren auf der 2-Euro-Münze ab.

In **Italien** ist auf der 2-Euro-Münze Dante, einer der größten Dichter Italiens, abgebildet.

Die **Spanier** ehren ihren König Juan Carlos I. auf der 2-Euro-Münze.

Auf den **luxemburgischen** Münzen ist das Konterfei des Großherzogs Henri abgebildet.

Auf einer der drei Münzserien zeigt der Vatikan das Porträt von Papst Benedikt XVI., dem Oberhaupt des Kirchenstaats **Vatikanstadt**.

Das Malteserkreuz ist auf den 2-Euro-Münzen **Maltas** abgebildet.

Als Indiz für die lange Zivilisationsgeschichte **Zyperns** zeigen die zypriotischen Münzen ein kreuzförmiges Kultbild aus der Kupfersteinzeit (3000 v. Chr.)

Quelle: www.bundesbank.de